W0075539

Westermann Lexikon
Krisenherde der Welt

Rüdiger Dingemann

Westermann Lexikon
Krisenherde der Welt

Konflikte und Kriege seit 1945

HB Politik
Hist
N
10
1. A.
Ausgesondert
Bibliothek der
Pädagogischen Hochschule
Freiburg
Bibliothek der
Pädagogischen Hochschule Freiburg
71/98a 81

westermann

Der Autor

Rüdiger Dingemann wurde 1951 in Braunschweig geboren. Er studierte nach einer Verlagsbuchhändler-Ausbildung und nach dem Besuch des Braunschweig-Kollegs Geschichte und Germanistik. Seit Anfang der achtziger Jahre arbeitete er als Lektor in München und publizierte zahlreiche Beiträge in verschiedenen Sammelwerken. Heute lebt er als Autor und Chefredakteur von Multimedia-Projekten (Enzyklopädien und Atlanten) in Oberbayern.

Dank

Am Zustandekommen des Lexikons waren viele Kolleginnen und Kollegen beteiligt, die mich durch anregende Diskussionen in vielfältiger Weise unterstützt haben. Besonders danke ich Hermann Barth, Inge Christmann, Cornelia Fischer und Renate Lüdde.

Die Deutsche Bibiothek – Einheitsaufnahme
Dingemann, Rüdiger:
Westermann-Lexikon Krisenherde der Welt / Rüdiger Dingemann. –
Braunschweig: Westermann, 1996
ISBN 3-07-509516-8

© Georg Westermann Verlag GmbH, Braunschweig 1996
Herstellung: ALINEA GmbH, München
Gesamtherstellung: Westermann Druck Zwickau GmbH

INHALT

Anhang

Krisenatlas

EINFÜHRUNG

Der Mensch ist der einzige unter den Primaten, der die Tötung seiner Artgenossen planvoll, in größerem Maßstab und enthusiastisch betreibt. Der Krieg gehört zu seinen wichtigsten Erfindungen; die Fähigkeit, Frieden zu schließen, ist vermutlich eine spätere Errungenschaft. Die ältesten Überlieferungen der Menschheit, ihre Mythen und Heldensagen, handeln hauptsächlich von Mord und Totschlag.
Hans Magnus Enzensberger
Aussichten auf den Bürgerkrieg, 1994

Die Welt befindet sich im Kriegszustand. Frieden gab es zu keiner Zeit.
Seit 50 Jahren hat es keine kriegerische Auseinandersetzung globalen Ausmaßes gegeben, dafür aber über 190 Kriege (davon heute noch 45), an denen 105 Staaten beteiligt waren bzw. noch sind. Zusammengenommen übersteigen diese bewaffneten Konflikte das Ausmaß an Leid, das aus den beiden großen Kriegen dieses Jahrhunderts bekannt ist: Millionen Menschen haben ihr Leben, ihr Hab und Gut, ihre Heimat verloren, waren und sind heute auf der Flucht.

Der Ost-West-Konflikt, der von 1945 bis 1989 die Weltpolitik beherrschte, spielte in regionalen Bürgerkriegen ebenso eine Rolle wie die ökonomischen Interessen (Welthandel, Rohstoffsicherung etc.) und ideologische Machtdemonstrationen in den großen internationalen Konflikten. Fast alle kriegerischen Auseinandersetzungen in der zweiten Hälfte dieses Jahrhunderts wurden direkt oder indirekt von den beiden großen, mittlerweile historisch gewordenen Konfliktfeldern – Kapitalismus gegen Kommunismus, Industriestaaten gegen die sog. Dritte Welt – berührt.

Viele der beteiligten Kriegsparteien wurden im Laufe der zweiten Hälfte des Jahrhunderts von den USA oder von der UdSSR unterstützt; Milliarden – welcher Währungseinheit auch immer – wurden an Waffen und Ausrüstung an Konfliktparteien geliefert. In den letzten 15 Jahren haben diese Kosten nicht ab-, sondern erheblich zugenommen.

Viele der Konflikte waren Stellvertreterkriege der Großmächte, Ersatzkriege für eine größere, weltweite kriegerische Auseinandersetzung. Sie wurden zunehmend abgelöst von regionalen Konflikten, die ihre Ursache in der historischen, sozialen, ethnisch-religiösen und politischen Situation des jeweiligen Landes haben. Dies bedeutet aber nicht, daß die Großmächte der Gegenwart (China und die USA, die europäischen Staaten; mit Einschränkung Rußland) nicht auch weiterhin mit unterschiedlichem Engagement an diesen Konflikten direkt oder indirekt beteiligt sind.

Politische, soziale, ideologische und wirtschaftliche Interessen, die den jeweiligen Einflußbereich sichern und ausbauen sollen, sind immer von eminenter Bedeutung für einen Konflikt und bei der Betrachtung der Krisenursachen besonders zu berücksichtigen.

Die täglichen Meldungen über alte und neue Krisen und Kriegsschauplätze, Terror und Unruhen lösen sich schnell ab, werden bald wieder vergessen, wenn erst einmal das Medieninteresse vorbei ist. In den letzten 20 Jahren kam es verstärkt zu Konflikten, nachdem viele Staaten der Dritten Welt sich relativ spät von ihren ehemaligen Kolonialherren befreit hatten und selbständige, unabhängige Staaten bildeten, und in einer zweiten großen Welle nach dem Zusammenbruch der Sowjetunion und ihrer Satellitenstaaten Ende der achtziger Jahre. Nicht nur soziale Antagonismen (Machtansprüche von Eliten oder das Aufbegehren der Unterdrückten) bildeten dabei den Hintergrund, sondern immer häufiger begannen auch ethnische Konflikte wieder aufzubrechen, die oft seit Jahrhunderten geschwelt hatten und nur vorübergehend – z. B. durch Unterdrückung – »befriedet« worden waren; ein zweiter Blick zeigt häufig, daß all diese Konflikte tiefere, meist weit zurückreichende historische Ursachen haben.

Dieses Westermann-Lexikon versucht nicht nur, die Konflikte in ihrem äußeren Ablauf nachzuzeichnen, sondern möchte auch, indem es die tieferen Zusammenhänge aufzeigt, Erklärungsansätze liefern, warum bestimmten »Konfliktlösungen«, oft mit Waffengewalt erzwungen, kein Erfolg beschieden war, oder warum die Gefahr besteht, daß es in dieser oder jener Region wieder zu kriegerischen Handlungen kommen kann.

Die Darstellung der Krisenherde dieser Welt legt deshalb besonderes Augenmerk auf die geschichtlichen Ausgangsbedingungen. Ein historischer Ansatz ermöglicht es, traditionelle Strukturen und tiefere, ältere Ursachen offenzulegen, die bei einer nur aktuellen oder reinen politik- oder militärwissenschaftlichen Darstellung, die sich auf Strategie, Taktik, Waffentechnik und unmittelbare politische Auswirkungen beschränkt, leicht übersehen werden. Die historische Betrachtung kann nicht allein die Entstehung eines Konflikts erklären, aber sie liefert Informationen zum Verständnis der Entwicklung einer solchen kriegerischen Zuspitzung, denn Kriege haben immer handfeste Ursachen, und kein Krieg passiert plötzlich und unvorbereitet, auch wenn die Weltöffentlichkeit bei Ausbruch eines Konflikts schockiert, überrascht und erstaunt reagiert.

Die Forschungslage ist relativ disparat: Einerseits existieren zu den »großen« internationalen Konflikten und spektakulären Ereignissen (z. B. Vietnam- und Koreakrieg, Golfkrieg des Irak gegen Kuwait) zahlreiche Untersuchungen und Darstellungen, andererseits gibt es zu den »kleineren« regionalen Kriegen und Unabhängigkeitsbestrebungen wenig oder nur verstreutes Material. Eine vollständige Dokumentation aller Krisen nach 1945 zu leisten ist schwer, da sich immer wieder die Frage stellt, welche Krisen- oder Konflikterscheinung berücksichtigt werden soll: Die bloße Kriegsandrohung? Ein einzelnes Feuergefecht? Ein Bombenattentat? Die Ermordung eines Präsidenten, blutige Putsche oder Putschversuche? Da diese Ereignisse in der Regel Teil eines größeren Konflikts bzw. in unmittelbarem Zusammenhang damit stehen, werden sie auch in dem (den) Artikel(n) über den (die) involvierten Konfliktstaat(en) erwähnt, soweit derartige Einzelaktionen folgenreich waren.

Der erste Teil des Bandes stellt eine Art *Atlas der Krisenherde* dar. Hier findet der Leser alle wichtigen Überblickskarten; Detailkarten oder Konfliktverlaufskarten stehen beim jeweiligen Lemma.

Behandelt werden 160 Krisenherde: Unabhängigkeits- und Befreiungskriege, regionale Krisen, ethnische, nationale, religiöse und soziale Konflikte und große internationale Konfrontationen. Viele Konflikte zeigen ähnliche Strukturen, und sie verlaufen meist nach ähnlichen Mustern. Die Darstellung der Autonomiebestrebungen der Kurden, die Rassenunruhen in Sri Lanka und vor allem die seit den neunziger Jahren zunehmenden gewaltsamen Übergriffe der islamischen Fundamentalisten wurden ebenso berücksichtigt wie blutige Regierungsumstürze und Terrorakte der verschiedensten Gruppierungen.

Dargestellt werden diese politischen Gewaltphänomene in alphabetisch geordneten Artikeln über die jeweiligen *Konfliktstaaten*. Als Staaten sind hierbei im völkerrechtlichen Sinne unabhängige und von der Völkergemeinschaft anerkannte Länder zu verstehen; die Schreibweise folgt der in Deutschland gängigsten Form. Bei kriegerischen Auseinandersetzungen zwischen selbständigen Staaten werden historischer Hintergrund und Konfliktverlauf sowie alle weiteren Zusammenhänge im Artikel des Aggressorstaates oder desjenigen Staates, auf dessen Territorium die Kampfhandlungen überwiegend stattfanden, dargestellt und durch Verweise erschlossen: z. B. der Falkland-Krieg bei Argentinien, dem Aggressor, und nicht bei Großbritannien; der Ogaden-Konflikt bei Äthiopien, zu dessen Territorium die Region gehört, und nicht beim Angreifer Somalia. Konfliktnamen, die nicht auf Staaten bezogen sind (z. B. Anden-Krieg, Nahostkonflikt) erscheinen innerhalb der alphabetischen Ordnung als *Verweis-Lemmata*, die den Konflikt kurz umreißen und auf die entsprechenden Staatenartikel weiterverweisen. Mit der Ausnahme von Tibet. Obgleich es kein eigenständiger Staat ist, wird unter einem eigenen Lemma die Leidensgeschichte des Himalajavolkes dargestellt.

Beim Tschetschenien-Konflikt z. B. wird auf Rußland verwiesen, da die Kaukasus-Region bei Abschluß des Bandes völkerrechtlich noch zu Rußland gehörte. So werden auch alle anderen Autonomie- oder Unabhängigkeitskonflikte dem Staat zugeordnet, von dem sich die jeweilige Region lösen wollte oder will (Biafra z. B. bei Nigeria). War die Folge eines Krieges die staatliche Souveränität einer der beteiligten Parteien, so wird der Konflikt unter dem neuen Staatsnamen dargestellt (z. B. Bangladesch; oder das Aufgehen der Insel Sansibar in einer Staatengemeinschaft bei Tansania). Da der gegenwärtige Krieg in Bosnien und Herzegowina unlösbar mit der Geschichte des Balkans verknüpft ist, wird die historische Entwicklung Gesamt-Jugoslawiens und seiner Teilstaaten im Artikel Bosnien und Herzegowina eingehend erläutert. Die ausführlichen *Register* und die Verweisartikel ermöglichen dem Benutzer ein schnelles Auffinden der Informationen.

Die im Anhang abgedruckte Systematik gibt eine Übersicht, kann aber nicht alle Entwicklungsstadien eines Konflikts (z. B. von ethnischen und sozialen Spannungen innerhalb eines Unabhängigkeits- und späteren Bürgerkriegs mit Intervention von außen im Zusammenspiel des Ost-West-Gegensatzes und ökonomischer Interessen Dritter sowie erfolgreicher Revolution und späterer Konterrevolution) erfassen; dies sollen die Artikel der Konfliktstaaten leisten: Der Abschnitt *Historischer Hintergrund* erläutert die geschichtlichen Ausgangsbedingungen; im Abschnitt *Konfliktparteien* werden die gegnerischen Gruppierungen, Parteien und ihre Verbündeten kurz porträtiert; im Abschnitt *Konfliktverlauf* wird überblicksartig die Chronologie der Ereignisse aufgezeigt, in den Abschnitten *Ergebnis* und *Entwicklung seit Konfliktende* – soweit sich überhaupt von einem Ende und einem eindeutigen Ergebnis sprechen läßt – die Darstellung bis zur Gegenwart (September 1995) fortgeschrieben. Vorläufige Ergebnisse und der mögliche Verlauf bzw. die weitere Entwicklung der anhaltenden Konflikte werden extrapoliert, d. h. prognostisch dargestellt. Es handelt sich dabei nicht um Prophetie, sondern entweder um ein Resümee oder eine vorsichtige Zukunftsprognose unter Abwägung aller bekannten Fakten.

Die *soziographischen Daten* am Ende des Artikels zeigen das aktuelle Bild des Konfliktstaates; die *Literaturangaben* geben weiterführende Leseempfehlungen. In der *Marginalspalte* werden die wichtigsten Personen vorgestellt, die den Konfliktverlauf maßgeblich beeinflußten, und Zeitdokumente abgedruckt.

Den im *Anhang* in der Auswahlbibliographie aufgeführten Quellen und Studien ist der Autor, der vor 12 Jahren in einer eigenen Studie eine Darstellung von 45 Konflikten veröffentlicht und dieses Material grundlegend überarbeitet und wesentlich erweitert in dieses Lexikon übernommen hat, ebenso verpflichtet wie vielen Einzeldarstellungen.

Gewidmet ist dieses Buch den Opfern aller Kriege, aller Zeiten.

Valley, im September 1995 Rüdiger Dingemann

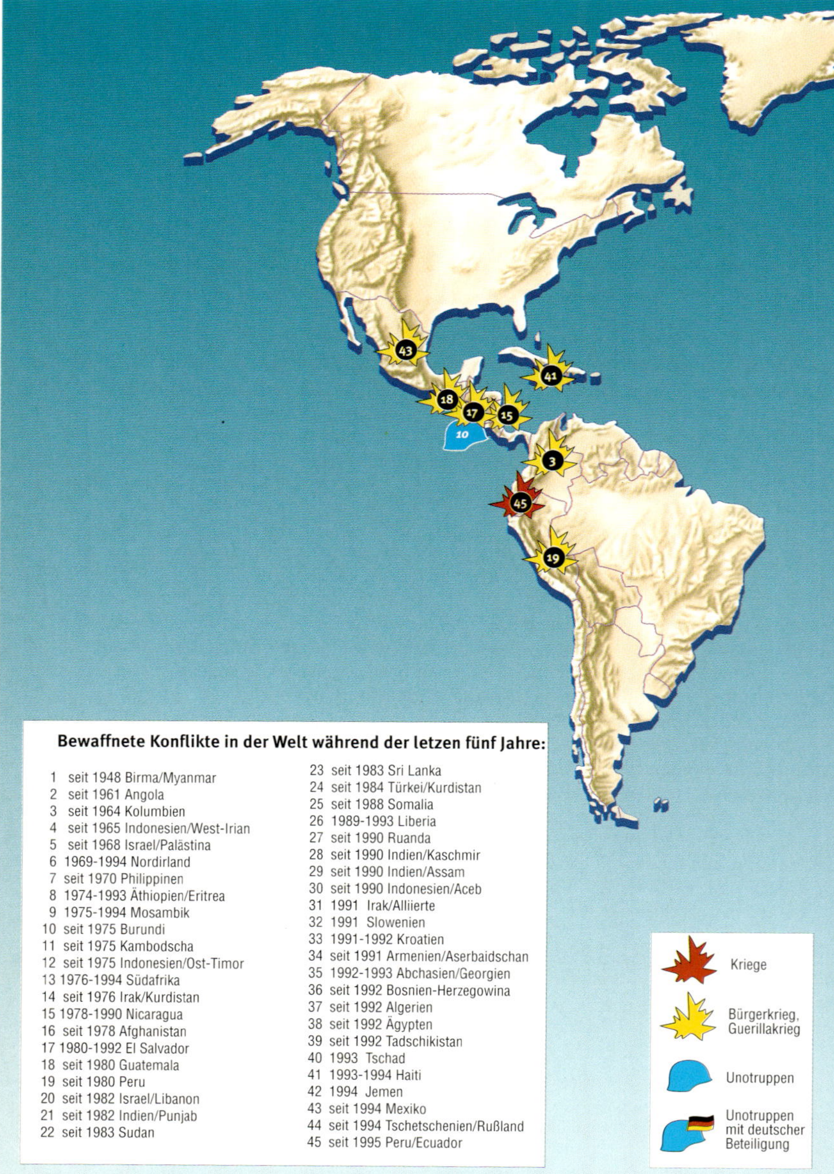

43
41
18
17
15
10
3
45
19
Bewaffnete Konflikte in der Welt während der letzen fünf Jahre:
1 seit 1948 Birma/Myanmar
2 seit 1961 Angola
3 seit 1964 Kolumbien
4 seit 1965 Indonesien/West-Irian
5 seit 1968 Israel/Palästina
6 1969-1994 Nordirland
7 seit 1970 Philippinen
8 1974-1993 Äthiopien/Eritrea
9 1975-1994 Mosambik
10 seit 1975 Burundi
11 seit 1975 Kambodscha
12 seit 1975 Indonesien/Ost-Timor
13 1976-1994 Südafrika
14 seit 1976 Irak/Kurdistan
15 1978-1990 Nicaragua
16 seit 1978 Afghanistan
17 1980-1992 El Salvador
18 seit 1980 Guatemala
19 seit 1980 Peru
20 seit 1982 Israel/Libanon
21 seit 1982 Indien/Punjab
22 seit 1983 Sudan
23 seit 1983 Sri Lanka
24 seit 1984 Türkei/Kurdistan
25 seit 1988 Somalia
26 1989-1993 Liberia
27 seit 1990 Ruanda
28 seit 1990 Indien/Kaschmir
29 seit 1990 Indien/Assam
30 seit 1990 Indonesien/Aceb
31 1991 Irak/Alliierte
32 1991 Slowenien
33 1991-1992 Kroatien
34 seit 1991 Armenien/Aserbaidschan
35 1992-1993 Abchasien/Georgien
36 seit 1992 Bosnien-Herzegowina
37 seit 1992 Algerien
38 seit 1992 Ägypten
39 seit 1992 Tadschikistan
40 1993 Tschad
41 1993-1994 Haiti
42 1994 Jemen
43 seit 1994 Mexiko
44 seit 1994 Tschetschenien/Rußland
45 seit 1995 Peru/Ecuador
Kriege
Bürgerkrieg, Guerillakrieg
Unotruppen
Unotruppen mit deutscher Beteiligung

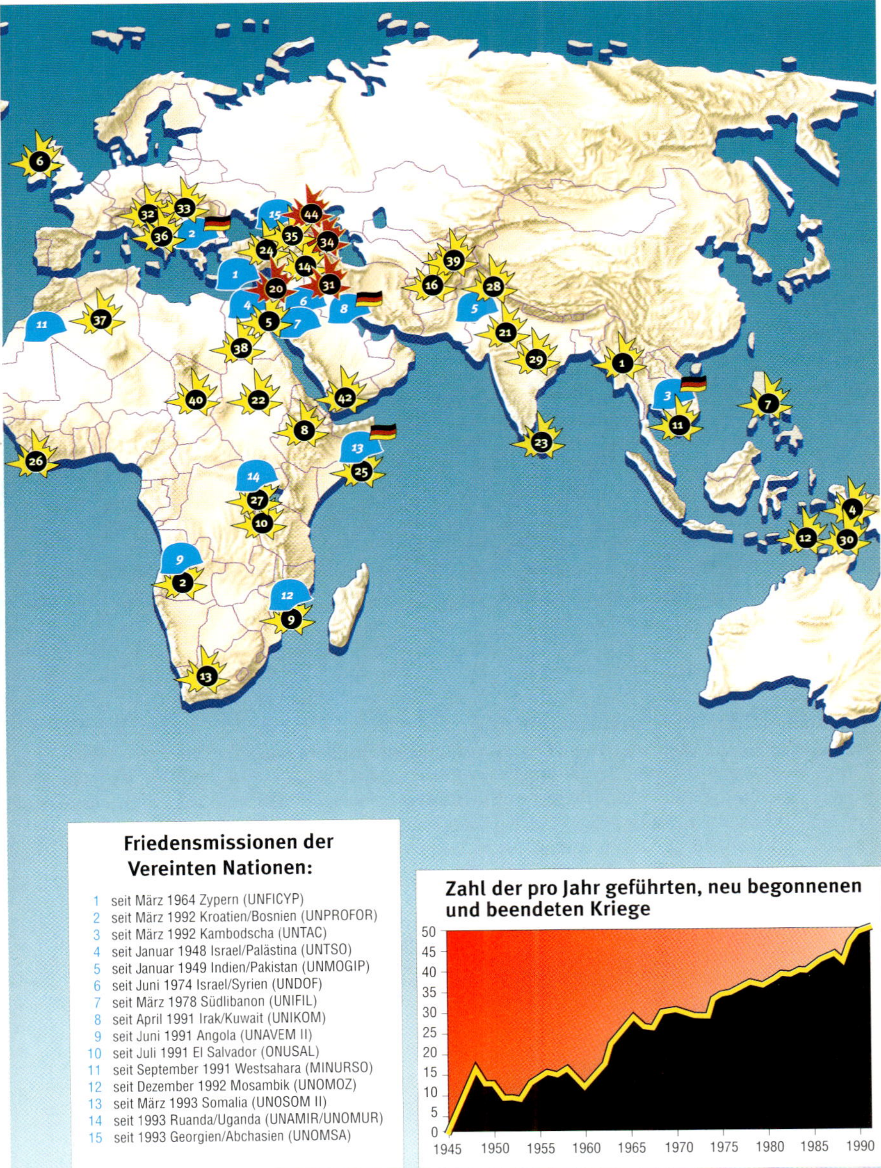
Friedensmissionen der Vereinten Nationen:
1 seit März 1964 Zypern (UNFICYP)
2 seit März 1992 Kroatien/Bosnien (UNPROFOR)
3 seit März 1992 Kambodscha (UNTAC)
4 seit Januar 1948 Israel/Palästina (UNTSO)
5 seit Januar 1949 Indien/Pakistan (UNMOGIP)
6 seit Juni 1974 Israel/Syrien (UNDOF)
7 seit März 1978 Südlibanon (UNIFIL)
8 seit April 1991 Irak/Kuwait (UNIKOM)
9 seit Juni 1991 Angola (UNAVEM II)
10 seit Juli 1991 El Salvador (ONUSAL)
11 seit September 1991 Westsahara (MINURSO)
12 seit Dezember 1992 Mosambik (UNOMOZ)
13 seit März 1993 Somalia (UNOSOM II)
14 seit 1993 Ruanda/Uganda (UNAMIR/UNOMUR)
15 seit 1993 Georgien/Abchasien (UNOMSA)
Zahl der pro Jahr geführten, neu begonnenen und beendeten Kriege
50
45
40
35
30
25
20
15
10
5
0
1945
1950
1955
1960
1965
1970
1975
1980
1985
1990

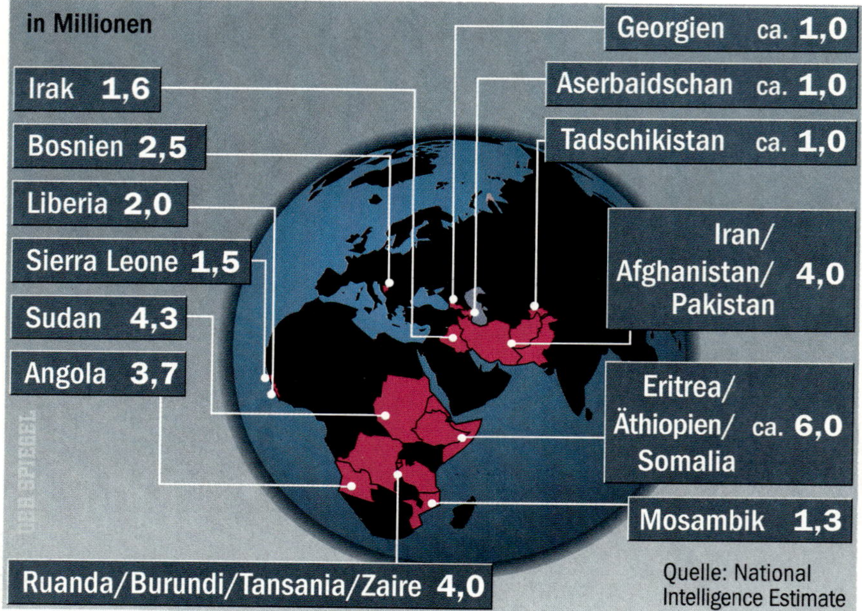

Weltkarte des Elends

Etwa 40 Millionen Menschen werden in den nächsten Jahren auf internationale humanitäre Hilfe angewiesen sein. Als Entscheidungsgrundlage für Politiker haben US-Geheimdienste eine Elendskarte zusammengestellt, auf der abzulesen ist, wie viele Menschen durch Bürgerkriege, ethnische oder religiöse Konflikte in Not geraten sind. Danach werden auch drei ehemalige Sowjetrepubliken sowie der Karibikstaat Haiti ihre Bürger nicht länger ohne Hilfe von außen ernähren können. Allein in Afrika südlich der Sahara sind über 20 Millionen Menschenleben in Gefahr. Fünf afrikanische Staaten droht nach Geheimdienst-Befürchtungen der vollständige Kollaps: Zaire, Sudan, Liberia, Sierra Leone und Somalia. In Burundi könnten sich die ethnischen Spannungen ähnlich entwickeln wie in Ruanda, wo 1994 über 500 000 Menschen niedergemetzelt wurden.

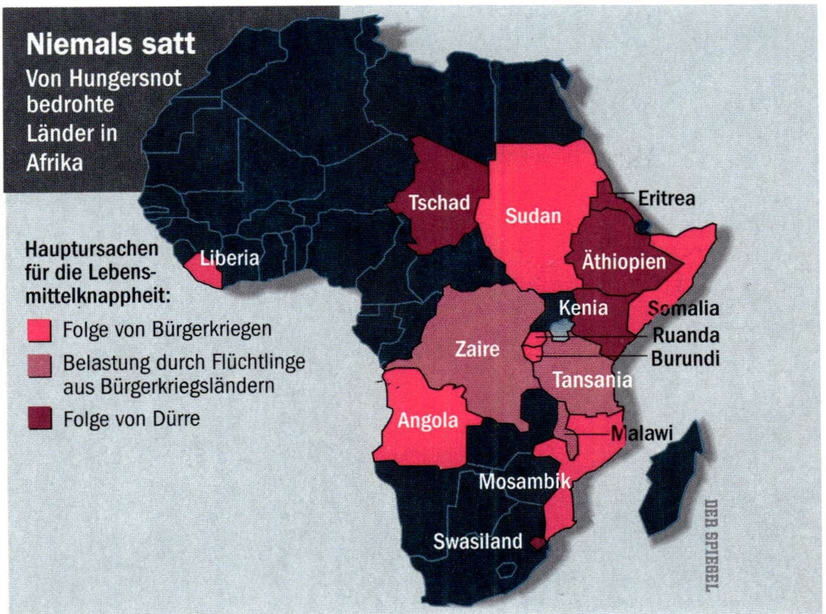

Elend in Afrika

In 15 Ländern Afrikas südlich der Sahara droht eine Hungernot. Die Notlage ist in den meisten Gebieten nicht nur Folge ungünstiger Wetterbedingungen, sondern auch von Unruhen und Bürgerkriegen. So hungern Menschen in Liberia, obwohl die Regenzeit in Westafrika rechtzeitig einsetzte, doch die Bauern konnten ihre Felder nicht bestellen, weil Freischärler-Banden das Land verwüsten. Am Horn von Afrika herrscht dagegen eine verheerende Dürre; sie erschwert den Wiederaufbau in den ehemaligen Bürgerkriegsgebieten von Äthiopien und Eritrea. In Zaire und Tansania müssen rund zwei Millionen Flüchtlinge aus Ruanda mit ernährt werden. Abgesehen von diesen Ländern bereitet der UNO-Ernährungsorganisation FAO die Sub-Sahara-Zone die größten Sorgen, weil dort die Nahrungsmittelproduktion im Verhältnis zum Bevölkerungswachstum sinkt.

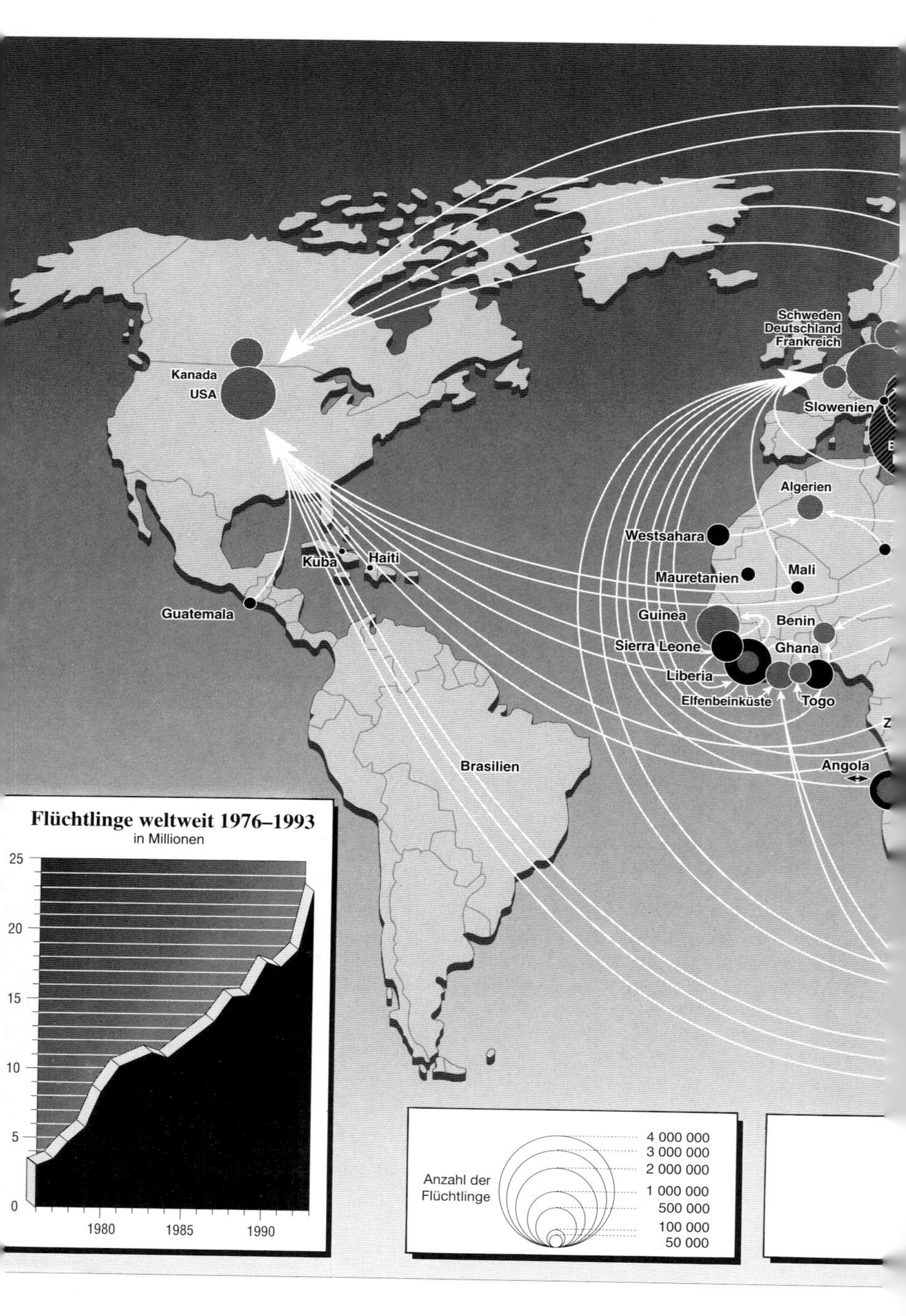
Schweden
Deutschland
Frankreich
Kanada
USA
Slowenien
Algerien
Westsahara
Kuba
Haiti
Mauretanien
Mali
Guatemala
Guinea
Benin
Sierra Leone
Ghana
Liberia
Elfenbeinküste
Togo
Brasilien
Angola
Flüchtlinge weltweit 1976–1993
in Millionen
25
20
15
10
5
0
1980
1985
1990
Anzahl der Flüchtlinge
4 000 000
3 000 000
2 000 000
1 000 000
500 000
100 000
50 000

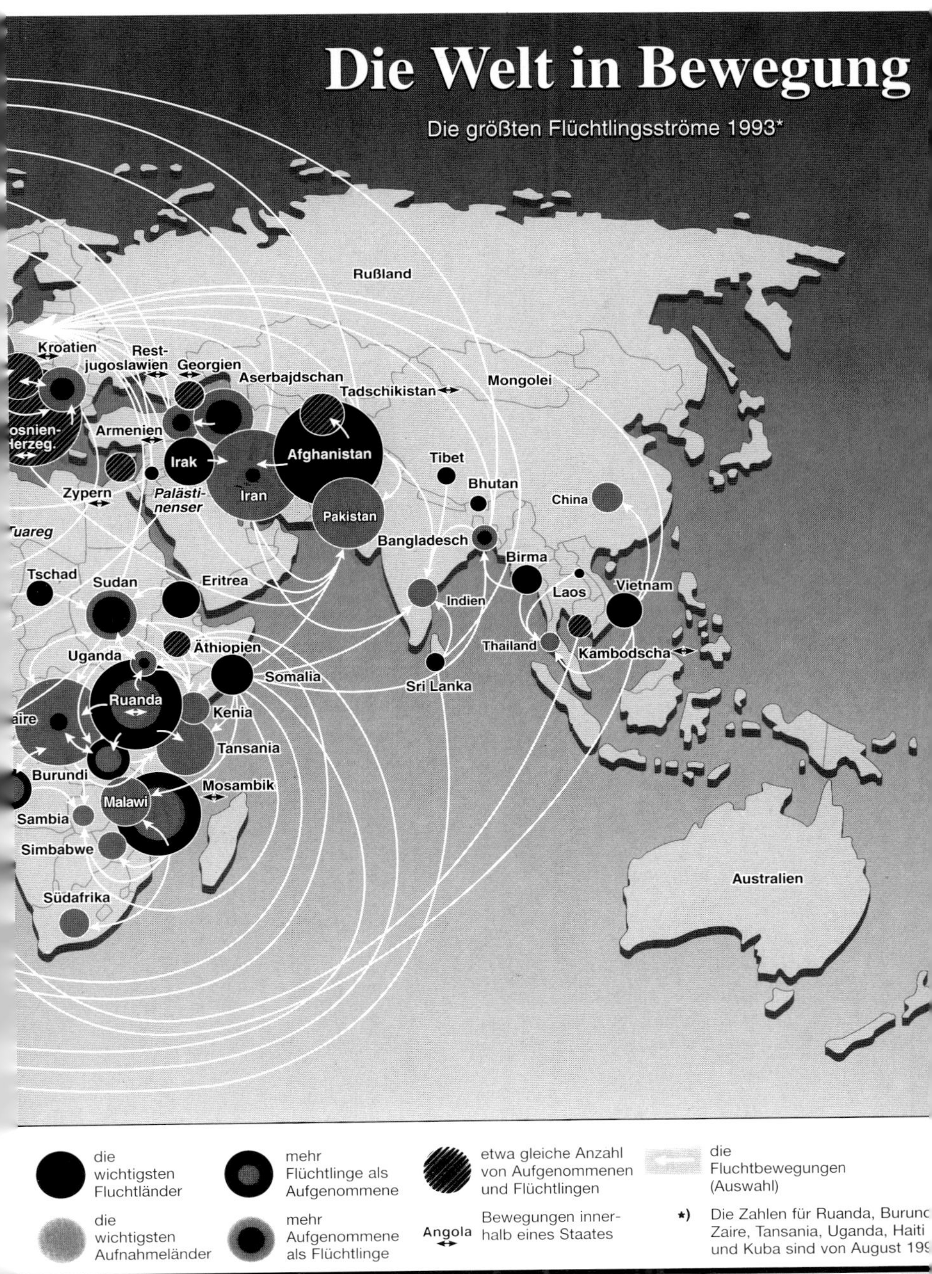
Die Welt in Bewegung
Die größten Flüchtlingsströme 1993*
Rußland
Kroatien
Rest-
jugoslawien
Georgien
Aserbajdschan
Tadschikistan
Mongolei
osnien-
Herzeg.
Armenien
Irak
Afghanistan
Tibet
Bhutan
China
Zypern
Palästi-
nenser
Iran
Pakistan
Tuareg
Bangladesch
Birma
Tschad
Sudan
Eritrea
Laos
Vietnam
Indien
Thailand
Äthiopien
Uganda
Kambodscha
Somalia
Sri Lanka
Ruanda
aire
Kenia
Tansania
Burundi
Mosambik
Malawi
Sambia
Simbabwe
Australien
Südafrika
die wichtigsten Fluchtländer
mehr Flüchtlinge als Aufgenommene
etwa gleiche Anzahl von Aufgenommenen und Flüchtlingen
die Fluchtbewegungen (Auswahl)
die wichtigsten Aufnahmeländer
mehr Aufgenommene als Flüchtlinge
Angola
Bewegungen innerhalb eines Staates
*) Die Zahlen für Ruanda, Burunc
Zaire, Tansania, Uganda, Haiti
und Kuba sind von August 19

Erde – politisch

- Hauptstadt
- Niue — abhängiges Gebiet
- Wake (USA) — Inseln und Inselgruppen mit Zugehörigkeit

Abkürzungen:

(Austr.)	= Australien	*(Ind.)*	= Indien
(Bras.)	= Brasilien	*(Jap.)*	= Japan
(Fr.)	= Frankreich	*(Mex.)*	= Mexiko
(G.-B.)	= Großbritannien	*(Neuseel.)*	= Neuseeland

(Niederl.) = Niederlande
(Norw.) = Norwegen
(Port.) = Portugal
(Span.) = Spanien
(USA) = Vereinigte Staaten
(V.A.E.) = Vereinigte Arabische Emirate

Erde – freie/unfreie Länder

Staatliche Willkür führt zu Unterdrückung, und Unfreiheit ist eine der Ursachen von bewaffneten Konflikten. Von den 191 Staaten der Erde sind 76 frei, 61 teilweise frei und 54 unfrei. Von den zusammengenommen 137 freien bzw. teilweise freien Ländern können 114 als Demokratien it gewählten Regierungen, einer Verfassung und repräsentativen Institutionen bezeichnet werden. Diese Bilanz zog Ende 1994 die

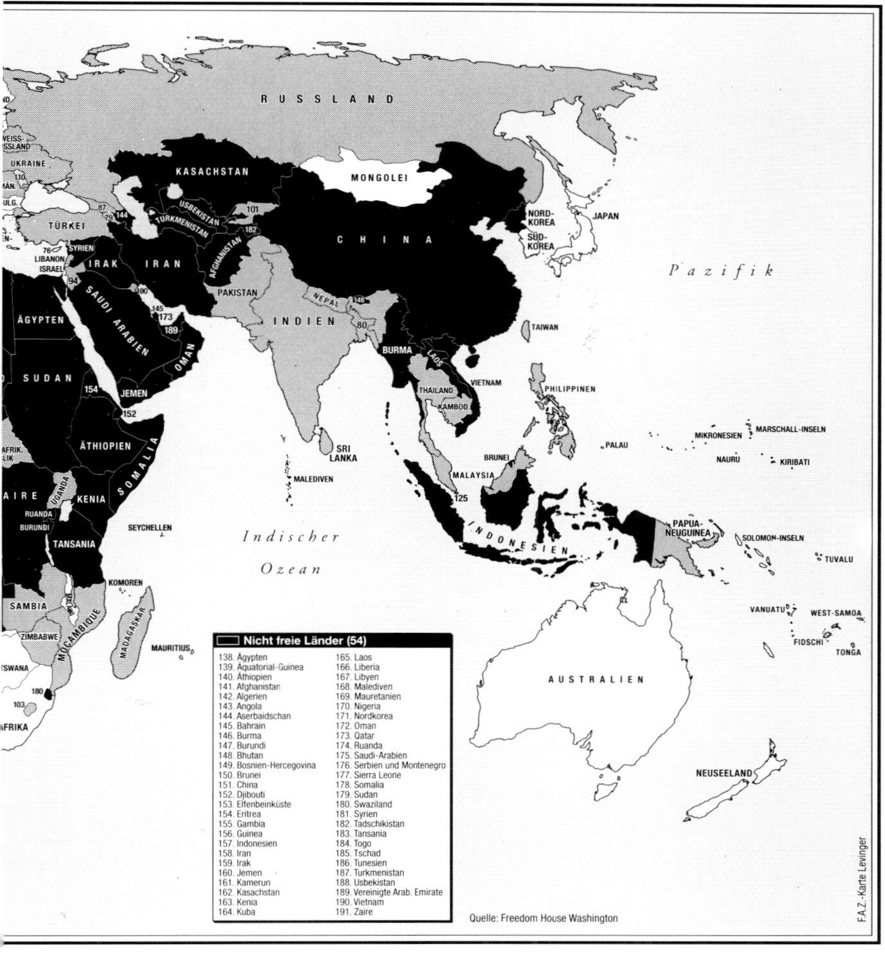

New Yorker Menschenrechtsorganisation *Freedom House*, die politische Rechte und die bürgerlichen Freiheiten aller Staaten untersuchte. Die Statistik verändert sich ständig aufgrund vieler innerstaatlicher Krisen, durch zwischenstaatliche Konflikte und kriegerische Auseinandersetzungen. Teilweise freie und vor allem unfreie Staaten sind potentielle Krisenherde.

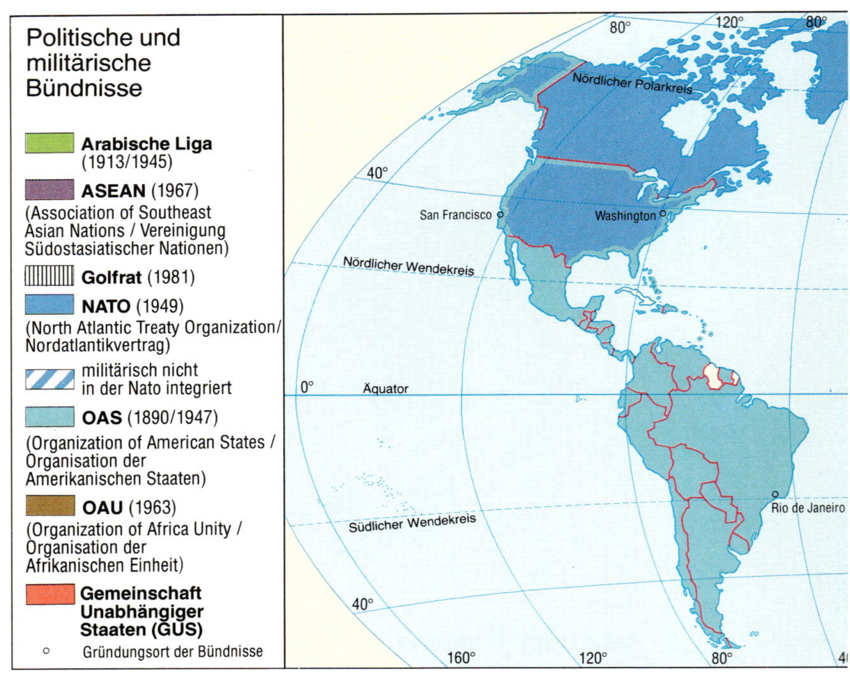

Arabische Liga
Mitgliedsstaaten: Ägypten, Algerien, Bahrain, Dschibuti, Irak, Jemen, Jordanien, Katar, Komoren, Kuwait, Libanon, Libyen, Marokko, Mauretanien, Oman, Palästina (PLO), Saudi-Arabien, Somalia, Syrien, Sudan, Tunesien und die Vereinigten Arabischen Emirate.
Aufgaben: Förderung der politischen, kulturellen und wirtschaftlichen Beziehungen unter den Mitgliedsstaaten; Wahrung der staatlichen Unabhängigkeit und arabischen Interessen; Schlichtung von Konflikten unter den Mitgliedsstaaten. Der Pakt der Liga der arabischen Staaten wurde 1950 durch ein Verteidigungsbündnis erweitert. Wichtigstes außenpolitisches Ziel ist die Schaffung eines unabhängigen palästinensischen Staates.

ASEA...N
Mitgliedsstaaten: Indonesien, Malaysia, Philippinen, Singapur, Thailand und Vietnam.
Beobachterstatus: Papua-Neuguinea, Laos, Kambodscha und Myanmar.
Sonderstatus: Republik Korea, China und Rußland.
Aufgaben: Wirtschaftliche, kulturelle und soziale Kooperation der Staaten zur Sicherung des Friedens in Südostasien.

Golfrat
Mitgliedsstaaten: Bahrain, Katar, Kuwait, Oman und Saudi-Arabien.
Aufgaben: Verteidigungsbündnis der Ölstaaten der arabischen Halbinsel.

GUS
Mitgliedsstaaten: Armenien, Aserbaidschan, Georgien, Kasachstan, Kirgisistan, Moldawien, Rußland, Tadschikistan, Turkmenistan, Usbekistan und Weißrußland.

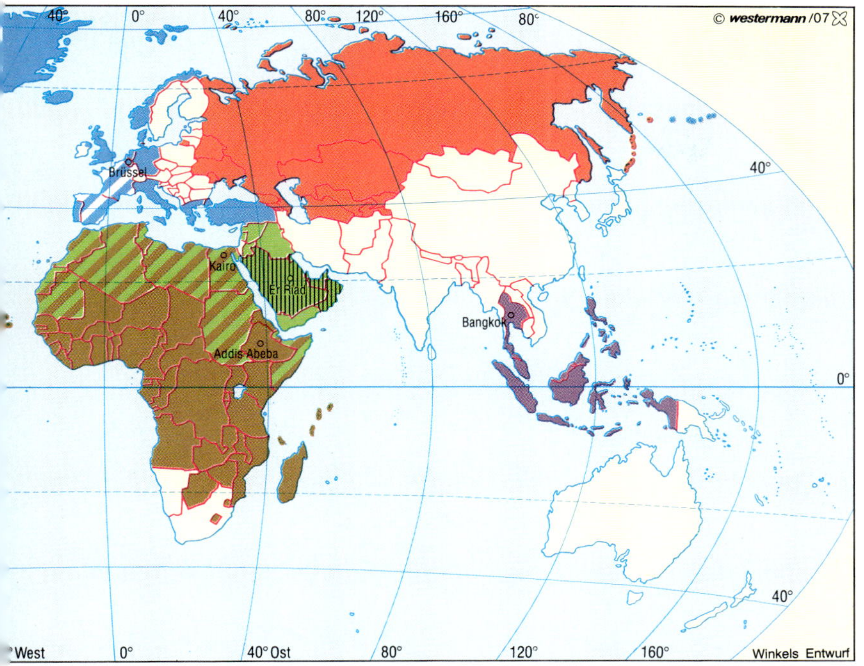

Aufgaben: Bildung eines Staatenbundes bei gleichzeitiger Wahrung der Souveränität der ehemaligen Sowjetrepubliken; wirtschaftliche und militärische Zusammenarbeit sowie Kontrolle der Kernwaffen; außenpolitische Koordinierung und Entwicklung eines gemeinsamen Wirtschaftsraumes.

NATO
Mitgliedsstaaten: Belgien, Dänemark, Deutschland, Frankreich, Griechenland, Großbritannien, Island (ohne Streitkräfte), Italien, Kanada, Luxemburg, Niederlande, Norwegen, Portugal, Spanien, Türkei und USA.
Aufgaben: Friedenssicherung durch Erstellung von Verteidigungsplänen und Rüstungskoordination sowie politische und wirtschaftliche Zusammenarbeit.

OAS
Mitgliedsstaaten: Alle 35 Staaten Nord- und Südamerikas. Kubas Mitgliedschaft ruht seit 1962.
Aufgaben: Friedenssicherung und Wahrung der staatlichen Souveränität der Mitgliedsstaaten sowie wirtschaftliche, soziale und kulturelle Zusammenarbeit.

OAU
Mitgliedsstaaten: 52 unabhängige Staaten Afrikas und die Befreiungsbewegung POLISARIO (Demokratische Arabische Republik Sahara). Wegen der Mitgliedschaft der POLISARIO trat Marokko 1984 aus der OAU aus.
Aufgaben: Kooperation aller afrikanischen Länder sowie gemeinsamer Kampf gegen Apartheid, Kolonialismus und Neokolonialismus. Die OAU ist kein Verteidigungsbündnis und vertritt das Prinzip der Nichteinmischung in die inneren Angelegenheiten der Mitgliedsstaaten.

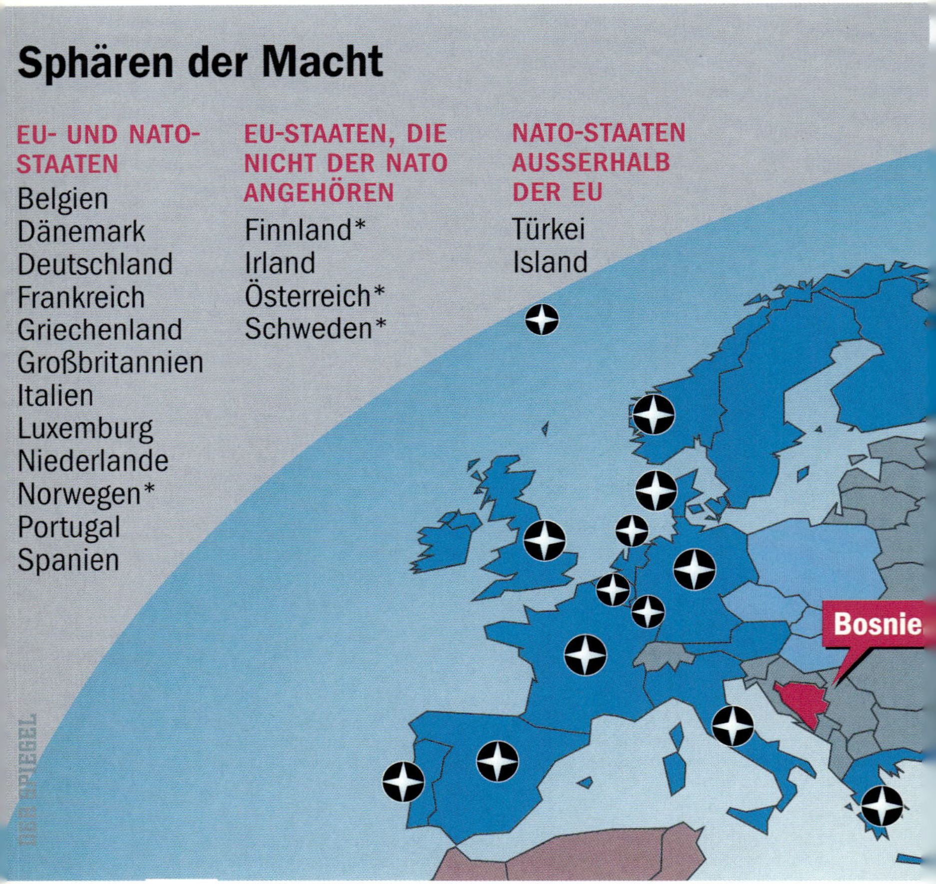

Sphären der Macht

EU- UND NATO-STAATEN
Belgien
Dänemark
Deutschland
Frankreich
Griechenland
Großbritannien
Italien
Luxemburg
Niederlande
Norwegen*
Portugal
Spanien

EU-STAATEN, DIE NICHT DER NATO ANGEHÖREN
Finnland*
Irland
Österreich*
Schweden*

NATO-STAATEN AUSSERHALB DER EU
Türkei
Island

Bosnie

DER SPIEGEL

Die vier größten europäischen Krisenherde (Bosnien und Herzegowina seit 1992, Kroatien 1991/1992 und wieder seit 1995, Slowenien 1991 und der Bürgerkrieg in Nordirland von 1969 bis 1994) sowie die Krisengebiete in der ehemaligen Sowjetunion berühren unmittelbar die Interessensphären der politischen, militärischen und wirtschaftlichen Bündnisse Gesamteuropas. Die Karte zeigt, wie eng die Verknüpfungen von Wirtschafttsinteressen und machtpolitischen Konstellationen

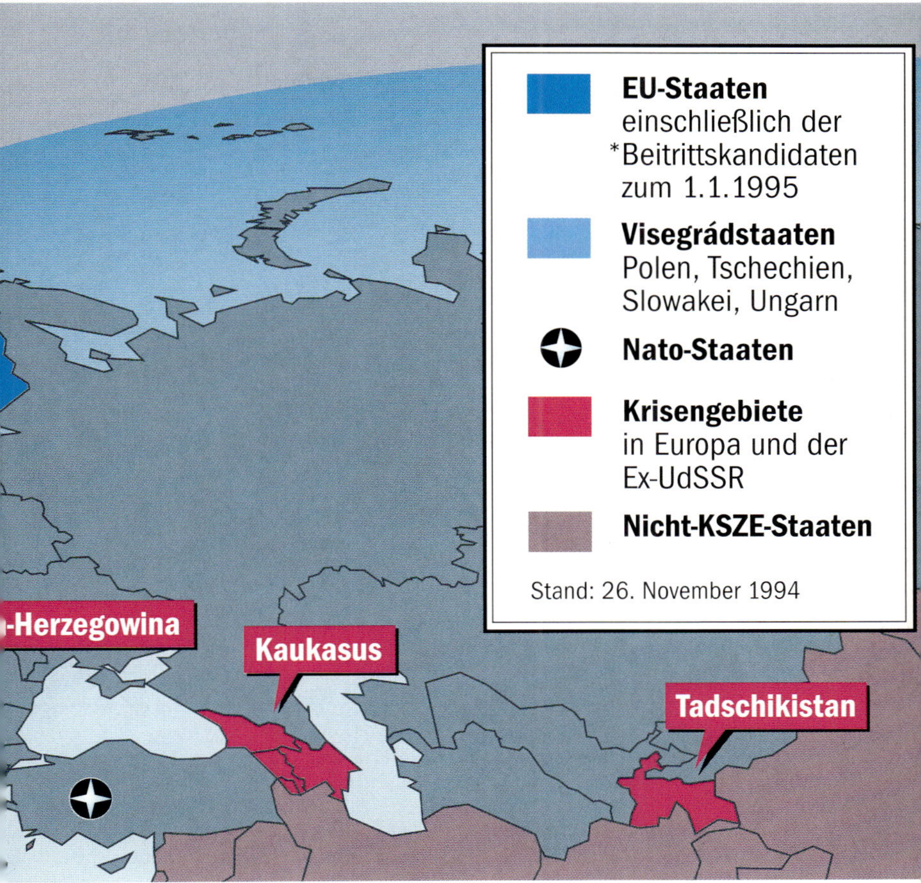

sind. Doch weder die EU-Staaten noch die NATO-Partner waren bisher in der Lage, diese Konflikte zu entschärfen. Im Gegenteil: Die Situation in einigen Krisengebieten eskalliert, Frieden ist nicht in Sicht. Alte Konflikte können jederzeit wieder ausbrechen und neue werden hinzukommen, wenn es den wichtigsten und einflußreichsten Staaten der NATO und EU nicht gelingen sollte, stärkeren Einfluß auf die Entwicklung dieser gefährdeten Regionen zu nehmen.

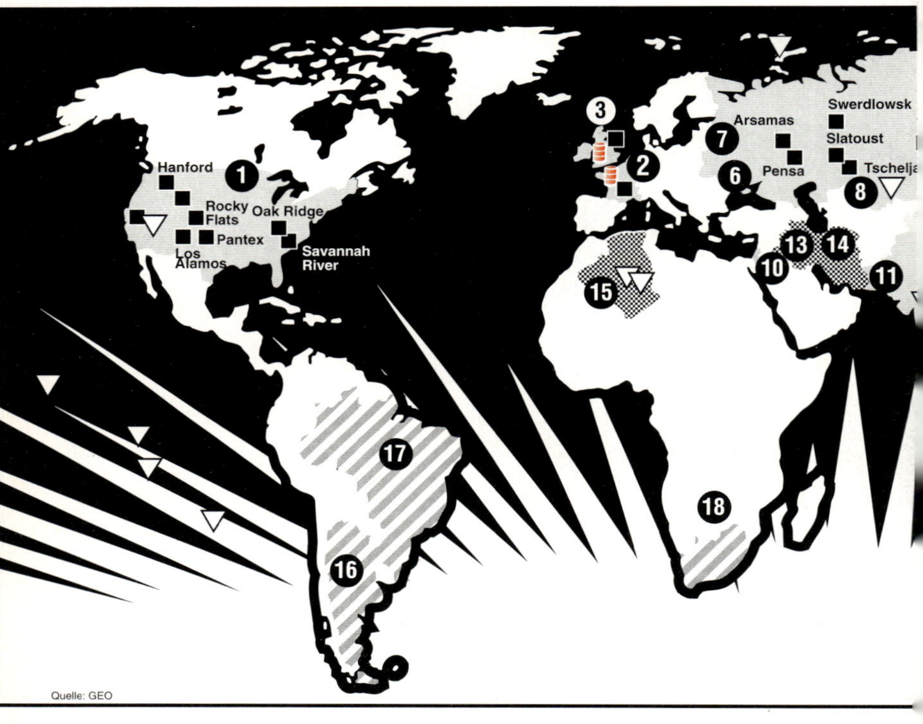

Quelle: GEO

Die Weltgemeinschaft lebt immer noch mit der Bedrohung, die von der Atombombe ausgeht. Zu einem weltweiten Atomkrieg ist es seit dem Ende des Zweiten Weltkrieges nicht gekommen, und in den bewaffneten Konflikten seit 1945 wurde diese größte Vernichtungswaffe nicht verwendet, aber mit ihrem Einsatz gedroht. Es bleibt die Gefahr bestehen, daß diese Waffen regional eingesetzt werden. Der Atomwaf-

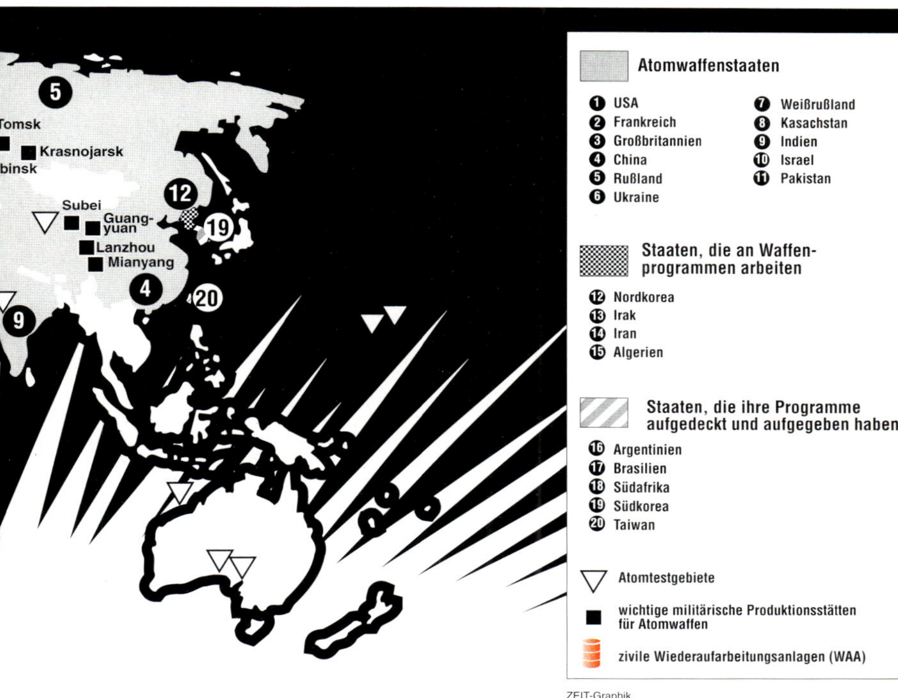

fensperrvertrag, der die weitere Zunahme von Atombomben verhindern soll, wurde im Mai 1995 verlängert. Es herrscht aber nach wie vor große Unklarheit darüber, welche Länder tatsächlich Atomwaffen besitzen bzw. herstellen können. Diese Unsicherheit spielt eine nicht unerhebliche Rolle für die weitere Entwicklung einiger Krisenherde in Asien und im Nahen Osten.

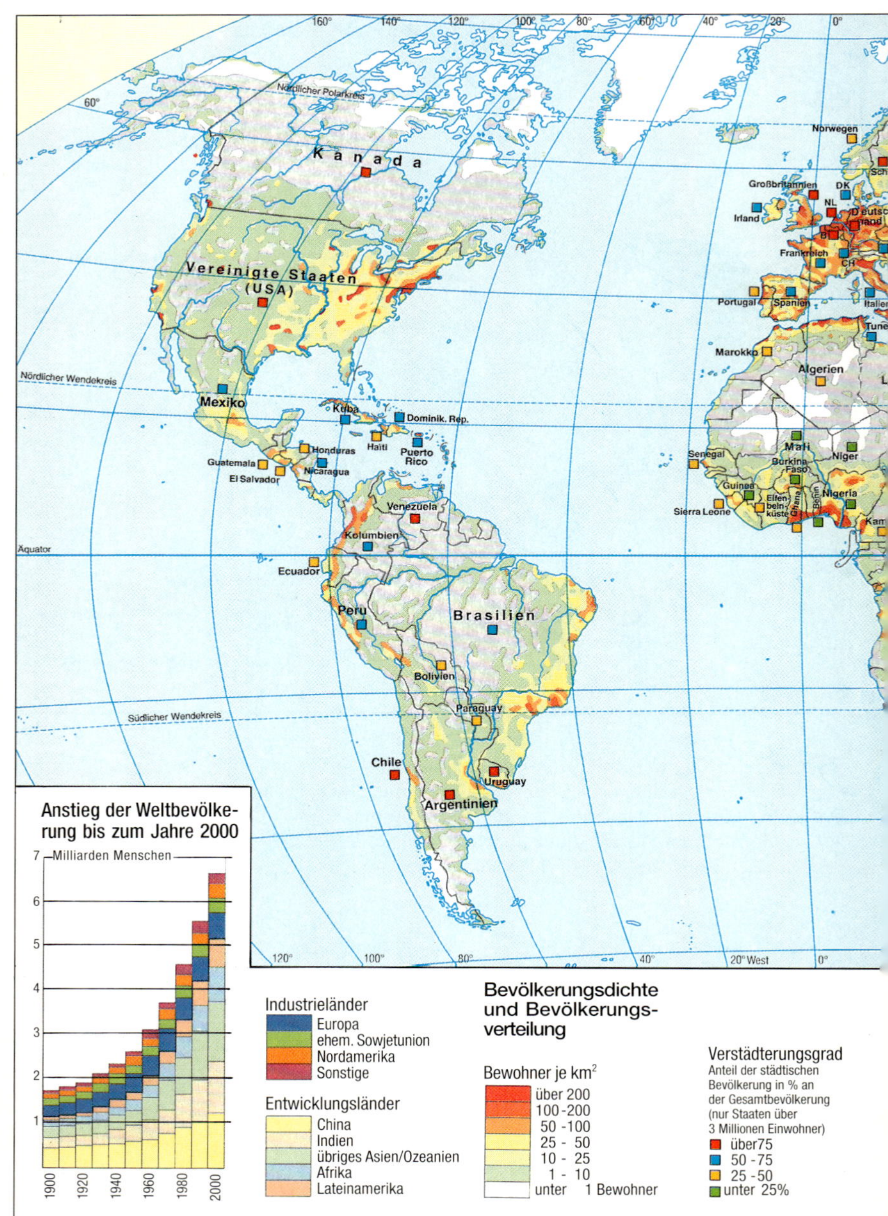
Nördlicher Polarkreis
Kanada
Vereinigte Staaten (USA)
Mexiko
Kuba
Dominik. Rep.
Haiti
Puerto Rico
Honduras
Guatemala
El Salvador
Nicaragua
Venezuela
Kolumbien
Ecuador
Peru
Brasilien
Bolivien
Paraguay
Chile
Uruguay
Argentinien
Nördlicher Wendekreis
Äquator
Südlicher Wendekreis
Norwegen
Großbritannien
Irland
DK
NL
Deutschland
B
Frankreich
CH
Portugal
Spanien
Italien
Marokko
Algerien
Senegal
Mali
Niger
Burkina Faso
Guinea
Sierra Leone
Elfenbeinküste
Ghana
Benin
Nigeria
Anstieg der Weltbevölkerung bis zum Jahre 2000
Milliarden Menschen
1900
1920
1940
1960
1980
2000
Industrieländer
Europa
ehem. Sowjetunion
Nordamerika
Sonstige
Entwicklungsländer
China
Indien
übriges Asien/Ozeanien
Afrika
Lateinamerika
Bevölkerungsdichte und Bevölkerungsverteilung
Bewohner je km²
über 200
100-200
50 - 100
25 - 50
10 - 25
1 - 10
unter 1 Bewohner
Verstädterungsgrad
Anteil der städtischen Bevölkerung in % an der Gesamtbevölkerung (nur Staaten über 3 Millionen Einwohner)
über 75
50 - 75
25 - 50
unter 25%

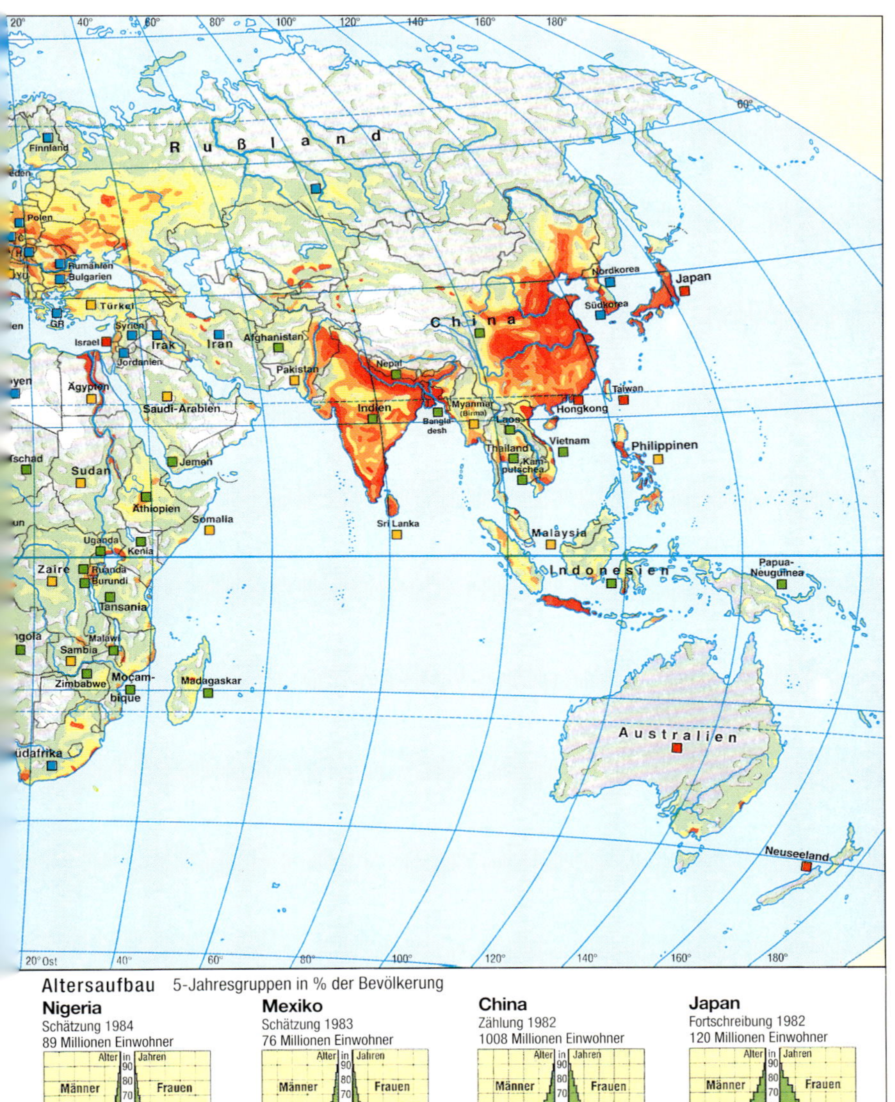

Altersaufbau 5-Jahresgruppen in % der Bevölkerung

Nigeria
Schätzung 1984
89 Millionen Einwohner

Mexiko
Schätzung 1983
76 Millionen Einwohner

China
Zählung 1982
1008 Millionen Einwohner

Japan
Fortschreibung 1982
120 Millionen Einwohner

Männer | Alter in Jahren (0–90) | Frauen

10% 8 6 4 2 0 | 0 2 4 6 8 10%

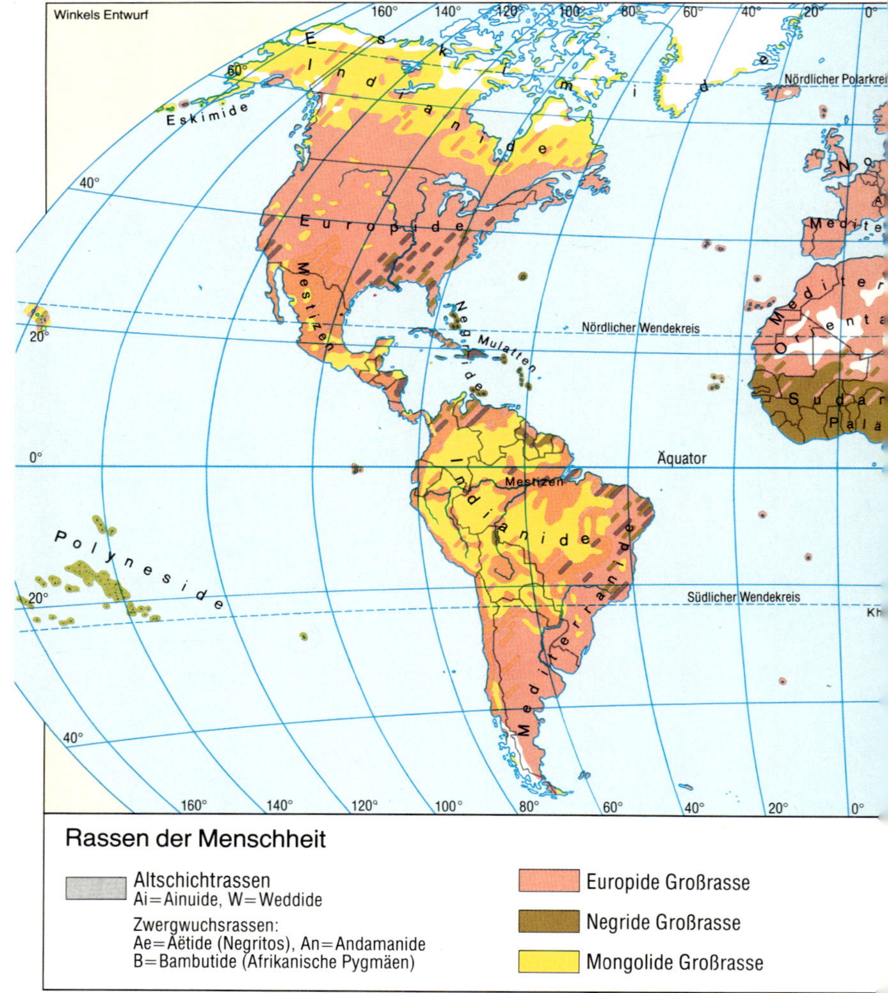

Winkels Entwurf
160°
140°
120°
100°
80°
60°
40°
20°
0°
Eskimide
Indianide
Europide
Mestizen
Negride
Mulatten
Polyneside
Mediterranide
Mestizen
Nördlicher Wendekreis
Äquator
Südlicher Wendekreis
Rassen der Menschheit
Altschichtrassen
Ai=Ainuide, W=Weddide
Zwergwuchsrassen:
Ae=Aëtide (Negritos), An=Andamanide
B=Bambutide (Afrikanische Pygmäen)
Europide Großrasse
Negride Großrasse
Mongolide Großrasse

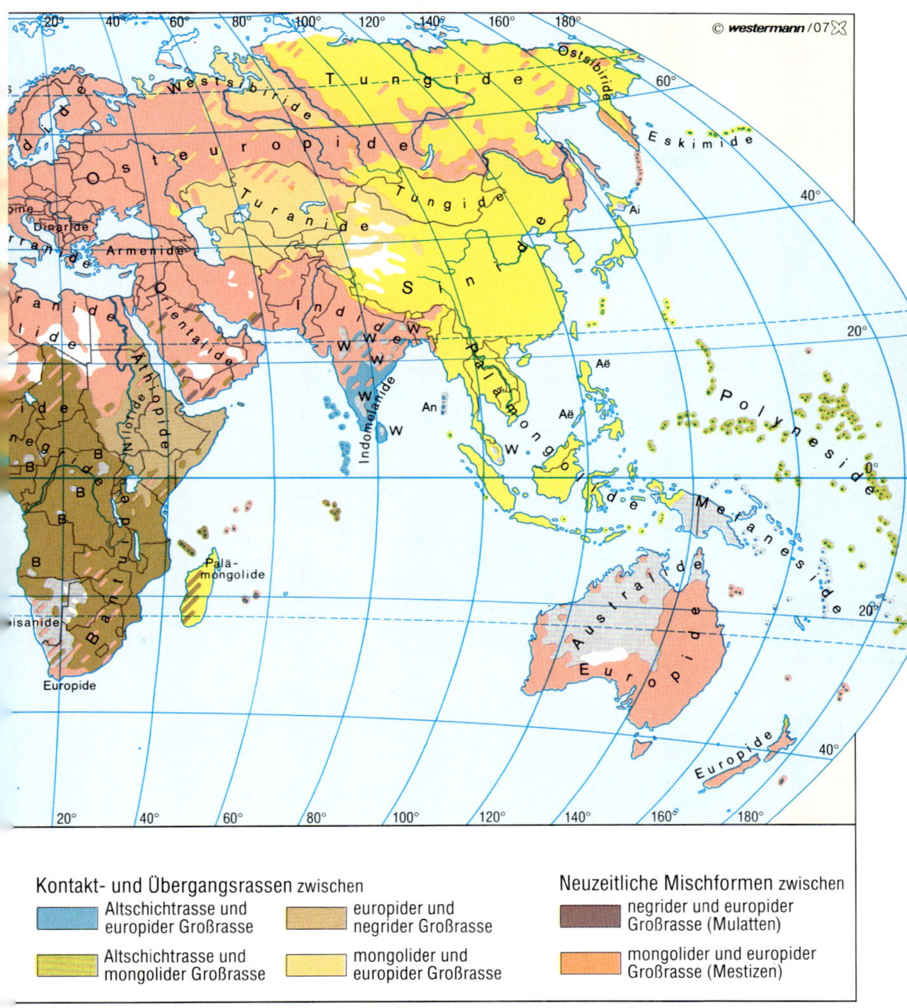
© westermann /07
Tungide
Westsibiride
Ostsibiride
Eskimide
Osteuropide
Turanide
Dinaride
Armenide
Orientalide
Sinide
Indide
Äthiopide
Nilotide
Negride
Bantuide
Indomelanide
Palämongolide
Polyneside
Melaneside
Australide
Europide
Ai
Aë
An
W
B
Palä-mongolide
Europide
Kontakt- und Übergangsrassen zwischen
Altschichtrasse und europider Großrasse
europider und negrider Großrasse
Altschichtrasse und mongolider Großrasse
mongolider und europider Großrasse
Neuzeitliche Mischformen zwischen
negrider und europider Großrasse (Mulatten)
mongolider und europider Großrasse (Mestizen)

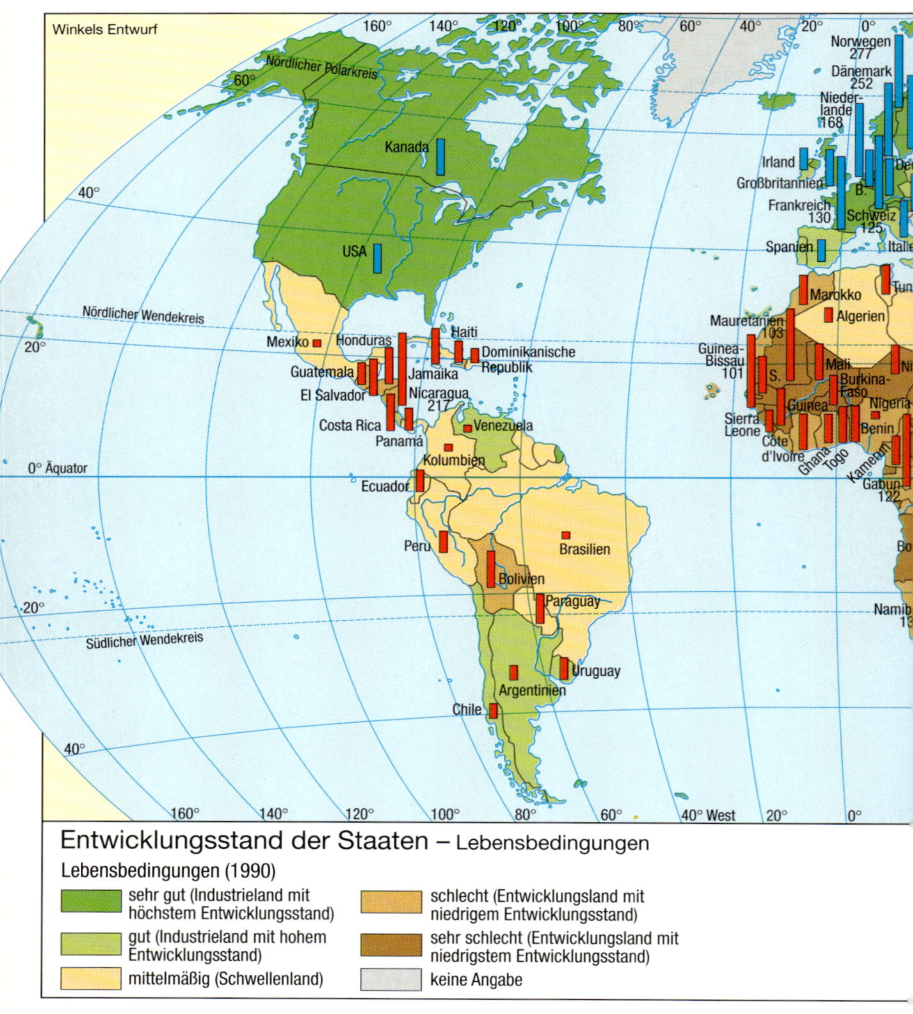

Die Lebensbedingungen werden hauptsächlich durch die soziale und wirtschaftliche Situation in einem Staat bestimmt. Zur Berechnung wurden die Merkmale Lebenserwartung, Bildungsstand und Einkommen herangezogen.
(Quelle: Vereinte Nationen, 1993)

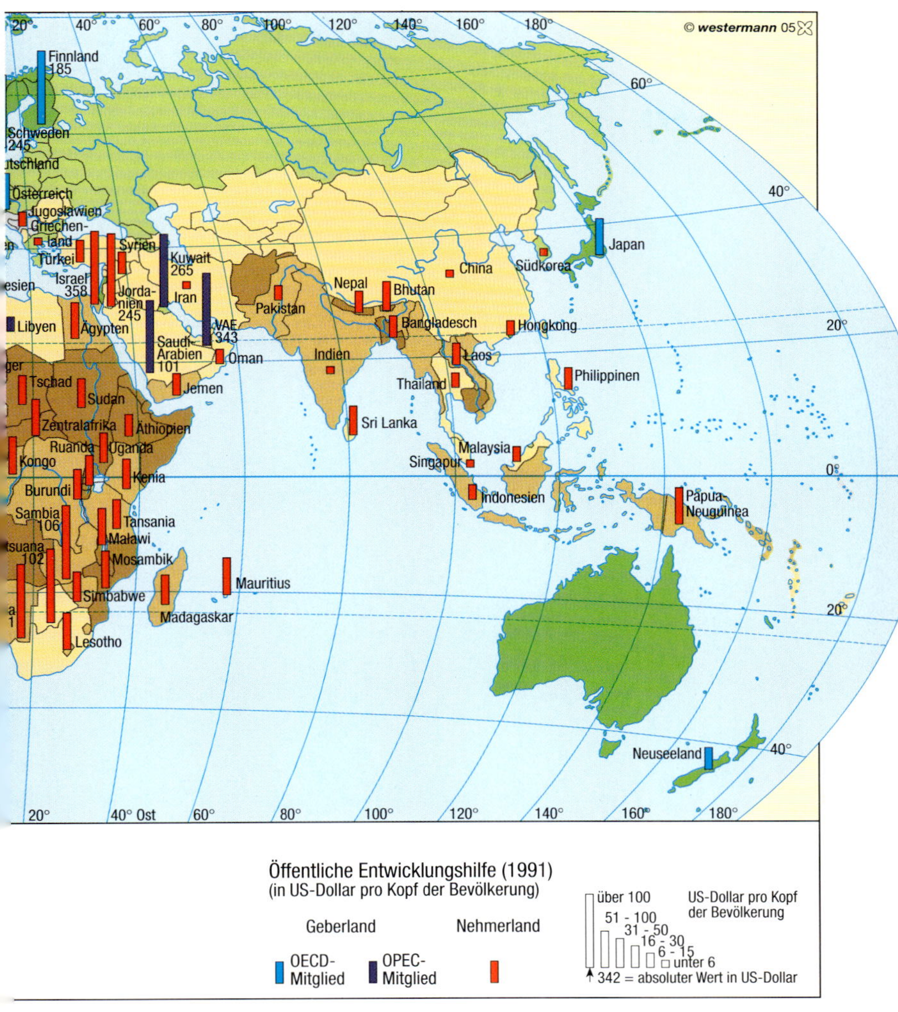

Öffentliche Entwicklungshilfe (1991)
(in US-Dollar pro Kopf der Bevölkerung)

Geberland: OECD-Mitglied, OPEC-Mitglied — Nehmerland

über 100 / 51 - 100 / 31 - 50 / 16 - 30 / 6 - 15 / unter 6 — US-Dollar pro Kopf der Bevölkerung

342 = absoluter Wert in US-Dollar

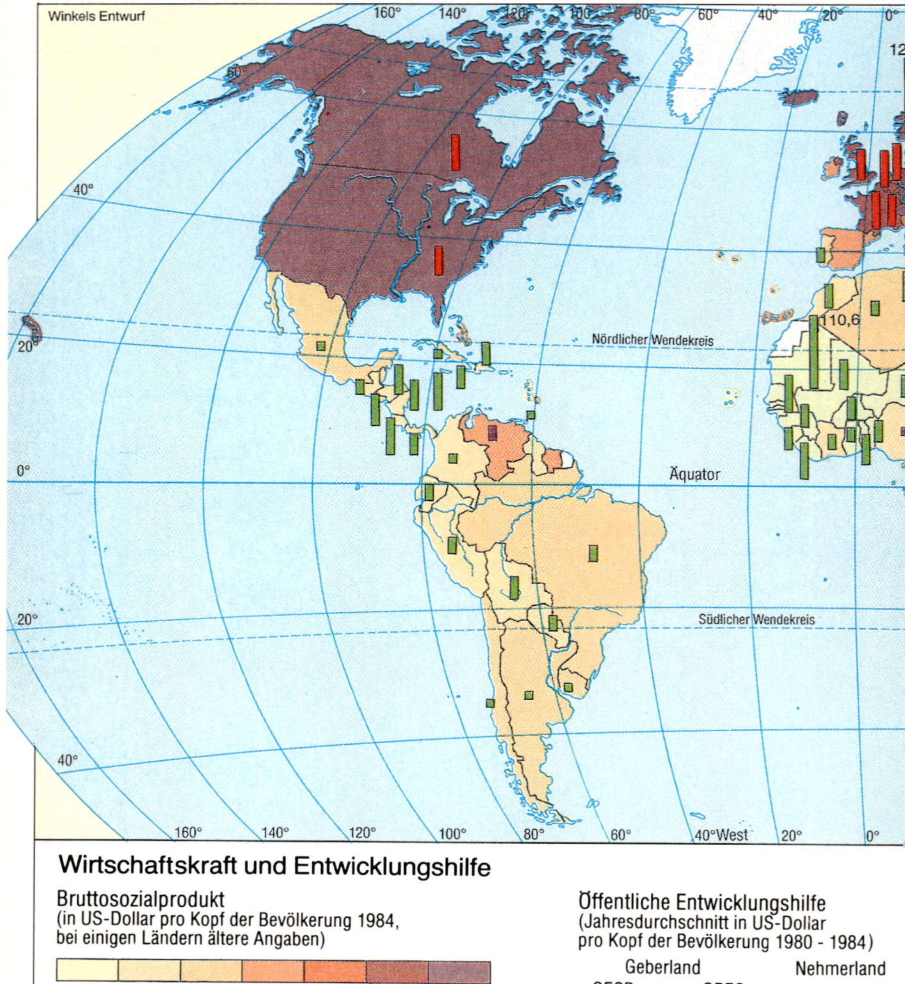

Wirtschaftskraft und Entwicklungshilfe

Bruttosozialprodukt
(in US-Dollar pro Kopf der Bevölkerung 1984, bei einigen Ländern ältere Angaben)

unter 500 | 500 - 1 500 | 1 500 - 3 000 | 3 000 - 5 000 - | 5 000 - 7 500 | 7 500 - 10 000 | über 10 000

Öffentliche Entwicklungshilfe
(Jahresdurchschnitt in US-Dollar pro Kopf der Bevölkerung 1980 - 1984)

Geberland: OECD-Mitglied, OPEC-Mitglied

Nehmerland

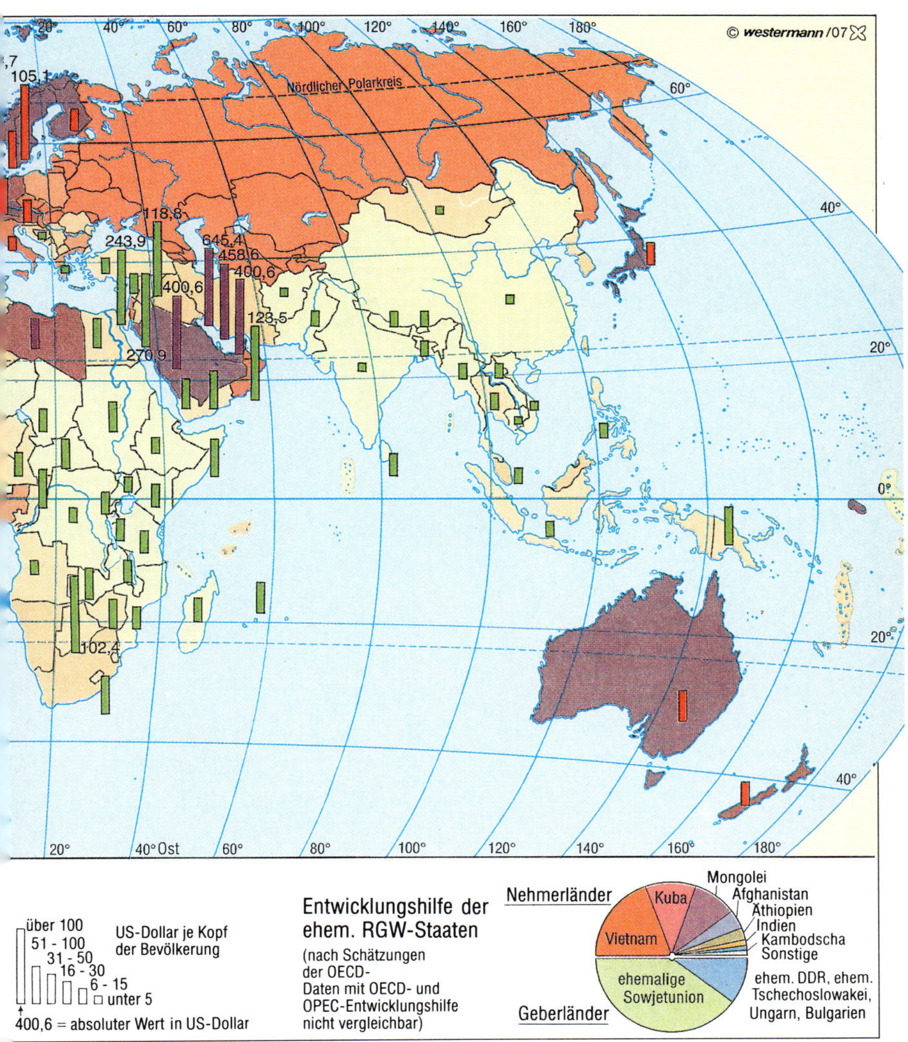
© westermann /07
Nördlicher Polarkreis
20°
40°
60°
80°
100°
120°
140°
160°
180°
40° Ost
0°
105,1
118,8
243,9
645,4
458,6
400,6
400,6
123,5
270,9
102,4
Entwicklungshilfe der ehem. RGW-Staaten
(nach Schätzungen der OECD-Daten mit OECD- und OPEC-Entwicklungshilfe nicht vergleichbar)
über 100
51 - 100
31 - 50
16 - 30
6 - 15
unter 5
US-Dollar je Kopf der Bevölkerung
400,6 = absoluter Wert in US-Dollar
Nehmerländer
Vietnam
Kuba
Mongolei
Afghanistan
Äthiopien
Indien
Kambodscha
Sonstige
Geberländer
ehemalige Sowjetunion
ehem. DDR, ehem. Tschechoslowakei, Ungarn, Bulgarien

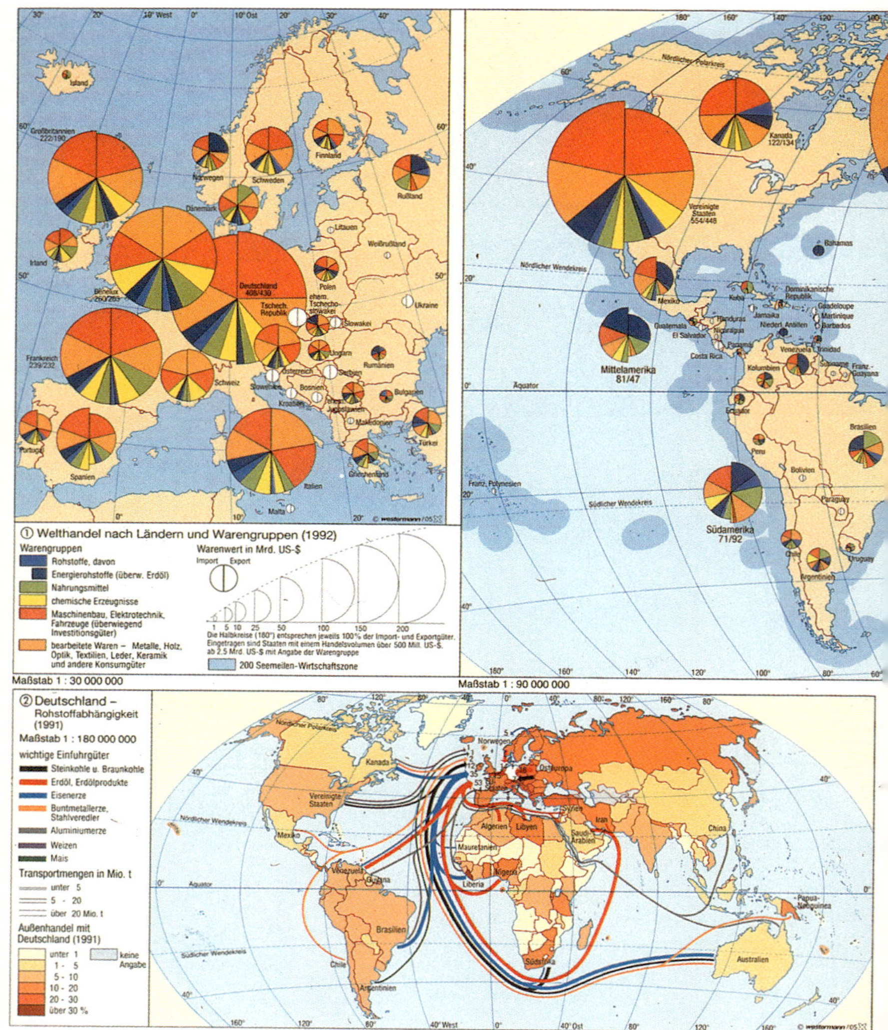
① Welthandel nach Ländern und Warengruppen (1992)
Warengruppen
Rohstoffe, davon
Energierohstoffe (überw. Erdöl)
Nahrungsmittel
chemische Erzeugnisse
Maschinenbau, Elektrotechnik, Fahrzeuge (überwiegend Investitionsgüter)
bearbeitete Waren – Metalle, Holz, Optik, Textilien, Leder, Keramik und andere Konsumgüter
Warenwert in Mrd. US-$
Import Export
Die Halbkreise (180°) entsprechen jeweils 100% der Import- und Exportgüter. Eingetragen sind Staaten mit einem Handelsvolumen über 500 Mill. US-$, ab 2,5 Mrd. US-$ mit Angabe der Warengruppe
200 Seemeilen-Wirtschaftszone
Maßstab 1 : 30 000 000
Maßstab 1 : 90 000 000
Großbritannien 222/190
Deutschland 408/430
Benelux 260/263
Frankreich 239/232
Vereinigte Staaten 554/448
Kanada 122/134
Mittelamerika 81/47
Südamerika 71/92
② Deutschland – Rohstoffabhängigkeit (1991)
Maßstab 1 : 180 000 000
wichtige Einfuhrgüter
Steinkohle u. Braunkohle
Erdöl, Erdölprodukte
Eisenerze
Buntmetallerze, Stahlveredler
Aluminiumerze
Weizen
Mais
Transportmengen in Mio. t
unter 5
5 - 20
über 20 Mio. t
Außenhandel mit Deutschland (1991)
unter 1
1 - 5
5 - 10
10 - 20
20 - 30
über 30 %
keine Angabe

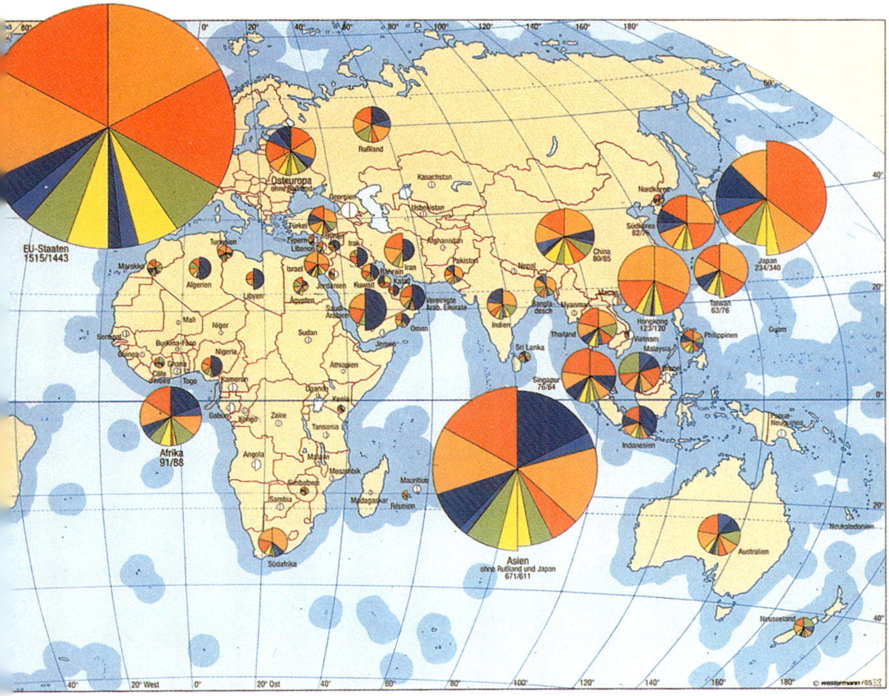

EU-Staaten 1515/1443
Osteuropa ohne Rußland
Rußland
Kasachstan
Usbekistan
Georgien
Türkei
Syrien
Zypern
Libanon
Irak
Iran
Afghanistan
Pakistan
Nepal
China 80/85
Nordkorea
Südkorea 82/76
Japan 234/340
Taiwan 63/76
Hongkong 123/120
Bangladesch
Myanmar
Thailand
Vietnam
Philippinen
Malaysia
Brunei
Singapur 76/64
Indonesien
Guam
Papua-Neuguinea
Indien
Sri Lanka
Israel
Jordanien
Kuwait
Bahrain
Katar
Saudi-Arabien
Vereinigte Arab. Emirate
Oman
Jemen
Ägypten
Libyen
Tunesien
Algerien
Marokko
Mali
Niger
Senegal
Guinea
Burkina-Faso
Nigeria
Côte d'Ivoire
Ghana
Togo
Kamerun
Gabun
Kongo
Zaire
Sudan
Äthiopien
Uganda
Kenia
Tansania
Malawi
Angola
Sambia
Simbabwe
Mosambik
Madagaskar
Mauritius
Réunion
Südafrika
Afrika 91/88
Asien ohne Rußland und Japan 671/611
Australien
Neukaledonien
Neuseeland
© westermann /05

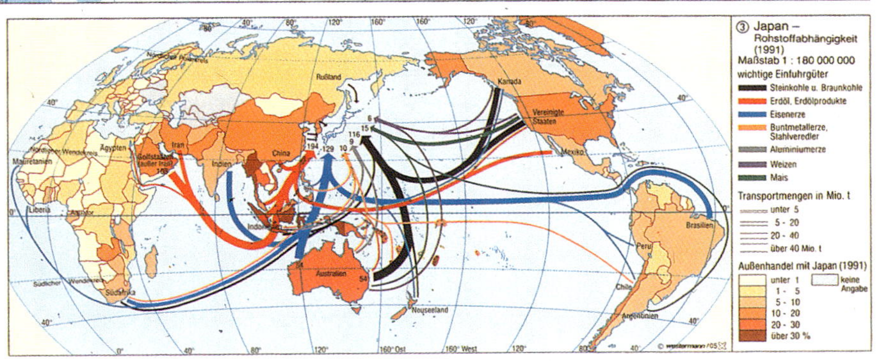

Winkels Entwurf
160°
140°
120°
100°
80°
60°
40°
20°
60°
Nördlicher Pol
40°
Chicago
San Francisco
Salt Lake City
New York
Lourdes
Fatima
20°
Nördlicher Wendekreis
Guadalupe
Chiquinquirá
0°
Äquator
Anteil der Religionen an der Weltbevölkerung (1991)
Sonstige 28,1 %
Christen 33,1 %
davon
Katholiken 18,8 %
Protestanten 11,2 %
Orthodoxe 3,1 %
Muslime 17,7 %
davon
Sunniten 12,9 %
Schiiten 2,4 %
Sekten 2,4 %
13,4 %
Hindus
Buddhisten 5,7 %
Schintoisten 0,1 %
Konfuzianer/
Taoisten 0,8 %
Neue
Religionen 0,6 %
Juden 0,3 %
20°
Copacabana
Caapucé
Aparecida
Südlicher Wendekreis
Maipú
Luján
40°
160°
140°
120°
100°
80°
60°
40°West
20°
Religionen
Christen
Katholiken
Protestanten
Orthodoxe und
Orientale
(alte Kirchen)
Kopten
Juden
Orte mit bedeutender
jüdischer Gemeinde
Mormonen
(Heilige der letzten Tage)
Muslime
Sunniten
Schiiten
Wahabiten

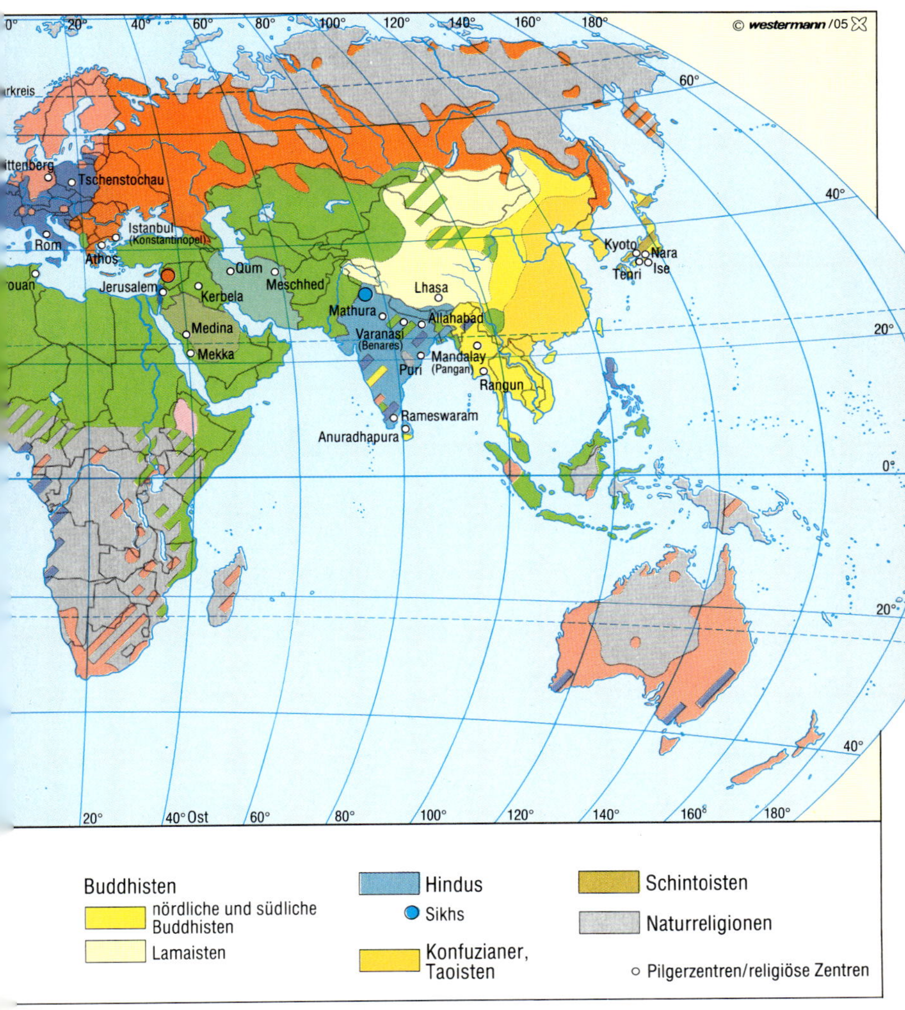
© westermann /05
20°
40°
60°
80°
100°
120°
140°
160°
180°
60°
40°
20°
0°
20°
40°
rkreis
ittenberg
Tschenstochau
Istanbul
(Konstantinopel)
Rom
Athos
rouan
Jerusalem
Qum
Meschhed
Kerbela
Medina
Mekka
Lhasa
Mathura
Allahabad
Varanasi
(Benares)
Mandalay
(Pangan)
Puri
Rangun
Rameswaram
Anuradhapura
Kyoto
Nara
Tenri
Ise
20°
40° Ost
60°
80°
100°
120°
140°
160°
180°
Buddhisten
nördliche und südliche Buddhisten
Lamaisten
Hindus
Sikhs
Konfuzianer, Taoisten
Schintoisten
Naturreligionen
Pilgerzentren/religiöse Zentren

Weltkarte Islam

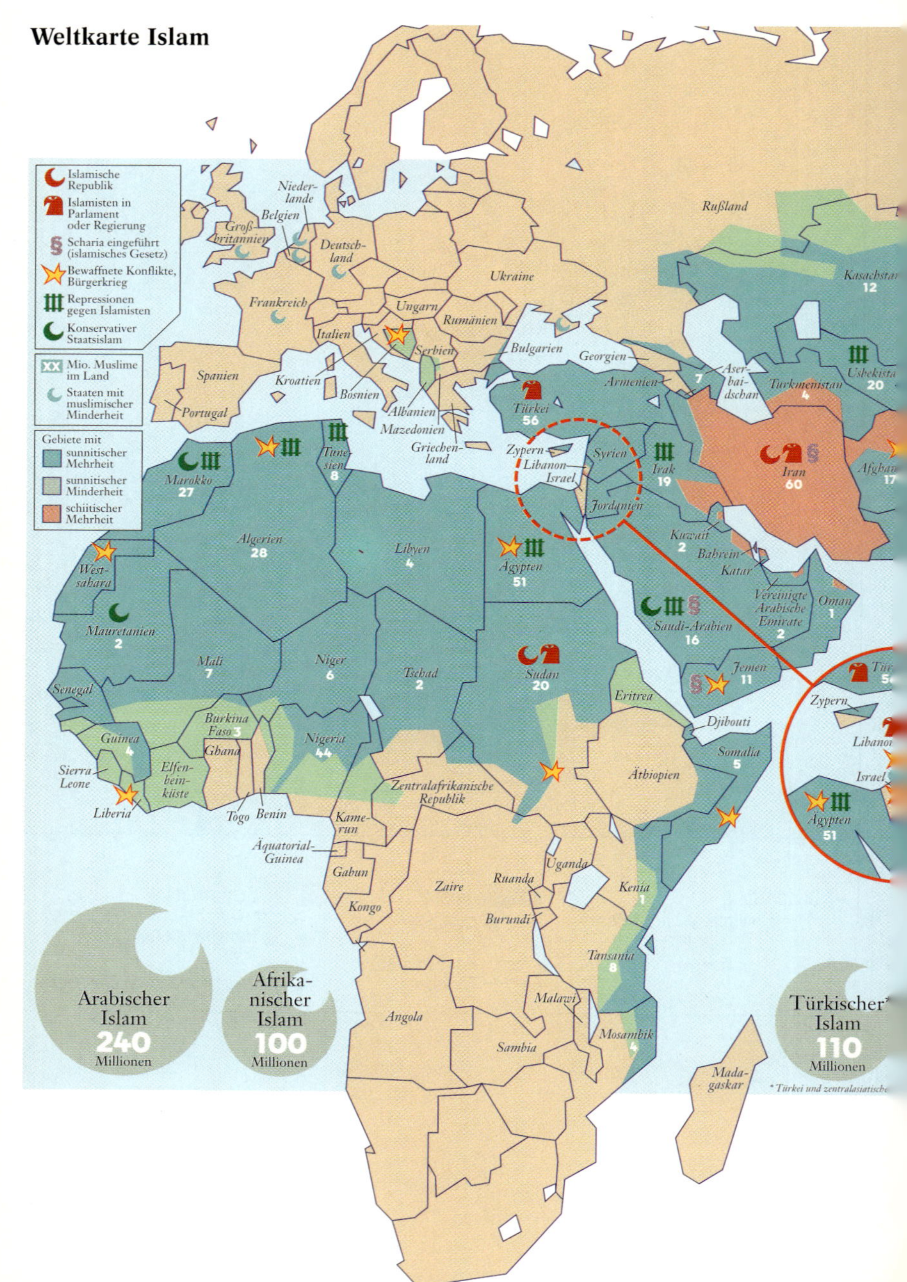

Rußland
Mongolei
China
Kirgistan
4
Tadschi-kistan
6
Pakistan
113
China
48
Nord-korea
Süd-korea
Japan
Bhutan
Nepal
Bangla-desch
98
Indien
110
China
Taiwan
Birma
Vietnam
Laos
Thailand
Kambod-scha
Syrien
11
Irak
19
Jordanien
3
16 Saudi-Arabien
Sri Lanka
Philippinen
Brunei
Malaysia
10
Singa-pur
Indonesien
100
Persisch-Schiitischer Islam
120
Millionen
Asiatischer Islam
410
Millionen
Islam weltweit
1
Milliarde

RELIGIONEN IM KRIEG
KRIEGE MIT RELIGIÖSEM HINTERGRUND Januar 1993
zwischenstaatliche Kriege
allgemeiner Bürgerkrieg
regionaler Bürgerkrieg
andere Staaten
Religion ist aktiv verwickelt
Konflikt um Durchsetzung religiösen Rechts
Konflikt um religiöse/ethnische Unabhängigkeit
Religion ist ein Faktor neben territorialen, politischen und ethnischen Gründen
ein wichtiger Faktor
ein Faktor
ein weniger wichtiger Faktor
Quellen: Kidron und Smith 1991; Ökumenischer Pressedienst, Weltkirchenrat Genf; Presseberichte
KANADA
VEREINIGTE STAATEN (USA)
MEXIKO
ATLANTISCHER OZEAN
PAZIFISCHER OZEAN
BERMUDA-INS. (GB)
BAHAMAS
KUBA
HAITI
DOMINIKANISCHE REP.
PUERTO RICO (US)
JAMAIKA
GUADELOUPE (F)
MARTINIQUE
BARBADOS
GRENADA
NL ANTILLEN
TRINIDAD & TOBAGO
BELIZE
HONDURAS
GUATEMALA
EL SALVADOR
NICARAGUA
COSTA RICA
PANAMA
VENEZUELA
GUYANA
SURINAM
FRANZ.-GUAYANA
KOLUMBIEN
ECUADOR
PERU
BRASILIEN
BOLIVIEN
PARAGUAY
CHILE
URUGUAY
ARGENTINIEN
FALKLAND INSELN (GB)
ISLAND
NORWEGEN
SCHWEDEN
FINNLAND
EST
LETT
LIT
DÄNEMARK
NORD-IRLAND
Belfast
Christen/Christen
IRLAND
GROSS-BRITANNIEN
NL
BEL
L
DEUTSCHLAND
POLEN
BELORUSSLAND
UKRAINE
TSCHECH REP
SLOWAKEI
ÖSTERREICH
UNGARN
RUMÄNIEN
SCHWEIZ
S
FRANKREICH
KROATIEN
BOSNIEN
SERBIEN
Sarajevo
Christen/Muslime/Christen
EX-JUG
ALBANIEN
BULGARIEN
ITALIEN
GRIECHENLAND
PORTUGAL
SPANIEN
GIBRALTAR (GB)
MALTA
TUNESIEN
MAROKKO
ALGERIEN
LIBYEN
SAHARA
MAURETANIEN
MALI
NIGER
TSCHAD
KAPVERDEN
SENEGAL
GAMBIA
GUINEA-BISSAU
GUINEA
BURKINA
SIERRA LEONE
LIBERIA
ELFENB KÜSTE
GHANA
BENIN
TOGO
NIGERIA
ZAR
KAMERUN
ÄQUATORIAL-GUINEA
SAO TOME & PRINCIPE
GABUN
KONGO
ZAIRE
ANGOLA
NAMIBIA
BOTSWANA

Alle Religionen predigen den Frieden. Diesem Anspruch steht jedoch die lange Liste der Kriege gegenüber, die durch die Jahrhunderte im Namen des Glaubens geführt wurden. In den Kriegen zu Beginn der neunziger Jahre ist Religion kaum der zentrale Konflikt, spielt aber zunehmend eine wichtige Rolle.

Copyright © Myriad Editions Limited

Europa – politisch
Grönland
(mit Dänemark assoziiert)
Europäisches Nordmeer
Jan Mayen
(Norw.)
Spitzbergen
(Norw.)
Franz-Josef-Land
Bäreninsel
(Norw.)
Nowaja Semlja
Nördlicher Polarkreis
Reykjavik
Island
Färöer
(Dän.)
Shetland-Inseln
Orkney-Inseln
Norwegen
Schweden
Finnland
Oslo
Stockholm
Helsinki
Ål.
Reval
Estland
Riga
Lettland
Litauen
Dänemark
Kopenhagen
Nordsee
Schottland
Vereinigtes Königreich
Großbritannien
Nordirland
Irland
Dublin
Man
Ostsee
Russland
Moskau
Petschora
Sewernaja
Wolga
Atlantischer Ozean
A
B
C
D
E
F
G
H
J
K
1
2
3
66,5°
60°
50°
40°
30°
10°
0°
70°
80°

Wales
England
London
Niederlande
Amsterdam
Brüssel
Belgien
Lux.
Luxemburg
Kanal-inseln
Paris
Seine
Loire
Frankreich
Rhône
Bundesrepublik Deutschland
Elbe
Berlin
Rhein
Donau
Polen
Oder
Warschau
Weichsel
zu Rußland
Wilna
Minsk
Weißrußland
Dnjepr
Kiew
Don
Ukraine
Prag
Tschechische Republik
Slowakei
Preßburg
Wien
Österreich
Bern
Schweiz
L.
Vaduz
Budapest
Ungarn
Moldawien
Kischinew
Rumänien
Bukarest
Slowenien
Laibach
Zagreb
Kroatien
Bosnien und Herzegowina
Sarajevo
Belgrad
Serbien
Jugos-lawien
Montenegro
Podgorica
Tirana
Albanien
Skopje
Makedonien
Sofia
Bulgarien
Donau
Schwarzes Meer
Portugal
Madrid
Spanien
Ebro
Andorra
Monaco
Po
San Marino
Italien
Rom
Vatikanstadt
Korsika
Sardinien
Balearen
Sizilien
Malta
Valletta
Mittelmeer
Griechenland
Athen
Kreta
Türkei
Ankara
Nicosia
Zypern
Syrien
Euphrat
Libanon
Beirut
Damaskus
Israel
Jerusalem
Amman
Jordanien
Gibraltar (G.-B.)
Ceuta (Sp.)
Melilla (Sp.)
Algier
Tunis
Tunesien
Marokko
Algerien
Tripolis
Libyen
Kairo
Nil
Ägypten
Atlan
4
5
6
C
D
F
G
West 0° Ost
10°
30°
40°
50°
© westermann

Balkanländer – zur Zeit der Auflösung des Osmanischen Reiches 1878 - 1915

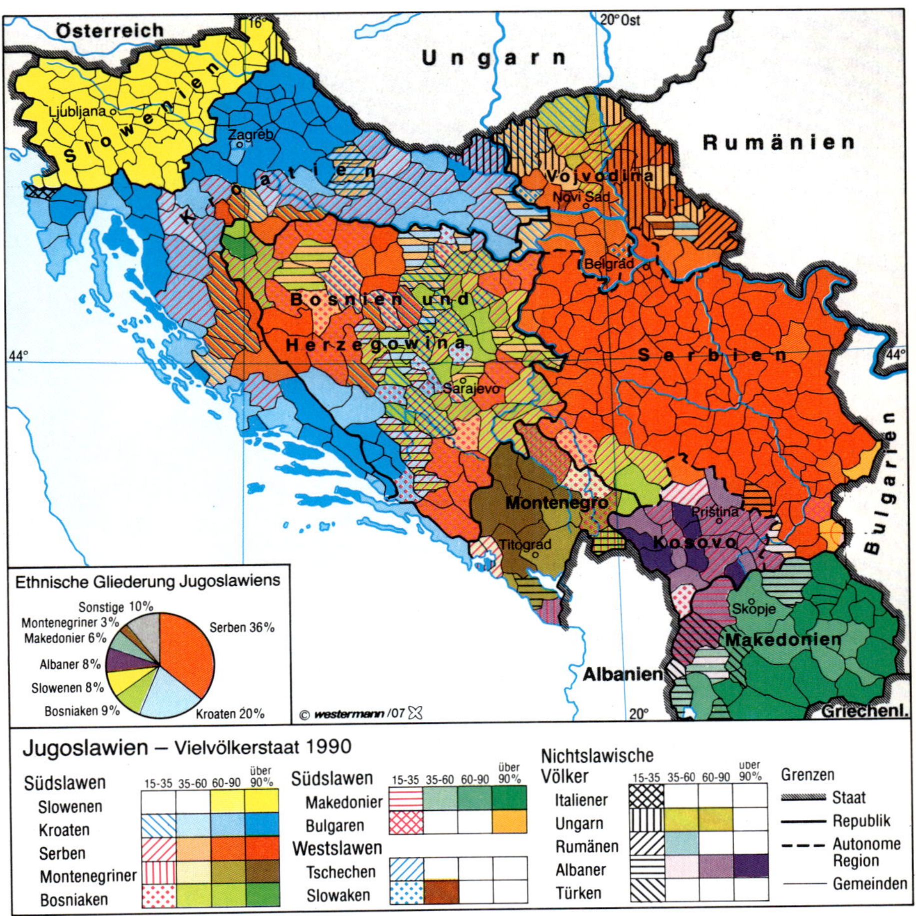
Österreich
16°
20° Ost
Ungarn
Rumänien
Slowenien
Ljubljana
Zagreb
Kroatien
Vojvodina
Novi Sad
Belgrad
Bosnien und Herzegowina
Sarajevo
Serbien
44°
44°
Montenegro
Titograd
Priština
Kosovo
Bulgarien
Skopje
Makedonien
Albanien
20°
Griechenl.
Ethnische Gliederung Jugoslawiens
Sonstige 10%
Montenegriner 3%
Makedonier 6%
Albaner 8%
Slowenen 8%
Bosniaken 9%
Serben 36%
Kroaten 20%
© westermann /07
Jugoslawien – Vielvölkerstaat 1990
Südslawen
15-35 35-60 60-90 über 90%
Slowenen
Kroaten
Serben
Montenegriner
Bosniaken
Südslawen
15-35 35-60 60-90 über 90%
Makedonier
Bulgaren
Westslawen
Tschechen
Slowaken
Nichtslawische Völker
15-35 35-60 60-90 über 90%
Italiener
Ungarn
Rumänen
Albaner
Türken
Grenzen
Staat
Republik
Autonome Region
Gemeinden

Israel

Landhöhen (in Meter)
über 1500
1000 - 1500
750 - 1000
500 - 750
350 - 500
200 - 350
100 - 200
0 - 100 m
Depression
1208 Berghöhe
480 sonstige
-212 Höhenangabe
Meerestiefen (in Meter)
0 - 20
20 - 40
40 - 200
über 200 m
391 Tiefenangabe
Staatsgrenze
Grenze der von Israel besetzten Gebiete
Grenze der Palästinensischen Autonomiegebiete
Transitrouten zwischen den Autonomiegebieten
35° Ost
33° Nord
32°
31°
Libanon
Golanhöhen
Syrien
Quneitra
Huleh
Kap Hanikra
Nahariyya
Montfort
Berg Meron
1208
Zefat
Capernaum
Akko
Galiläa
Kap Karmel
Haifa
Qiryat Yam
Qiryat Ata
See Genezareth
Tiberias
-212
En Gev
Atlit
528
Karmelgebirge
Qiryat Tivon
480
Berg Tabor
588
Deganya
Nazareth
Afula
Yarmuk
Samar
Maad
Irbid
Megiddo
Jesreel
Cäsarea
Pardes Hanna
Harod
Bet Shean
Hadera
Jenin
Netanya
Sharonebene
Tulkarm
Tubas
Ajlun
Djebel Umm ed Darraj
1247
Jarash
Kefar Savá
Sebastiyah (Shomron)
Nablus (Sichem)
Apollonia
Qalqilyah
Herzliyya
Westjordanland
Samaria
Bene Berag
Petah Tiqwa
Damiya
Rumman
Tel Aviv-Jaffa
Ramat Gan
Givatayim
Lubban
Bat Yam
Holon
Ben Gurion
Salt
Safut
Rishon Le Zion
Lod (Lydda)
1018
Gebiet von Jericho
Karama
Amman
Ramla
Rehovot
Ramallah (Bethel)
Jericho
Allenbybrücke
Ashdod
Gedera
Jerusalem (Yerushalayim/Al-Quds)
800
Suweima
Qumran
Askalon
Bethlehem (Bayt Lahm)
Madaba
Yad Mordekhay
Qiryat Gat
(von Israel verwaltet)
Helez
Judäa
Gaza
Gaza-streifen
Hebron (El Khalil)
805
Dhiban
Schefela
En Gedi
391
-403
Yatta
Dhahiriya
Mittelmeer
Totes Meer
Khan Yunis
Ofaqim
Masada
Qasr
Tel Arad
Arad
Mazraa
El Lisan
Beersheba (Be'er Sheva)
Kerem Shalom
Karak
Israel
Haluza
Zefa
Dimona
Sedom
Mazar
Rehovot
Safi
Kurnub
Mashabbe Sade
Yeroham
716
El Ghor
-279
Wadi el Hasa
Aina
Qeziot
Oron
Laban
Jordanien
Jordan
El Ghor
Ägypten
Nahr ez Zarka
Mujib
Yabis
Abu Gharaba
Nimrin
Farʿa
Soreq
Shiqma
Wüste Juda
Wüste Negev
Palästina
Kishon
Keziv
Hadera

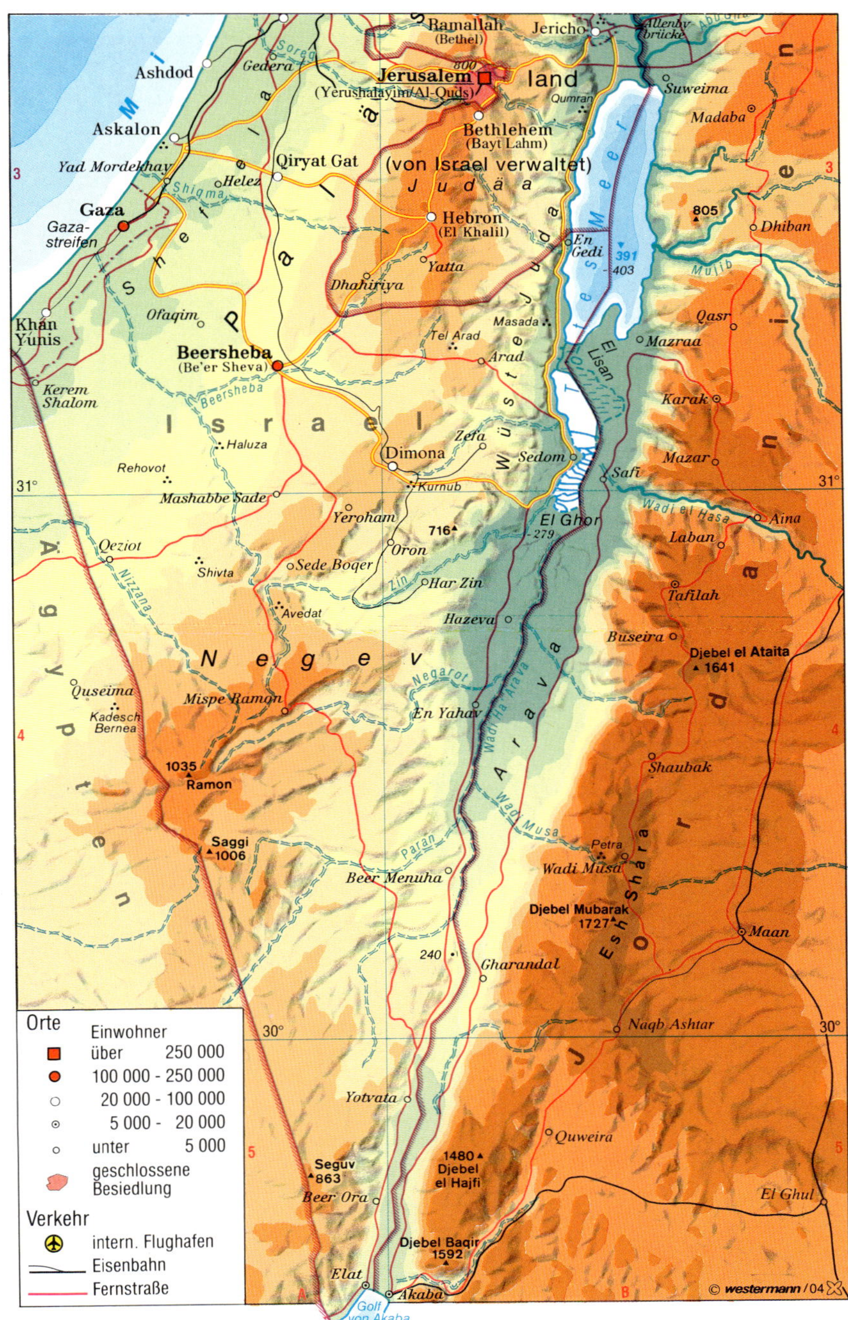
Ramallah
(Bethel)
Jericho
Allenby-brücke
Ashdod
Gedera
Soreq
Jerusalem
(Yerushalayim/Al-Quds)
land
Qumran
Suweima
Madaba
Askalon
Bethlehem
(Bayt Lahm)
Qiryat Gat
(von Israel verwaltet)
Yad Mordekhay
Helez
Shiqma
Judäa
Gaza
Gaza-
streifen
Hebron
(El Khalil)
En Gedi
391
-403
805
Dhiban
Mujib
Yatta
Dhahiriya
Schefela
Ofaqim
Khan Yunis
Masada
Tel Arad
Arad
Qasr
Mazraa
Beersheba
(Be'er Sheva)
Totes Meer
El Lisan
Kerem Shalom
Beersheba
Karak
Israel
Haluza
Dimona
Zefa
Wüste Juda
Sedom
Mazar
Rehovot
Mashabbe Sade
Kurnub
Safi
31°
Yeroham
El Ghor
-279
Wadi el Hasa
Aina
716
Laban
Qeziot
Oron
Shivta
Sede Boqer
Zin
Har Zin
Tafilah
Nizzana
Avedat
Hazeva
Buseira
Negev
Djebel el Ataita
1641
Quseima
Negarot
Kadesch Bernea
Mispe Ramon
En Yahav
Wadi Ha Arava
Arava
Ägypten
1035
Ramon
Shaubak
Wadi Musa
Saggi
1006
Petra
Paran
Beer Menuha
Wadi Musa
Djebel Mubarak
1727
Esh Shara
Maan
240
Gharandal
Jordanien
Naqb Ashtar
30°
Yotvata
Quweira
Seguv
863
1480
Djebel
el Hajfi
Beer Ora
El Ghul
Djebel Baqir
1592
Elat
Akaba
Golf
von Akaba
© westermann / 04
Orte
Einwohner
über 250 000
100 000 - 250 000
20 000 - 100 000
5 000 - 20 000
unter 5 000
geschlossene
Besiedlung
Verkehr
intern. Flughafen
Eisenbahn
Fernstraße

Israel

Wirtschaft
Bodennutzung
bewässert
unbewässert
Feldfrüchte und Gemüse
Zitrusfrüchte
Wein
Oliven
sonstige Obstkulturen
Fischteiche
Wald und Forsten
Weide, z. T. Macchie oder Ödland
Steppe
Halbwüste, Wüste (an der Küste Dünen)
Wasserversorgung
Kanal
Rohrleitung, Tunnelstrecke
Pumpwerk
Reservoir
240 Höhe in Meter
Verteilernetz
Verkehr und Transport
Eisenbahn
Straße
Erdölleitung
Erdgasleitung
© westermann /04
35° Ost
33° Nord
32°
31°
Libanon
Mittelmeer
Syrien
Jordanien
Ägypten
Israel
Liman
Nahariyya
Akko
Haifa
Karmiel
Zalmon
Hazor
Ha Getilit
Zefat
See Genezareth
Tiberias
Qiryat Ata
Bet Netofa
Nesher
Nazareth
Afula
Bet Shean
Maad
Jenin
Hadera
Netanya
Tulkarm
Nablus
Herzliyya
Tel Aviv-Jaffa
Petah Tiqwa
Holon
Ramla
Rehovot
Damiya
Ramallah
Jericho
Jerusalem
Ashdod
Bet Shemesh
Bethlehem
Suweima
Askalon
Yad Mordekhay
Helez-Bror
Qiryat Gat
Gaza
Hebron
En Gedi
Totes Meer
-403
-212
Ofaqim
Beersheba
Arad
Kidod
Zohar
Zefa
Sedom
Salzgewinnung
Safi
Karak
Dimona
Revivim
Yeroham
Qeziot
Oron
Jordan
Yarkon
Soreq
Shiqma
Harod
Kishon
Mujib
Wadi el Hasa
Nimrin
Abu Gharaba
Zarka
Yabis
Yarmuk
Ost-Ghor-Kanal

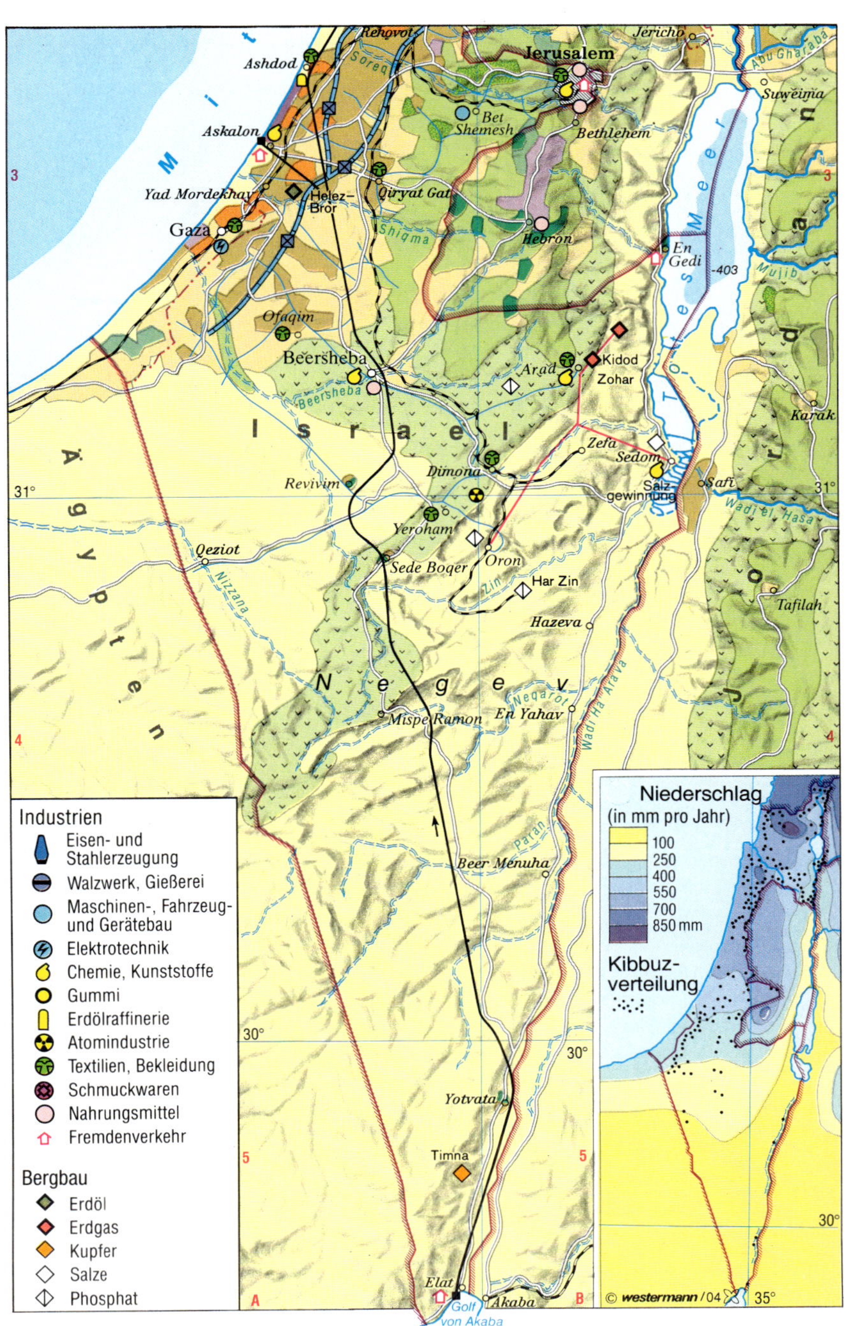

Jerusalem
Jericho
Rehovot
Ashdod
Soreq
Bet Shemesh
Bethlehem
Askalon
Yad Mordekhay
Helez-Bror
Qiryat Gat
Gaza
Shiqma
Hebron
En Gedi
-403
Mujib
Abu Gharaba
Suweima
Ofaqim
Beersheba
Arad
Kidod
Zohar
Israel
Zefa
Sedom
Salzgewinnung
Safi
Karak
Dimona
Revivim
Yeroham
Oron
Sede Boqer
Har Zin
Zin
Qeziot
Nizzana
Hazeva
Ägypten
Negev
Negarot
En Yahav
Mispe Ramon
Wadi Ha Arava
Wadi el Hasa
Tafilah
Jordan
Totes Meer
Mittelmeer
Paran
Beer Menuha
Yotvata
Timna
Elat
Akaba
Golf von Akaba
31°
30°
3
4
5
A
B
Industrien
Eisen- und Stahlerzeugung
Walzwerk, Gießerei
Maschinen-, Fahrzeug- und Gerätebau
Elektrotechnik
Chemie, Kunststoffe
Gummi
Erdölraffinerie
Atomindustrie
Textilien, Bekleidung
Schmuckwaren
Nahrungsmittel
Fremdenverkehr
Bergbau
Erdöl
Erdgas
Kupfer
Salze
Phosphat
Niederschlag
(in mm pro Jahr)
100
250
400
550
700
850 mm
Kibbuzverteilung
30°
35°
© westermann /04

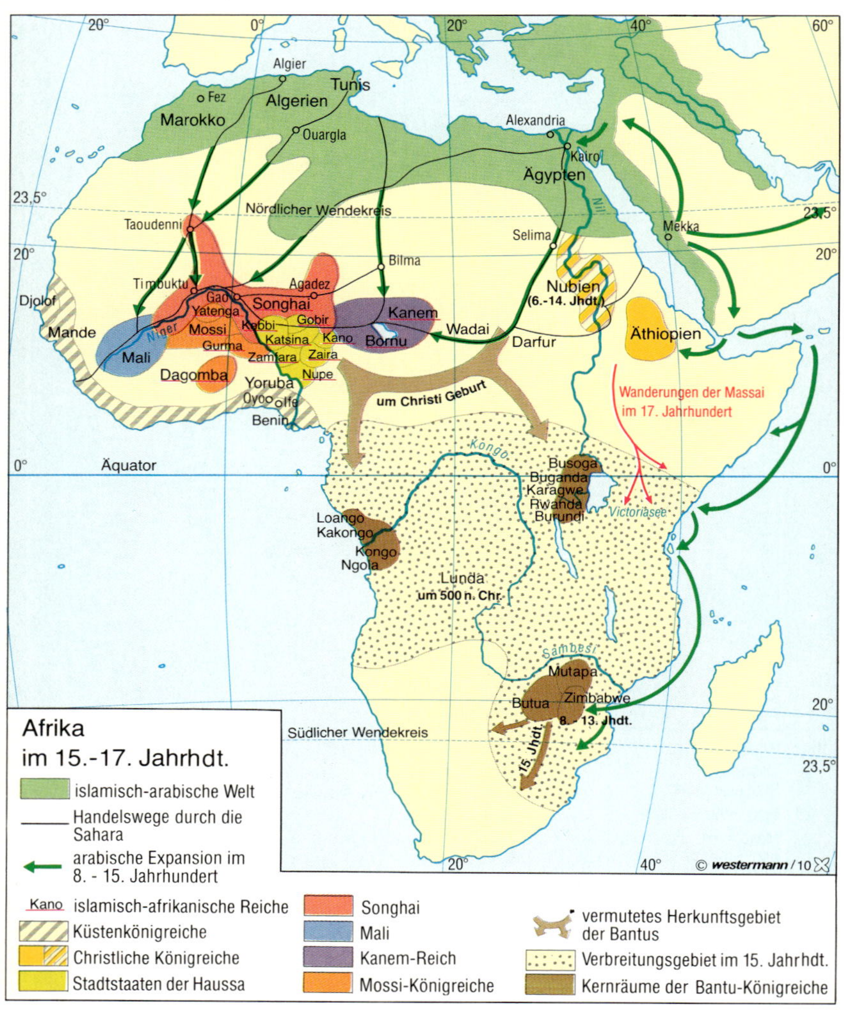

Kano islamisch-afrikanische Reiche

Küstenkönigreiche

Christliche Königreiche

Stadtstaaten der Haussa

Songhai

Mali

Kanem-Reich

Mossi-Königreiche

vermutetes Herkunftsgebiet der Bantus

Verbreitungsgebiet im 15. Jahrhdt.

Kernräume der Bantu-Königreiche

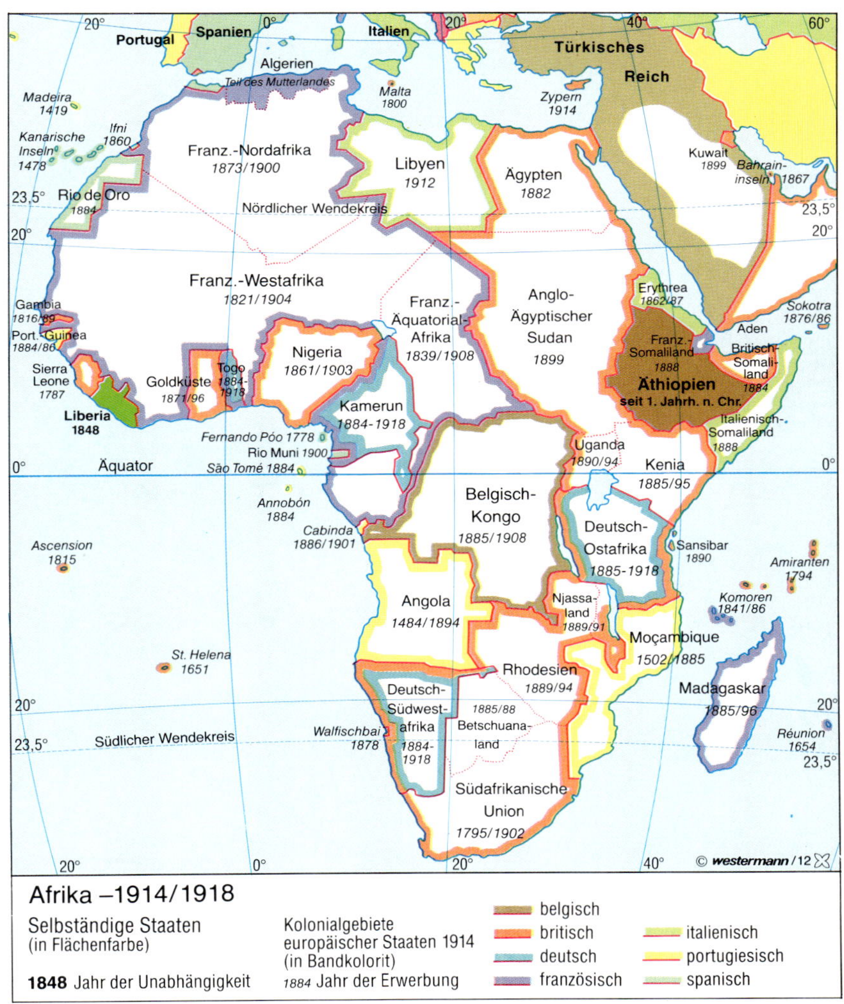

Portugal
Spanien
Italien
Türkisches Reich
Algerien
Teil des Mutterlandes
Malta 1800
Zypern 1914
Madeira 1419
Kanarische Inseln 1478
Ifni 1860
Franz.-Nordafrika 1873/1900
Libyen 1912
Ägypten 1882
Kuwait 1899
Bahrain-inseln 1867
Rio de Oro 1884
Nördlicher Wendekreis
Franz.-Westafrika 1821/1904
Franz.-Äquatorial-Afrika 1839/1908
Anglo-Ägyptischer Sudan 1899
Erythrea 1862/87
Sokotra 1876/86
Aden
Gambia 1816/89
Port.-Guinea 1884/86
Sierra Leone 1787
Liberia 1848
Goldküste 1871/96
Togo 1884-1918
Nigeria 1861/1903
Kamerun 1884-1918
Franz.-Somaliland 1888
Britisch-Somaliland 1884
Äthiopien seit 1. Jahrh. n. Chr.
Italienisch-Somaliland 1888
Fernando Póo 1778
Rio Muni 1900
São Tomé 1884
Äquator
Uganda 1890/94
Kenia 1885/95
Annobón 1884
Belgisch-Kongo 1885/1908
Cabinda 1886/1901
Deutsch-Ostafrika 1885-1918
Sansibar 1890
Ascension 1815
Amiranten 1794
Komoren 1841/86
Angola 1484/1894
Njassaland 1889/91
Moçambique 1502/1885
St. Helena 1651
Rhodesien 1889/94
Madagaskar 1885/96
Deutsch-Südwestafrika 1884-1918
1885/88 Betschuanaland
Walfischbai 1878
Réunion 1654
Südlicher Wendekreis
Südafrikanische Union 1795/1902
20° 0° 20° 40° 60°
23,5° 20° 0° 20° 23,5°
© westermann /12
Afrika –1914/1918
Selbständige Staaten (in Flächenfarbe)
1848 Jahr der Unabhängigkeit
Kolonialgebiete europäischer Staaten 1914 (in Bandkolorit)
1884 Jahr der Erwerbung
belgisch
britisch
deutsch
französisch
italienisch
portugiesisch
spanisch

Portugal
Spanien
Italien
Türkei
Madeira (Port.)
Kanarische Inseln (Span.)
Rabat
Marokko 1956
Algier
Tunis
Tunesien 1956
Malta 1964
Tripolis
Zypern 1960
Libanon 1941
Israel 1948
Syrien 1941
Irak 1932
Jordanien 1946
Kuwait 1961
Bahrain 1971
Katar 1971
Saudi-Arabien 1932
Verein. Arab. Emirate 1971
Nedjd 1920
Oman 1970
Sahara (von Marokko besetzt)
El Aaiun
Algerien 1962
Libyen 1951
Kairo
Ägypten 1922
Vereinigte Arabische Republik 1958-1971
Nördlicher Wendekreis
Mauretanien 1960
Nuakchott
Mali 1960
Niger 1960
Tschad 1960
Sudan 1956
Khartum
Eritrea 1993
Asmara
(Nord-jemen 1918)
(Süd-jemen 1968)
Jemen Vereinigung 1990
Sokotra
Senegal 1960
Dakar
Ba.
Gambia 1965
Bamako
Burkina Faso 1960
Ou.
(Obervolta)
Niamey
Nigeria 1960
Ndjamena
Bi.
Guinea-Bissau 1974
C.
Guinea 1958
Freetown
Sierra Leone 1961
Ghana 1957
Elfenbein-küste 1960
Djibouti
Djibouti 1977
Addis Abeba
Äthiopien
Monrovia
Liberia
Abidjan
Accra
Lo.
P.
Lagos
Togo 1960
Benin (Dahomey) 1960
Kamerun 1960
Yaoundé
Malabo
Äquat.-Guinea 1968
Zentralafrika 1960
Bangui
Somalia 1960
Mogadishu
Äquator
São Tomé u. Principe 1975
Libreville
Gabun 1960
Kongo 1960
Brazzaville
Kinshasa
Zaire 1960
Uganda 1962
Kampala
Kenia 1963
Nairobi
Ruanda 1962
Kigali
Burundi 1962
Bujumbura
Pagalu (Annobón)
Cabinda (zu Angola)
Tansania 1964
Dodoma
Tanganjika 1961
Sansibar 1964
Amiranten (Seych.)
Ascension (G.-B.)
Luanda
Angola 1975
Malawi 1964
Lilongwe
Komoren 1975
Moroni
Mayotte (Fr.)
Sambia 1964
Lusaka
Moçambique 1975
St. Helena (G.-B.)
Harare
Zimbabwe 1979
Antananarivo
Namibia 1990
Windhuk
Botswana 1966
Gaborone
Madagaskar 1960
Südlicher Wendekreis
Réunion (Fr.)
Pretoria
Maputo
Mbabane
Swasiland 1968
Maseru
Lesotho 1966
Südafrika 1961 Republik
20°
0°
40°
60°
23,5°
© westermann /04
Afrika – heute
Selbständige Staaten (in Flächenfarbe)
1960 Jahr der Unabhängigkeit
Tunis Hauptstadt
selbständige Mitglieder des Commonwealth of Nations
Abkürzungen:
Ba. = Banjul
Bi. = Bissau
C. = Conakry
Lo. = Lomé
Ou. = Ouagadougou
P. = Porto Novo

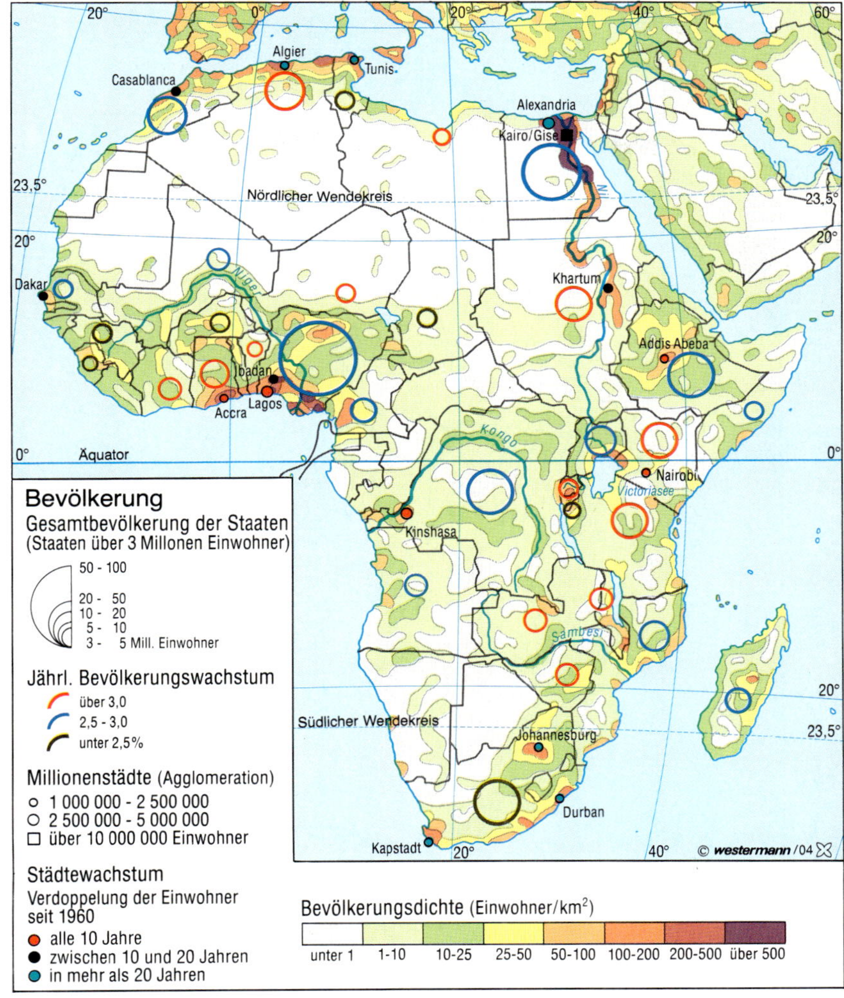

Algier
Tunis
Casablanca
Alexandria
Kairo/Gise
Nördlicher Wendekreis
23,5°
20°
0°
40°
60°
Nil
Niger
Dakar
Khartum
Addis Abeba
Ibadan
Lagos
Accra
Kongo
Äquator
Nairobi
Victoriasee
Kinshasa
Sambesi
Südlicher Wendekreis
Johannesburg
Durban
Kapstadt
© westermann /04
Bevölkerung
Gesamtbevölkerung der Staaten
(Staaten über 3 Millonen Einwohner)
50 - 100
20 - 50
10 - 20
5 - 10
3 - 5 Mill. Einwohner
Jährl. Bevölkerungswachstum
über 3,0
2,5 - 3,0
unter 2,5%
Millionenstädte (Agglomeration)
1 000 000 - 2 500 000
2 500 000 - 5 000 000
über 10 000 000 Einwohner
Städtewachstum
Verdoppelung der Einwohner seit 1960
alle 10 Jahre
zwischen 10 und 20 Jahren
in mehr als 20 Jahren
Bevölkerungsdichte (Einwohner/km²)
unter 1
1-10
10-25
25-50
50-100
100-200
200-500
über 500

ABKÜRZUNGEN

(Dän.)	Dänemark	(Kol.)	Kolumbien	Conn.	Connecticut	Mo.	Missouri	Vt.	Vermont
(Fr.)	Frankreich	(Mex.)	Mexiko	Del.	Delaware	N.H.	New Hampshire	W.Va.	West-Virginia
(G.B.)	Großbritannien	(USA)	Vereinigte Staaten von Amerika	Md.	Maryland	N.J.	New Jersey		
				Mass.	Massachusetts	R.I.	Rhode Island		

Hauptstädte der Staaten sind einfach, Hauptorte der Bundesstaaten in den USA und der Provinzen in Kanada gerissen unterstrichen.

Nordamerika – politisch
Vereinigte Staaten
Mexiko
Atlantischer Ozean
Golf von Mexiko
Karibisches Meer
Kalifornischer Golf
Pazifischer Ozean
Nördlicher Wendekreis
Kuba
Bahamas
Haiti
Jamaika
Belize
Honduras
Guatemala
El Salvador
Nicaragua
Costa Rica
Panamá
Kolumbien
Washington
Oregon
Idaho
Montana
Wyoming
Nevada
Utah
Colorado
Kalifornien
Arizona
Neu-Mexiko
Texas
Oklahoma
Kansas
Nebraska
Süd-Dakota
Nord-Dakota
Minnesota
Iowa
Mo.
Arkansas
Louisiana
Wisconsin
Illinois
Michigan
Indiana
Ohio
Kentucky
Tennessee
Mississippi
Alabama
Georgia
Florida
S.-Carolina
N.-Carolina
Virginia
Pennsylvania
New York
Ottawa
Montreal
Toronto
Mexico City
Guadalajara
Monterrey
Habana
© westermann

ABKÜRZUNGEN
(Bras.) Brasilien
(C.R.) Costa Rica
(Ec.) Ecuador
(Fr.) Frankreich
(G.B.) Großbritannien
(Kol.) Kolumbien
(Nied.) Niederlande
(USA) Vereinigte Staaten von Amerika
Mexiko
Belmopan
Belize
Guatem.
Tegucigalpa
Honduras
Nicaragua
Managua
Costa Rica
San José
Panamá
Kanalzone (USA)
Kokos-Insel (C.R.)
Malpelo (Kol.)
Providencia (Kol.)
San Andrés
Cayman-Inseln (G.B.)
Kuba
Jamaika
Kingston
Haïti
Port-au-Prince
Dominikan. Republik
Santo Domingo
San Juan
Puerto Rico (USA)
Anguilla (G.B.)
St. Martin (Fr./N.)
Antigua u. Barbuda
St. Kitts u. Nevis
Guadeloupe (Fr.)
Dominica
Martinique (Fr.)
St. Lucia
St. Vincent und Grenadinen
Barbados
Grenada
Port of Spain
Trinidad u. Tobago
Karibisches Meer
Niederländische Antillen
Barranquilla
Cartagena
Maracaibo
Barquisimeto
Caracas
Valencia
Venezuela
Ciudad Guayana
Orinoco
Bucaramanga
Medellín
Bogotá
Kolumbien
Buenaventura
Cali
Pasto
Quito
Ecuador
Guayaquil
Puerto Baquerizo Moreno
Galápagos-Inseln (Ec.)
Iquitos
Piura
Peru
Marañón
Trujillo
Chimbote
Ucayali
Callao
Lima
Georgetown
Guyana
Paramaribo
Surinam
Cayenne
Franz.-Guayana
Roraima
Boa Vista
Amapá
Macapá
Äquator
Japurá
Rio Negro
Manaus
Amazonas
Santarém
Belém
São Luís
Fortaleza
Fernando de Noronha (Bras.)
A m a z o n a s
Tapajós
Pará
Tocantins
Maranhão
Ceará
Rio Grande do Norte
Natal
Paraíba
João Pessoa
Pernambuco
Recife
Maceió
Alagoas
Sergipe
Aracaju
Salvador
Teresina
Piauí
Purus
Madeira
Xingu
Acre
Rio Branco
Porto Velho
Rondônia
Brasilien
Mamoré
Bolivien
Mato Grosso
Cuiabá
Araguaia
Goiás
Brasília
Bahia
Francisco
Pazifischer Ozean
30°
20°
10°
0°
90°
80°
60°
50°
40°

Südamerika – politisch
A t l a n t i s c h
i f i s c h e r
O z e a n
Argentinien
Paraguay
Uruguay
Chile
Asunción
Montevideo
Buenos Aires
La Plata
Rosario
Santa Fe
Córdoba
Tucumán
Mendoza
Bahía Blanca
Mar del Plata
Colorado
Comodoro Rivadavia
Río Gallegos
Feuerland (Tierra del Fuego)
Punta Arenas
Falkland-Inseln (G.B.)
Port Stanley
(Malwinen)
Südgeorgien (G.B.)
Santiago
Valparaíso
Concepción
Puerto Montt
Antofagasta
Arequipa
La Paz
Sucre
Santa Cruz
Pilcomayo
Paraná
Uruguay
Salto
Rio Grande do Sul
Rio Grande
Porto Alegre
Santa Catarina
Florianópolis
Paraná
Curitiba
São Paulo
Santos
Minas Gerais
Belo Horizonte
Rio de Janeiro
Niterói
Espírito Santo
Vitória
Goiânia
Bundesdistrikt
Mato Grosso do Sul
Campo Grande
Südlicher Wendekreis
San Felix (Chile)
San Ambrosio
Juan-Fernández-Inseln (Chile)
20°
30°
40°
50°
60° westl. L. v. Gr.
70°
80°
90°
© westermann

Asien – politisch
Rußland
Kasachstan
Usbekistan
Turkmenistan
Kirgisistan
Tadschikistan
Afghanistan
Iran
Irak
Syrien
Türkei
Georgien
Armenien
Aserbaidschan
Jordanien
Libanon
Israel
Zypern
Saudi-Arabien
Kuwait
Bahrain
Katar
Ver. Arabische Emirate
Oman
Jemen
Pakistan
Indien
Nepal
Bhutan
Bangladesh
Sri Lanka
Kaschmir
Ägypten
Sudan
Eritrea
Djibouti
Äthiopien
Somalia
Ukraine
Weißrußland
Polen
Litauen
Lettland
Estland
Rumänien
Bulgarien
Griechenland
Ungarn
Moldau
Italien
Albanien
Libyen
Mittelmeer
Schwarzes Meer
Kaspisches Meer
Rotes Meer
Persischer Golf
Golf v. Oman
Golf v. Aden
Arabisches Meer
Golf von Bengalen
Indischer Ozean
Malediven
Lakkadiven
Seychellen
Andamanen (Ind.)
Nikobaren (Ind.)
Moskau
Sankt Petersburg
Teheran
Bagdad
Kabul
Islamabad
Delhi
Karachi
Bombay
Kalkutta
Madras
Colombo
Sri Jayewardenepura
Male
Victoria
Riyadh
Mekka
Medina
Sana
Aden
Maskat
Doha
Abu Dhabi
Al Manama
Kuwait
Damaskus
Beirut
Jerusalem
Amman
Kairo
Ankara
Nicosia
Tiflis
Eriwan
Baku
Aschchabad
Taschkent
Duschanbe
Frunse
Alma-Ata
Dacca
Katmandu
Timphu
Addis Abeba
Asmara
Mogadishu
Dschibuti
Äquator
© westermann

Ochotskisches Meer
Kamtschatka
Japanisches Meer
Mongolei
China
Nordkorea
Südkorea
Japan
Gelbes Meer
Ostchinesisches Meer
Taiwan
Pazifischer Ozean
Philippinen
Südchinesisches Meer
Thailand
Laos
Vietnam
Kambodscha
Myanmar (Birma)
Malaysia
Brunei
Celebessee
Indonesien
Papua-Neuguinea
Australien
Rußland
Nordpolarmeer
Föderierte Staaten von Mikronesien (Mit den USA assoziiert)
Marianen (USA)
Guam (USA)
Hongkong (G. B.)
Macao (Port.)
Kleine Sunda-Inseln
Bandasee

KONFLIKTSTAATEN-LEXIKON

Historische Hintergründe
Konfliktparteien
Konfliktverläufe
Ergebnisse
Entwicklungen seit Konfliktende
Soziographische Daten
Literaturangaben
Personen

Abchasien → Georgien

Unabhängigkeitskrieg Abchasiens August 1992 bis 1994

Die seit 1930 zwangsweise Georgien angegliederte autonome Schwarzmeer-Republik Abchasien versuchte nach dem Zerfall der Sowjetunion, ihre Selbständigkeit wiederzuerlangen, indem das abchasische Parlament die Verfassung von 1925 und damit die Unabhängigkeit von Georgien in Kraft setzte. Die Abspaltung wurde vom georgischen Staatsrat nicht akzeptiert.

Der Abchasien-Konflikt ist Teil des Nationalitätenkonflikts in der ehemaligen UdSSR (→ Rußland) und des innergeorgischen Bürgerkriegs zwischen den Anhängern des gewählten und später abgesetzten Präsidenten SWIAD GAMSACHURDIA und des Staatsratsvorsitzenden EDUARD SCHEWARDNADSE.

ÄGYPTEN

Arabisch-israelische Kriege:

1. **Arabisch-israelischer Krieg 1948/49**
2. **Arabisch-israelischer Krieg – Suez-Krise und Sinai-Feldzug 1956**
3. **Arabisch-israelischer Krieg – Sechs-Tage-Krieg 1967**
4. **Arabisch-israelischer Krieg – Jom Kippur 1973**

Ägypten war als führende Nation der arabischen Welt Hauptgegner → Israels im Nahostkonflikt. Dies änderte sich erst nach dem Friedensabkommen von Camp David 1979; seitdem ist Ägypten ein Partner Israels im schwierigen Friedensprozeß des Nahen Ostens.

Der Verlauf der Kriege wird in diesem Artikel behandelt, die weitere Entwicklung des Nahostkonflikts unter → Israel (s. a. → Libanon und → Syrien) und die Palästinas unter → Jordanien.

Historischer Hintergrund

Zwischen 2900 v. Chr. und 300 n. Chr. gab es im Land am Nil eine der ältesten Hochkulturen der Menschheitsgeschichte. Im 7. Jahrhundert geriet die Region unter arabisch-islamischen Einfluß. Von 1249 bis 1798 herrschten die Mamelucken, ehemalige Sklaven türkischer oder slawischer Herkunft, in Ägypten. Sie machten das Land, ne-

Eröffnung des von 1859 bis 1869 gebauten Suezkanals. Die schleusenlose und strategisch wichtige Schiffahrtsstraße zwischen Port Said am Mittelmeer und Suez am Roten Meer ist 160 Kilometer lang, 12 Meter tief und an der Oberfläche 120 Meter breit. Seit der Besetzung Ägyptens 1882 stand der Kanal unter britischer Kontrolle. Die einseitige Verstaatlichung des Kanals durch Ägypten am 26. Juli 1956 führte zur Suez-Krise.

ben Syrien, zu einem der mächtigsten Reiche im Vorderen Orient; Kairo wurde zum Zentrum der islamisch-arabischen Welt. 1517 hatte das Osmanische Reich Ägypten erobert; doch die Mamelucken behielten ihre Machtstellung bis 1798, als sie von NAPOLEON BONAPARTE in der Schlacht bei den Pyramiden besiegt wurden. MEHMED ALI, ein türkischer Offizier, bemächtigte sich 1805 bis 1849 der ägyptischen Herrschaft. Unter den Regenten SAID (1854–1863) und ISMAIL (1863–1879) erlebte das Land eine Phase der Erneuerungen. 1875 war die ägyptische Regierung gezwungen, die eigenen Suezkanalaktien an England zu verkaufen. In der Folgezeit lag die politische Macht in den Händen britischer Generalkonsuln.

Bei Ausbruch des Ersten Weltkriegs wurde Ägypten britisches Protektorat; 1922 unter FUAD I. (1868–1936) unabhängig und eine parlamentarische Monarchie. Erst unter König FARUK I. (1936–1952) erhielt das Land seine volle Souveränität; eine britische Garnison blieb jedoch in der Suezkanalzone stationiert.

Unmittelbar nach Ende des Zweiten Weltkriegs kam es zu Spannungen zwischen Kairo und London, das Ägyptens Ansprüche auf den unter ägyptisch-englischer Verwaltung stehenden → Sudan unter Berufung auf eine Entscheidung des UN-Sicherheitsrats nicht anerkannte: 1899 hatten sich die Kolonialmächte → Großbritannien und → Türkei darauf verständigt, daß die Grenze zwischen Ägypten und dem Sudan entlang des 22. Breitengrades verlaufen sollte; 1902 wurde die nördlich der Grenze gelegene Halaib-Provinz von Großbritannien unter sudanesische Hoheit gestellt, um der in der Region lebenden Volksgruppe eine einheitliche Verwaltung zu geben (→ Sudan).

Palästina

Die Konfliktgeschichte des Nahen Ostens ist eng verbunden mit der Geschichte des Staates → Israel und dem Schicksal seines Volkes. Nach der Eröffnung des Suezkanals 1869 erlebte – wie der gesamte Mittelmeerraum – auch Palästina einen Wirtschaftsaufschwung; das Gebiet wurde durch zurückwandernde Juden, die vor allem aus Osteuropa kamen, landwirtschaftlich genutzt. Die erste jüdische Stadtgründung war Tel Aviv, 1911 entstanden die ersten Kibbuzim. Die in Palästina lebende arabische Bevölkerung befürchtete, daß ihr ihr Land genommen würde, verkaufte aber auch große, in der Wüste gelegene Landstriche an jüdische Landaufkäufer, die hier Siedlungen errichteten, das Land bewässerten und fruchtbar machten und damit unveränderliche Tatsachen schufen. Im Ersten Weltkrieg eroberten die Briten Palästina (1917/18). Mit dem Völkerbundmandat von 1920 ging die britische Militärverwaltung in eine zivile (unter Leitung eines englischen Hochkommissars) über. Weitere Besiedlungen durch jüdische Flüchtlinge aus Europa in den dreißiger Jahren und die Schaffung von Wehrdörfern führten zu vermehrter Unruhe und Widerstand unter der arabischen Bevölkerung; ein Aufstand 1936 bis 1939 wurde von der britischen Mandatsmacht mit Hilfe jüdischer Siedler niedergeschlagen. Die Teilung Palästinas wurde von allen Parteien abgelehnt. Die USA setzten sich für neue Einwanderungen in Palästina ein, und 1947 billigte die UN-Vollversammlung die Teilung in einen arabischen und einen jüdischen Staat. Diesen Vorschlag lehnte die arabische Seite kategorisch ab; die Juden stimmten der Lösung zu und proklamierten daraufhin noch vor Beendigung des britischen Mandats einen eigenen souveränen Staat. Die Araber bekämpften seitdem unter der Führung Ägyptens das, wie sie sagen, »neokolonialistische und neoimperialistische Israel«.

Konfliktparteien

Arabische Staaten unter Führung Ägyptens

Die arabische Welt fühlte sich nach dem Ersten Weltkrieg von den Weltmächten betrogen, als nach dem Zusammenbruch des Osmanischen Reiches die Franzosen und Engländer den Arabern in Palästina, Syrien und Mesopotamien die versprochene Unabhängigkeit nicht gewährten.

Auch nach dem Zweiten Weltkrieg kam es nicht zur vielbeschworenen Einheit der arabischen Welt, der Umma – Einheit von Staat und Islam, wie sie im islamischen Gesetzbuch Scharia verankert ist –, sondern zu einer politischen Zersplitterung in rund 20 miteinander rivalisierende Einzelstaaten. Die 1945 gegründete *Arabische Liga*, zu der sich Ägypten, → Syrien, → Jordanien, → Irak, → Saudi-Arabien, → Libanon und → Jemen zusammenfanden, bildete vorerst noch eine relativ schwache »Schutzgemeinschaft«, die die Palästinenser in ihrem Kampf unterstützen sollte.

Israel
Am 14. Mai 1948 um 16 Uhr, wenige Stunden vor dem endgültigen Ablauf der englischen Mandatsherrschaft, wurde der israelische Staat proklamiert: Präsident wurde CHAIM WEIZMANN, DAVID BEN GURION Ministerpräsident. Diese Proklamation hatte schwerwiegende Folgen (weitere politische Entwicklung → Israel).

Konfliktverlauf

1. Arabisch-israelischer Krieg 1948/49
Einen Tag nach der Unabhängigkeitserklärung Israels rückten ägyptische, syrische, libanesische, jordanische und irakische Truppen in Palästina ein und drangen schnell bis Jerusalem und Tel Aviv vor. Der durch die Vermittlung der UN zustandegekommene Waffenstillstand vom 11. Juni wurde aber bereits am 8. Juli wieder gebrochen, als sich in der Negev-Wüste Israelis und Ägypter schwere Kämpfe lieferten, die erst am 19. Juli durch einen erneuten Waffenstillstand beendet werden konnten. Am 15. Oktober wurde auch dieser zweite Waffenstillstand gebrochen, und israelische Truppen stießen diesmal bis zum Sinai vor und eroberten Galiläa vollständig.

Kairo stimmte dem Waffenstillstand vom 7. Januar 1949 nur unter der Bedingung des Abzugs der israelischen Truppen aus dem Sinai zu; am 20. Juli 1949 kam es dann zum Waffenstillstandsvertrag zwischen → Israel, Ägypten, → Libanon, → Jordanien und → Syrien.

Die Frontlinien des Krieges wurden von den Arabern aber nicht als neue Grenzen anerkannt. Israel konnte durch den Krieg sein Territorium erheblich erweitern: ganz Galiläa (mit einem entmilitarisierten Streifen an der syrischen Grenze), Gebiete des Westjordanlandes einschließlich der Neustadt von Jerusalem, die Mittelmeerküste – mit Ausnahme des Gazastreifens, der unter ägyptische Verwaltung kam.

Ägypten war geschwächt; König FARUK I. verlor an Ansehen und 1952 die Kontrolle über das von politischen Unruhen erschütterte Land. Eine Militärrevolte unter der Führung von General MOHAMMED NAGIB setzte ihn ab; sein Sohn AHMED FUAD II. hielt sich ein paar Monate auf dem Thron.

1953 wurde die Monarchie abgeschafft und General NAGIB zum Präsidenten der neuen Republik ausgerufen, aber schon ein Jahr später seinerseits von GAMAL ABD EL-NASSER abgesetzt. Dieser beendete 1956 vorläufig die Auseinandersetzungen um den → Sudan, als das Land mit der Zustimmung Ägyptens und Englands seine Unabhängigkeit erhielt.

Gamal Abd el-Nasser (15.1.1918–28.9.1970)
Staats- und Ministerpräsident von 1954 bis 1970.
Der Sohn eines Postbeamten besuchte die Militärakademie in Kairo. Er war später im Generalstab und wurde im 1. Arabisch-israelischen Krieg 1948 verwundet. Er hatte eine führende Stellung im »Bund der freien Offiziere«, der für die Unabhängigkeit und Abschaffung des Feudalismus eintrat, und war am Staatsstreich vom 23. Juli 1952 gegen König Faruk I. und bei der Absetzung von Staatspräsident Nagib beteiligt. 1954 wurde er Ministerpräsident, ab 1956 Staatspräsident. Nasser propagierte einen Staatssozialismus und führte soziale Reformen durch. Von 1958 bis 1961 war er Staatsoberhaupt der aus Syrien und Ägypten gebildeten »Vereinigten Arabischen Republik (bzw. Staaten)«, die durch die spätere Einbeziehung des Jemen entstanden war, aber 1961 wieder aufgelöst wurde. Als Gegner Israels war er einer der führenden Politiker der neutralen Staaten.

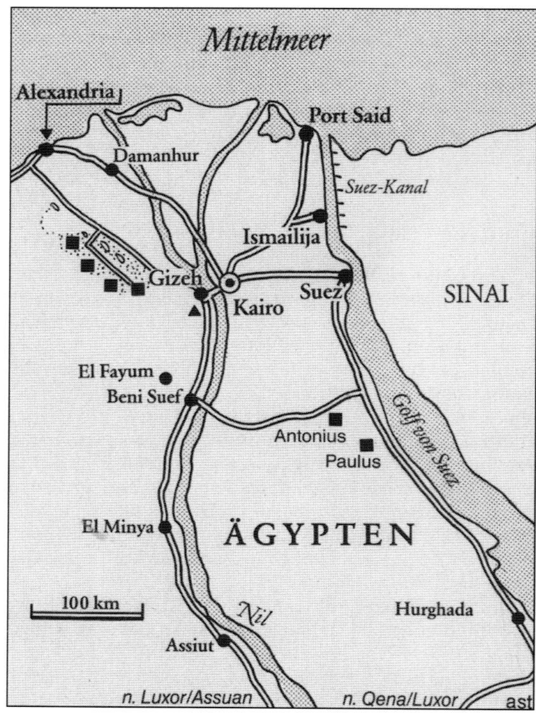

Die im 2. arabisch-israelischen Krieg 1956 von Israel eroberte Sinai-Halbinsel wurde erst nach dem Abkommen von Camp David 1979 an Ägypten zurückgegeben.

2. Arabisch-israelischer Krieg – Suez-Krise und Sinai-Feldzug 1956

Ägypten hatte 1950 Israel die Benutzung des Suezkanals und der Meerenge von Tiran aufgrund des Kriegszustands untersagt. Grenzzwischenfälle und israelische »Vergeltungsaktionen« bestimmten weiterhin den Nahostkonflikt.

1956 wurden die britischen Truppen aus der Kanalzone abgezogen. Nachdem die USA und die Weltbank wegen der Waffenkäufe Kairos weitere Kredite für NASSERS ehrgeiziges Assuan-Staudamm-Projekt gekündigt hatten, mußte man neue Geldquellen erschließen. Als daher am 26. Juli der Suezkanal verstaatlicht wurde – dessen Hauptaktionäre (England und Frankreich) einfach enteignet wurden –, entschloß sich Israel, die politisch und rechtlich unklare Lage auszunutzen: Am 29. Oktober drangen israelische Einheiten über die Sinai-Halbinsel bis zum Suezkanal vor und versuchten so, günstige Ausgangspositionen für Verhandlungen zu schaffen. Sie überrannten die ägyptischen Panzerabwehranlagen und besetzten den Sinai, als Kairo noch militärische Aktionen von Frankreich und England erwartete; diese erfolgten aber erst am 31. Oktober (Luftangriffe auf Kairo, Alexandria, Port Said, Ismailija und Suez).

Am 5. November besetzten französische und britische Fallschirmjäger die Kanalzone; die Israelis hatten bereits die Festung Scharm el-Scheikh am Golf von Akaba erobert. Die Sowjetunion, die gerade in → Ungarn einen Aufstand blutig niedergeworfen hatte, drohte mit dem Einsatz von Interkontinentalraketen, falls sich die Engländer und Franzosen nicht aus Ägypten sowie die Israelis aus dem Sinai zurückzögen. Ebenso übten die USA Druck auf die drei Länder aus, dem diese dann auch nachgaben; Israel zog sich bis hinter die Waffenstillstandslinien von 1949 zurück. Fortan kontrollierten UN-Friedenstruppen den Gazastreifen und den Zugang zum Golf von Akaba, damit israelische Schiffe ihn unbehelligt passieren konnten. Die Verstaatlichung des Kanals wurde nicht rückgängig gemacht, aber Kairo sagte Entschädigungen zu. Die von London gestützten Regierungen in → Jordanien und im → Irak gerieten unter den Druck von NASSER-Sympathisanten. Dessen Politik der Stärke regte zur Nachahmung an, und seine Idee einer großen arabischen Gemeinschaft versetzte den Mittleren und Nahen Osten in Bewegung. Die USA befürchteten einen verstärkten Einfluß der Sowjetunion in der arabischen Welt. Dem setzte Washington die sog. EISENHOWER-Doktrin entgegen, die besagte, daß die USA durch Wirtschafts- und Militärhilfe für eine Stabilität des Nahen Ostens (in ihrem Sinne) Sorge tragen und im Falle einer kommunistischen Aggression auch bereit sein würden, militärisch zu intervenieren. Damit geriet auch diese Region in ihrer weiteren Entwicklung in den Ost-West-Konflikt.

1958 bis 1961 schlossen sich Ägypten und → Syrien zur Vereinigten Arabischen Republik zusammen.

3. Arabisch-israelischer Krieg – Sechs-Tage-Krieg 1967
Einer Lösung des Nahostkonflikts war man mit den vorangegangenen Kriegen nicht näher gekommen. Als 1967 Grenzkämpfe zwischen → Israel und → Syrien ausbrachen, wandte sich Syrien an Ägypten um militärische Hilfe, und ägyptische Truppen marschierten an der israelischen Grenze auf. NASSERS Forderung nach Abzug der UN-Truppen aus dem ägyptisch-israelischen Grenzstreifen, den Ägypten 1956 verloren hatte, wurde entsprochen. NASSER blockierte daraufhin den Golf von Akaba, Israels einzigen Zugang zum Roten Meer.

Militärabkommen zwischen Ägypten und Jordanien ergänzten syrisch-ägyptische Vereinbarungen. Irakische und saudi-arabische Truppen sammelten sich in Syrien, ägyptische Verbände auf dem Sinai wurden durch kuwaitische und algerische Einheiten verstärkt. Der arabischen Truppenkonzentration und der Einkreisung Israels begegnete die Regierung in Jerusalem am 5. Juni 1967 mit einem Prä-

Muhammad Anwar as-Sadat (25.12.1918–6.10.1981)
Ägyptischer Staatspräsident von 1970 bis 1981. Sadat gehörte zur Organisation der »Freien Offiziere«, die 1952 König Faruk I. stürzte; 1942, 1946 und 1948 war er in Haft und zeitweise aus der Armee ausgeschlossen. Von 1954 bis 1956 war Sadat Informationsminister unter Nasser, von 1957 bis 1961 Generalsekretär der ägyptischen Einheitspartei und 1960 bis 1969 Präsident der Nationalversammlung. Nach Nassers Tod wurde er Staatspräsident. Dieses Amt hatte er bis zu seiner Ermordung 1981 inne. 1978 erhielt er zusammen mit dem israelischen Ministerpräsidenten Begin für die Politik der Aussöhnung den Friedensnobelpreis.

ventivschlag durch Luftangriffe auf Militärstützpunkte und Flughäfen in Ägypten, Syrien und Jordanien; dabei wurde fast die gesamte arabische Luftwaffe zerstört. Der Überraschungsangriff war geglückt; am Abend befanden sich israelische Einheiten bereits in El Arisch, am westlichen Ende des Gazastreifens. Am zweiten Tag erkämpften sich die Israelis die Region um Jerusalem, und Panzerverbände drangen bis zur zweiten Verteidigungslinie der Ägypter im Zentrum der Sinai-Halbinsel vor. Am 7. Juni kam es zu den großen Panzerschlachten bei Bir Gifgafa und Bir el-Thamada, wo die Ägypter und ihre Verbündeten vernichtend geschlagen wurden: Der Weg zum Suezkanal war frei. Die Städte Bethlehem, Jericho, Ramallah und Nablus im Westjordanland fielen ebenfalls in israelische Hände, und am Abend des dritten Tages besetzten Luftlandetruppen die Altstadt von Jerusalem. Am vierten Tag kapitulierten die Ägypter im Gazastreifen, und die israelischen Panzerverbände standen am Suezkanal und drangen weiter nach Süden bis zum Golf von Suez vor. Am 9. Juni waren die Städte am östlichen Ufer des Golfs und die Festung Scharm el-Scheikh erobert, das Westjordanland vollständig besetzt. Die schweren Panzergefechte an der Grenze mit syrischen Truppen endeten nach insgesamt sechs Tagen am 10. Juni mit der Eroberung der Golanhöhen und der Stadt Kuneitra. Gegen Abend ruhten die Waffen: Israel, Jordanien, Libanon und Syrien waren der Waffenstillstandsaufforderung des UN-Sicherheitsrates gefolgt. Israel war jedoch nicht bereit wie 1956, die gewonnenen Gebiete (Israel verfügte nach dem Sechs-Tage-Krieg über ein etwa 70 000 Quadratkilometer großes Territorium) wieder abzutreten.

NASSER behielt trotz der Niederlage seine starke Position als arabischer Führer, und Ägypten baute mit sowjetischer Hilfe seine Streitkräfte wieder auf. Als NASSER im September 1970 starb, wurde MUHAMMAD ANWAR AS-SADAT neuer Staatschef, der zunächst unnachgiebig die Konfrontationspolitik mit Israel fortsetzte.

4. Arabisch-israelischer Krieg – Jom Kippur 1973

Die arabische Welt konnte und wollte sich nicht mit den durch den Sechs-Tage-Krieg geschaffenen Tatsachen abfinden. Man rüstete wieder zum Krieg; alle Verhandlungsangebote und -vorschläge waren vergebens. Am 6. Oktober 1973, dem jüdischen Versöhnungsfest Jom Kippur, glaubten sich die arabischen Staaten militärisch stark genug, um Israel in einem Überraschungsangriff zu besiegen. In einer ersten Angriffswelle mit 222 Düsenjägern, 1500 Panzern und fünf Divisionen drangen die Ägypter über den Suezkanal bis hinter die Bar-Lev-Befestigungslinie vor und bereiteten den israelischen Truppen auf der Sinai-Halbinsel eine empfindliche Niederlage. Auf den Golanhöhen war den Syrern ein Vorstoß gelungen. Erst nach vier Tagen gelang es den israelischen Panzerverbänden und anderen Einheiten, die mit modernsten amerikanischen Waffen ausgerüstet waren, den arabischen Vormarsch zu stoppen. Der Durchbruch an der Hauptverbindungslinie nach Damaskus am 10. Oktober sowie das Überschreiten des Suezkanals und die Zerstörung der wichtigsten ägyptischen Brückenköpfe am 12. Oktober wendeten das Blatt. Am 22. Oktober ordnete der UN-Sicherheitsrat die Feuereinstellung innerhalb von 12 Stunden an; doch bis zur sowjetischen Interventionsandrohung am 24. Oktober drangen die Israelis noch weiter auf ägyptisches Territorium vor und schlossen die dritte ägyptische Armee bei Suez ein. 30 Kilometer vor Damaskus machten die israelischen Truppen an der Nordfront halt. Die Interventionsdrohung aus Moskau zwang Washington, das ebenfalls seine Streitkräfte in erhöhte Alarmbereitschaft versetzt hatte, auf Israel massiven Druck auszuüben. Am 26. Oktober stimmte die Regierung in Jerusalem den vorläufigen Waffenstillstandsvereinbarungen zu, die die Versorgung der eingeschlossenen ägyptischen Truppen bei Suez vorsahen und die restlichen ägyptischen Brückenköpfe am Ostufer des Kanals bestätigten.

Mohammed Hosni Mubarak (*4.5.1928)
Ägyptischer Staatspräsident seit 1981.
1969 wurde Mubarak Oberbefehlshaber der ägyptischen Luftwaffe und 1975 Vizepräsident. 1979 war er Gesandter bei den Friedensverhandlungen mit Israel, 1981 wurde er Nachfolger von Anwar as-Sadat. Mubarak leitete den Normalisierungsprozeß in den Beziehungen Ägyptens zu den arabischen Staaten ein, die nach dem Frieden mit Israel 1978 stark angespannt waren. Im Oktober 1993 wurde er für eine dritte Amtsperiode gewählt.

Mit Hilfe des amerikanischen Außenministers HENRY KISSINGER wurde ein Truppenentflechtungsabkommen ausgehandelt. Am 18. Januar 1974 verpflichtete sich Israel, die Truppen vom Suezkanal bis auf die Sinai-Pässe zurückzuziehen; die freigewordene Zone besetzten anschließend UN-Friedenstruppen. Im Abkommen mit Syrien (Ende Mai) trat Israel die eroberten Gebiete östlich der Golanhöhen (einschließlich der Städte Rafid und Kuneitra) wieder an Syrien ab, nicht aber die für Israel strategisch wichtigen Golanhöhen.

Ergebnis und weitere Entwicklung

Der Frieden war damit im Nahen Osten nicht gesichert. Im März 1976 hob Ägypten zwar den 1971 mit der Sowjetunion geschlossenen Freundschaftsvertrag auf, eine Wende zeichnete sich aber erst mit dem Ausscheren des ägyptischen Präsidenten SADAT aus der arabischen Ablehnungsfront gegenüber Israel ab. Er erklärte sich bereit, vermittelt durch die USA, Friedensverhandlungen aufzunehmen. Um eine friedliche Lösung des Nahostkonflikts herbeizuführen, besuchte SADAT im November 1977 Israel. Nach monatelangen Verhandlungen unterzeichneten er und der israelische Ministerpräsident MENACHEM BEGIN am 26. März 1979 einen Friedensvertrag, der dann am 25. April in Kraft trat. Die Hinwendung SADATS zu den westeuropäischen Staaten und den USA, die nun auch Kairo ebenso wie Jerusalem wirtschaftliche und technische Hilfe gewährten, ermöglichten erst die Verträge von Camp David, wo die

Menachem Begin → Israel

Jimmy Carter → Israel

Verhandlungen unter der Vermittlung von US-Präsident JIMMY CARTER stattgefunden hatten. Der Abzug der Israelis aus dem Sinai, eine Bedingung des Friedensvertrages, kam erst nach den Garantien der USA für Israel zustande. Während Israel sich verpflichtete, innerhalb von drei Jahren den Sinai zu räumen, öffnete Ägypten den Suezkanal für israelische Schiffe. Die Aussöhnung geriet jedoch bald ins Stocken, da der Vertrag die Frage der Golanhöhen nicht gelöst hatte: Israel annektierte dieses Gebiet 1980. Ebenfalls widerrechtlich vereinigte die israelische Regierung unter BEGIN Alt- und Neustadt von Jerusalem und erklärte die Stadt zum »ewigen« Territorium Israels. Beide Annexionen wurden von der UNO und den USA für ungültig erklärt.

Kairo war vor allem über die israelische Besetzung von Ost-Jerusalem und über die Neubesiedlung des Westjordanlandes verstimmt. SADAT war im Mai 1980 zum Präsidenten auf Lebenszeit gewählt worden, hatte sich aber durch seine Israel-Politik zahlreiche unversöhnliche Gegner geschaffen, vor allem unter den islamischen Traditionalisten: Am 6. Oktober 1981 wurde er während einer Militärparade in Kairo von einer Gruppe radikaler Offiziere ermordet.

Nachfolger wurde sein früherer Stellvertreter MOHAMMED HOSNI MUBARAK, der eine Wiederannäherung an die arabischen Nachbarstaaten und eine Lockerung der engen Bindung an die westlichen Industriestaaten versuchte, ohne den Friedensprozeß mit Israel zu gefährden. (Zur weiteren Entwicklung im Nahen Osten → Israel.)

Nach dem Ausschluß aus der Arabischen Liga 1979 wurde Ägypten 1989 wieder aufgenommen. Ägyptische Politiker leiteten 1991 die Nahost-Friedenskonferenz in Madrid, und der ägyptische Außenminister von 1977 bis 1991 und Architekt des ägyptisch-israelischen Friedensvertrages, der der christlichen Minderheit angehörende Kopte BUTROS BUTROS GHALI, wurde am 4. Dezember 1991 in New York zum UNO-Generalsekretär gewählt.

Yitzhak Rabin → Israel

Jassir Arafat → Jordanien

Unter Vermittlung von MUBARAK nahmen der israelische Ministerpräsident YITZHAK RABIN und der PLO-Führer JASSIR ARAFAT in Kairo Verhandlungen über die von Israel besetzten Gebiete auf. Das Gaza-Jericho-Abkommen wurde am 13. September 1993 beschlossen und leitete den Friedensprozeß im Nahen Osten ein (→ Israel).

1993 kam es wiederholt zu Grenzstreitigkeiten mit dem → Sudan um die Halaib-Region, die seit 1899 politisch zu Ägypten gehört, aber seit 1902 vom Sudan verwaltet wird. Die dort entdeckten Erdölvorkommen wurden von beiden Ländern beansprucht.

Die hohe Arbeitslosigkeit (20 %) seit Ende der achtziger Jahre verschaffte den radikal-politischen islamischen Fundamentalisten starken Zulauf, die die Anpassung Ägyptens an die westliche Welt kritisieren und die Errichtung eines islamischen Staates propagieren. Anschläge fundamentalistischer Radikaler, wie der *Gamaat el-Eslamia* (Islamische Vereinigung), galten staatlichen und touristischen Einrichtungen und führten zu einem spürbaren Rückgang des für Ägypten wirtschaftlich bedeutenden Tourismus.

Literatur: s. a. → Israel
S. D. Bailey: *Four Arab-Israeli Wars and the Peace Process*. London 1990.
A. J. Barker: *Der Sechs-Tage-Krieg*. Rastatt 1981.
W. A. Beling (Hg.): *Middle East Peace Plans*. London / Sydney 1986.
A. H. Cordesman, A. R. Wagne: *The Lessons of Modern War.* Bd. I: *The Arab-Israeli Conflicts 1973–1989*. Boulder, Col. 1990.
M. J. Handel: *Perception, Deception and Surprise. The Case of the Yom-Kippur War*. Jerusalem 1976.
A. Hartung: *Zeittafel zum Nahost-Konflikt*. Berlin 1979.
E. Kanovsky: *The Economic Impact of the Six-Day-War*. New York 1970.
F. Kogelmann: *Die Islamisten Ägyptens in der Regierungszeit Anwar as-Sadats (1970–1981)*. Berlin 1994.
G. Krämer: *Ägypten unter Mubarak: Identität und nationales Interesse.* Baden-Baden 1986.
P. Mansfield: *The British in Egypt*. New York 1971.
J. Norden: *The Arab-Israeli Conflict*. Princeton 1974.
R. Ovendale: *The Origins of the Arab-Israeli Wars*. London 1987.
J. Roman: *Interpretation und völkerrechtliche Bedeutung des Sinai-Abkommens zwischen Israel und Ägypten vom 4. September 1975. Berlin 1978.*
A. Sadat: *Unterwegs zur Gerechtigkeit*. München 1979.
A. Schölch / H. Mesner (Hg.): *Die ägyptische Gesellschaft im 20. Jahrhundert.* Hamburg 1992.
Statistisches Bundesamt (Hg.): *Länderbericht Ägypten*. Wiesbaden 1993.

Staatsname: Arabische Republik Ägypten
Staatsform: Präsidiale Republik (seit 1971)
Staatsoberhaupt: Mohammed Hosni Mubarak (NDP; seit 1981)
Regierungschef: Atef Mohammed Sidki (NDP; seit 1986)
Regierung: Nationaldemokratische Partei (NDP) seit 1978
Parlament: Nationalversammlung 454 Sitze (Wahl vom 29.11.1990), NDP (gemäßigte Linke) 348, Unabhängige 83, NPU (Marxisten) 6, Sonstige 17
Mitgliedschaft bei internationalen Organisationen: Arabische Liga, OAPEC, OAU, UNO
Lage: 25°– 36° östlicher Länge, 22°– 32° nördlicher Breite
Fläche: 1 001 449 km²
Hauptstadt: Kairo
Bevölkerung: 56 Millionen; sunnitische Moslems 90 %, Christen (Kopten) 10 %
Wirtschaft: Industrie 29,7 %, Dienstleistung 52,1 %, Landwirtschaft 18,2 %; Export: Erdöl, -gas 43,4 %, Baumwollgarn 8,1 %, Kleidung 6,1 %

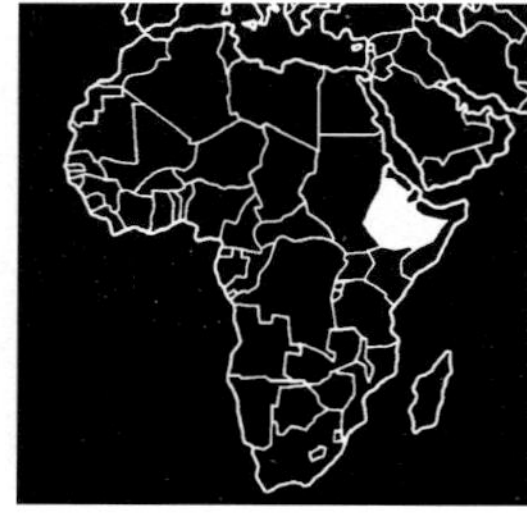

ÄTHIOPIEN

Konflikt um Italienisch-Somaliland 1950 bis 1960
und Ogaden-Konflikt 1977 bis 1978
Unabhängigkeitskrieg von Eritrea 1962 bis 1991
Revolution 1974 und Regierungsterror bis 1978
Tigray-Konflikt 1974 bis 1991
Oromo-Konflikt 1974 bis 1991

Die imperialistischen Eroberungsbestrebungen des kaiserlichen Äthiopien führten zu regionalen Bürgerkriegen: der Krieg um Italienisch-Somaliland (→ Somalia) und der Krieg mit Somalia um das Ogaden-Gebiet; die Loslösung → Eritreas; die Revolution mit anschließendem staatlichen Terror; die Konflikte um Tigray und Oromo. Strategische und weltpolitische Interessen bestimmten die Entwicklung am Horn von Afrika.

Historischer Hintergrund

Eritrea-Konflikt

Das historische Kerngebiet des heutigen Äthiopien (früher: Abessinien) bildete seit fast 2000 Jahren das Hochland von → Eritrea und Tigray. Das Königreich Axum beherrschte im 1. Jahrhundert auch diesen Raum. Seit dem 4. Jahrhundert übernahm die Bevölkerung das monophysitische Christentum, und die koptische Kirche erlebte bis ins 15. Jahrhundert hinein eine Blütezeit in Äthiopien, während Eritrea seit den ersten arabischen Eroberungen im 7. Jahrhundert muslimisch wurde.

Die Eroberungen Äthiopiens durch Araber, Türken und Italiener gingen ausnahmslos von Eritrea aus, das aufgrund seiner geographischen Lage am Roten Meer eine günstige Ausgangsbasis bot. 1890 wurde Eritrea eine italienische Kolonie. Im Krieg Italiens gegen Äthiopien (1895/96) wurden sogar eritreische Kolonialtruppen gegen das Kaiserreich eingesetzt.

Eritrea diente dem faschistischen Italien als Ausgangspunkt für die Eroberung Äthiopiens 1935/36 und im Zweiten Weltkrieg den Engländern (1941) zu dessen Befreiung. Bis zum UNO-Beschluß von 1950 war dieses Gebiet Protektorat Großbritanniens; 1952 wurde Eritrea in eine Föderation mit Äthiopien überführt. Der völkerrechtlich zugesicherte Autonomiestatus Eritreas wurde vom späteren Kaiser Haile Selassie I. immer mehr untergraben; 1962 annektierte er Eritrea als vierzehnte Provinz Äthiopiens (→ Eritrea).

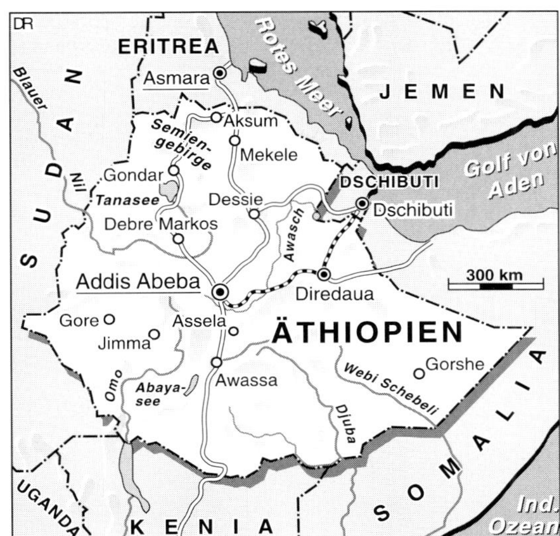

Äthiopien in den heutigen Grenzen nach der Unabhängigkeit Eritreas 1991.

Italienisch-Somaliland und Ogaden-Konflikt
Die völkerrechtlichen Auseinandersetzungen zwischen dem Kaiserreich Äthiopien und der nach 1945 unter UN-Treuhandschaft stehenden ehemaligen Kolonie Italienisch-Somaliland waren der Ausgangspunkt einer Reihe von Konflikten. Die Grundlagen für die Aufteilung des Somali-Territoriums am Horn von Afrika, das seit etwa 4000 Jahren von Somali-Nomaden besiedelt wird, wurden bereits in der zweiten Hälfte des 19. Jahrhunderts durch das koloniale Engagement Großbritanniens, Frankreichs und Italiens in dieser strategisch wichtigen Region gelegt.

Die Einflußnahme verschiedener Eroberer – Portugiesen, Türken, Franzosen, Ägypter, Briten und Italiener – verhinderten die Errichtung eines Somali-Staates (→ Somalia).

Der Norden Somalias war seit 1884 britisches, der Süden seit 1885 italienisches Protektoratsgebiet. Im Abessinienkrieg (1935/36) diente den Italienern diese Region (wie Eritrea) als Ausgangsbasis für die Eroberung Äthiopiens, ebenso den Briten bei der Befreiung Äthiopiens im Jahr 1941.

Italien erhielt sein Gebiet (Italienisch-Somaliland) nach dem Zweiten Weltkrieg als UN-Treuhandgebiet zugesprochen (1949), um die Unabhängigkeit vorzubereiten. Im Protektorat Britisch-Somaliland kam es zur Selbstverwaltung. Beide Gebiete wurden 1960 unabhängig und schlossen sich am 1. Juli 1960 zur Republik → Somalia mit dem Ziel zusammen, alle in diesem Gebiet lebenden Somalis in einem »Groß-Somalia« zu vereinigen. Die Gemeinsamkeit von Kultur, Sprache und islamischer Religion sollte die

Haile Selassie I.* *(23.7.1892–27.8.1975)
Kaiser von Äthiopien von 1930 bis 1974. Er erhielt seine Ausbildung durch Jesuitenpatres und koptische Christen. Nach dem Tod seines Vaters wurde er Regent und Thronfolger, er erreichte die Aufnahme Äthiopiens in den Völkerbund und die Abschaffung des Sklavenhandels. Er ließ sich 1930 zum Kaiser krönen, ein Jahr später wurde eine geschriebene Verfassung erlassen. Nachdem die Italiener Äthiopien erobert hatten, lebte Selassie zunächst im Exil in England, zog jedoch mit äthiopischen Flüchtlingen und mit Hilfe von britischen Truppen im Mai 1941 wieder in Addis Abeba ein. Selassie erließ 1955 eine neue Verfassung, und 1957 fanden zum ersten Mal direkte Volkswahlen statt. Er war einer der Initiatoren der OAU und setzte sich außerordentlich für panafrikanische Angelegenheiten ein. Nach der Revolte 1974 wurde er vom Militär abgesetzt. Selassie stand unter Hausarrest und starb ein Jahr später in seinem Palast in Addis Abeba.

Grundlage für eine »groß-somalische Nation« bilden. Dies war vor allem der Grund dafür, daß auf alle von Somalis bewohnten Gebiete Anspruch erhoben wurde: Französisch-Somaliland (Dschibuti), den Northern Frontier District (→ Kenia) und den Südosten Äthiopiens, die Gebiete Ogaden und Haud. In einem Abkommen von 1897 mit Großbritannien und einem Vertrag mit Italien (1907) war dem Kaiserreich Äthiopien die Ogaden-Region zugesprochen worden. Teile davon, den Haud und die Reserved Areas, hielten die Engländer aber noch besetzt; sie dienten ihnen als Nachschubbasen für Britisch-Somaliland. 1954 übergab London gegen den Widerstand Britisch-Somalilands die Gebiete endgültig an Äthiopien. Nach der Unabhängigkeit Somalias (1960) kam es immer wieder zu Grenzstreitigkeiten, die auch durch das Abkommen von Khartum 1964 nicht beendet werden konnten.

Konfliktparteien

Somalia

Unterstützung erfuhr → Somalia durch die 1976 vereinigten Widerstandsgruppen im Osten Äthiopiens, durch die *Western Somali Liberation Front* (WSLF).

Vor dem Ogaden-Konflikt hatte Somalia von der UdSSR Waffenlieferungen erhalten. Somalia wandte sich nach dem Bruch mit Moskau mehr dem Westen zu.

Äthiopien: Revolution 1974 und Regierungsterror bis 1978

Auf der Gegenseite kämpften die Regierungstruppen Äthiopiens mit sowjetischer Waffenhilfe und unterstützt von kubanischen Kampfeinheiten. Als der Krieg ausbrach, optierte Moskau für das mächtigere Äthiopien, um sich den Ein- fluß am Horn von Afrika zu sichern.

Zu Regierungsterror kam es nach dem Sturz HAILE SELASSIES I. 1974. Daran beteiligt waren die *Äthiopische Militärregierung* (DERG) und die *Gesamtäthiopische Sozialistische Bewegung* (MEI'SON), gegen die die *Äthiopische Revolutionäre Volkspartei* (EPRP) kämpfte.

Schon zu Beginn der siebziger Jahre hatten sich antifeudalistische politische Gruppierungen, die Landreformen, Presse- und Meinungsfreiheit, religiöse, nationale und kulturelle Gleichberechtigung forderten, formiert. Nach einer Hungerkatastrophe in Tigray (200 000 Tote) kam es landesweit zu Demonstrationen und Protesten; ein Generalstreik legte die Wirtschaft und das öffentliche Leben lahm. Darüber hinaus gab es Meutereien unter den in Eritrea stationierten Truppenteilen.

Im April 1974 entmachtete ein Koordinationskomitee der Streitkräfte unter der Führung des aus Eritrea stammenden Generals und Verteidigungsministers AMAN ANDOM Kaiser

Durch die Kampfhandlungen im Ogaden, der Grenzregion zwischen Somalia und Äthiopien, wurden die in diesem kargen und unwirtlichen Landstrich siedelnden Menschen ihrer letzten Lebensmöglichkeiten beraubt. Ein somalischer Soldat reicht einer Frau einen Becher Wasser.

HAILE SELASSIE I. Aus dem Komitee ging der *Provisional Administrative Military Council* (PAMC) oder DERG (amharisch für Komitee) hervor, der Kaiser HAILE SELASSIE I. am 12. September endgültig stürzte. Der DERG war formell das oberste Staatsorgan.

Der Sturz des äthiopischen Kaisers durch Militärs war der Beginn eines Machtkampfes innerhalb der Putschisten sowie zwischen der Militärregierung und zivilen Gruppierungen. Die Folge war, daß sich der Widerstand gegen die Zentralregierung noch mehr dezentralisierte und sich in regionale Autonomie- und Unabhängigkeitsbewegungen zersplitterte (→ Eritrea; Oromo und Tigray s. u.).

Am 18. November übernahmen drei Offiziere die Macht, unter ihnen Leutnant MENGISTU HAILE MARIAM, ANDOMS Stellvertreter, der den General verhaften und erschießen ließ. Mit ANDOM zusammen starben weitere 59 Politiker und Beamte der kaiserlichen Regierung.

Die Militärs propagierten einen »Äthiopischen Sozialismus« (*Hibrette-Sebawinet*) und vor allem die Unteilbarkeit des äthiopischen Staates. Eine radikale Landreform stand am Beginn der Revolution: entschädigungslose Enteignung des Grundbesitzes, Verstaatlichung von Industrie, Banken und Versicherungen, Gründung von Bauernvereinigungen, eine Reform des Arbeitsrechts und eine Alphabetisierungskampagne. Dies waren ebenfalls die Forderungen und Ziele der marxistisch-leninistischen Parteien MEI'SON und EPRP. Die antisowjetische EPRP, die ihre Basis in der Gewerkschaftsbewegung hatte, orientierte sich am chinesischen und albanischen Modell: Sie forderte deshalb von Anfang an die Bildung einer provisorischen Volksregierung.

Bei Nationalitätenkonflikten – im Konflikt der Oromos z. B. kämpfte die *Oromo Liberation Front* (OLF) gegen die Zentralregierung um mehr Autonomie – akzeptierte die

Mengistu Haile Mariam (*1937)
Äthiopisches Staatsoberhaupt von 1977 bis 1991.
Obwohl Angehöriger einer ethnischen Minderheit, konnte er doch eine militärische Laufbahn einschlagen. Nach dem Sturz von Kaiser Haile Selassie I. 1974 kam er in einer sozialistischen Militärregierung auch zu politischer Macht, ab 1977 zur Alleinherrschaft. Mengistu unterdrückte jeglichen Widerstand gegen seine Politik und schränkte die Beziehungen zu den USA und anderen westlichen Ländern erheblich ein. Nach den Niederlagen bei den Regionalkonflikten wurde er abgesetzt und flüchtete ins Ausland.

*Meles Zenawi (*9.5.1955)*
Äthiopisches Staatsoberhaupt seit 1991.
Der aus Adua (Tigray) stammende Zenawi schloß sich 1975 der Volksfront zur Befreiung Tigrays an. Er war 1989 Mitbegründer der Dachorganisation oppositioneller Gruppen EPRDF und ist seit Januar 1991 Generalsekretär der EPRDF, die im Mai 1991 den sozialistischen Präsidenten Mengistu stürzte. Im Juli 1991 wurde Zenawi von einer Nationalkonferenz zum Übergangspräsidenten gewählt.

EPRP das Unabhängigkeitsstreben der Eritreer und gestand auch anderen Nationalitäten das Selbstbestimmungsrecht zu, ganz im Gegensatz zum überzeugten Nationalisten MENGISTU. Seit 1976 versuchte die EPRP, mit Attentaten gegen regierungsnahe Funktionäre das Regime zu schwächen. MENGISTU antwortete mit Gegenterror. Die EPRP, die sich nach Tigray zurückgezogen hatte, setzte dort mit militärischen Einheiten ihrer *Ethiopian People's Revolutionary Army* (EPRA) und zusammen mit der tigrayschen Volksbefreiungsbewegung *Tigray People's Liberation Front* (TPLF) den Kampf gegen die Zentralregierung in Addis Abeba fort.

Die MEI'SON dagegen erklärte sich zur Kooperation mit den Militärs bereit. Doch auch die Machthaber waren gespalten. Nach blutigen Auseinandersetzungen im Militärrat Anfang Februar 1977 übernahm MENGISTU die Alleinherrschaft; seinen Stellvertreter ATNAFU ABATE ließ er im November 1977 hinrichten. Bürgerkriegsähnliche Kämpfe zwischen der MEI'SON und den Militärs waren die Folge. Mit Hilfe der MENGISTU-loyalen Geheimpartei ABYOTAWI SEDED *(Revolutionäre Flamme)* konnten alle oppositionellen Kräfte zerschlagen werden. Dies führte zur Stabilisierung der innenpolitischen Situation und zur Konsolidierung der Zentralmacht, deren Ziel der Erhalt eines Einheitsstaates war, in dem die Amharen weiterhin dominieren sollten.

1984 wurde die marxistisch-leninistische *Workers Party of Ethiopia* (WPE) unter dem Vorsitz MENGISTUS als leninistische Einheitspartei gegründet.

Im Februar 1987 erhielt Äthiopien eine neue Verfassung. Nach der Wahl eines Parlaments, der Shengo, im Juni 1987 lautet der neue Staatsname nunmehr »The People's Democratic Republic of Ethiopia« (PDRE). Aus den 14 Provinzen wurden fünf autonome Regionen (Eritrea, Tigray, Assab, Dire Dawa, Ogaden).

Konfliktverlauf

Ogaden-Konflikt 1977 bis 1978

Zwischen 1960 und 1961 kam es nach der Selbständigkeit → Somalias immer wieder zu Gefechten in der Ogaden-Region. Trotz des Friedensabkommens vom 30. März 1964 gab es bis 1967 immer wieder somalische Feuerüberfälle auf äthiopische Einrichtungen.

Die Hauptauseinandersetzung begann 1976 und dauerte bis 1978: Die somalische Regierung in Mogadischu unterstützte offen die Befreiungsfront *Western Somali Liberation Front* (WSLF), die einen Guerillakrieg gegen die äthiopische Zentralregierung mit dem Ziel führte, den Ogaden abzuspalten.

Stolz hält ein Kämpfer der Tigray People's Liberation Front ein erbeutetes russisches Maschinengewehr aus den Beständen der äthiopischen Armee in den Händen.

Im Juli 1977 eskalierte der Konflikt zum Krieg zwischen beiden Staaten. Jahrelang war über Radio Mogadischu die Forderung nach Annexion des Ogaden-Gebietes propagandistisch verbreitet worden. Ausbildungslager für Guerilleros und eine Reihe von Sabotageaktionen (u. a. auf die wichtige Eisenbahnverbindung zwischen Addis Abeba und den Hafen von Dschibuti) bereiteten die Offensive Somalias langfristig vor.

Am 23. Juli 1977 begannen die Kampfhandlungen. Mit Panzern, Flugzeugen und Artillerie drangen die somalischen Truppen in den Osten Äthiopiens vor, das jedoch mit einer Generalmobilmachung (sechs Infanteriedivisionen in einer Stärke von 65 000 Soldaten, Milizen und Bürgerwehreinheiten von 100 000 Mann) zum Gegenschlag gegen die WSLF und die somalische Armee ausholte.

Im August tagte in Libreville eine Vermittlungskonferenz der *Organization of African Unity* (OAU), die die Respektierung der bestehenden Grenzen forderte. Doch die Verhandlungen scheiterten.

Ende Januar 1978 begann die äthiopische Gegenoffensive zur Rückeroberung der besetzten Gebiete. Die strategisch wichtige Stadt Djidjiga wurde am 4. März 1978 von den äthiopischen Truppen eingenommen; damit hatte Äthiopien innerhalb weniger Wochen militärisch die Oberhand gewonnen. Am 8. März kündigte Somalia den Rückzug der Truppen an. Die WSLF-Guerillas jedoch blieben nach Kriegsende weiterhin aktiv, hinzu kamen gelegentliche Grenzgefechte zwischen somalischen und äthiopischen Truppen. Seit Mitte 1980 gab es dann wieder Kämpfe zwischen den Regierungstruppen und der *Westsomalischen Befreiungsfront*, die wiederum von Somalia unterstützt wurde. Im selben Jahr kam es zu einer erneuten Offensive der Somalis, die nun von den USA Unterstützung erhielten. Die Schlacht bei Wardair forderte das Leben von 1326 somalischen Soldaten; 2092 Soldaten und 18 Offiziere sollen dabei gefangengenommen worden sein. Somalia bestritt den Angriff und beschuldigte seinerseits Äthiopien einer Invasion im Nordwesten Somalias im August, die sich gegen Guerillabasen der WSLF gerichtet haben soll.

Muhammad Siad Barre* → *Somalia

Im Oktober 1980 verhängte der somalische Präsident MUHAMMAD SIAD BARRE den Ausnahmezustand, der aber im März 1982 wieder aufgehoben wurde, da es zu keinen weiteren Zwischenfällen mit Äthiopien außer den Guerilla-Aktionen der WSLF gekommen war.

Tigray-Konflikt 1974 bis 1991

In Tigray, dem Norden Äthiopiens zwischen Zentraläthiopien und → Eritrea, gab es wie in Eritrea und Oromo Bürgerkrieg um Unabhängigkeit. Die Dürrekatastrophe von 1984/85 verschlimmerte die Zustände dramatisch. Die Volksbefreiungsfront *Tigray People's Liberation Front* (TPLF) kämpfte für die Autonomie Tigrays und seiner fünf Millionen Menschen (70 % Christen, 30 % Muslime), die zu 50 Prozent auch in Eritrea leben. Die Tigrayer gehören ethnisch zu den Amharen, die Äthiopiens dominierendes Volk sind. Tigray wurde unter Kaiser MENELIK im 19. Jahrhundert Teil Zentraläthiopiens. Die Amharen unterdrückten das Selbstbestimmungsrecht und die kulturelle Identität der Provinz und verboten den Tigrayern politische Aktivitäten. Der Bauernaufstand im Jahre 1943, der nur mit britischer Hilfe niedergeschlagen werden konnte, war ein erstes Fanal.

Unter dem Terrorregime der Militärs in Addis Abeba formierte sich 1975 die marxistische TPLF mit etwa 10 000 Guerillas. Die TPLF strebt – im Unterschied zu den Befreiungsbewegungen in Oromo und → Eritrea – keine Sezession an, sondern fordert die Autonomie aller äthiopischen Völker. Innertigraysche Auseinandersetzungen schwächten zunächst die Autonomiebestrebungen. Von 1975 bis 1985 kämpften die marxistisch-leninistische *Volksbefreiungsfront Eritreas* (EPLF) und die TPLF zusammen. 1979 gelang es der TPLF, Städte zu erobern und vor allem die Hauptverbindungsstraße von Addis Abeba nach Eritrea zu kontrollieren. Bei einer Offensive 1980/81 wurden die Städte von der Zentralregierung mit sowjetischer und kubanischer Hilfe zurückerobert: Es war eine »Politik der verbrannten Erde«, die sich 1983 noch weiter fortsetzte, aber den Widerstand nicht brechen konnte. Die TPLF kontrollierte inzwischen über 80 Prozent des Gebietes von Tigray; die Regierungsarmee dagegen Städte und Verbindungsstraßen. Bei den Hungersnöten 1984 und 1987 halfen die von der TPLF aufgebauten sozialen Stationen, die größte Not zu lindern. 1985 wurde die EPLF/TPLF-Verbindung wegen unüberbrückbarer ideologischer Unstimmigkeiten aufgelöst.

Die TPLF vereinigte sich daraufhin mit der Befreiungsbewegung der benachbarten Provinz Wollo zur marxistisch-leninistischen *Ethiopian Marxist-Leninist Force* (EMLF). Einige militärische Erfolge stellten sich ein. Im November 1989 bot MENGISTU der TPLF vergeblich Verhandlungen an. Diese eröffnete im Juni 1990 im Süden Eritreas eine zweite Front. Die TPLF kontrollierte die Provinzen Schoa, Wollo und Gonder.

Oromo-Konflikt 1974 bis 1991

Die in Zentral-, Süd- und Westäthiopien lebenden Oromo bilden mit etwa 13 Millionen Menschen die größte Ethnie Äthiopiens, die eine eigene Sprache spricht. Die Grenze zwischen dem äthiopischen Kaiserreich und dem Land der Oromo verlief bis in die achtziger Jahre entlang des Nils. Die Oromo hatten keine Zentralmacht, was die Ausbreitung der amharischen Fürsten im Süden begünstigte. Die Oromo wurden in das äthiopische Reich gezwungen; sie mußten das Christentum annehmen und die amharische Sprache übernehmen.

Kaiser HAILE SELASSIE I. setzte diese Amharisierungspolitik fort, anstatt die in den vierziger Jahren gegebenen Autonomiezusagen einzuhalten. Von 1942 bis 1962 kam es zu zahlreichen Aufständen der Oromo, die mit britischer und amerikanischer Hilfe niedergeschlagen wurden.

1969 wurde die *Ethiopian National Liberation Front* (ENLF) gegründet, aus der im Oktober 1974 die marxistische *Oromo Liberation Front* (OLF) gebildet wurde – mit der Forderung nach Selbstbestimmung, der Wiederherstellung der alten Grenzen am Nil und einer »Demokratischen Volksrepublik Oromo«. Die Regierungstruppen bekämpften die OLF besonders heftig während des Ogaden-Krieges, in dem die Oromo mit somalischen Truppen kollaborierten. Durch Zwangsumsiedelungen und Terror versuchte die Regierung, der OLF die Basis zu entziehen. Deren Unabhängigkeitskampf hatte jedoch nicht das Ausmaß der Kämpfe wie in → Eritrea und Tigray. 1988 nahmen die Kampfhandlungen zu; die Zentralregierung mußte ihre 4. Armee in den Südwesten schicken, um die Kämpfe einzudämmen. Die Sezessionsforderungen der Oromo fanden keinen Widerhall bei den amharischen Oppositionsgruppen.

»17 Jahre lang währte die sozialistische Diktatur unter Oberstleutnant Mengistu, bis er 1991 von den Rebellen der EPRDF unter Meles Zenawi gestürzt wurde. Am 13. Dezember beginnt nun der Prozeß gegen Mengistu und 1300 seiner Helfer und Helfershelfer. Ihnen werden Völkermord und Verbrechen gegen die Menschlichkeit vorgeworfen. Dieses Mammut-Tribunal von Addis Abeba ist ein politischer Versuch, der womöglich für viele Länder dieses Kontinents Vorbildfunktion haben könnte – vor allem für Ruanda. Denn erstmals wird in einem afrikanischen Land versucht, nach der Schreckensherrschaft einer Diktatur mit der Vergangenheit öffentlich und rechtsstaatlich abzurechnen. Zwar erhielt Äthiopien westliche Finanz- und Rechtshilfe zur Vorbereitung des Tribunals, und Spezialisten aus Argentinien halfen, Massengräber ausfindig zu machen. Aber die Verfahren selbst werden von Äthiopiern gegen Äthiopier geführt.«
Süddeutsche Zeitung,
10. Dezember 1994

Ergebnis

Der Ogaden, Tigray und Oromo blieben und sind nach wie vor äthiopisches Staatsgebiet. Der Krieg hatte den Lebensraum der nomadischen Bevölkerung und deren Existenzgrundlage (Rinderherden) zu großen Teilen zerstört. Dies führte 1980 zu großem Flüchtlingselend, das durch eine neue Dürreperiode noch verschärft wurde. Äthiopien konnte die Konflikte (außer → Eritrea) nur mit Hilfe der Kubaner und der Sowjetunion für sich entscheiden.

Eritrea war bereits seit Ende 1991 de facto unabhängig. Die EPLF und ihr Führer Meles Zenawi, der auch die Volksfront zur Befreiung Tigrays unterstützt hatte, konnten den Diktator Mengistu im Mai 1991 stürzen. Der neue Staatspräsident Zenawi erkannte im Mai 1993 Eritrea als selbständigen Staat an; im April 1993 hatten an die 100 Prozent der Eritreer für ihre Unabhängigkeit gestimmt. Oppositionsgruppen kritisierten die Abspaltung, der Zugang zum Roten Meer sei dadurch abgeschnitten. Die Gegner der Übergangsregierung Zenawi stammen vor allem aus den beiden größten Volksgruppen der Amhara und Oromo. Die Amhara, die unter Mengistu die wichtigsten Positionen in Staat und Wirtschaft bekleideten und einen starken Zentralstaat forderten, lehnten die Pläne für eine Umgestaltung Äthiopiens ab. Die *Oromo Liberation Front* (OLF) verließ 1992 die Übergangsregierung mit der Begründung, die Regionalwahlen seien manipuliert worden.

Große soziale Probleme entstanden durch die Entlassung von 600 000 Soldaten der ehemaligen äthiopischen Armee am Ende des Bürgerkriegs 1991. Die Wirtschaftslage verbesserte sich nur allmählich. Für den Wiederaufbau sagten Weltbank, Afrikanische Entwicklungsbank und EU Hilfen von 1,2 Milliarden Dollar zu. Vorangetrieben wird besonders die Privatisierung der bisher staatlichen Wirtschaft. Als Folge des Bürgerkriegs und verheerender Dürrekatastrophen litt Äthiopien in den achtziger und zu Beginn der neunziger Jahre unter schweren Hungersnöten.

Literatur: D. Beisel: *Tigray – eine afrikanische Zukunft. Reise ins Land der Rebellen.* Hamburg 1989.
B. Benzing / K. Wolde-Giorgis: *Das neue Äthiopien.* Köln 1980.
S. Brüne: *Äthiopien – Unterentwicklung und radikale Militärherrschaft.* Hamburg 1986.
N. Dimetros: *Die äthiopische Revolution und deren außenpolitische und wirtschaftspolitische Orientierung.* Münster 1985.
H. Falkenstörfer: *Tragik und Chancen einer Revolution.* Stuttgart 1986.
G. Hasselblatt: *Äthiopien am Rande des Friedens. Tigre, Oromo, Eritreer, Amharen im Gespräch.* Stuttgart 1992.
M. Hassen: *The Oromo of Ethiopia.* Cambridge 1990.
W. Heinrich: *Ethnische Identität und nationale Integration.* Göttingen 1984.
V. Janssen: *Politische Herrschaft in Äthiopien.* Freiburg 1976.
M. Perham: *The Government of Ethiopia.* London 1969.
V. Mathies: *Das Horn von Afrika in den internationalen Beziehungen.* München 1976.
V. Mathies: *Der Grenzkonflikt Somalias mit Äthiopien und Kenya.* Hamburg 1977.
D. u. M. Ottaway: *Ethiopia – Empire in Revolution.* New York 1978.
Ch. Potyka: *Haile Selassie.* Bad Honnef 1974.
H. Scholler / P. Bnetzke: *Ethiopia. Revolution, Law and Politics.* München 1976.
Statistisches Bundesamt (Hg.): *Länderbericht Äthiopien.* Wiesbaden 1990.

Staatsname: Äthiopien
Staatsform: Sozialistische Volksrepublik (seit 1987)
Staatsoberhaupt: Meles Zenawi (EPRDF; seit 1991)
Regierungschef: Tamirat Layne (EPRDF; seit 1991)
Regierung: EPRDF
Parlament: Übergangsparlament/Nationalversammlung 87 Sitze, EPRDF (Norden) 27, OLF (Süden und Osten) 14, Oromo 27, Sonstige 19
Mitgliedschaft bei internationalen Organisationen: AKP, OAU, UNO
Lage: 32°–49° östlicher Länge, 4°–15° nördlicher Breite
Fläche: 1 104 300 km²
Hauptstadt: Addis Abeba
Bevölkerung: 50 Millionen; Amhara 37,7 %, Oromo 35,3 %, Tigrayer 8,6 %, Sonstige 18,4 %; Christen 57 %, Muslime 31,4 %, Sonstige 11,6 %
Wirtschaft: Industrie 13 %, Dienstleistung 40 %, Landwirtschaft 47 %; Export: Kaffee 47,1 %, Felle, Häute 16,3 %

AFGHANISTAN

Bürgerkrieg seit 1979 und Invasion der UdSSR von 1979 bis 1988

Mit der Intervention der Sowjetarmee zugunsten der kommunistischen Revolutionsregierung wurde der Bürgerkrieg gegen die islamischen Rebellen (Mudschaheddin: Heilige Krieger) nicht beendet. Im Mai 1992 siegten die Rebellen; seitdem gibt es einen Machtkampf unter den rivalisierenden Mudschaheddin-Gruppen. Der innere Friede wurde auch durch Grenzkonflikte mit → Tadschikistan bedroht.

Historischer Hintergrund

Persien und Indien beherrschten über Jahrhunderte das Territorium des heutigen Afghanistan, das vor allem von islamischen Volksstämmen – Paschtunen, Tadschiken, Hazara, Usbeken – bewohnt wurde.

1747
Mit der Proklamation AHMED KHAN DURRANIS (1724 bis 1773) zum Schah wurde Afghanistan eine Monarchie (bis 1973), ein selbständiger Nationalstaat, der immer wieder durch den Imperialismus Englands und Rußlands in seiner Existenz in Frage gestellt war, vor allem durch drei Kriege zwischen Afghanistan und Großbritannien (1838–1842; 1878–1881 und 1919).

20. Jahrhundert
Afghanistan blieb im Ersten und Zweiten Weltkrieg neutral, erhielt aber seit 1919 Militär- und Entwicklungshilfe aus Moskau. Die zentralasiatischen Republiken der UdSSR übten vor allem nach 1945 großen wirtschaftlichen Einfluß und politischen Druck auf die afghanische Regierung aus. Der zentralistische Staatsapparat am Hof in Kabul war abhängig vom Wohlwollen der Stammesführer, die ihre Stämme zum großen Teil autonom verwalteten. Dominierend sind bis heute die Paschtunen, ihre Sprache (Paschtu) ist neben Dari auch zweite Staatssprache. Nach wie vor ist durch Machtansprüche einzelner Volksgruppen bzw. verfeindeter Stämme und unterschiedliche Auslegung des Islam die ethnisch heterogene afghanische Gesellschaft (mit etwa 80 % Landbevölkerung) von Konflikten zerrissen.

Die Regierungszeit von MOHAMMED DAOUD (1953–1963) war durch eine Modernisierungspolitik geprägt, die von

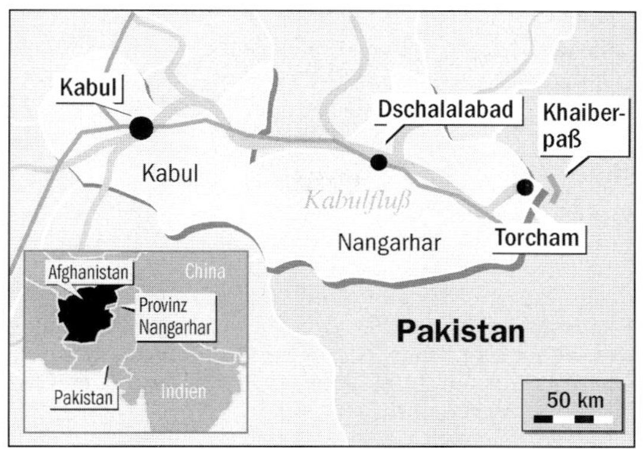

Hafizullah Amin (1926–1979)
Staatspräsident Afghanistans 1979.
Der linksradikale Politiker hatte Pädagogik studiert und war 1969 Abgeordneter im Unterhaus für die DVP bzw. PDPA geworden. Am Putsch vom 27. April 1978 war er maßgeblich beteiligt und wurde anschließend Ministerpräsident und Außenminister. Nach der Machtübernahme durch Karmal wurde er hingerichtet.

Mohammed Nur Taraki (1916–1979)
Staatschef Afghanistans 1978/79.
Der Bauernsohn studierte nach dem Besuch einer Abendschule Wirtschaftswissenschaften in Kabul, war dann Journalist und Schriftsteller. 1965 gründete er die DVP bzw. PDPA. 1978 wurde er Ministerpräsident und Staatsoberhaupt, während des Putsches vom 14. September 1979 wurde er schwer verletzt und starb drei Wochen später.

ausländischer, vor allem russischer, Wirtschaftshilfe flankiert wurde. Nachdem der König aber immer größeren Einfluß auf die Politik nahm – Parteien waren nach wie vor verboten, es bildeten sich nur allmählich politische Gruppen (1965 wurde die kommunistische Partei gegründet) – und sich die Beziehungen zu Pakistan verschlechtert hatten, mußte Daoud 1963 zurücktreten; 1973 putschte er sich mit Hilfe der Armee an die Macht zurück.

1973 bis 1979

Durch den Putsch am 17. Juli 1973 wurde die Monarchie gestürzt; König Zahir mußte ins Exil gehen. Das Übergangsregime Daouds, das eine bündnisfreie Außenpolitik betrieb, konnte sich nur fünf Jahre halten; ein erneuter Putsch am 27. April 1978 durch die marxistische *Demokratische Volkspartei* (DVP bzw. PDPA), die sog. Saur-Revolution, benannt nach dem afghanischen Monat des Stieres, führte zu einer durch interne Machtkämpfe geschwächten sozialistischen Regierung, die durch einen im Dezember 1978 geschlossenen Freundschaftsvertrag die Unterstützung der Sowjetunion suchte. Über 10 000 militärische und zivile Berater aus der UdSSR kamen ins Land.

Nach einer gescheiterten Boden- und Landwirtschaftsreform kam es zu Unruhen; islamische Mudschaheddin leisteten bewaffneten Widerstand.

Konfliktparteien

Regierung

Bei den Mitgliedern der nach dem Putsch von 1978 gebildeten Regierung – Präsident Mohammed Nur Taraki, Ministerpräsident Hafizullah Amin und der stellvertretende Ministerpräsident Babrak Karmal, die alle der sozialisti-

Babrak Karmal (*1929)
Afghanischer Staatschef von 1979 bis 1986.
Der Sohn eines Generals engagierte sich nach seinem Jurastudium und dem Studium der Politikwissenschaften als kämpferischer Sozialist (seit 1965 Mitglied der DVP bzw. PDPA). Nach mehrmaligen Verhaftungen war er von 1965 bis 1973 Parlamentsabgeordneter. 1967 bildete er die sog. Partscham-Gruppe, die eine starke Anlehnung an Moskau suchte. Nach dem Putsch 1978 war er stellvertretender Ministerpräsident, nach internen Regierungsstreitigkeiten Botschafter in der CSSR, und nach der Invasion der Roten Armee wurde er von Moskau als Generalsekretär der PDPA und Vorsitzender des Revolutionsrates eingesetzt.

Leonid Iljitsch Breschnew
→ Rußland

schen *Demokratischen Volkspartei* (DVP bzw. PDPA) angehörten – herrschte große Uneinigkeit über die zukünftige Politik: Gegen TARAKI von der *Chalq*-(Volk)-Fraktion der DVP, die mehr städtisch-intellektuell ausgerichtet war, und AMIN vom eher pragmatischen *Partscham*-(Flagge)-Flügel, der für einen sozialistischen Islamismus und für einen national-kommunistischen Kurs eintrat, forderte KARMAL, der ebenfalls zum *Partscham*-Flügel zu rechnen war, eine größere Anlehnung an die Sowjetunion und den Beitritt zum Warschauer Pakt.

Am 14. September 1979 wurde TARAKI während einer Kabinettsumbildung, bei der es zu Schießereien gekommen war, entmachtet. Neuer Staatschef wurde AMIN; er wurde jedoch bereits am 27. Dezember 1979 gestürzt und einen Tag später hingerichtet.

Alle nachfolgenden Regierungen waren mehr oder minder »Marionetten« Moskaus: Seit Ende 1979 behauptete sich KARMAL als Partei- und Regierungschef; er wurde am 4. Mai 1986 als Parteichef der DVP entmachtet, blieb aber noch kurze Zeit Staatspräsident.

Der neue starke Mann und Parteivorsitzende wurde der frühere Leiter der Geheimpolizei MOHAMMED NADSCHIBULLAH – vom 29. Dezember 1986 bis April 1992 auch Staatsoberhaupt –, der mit verschiedenen Friedens- und Kooperationsangeboten an der Macht zu bleiben versuchte.

UdSSR

Die Sowjetunion hatte mit verstärktem zivilem wie militärischem Engagement auf die afghanische Staatskrise reagiert. Die faktische Ausübung der Regierungsgewalt und die Mitwirkung am Regimewechsel im September 1979 hatten zu keiner befriedigenden Lösung im Sinne Moskaus geführt, d. h. einer Sicherung der eigenen Interessen und des Einflusses auf die Randzone Zentralasiens und deren langfristiger Stabilisierung.

An Weihnachten 1979 griff die russische Führung unter LEONID ILJITSCH BRESCHNEW – getreu der nach ihm benannten Doktrin von 1968, wonach instabile sozialistische Gesellschaften »gestützt« werden müssen – militärisch ein: zum ersten Mal in einem blockfreien Land mit islamischer Bevölkerung. Die Invasion, unternommen nicht zuletzt aus Selbstbehauptungsgründen und nach Verständnis Moskaus eigentlich nur in Erfüllung von Bündnisverträgen, wurde zum Prüfstein für die Entwicklung der Ost-West-Entspannung, die ins Stocken geraten war.

Der sowjetische Einmarsch war erst möglich geworden, nachdem sich das Verhältnis zwischen den USA und der UdSSR verschlechtert hatte – durch die Verzögerung der Ratifizierung des SALT-II-Abkommens einerseits und den NATO-Doppelbeschluß andererseits. Der Westen reagierte mit dem Boykott der Olympischen Spiele in Moskau 1980.

Rebellen (Mudschaheddin)

Einig waren sich die etwa 30 Mudschaheddin-Gruppen der konservativen islamischen Stämme der zahlreichen Völkerschaften nur in der gemeinsamen Ablehnung und im Kampf gegen die kommunistische Zentralregierung. Die unterschiedlichen Zielsetzungen der »Heiligen Krieger« traten vor allem nach ihrem Sieg 1992 zu Tage und führten in der Folge zu heftigen Kämpfen unter den wichtigsten rivalisierenden Rebellengruppen:

Einen islamischen Einheitsstaat strebt die radikale *Hesb-e-Eslami* (Partei des Islam) unter dem Paschtunen Gulbuddin Hekmatyar an, der von den USA gestützt und allein 1987 mit 660 Millionen Dollar finanziert wurde; ebenso der von Hekmatyar abgefallene und eher gemäßigte, sich aber gegen allgemeine Wahlen aussprechende Junus Chalis sowie die *Dschamiat-e-Eslami* (Islamische Union) des Tadschiken Ahmed Schah Massud, einem der größten Rivalen Hekmatyars, und die radikale, von Saudi-Arabien finanzierte *Ettehad-e-Eslami* (Islamische Einheit) unter der Führung von Abdulrasul Sajjaf.

Einen restaurativen monarchischen Staat wollen die gemäßigte schiitische Gruppe von Assef Mohseini *Harkat-e-Enkelab-e-Eslami* (Bewegung für islamische Revolution) und die gemäßigte *Dschabah-e-Nidschat-e-Milli* (Nationale Befreiungsfront), die von Sibghatullah Mudschadiddi geführt wird.

Die fundamentalistisch schiitische Gruppe *Hesb-e-Wahdat* (Partei der Einheit) von Fayyaz wurde und wird vom Iran unterstützt.

Gulbuddin Hekmatyar (*1950)
Premierminister Afghanistans seit 1993.
Der aus der Paschtunen-Provinz Kundz stammende Rebellenführer und einseitige Kommunist, der in den sechziger Jahren aber zu den Muslimbrüdern und Antikommunisten konvertierte, gründete 1977 die fundamentalistische Hesb-e-Eslami-Widerstandsbewegung. Im Januar 1994 startete er zusammen mit dem Usbekenführer Dostum einen Angriff auf Kabul.

Konfliktverlauf

März 1979 bis November 1979

In der westafghanischen Stadt Herat war es zu einem größeren Aufstand gekommen, meuternde Truppenteile töteten dabei über 100 sowjetische Staatsbürger (Berater und ihre Familien). Nur die Bombardierung der Stadt durch treue Regierungstruppen konnte den Aufstand zunächst eindämmen. Auch in Dschalalabad, der Provinzhauptstadt an der pakistanischen Grenze, war es zu Kampfhandlungen gekommen. Der Widerstand der unterdrückten Opposition wurde immer stärker.

Im August konnte in Kabul nur mit sowjetischer Hilfe eine Armee-Rebellion verhindert werden, aber in allen Provinzen wurde inzwischen gekämpft, und es kam zu starken Flüchtlingsbewegungen nach Pakistan.

Im März 1979 zerbrach das pro-westliche asiatische Verteidigungsbündnis CENTO (*Central Treaty Organization*), dem neben Afghanistan auch die Türkei und die USA angehörten, durch das Ausscheiden des Iran und Pakistans.

Mohammed Nadschibullah (*1947)
Staatspräsident Afghanistans von 1986 bis 1992. Der aus der an Pakistan grenzenden Provinz Paktia stammende Paschtune studierte Medizin und war bis 1985 Leiter des Geheimdienstes. Im Mai 1986 folgte er Karmal als Parteichef, dann auch als Staatsoberhaupt. Nachdem keine Offensiven mehr gegen die Mudschaheddin gelangen, rief er zur »nationalen Aussöhnung« auf und bot nach dem Abzug der russischen Streitkräfte im Februar 1989 den Mudschaheddin noch lokale Autonomie an. Er wurde kurz vor dem Sieg der Mudschaheddin am 16. April 1992 von den eigenen Militärs gestürzt.

Von der CENTO war in den letzten Jahren keinerlei Initiative oder gar Bündnisbeistand mehr ausgegangen. Die CENTO war aus dem 1955 gegründeten Bagdad-Pakt hervorgegangen, der auf einem Militärhilfeabkommen zwischen den USA und der Türkei basierte, mittlerweile aber für die afghanische Entwicklung ohne Bedeutung war.

Ende November 1979 kontrollierten Guerilla-Einheiten bereits mehr als die Hälfte des Landes; die größeren Städte und die Hauptstadt Kabul wurden von der Regierungsarmee gehalten. Die Verluste auf beiden Seiten wurden auf etwa 200 000 Menschen geschätzt.

Weihnachten 1979
Der Einmarsch sowjetischer Truppenverbände unter Marschall SERGEJ L. SOKOLOWIN begann in drei Wellen:

Erste Welle: In zehnminütigen Abständen landeten 250mal Transportflugzeuge von Typ Iljuschin IL-76 und Antonow An-22 mit über 5000 Elitesoldaten der 105. Gardedivision aus Fargona (in der Nähe der afghanischen Grenze) auf dem Flughafen von Kabul. Die Luftlandetruppen besetzten die Kasernen und wichtige strategische Punkte in der Hauptstadt.

Zweite Welle: Mit starker Luftunterstützung sicherten Panzereinheiten bei der Grenzstadt Termes die Landverbindung zwischen Kabul und sowjetischem Territorium.

Dritte Welle: Von afghanischen Flugplätzen aus operierte die russische Luftwaffe und errichtete eigene Versorgungsbasen. Die sowjetische Strategie war anfänglich eher auf eine defensive Taktik ausgerichtet als auf totale militärische Konfrontation. Die Truppen hatten sich um die wichtigsten Städte und Flughäfen zunächst in Warteposition begeben; gleichzeitig waren an der Grenze etwa 25 000 Soldaten aufmarschiert.

Mitte 1980
Über 6000 sowjetische Soldaten waren seit der Invasion gefallen. Seit Beginn der Unruhen war etwa eine Million Afghanen ums Leben gekommen, über eine Million nach Pakistan oder in den Iran geflohen. Nach der Zerstörung der Stellungen der Rebellen in einigen Landesteilen zogen sich die Mudschaheddin in die Berge zurück.

1980 bis Februar 1989
Zwei Drittel der regulären afghanischen Armee waren inzwischen zu den Rebellen übergelaufen. Die Einführung der allgemeinen Wehrpflicht im September 1981 trieb noch mehr junge Männer in den Widerstand oder ins Exil. Trotz massiven Materialeinsatzes (u. a. Giftgas) der sowjetischen Verbände konnte der Widerstand nicht gebrochen werden.

Im Mai 1982 hatten sich im pakistanischen Exil sieben Widerstandsgruppen zur *Islamischen Vereinigung Afgha-*

Einmarsch der Russen 1979. Eine Kolonne gepanzerter Fahrzeuge und Lastwagen der sowjetischen Armee erreicht Kabul.

nischer Mudschaheddin (IAAM) zusammengeschlossen. 105 000 sowjetische Soldaten waren bis dahin in Afghanistan stationiert, bereits weit über 10 000 gefallen. Seit dem Einmarsch wurde die UdSSR zum wiederholten Male und mit großer Mehrheit von der UNO-Vollversammlung vergeblich zum sofortigen Abzug aus Afghanistan aufgefordert. Zwischen 1982 und 1983 herrschte eine militärische Pattstellung; innenpolitisch zerfiel das Regime in Kabul immer mehr, die Inflationsrate hatte sich verdreifacht, die wirtschaftliche Situation der Bevölkerung verschlechterte sich zusehends.

Erst Ende 1985 erklärte die neue Führung der Sowjetmacht, der Generalsekretär der KPdSU (seit 10.3.1985), MICHAIL SERGEJEWITSCH GORBATSCHOW, daß sie für eine politische Lösung eintrete, unter der Voraussetzung, daß das Nachbarland ein unabhängiger Staat werde und prinzipiell bereit sei, bis Ende 1986 sechs Regimenter aus Afghanistan abzuziehen.

Michail Sergejewitsch Gorbatschow* → *Rußland

Im Mai 1986 übernahm der ehemalige Geheimdienstchef NADSCHIBULLAH die Macht in Kabul. Im Gegensatz zum entmachteten KARMAL setzte er auf Verhandlungen und eine friedliche Lösung des Konflikts und rief bis zu seiner eigenen Entmachtung im April 1992 immer wieder zur »nationalen Aussöhnung« auf. Doch davon war das Land noch weit entfernt. Bei erbittert geführten Gefechten wurde häufig die Grenze zum Nachbarland → Pakistan verletzt, in

Mudschaheddin kontrollierten in den Bergen wichtige Pässe. Hier in der Nähe von Nangarhar zwischen den Städten Dschalalabad und Asadabad.

Sibghatullah Mudschadiddi
Afghanischer Übergangspräsident 1992.
Der als gemäßigt geltende islamische Politiker, der für einen monarchischen Staat eintritt, und Führer der Nationalen Befreiungsfront Dschabah-e-Nidschat-e-Milli wurde noch im Exil zum Vorsitzenden eines 51 Mitglieder zählenden Rates gewählt, der die Macht nach dem Sieg der Mudschaheddin übernahm.

dem die Rebellen Nachschubbasen hatten. Siege der Regierungstruppen – z. B. im März 1989 nach der Belagerung von Dschalalabad und von Chost – schwächten vorübergehend die Mudschaheddin; es herrschte auch Uneinigkeit über die zukünftige Staatsform unter den militärischen und den im Exil lebenden politischen Führern.

Verhandlungen mit den Rebellen oder die Bildung von Übergangsregierungen, die von beiden Seiten gestellt werden sollten, scheiterten an der Präsenz der sowjetischen Armee, die mit gezielten Bombardements auf Stellungen der Mudschaheddin, Dörfer und Städte eine Entscheidung herbeizuführen suchte.

Nach dem 15. Februar 1989, dem Abzugstermin der letzten sowjetischen Truppenteile – am 8. April 1988 im sog. Afghanistan-Abkommen in Genf zwischen Moskau, Washington, Islamabad und Kabul vereinbart –, bot NADSCHIBULLAH den Mudschaheddin, die in den letzten Jahren immer mehr strategisch wichtige Orte und Landesteile unter ihre Kontrolle bringen konnten und ihren militärischen Druck in einigen Provinzen noch erheblich verstärkt hatten, lokale Autonomie an. Eine friedliche Lösung des Konflikts wurde intensiv gesucht, doch verschiedene Verhandlungs- und Friedensinitiativen der UNO, → Pakistans und der USA scheiterten entweder an der einen oder anderen Seite. Vor allem die Mudschaheddin wollten eine militärische Lösung erzwingen, indem sie Anfang der neunziger Jahre trotz herber Rückschläge – so hatte die reguläre afghanische Armee am 11. Juni 1990 das strategisch wichtige Paghman-Tal, Symbol des Widerstands und seiner vermeintlichen Unbesiegbarkeit, erobert – ihren militärischen Druck allmählich wieder erhöhten und u. a. die Hauptstadt unter Beschuß nahmen, obwohl sie dadurch den Rückhalt in der Bevölkerung aufs Spiel setzten.

NADSCHIBULLAH wurde am 16. April 1992 von den eigenen Militärs gestürzt, nachdem er sich durch geschicktes Taktieren zwischen den rivalisierenden Gruppen in seiner eigenen Partei und mit Unterstützung aus Moskau unerwartet lange Zeit an der Macht gehalten hatte. Schon am 21. April erklärten sich die Militärs zur Machtübergabe an die Mudschaheddin bereit.

Burhanuddin Rabbani (*1940)
Staatspräsident Afghanistans seit 1992.
Der im Nordosten des Landes geborene islamische Gelehrte gründete 1977 die Mudschaheddin-Widerstandsgruppe Dschamiat-e-Eslami. Im Amt des Staatspräsidenten wurde der als gemäßigt geltende Politiker 1993 bestätigt.

Ergebnis

Der Abzug der sowjetischen Truppen, der teilweise bereits am 15. Oktober 1986, aber endgültig erst nach dem Afghanistan-Abkommen vom April 1988 begonnen hatte, läutete den unaufhaltsamen Untergang des kommunistischen Regimes in Kabul ein, das auch durch interne Machtkämpfe geschwächt war – u. a. gab es einen Putschversuch von Armeeteilen im März 1990. Das Ende des Krieges beschleunigte auch die Entscheidung der USA und der UdSSR, ab Januar 1992 ihren jeweiligen Verbündeten keine Waffen mehr zu liefern. Das militärische Engagement Moskaus hatte für die Sowjetunion schwerwiegende Folgen: Über 115 000 Soldaten waren an den Kämpfen beteiligt, 35 478 verletzt worden, 13 310 gefallen und 311 wurden vermißt; 1989 waren über 1,2 Millionen Tote auf afghanischer Seite (ca. 8 % der Gesamtbevölkerung) zu beklagen, etwa 40 000 Mudschaheddin-Kämpfer wurden vermißt, und über fünf Millionen Menschen befanden sich auf der Flucht und lebten in Flüchtlingslagern in → Pakistan (3,5 Mio.), im → Iran (1,5 Mio.) und weit über 100 000 in anderen Staaten der Region.

Die erheblichen Kriegskosten (etwa 6 Mrd. Dollar pro Jahr) führten zu innenpolitischen Spannungen in der Sowjetunion. MICHAIL GORBATSCHOW nannte 1986 das Afghanistan-Abenteuer eine »offene Wunde«, die internationalen Beziehungen waren über Jahre äußerst gespannt. Der »geordnete« und »freiwillige« Rückzug aus einem Krieg, der trotz des massiven Einsatzes modernster Waffentechnik nicht zu gewinnen war, sollte helfen, das Gesicht zu wahren. Die Guerillataktik der Mudschaheddin war den sowjetischen Truppen im unwegsamen Gebirge überlegen. Die Luftüberlegenheit der Sowjets war 1986/87 durch die westliche Lieferung von Luftabwehrraketen (Blowpipe- und Stinger-Raketen) an die Mudschaheddin bereits beendet worden.

Bereits im Februar 1989 hatten sich nach heftigen internen Auseinandersetzungen die Parteiführer der Mudschaheddin in Rawalpindi darauf verständigt, eine Gegenregierung zu bilden, die von SIBGHATULLAH MUDSCHADIDDI als Interimspräsident angeführt wurde. Am 28. April 1992 übernahmen die siegreichen Mudschaheddin die Macht.

Ahmed Schah Massud (*1948)
Afghanischer Verteidigungsminister von 1992 bis 1993. Der militärische Führer der Dschamiat-e-Eslami-Mudschaheddin hatte sich bereits während seines Ingenieurstudiums der politisch-islamischen Bewegung Rabbanis angeschlossen. Im April 1992 eroberte er zusammen mit Dostums Truppen Kabul. Im März 1993 trat er vom Amt des Verteidigungsministers zurück.

Abdul Raschid Dostum (*1944)
Usbeken-General. Der ehemalige Kommunist hatte Anfang 1992 die Fronten gewechselt und sich mit etwa 50 000 Leuten auf die Seite der Mudschaheddin von Massud begeben. Seit Ende 1993 paktierte er mit Massuds Gegenspieler Hekmatyar.

Weitere Entwicklung

Der Sieg der Regimegegner brachte für das Land noch keinen Frieden: Die sich widersprechenden politischen Zielsetzungen und ethnischen Unterschiede sowie religiöse Gegensätze der untereinander rivalisierenden Mudschaheddin-Gruppen traten deutlich hervor. Der traditionelle Stammeskonflikt richtete sich in erster Linie gegen die Vorherrschaft der Paschtunen. Die einstigen Waffenbrüder schossen nun aufeinander; der Machtkampf unter den einstigen Rebellen wurde mit unerbittlicher Härte geführt, wobei die wichtigsten Mudschaheddin-Führer wechselnde Koalitionen eingingen.

Rebellenführer MASSUD verhinderte nicht, daß Teile seiner Truppen in der Hauptstadt plünderten. GULBUDDIN HEKMATYAR von der radikalen *Partei des Islam* weigerte sich, das von den MASSUD-Kämpfern kontrollierte Kabul zu betreten, und lehnte auch eine Zusammenarbeit sowie eine Amnestie für die Mitglieder der gestürzten kommunistischen Regierung, die MUDSCHADIDDI angekündigt hatte, kategorisch ab.

Die noch im Exil und unter UN-Aufsicht gegründete Übergangsregierung der neuen »Islamischen Republik Afghanistan« von Präsident MUDSCHADIDDI wurde im Juni 1992 durch BURHANUDDIN RABBANI abgelöst, der dann im Dezember durch die von ihm und dem neunköpfigen Höchsten Rat berufenen Delegierten der Großen Schura (Rat der Weisen) für zwei Jahre bestätigt wurde. Daraufhin löste er den Höchsten Rat auf; 267 Delegierte der Großen Schura versuchten, ein neues Parlament zu bilden.

Die Beschlüsse der Großen Schura wurden jedoch von HEKMATYAR, der zuvor schon gegen das Auswahlverfahren für die Delegierten protestiert hatte, nicht anerkannt. Er verbündete sich mit der vom Iran unterstützten schiitischen *Partei der Einheit* und mit den Usbekenmilizen von General ABDUL RASCHID DOSTUM, dem ehemaligen Verbündeten MASSUDS, der 1990 die Fronten gewechselt und so zum Sturz des kommunistischen Regimes beigetragen hatte.

Die Großoffensive auf Kabul konnte jedoch RABBANI und den mit ihm verbündeten Verteidigungsminister MASSUD nicht von der Macht verdrängen. Die Kämpfe forderten 5000 Menschenleben, 80 000 flüchteten aus der von der Außenwelt abgeschlossenen Hauptstadt.

Im März 1993 kam es durch Vermittlung → Pakistans, Saudi-Arabiens und des → Iran in Islamabad zu einem Friedensabkommen und zu einer Neuverteilung der Macht. RABBANI blieb für weitere 18 Monate Präsident, HEKMATYAR wurde Ministerpräsident. Er hatte den Rücktritt von Verteidigungsminister AHMED SCHAH MASSUD zur Bedingung für das Abkommen gemacht. Dieser und General DOSTUM, dessen Soldaten etwa ein Drittel Afghanistans kontrollier-

Rückzug der sowjetischen Truppen aus Afghanistan im Februar 1989. Ein Luftlande-Regiment überquert die Grenzbrücke zwischen Afghanistan und der UdSSR bei Teremz.

ten, waren an den Verhandlungen nicht beteiligt. Die dabei für Oktober 1993 vereinbarten Wahlen fanden wiederum nicht statt.

Es wurde weiterhin mit militärischen Mitteln um die Vormachtstellung im Staat gekämpft: Die Truppen RABBANIS versuchten im Norden des Landes, den Hauptstützpunkt von DOSTUM, Mazar-i-Sharif, zu erobern; im Südwesten bekämpften sich die von Saudi-Arabien finanzierten monarchistisch orientierten Mudschaheddin der *Ettehad-e-Eslami* und die der vom Iran aus gesteuerten *Hesb-e-Wahdat*.

HEKMATYAR und DOSTUM starteten Anfang 1994 wieder schwere Raketenangriffe auf Kabul. Die Hauptstadt wurde aber weiterhin von den Regierungstruppen MASSUDS und RABBANIS gehalten, dessen Amtszeit eigentlich am 28. Juni 1994 enden sollte, aber vom Obersten Gerichtshof um weitere sechs Monate verlängert wurde.

HEKMATYAR erklärte, daß RABBANI nicht mehr der rechtmäßige Präsident sei; daraufhin rief sich CHALIS, ein Mitglied der *Hesb-e-Eslami*, zum neuen Präsidenten aus.

In den ersten sechs Monaten 1994 sind bei den schweren Kämpfen, die mal der einen und mal der anderen Seite strategische Vorteile brachten, 4000 Menschen getötet und 21 000 verletzt worden. Die Organisation der Islamischen Konferenz versuchte zu vermitteln.

An der Grenze zu → Tadschikistan kam es nach der Eroberung der tadschikischen Hauptstadt Duschanbe durch Kommunisten zu Spannungen und Gefechten, als fundamentalistische islamische Rebellen, die von HEKMATYARS *Hesb-e-Eslami* unterstützt wurden, nach Afghanistan flohen und die auf tadschikischer Seite seit 1993 stationierten russischen Einheiten angriffen.

Die afghanische Volkswirtschaft wurde durch die andauernden Kämpfe zerrüttet, die Versorgung der Bevölkerung mit Grundnahrungsmitteln, vor allem in Kabul, ist weiterhin nicht gewährleistet. Der einzige Exportartikel, der Devisen bringt, ist das Rauschgift; Afghanistan ist der größte

Opiumhersteller der Welt. Durch den Anbau von Schlafmohn konnte HEKMATYAR seine Waffen finanzieren.

Neben einer zentralistischen Regierungsgewalt, ausgeübt durch die siegreiche Bürgerkriegspartei in Kabul, die das gesamte Land kontrolliert und regionale und tribalische Tendenzen gewaltsam unterdrückt oder – was eher unwahrscheinlich ist – demokratisch eint, liegt eine weitere mögliche Konfliktlösung im Zerfall des Landes in einzelne autonome kleinere Gebiete oder Teilstaaten, die von den jeweiligen Mudschaheddin-Gruppen und ihren Anhängern beherrscht werden.

Literatur: s. a. → Rußland, → Tadschikistan
W. Adam: *Das Scheitern am Hindukusch: Afghanistan ist nicht zu unterjochen*. Stuttgart 1989.
D. Braun / K. Ziem: *Afghanistan: sowjetische Machtpolitik – islamische Selbstbestimmung*. Baden-Baden 1988.
L. Dupree: *Afghanistan*. Princeton 1973.
A. S. Ghaus: *The Fall of Afghanistan. An Insider's Account*. Oxford 1988.
J. Grevemeyer: *Afghanistan nach über 10 Jahren Krieg*. Berlin 1989.
J. Grevemeyer: *Gewalt und Gegengewalt. Afghanischer Widerstand und afghanische Flüchtlinge in Pakistan*. Berlin 1992.
B. Huldt / J. Jansson: *The Tragedy of Afghanistan – the Social, Cultural and Political Impact of the Soviet Invasion*. London 1987.
H. Kuschnik: *Augenzeuge in Afghanistan*. Neuss 1980.
Museum für Völkerkunde (Hg.): *Afghanistan – Krieg und Alltag*. Freiburg 1994.
U. Pohly: *Krieg und Widerstand in Afghanistan*. Berlin 1991.
K. H. Rudersdorf: *Afghanistan – eine sowjetische Republik*. Reinbek 1980.
A. Saikal / W. Maley (Hg.): *The Soviet Withdrawal from Afghanistan*. Cambridge 1989.
S. M. Samimy: *Hintergründe der sowjetischen Invasion in Afghanistan*. Bochum 1981.
Statistisches Bundesamt (Hg.): *Länderbericht Afghanistan*. Wiesbaden 1989.
M. Urban: *War in Afghanistan*. London 1990.
H. Vogel (Hg.): *Die sowjetische Intervention in Afghanistan. Entstehung und Hintergründe einer weltpolitischen Krise*. Baden-Baden 1980.
J. Wachter: *Die Krise Afghanistans (1978–1980)*. Frankfurt 1993.

Staatsname: Islamische Republik Afghanistan (seit 28.4.1992)
Staatsform: Islamische Republik (seit 1992)
Staatsoberhaupt: Burhanuddin Rabbani (seit 1992)
Regierungschef: Gulbuddin Hekmatyar (seit 7.3.1993)
Regierung: Übergangsregierung verschiedener Mudschaheddin-Gruppen (seit 19.5.1993)
Parlament: 205 Mitglieder der Großen Schura, einer Wahlmännerversammlung, die den Präsidenten wählt
Mitgliedschaft bei internationalen Organisationen: ECO, UNO
Lage: 61°– 73° östlicher Länge, 29°– 38° nördlicher Breite
Fläche: 652 225 km^2
Hauptstadt: Kabul
Bevölkerung: 18,1 Millionen; Paschtunen 43 %, Tadschiken 28,5 %, Usbeken 9,3 %, Hazara 7,8 %, Aimak 3,6 %, Sonstige 7,8 %; Muslime 99 % (Sunniten 74 %, Schiiten 25 %), Sonstige 1 %
Wirtschaft (1989)**:** Landwirtschaft 52,5 %, Industrie 34,3 %, Dienstleistung 13 %; Export: Trockenfrüchte, Nüsse, 42,7 %, Teppiche 16,5 %, Wolle, Fette 7,7 %

ALBANIEN

Korfu-Krise 1945 bis 1949
Unruhen und Regimesturz 1989 bis 1992
Grenzkonflikte mit dem Kosovo und Griechenland 1993

Der eigenwillige sozialistische Weg Albaniens unter Enver Hodscha führte in die politische und kulturelle Isolation. Das südosteuropäische Land an der Adria war eine große Unbekannte in der Weltpolitik. Nach dem Zusammenbruch der sozialistischen Staaten Osteuropas kam es auch zum Machtwechsel in Albanien. Jahrzehntelange Mißwirtschaft hatte Hungerunruhen zur Folge; an den Grenzen zu → Griechenland und Serbien brachen alte Konflikte wieder auf.

Historischer Hintergrund

Im 7. Jahrhundert hatten Slawen die ehemalige römische (später byzantinische) Provinz erobert und sich im Süden des heutigen Albanien angesiedelt. Von Anfang des 15. Jahrhunderts bis 1912 mußten die Albaner unter türkischer Herrschaft leben. Nachdem sie gegen die Türken rebelliert und ihre Unabhängigkeit proklamiert hatten, setzten die Großmächte im März 1914 den deutschen Prinzen Wilhelm zu Wied auf den Thron des Fürsten (Mbret); doch bereits im September mußte der deutsche Prinz Albanien wieder verlassen. Danach wurden Teile des Landes zeitweise von Montenegro, Serbien, Österreich-Ungarn, Italien und Griechenland besetzt.

Nach jahrelangen innenpolitischen Auseinandersetzungen und Kämpfen wurde Ahmed Zogu 1925 erster Präsident und 1928 erster König des neuen Staates. Trotz enger Beziehungen, die Zogu zu Italien pflegte, marschierten 1939 italienische Truppen auf Befehl Benito Mussolinis ein; Zogu mußte ins Exil gehen. 1941 boten albanische Politiker dem italienischen König Viktor Emanuel III. die albanische Krone an.

Die italienische – und die spätere deutsche – Besatzung dauerte bis zum Winter 1944/45. Unter der Führung von Enver Hodscha riefen kommunistische Partisanen noch während des Krieges im November 1944 eine Albanische Volksrepublik aus. Die staatliche Souveränität erhielt Albanien erst am 11. Januar 1946. Die albanischen Kommunisten weigerten sich nach Stalins Tod im Jahre 1953, dem späteren Kurs Moskaus zu folgen. Die Unterstützung durch → China im ideologischen Streit mit der Sowjetunion führte

Enver Hodscha (16.10.1908–11.4.1985)
Albanisches Staatsoberhaupt von 1946 bis 1985. Der Sohn eines muslimischen Apothekers studierte in Frankreich und Belgien. 1936/39 arbeitete er als Lehrer in Albanien und hatte erste Kontakte zu Kommunisten. Im Zweiten Weltkrieg war er Partisanenführer, ab 1943 Generalsekretär der KP, 1945 gelang ihm mit Titos Hilfe die Machtübernahme in Tirana. Von 1946 bis 1954 bekleidete er das Amt des Ministerpräsidenten (bis 1953 war er auch Verteidigungs- und Außenminister in einer Person). Nach dem Bruch mit Jugoslawien 1948 ließ er alle »Titoisten« aus Partei und Regierung entfernen. 1954 wurde er Erster Sekretär des ZK der KP. Hodscha galt als konsequenter »Stalinist«. Im November 1981 erklärte er den Verzicht Albaniens auf territoriale Ansprüche gegenüber Jugoslawien und die Anerkennung der serbischen Provinz Kosovo als autonome Region der Republik Jugoslawien. 1982 »säuberte« er noch einmal den Staats- und den Parteiapparat.

1961 zum endgültigen Abbruch der diplomatischen Beziehungen mit Moskau.

Im Juli 1978 kam es während des Grenzkonflikts zwischen China und → Vietnam zum Bruch mit Peking, da sich Tirana auf die Seite Hanois gestellt hatte. Erst nach Jahren totaler außenpolitischer Isolierung begann eine behutsame handelspolitische Öffnung zu den kommunistischen Nachbarstaaten auf dem Balkan.

Konfliktparteien

Das kommunistisch-stalinistische Regime

40 Jahre lang war Hodscha, der nach stalinistischem Vorbild (Einparteien-Diktatur und Personenkult) regiert hatte, der unbestrittene Herrscher Albaniens.

Während des griechischen Bürgerkriegs unterstützten die albanischen Kommunisten die kommunistische Guerilla im Nachbarland. Es kam zu Ausweisungen griechischstämmiger Albaner und zu Enteignungen (→ Griechenland).

Nach Hodschas Tod wurde am 14. April 1985 Ramiz Alia sein Nachfolger, der sich eindeutig für die Fortsetzung »des ideologischen Kampfes gegen den modernen Revisionismus« aussprach.

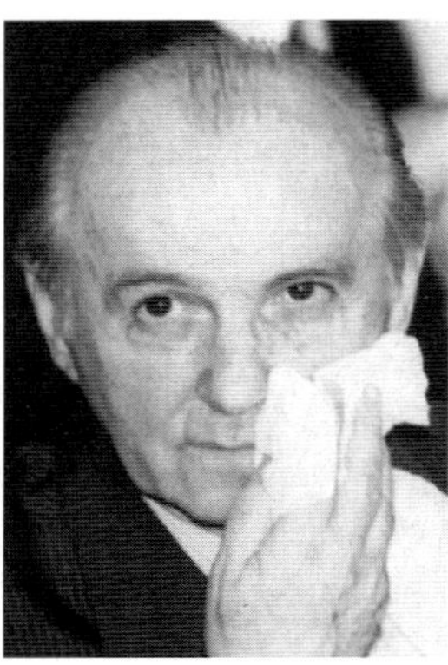

Ramiz Alia (*18.10.1925)
Albanischer Staats- und Parteichef 1982 bis 1992.
Alia stammt aus einer muslimischen Kosovo-Familie. Er war Partisan, 1944 Mitglied der nationalen Befreiungsarmee und seit 1948 des ZK der KP Albaniens; 1956 Kandidat und 1961 Vollmitglied des Politbüros sowie ab 1960 ZK-Sekretär; von 1951 bis 1955 im Präsidium der Nationalversammlung; 1959/58 Erziehungs- und Kultusminister; 1958 Vorsitzender der Kommission für auswärtige Angelegenheiten der Nationalversammlung und seit 1967 Vizepräsident des Generalrats der »Demokratischen Front« und Beauftragter für ideologische Fragen. Am 22. November 1982 wurde er unter Beibehaltung aller Parteifunktionen Vorsitzender des Präsidiums der Nationalversammlung und damit Staatsoberhaupt; am 14. April 1985 Nachfolger von Hodscha als Erster Sekretär der Partei. Als letzter kommunistischer Staats- und Parteichef wurde er am 2. Juli 1994 wegen Amtsmißbrauchs und Verletzung von Bürgerrechten zu neun Jahren Gefängnis verurteilt.

Albanische Regierungen seit 1990
MICHAIL SERGEJEWITSCH GORBATSCHOWS Politik der Öffnung Mitte bis Ende der achtziger Jahre hatte Auswirkungen auf die albanische Führung und die anderer sozialistischer Staaten. Es kam zu Spannungen zwischen dem orthodoxen Flügel der albanischen Kommunistischen Partei um die Witwe HODSCHAS und Reformkräften. Im Zuge anhaltender Studentendemonstrationen wurden reformfeindliche Kräfte aus dem Politbüro ausgeschlossen. Unmittelbar nach der Ankündigung freier Parlamentswahlen für den Februar 1991 wurde die erste nichtkommunistische Partei des Landes, die *Demokratische Partei Albaniens* (PD), gegründet. Der Übergangsregierung der Nationalen Einheit gehörten auch Nichtkommunisten an. Ministerpräsident wurde der Kommunist YILLI BUFFI. Im Juni 1991 benannte sich die KP in *Sozialistische Partei Albaniens* um (Vorsitzender: FATOS NANO). BUFFI mußte zurücktreten, als die PD aus der Regierung austrat und es zu Plünderungen kam. Bei den vorgezogenen Neuwahlen am 22. März 1992 siegte die PD mit fast zwei Dritteln der Stimmen; ihr Vorsitzender SALIH BERISHA wurde neuer Staatspräsident, im April 1992 sein Parteifreund ALEKSANDER MEKSI Ministerpräsident.

Griechenland
Die Spannungen zwischen Albanien und seinem südlichen Nachbarn resultieren aus der wechselvollen Geschichte beider Staaten und des Balkans. In den südlichen Grenzregionen Albaniens, von den Griechen selbst gern »Nordepirus« genannt, leben beide Volksgruppen. Wirtschaftliche Not treibt Albaner nach → Griechenland, wo sie meist illegal arbeiten. Gebietsansprüche beider Seiten sind ungeklärt, aber Anlaß häufigen Streits.
Die Parteinahme der albanischen Kommunisten im griechischen Bürgerkrieg ließ das Verhältnis gefrieren; daran änderten auch verschiedene Regierungen in Athen oder die neue Regierung in Tirana nichts.

Großbritannien
Konfliktpartei bei der Korfu-Krise (s. u.) zu Beginn des Kalten Krieges. Die Parteinahme Albaniens für die Kommunisten im griechischen Bürgerkrieg (→ Griechenland) führte 1946 zu einer militärischen Konfrontation mit Großbritannien, das die griechische Regierung stützte.

Jugoslawien/Serbien
Die serbische Provinz Kosovo gehörte zu den unruhigsten Regionen des alten und neuen (Rest-)Jugoslawien (→ Bosnien und Herzegowina). Belgrads Aufhebung des Autonomiestatus (1987) und die gewaltsam durchgesetzte serbische Vorherrschaft im Kosovo (Verbot des Albanischen als Unterrichtssprache, Einstellung albanischer Zeitungen und

Fernsehsender, systematische Verhaftungen und Mißhandlungen durch die serbische Polizei) verschlechterten die Lage der hier lebenden 1,8 Millionen Albaner. Die UNO drohte 1992 Serbien mit einer Militärintervention bei weiteren Menschenrechtsverletzungen.

Konfliktverlauf

Korfu-Krise 1945 bis 1949

Albanien beanspruchte die Hoheit über den Kanal, Großbritannien dagegen betrachtete die Straße von Korfu als internationalen Schiffahrtsweg. Während des griechischen Bürgerkriegs (→ Griechenland) nahm Albanien eine immer feindseligere Haltung gegenüber westlichen Staaten ein: So wurde u. a. behauptet, griechische Schiffe seien in feindlicher Absicht in albanische Gewässer eingedrungen. Am 15. Mai 1946 verfehlten albanische Küstenbatterien im Kanal nur knapp zwei britische Kreuzer. London protestierte heftig, Tirana bedauerte den Zwischenfall. Die albanische Regierung beschloß daraufhin, entgegen internationaler Abmachungen, daß Schiffe fremder Nationalität nur mit vorheriger albanischer Genehmigung die Straße von Korfu befahren dürften.

Am 22. Oktober 1946 fuhr ein britischer Zerstörer im umstrittenen Gewässer auf eine Seemine; 44 Soldaten fanden dabei den Tod.

Die britische Regierung veranlaßte daraufhin eine Minenräumaktion in diesem Teil der Adria, was Albanien als eine Verletzung territorialer Hoheitsrechte betrachtete. Obwohl Tirana die UNO angerufen hatte, wurde im November 1946 die Minenräumung durchgeführt.

Da sich der Konflikt zuspitzte, verlangte Großbritannien im Januar 1947 die Sitzung des UN-Sicherheitsrats. Im April 1947 wurde der Streit an den Internationalen Gerichtshof (IGH) in Den Haag weitergeleitet, der in seinem Urteil vom 9. April 1949 die albanische Minenaktion als nicht nachweisbar ansah, die Räumaktion Großbritanniens jedoch als illegal verurteilte. In Friedenszeiten jedoch habe jedes Land das Recht, ohne vorherige Genehmigung seine Schiffe durch die Straße von Korfu fahren zu lassen. In einem weiteren Urteil vom 15. Dezember 1949 wurde Tirana zu Reparationszahlungen an London in Höhe von 843 947 Pfund verurteilt; bis heute weigert sich Albanien, diese Zahlungen zu leisten.

Unruhen und Regimesturz 1989 bis 1992

1989 wurde in der nordalbanischen Stadt Shkoder nach Unruhen protestierender Studenten der Ausnahmezustand verhängt, nachdem es bereits in den Jahren zuvor wegen der prekären Wirtschaftslage vereinzelt zu Unruhen gegen das Regime gekommen sein soll. Die Unzufriedenheit mit

Salih Berisha (*11.7.1944)
Albanischer Staatspräsident seit 1992.
Der in Tropoje (Ostalbanien) geborene Herzspezialist war bis 1990 Mitglied der KP und danach an der Gründung der Demokratischen Partei (PD) beteiligt, die 1991 bei der ersten freien Wahl 38,7 Prozent der Stimmen und 1992 die absolute Mehrheit gewann.

Mit über 10 000 Flüchtlingen an Bord erzwang der albanische Frachter »Vlora« am 8. August 1991 die Einfahrt in den italienischen Hafen Bari.

der kommunistischen Führung nahm zu, und als es Anfang Juli 1990 in Tirana im Laufe einer Demonstration für mehr Freiheit und Demokratie zu einem Schußwechsel kam, flohen Demonstranten in ausländische Botschaften. Die Zahl der Flüchtlinge wuchs auf über 6000 an; am 10. Juli wurde ihnen die Ausreise per Schiff erlaubt. Staatschef ALIA versuchte im Laufe des Jahres mit bereits mehrfach angekündigten Reformen einen Kurswechsel: Die Beziehungen zu den Großmächten sollten normalisiert, Beziehungen zur EG aufgenommen und Religionsfreiheit gewährt werden; die Anzahl der verhängten Todesstrafen wurde reduziert und Auslandsreisen ermöglicht; in der Wirtschaft sollte es mehr Eigenverantwortung geben.

Im Januar 1991 flohen wegen der schlechten Wirtschaftslage mehr als 5000 Albaner griechischer Abstammung ins Nachbarland. Die für Februar angekündigten Parlamentswahlen in Albanien wurden verschoben; und aufgrund der anhaltenden Massenproteste gegen die herrschenden Kommunisten setzte sich ALIA an die Spitze eines autoritären Präsidialregimes.

Dies hatte einen weiteren Flüchtlingsstrom zur Folge. Bei einer Demonstration hunderttausender Menschen in Tirana im Februar 1991 wurde das Denkmal HODSCHAS vom Sockel gestürzt.

Dennoch konnte bei den ersten freien Wahlen Ende März 1991 die KP eine Zweidrittelmehrheit gewinnen, aber ein Generalstreik erzwang den Rücktritt der Regierung und den Rücktritt ALIAS als Vorsitzender der KP. Noch im selben Monat wurde Albanien als 35. Land in den Kreis der KSZE/OSZE-Staaten aufgenommen, und der US-Außenminister JAMES BAKER sagte während eines Besuchs in Tirana wirtschaftliche und humanitäre Soforthilfe zu.

Die katastrophale Wirtschafts- und Versorgungslage unter Ministerpräsident BUFFI führte im August 1991 erneut zu einem Flüchtlingsdrama: Mit über 10 000 Menschen an

Bord erzwang der Frachter »Vlora« die Einfahrt in den Hafen von Bari an der italienischen Südküste. Die italienische Regierung ordnete daraufhin die umgehende Ausweisung und Rückführung der Albaner in ihre Heimat an, erklärte sich jedoch in einem Vertrag mit fünfjähriger Laufzeit bereit, einen Beitrag zur wirtschaftlichen und sozialen Stabilisierung in Albanien zu leisten und so künftige Flüchtlingsströme zu verhindern.

Im November 1991 befand sich die Wirtschaft Albaniens vor dem endgültigen Kollaps. 24 westliche Industriestaaten sagten Lieferungen von monatlich 50 000 Tonnen Weizen bis einschließlich Juni 1992 zu.

Die Lage verschärfte sich erneut Anfang 1992, als es zu Plünderungen und Panikkäufen kam, die durch den Rückzug der PD aus der Regierung der Nationalen Einheit ausgelöst wurden. Nach dem Wahlerfolg der PD im März 1992 wurden radikale Wirtschaftsreformen (freie Marktwirtschaft, Freigabe der Preise und Privatisierung von Agrarland, Fabriken und Wohnungen) in Angriff genommen.

Aleksander Meksi (*8.3.1939)
Albanischer Ministerpräsident seit 1992.
Der ehemalige Bauingenieur aus Tirana arbeitete am Institut für Kulturdenkmäler und als Restaurator am Institut für Archäologie. Er war 1990 Mitbegründer der PD. Nach den ersten freien Parlamentswahlen 1991 wurde er Vizepräsident des Parlaments. Nach dem Sieg seiner Partei bei der Wahl 1992 wurde Meksi der erste demokratische Regierungschef Albaniens nach der Diktatur.

Grenzkonflikt mit dem Kosovo 1993

1993 distanzierte sich die Regierung in Tirana ausdrücklich von den Unabhängigkeitsbestrebungen in der angrenzenden serbischen Provinz Kosovo, in der über 90 Prozent der Bevölkerung Albaner sind, da man ein Übergreifen des Krieges im ehemaligen Jugoslawien auf den Kosovo befürchtete. Um einer Massenflucht von Kosovo-Albanern nach Albanien entgegenzuwirken, setzte sich Staatspräsident SALIH BERISHA für die Wiedereinführung der staatlichen, kulturellen und wirtschaftlichen Autonomie ein, die das Gebiet 1974 erhalten hatte und die 1987 aufgehoben worden war (→ Bosnien und Herzegowina).

Nachdem im August 1993 an der serbisch-albanischen Grenze ein albanischer Soldat erschossen worden war, forderte Albanien die Entsendung von UNO-Beobachtern an die Grenzen und in die Kosovo-Provinz. Die Türkei hatte bereits im Juni 1992 Albanien seine Unterstützung zugesagt, falls es im serbischen Kosovo zu kriegerischen Auseinandersetzungen kommen sollte.

Grenzkonflikt mit Griechenland 1993

Bei einem Staatsbesuch des griechischen Ministerpräsidenten KONSTANTIN MITSOTAKIS im Mai 1992 hatten beide Nachbarländer eine intensive Kooperation in verschiedenen Wirtschaftsbereichen – der Handelsschiffahrt, des Tourismus und der Fischerei – vereinbart. Der Freundschafts- und Kooperationsvertrag beinhaltete auch die Zusammenarbeit auf militärischem Sektor. Um so erstaunlicher war es, daß die Ausweisung eines griechisch-orthodoxen Priesters, der Bücher und Landkarten verteilt haben soll, in denen der Süden Albaniens als griechisches Territorium ein-

Konstantin Mitsotakis
→ Griechenland

gezeichnet war, im Juli 1993 zu erheblichen Spannungen mit Athen führte, in deren Folge die illegal in Griechenland lebenden 150 000 bis 200 000 albanischen Saisonarbeiter ausgewiesen wurden. Bedingung für eine Rückkehr war die Gewährung der völligen Religionsfreiheit für die griechische Minderheit in Albanien sowie die Rückkehrmöglichkeit (einschließlich Entschädigung und Rückgabe des Besitzes) jener Griechen, die nach der Machtergreifung der Kommunisten (1944) aus Albanien geflüchtet bzw. vertrieben worden waren.

Bei einem bewaffneten Überfall am 10. April 1994 auf eine Kaserne in Peshkepi nahe der Grenze zu Griechenland, zu dem sich die griechische Untergrundorganisation *Befreiungsfront von Nordepirus* bekannte, wurden zwei Soldaten getötet und drei weitere schwer verletzt. Der Zwischenfall führte zu erneuten Spannungen zwischen Albanien und Griechenland. Gespräche über die Beilegung der Differenzen endeten im Mai ergebnislos. Nach der Verletzung des albanischen Luftraums durch ein griechisches Flugzeug am 23. August 1994 rief Tirana seinen Botschafter aus Athen zurück.

Ergebnis und weitere Entwicklung

Noch Ende 1993 bemühten sich beide Seiten sichtbar, den Konflikt zu entschärfen: Athen hatte sich bereit erklärt, den Status der albanischen Saisonarbeiter gesetzlich zu verbessern; Tirana hatte im Gegenzug die Rechte der im Land lebenden (nach albanischen Angaben 60 000 und nach griechischen etwa 400 000) Griechen garantiert. Die erneuten Zwischenfälle im April und August 1994 verschlechterten die Beziehung zwischen den Nachbarstaaten; die Lage an der Grenze blieb für längere Zeit gespannt.

Mit Strafverfahren gegen führende kommunistische Politiker des alten Regimes – u. a. die Witwe des 1985 verstorbenen Staatsgründers HODSCHA –, denen man Veruntreuung von Geldern nachgewiesen hatte, versuchte das neue Albanien, mit der stalinistischen Vergangenheit »abzurechnen« und die Verantwortlichen für 47 Jahre Mißwirtschaft und politische Unterdrückung zur Rechenschaft zu ziehen.

Die Wirtschaft im ärmsten Land Europas stabilisierte sich erstmals 1993 seit der »Hungerflucht« 1990/91 und dem Zusammenbruch des kommunistischen Regimes 1992 auf niedrigem Niveau; dazu trugen u. a. die eingeleiteten Reformen (Privatisierung und Preisfreigabe) bei. Die Arbeitslosenrate betrug 50 Prozent; 80 Prozent des Bodens der früheren Produktionsgenossenschaften waren inzwischen an die Bauern verteilt worden. Die EG half mit Nahrungsmitteln im Wert von 177 Millionen US-Dollar. Dennoch bleibt die Situation Albaniens angespannt: Sollte sich das Land wirtschaftlich und politisch nicht ausreichend stabilisieren, kann es wieder zu Flucht und Unruhen, ähnlich wie 1990/91, kommen.

Dazu droht die Verunsicherung aus dem Kosovo: Wenn die dort lebenden Albaner nicht ihre rechtlich garantierte Autonomie zurückerhalten und sich zum Widerstand gegen die Zentralmacht in Belgrad entschließen sollten, wird es zwangsläufig zu bürgerkriegsähnlichen Unruhen in der benachbarten serbischen Provinz kommen (→ Bosnien und Herzegowina). Bei einem weiteren Krieg auf dem Balkan, verbunden mit einer Massenflucht nach Albanien, wären sowohl der demokratische wie der wirtschaftliche Aufbau Albaniens erneut stark gefährdet.

Außenpolitisch strebte Albanien eine Annäherung an Westeuropa an. Bereits Ende 1992 hatte Präsident BERISHA die Aufnahme seines Landes in die NATO beantragt, um die Integration des über Jahrzehnte von der Weltgemeinschaft völlig isolierten Landes in die europäische Staatengemeinschaft voranzutreiben.

Literatur: s. a. → Griechenland, → Bosnien und Herzegowina

F. Altmann: *Albanien im Umbruch. Eine Bestandsaufnahme.* München 1990.

H. Duda: *Nationalismus – Nationalität – Nation: Der Fall Albanien.* Stamsried 1991.

S. Lipsius: *Die zerfallene Festung: Der Demokratisierungsprozeß in Albanien 1990–1991.* Hamburg 1993.

O. L. Lissitzyn: *The Corfu Channel Case.* In: A. Gyorgy / H. Gibbs (Hg.): *Problems in International Relations.* Englewood Cliffs, N. J., 1955.

Statistisches Bundesamt (Hg.): *Länderbericht Albanien.* Wiesbaden 1993.

C. Stavrou: *Die griechische Minderheit in Albanien.* Frankfurt 1993.

Staatsname: Republik Albanien
Staatsform: Präsidiale Republik (seit 1991)
Staatsoberhaupt: Salih Berisha (PD; seit 1992)
Regierungschef: Aleksander Meksi (PD; seit 1992)
Regierung: Demokraten, Sozialdemokraten, Republikaner seit 1992
Parlament: Volksversammlung 140 Sitze (Wahl 22. und 29.3.1992), PD (Demokraten) 84, PSSH (Sozialisten) 38, PSDSH (Sozialdemokraten) 7, Omonia (Griechische Minderheit) 2, PRSH (Republikaner) 1, Sonstige 8
Mitgliedschaft bei internationalen Organisationen: OSZE, UNO
Lage: 19°– 21° östlicher Länge, 39°– 42° nördlicher Breite
Fläche: 28 748 km^2
Hauptstadt: Tirana
Bevölkerung: 3,4 Millionen; Albaner 98 %, Griechen 1,8 %; Muslime 65 %, Christen 33 %, Sonstige 2 %
Wirtschaft: Industrie 51 %, Dienstleistung 16,3 %, Landwirtschaft 32,7 %; Export: Erze 41,3 %, Nahrungsmittel 17,3 %, Konsumgüter 9,8 %

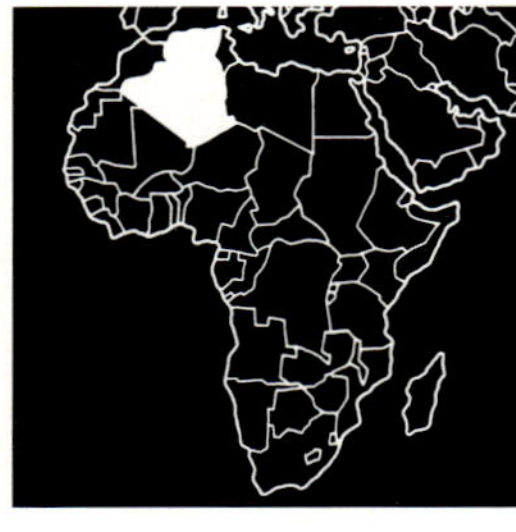

ALGERIEN

Unabhängigkeitskrieg gegen Frankreich 1954 bis 1962
Bürgerkriegsunruhen und Terror islamischer Extremisten seit 1981

Im Widerspruch zwischen Demokratie und Kolonialherrschaft scheiterte eine Demokratisierung des Landes: Frankreichs nordafrikanische Kolonie wurde als Teil des Mutterlandes begriffen, die Unabhängigkeitsbestrebungen als solche nicht akzeptiert, sondern als Separation verstanden. Trotz ihrer militärischen Unterlegenheit konnte sich die algerische Befreiungsbewegung (FLN) politisch durchsetzen und dem islamischen Nationalismus zum Sieg verhelfen.

Historischer Hintergrund

Die Annahme, daß Algerien ein Teil Frankreichs sei und keine Kolonie, war ein folgenschweres Mißverständnis vieler Franzosen und bestimmte deren Algerienpolitik seit Mitte des 19. Jahrhunderts. 1830 wurde das nordafrikanische Land von französischen Truppen erobert und besetzt. Die Kolonisation Algeriens war der Anlaß für die Gründung der Fremdenlegion 1831; sie diente ausschließlich der Sicherung des französischen Machtbereichs und der Unterwerfung der kolonisierten Völker. 1834 wurde Algerien zu französischem Besitz erklärt, aber erst 1848 von der Zweiten Republik auch formell annektiert.

Die Kolonialwirtschaft gründete sich in erster Linie auf der Monopolisierung der landwirtschaftlichen Nutzflächen, die von den zu Hunderttausenden ins Land gekommenen Siedlern bewirtschaftet wurden. Die autoritäre und repressive Politik des kolonialen Interventionsstaates begünstigte die städtischen Siedler und schloß die arabische Elite von jeglicher Beteiligung an staatlicher Macht und Verwaltung aus. Ein Zweiklassenwahlrecht sicherte die Vorherrschaft und Privilegien der Algerien-Europäer.

Konfliktparteien

Die Kolonialmacht

Für die französischen Interessen in Algerien setzten sich rückhaltlos die Siedler ein, die eine rechtsradikale Untergrundorganisation *Organisation de l'Armée Secrète* (OAS) gebildet hatten, um ihre Vormachtstellung beizubehalten

Ferhat Abbas (24.10.1899–24.12.1985)
Präsident der verfassunggebenden algerischen Nationalversammlung von 1962 bis 1963. Der in Taher bei Djidjelli als Sohn eines arabischen Verwaltungsbeamten geborene, als gemäßigt geltende algerische Nationalist war Apotheker und während des Zweiten Weltkriegs Freiwilliger in der französischen Armee; er gründete 1946 die UDMA, die ein unabhängiges, aber mit Frankreich verbündetes Algerien forderte. 1955 wurde er Mitglied der FLN und von 1958 bis 1961 Ministerpräsident der Exilregierung und provisorisches Staatsoberhaupt nach der Unabhängigkeit. Er lehnte das sich immer mehr herausbildende Einparteiensystem Ben Bellas ab und ging nach fast einjährigem Hausarrest ins Exil.

und sich der Algerienpolitik General CHARLES DE GAULLES zu widersetzen. Neben regulären französischen Truppen kämpfte vor allem die Fremdenlegion gegen die muslimisch-arabischen Nationalisten. Frankreichs bedingungsloses Festhalten an der Vorstellung, daß die nordafrikanische Kolonie ein Teil des Mutterlandes sei, mußte zwangsläufig zu einer Eskalation führen. Die Führer der Unabhängigkeitsbewegung waren in den Augen der Pariser Regierung Separatisten und keine Freiheitskämpfer.

Die Unabhängigkeitsbewegung

Der nationale algerische Widerstand war, bevor er sich zu einer Kampfgemeinschaft zusammenschloß, zunächst sehr heterogen und in rivalisierenden Gruppen organisiert. Die *Jeunes Algériens* und die *Fédération des Élus* unter ihrem Führer FERHAT ABBAS waren liberal und westlich orientiert; die *Union Démocratique du Manifeste Algérien* (UDMA), die seit 1946 von ABBAS geführt wurde und einen Autonomiestatus für Algerien als einen Frankreich assoziierten Staat anstrebte, versammelte das assimilierte liberale Kleinbürgertum. Diese Pläne fanden weder bei den Nationalisten noch bei den Kommunisten, die in Algerien eigentlich bedeutungslos waren, Unterstützung.

Die *Étoile Nord-Africaine* (ENA) unter MESSALI (HADJ) war die nationale und soziale Organisation der in franzö-

Die Rebellen feiern ihren Sieg: Ben Bella (Mitte) und Houari Boumedienne (rechts neben ihm) im offenen Wagen beim Triumphzug durch Algier 1962.

Mohammed Achmed Ben Bella (*25.12.1916)
Algerischer Ministerpräsident und Staatspräsident von 1962 bis 1965.
Der Sohn eines Händlers marokkanischer Abstammung war als Stabsfeldwebel der französischen Armee hoch dekoriert. Er schloß sich der Unabhängigkeitsbewegung unter Messali Hadj an, wurde Mitbegründer der OS, wurde 1950 verhaftet, konnte fliehen und baute im Kairoer Exil die ALN als Organisator und Stabschef mit auf. 1956 bis 1962 wieder in französischer Haft, wurde er 1958 in Abwesenheit Ministerpräsident der FLN-Exilregierung. Nach seiner Rückkehr 1962 schaltete er alle innenpolitischen Widersacher aus und setzte als erster algerischer Ministerpräsident ein radikales Sozialisierungsprogramm durch. Am 19. Juni 1965 wurde er von Boumedienne abgesetzt und unter Hausarrest gestellt; erst am 30. Oktober 1980 wurde er wieder freigelassen. Er lebte seit 1981 in Frankreich, wurde Präsident des Islamischen Menschenrechtsausschusses und vertrat erneut einen »fortschrittlichen, offenen, toleranten Islam« und setzte sich für eine »wirkliche« Demokratisierung Algeriens ein. Er kehrte im September 1990 nach Algerien zurück.

sischen Industriestädten arbeitenden algerischen verarmten ehemaligen Bauern, die nach dem Ersten Weltkrieg dorthin emigriert waren. Aus ihr erwuchs die *Parti du Peuple Algérien* (PPA), die sich in den vierziger und fünfziger Jahren als *Mouvement pour le Triomphe des Libertés Démocratiques* (MTLD) zu einer Massenbewegung entwickelt und eine paramilitärische *Spezialorganisation* (OS) gebildet hatte, in der junge ehemalige Offiziere der französischen Armee – unter ihnen MOHAMMED ACHMED BEN BELLA, MOHAMMED BOUDIAF, KABYLE HUSSEIN AIT ACHMED und RABAH BITAT – entschieden für den bewaffneten Kampf eintraten.

1954 spaltete sich die MTLD, und in Algier entstand das *Comité Révolutionnaire pour l'Unité et l'Action* (CRUA), dem sich verschiedene Emigrantengruppen anschlossen; aus dieser Bewegung formierte sich dann die *Front de Libération Nationale* (FLN) und ihr militärischer Arm, die *Armée de Libération Nationale* (ALN). Das *Mouvement National Algérien* (MNA), eine Gruppe um MESSALI, die zu Beginn des Unabhängigkeitskampfes unter den algerischen Arbeitern in Frankreich einen großen Anhang hatte, lieferte sich bis 1958 mit der FLN, der nun größten Organisation des algerischen Nationalismus, einen erbitterten Kleinkrieg.

Bürgerkriegs-Konfliktparteien

Regierung

Nach Übernahme der Regierungsgewalt durch die siegreiche FLN 1962 gelang es in den folgenden Jahrzehnten nicht, das Land zu befrieden. Ideologische Differenzen und interne Auseinandersetzungen um die Macht stärkten längerfristig gesehen die Militärs, die Anfang der neunziger

Jahre die Macht übernommen hatten und ein autoritäres, vor allem antidemokratisches Regime begründeten.

Islamische Fundamentalisten
Im September 1990 endete die Alleinherrschaft der FLN; sie war Oppositionspartei geworden. Fünf neue Parteien hatten sich gebildet, aus denen dann die *Front Islamique du Salut* (FIS) hervorging, die radikale *Islamische Heilsfront*, die bei Kommunalwahlen bereits als stärkste politische Kraft hervorgetreten war und einen fundamentalistischen islamischen Staat verwirklichen will. Sie gewann 1992 den ersten Wahlgang der Parlamentswahlen; der zweite Wahlgang wurde von der Regierung verschoben, um die FIS an der Machtausübung zu hindern. Mehrere Führungsmitglieder der FIS wurden verhaftet; die radikalen Kräfte der Islamisten gingen daraufhin in den Untergrund und zum bewaffneten Kampf über.

Houari Boumedienne (16.8.1919–27.12.1978)
Algerischer Staatspräsident von 1965 bis 1978. Der als Mohammed Ben Brahim Boukharouba geborene Bauernsohn studierte in Tunis und Kairo. Sein späterer Name bezieht sich auf einen Korangelehrten des 12. Jahrhunderts. Er war Lehrer und seit 1957 militärischer Leiter des Wilaya 5, dann Generalstabsleiter der ALN, unter Ben Bella Verteidigungsminister und 1963 stellvertretender Ministerpräsident. 1965 stürzte er Ben Bella wegen »Verrats an der sozialistischen Revolution« und vertrat einen islamischen Sozialismus. Er war ein konsequenter Anhänger der arabischen Solidarität und verstaatlichte die Wirtschaft.

Konfliktverlauf

1945 bis 1954
Am 8. Mai 1945 eskalierten Rassenhaß und Gewalt; es war die sog. Stunde des Gendarmen: Ein Polizist hatte aus nicht bekannten Gründen einen Algerier erschossen. Der Protest gegen den Mord wandelte sich schnell in einen Aufruhr und Aufstand gegen die Kolonialherren: Die Kämpfe, in die die französische Armee mit Panzern und Flugzeugen eingegriffen hatte, forderten 45 000 Tote unter der islamischen Bevölkerung und 102 europäische Todesopfer. Sogar italienische Kriegsgefangene wurden von den Franzosen mit eingesetzt, um die Protestwelle einzudämmen.

Erst 1946 normalisierte sich das Leben in Algerien. Die Wahlen für die Zweite Constituante in der zweiten Wählerklasse hatte die UDMA unter Abbas gewonnen; das von Frankreich proklamierte Algerien-Statut vom 20. September 1946 wurde von UDMA und MTLD gemeinsam abgelehnt. Durch Wahlmanipulationen verstand es die französische Verwaltung, die politischen Parteien Algeriens zu schwächen. Die Folgen waren Radikalisierung, Illegalität, Verfolgung und Exil: Die OS wurde 1950 von der Polizei zerschlagen, 1952 floh Ben Bella aus dem Gefängnis und bildete mit Ait Achmed und Mohammed Khider in Kairo eine Exilgruppe. Andere waren in die Berge der Kabylei geflohen und organisierten sich dort neu.

1954 bis 1956
Die militärische Erhebung war für den 1. November 1954 in der Kabylei und im Aurès-Gebirge geplant: 3000 CRUA-Kämpfer standen 50 000 und 1955 im Februar 80 000 fran-

Französische Soldaten bergen nach einem Gefecht 1959 die gefallenen algerischen Rebellen.

Raoul Salan (10.6.1899–3.7.1984)
Französischer General.
Er diente von 1945 bis 1954 in Indochina, war 1956 Oberbefehlshaber in Algerien, 1959/60 Militärgouverneur von Paris. Als militanter Gegner der Algerienpolitik De Gaulles ging er 1960/61 nach Spanien ins Exil, nahm am Putschversuch von 1961 teil und ging als Leiter der OAS in den Untergrund. Er wurde in Abwesenheit zum Tode verurteilt, nach seiner Verhaftung zu lebenslanger Haft begnadigt und 1968 entlassen.

zösischen Soldaten gegenüber. Die Franzosen versuchten, den Nachschub für die ALN, die von Marokko und Tunesien unterstützt wurde, an der Ost- und Westgrenze zu unterbinden, und mit psychologischer Kriegsführung bemühten sie sich vergeblich, die islamische Bevölkerung von den Aufständischen zu isolieren.

220 000 Algerier flüchteten nach Marokko und Tunesien; aus diesen Flüchtlingen rekrutierte die FLN eine schlagkräftigere Armee (bald 16 000 Mann stark), die auch durch Geldspenden aus dem Ausland unterstützt wurde.

1956 organisierte sich die ALN neu: *Mudschaheddin* bildeten die kämpfenden Truppen; *Mousebline* waren uniformierte Hilfstruppen (ortskundige Führer, Materialträger und Saboteure) und die *Fidayine* Terrorkommandos in ihren jeweiligen heimatlichen Regionen. Die ALN war durch die Abriegelung der Grenzen gezwungen, zwei Führungen zu bilden: die »Armee jenseits der Grenzen« und die »Armee in den sechs Wilayas« (Wehrbezirke) mit etwa 15 000 Mann. Damit war aber auch eine politische und ideologische Spaltung vorprogrammiert. Mangelnde Koordination zwischen der inneren und äußeren Armee sowie mit der Exilführung der FLN, dem *Gouvernement Provisoire de la République Algérienne* (GPRA), verschärfte die politischen Gegensätze, die sich in der postkolonialen Zeit noch in den Richtungskämpfen widerspiegelten. Islamisten standen gegen Nationalisten, die Grenzarmee unter Führung HOUARI BOUMEDIENNES setzte sich später gegen die regionalistischen *Wilayaisten* und die GPRA durch.

1956 hatte General RAOUL SALAN das französische Oberkommando übernommen. Er befehligte 500 000 Mann in Nordafrika; das war fast das gesamte französische Heer. Die FLN sollte mit allen Mitteln endgültig zerschlagen werden. Der Fallschirmjäger-General JACQUES MASSU ließ bei der »Schlacht um Algier« grausam und systematisch Gefangene foltern. Diese Kriegsführung machte die FLN vor der Weltöffentlichkeit zum moralischen Sieger.

Mohammed Khider (13.3.1913–3.1.1967)
Führungsmitglied der FLN. Der ehemalige Schafhirt, Schreiber und Straßenbahnschaffner war wegen nationalistischer Umtriebe häufig in Haft. Er war bis 1956 nomineller Chef der Befreiungsfront, danach bis 1962 wieder in Haft. In Abwesenheit wurde er zum Staatsminister (seit 1958) in der Exilregierung ernannt. Nach der Unabhängigkeitserklärung war er für kurze Zeit als ein enger Vertrauter Ben Bellas und Kritiker Boumediennes Generalsekretär der FLN. Nach dem Zerwürfnis mit Ben Bella flüchtete er mit Geldern der FLN ins Schweizer, später Pariser Exil. Am 3. Januar 1967 wurde er in Madrid ermordet.

1958 bis 1959

Am 13. Mai 1958 verbündeten sich extremistische und konservative Algerien-Europäer mit einigen Offizieren und putschten gegen die Pariser Regierung: Sie fühlten sich verraten, da am 14. Februar die Nationalversammlung ein Algerienstatut angenommen hatte, das u. a. das Nebeneinander der verschiedenen Volksgemeinschaften garantieren sollte. Die darauffolgende französische Staatskrise brachte General DE GAULLE an die Macht.

Im Dezember 1958 übernahm General MAURICE CHALLE von SALAN das Oberkommando der französischen Streitkräfte. Er startete vom Februar 1959 bis zum April 1960 größere Offensiven gegen die Basislager der ALN; bis auf die Lager in der Kabylei wurden auch alle zerstört. Die ALN konnte nur noch einen Partisanenkampf in sog. Ferkas-Einheiten von 35 Mann weiterführen. 1 625 000 Algerier wurden in 2000 Dörfer zwangsumgesiedelt – in den Augen der FLN hatten diese den Charakter von Konzentrationslagern –, um einen Keil zwischen die FLN und die algerische Bevölkerung zu treiben. Doch der Befreiungskampf hatte den islamischen Nationalismus in der Bevölkerung tief verwurzelt.

»Algérie Française« hatte die Parole der Putschisten vom Mai 1958 gelautet, die im Januar 1960 noch einmal mit einem »Barrikaden-Putsch« vergeblich versucht hatten, ihre Forderungen durchzusetzen. Staatspräsident DE GAULLE war für sie zum Gegner geworden, als er am 16. September 1959 der FLN Gespräche über die Selbstbestimmung anbot, obwohl sie militärisch geschwächt war.

1960 bis 1961

Nach vergeblichen Verhandlungen mit der FLN und der Exilregierung im Juni 1960 in Melun versuchten die Ultras um die Generäle CHALLE, EDUARD JOUHAUD, ANDRÉ ZELLER und SALAN 1961 noch einmal, die Fünfte Republik zu stürzen; aber auch die Terroraktionen der OAS hielten die Entwicklung nicht mehr auf, die am 18. März 1961 zum Abkommen von Evian führte, in dem der Waffenstillstand vereinbart wurde.

Ergebnis

Am 8. April 1962 stimmten 90 Prozent der französischen und am 1. Juli 99,72 Prozent der algerischen Bevölkerung für die Unabhängigkeit. Der Algerienkonflikt mußte beendet werden, um das Prestige und die Autorität des französischen Staates nicht weiter zu gefährden, das Ansehen Frankreichs in der dritten Welt sollte durch seine Entkolonisationspolitik angehoben und die Grande Nation als Welt- und Großmacht gefestigt werden.

Die Waffenstillstandsvereinbarungen beinhalteten auch Garantien für die Algerien-Europäer, doch der OAS-Terror führte zu ihrem Massenexodus. Etwa 80 000 Menschen hatten bis 1963 das Land verlassen.

Der Krieg hatte 150 000 Tote auf algerischer und 10 000 auf französischer Seite sowie 5000 bei der Fremdenlegion, bei den Milizen und unter algerischen Wehrpflichtigen gefordert. Durch Terroranschläge der FLN starben in Algerien 1500 Europäer und 16 000 Muslime, in Frankreich 154 europäische und 4172 algerische Zivilisten, 69 Soldaten und Polizisten.

Entwicklung seit Konfliktende

1963 gab sich das Land eine neue Verfassung, die die FLN zur Einheitspartei erklärte; der Islam wurde Staatsreligion. Die Rivalitäten innerhalb der ehemaligen Rebellen brachen wieder auf; BOUMEDIENNES Putsch 1965 setzte BEN BELLA unter Hausarrest, es erfolgte eine noch stärkere Betonung des Islam und eine Ausweitung des Staatseinflusses auf die Wirtschaft; 1967/68 nahm aber auch innerhalb der Armee die Fraktionsbildung zu. 1971 wurde die Erdölförderung verstaatlicht und eine »Agrarrevolution« angekündigt.

1976 erklärte eine Nationalcharta Algerien zu einem »Staat des revolutionären Sozialismus« ohne islamische Elemente; 1975/77 fanden Wahlen statt, 1979 erhielt das Zentralkomitee umfassende Vollmachten. Generalsekretär wurde BENDSCHEDID CHADLI, der auch das Präsidentenamt erhielt und 1984 und 1989 wiedergewählt wurde.

Das autoritäre System ließ einige Liberalisierungen, z. B. in der Wirtschaft, zu, der Staatsapparat wurde 1980 »gesäubert« und der Einfluß der FLN zurückgedrängt.

Bürgerkriegsunruhen und Terror islamischer Extremisten seit 1981

Anfang der achtziger Jahre war es zu ersten gewaltsamen Ausschreitungen extremistischer Muslime gekommen, die einen stärkeren Einfluß des Islam auf die algerische Gesellschaft forderten. Im Mai 1981 gab es Unruhen unter den Berber-Stämmen.

Ein algerischer Polizist nimmt 1992 nach dem Freitagsgebet zwei islamische Fundamentalisten fest.

Die neue Nationalcharta, die die von 1976 ablöste, wurde bei einer Volksbefragung mit 98,37 Prozent angenommen. Sie betonte einen pragmatischen Sozialismus unter Förderung der Privatwirtschaft und hob die gesellschaftliche Kraft des Islam in Algerien hervor, das blockfrei bleiben sollte. Widerstand formierte sich von seiten BEN BELLAS, der im Londoner Exil die Gründung einer Front der Gegner des Regimes bekanntgegeben hatte.

Nach Unruhen im November 1986, die sich im Oktober 1988 aufgrund der schlechten Wirtschaftslage verstärkten, wurde im Februar 1989 eine neue Verfassung verabschiedet, in der der Sozialismus nicht mehr gefordert und mehr Meinungsfreiheit versprochen wurde. Im Dezember demonstrierten 300 000 islamische Fundamentalisten; im Mai 1990 beteiligten sich Hunderttausende an einem »Marsch der Demokratie«.

Die ersten freien Kommunalwahlen im September 1990 beendeten die Alleinherrschaft der FLN, nachdem sich die *Front Islamique du Salut* (Islamische Heilsfront, FIS) als stärkste politische Kraft behauptet hatte. Weitere Reformversprechen der Regierung brachten kaum nennenswerte Ergebnisse; die Gefahr einer Islamisierung des Staates und wachsender religiöser wie politischer Intoleranz führten zur Gründung der *Nationalen Allianz unabhängiger Demokraten*.

Der Einfluß der FIS wuchs, und sie organisierte einen Generalstreik, der sich vor allem gegen die Teuerungsrate und die Arbeitslosigkeit richtete. Neuwahlen des Parlaments sollten nun auch mit der Präsidentenwahl (Dezember 1991) gekoppelt werden, bei der sich BEN BELLA, der im September 1990 wieder in seine Heimat zurückgekehrt war, zur Kandidatur bereit erklärte.

Während des Golfkriegs (→ Kuwait, → Irak) kam es im Januar 1991 in Algier zu Sympathiekundgebungen islami-

Mohammed Boudiaf (1919–29.6.1992)
Algerischer Staatspräsident 1992. Der Bauernsohn, der es als Autodidakt zum Hauptfeldwebel in der französischen Armee gebracht hatte, war der Verbindungsmann zur FLN in Kairo und von 1956 bis 1962 in französischer Haft. Als militanter Nationalist war er gegen Ben Bellas Einparteienherrschaft und wurde 1963 verhaftet. Nach seiner Entlassung ging er ins marokkanische Exil und war aktives Mitglied in der Sozialistischen Revolutionspartei. Nach Boumediennes Tod forderte er ein Mehrparteiensystem für Algerien. Nach dem Putsch der Militärs im Januar 1992, der kurzzeitig die Machtübernahme durch die Fundamentalisten verhindern sollte, wurde er Staatsoberhaupt und am 29. Juni 1992 ermordet.

scher Extremisten für SADDAM HUSSEIN. Nach neuerlichen heftigen Unruhen und blutigen Zusammenstößen zwischen Fundamentalisten und Sicherheitskräften Ende Juni 1991 wurde der Ausnahmezustand verkündet; die Führer der FIS wurden verhaftet. Im Vorfeld der Wahlen im Dezember 1991, bei denen im ersten Wahlgang die FIS als eindeutige Siegerin hervorging, kam es wieder zu blutigen Auseinandersetzungen. Gegen die radikale Islamisierung der algerischen Gesellschaft im Sinne der FIS gab es aber auch Widerstand und Massenproteste.

Nach dem Rücktritt von Staatspräsident CHADLI im Januar 1992 übernahm das Militär bzw. ein fünfköpfiges Hohes Staatskomitee die Macht und setzte den zweiten Wahlgang der Parlamentswahlen aus, aus dem mit großer Sicherheit die FIS als stärkste Kraft hervorgegangen wäre.

Neuer Übergangsstaatspräsident – eingesetzt von den Militärs – wurde der aus dem Exil heimgekehrte BOUDIAF. Weitere Führer der FIS wurden verhaftet, öffentliche Versammlungen in der Nähe von Moscheen verboten; erneut wurde nach heftigen Unruhen der Ausnahmezustand verhängt, die *Islamische Heilsfront* verboten; Gemeinde und Provinzräte, in denen die FIS die Mehrheit hatte, wurden aufgelöst, Wahlen für 1997 versprochen.

Am 29. Juni 1992 kam BOUDIAF bei einem Attentat ums Leben, das sowohl von den Fundamentalisten, die dies bestreiten, als auch von Reformgegnern in der Regierung verübt worden sein könnte. Wechselnde Ministerpräsidenten und ihre Regierungen, allesamt »Marionetten« der Militärs, versuchten mit Repressionen das Land zu befrieden. Verurteilungen und Hinrichtungen von islamischen Aktivisten veranlaßten die *Islamische Heilsfront* 1993, bewaffnete Kommandos zu bilden, deren Aktivitäten im Laufe des Jahres in Anschlägen fundamentalistischer Guerillas eskalierten. Seit der Machtübernahme des Hohen Staatskomitees am 14. Januar 1992 sind mehrere tausend Menschen ums Leben gekommen. Trotz Dialogversuchen mit den Fundamentalisten herrscht weiterhin Bürgerkrieg in Algerien. Die Regierung bekämpft Lager bewaffneter FIS-Kämpfer mit Napalmbomben; Terroranschläge der Islamisten, insbesondere gegen Intellektuelle und Ausländer, sollen die Lage im Land weiter destabilisieren.

Literatur: B. Droz / E. Lever: *Histoire de la Guerre d'Algérie 1954–1962.* Paris 1982.
H. Eisenhans: *Frankreichs Algerienpolitik 1954 bis 1962.* München 1974.
H. Eisenhans: *Algerien.* Hamburg 1977.
H. Eisenhans: *Nationale Befreiungsfront.* Frankfurt 1979.
B. Etienne: *L'Algérie.* Paris 1977.
S. Mellah: *Algerien – Momentaufnahmen aus einem Land im Umbruch.* Berlin 1991.
Th. v. Münchhausen: *Kolonialismus und Demokratie.* Freiburg 1977.
Statistisches Bundesamt (Hg.): *Länderbericht Algerien.* Wiesbaden 1989.
E. Weisenfeld: *Frankreichs Geschichte seit dem Krieg.* München 1981.

Staatsname: Demokratische Volksrepublik Algerien
Staatsform: Republik (seit 1962)
Staatsoberhaupt: Liamine Zeroual (seit 31.1.1994)
Regierungschef: Mokdad Sifi (seit 11.4.1994)
Regierung: Übergangsregierung (seit 31.1.1994)
Parlament: Nationalversammlung mit 295 Abgeordneten (im Januar 1992 aufgelöst), Übergangsrat mit 180 Mitgliedern bis zu freien Wahlen 1997
Mitgliedschaft bei internationalen Organisationen: Arabische Liga, OAPEC, OAU, OPEC, UNO
Lage: 8°–12° östlicher Länge, 19°–37° nördlicher Breite
Fläche: 2 381 741 km^2
Hauptstadt: Algier
Bevölkerung: (1992) 26,4 Millionen; Araber 82,6 %, Berber 17 %; sunnitische Muslime 99,1 %, Katholiken 0,5 %, Sonstige 0,4 %
Wirtschaft: Industrie 47,5 %, Dienstleistung 39,7 %, Landwirtschaft 12,8 %;
Export: Erdöl 96,6 %

Anden-Krieg → Peru

Grenzkrieg zwischen Peru und Ecuador 1995

Die umstrittene Grenzziehung im Cenepa-Tal in den Condor-Kordilleren zwischen Ecuador und Peru vor über 50 Jahren wurde von Peru nie anerkannt. Hintergrund des Krieges im Januar/Februar 1995 waren Erdöl- und Goldvorkommen, die in einem Teil der Anden-Region vermutet werden.

Es war der Versuch peruanischer Militärs und der Regierung in Lima, die den Krieg provoziert hatten, von innenpolitischen Problemen Perus abzulenken und bevorstehende Wahlen zu beeinflussen.

ANGOLA

Unabhängigkeitskrieg 1961 bis 1974
Bürgerkrieg seit 1975

Der Unabhängigkeitskampf Angolas von der Kolonialmacht Portugal wurde von einem fast zwanzigjährigen Bürgerkrieg überschattet, in dem sowohl die Interessen der Ostblockstaaten sowie → Kubas und der Westmächte als auch die Südafrikas (→ Namibia, → Zaire) aufeinanderprallten. Ob der Waffenstillstand von 1994 hält, bleibt fraglich.

Historischer Hintergrund

15. Jahrhundert bis 1960
Gegen Ende des 15. Jahrhunderts kamen die Portugiesen ins Land und unterwarfen die Völker des heutigen Angola. Der Name Angola geht auf den Titel »N'gola« der Herrscher des Ndongo-Reiches, das südlich des Königreichs Kongo lag, zurück. Die Kolonialherren beuteten das Land durch Sklavenhandel aus; zwischen 1580 und 1836 wurden drei bis vier Millionen Afrikaner nach Übersee (vor allem nach Brasilien) verschleppt.

Die reichhaltigen Bodenschätze (Erdöl, Eisenerze, Diamanten) konnten erst Anfang der sechziger Jahre dieses Jahrhunderts mit Hilfe multinationaler Konzerne gefördert werden. Wirtschaftliche Interessen führten dazu, daß westliche Industriestaaten und die NATO-Länder Portugal im Kolonialkrieg unterstützten.

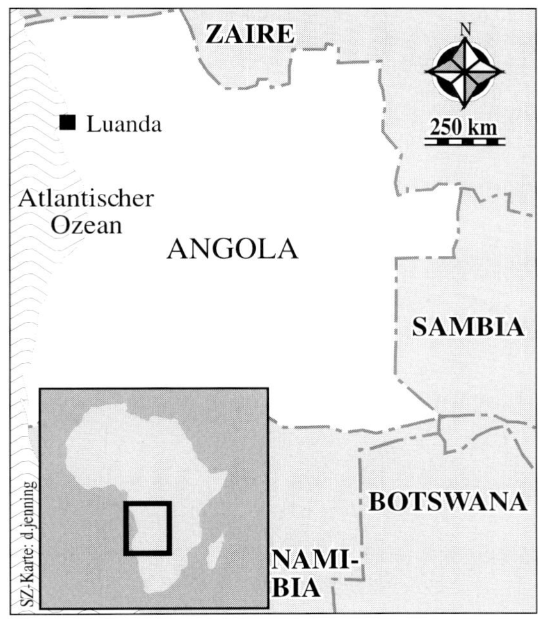

Im Norden Zaires hatte die angolanische MPLA ihre Stützpunkte, im Süden Angolas die in Namibia operierende Unabhängigkeitsbewegung SWAPO. Südafrikanische Truppen drangen immer wieder in den Süden Angolas ein, um die Rückzugsgebiete der SWAPO abzuschneiden.

Konfliktparteien

Die Kolonialmacht

Portugal war während der Diktatur ANTONIO OLIVEIRA SALAZARS nicht bereit, seine Kolonien in einem geordneten Verfahren in die staatliche Selbständigkeit und Demokratie zu entlassen. Das erstarrte politische und gesellschaftliche System Portugals zeigte sich lange Zeit nicht in der Lage, angemessen auf die sozialen Veränderungen und die politischen Freiheitsbewegungen in den Kolonien zu reagieren. Diese Unfähigkeit zur Erneuerung und das Festhalten an überkommenen Machtstrukturen förderte zwangsläufig den immer militanter werdenden Widerstand in den Kolonien. Der Kampf um nationale Souveränität der unterdrückten Völker in der Dritten Welt führte zum Sturz des autoritären, inzwischen maroden Regimes der Kolonialherren im eigenen Land.

Nach der Ablösung SALAZARS (1968) versuchte die neue Regierung in Lissabon, mit der Dekolonialisierungspolitik von General ANTONIO DE SPINOLA (→ Guinea-Bissau) die ideologischen und strategischen Gegensätze zwischen den sich später heftig bekämpfenden Befreiungsbewegungen für die Interessen Portugals und zur Absicherung des Status quo auszunutzen.

Antonio de Spinola ***→ Guinea-Bissau***

Holden Alvaro Roberto (*12.1.1923)
Angolanischer Unabhängigkeitskämpfer.
Roberto gehört dem Bakongo-Stamm an. Er war 1942 bis 1949 Angestellter in der belgischen Kolonialfinanzverwaltung, später in belgischen Unternehmen und 1957 Versicherungskaufmann im Kongo. Er war der politische Führer der UPA, UPNA und FNLA. 1975 wurde er Präsident der nicht anerkannten »Demokratischen Volksrepublik Angola«. Er konnte sich gegenüber seinem Widersacher Neto nicht behaupten. Nach der Ausweisung der FNLA aus Zaire, dem früheren Kongo, ging er über den Senegal nach Frankreich ins Exil. 1981 trat er als Präsident der FNLA zurück.

Unabhängigkeitsbewegung und spätere Bürgerkriegsparteien

Der Kampf um die Unabhängigkeit war von erbitterten kriegerischen Auseinandersetzungen rivalisierender politischer Gruppen innerhalb der Befreiungsbewegungen überschattet, die nach der staatlichen Selbständigkeit in einen Bürgerkrieg mit internationaler Beteiligung führten: Die linksgerichtete MPLA auf der einen stand der FNLA und der UNITA auf der anderen Seite gegenüber. In ihren jeweiligen internationalen Bündnispartnern zeigte sich einerseits die ideologische wie machtpolitische Spaltung der sozialistischen Staatengemeinschaft und andererseits die westliche Interessenpolitik in den ehemaligen Kolonialgebieten des westlichen Afrikas. Die *Movimento Popular de Libertação de Angola* (MPLA), 1956 von Intellektuellen als Zusammenschluß von mehreren nationalistischen Gruppierungen gegründet, war maßgeblich am Kampf gegen die portugiesische Kolonialarmee beteiligt. Sie erhielt während des Bürgerkriegs Waffenlieferungen aus der Sowjetunion und »Freiwillige« aus → Kuba und galt trotz heftiger interner Richtungskämpfe als eine marxistische Partei.

Die Gegenspieler der MPLA wurden von westlichen Staaten unterstützt, von der Südafrikanischen Union, von → Zaire und → China. Angeführt wurde diese Bürgerkriegsfraktion von der *Frente Nacional del Libertação de Angola* (FNLA), 1957 als *União das Populações do Norte de Angola* (UPNA) gegründet, später umbenannt in *União das Populações de Angola* (UPA) und 1962 wiederum in FNLA umgetauft. Sie kämpfte zusammen mit der *União para la Independencia Total de Angola* (UNITA), die 1966 gegründet worden war.

Die FNLA unter ihrem Führer Holden Alvaro Roberto verfolgte andere Ziele als die marxistische MPLA. Im Léopoldviller (heute: Kinshasa) Exil strebten sog. *Dàkongo*-Kreise die Wiederherstellung des alten großen Kongo-Reiches an. Roberto griff diese Idee auf und erweiterte die Ziele der UPNA, die bisher nur auf den Norden Angolas und Bakongo beschränkt geblieben war, um die Perspektive eines kongolesischen Groß-Reiches.

1961 war es zu einem von der UPA geschürten Aufstand der Kaffeebauern im Norden Angolas gekommen, der zu Massakern an Europäern und afrikanischen Wanderarbeitern führte. Die Kolonialarmee schlug den Aufstand brutal nieder (ca. 30 000 bis 50 000 Tote). Nicht zuletzt um von der Mitverantwortung der UPA an den Massakern abzulenken, gründete Roberto sie als FNLA neu. Wenig später wurde auch eine Exil-Regierung Robertos, die *Governo Revoluçionário Angolano no Exil* (GRAE), in Kongo-Léopoldville gebildet, die aber von der *Organization of African Unity* (OAU) lediglich zwischen 1964 und 1971 anerkannt wurde.

Konfliktverlauf

Unabhängigkeitskrieg 1961 bis 1974

Am 4. Februar 1961 griffen Kämpfer der MPLA das Gefängnis von Luanda an, um inhaftierte Mitglieder ihrer Organisation zu befreien. Dies war das Signal zum bewaffneten Befreiungskampf gegen die Portugiesen. In der Provinz Lunda kam es an einer ersten Frontlinie zu heftigen Kämpfen.

Mitte der sechziger Jahre wurde in Cabinda die zweite Front eröffnet. 1966 griff die MPLA auch von Osten her, von Sambia aus, an; ab 1968 war ihr Hauptquartier in den befreiten Gebieten Ost-Angolas.

Mehr als ein Drittel des Landes, hauptsächlich im Südosten, wurde seit 1972 von der MPLA kontrolliert. Soziale und wirtschaftliche Maßnahmen ergänzten die militärischen Aktionen und sollten sie in der Bevölkerung absichern helfen: Verbesserung der landwirtschaftlichen Anbaumethoden, Gründung von Volksläden, Einrichtung eines Gesundheitsdienstes (SAM), Kampagnen gegen den Analphabetismus usw.

Dennoch war es der MPLA bis Anfang der siebziger Jahre noch nicht gelungen, den Kampf nach Westen und Nordwesten auszudehnen und damit die Fronten zu verbinden. Es fehlte eine Ausgangsbasis im Hinterland, da der MPLA untersagt war, von → Zaire aus den Kampf weiterzuführen. Als 1972 die portugiesische Großoffensive mit dem Einsatz von Napalmbomben begann, wurden die MPLA-Einheiten in die Defensive gedrängt; es kam zum Stillstand der Fronten. Auseinandersetzungen innerhalb der MPLA und ihre Aufspaltung in drei Fraktionen (»Revolte des Ostens« unter Daniel Chipenda; die alte Führung unter Antonio Agostinho Neto; die »Aktive Revolte« von Mario Pinot de Andrade) führte zu Rückeroberungen der Portugiesen in den befreiten Gebieten. Erst gegen Ende 1974 konnte die Spaltung der MPLA aufgehoben werden. Die Gruppe um den angeblichen Agenten des portugiesischen Geheimdienstes PIDE, Chipenda, wurde ausgeschlossen; Chipenda selbst trat 1975 der FNLA bei und stellte die Kontakte zu → Südafrika her. Die FNLA dagegen beschränkte ihre militärischen Aktionen auf den Norden → Angolas, ohne größere zusammenhängende Gebiete unter ihre Kontrolle zu bringen. Ein Aufbau von administrativen Institutionen und Strukturen, die mit solchen der MPLA im Südosten vergleichbar gewesen wären, gelang ihr nicht.

Bündnisse zwischen MPLA und FNLA waren seit 1960 immer wieder versucht worden, kamen aber aufgrund der ideologischen Differenzen und unterschiedlichen politischen Zielvorstellungen nicht zustande. Auch die Unterstützungsstrategien der Weltmächte, die primär ihre eigenen Interessen im westlichen Afrika verfolgten, verstärkten

Daniel Chipenda
Angolanischer Unabhängigkeitskämpfer.
Der ehemalige MPLA-Kommandeur, Kritiker Netos und der MPLA, gründete 1974 die fünfte angolanische Befreiungsfront, die Revolte Leste, die aber formal eine Unterorganisation der MPLA blieb. 1974 wurde er aus der MPLA ausgeschlossen; seine ca. 3000 Guerilleros operierten im wesentlichen in Ost-Angola. Chipenda trat kurze Zeit später zur FNLA über.

Mario Pinot de Andrade (*1928)
Angolanischer Unabhängigkeitskämpfer.
Andrade studierte Philosophie in Lissabon und Paris und gründete 1960 mit anderen Intellektuellen die MPLA, deren Vorsitzender er bis 1962 war. 1961 verhandelte er mit Peking über Waffenlieferungen.

*Jonas Savimbi (*1934)*
Angolanischer Unabhängigkeitskämpfer und UNITA-Führer. Savimbi war bis 1964 Außenminister der Exilregierung Holden Robertos. Er gründete die UNITA, die zusammen mit der FNLA gegen die MPLA kämpfte.

die Spaltung. Die feindselige Haltung der FNLA gegenüber der MPLA brachte auch Unruhe an der FNLA-Basis. Aufstände in ihren Ausbildungslagern, wie schon 1964 und später 1971/72 in Kinkuzu, wurden mit Hilfe der zairischen Armee unterdrückt; die Folge waren blutige Säuberungsaktionen. Seit Mitte 1973 wurde die FNLA durch nordkoreanische und chinesische Ausbilder wieder aufgerüstet.

Die UNITA, eine Abspaltung von der FNLA (1967) unter der Führung des ehemaligen Außenministers der Exilregierung GRAE JONAS SAVIMBI, stellte bald eine wichtige dritte Kraft im Befreiungskampf gegen die Kolonialherren dar. Sie operierte hauptsächlich in der Moxico-Provinz in der Nähe der Ostfront der MPLA. Bekannt wurde die UNITA besonders durch spektakuläre militärische Aktivitäten oder Sabotageaktionen, wie die Angriffe auf die Benguela-Bahn. Nach ideologischen Auseinandersetzungen wurden die entmachteten Führer der UNITA stereotyp beschuldigt, mit der portugiesischen Kolonialarmee kollaboriert zu haben, um die MPLA zu vernichten.

Die Verzögerung des Unabhängigkeitstermins durch die Portugiesen sollte der Sicherung postkolonialer Interessen und der Unterstützung sog. gemäßigter politischer Kräfte des neuen → Angolas dienen. Erst nach dem Sturz SPINOLAS kamen Unabhängigkeitsverhandlungen zustande.

Im Abkommen von Alvor, an dem sich alle Befreiungsbewegungen beteiligten, war die Unabhängigkeit für den 11. November 1975 geplant. Vereinbart waren Vorbereitungen zu Wahlen und die Bildung einer gemeinsamen angolanischen Armee. Doch der Kompromiß hielt nicht lange. MPLA sowie FNLA/UNITA proklamierten jeweils gesondert die Unabhängigkeit Angolas: die MPLA in Luanda die *Volksrepublik Angola*; ROBERTO in Ambriz und SAVIMBI in Huambo die *Demokratische Volksrepublik Angola*, der aber die Anerkennung der internationalen Staatengemeinschaft verwehrt wurde.

Bürgerkrieg seit 1975

Die FNLA eröffnete im Februar 1975 den Bürgerkrieg gegen die MPLA. Einschüchterungsversuche gegen die Bevölkerung durch Terror verschärften die Kämpfe. Die Auseinandersetzung war und ist auch ein Stammeskrieg: *Ovimbundu* und *Bailundo* (UNITA) sowie *Bakongo* und *Kimbundu* (FNLA) gegen die *Lunda* (MPLA). Die MPLA kontrollierte 12 der 16 Provinzen. Auf seiten der FNLA/UNITA kämpften überwiegend zairische Soldaten und in Europa angeworbene Söldner.

Der Ostblock unterstützte weiterhin die MPLA; im Gegenzug kamen im Oktober 1975 südafrikanische Truppen (ca. 5000 Mann) den FNLA-Verbänden zu Hilfe und starteten von Namibia aus eine Großoffensive. Das Eingreifen → Südafrikas kam auf Absprache mit der UNITA zustande,

UNITA-Soldaten inspizieren die von der MPLA zerstörte Benguela-Eisenbahn-Brücke über den Lumege-Fluß. Die Strecke verbindet die Atlantikküste mit der Grenze zu Zaire.

die ein prowestliches Angola mit marktwirtschaftlicher Ordnung anstrebte, und wurde von anderen konservativen Staaten Afrikas unterstützt. Das Engagement und die Intervention → Südafrikas begründeten sich zum einen im Kampf gegen die sozialistische Regierung in Luanda und die Präsenz der Kubaner in Angola, zum anderen in dem Versuch, das Rückzugsgebiet der namibischen Befreiungsbewegung SWAPO (→ Namibia) im Süden Angolas abzuschneiden.

Anfang 1976 konnten die MPLA und ihre ca. 15 000 kubanischen Verbündeten den Krieg – vorläufig – für sich entscheiden; doch die Kämpfe flammten immer wieder auf. Im März 1976 zogen sich die südafrikanischen Truppen zurück, nachdem sie in Gefechten mit kubanischen Verbänden immer häufiger Niederlagen hatten hinnehmen müssen. Die UNITA-Einheiten führten weiter vereinzelt Terror- und Sabotageanschläge aus dem Untergrund durch – hauptsächlich von den Provinzen Huambo, Bié und Cuando-Cubango aus. Guerilla-Aktionen der FNLA in Nord-Angola und die enge Zusammenarbeit der UNITA mit der südafrikanischen Armee sorgten weiterhin für Unruhe. Das Hauptquartier der UNITA war 1983 in Dakar/Senegal, und ihre Truppen waren in Nord-Namibia stationiert, von wo aus es zu Grenzverletzungen und zu Angriffen auf SWAPO-Basen (→ Namibia) in Süd-Angola kam. In den achtziger Jahren verbreiterte die UNITA ihre Basis nicht nur durch Freiwillige, sondern auch durch Zwangsrekrutierung in eroberten Gebieten.

Seit der Unabhängigkeit wurde Angola unter Führung der MPLA – von Kuba gestützt – regiert, aber durch den Destabilisierungskrieg Südafrikas und der UNITA wirtschaftlich und politisch geschwächt. Die Verflechtung regionalistischer, ethnisch-tribalistischer und sozialer Antagonismen sowie die Interessenpolitik der Großmächte, Südafrikas

Antonio Agostinho Neto (17.9.1922–10.9.1979)
Staatspräsident Angolas von 1975 bis 1979. Der Arzt und Schriftsteller hatte 1962 die Präsidentschaft der MPLA übernommen und war der erste Staatspräsident der unabhängigen Volksrepublik.

*José Eduardo dos Santos (*28.8.1942)*
Staatspräsident Angolas seit 1979.
Seit 1961 Mitglied der MPLA, 1963 bis 1969 in der Sowjetunion zum Ingenieur ausgebildet, gehörte er der angolanischen Regierung seit 1975 als Außenminister, seit 1978 als Planungsminister an und folgte Neto 1975 im Amt des Staats- und Parteichefs.

und der Anrainerstaaten erschwerten den Einigungs- und Friedensprozeß zwischen den rivalisierenden Gruppen.

1988 und 1991 wurden Abkommen geschlossen, die den Abzug aller fremden Truppen sowie die Zusicherung demokratischer Wahlen beinhalteten.

Nach dem Waffenstillstand vom 20. Juni 1991 war die innenpolitische Situation relativ ruhig. Doch nach dem Sieg der MPLA bei den Wahlen im Oktober 1992 nahm die UNITA den Krieg wieder auf. In der erdölreichen angolanischen Exklave Cabinda in Zaire kam es zu erneuten militärischen Aktivitäten von Separatisten, die die staatliche Eigenständigkeit Cabindas erreichen wollten. Trotz des Bürgerkriegs wurden in diesem Gebiet täglich bis zu 600 000 Barrel Öl gefördert und direkt auf die Tanker geleitet. Im Sommer 1992 erreichten die Auseinandersetzungen ihren Höhepunkt, bei denen sich die angolanische Zentralgewalt gegenüber den Separatisten durchsetzen konnte.

Ergebnis und Entwicklung seit Konfliktende

Der 30jährige Krieg Angolas forderte mehrere hunderttausend Todesopfer. Mehr als zwei Millionen Menschen wurden zu Flüchtlingen im eigenen Land, einige Hunderttausende fanden im Ausland eine neue Heimat. Von 1980 bis 1988 betrugen die Kriegskosten der angolanischen Regierung 27 bis 30 Milliarden US-Dollar. Die Wirtschaft des Landes war zerrüttet, eine Aussöhnung der Kriegsparteien schien lange nicht in Sicht.

Am 20. November 1994 schlossen Vertreter der Regierung und der UNITA einen Waffenstillstandsvertrag, schon kurze Zeit später mußte wegen anhaltender Kämpfe der UNO-Sonderbeauftragte für Angola, Alouine Blondin Beye, Regierungstruppen und Rebellen eindringlich zur Einhaltung des Waffenstillstands auffordern. Mehr als hundert Menschen waren bei Überfällen der UNITA ums Leben gekommen.

Präsident José Eduardo dos Santos forderte UNITA-Führer Savimbi erneut zu einem Treffen auf, was dieser aus Angst um seine Sicherheit ablehnte. Der Weltsicherheitsrat wollte daraufhin 7000 UNO-Blauhelme nach Angola schicken. Ob der Waffenstillstand zwischen den rechtsgerichteten UNITA-Rebellen und der Regierung vom November 1994 weiter hält, ist nur schwer einzuschätzen. Aufgabe der UNO-Truppe soll die Entwaffnung der UNITA-Rebellen und deren teilweise Einbindung in eine neue Polizeitruppe sein, sie soll Wahlen vorbereiten und Minen räumen, die überall im Land vergraben sind.

Literatur: American University: *Angola. A Country Study*. Washington 1979.
D. Barnett / R. Harvey: *The Revolution in Angola*. Indianapolis 1972.
G. Bender: *Angola under the Portuguese. The Myth and the Reality*. London 1978.
A. Boavida: *Angola*. Frankfurt 1970.
W. Böge: *Die USA und der Kampf um die Unabhängigkeit Angolas 1940–1964*. Hamburg 1978.
F. Brigland: *Jonas Savimbi. A Key to Africa*. New York 1987.
G. Brönner / J. Ostrowsky: *Die angolanische Revolution*. Frankfurt 1976.
B. Decke: *A terra é nossa. Koloniale Gesellschaft und Befreiungsbewegung in Angola*. Bonn 1981.
F.-W. Heimer (Hg.): *Der Entkolonialisierungskonflikt in Angola*. München 1979.
L. Henderson: *Angola: Five Centuries of Conflict*. Ithaca, N.Y., 1979.
P. Kiveuvou: *Angola. Vom Königreich Kongo zur Volksrepublik*. Köln 1980.
A. J. Klinghoffer: *The Angolan War. A Study of Soviet Policy in the Third World*. Boulder, Col., 1981.
W. Kühne: *Südafrika und seine Nachbarn: Durchbruch zum Frieden. Zur Bedeutung der Vereinbarungen mit Moçambique und Angola im Frühjahr 1984*. Baden-Baden 1985.
J. A. Marcum: *The Angolan Revolution*. Vol. I . *(The Anatomy of an Explosion, 1950–1962)*. Cambridge, Mass., 1969.
J. A. Marcum: *The Angolan Revolution*. Vol. II. *(Exile Politics and Guerilla Warfare)*. Cambridge, Mass., 1978.
Ph. Martin: *Historical Dictionary of Angola*. London 1980.
M. Offermann: *Angola zwischen den Fronten*. Pfaffenweiler 1988.
H. Ptak: *Angola. Vom Bürgerkrieg zur neuen Ordnung*. Bammental 1991.
Statistisches Bundesamt (Hg.): *Länderbericht Angola*. Wiesbaden 1991.
D. Sut: *Angola*. Amsterdam 1977.
M. Wolfers / J. Bergerol: *Angola in the Frontline*. London 1983.

Staatsname: Volksrepublik Angola
Staatsform: Volksrepublik (seit 1975)
Staatsoberhaupt: José Eduardo dos Santos (MPLA; seit 1979)
Regierungschef: Marcolino Moco (MPLA; seit 1992)
Regierung: MPLA (seit 1975)
Parlament: Volksversammlung mit 223 Abgeordneten (Wahl 30.9.1992), MPLA (Sozialisten) 129, UNITA (Rechte) 70, Sonstige 24
Mitgliedschaft bei internationalen Organisationen: AKP, OAU, SADC, UNO
Lage: 11°–23° östlicher Länge, 5°–18° südlicher Breite
Fläche: 1 246 700 km²
Hauptstadt: Luanda
Bevölkerung: 11 Millionen; Ovimbundu 37,2 %, Mbundu 21,6 %, Kongo 13,2 %, Sonstige 28,8 %; Christen 90 %, 10 % Volksreligionen
Wirtschaft: Industrie 72,2 %, Dienstleistung 17,5 %, Landwirtschaft 10,3 %; Export: Erdöl 93,4 %, Diamanten 6,2 %

ARGENTINIEN

Krieg um die Falkland-Inseln zwischen Großbritannien und Argentinien 1982

England und Argentinien erhoben beide Anspruch auf die Falkland-Inseln (spanisch Islas Malvinas), einem entlegenen Archipel im Südatlantik zwischen dem 51. und 53. Breitengrad, 500 Kilometer vom argentinischen Festland entfernt. Bei dem kurzen Krieg ging es mehr um Prestige als um territoriale Interessen.

Historischer Hintergrund

Die abgelegene und unwirtliche Inselgruppe hatte der englische Seefahrer JOHN STRONG 1690 entdeckt und sie zu Ehren des damaligen britischen Schatzkanzlers FALKLAND auf den Namen *Falkland Islands* getauft. Diese Besitzung hatte man in London vergessen, als im 18. Jahrhundert französische Seefahrer aus Saint Malo auf die Inseln kamen und den Archipel *Isles Malouines* nannten. Später vertrieben die Spanier die Franzosen, und aus den Isles Malouines wurden die *Islas Malvinas*. Nach der Unabhängigkeit Argentiniens von Spanien (1816) meldete Buenos Aires 1823 Anspruch auf die Inselgruppe an, die 1831 von den USA besetzt wurde. Nach dem amerikanischen Intermezzo kehrten die Engländer zurück und stationierten eine kleine britische Flotteneinheit. Die neuen (englischen) Bewohner der Inseln lebten von der Schafzucht und der Wollproduktion. Als 1980 Vermutungen über Erdölvorkommen im Südatlantik bekannt wurden, deren Förderung wegen der schwierigen klimatischen Bedingungen jedoch umstritten ist, kam es zu Verhandlungen zwischen Argentinien, das seinen Anspruch auf die Inseln während der letzten 150 Jahre nie aufgegeben hatte, und → Großbritannien über die Zukunft der Inselgruppe.

Konfliktparteien

Argentinien
Die Militärjunta in Buenos Aires hatte mit wirtschaftlichen Schwierigkeiten (1982: über 20 % Arbeitslose, Inflationsrate von über 100 %) und allgemeiner politischer Unzufriedenheit zu kämpfen. Die Militärdiktatur, die die Opposition brutal unterdrückte (etwa 20 000 Menschen kamen während sog. Anti-Terroraktionen der Armee und Polizei ums

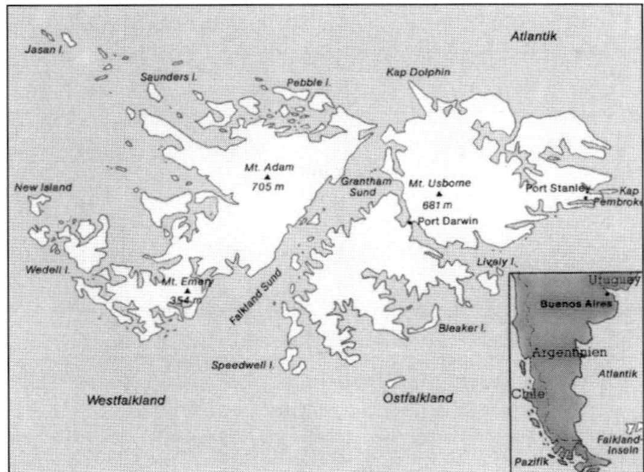

Die umstrittenen Falkland-Inseln 500 Kilometer vor der Küste Argentiniens.

Leben), brauchte einen Erfolg. Die aggressive Außenpolitik fand in der nationalen Frage – auf die Malwinen fokussiert – Rückhalt in der Bevölkerung, so daß sich die Aufrüstung der argentinischen Streitkräfte mit Raketen, Panzern, Flugzeugen und Kriegsschiffen aus Schweden, der Bundesrepublik Deutschland, Italien, Frankreich und England wider Erwarten gegen ein europäisches Land richten sollte.

Großbritannien
Auch London ging es durchaus um nationales Prestige: Die ehemalige Seegroßmacht wollte sich nicht in dieser Weise demütigen lassen. Innenpolitisch kamen der konservativen Regierungschefin MARGARET THATCHER nationalistische Emotionen als Ablenkung von den wirtschaftlichen Problemen im Land nicht ungelegen.

USA als Vermittler
Die USA waren aus zwei Gründen indirekt in den Konflikt involviert: Zum einen gab es einen Beistandspakt aus dem Jahre 1947 mit Argentinien, der Buenos Aires zum Verbündeten Washingtons machte; zum anderen war London ein NATO-Partner.

Leopold Fortunato Galtieri (*15.7.1926)
Argentinischer General und Staatspräsident 1982.
Der Sohn italienischer Einwanderer begann nach Abschluß der Schule mit der Militärausbildung. Schon 1957 gehörte er zum Generalstab, danach folgte eine weitere Ausbildung in den USA. Als Nachfolger General Violas wurde er 1980 Armeechef und Generalleutnant.
1982 wurde er zum Präsidenten gewählt, trat jedoch nach dem verlorenen Falkland-Krieg zurück.

Konfliktverlauf

Im Frühjahr 1982 waren argentinische Arbeiter und Soldaten auf die 900 Seemeilen östlich von den Falklands gelegene Insel Südgeorgien gekommen, um eine alte Fabrik abzureißen: Sie hißten die argentinische Flagge; Staatschef LEOPOLD FORTUNATO GALTIERI erklärte in Buenos Aires die Insel Südgeorgien zu argentinischem Besitz und unterstrich noch einmal den Anspruch auf die Malwinen.

Der Kampf um die Falklands wurde mit modernsten Waffen geführt. Hier explodieren am 24. Mai in der Carols Bay im Osten der Inselgruppe Raketen auf einem englischen Kriegsschiff.

Englands Protest vor dem UN-Sicherheitsrat in New York beeindruckte die Militärs in Argentinien nicht. Die Briten hatten nur 75 Soldaten auf den Inseln stationiert, und die ganze Angelegenheit würde in der Weltöffentlichkeit bald vergessen sein.

In einer Blitzaktion landeten am 2. April 1982 argentinische Truppen auf der Inselgruppe. London brach daraufhin die diplomatischen Beziehungen zu Buenos Aires ab und forderte ultimativ den Abzug der Invasionstruppen. Als Argentinien ablehnte, gab die britische Premierministerin THATCHER den Befehl zum Auslaufen der Flotte in Richtung Südatlantik und erklärte das Seegebiet in einem Umkreis von 200 Seemeilen um die Falklands zur militärischen Sperrzone.

Während der zwei Wochen, die die britische Flotte für die Überfahrt in diese unwirtliche Region um den 53. Breitengrad benötigte, hatten die Argentinier ihre militärischen Stellungen auf den Malwinen gefestigt und bereits 9000 Mann stationiert.

Ende April landeten die Engländer auf Südgeorgien und zogen den »Union Jack« auf. Am 2. Mai torpedierte das englische Atomunterseeboot »Conqueror« ohne vorherige Warnung den im Sperrgebiet manövrierenden argentinischen Panzerkreuzer »General Belgrano«: 386 der 1000 Mann Besatzung kamen bei diesem Angriff ums Leben. Zwei Tage später wurde der englische Zerstörer »Sheffield« von einer der vollautomatischen (französischen) »Exocet-AM-39-Raketen« kampfunfähig geschossen. Darüber hinaus wurden zwei Versorgungsschiffe der Engländer durch diese Raketen zerstört.

Nachdem am 21. Mai 7500 englische Soldaten (darunter Eliteeinheiten der Marineinfanterie und Fallschirmjäger) auf den Falklands gelandet waren, wurden in teilweise sehr heftigen Kämpfen die Inseln für Großbritannien zurückerobert. Am 14. Juni kapitulierte die argentinische Armee bedingungslos.

Britische Soldaten hissen nach der Rückeroberung der Falklands den Union Jack.

Margaret Thatcher (*13.10.1925)
Premierministerin Großbritanniens von 1979 bis 1990.
Nach einem Jurastudium wurde sie Rechtsanwältin für Steuerrecht. Seit 1959 war sie für die Konservativen im Unterhaus, von 1961 bis 1964 als parlamentarische Sekretärin des Ministeriums für Versicherungswesen. Sie gehörte zum Schattenkabinett Edward Heath, der sie 1970 zur Erziehungsministerin machte. Ab 1975 wurde sie Führerin der Konservativen, 1979 Premierministerin, bekannt als »Eiserne Lady«, wegen ihres konfliktbetonten Führungsstils. Im November 1990 wurde sie von John Major im Amt abgelöst und im Juli 1992 in den Adelsstand erhoben.

Ergebnis

Der Kampf um die Falklands/Malvinas kostete 700 argentinischen und 255 englischen Soldaten das Leben. Der argentinische Staatspräsident GALTIERI mußte zurücktreten und sein Amt General REYNALDO BIRNONE übergeben.

LEOPOLD FORTUNATO GALTIERI wurde im Frühjahr 1983 der Prozeß wegen ehrenrühriger Bemerkungen über die Tapferkeit seiner Soldaten während des Krieges gemacht.

Die konservative Regierung THATCHER konnte trotz anhaltender innenpolitischer und wirtschaftlicher Schwierigkeiten durch den Ausgang des Konflikts um die Falklands auf einer Woge nationalen Selbstbewußtseins größere Popularität und mehrere Erfolge bei Kommunal- und Unterhausnachwahlen verbuchen. Allein für die unmittelbaren Kosten der Kriegsführung hatte die britische Regierung umgerechnet etwa vier Milliarden DM ausgegeben; für die dauerhafte Stationierung von 300 englischen Soldaten müssen umgerechnet 14 000 DM pro Kopf der 1800 Falkland-Bewohner gerechnet werden. 140 Millionen DM mußten für den Ausbau des Straßennetzes, des Hafens und des Flugplatzes sowie für die Modernisierung der Landwirtschaft investiert werden, da die Briten sich für längere Zeit auf den Inseln einzurichten hatten.

Gewinner des Krieges waren hauptsächlich die Waffenproduzenten aus aller Welt, deren neue Waffensysteme bei den Kämpfen erstmals eingesetzt worden waren; schamlos machten sie damit in Zeitungsanzeigen Werbung.

Entwicklung seit Konfliktende

In Argentinien fand die siebenjährige Militärdiktatur nach dem Falkland-Abenteuer ihr unrühmliches Ende. RAÚL ALFONSIN, Vorsitzender der liberaldemokratisch orientierten *Radikalen Bürgerunion* (UCR), gewann 1983 die ersten freien Wahlen für das Präsidentenamt. Parteien und Gewerkschaften wurden wieder zugelassen, soziale und wirtschaftliche Reformen eingeleitet. 1988 mußten regierungstreue Truppen eine Militärrevolte niederschlagen. 1989, vor Ablauf seiner Amtszeit, trat Präsident ALFONSIN wegen der enormen Wirtschaftsprobleme zurück und wurde von dem Peronisten CARLOS SAÚL MENEM abgelöst.

Der Regimewechsel in Argentinien ermöglichte auch die Beilegung eines Konflikts zwischen Argentinien und → Chile: Seit 1958 stritten sich beide Länder um den Besitz von drei unbewohnten Inseln (Picton, Lennox, Nueva) am Eingang des Beagle-Kanals an der Südspitze Südamerikas, wo ebenfalls Rohstoffe vermutet wurden. Teile der argentinischen Streitkräfte hatten auf eine militärische Lösung gedrängt, und 1978 war der Konflikt durch Truppenkonzentrationen eskaliert. Ende 1985 kam es zu einem Abkommen: Chile blieb der Besitzer der Inseln; Argentinien erhielt aber weitgehende Zugeständnisse für die Meeresnutzung.

Literatur: S. Bauer: *Frauen in der Politik in Chile und Argentinien.* Heidelberg 1990.
P. Billing: *Der Falkland-Malwinen-Konflikt.* Worms 1992.
J. Boltersdorf: *Krisen und Krisenkontrolle in den internationalen Beziehungen am Beispiel des Falkland-Konflikts von 1982.* Berlin 1985.
T. Ebel: *Abweichende Meinungen zum Falkland-Krieg.* München 1982.
L. Freedman: *Britain and the Falklands War.* London 1988.
A. Haffa: *Beagle-Konflikt und Falkland-Konflikt.* München 1987.
M. Hastings / S. Jenkins: *The Battle for the Falklands.* London 1983.
B. Klimeck: *Argentinien 1976-1983: Militärherrschaft, Medienzensur, Menschenrechtsverletzungen.* Saarbrücken 1991.
C. Mack: *Der Falkland-(Malvinas-)Konflikt.* Frankfurt 1992.
Statistisches Bundesamt (Hg.): *Länderbericht Argentinien.* Wiesbaden 1992.
A. Perez Esquivel / O. Bayer (Hg): *Zehn Jahre Demokratie in Argentinien.* Stuttgart 1994.
N. Szaforral: *Die Instabilität des politischen Systems in Argentinien 1930–1983.* Regensburg 1994.
H. Weber: *Falkland–Islands oder Malvinas? Der Status der Falklandinseln im Streit zwischen Großbritannien und Argentinien. Eine völkerrechtliche Untersuchung.* Frankfurt 1977.
A. Zuppi: *Die bewaffnete Auseinandersetzung zwischen dem Vereinigten Königreich und Argentinien im Südatlantik aus völkerrechtlicher Sicht.* Köln 1990.

Staatsname: Argentinische Republik
Staatsform: Bundesrepublik (seit 1853)
Staatsoberhaupt: Carlos Saúl Menem (PJ; seit 1989)
Regierungschef: Carlos Saúl Menem (PJ; seit 1989)
Regierung: Peronistische Gerechtigkeitspartei (PJ) seit 1989
Parlament: Abgeordnetenhaus 257 Sitze (Wahl vom 3.10.1993), PJ (Peronisten) 128, UCR (Radikale Bürgerunion) 83, Sonstige 46
Mitgliedschaft bei internationalen Organisationen: ALADI, Mercosur, OAS, SELA, UNO
Lage: 53°– 73° westlicher Länge, 22°– 55° südlicher Breite
Fläche: 2 780 000 km^2
Hauptstadt: Buenos Aires
Bevölkerung: 33,1 Millionen; Weiße 90 %, Mestizen 5 %, Sonstige 5 %; Katholiken 90 %, Protestanten 2 %, Juden 1 %, Sonstige 7 %
Wirtschaft: Industrie 40 %, Dienstleistung 45 %, Landwirtschaft 15 %; Export: Getreide 13 %, Erdöl 8 %

ARMENIEN

Nationalitätenkonflikt und Krieg mit Aserbaidschan um die armenische Exklave Nagornji Karabach und die aserbaidschanische Enklave Nachitschewan seit 1990

Noch vor der Lösung der beiden Kaukasus-Republiken aus dem Verband der UdSSR kam es zu schweren Auseinandersetzungen um die armenische Exklave Nagornji Karabach in → Aserbaidschan und zu Kämpfen in und um die aserbaidschanische Enklave Nachitschewan auf armenischem Gebiet.

Historischer Hintergrund

Armenien, das Hochland zwischen → Türkei, → Iran und der ehemaligen UdSSR, gehört zu den ältesten besiedelten Gebieten der Erde. Um 300 wurde die Region christianisiert und im Laufe der Jahrhunderte von byzantinischen, persischen und islamischen Reichen beherrscht. (Zur ethnischen Vielfalt im Kaukasus siehe Historischer Hintergrund → Georgien.)

1827 unterstützten zaristische Truppen die Armenier in ihrem Unabhängigkeitskampf gegen die persische Herrschaft, 1828/29 fielen weite Teile Armeniens unter russische Kontrolle. Die armenische Nationalbewegung forderte weiterhin Autonomie sowie eigene staatliche Souveränität und wollte sich von jeglicher Vorherrschaft befreien: Neben den Russen erhoben auch die Türken Anspruch auf die Kaukasus-Regionen. Während des Ersten Weltkrieges (1915) wurde das armenische Volk, überwiegend armenisch-orthodoxe Christen, Opfer eines türkischen Massakers.

1917 besiegte die Rote Armee die Truppen des Osmanischen Reiches; für kurze Zeit entstand ein unabhängiger armenischer Staat. 1920 besetzten die Bolschewiken den Osten Armeniens, das bei der anschließenden Eingliederung ins neue Sowjetreich darüber hinaus auch Gebiete an → Aserbaidschan, → Georgien und die → Türkei abtreten mußte; Nachitschewan erhielt den untergeordneten Status einer autonomen Republik auf armenischem Territorium.

1922 kam es zur Zwangsvereinigung mit Georgien und Aserbaidschan zur Transkaukasischen Föderation, und 1923 erfolgte die Angliederung des mehrheitlich von christlichen Armeniern bewohnten Nagornji Karabach an das islamische Aserbaidschan. Ab 1936 war Armenien bis zur Auflösung der Sowjetunion eine Teilrepublik der UdSSR.

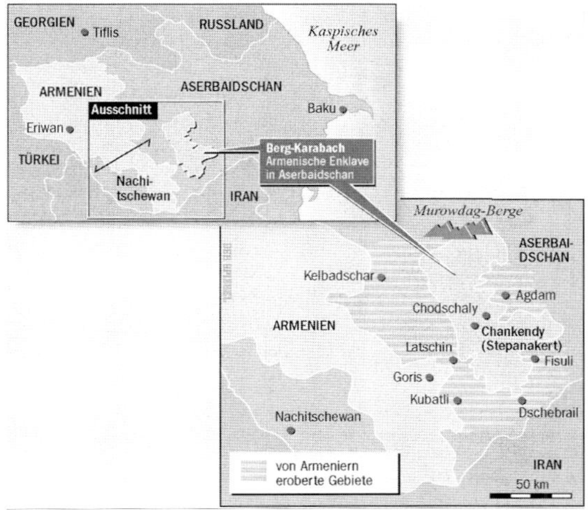

Lewon Ter-Petrosjan (*9.1.1945) *Staatspräsident Armeniens seit 1991. Der in Syrien geborene, promovierte Orientalist arbeitete in Eriwan als Universitätsdozent. 1988 engagierte er sich für Nagornji Karabachs Forderung nach staatlicher Zugehörigkeit als autonomes Gebiet in Aserbaidschan zu Armenien. Für die Armenische Pannationale Bewegung wurde er 1989 ins Parlament, am 4. August 1990 zu dessen Präsidenten und nach der Unabhängigkeitserklärung am 23. August 1991 mit 83 Prozent der Stimmen zum Staatsoberhaupt gewählt.*

Konfliktparteien

→ Aserbaidschan, → Rußland

Konfliktverlauf

Das armenische Parlament erklärte am 23. August 1990 die staatliche Souveränität, Armenien wurde eine unabhängige Republik innerhalb der GUS. Bei der Volksbefragung am 21. September entschieden sich 95 Prozent der Bevölkerung für die Unabhängigkeit Armeniens.

Der armenische Widerstand gegen die sowjetische Zentralmacht war in den letzten Jahren vor dem Zerfallen der UdSSR stetig gewachsen. Moskau hatte im Kaukasus schon an Einfluß verloren, als sich das Verhältnis zwischen Armenien und → Aserbaidschan aufgrund des Konflikts (seit 1988) um die auf aserbaidschanischem Territorium liegende autonome Exklave Nagornji Karabach zunehmend verschlechterte. Armenien unterstützte die Karabach-Milizen in ihrem Kampf gegen die aserbaidschanische Regierung. Nationalistischer Fanatismus führte zu zahlreichen Übergriffen auf beiden Seiten. Ab Mai 1992 kam es wiederholt zu Scharmützeln, aber auch zu größeren Gefechten an der Grenze der zu Aserbaidschan gehörenden islamischen autonomen Republik Nachitschewan, die auf armenischem Gebiet liegt. Die beiderseitige Konfrontationspolitik verschärfte sich daraufhin, und es folgten weitere militärische Auseinandersetzungen auch an der armenisch-aserbaidschanischen Grenze (→ Aserbaidschan).

Ein Soldat des sowjetischen Innenministeriums hält 1989 Wache an der Grenze zu Nagornji Karabach.

Im Streit der beiden Kaukasus-Republiken stützte das zerfallende Sowjetreich und später Rußland die aserbaidschanische Seite gegen die besser ausgerüsteten armenischen Volksmilizen bzw. die spätere reguläre Armee. Da sich die Türkei aufgrund eines Abkommens aus dem Jahre 1921 als Schutzmacht Nachitschewans verstand, drohte sie mehrfach, militärisch in den Konflikt einzugreifen; im April 1993 verhängte Ankara dann ein Embargo gegenüber Eriwan, nachdem das Land bereits durch die aserbaidschanische Blockade 1991 von wichtigen Versorgungswegen abgeschnitten worden war (→ Aserbaidschan).

Ergebnis und weitere Entwicklung

Die Politik des ersten frei gewählten Präsidenten des Landes, LEWON TER-PETROSJAN, der sich 1988 noch für die Zugehörigkeit Nagornji Karabachs zu Armenien engagiert hatte, hatte sich mittlerweile verändert. 1991 erkannte er die von Nagornji Karabach ausgerufene Unabhängigkeit nicht an, um den Konflikt nicht zu verschärfen und somit auch eine Beendigung der Blockade seines Landes durch Aserbaidschan herbeizuführen. Während armenische Nationalisten und im Ausland lebende Armenier weiterhin den Anschluß Nagornji Karabachs an Armenien forderten, setzte sich eine Mehrheit innerhalb der Bevölkerung inzwischen für ein Ende des Krieges ein, der die Versorgung des Landes mehr oder weniger lahmgelegt und 1992 zu wirtschaftlichem Notstand und Nahrungsmittelrationierungen geführt hatte: Vor dem Krieg bezog Armenien 85 Prozent seiner Roh- und Brennstoffe über Aserbaidschan, 15 Prozent über Georgien – beide Versorgungswege waren durch die aserbaidschanische Blockade und die Nationalitätenkonflikte in → Georgien unterbrochen. 1993 konnten in dem Land, das vor dem Konflikt mit Aserbaidschan zu den industriell am weitesten entwickelten Sowjetrepubliken gehört hatte, zeitweise lediglich sechs der über 400 Industriebetriebe mit Energie versorgt werden; der Strom in den Städten war rationiert.

Ein neuer Konflikt könnte im Kaukasus ums Öl entstehen: Von der Streckenführung der Pipelines zwischen den aserbaidschanischen Erdölfeldern im Kaspischen Meer zu den Verladehäfen im Westen wird es abhängen, wer die Vorherrschaft in der Region erringt.

Armenien befindet sich zwischen den Interessen → Aserbaidschans und → Rußlands: Aserbaidschan möchte zusammen mit der Türkei eine Pipeline über die Exklave Nachitschewan auf armenischem Gebiet zum türkischen Mittelmeerhafen Ceyhan legen lassen; Rußland dagegen will die Transportwege über sein Territorium zum Schwarzmeerhafen Noworossijsk behalten. Die Kontrolle der Ölleitungen bedeutet für die jeweils beteiligten Staaten wirtschaftliche und politische Macht, die nach Belieben als Druckmittel eingesetzt werden kann.

Literatur: → Aserbaidschan, → Rußland

Staatsname: Republik Armenien
Staatsform: Parlamentarische Republik (seit 1991)
Staatsoberhaupt: Lewon Ter-Petrosjan (APM; seit 1991)
Regierungschef: Grant Bagratjan (seit 12.2.1993)
Regierung: Armenische Pannationale Bewegung (APM)
Parlament: Parlament 260 Sitze, APM (Armenische Pannationale) 110, Republikaner 69, KPA (Kommunisten) 25, Sonstige 56
Mitgliedschaft bei internationalen Organisationen: GUS, OSZE, UNO
Lage: 43°– 47° östlicher Länge, 38°– 42° nördlicher Breite
Fläche: 29 800 km^2
Hauptstadt: Eriwan
Bevölkerung: 3,4 Millionen; Armenier 93 %, Aseri 3 %, Russen 2 %, Kurden 2 % (Nachitschewan: 300 000 Einwohner; Aseri 94 %, Armenier 6 %) mehrheitlich armenisch-orthodoxe Christen
Wirtschaft: Industrie 48 %, Dienstleistung 26 %, Landwirtschaft 26 %

ASERBAIDSCHAN

Nationalitätenkonflikt und Krieg mit Armenien um die Enklave Nagornji Karabach und die Exklave Nachitschewan seit 20. Januar 1990

Die Forderung → Armeniens nach dem territorialen Anschluß der im muslimischen Aserbaidschan gelegenen und überwiegend von christlichen Armeniern (75 % der Bevölkerung) bewohnten autonomen Enklave Nagornji Karabach führte zum Krieg, der sich auch auf die Frage nach der Zugehörigkeit der auf armenischem Gebiet liegenden aserbaidschanischen Exklave Nachitschewan ausweitete.

Historischer Hintergrund

Die vorderasiatische Region zwischen südlichem Kaukasus, armenischem Hochland und Kaspischem Meer hatte über Jahrhunderte eine wichtige Bedeutung als Bindeglied im Handel zwischen dem Orient und Rußland. Beherrscht wurde sie seit dem Mittelalter abwechselnd von Mongolen, Persern und Türken. (Zur ethnischen Vielfalt im Kaukasus s. Historischer Hintergrund → Georgien.)

Im 18. Jahrhundert eroberten zaristische Truppen die Region, 1828 annektierte Moskau die bis dahin zu Persien gehörenden Teilgebiete Aserbaidschans und Nachitschewan (→ Armenien); die Provinzen Ost- und West-Aserbaidschan blieben bei Persien (heute → Iran). Zwischenzeitlich wieder von den Türken beherrscht, existierte Aserbaidschan – von einem muslimischen Nationalrat proklamiert – von 1818 bis 1920 als selbständige Republik, nachdem es bis zum Ende des Ersten Weltkrieges von deutschen, britischen und französischen Truppen besetzt gewesen war, die die Ölquellen für Mitteleuropa sichern sollten. Britische Soldaten schlugen 1919 den Aufstand der »Kommune von Baku« nieder. Nach dem Abzug der Briten kam 1920 die Rote Armee. Das Land wurde als neue Sowjetrepublik der UdSSR eingegliedert; Nachitschewan erhielt den untergeordneten Status einer autonomen Republik der UdSSR. 1922 wurde Aserbaidschan ebenfalls eine autonome Republik, um mit → Georgien und → Armenien zur Transkaukasischen Föderation zwangsvereinigt zu werden. Bei der Eingliederung ins Sowjetreich 1920 hatte Armenien Gebiete an Aserbaidschan abtreten müssen, und 1923 erfolgte die Eingliederung des mehrheitlich von christlichen Armeniern bewohnten Nagornji Karabach in das aserbaidschanische

Die umstrittene autonome Enklave Nagornji Karabach, in der überwiegend christliche Armenier leben.

Staatsgebiet. Durch die Verfassungsreform von 1936 wurde Aserbaidschan wieder eine Sowjetrepublik, nach dem Zerfall des Sowjetreiches 1993 wie Kasachstan, Kirgisistan, Turkmenistan, Usbekistan und Tadschikistan eine der muslimischen Republiken der GUS.

1987 forderten – ohne Erfolg – über 75 000 Armenier in einem offenen Brief an den sowjetischen Generalsekretär MICHAIL SERGEJEWITSCH GORBATSCHOW den territorialen Anschluß Nagornji Karabachs an Armenien.

Michail Sergejewitsch Gorbatschow → Rußland

Konfliktparteien

Aserbaidschan

Muslimische Milizen; seit 1992 reguläre aserbaidschanische Truppen.

Nagornji Karabach

Christlich-armenische Milizen.

Armenien

Die Regierung in Eriwan leugnete zunächst, daß reguläre armenische Truppen nach der staatlichen Unabhängigkeit 1991 an den Kämpfen um Nagornji Karabach direkt beteiligt gewesen seien. Mitte 1993 gab sie zu, die Exklave nicht nur mit lebenswichtigen Gütern versorgt zu haben, sondern auch mit Waffen; die armenischen Kämpfer seien aber »Kriegsfreiwillige«.

UdSSR

Vor der Selbständigkeit von Aserbaidschan und Armenien waren für beide Milizen, die gegeneinander kämpften, auch die sowjetische Zentralmacht in Moskau und ihre Truppenverbände Kriegsgegner.

Konfliktverlauf

Zwischen 1988 und 1991 kam es zu wechselseitigen Pogromen zwischen den Volksgruppen in Nagornji Karabach und zu Demonstrationen in Eriwan für die Vereinigung von Nagornji Karabach mit Armenien. Die damalige Regierung in Moskau lehnte diese Vereinigung ab. Die aserbaidschanische Volksfront versuchte Anfang Januar 1990, die Enklave von der armenischen Versorgung abzuschneiden. Über 20 000 Armenier und Russen flohen aus der aserbaidschanischen Hauptstadt Baku. Kurze Zeit später kam es zu Gefechten im Grenzgebiet zwischen beiden Republiken und zu Überfällen auf Dörfer dies- und jenseits der Grenzen.

Am 3. Januar 1990 rissen aserbaidschanische Nationalisten den Grenzzaun zum → Iran nieder, um sich demonstrativ mit den iranischen Provinzen Ost- und West-Aserbaidschan zu vereinigen.

Die überwiegend von islamischen Aserbaidschanern bewohnte autonome Republik Nachitschewan auf armenischem Gebiet proklamierte ihren Austritt aus der UdSSR. Am 15. Januar 1990 verhängte der sowjetische Präsident GORBATSCHOW den Ausnahmezustand über Armenien, Teile Aserbaidschans, Nagornji Karabach und das Grenzgebiet zum Iran. Am 20. Januar besetzten 160 000 Soldaten der Roten Armee wichtige Positionen in Aserbaidschan. Bis Mitte Februar war in Aserbaidschan der militärische Widerstand gebrochen; der Ausnahmezustand blieb jedoch bis Ende 1991 bestehen. Zwei Wahlen – mit nur 20 Prozent Beteiligung – sollten die Macht der Kommunistischen Partei legitimieren.

Im Zuge der Auflösung der Sowjetunion erklärte sich Aserbaidschan am 30. August 1991 für unabhängig, nachdem Armenien bereits am 23. August seine Unabhängigkeit proklamiert hatte. Das Verhältnis zwischen Armenien und Aserbaidschan blieb aufgrund des Konflikts um Nagornji Karabach explosiv. Alle Vermittlungsversuche scheiterten. Im November 1991 schnitt Aserbaidschan → Armenien durch Sperrung der Pipelines von der russischen Erdgasversorgung sowie von allen wichtigen Eisenbahnverbindungen ab.

1992

Am 2. Januar wurde Nagornji Karabach einseitig unter die direkte Verwaltung von Baku gestellt und erklärte sich daraufhin am 19. Januar für unabhängig.

Aserbaidschanische Streitkräfte starteten eine Großoffensive auf die Gebietshauptstadt Stepanakert, die aber keinen militärischen Durchbruch brachte. Im Gegenzug eroberten armenische Einheiten im Februar die aserbaidschanische Stadt Chodjali. Am 6. März mußte der aser-

Bereits 1988 versuchte die Armee der damaligen Zentralmacht Sowjetunion durch ihre Anwesenheit die in Nagornji Karabach ausgebrochenen Unruhen unter Kontrolle zu bringen.

baidschanische Staatspräsident AJAS MUTALIBOW wegen des militärischen Mißerfolgs seinen Rücktritt erklären; im Mai eroberten armenische Milizen die aserbaidschanische Stadt Schuscha in Nagornji Karabach. Es gelang ihnen auch, einen Korridor nach Armenien zu installieren, nachdem der Boykott Nagornji Karabachs und die Unterbrechung der Luftverbindung mit Armenien durch Aserbaidschan zu Versorgungsproblemen in der Enklave geführt hatten.

Am 12. Juni eroberte Aserbaidschan mehrere Dörfer. Anfang Juli erklärte das armenische Parlament Nagornji Karabach zu einer nicht mehr zu Aserbaidschan gehörenden Region und rief im August den Kriegszustand aus. Die Kämpfe wurden heftiger, Aserbaidschan griff u. a. auch die zu Armenien gehörende, ebenfalls auf aserbaidschanischem Territorium liegende Enklave Artswaschen an.

Am 10. August bat der armenische Präsident LEWON TER-PETROSJAN unter Berufung auf den im Mai vereinbarten Beistandspakt die GUS um Unterstützung; gleichzeitig beantragte er die sofortige Einberufung einer Sondersitzung des Weltsicherheitsrates in New York.

Gaidar Alijew (*10.5.1923)
Aserbaidschanischer Staatspräsident seit 1993.
Der in der aserbaidschanischen Exklave Nachitschewan auf armenischem Territorium geborene Alijew absolvierte ab 1941 die Hochschule des sowjetischen Geheimdienstes KGB. 1966 bis 1969 war er aserbaidschanischer KGB-Chef, ab 1969 Parteichef der KP in Aserbaidschan. 1982 wurde er stellvertretender Ministerpräsident. Der sowjetische Staatschef und Generalsekretär der KPdSU, Michail Gorbatschow, entließ ihn 1987. Alijew setzte seine Karriere von Nachitschewan aus fort: Am 18. Juni 1993 übernahm er kommissarisch das Amt des Parlamentspräsidenten in Baku, am 3. Oktober 1993 wurde er zum Staatsoberhaupt gewählt.

1993
Im Laufe des Jahres eroberten die Truppen Nagornji Karabachs erneut eine Landverbindung nach → Armenien, nahmen einen Gebietsring um die Exklave ein und näherten sich im Südwesten bis auf zehn Kilometer der iranischen Grenze. Die Türkei hatte bereits im April ein Embargo gegen Armenien wegen der Unterstützung der Karabach-Milizen verhängt.

Die KSZE-Friedensverhandlungen unter Beteiligung der USA, Rußlands und der Türkei vom 11. Juli in Eriwan führten erst am 29. Oktober zu einem brüchigen Waffenstillstand. Der Friedensplan sah eine sechzigtägige Feuerpause vor. Bereits als Erfolg wertete man, daß sich die Kriegsgegner erstmals zu Gesprächen zusammenfanden und daß Aserbaidschan nun die Enklave als reguläre Konfliktpartei anerkannte. Inzwischen kontrollierten Karabach-Truppen den Südwesten Aserbaidschans bis zur iranischen Grenze und brachen bereits am 31. Oktober den Waffenstillstand, als sie die letzte aserbaidschanische Stadt Sangelan im Südwesten einnahmen.

1994
Im Januar drangen aserbaidschanische Truppen in einer Gegenoffensive in den Norden der Enklave ein. Ein von Rußland und der KSZE in die Wege geleitetes Waffenstillstandsabkommen sah vor, ab 17. Mai alle Streitkräfte um fünf bis zehn Kilometer von der Frontlinie zurückzuziehen und eine GUS-Friedenstruppe mit 1800 Mann zu stationieren. Aserbaidschan sollte die Wirtschaftsblockade lockern, Staatspräsident Gaidar Alijew lehnte aber ab, da für die Aufgabe Nagornji-Karabachs lediglich der Rückzug feindlicher Truppen vom eigenen Territorium angeboten wurde. Außerdem sollten keine russischen, sondern UNO-Truppen stationiert werden.

Ergebnis und weitere Entwicklung

Die Folgen des Konflikts sind für → Armenien, Aserbaidschan und Nagornji Karabach nicht nur erhebliche ökonomische Schäden: Ende 1993 befand sich ca. eine Million Aserbaidschaner auf der Flucht aus den umkämpften Gebieten. Von 1988 bis 1995 wurden in diesem Krieg über 40 000 Menschen getötet, 22 000 wurden verletzt. Alle Friedensbemühungen sind bisher gescheitert, doch ruhen seit Mai 1994 weitgehend die Waffen.

Literatur: W. Adam (Hg.): *Ein Imperium zerbricht. Reportagen über den Untergang der Sowjetunion.* Frankfurt 1992.
H. Asenbauer: *Zum Selbstbestimmungsrecht des armenischen Volkes von Berg-Karabach.* Wien 1993.
E. Beckherrn: *Pulverfaß Sowjetunion. Der Nationalitätenkonflikt und seine Ursachen.* München 1990.
C. Ferenczi / B. Lohr (Hg.): *Aufbruch mit Gorbatschow? Entwicklungsprobleme der Sowjetgesellschaft.* Frankfurt 1987.
M. Gorbatschow: *Der Zerfall der Sowjetunion. Mein Standpunkt.* Gütersloh 1992.
J. Grotzky: *Konflikt im Vielvölkerstaat. Die Nationen der Sowjetunion im Aufbruch.* München 1991.
H. Hakobian: *Armenisches Berg-Karabach (Arzach). Christliches Kulturland im Überlebenskampf.* Berlin 1993.
T. Hofmann (Hg.): *Armenier und Armenien – Heimat und Exil.* Hamburg 1994.
A. Kappeler: *Die Russen. Ihr Nationalbewußtsein in Geschichte und Gegenwart.* Köln 1990.
W. Kessler: *Rußland-Ploetz. Russische und sowjetische Geschichte zum Nachschlagen.* Freiburg 1991.
F. Meyer: *Weltmacht im Abstieg. Der Niedergang der Sowjetunion.* München 1984.
G. Meyer: *Nationalitätenkonflikte in der Sowjetunion.* Köln 1990.
C. Schmidt-Häuer: *Das sind die Russen. Wie sie wurden, wie sie leben.* Hamburg 1980.
G. Simon: *Nationalismus und Nationalitätenpolitik in der Sowjetunion seit Stalin.* München 1990.
E. Stölting: *Eine Weltmacht zerbricht. Nationalitäten und Religionen in der UdSSR.* Frankfurt 1990.
M. Unger: *Stichwort GUS. Völker und Staaten.* München 1992.
A. Yazdani: *Geteiltes Aserbaidschan. Blick auf ein bedrohtes Volk.* Berlin 1993.
V. Zaslavsky: *Das russische Imperium unter Gorbatschow. Seine ethnische Struktur und ihre Zukunft.* Berlin 1991.

Staatsname: Republik Aserbaidschan
Staatsform: Parlamentarische Republik (seit 1991)
Staatsoberhaupt: Gaidar Alijew (RDP; seit 1993)
Regierungschef: Fuad Gulijew (seit 8.10.1994)
Regierung: Ehemalige Kommunisten
Parlament: Nationalrat 50 Sitze
Mitgliedschaft bei internationalen Organisationen: ECO, GUS, OSZE, UNO
Lage: 45°– 51° östlicher Länge, 38°– 42° nördlicher Breite
Fläche: 86 600 km²
Hauptstadt: Baku
Bevölkerung: 7,3 Millionen; Aseri 83 %, Armenier 6 %, Russen 6 %, Sonstige 5 % (Nagornij Karabach: 186 000 Einw.; Armenier 75 %, Aseri 25 %); Muslime 100 % (Schiiten 70 %, Sunniten 30 %)
Wirtschaft: Industrie 54 %, Dienstleistung 16 %, Landwirtschaft 26 %; Export: Nahrungsmittel 32 %, Maschinenbau 18 %

BANGLADESCH

Unabhängigkeits- und Bürgerkrieg 1970 bis 1971

Nur mit Unterstützung der indischen Armee war die Abspaltung des etwa 2000 Kilometer vom Westteil → Pakistans entfernten Ost-Pakistans (Ost-Bengalen) möglich. Soziale Spannungen, die in ethnischen, religiösen (Hindu-Muslim-Feindseligkeiten) und sprachlich-kulturellen Unterschieden gründeten, die Machtkonzentration in West-Pakistan, Unterdrückung und ökonomische Ausbeutung Ost-Pakistans durch den Westen führten zwangsläufig zu Unabhängigkeitsbestrebungen.

Historischer Hintergrund

Bangladesch ist der jüngste Staat auf dem indischen Subkontinent. Das Land der Bengalen war nur eine kurze Zeit, von 750 bis 1200, unabhängig. Die Eroberungen des Sklaven-Sultanats brachten den Islam, der im östlichen Bengalen den Buddhismus allmählich verdrängte.

Aufgrund der kolonialen Inbesitznahme durch England wurde auch diese Region zum Einflußbereich der East India Company: Die Vernichtung des traditionellen Baumwollanbaus durch die Kolonialherren machte Bengalen, das noch im 18. Jahrhundert als eines der reichsten Gebiete des Subkontinents galt, zu einem der ärmsten der Erde. Große Hungersnöte ließen in den vierziger Jahren dieses Jahrhunderts die verheerenden Folgen dieser Kolonialpolitik deutlich werden.

Bei der Teilung Indiens wurde auch Bengalen gespalten. Der muslimische Ostteil, in dem sich eine eigenständige kulturelle Identität entwickelt hatte (Landessprache: Bengali), wurde → Pakistan (Landessprache: Urdu) zuerkannt, der hinduistische Westteil verblieb bei → Indien. Große Flüchtlingsbewegungen gab es, als Rivalitäten zwischen den Religionsgruppen zu Massakern ausarteten.

Ost-Bengalen wurde von Pakistan systematisch wirtschaftlich ausgebeutet und politisch unterdrückt: U. a. wurde der Industrieaufbau in West-Pakistan mit Juteexporten aus der östlichen Provinz Bengalen finanziert, d. h. Finanzmittel entzogen, die dringend für eigene Infrastrukturmaßnahmen und zur Modernisierung des Ostens benötigt wurden.

Die kulturelle und politisch-soziale Diskriminierung, die das Verhältnis beider Teilstaaten zueinander zusätzlich belastete, führte zur immer größer werdenden Entfremdung zwischen den beiden Landesteilen.

Bangladesch nimmt den östlichen Teil Bengalens ein. Kernland ist das Deltagebiet des Ganges und des Brahmaputra. Das Zusammentreffen von Schneeschmelze, Monsunregen und Wirbelstürmen an der Küste führt oft zu Flutkatastrophen.

Konfliktparteien

Bengalische Unabhängigkeitsbewegung

Die bestimmende politische Kraft im Ostteil Pakistans und Motor der Sezessionsbewegung war die *Awami-League* (AL) unter der Führung von Scheich MUDSCHIBUR RAHMAN, der bereits 1966 ein Sechs-Punkte-Programm für die Autonomie Ost-Bengalens vorgelegt hatte.

Am 7. Dezember 1970 hatte die AL die Parlamentswahlen in Pakistan mit überwältigender Mehrheit (167 der 169 Ost-Pakistan zustehenden Mandate, die Mehrheit im Parlament) gewonnen und damit das Anrecht erworben, den Premierminister zu stellen. Die Einberufung der Nationalversammlung wurde aber vom noch amtierenden Präsidenten General AGHA MUHAMMAD YAHYA KHAN verschoben.

Pakistanische Zentralregierung

Die Autonomiepläne der *Awami-League* stießen bei der Zentralregierung in Islamabad auf heftigen Widerstand. Politischer Gegenspieler RAHMANS war ZULFIKAR ALI BHUTTO, der mit seiner *Pakistan People's Party* (PPP) die Wahlen im Westteil Pakistans gewonnen hatte. Er verhinderte zusammen mit dem Präsidenten KHAN die Machtübernahme durch die AL.

Zulfikar Ali Bhutto → Pakistan

***Mudschibur Rahman* (22.3.1920–15.8.1975)**
Staatspräsident Bangladeschs von 1972 bis 1975. Nach politisch aktiver Studentenzeit und mehreren Haftstrafen wurde er 1953 Vorsitzender der sezessionistischen Awami-League, erarbeitete 1966 ein Sechs-Punkte-Programm für die Autonomie Ost-Pakistans, gewann 1970 die pakistanischen Wahlen und verkündete nach dem Krieg im März 1971 die Unabhängigkeit der Republik Bangladesch. Er wurde während des Staatsstreiches 1975 ermordet.

Indische Armee
Das Tauziehen zwischen der pakistanischen Zentralregierung, der PPP und AL lähmte das Land. Indien griff zugunsten des Ostteils ein, um zum einen den Flüchtlingsstrom aus Ost-Bengalen einzudämmen, der die indischen westbengalischen Regionen erheblich belastete, und zum anderen, um den ewigen Rivalen Pakistan zu schwächen (→ Indien).

Konfliktverlauf

1970
In Ost-Pakistan war es zu größeren Unruhen gekommen, nachdem die Flutkatastrophe vom 13. November 1970, u. a. aufgrund der von der Zentralregierung vernachlässigten Deichbauten, mehrere hunderttausend Tote gefordert hatte; am 4. Dezember wurde von RAHMAN zum Generalstreik aufgerufen.

1971
In der Nacht vom 25. auf den 26. März 1971 griff die pakistanische Armee ein, um die Unruhen zu unterbinden; RAHMAN wurde verhaftet. Ihr überaus brutales und grausames Vorgehen schürte den Konflikt; mehrere Millionen Bengalen flohen nach Indien und organisierten von dort aus einen Partisanenkrieg gegen die westpakistanischen Truppen in ihrem Land. Es kam zu Übergriffen auf nichtbengalische Minderheiten; besondere Rache verübte man an den Bihari, die der Kollaboration mit der westpakistanischen Armee bezichtigt wurden. Vermittlungsbemühungen scheiterten aber an dem Versuch, unter Ausschluß der AL und ihres populären Führers RAHMAN eine Normalisierung herbeizuführen.

Für die etwa 10 Millionen Flüchtlinge gab es weltweite Hilfsaktionen. Indien beschränkte sich zunächst nur auf humanitäre Hilfe, engagierte sich dann aber auch militärisch immer stärker. Seit Ende Oktober kämpften reguläre indische Einheiten in Ost-Bengalen, und nachdem die pakistanische Luftwaffe indische Flughäfen bombardiert hatte, überrollte die indische Armee Anfang Dezember ganz Bengalen.

Am 3. und 4. Dezember 1971 kam es zum offenen Zweifrontenkrieg zwischen Pakistan und Indien. Am 16. Dezember kapitulierten die 90 000 eingeschlossenen westpakistanischen Soldaten an der Ostfront; einen Tag später trat auch an der Westfront der Waffenstillstand ein. UN-Resolutionen blieben wirkungslos, da die UdSSR dreimal ihr Vetorecht einlegte, um einen Sieg der indischen bzw. bengalischen Truppen sicherzustellen, denn am 9. August 1971 war zwischen Delhi und Moskau ein

Ein Symbol der Überbevölkerung: Rückkehr von der Welt-Muslimen-Konferenz in Tongi (Bangladesch) am 18. Januar 1993.

Vertrag für »Frieden, Freundschaft und Zusammenarbeit« unterzeichnet worden, an den sich die Russen gebunden fühlten. Die pakistanische Seite wurde (auch materiell) von den USA und China unterstützt. Beide Großmächte griffen aber nicht ein. Die Entsendung eines sowjetischen Flottenverbandes in den Golf von Bengalen blieb lediglich eine Drohgebärde.

Ergebnis

Die Unabhängigkeit war trotz des kurzen Krieges teuer erkauft worden: Es gab mehrere hunderttausend Tote, über 10 Millionen Flüchtlinge, viele Dörfer waren zerstört, Produktionsstätten vernichtet, die gesamte Infrastruktur schwer geschädigt.

Am 26. März 1971 hatte Rahman – in der Nacht vor seiner Verhaftung durch westpakistanische Soldaten – die Unabhängigkeitserklärung unterzeichnet. Nach seiner Entlassung bildete er als Premierminister – er hatte außerdem noch das Amt des Verteidigungs-, Innen- und Informationsministers übernommen – eine erste provisorische Regierung in Dhaka.

1972 kam es zu bürgerkriegsähnlichen Auseinandersetzungen um den künftigen politischen Kurs zwischen links- und rechtsgerichteten Partisanengruppen sowie irregulären Einheiten der Unabhängigkeitsarmee, die aufgelöst werden sollten.

Eine Verfassung auf den Grundlagen des Islam und des Sozialismus wurde am 16. Dezember 1972 verabschiedet. Im Februar 1974 erfolgte durch die Aufnahme diplomatischer Beziehungen zwischen Bangladesch und Pakistan die formale Anerkennung des neuen, dritten Staates auf dem indischen Subkontinent durch die ehemalige Zentralregierung in Islamabad.

Nach dem Bürgerkrieg hat für die Bevölkerung Bangladeschs die Not nicht nachgelassen: Politische Unruhen, Flut- und andere Naturkatastrophen bedrohen immer wieder das Land.

Entwicklung seit Konfliktende

1972 bis 1980

Der neue Staat kam in den ersten Jahren seines Bestehens nicht zur Ruhe: Opposition wurde unterdrückt, und die hoffnungslose wirtschaftliche Lage führte zu sozialen Spannungen und gewalttätigen Unruhen.

Im August 1975 wurden RAHMAN, der mit immer mehr diktatorischen Mitteln regierte, und seine Familie von einer Offiziersgruppe ermordet. Sein ehemaliger Außenminister KHANDKAR MUSHTAQUE AHMED wurde Präsident, aber im November desselben Jahres schon wieder durch einen Gegenputsch von ABU SADAT MOHAMMED SAYEEM abgelöst, der im April zugunsten ZIAUR RAHMANS, als Generalstabschef und starker Mann der Regierung, zurücktrat. Dieser überstand mehrere Putschversuche, nachdem er 1979 mit seiner Nationalpartei etwa 70 Prozent der Stimmen erhalten hatte. Das Kriegsrecht, das seit vielen Jahren galt, wurde im April 1979 aufgehoben, im November 1979 der fünf Jahre dauernde nationale Notstand, alle Grundrechte wurden wieder in Kraft gesetzt.

1981 bis 1990

Ende Mai 1981 wurde ZIAUR RAHMAN bei einem Militärputsch getötet; Nachfolger wurde ABDUS SATTAR, der auch im November 1981 die umstrittenen Wahlen gewann, aber die Macht an Armeechef HUSSEIN MOHAMMED ERSHAD abtreten mußte, der in einem unblutigen Staatsstreich die Führung im Land übernahm und seit dem 24. März 1982 wiederum mit dem Kriegsrecht regierte und jegliche Opposition unterdrückte. Er pflegte weiterhin enge Beziehungen zur Volksrepublik China, schloß mehrere Wirtschaftsabkommen mit Indien und reprivatisierte die seit 10 Jahren verstaatlichten Textil- und Jutefabriken. Am 26. März 1982

Nach einer Überschwemmung in der Hauptstadt Bangladeschs. Kinder aus den Slums von Dhaka haben sich aus den Resten von Strohhütten ein notdürftiges Floß gebaut.

hatte er bereits den Richter ABDUL MOHAMMED ASHANNUDIN CHOWDHURY zum neuen Präsidenten ernannt.

Während ERSHADS Regierungszeit kam es wiederholt zu politisch motivierten Streiks, blutigen Massenprotesten und Verhaftungswellen; Ende März 1984 trat er, der im Dezember noch das Staatspräsidentenamt übernommen hatte, als Regierungschef zurück. Der Oppositionspolitiker ABDUR RAHMAN KHAN wurde Ministerpräsident und verschob die für Mai 1984 anberaumten Wahlen auf unbestimmte Zeit. ERSHAD blieb Staatspräsident.

Bei einer Flutkatastrophe im Mai 1985, von denen das Land immer wieder heimgesucht wird, gab es 25 000 Tote und 300 000 Obdachlose.

Bei den Wahlen im Mai 1986, die von heftigen Unruhen begleitet waren, kam es zu Unregelmäßigkeiten; der absehbare Sieg der Oppositionsparteien sollte verhindert werden. Das Kriegsrecht wurde von Präsident ERSHAD um ein weiteres Jahr verlängert und erst im November 1986 endgültig aufgehoben. ERSHAD ließ sich durch Scheinwahlen bestätigen. Im Dezember kam es zu Stammesunruhen mit terroristischen Anschlägen im Hügelland von Chittagong; 30 000 Menschen flohen über die Grenze nach Indien. Die Autonomiebestrebungen der buddhistischen Bergvölker, die von der militanten Guerillaarmee *Shanti Bahini* (Friedensarmee) unterstützt werden, haben ihre Ursache u. a. in der Ansiedlung von Bengalen in diesem relativ bevölkerungsarmen Gebiet. Neben den traditionellen ethnischen und religiösen Gegensätzen zwischen den bekämpften muslimischen Bengalen und den hier lebenden Buddhisten sind vor allem die wirtschaftlichen Nutzungsrechte der Erdölvorkommen und der Wasserkraft, die ökonomisch für diese Region sehr wichtig sind, die Hauptgründe für den beständig schwelenden Konflikt. Gewalttätige Demonstrationen und Streiks gegen die Militärherrschaft

Hussein Mohammed Ershad (*1.2.1930)
Staatspräsident von Bangladesch von 1983 bis 1990.
Nach dem Studium schlug er 1950 eine militärische Laufbahn ein. 1975 ernannte ihn der damalige Präsident Rahman zum stellvertretenden Stabschef, drei Jahre später zum Stabschef der Streitkräfte von Bangladesch. Nach der Ermordung Rahmans hielt Ershad zunächst aus dem Hintergrund die Zügel in der Hand, 1983 wurde er auch offiziell Staatsoberhaupt. Ershad mußte 1990 als Staatschef zurücktreten, wurde verhaftet und zu 10 Jahren Gefängnis verurteilt.

»Das Problem ist die Intoleranz des Islam, der keine zeitgemäße Interpretation des Koran zuläßt, ist die Intoleranz der Fundamentalisten. Ich kämpfe mit der Feder, sie wollen mich erschlagen. Ich sage, was ich denke, sie wollen mich töten. Niemals werde ich mich von ihnen einschüchtern lassen, niemals Kompromisse schließen mit einer Regierung, die den Islam als Staatsreligion zuläßt. Es herrscht Krieg zwischen den progressiven Kräften und den Islamisten.«
Taslima Nasrin im *Spiegel*, 13. Juni 1994

erschütterten Mitte Juli 1987 das Land, im November wurde der Ausnahmezustand verhängt (bis April 1988); zahlreiche Tote und Verhaftungen waren die Folge.

Zwei große Naturkatastrophen, die riesige Flutwelle von 1988 und eine langanhaltende Dürreperiode, hatten verheerende Auswirkungen auf die wirtschaftliche und soziale Entwicklung des Landes.

1990 bis 1994

Am 4. Dezember 1990 mußte Präsident ERSHAD nach wochenlangen gewalttätigen Unruhen, die das Militär nicht mehr unterdrücken konnte, zurücktreten. Er wurde verhaftet und vor Gericht gestellt.

Bei den im Februar 1991 anberaumten Wahlen siegte die *Bangladesh Nationalist Party* unter Begum KHALEDA ZIA, der Witwe des 1981 ermordeten Staatschefs ZIAUR RAHMAN; im September 1991 wurde eine Verfassung verabschiedet, die das bisherige Präsidialsystem durch ein parlamentarisches ersetzte.

Neben Flutkatastrophen, die immer mehr Ackerland vernichten, sozialen Unruhen und extremistischen oppositionellen Kräften aus den verschiedenen politischen Lagern wird die junge Demokratie vor allem durch radikale islamische Fundamentalisten bedroht, die sich jeglicher Reform der Scharia (des islamischen Rechts) und der Gleichberechtigung der Frau, wie sie beispielsweise die verfolgte Schriftstellerin TASLIMA NASRIN fordert, vehement widersetzen und zur Ermordung der Autorin aufriefen.

Literatur: s. a. → Indien, → Pakistan
J. Aumüller: *Flucht und Emigration in Bangladesch.* Berlin 1993.
A. Chatterjee: *Indiens Politik während des letzten indisch-pakistanischen Krieges (Dezember 1971) und seine Rolle bei der Entstehung von Bangladesch.* München 1992.
J. Faaland / J. R. Parkinson: *Bangladesh.* London 1976.
S. Ganguly: *The Origins of War in South Asia. Indo-Pakistani Conflicts since 1947.* London 1986.
P. Hess: *Bangladeschs Sieg.* Stuttgart 1978.
B.-H. Lévy: *Bangla Desh.* Paris 1973.
G. Lionde: *Bangladesch. Indien und die Großmächte im pakistanischen Konflikt.* Stuttgart 1972.
J. Rounaq: *India, Pakistan, and Bangladesh.* In: G. Henderson (Hg.): *Divided Nations in a Divided World.* New York 1964.
Statistisches Bundesamt (Hg.): *Länderbericht Bangladesch.* Wiesbaden 1992.

Staatsname: Volksrepublik Bangladesch
Staatsform: Republik (seit 1991)
Staatsoberhaupt: Abdur Rahman Biswas (seit 1991)
Regierungschef: Khaleda Zia (BNP; seit 1991)
Regierung: Bangladesh Nationalist Party (BNP; seit 1991)
Parlament: Nationalversammlung 330 Sitze (Wahl 27.2.1991), BNP 170, Awami-League 92, Jatiya-Partei 35, Jamaat-i-Eslami-Partei 20, CPB (Kommunisten) 5, Sonstige 8
Mitgliedschaft bei internationalen Organisationen: Commonwealth, SARC, UNO
Lage: 88°– 93° östlicher Länge, 22°– 27° nördlicher Breite
Fläche: 143 998 km^2
Hauptstadt: Dhaka
Bevölkerung: 110,6 Millionen; Bengalen 97,7 %, Bihari 1,3 %, Sonstige 1 %; Muslime 86,6 %, Hindus 12,1 %, Buddhisten 0,6 %, Christen 0,3 %, Sonstige 0,4 %
Wirtschaft: Dienstleistung 45,6 %, Landwirtschaft 37,5 %, Industrie 16,9 %; Export: Kleidung 47 %, Jutewaren 16,9 %, Fisch, Garnelen 10,2 %

Biafra → Nigeria

Bürgerkrieg 1967 bis 1970

Der Bürgerkrieg um die Sezession der Ostregion Nigerias Biafra hatte seine Ursachen im historischen Grundkonflikt zwischen dem muslimischen Norden und dem kolonialisierten, d. h. christlich missionierten Süden, dessen Kerngebiet diese Ostregion war. Wirtschaftliche Interessen, vor allem die Ausbeutung der Ölvorkommen, verschärften den Konflikt, der zu einer der größten Hungerkatastrophen des 20. Jahrhunderts führte.

BOLIVIEN

Revolution 1952 und Guerillakrieg 1966/67

Bolivien ist ein Beispiel für die großen sozialen Widersprüche Lateinamerikas und die vergeblichen Anstrengungen, sie durch Demokratisierung oder autoritäre Regime zu lösen: Nach der erfolgreichen Revolution 1952 löste ein Staatsstreich der Armee den anderen ab. Die Guerilla Ernesto »Che« Guevaras, die für ganz Süd- und Lateinamerika Modellcharakter haben sollte (»Schafft zwei, drei, viele Vietnams«), unterlag im Kampf gegen die bolivianische Militärdiktatur.

Historischer Hintergrund

Nach Francisco Pizarros Eroberung des alten Inka-Reiches im 16. Jahrhundert gehörte Bolivien zum Vizekönigreich von Peru. Die ökonomische Bedeutung des Landes lag für die spanischen Kolonisatoren in der Ausbeutung der reichhaltigen Bodenschätze, insbesondere des Silbers.

1825 wurde das Land unabhängig, und die Republik erhielt ihren Namen nach dem südamerikanischen Freiheitskämpfer Simón Bolívar, der auch für kurze Zeit Boliviens erster Staatspräsident war.

Im 19. Jahrhundert stagnierte die wirtschaftliche und soziale Entwicklung Boliviens. Erst gegen Ende des Jahrhunderts kam es durch den intensiveren Abbau der Silber- und vor allem der Zinnvorkommen zum Aufschwung. Einen wesentlichen Anteil am Bergbau, der etwa 90 Prozent des gesamten Exportes betrug, hatten US-amerikanische und europäische Konzerne.

Von Bolivien aus sollte sich nach den Vorstellungen Che Guevaras ein revolutionärer Flächenbrand über ganz Lateinamerika ausbreiten.

Die wirtschaftliche Macht der bolivianischen Bergbauunternehmer (Zinnbarone) und Großgrundbesitzer festigte ihre politische Vorherrschaft im Land. Mehr als die Hälfte der landwirtschaftlichen Anbaufläche ist noch heute Großgrundbesitz.

Die Oligarchie kontrollierte seit der Jahrhundertwende das Land; ihr politischer Einfluß wurde nur während mehrerer Wirtschaftskrisen von Militärdiktaturen unterbrochen. Gegen die Macht der Gruben- und Großgrundbesitzer formierte sich – insbesondere nach den territorialen Verlusten im Chaco-Krieg mit Paraguay von 1932 bis 1935 – eine nationalistische und eine soziale Opposition in der Mittelschicht sowie unter den Minenarbeitern.

Konfliktparteien

Opposition gegen die Oligarchie

In der 1941 gegründeten *Movimiento Nacional Revolucionario* (MNR) organisierte sich die Opposition gegen die konservativen und sog. liberalen Traditionsparteien der oligarchischen Gruppen, die sich Anfang der vierziger Jahre wiederum in der *Partido de la Unión Republicana Socialista* (PURS) zusammenfanden.

*Victor Paz Estenssoro (*1907)* Präsident Boliviens von 1952 bis 1956, 1960 bis 1964 und von 1985 bis 1989. Estenssoro studierte Jura, war dann Rechtsanwalt und Parlamentsabgeordneter und Gründer der MNR; Finanzminister bis 1944. Nach der Gegenrevolution mußte er fliehen. Zurückgekehrt war er von 1952 bis 1956 erstmals Präsident mit einem umfangreichen Reformprogramm. Von 1956 bis 1959 vertrat er Bolivien als Botschafter in London. Von 1960 bis 1964 wieder Präsident, ging er nach dem Militärstaatsstreich ins Exil nach Peru, kehrte Mitte der siebziger Jahre nach Bolivien zurück und wurde noch einmal Präsident von 1985 bis 1989.

Ernesto »Che« Guevara → Kuba

Militär

Erst relativ spät trat als dritte Kraft im Streit um die politische Vormacht das Militär auf. Nach der Niederlage im Krieg mit Paraguay war es in einen oligarchischen und einen anti-oligarchischen Flügel gespalten, weshalb sich die Oberschicht nicht mehr eindeutig auf das Militär stützen konnte. Dieser Machtverlust der Militärs führte dann zur Regierungsübernahme durch die MNR (s. u.).

Guerillabewegung

Mitte der sechziger Jahre veränderte sich für kurze Zeit das politische Kräfteverhältnis. Eine sozialistisch orientierte Guerilla versuchte, durch eine »Vietnamisierung« des lateinamerikanischen Subkontinents ähnliche Verhältnisse wie in Indochina (→ Vietnam) zu schaffen, um somit eine Revolution nach kubanischem Muster (→ Kuba) vorzubereiten. Der argentinische Arzt Ernesto »Che« Guevara Serna, ein Kampfgefährte von Fidel Castro Ruz, baute diese Bewegung seit 1966 auf.

Konfliktverlauf

Die soziale Lage der Bevölkerungsmehrheit (50 % Indios, 30 % Mestizen, etwa 10 % Weiße und eine Analphabetenquote von über 60 %) hatte sich Anfang der vierziger Jahre erheblich verschlechtert. Auch der Zinnboom während des Zweiten Weltkriegs hatte die Situation nicht verbessert. Gewerkschaftliche Organisationen waren verboten, Versammlungen von Arbeitern wurden gewaltsam aufgelöst. Die MNR erhielt aufgrund der politischen und sozialen Verhältnisse immer mehr Zulauf.

Als 1945 einige Zinnbarone ihre Gruben stillegten, weil die Nachfrage rückläufig war, kam es zu einer Revolte, die die MNR an die Macht brachte. Doch die alte Oligarchie war nicht bereit abzutreten, sondern sicherte sich kurze Zeit später noch einmal das Machtmonopol. Erst nach wiederholten Aufständen und mehreren schweren Straßenschlachten in La Paz konnte die MNR wieder alle Regierungspositionen besetzen.

Unter dem MNR-Präsidenten Victor Paz Estenssoro konnten umfangreiche Reformmaßnahmen eingeleitet werden: Die sog. Bolivianische Revolution führte 1952 eine Agrarreform durch, verstaatlichte die Eisenbahn und enteignete die Grubenbesitzer, die aber entschädigt wurden. Die indianische Bevölkerung erhielt die bolivianische Staatsbürgerschaft, und ein allgemeines, freies und geheimes Wahlrecht wurde in der Verfassung verankert.

Die Regierung wurde von der Einheitsgewerkschaft und von Arbeiter- und Bauernmilizen gestützt. Doch die Erwartungen in die Reformen der Bolivianischen Revolution erfüllten sich nicht. Die Landreform blieb bereits in den ersten Ansätzen stecken; die Zinngruben wurden aufgrund mangelnder Modernisierung immer unrentabler. Darüber hinaus übten die Zinnbarone durch die Kontrolle der Zinnschmelzen nach wie vor großen Einfluß aus. Die hohen Entschädigungszahlungen hatten die Finanzkraft des Staates geschwächt, die Reformen konnten nicht mehr bezahlt werden.

Bolivien war auf die Kredithilfe der USA angewiesen, und das für die Erdölförderung benötigte ausländische Kapital brachte das Land in neue Abhängigkeiten. Innerparteiliche Führungskämpfe der MNR und die Auflösung des Bündnisses mit der Gewerkschaft führten immer wieder zu Regierungskrisen.

Als 1964 die Minenarbeiter streikten und Unruhen ausbrachen, ergriffen die Militärs die Gelegenheit zum Putsch gegen PAZ ESTENSSORO. Eine Junta unter Luftwaffengeneral RÉNE BARRIENTOS ORTUNO übernahm nunmehr die Macht: Die Löhne wurden bis zum Existenzminimum gekürzt, die Gewerkschaften zerschlagen und die Minen von der Armee kontrolliert. Es kam zu Kämpfen zwischen Arbeitern und Armee-Einheiten.

Nunmehr glaubte CHE GUEVARA, die Zeit sei reif für den bewaffneten Kampf, der sich von Bolivien aus wie ein Flächenbrand über ganz Süd- und Lateinamerika ausbreiten sollte. Er organisierte eine parteiunabhängige Guerillabewegung, eine bewegliche Landguerilla mit Verbindungen zu einem Stadtnetz, ohne Kaderbindungen oder geographische Einschränkungen mit ausdrücklich internationalem Charakter. Diese Guerillastruktur sollte später auch für die südamerikanischen Staaten → Peru, → Argentinien, den Südwesten von Brasilien und Paraguay Geltung erlangen – so war es zumindest geplant.

Einer der Gründe für das spätere Scheitern der Guerilla lag in der erklärten Unabhängigkeit von jeder Partei. Die Kommunistische Partei Boliviens war mit dieser Strategie des Kampfes nicht einverstanden, verweigerte ihre Unterstützung und isolierte dadurch die Guerilleros. Nur einige wenige Kommunisten schlossen sich den Dschungelrebellen an, die Mitte 1966 nördlich von Lagunillas am Nancahuazu-Fluß ihr Ausbildungs- und Basislager eingerichtet hatten.

Anfang November traf CHE GUEVARA, der als uruguayischer Geschäftsmann getarnt nach Bolivien eingereist war, im Lager ein. An den Operationen waren rund 50 Guerilleros beteiligt, 17 Kubaner, 29 Bolivianer, drei Peruaner, ein Argentinier, sowie drei »Gäste«: REGIS DEBRAY, französischer Journalist und Theoretiker des Guerillakampfes, der Maler CIRO ROBERTO BUSTOS und die DDR-Staatsbürgerin TAMARA BUNKE, die im Auftrag östlicher Geheimdienste die lateinamerikanische Guerilla beobachten sollte. Die Aktionen

Réne Barrientos Ortuno (1919–27.4.1969)
Bolivianischer Präsident von 1964 bis 1969. Der spätere General erhielt seine Pilotenausbildung in den USA. Ab 1952 war er Stellvertreter von Präsident Paz Estenssoro (1952–1956; 1960–1964) und Oberbefehlshaber der Luftwaffe. Im November 1964 wurde er Präsident einer Militärjunta; 1966 gewählter Präsident. Trotz seines autoritären Regierungsstils war er ausgesprochen populär. Mit einem von ihm selbst gesteuerten Hubschrauber verunglückte er am 27. April 1969 tödlich.

Der Oberkommandierende der bolivianischen Armee, Alfredo Ovando Candia, erläuterte am 10. Oktober 1967 anhand einer Karte die Zerschlagung der Guerilla Che Guevaras.

der Guerilleros dauerten vom 23. März bis zum 11. Dezember 1967. Noch während der Aufbauphase kam es zum ersten Gefecht mit Regierungstruppen, das die Guerilleros zwang, zum Bewegungskrieg überzugehen, da das Basislager geräumt werden mußte.

In der zweiten Phase des Kleinkriegs teilte sich das *Ejercito de Liberación Nacional* (ELN), wie es sich jetzt nannte, um in zwei Regionen unabhängig zu agieren: CHE GUEVARAS Gruppe (25 Mann) unternahm einen Gewaltmarsch in den Norden und konnte nach kleineren Gefechten die Stadt Samaipata besetzen.

Die zweite Gruppe der Rebellen operierte im nördlichsten Teil des Nancahuazu-Distrikts, wurde aber nach kurzer Zeit bei Puerto Mauricio (Vado del Yesco) vollständig aufgerieben.

CHE GUEVARAS Guerilla zog sich nach Südwesten bis La Higuera zurück. Hier kam es zu schweren Kämpfen mit der von den USA ausgebildeten Antiguerilla-Truppe der Regierung (Rangers), die in zwei größeren Offensiven (»Cynthia« und »Paranabo«) die Rebellen entscheidend schwächen konnte (26.9. – 8.10.). Bei diesen Kämpfen wurde CHE GUEVARA in der Nähe von Quebrada del Yuro (La Higuera) getötet. Die Guerillabewegung war im November/Dezember endgültig zerschlagen.

Schon nach dem ersten Gefecht im März war deutlich geworden, daß keine neuen Guerilla-Kämpfer mehr angeworben werden konnten, da die Unterstützung der Bevölkerung ausgeblieben war.

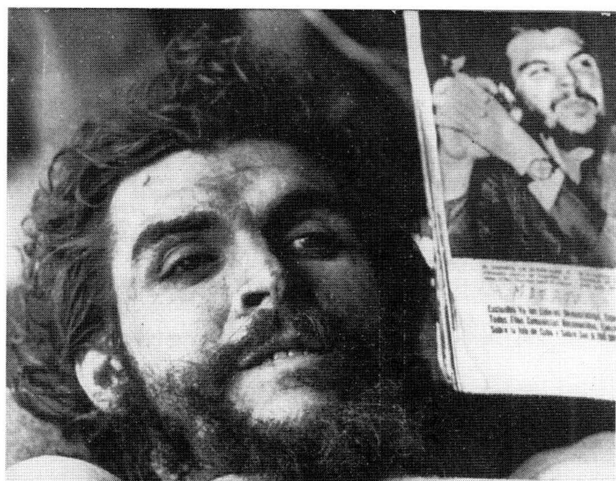

Er wurde zur Legende für den Guerillakampf in Südamerika und in anderen Ländern der Erde: Che Guevara. Die Aufnahme entstand nach seinem Tod im bolivianischen Dschungel im Oktober 1967.

Ergebnis

Bei den Kämpfen waren 36 Guerilleros und 46 Soldaten der Regierungstruppen ums Leben gekommen. Es waren nicht nur »innere« oder technische Schwierigkeiten (Krankheit, Desertation, Verrat, mangelnde Ausbildung usw.), die zur Niederlage der Rebellen geführt hatten; auch keine stärkere Guerilla hätte die Regierungssoldaten erfolgreich bekämpfen können. Das Scheitern lag vielmehr in einer falschen Taktik und Strategie: Als taktisch ungünstig erwiesen sich die viel zu lockeren Verbindungen zu den Stadtnetzen und das viel zu dünn besiedelte Operationsgebiet; strategisch falsch war die Annahme, daß das Militärregime in La Paz dem korrupten und schon maroden System eines BATISTA (→ Kuba) vergleichbar sei; unterschätzt wurde die Schlagkraft der durch amerikanische Hilfe gut ausgebildeten Antiguerilla-Einheiten der Armee.

Entwicklung seit Konfliktende

Die Militärs blieben in Bolivien bis Anfang der achtziger Jahre an der Macht. Nach dem Tod von BARRIENTOS ORTUNO gab es an der Spitze des korrupten Staates einen ständigen Wechsel der Generäle (15 Putschversuche bis 1981).Vom 27. Juli 1982 bis 10. Oktober 1982 regierte der vorerst letzte General, GUIDO VILDOSO CALDERON, die Republik Bolivien. Er leitete den Übergang zu demokratischen Verhältnissen nach Jahren der Militärdiktatur ein.

Das 1980 aufgelöste Parlament trat im Oktober 1982 wieder zusammen und wählte verfassungsgemäß HERNÁN SILES ZUAZO ins höchste Staatsamt. Aber auch er mußte sich er-

Luis García Meza Tejada (*8.8.1932)
Bolivianischer General und Staatspräsident von 1980 bis 1981.
Als Offizierssohn in La Paz geboren, entschied sich García Meza Tejada ebenfalls für die Militärlaufbahn. Er besuchte ein militärisches College, wurde Offizier und 1979 Kommandeur der Heeresmilitärschule. Im November 1979, als Oberst Natusch Busch putschte und für kurze Zeit das Präsidentenamt innehatte, ernannte er Meza Tejada zum Oberbefehlshaber des Heeres. Da man trotzdem versuchte, zu demokratischen Verhältnissen zurückzukehren, fand 1980 eine Präsidentenwahl statt. Als Präsident wurde Hernán Siles Zuazo gewählt, den jedoch das Militär nicht akzeptieren wollte. Nach einem Putsch am 17. Juli wurde García Meza Tejada einen Tag später zum Präsidenten vereidigt. Außenpolitische Isolation, Putschversuche jüngerer Militärs und Vertrauensverlust von seiten des Militärs veranlaßten García Meza Tejada am 6. August 1981 zurückzutreten.

neuten Putschversuchen erwehren: U. a. wurde er im Juni 1984 für kurze Zeit von rebellierenden Militärs entführt. Die Lage in Bolivien blieb bis Ende der achtziger Jahre instabil.

SILES ZUAZO übergab am 6. August 1985 sein Amt nach einer Stichwahl an VICTOR PAZ ESTENSSORO, der 1989 von JAIME PAZ ZAMORA regulär abgelöst wurde. Der neue Präsident und spätere Vizepräsident der *Sozialistischen Internationale* stabilisierte im Laufe seiner Präsidentschaft das Land politisch und konnte eine positive Wirtschaftsentwicklung einleiten. Da die Verfassung die unmittelbare Wiederwahl des Präsidenten verbot, wurde im August 1993 der Oppositionsführer und 1985 unterlegene Präsidentschaftskandidat, der rechtskonservative GONZALO SÁNCHEZ DE LOZADA, als neuer Präsident vereidigt. Er hatte sich im Juni 1993 gegen den ehemaligen Militärmachthaber HUGO BANZER, der von 1971 bis 1978 das Land diktatorisch regiert hatte, in einer Stichwahl durchsetzen können.

Einem der Diktatoren, LUIS GARCÍA MEZA TEJADA, der durch einen Staatsstreich 1980/81 an die Macht gekommen war, wurde im März 1993 vom Obersten Gericht in Abwesenheit der Prozeß gemacht. Wegen Menschenrechtsverletzungen wurde er zu 30 Jahren Haft verurteilt. Er war 1981 von den Militärs abgesetzt worden, da er in Verdacht stand, in Drogengeschäfte verwickelt zu sein (»Drogenpräsident«). Der Drogenhandel ist Boliviens wichtigste Deviseneinnahme: Mit etwa 1,4 Milliarden Dollar übersteigt der illegale Handel die legalen Exporte um das Dreifache. Die Regierung will bisher gegen den Koka-Anbau nicht gewaltsam vorgehen, sondern den Anbau anderer Pflanzen fördern, was 1994 den Protest von über 10 000 Koka-Bauern hervorrief. Bolivien hatte Mitte der neunziger Jahre die niedrigste Inflationsrate von ganz Lateinamerika und ein stabiles Wirtschaftswachstum, doch ein Großteil der Bevölkerung lebt nach wie vor in extremster Armut.

Literatur: G. Bedregal: *Los Militares en Bolivia.* Mexico 1974.
R. Debray: *Revolución en la Revolución?* Casa 1967.
H. Gross (Hg.): *Ernesto Che Guevara: Ausgewählte Werke in Einzelausgaben.* 6 Bde. Bonn 1986–1991.
E. Guevara: *Guerilla – Theorie und Methode.* Berlin 1968.
E. Guevara: *El Diarie del Che en Bolivia.* Mexico 1967.
M. v. d. Heydt-Coca: *Die Bolivianische Revolution von 1952.* Köln 1982.
M. Krempin: *Keine Zukunft für Bolivien? Bedingungen und Ursachen für das Scheitern der Regierung Siles Zuazo sowie Schlußfolgerungen im Hinblick auf die ökonomischen, sozialen und politischen Perspektiven Boliviens.* Saarbrücken 1989.
R. F. Lamberg: *Die Guerilla in Lateinamerika.* München 1972.
J. M. Malloy / R. S. Thorn (Hg.): *Beyond the Revolution. Bolivia since 1952.* Pittsburgh 1971.
R. Massari: *Che Guevara. Politik und Utopie.* Frankfurt 1987.

Staatsname: Republik Bolivien
Staatsform: Präsidiale Republik (seit 1967)
Staatsoberhaupt: Gonzalo Sánchez de Lozada (seit MNR; 1993)
Regierungschef: Gonzalo Sánchez de Lozada (seit MNR; 1993)
Regierung: MNR, UCS, MBL (seit 1993)
Parlament: Abgeordnetenhaus 130 Sitze (Wahl 6.6.1993), MNR (Konservative) 52, AP (Patrioten) 35, UCS (Neopopulisten) 20, CONDEPA (Neopopulisten) 13, MBL (Linke) 7, Sonstige 3
Mitgliedschaft bei internationalen Organisationen: ALADI, Andenpakt, OAS, SELA, UNO
Lage: 58°– 69° westlicher Länge, 10°–23° südlicher Breite
Fläche: 1,1 Millionen km^2
Hauptstadt: Sucre
Regierungssitz: La Paz
Bevölkerung: 7,7 Millionen; Mestizen 31,2 %, Ketschua 25,4 %, Aymará 16,9 %, Weiße 14,5 %, Sonstige 12 %; Katholiken 92,5 %, Bahai 2,6 %, Sonstige 4,9 %
Wirtschaft: Dienstleistung 46 %, Industrie 32,7 %, Landwirtschaft 21,3 %; Export: Erze 53 %, Erdöl, -gas 18 %

BOSNIEN UND HERZEGOWINA

Bürgerkrieg seit 1992

Der Bürgerkrieg in dem jungen südosteuropäischen Staat Bosnien und Herzegowina hat seine Ursachen in der Geschichte des Balkans, insbesondere in der historischen Entwicklung des Vielvölkerstaates Jugoslawien und in der Interessenlage der Großmächte. Ethnische und religiöse Unterschiede, aus denen traditionelle Machtansprüche und territoriale Forderungen abgeleitet werden, lassen den Konflikt unlösbar erscheinen.

Historischer Hintergrund

Die Geschichte der gesamten Region ist geprägt von Fremdherrschaft und dem vergeblichen Bemühen, eine dauerhafte gesamtstaatliche Einheit zu bilden und die Völker des Balkan zu einigen.

Bosnien und Herzegowina war neben → Kroatien, Makedonien, Montenegro, Serbien und → Slowenien sowie den beiden autonomen Provinzen Kosovo und Vojvodina eine der Teilrepubliken des zerfallenen Jugoslawiens. Das Staatsgebilde Jugoslawien existierte seit 1918 und hatte seinen Namen erst 1929 erhalten.

Da die Geschichte Jugoslawiens und seiner Teile unlösbar mit dem Krieg in Bosnien und Herzegowina verknüpft ist, wird die historische Entwicklung Bosniens im folgenden vor dem Hintergrund des jugoslawischen Gesamtstaates erläutert.

Frühgeschichte bis zum 19. Jahrhundert
Die Illyrer siedelten im 7. und 8. Jahrhundert v. Chr. auf dem heutigen Gebiet Bosnien und Herzegowinas. Seit 700 v. Chr. bis zum 6. Jahrhundert n. Chr. gehörte die Region, wie der gesamte Balkan, zur griechischen und römischen Einflußsphäre.

Die Slawen, die sich im späten 6. Jahrhundert am linken Donauufer anzusiedeln begannen, beherrschten etwa 100 Jahre später die verschiedenen Stämme der gesamten Balkanhalbinsel, so auch das Gebiet Bosniens.

Bosnien konnte erst spät, im 12. Jahrhundert, ein eigenes Fürstentum und Mitte bis Ende des 14. Jahrhunderts ein Königreich bilden, zu dem auch das südliche serbische Land Hum (Hinter dem Berg; die spätere Herzegowina) ge-

Das ehemalige Jugoslawien (1945–1990) mit seinen sechs Bundesstaaten, den beiden autonomen Provinzen Vojvodina und Kosovo sowie dem Nachbarstaat Albanien. Mit den Auseinandersetzungen um die Nationalitätenpolitik Belgrads gegenüber den Kosovo-Albanern begann der Zerfall Jugoslawiens.

hörte. Aber im Laufe der Jahrhunderte mußte sich Bosnien (was die Herzegowina, eine Bezeichnung, die seit 1448 von Herzogland abgeleitet wurde, mit einschloß) immer wieder serbischer, kroatischer, ungarischer oder byzantinischer und türkischer Herrschaft unterwerfen.

Die anderen Teile des späteren Jugoslawien hatten eine ähnliche Entwicklung genommen: Die Slawen konnten trotz ihrer Eroberungen und der gemeinsamen kulturellen Identität der Stämme kein Großreich bilden. Sie waren, wie die anderen südslawischen Völker, seit dem 7. Jahrhundert den Machtinteressen der Nachbarvölker und späteren Reichsgründungen ausgesetzt.

Seit 823 gehörte → Slowenien zu Österreich, und nur den Kroaten war es im frühen 10. Jahrhundert gelungen, ein unabhängiges Königreich zu gründen und ihren Machtbereich über Dalmatien bis nach Slawonien auszudehnen. 1102 endete die Königsdynastie, und Kroatien bildete mit Ungarn ein gemeinsames Reich, in dem die Ungarn die Macht innehatten. 1527 wählte der kroatische Adel den Habsburger FERDINAND I. zu seinem König. Damit war die österreichisch-ungarische Vorherrschaft bis 1918 besiegelt und die Eingliederung Kroatiens in das Osmanische Reich verhindert worden.

Nach der Fremdherrschaft durch Byzanz und die Bulgaren erkämpften sich die Serben gegen Ende des 12. Jahrhunderts ihre Unabhängigkeit und bildeten bis ins 14. Jahrhundert hinein die größte Macht auf dem Balkan. 1346 wurde der serbische Fürst DUŠAN zum Kaiser der Serben und Griechen gekrönt, der während seiner Herrschaftszeit die byzantinischen Provinzen bis zum Golf von Korinth eroberte. Nach seinem Tod zerfiel das Reich in mehrere rivalisierende kleinere Staaten, die dem Ansturm der Türken keinen Widerstand mehr entgegensetzen konnten.

Die serbische Niederlage auf dem Amselfeld (1389) gegen das türkische Heer wurde mythisch verklärt und bis heute als aufopferungsvoller Kampf aller Serben für das Abendland und gegen den Islam interpretiert. Aus einer verlorenen Schlacht entstand der irrationale Haß gegen den Islam und die identitätsstiftende Idee eines großserbischen Reiches, das es nur bis zur Mitte des 14. Jahrhunderts – und auch nur für kurze Zeit – gegeben hatte.

1459 nahmen die Türken die serbische Hauptstadt Smederevo ein und eroberten 1463 Bosnien, 1482 die Herzegowina, beide Länder vereinten sie 1580 zu einer Provinz (dem Paschalik). Bis 1867 blieben die Türken im Süden und Osten des Landes, und während der Jahrhunderte ihrer Herrschaft setzte eine massive Orientalisierung ein: Der Islam gewann an Bedeutung, und das Land blieb von europäisch-abendländischen Einflüssen weitgehend unberührt. Auch die Makedonier konnten ihre Selbständigkeit nicht mehr verteidigen; Mitte des 15. Jahrhunderts existierte kein südslawischer Staat mehr.

Bis ins 17. Jahrhundert waren Serben und Kroaten nach Bosnien eingewandert, von denen auch kroatische Katholiken zum Islam konvertierten. Nach den Türkenkriegen 1683 bis 1699 schlossen sich die Katholiken aus Nordost- und Zentralbosnien den zurückziehenden österreichischen Truppen an.

Die bosnischen Muslime hatten sich mit der osmanischen Besatzungsmacht arrangiert, an Einfluß selbst in Istanbul gewonnen und kämpften bei Eroberungsfeldzügen auf türkischer Seite. An der Grenze zu Kroatien trafen das Abend- und das Morgenland aufeinander; zwei unterschiedliche Kulturen standen sich feindlich gegenüber. Zwischen ihnen lebten in den westlichen und nördlichen Teilen Bosniens, in Türkisch-Kroatien (Krajina), orthodoxe Serben als Wehrbauern (→ Kroatien), die von den Habsburgern und den Türken als »Puffer« zwischen den verfeindeten Reichen angesiedelt worden waren und Privilegien sowie Selbstverwaltung erhalten hatten.

19. Jahrhundert

Noch Ende des 18. Jahrhunderts standen der Süden und Osten des späteren Jugoslawien unter türkischem Einfluß, der Norden und Westen gehörten zu Österreich und Ungarn; der größte Teil Dalmatiens bis 1797 zu Venedig.

Durch diese Teilung war auch eine verbindende Nationalidee aller Völker verhindert worden, die sich erst zu Beginn des 19. Jahrhunderts durch den national-literarischen Illyrismus, der das Serbokroatische als einheitliche Schriftsprache durchgesetzt hatte, zögerlich verbreitete. Die Unterschiede der einzelnen Volksgruppen und gleichberechtigten Staatsvölker hatten sich im Laufe der Jahrhunderte vergrößert: hier die christlich-orthodoxen Serben (45 % der jugoslawischen Gesamtbevölkerung), dort die muslimische Mehrheit in Bosnien und außerdem die christlich-orthodoxen und die muslimischen Makedonier (25 %).

Auch die katholischen, österreichisch-ungarischen Kroaten (9 %) und die katholischen, stark an Westeuropa orientierten Slowenen (7 %), die bis 1918 zu Österrreich gehört hatten, bildeten im Verhältnis untereinander und zu den übrigen Volksgruppen einen ethnisch und kulturell kaum mehr zu überbrückenden Gegensatz. Hinzu kamen die nicht-südslawischen Völker: Albaner (etwa 5 % der Gesamtbevölkerung), Ungarn, Türken und Italiener.

Orthodoxe Christen begriffen sich in ihrem nationalen Verständnis als Serben, Katholiken als Kroaten, die Mehrheit der muslimischen Bevölkerung noch lange als Teil des Osmanischen Reiches; sie wurden als islamisierte Serben oder islamisierte Kroaten diffamiert.

Das Mißtrauen und die Rivalitäten sowie die Machtinteressen der Großmächte, die diese Uneinheitlichkeit für sich auszunutzen verstanden, verhinderten auf Dauer ein tragfähiges Staatsgebilde.

1839 hatte das Osmanische Reich die Selbstverwaltung Bosniens aufgehoben. 1875/76 war es mit russischer Unterstützung zu Aufständen der nicht-muslimischen Bevölkerungsteile gegen die Türkenherrschaft gekommen. Im Zeichen des Panslawismus, der Idee des Zusammenschlusses der slawischen Völkergemeinschaft unter der Führung Rußlands, versuchte der Zar, seinen Einfluß auf dem Balkan auszuweiten. Serbien und Montenegro erklärten 1876 der Türkei den Krieg, mit dem Ziel, Bosnien zu vereinnahmen. Moskau hatte mit Wien in der Bosnienfrage ein Stillhalteabkommen getroffen: Der Zar akzeptierte die Besetzung Bosniens durch die Habsburger, wenn Österreich im türkisch-russischen Krieg neutral bliebe.

Rußland gewann 1878 den Krieg gegen die Türkei und festigte seine Position auf dem Balkan. Das schürte das Mißtrauen der Großmächte Frankreich, Großbritannien und Österreich. Der Berliner Kongreß 1878 sollte den Balkan neu ordnen: Österreich durfte Bosnien und die Herzegowina administrativ vereinnahmen, Rußlands Einfluß wurde zurückgedrängt. Die muslimische Bevölkerung leistete Widerstand gegen die k.u.k.-Verwaltung ihres Landes.

Der Niedergang des Osmanischen Reiches hatte auch die Hoffnung der Serben auf einen eigenen Staat beflügelt, zumal Montenegro bereits gegen Ende des 18. Jahrhunderts die Unabhängigkeit erreicht hatte.

Auf dem Berliner Kongreß erhielt Serbien seine Selbständigkeit und bildete 1882 ein Königreich. Bosnien, juristisch zwar noch ein Teil des Osmanischen Reiches, faktisch jedoch ein Teil der österreichischen Monarchie, gehörte ebenso wie → Kroatien und → Slowenien weiterhin zu Österreich-Ungarn.

Als einzige Unabhängigkeitsbewegung vertrat die kroatische ein national übergreifendes, gesamtstaatliches, panslawistisches Konzept, trotz der Interessenunterschiede zwischen Serben und Kroaten.

20. Jahrhundert

Die serbischen Nationalisten, die eine panslawistisch-großserbische Reichsidee vertraten, forderten 1907 den Anschluß Bosniens an Serbien; daraufhin annektierte 1908 Österreich die südslawischen Provinzen Bosnien und Herzegowina. Die Annexion wurde von den europäischen Großmächten gebilligt. Die Spannungen zwischen Österreich und Serbien nahmen zu und führten zwangsläufig vier Jahre später zur Balkankrise um die Aufteilung der europäischen Türkei. Serbien, Bulgarien, Griechenland und Montenegro bildeten 1912 den Balkanbund, um die Türken endgültig zu vertreiben.

Im Okober 1912 erklärte Montenegro der Türkei den Krieg. Die Türkei verlor alle ihre europäischen Gebiete. Serbien versuchte, von Rußland unterstützt, auch im 2. Balkankrieg (Serbien gegen Bulgarien) im Juni 1913, Gebietsansprüche militärisch zu erzwingen, und vergrößerte sich um einen Teil Makedoniens, des Kosovo und um Teile des einst serbischen, dann osmanischen Sandschak (Novi Pazar), das es mit Montenegro teilen mußte. Serbien hatte in beiden Balkankriegen nicht alle Gebiete erhalten, die es für sich beanspruchte. Serbische Nationalisten träumten weiter von ihrem großserbischen Reich; Kroaten und Slowenen wollten sich endlich von der Vormundschaft des österreichischen Doppeladlers befreien.

Die Lage auf dem Balkan war durch die Bündnisverpflichtungen der europäischen Großmächte (Österreich-Ungarn, Rußland, Frankreich, Deutschland und Großbritannien) und ihre eigenen Machtinteressen kompliziert und explosiv geworden. Am 28. Juni 1914 erschoß in Sarajevo ein serbischer Nationalist den österreichischen Thronfolger FRANZ FERDINAND und dessen Frau SOPHIE. Österreich-Ungarn erklärte daraufhin Serbien den Krieg – der Erste Weltkrieg hatte begonnen.

Am 1. Dezember 1918, nach dem Zerfall der Donaumonarchie, proklamierte der serbische Regent ALEXANDER den ersten Nationalstaat der Südslawen: das Königreich der Serben, Kroaten und Slowenen. Die zentralistisch ausge-

Das Attentat von Sarajevo am 28. Juni 1914. Der Serbe Gavrilo Princip erschießt Österreichs Thronfolger Franz Ferdinand und seine Gemahlin.

richtete Politik verhinderte die von den anderen südslawischen Völkern geforderte Autonomie. Die Nationalitätenfrage bestimmte das Schickal des jungen Staates.

Am 6. Januar 1929 hob der autokratisch regierende König die Verfassung auf und gab dem Staat den Namen Königreich Jugoslawien. Nach dem Tod König ALEXANDERS und unter der Regentschaft seines Vetters PAUL kam es im August 1939 zur Teilung Bosnien und Herzegowinas zwischen Kroatien und Serbien, die aufgrund großer Siedlungsgebiete ihrer Volksgruppen immer wieder Bosnien unter sich aufteilen wollten.

Nach dem Einmarsch deutscher Truppen erklärte die faschistische kroatische *Ustascha*-Bewegung einen »Unabhängigen Staat Kroatien«, zu dem auch Bosnien und Herzegowina gehörte. Die faschistische *Ustascha*, eine bereits 1929 gegründete national-kroatische Organisation gegen den großserbischen Zentralismus, bekämpfte mit Billigung der deutschen Besatzungstruppen mit Terrormaßnahmen die Serben in Bosnien und Slawonien: Es kam zu zahlreichen Übergriffen und Massakern. Großserbische

Josip Broz, genannt Tito (7.5.1892–4.5.1980)
Jugoslawischer Ministerpräsident ab 1945 und Staatspräsident von 1963 bis 1980. Der Kleinbauernsohn wuchs in Kroatien auf. Er beteiligte sich ab 1920 am Aufbau der jugoslawischen KP. Im Zweiten Weltkrieg leitete er die Befreiungsfront gegen die italienisch-deutsche Besatzung und die nationalen Tschetniks. Er wurde 1943 Vorsitzender eines Befreiungskomitees, das von den Westalliierten unterstützt wurde. Nach der Befreiung Jugoslawiens schaltete er alle nicht-kommunistischen Kräfte aus und wurde 1945 zum Ministerpräsidenten und Verteidigungsminister gewählt. Ab 1963 war er Staatspräsident auf Lebenszeit. Es gelang ihm, sein Land gegenüber den sowjetischen Hegemonieansprüchen zu behaupten, eine Politik der Blockfreiheit zu verfolgen und damit einen eigenen Weg des Kommunismus zu gehen, der wirtschaftliche Verbindungen mit westeuropäischen Staaten und gute Beziehungen zu den USA beinhaltete. Nach einer Beinamputation im Februar 1980 starb Tito im Mai desselben Jahres.

Tschetniks, Partisanenverbände und antikommunistische Widerstandskämpfer, antworteten mit Gegenterror.

Während des Partisanenkriegs gegen die deutsche Besatzung wurde 1942 in Bihać der *Antifaschistische Rat der Volksbefreiung Jugoslawiens* gebildet. Dem nationalen Widerstand gehörten neben der führenden Kommunistischen Partei mit ihrem Generalsekretär JOSIP BROZ, genannt TITO, Mitglieder sämtlicher Volksgruppen an. Im November 1943 wurde das *Nationale Befreiungskomitee* gegründet, dessen Vorsitzender TITO war. Der neue Staat sollte eine Föderation aller Teile werden.

Nach der Niederlage der deutschen Truppen gewann TITOS kommunistische Volksfront die Wahlen zur konstituierenden Volksversammlung am 11. November 1945. Am 29. November wurde die Föderative Volksrepublik Jugoslawien ausgerufen, und Bosnien und Herzegowina wurde zu einer »Volksrepublik« innerhalb dieser Föderation, die 1963 in Sozialistische Föderative Republik Jugoslawien umbenannt wurde. Analog zur Umbennung des jugoslawischen Staates wurde Bosnien und Herzegowina wie die anderen Teilrepubliken → Kroatien, → Slowenien, Serbien, Montenegro und Makedonien eine »Sozialistische Republik«. Das kommunistische Jugoslawien, das einen von Moskau unabhängigen Weg zum Kommunismus einschlug (Blockfreiheit, Öffnung zum Westen, marktwirtschaftliche Prinzipien), war ein Bundesstaat. 1974 erhielt Bosnien und Herzegowina wie alle anderen Bundesstaaten mehr Eigenständigkeit.

Zerfall des Bundesstaates Jugoslawien

Die Funktion des Staatsoberhauptes wurde seit dem Tode TITOS (4.5.1980) vom Präsidium der Republik ausgefüllt, das sich aus acht Mitgliedern, je einem Vertreter der sechs Teilrepubliken und der zwei autonomen Provinzen zusammensetzte, und dessen Vorsitz jährlich wechselte. Verfassungsänderungen hatten die Rechte der Teilrepubliken erheblich gestärkt, die Zentralregierung blieb überwiegend für die Außenpolitik und Landesverteidigung zuständig. Der *Bund der Kommunisten Jugoslawiens* war immer noch die einzig zugelassene Partei.

In dem Jahrzehnt nach dem Tod TITOS bis zur Vertagung des XIV. Parteitags der Kommunisten 1990 traten die alten Rivalitäten zwischen den Völkern wieder stärker hervor. Die einzelnen Bundesstaaten pochten auf mehr Mitspracherecht in der von Serben dominierten Zentralregierung in Belgrad und forderten mehr Eigenständigkeit; separatistische Tendenzen wurden erkennbar.

Der erste tiefgreifende Nationalitäten-Konflikt begann 1980 mit Unruhen im überwiegend von Albanern bewohnten Kosovo. Wie die nördliche Vojvodina, war der von den Serben als Stammland betrachtete Kosovo unter TITO 1974

Unruhen im März 1989 in der Kosovo-Hauptstadt Priština. Albaner lieferten sich Straßenschlachten mit den Sicherheitskräften.

aus Serbien herausgelöst und beide als autonome Provinzen den sechs Republiken gleichgestellt worden.

In der autonomen Region im Südwesten Jugoslawiens verstärkten sich dann Mitte der achtziger Jahre die nationalistischen Bestrebungen der albanisch-muslimischen Bevölkerung. Auf die sozialen Unruhen im Armenhaus Jugoslawiens reagierte die serbische Führung mit Repression: Demonstrationen von Tausenden von Albanern, Montenegrinern und Serben wurden von Polizei-Sondereinheiten gewaltsam aufgelöst, die eine Abspaltung des Kosovo vom ehemaligen, von Serben beherrschten Gesamt-Jugoslawien verhinderten.

Die Autonomie des Kosovo wurde im Frühjahr 1989 von Belgrad eingeschränkt. Dies führte zur Verschlechterung der Beziehungen zwischen den jugoslawischen Republiken insgesamt. Mit der Krise im Kosovo beschleunigte sich der Zerfall Jugoslawiens.

Serbien verhängte im Dezember 1989 wegen der slowenischen Unterstützung für die Kosovo-Albaner einen Handelsboykott gegen Slowenien, das daraufhin seinerseits alle Zahlungen an die jugoslawische Bundeskasse wegen der Kosovo-Politik Belgrads einstellte.

Der nie verwirklichte Integrationsprozeß aller Volksgruppen war eine der Ursachen für den Zerfall; das ökonomische Nord-Süd-Gefälle aufgrund regionaler Entwicklungsunterschiede vertiefte den Antagonismus zwischen den Teilstaaten: Der wirtschaftlich prosperierende Nordwesten (Kroatien und Slowenien) hatte darüber hinaus schon immer größere Zuschüsse für die südöstlichen Regionen des Landes geleistet.

Slobodan Milošević (*29.8.1941)
Serbischer Staatspräsident seit 1989.
Der Sohn eines serbisch-orthodoxen Geistlichen aus Montenegro wurde in Pozarevac in Serbien geboren, studierte Jura und trat mit 18 Jahren in die KP ein. Sein Aufstieg begann mit dem Amt des Ersten Parteisekretärs von Belgrad, das er 1984 erhielt, bevor er 1987 serbischer Erster Parteisekretär wurde. Bekannt wurde er innerhalb Serbiens durch sein Eintreten für die serbische Minderheit in der autonomen Provinz Kosovo. Im Mai 1989 wurde Milošević für eine einjährige Amtszeit zum Präsidenten der Republik Serbien gewählt. Bei Präsidentschaftswahlen wurde er im November 1989 noch einmal mit einer Mehrheit von 86 Prozent im Amt bestätigt und übernahm 1990 auch den Vorsitz der Sozialistischen Partei Serbiens. Trotz der außenpolitischen Isolation und der Sanktionen, die auf den Eroberungsfeldzug der Serben in Bosnien folgten, ging Milošević auch bei den Präsidentschaftswahlen im Dezember 1992 als Sieger hervor. Seine Politik zielt auf die Schaffung eines großserbischen Staates.

Zudem fehlte ein übergreifendes jugoslawisches Nationalgefühl. Nur die Kommunistische Partei und die jugoslawische Volksarmee bildeten eine gesamtstaatliche Klammer. Die Armee geriet in den achtziger Jahren immer stärker unter den beherrschenden Einfluß serbischer Militärs.

Slowenien und Kroatien sahen keine Chancen mehr für einen jugoslawischen Gesamtstaat; beide bauten allmählich ein marktwirtschaftliches Wirtschaftssystem und eine pluralistische Gesellschaftsordnung auf. SLOBODAN MILOŠEVIĆ, der serbische KP-Führer, plante eine großserbische Lösung auf Kosten des Gesamtstaates.

Im Januar/Februar 1990 zerbrach die jugoslawische KP an den serbisch-slowenischen Gegensätzen; → Slowenien und → Kroatien wollten unabhängig werden, wenn auch noch in einer neuartigen jugoslawischen Konföderation aller Teilrepubliken, vergleichbar der EG. Die Vertagung des XIV. Parteitags im Januar 1990 auf unbestimmte Zeit bedeutete das faktische Ende des jugoslawischen Bundes.

Auf serbischer wie kroatischer Seite rüsteten sich nationalistische Kräfte auf. Die jugoslawische Volksarmee gab zwar vor, unparteiisch zu sein und die Konfliktparteien auseinanderhalten zu wollen, unterstützte aber faktisch die serbische Seite.

In → Kroatien war es seit März 1991 immer wieder zu Zusammenstößen der kroatischen Polizei und der Nationalgarde mit serbischen Milizen sowie der jugoslawischen Armee gekommen.

Die ersten freien Parlamentswahlen nach dem Krieg in Bosnien und Herzegowina im November und Dezember 1990 gewannen national-orientierte Parteien. ALIJA IZETBEGOVIĆ, der Führer der muslimischen *Partei der Demokratischen Aktion* (SDA) wurde zum Vorsitzenden des Staatspräsidiums und zugleich zum Präsidenten der Sozialistischen Republik Bosnien und Herzegowina gewählt.

Nach den Wahlen setzte sich Bosnien, um den Zusammenhalt Bosnien und Herzegowinas zu sichern, für eine alle jugoslawischen Republiken umfassende Föderation ein. Doch Slowenien und Kroatien wollten ihre staatliche Souveränität, Serbien und Montenegro einen zentralistischen Bundesstaat. Der Zerfall war damit besiegelt.

Am 25. Juni 1991 erklärten Kroatien und Slowenien ihre Unabhängigkeit und bildeten mit Bosnien und Herzegowina einen gemeinsamen Wirtschaftsverbund. Im Juli verhängte die EG aufgrund der sich verschärfenden Situation in Jugoslawien ein Waffenembargo. In Den Haag wurde im September die »Jugoslawien-Friedenskonferenz« eröffnet, die Lord PETER CARRINGTON zum Vermittler ernannte.

Für die weitere Entwicklung war die Bildung von autonomen Gebieten durch bosnische Serben und Kroaten, in denen jeweils der Mehrheitsbevölkerung (u. a. durch Umsiedlungen) die Vorherrschaft eingeräumt wurde, aus-

November 1991: Der Bürgerkrieg und seine Opfer. Eine Frau und zwei serbische Kämpfer räumen einige Möbel aus einem völlig zerstörten Haus in Borovo Naselje (Slawonien).

schlaggebend. Die Muslime Bosniens befürchteten damit eine Teilung serbischer und kroatischer Gebiete.

Als Serben im Osten Bosnien und Herzegowinas Gebiete für autonom erklärten – in der Krajina am 16. September 1991 das »Serbische Autonome Gebiet der Bosnischen Krajina« und etwas später in der Romanija bei Sarajevo und in Nordostbosnien an der Grenze zu Serbien –, führte dies zu gewalttätigen Auseinandersetzungen zwischen Muslimen, Serben und Kroaten. Die bosnische Regierung hatte die Kontrolle über diese Gebiete verloren.

Mit der Resolution 713 vom 25. September verhängte nach der EG nun auch der UNO-Sicherheitsrat ein Waffenembargo gegen Jugoslawien.

Gründung des Staates Bosnien und Herzegowina

Bosnisch-muslimische und kroatische Parlamentsabgeordnete forderten in Sarajevo im Oktober 1991 noch einmal eine jugoslawische Konföderation aller Republiken und erklärten, daß Bosnien im Falle eines Krieges zwischen Ser-

Radovan Karadžić (*19.6.1945)
Serbischer Politiker in Bosnien und Herzegowina.
Als Sohn eines Bauern in Montenegro geboren, kam er mit 15 Jahren nach Sarajevo, wo er später Medizin studierte. Er arbeitete als Psychiater und Psychotherapeut an verschiedenen Kliniken und später mit eigener Praxis in Sarajevo. Bei den ersten Mehrparteienwahlen in Bosnien im November 1990 war die von ihm gegründete Serbische Demokratische Partei zweitstärkste Fraktion. Er entwickelte sich zu einem extrem nationalistischen Politiker: In einem Spiegelinterview 1993 bezeichnete er das brutale Vorgehen in den Gefangenenlagern und die »ethnischen Säuberungen« als unvermeidbare Einzelfälle. Immer wieder stellte er sich gegen die von der UNO ausgearbeiteten Friedenspläne, so auch im Januar 1993, als er durch seine Rücktrittsdrohung und der Forderung nach Neuverhandlungen über Gebiete eine föderative Republik Bosnien und Herzegowina verhinderte. Zusammen mit dem Serbenführer Milošević verfolgt er das Ziel eines großserbischen Staates.

bien und Kroatien neutral bleibe und daß die Grenzen unveränderbar seien. Darüber hinaus erklärten die Abgeordneten, daß es keinen Bundesstaat mehr gäbe und Bosnien faktisch unabhängig sei. Die bosnisch-serbischen Abgeordneten hatten die Abstimmung boykottiert. Ihr Führer und Vorsitzender der von ihm gegründeten nationalistischen *Serbischen Demokratischen Partei* (SDS), RADOVAN KARADŽIĆ, der ein von Serbien geführtes Jugoslawien befürwortete, drohte mit Krieg, wenn Bosnien dem Beispiel Sloweniens und Kroatiens folgen sollte.

Bei einer Volksabstimmung unter den serbischen Bosniern votierten diese für einen gemeinsamen Staat aus ihren Siedlungsgebieten in Bosnien mit der kroatischen »Serbischen Republik Krajina« und den Republiken Serbien und Montenegro. Im Dezember traten die serbischen Abgeordneten aus dem Parlament in Sarajevo aus und formierten sich in der *Versammlung des serbischen Volkes*. Zuvor hatten sie im Oktober ihr eigenes Parlament in Banja Luka gegründet.

Zur Befriedung des Nationalitätenkonflikts bat Präsident IZETBEGOVIĆ Ende 1991 um die Stationierung von Blauhelmen in Bosnien: Doch die UNO lehnte ab.

Am 9. Januar 1992 rief *die Versammlung des serbischen Volkes* eine »Serbische Republik Bosnien und Herzegowina« aus und erklärte in ihrer Verfassung vom 27. März, immer noch Bestandteil Jugoslawiens zu sein.

Die EG hatte inzwischen → Slowenien und → Kroatien anerkannt; die jugoslawische Föderation existierte nicht mehr. Das von den Serben boykottierte Unabhängigkeitsreferendum vom 20. Februar und 1. März 1992, bei dem 99,4 Prozent für eine eigene Republik votiert hatten, wurde von RADOVAN KARADŽIĆ als »Kriegserklärung« an die Serben bezeichnet. Am 3. März 1992 erklärte der bosnische Präsident IZETBEGOVIĆ die Unabhängigkeit der Republik Bosnien und Herzegowina.

Konfliktparteien

Bosnische Serben, bosnische Kroaten und Muslime bzw. Bosnische Regierung

Die territorialen Ansprüche der drei Hauptkonfliktparteien bzw. Volksgruppen werden u. a. mit der Entstehung der Grenzen Bosnien und Herzegowinas nach dem Zweiten Weltkrieg durch Staatspräsident TITO begründet. Sowohl kroatische als auch serbische Gebiete wurden der damals neuen Teilrepublik angegliedert. Sie liefern im gegenwärtigen Konflikt die Legitimation für die Expansionsbestrebungen der Serben und Kroaten.

Die parlamentarischen Kräfteverhältnisse (bis zur Bildung eines eigenen serbischen Parlaments in Banja Luka) ergaben sich nach den Wahlen am 18. November und

2. Dezember 1990: Wahlsieger wurde mit 45 Sitzen die traditionalistisch-klerikale *Stranka Demokratska Akcije* (Partei der Demokratischen Aktion, SDA) unter der Führung von Alija Izetbegović, die für ein demokratisches Bosnien eintritt; 34 Sitze erhielt Radovan Karadžićs *Srpska Demokratska Stranka* (Serbische Demokratische Partei, SDS), die ideologisch die Schwesterpartei von Slobodan Miloševićs in Belgrad regierender *Sozialistischen Partei Serbiens* darstellt. Als dritte Kraft erhielt die *Hrvatska Demokratska Zajednica* (Kroatische Demokratische Gemeinschaft, HDZ), die bosnische Schwesterpartei der Regierungspartei in Zagreb, 20 der 144 Parlamentssitze (Kammer der Bürger). Die weiteren 45 Sitze verteilten sich auf acht Parteien, wobei die Sozialisten und die Reformkräfte noch die meisten Abgeordneten stellten. Ähnlich waren auch die Kräfteverhältnisse in der 110 Sitze umfassenden Kammer der Gemeinden. Nach dieser Wahl für beide Kammern hatte die SDA 35, die SDS 30 und die HDZ 18 Prozent der Stimmen erhalten. Alle Parteien hatten überwiegend von ihren Volksgruppen die Stimmen bekommen: Die Muslime hatten die SDA, die Serben die SDS und die Kroaten die HDZ gewählt. Dies entsprach in etwa auch den Bevölkerungsanteilen 1991 in Bosnien: 43,7 Prozent Muslime, 31,3 Prozent Serben und 17,3 Prozent Kroaten sowie 7,7 Prozent andere jugoslawische Volksgruppen.

Somit war das Land auch politisch eindeutig dreigeteilt, was die Handlungsfähigkeit der Regierung erschwerte und im Verlauf des kriegerischen Konflikts vor allem die Vermittlung zwischen den Kriegsgegnern äußerst schwierig gestaltete.

Die Machtverteilung in Bosnien wird anhand von zwei vergeblichen Friedensplänen deutlich: Der Vance-Owen-Plan vom Januar 1993 sah unter der Voraussetzung eines einheitlichen demokratischen bosnischen Staates zehn Provinzen vor. Jede der drei Konflikt- und Hauptvolksgruppen sollte jeweils drei autonome Provinzen erhalten, die sich im Grenzverlauf an den ethnischen Siedlungsgebieten vor dem Krieg orientierten: die Serben Banja Luka sowie zwei an Serbien bzw. Montenegro angrenzende Ostprovinzen (43 % des Landes); die bosnischen Kroaten zwei südliche Provinzen um Mostar und die Nordprovinz Posavina an der Save (25 % des bosnischen Territoriums) und die Muslime die nordwestliche Exklave Bihać sowie zwei Provinzen östlich und nördlich von Sarajevo (32 % der Fläche Bosnien und Herzegowinas). Die zehnte Provinz bildete der Regierungssitz Sarajevo, die wie die Regierung Gesamt-Bosniens paritätisch von Muslimen, Serben und Kroaten verwaltet werden sollte.

Eine Dreiteilung sah auch der Owen-Stoltenberg-Plan vom August 1993 vor: Danach sollten die Serben im Westen und Osten (52 % des Territoriums) eine eigene Re-

Alija Izetbegović (*8.8.1925)
Präsident der Republik Bosnien und Herzegowina seit 1990. Der in Nordbosnien geborene Muslim wuchs in Sarajevo auf und engagierte sich früh in muslimischen Kreisen. Er gab u. a. eine Zeitung heraus und wurde 1946 wegen pan-islamischer Aktivitäten zu drei Jahren Gefängnis verurteilt. 1954 schloß er sein Jurastudium ab und arbeitete als juristischer Berater verschiedener Institutionen. Wegen einer 1970 veröffentlichten Islamischen Deklaration wurde er 1983 erneut verhaftet und erst 1988 freigelassen. Im Mai 1990 gründete er die Partei der Demokratischen Aktion, die bei den ersten freien Wahlen in Bosnien stärkste Fraktion wurde. Im Dezember 1990 wurde Izetbegović Vorsitzender des Staatspräsidiums von Bosnien und Herzegowina. Als die Lage in Bosnien eskalierte, forderte er immer wieder die Aufhebung des Waffenembargos und unternahm Reisen in die Türkei, nach Libyen und in den Irak, um Unterstützung zu bekommen. Nach dem Scheitern eines Friedensplanes im Januar 1993 warb Izetbegović auf Reisen in die USA und in Europa um Hilfe.

»Mindestens zehn Tote hat es bei Kämpfen in Bosnien-Herzegowina und Ostkroatien zwischen Muslimen und Serben sowie zwischen kroatischen und Bundestruppen in den vergangenen zwei Tagen gegeben. Die Kämpfe im Gebiet von Neum, der einzigen Adriastadt der Republik, waren Montag noch im Gange, obwohl sich EG und UNO um Frieden bemühten. Die von kroatischem Territorium umgebene Stadt Neum war bisher von Feindseligkeiten zwischen Kroaten und Bundesarmee verschont geblieben. Eine Ursache für den Ausbruch der Kämpfe war nicht ersichtlich. Beide Seiten bezichtigten einander, die Gefechte ausgelöst zu haben, in denen Mörser, Haubitzen und andere schwere Waffen eingesetzt wurden. Beide Seiten hätten zahlreiche Straßensperren errichtet.
Die Bundesarmee und die bosnische Polizei setzten nach Angaben eines Sprechers ein gemeinsames Kontingent in Marsch, um den Frieden wiederherzustellen.
Die Entwicklung gilt als Gefahr für den Ausgang der von der EG vermittelten Verhandlungen der drei Bevölkerungsgruppen Bosniens und Herzegowinas, die am 30. März in Brüssel fortgesetzt werden sollen. Bei der letzten Sitzung am Mittwoch haben sich Muslime, Serben und Kroaten grundsätzlich auf die Dreiteilung der Republik in Volksgruppen-Kantone geeinigt.«
Süddeutsche Zeitung, 24. März 1992

publik bilden, den Muslimen sollte die Mitte zwischen den beiden serbischen Gebieten mit der Hauptstadt Sarajevo und mit Straßenkorridoren zu den Ost-Enklaven Goražde und Srebrenica sowie das nordwestliche Bihać (insgesamt 31 % Bosniens) zugesprochen werden, die Kroaten sollten im Norden und im Süden die Herzegowina mit der Hauptstadt Mostar (insgesamt 17 % des Landes) erhalten. Die Teilgebiete sollten politisch in einer Union der Republiken von Bosnien und Herzegowina zusammengefaßt werden.

Diese Friedenspläne scheiterten wie alle weiteren an den durch die Kriegsereignisse geschaffenen Fakten und sog. ethnischen Säuberungen. Gebietsgewinne wurden von keiner Seite freiwillig rückgängig gemacht, sondern immer wieder als Faustpfand im Machtpoker benutzt.

Rest-Jugoslawien (Serbien, Montenegro)

Die »Föderale Republik Jugoslawien«, im April 1992 von Serbien und Montenegro gebildet, wurde völkerrechtlich bisher nicht anerkannt und wegen der Teilnahme an den kriegerischen Auseinandersetzungen als UNO-Mitglied nicht akzeptiert.

Das Sagen in dieser ungleichen Föderation hat die serbische Regierung in Belgrad unter der Führung des ehemaligen Kommunisten und jetzigen Vorsitzenden der *Sozialistischen Partei Serbiens* (SPS) SLOBODAN MILOŠEVIĆ, dessen Politik von einem nationalistischen Staatssozialismus geprägt ist. Er nimmt eine Schlüsselstellung im Bosnien-Konflikt ein.

Einerseits hat die Föderation zwar die Nachfolge des alten Jugoslawien angetreten und lange Zeit versucht, die Teilrepubliken mit Gewalt zusammenzuhalten. Andererseits ist die serbische Regierung eindeutig Konfliktpartei: Sie hat nach dem Rückzug der regulären jugoslawischen Armee viele schwere Waffen den bosnischen Serben überlassen und diese immer wieder offen unterstützt.

Der serbische Präsident vertritt gemäß seinem Motto »Serbien ist, wo Serben leben« eine aggresssive großserbische Politik (→ Kroatien). Vor dem Internationalen Gerichtshof in Den Haag wurde er ebenso wie der bosnische Serbenführer RADOVAN KARADŽIĆ wegen seiner eindeutigen Kriegspolitik, die auf Expansion zielt und ethnische Säuberungen billigend in Kauf nimmt, als Kriegsverbrecher angeklagt.

Die aggressive Parteinahme Belgrads in diesem Konflikt wurde vom UN-Sicherheitsrat und von der Europäischen Gemeinschaft ab 1991 mit Sanktionen geahndet. Da diese Handels- und Waffenembargos die wirtschaftliche Entwicklung Rest-Jugoslawiens extrem behindern, zeigte sich im Verlauf des Krieges Belgrad nach und nach zu Zugeständnissen bereit, um die Sanktionen zu lockern.

Konfliktverlauf

Am 25. März 1992 hatte die jugoslawische Volksarmee mit Artillerie die nordbosnische Stadt Bosanski Brod beschossen. TV-Sarajevo erklärte daraufhin ein paar Tage später, daß der Krieg ausgebrochen und die Generalmobilmachung angeordnet sei.

Im April erkannte die EG auch Bosnien und Herzegowina als Staat an, was die bosnischen Serben zum Rücktritt aus den staatlichen Gremien veranlaßte. Sie verkündeten die staatliche Unabhängigkeit ihrer bereits im Januar ausgerufenen »Serbischen Republik Bosnien und Herzegowina«, die im August in »Serbische Republik« umbenannt wurde und damit auch nicht mehr Bestandteil Jugoslawiens sein wollte.

In vielen Orten Bosnien und Herzegowinas kam es zu Kämpfen zwischen den verschiedenen Nationalitäten, die das bosnische Staatspräsidium veranlaßten, den Ausnahmezustand zu verhängen. Am 27. April gründeten Serbien und Montenegro die »Föderale Republik Jugoslawien« (Rest-Jugoslawien). Ein paar Tage später wurden die Soldaten der jugoslawischen Volksarmee, die aus Serbien und Montenegro stammten, von Belgrad aufgefordert, Bosnien unverzüglich zu verlassen.

Bosnien bat die UNO um militärischen Beistand, der nicht gewährt wurde. Das Parlament der »Serbischen Republik Bosnien und Herzegowina« wählte am 12. Mai 1992 in Banja Luka RADOVAN KARADŽIĆ zum Präsidenten, ernannte eine Regierung (mit Sitz in Pale) und gründete eine eigene Armee, die ihre meisten Waffen von den abziehenden Truppen der jugoslawischen Volksarmee erhielt. Das bosnische Staatspräsidium erklärte am 20. Mai die jugoslawische Volksarmee zur Besatzungstruppe, die entgegen ihrer früheren Zusagen die Republik nicht verlassen habe, und gründete selbst eine bosnische Armee.

Ende Mai kam es zu heftigem Artilleriebeschuß Sarajevos, so daß der UNO-Sicherheitsrat Wirtschaftssanktionen gegen Serbien und Montenegro verhängte und am 8. Juni die Stationierung von UNPROFOR-Soldaten in Sarajevo beschloß, die für die seit Kriegsbeginn im April belagerte Stadt eine Luftbrücke einrichteten.

Inzwischen waren auch Internierungslager der Serben bekannt geworden, in denen Muslime aus überwiegend von Serben bewohnten Gebieten gefangen waren und in denen es zu zahlreichen Menschenrechtsverletzungen gekommen war.

Anfang Juli bildeten die bosnischen Kroaten in Mostar die »Kroatische Gemeinschaft Herceg i Bosna«; Präsident der selbsternannten Republik wurde der Führer der HDZ, MATE BOBAN. Die Präsidenten von Kroatien und Bosnien vereinbarten ebenfalls im Juli in Zagreb ein Verteidigungsbündnis.

Sarajevo, Juli 1993: Vorbei an ausgebrannten Häusern fährt ein Konvoi mit 200 französischen UN-Soldaten, die die UN-Truppen verstärken sollen.

Die Londoner Jugoslawien-Konferenz erkannte gewaltsame Gebietsgewinne nicht an und verurteilte Menschenrechtsverletzungen, die von allen Kriegsparteien begangen wurden. Die NATO erklärte sich im September bereit, unter einem UNO-Mandat 50 000 Soldaten zur Friedenssicherung nach Bosnien zu schicken.

Anfang Oktober eroberten serbische Truppen die Stadt Bosanski Brod und konnten damit einen Landkorridor von Serbien über Nordbosnien in die serbischen Gebiete Kroatiens legen. Damit hatten die bosnischen Serben wichtige strategische Ziele erreicht. Große Teile Bosnien und Herzegowinas waren nun unter ihrer Kontrolle, und der Korridor verlief von der Krajina bis zur Adria.

Um ihre territorialen Ansprüche durchzusetzen, betrieben alle Kriegsparteien eine Politik der sog. ethnischen Säuberungen: Hunderttausende wurden aus ihren Orten vertrieben und flohen aus den umkämpften Gebieten. In den verlassenen Orten siedelten sich Familien der jeweils siegreichen Seite an. Auch die kroatischen Milizen behaupteten sich in den von ihnen kontrollierten Regionen. Die muslimische, d. h. die bosnische Regierungsarmee drohte zwischen den bosnischen Kroaten und Serben aufgerieben zu werden.

Militärflüge über Bosnien und Herzegowina wurden vom UNO-Sicherheitsrat (Resolution 781) am 9. Oktober verboten. Mitte Oktober kam es in Zentralbosnien zu Kämpfen zwischen den bisher verbündeten Kroaten und Muslimen, und Ende Okotber eroberten die bosnischen Serben die strategisch wichtige Stadt Jajce. Die »Serbische Republik« beschloß die Vereinigung mit der »Serbischen Republik Krajina«.

1993

Der von den Vermittlern der UNO, CYRUS VANCE, und der EU, DAVID OWEN, vorgelegte Friedens- und Teilungsplan (s. S. 163) wurde im Januar 1993 vom bosnischen Serbenführer KARADŽIĆ angenommen, aber vom Parlament der bosnischen Serben in Banja Luka abgelehnt. Auch alle künftigen Vermittlungsvorschläge und Vereinbarungen brachten keine Lösung des Konflikts: Entweder stimmte die eine Seite nicht zu, oder die Abkommen wurden nach vorheriger Zustimmung von der anderen Seite wieder gebrochen.

Am 1. März begann die US-Luftwaffe mit dem Abwurf von Hilfsgütern über Ostbosnien, auch die deutsche Luftwaffe beteiligte sich an der Hilfsaktion. Im April begannen NATO-Flugzeuge mit der Überwachung des Flugverbots.

Nach monatelangen Kämpfen kapitulierten Mitte April die Muslime (bzw. die bosnische Regierungsarmee) in der ostbosnischen Stadt Srebrenica vor den bosnisch-serbischen Truppen.

Ende April kam es dann zum Waffenstillstand zwischen den bosnischen Kroaten und der bosnischen Regierung.

Der UNO-Sicherheitsrat erklärte mit der Resolution 824 am 6. Mai 1993 die Städte Sarajevo, Tuzla, Žepa, Goražde, Bihać und Srebrenica zu »Sicherheitszonen« und bekräftigte in der Resolution 836, daß Gewaltanwendung (u. a. durch UNPROFOR-Soldaten) zur Durchsetzung der humanitären Hilfe und zum Schutz der Sicherheitszonen von nun an erlaubt sei.

Bei erneuten Genfer Friedensverhandlungen im Juni schlugen Serben und Kroaten vor, Bosnien und Herzegowina in eine Union von drei unabhängigen Staaten umzuwandeln, so wie es im August 1993 der OWEN-STOLTENBERG-Plan annähernd vorsah. Die Serben stimmten dem Plan zu; Kroaten forderten Änderungen, die Muslime forderten 40 Prozent des Territoriums, schlugen die Gründung einer kroatisch-muslimischen Republik vor und verlangten neue Gespräche über die Grenzziehungen der geplanten Teilstaaten. Im Gegensatz dazu betonte der UNO-Sicherheitsrat in seiner Resolution 859 noch einmal die Souveränität, territoriale Integrität und politische Unabhängigkeit von Bosnien und Herzegowina.

Im August einigten sich die bosnischen Kriegsparteien, Sarajevo für eine Übergangszeit unter UNO-Kontrolle zu stellen. Vom Parlament der bosnischen Kroaten wurde die »Kroatische Gemeinschaft Herceg i Bosna« am 28. August zur Republik erklärt.

Im September rief der muslimische Führer der Exklave Bihać, FIKRET ABDIĆ, die Sicherheitszone zur »Autonomen

»Ein Gerücht geht um in Europa. Die UN-Truppen sollen aus Bosnien und Herzegowina abgezogen werden. Niemand will das, betonen die Regierungschefs der Europäischen Union auf dem Essener Gipfel, aber alle redeten davon. Alle warnen vor den Folgen des Abzugs, aber die Nato bereitet ihn vor. Auch die Regierung in Washington ist dagegen und hat doch unlängst bis zu 25 000 Soldaten angeboten, die den Rückzug militärisch absichern sollen. (...) Ohne die UNO werden die muslimischen Enklaven in Ostbosnien in serbische Hände fallen; ohne die UNO wird der Krieg zwischen Serben und Muslimen an allen Fronten eskalieren, denn jeder wird versuchen, UN-Stützpunkte zu erobern (zum Beispiel den Flughafen Sarajevo); ohne die UNO wird die wacklige kroatisch-muslimische Mission zerbrechen, der Krieg zwischen den mühsam Versöhnten womöglich wieder aufflammen; ohne UNO hat kein Waffenstillstand und kein Friedensplan mehr eine Chance. (...) Der Exodus der Blauhelme aus Bosnien risse irgendwann auch die 15 000 Blauhelme in den serbisch besetzten Gebieten Kroatiens mit. Dann stünde der von Heißspornen in Zagreb, Belgrad und der Krajina herbeigesehnten Entscheidungsschlacht zwischen Serben und Kroaten nichts mehr im Wege.«
Die Zeit, 12. Dezember 1994

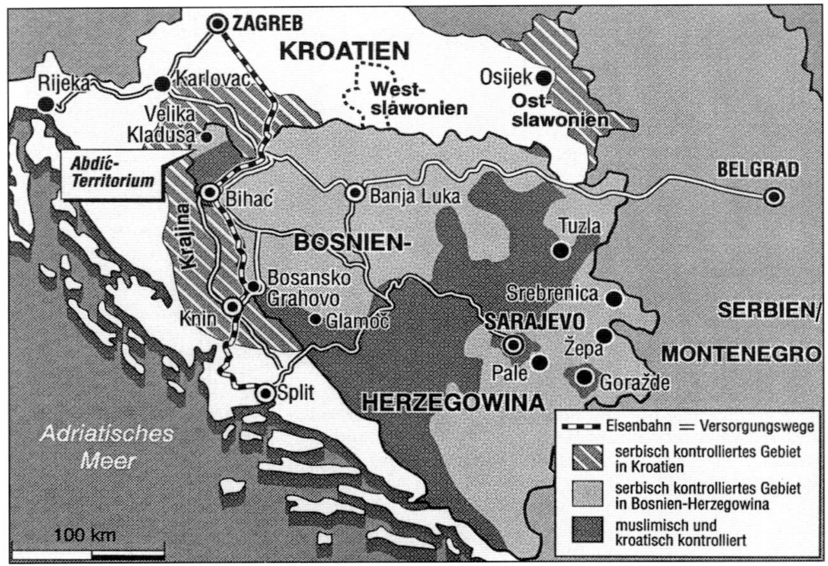

Lage im Kriegsgebiet Bosnien und Herzegowina im Winter 1994/95.

Provinz Westbosnien« aus. Er wurde daraufhin zusammen mit zwei kroatischen Nationalisten aus dem bosnischen Staatspräsidium ausgeschlossen. Abdić, schloß Ende Oktober einen Separatfrieden mit den Kroaten und Serben.

Kroatien kündigte Ende 1993 eine Militärintervention in Bosnien für den Fall an, daß die Muslime ihre Angriffe auf kroatische Orte fortsetzen würden. Seit Oktober 1992 hatte es gerade in Mittelbosnien (um die Orte Gornij Vakuf, Travnik, Vitez) Kämpfe zwischen den eigentlich Verbündeten gegeben. Kroatien unterstützt offen seine Landsleute in Bosnien militärisch, um die eigene Position sowohl gegenüber den Serben als auch gegenüber den Bosniern zu stärken.

1994

Am 21. Januar stimmte die UNO Luftangriffen der NATO auf Stellungen der bosnischen Serben zu und drohte im Februar Kroatien mit Sanktionen, falls die kroatischen Truppen, die sich im Dezember mit den Muslimen im Mittelbosnien heftige Kämpfe lieferten, nicht binnen zweier Wochen aus Bosnien abgezogen würden.

In der immer wieder beschossenen Hauptstadt Sarajevo schlug am 5. Februar auf dem Marktplatz eine Granate ein, bei deren Explosion 68 Menschen getötet und über 200 verletzt wurden. Daraufhin sprachen sich die EU-Außenminister für Luftangriffe auf die Stellungen der Serben rund um Sarajevo aus.

Die NATO drohte ultimativ mit Luftangriffen auf Stellungen der bosnischen Serben, wenn diese ihre schweren Waffen um Sarajevo nicht abziehen oder unter UNO-Kontrolle stellen würden; daraufhin wurde mit dem Teilabzug der Waffen begonnen. Die bosnischen Serben und die muslimischen Regierungstruppen vereinbarten am 9. Februar eine vorübergehende Waffenruhe für die bosnische Hauptstadt Sarajevo.

Am 23. Februar vereinbarten in Zagreb die bosnischen Muslime und bosnischen Kroaten einen Waffenstillstand für Bosnien und Herzegowina, der seither eingehalten wurde. Am 28. Februar schoß ein NATO-Kampfflugzeug vier serbische Militärmaschinen ab, die das Flugverbot verletzt hatten.

Bei Verhandlungen im März in Washington verständigten sich die bosnischen Muslime und Kroaten auf eine Föderation Bosnien und Herzegowina, die später mit Kroatien eine Konföderation bilden soll.

Die Serben belagerten weiterhin die Städte Tuzla, Maglaj und Srebrenica. Serben und Muslime einigten sich auf die Aufhebung der Blockade der Verkehrswege in Sarajevo und die Öffnung der Straße nach Norden.

Erstmals seit zwei Jahren konnte wieder ein Flugzeug der UNPROFOR auf dem Flughafen von Tuzla landen, von wo aus rund eine Million Eingeschlossene in der UNO-Schutzzone mit Hilfsgütern versorgt wurde.

Allein bis zum März 1994 kamen über die Luftbrücke in 21 Monaten 100 000 Tonnen Hilfsgüter nach Sarajevo. Über 20 Nationen hatten sich daran beteiligt (die USA flogen 3172 Einsätze, Frankreich 1444, Großbritannien 1206, Kanada 1197, Deutschland 830). Bis März 1994 waren bereits 142 595 Menschen bei den Kämpfen in Bosnien getötet worden.

Das UNPROFOR-Mandat wurde Ende März um weitere sechs Monate verlängert und die Truppen um 3500, im April noch einmal um 6500 Mann verstärkt. Zu diesem Zeitpunkt waren 31 300 UN-Soldaten in Ex-Jugoslawien stationiert; die Kosten hierfür beliefen sich jährlich auf über eine Milliarde US-Dollar.

Die serbischen Artillerieangriffe im April auf die in der UNO-Sicherheitszone liegende muslimische Enklave Goražde wurden vom UN-Sicherheitsrat scharf verurteilt, konnten aber auch nicht unterbunden werden, als US-Kampfflugzeuge im Auftrag der NATO serbische Stellungen um Goražde bombardierten. Daraufhin nahmen serbische Milizen nordwestlich von Sarajevo 14 kanadische Blauhelme und drei Militärbeobachter fest, weitere 200 UNO-Mitarbeiter wurden bedroht.

Mitte April stießen serbische Panzer-Verbände, trotz der NATO-Luftangriffe auf serbische Stellungen, bis in die Vororte von Goražde vor. Der NATO-Rat beschloß daraufhin, Goražde und auch die übrigen Schutzzonen

»Der Genfer Friedensplan, der das bosnische Territorium in etwa zwei gleich große Hälften teilen soll (49 % für die Serben, 51 % für Moslems und Kroaten), ist für die Strategen in Sarajevo und Pale längst überholt. Sie setzen allein auf Sieg. Wider alle Erfahrung hoffen die gequälten Moslems noch immer, daß der Westen ihre Kapitulation vor der serbischen Übermacht nicht zulassen werde. Sie wollen kämpfen bis zum Ende – und merken nicht, daß sie damit dem Spiel des Aggressors entgegenkommen. (...) Die internationale Staatengemeinschaft will am Status quo in Bosnien festhalten; eine militärische Wende zugunsten der bosnischen Regierung liegt offenkundig nicht im Interesse der Europäer und der Vereinigten Staaten.«
Der Spiegel, 26. Dezember 1994

Bihać, Srebrenica, Tuzla und Žepa für den Fall serbischer Angriffe wie Sarajevo zu militärischen Ausschlußzonen zu erklären. Die Serben zogen sich an den folgenden Tagen aus der Drei-Kilometer-Zone um Goražde zurück. Ende April trafen die ersten Blauhelmsoldaten dort ein, und die Stadt konnte wieder auf dem Landweg versorgt werden.

Ende Mai 1994 hatten muslimische Truppen ihren »Befreiungskampf um die verlorenen Gebiete« mit einer einwöchigen Offensive gegen serbische Stellungen in Nordbosnien bei Maglaj, Tesanj und Dobjo fortgesetzt, auf die sich – neben Bihać im Westen – in den nächsten Wochen die Kampfhandlungen konzentrierten.

Am 5. Juli beschloß die Internationale Kontaktgruppe in Genf einen neuen Teilungsplan für Bosnien und Herzegowina, der 49 Prozent des Landes für die Serben und 51 Prozent für die muslimisch-kroatische Föderation vorsah. Zu diesem Zeitpunkt hielten die Serben etwa 70 Prozent des Landes besetzt. Am 16. Juli stimmten die bosnischen Kroaten dem Plan grundsätzlich zu, zwei Tage später auch das bosnische Parlament in Sarajevo; aber nicht der bosnische Serbenführer KARADŽIĆ, der den Teilungsplan für unzureichend erklärte und »Landkorrekturen« verlangte, insbesondere einen direkten Zugang zur Adria.

Nach Ablehnung des Teilungsplans durch das Serben-Parlament in Pale brach die Regierung in Belgrad alle Kontakte mit den bosnischen Serben ab: Die Grenze zu den Serbengebieten wurde geschlossen, nur noch Lieferungen humanitärer Güter und von Lebensmitteln waren möglich. Die USA setzten den bosnischen Serben ein Ultimatum, den Teilungsplan bis zum 15. Oktober anzunehmen. Dessen ungeachtet stimmten über 90 Prozent der bosnischen Serben bei einem Referendum gegen den Plan, und KARADŽIĆ drohte mit der vollkommenen Blockade muslimischer Enklaven.

Der serbische Präsident MILOŠEVIĆ stimmte einer Überwachung der Grenze zu Bosnien durch eine »internationale humanitäre Mission« unter Leitung des schwedischen Militärs BO PEELNAS zu, die sicherstellen sollte, daß es zu keiner Militärhilfe Rest-Jugoslawiens für die bosnischen Serben mehr komme. Die für sein Entgegenkommen erhoffte Lockerung der UNO-Sanktionen gegen Rest-Jugoslawien wurde am 24. September vom UNO-Sicherheitsrat beschlossen; doch das Handelsembargo blieb vorerst bestehen.

Seit dem Sommer lieferten sich abtrünnige muslimische Soldaten unter FIKRET ABDIĆ um die UNO-Sicherheitszone Bihać im Norden des Landes heftige Gefechte mit der bosnischen Armee. Die UNO drohte am 10. August den bosnischen Regierungstruppen mit Luftangriffen, falls sie ihre schweren Waffen nicht aus der 20-Kilometer-Sicherheitszone um Sarajevo abzögen und ihre Vorstöße in der Region Bihać, die sich am 27. September 1993 für unabhängig erklärt hatte, nicht einstellten. Doch die Drohung der UNO

Der ehemalige US-Präsident Jimmy Carter mit Radovan Karadžić nach Vermittlungsgesprächen am 19. Dezember 1994 in Pale.

ging Ende des Jahres ins Leere. Im Januar 1995 eröffneten die Krajina-Serben eine neue Offensive auf die Schutzzone.

Am 23. Juli übernahm der ehemalige Bremer Bürgermeister Hans Koschnik (SPD) im Auftrag der EU für zwei Jahre die Verwaltung der stark zerstörten Stadt Mostar, die von Muslimen und Kroaten entmilitarisiert worden war.

Am 25. Juli sprach sich UNO-Generalsekretär Boutros Ghali im Falle eines Scheiterns des Friedensplans für den Abzug der UNO-Truppen (ca. 25 000 Soldaten) aus Ex-Jugoslawien aus, da die UNPROFOR zu schwach sei, um den Frieden zu sichern.

Am 5. August kam es zu einem Angriff von NATO-Kampfflugzeugen im Auftrag der UNO auf serbische Stellungen innerhalb der 20-Kilometer-Sperrzone von Sarajevo, um die Rückgabe erbeuteter Waffen zu erzwingen.

Als Vergeltung für den Granatenbeschuß eines UNO-Panzerfahrzeugs durch serbische Freischärler beschossen ebenfalls NATO-Kampfflugzeuge am 22. September einen serbischen Panzer, der sich innerhalb der 20-Kilometer-Sperrzone um Sarajevo befand. Die bosnischen Serben verstärkten ihrerseits den Druck auf die UNO-Friedenstruppen, indem sie deren Militär- und Hilfskonvois stoppten.

Die wirtschaftliche Lage in Bosnien war aufgrund der Kriegsereignisse äußerst desolat: Die Bevölkerung konnte weiterhin nur durch internationale Hilfe versorgt werden.

1995

Die UNO hatte den bosnischen Regierungstruppen mit Luftangriffen bereits im August des vergangenen Jahres gedroht, falls sie ihre Vorstöße in der Region Bihać nicht einstellten. Im Januar 1995 hatten die Krajina-Serben eine neue Offensive auf die Schutzzone eröffnet.

Jimmy Carter → Israel

Die Zufahrtsstraßen des seit drei Jahren belagerten Sarajevo, die seit Juli 1994 total blockiert waren, wurden Mitte Januar 1995 unter Aufsicht der UNO-Schutztruppen wieder geöffnet. Am 29. März 1995 bestand die Luftbrücke nach Sarajevo 1000 Tage (seit 3. Juli 1992).

Bereits Ende Januar 1995 wurde der vom ehemaligen US-Präsidenten JIMMY CARTER ausgehandelte Waffenstillstand, der am 1. Januar 1995 in Kraft getreten war, kaum mehr beachtet. Die NATO bereitete unterdessen Abzugspläne für die hilflosen UNO-Truppen vor.

Der Waffenstillstand zwischen Muslimen und Kroaten, die sich im Mai 1994 auch zu einer Föderation zusammengeschlossen hatten, hatte dagegen Bestand. Mitte Februar nahmen die Kämpfe um Bihać zu; die Waffenruhe war inzwischen fast überall gebrochen worden. Die Bemühungen des UN-Sonderbeauftragten YASUSHI AKASHI um eine Verlängerung des Waffenstillstands, der bis zum 30. April vereinbart war, waren endgültig gescheitert. Am 23. März wurden erneut schwere Kämpfe um Tuzla gemeldet. Die Serben beschossen Sarajevo (14.4.) und Dubrovnik (15.4.) erneut mit Granaten.

Seit Ende 1994 wurden die bosnischen Serben von den kroatischen Serben immer mehr im Kampf gegen die Muslime unterstützt, vor allem bei der Vertreibung der nichtserbischen Bevölkerung. Ende April hatten die sog. ethnischen Säuberungsaktionen der Serben einen ersten Höhepunkt erreicht: In den von ihnen beherrschten Gebieten war der Anteil der Muslime und Kroaten auf 10 Prozent zurückgegangen – von den einst 356 000 Muslimen lebten hier noch 37 000 und von den 180 000 Kroaten noch 30 000 Menschen; der Anteil der Serben war dagegen um 15 Prozent gestiegen.

Anfang Mai drohte nach dem Ende des Waffenstillstands eine weitere Eskalation des Konflikts. Bosnisch-kroatische Einheiten beschossen Serben im Korridor nördlich von Breko bei der kroatischen Enklave Orasje in der Save-Tiefebene. Der Korridor verbindet die serbisch kontrollierten Gebiete. Die Serben antworteten mit einer Offensive, die Mitte Mai ins Stocken geriet; gleichzeitig geriet Sarajevo unter heftigen serbischen Artilleriebeschuß.

Am 2. Mai beschloß das Parlament der bosnischen Serben in Banja Luka die Vereinigung der Republiken in den Serbengebieten Kroatiens und Bosniens (Vereinigung mit den Krajina–Serben). Der zweifache NATO-Angriff auf Pale und der Beschuß eines Munitionslagers führten zur heftigen Gegenreaktion der Serben: Sie beschossen Tuzla und töteten dabei 71 Zivilisten. Gleichzeitig wurden mehr als 370 Blauhelmsoldaten von den Serben als Geiseln genommen, die an Munitionsdepots oder Kriegsgerät gefesselt und erst nach langwierigen Verhandlungen wieder freigelassen wurden. KARADŽIĆ erklärte die UNO zum Kriegsgegner.

Der Deutsche Bundestag billigte am 30. Juni mit großer Mehrheit den Einsatz der Bundeswehr zum Schutz der Schnellen Eingreiftruppen, die Frankreich, Großbritannien und die Niederlande aufgestellt hatten.

Im Juli 1995 eroberten die Serben die UNO-Schutzzonen Žepa und Srebrenica: Unter den Augen der Blauhelmsoldaten waren über 5500 Muslime von den serbischen Soldaten getötet und 30 000 Muslime deportiert worden.

Inzwischen hatten sich auch das Gleichgewicht der Kräfte und die strategischen Konstellationen zwischen den Kriegsparteien verändert, da die kroatische Armee wesentlich schlagkräftiger geworden war. Das Waffenembargo gegen Zagreb war schon lange brüchig gewesen, die Armee wandelte sich von unzureichend organisierten und schlecht bewaffneten Milizeinheiten in moderne Streitkräfte.

Die Augustoffensive »Gewittersturm« der Kroaten, bei der es wiederholt zu Menschenrechtsverletzungen gekommen war, führte zur entscheidenden Wende des seit drei Jahren dauernden Krieges. Die Krajina konnte aufgrund geringer Gegenwehr der Serben zurückerobert werden, über 120 000 serbische Zivilisten flüchteten.

Begünstigt wurde der Sieg vom 4. August durch die (nicht bestätigte) Unterrichtung des kroatischen Generalstabs von den Erkenntnissen der NATO-Luftaufklärung und durch die zurückhaltende Haltung der Belgrader Regierung, die offensichtlich durch Stillhalten und immer mehr Zugeständnisse sich bessere Ausgangsbedingungen für die Zeit nach dem Krieg erhoffte. Doch der wichtigste Faktor im neuen strategisch-militärischen und politischen Machtgefüge Bosniens war die Stärke Kroatiens und der bosnisch-kroatische Beistandspakt vom Sommer des Jahres.

Der Krieg war aber mit der Kajina-Offensive der Kroaten noch nicht beendet. Am 28. August feuerten die Serben Granaten auf Sarajevo ab, 38 Menschen wurden dabei getötet. Die NATO reagierte am 30. August mit Luftangriffen. Es war der bisher größte Kampfeinsatz der NATO in ihrer Geschichte. Belgrad unternahm nichts.

Es herrschte zwar Gesprächsbereitschaft auf allen Seiten, doch einigte man sich in Genf nur auf unverbindliche Grundsätze. Das Hauptproblem für einen Friedensschluß stellten nach wie vor die von den Serben eroberten Gebiete dar. Das von den Serben kontrollierte Territorium war weitaus größer, als ihnen zugestanden werden sollte.

Die Kampfhandlungen gingen weiter: Kroatische und muslimische Truppen verzeichneten in diesen Wochen aufgrund der durch die NATO-Angriffe geschwächten serbischen Armee erhebliche Geländegewinne: Die seit den ersten Friedensvertragvorschlägen angestrebte 51-zu-49-Prozent-Aufteilung des Landes (s. o.) war bald erreicht, die Serben hatten sogar noch mehr Gebiete verloren.

Die 16 wichtigsten Vereinbarungen des Friedensabkommens von Dayton vom 22.11.1995

1. Bosnien bleibt als einheitlicher Staat in seinen jetzigen Grenzen erhalten und wird von der internationalen Gemeinschaft anerkannt. Rest-Jugoslawien erkennt diesen Staat an. Gegenseitige diplomatische Beziehungen werden aufgenommen.

2. Der bosnische Staat besteht aus zwei Teilen, der muslimisch-kroatischen Föderation und der Serbischen Republik in Bosnien. Muslime und Kroaten bekommen 51 Prozent des Staatsgebiets, die Serben 49 Prozent. Die Serben behalten ihre Hochburg Pale, zu ihrem Gebiet gehören außerdem die ehemaligen UNO-Schutzzonen Srebrenica und Žepa.

3. Sarajevo bleibt die vereinte Hauptstadt Bosniens. Alle Hindernisse an den Zugängen zur Stadt werden beseitigt. Einige Stadtbezirke sollen von den Serben autonom verwaltet werden.

4. Es werden eine Zentralregierung, ein einheitliches Parlament und eine Präsidentschaft geschaffen, als weitere zentrale Institutionen sind Verfassungsgericht, Zentralbank und eine gemeinsame Währung vorgesehen. Die zentralen Institutionen sind für die Außenpolitik, den Außenhandel, die Geldpolitik sowie Fragen der Staatsangehörigkeit zuständig. Das Parlament wird aus zwei Kammern bestehen.

5. Die Präsidentschaft und das Parlament sollen 1996 in freien und demokratischen Wahlen unter internationaler Aufsicht gewählt werden. Ein Korridor verbindet die ostbosnische Stadt Gorazde mit Sarajevo. Nach bosnischen Angaben soll der Korridor 8 bis 15 Kilometer breit sein.

6. Der Brcko-Korridor, der die serbisch kontrollierten Gebiete im Osten und Westen verbindet, wird fünf Kilometer breit sein. Über den künftigen Status von Brcko, der wichtigsten Stadt in der Region, entscheidet eine internationale Schlichtungskommission. Die Entscheidung muß binnen eines Jahres in Kraft treten.

Stationierung der NATO-Friedenstruppe.

7. Die Flüchtlinge können in ihre Heimat zurückkehren. Die Achtung der Menschenrechte wird von einer unabhängigen Kommission und einer internationalen Polizeieinheit überwacht.
8. Personen, die wegen Kriegsverbrechen angeklagt sind, werden von politischen Ämtern ausgeschlossen. Sie dürfen keine öffentlichen Aufgaben übernehmen, weder in der Armee noch in zivilen Institutionen.

Ergebnis

Bei den Eroberungsfeldzügen der kroatischen und muslimischen Soldaten war es zu Vertreibungen serbischer Zivilisten gekommen. Damit war die ethnische Trennung Bosniens besiegelt; sie wurde zur Grundlage für den 150seitigen Friedensvertrag, der nach dem Waffenstillandsabkommen vom 5. Oktober, das am 10. Oktober in Kraft trat, und nach dreiwöchigen Verhandlungen in Dayton/Ohio am 21. November unter der Schirmherrschaft des amerikanischen Präsidenten von den Präsidenten Bosniens, Kroatiens und Serbiens paraphiert und am 14. Dezember in Paris unterzeichnet wurde. (Die 16 wichtigsten Vereinbarungen s. Marginaltext S. 173 ff.)

Die endgültige Teilung Bosniens zwischen Serben und Kroaten läßt sich auch mit diesem Vertragswerk, das das zukünftige Leben der Volksgruppen regelt, nicht ausschließen. Den Frieden sichert die *Implementation Force* der NATO (IFOR), die am 20. Dezember 1995 die Befehlsgewalt von der UNO übernahm. Am 22. Dezember landete das erste Vorauskommando von 175 deutschen Soldaten, die im Rahmen des NATO-Einsatzes die Friedenstruppen unterstützen. Der Deutsche Bundestag hatte am 6. Dezember mit großer Mehrheit der Beteiligung der Bundeswehr an diesem Einsatz in Bosnien zugestimmt.

Literatur: A. Blettner / K. Grieb: *Bosnien und Herzegowina: Gottes vergessene Kinder. Das Drama der vergewaltigten Frauen und Kinder.* Frankfurt 1993.
H. Büschenfeld: *Kosovo. Nationalitätenkonflikt im Armenhaus Jugoslawiens.* Köln 1991.
E. Kalbe: *Aktuelles und Historisches zum jugoslawischen Konflikt.* Sehkenditz 1993.
K. Koppe / H. Schmidt: *Der Konflikt im ehemaligen Jugoslawien.* Hg.: Arbeitsgruppe 'Sicherheitspolitik' der Deutschen Kommission Justitia et Pax. Bonn 1994.
S. Leban / H. Rullmann: *BIH Bosnien und Herzegowina. Achillesferse der kroatischen Politik.* Hamburg 1993.
W. Libal / C. Kohl: *Kosovo: Gordischer Knoten des Balkan.* Wien 1992.
T. Pflüger / M. Jung: *Krieg in Jugoslawien.* Tübingen 1994.
J. Reissmüller: *Die bosnische Tragödie.* Stuttgart 1993.
H. Rullmann: *Kosovo-Report: Das Pulverfaß, das Jugoslawien sprengt.* Hamburg 1991.
H. Rullmann: *Serbiens Kriegsbeteiligung in Bosnien.* Hamburg 1994.
P. Scholter / P. Billing: *Der Krieg in Bosnien und das hilflose Europa.* Frankfurt 1993.
Statistisches Bundesamt (Hg.): *Länderbericht Jugoslawien.* Wiesbaden 1990.
W. Voit: *Humanitäres Völkerrecht im Jugoslawienkonflikt.* Bochum 1993.

9. Die internationale Gemeinschaft organisiert ein humanitäres Hilfsprogramm, um den Wiederaufbau des Landes und die Abhaltung freier Wahlen zu gewährleisten.
10. Die UNO-Sanktionen werden schrittweise aufgehoben. Dies betrifft sowohl die Wirtschaftssanktionen gegen Serbien als auch das Waffenembargo gegen Bosnien.
11. Eine internationale Friedenstruppe (IFOR) unter NATO-Kommando und unter Führung eines US-Generals wird in Bosnien stationiert und ersetzt die UNO-Schutztruppen (UNPROFOR).
12. Die IFOR überwacht die Einhaltung des Waffenstillstands und die Truppenentflechtung. Bei Angriffen kann sie sich verteidigen.
13. Die IFOR hat völlige Bewegungsfreiheit auf dem gesamten bosnischen Gebiet.
14. Zwischen den Waffenstillstandslinien wird eine rund zwei Kilometer breite entmilitarisierte Zone eingerichtet.
15. Innerhalb von vier Monaten werden die schweren Waffen abgezogen und die Soldaten kehren in die Kasernen zurück.
16. Alle Kriegsgefangenen werden sofort freigelassen.
Süddeutsche Zeitung,
23. November 1995

Staatsname: Republik Bosnien und Herzegowina
Staatsform: Republik (seit 1992)
Staatsoberhaupt: Alija Izetbegović (SDA; seit 1990)
Regierungschef: Haris Silajdžić (SDA; seit 1993)
Regierung: Keine einheitliche Regierung
Parlament: Zweikammerparlament 240 Sitze (Wahl vom 18.11./2.12.1990), SDA (Muslime) 86, SDS (Serben) 72, HDZ (Kroaten) 44, SK (Kommunisten) 14, SRSJ (Kommunisten) 12, Splittergruppen 12
Mitgliedschaft bei internationalen Organisationen: OSZE, UNO
Lage: 15°–20° östlicher Länge, 42°–46° nördlicher Breite
Fläche: 51 129 km^2
Hauptstadt: Sarajevo
Bevölkerung: 4,4 Millionen; Bosniaken (ethnisch Muslime) 49,3 %, Serben 31,3 %, Kroaten 17,3 %, Sonstige 2,1 %; Muslime 40 %, Serbisch-Orthodoxe 31 %, Katholiken 15 %, Protestanten 4 %, Sonstige 10 %
Wirtschaft: Dienstleistung 24,4 %, Industrie 64,7 %, Landwirtschaft 10,9 %; Export: Maschinen 20,8 %, Chemikalien 9,4 %, Kleidung 9,2 %

BURKINA FASO (ehem. Obervolta)

Grenzkonflikt mit Ghana 1963 bis 1966
Grenzkriege mit Mali 1974/75 und 1985/86

Obervolta – 1984 in Burkina Faso umbenannt – hatte drei bewaffnete Konflikte an seinen Grenzen zu → Ghana und → Mali, eine Folge ungeklärter kolonialer und nachkolonialer Grenzziehungen, aber auch jahrhundertealter Spannungen zwischen dem Mossi-Volk in Burkina Faso und den Stämmen Malis, die in dieser westafrikanischen Region leben.

Historischer Hintergrund

Über 160 Volksstämme leben in Obervolta. Die Urbevölkerung – Bobo, Lobi und Gurunsi – siedelte zunächst im Westen und Südwesten des Landes. Im 12. und 13. Jahrhundert drang aus dem Osten das Mossi-Reitervolk vor und gründete im Zentrum des heutigen Burkina Faso gut organisierte Königreiche: Ouagadougou (seit 1050), Yatenga (seit 1170) und Dagomba im Norden des heutigen → Ghana. Die Mossi-Reiche behaupteten sich im Mittelalter vor allem gegen das Großreich Mali; 1400 eroberten die Mossi Timbuktu und leiteten so den Untergang des Mali-Reiches ein. Das Vordringen des Islam konnten die Mossi erfolgreich abwehren, ebenso den Feldzug der Songhais unter »Sonni« (Titel) ALI (1462–1492).

Der Moro Naba (»Großmächtige Herr«) stand an der Spitze eines Kronrates; auch während der französischen Kolonialzeit und der nachkolonialen Regime behielt der Moro Naba bis heute großen Einfluß. 1895 zwangen die Franzosen die Mossi-Reiche in ein Protektoratsverhältnis; 1904 wurde die Kolonie mit Französisch-Sudan (→ Mali) vereinigt: Als Teil von Obersenegal und Niger (1904–1919), dann als Obervolta erstmals mit eigener kolonialer Administration (1919–1932). 1932 wurde das Gebiet zunächst auf die benachbarten Kolonien zwischen Sudan (heute: Mali), der Elfenbeinküste und Niger aufgeteilt (1932 bis 1947), schließlich wieder formell ein französisches Überseeterritorium (1947–1958), das 1960 in die Unabhängigkeit entlassen wurde.

Burkina Faso sah sich mit den Nachbarstaaten → Niger und → Togo dem aggressiven Streben → Ghanas nach einem afrikanischen Bundesstaat ausgesetzt (s. u.).

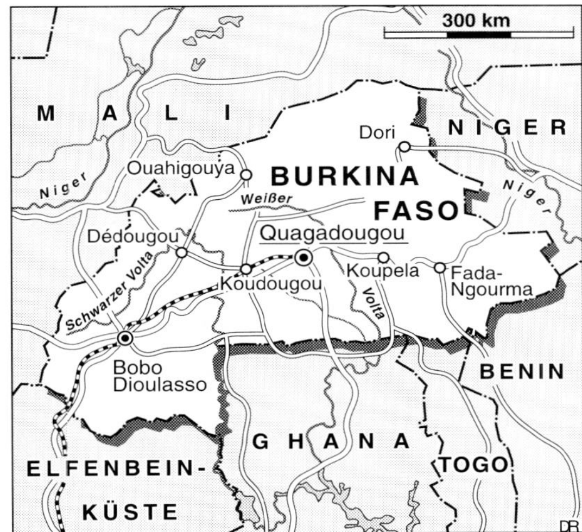

Die Willkür kolonialer und nachkolonialer Grenzziehungen führt in vielen Staaten Afrikas immer wieder zu Konflikten.

Konfliktparteien

Burkina Faso

Der erste Präsident MAURICE YAMÉOGO wurde im Januar 1966 gestürzt, und Armeeoffiziere unter der Führung von General SANGOULÉ LAMIZANA übernahmen die Regierung. Seit 1977 gab es demokratische Strukturen mit freien Wahlen und einem Mehrparteiensystem, doch innenpolitische Spannungen und soziale Konflikte führten im November 1980 zum Putsch des Oberst SAYE ZERBO, der ein diktatorisches Militärregime etablierte. ZERBO wurde zwei Jahre später, am 7. November 1982, durch rivalisierende Militärs wieder gestürzt. Der Anführer dieses Militärputsches, JEAN-BAPTISTE QUEDRAOGO, ernannte sich selbst zum neuen Staatschef. Es folgten weitere Putsche und Gegenputsche, bis sich BLAISE COMPAORÉ 1987 an die Spitze des Staates setzte.

Im August 1984 wurde der Staat Obervolta in Burkina Faso umbenannt, ein Name, der aus den More- und Peulh-Sprachen zusammengesetzt ist: »Burkina« bedeutet »Land der freien, gerechten Menschen« und »Faso« heißt »volksdemokratische Republik«.

→ Ghana

Präsident KWAME NKRUMAH verfolgte panafrikanische Ziele.

→ Mali

Mali erhob, infolge der unverändert gebliebenen kolonialen Grenzziehungen, Ansprüche auf die Beli-Region.

Saye Zerbo (27.8.1923)
Staatschef von Burkina Faso von 1980 bis 1982.
Als Sohn eines französischen Kolonialbeamten besuchte er eine weiterführende Schule und trat danach in die Kolonialarmee ein. Seine militärische Ausbildung erhielt er u. a. an der Kriegsakademie in Paris. Sein wirtschaftswissenschaftliches Studium schloß er im Senegal mit einem Diplom ab. Von 1974 bis 1976 rief ihn General Lamizana als Außenminister ins Kabinett. In den Jahren danach stieg Zerbo militärisch bis zum Kommandeur eines Regiments auf und riß 1980 die Macht durch einen unblutigen Putsch an sich. Er selbst wurde 1982 gestürzt und 1985 zu 15 Jahren Haft verurteilt.

Konfliktverlauf

Grenzkonflikt mit Ghana 1963 bis 1966

Die politischen und kulturellen Gegensätze aus kolonialer, aber auch nachkolonialer Zeit zwischen der Führung der ehemaligen britischen Kolonie Ghana und der vormals französischen Besitzung Obervolta manifestierten sich in diesem Konflikt.

Seit 1963 strebte die Außenpolitik Obervoltas unter der Regierung MAURICE YAMÉOGO engere Verbindungen mit der frankophonen Elfenbeinküste an. Ghanas Staatschef KWAME NKRUMAH wollte dagegen die Vormachtstellung seines Landes in der Region sichern. Ghana wurde auch verdächtigt, subversive und umstürzlerische Aktivitäten in Obervolta zu unterstützen. Der Konflikt eskalierte, als ghanaische Truppen im Frühjahr 1963 einen 50 Meilen langen Gebietsstreifen besetzten, der unter der Kontrolle Obervoltas stand (→ Ghana).

Grenzkrieg mit Mali 1974 bis 1975

Der Grenzkonflikt zwischen Mali und Obervolta begann mit der Unabhängigkeit beider Staaten (Mali: 22.9.1961; Obervolta: 5.8.1962, am 4.8.1984 umbenannt in Burkina Faso). Umstritten ist der Verlauf der Grenze im 160 Kilometer langen und 30 Kilometer breiten Oudalan-Streifen am Beli-Fluß, der für die Nomaden in dieser Region – in der auch reichhaltige Bodenschätze (Mangan, Vanadium, Titan, Erdöl, Erdgas) vermutet werden – die einzige Wasserquelle ist. Die dort lebenden Tuareg wurden von der Regierung → Malis als Bürger ihres Landes angesehen. Historisch und geographisch gehörte die Beli-Region zum französischen → Sudan, aus dem der spätere Staat Mali hervorging. Obervolta erkannte diesen Anspruch Malis nicht an, da aus der Kolonialzeit weder Karten über den genauen Grenzverlauf noch Abkommen existieren. Seit 1961 versuchten beide Seiten, den Grenzstreit durch Verhandlungen zu lösen.

Am 25. November 1974, zehn Jahre nach der Niederwerfung des Tuareg-Aufstandes in → Mali (s. a. → Niger) kam es zu Grenzverletzungen, die sich am 14., 16. und 18. Dezember zu schweren Kämpfen zwischen Truppenteilen beider Länder in diesem Gebiet ausweiteten.

Aufgrund der Vermittlungsinitiative der Präsidenten Togos und Senegals, des algerischen Ministerpräsidenten, des OAU-Vorsitzenden und des somalischen Präsidenten General MUMAMMAD SIAD BARRE, wurden die Kampfhandlungen eingestellt. Mit der Erklärung von Conakry vom 10. Juli 1975 und der Einrichtung einer neutralen Kommission, die den Grenzverlauf und die territoriale Zugehörigkeit der im umstrittenen Gebiet liegenden Dörfer klären sollte, wurde der Konflikt vorerst beendet.

Muhammed Siad Barre
→ Somalia

Militärparade mit dem amtierenden Staatspräsidenten Thomas Sankara in Ouagadougou während der Feierlichkeiten zum zweiten Jahrestag der Revolution am 6. August 1985.

Grenzkrieg mit Mali 1985/86

Zehn Jahre später kam es erneut zu kriegerischen Auseinandersetzungen um die Beli-Region, denen die Anrufung des Internationalen Gerichtshofes der Vereinten Nationen durch Mali und Burkina Faso vorangegangen war, um eine Entscheidung in der Grenzfrage zu erwirken. Am 14. Dezember 1985 kam es zu ersten Gefechten, der sog. Weihnachtskrieg zwischen beiden Ländern hatte begonnen. Zuvor war die Regierung Malis durch Burkina Faso von der Absicht unterrichtet worden, zwischen dem 10. und 12. Dezember 1985 eine Volkszählung durchzuführen. Am 4. Dezember drangen für die Volkszählung verantwortliche burkinische Beamte und eine Einheit der Armee auf malisches Gebiet vor. Vier malische Grenzdörfer wurden besetzt. Diese Vorgänge lösten eine massive Flucht von Maliern aus. Die Regierung Malis reagierte auf diesen »Bruch von Vereinbarungen und der Verletzung der Grundregeln guter Nachbarschaft mit notwendigen Maßnahmen«. Burkina Faso sah seine Volkszählungsbeamten auf burkinischem Gebiet von »malischen Elementen« vorsätzlich behindert. Am 25. Dezember beschuldigte Burkina Faso Mali, vier Grenzdörfer angegriffen zu haben, wobei vier Zivilisten getötet und elf verwundet worden seien. Im Gegenangriff burkinischer Einheiten seien zehn malische Soldaten getötet und mehrere Panzerwagen zerstört worden. Die burkinischen Behörden würden die Dörfer in der umstrittenen Region als zu Burkina Faso

Maurice Yaméogo
(31.12.1921–16.9.1993)
Präsident der Republik Obervolta (heute Burkina Faso) von 1959 bis 1969. Nachdem er seine Studien beendet hatte, ging er zunächst in den Finanzdienst der französischen Kolonialverwaltung und wurde 1946 zum ersten Mal in die Territorialversammlung Obervoltas gewählt. Von 1948 bis 1952 gehörte er dem Großen Rat Französisch-Westafrikas in Dakar an und wurde einer der Gründer der RDA (Demokratische Sammlung), der großen westafrikanischen politischen Bewegung. In seinem Heimatland gründete er eine Partei und wurde für sie 1957 ins Parlament gewählt. Über das Amt des Landwirtschafts- und des Innenministers wurde Yaméogo 1959 Ministerpräsident. 1965 wiedergewählt, verlor er sein Amt durch einen Putsch und wurde 1969 zu fünf Jahren Zwangsarbeit verurteilt. Seitdem lebte er unter Wohnsitzbeschränkung und starb im Alter von 71 Jahren bei einem Flugzeugabsturz.

gehörend betrachten. Daraufhin eskalierte der Konflikt mit dem Eingreifen der malischen Armee und der anschließenden militärischen Aktion Burkina Fasos.

Ergebnis

Der Konflikt um den Grenzverlauf und die hier vermuteten Rohstoffe kostete 630 Maliern und 28 Burkinern das Leben. Die *Organisation für Afrikanische Einheit* (OAU) und die Staatschefs von → Senegal, → Ghana, Guinea, Tunesien und Mauretanien entsandten Diplomaten zur Vermittlung in die Hauptstädte der Kriegsgegner. Vor allem auf nigerianischen und libyschen Druck wurden am 29. Dezember 1985 der Waffenstillstand und der Rückzug aller Truppen hinter die bisherigen Grenzlinien vereinbart. Nach einer Gipfelkonferenz des *Accord de Non-Aggression et d'Assistance en Matière de Défense* (ANAD) am 17. und 18. Januar 1986 in Yamoussoukru (Elfenbeinküste) zogen Mali und Burkina Faso ihre Truppen vollständig aus dem umstrittenen Grenzgebiet ab.

Entwicklung seit Konfliktende

Nach dem Putsch von Hauptmann Blaise Compaoré und dem Tod Thomas Sankaras am 15. Oktober 1987 verbesserten sich die Beziehungen zwischen Burkina Faso und Mali. Im März 1988 beschloß die gemeinsame Grenzkommission, eine Demarkationslinie zu ziehen. Ende April 1989 wurden mehrere Abkommen über technische, wissenschaftliche und kulturelle Zusammenarbeit zwischen beiden Staaten unterzeichnet.

Literatur: F. Ansprenger: *Wahlen in Obervolta*. In: *Civitas. Jahrbuch der Sozialwissenschaften*. Bd. 10. Mannheim 1971.
H. F. Illy: *Obervolta. Neue Dynamik in Politik und Wirtschaft*. In: *Internationales Afrikaforum*. 14. Jg., Nr. 1. München 1978.
Institut für Afrika-Kunde (Hg.): *Afrika Jahrbuch 1988*. Opladen 1989.
P. Lippens: *La République de Haute-Volta*. Paris 1972.
W. A. E. Skurnik: *The Military and Politics: Dahomey and Upper Volta*. In: C. E. Welch (Hg.): *Soldier and State in Africa: A comparative analysis of military intervention and political change*. Boston 1970.
E. Schmitz: *Politische Herrschaft in Burkina Faso. Von der Unabhängigkeit bis zum Sturz Thomas Sankaras, 1960–1987*. Freiburg 1990.
Statistisches Bundesamt (Hg.): *Länderbericht Burkina-Faso*. Wiesbaden 1992.
J. M. Werobel / La Rochelle: *Planning without Ressources – Upper Volta*. In: J. Voss (Hg.): *Development Policy in Africa*. Bonn-Bad Godesberg 1973.

Staatsname: Republik Burkina Faso
Staatsform: Präsidiale Republik
Staatsoberhaupt: Blaise Compaoré (ODP/MT; seit dem Putsch 1987)
Regierungschef: Roch Marc Christian Kaboré (ODP/MT; seit 23.3.1994)
Regierung: Front Populaire (FP, seit 1987)
Parlament: Nationalversammlung 107 Sitze (24.5.1992), ODP/MT (Kommunisten) 78, CNPP/PSA (Sozialisten) 12, RDA (Demokratische Sammlung) 6, Sonstige 11
Mitgliedschaft bei internationalen Organisationen: AKP, ECOWAS, OAU, UNO
Lage: 5°– 2° östlicher Länge, 9°–15° nördlicher Breite
Fläche: 274 400 km^2
Hauptstadt: Ouagadougou
Bevölkerung: 9,8 Millionen; Mossi 47,9 %, Mande 8,8 %, Fulani 8,3 %, Lobi 6,9 %, Bobo 6,8 %, Sonstige 21,3 %; Muslime 43 %, traditionelle Religionen 44,8 %, Christen 12,2 %
Wirtschaft: Dienstleistung 37 %, Industrie 19 %, Landwirtschaft 44 %;
Export: Baumwolle 56,7 %, Fertigwaren 23,2 %, Felle, Häute 7,4 %

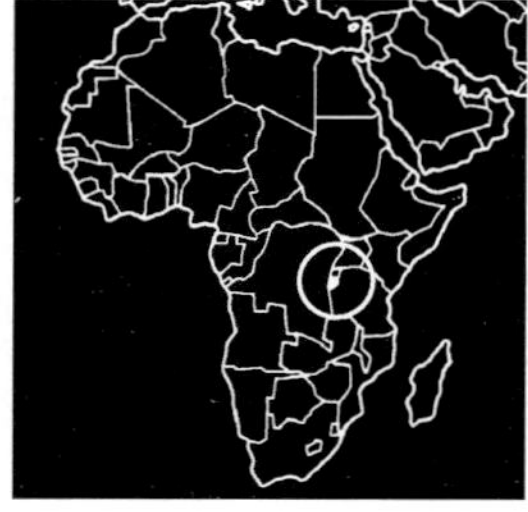

BURUNDI

Bürger- und Stammeskriege (Hutu-Aufstände) 1965, 1972, 1988, 1994

Burundis Bürgerkriegskonflikte gehen – wie im benachbarten → Ruanda – auf jahrhundertealte ethnische Stammesgegensätze (»schwarze Apartheid«) zwischen der unterdrückten Hutu-Mehrheit (ca. 80 % der Bevölkerung) und der sie beherrschenden Tutsi-Minderheit (ca. 14 %) zurück.

Historischer Hintergrund

Kleinere Tutsi-Herrschaftsgebiete, die sich im 16. Jahrhundert zusammengeschlossen hatten, bildeten das Königreich Burundi, das eine ähnliche soziale und politische Entwicklung wie das benachbarte ehemalige Königreich → Ruanda aufzeigt. Beide Länder und der Kern → Ugandas (Buguanda) gehörten zu den ostafrikanischen Hima-Staaten, die seit dem 16. Jahrhundert vom hellhäutigeren hamitischen Hirtenvolk der Tutsi (auch Watussi, Watutsi, Batutsi) beherrscht wurden.

Sie waren vom oberen Nil und vom Horn von Afrika eingewandert und hatten ihre Vorherrschaft durch ein Feudalsystem mit einem König (Mwami) an der Spitze begründet und gefestigt, indem sie die seit der Bantu-Wanderung vor mehr als 1000 Jahren ansässigen schwarzhäutigen Hutu-Ackerbauern (auch Wahutu, Bahutu) konsequent unterdrückten.

Tutsi hatten das Recht, Großvieh (Watussi-Rinder) zu halten, Hutu durften nur den weniger ergiebigen Ackerbau betreiben und Kleinvieh halten. Zu einer Vermischung beider Volksgruppen kam es nicht; nur auf der Häuptlingsebene war dies möglich. Die heutige Elite Burundis ging überwiegend aus diesen »Mischehen« hervor.

Die Grenze zwischen Burundi und Ruanda wurde erst nach langen Kämpfen um 1800 endgültig gezogen. In der zweiten Hälfte des 19. Jahrhunderts erhielt Burundi durch Mwami NTARE IV. erstmals eine administrative Ordnung und wurde zusammen mit Ruanda 1884 Deutsch-Ostafrika eingegliedert und seit Ende der deutschen Kolonialherrschaft 1916 von Belgien verwaltet; ein Völkerbundmandat 1919 bis 1946 und eine UN-Treuhandschaft 1946 bis 1962 folgten.

Seit 1925 war die Region, die damals Ruanda-Urundi hieß und an deren feudalen Gesellschaftsverhältnissen sich

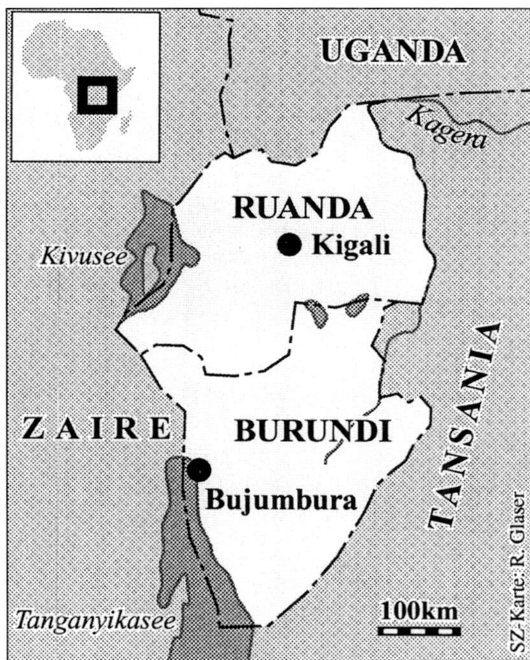

Bürgerkriege und Aufstände in Burundi und Ruanda lassen sich auf jahrhunderte alte Stammeskonflikte zurückführen: Eine Tutsi-Minderheit unterdrückte die Hutu-Mehrheit.

bis dahin nichts geändert hatte, Belgisch-Kongo zugeordnet und sollte gemäß der UN-Treuhandschaft allmählich auf die Unabhängigkeit vorbereitet werden: Am 1. Juli 1962 erhielten Burundi und Ruanda ihre Unabhängigkeit; Burundi blieb bis 1966 eine Monarchie.

Konfliktparteien

Die Hauptkonfliktgegner sind die beiden großen Volksstämme: die unterprivilegierten Hutu und die sie in einer Art »schwarzen Apartheid« beherrschende Tutsi-Minderheit. Vor und nach der Unabhängigkeit bestimmten im wesentlichen zwei größere Parteien, die sich aus verschiedenen rivalisierenden Gruppierungen zusammengefunden hatten, die Politik Burundis:

Die *Parti de l'Unité et du Progrès National du Burundi* (UPRONA), die spätere Einheitspartei, wurde von Tutsi dominiert, hatte aber auch einige katholisch-konservative Hutu-Mitglieder. Ideologisch war sie zunächst neutralistisch orientiert, lehnte sich jedoch bald, nach den Ereignissen im Kongo, an den Lumumbismus (→ Zaire) an und

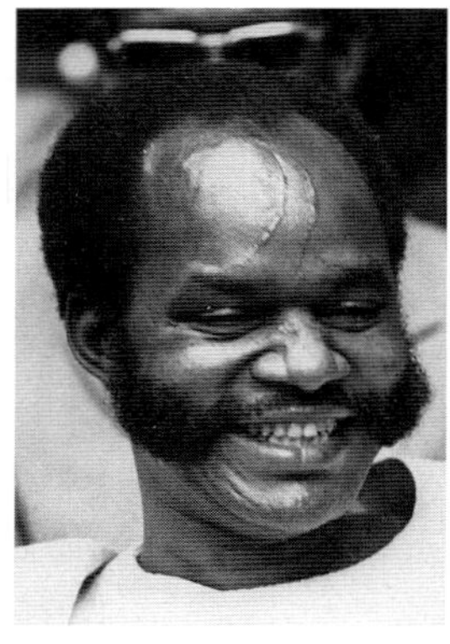

Michel Micombero* *(1940–16.6.1983)
Burundischer Staatschef von 1966 bis 1976. Der Tutsi besuchte eine Mittelschule und später die Militärakademie in Brüssel; 1962 kam er in den Generalstab und wurde 1963 Staatssekretär für nationale Verteidigung. 1965 schlug er den Aufstand der Hutu blutig nieder. Er setzte Ntare V. ab und regierte das Land bis zu seinem Sturz 1976 autoritär.

wurde vom Sohn des Königs, Prinz LOUIS RWAGASORE, angeführt.

Die christdemokratische *Parti Démocrate Chrétien* (PDC) war belgienfreundlich eingestellt und wurde vom Prinzen JOSEPH BIROLI geleitet. Ende der achtziger, Anfang der neunziger Jahre wurde immer mehr die *Front pour la Démocratie au Burundi* (FRODEBU) zur bestimmenden politischen Kraft im Land. 1993 siegte sie über die 10 zur Wahl zugelassenen Parteien mit über 71,4 Prozent und stellte damit das Staatsoberhaupt und den Regierungschef.

Konfliktverlauf

1960 bis 1962

Im Oktober 1960 hatte die belgische Mandatsverwaltung aufgrund der Gemeindewahlergebnisse – seit 1946 gab es Gemeinde-, Kreis- und Bezirksräte, die durch Wahlen bestimmt wurden – BIROLI von der PDC mit der Bildung einer provisorischen Regierung beauftragt. Bei den Parlamentswahlen im September 1961 errang die UPRONA 85 Prozent der Stimmen; neuer Premier wurde RWAGASORE, der jedoch im Oktober von PDC-Leuten ermordet wurde. Daraufhin wurden die Mörder und die Parteiführung der PDC liquidiert; die PDC hörte auf zu existieren. Die UPRONA war durch den Verlust ihrer Integrationsfigur jeglicher Führung beraubt und blieb zerstritten. König MWAMBUTSA IV., seit 1915 auf dem Thron, übernahm unter Beteiligung der Hutu die Regierungsgeschäfte.

Am 19. Januar 1962 eskalierten die Spannungen zwischen den Stämmen, als vier Hutu-Gewerkschafter von Angehörigen der militanten Tutsi-Jugendorganisation der UPRONA ermordet wurden: Es kam zu gewalttätigen Protesten und Attentaten.

1965 bis 1969

Im Januar 1965 wurde der letzte Premierminister des Königreichs, NGENDANDUMWE, ein Hutu, ermordet; gewalttätige Unruhen waren die Folge, und am 18. und 19. Oktober putschten Hutu-Angehörige in Gendarmerie und Armee. Loyale Tutsi-Truppenteile unter der Führung Hauptmann MICHEL MICOMBEROS schlugen den Aufstand nieder, und alle an der Revolte beteiligten Hutu-Offiziere und -Politiker wurden im Stadion der Hauptstadt öffentlich hingerichtet. Bei den sog. Strafexpeditionen ermordeten Tutsi-Soldaten in systematischen Ausrottungsaktionen fast die gesamte Hutu-Elite; Tausende suchten Zuflucht im benachbarten Ruanda. Die Tutsi-Monarchie zerbrach ein Jahr später: MWAMBUTSA IV. wurde von seinem Sohn CHARLES NDIZEYE am 8. Juli 1966 gestürzt; als NTARE V. konnte dieser sich nur bis November halten, dann übernahm MICOMBERO als erster republikanischer Staatschef des Landes ohne Verfassung die Macht; im September 1969 konnte er einen von der katholischen Kirche mitgetragenen Putsch der Hutu-Opposition abwehren.

1972 bis 1987

Soziale Ungerechtigkeiten und politische Diskriminierungen führten zu weiteren innenpolitischen Spannungen: Der Hutu-Aufstand von etwa 3000 Kriegern am 29. April 1972 endete wiederum in einem Blutbad. Die Regierungstruppen, die von zairischen Soldaten unterstützt wurden, schlugen den Aufstand nieder – Massaker an der Hutu-Bevölkerung blieben nicht aus. Es war ein Rachefeldzug, der einem Völkermord glich: 80 000 Menschen kamen ums Leben; 150 000 Hutu flüchteten nach → Ruanda, → Zaire und → Tansania, von wo aus bewaffnete Hutu ihren Kampf in den Grenzgebieten fortsetzten: Bei Kampfhandlungen zwischen den Exil-Hutu und der Regierungsarmee kam es auch zu Zusammenstößen mit der tansanischen Armee.

Die Tutsi-Regierung unter MICOMBERO konnte sich bis 1976 halten, bis die Unzufriedenheit in der Bevölkerung und in der Armee mit seinem diktatorischen Führungsstil zum Putsch führte. Der neue starke Mann war JEAN-BAPTISTE BAGAZA, der im Januar 1980 Vorsitzender der Einheitspartei UPRONA wurde. Er galt als sozial progressiv und bemühte sich um einen Ausgleich zwischen den beiden Volksgruppen, ohne dabei die Tutsi-Vorherrschaft generell in Frage zu stellen.

Am 3. September 1987 wurde BAGAZA nach 11jähriger Herrschaft von Major PIERRE BUYOYA gestürzt, der dann am 2. Oktober zum Präsidenten ernannt wurde. Er beteiligte die Hutu an der Macht und besetzte die im Oktober neu gebildete Regierung mit jeweils 12 Hutu- und Tutsi-Angehörigen; seine Reformpolitik wurde von der Tutsi-Elite, den Beamten im burundischen Verwaltungs- und Regierungsapparat, eher behindert als unterstützt.

Jean-Baptiste Bagaza (*29.8.1946)
Präsident der Republik Burundi von 1976 bis 1987.
Der spätere Oberst besuchte zunächst eine katholische Schule und dann die Kadettenanstalt in Brüssel. Er war Mitte der siebziger Jahre stellvertretender Stabschef, 1976 Präsident und seit dem 13. Oktober 1978 auch Regierungschef. Er wurde am 3. September 1987 gestürzt und ging nach Uganda ins Exil.

1988 bis 1994

Am 11. August 1988 erschoß ein ehemaliger Tutsi-Soldat zwei Hutu; es kam zu einem erneuten Aufstand der Hutu, die Tutsi-Siedlungen überfielen und viele Bewohner töteten. Die Regierung setzte nunmehr Hubschrauber und Napalmbomben gegen die Hutu-Zivilbevölkerung ein: Die Kämpfe forderten bis zu 50 000 Todesopfer unter den Hutu; Zehntausende flüchteten wieder nach Ruanda; Hunderttausende wurden obdachlos.

Am 23. November 1991 kam es erneut zu Zusammenstößen bewaffneter »Palipe-Hutu-Mitglieder« mit den Sicherheitskräften; die Kämpfe kosteten mindestens 3000 Menschen das Leben; 50 000 flohen über die Grenzen nach Ruanda oder Zaire.

Pierre Buyoya (*1948)
Burundischer Staatschef von 1987 bis 1993. Nach dem Studium an der belgischen Militärakademie und Aufenthalten in Frankreich und Deutschland wurde der hamitische Tutsi Major und Mitglied des Zentralkomitees der UPRONA. Nach dem Sturz Präsident Bagazas übernahm er im September 1987 den Vorsitz einer Militärjunta.

BUYOYA ließ nach einem gescheiterten Putschversuch von Armeeteilen im März 1992 eine neue Verfassung verabschieden, über die in einem Referendum abgestimmt worden war, verlor aber bei den regulären Präsidentschaftswahlen die Mehrheit. Er mußte das Amt an den Wahlsieger, den Hutu MELCHIOR NDADYE, abtreten. Dieser wurde bereits drei Monate später, im Oktober 1993, ermordet. Der Putsch, bei dem sechs weitere Hutu-Politiker getötet wurden, war Auftakt zu weiteren gewalttätigen Unruhen.

Der Armeeführung gelang es aber, die Putschisten zu isolieren und zu verhaften. Im Januar 1994 wählte das Parlament den Hutu und ehemaligen Landwirtschaftsminister CYPRIEN NTARYAMIRA von der FRODEBU zum neuen Präsidenten; Ministerpräsident wurde der Tutsi ANATOLE KANYEN KIKO, der einer Koalitionsregierung von FRODEBU und UPRONA vorstand.

Am 6. April 1994 kamen NTARYAMIRA und der ruandische Präsident JUVENAL HABYARIMANA, ebenfalls ein Hutu, beim Landeanflug ihres Flugzeugs auf Kigali (Ruanda) ums Leben. Beide waren auf dem Rückflug von einem Gipfeltreffen mit den Staatschefs von Uganda und Kenia in Tansania, das das Ziel gehabt hatte, ein »ostafrikanisches Bosnien« zu verhindern. Wer für das Attentat – die Maschine war mit Raketen beschossen worden – verantwortlich ist, blieb bisher ungeklärt. Es kam daraufhin zu blutigen Machtkämpfen und neuerlichen Putschversuchen gegen den Übergangspräsidenten, den Hutu-Parlamentspräsidenten SYLVESTRE NTIBANTUNGANYA.

Bei Kämpfen bis Ende Juli 1993 wurden etwa 2000 Menschen getötet; im August wurde der Führer der oppositionellen *Volkspartei für Versöhnung* (PRP) unter Hausarrest gestellt; weitere Unruhen, die einen Bürgerkrieg wie in Ruanda nach dem 6. April befürchten ließen, waren vorerst von der Regierung eingedämmt worden.

Ergebnis und weitere Entwicklung

Von einem Ende der Unruhen kann nicht gesprochen werden, solange der ethnische Grundkonflikt nicht beigelegt ist und sich das Land in einem latenten Bürgerkriegszustand befindet.

Literatur: T. Hanf: *Die politische Bedeutung der ethnischen Gegensätze in Ruanda und Burundi.* Freiburg 1964.
K.-H. Hauser / B. Jezic: *Ruanda. Burundi.* Bonn 1968.
B. Holtz: *Burundi. Völkermord oder Selbstmord?* Freiburg 1973.
R. Kay: *Burundi since the Genocide.* London 1987.
L. Kuper: *The Pity of it All. Polarization of Racial and Ethnic Relations.* Minneapolis 1977.
R. Lemarchand: *Rwanda and Burundi.* London 1970.
T. P. Melady: *Burundi. The Tragic Years.* New York 1977.
S. Seitz: *Historische Wurzeln der ethnischen Spannungen in Burundi.* In: *Afrika Jahrbuch 1988.* Opladen 1989.
Statistisches Bundesamt (Hg.): *Länderbericht Burundi.* Wiesbaden 1990.
W. Weinstein: *Ruanda-Urundi (Rwanda-Burundi).* In: G. Henderson u. a. (Hg.): *Divided Nations in a Divided World.* New York 1974.
W. Weinstein: *Historical Dictionary of Burundi.* London 1976.

Staatsname: Republik Burundi
Staatsform: Präsidiale Republik (seit 1966)
Staatsoberhaupt: Sylvestre Ntibantunganya (seit FRODEBU; 30.9.1994)
Regierungschef: Antoine Nduwayo (seit 20.2.1994)
Regierung: Koalition aus FRODEBU und UPRONA (seit 7.2.1994)
Parlament: Nationalversammlung 81 Sitze (Wahl vom 29.6.1993), FRODEBU 65, UPRONA 16
Mitgliedschaft bei internationalen Organisationen: AKP, OAU, UNO
Lage: 30° östlicher Länge, 3° südlicher Breite
Fläche: 27 834 km^2
Hauptstadt: Bujumbura
Bevölkerung: 5,7 Millionen (1992); Hutu 83,9 %, Tutsi 13,5 %, Twa Pygmy 1,0 %, Sonstige 1,6 %; Katholiken 65,1 %, Protestanten 13,8 %, Sonstige 2,5 %, Konfessionslose 18,6 %
Wirtschaft: Landwirtschaft 54,8 %, Industrie 29,1 %, Dienstleistung 16,1 %; Export: Kaffee 67,6 %, Tee 13,5 %, Fertigwaren 4,1 %

CHILE

Militärputsch 1973

Die sozialistische Regierung Salvador Allendes erfreute sich in der linksliberalen Weltöffentlichkeit großer Sympathien. Der gewaltsame Sturz Allendes durch Militärs und den CIA rief Empörung und Bestürzung hervor.

Historischer Hintergrund

Die Republik Chile wurde am 12. Februar 1818 proklamiert – unmittelbar vor Beendigung des 1810 ausgebrochenen Unabhängigkeitskrieges gegen die Spanier. Der Export von Agrar- und Bergbauprodukten (Salpeter und Kupfer) sicherte Chile auf dem Weltmarkt eine bedeutende Stellung. Die forcierte politische und soziale Entwicklung des Landes führte zur Entstehung einer breiten (eher konservativen) Mittelschicht und einer (mehr sozialistisch orientierten) Industriearbeiterschaft. Bis 1891 wurde Chile von einer kleinen Gruppe von Großgrundbesitzern und der Bergbau- und Handelsbourgeoisie regiert; darauf folgte (bis 1924) die sog. Parlamentarische Republik. Eine neue Verfassung, die sich an die erste Präsidialverfassung von 1833 anlehnte, wurde zwar 1925 per Volksabstimmung verabschiedet, trat aber erst nach einer Phase politischer Unsicherheit und nichtkonstitutioneller Machtwechsel in Kraft. Von 1932 bis 1973 gab es zwar politische und verfassungsmäßige Stabilität, doch verschärfte die problematische wirtschaftliche Entwicklung (Kupferexportabhängigkeit, ungenügende Industrialisierung, rückständige Landwirtschaft, ungleiche Einkommensverteilung, Inflation usw.) die sozialen Spannungen. Die Regierung des Christdemokraten EDUARDO FREI MONTALVA (1964–1970) versuchte vergeblich, durch dirigistische Maßnahmen (Nationalisierung des Kupfers, Industriereform, Modernisierung der Landwirtschaft und Agrarreform) die Probleme in den Griff zu bekommen.

Die sozialistischen Gesellschaftsreformen der Regierung SALVADOR ALLENDE GOSSENS (seit September 1970) verfeindeten die innenpolitischen Kräfte noch mehr, und ihre Integration ins demokratische Gesellschaftssystem schien bald nicht mehr möglich.

Verschärft wurde die innenpolitisch schwierige Situation durch die Wirtschaftsentwicklung und durch die direkte und indirekte Einflußnahme ausländischer Mächte, die die konservativen bis reaktionären Kräfte Chiles unterstützten.

Salvador Allende Gossens (26.7.1908–11.9.1973)
Staatspräsident Chiles von 1970 bis 1973. Der promovierte Arzt entstammte einer bürgerlichen Familie und gründete 1933 die Sozialistische Partei Chiles. Von 1937 bis 1941 war er Abgeordneter, von 1939 bis 1942 Gesundheitsminister in der Volksfrontregierung Pedro Aguirre Cedra und ab 1945 Senator. 1952 kandidierte er zum ersten Mal für das Präsidentenamt. Am 24. Oktober 1970 wurde er mit den Stimmen der christlichen Demokraten zum Staatspräsidenten gewählt. Allende versuchte, eine sozialistische Reformpolitik zu verwirklichen; er kam beim Militärputsch 1973 ums Leben.

Konfliktparteien

Neben den starken gesellschaftlichen Gruppen (Militär, Wirtschaftsverbände, Gewerkschaften und katholische Kirche) bildeten sich aus dem Vielparteiensystem der zwanziger Jahre drei größere Blöcke heraus: eine Rechte, eine Mitte und die Linke.

Zum rechten Block formierten sich die traditionellen liberalen und konservativen Parteien des 19. Jahrhunderts, die sich Mitte der sechziger Jahre als Gegenreaktion zur Reformpolitik EDUARDO FREIS (s. u.) in der *Partido Nacional* (PN) zusammenschlossen. Die führenden Politiker dieser rechtsnationalen Gruppierung unterstützten den Militärputsch gegen ALLENDE und übernahmen unter dem Juntachef AUGUSTO PINOCHET UGARTE wichtige Regierungs- und Verwaltungsämter. Die PN hat sich nach der Machtergreifung PINOCHETS selbst aufgelöst.

Zur Mitte zählten die Christdemokraten der *Partido Radical* (PR), die sich mehrmals spaltete: Die *Radikale Partei* unterstützte die Kandidatur ALLENDES, die *Radikalen Demokraten* dagegen nicht. Aus einer weiteren Spaltung gingen 1972 die *Linken Radikalen* der *Partido de Izquierda Radical* (PIR) hervor, die aus der Regierung ALLENDE aus-

***Augusto Pinochet Ugarte* (*25.11.1915)**
General, nach 1974 Vorsitzender der Militärjunta und Staatspräsident Chiles von 1980 bis 1990. Nach seiner Offizierslaufbahn wurde Pinochet 1956 Militärattaché in Washington. Er absolvierte 1965, 1968 und 1972 Ausbildungslehrgänge in den USA und wurde während der Regierungszeit Freis und Allendes befördert: 1973 zum Armeegeneral und Heereschef. 1972 bereitete er den Putsch vor und wurde 1974 als Chef der Militärjunta formell auch Staatspräsident; 1981 wurde er nach Änderung der Verfassung für acht Jahre zum »zivilen« Präsidenten »gewählt«. Pinochet orientierte sich an Francos katholischem Ständestaat, unterdrückte jegliche Opposition und ist für zahllose Menschenrechtsverletzungen verantwortlich.

Richard Nixon* → *Vietnam

traten. 1971 war die PR Mitglied der Sozialistischen Internationale geworden, und nach dem Militärstaatsstreich versuchten die verschiedenen Splittergruppen der PR, sich in einer sozialdemokratischen Bewegung im Exil neu zu organisieren. Stärkste und wichtigste Partei der Mitte ist die *Partido Democrata Cristiano* (PDC), die mit EDUARDO FREI von 1964 bis 1970 den Präsidenten stellte und nach 1973 die aktivste Rolle in der Opposition gegen das herrschende Militär innerhalb Chiles übernahm. Anfangs hatte sie zwar den Umsturz begrüßt, sah sich dann aber ebenfalls den Verfolgungen durch die Junta ausgesetzt, die jegliche Opposition unterdrückte.

Den linken Block stellten die Kommunisten und Sozialisten: Die *Partido Communista de Chile* (PCCh) war zwischen 1948 und 1958 verboten und strebte seit langem Volksfrontbündnisse an; die bereits 1933 gegründete *Partido Socialista* (PS) gelangte erst Ende der fünfziger und Mitte der sechziger Jahre durch SALVADOR ALLENDE zu entscheidender politischer Bedeutung. In der *Unidad Popular* (UP), dem Zusammenschluß von Radikalen, Kommunisten und Sozialisten, die dann gemeinsam unter ALLENDE die Regierung bildeten, stellte die PS die stärkste Fraktion. Unter den massiven Repressalien und brutalen Verfolgungsmaßnahmen (s. u.) der Militärjunta zerbrach die *Unidad Popular*, was auch zu Spaltungen im Exil führte.

Konfliktverlauf

Am 4. September 1970 wurde der Kandidat der *Unidad Popular*, SALVADOR ALLENDE, mit knapper Mehrheit zum neuen Präsidenten Chiles gewählt. Sein Programm des »Sozialismus in Freiheit« beinhaltete Garantien für Demokratie und Rechtsstaat und versuchte, die von seinem christdemokratischen Vorgänger FREI begonnenen Reformen fortzusetzen: Bodenreform durch Umwandlung des Großgrundbesitzes in Kooperativen; Nationalisierung des Kupferbergbaus und anderer Schlüsselindustrien durch den staatlichen Aktienaufkauf, wobei die Entschädigung des ausländischen (v. a. US-)Kapitals durch die Aufrechnung der Steuerschuld vorgenommen wurde; allgemeine Lohnerhöhungen und Verbesserung des sozialen Schutzes; Preisstopp usw.

Diese Maßnahmen riefen heftige Proteste der besitzenden und wohlhabenderen Mittel- und Oberschicht des Landes hervor. Die USA versuchten mit Hilfe des von Präsident RICHARD NIXON angeordneten Kredithilfestopps, Einfluß auf die innenpolitische Entwicklung zu nehmen.

Im Oktober 1972 legte der Streik der Lastwagenbesitzer den Transportverkehr lahm, andere Wirtschaftszweige schlossen sich dem Ausstand an, Hamsterkäufe hatten Le-

10. September 1973: Der chilenische Staatspräsident Allende (Mitte) versucht mit Getreuen, den Moneda-Palast, Sitz des Präsidenten, zu verteidigen.

bensmittelknappheit und eine allgemeine Versorgungskrise zur Folge. Es kam zu Unruhen mit blutigen Straßenschlachten zwischen rechten Ultras und der Armee. Selbst der von Salvador Allende verhängte Ausnahmezustand brachte keine Beruhigung.

Im März 1973 wurde Allende trotz der wachsenden wirtschaftlichen Schwierigkeiten mit großer Mehrheit (43,3 %) in seinem Amt bestätigt. Neue Streikwellen führten aber zu Putschversuchen von Teilen des Militärs und zu bürgerkriegsähnlichen Zuständen. Am 11. September 1973 griff die Meuterei auf die Armeeführung über, die Allende ultimativ aufforderte, innerhalb von 24 Stunden zurückzutreten. Der Präsident wies dieses Ultimatum zurück und rief den Belagerungszustand aus. Daraufhin bombardierte die Luftwaffe den Präsidentenpalast, und beim Sturm der Armee auf den Amtssitz kam Allende ums Leben.

Die US-Regierung war bereits 48 Stunden vor dem geplanten Putsch unterrichtet worden. Dies bestätigte Präsident Gerald Ford auf einer Pressekonferenz am 16. September 1974.

Der damalige CIA-Direktor gab am 22. April 1974 vor einem Kongreßausschuß zu, daß der Putsch der Junta schon seit dem Amtsantritt Allendes vom CIA vorbereitet und finanziell unterstützt worden war: 1969 hatte der US-Geheimdienst bereits drei Millionen US-Dollar zur Verhinderung der Wahl Allendes ausgegeben und zwischen 1970 und 1973 noch einmal acht Millionen Dollar, um die Regierung zu schwächen. An diesen Aktionen waren internationale Konzerne beteiligt.

Gerald Ford (*1913)
Präsident der USA von 1974 bis 1976.
Nach einem Jurastudium in Yale war Ford während des Zweiten Weltkrieges Oberleutnant bei der Marine. Später arbeitete er als Anwalt in Michigan und war von 1948 bis 1973 Kongreßabgeordneter der Republikaner. Seit 1965 war er Fraktionsvorsitzender. 1973 wurde er Vizepräsident Richard Nixons. Nach dessen Rücktritt 1974 wurde Ford Präsident. In den zwei Jahren seiner Regierung betrieb er die Entspannungspolitik Kissingers weiter, doch sein Regierungsstil blieb farblos. 1976 wurde er von Jimmy Carter abgelöst.

Ergebnis

Bei dem blutigen Staatsstreich der Militärs kamen etwa 4000 Menschen ums Leben, über 30 000 wurden verhaftet,

Eduardo Frei Montalva (16.1.1911–22.1.1982)
Chilenischer Präsident von 1964 bis 1970. Nach dem Abschluß seines Jurastudiums 1935 wurde Frei Anwalt und leitete eine antikommunistische Zeitung. Seit 1934 Mitglied der konservativen Partei, wurde er 1945 zum ersten Mal Minister. Seit 1948 saß er für die PDC im Senat. Als Frei 1964 zum Staatspräsidenten gewählt wurde, verfolgte er ein gemäßigtes Reformprogramm. Um den ultrarechten Alessandri zu verhindern, setzte er sich später für die Wahl Allendes zum Präsidenten ein, war mit dessen Politik in der Folge jedoch nicht einverstanden. Frei tolerierte deshalb den Militärputsch, wurde aber bald zu einem scharfen Kritiker des Regimes und forderte die Rückkehr zur Demokratie. 1982 bekam er von der Junta ein Staatsbegräbnis.

und ca. 6000 flohen ins Ausland. Die Junta unter der Führung von General PINOCHET setzte die Verfassung außer Kraft, löste das Parlament auf und erklärte den »inneren Kriegszustand«; mit Terror, Morden, Folterungen und willkürlichen Verhaftungen (Einrichtung von Konzentrationslagern, z. B. im Fußballstadion von Santiago) wurden die Anhänger ALLENDES verfolgt, und jede Opposition wurde unverzüglich im Keim erstickt. Die Verletzungen der Menschenrechte durch das Regime riefen weltweite Proteste hervor.

Entwicklung seit Konfliktende

Die wirtschaftlichen Probleme Chiles haben sich auch nach dem Militärputsch nicht gebessert. Der Widerstand gegen die PINOCHET-Diktatur regte sich allmählich auch in den bürgerlichen Kreisen, die anfangs noch auf einen Wirtschaftsaufschwung gehofft hatten. Das Land erholte sich aber nur allmählich durch westliche Wirtschaftshilfe.

Das überaus autoritäre und repressive Militärregime ließ sich erst 1980 durch eine neue Verfassung legitimieren; 67 Prozent der Bevölkerung stimmten dem Verfassungsentwurf zu, und General PINOCHET verlängerte seine Amtszeit bis 1990. Nach seinem Rücktritt als Staatspräsident blieb er weiterhin Chef der Armee.

Erste Ansätze für eine demokratische Entwicklung gab es in Chile erst mit der Wahl des christdemokratischen Präsidenten PATRICIO AYLWIN AZOCAR, der 1989 mit 55,2 Prozent gewählt wurde und sein Amt im März 1990 antrat. Im Mai und Juni desselben Jahres wurden Massengräber in unmittelbarer Nähe von Internierungslagern für politische Gegner des Militärregimes entdeckt. In Santiago kam es zu Protesten und Demonstrationen, die Gerechtigkeit für die Opfer der Militärdiktatur forderten. Doch erst Mitte der neunziger Jahre kam es zu Verurteilungen von Polizisten, die an der Ermordung von Oppositionellen beteiligt waren. Gleichzeitig gab es aber auch eine Amnestie für Geheimdienstmitglieder, die ebenfalls für die Verbrechen verantwortlich sind.

AYLWINS Nachfolger wurde der ebenfalls christdemokratische Politiker und Sohn von EDUARDO FREI MONTALVA, EDUARDO FREI RUIZ-TAGLE, der 1994 eine Änderung der Verfassung plante, die den politischen Einfluß der Militärspitze verringern sollte.

Seit Anfang der neunziger Jahre verzeichnet Chile ein konstantes Wirtschaftswachstum und eine sinkende Arbeitslosenquote (derzeit etwa 4,4 %). Zum Aufschwung trugen eine gestiegene Industrieproduktion und die Expansion des Fischereisektors bei – Chile ist die fünftgrößte Fischfangnation der Welt.

Literatur: A. Cleary: *Frauen in der Politik Chiles. Zur Emanzipierung chilenischer Frauen während der Militärdiktatur Pinochets.* Aachen 1988.
R. Debray / S. Allende: *Der chilenische Weg.* Neuwied 1972.
J. Ensignia / D. Nolte: *Mordfall Chile? Ein Jahr nach dem demokratischen Neuanfang.* Münster 1991.
R. Friedmann: *Chile unter Pinochet. Das autoritäre Experiment 1973–1990.* Freiburg 1990.
C. Huneeus: *Der Zusammenbruch der Demokratie in Chile.* Heidelberg 1981.
S. Kurtenbach: *Staatliche Organisation und Kriege in Lateinamerika.* Münster 1994.
D. Nohlen: *Chile. Das sozialistische Experiment.* Hamburg 1973.
J. Rojas-Hernandez: *Chiles Gewerkschaften im Übergang zur Demokratie.* Münster 1993.
A. Schubert: *Die Diktatur in Chile.* Frankfurt 1981.
Statistisches Bundeamt (Hg.): *Länderbericht Chile.* Wiesbaden 1991.
V. Teitelboim: *Chile – Erfahrungen der Revolution.* Frankfurt 1977.
A. Touraine: *Vie et Mort du Chili populaire.* Paris 1973.

Staatsname: Republik Chile
Staatsform: Präsidiale Republik
Staatsoberhaupt: Eduardo Frei Ruiz-Tagle (seit PDC; 11.3.1994)
Regierungschef: Eduardo Frei Ruiz-Tagle (seit PDC; 11.3.1994)
Regierung: Parteienbündnis Concertacíon por la Democracia (seit 1990)
Parlament: Abgeordnetenkammer 120 Sitze (11.12.1993), PDC (Christdemokraten) 37, RN (Konservative) 29, PPD (Sozialdemokraten) 15, UD (Unabhängige Demokraten) 15, Sonstige 24
Mitgliedschaft bei internationalen Organisationen: ALADI, APEC, OAS, SELA, UNO
Lage: 66°–75° westlicher Länge, 17°–56° südlicher Breite
Fläche: 756 626 km^2
Hauptstadt: Santiago de Chile
Bevölkerung: 13,5 Millionen; Mestizen 91,6 %, Indianer 6,8 %, Sonstige 1,6 %; Christen 86,6 %, Konfessionslose 12,8 %, Juden 0,2 %, Sonstige 0,4 %
Wirtschaft: Dienstleistung 60,2 %, Industrie 31,1 %, Landwirtschaft 8,7 %; Export: Kupfer 36 %, Nahrungsmittel 19 %, Zellulose 7 %

CHINA

Bürgerkrieg 1946 bis 1949
Ussuri-Konflikt 1969

Die über einhundertjährige Geschichte der chinesischen Revolution fand 1949 mit dem Sieg der Kommunisten ihren Abschluß. Seit Ende des Bürgerkrieges hat sich die Volksrepublik China nicht nur gesellschaftlich verändert, sondern ist auch außenpolitisch zur dritten Weltmacht aufgestiegen.

Ideologische und machtpolitische Gegensätze zu der Sowjetunion führten 1969 zu einem bewaffneten Konflikt am Grenzfluß Ussuri.

Historischer Hintergrund

Die Entwicklung des chinesischen Reiches war jahrhundertelang durch den Wechsel zwischen staatlichem Verfall und staatlicher Einheit geprägt. Erst Anfang dieses Jahrhunderts fand das alte Kaiserreich Anschluß an die westliche Moderne.

Seit dem 3. Jahrhundert v. Chr. waren trotz wechselnder Dynastien und Perioden der Fremdherrschaft die traditionellen bürokratischen Züge des kaiserlichen Zentralstaates unberührt geblieben. Gestützt auf eine kleine, aber straff organisierte Beamtenschaft und eine wohlhabende Schicht von Grundherren und Kaufleuten stabilisierte das Kaiserreich seine Herrschaft bis ins 19. Jahrhundert.

Das Agrarland China verschloß sich lange Zeit einer Industrialisierung, und die Diskrepanz zwischen verarmten Pachtbauern und reichen Grundeigentümern verschärfte die sozialen Spannungen.

Die Taiping-Revolution (1850–1864) bildete mit ihrer radikalen Programmatik (soziale Gleichheit, Abschaffung von Privatbesitz, Gleichstellung von Mann und Frau usw.) eine Vorstufe zur chinesischen Revolution MAO TSE-TUNGS. Bedeutete die Taiping-Revolution einen radikalen Bruch mit jeglicher Tradition, so war die Reformbewegung von 1898 der Versuch, die traditionellen Lehren des alten China (Konfuzianismus) mit den Errungenschaften des industrialisierten Westens in Einklang zu bringen.

Von außen wurde der Verfallsprozeß des Kaiserreiches durch sog. ungleiche Verträge (Konzessionsgebiete und Vertragshäfen für die europäischen Kolonialmächte), die China nach dem Opium-Krieg (1842) aufgezwungen worden waren, beschleunigt.

Um die Jahrhundertwende war der Einfluß der Kolonialmächte bereits so groß, daß sie das chinesische Reich fast unter ihre Gewalt brachten. Zum sozialen Aspekt der Revolution trat nun der nationale hinzu.

1912 wurde die Monarchie gestürzt: Dies bedeutete nicht nur das Ende des mandschurischen Kaiserhauses, sondern auch das Ende einer 2000jährigen Geschichte des konfuzianischen Staates und die erste Entwicklungsstufe (Republik) der chinesischen Revolution.

Doch der Rückschlag kam schon 1916, als China unter dem Druck des imperialistischen Japan in zahlreiche regionale und lokale Militärkommandanturen (unter der Leitung sog. Warlords) aufgeteilt wurde.

Eine zweite Stufe der Revolution war die 4.-Mai-Bewegung, eine geistig-kulturelle Bewegung, die sich unter anderem aus Protest gegen die Forderungen Japans (aus dem Versailler Vertrag) nach Übernahme der ehemaligen deutschen Schutzgebiete Kiao-chou und der Provinz Shantung gebildet hatte.

Eine dritte Stufe bildeten der Siegeszug der revolutionären *Kuomintang*-Truppen unter TSCHIANG KAI-SCHEK (1925–1927) und die erste Phase des Bürgerkriegs bis 1937 (s. u.). Mit dieser politischen Revolution war zwar die Herrschaft der Warlords beseitigt worden, aber eine soziale Umwälzung hatte damit noch nicht begonnen.

Sun Yat-sen (12.11.1866–12.3.1925)
Chinesischer Revolutionär und Politiker. Der Bauernsohn besuchte in Honolulu eine Missionsschule und gründete dort nach seinem Medizinstudium 1894 die »Vereinigung zur Erneuerung Chinas«, die 1905 im »Chinesischen Revolutionsbund« aufging. Nach einem gescheiterten Putsch 1895 versuchte Sun im Exil in den USA, Japan und England, die Auslandschinesen für die Revolution zu gewinnen. Nach dem Sturz des Kaisertums wurde Sun 1912 für einen Monat Präsident, bereitete dann eine »Zweite Revolution« vor, die 1913 scheiterte. Im japanischen Exil gründete er die »Chinesische Revolutionspartei« (später »Kuomintang«) und stand an der Spitze einer Gegenregierung im südchinesischen Kanton. Mit Hilfe sowjetischer Berater wandelte Sun die Kuomintang in eine Kaderpartei mit Armee um. Sun starb 1925 während Verhandlungen über die Wiedervereinigung Chinas in Peking. Auf seine »Drei Grundlehren des Volkes« berufen sich China und Taiwan. Den Kommunisten gilt Sun als »Pionier der Revolution«.

Erst nach der Machtübernahme der Kommunisten 1949 (vierte Stufe der Revolution) kam es zur Landreform und zur grundlegenden Wandlung aller traditionellen und sozialen Strukturen der chinesischen Gesellschaft. Neben der totalen gesellschaftlichen Neuorientierung begann eine Entwicklung, an deren Ende China als dritte Welt- und Atommacht stand: ein ideologischer Konkurrent und Rivale der Sowjetunion (→ Rußland) im Kampf um die Vormachtstellung im Weltkommunismus.

Konfliktparteien

Die Entwicklung beider Bürgerkriegsparteien ist nur aus der langen Geschichte des gemeinsamen Abwehrkampfes gegen Fremdherrschaft und überkommene Herrschaftsstrukturen zu verstehen: Die von der *Kuomintang* (Staatsvolkspartei) gestellte nationale Regierung und die Kommunisten hatten ursprünglich zusammen den Kampf gegen die alten Machthaber im Innern und gegen die imperialen Großmächte aufgenommen. Es war aber nur eine Koalition auf Zeit. Rigoros durchgesetzte eigennützige Machtansprüche und die unterschiedlichen ideologischen Entwicklungen mündeten in einen von beiden Seiten unerbittlich geführten fast zwanzigjährigen Bürgerkrieg.

1918 bis 1934

1918 hatte die *Kuomintang* unter SUN YAT-SEN im Südosten des Landes, in Kanton, eine Gegenregierung zu der von den nördlichen Militärmachthabern kontrollierten Zentralregierung installiert. Von Kanton aus wurde der Kampf mit Unterstützung sowjetischer Berater gegen die Warlords organisiert. Durch die russische Hilfe für die *Kuomintang* kam es auch zu einer Annäherung und Vereinigung mit der *Kommunistischen Partei Chinas* (KPCh), die 1921 in Schanghai gegründet worden war.

Nach dem Tod von SUN YAT-SEN (1925) wurde der in der Sowjetunion ausgebildete Präsident der Kriegsschule von Whampoa, TSCHIANG KAI-SCHEK, Führer der *Kuomintang*. Im Nordfeldzug von 1926 eroberte er mit Unterstützung der Kommunisten Mittel- und Ostchina. Doch nach den Siegen verlagerte sich das politische Schwergewicht innerhalb der *Kuomintang* zugunsten der konservativen militärischen Führung. Anfang 1927 brach der Konflikt zwischen der zivilen Regierung, die vom kommunistischen Flügel der *Kuomintang* beherrscht war, und dem antikommunistischen Flügel um TSCHIANG KAI-SCHEK offen aus. TSCHIANG entließ die russischen Militärberater und schaltete die Kommunisten aus.

In Schanghai hatten revolutionäre Arbeiter beim Herannahen der nationalen Armee die Macht in der Stadt

Die »Säuberungen« nach der Revolution: Ein chinesischer Bauer muß sich wegen Ausbeutung und Kollaboration mit dem Feind vor einem sog. Volkstribunal verantworten.

übernommen und diese den nationalistischen Truppen TSCHIANGS übergeben. TSCHIANG entledigte sich unmittelbar danach seiner politischen Widersacher durch blutigen Terror (Massaker von Schanghai 1927).

Die KPCh war dadurch ihrer Basis in den Städten und unter der Arbeiterschaft beraubt. Die Parteiorganisationen zogen sich aufs Land zurück und gingen in die Illegalität. Die nationalistischen Truppen TSCHIANG KAI-SCHEKS kämpften von Nanking aus mit ausländischer Unterstützung gegen die im Norden noch herrschenden Warlords und im Südosten gegen die zum Bürgerkrieg entschlossenen Kommunisten, die eine neue Basis in der Provinz Hunan gebildet hatten.

1935 bis 1945

Nach der fünften großen Offensive TSCHIANG KAI-SCHEKS mußten die Kommunisten von dort weichen und sich über Süd- und Westchina nach Norden durchschlagen: Dieser Rückzug wurde später unter dem Begriff »Langer Marsch« berühmt. In den von den Kommunisten beherrschten Gebieten um die Stadt Yenan herum organisierte sich die Rote Armee neu: Es wurde die entscheidende Ausgangsbasis für ihren späteren Sieg.

1937 kam es nach einer neuerlichen Aggression Japans (im Herbst 1931 hatten die Japaner bereits die Mandschurei erobert und zum Satellitenstaat Mandschukuo gemacht; 1937 besetzten sie Peking und Nanking; 1941 kontrollierten sie sämtliche wichtigen Verkehrswege) zu einem Waffenstillstand zwischen den Kommunisten und TSCHIANG KAI-SCHEK. Im Kampf gegen die Japaner trugen die Verbände der KPCh die Hauptlast. Nach der Kapitulation Japans am 14. August 1945 nutzten die Kommunisten die politische Unsicherheit in den ehemals besetzten Gebieten. Die USA

Mao Tse-tung* *(26.12.1893–9.9.1976)
Kommunistischer Revolutionär und 1949 Gründer der Volksrepublik China. Der Sohn eines reichen Bauern war von Beruf Lehrer. Er beteiligte sich bereits 1918/19 an der Arbeit marxistischer Zirkel in Peking und war 1921 Mitbegründer der KPCh. Während der Einheitsfront mit der Kuomintang organisierte er die Bauernkader in seiner Heimatprovinz Hunan. Nach dem Bruch führte er einen Bauernaufstand an, mußte fliehen und wurde 1928 Führer der kommunistischen Partisanen- und Rätebewegung in Südchina. Mit Hilfe der Generäle der Roten Armee übernahm Mao während des »Langen Marsches« 1935 die Führung der Militärkommission der KPCh und 1936 der »Chinesischen Sowjetrepublik« in Yenan. Durch seine ideologischen Schriften setzte er sich 1940 endgültig als Parteivorsitzender durch und amtierte nach dem Sieg im Bürgerkrieg von 1954 bis 1959 als offizieller Staatschef der von ihm proklamierten Volksrepublik China. Auch danach übte Mao einen beherrschenden Einfluß auf die chinesische Politik aus. Er grenzte Peking von Moskau ab und war 1966 Initiator der »Großen Proletarischen Kulturrevolution«.

versuchten, zwischen *Kuomintang* und der KPCh zu vermitteln. Doch nach Abzug der sowjetischen und amerikanischen Soldaten brach der Bürgerkrieg wieder aus.

Konfliktverlauf

Seit 1927 hatte es bereits Kämpfe zwischen den Bürgerkriegsparteien gegeben. Im Juli 1946 verschärfte sich die Lage, und die militärischen Auseinandersetzungen wurden heftiger.

In den von MAO geplanten drei Phasen des Partisanenkrieges von Auflösung (defensiver Rückzug), Stillstand (wachsendes Ringen) und Angriff (Gegenoffensive) verlief die weitere Entwicklung des Krieges.

1946 und 1947

Die erste Phase von der Jahresmitte 1946 bis zum Herbst 1947 war durch die Offensiven der Nationalisten gekennzeichnet. TSCHIANG KAI-SCHEK eroberte Stützpunkte und Gebiete der Kommunisten: im März 1947 Yenan, im Oktober 1947 Chefoo und andere Städte. Doch durch diese Offensiven wurden die Kommunisten nicht deutlich genug geschwächt; sie vermieden den offenen Schlagabtausch und versuchten mit ihrer defensiven Partisanentaktik, den Gegner in kleineren Gefechten zu ermüden.

1947 und 1948

In der zweiten Phase, etwa ab Mitte 1947, gingen die Kommunisten allmählich in die Offensive; ab Sommer 1948, in der dritten Phase, gewannen sie immer mehr die Oberhand, und die zermürbten Truppen TSCHIANG KAI-SCHEKS liefen entweder über oder waren auf der Flucht.

Seit Anfang 1947 hatten die Kommunisten die Erfolge der Nationalisten durch die Eroberung großer Teile der Mandschurei (1948: 90 %), der Provinzen Hope und Shantung wieder wettgemacht. Inzwischen kontrollierten sie vier Fünftel der Provinz Shansi und konnten ihre Verbindungslinien sichern.

Ab Sommer 1947 stießen sie in den Süden vor: Über die zentralchinesische Ebene zum Gelben Fluß. Im November 1947 hatten sie bereits wichtige Städte südlich der Großen Mauer zurückerobert und die Eisenbahnverbindungen zwischen Peking und Taiyüan unter Kontrolle gebracht. Yenan wurde im April 1948 zurückerobert.

Mitte des Jahres waren TSCHIANG KAI-SCHEKS Verbände bereits entscheidend geschwächt, und ihre Niederlage zeichnete sich ab. Die amerikanische Unterstützung, die bisher in erheblichem Maße die Stabilität der Regierungsarmee gewährleistet hatte, blieb aus. Im Norden waren die Kommunisten jetzt mit den Nationalisten etwa gleich stark: ca. zwei Millionen aktive Soldaten auf beiden Seiten. Aber Disziplin und Kampfeswillen der Truppen MAOS waren größer als die des Gegners. Im Süden wurden die Guerillakämpfe stärker. Immer mehr Soldaten und Offiziere der Nationalisten schlossen sich den kommunistischen Verbänden an.

Herbst und Winter 1948/49

Drei größere Schlachten brachten den Sieg der Kommunisten. Die erste Schlacht ging von der Mandschurei aus: Im Oktober 1948 kontrollierten LIN PIAOS Soldaten den Eisenbahnknotenpunkt Chinchou und eroberten die Städte Changchun, Mukden, Yingkou und Huludao, die letzten Brückenköpfe der Nationalisten im Nordosten.

In der zweiten Schlacht wurde die wichtigste Enklave der Regierungstruppen nördlich des Jangtsekiang, die Stadt Hsüchow, in der sog. Huai-Hai-Operation genommen. Die Kesselschlacht dauerte 65 Tage, vom 6. November 1948 bis zum 10. Januar 1949.

In der dritten Großoffensive, um das Peiping-Tientsin-Gebiet, wurden ab Dezember 1948 Chengte, Tangshan und Kalgan von den Kommunisten eingenommen.

Am 15. Januar 1949 kapitulierten die Regierungstruppen in Tientsin und bewahrten so die Stadt vor größeren Verwüstungen. Am 17. Januar besetzten die Kommunisten Peking, die letzte Stadt Nordchinas, die noch von den Truppen TSCHIANGS gehalten worden war. Der Bürgerkrieg war im späten Frühjahr 1949 praktisch beendet, nachdem im April/Mai der Jangtsekiang überschritten worden war und Nanking und Schanghai gefallen waren.

Tschiang Kai-schek (31.10.1887–5.4.1975)
Chinesischer Revolutionsgeneral und Staatspräsident Taiwans von 1950 bis 1975. Tschiang wurde in japanischen, chinesischen und russischen Militärakademien ausgebildet, bevor er sich 1911 Sun Yat-sens Reformbewegung anschloß. Er war Mitglied der Gegenregierung in Kanton und ging 1923/24 als Koordinator der Zusammenarbeit mit den Sowjets nach Moskau. Nach Sun Yat-sens Tod übernahm er 1925 die Führung der Kuomintang, brach mit den Kommunisten und etablierte sich 1928 als Diktator Chinas. Nach der Niederlage im Bürgerkrieg flüchtete er 1949 mit seinen Getreuen nach Formosa (Taiwan) und war dort bis zu seinem Tod Präsident der nationalchinesischen Gegenregierung zu Peking.

Ergebnis

Am 1. Oktober 1949 rief MAO TSE-TUNG die Volksrepublik China aus: Damit fand eine fast hundertjährige Revolution ihren Abschluß. Die Kommunisten bauten ein neues Gesellschaftssystem auf und entwickelten China im Laufe der Jahre zur dritten weltpolitischen Kraft und Großmacht.

Zwischen 1946 und 1949 starben auf der Seite der Nationalisten (nach kommunistischen Angaben) ca. 4,9 Millionen Menschen; drei Viertel davon waren Überläufer (allein 105 der 869 Generäle) und Kriegsgefangene. TSCHIANG KAI-SCHEK war auf die Insel Formosa geflüchtet. Mit der *Kuomintang*-Regierung waren ca. zwei Millionen Chinesen auf die Insel gekommen, mit ihnen die Technokratenelite und das Kapital. TSCHIANG KAI-SCHEK proklamierte nunmehr die Republik China (Taiwan), erklärte Taipeh zur neuen nationalchinesischen Hauptstadt und erhob den Alleinvertretungsanspruch für alle Chinesen. Taiwan erhielt erhebliche wirtschaftliche wie militärische Unterstützung durch die USA.

Entwicklung seit Konfliktende

In den Jahren 1950 bis 1954 kam es wiederholt zu kleineren Kriegshandlungen zwischen Taiwan und der Volksrepublik, die aber keine Veränderung der durch den Bürgerkrieg geschaffenen Tatsachen bewirkten. Erst seit Ende der siebziger Jahre, nach der Annäherung zwischen Peking und Washington, kam es auch zu Kontakten mit Taipeh. Eine Wiedervereinigung scheint allerdings ebenso in weite Ferne gerückt, wie militärische Kampfhandlungen gegenwärtig wohl ausgeschlossen sind.

Taiwan wurde von den USA und den Vereinten Nationen als rechtmäßige chinesische Regierung unterstützt. Innenpolitische Ziele der Nationalisten waren die Wiederbelebung überkommenen Kulturgutes, Chancengleichheit für alle Bürger und der Ausbau des Landes zu einem konkurrenzfähigen Industriestaat.

1950 griffen chinesische Truppen in den Korea-Krieg ein (→ Korea), als die von der UNO entsandten US-Streitkräfte die chinesische Grenze zu erreichen drohten. Im selben Jahr besetzte China → Tibet, das 1951 als autonome Region der Volksrepublik angegliedert wurde. In den ersten Jahren erhielt die Volksrepublik Hilfe aus der UdSSR und von anderen kommunistischen Staaten. Seit 1957, vor allem nach Josef Stalins Tod, verschlechterte sich das Verhältnis beider kommunistischen Großmächte, und 1960 stellte die Sowjetunion ihre Hilfsleistungen ein. 1964 unternahm China seinen ersten Atomwaffenversuch.

Josef Stalin → Rußland

Seit 1958 hatte Mao alle Kolchosen zusammenlegen lassen; Kommunen wurden geschaffen, in denen keine Spezialisierung mehr zugelassen werden sollte: Aus Bauern sollten Studenten, aus Studenten Bauern werden, doch schlechte Ernten erzwangen eine Modifizierung dieser Gesellschafts- und Landwirtschaftsreform. Die Parteiführung war in Anhänger der maoistischen Ideologie und solche des technischen Fortschritts gespalten, und dieser Konflikt führte zu der von Mao ausgerufenen »Kulturrevolution«: Die Unterschiede zwischen Stadt und Land, Industrie und Landwirtschaft, intellektueller und manueller Arbeit sollten endgültig beseitigt und die wahre kommunistische Reform sollte gewaltsam durchgeführt werden. Aber die Radikalisierung führte zu erneuten Spannungen innerhalb der Führung, die Kulturrevolution hinterließ verheerende Folgen für die Wirtschaft und die soziale Entwicklung des Landes. Erst 1969 war die Ordnung einigermaßen wiederhergestellt, und die Universitäten wurden wieder geöffnet.

Ussuri-Konflikt 1969

Die Beziehungen zu den sowjetischen Nachbarn hatten sich aus ideologischen Gründen gegen Ende der sechziger Jahre erheblich verschlechtert.

Der Ussuri, ein Nebenfluß des Amur im ostsibirischen Küstengebiet, bildet mit dem Sungatschi die Grenze zwischen der Sowjetunion und China. Das Ussuri-Gebiet ist der südlichste Teil der sowjetisch-sibirischen Küstenprovinz und wird im Süden von China und Korea, im Osten vom Japanischen Meer begrenzt; die wichtigste Stadt ist Wladiwostok, Endstation der Transsibirischen Eisenbahn. Das Ussurigebiet und andere an Bodenschätzen reiche Gebiete wurden im 19. Jahrhundert von den russischen Zaren geraubt und durch sog. ungleiche Verträge (Vertrag von Aigun) dem russischen Reich einverleibt. Die Sowjetregierung hatte zwar 1924 die Verträge für ungültig erklärt, aber STALIN gab die Gebiete nie heraus.

Schon Mitte der dreißiger Jahre hatte MAO TSE-TUNG deutlich gemacht, daß China um seiner Souveränität willen Anspruch auf die verlorenen Territorien erhebe und daß man die Grenzen des alten chinesischen Reiches wiederhergestellt sehen wollte. Umstritten sind bis heute Gebiete, die bis zum Baikal-See reichen und die für die Sowjetunion u. a. aufgrund von Uranvorkommen von besonderem Interesse waren, vor allem deshalb, weil es sich um die einzigen Vorkommen in der UdSSR handelte.

Amur und Ussuri trennten die hochindustrialisierte und dicht besiedelte chinesische Mandschurei von der ehemaligen Sowjetunion, deren wichtigster Hafen und Stützpunkt ihrer Pazifikflotte Wladiwostok war. Besonders strittig waren die Inseln in den Flüssen und die Schiffahrtsrechte, die China zuungunsten Moskaus festgelegt hatte.

Zum ersten Mal schossen reguläre Truppen zweier kommunistischer Staaten aufeinander. Die traditionelle Feindschaft zwischen beiden Ländern – China hat Rußland nie überfallen, war aber selbst häufig Opfer russischer Aggression – konnte auch durch das neue sozialistische System nicht verdeckt werden; im Gegenteil, ideologische Auseinandersetzungen zwischen chinesischen und sowjetischen Kommunisten, die es schon in den dreißiger Jahren gegeben hatte, verschärften sich seit Ende der fünfziger Jahre. Die Annäherung Moskaus an Washington auf Kosten Pekings – erst 1972 reiste US-Präsident RICHARD NIXON nach China – hatte die ideologischen Grabenkämpfe erneut aufbrechen lassen. Für die Sowjets waren die Pekinger Machthaber »heuchlerische und frevlerische Kommunisten«, die von den »kannibalischen, nationalistischen Ideen MAOS« verführt waren. Peking sah in Moskau eine »revisionistische Renegaten-Clique« am Werk, die schon lange »heimlich mit dem US-Imperialismus zusammen«, aber auch gleichzeitig in Konkurrenz mit ihm, »in räuberischer aggressiver Absicht« schamlos Expansion betreibe.

Propagandafeldzüge beider Seiten sollten Handlungen und Reaktionen begründen und rechtfertigen. Moskau behauptete, Peking erhebe Anspruch auf 1,5 Millionen Qua-

Lin Piao (1907–12.9.1971)
Kommunistischer General, von 1959 bis 1971 Verteidigungsminister Chinas.
Er war der militärische Führer während des »Langen Marsches«, im Partisanenkrieg gegen Japan und Oberbefehlshaber der Roten Armee in der Mandschurei seit 1946. Piao hatte nach dem Bürgerkrieg mehrere wichtige Staatsämter inne und wurde im April 1969 als Nachfolger Maos designiert. Piao stellte sich 1970 aber gegen Maos »permanente Revolution« und war ein Verbündeter Deng Xiaopings. Auf der Flucht nach Rußland kam er am 12. September 1971 bei einem Flugzeugabsturz ums Leben; sein Name wurde auf dem X. Parteitag der KPCh im August 1973 geächtet.

Richard Nixon → Vietnam

Tschou En-lai (1898–8.1.1976)
Ministerpräsident der Volksrepublik China von 1949 bis 1976. Der Weggefährte Mao Tse-tungs entstammte einer Gelehrtenfamilie und studierte in China, Japan, Frankreich und Deutschland (Göttingen). Seit 1924 führendes Mitglied der KPCh, war er zwischen 1936 und 1946 Hauptunterhändler zwischen Mao und der Kuomintang-Regierung Tschiang Kai-scheks. Von 1949 bis zu seinem Tode bekleidete Tschou das Amt des Ministerpräsidenten Chinas und war bis 1958 zugleich Außenminister.

dratkilometer Gebiete der UdSSR. Tatsächlich verlangte China von Moskau lediglich die Anerkennung der Unrechtmäßigkeit des zaristischen Landerwerbs.

Ein jahrelanger Glaubenskrieg und die bestehenden Territorialansprüche führten am 2. März 1969 auf dem Eis des Ussuri zum Gefecht zwischen den regulären Grenztruppen um den rechtmäßigen Besitz der Insel Damanski (chinesisch Tschen-pao). 13 Tage später rückten Chinesen wie Sowjets in Regimentsstärke mit Artillerie, Panzern und Hubschraubern an und lieferten sich eine Schlacht auf dem Eis. Den sowjetischen Soldaten gelang es, die Insel zurückzuerobern und die Chinesen auf das südwestliche Ufer des Flusses zurückzudrängen.

Am 13. August 1969 kam es erneut zu militärischen Zwischenfällen im Grenzgebiet von Sinkiang. Die Grenztruppen wurden erheblich verstärkt: Anfang 1970 standen sich an der Sinkiang-Grenze etwa 220 000 sowjetische und gut 130 000 chinesische Soldaten gegenüber; in der Mongolei waren es ca. 120 000 auf sowjetischer und 290 000 auf chinesischer Seite. An der mandschurischen Grenze boten die Sowjets 260 000 Mann auf, und die Chinesen brachten es dort gar auf eine Truppenstärke von 480 000.

Beim Ussuri-Zwischenfall kamen wahrscheinlich (genauere Informationen liegen von keiner Seite vor) 60 Russen und 100 Chinesen ums Leben. Am 11. September 1969 machte der sowjetische Premier Alexej Nikolajewitsch Kossygin auf seinem Rückflug von Hanoi nach Moskau Zwischenstation in Peking und traf mit Chinas Premier Tschou En-lai zu mehrstündigen Konsultationen zusammen. Es wurden zwar Grenzverhandlungen vereinbart, es kam aber lediglich ein Protokoll über die Schiffahrt auf dem Flußsystem Ussuri, Amur, Argun und Sungari sowie auf dem Chanka-See zustande, das am 20. Dezember 1970 unterzeichnet wurde. Vierundzwanzig Jahre später unterzeichneten Rußland und China ein Vertragspaket, in dem der Grenzverlauf zwischen beiden Staaten festgelegt wurde; offen blieb aber der Verlauf zwischen zwei Amur-Inseln. Darüber hinaus verpflichteten sich beide Staaten, im Konfliktfall auf Atomwaffen zu verzichten.

Entwicklung seit den siebziger Jahren

1971 wurde China in die Vereinten Nationen aufgenommen, und das Land der Mitte bekam einen ständigen Sitz im Weltsicherheitsrat, der ihm als einer der vier Großmächte zustand und den seit 1949 Taiwan, das aus der UNO ausgeschlossen wurde, innegehabt hatte.

Am 8. Januar 1976 starb Ministerpräsident Tschou En-lai. Sein Nachfolger wurde Hua Kuo-feng, der am 7. April 1976 Regierungschef und erster stellvertretender Parteivor-

Exil-Chinesen demonstrierten am 12. Juli 1995 in Ludwigsburg wegen der Menschenrechtsverletzungen und undemokratischen Verhältnisse in ihrer Heimat gegen den chinesischen Staats- und Parteichef Jiang Zemin während seines Staatsbesuchs in der Bundesrepublik.

sitzender wurde. Nach dem Tod Mao Tse-tungs am 9. September 1976 übernahm Hua auch die Ämter als Vorsitzender des Zentralkomitees, des Politbüros und des Militärausschusses. Der Witwe Maos, Tschiang Tsching, und ihren wichtigsten Mitarbeitern, der sog. Viererbande, wurde Machtmißbrauch vorgeworfen. Sie wurden aus der Partei ausgeschlossen, inhaftiert und 1981 zu hohen Strafen verurteilt. 1978 wurde Hua in seinen Ämtern bestätigt, und er ernannte Deng Xiaoping, einen früheren innenpolitischen Gegner Maos, zu seinem Stellvertreter. Seit Ende 1978 begannen große Veränderungen in der Wirtschafts-, Außen- und Innenpolitik. Im Juli 1979 unterzeichneten China und die USA ein bedeutendes Handelsabkommen, gleichzeitig wurden die Beziehungen zwischen den USA und Taiwan abgebrochen.

Als vietnamesische Truppen nach → Kambodscha eingedrungen waren, um das Pol-Pot-Regime zu stürzen, griff China noch einmal militärisch ein. Der sog. Erziehungsfeldzug 1979 gegen → Vietnam war zwar ein Grenzkrieg, aber er sollte den Hegemonialanspruch Pekings in Südostasien unterstreichen und die Armee Vietnams an der Grenze binden, um die Streitkräfte der *Roten Khmer* im Kampf gegen die vietnamesische Invasion zu stärken.

1980 stand die Bewältigung der Kulturrevolution im Mittelpunkt. Anfang September traten Hua Kuo-feng und Deng Xiaoping von ihren Staatsämtern zurück, blieben aber an der Spitze der *Kommunistischen Partei*. Neuer Ministerpräsident wurde Zhao Ziyang, ein Gefolgsmann Deng Xiaopings. Deng hatte zwar die wirtschaftlichen Reformen vorangetrieben, sich jedoch stets gegen politische Demokratisierung ausgesprochen. Innerhalb der KP konnte er wichtige Positionen mit Gefolgsleuten besetzen.

Mitte 1981 löste Hu Yaobang Parteichef Hua ab. Dies bedeutete eine Machtverschiebung zugunsten der außen- und wirtschaftspolitischen Pragmatiker in der Partei. Beim Nationalen Volkskongreß wurde die politische Macht von

Jiang Zemin (*1926)
Chinesischer Staatspräsident seit 1993.
Seit 1946 ist er Mitglied der KPCh. Als Ingenieur arbeitete er u. a. in der Volksbefreiungsarmee. 1995 wurde er stellvertretender Minister im Maschinenbauministerium. Nach Maos Tod wurde er Mitglied des ZK, 1985 Minister für Elektroindustrie, dann Bürgermeister und 1988 auch Parteichef Shanghais. Nach dem Massaker auf dem Tiananmen-Platz 1989 löste er auf Empfehlung Dengs KP-Chef Zhao Ziyang ab und übernahm den Oberbefehl über die Armee. Jiang gilt als Reformgegner. Am 27. März 1993 wurde er Staatspräsident.

Li Peng (*1928)
Chinesischer Ministerpräsident seit 1987.
Der Adoptivsohn des langjährigen Ministerpräsidenten Tschou En-lai trat 1945 in die KPCh ein. Nach dem Studium in Moskau leitete er in den fünfziger Jahren als Ingenieur ein Kraftwerk in Nordostchina, war ab 1981 Minister für Energiefragen und wurde 1982 ZK-Mitglied. Dem Politbüro gehört er seit 1983 an. Er leitete die Kommission für Erziehungswesen, bevor er Vize-Premier wurde und 1987 Zhao Ziyang als Ministerpräsident ablöste. Li Peng gilt als konsequenter Befürworter der Neugestaltung der chinesischen Wirtschaft, ist aber ansonsten ein Gegner politischer Reformen. Er gab im Juni 1989 den Befehl zur gewaltsamen Niederwerfung der Demonstration auf dem Platz des Himmlischen Friedens.

DENG XIAOPING nochmals durch einige Beschlüsse und Wahlen gefestigt. HU YAOBANG wurde am 1. September 1982 Generalsekretär der *Kommunistischen Partei.*

Im Juni 1989 richtete die Volksarmee auf dem Platz des Himmlischen Friedens (Tiananmen-Platz) in Peking ein Blutbad unter Tausenden von Studenten und Arbeitern an, die für Demokratie und Menschenrechte demonstrierten. Es kam zu Verhaftungen und Hinrichtungen. DENG XIAOPING rechtfertigte die Aktion, stürzte den reformwilligen Parteichef ZHAO ZIYANG und sorgte für die Wahl getreuer Gefolgsleute wie LI PENG zum Regierungschef und JIANG ZEMIN zum Parteivorsitzenden. Die Ereignisse vom Juni 1989 bedeuteten einen herben Rückschlag für die Bürgerrechts- und Demokratiebewegung Chinas. Außenpolitisch geriet das Land für vier Jahre ins Abseits; heute beginnen westliche Staaten vor allem auf wirtschaftlicher Basis, allmählich wieder engere Kontakte zu Peking zu knüpfen.

Am 21. März 1990 trat der 85jährige DENG XIAOPING, noch immer Vorsitzender der staatlichen Militärkommission, zurück. Damit gab der »starke Mann« Chinas seine letzte offizielle Machtposition auf. Ministerpräsident LI PENG bekräftigt nachhaltig die Absage der kommunistischen Parteiführung an politische Reformen.

Verletzungen der Menschenrechte in China wurden in den letzten Jahren von der Weltöffentlichkeit angeklagt: 2564 Häftlinge wurden 1993 zum Tode verurteilt; mindestens 14 Mal ist die Todesstrafe vollstreckt worden. In chinesischen Gefängnissen wird massiv gefoltert.

Im Juni 1994 traten Gesetze in Kraft, die die Menschenrechte in China weiter einschränken. Strafbar macht sich, wer die Religion benutzt, um ethnische Unruhen zu schüren, oder wer die Staatssicherheit gefährdende Ansichten verbreitet. Die Gründung von Organisationen (z. B. der Arbeiter oder der ethnischen und religiösen Minderheiten) wurden erschwert.

Bessere Beziehungen zu Taiwan kündigten sich im August 1994 an, als die beiden Länder eine gemeinsame Erklärung unterzeichneten, in der China die taiwanesische Rechtsprechung anerkennt. Beide Staaten erheben den Alleinvertretungsanspruch für das chinesische Volk; nach wie vor erkennt China Taiwan nicht als eigenständigen Staat an, unterhält aber über die britische Kronkolonie Hongkong intensive Handelsbeziehungen zu dem Inselstaat.

Literatur: H. Bögeholz: *Gebt uns Demokratie oder gebt uns den Tod. China: Das Massaker und die Folgen.* Reinbek 1989.
J. Domes: *Die Ära Mao Tse-tung.* Stuttgart 1971.
W. Franke: *Das Jahrhundert der Chinesischen Revolution.* München 1958.
J. Harrison: *Der lange Marsch zur Macht.* Zürich 1978.
G. K. Kindermann: *Chinas unbeendeter Bürgerkrieg.* Wien 1980.
H. Martin (Hg.): *Mao Tse-tung: Schriften, Dokumente, Reden und Gespräche. 7 Bde.* München 1972–1978.
H. Meyer: *Die Entwicklung der kommunistischen Streitkräfte in China von 1927 bis 1949.* Berlin 1982.
M. Müller: *China nach Mao. Auswahlbibliographie.* Hamburg 1987.
T. Reichenbach: *Die Demokratiebewegung in China 1989.* Hamburg 1994.
H. E. Salisbury: *Krieg zwischen Rußland und China.* Frankfurt 1970.
E. Snow: *Roter Stern über China.* Frankfurt 1970.
Cheng-Chi Wu: *Über die Ursprünge des chinesisch-sowjetischen Grenzkonflikts.* Bochum 1988.

Staatsname: Volksrepublik China
Staatsform: Sozialistische Volksrepublik
Staatsoberhaupt: Jiang Zemin (seit 1993)
Regierungschef: Li Peng (seit 1987)
Regierung: Kommunistische Partei Chinas
Parlament: Nationaler Volkskongreß 2978 Sitze, Nationale Front (KPCh) 2978
Mitgliedschaft bei internationalen Organisationen: APEC, UNO
Lage: 71°–135° östlicher Länge, 18°–53° nördlicher Breite
Fläche: 9 572 909 km²
Hauptstadt: Peking (Beijing)
Bevölkerung: 1,18 Milliarden; Han-Chinesen 92 %, Sonstige 8 %; Konfessionslose 71,2 %, Volksreligionen 20,1 %, Buddhisten 6 %, Muslims 2,4 %, Sonstige 0,3 %
Wirtschaft: Dienstleistung 38 %, Industrie 34 %, Landwirtschaft 27 %; Export: Textilien 30 %, Maschinen 16,7 %

DEUTSCHE DEMOKRATISCHE REPUBLIK

Aufstand gegen das SED-Regime am 17. Juni 1953
Mauerbau 1961

In Berlin, während des Kalten Krieges Nahtstelle zwischen Ost und West, kam es am 17. Juni 1953 zu einem Aufstand gegen die DDR-Regierung, der gewaltsam niedergeschlagen wurde. In der Bundesrepublik Deutschland wurden die Ereignisse als Aufschrei der DDR-Bevölkerung für Freiheit und Demokratie sowie als Votum für die Wiedervereinigung der beiden deutschen Staaten verstanden. Anstatt der nach den Ereignissen des 17. Juni einsetzenden Fluchtbewegung nach West-Berlin durch Konzessionen zu begegnen, festigte die DDR-Regierung den »Eisernen Vorhang« durch den Bau einer Mauer in der geteilten Stadt.

Historischer Hintergrund

Nach Kriegsende 1945 wurden sowohl Berlin wie auch die verbliebenen Teile des früheren Deutschen Reichs von den Siegermächten (USA, UdSSR, England und Frankreich) in vier Besatzungszonen aufgeteilt. 1947 bildeten die Amerikaner, Briten und Franzosen einen wirtschaftlichen und politischen Zusammenschluß ihrer Besatzungszonen. Die Russen beteiligten sich dagegen nicht am Versuch einer wirtschaftlichen und gesellschaftlichen Konsolidierung Gesamt-Deutschlands. In der von ihnen besetzten sog. Ost-Zone etablierten sie ein sozialistisches Regierungs- und Verwaltungssystem.

Die einseitige Entscheidung der Westalliierten für eine Währungsreform am 20. Juni 1948 und die Bildung eines einheitlichen Wirtschaftsgebietes in den drei West-Zonen, in das auch die Westsektoren Berlins einbezogen wurden, verschärften die politische Lage. Im Gegenzug wurde mit dem Argument, die ehemalige Hauptstadt liege innerhalb der sowjetischen Zone, der Geltungsbereich der in der sowjetischen Besatzungszone eingeführten Ost-Mark am 24. Juni auf ganz Berlin ausgedehnt.

Vier Tage nach der Währungsreform in den West-Zonen wurde die D-Mark auch im Westteil Berlins eingeführt. Daraufhin verhängten die Russen eine Blockade über Berlin: Der gesamte Verkehr von und nach den West-Sektoren der Stadt wurde gesperrt, die Versorgung West-Berlins mit

Deutsche Demokratische Republik von 1949 bis 1990.

Lebensmitteln, Elektrizität und Kohle unterbrochen. Die Westmächte sollten mit diesen Maßnahmen zum Abzug gezwungen und der »Eiserne Vorhang« auf Dauer geschlossen werden.

Als Reaktion schickten die Vereinigten Staaten mit Atomwaffen bestückte Kampfflugzeuge nach Großbritannien. Unter der Leitung des US-Militärgouverneurs, General Lucius D. Clay, wurde zur Versorgung der West-Berliner Bevölkerung eine »Luftbrücke« von West-Deutschland nach Berlin organisiert, die fast ein Jahr lang den Nachschub auf dem Luftweg sichern half: 225 amerikanische Skymaster-Flugzeuge und 158 englische Maschinen flogen 700 bis 1000 Einsätze am Tag. Durchschnittlich kamen auf diese Weise monatlich 150 000 Tonnen Lebensmittel und Kohle in die abgeschnittene Stadt.

Am 12. Mai 1949 wurde die Blockade aufgehoben. Die Kosten für die Luftbrücke waren auf über 200 Millionen Dollar angewachsen; bei Flugzeugunfällen waren 55 westalliierte Soldaten und deutsche Helfer ums Leben gekommen.

Im selben Jahr wurde als Antwort auf die Gründung der Bundesrepublik Deutschland und auf Drängen der Sowjetunion in der Ost-Zone die Deutsche Demokratische Republik ausgerufen. Sie stand unter russischem Besatzungsrecht und wurde erst im Mai 1954 von Moskau als souveräner Staat anerkannt. Die DDR war der strategisch wichtigste Teil des osteuropäischen Macht- und Einflußbereichs der Sowjetunion, auf die sie politisch und wirtschaftlich vollkommen linientreu ausgerichtet war.

General Lucius D. Clay, der amerikanische Oberbefehlshaber in Deutschland, erklärte am 16. April 1948:
»Wir haben die Tschechoslowakei verloren … Wenn Berlin fällt, wird Deutschland als nächstes an die Reihe kommen. Wenn wir Europa gegen den Kommunismus halten wollen, dürfen wir nicht weichen. Treten wir den Rückzug an, ist unsere Stellung in Europa bedroht.«

17. Juni 1953: Bürger aus Ost-Berlin ziehen mit wehenden Fahnen, vom Ost-Sektor unter den Linden kommend, durch das Brandenburger Tor in den Westteil der Stadt.

Konfliktparteien

An die Aufbauphase des ersten sozialistischen Staates auf deutschem Boden hatten ehemalige Kommunisten und Linksintellektuelle, die zum Teil aus dem Exil zurückgekehrt waren, große Erwartungen geknüpft. Nach den furchtbaren Erfahrungen mit der nationalsozialistischen Diktatur des »Dritten Reiches« hatten sie sich ein »besseres Deutschland« erhofft. Um so größer war die Enttäuschung, als sich in der DDR unter politischer und gesellschaftlicher Führung der *Sozialistischen Einheitspartei* (SED), einem Zwangszusammenschluß von SPD und KPD aus dem Jahre 1946, ein stalinistisch-diktatorisches Regime etablierte.

Große Teile der Bevölkerung waren mit den Entwicklungen nicht einverstanden. Immer weniger hofften noch auf gesellschaftliche Reformen, die die DDR zu einem wirklich demokratischen Staat umgestalten würden. Viele waren bereits aus Enttäuschung über die Verhältnisse und wegen der Beschränkung ihrer Freiheitsrechte in den Westen gegangen.

17. Juni 1953: Sowjetische Panzer und bewaffnete Einheiten der Volkspolizei beendeten am Abend den Aufstand.

Konfliktverlauf

Auf dem zweiten Parteikongreß der SED 1953 wurde die Erhöhung der Arbeitsnormen verkündet. Am 28. Mai 1953 wurde eine zehnprozentige Arbeitsnormerhöhung von der Regierung angeordnet. Am 16. Juni verteidigte ein Artikel in der Gewerkschaftszeitung »Tribüne« die Maßnahme. Ost-Berliner Arbeiter reagierten mit Empörung, und Bauarbeiter protestierten auf der Stalinallee. Auf dem Weg zum Haus der Ministerien schlossen sich etwa 10 000 weitere Arbeiter dem Demonstrationszug an.

Ministerpräsident Otto Grotewohl und Parteisekretär Walter Ulbricht lehnten jedoch ein Gespräch mit den Demonstranten ab. Die Empörung wuchs, ein Generalstreik sollte den Forderungen der Arbeiter, die nun auch den Rücktritt der Regierung und freie Wahlen verlangten, Nachdruck verleihen. Am 17. Juni wurde in vielen Ost-Berliner Betrieben gestreikt, ebenso in der Gegend um Magdeburg, in Jena, Gera, Brandenburg und Görlitz – insgesamt an 250 Orten der DDR. Das Land war von einer Protestwelle erfaßt worden, die das Regime in seinen Grundfesten bedrohte. In der BRD verstand man die Proteste und Demonstrationen der Bevölkerung als ein Votum für die Wiedervereinigung der beiden Staaten.

In Berlin kam es zu gewaltsamen Zusammenstößen zwischen Demonstranten und der Polizei. Der sowjetische Stadtkommandant von Ost-Berlin verhängte den Ausnahmezustand und das Standrecht. Auch über die anderen von Demonstrationen und Streiks betroffenen mitteldeutschen Städte wurde der Ausnahmezustand verhängt. Doch die Proteste gingen weiter. Sowjetische Panzer und bewaffnete Volkspolizisten schlugen schließlich den Aufstand am Abend des 17. Juni nieder.

Walter Ulbricht (30.6.1893–1.8.1973)
Staats- und Parteichef der DDR bis 1971.
Ulbricht trat 1912 der SPD bei und gehörte zum revisionistischen Flügel um Karl Liebknecht. 1919 beteiligte er sich an der Gründung der KPD in Leipzig. Ab 1923 saß er im ZK der KPD, wurde 1926 Mitglied des sächsischen Landtages und, nach einer Ausbildung in Moskau zum Spitzenfunktionär, 1928 in den Reichstag gewählt. 1931 wurde er wegen Hochverrats zu zwei Jahren Festungshaft verurteilt. 1933 emigrierte er nach Prag und ging 1938 in die Sowjetunion, wo er die deutschen Kommunisten in der Komintern vertrat. Im April 1945 kehrte er mit der »Gruppe Ulbricht« nach Berlin zurück und gründete die SED. Seit 1950 war er Generalsekretär der SED; ab 1953, nach Ausschaltung oppositioneller Gruppen in der Führung, Erster Sekretär des ZK. Die internationale Anerkennung der DDR war sein Hauptziel. In Erklärungen rückte er immer mehr von der Idee einer Wiedervereinigung der beiden deutschen Staaten ab, vor allem, als er nach dem Tode Wilhelm Piecks zum Vorsitzenden des neuen Staatsrats der DDR gewählt worden war. Ulbricht blieb bis 1971 im Amt. Er starb 1973 in Berlin.

Ergebnis

Am 18. Juni kam es noch vereinzelt zu Ausschreitungen. Die Zahl der Opfer ist nie genau ermittelt worden. Wilhelm Zaiser, Minister für Staatssicherheit, gab bekannt, daß vier Volkspolizisten, zwei unbeteiligte Zivilpersonen und 19 Demonstranten ums Leben gekommen seien. In Wirklichkeit dürften mindestens 200 Demonstranten und 100 Volkspolizisten bei den Auseinandersetzungen getötet worden sein. Über 1200 Demonstranten wurden zu langjährigen Freiheitsstrafen verurteilt.

Entwicklung seit Konfliktende

In der Bundesrepublik Deutschland wurde der 17. Juni in Erinnerung an die Ereignisse bis zur Wiedervereinigung 1990 als Nationalfeiertag (»Tag der deutschen Einheit«) begangen. Die SED-Regierung hielt an ihrem Aufbauprogramm eines sozialistischen Einheitsstaates unverändert fest. Der Großteil der Bevölkerung wollte aber den sozialistischen Weg nicht mehr mitgehen; zu schlecht waren inzwischen die Lebensbedingungen geworden, und die (politische) Unfreiheit wurde als immer bedrückender empfunden: Von 1950 bis 1962 flüchteten rund 2,6 Millionen Menschen von Ost- nach West-Deutschland.

Mauerbau 1961

Der andauernde Verlust so vieler Arbeitskräfte bedeutete für die DDR-Wirtschaft eine große Belastung. Eine Initiative des sowjetischen Partei- und Regierungschefs Nikita Chruschtschow am 27. November 1958 sah die Veränderung des Vier-Mächte-Status von Berlin vor. West-Berlin sollte den Status einer »Freien Stadt« erhalten. Bei Nicht-Annahme des sowjetischen Vorschlags innerhalb von sechs Monaten wollte Moskau alle Hoheitsrechte über die Zugänge nach Berlin zu Lande, zu Wasser und in der Luft an die Regierung der DDR übertragen. Chruschtschows Berlin-Ultimatum beinhaltete auch das Angebot eines Friedensvertrages für Gesamt-Deutschland, der vorsah, die im Potsdamer Abkommen von 1945 festgelegten Grenzen endgültig als Staatsgrenzen festzuschreiben und eine Konföderation der beiden deutschen Staaten zu bilden. Sollten diese Vorschläge nicht realisiert werden, wollte der Kreml-Chef einen separaten Friedensvertrag zwischen der Sowjetunion und der DDR abschließen. Moskau beharrte nicht auf der sechsmonatigen Frist für Verhandlungen. Doch angesichts der drohenden Einschränkungen schwoll der Flüchtlingsstrom aus Ost-Deutschland noch weiter an. Allein zwischen Januar und August 1961 waren 155 000 Menschen über Berlin in den Westen geflüchtet. Auf die Moskauer Initiative hatte der Westen bis zum Sommer 1961

Mauerbau, August 1961: Ein Soldat der Nationalen Volksarmee springt über den Stacheldraht von Ost- nach West-Berlin.

nicht wunschgemäß reagiert, der Status quo blieb bestehen. Um den Flüchtlingsstrom einzudämmen, beschloß das Politbüro der SED in Absprache mit den russischen Genossen schließlich die Abriegelung Ost-Berlins.

In den frühen Morgenstunden des 13. August 1961, einem Sonntag, begannen Arbeiter unter militärischer Aufsicht Stacheldrahtzäune und Straßensperren an der Grenze zu West-Berlin zu errichten. Nur 13 von 80 Sektorenübergängen blieben geöffnet. Jeder Übertritt mußte nun von DDR-Behörden genehmigt werden. Washington, London und Paris waren überrascht, obwohl in den westlichen Regierungszentralen mit Maßnahmen zur Einschränkung des freien Verkehrs von und nach Berlin gerechnet worden war. Erst am 17. August gab es einen offiziellen Protest der Westmächte. Der damalige Regierende Bürgermeister von Berlin, Willy Brandt, forderte am 16. August US-Präsident John F. Kennedy auf, sich der Sowjetunion und der DDR entgegenzustellen.

Am 19. August wurden die amerikanischen Truppen in Berlin verstärkt. Lyndon B. Johnson, der US-Vizepräsident, kam in Begleitung führender Militärs nach Berlin. Die Anwesenheit der Alliierten in West-Berlin war der Garant für die Stadt und den Frieden. Während der Kuba-Krise 1962 (→ Kuba) wurde Berlin noch einmal in den Machtpoker der atomaren Großmächte hineingezogen: Im Falle einer ameri-

»Ich bin auf Weisung des Präsidenten Kennedy nach Berlin gekommen. Er und ich wünschen, daß Sie zur Kenntnis nehmen, daß die Zusicherung, die er für die Freiheit von West-Berlin und für die Rechte des westlichen Zugangs zu Berlin gegeben hat, fest ist. Für das Überleben und die schöpferische Zukunft dieser Stadt haben die Amerikaner in der Tat das verbürgt, was unsere Vorfahren bei der Schaffung der Vereinigten Staaten verbürgt haben: unser Leben, unser Gut und unsere heilige Ehre.«
Der amerikanische Vizepräsident Lyndon B. Johnson in einer Rede vor dem Berliner Senat nach dem Mauerbau 1961.

***Willy Brandt* (18.12.1913–8.10.1992)**
Bundeskanzler von 1969 bis 1974, Friedensnobelpreisträger. Brandt wurde schon als 16jähriger SPD-Mitglied und schloß sich einer Linksabspaltung der Partei, der SAP an. Nach der Machtergreifung der NSDAP mußte er 1933 fliehen. In Oslo studierte er Geschichte und war journalistisch tätig. Nach dem Krieg war Brandt Vertreter des SPD-Vorsitzenden Kurt Schumacher und wurde 1957 zum Regierenden Bürgermeister von Berlin gewählt. Durch seine Reisediplomatie warb er für die Interessen Berlins und gewann die Sympathie der USA, deren Sicherheitsgarantie, die bei einem Gespräch mit Präsident Kennedy bekräftigt wurde, beim Bau der Mauer 1961 wichtig wurde. Brandt war während der großen Koalition ab 1966 Vizekanzler und Außenminister, im Oktober 1969 wurde er Bundeskanzler einer SPD/FDP-Koalition und bekam 1971 für seine Ostpolitik den Friedensnobelpreis. 1974 mußte er wegen der Guillaume-Affäre als Bundeskanzler zurücktreten, blieb jedoch bis 1987 Parteivorsitzender. Nach langer Krankheit starb er 1992.

kanischen Invasion auf Kuba drohte CHRUSCHTSCHOW mit dem Einmarsch in West-Berlin.

Mauerbau, Todesstreifen und Schießbefehl hatten den Zugang von Ost-Berlin und der DDR in den Westteil der Stadt erschwert und die beiden Staaten weiter voneinander getrennt. Dramatische Fluchtversuche scheiterten häufig an der konsequenten Anwendung des Schießbefehls durch die DDR-Grenzsoldaten. Verschiedene Abkommen des West-Berliner Senats mit den DDR-Behörden regelten in den »kleinen Grenzverkehr« in der geteilten Stadt: Passierscheinabkommen vom 17. Dezember 1963, 24. September 1964, 25. November 1965 und 7. März 1966.

Im Zusammenhang mit einer neuen Entspannungspolitik der Bonner SPD/FDP-Regierung unter Bundeskanzler WILLY BRANDT kam es 1971 zu einem Berlin-Abkommen der vier Siegermächte, das im Juni 1972 in Kraft trat. Es regelte die Verantwortlichkeiten und die Rechte und verpflichtete die Sowjetunion, den freien Transitverkehr zwischen der Bundesrepublik Deutschland und West-Berlin zu garantieren. West-Berlin behielt im Gegenzug seinen besonderen Status und wurde nicht Teil der Bundesrepublik. Das Viermächteabkommen und seine Zusatzparagraphen, die am 3. Juni 1972 in Kraft traten, brachten nicht nur Erleichterungen im Reise- und Besucherverkehr. Sie bereiteten auch den Boden für erste vertragliche Abmachungen zwischen der Bundesrepublik Deutschland und der DDR, die eine Chance für ein geregeltes und friedliches Nebeneinander der beiden deutschen Staaten bedeuteten: So der Verkehrsvertrag, der am 17. Oktober 1972 in Kraft trat, und insbesondere den Güterverkehr »beider Vertragsstaaten in und durch ihr Hoheitsgebiet« regelte, vor allem aber der Grundlagenvertrag vom 21. Dezember 1972, in dem beide Vertragspartner normale gutnachbarliche Beziehungen auf der Grundlage der Gleichberechtigung entwickeln und die Prinzipien der UNO beachten wollten. Mit dem Grundlagenvertrag waren trotz der unterschiedlichen politischen Systeme die Voraussetzungen für eine Normalisierung der Beziehungen gegeben. Es wurde u. a. eine Reihe von Erleichterungen im Besuchs- und Reiseverkehr vereinbart. Auf Antrag von DDR-Bewohnern waren nunmehr mehrmalige Verwandten- oder Bekanntenbesuche aus dem Westen möglich; ferner wurden Einreisen aus kommerziellen, religiösen, sportlichen und kulturellen Gründen sowie von Touristen erlaubt. Im »kleinen Grenzverkehr« konnten jetzt die 6,5 Millionen Bewohner aus grenznahen Gebieten der Bundesrepublik Deutschland mehrmals im Jahr zu Tagesaufenthalten in die DDR reisen. Erstmals erhielten auch solche Bürger der DDR, die das Rentenalter noch nicht erreicht hatten, die Möglichkeit, in dringenden Familienangelegenheiten in die Bundesrepublik Deutschland zu reisen. In den siebziger und achtziger Jahren machte man

7. Oktober 1989, 40. Jahrestag der DDR-Staatsgründung: Michail Gorbatschow und Erich Honecker bei der Parade der Nationalen Volksarmee auf dem Berliner Alexanderplatz.

weitere Schritte der Annäherung auf Regierungsebene. Auch die Handelskontakte begannen sich zu normalisieren.

Dennoch: Trotz aller Bemühungen, eine gewisse Normalität in den Beziehungen herzustellen, das Verhältnis zwischen beiden deutschen Staaten blieb geprägt von gegenseitigem Mißtrauen.

Die Lebensbedingungen in der DDR hatten sich in diesem Zeitraum zwar in einigen Bereichen gebessert, doch die Unzufriedenheit mit dem Regime, das keine Auslandsreisen gestatten wollte, seine Bürger politisch bevormundete und sie durch den sog. Staatssicherheitsdienst (Stasi) bespitzeln ließ, wuchs.

Im Sommer 1989 kam es nicht zuletzt aufgrund der halsstarrigen Haltung des DDR-Regimes gegen die Liberalisierungspolitik des Kremlchefs MICHAIL GORBATSCHOW zu einer spontanen Massenfluchtbewegung: Im August wurden die Ständige Vertretung der Bundesrepublik in Ost-Berlin, die westdeutschen Botschaften in Budapest, Prag und später auch in Warschau wegen Überfüllung mit DDR-Flüchtlingen geschlossen. Mehr als 660 DDR-Bürger nutzten eine Veranstaltung an der ungarisch-österreichischen Grenze zur Flucht nach Österreich. Ungarn öffnete seine Westgrenze für DDR-Flüchtlinge und entließ über 6000 ausreisewillige Ostdeutsche in den Westen. Die sog. Botschaftsflüchtlinge in den Vertretungen der Bundesrepublik in Prag und Warschau wurden von den Machthabern in Ost-Berlin aus der DDR »ausgewiesen«. Im Oktober demonstrierten Hunderttausende in der ganzen DDR für Reformen und eine demokratische Erneuerung.

Am 18. Oktober 1989 trat Staats- und Parteichef ERICH HONECKER zurück, der 18 Jahre zuvor WALTER ULBRICHT abgelöst hatte. HONECKERS Nachfolger wurde EGON KRENZ, der die Entwicklung in der DDR zu mehr Demokratie und Freiheit nicht mehr aufhalten und nur wenige Wochen im Amt bleiben konnte. Am 4. November demonstrierten in Ost-Berlin Hunderttausende für Demokratie und freie

»Wir lassen ein System hinter uns, daß sich demokratisch nannte, ohne es zu sein. Seine Kainszeichen waren die Unfreiheit des Geistes und das verordnete Denken, Mauer und Stacheldraht, der Ruin der Wirtschaft und die Zerstörung der Umwelt, die ideologisch kalkulierte Gängelung und das geschürte Mißtrauen ... Die Deutsche Einheit ist mit dem Beitritt nicht abgeschlossen. Sie ist und bleibt eine Gemeinschaftsaufgabe aller Deutschen. Sie ist nicht nur eine materielle Frage, sondern eine Frage des praktizierten Gemeinsinns. Die Einheit will nicht nur bezahlt, sondern auch mit dem Herzen gewollt sein.«
DDR-Ministerpräsident Lothar de Maizière in einer Fernsehansprache am 2. Oktober 1990.

Wahlen. Innerhalb einer Woche traten die DDR-Regierung und das Politbüro der SED zurück. Am 9. November wurden die Grenzen zur Bundesrepublik Deutschland und nach West-Berlin geöffnet.

Aus den ersten freien Volkskammerwahlen im März 1990 ging die konservative *Allianz für Deutschland* als Sieger hervor, und LOTHAR DE MAIZIÈRE wurde Ministerpräsident. Der erste Schritt zur staatlichen Einheit beider deutscher Staaten wurde mit der Unterzeichnung des »Staatsvertrags zur Wirtschafts-, Währungs- und Sozialunion« am 18. Mai vollzogen, der am 1. Juli mit der Einführung der D-Mark in Kraft trat. Gleichzeitig entfielen die letzten Grenzkontrollen innerhalb Deutschlands.

Der sowjetische Staatspräsident GORBATSCHOW erklärte bei Verhandlungen mit Bundeskanzler HELMUT KOHL im Kaukasus sein Einverständnis zu einem vereinten Deutschland und dessen Mitgliedschaft in der NATO und sagte den Rückzug der sowjetischen Truppen aus der ehemaligen DDR innerhalb von vier Jahren zu. Am 31. August 1990 wurde der deutsch-deutsche Einigungsvertrag unterzeichnet, der am 12. September 1990 mit den Unterschriften von Vertretern der USA, der Sowjetunion, Frankreichs und Großbritanniens in Moskau besiegelt wurde (Zwei-plus-Vier-Vertrag). Mit dem Beitritt der nach dem Ländereinführungsgesetz vom Juli 1990 wiederentstandenen ostdeutschen Länder zur Bundesrepublik Deutschland am 3. Oktober hörte die DDR auf zu existieren.

Literatur: A. Baring: *Der 17. Juni 1953.* Stuttgart 1983.
J. Becker / T. Stammen / P. Waldmann (Hg.): *Vorgeschichte der Bundesrepublik Deutschland. Zwischen Kapitulation und Grundgesetz.* München 1979.
P. Bender: *Neue Ostpolitik. Vom Mauerbau bis zum Moskauer Vertrag.* München 1986.
W. Benz: *Die Gründung der Bundesrepublik. Von der Bizone zum souveränen Staat.* München 1986.
W. Benz: *Potsdam 1945. Besatzungsherrschaft und Neuaufbau im Vier-Zonen-Deutschland.* München 1986.
H. Bögeholz: *Die Deutschen nach dem Krieg – Eine Chronik. Befreit, geteilt, vereint: Deutschland 1945–1995.* Reinbek 1995.
G. v. Diemer / E. Kuhrt (Hg.): *Kurze Chronik der deutschen Frage. Mit den drei Verträgen zur Einigung Deutschlands.* München 1994.
H. Horn: *Die Berlin-Krise 1958/61. Zur Funktion der Krise in der internationalen Politik.* Frankfurt 1970.
C. Kleßmann: *Deutschland 1945–1995.* Frankfurt 1995.
C. Kleßmann: *Die doppelte Staatsgründung. Deutsche Geschichte 1945–1955.* Bonn 1986.
K. u. K. Lau: *Deutschland auf dem Weg zur Einheit. Dokumente einer Revolution.* Braunschweig 1990.
H. Lilge (Hg.): *Deutschland 1945 bis 1963.* Hannover 1967.
D. Mahncke: *Berlin-Problem.* In: R. Woyke (Hg.): *Handwörterbuch Internationale Politik.* Opladen 1977.
F. R. Pfetsch: *Die Außenpolitik der Bundesrepublik 1949 bis 1980.* München 1981.
A. Rikline: *Das Berlinproblem. Historisch-politische und völkerrechtliche Darstellung des Viermächtestatus.* Köln 1964.
U. Schödlbauer: *Notizen zur deutschen Einheit.* Heidelberg 1994.
I. Spittmann / K. W. Fricke (Hg.): *17. Juni 1953. Arbeiteraufstand in der DDR.* Köln 1982.
R. Steininger: *Deutsche Geschichte 1945 bis 1961. Darstellung und Dokumente in 2 Bänden.* Band 2. Frankfurt 1983.
T. Vogelsang: *Das geteilte Deutschland.* München 1985.
U. Wetzlaugk: *Berlin und die deutsche Frage.* Köln 1985.

Staatsname: Deutsche Demokratische Republik
Staatsform: Republik
Staatsoberhaupt: Sabine Bergmann-Pohl (10.4.–2.10.1990)
Regierungschef: Lothar de Maizière (12.4.–2.10.1990)
Regierung: Koalitionsregierung aus CDU, DSU, DA, SPD und Liberalen
Parlament: Volkskammer 400 Sitze (Wahl vom 18.3.1990), CDU 163, SPD 88, PDS 66, DSU 25, BFD 21, Bündnis 90 12, DBD 9, Grüne 8, DA 4, NDPD 2, DFD 1, AVL 1
Mitgliedschaft bei internationalen Organisationen: Warschauer Pakt, COMECON, UNO
Lage: 6°– 15° östlicher Länge, 47°–55° nördlicher Breite
Fläche: 108 333 km^2
Hauptstadt: Berlin (Ost)
Bevölkerung: 16,43 Millionen; Protestanten 72 %, Katholiken 11 %, Sonstige 17 %
Wirtschaft: Dienstleistung 17,9 %, Industrie 72,3 %, Landwirtschaft 9,8 %;
Export: Maschinen, Ausrüstungen 47,6 %, industrielle Konsumgüter 16,4 %, Energie, Metalle 15,1 %

DOMINIKANISCHE REPUBLIK

Bürgerkrieg 1965

Nach der Ermordung des Diktators Trujillo Molina am 30. Mai 1961 gelang es dem neuen, ersten frei gewählten Präsidenten der Insel, Juan Bosch, nicht, sich mit seinen Reformen durchzusetzen. Boschs Sturz löste zwei Jahre später einen Bürgerkrieg aus, in den die USA und fünf weitere OAS-Staaten mit einer »Interamerikanischen Friedenstruppe« eingriffen.

Historischer Hintergrund

Auf der karibischen Insel Hispaniola gibt es zwei eigenständige Staaten: im Westen → Haiti und im Osten die Dominikanische Republik. Beide Staaten sind historisch, sozial und politisch eng miteinander verbunden.

Die ehemalige spanische Kolonie Santo Domingo diente den Europäern als Ausgangsbasis für die Eroberung des mittel- und südamerikanischen Raumes. Nach dem Verfall der spanischen Herrschaft bereiteten Seeräuber im 17. Jahrhundert die französische Kolonisation des Westteils der Insel vor. Im Frieden von Ryswijk (1697) wurde die Insel zwischen Frankreich und Spanien aufgeteilt, aber beide Teile waren im Laufe des 18. und 19. Jahrhunderts für kurze Zeit immer wieder politisch vereint.

Nach der Selbständigkeit (1844) bzw. erst nachdem die Spanier 1861 bis 1865 noch einmal zurückgekehrt waren, wurde die Dominikanische Republik von verschiedenen Diktaturen regiert.

Um die Jahrhundertwende führten die katastrophalen Wirtschaftsverhältnisse zur Finanzaufsicht durch die USA. Militärisch intervenierten die Amerikaner zum ersten Mal 1916. Während der bis 1924 andauernden Besatzung bauten die USA eine moderne Armee auf. An deren Spitze stand Rafaèl Leónidas Trujillo y Molina, der 1930 durch einen Staatsstreich an die Macht kam und die Republik bis 1961 diktatorisch regierte. Soziale Spannungen hatten sich seit dem 18. Jahrhundert zwischen der prosperierenden Plantagenkolonie im Westteil der Insel und dem vernachlässigten spanischen Siedlungsgebiet im Osten ergeben; eine Entwicklung, die auch zu Konflikten zwischen → Haiti und der Dominikanischen Republik führte. Unter dem autoritären Regime Trujillos nahm die Republik dann eine

Die Dominikanische Republik und Haiti teilen sich die Karibikinsel Hispaniola.

Rafaèl Leónidas Trujillo y Molina (24.10.1891–30.5.1961)
Präsident und Diktator der Dominikanischen Republik von 1930 bis 1938 und von 1942 bis 1952. Der Armeegeneral kam 1930 durch einen Staatsstreich an die Macht und sicherte sich mit Terror eine despotische Stellung, die ihm und seiner Familie erlaubte, das Land auszubeuten. 1952 trat er pro forma das Präsidentenamt an seinen Bruder Héctor ab, war aber bis zu seiner Ermordung 1961 eigentlicher Machthaber. Trujillo entfaltete einen hemmungslosen Personenkult; seine Familie mußte nach seinem Tod das Land verlassen.

positive wirtschaftliche Entwicklung. Die Gewinne dieser Konjunktur kamen aber im wesentlichen dem TRUJILLO-Clan zugute. Das Regime konnte sich des Wohlwollens der USA sicher sein, da TRUJILLO die Interessen amerikanischer Firmen besonders förderte. Washington wendete sich jedoch 1960 von TRUJILLO ab, als FIDEL CASTRO siegreich in Havanna (→ Kuba) eingezogen war und die amerikanische Regierung eine ähnliche Entwicklung auch in der Dominikanischen Republik befürchtete.

Nach der Ermordung TRUJILLOS am 30. Mai 1961 wurde seine Familie gezwungen, die Insel zu verlassen: Es kam zu einer Kapitalflucht großen Stils, die der dominikanischen Wirtschaft schweren Schaden zufügte.

Aus den ersten freien Wahlen am 20. Dezember 1962 ging der Radikaldemokrat JUAN BOSCH als Sieger hervor, der längst überfällige Reformen durchführen wollte; doch bereits am 25. September 1963 wurde er von einer Militärjunta gestürzt. Zwei Jahre später kam es zu einem Gegenputsch von BOSCH-Anhängern und sozialreformerischen Teilen der Armee: Der Bürgerkrieg begann.

Konfliktparteien

Nach dem Sturz des TRUJILLO-Regimes wurden mehrere Parteien gegründet, von denen aber nur zwei politisch aktiv blieben: die sozialdemokratisch orientierte *Partido Revolucionario Dominicano* (PRD) des JUAN BOSCH und die

Juan Bosch (*30.6.1909)
Präsident der Dominikanischen Republik 1963 und von 1970 bis 1982.
Der Sohn einer Puertoricanerin und eines Spaniers arbeitete als Kaufmann und publizierte als Schriftsteller zahlreiche Bücher. Bosch lebte 24 Jahre im Exil und wurde am 27. Februar 1963 für vier Jahre als Präsident vereidigt. Am 25. September von rechtsgerichteten Militärs gestürzt, ging er erneut ins Exil und unterlag 1966 bei den Wahlen Joaquín Balaguer. Nach einem Aufenthalt in Spanien und Frankreich kam er 1970 wieder nach Santo Domingo zurück, wo er im selben Jahr wieder ins Amt des Präsidenten gewählt wurde. 1978 abgelöst durch Guzman, kandidierte er 1982 erneut, zog sich jedoch nach seiner Niederlage aus der Politik zurück.

konservative *Partido Reformista* (PR) des ehemaligen Präsidenten JOAQUÍN BALAGUER. Ein wesentlicher Machtfaktor war die Armee mit ihren 47 Generälen und etwa 20 000 Soldaten sowie die gut bewaffnete Polizei.

Während TRUJILLOS Herrschaft gab es keine Trennung zwischen den politischen und militärischen Aufgaben der Streitkräfte; die Militärs vertraten daher institutionelle Eigeninteressen. Die Mörder TRUJILLOS kamen aus dem Offizierskorps. Die Front der Bürgerkriegsparteien verlief quer durch die gesamte Armee: Anhänger der von BOSCH vertretenen Sozialreformen unter den Offizieren standen einem konservativen bis reaktionären Armeeflügel gegenüber.

In den Konflikt griffen die USA mit Marineinfanterie ein, die später von der »Interamerikanischen Friedenstruppe« der Staaten der *Organization of American States* (OAS) (Brasilien, Honduras, Nicaragua, Costa Rica und Paraguay) abgelöst bzw. ergänzt wurden.

Konfliktverlauf

Fehlende demokratische Traditionen sowie mangelnde Kompromißbereitschaft der Parteien und der verschiedenen gesellschaftlichen Gruppen führten am 25. September 1963 zum Putsch gegen BOSCH. Die linken Kräfte mußten ins Exil gehen; sie bereiteten aber einen Gegenputsch vor, dem sich reformorientierte jüngere Offiziere anschlossen. Sie rebellierten am 25. April 1965 in Santo Domingo gegen die Militärjunta, die nach BOSCHS Sturz an die Macht gekommen war. Unterstützt wurden die linken Militärs durch Massendemonstrationen in den Straßen der Hauptstadt.

Die meuternden Soldaten verteilten Waffen an die Bevölkerung, und der Aufstand brach los. Im Chaos des folgenden Bürgerkriegs wurde die Situation für die USA unüberschaubar: Sie befürchteten ein zweites → Kuba.

In den ersten beiden Tagen hatte es 900 Tote gegeben; die 25 000 Aufständischen konnten aber ihre Stellungen in der Hauptstadt festigen; die Militärjunta mußte Washington um Hilfe bitten.

Am 28. April landeten die ersten 400 US-Marineinfanteristen, die angeblich nur den Befehl hatten, amerikanische Staatsbürger zu schützen, also in die Kämpfe nicht eingreifen sollten. Was folgte, war eine großangelegte Invasion: 20 000 US-Soldaten landeten auf der Insel. Mit Hilfe des päpstlichen Nuntius in Santo Domingo gelang es amerikanischen Diplomaten, einen Waffenstillstand zwischen den Bürgerkriegsparteien auszuhandeln.

US-Einheiten schufen quer durch die Hauptstadt eine Sicherheitszone, doch kam es jeden Tag zu kleineren Gefechten. Die Kämpfe wurden heftiger, als Privatarmeen auf sei-

17. August 1978: In Anwesenheit seines Vorgängers Joaquín Balaguer (Mitte) legt Antonio Guzman (rechts) in der Nationalversammlung den Amtseid als neuer Staatspräsident ab.

ten der Militärjunta eingriffen und versuchten, die Rebellen mit Panzern im Norden der Stadt zu besiegen.

Die »Interamerikanische Friedenstruppe« der OAS bemühte sich, die Bürgerkriegsgegner getrennt zu halten. Am 31. August 1965 unterzeichneten beide Seiten die sog. Versöhnungsakte, die die freie Wahl eines neuen Staatspräsidenten vorsah.

Antonio Fernandez Guzman (12.2.1911–4.7.1982)
Präsident der Dominikanischen Republik von 1978 bis 1982. Der Sohn reicher Farmer war Mitglied der PRD und unter seinem Freund Juan Bosch Landwirtschaftsminister. Nach dem Putsch zog er sich zunächst zurück, wurde Anfang der siebziger Jahre Vorsitzender der PRD und gewann 1978 die Präsidentschaftswahlen. Während seiner Amtszeit konnte er die Lage durch ein sozialdemokratisches Reformprogramm stabilisieren. Guzman starb im Juli 1982 an einer Schußverletzung (ungeklärt, ob durch Unfall oder Freitod).

Ergebnis

Bis zum September 1966 blieb die »Interamerikanische Friedenstruppe« der OAS im Land und überwachte die Wahl am 1. Juni 1966, bei der der Favorit der USA, der ehemalige TRUJILLO-Politiker JOAQUÍN BALAGUER, über JUAN BOSCH siegte. BALAGUER konnte in den nächsten Jahren die Militärs von der Politik fernhalten, institutionalisierte aber eine paternalistische Präsidialregierung.

Entwicklung seit Konfliktende

Nach einer Verfassungsänderung und durch Wahlmanipulationen wurde BALAGUER 1970 und 1974 im Amt bestätigt. Die oppositionelle PRD zog aus Protest gegen diese Machenschaften aus dem Parlament aus und boykottierte die Wahlen. Erst 1978 stellte sie sich wieder der Wahl, und ihr

Joaquín Balaguer (*1.9.1907)
Präsident der Dominikanischen Republik von 1960 bis 1962; von 1966 bis 1978 und wieder ab 1986.
Balaguer studierte Jura, Philosophie und Literaturwissenschaft. Als Schriftsteller veröffentlichte er über 20 Bücher und war unter Trujillo zunächst im diplomatischen Dienst, später Minister und Vizepräsident. Im August 1960 übernahm er die Nachfolge des ermordeten Trujillo, wurde aber im Januar 1962 durch einen Putsch gestürzt. Balaguer ging ins Exil in die USA und wurde nach dem Bürgerkrieg 1966 wieder Präsident bis 1978. Der Law-and-order-Politiker mit autoritärem Regierungsstil gilt als amerikafreundlich. Er unterlag bei den Präsidentschaftswahlen 1978 Antonio Fernandez Guzman, konnte sich aber bei der Wahl vom 16. Mai 1986 gegen den amtierenden Präsidenten Salvador Jorge Blanco, der seit 1982 regierte, wieder durchsetzen. Am 16. Mai 1994 wurde er knapp im Amt bestätigt.

Kandidat Antonio Fernandez Guzman bildete nach dem Sieg eine gemäßigt sozialdemokratische Regierung. Nach seinem Tod übernahm im Juli 1982 Salvador Jorge Blanco das Präsidentenamt, der es aber nach den Wahlen 1986 an den erneut kandidierenden Joaquín Balaguer abtreten mußte. Balaguer wurde vier Jahre später im Amt bestätigt. Bei der Präsidentschaftswahl am 16. Mai 1994 wurde der 87jährige mit äußerst knapper Mehrheit zum dritten Mal wiedergewählt. José Francisco Peña Gomez, sein sozialdemokratischer Gegenkandidat, und eine Reihe internationaler Beobachter sprachen von Wahlbetrug. Aus den Parlamentswahlen gingen die oppositionellen Sozialdemokraten als stärkste Fraktion hervor. Die Christsozialen bildeten eine Minderheitsregierung, die von den Sozialdemokraten toleriert wird.

Unter dem Druck der USA, die Balaguers Wahlsieg nicht anerkannten und mit der Kürzung der Finanzhilfe für den Karibikstaat drohten, einigte sich der Präsident mit Peña Gomez auf vorgezogene Neuwahlen. Das Parlament bestimmte den 16. Mai 1996 als Termin. Eine unmittelbare Wiederwahl des Präsidenten wurde durch eine Verfassungsänderung verboten.

Literatur: J. Bell: *The Dominican Republic*. Boulder 1981.
P. Gleijeses: *The Dominican Crisis – The 1965 Constitutionalist Revolt and American Intervention*. Baltimore, London 1978.
W. Grabendorff: *Bibliographie zur Politik und Gesellschaft der Dominikanischen Republik*. München 1973.
C. M. Gutierrez: *The Dominican Republic: Rebellion and Repression*. New York, London 1972.
J. A. Moreno: *Barrios in Arms: Revolution in Santo Domingo*. Pittsburg 1970.
Statistisches Bundesamt (Hg.): *Länderbericht Dominikanische Republik*. Wiesbaden 1990.
W. Stikklas: *Dominikanische Republik. Gewerkschaftsbewegung und Entwicklungsprozeß*. Augsburg 1992.

Staatsname: Dominikanische Republik
Staatsform: Präsidiale Republik
Staatsoberhaupt: Joaquín Balaguer (PRSC; seit 1986)
Regierungschef: Joaquín Balaguer (PRSC; seit 1986)
Regierung: PRSC (seit 1990)
Parlament: Abgeordnetenhaus 120 Sitze (Wahl vom 16.5.1994), PRD (Sozialdemokraten) 55, PRSC (Christsoziale) 52, PLD (Sozialisten) 13
Mitgliedschaft bei internationalen Organisationen: AKP, OAS, SELA, UNO
Lage: 72° – 68° westlicher Länge, 17°–20° nördlicher Breite
Fläche: 48 443 km^2
Hauptstadt: Santo Domingo
Bevölkerung: 7,6 Millionen; Mulatten 70 %, Schwarze 15 %, Weiße 15 %; Christen 90,8 %, Sonstige 9,2 %
Wirtschaft: Dienstleistung 57 %, Industrie 25 %, Landwirtschaft 18 %; Export: Rohzucker 27 %, Ferro-Nickel 21 %, raffinierter Zucker 9 %

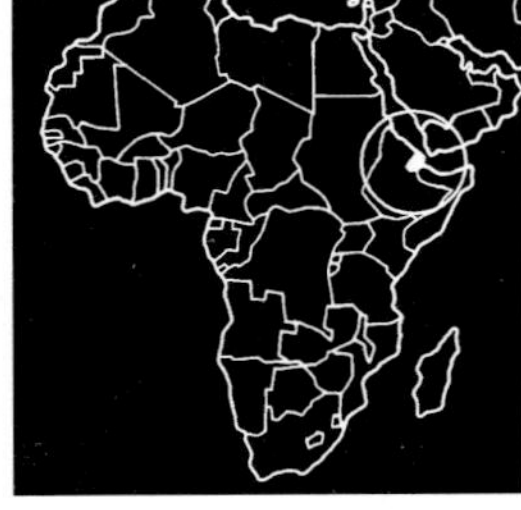

DSCHIBUTI

Bürgerkrieg 1991 bis 1994

Traditionelle Stammesrivalitäten und soziale Spannungen zwischen nomadisierenden Afar und Issa führten nach der Unabhängigkeit des kleinen Landes am Horn von Afrika zu einem Bürgerkrieg.

Historischer Hintergrund

Das Land am Golf von Aden hat eine strategisch wichtige Schlüsselstellung am Zugang zum Roten Meer. Es wird fast ganz von Äthiopien umschlossen, nur ein kleiner Teil grenzt an Somalia im Süden und Eritrea im Norden.

Dschibuti gilt als schwer zugängliches Land. Die Meerenge von Bab el Mandeb bildet einen günstigen Übergang zwischen Arabien und Afrika. Ab dem 9. Jahrhundert und nach der Islamisierung der hier siedelnden Afar bildeten sich Sultanate. Somalische Issa-Stämme verdrängten später die Afar von der Küste. Afar und Issa sind Abkömmlinge einer gemeinsamen semitischen Urbevölkerung. Zwischen beiden Bevölkerungsgruppen besteht trotz ihrer gemeinsamen Herkunft, ihrer gemeinsamen islamischen Religion und Sprache eine traditionelle Rivalität.

Im 16. Jahrhundert entstanden Handelsniederlassungen von Arabern und Portugiesen. Die weitere historische Entwicklung stand unter französischem, englischem und italienischem Einfluß. Französisch-Somaliland, wie das Land am strategisch wichtigen Horn von Afrika genannt wurde, erhielt nach der Abwehr ägyptischer Interessen und Ansprüche auf diese Region immer mehr handelspolitische Bedeutung: 1884 errichtete Frankreich einen Flottenstützpunkt und ein Protektorat. Mit dem Bau der Eisenbahn Dschibuti–Addis Abeba entwickelte sich das Land zum Tor zu Äthiopien.

Nach dem Zweiten Weltkrieg erlangte das Protektorat innere Autonomie; 1958 entschied sich die Bevölkerung zu 75 Prozent für die von CHARLES DE GAULLE vorgeschlagene Verfassung und damit für den Verbleib bei Frankreich.

Am 8. Mai 1977 stimmten 98 Prozent der Wahlberechtigten des sog. Territoire Français des Afars et des Issas (TFAI) für die Unabhängigkeit, die am 27. Juni 1977 endgültig wurde. Die gleichzeitig stattfindende Wahl verschob die Machtverhältnisse zugunsten der Issa. Dem Volk der Issa gehören gut 33 Prozent der Bevölkerung an, 20 Prozent zählen zu den Afar, hinzu kommen Araber, zahlreiche Flücht-

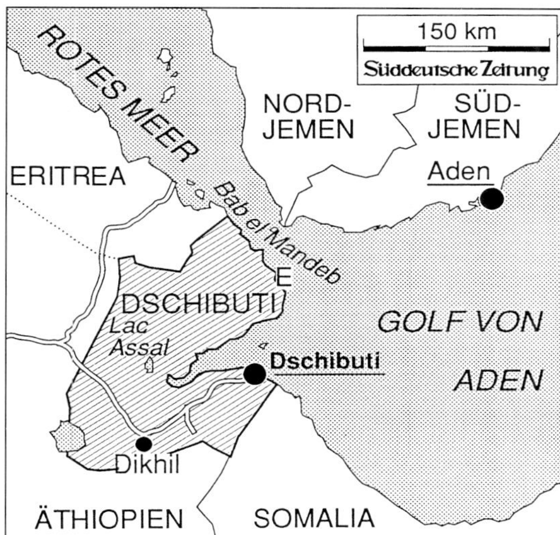

Dschibuti nimmt mit seiner Lage am Golf von Aden eine strategisch bedeutende Schlüsselstellung ein.

linge, illegale Einwanderer aus den Nachbarländern und Europäer. 60 bis 80 Prozent der Bevölkerung sind Analphabeten. Afar und Issa durchziehen als Nomaden das Land; die Hälfte der Bewohner lebt in der Hauptstadt.

Die zeitweise Unterbrechung der Eisenbahnlinie Dschibuti–Addis Abeba während des Sezessionskrieges in → Eritrea hatte schwere wirtschaftliche Auswirkungen auf den jungen Staat, und der Aufstand im Ogaden durch die *Western Somali Liberation Front* (WSLF) (→ Äthiopien) sowie die Spannungen zwischen → Somalia und Äthiopien führten im Laufe des Jahres 1977 zu einer Verschlechterung der Lage. Gebietsansprüche Äthiopiens und Somalias machten die Anwesenheit französischen Militärs weiterhin notwendig. In den schwierigen Beziehungen zu den Nachbarstaaten lehnte sich das mehr westlich orientierte Land an Somalia an und fühlte sich durch die extreme Linksorientierung Äthiopiens bedroht. Die Anerkennung der Republik Dschibuti durch die OAU und die Aufnahme in die *Arabische Liga* sollte diese Unsicherheit abmildern. Bereits im Dezember 1977 mußte die Regierung nach Unruhen zurücktreten. Der Ausgleich zwischen Afar und Issa war bedroht.

Konfliktparteien

Das Volk der Afar fühlte sich durch die Issa, die die einflußreichsten Stellungen in Politik und Wirtschaft des Landes bekleideten und sich diese mit Hilfe der Kolonialmacht

März 1967 in der Hauptstadt Dschibuti: Somali protestierten gegen die Volksabstimmung über die Unabhängigkeit Französisch-Somalilands. Fremdenlegionäre errichteten Stacheldrahtbarrikaden.

Frankreich frühzeitig gesichert hatten, benachteiligt. Die Afar forderten eine gleichberechtigte Stellung im unabhängigen Staat. Die Somali sind innerhalb Dschibutis zahlenmäßig zwar die größte ethnische Gruppe, stellen aber insgesamt dennoch eine Minderheit gegenüber den anderen Gruppen und Stämmen dar. Politische Parteien sind traditionell stark stammesmäßig orientiert. Bereits 1960 hatte sich eine separatistische Issa-Bewegung gebildet, die von Mogadischu aus gesteuert wurde. Auch das *Mouvement de Libération de Djibouti* (MLD), das von Addis Abeba unterstützt wurde, verfolgte separatistische Bestrebungen bzw. versuchte, eine äthiopische Annexion der Republik ideologisch vorzubereiten. Beide Gruppen hatten jedoch keinen Rückhalt in der Bevölkerung.

Regierung

Der Volksabstimmung vom 8. Mai 1977 gingen 1958 und 1967 zwei Referenden voraus. Es hatten sich bereits politische Gruppierungen bzw. Parteien gebildet: die *Union Démocratique Afar* (UDA), das *Rassemblement Démocratique d'Afar* (RDA), das eng mit den Franzosen kooperierte, und die *Parti du Mouvement Populaire* (PMP), die sich im wesentlichen auf die Somali stützte.

Ferner entstand eine außerhalb des Parlaments agierende Partei, die *African Popular Independence League* (LPAI), die mit Dissidenten des RDA zusammenarbeitete, 1976 unter der Führung von ABADALLA MOHAMMED KAMIL die Regierungsverantwortung übernahm und auch gegenüber Äthiopien und Somalia eine gemäßigte Haltung vertrat. Nach der Proklamation der Unabhängigkeit im Jahre 1977 wurden entsprechend der Zusammensetzung der zur Wahl gestellten Einheitsliste HASSAN GOULED APTIDON Staatspräsident und AHMED DINI AHMED Premierminister des neuen Staates.

Afar-Rebellen
In der *Front pour la Restauration de l'Unité et de la Démocratie* (FRUD), der größten Rebellenorganisation, hatten sich im August 1991 verschiedene kleinere Guerillagruppen der Afar verbündet, um den bewaffneten Kampf gegen die Truppen der von den Issa dominierten Regierung zu verstärken.

Konfliktverlauf

In Dschibuti kam es seit der Unabhängigkeit immer wieder zu Unruhen und politischen Krisen, die durch den Unmut der Afar über ihre sozio-ökonomische und politische Benachteiligung ausgelöst wurden.

Anfang der neunziger Jahre hatte es häufig sporadische Überfälle auf Militärposten und Polizeistationen gegeben. Die Regierungspropaganda behauptete zunächst, daß es sich dabei um die Taten ausländischer Eindringlinge handeln würde.

Im November 1991 kam es in der Nordregion Tadschura zu Kämpfen zwischen den Afar-Rebellen und Regierungstruppen, in die im Februar 1992 französische Soldaten eingriffen. Die Tatsache, daß es Rebellenorganisationen gab, konnte nun nicht mehr länger vertuscht werden, und Präsident GOULED kündigte politische Reformen an, falls sich die Lage beruhigen würde. Ende Februar 1992 wurde ein Waffenstillstand geschlossen, der aber nur bis zum Herbst hielt. Das Verfassungsreferendum vom 4. September 1992 wurde von der FRUD und anderen Oppositionskräften boykottiert, und die Kämpfe flammten wieder auf.

Im Juli 1993 konnten die Regierungstruppen die meisten FRUD-Stellungen im Norden des Landes erobern: Zehntausende flüchteten daraufhin nach Äthiopien.

Die Kosten für den Bürgerkrieg belasteten den Staatshaushalt. 1993 betrugen die Militärausgaben rund 16 Prozent des Bruttosozialprodukts.

Anfang 1994 mußte Präsident HASSAN GOULED APTIDON auf Druck Frankreichs, von dessen Unterstützung Dschibuti abhängig ist, einer Senkung der Militärausgaben zustimmen. In Geheimverhandlungen mit den Rebellen versuchte die Regierung, den Konflikt beizulegen.

Hassan Gouled Aptidon (*15.10.1916)
Staatspräsident der Republik Dschibuti seit 1977.
Der in der Stadt Dschibuti geborene Aptidon war bis Anfang der fünfziger Jahre Bauunternehmer, bevor er sich zunehmend politisch engagierte. Seine politische Heimat ist der Gaullismus. 1958 kandidierte er für die »Union Républicaine«. Von 1963 bis 1967 war er Minister für Volksbildung. Bei Unruhen Anfang der siebziger Jahre kämpfte er für die Unabhängigkeit, die 1977 erreicht wurde. Bei den ersten Wahlen am 18. Mai 1977 wurde er mit großer Mehrheit zum Präsidenten und Regierungschef gewählt. Trotz weiterhin bestehender innenpolitischer Differenzen wurde er 1981, 1987 und 1993 im Amt bestätigt.

Ergebnis und weitere Entwicklung

Im Dezember 1994 wurde ein Friedensabkommen unterzeichnet, das den dreijährigen Bürgerkrieg beendete. Der Friedensplan sah vor, daß die FRUD an der Regierung beteiligt und die Afar-Rebellen in die Regierungstruppen eingegliedert werden sollten. Den vom Bürgerkrieg betroffe-

Dschibuti 1990: Während des Krieges um die Unabhängigkeit → Eritreas wurden an der Grenze zu Äthiopien mit amerikanischer Hilfe Flüchtlingslager eingerichtet.

nen Familien wurde staatliche Hilfe zugesichert. Der Hafen der Hauptstadt Dschibuti und die Bahn nach Addis Abeba für den Transit äthiopischer Handelsgüter bilden die Haupteinkommensquellen des Landes. Der Hafen profitierte 1994 vom Bürgerkrieg im → Jemen und dem damit verbundenen Ausfall des Hafens von Aden.

Literatur: H. Heinzlmeir: *Das Horn von Afrika: Konfliktkonstellationen.* In: *Afrika Spektrum.* 12. Jg., Nr. 1. Hamburg 1977.
V. Matthies: *Das Horn von Afrika in den internationalen Beziehungen. Internationale Aspekte eines Regionalkonflikts in der Dritten Welt.* München 1976.
V. Matthies: *Der Grenzkonflikt Somalias mit Äthiopien und Kenya. Analyse eines zwischenstaatlichen Konflikts in der Dritten Welt.* Hamburg 1977.
H. Scholler: *Republik Djibouti im Spannungsfeld der Weltpolitik.* In: *Internationales Afrikaforum,* 13. Jg., Nr. 2. München 1977.
U. Stewen: *Ein unmöglicher Ort. Zur Unabhängigkeit des Französischen Territoriums der Afar und Issa.* In: *3. Welt Magazin,* Nr. 6. Bonn 1977.
V. Thompson / R. Adloff: *Djibouti and the Horn of Africa.* Stanford, Cal., 1968.
B. Vazeilles: *L'Évolution politique du TFAI depuis 1967.* In: *Revue française d'études politiques africaines,* Nr. 124. Paris 1976.
I. Wais: *Dschibuti. Entwicklungsprobleme und Perspektiven kleiner Staaten.* Osnabrück 1991.

Staatsname: Republik Dschibuti
Staatsform: Präsidiale Republik
Staatsoberhaupt: Hassan Gouled Aptidon (RPP; seit 1977)
Regierungschef: Barkat Gourad Hamadou (RPP; seit 1977)
Regierung: Rassemblement Populaire pour le Progrès (RPP, seit 1979)
Parlament: Nationalversammlung 65 Sitze (Wahl vom 18.12.1992), RPP 65
Mitgliedschaft bei internationalen Organisationen: AKP, Arabische Liga, OAU, UNO
Lage: 42°– 43° östlicher Länge, 11°–12° nördlicher Breite
Fläche: 23 200 km^2
Hauptstadt: Dschibuti-Stadt
Bevölkerung: 565 000; Somali 61,7 % (Issa 33,4 %, Gadaboursi 15 %, Isaaq 13,3 %), Afar 20 %, Sonstige 18,3 %; sunnitische Muslime 96 %, Christen 4 %
Wirtschaft: Dienstleistung 82 %, Industrie 15 %, Landwirtschaft 3 %;
Export: Vieh 36,1 %, Nahrungsmittel 5,9 %, Felle 2,2 %

EL SALVADOR

Krieg (»Fußballkrieg«) mit Honduras 1969
Bürgerkrieg 1979 bis 1992

Die Verlegung von Siedlungsgrenzen und der Kampf salvadorianischer Gastarbeiter um Arbeitsplätze in Honduras führten 1969 zum sog. Fußballkrieg; soziale Spannungen und politische Willkür der Militärs waren Ursachen für den Bürgerkrieg. Durch den Sieg der Sandinisten in → Nicaragua im Sommer 1979 bekamen die Guerilleros in El Salvador neuen Auftrieb.

Historischer Hintergrund

Von Guatemala aus eroberten 1524/25 die Spanier das mittelamerikanische Nachbarland, das 1542 in das »Generalkapitanat Guatemala« einbezogen wurde und nach der Unabhängigkeit (1821) bis 1823 Teil des Kaiserreiches Mexiko war; danach gehörte El Salvador bis 1841 zur Zentralamerikanischen Föderation.

Konservative Großgrundbesitzer und das liberale städtische Besitz- und Bildungsbürgertum rangen bis in die ersten Jahrzehnte des 20. Jahrhunderts um die Vormacht im Staat. Ein hemmungsloser Wirtschaftsliberalismus, verstärkt durch ausländisches Kapital, verhinderte dringend nötige soziale und politische Reformen. Die sozialen Spannungen führten 1931 zu einer Bauernrebellion, die von der Armee niedergeschlagen wurde: Mehrere zehntausend Menschen kamen dabei ums Leben.

Bis heute ist der Kaffeeanbau der wichtigste Wirtschaftszweig des Landes. 53 Prozent der Anbaufläche befinden sich im Eigentum von Großgrundbesitzern, 93 Prozent der Agrarbevölkerung haben keinen Landbesitz.

Als der kleinste und am dichtesten bevölkerte Staat Mittelamerikas (ca. 5,5 Mio. Einwohner; 260 pro km^2) konnte sich El Salvador aufgrund des Überangebots an Arbeitskräften zum bestindustrialisierten Land Zentralamerikas entwickeln (Verarbeitungs- und Konsumgüterindustrie). Die demographisch angespannte Situation zwingt die Menschen vielfach zur Auswanderung in die Nachbarländer. So führte der Kampf um Arbeitsplätze und die Verlegung von Siedlungsgrenzen auf honduranisches Gebiet zur Ausweisung der dort lebenden salvadorianischen Siedler und 1969 zum sog. Fußballkrieg (s. u.).

Eine entscheidende Rolle im Machtgefüge El Salvadors spielt das Militär: Weit über 100 Regierungswechsel (durch-

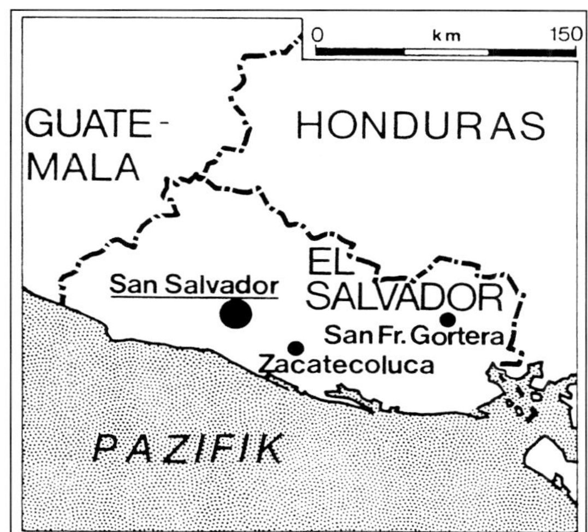

Mit 21 000 Quadratkilometern ist El Salvador das kleinste und am dichtesten besiedelte Land Mittelamerikas. Aus der demographisch angespannten Situation erwachsen Arbeitsplatzprobleme und soziale Spannungen.

schnittlich alle anderthalb Jahre) gingen auf direkte oder indirekte Beteiligung der Militärs zurück, die über 50 Jahre (bis 1980) ununterbrochen den Präsidenten stellten.

Strukturreformen (Modernisierungs- und Industrialisierungsprogramme, Sozialgesetzgebung) blieben in den fünfziger und sechziger Jahren in den Anfängen stecken. Ungleiche Einkommensverteilung, soziale Spannungen und politische Willkür (Wahlmanipulationen, Terror von links und rechts) waren die Ursachen für den 1979 ausgebrochenen Bürgerkrieg.

Konfliktparteien

Zwei Bürgerkriegsparteien standen sich gegenüber: Die Regierungsfront setzte sich zusammen aus der prinzipiell reformfeindlichen Bourgeoisie (Großgrundbesitzer, konservative Teile der Christdemokraten und die traditionelle Mittelschicht), der Armee, paramilitärischen Milizen und Todesschwadronen.

Zur Rebellenfront gehörten neben verarmten Landarbeitern und arbeitslosen Industriearbeitern auch Teile der liberalen und reformorientierten Mittelschicht, Teile der katholischen Kirche und der Christdemokraten und ferner Marxisten und Guerilleros.

Parteien, Armee und paramilitärische Organisationen
Ein Parteiensystem konnte sich nicht entwickeln, einige der Parteigründungen waren nur von kurzer Dauer.

1982 in der Provinz Usulatan: In den von Guerillas besetzten Gebieten lernen die Kinder den Umgang mit der Waffe.

Die *Partido de Conciliación Nacional* (PCN) war eine der wichtigsten politischen Organisationen der Großgrundbesitzer und reaktionärer Teile der Armeeführung, die von 1962 bis 1979 den Staatspräsidenten stellte und ihre Mehrheit immer durch Wahlmanipulationen erhielt. Die mehr als 200 000 Mitglieder der 1960 gegründeten Partei rekrutierten sich zum großen Teil aus Beamten und Angestellten des öffentlichen Dienstes, die regelmäßig zum Beitritt gezwungen wurden.

Die Opposition wurde von der christdemokratischen *Partido Democrata Cristiano* (PDC) angeführt. Sie leitete ihr Programm aus der christlichen Soziallehre ab und war seit 1979 an der Regierung (Staatspräsident war bis 1982 José Napoléon Duarte). Die PDC schloß sich bei Wahlen mit dem sozialdemokratisch orientierten *Movimiento Nacional Revolucionario* (MNR) und der kommunistisch beeinflußten *Union Democratisa Nacionalista* (UDN) zu einem Aktionsbündnis zusammen.

Rechtsextremistische Zusammenschlüsse wie die *Organizacion Democratisa Nacionalista* (ORDEN), militärischer Teil der Staatspartei PCN, sowie die *Falange* (seit 1976 *Union Guerrera Blanco,* UGB), die von der Armee und dem Verband der Großgrundbesitzer unterstützt wurde, versuchten, durch Einschüchterung der Bevölkerung und Terror eine freie politische Entwicklung zu verhindern.

Guerilla

Kleinere Guerillaorganisationen vereinigten sich 1980 zur *Frente Farabundo Martí para la Frente Liberación Nacional* (FMLN) und starteten gemeinsam mit der *Frente Democratico Revolucionario* (FDR), einer größeren Partisanengruppe, im Januar 1981 die ersten Offensiven.

Konfliktverlauf

»Fußballkrieg« mit Honduras

Nach dem Qualifikationsspiel zur Fußballweltmeisterschaft 1970 zwischen El Salvador und Honduras am 8. Juni 1969 in Tegucigalpa (Honduras), das die Honduraner mit 1:0 gewannen, kam es zu Straßenschlachten. Die Auseinandersetzung zwischen den salvadorianischen Gastarbeitern (rund 300 000 lebten in Honduras) und den honduranischen Fußballfans eskalierte. Die Regierung von Honduras verfügte einen Tag vor dem Rückspiel in San Salvador (am 16. Juni 1969) die Ausweisung aller nicht ordentlich gemeldeten Salvadorianer, verhängte den Ausnahmezustand und versetzte die Streitkräfte in Alarmbereitschaft.

Das Rückspiel gewann El Salvador 3:0; nach dem Spiel kam es wieder zu schweren Ausschreitungen, die nur durch das Eingreifen des salvadorianischen Militärs beendet werden konnten. El Salvador brach daraufhin die diplomatischen Beziehungen zu Honduras am 28. Juni ab. Kurz darauf griffen honduranische Soldaten mit Luftunterstützung das Nachbarland mit der Begründung an, die salvadorianische Luftwaffe habe bereits Angriffe auf honduranische Städte geflogen. Der Waffenstillstand kam erst nach Vermittlung durch die *Organisation Amerikanischer Staaten* (OAS) und durch UN-Generalsekretär SITHU U THANT zustande (Ergebnis s. u.).

Bürgerkrieg

Nach dem »Fußballkrieg« war die Stellung der PCN und der noch einige Zeit von ihr gestellten Präsidenten nicht mehr unangefochten. Die Christdemokraten unter der Führung JOSÉ NAPOLÉON DUARTES erhielten immer mehr Zulauf, und die PCN konnte sich nur durch massive Wahlmanipulationen behaupten.

Am 19. Oktober 1979 kam eine zivil-militärische Reformjunta durch einen Putsch an die Macht; doch bald traten aus Protest gegen den Rechtsruck in der Regierung drei zivile Juntamitglieder zurück. Seit März 1980 gehörte auch DUARTE der Junta an, von Dezember 1980 bis April 1982 war er ihr Vorsitzender und zugleich Staatspräsident. Doch DUARTE diente der ehemaligen Reformjunta, die sich in der Zwischenzeit mit der Oligarchie verbündet hatte, nur als ziviles reformistisches Aushängeschild. DUARTES Bodenreform stieß auf den heftigen Widerstand der Großgrundbesitzer; den linken Kräften dagegen erschienen die Reformen nicht ausreichend.

Die Lage im Land spitzte sich immer mehr zu: Rechtsextremistische Milizen und Todesschwadronen verstärkten ihren Terror gegen die Zivilbevölkerung (Massaker bei den Flüssen Lempa und Sumpul). Die linken Guerilleros reagierten nicht weniger hart. Sie hatten durch den Sieg der

José Napoléon Duarte (23.11.1925–23.2.1990)
Staatspräsident El Salvadors von 1980 bis 1982 und Chef der Junta von 1980 bis 1982 und 1984 bis 1989.
Nach einem Ingenieurstudium in den USA wurde Duarte Bauunternehmer. Als Mitbegründer der PDC und deren Generalsekretär seit 1961 kandidierte er 1972 zum ersten Mal für das Amt des Präsidenten; wegen eines angeblichen Putschversuchs seiner Anhänger wurde er verhaftet, gefoltert und zum Tode verurteilt, später aber aufgrund internationaler Proteste wieder freigelassen. Er ging ins Exil nach Venezuela und wurde nach seiner Rückkehr ziviles Mitglied der Junta, die am 15. Oktober 1979 geputscht hatte. Duarte wurde von den USA unterstützt, die El Salvador Militärhilfe in Höhe von 55 Millionen Dollar gewährten. Da er einen Ausgleich zwischen der Guerilla und den Militärs nicht herbeiführen und die permanente Wirtschaftskrise seines Landes nicht beheben konnte, verlor er 1984 die Präsidentschaftswahlen gegen den Kandidaten der Rechten, Alfredo Cristiani von der ARENA-Partei.

Sandinisten in → Nicaragua im Sommer 1979, von denen sie nun verstärkt Waffen und Munitionslieferungen erhielten, neuen Auftrieb bekommen. Seit Ende 1979 standen sich die beiden Bürgerkriegsparteien nicht nur in Partisanenkämpfen, sondern auch in offenen Gefechten gegenüber. Zur Verschärfung des Konflikts trug die Ermordung des Erzbischofs OSKAR ARNULFO ROMERO bei. Der Sprecher der »Kirche der Armen« und leidenschaftliche Kritiker der sozialen Mißstände wurde am 24. März 1980 durch rechte Extremisten getötet. Der für Januar 1981 ausgerufene Generalstreik war jedoch ein Mißerfolg.

Vor den Wahlen im März 1982 nahmen die Kämpfe an Heftigkeit zu, da sich jede Partei bessere Ausgangspositionen verschaffen wollte. Die Linke boykottierte die Wahl; sie zweifelte an der Rechtmäßigkeit der Wahlentscheidung und versuchte, die Wahlberechtigten von der Stimmabgabe abzuhalten. Trotz des Boykottaufrufs gingen 1,5 Millionen Menschen zur Wahl. Zwar gingen die Christdemokraten als stärkste Fraktion (40,7 %) hervor, aber eine Koalition der Rechtsparteien bildete eine »Regierung der nationalen Einheit«, die die DUARTE-Junta ablöste. Seitdem bestimmten rechtsextremistische Kräfte den Kurs der neuen Regierung.

Die von den Christdemokraten begonnene Agrarreform wurde rückgängig gemacht, was die innenpolitische Situation wiederum zuspitzte.

Anfang 1983 verzeichneten die Guerillas immer mehr militärische Erfolge. Die auf 43 000 Soldaten angewachsenen Regierungsstreitkräfte konnten nicht verhindern, daß die Rebellen ihre Basen in der Provinz Morazan nach heftigen Kämpfen, in die auch die Luftwaffe eingegriffen hatte, festigen konnten. Sie kontrollierten jetzt wichtige Versorgungs- und Verkehrsverbindungen zur Hauptstadt sowie mehrere Orte im Norden. Im Frühjahr 1983 beherrschten die Guerilleros ein Gebiet von etwa 1200 Quadratkilometern, in dem über 100 000 Menschen lebten.

Am 6. Mai 1984 wurde DUARTE, der von der amerikanischen Regierung gestützt wurde, nach einem chaotischen Wahlkampf wieder zum Präsidenten gewählt; da auch die rechte ARENA-Partei an Stimmen dazugewonnen hatte, waren die Verhandlungen mit der Guerilla erschwert. Im Oktober 1984 kam es aber zu Gesprächen, nachdem bei Kommunal- und Parlamentswahlen die Ultrarechten von DUARTES Christdemokraten geschlagen worden waren. Doch die Kämpfe gingen weiter: U. a. griffen die Rebellen im März 1987 das Hauptquartier der Vierten Infanteriebrigade in El Paraiso an, um ihre Schlagkraft unter Beweis zu stellen. Aus den Wahlen 1988 ging die ARENA-Partei wieder gestärkt hervor, und bei den Präsidentschaftswahlen am 19. März 1989 siegte ihr Kandidat ALFREDO CRISTIANI BURKARD über DUARTE.

Der Bürgerkrieg eskalierte noch einmal, und die FMLN verzeichnete Erfolge; rechte Todesschwadronen überfielen im November die Zentralamerikanische Universität und ermordeten sechs Theologen, die FMLN überfiel das Sheraton-Hotel in der Hauptstadt San Salvador. Verhandlungen wurden unter Vermittlung der UN begonnen, blieben aber weiterhin erfolglos.

Doch trotz mehrerer Großoffensiven konnte die FMLN keinen militärischen Sieg erzwingen: Dies verhinderte u. a. die kontinuierliche US-Hilfe für die salvadorianischen Streitkräfte, die Washington aber im Oktober 1990 einstellte, um den Friedensprozeß zu beschleunigen.

»Die Sowjetunion finanzierte über Nicaragua den Widerstand in El Salvador. Die USA pumpten in den achtziger Jahren dreieinhalb Milliarden Dollar in den Zwergstaat, die es der Regierung erlaubten, mit einer schlagkräftigen Luftwaffe und Flächenbombardements gegen die Guerilla vorzugehen. Erst als das Sowjetreich zusammenbrach und damit auch die USA aufhörten, sich für die Bekämpfung der salvadorianischen Guerilla zu interessieren, versiegten die Geldquellen, und die verfeindeten Parteien kamen zur Besinnung.«
Die Zeit, 6. Januar 1995.

Ergebnis

Ende des »Fußballkriegs«

Beim »Fußballkrieg« zwischen El Salvador und Honduras, den beide Seiten mit amerikanischen Waffen geführt hatten, kamen rund 2000 honduranische und 400 salvadorianische Soldaten ums Leben. Wie viele Zivilisten getötet wurden, ist nicht bekannt. Die honduranische Regierung sicherte den 12 000 vertriebenen Salvadorianern Entschädigungen zu und gab Sicherheitsgarantien für die weiterhin im Land lebenden Gastarbeiter.

Ende des Bürgerkriegs

Nach langwierigen Vermittlungsversuchen des UN-Generalsekretärs Perez de Cuellar und der Stationierung von UN-Beobachtern (UNOSAL) im Juni 1991 kam es schließlich am 16. Januar 1992 in Mexiko zur Unterzeichnung eines Friedensabkommens. Für Shafik Handal, Verhandlungsführer der FMLN, hatte der zwölfjährige Krieg »weder Sieger noch Besiegte«. Die FMLN sollte bis zum 31. Oktober 1992 die Waffen niederlegen und sich als Partei an den Wahlen beteiligen; die Spezialeinheiten der Polizei sollten aufgelöst und die Armee mußte bis Ende 1993 auf die Hälfte reduziert werden. Die Integration der ehemaligen Kämpfer der FMLN und der demobilisierten Soldaten sollte ebenfalls sichergestellt werden. Darüber hinaus sollte die Stellung des Parlaments gestärkt, eine Justiz- und Wahlreform durchgeführt und eine Bodenreform in Angriff genommen werden.

Am 23. Januar 1992 wurde ein Gesetz zur nationalen Versöhnung verabschiedet, das eine Amnestie für alle Personen vorsieht, die von 1980 bis 1992 an politischen oder gesellschaftlichen Verbrechen beteiligt waren. Dennoch sollte sich eine »Kommission der Wahrheit«, die unter ausländischer Beteiligung gebildet wurde, um die Aufklärung und Ahndung schwerer Menschenrechtsverletzungen während des Bürgerkriegs bemühen.

*Armando Calderón Sol (*24.6.1948)*
Staatspräsident seit 1. Juni 1994. Der promovierte Jurist und Sozialwissenschaftler ist eines der Gründungsmitglieder der rechten ARENA-Partei (1981). 1983 wurde er Parlamentsabgeordneter und zum Fraktionsvorsitzenden gewählt. Von 1988 bis 1993 hatte er das Amt des Bürgermeisters der Hauptstadt San Salvador inne und siegte im zweiten Wahlgang bei den Präsidentschaftswahlen 1994. Er übernahm das Amt von seinem Parteifreund Alfredo Cristiani – seit 1989 Präsident und Unterzeichner des Friedensabkommens mit den Rebellen 1992 –, da nach der neuen Verfassung die unmittelbare Wiederwahl des Präsidenten verboten ist.

Am 30. Januar 1992 wurde die Armee einem zivilen Oberbefehl unterstellt und ihre Aufgabe auf die Landesverteidigung beschränkt.

Das Inkrafttreten des Waffenstillstands am 1. Februar feierten Zehntausende, unter ihnen 29 der wichtigsten Rebellenführer, die legal nach El Salvador zurückgekehrt waren. Präsident Cristiani verkündete ein auf fünf Jahre befristetes Wirtschaftsprogramm in Höhe von 1,8 Milliarden US-Dollar (damals 2,9 Milliarden DM).

Die Demobilisierung der bewaffneten Rebellenverbände verzögerte sich im April 1992, weil die FMLN Zweifel an der korrekten Entwaffnung der Regierungstruppen hatte. Einen Rückschlag erhielt der Friedensprozeß vor allem, als im Mai ein Führungsmitglied der FMLN bei einem Attentat ums Leben kam. Doch am 30. Juni 1992 legten die ersten 1600 Ex-Guerilleros in Anwesenheit einer UN-Beobachterdelegation ihre Waffen nieder.

1,628 Milliarden Dollar hatte der Krieg gekostet, mehr als 75 000 Menschen kamen ums Leben. In den ersten vier Jahren des Bürgerkriegs waren allein unter der Zivilbevölkerung 42 000 Menschen getötet worden; 600 000 waren geflohen. Die Massaker und politischen Morde gingen zum überwiegenden Teil auf das Konto von Armee, Nationalgarde, Polizei und rechten Terrorgruppen.

Entwicklung seit Konfliktende

Im März 1994 ging aus den ersten Wahlen seit dem Bürgerkriegsende die rechte ARENA-Partei mit ihrem Spitzenkandidaten für das Präsidentschaftsamt Armando Calderón Sol als Sieger hervor und verfehlte nur knapp die Zweidrittelmehrheit der Parlamentssitze. Calderón Sol setzte sich gegen den Kandidaten der Linkskoalition aus FMLN, sozialdemokratischer *Demokratischer Sammlungsbewegung* (CD) und sozialistischer *Nationalrevolutionärer Bewegung* (MNR), Rúben Zamora Rivas, und den Christdemokraten Fidel Chávez Mena durch. Die Wahl wurde von den Oppositionsparteien angezweifelt, aber von einer internationalen Kommission von Beobachtern als rechtsgültig anerkannt.

Calderón Sol nahm nur Mitglieder der ARENA-Partei in seine Regierung auf, obwohl er im Wahlkampf zugesagt hatte (und dies im Friedensabkommen von 1992 vorgesehen war), die Opposition an der Regierung zu beteiligen.

Todesschwadronen waren für die Ermordung von zehn oppositionellen Politikern Anfang 1994 verantwortlich. Eine Sonderkommission aus UNO-Mitarbeitern und salvadorianischen Juristen kam zu dem Schluß, daß die Todesschwadronen von Regierung und Polizei, Unternehmern und Militärs nach wie vor finanziell unterstützt werden.

Im September 1994 besetzten 300 ehemalige Soldaten aus Protest gegen ihre soziale Lage das Parlament in San Salvador, nahmen 21 Abgeordnete als Geiseln und forderten unter Berufung auf das Friedensabkommen von 1992 Entschädigungsleistungen und Landzuteilungen, was von Präsident CALDERÓN SOL abgelehnt wurde. Die Geiselnahme konnte unblutig beendet werden, doch kam es Anfang 1995 erneut zu Protestaktionen ehemaliger Soldaten.

Das UNO-Programm zur Landreform, aufgrund dessen bis Ende 1993 Land an 47 500 Berechtigte verteilt werden sollte, verzögerte sich durch eine bürokratische Kreditvergabe und Landbesetzungen durch ehemalige Regierungssoldaten und Guerilleros.

Literatur: W. Brönner / H. J. Nieth: *Der Kampf um El Salvador.* Köln 1982.
H. Frenz: *El Salvador – Massaker im Namen der Freiheit.* Reinbek 1982.
Informationsstelle El Salvador e.V. (Hg.): *Das Modell El Salvador.* Wuppertal 1987.
R. Jokisch (Hg.): *Freiheitskämpfe in Mittelamerika. Guatemala, Honduras, El Salvador.* Reinbek 1982.
R. Kapuscinski: *Der Fußballkrieg.* Frankfurt 1992.
H. Kohn: *El Salvador Nicaragua. Aufstand im US-Hinterhof.* Dortmund 1981.
J. MacLean: *El Salvador. Der Krieg gegen die Zivilbevölkerung.* Stuttgart 1987.
A. G. Martinez: *Die geheimen Kerker El Salvadors. Das Zeugnis des Comandante Guerilla.* Göttingen 1982.
F. E. Mena Sandoval: *Ein Offizier wechselt die Fronten.* Hamburg 1993.
U. Niebling / E. Richter: *El Salvador.* Kiel 1983.
R. Syring: *Krieg in El Salvador.* Berlin 1989.

»Die USA wollen im nächsten Jahr 180 000 Kriegsflüchtlinge aus El Salvador in ihre Heimat zurückschicken. Regierungsbeamte teilten in Washington mit, die zum Teil illegal eingereisten Flüchtlinge würden nur noch bis zum Jahreswechsel geduldet. Vizepräsident Al Gore will den salvadorianischen Präsidenten Armando Calderón Sol bei einem Treffen in Mexiko formell von dieser Entscheidung unterrichten. Das Weiße Haus rechtfertigte die geplante Ausweisung der Flüchtlinge mit der politischen und wirtschaftlichen Stabilisierung des mittelamerikanischen Landes seit der Unterzeichnung des Friedensabkommens Anfang 1992. Für El Salvador bedeutet die Rückkehr der Flüchtlinge, daß der schon von der Demobilisierung der Kämpfer betroffene Arbeitsmarkt des kleinen Landes über Gebühr belastet wird; außerdem gehen dem Staat die Dollarüberweisungen der Exilanten verloren.« *Süddeutsche Zeitung,* 30. November 1994.

Staatsname: Republik El Salvador
Staatsform: Präsidiale Republik
Staatsoberhaupt: Armando Calderón Sol (ARENA; seit 1.6.1994)
Regierungschef: Armando Calderón Sol (ARENA; seit 1.6.1994)
Regierung: ARENA (seit 1988)
Parlament: Nationalversammlung 84 Sitze (Wahl vom 20.3.1994), ARENA (Rechtsliberale) 39, FMLN (Linkspartei) 21, PDC (Christdemokraten) 18, PCN (Sozialkonservative) 4, Sonstige 2
Mitgliedschaft bei internationalen Organisationen: Centroamerica-4, OAS, SELA, UNO
Lage: 88°– 90° westlicher Länge, 13°– 15° nördlicher Breite
Fläche: 21 041 km^2
Hauptstadt: San Salvador
Bevölkerung: 5,5 Millionen; Mestizen 76,7 %, Indianer 13,3 %, Weiße 10 %; Christen 93,6 %, Sonstige 6,4 %
Wirtschaft: Dienstleistung 69 %, Industrie 22 %, Landwirtschaft 9 %; Export: Kaffee 26 %, Nahrungsmittel 15 %, Textilien 15 %

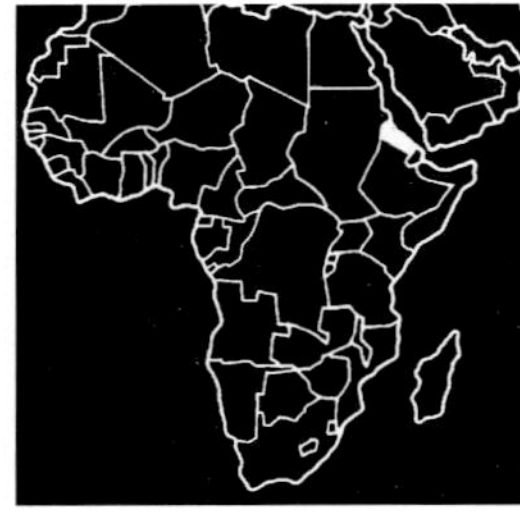

ERITREA

Unabhängigkeitskrieg von Äthiopien 1962 bis 1991

Der religiöse Unterschied zwischen dem koptischen → Äthiopien und dem gemischt muslimischen und christlichen Eritrea verschärfte die Auseinandersetzung um Integration, Föderation und Unabhängigkeit des Gebiets, das nach fast dreißigjährigem Kampf 1993 selbständig wurde.

Historischer Hintergrund

Das Hochland von Eritrea und Tigray bildete das historische Kerngebiet Abessiniens (→ Äthiopien). Im 1. Jahrhundert war es das Königreich Axum, ab dem 4. Jahrhundert bekannte sich die Bevölkerung zum monophysitischen Christentum, und bis ins 15. Jahrhundert hinein war die koptische Kirche die einzige Religion in Abessinien. Eritrea wurde dagegen nach den ersten arabischen Eroberungen im 7. Jahrhundert muslimisch.

Eritrea, seit 1890 italienische Kolonie, kämpfte im Abessinien-Krieg (1895/96) an der Seite der Kolonialmacht gegen das äthiopische Kaiserreich, es diente 1935/36 dem faschistischen Italien als Ausgangspunkt für die Eroberung, im Zweiten Weltkrieg den Engländern für die Befreiung (1941) des benachbarten Äthiopien. Eritrea stand danach unter dem Protektorat Großbritanniens und wurde 1952 auf Beschluß der UNO in die Föderation mit Äthiopien eingegliedert.

Konfliktparteien

Der völkerrechtlich zugesicherte Autonomiestatus Eritreas wurde von Kaiser Haile Selassie immer mehr untergraben. 1962 annektierte er Eritrea als 14. Provinz Äthiopiens. Auch alle späteren Machthaber versuchten, Eritrea als Teil Äthiopiens zu beanspruchen (→ Äthiopien).

1958 wurde in Kairo die Unabhängigkeitsbewegung *Eritrean Liberation Front* (ELF) gegründet. Sie wurde unterstützt von der *Arabischen Liga* und einigen kommunistischen Staaten.

1970 kam es zur Abspaltung der *Eritrean People's Liberation Front* (EPLF); beide Widerstandsgruppen schlossen sich aber nach der äthiopischen Revolution 1975 militärisch zusammen, als die revolutionären Regierungstruppen den Kampf gegen die Befreiungsbewegung intensivierten.

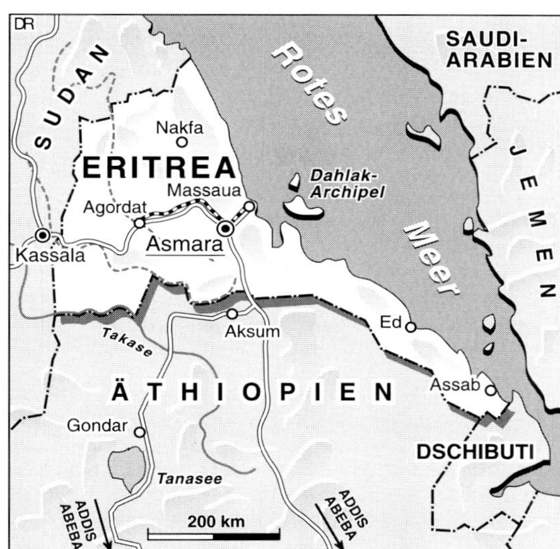

Nach beinahe dreißigjährigem Kampf erreichte Eritrea 1993 die Unabhängigkeit von Äthiopien.

Konfliktverlauf

Die ELF wurde vom Stamm der Beni Amer, der auf beiden Seiten der Grenze zum Sudan lebt, mit Waffen versorgt und begann einen klassischen Guerillakrieg. Die anfänglichen Erfolge der ELF-Einheiten veranlaßten die äthiopische Armee zu massiven Gegenoffensiven, in denen sie ganze Siedlungen und Anlagen von Wehrdörfern zerstörte.

1969 entführte die Befreiungsbewegung einige Flugzeuge der Ethiopian Airlines, um die Regierung – allerdings mit geringem Erfolg – unter Druck zu setzen.

1972 kam es zu Nachschubproblemen, als der Sudan seine Grenzen für Flüchtlinge aus Eritrea schloß und den Partisanen den Rückzug über die Grenze erschwerte. Der Übermacht von 20 000 äthiopischen Soldaten standen nur etwa 4000 Guerilleros gegenüber. Die wirtschaftlichen und militärischen Kosten wurden zu einer zunehmenden Belastung für das Fundament der Monarchie, die Autorität HAILE SELASSIES.

1974 kam es in Asmara, der Hauptstadt Eritreas, zur Revolte einer dort stationierten Einheit der Armee. Der Aufruhr weitete sich zum Staatsstreich aus, der in eine Revolution mündete (→ Äthiopien), aber für Eritrea noch keine Veränderungen zur Folge hatte. Die eritreische Befreiungsbewegung kämpfte, nun mit der Unterstützung Kubas und der Sowjetunion, weiter gegen die neue Regierung in Addis Abeba. Auch der Ogaden-Konflikt (→ Äthiopien) mit Somalia im Südosten band militärische Ressourcen, die im Norden des Landes dringend benötigt worden wären. Darüber hinaus erhielt die Befreiungsbewegung wieder Unterstützung vom → Sudan, der es den ELF-Einheiten erlaubte, von sudanesischem Territorium aus ihre Aktionen vorzubereiten.

Anhaltende Dürreperioden führten zu Hungerkatastrophen, die Verschärfung der militärischen Auseinandersetzung mit der eritreischen Befreiungsbewegung und die verheerende soziale Notlage im Land führten im Februar 1974 zur Meuterei von Truppenteilen, im März zum Generalstreik in Addis Abeba.

Haile Selassie I.* → *Äthiopien

Nach der Entmachtung und, wie später vermutet wurde, Ermordung HAILE SELASSIES kam es innerhalb der Revolutionsarmee zu heftigen Machtkämpfen. Die Radikalen setzten sich 1975 durch und verkündeten eine sozialistische Republik.

Nach Angriffen der Befreiungsbewegung auf die eritreische Hauptstadt Asmara im Februar 1975 brach der Krieg mit aller Heftigkeit wieder aus, und über die Provinz wurde der Ausnahmezustand verhängt. Nach weiteren schweren Kämpfen im Sommer flüchteten über 400 000 Menschen in den Sudan. Trotz der Überlegenheit der Regierungstruppen konnte die Befreiungsbewegung Anfang 1976 große Teile der Provinz kontrollieren.

Mengistu Haile Mariam* → *Äthiopien

Staatspräsident TEFERI BENTI trat im Mai 1976 für eine friedliche Lösung der Eritrea-Frage ein, doch nach seinem Sturz am 2. Februar 1977 durch MENGISTU HAILE MARIAM ging die Regierung wieder mit unverminderter Schärfe gegen die Rebellen vor, die während der Revolutionswirren die Distrikthauptstadt Nakfa im Norden und andere Städte an der Grenze zum Sudan erobern konnten. Die Regierungsarmee war geschwächt durch einen Mehrfrontenkrieg (Aufstände in den Provinzen Oromo und Tigray, → Äthiopien) und erhielt Hilfe von der Sowjetunion, die bisher Somalia und Eritrea, jetzt aber die marxistische MENGISTU-Regierung unterstützte. Auch Kuba schickte im Mai 1977 Soldaten nach Äthiopien. 1978 kämpften 16 000 Kubaner an den verschiedenen Fronten Äthiopiens, aber nicht in Eritrea, da FIDEL CASTRO (→ Kuba) stets für dessen Selbstbestimmungsrecht eingetreten war.

Durch die sowjetische und kubanische Unterstützung gelang es den Regierungstruppen, allmählich die Oberhand zurückzugewinnen. Im Mai 1978 durchbrach eine Großoffensive den Belagerungsring um die Stadt Asmara und zwang die Rebellen erneut in den Untergrund. Im November war fast ganz Eritrea zurückerobert.

Die militärischen Erfolge der Regierungstruppen führten zu weiteren Offensiven (»Roter Stern« im Februar 1982 mit 140 000 Soldaten), aber Nord-Eritrea, das in Rebellenhand war, wurde nicht erobert. Ein Drittel der Provinz wurde von einer 350 Kilometer breiten Zone geschützt, die von den äthiopischen Bodentruppen nicht durchbrochen werden konnte. Gefährlicher waren für die Rebellen Luftangriffe.

Bei Offensiven im Winter 1987/88 konnte die EPLF weitere Erfolge verzeichnen. Während eines Großangriffs im März 1988 wurde die Garnisonstadt Af Abet besetzt. Damit kontrollierte die EPLF das Land, die Regierungstruppen die Städte und die Verbindung zwischen Asmara und Massaua (am Roten Meer).

1988 war die Regierung wieder zu Verhandlungen bereit, da die sowjetische Außenpolitik einen anderen Kurs eingeschlagen hatte. Die Niederlagen in Eritrea und die Rebellenoffensiven in Tigray und Wollo bedrohten die Hauptstadt Addis Abeba und die Straße nach Assab am Roten Meer. Innerhalb der Armee und der Regierung kam es zum Streit über die Fortführung des Krieges.

In Eritrea kämpfende Soldaten putschten im Mai 1989 erfolglos gegen den Diktator MENGISTU. Im Juni 1989 signalisierte MENGISTU, aufgrund außenpolitischer Veränderungen, der EPLF und der *Tigray People's Liberation Front* (TPLF), die militärisch sehr erfolgreich an der tigrayschen Bürgerkriegsfront (→ Äthiopien) kämpfte, erstmals seine Gesprächsbereitschaft. Gleichzeitig gab es sowjetische Kontakte zur EPLF.

Nach einem inoffiziellen Waffenstillstand im September 1989, den der ehemalige US-Präsident JIMMY CARTER vermittelt hatte, fanden im Oktober in Rom und später in Nairobi (ergebnislose) Verhandlungen zwischen den Rebellen und der Regierung statt.

1990 ging der Bürgerkrieg mit unverminderter Heftigkeit weiter: Bei einer Offensive im Februar eroberte die EPLF Massaua am Roten Meer, ein Sieg, der das MENGISTU-Regime gefährdete, das nun Kontakte zum Westen suchte.

Seit Sommer 1989 gab es aber auch unterschiedliche Auffassungen über die gemeinsame Strategie bei den beiden Rebellenorganisationen: Die EPLF forderte die Unabhängigkeit Eritreas; die TPLF wollte die Einheit Äthiopiens wahren und lediglich die Regierung stürzen.

Die TPLF kontrolliert seit Anfang 1989 ganz Tigray, und mit der Eroberung der amharisch sprechenden Wollo-Provinz trat sie auch als nationaläthiopische Kraft auf. Sie schloß sich mit der Befreiungsbewegung Wollos, der *Ethiopian People's Democratic Movement* (EPDM), zusammen und bildete gemeinsam mit dieser die äthiopische marxistisch-leninistische *Ethiopian Marxist-Leninist Force* (EMLF) bzw. die *Ethiopian People's Revolutionary Democratic Movement* (EPRDM).

Nach weiteren Niederlagen der äthiopischen Armee und dem Vorrücken der Streitkräfte der Unabhängigkeitsbewegungen floh MENGISTU am 22. Mai 1991 nach → Zimbabwe. Die Staatsführung übernahm TESFAYE GABRE KIDAN, ein enger Weggefährte MENGISTUS und früherer Provinzgouver-

»... Unvermutet ändert sich die Aussicht. Krater klaffen im ausgetrockneten Untergrund. Erdlöcher und Gänge, wie von Tieren gegraben, tun sich unter uns auf. Der Boden ist übersät mit Patronen- und Geschoßhülsen. Wir gruben uns ein. Die Äthiopier griffen an. Zehn Jahre lang. Sie hatten Flugzeuge, Napalmbomben, Panzer. Wir hatten Mut. Unser Begleiter scharrt ein verborgenes Kalaschnikow-Magazin aus dem Geröll und wiegt es schwer in der Hand. Nakfa, die Handelsstadt im Norden, war das Zentrum der eritreischen Befreiungsbewegung. Eine beschädigte Moschee steht noch. Der Rest ist dem Erdboden gleich. In Hütten und Stoffzelten hausen aus dem Sudan heimgekehrte Flüchtlinge. Früher soll die Gegend bewaldet gewesen sein. Heute ist sie durchlöchert von kilometerlangen Erdverschlägen, unterirdischen Schulen und Hospitälern. Hier wurde Eritrea geboren.«
Die Zeit, 21. Oktober 1994.

neur Eritreas. Er forderte am 23. Mai die EPRDF, einen Zusammenschluß von mehreren Rebellenorganisationen unter Führung der TPLF, zur Waffenruhe auf, die aber bis zum Sturz des Regimes weiterkämpfen wollte.

Nach dem Einmarsch der Rebellenarmeen am 28. Mai in Addis Abeba übernahm die militärisch dominierende EPRDF die provisorische Regierungsgewalt. Die EPLF beteiligte sich nicht an der Übergangsregierung und bildete eine eigene Regierung für Eritrea bis zu einem Referendum unter Aufsicht der *Vereinten Nationen*.

Ergebnis

Nach dem Ende des längsten Krieges in Afrika war Eritrea de facto unabhängig. Daß es Äthiopiens Zugang zum Meer kontrolliert, kann der Zentralregierung in Addis Abeba, welcher politischen Ausrichtung auch immer, nicht willkommen sein. Eine Föderation Eritreas mit Äthiopien lag auch im Interesse der *Organisation für Afrikanische Einheit* (OAU), die befürchtete, daß die von den Kolonialmächten zusammengefügten Staaten durch weitere Sezessionskonflikte auseinanderfallen würden.

Meles Zenawi → Äthiopien

Äthiopiens Staatspräsident Meles Zenawi erkannte im Mai 1993 Eritrea als selbständigen Staat an, nachdem im April 1993 fast 100 Prozent der Eritreer für die Unabhängigkeit gestimmt hatten. Eritrea und Äthiopien vereinbarten im April 1993 Kooperationsverträge, wonach Äthiopien die eritreischen Häfen Massaua und Assab benutzen darf. Der Bürgerkrieg und die Hungerkatastrophen nach den großen Dürreperioden haben zusammen über zweieinhalb Millionen Menschenleben gekostet.

Entwicklung seit Konfliktende

Im ersten Jahr der Unabhängigkeit standen drängende wirtschaftliche Probleme und die Demokratisierung im Vordergrund. Im Februar 1994 benannte sich die regierende EPLF in *People's Front of Democracy and Justice* (PFDJ) um. In Zukunft sollen Regierungsämter und PFDJ-Funktionen getrennt werden. Eine Verfassung, die ein Mehrparteiensystem und freie Wahlen vorsieht, wurde in Angriff genommen.

Zum Konflikt mit dem → Sudan kam es 1994, nachdem bewaffnete Rebellen von dort aus in den Westen Eritreas eingedrungen waren. Dem Sudan wurde vorgeworfen, die Aktivitäten des extremistischen eritreischen islamischen *Jihad* und der oppositionellen Befreiungsbewegung *Eritrean Liberation Front* (ELF) zu unterstützen, die beide einen Staat auf islamischer Grundlage anstreben. Im Dezember 1994 brach Eritrea die diplomatischen Beziehungen zum Sudan ab.

Literatur: s. a. → Äthiopien
B. Benzing / K. Wolde-Giorgis: *Das neue Äthiopien*. Köln 1980.
H. B. Bereket: *Conflict and Intervention in the Horn of Africa*. New York 1982.
T. Bitima / J. Steuber: *Die ungelöste nationale Frage in Äthiopien. Studie zu den Befreiungsbewegungen der Oromos und Eritreas*. Frankfurt 1983.
S. Brüne: *Äthiopien. Zehn Jahre Revolution*. In: *Jahrbuch Dritte Welt 1985*. München 1985.
S. Brüne: *Äthiopien. Unterentwicklung und radikale Militärherrschaft*. Hamburg 1986.
N. Dimetros: *Die äthiopische Revolution und deren außenpolitische und wirtschaftspolitische Orientierung. Unter besonderer Berücksichtigung der Europäischen Gemeinschaft*. Münster 1985.
H.-M. Große-Oetringhaus: *Partisanen in einem vergessenen Land*. Würzburg 1984.
F. Halliday / F. M. Molyneux: *The Ethiopian Revolution*. Ohne Ort 1981.
Handbuch Eritrea. Geschichte und Gegenwart eines Konflikts. Zürich 1991.
W. Heinrich: *Ethnische Identität und nationale Integration*. Göttingen 1984.
V. Janssen: *Politische Herrschaft in Äthiopien*. Freiburg 1976.
V. Matthies: *Der Eritrea-Konflikt. Ein »vergessener Krieg« am Horn von Afrika*. Hamburg 1981.
M. Perham: *The Government of Ethiopia*. London 1969.
Ch. Potyka: *Haile Selassie*. Bad Honnef 1974.
H. Scholler / P. Brietzke: *Ethiopia: Revolution, Law and Politics*. München 1976.
G. Schröder: *Eritrea – Die hartnäckige Revolution*. Gießen 1980.
A. Tekle: *The Determinants of the Foreign Policy of Revolutionary Ethiopia*. In: *The Journal of Modern African Affairs*, 27,3 (1989).
G. K. Trevaski: *Eritrea: A Colony in Transition 1941–1952*. London 1960.
A. Wrobel-Leipold: *Konflikt und Massenflucht in Tropisch-Afrika. Die Fallstudien Äthiopien und Tschad*. Frankfurt 1986.
M. Zimmermann: *Eritrea – Aufbruch in die Freiheit*. Essen 1992.

Staatsname: Republik Eritrea
Staatsform: Republik
Staatsoberhaupt: Issayas Afewerki (PFDJ; seit 1993)
Regierungschef: Issayas Afewerki (PFDJ; seit 1993)
Regierung: Übergangsregierung PFDJ (seit 1991)
Parlament: Provisorische Nationalversammlung 104 Sitze (Wahl vom 24.5.1991), PFDJ (Sozialisten) 104
Mitgliedschaft bei internationalen Organisationen: OAU, UNO
Lage: 36°–33° östlicher Länge, 12°–18° nördlicher Breite
Fläche: 117 400 km^2
Hauptstadt: Asmara
Bevölkerung: 3,7 Millionen; Tigrini 50 %, Tigrer 31 %, Afar 4 %, Sonstige 15 %; Christen 50 %, Muslime 50 %
Wirtschaft: Landwirtschaft 85 %, Export 15 %

Erziehungsfeldzug → Vietnam

Grenzkrieg zwischen China und Vietnam 1979
Einzelgefechte bis 1988

Der Einfall chinesischer Truppen in Vietnam im Frühjahr 1979 sollte den Hegemonialanspruch Pekings in Südostasien unterstreichen und die Armee Vietnams an der Grenze binden und gleichzeitig schwächen. China wollte auf diese Weise die Streitkräfte der Roten Khmer POL POTS im Kampf gegen die vietnamesische Invasion in Kambodscha unterstützen.

Falklandkrieg → Argentinien

Krieg zwischen Argentinien und Großbritannien 1982

Die abgelegene und unwirtliche Inselgruppe der Falklands im Südatlantik (spanisch: Islas Malvinas), zwischen 51. und 53. Breitengrad gelegen und 500 Kilometer vom argentinischen Festland entfernt, war seit Mitte des 19. Jahrhunderts im Besitz → Großbritanniens. Die Besetzung der Inseln im April 1982 durch Argentinien, das seine Ansprüche nie aufgegeben hatte, sollte von innenpolitischen Schwierigkeiten des Landes ablenken. Die militärische Antwort Großbritanniens ließ nicht auf sich warten; beim anschließenden Krieg ging es in erster Linie um Prestige und weniger um die Erdölvorkommen, die damals auf dem Archipel lediglich vermutet wurden und erst seit den neunziger Jahren gefördert werden.

Fußballkrieg → El Salvador

Krieg mit Honduras 1969

Die Verlegung von Siedlungsgrenzen auf honduranisches Territorium und Auseinandersetzungen um Arbeitsplätze für die etwa 300 000 Salvadorianer in Honduras führten im Juni 1969 nach zwei Qualifikationsspielen zur Fußballweltmeisterschaft von 1970 zu Straßenschlachten in der honduranischen Hauptstadt Tegucigalpa und eine Woche später in El Salvadors Hauptstadt San Salvador. Nach Verkündung des Ausnahmezustandes in Honduras und der Ausweisung aller nicht offiziell gemeldeten salvadorianischen Gastarbeiter kam es zu schweren Luftkämpfen und zu einem kurzen Krieg zwischen den beiden mittelamerikanischen Nachbarländern.

GABUN

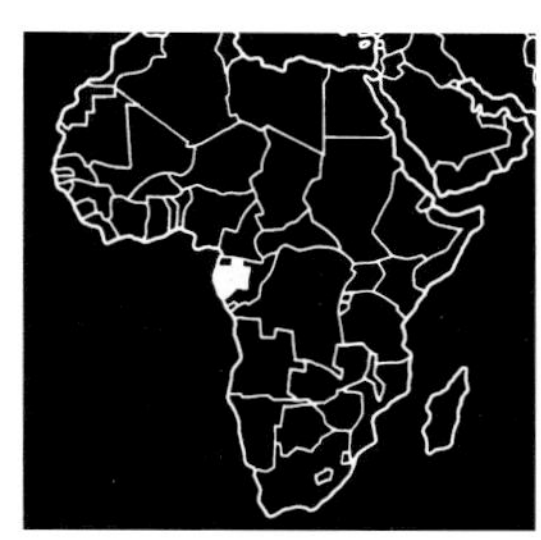

»Fußballrevolten« in Kongo-Brazzaville und Gabun 1962
Unruhen 1993

Nach der Teilung Äquatorialafrikas und der Unabhängigkeit der Teilgebiete Kongo-Brazzaville und Gabun erhoben beide Staaten Gebietsansprüche auf die rohstoffreiche Region am oberen Ogooué. Die Ausweisung der gabunischen Gastarbeiter aus dem Nachbarland führte 1962 nach einem Fußball-Länderspiel zu Ausschreitungen.

Historischer Hintergrund

Nomadisierende Bantuvölker siedelten sich zwischen dem Ogooué-Becken und dem Sanaga an. Die Bantu stellen noch heute den größten Bevölkerungsanteil Gabuns. 1470 landeten die Portugiesen an der Küste, ihnen folgten die Engländer, dann die Holländer und später die Spanier. Die Küste war vom 16. bis 18. Jahrhundert ein Zentrum des Sklavenhandels.

1848 gründeten die Franzosen die heutige Hauptstadt Libreville, in der sich überwiegend befreite Sklaven ansiedelten. Die bedeutendsten und zugleich rivalisierenden Volksstämme Gabuns sind bis heute die Fang, Bapounou, Myéné und Bakota. Der Stamm der Fang ist der größte und einflußreichste, doch die Angehörigen des kleineren Mpongwe-Stammes (eine Untergruppe der Myéné) stellen traditionell die Aristokratie des Landes. Die Mpongwe leben überwiegend in der Ogooué-Region und in Libreville.

Die Stadt wurde zum Ausgangspunkt für die französische Expansion. 1885 annektierte Frankreich Gabun offiziell, und 1888 entstand der Congo Français als Verwaltungseinheit von Gabon und Moyen Congo. Diese Reorganisation änderte nichts an der Macht der verschiedenen privaten Kolonialgesellschaften, die das Land fast uneingeschränkt ausbeuten konnten. 1910 wurde Gabun ein Teil der Föderation Äquatorialafrikas (AEF), zu der auch Ubangi-Schari (die spätere Zentralafrikanische Republik), der → Tschad und der Mittelkongo (auch Französisch-Kongo) gehörten, der nach der Unabhängigkeit zunächst Kongo-Brazzaville hieß und seit 1970 den Namen Volksrepublik Kongo trägt (s. a. → Zaire).

Erst 1959 wurde diese Zwangsföderation aufgelöst, am 17. August 1960 erhielt Gabun seine staatliche Souveränität, blieb aber von der ehemaligen Kolonialmacht wirtschaftlich, kulturell und militärisch abhängig.

Zwischen Gabun und Kongo-Brazzaville (dem heutigen Kongo) umstritten war nach der Unabhängigkeit beider Länder 1960 die im Osten des Landes gelegene rohstoffreiche Region am Oberlauf des Ogooué.

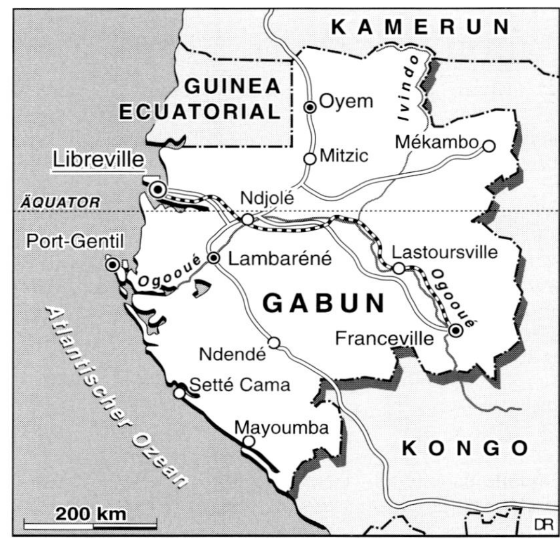

Bereits im Jahre 1946 bildeten sich die beiden größten Parteien Gabuns: zum einen die *Union Démocratique et Socialiste Gabonaise* (UDSG), an deren Spitze JEAN-HILAIRE AUBAME stand, der Gabun bis 1959 in der französischen Nationalversammlung in Paris vertrat, zum anderen der *Bloc Démocratique Gabonais* (BDG), dessen Vorsitzender LÉON MBA 1957 zum Vize- und 1961 zum Staatspräsidenten gewählt wurde.

1958 bildeten beide Parteien über fünf Jahre ein stabiles politisches Aktionsbündnis. Ab 1963 entwickelte sich aber der BDG allmählich zu einer marxistischen Einheitspartei. Die UDSG wurde in die Opposition gedrängt, und LÉON MBA regierte autoritär.

Konfliktparteien

Kongo-Brazzaville

Am 15.8.1960, zwei Tage vor Gabuns Unabhängigkeit, wurde sein östlicher Nachbar selbständig. Die Beziehungen zwischen den beiden ehemaligen Teilen der Äquatorialafrikanischen Föderation waren durch Gebietsansprüche belastet: Die rohstoffreiche Region am Oberlauf des Ogooué war während der Kolonialherrschaft Teil des Mittelkongo, wurde aber nach der Unabhängigkeit der westafrikanischen Länder auf Betreiben Frankreichs Gabun zugeschlagen, was die neuen Herrscher in Brazzaville nicht akzeptieren konnten.

Gabun
In Libreville hatte sich nach der staatlichen Eigenständigkeit eine selbstbewußte Regierung gebildet, die aufgrund der relativen wirtschaftlichen Stabilität – dank der Unterstützung Frankreichs – nicht bereit war, den ärmeren Nachbarstaaten in irgendeiner Form wirtschaftlich oder politisch entgegenzukommen. So weigerte sich Gabun etwa, Mitglied in der bereits 1959 gebildeten Zollunion der ehemaligen Teilgebiete Äquatorialafrikas *Union Douanière Equitorial* (UDE) zu werden und favorisierte gegenüber einem regionalen eher einen gesamtafrikanischen Zusammenschluß, wie er sich in der 1961 gegründeten *Union Africaine et Malgache* (UAM) manifestierte, aus der sich später die *Organisation für Afrikanische Einheit* (OAU) entwickeln sollte.

Léon Mba (9.2.1902–28.1.1967)
Staatspräsident der Republik Gabun von 1961 bis 1967. Mba war nach dem Besuch einer Missionsschule zunächst in der Verwaltung tätig, wurde dann Sekretär einer Liga für Menschenrechte und gründete einige Lokalzeitungen. Seit 1946 Führer des Demokratischen Blocks, wurde Léon Mba 1952 in die Gebietsversammlung von Gabun gewählt. 1957 stieg er zum Vizepräsidenten des Regierungsrates auf, der damals unter französischer Verwaltung stand, und wurde ein Jahr später dessen Vorsitzender. 1959 übernahm er das Amt des Ministerpräsidenten der Übergangsregierung, und 1961 wählte ihn die Nationalversammlung zum Präsidenten der nun unabhängigen Republik Gabun. Mba galt als sehr frankreichfreundlich und war ein Bewunderer Charles de Gaulles. Als Mba 1964 das Parlament verkleinern wollte, kam es zu einer Armeerevolte, die französische Truppen niederschlugen. Seit Sommer 1966 in ärztlicher Behandlung in Paris, starb Mba 1967, und sein Stellvertreter Omar Bongo wurde neuer Präsident Gabuns.

Konfliktverlauf

Fußballrevolte 1962
Im September 1962 spitzte sich die Lage erheblich zu. Nach einem Fußball-Länderspiel zwischen Gabun und Kongo-Brazzaville kam es zu Ausschreitungen und Übergriffen auf die jeweils im Nachbarland lebenden und arbeitenden Staatsangehörigen. Die Unruhen weiteten sich aus, und beide Länder wiesen Gastarbeiter aus dem Nachbarland aus, was erhebliche wirtschaftliche Schwierigkeiten nicht nur in Gabun und Kongo-Brazzaville zur Folge hatte, sondern die gesamte westafrikanische Region schwer belastete.

Ergebnis

Unter der Vermittlung des Ministerpräsidenten des Tschad, N'Garta Tombalbaye, und Vertretern aus → Niger, der Elfenbeinküste und des Generalsekretärs der UAM verzichtete Kongo-Brazzaville am 3. November 1962 in Douala (Kamerun) auf weitere Ansprüche auf das Ogooué-Gebiet, und beide Länder verständigten sich auf Entschädigungszahlungen an die jeweils ausgewiesenen Staatsangehörigen beider Seiten.

Weitere Entwicklung

Am 18. Februar 1964 kam es in Libreville zum Putsch von Anhängern der UDSG und Teilen des Militärs gegen Mba. UDSG-Führer Aubame konnte nur für kurze Zeit eine Übergangsregierung bilden, denn aufgrund von Bündnisverpflichtungen Frankreichs aus dem Jahr 1960 wurde der

El Hadj Omar Albert-Bernard Bongo (*30.12.1935)
Staatspräsident von Gabun seit 1967.
Der Sohn einer angesehenen Familie aus dem Bakete-Stamm studierte von 1952 bis 1957 am Collège Technique in Brazzaville und erwarb ein Wirtschaftsdiplom. Nachdem er seinen Militärdienst bei der französischen Luftwaffe geleistet hatte, trat er 1960 in die Dienste des Außenministeriums. 1962 wurde er Direktor des Privatbüros von Staatspräsident Léon Mba und stieg erst zum Leiter des Informationsamtes, dann zum Verteidigungsminister auf, bevor er Vizechef der Regierung wurde. Nach dem Tod von Léon Mba 1967 wurde er dessen Nachfolger und verkündete ein Jahr später die Errichtung einer Einparteienherrschaft. Mitglieder der Oppositionspartei Morena, die Anfang der achtziger Jahre gegründet worden war, ließ er 1982 inhaftieren oder, als sie eine Exilregierung bilden wollten, mit französischer Hilfe unterdrücken. Nach einem Putschversuch und Massenstreiks 1989 kam es 1990 zu einer Verfassungsänderung und einem Mehrparteiensystem. Bei den Präsidentschaftswahlen im Dezember 1993 wurde Bongo im Amt bestätigt, obwohl Beweise für Wahlfälschungen vorlagen.

Putsch mit Hilfe französischer Soldaten niedergeschlagen und MBA als Präsident wiedereingesetzt. Durch die Verurteilung am Putsch beteiligter UDSG-Politiker war die Opposition zerschlagen worden. Nach MBAS Tod wurde sein engster Mitarbeiter, Vizepräsident EL HADJ OMAR ALBERT-BERNARD BONGO, am 28. Januar 1967 neuer Staatschef. Als Nachfolgepartei des BDG wurde 1968 die *Parti Démocratique Gabonais* (PDG) gegründet. Ein ausgearbeitetes Parteiprogramm der PDG existierte nicht: Das Regierungsprogramm war Parteiprogramm. Die PDG mit ca. 260 000 Mitgliedern verstand sich als stammesübergreifende Partei der nationalen Einheit und stützte sich auf traditionelle Institutionen (Dorfchefs). Aufgrund der Mangan- und Uranerzvorkommen sowie Erdöl- und Erdgasfelder im Osten des Landes bildete sich in Gabun ein bescheidener Wohlstand heraus, und es gab – verglichen mit den Nachbarstaaten – eine ungewöhnlich hohe Alphabetisierungsrate. Dies führte zunächst zu einer hohen Zufriedenheit der Bevölkerung mit dem Regime. Das änderte sich mit dem Beginn der Erdölförderung 1973. Schlechte Arbeitsbedingungen und niedrige Löhne führten häufig zu wilden Streiks, die auch von der Gewerkschaft unterstützt wurden, aber zu keinen nennenswerten Veränderungen geführt haben. Es gab zudem politische Gefangene.

Die ersten 15 Jahre der Souveränität waren durch starke französische Präsenz und Abhängigkeit von Paris gekennzeichnet. Auch wenn der Einfluß seit 1974 allmählich zurückging, bekleideten französische Experten nach wie vor viele Schlüsselpositionen (Berater, Ausbilder von Armee und Polizei, Wirtschaftsmanager). Nach 1974 begann die Regierung in Libreville, auch Beziehungen zu sozialistischen Staaten aufzunehmen.

Unruhen 1993

Staatschef BONGO ging am 5. Dezember 1993 aus der Präsidentschaftswahl, bei der 13 Kandidaten angetreten waren, mit 51 Prozent als Sieger hervor; sein größter Rivale PAUL MBA ABESSOLE, Kandidat des *Rassemblement National des Bucherons* (RNB), erhielt 27 Prozent. Die Oppositionsparteien und auch internationale Wahlbeobachter warfen dem Präsidenten, der Gabun bereits seit 26 Jahren autoritär regierte, Wahlbetrug vor. Mehrere Tausend der knapp eine halbe Million Wahlberechtigten konnten ihre Stimmen nicht abgeben.

Nach Bekanntgabe des Ergebnisses kam es am 10. Dezember und an den folgenden Tagen zu bürgerkriegsähnlichen Unruhen. Die Behörden verhängten daraufhin eine nächtliche Ausgangssperre über die Hauptstadt Libreville. Die Klage der Opposition auf Annullierung der Wahlen wurde vom Verfassungsgericht im Januar 1994 abgewiesen. Im September 1994 vereinbarten Regierung und Opposition im sog. Pariser Abkommen die Bildung einer demokratischen Regierung. Der bisherige Ministerpräsident CASIMIR OYE-MBA (PDG) trat am 11. Oktober 1994 zurück. In der neuen Regierung stellt die Opposition sechs der 27 Minister.

Literatur: J. Binet: *La République Gabonaise*. Paris 1970.
G. Comte: *Treize années d'histoire*. In: *Revue française d'études politiques africaines*. Nr. 9. Paris 1973.
O. Duhamel: *Le Parti Démocratique Gabonais: Étude des fonctions d'un parti unique africain*. In: *Revue française d'études politiques africaines*. Nr. 125. Paris 1976.
H. O. Neuhoff. *Gabun*. In: *Die Länder Afrikas*. Bd. 35. Bonn 1967.
M. Remondo: *L'administration gabonaise*. Paris 1974.
Statistisches Bundesamt (Hg.): *Länderbericht Gabun*. Wiesbaden 1994.
H. Weiland: *Abhängigkeit und peripherer Kapitalismus am Beispiel eines schwarzafrikanischen Kleinstaates*. München 1975.
H. Weiland: *Erziehung und nationale Entwicklung in Gabun. Fallstudie zu einem abhängigen Kleinstaat*. München 1975.

Staatsname: Republik Gabun
Staatsform: Präsidiale Republik
Staatsoberhaupt: Omar Bongo (seit 1967)
Regierungschef: Paulin Obame (seit 20.10.1994)
Regierung: PDG und Hoher Rat des Widerstands, eine Koalition bislang oppositioneller Parteien (seit 30.10.1994)
Parlament: Nationalversammlung 120 Sitze (Wahlen von 1990/91), PDG (Konservative) 66, PGP (Fortschrittspartei) 19, RNB (Reformer) 17, Sonstige 18
Mitgliedschaft bei internationalen Organisationen: AKP, OAU, OPEC, UNO
Lage: 9°–14° östlicher Länge, 2° nördlicher bis 4° südlicher Breite
Fläche: 267 667 km^2
Hauptstadt: Libreville
Bevölkerung: 1,3 Millionen; Fang 35,5 %, Mpongwe 15,1 %, Mbete 14,2 %, Punu 11,5 %, Sonstige 23,7 %; Christen 96,1 %, Sonstige 3,9 %
Wirtschaft: Dienstleistung 47,1 %, Industrie 44,7 %, Landwirtschaft 8,2 %; Export: Erdöl 81,4 %, Holz 10,2 %, Mangan 6,2 %

GEORGIEN

Südossetien-Konflikt 1991 bis 1992
Bürgerkrieg 1992 bis 1993
Abchasien-Konflikt 1992 bis 1994

Der Südossetien- und der Abchasien-Konflikt waren Teil des Nationalitätenkonflikts in der ehemaligen UdSSR und des innergeorgischen Bürgerkriegs zwischen den Anhängern des gewählten und später abgesetzten Präsidenten Swiad Gamsachurdia und dem Staatsratsvorsitzenden und späteren Staatspräsidenten Eduard Schewardnadse.

Historischer Hintergrund

Kaukasusregion

Die ethnische Vielfalt des Kaukasus und die Unterdrückung dieser Völker sind zwei der wesentlichen Gründe für die zahlreichen Konflikte in dieser Region.

Die Besiedlung des Kaukasus geht auf vorgeschichtliche Zeiten zurück. Georgier wie Armenier nahmen bereits im 4. Jahrhundert den christlichen Glauben an. Die Aserbaidschaner, die Bevölkerung der dritten der großen transkaukasischen Republiken, sind dagegen mit dem muslimischen Turkvolk der Aseri verwandt.

In Georgien ist die Bevölkerungsstruktur ausgesprochen vielschichtig. Von den vier Millionen Georgiern gehören mehr als 30 Prozent kleineren, nicht-georgischen Volksgruppen an: Im Hochkaukasus und an den Küsten zum Schwarzen Meer leben über 100 000 Abchasen, ihre Nachbarn sind die etwa 150 000 turksprachigen Karatschaier, rund 120 000 Adygeier, knapp 400 000 Kabardiner und beinahe 850 000 Balkaren. Den Nordabhang des mittleren Kaukasus teilen sich knapp eine Million Tschetschenen und 230 000 Inguschen. Alle Völker sehen sich seit je verbunden in der entschiedenen Gegnerschaft zu Rußland, das den Kaukasus seit Jahrhunderten immer wieder zu beherrschen suchte.

Georgien

Im Altertum unter persischem und griechischem Einfluß, wurde die Region 65 v. Chr. römische Provinz. Die Völker des Kaukasus standen bis ins 10. Jahrhundert unter byzantinischem und arabischem Einfluß. Das Georgische Reich, das seine Blütezeit im 12. und 13. Jahrhundert entfaltete, konnte sich im 14. Jahrhundert dem Ansturm der Mongolen nicht erwehren und mußte den Eroberern Tribut zollen. Trotz dieser Schwächung konnten die Georgier Teile Ar-

In Georgien bilden die Unabhängigkeitsbestrebungen der verschiedenen Volksgruppen weiterhin Anlaß für Konflikte.

meniens erobern. Das Gebiet war inzwischen in zahlreiche Fürstentümer aufgesplittert, die immer wieder von den Türken und Persern bedroht wurden.

Ab dem 16. Jahrhundert geriet Georgien immer mehr in den Machtbereich der russischen Zaren. 1783 wurde das damalige Königreich Georgien Protektorat des Zarenreiches und 1801 annektiert. Die Russifizierung der Georgier ließ eine starke Nationalbewegung entstehen.

Während des Ersten Weltkrieges war Georgien zeitweise von den Deutschen, Türken und Engländern besetzt und konnte vom Mai 1918 bis zum Einmarsch der Roten Armee im Februar 1921 einen eigenen Staat bilden. 1922 wurde Georgien der Sowjetunion angegliedert. 1924 wehrten sich die Georgier in einem großen Aufstand gegen die neuen Besatzer. Der Aufstand wurde blutig niedergeschlagen, und Georgien wurde eine Sowjetrepublik, die zwischen 1932 und 1936 gemeinsam mit → Armenien und → Aserbaidschan die Transkaukasische Föderative Sowjetrepublik bildete. Von 1946 bis 1957 war Georgien Teil der innerrussischen Kabardino-Balkarischen Republik.

1989 kam es zu Unabhängigkeitsbekundungen, die von sowjetischen Soldaten gewaltsam unterbunden wurden. Dabei starben 19 Menschen. Die Georgier wollten wieder einen eigenen unabhängigen Staat bilden, und nach dem Zerfall des Sowjetreiches war Georgien zusammen mit Rußland eine der ersten Republiken, die in direkter Wahl im Oktober 1990 einen Präsidenten, SWIAD GAMSACHURDIA, wählte. Am 9. April 1991 erklärte sich Georgien dann für unabhängig.

Ossetien

Das im mittleren Kaukasus lebende Bergvolk der Osseten stammt vom iranischen Reitervolk der Alanen ab, die um 370 n. Chr. im Nordkaukasus von den Hunnen unterworfen wurden. Insgesamt leben etwa 600 000 Osseten, zu denen außerdem die Digoren und Kurtalinen zählen, im Gebiet der Nordossetischen Autonomen Republik, die zu Rußland gehört, und im südossetischen autonomen Gebiet, das zu Georgien gehört.

Im russisch verwalteten islamischen Norden stellen die Osseten knapp über 50 Prozent der Bevölkerung (34 % Russen, der Rest Inguschen und sonstige Volksstämme). Im georgischen, christlichen Südteil Ossetiens leben etwa 65 Prozent Osseten und 30 Prozent Georgier.

Abchasien

Die Abchasier gehören zur balkan-kaukasischen Rasse und beherrschten, ausgehend von ihrem Siedlungsgebiet am Ufer des Schwarzen Meeres und am Fuße des Kaukasus, lange Zeit den gesamten westlichen Kaukasus.

Nach dem 11. Jahrhundert ging ihr Einfluß aufgrund verschiedener Eroberer zurück. Im 15. Jahrhundert wurden sie islamisiert und sind heute überwiegend sunnitisch, teilweise auch russisch-orthodox. Abchasien, das seit 1810 ein russisches Protektorat war, erklärte sich 1917 für unabhängig. Nach der Russischen Revolution verwaltete das transkaukasische Kommissariat in Tiflis die Region.

Seit Anfang der zwanziger Jahre wurde Abchasien im Zuge der Besetzung Georgiens durch die Rote Armee als autonome Republik in die Grusinische, die spätere Georgische Republik integriert (1930). Heute leben in Abchasien etwa 17 Prozent Abchasier, 44 Prozent Georgier und rund 16 Prozent Russen, Adjaren, Türken, Armenier und andere Volksgruppen.

Seit 1922 gehörten Georgien und Abchasien als Republiken gleichberechtigt zur Transkaukasischen Föderation der Sowjetunion. In der Verfassung von 1925 erklärte sich das überwiegend von Muslimen bewohnte Abchasien für unabhängig von Georgien. Doch nach fünf Jahren wurde die Republik auf Anordnung Moskaus ein autonomer Teil Georgiens. Eine allgemeine kulturelle Angleichung (Übernahme des georgischen Alphabets, Verbot des Abchasischen als Unterrichtssprache) schürte die alten, traditionellen nationalen Ressentiments. Dieser schwelende Nationalitätenkonflikt führte zwangsläufig nach dem Zerfall des Sowjetreiches zu einem bewaffneten Konflikt mit der Zentralmacht in Tiflis. Dieser Nationalitätenkonflikt war darüber hinaus Teil des innergeorgischen Bürgerkriegs zwischen den Anhängern des gewählten und später abgesetzten Präsidenten GAMSACHURDIA und dem Staatsratsvorsitzenden sowie späteren Staatspräsidenten SCHEWARDNADSE.

Konfliktparteien

Südossetien

Während des Zerfalls des Sowjetreiches wollten sich die Osseten des autonomen Gebiets Südossetien von Georgien lösen und mit der nördlich angrenzenden Nordossetischen Autonomen Republik vereinigen, um ihre kulturelle Identität wiederherzustellen.

Bürgerkriegsparteien

Aus den ersten freien Wahlen zum Obersten Sowjet der Republik im November 1990 ging das nationalistische und antisowjetische Oppositionsbündnis *Runder Tisch – Freies Georgien* als Sieger hervor. Der Vorsitzende des nichtkommunistischen Blocks, SWIAD GAMSACHURDIA, wurde Parlamentspräsident, der Naturwissenschaftler TENGIS SIGUA Ministerpräsident. Der Staatsname wurde in »Demokratische Georgische Republik« geändert. Am 23. November sprach sich das Parlament gegen den Verbleib in der Sowjetunion und für die staatliche Unabhängigkeit aus. 89 Prozent stimmten beim Volksentscheid vom 31. März 1991 für die Wiederherstellung der Georgischen Demokratischen Republik von 1918. Am 9. April 1991 erklärte Georgien seine Unabhängigkeit.

Bei der ersten Direktwahl eines Präsidenten in einer ehemaligen Sowjetrepublik wurde GAMSACHURDIA am 26. Mai mit über 80 Prozent der Stimmen gewählt. Am 6. September 1991 brach dieser die diplomatischen Beziehungen zur UdSSR ab. Sein diktatorischer Regierungsstil rief aber immer mehr Protest hervor, und es kam zu gewalttätigen Auseinandersetzungen zwischen seinen Anhängern und oppositionellen Kräften (s. u.).

Ein von den Oppositionsparteien ernannter Militärrat unter Führung von DSCHABA IOSELIANI, TENGIS KITOWANI und TENGIS SIGUA übernahm am 2. Januar 1992 die Macht und bestimmte den früheren Ministerpräsidenten SIGUA zum neuen Regierungschef.

Der aus Protest gegen reformfeindliche Kräfte in Staat und Partei vom Amt des Außenministers der UdSSR zurückgetretene EDUARD SCHEWARDNADSE, der in Georgien seine Parteikarriere begonnen hatte, wurde vom Militärrat am 10. März 1993 zum Vorsitzenden des neu geschaffenen Staatsrates ernannt und war damit der eigentliche Gegenspieler GAMSACHURDIAS.

Swiad Gamsachurdia (11.3.1939–31.12.1993)
Staatspräsident der Republik Georgien von 1991 bis 1992. Gamsachurdia, der aus einer Adelsfamilie stammte, studierte amerikanische Literatur. Nur aufgrund des Einflusses seines Vaters kam der mehrmals wegen seines antisowjetischen Engagements Inhaftierte immer wieder frei. Am 14. November 1991, zu Beginn der nationalen Bewegung in Georgien, wurde er zum Präsidenten gewählt. In der Folgezeit erwies er sich als Diktator; so ließ er im September 1991 in Tiflis auf Demonstranten schießen. Kurz darauf mußte er ins Nachbarland Tschetschenien fliehen, putschte jedoch 1993 mit seinen noch verbliebenen Anhängern gegen den neuen Präsidenten Schewardnadse. Geschlagen blieb er zunächst verschwunden, bis seine Frau am Neujahrsmorgen 1994 seinen Tod bekanntgab.

Abchasier

Die Abchasier forderten seit 1973 eine eigene Sowjetrepublik, um die »ethnische Zwangsassimilierung« und wirtschaftliche Ausbeutung durch Georgien zu beenden. Als 1978 die georgische Sprache den gleichen Status wie das Russische erhielt, protestierten die Abchasier.

Die seit 1930 zwangsweise Georgien angegliederte autonome muslimische Schwarzmeer-Republik Abchasien versuchte nach dem Zerfall der Sowjetunion, ihre Selbständigkeit wiederzuerlangen, indem das abchasische Parlament das Wiederinkrafttreten der Verfassung von 1925 und damit die Unabhängigkeit von Georgien proklamierte. Die Abspaltung wurde vom georgischen Staatsrat nicht akzeptiert. Der Versuch des georgischen Präsidenten GAMSACHURDIA im Juni 1991, die Sezession Abchasiens zu verhindern, ließ den Nationalitätenkonflikt eskalieren.

Konfliktverlauf

Südossetien-Konflikt 1991 bis 1992
Am 20. September 1990 wurde Südossetien mit Beschluß des ossetischen Obersten Sowjet zu einer unabhängigen Republik erklärt. Daraufhin reagierte der georgische Oberste Sowjet am 12. Dezember 1990 mit einer Ungültigkeitserklärung des autonomen Status: Südossetiens Territorium wurde damit Teil Georgiens. Dies führte zu gewalttätigen Auseinandersetzungen zwischen Osseten und georgischen Milizionären in der südossetischen Hauptstadt Zchinwali. Tiflis verhängte eine Blockade gegen Südossetien.

Im Januar 1991 griff der sowjetische Präsident MICHAIL GORBATSCHOW in den Ossetien-Konflikt ein und forderte alle bewaffneten Einheiten auf, das Territorium zu verlassen. Am 9. Januar wurde vom georgischen Parlament das Ultimatum des Kreml als Einmischung in innere Angelegenheiten zurückgewiesen. Am 18. Februar brachen Einheiten des sowjetischen Innenministeriums (OMON) die Blockade gegen die Region. Bis zum 25. Februar hatte der Konflikt 33 Todesopfer gefordert.

Die Parlamentspräsidenten von Rußland und Georgien, BORIS JELZIN und SWIAD GAMSACHURDIA, einigten sich Ende März auf ein Normalisierungsabkommen, das die Bildung eines gemeinsamen Sonderabkommens beinhaltete, um alle in Südossetien kämpfenden Gruppen zu entwaffnen. Die OMON-Einheiten sollten ebenfalls die Region verlassen.

Am 25. November 1991 hob der georgische Oberste Sowjet den im Dezember 1990 verhängten Ausnahmezustand über das zu Georgien gehörende autonome Gebiet Südossetien auf. Der südossetische Oberste Sowjet erklärte daraufhin drei Tage später die Region für unabhängig und wählte SNAUR GASSIJEW zum Parlaments- und Ministerpräsidenten.

Bei einem Referendum am 19. Januar 1992 sprachen sich über 90 Prozent für die Unabhängigkeit von Georgien und den Anschluß an das zur Russischen Föderation gehörende Nordossetien aus; die georgische Bevölkerung in Südossetien boykottierte die Volksabstimmung.

Nach dem Abzug der Sondertruppen des sowjetischen Innenministeriums nahmen ab Mitte Mai die Kämpfe georgischer gegen südossetische Einheiten an Heftigkeit zu.

Ergebnis des Südossetien-Konflikts

Militärisch war der Konfikt nicht zu entscheiden. Deshalb versuchte man, auf dem Verhandlungsweg eine Einigung zu erzielen. Der georgische Staatspräsident SCHEWARDNADSE und der russische Präsident JELZIN vereinbarten am 24. Juni 1992 die Aufstellung einer Friedenstruppe. Im Anschluß einigten sich Vertreter Rußlands, Georgiens, Nord- und Südossetiens am 4. Juli eine aus Russen, Georgiern und Osseten zu bildende Friedenstruppe ins Kampfgebiet zu entsenden. Als sie am 14. Juli in der Nähe der südossetischen Hauptstadt Zchinwali in Stellung ging, zog Georgien seine Streitkräfte aus Südossetien zurück. Der Status Südossetiens ist aber noch nicht endgültig geklärt.

Bürgerkrieg 1992 bis 1993
Am 16. September 1991 kam es in Tiflis zu einer Großdemonstration mit über 100 000 Teilnehmern gegen den mit diktatorischen Mitteln regierenden Staatspräsidenten GAMSACHURDIA. Er hatte bereits im August den Ministerpräsidenten und den Außenminister entlassen und die beiden Regierungsämter selbst übernommen. Nach einer Verhaftungswelle kam es zu weiteren Demonstrationen gegen GAMSACHURDIA, denen sich auch ein Teil der georgischen Nationalgarde anschloß. Unter der Führung ihres vom Präsidenten abgesetzten Kommandeurs TENGIS KITOWANI und des ebenfalls abgesetzten Ministerpräsidenten SIGUA besetzten rebellierende Nationalgardisten das Fernsehzentrum in Tiflis. Als Anwort auf die Rebellion in der Nationalgarde und die anhaltenden Demonstrationen verhängte GAMSACHURDIA am 25. September den Ausnahmezustand über die Hauptstadt. Am 6. November ließ er alle Parteien verbieten.

Nach wochenlangen bewaffneten Auseinandersetzungen zwischen Anhängern und Gegnern GAMSACHURDIAS in Tiflis verschanzte er sich am 22. Dezember zusammen mit rund 1000 Gefolgsleuten im Regierungsgebäude, das von oppositionellen Nationalgardisten und Freiwilligen belagert wurde.

Am 6. Januar 1992 floh GAMSACHURDIA mit seinen Anhängern in seine Heimatstadt Sugdidi. Trotz seiner Flucht kam es auch in den folgenden Monaten zu Demonstrationen und vor allem in Westgeorgien zu heftigen Kämpfen zwischen bewaffneten GAMSACHURDIA-Anhängern und Soldaten des Militärrats.

Als letzter Nachfolgestaat der ehemaligen Sowjetunion wurde Georgien am 23. März von den EU-Ländern anerkannt und einen Tag später in die KSZE aufgenommen.

Eduard Schewardnadse (*28.1.1928)
Staatspräsident Georgiens seit 1992.
1948 wurde der studierte Historiker Mitglied der KPdSU. In den fünfziger Jahren war er Chef der kommunistischen Jugendorganisation in Georgien, später Parteichef in Tiflis. Von 1968 bis 1972 war er Innenminister und von 1972 bis 1985 KP-Parteichef in Georgien. Seit 1976 war er Mitglied im ZK, seit 1978 Politbürokandidat des ZK der KPdSU und seit dem 1. Juli 1985 Politbüromitglied. Michail Gorbatschow machte ihn 1985 zum Außenminister der Sowjetunion. Aus Protest gegen reformfeindliche Kräfte in Partei und Staat legte er 1991 sein Amt nieder und kehrte nach Georgien zurück. Nach dem Sturz Gamsachurdias wurde er im März 1992 zum Vorsitzenden des provisorischen Staatsrates der Republik Georgien und am 11. Oktober 1992 zum Staatspräsidenten gewählt. Im Herbst 1993 erhielt er wegen der anhaltenden Unruhen und des Abchasien-Konflikts erweiterte Vollmachten. Seit dem 21. November 1993 ist Schewardnadse auch Vorsitzender der neugegründeten Georgischen Bürgerunion, der Mehrheitskoalition im georgischen Parlament.

Am 24. Juni unternahmen Anhänger GAMSACHURDIAS erfolglos einen Putschversuch. Der Ausnahmezustand wurde im August aufgehoben und eine Amnestie für politische Häftlinge verkündet.

Die Lage im Land blieb aber unsicher. Der Konflikt eskalierte erneut am 11. August, als 11 Regierungsvertreter von GAMSACHURDIAS Leuten entführt wurden. 3000 Nationalgardisten belagerten daraufhin Sugdidi, das Hauptquartier GAMSACHURDIAS, und überschritten bei der Suche nach den Entführten die abchasische Grenze. Daraus resultierten am 14. August heftige Kämpfe zwischen georgischen und abchasischen Einheiten, die auch nach der Freilassung der Geiseln am 20. August anhielten (s. u.).

Bei der Direktwahl des Parlamentspräsidenten, der über die Vollmachten eines Staatspräsidenten verfügt, wurde SCHEWARDNADSE am 11. Oktober 1992 ohne Gegenkandidaten mit 95,9 Prozent gewählt. Südossetien und Abchasien boykottierten die Wahl.

SCHEWARDNADSE löste den mit weitreichenden Vollmachten ausgestatteten Verteidigungsrat auf. Ein großer Teil der Nationalgarde gehorchte jedoch weiterhin dem entlassenen Verteidigungsminister KITOWANI. Der ebenfalls entlassene Stellvertreter SCHEWARDNADSES, IOSELIANI, blieb ein schwer zu berechnender Widersacher des Präsidenten: Als Kommandeur der berüchtigten *Mchedrioni* (Reiter) befehligte er eine der größten der rund 15 paramilitärischen Freischärlergruppen, denen zahlreiche Menschenrechtsverletzungen und Willkürakte vorgeworfen werden.

Im Herbst 1993 kam es in Westgeorgien abermals zu bewaffneten Auseinandersetzungen zwischen Anhängern des ehemaligen Präsidenten GAMSACHURDIA und regulären georgischen Einheiten.

Nur durch seine Rücktrittsdrohung konnte Staatschef SCHEWARDNADSE das Parlament am 14. September 1993 dazu bringen, einstimmig den Ausnahmezustand zu verhängen und ihm Sondervollmachten zuzubilligen.

Am 24. September kehrte GAMSACHURDIA nach mehrmonatigem Exil in seine Heimatstadt Sugdidi zurück. Er rief seine Anhänger auf, die abtrünnigen Abchasier im Kampf gegen die Regierung SCHEWARDNADSE zu unterstützen. Seine Rebelleneinheiten nahmen nach schweren Kämpfen mit den Regierungstruppen am 2. Oktober Poti und einen Tag später die Stadt Choni in Westgeorgien ein. Am 17. Oktober drangen sie bis zum strategisch bedeutsamen Eisenbahnknotenpunkt Samtredia vor. SCHEWARDNADSE kündigte Anfang Oktober nach einem Treffen mit den Präsidenten → Rußlands, → Armeniens und → Aserbaidschans in Moskau den von ihm bisher abgelehnten Beitritt Georgiens zur GUS und deren Verteidigungsbündnis an. Am 9. Oktober wurde zusätzlich ein gesondertes Militärabkommen zwischen → Rußland und Georgien unterzeichnet. Daraufhin erklärte sich Moskau auch bereit, russische Soldaten zum Schutz der strategisch wichtigen Bahnlinie Poti–Tiflis und anderer Versorgungswege einzusetzen. Ende Oktober gelang es georgischen Regierungstruppen, Samtredia und Poti zurückzuerobern. Aufgrund der Vereinbarungen zwischen Tiflis und Moskau pachtete Rußland den Hafen Poti. Am 6. November mußten die Anhänger GAMSACHURDIAS ihre Hochburg Sugdidi weitgehend kampflos räumen. Damit war der Bürgerkrieg entschieden.

Ergebnis des Bürgerkrieges

Die militärischen Erfolge der Soldaten SCHEWARDNADSES kamen erst nach der Absicherung der Versorgungswege durch russische Truppen zustande. Wegen der schlechten Versorgungslage ordnete die Regierung Rationierungen und Preiserhöhungen an. Am 31. Dezember 1993 kam der ehemalige Präsident GAMSACHURDIA unter bisher ungeklärten Umständen ums Leben.

Ein am 3. Februar 1994 in Tiflis geschlossener georgisch-russischer Freundschaftsvertrag über Zusammenarbeit und gute Nachbarschaft sollte die angespannten Beziehungen zwischen den beiden ehemaligen Sowjetrepubliken normalisieren. Der russische Präsident JELZIN erklärte sich bereit, Friedenstruppen nach Abchasien zu entsenden. Ein Zusatzabkommen sah die Errichtung von drei russischen Militärstützpunkten für rund 20 000 Soldaten in Georgien vor.

Am 23. Februar 1994 wurde der Ausnahmezustand aufgehoben, am 2. März ratifizierte das Parlament den Vertrag über den Beitritt zur GUS. Die Opposition sprach von einem Ausverkauf Georgiens an Rußland. US-Präsident BILL CLINTON sagte bei einem Besuch SCHEWARDNADSES in den USA im März 1994 humanitäre und wirtschaftliche Hilfe in Höhe von 70 Millionen US-Dollar noch für 1994 zu.

Abchasien-Konflikt 1992 bis 1994

Die Unabhängigkeitserklärung Abchasiens vom 26. Juli 1992 wurde von der georgischen Regierung nicht anerkannt. Auf der Suche nach elf entführten Regierungsvertretern, die sich in der Gewalt von Anhängern des Ex-Präsidenten GAMSACHURDIA befanden, überschritten georgische Nationalgardisten am 14. August erstmals die abchasische Grenze. Dies führte zu heftigen Kämpfen zwischen georgischen und abchasischen Einheiten.

Abchasiens amtierender Parlamentspräsident WLADIMIR ARDSINBA wurde vom georgischen Staatsrat ultimativ aufgefordert, zurückzutreten. Nach Ablauf des Ultimatums am 17. August besetzten georgische Panzer die abchasische Hauptstadt Suchumi. Das Parlament wurde aufgelöst, eine Ausgangssperre verhängt und ein neunköpfiger »Proviso-

Oktober 1993: Einheiten des von Georgien abtrünnigen Abchasien haben die Provinzhauptstadt Suchumi zurückerobert. Georgiens Staatschef Schewardnadse mußte die Stadt fluchtartig verlassen. 6000 Zivilisten wurden mit Schiffen der Schwarzmeerflotte evakuiert.

rischer Militärrat« mit allen Machtbefugnissen installiert. Die Kämpfe hielten aber weiter an. Die abchasischen Rebellen erhielten Unterstützung von Freiwilligen der Föderation Kaukasischer Bergvölker. Diese Konföderation, der mehrere russische Volksgruppen angehören, hatte sich im November 1991 auf Initiative des Präsidenten der Tschetschenischen Republik, DSCHOCHER DUDAJEW, gebildet (→ Rußland; Tschetschenien-Konflikt).

Ein von Rußland vermittelter Waffenstillstand wurde nicht eingehalten. Nach der Eskalation der Kämpfe unterstellte der Militärrat das gesamte Material der auf georgischem Territorium stationierten russischen Truppen Georgien. Daraufhin begann Rußland, das nach wie vor seine Neutralität in dem Konflikt betonte, mit dem Abzug seiner Waffen aus Georgien. Bis Ende Juli 1993 hatten die Auseinandersetzungen über 3000 Tote gekostet.

Nach weiteren heftigen Kämpfen verloren die georgischen Einheiten am 2. Oktober 1992 die Kontrolle über die abchasische Stadt Gagra. Die Mobilmachung von 40 000 Reservisten wurde angeordnet. Ab Mitte Oktober war Suchumi einer der letzten abchasischen Stützpunkte der Georgier und in den folgenden Monaten heftig umkämpft.

Am 6. Juli 1993 verhängte SCHEWARDNADSE das zunächst auf zwei Monate befristete Kriegsrecht über Abchasien. Ein am 27. Juli unterzeichnetes Waffenstillstandsabkommen sah den vollständigen Abzug der georgischen Truppen aus Abchasien und den Rückzug der abchasischen Einheiten aus der Konfliktzone vor. Die nordkaukasischen Freischärler hatten das Kampfgebiet inzwischen verlassen. Anfang August ließen die Kämpfe vorübergehend nach. Am 8. August trafen neun von der UNO entsandte Militärbeobachter ein, die die Truppenentflechtung überwachen sollten – der erste UN-Einsatz auf dem Gebiet der ehemaligen Sowjetunion.

Im September 1993 versuchte der aus dem Exil zurückgekehrte GAMSACHURDIA, sich mit den Abchasiern zu verbünden, um die georgische Regierung SCHEWARDNADSES zu stürzen, was aber mißlang (s. o.).

Im Zuge der im September 1993 begonnenen Offensive, mit der das Waffenstillstandsabkommen vom 27. Juli gebrochen worden war, eroberten die Abchasen ihre Hauptstadt Suchumi zurück und gewannen weitgehend die Kontrolle über die Region. Damit war der Konflikt zunächst beendet.

Ergebnis des Abchasien-Konflikts

Im Dezember 1993 vereinbarte man einen Gefangenenaustausch, und bei Friedensverhandlungen, die unter UNO-Schirmherrschaft in Genf stattfanden, verständigten sich Georgien und Abchasien im Januar 1994 grundsätzlich auf einen Truppenabzug und die Stationierung einer UNO-Friedenstruppe im Konfliktgebiet.

Nicht einigen konnten sich die Vertreter beider Parteien über den Status Abchasiens und über die Rückkehr der etwa 250 000 georgischen Flüchtlinge nach Abchasien. Den Abchasen wurde vorgeworfen, Angehörige anderer Volksgruppen vertrieben und zum Teil auch willkürlich hingerichtet zu haben. Die georgische Armee wurde ihrerseits beschuldigt, in Abchasien Menschenrechtsverletzungen (Folter, Vergewaltigungen, Hinrichtungen) vor allem an Zivilisten begangen zu haben. Georgien wollte die staatliche Einheit wiederherstellen und forderte die Möglichkeit zur Rückkehr aller georgischen Flüchtlinge nach Abchasien. Dies wurde aber von der Gegenseite für diejenigen verweigert, die Georgien bei den Kämpfen unterstützt hatten. Mit dieser Einschränkung wurden am 4. April 1994 in Anwesenheit von UN-Generalsekretär BOUTROS BOUTROS-GHALI und des russischen Außenministers ANDREJ KO-

»Ein vergessener Konflikt flammt in Georgien wieder auf. Eine nationalistische Koalition hat sich zum Kreuzzug gegen Abchasien zusammengefunden. Staatschef Eduard Schewardnadse will dies nicht, er ordnet Entwaffnung an. Schewardnadse hat in den vergangenen zehn Jahren erstaunliche Wendungen vollzogen. Vom georgischen Kommunisten wurde er zum sowjet-internationalistischen Außenpolitiker, dann zum georgischen Patrioten und zuletzt wieder zum Handlungsgehilfen der Moskauer Politik.
Seine Macht verdankt er der russischen Intervention. Moskau nutzte Abchasien als Hebel, wie Verteidigungsminister Pawel Gratschow damals verkündete, da Rußland dort strategische Interessen hat: Kontrolle über das Schwarze Meer. Schewardnadse gab 1993 klein bei. Die Abspaltung Abchasiens mußte er hinnehmen. Die Demokratie ging unter. Der abchasische Vorstoß der Garden unter dem Landsknechtführer Tengis Kitowani, mit dem sich der frühere Regierungschef Tengis Sigua verbündet hat, ist freilich nicht nur ein chauvinistischer Ausbruch. Diese ungewöhnliche Koalition will zwar die Chance nutzen, daß Jelzins Krieg in Tschetschenien die Sezessionisten von Suchumi derzeit schutzlos macht. Es geht aber auch um alte Tifliser Rechnungen aus der Zeit der KP-Diktatur. Manche Nationalisten und Regionalfürsten haben mit dem früheren KGB-Chef, Innenminister und KP-Sekretär Schewardnadse abzurechnen. Zu Demokraten werden sie dadurch nicht. Aber sie bringen die Völker Georgiens und ganz Kaukasiens in größere Gefahr.«
Frankfurter Rundschau,
Januar 1995.

SYREW die Waffenstillstandsvereinbarung und die Flüchtlingsregelung unterzeichnet.

Am 14. Mai konnte nach schwierigen Verhandlungen in Moskau ein Stationierungsabkommen für die später vom UN-Sicherheitsrat gebilligte GUS-Friedenstruppe innerhalb der 24 Kilometer breiten Pufferzone zwischen Georgien und Abchasien geschlossen werden. In diesem Abkommen verpflichteten sich beide Seiten zum Abzug ihrer Truppen entlang dem Grenzfluß Inguri. Die ersten russischen Soldaten der GUS-Friedenstruppe trafen Mitte Juni in der Pufferzone ein.

Weitere Entwicklung

Der Abchasien-Konflikt verschärfte sich Ende 1994, als in Suchumi der Vorsitzende des abchasischen Parlaments, WLADISLAW ARDSINBA, zum Präsidenten Abchasiens ausgerufen wurde. Die gleichzeitige Souveränitätserklärung wurde vom UN-Sicherheitsrat wie von Rußland verurteilt und nicht anerkannt.

Nach der Unterzeichnung des Friedensabkommens mit Abchasien kam es in Georgien zu innenpolitischen Auseinandersetzungen. Die Stationierung russischer Truppen auf georgischem Territorium wurde von vielen als Verrat an der Souveränität der Kaukasusrepublik angesehen. Der Verteidigungsminister trat aus Protest gegen SCHEWARDNADSES Annäherungspolitik an Moskau zurück, und die Opposition forderte den Rücktritt des Staatspräsidenten.

Seit dem Waffenstillstand mit der abtrünnigen georgischen Schwarzmeerregion Abchasien im Mai 1994 und der Stationierung von 3000 russischen Soldaten einer GUS-Friedenstruppe in der 24 Kilometer breiten Pufferzone an der Grenze zu Georgien ist es im Konfliktgebiet weitgehend ruhig geblieben. Das russische Strom- und Erdölembargo gegen Abchasien vom September 1993 wurde Anfang Juni 1994 aufgehoben. Am 21. Juni wurde das Mandat für die auf 137 erhöhten UN-Beobachter in Georgien (UNOMIG) um weitere sechs Monate verlängert.

Im Dezember 1994 wurden Vorwürfe gegen EDUARD SCHEWARDNADSE laut, er führe in seiner Dreifachfunktion als Staats- und Parlamentspräsident und Verteidigungsminister ein autoritäres Regime. Vertreter der georgischen Opposition, deren Angaben von *Amnesty International* bestätigt wurden, beklagten die Verletzung von Menschenrechten und Verstöße gegen demokratische Prinzipien.

Am 10. Januar 1995 schlossen die Ukraine und Georgien einen Freundschaftsvertrag zur besseren Zusammenarbeit in der Außenpolitik, in Wirtschaft und Handel. Gleichzeitig wurde bekanntgegeben, daß beide Länder eine Pipeline von aserbaidschanischen Ölfeldern aus durch den Transkaukasus zum Schwarzen Meer planten. Die Ukraine bezog bisher ihre gesamte Energie aus Rußland.

Mitte Januar versuchten 350 georgische Nationalisten unter Führung des ehemaligen Verteidigungsministers KITOWANI, der einige Wochen zuvor eine »Front der nationalen Befreiung« gegründet hatte und eine militärische Lösung des Abchasien-Konflikts anstrebt, mit Waffengewalt die Grenze zu überschreiten. KITOWANI wurde von der georgischen Polizei verhaftet. Die abchasische Armee verstärkte aufgrund der Vorkommnisse ihr Truppenkontingent an der Grenze zu Georgien auf über 1000 Mann.

Im Februar 1995 teilte UN-Vermittler EDOUARD BRUNNER nach einer Verhandlungsrunde in Genf mit, daß Abchasien nicht mehr auf einem eigenen Staat bestehe.

Der Waffenstillstand blieb brüchig. Ein dauerhafter Friede zwischen den kaukasischen Bergvölkern und der regulären georgischen Regierung wird erst möglich sein, wenn die Nationalitätenfrage der Schwarzmeer- und Kaukasusregionen einvernehmlich gelöst ist.

Literatur: s. a. → Armenien, → Aserbaidschan, → Rußland
N. Gelaschwili: *Georgien – ein Paradies in Trümmern. Texte zur Zeit. Gespräche mit Eduard Schewardnadse.* Berlin 1993.
W. Wahnsiedler: *Menschenrechte in Georgien.* Frankfurt 1993.

Staatsname: Republik Georgien
Staatsform: Republik (seit 1991)
Staatsoberhaupt: Eduard Schewardnadse (seit 1992)
Regierungschef: Otari Pazazija (seit 1993)
Regierung: Koalition
Parlament: Nationalversammlung 134 Sitze (Wahl vom 11.10.1992), Friede 29, 11. Oktober 18, Einheit 14, NDP (Nationaldemokraten)12, Grüne 11, Demokratische Partei 10
Mitgliedschaft bei internationalen Organisationen: GUS, UNO
Lage: 44° östlicher Länge, 42° nördlicher Breite
Fläche: 69 700 km^2
Hauptstadt: Tiflis
Bevölkerung: 5,5 Millionen; Georgier 70,1 %, Armenier 8,1 %, Russen 6,3 %, Aseri 5,7 %, Osseten 3 %, Sonstige 6,8 %; Georgisch-Orthodoxe 65 %, Muslime 11 %, Russisch-Orthodoxe 10 %, Armenisch-Orthodoxe 8 %, Sonstige 6 %
Wirtschaft: Dienstleistung 22,8 %, Industrie 41,9 %, Landwirtschaft 29,4 %
Export: Nahrungsmittel, Agrarprodukte 50 %, Leichtindustrieprodukte 21 %; Maschinen, Metallprodukte 13 %

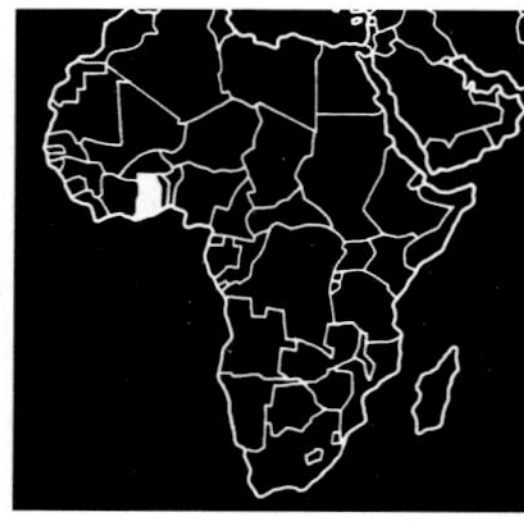

GHANA

Grenzkonflikte mit Obervolta (Burkina Faso) 1963 bis 1966
Intervention in Niger 1964/65
Grenzkonflikte mit Togo 1965 und 1977

Panafrikanische Bestrebungen, die die Vormachtstellung Ghanas in Westafrika sichern sollten, führten zu erheblichen Konflikten mit den anderen Staaten der Region.

Historischer Hintergrund

Kolonialzeit

1470 erreichten portugiesische Seefahrer die westafrikanische Küste bei Ghana. Die Portugiesen betrieben regen Tauschhandel vor allem mit Textilien, Schmuck, Waffen und Alkohol gegen Gold, Sklaven und Elfenbein. Sie wurden 1553 von den Briten abgelöst, die aber erst Mitte des 19. Jahrhunderts eine Kolonie errichten konnten.

Unter OSAI TUTU (1695–1731), Herrscher der zur Akan-Volksgruppe gehörenden Aschanti, bildete sich auf dem Territorium des heutigen Ghana ein erstes Reich, dessen Hauptstadt Kumasi war. Durch Unterwerfung von Nachbarstämmen erweiterten die Aschanti ihren Einfluß bis an die Küste.

Seit 1807, nach dem Verbot des Sklavenhandels, begann die Missionierung, und immer mehr bestimmte englisches Handelskapital die Geschicke der Region. 1821 übernahm die britische Krone den Anteil privater Handelsgesellschaften. 1874 erklärte London das südliche Ghana zur Kolonie und Accra zum Sitz der Kolonialverwaltung. Das Aschanti-Reich konnte von der Kolonialmacht erst nach mehreren Kriegen und der vollständigen Zerstörung der Stadt Kumasi erobert werden; 1901 war auch das nördliche Hinterland erobert. Die Einführung der Kakaopflanze aus Brasilien brachte den wirtschaftlichen Aufschwung, und noch heute ist Ghana der wichtigste Kakaoproduzent der Erde. Dem Kakaoanbau in Monokulturen sowie der Gold- und Holzgewinnung galt das vorrangige Interesse der Kolonialherren, die zu ihrer machtpolitischen Absicherung die sog. Indirect Rule (mittelbare Herrschaft) praktizierten, d. h., sie machten sich die Häuptlinge (»Chiefs«) zu Erfüllungsgehilfen.

1947 bis 1957

Die vor der Unabhängigkeit 1947 entstandene Sammlungsbewegung *United Gold Coast Convention* (UGCC) war als Gegengewicht zu den Chiefs gegründet worden. Nach

Mit dem prestigeträchtigen Bau des Voltastaudamms wollte Ghana u. a. auch seinen Führungsanspruch in Westafrika unterstreichen.

Kwame Nkrumah
(21.9.1909–27.4.1972)
Staatspräsident Ghanas von 1960 bis 1966.
Nach dem Besuch einer katholischen Missionsschule studierte er in den USA und in England. Als Premierminister der Goldküste (Ghana) verwaltete er mehrere Ressorts und war einer der herausragenden Repräsentanten der dritten Welt. Er publizierte zahlreiche philosophische, marxistisch orientierte Schriften. 1960 wurde er Staatspräsident. Seine Regierungszeit war durch eine autoritäre Herrschaft gekennzeichnet. Er wurde 1966 durch einen Militärputsch gestürzt.

Unruhen, Demonstrationen und Plünderungen kam es 1948 zur Abspaltung des Jugendorganisations-Komitees unter KWAME NKRUMAH, aus dem 1949 die *Convention People's Party* (CPP) hervorging.

Im Gegensatz zur teilweise den Engländern verpflichteten UGCC sah sich die CPP als Opposition zur Kolonialmacht und forderte die Unabhängigkeit. Nach einem Generalstreik kam es zur Verhaftung und Verurteilung NKRUMAHS und anderer CPP-Führer.

Die ersten Wahlen 1951 brachten einen überwältigenden Wahlsieg der CPP, und NKRUMAH wurde aus der Haft entlassen. Bei Bildung der Regierung mußten allerdings weitgehende Zugeständnisse an die Kolonialmacht gemacht werden; so blieb etwa die Kakaoverkaufsbehörde weiterhin in britischer Hand.

1954 vereinigten sich in Kumasi mehrere oppositionelle Gruppen zum *National Liberation Movement* (NLM), in dem die alte Aschanti-Elite, wohlhabende Geschäftsleute, Juristen, Verwaltungsangestellte und die traditionellen Chiefs vertreten waren. Die NLM trat für ein föderalistisches Verfassungskonzept ein, während die CPP für eine zentralisierte Regierungsgewalt plädierte. Bei den nachfolgenden Wahlen konnte sich wieder die CPP durchsetzen.

Als erstes Land Schwarzafrikas wurde Ghana unter Einschluß von Britisch-Togo (Voltaregion; der Westen der ehemaligen deutschen Schutzgebiete → Togo) am 6. März 1957 unabhängig und als Teil des Commonwealth am 1. Juli 1960 zur Republik erklärt.

Nach der Unabhängigkeit

Kurz vor dem Unabhängigkeitstag brachen blutige Unruhen (Demonstrationen von Arbeitslosen, Auseinandersetzungen um Marktrechte und die Einflußgebiete der Chiefs) im ehemaligen britischen Mandatsgebiet Togoland aus, die auch auf ganz Ghana übergriffen. Die sozialistische Regierungspartei CPP unter NKRUMAH reagierte mit restriktiven Maßnahmen auf die Unruhen.

1961 sanken die Welthandelspreise für Kakao. Dies bedeutete für Ghana eine handfeste Wirtschaftskrise. Neuerliche Streiks und Unruhen in den Industriegebieten an der Küste waren die Folge. 43 oppositionelle Parlamentarier wurden verhaftet und die NLM verboten.

Abgesichert durch ein Verfassungsplebiszit, das ihm als Premier weitreichende Rechte einräumte, führte NKRUMAH nun ein dirigistisches Einparteienregime. Gewerkschaften, Jugendorganisationen und Frauenverbände wurden in die CPP eingegliedert; durch die Ausschaltung innerparteilicher Widersacher stärkte NKRUMAH seine Position.

Die Wirtschaft wurde nach sowjetischem Vorbild kollektiviert und unter staatliche Planung gestellt. Mit Hilfe einer vollkommen überzogenen Auslandsverschuldung wurde eine übereilte Industrialisierung betrieben, in deren Zentrum Großprojekte wie der Voltastaudamm und der Bau der neuen Hafen- und Industriestadt Tema standen.

Auf die zahlreichen Attentate auf NKRUMAH reagierte die Staatsmacht mit immer rüderen polizeistaatlichen Methoden (Streikverbot, Vorbeugehaft etc.).

Mitte der sechziger Jahre stand das Land vor dem wirtschaftlichen Zusammenbruch, der Import von Lebensmitteln konnte nicht mehr finanziert werden: Es kam zu Versorgungsengpässen, die Arbeitslosigkeit wuchs.

Konfliktparteien

NKRUMAH verfolgte außenpolitisch panafrikanische Ziele und strebte einen afrikanischen Bundesstaat (»Vereinigte Staaten von Afrika«) an: So war es 1959 zu einer vorübergehenden Union mit → Guinea und 1961 mit → Mali gekommen. Ghanas Beziehungen zu den westafrikanischen Staaten Obervolta (→ Burkina Faso), → Niger und → Togo waren aufgrund der aggressiven Außenpolitik NKRUMAHS angespannt.

Ghana hatte die Sezessionsbestrebungen der Sanwi an der Elfenbeinküste unterstützt und gleichzeitig Anspruch auf das Gebiet erhoben. Der ghanaische Präsident unterstützte darüber hinaus in Ghana lebende Exilgruppen in ihrem Kampf gegen die Regierungen in ihren Heimatländern, um diese zu destabilisieren und Ghana eine Führungsrolle in Westafrika zu sichern.

Konfliktverlauf

Grenzkonflikte mit Obervolta (Burkina Faso) 1963 bis 1966
Im Streit um einen Gebietsstreifen an der gemeinsamen Grenze mit Obervolta manifestierten sich die politischen Gegensätze zwischen der Führung der ehemaligen britischen Kolonie Ghana und der vormals französischen Besitzung Obervolta (→ Burkina Faso).

Seit 1963/64 lehnte sich die Außenpolitik Obervoltas unter der Regierung MAURICE YAMÉOGOS immer mehr der frankophonen Elfenbeinküste an. KWAME NKRUMAH sah darin eine Gefährdung seiner panafrikanischen Ideen und der Vormachtstellung Ghanas.

Maurice Yaméogo* → *Burkina Faso

Ghanaische Truppen besetzten im Frühjahr 1963 einen 80 Kilometer langen Gebietsstreifen, der von Obervolta kontrolliert wurde. Obervolta protestierte, rief aber erst Mitte 1964 die *Organisation für Afrikanische Einheit* (OAU) zu Hilfe. Die OAU erklärte die kolonialen Grenzziehungen für Rechtens. Ghana war zunächst bereit, seine Truppen zurückzuziehen und wollte über den Grenzverlauf verhandeln. Doch dazu kam es nicht; trotz der militärischen Überlegenheit Ghanas eskalierte der Konflikt nicht weiter, da eine französische Intervention zugunsten Obervoltas den Frieden in der gesamten Region gefährdet hätte.

Anfang 1965 verschlechterten sich Ghanas Beziehungen zu seinen frankophonen Nachbarstaaten und zur OAU. Der *Conseil de l'Entente* (*Rat der Entente* mit Obervolta, Elfenbeinküste, Dahomey, Niger, ab 1965 auch Togo) verurteilte Ghana vergeblich. Auch eine Sitzung der OAU im Juni 1965 konnte die Krise nicht beenden. Erst nach NKRUMAHS Sturz 1966 konnte der Grenzkonflikt beigelegt werden.

Intervention in Niger 1964/65
Im September 1964 kam es zu erheblichen Spannungen mit → Niger. Ghana versuchte, die innenpolitische Entwicklung des Nachbarlandes zu beeinflussen. NKRUMAH unterstützte offen im ghanaischen Exil lebende nigrische Oppositionelle (die sog. Sawaba-Gruppe), die einen Umsturz in Niger planten. Im September/Oktober 1964 überfielen ghanaische Soldaten und nigrische Exilanten Dörfer in Niger und töteten mehrere Dorfbewohner. Den nigrischen Sicherheitskräften gelang es nur mit französischer Waffenhilfe, die Eindringlinge zurückzuschlagen.

Am 13. April 1965 versuchte ein Exilant, der in Ghana ausgebildet worden war, Nigers Präsident HAMANI DIORI mit einer Handgranate zu töten. Ghana wurde von der OAU aufgefordert, sowohl die nigrischen als auch die aus anderen Ländern stammenden Exilanten auszuweisen. Ghana entsprach diesen Forderungen, setzte aber seine subversiven Aktivitäten nach kurzer Zeit fort, und die außenpolitischen Spannungen blieben bis zu NKRUMAHS Sturz bestehen.

Grenzkonflikte mit Togo 1965 und 1977
Am 16. Januar 1965 hatten ghanaische Grenzsoldaten Dörfer in Togo angegriffen. Vorausgegangen waren jahrelange Provokationen Ghanas. Auch die Voltaregion hatte immer wieder Anlaß zu bilateralen Spannungen gegeben (s. o. Historischer Hintergrund; s. a. Weitere Entwicklung).

Die Grenzübergänge wurden bis auf weiteres geschlossen. Um mehr Schutz zu erhalten und den expansionistischen, vorgeblich der westafrikanischen Einheit dienenden Bestrebungen des mächtigen Ghana entgegenzuwirken, trat nunmehr auch Togo dem von der Elfenbeinküste dominierten *Conseil de l'Entente bei.*

Zu einem erneuten Grenzzwischenfall mit → Togo kam es im Oktober 1977. Ghana hatte Togo beschuldigt, durch Schwarzhandel die ghanaische Wirtschaft zu sabotieren.

Ergebnis

Erst NKRUMAHS Sturz im Februar 1966 durch Armee und Polizei – er selbst hatte noch im Januar die putschenden Armee-Einheiten in Nigeria unterstützt – führte zur Verbesserung der Beziehungen Ghanas zu den anderen Staaten Westafrikas; die panafrikanischen Ideen gehörten der Vergangenheit an.

Die von Militärs beherrschte neue Regierung, der *National Liberation Council* (NLC), versuchte, mit der neuen Regierung Obervoltas unter Oberst SANGOULÉ LAMIZANZA – Staatspräsident YAMÉOGO war am 3. Januar entmachtet worden – sowie mit den anderen westafrikanischen Staaten zu einem Ausgleich zu kommen.

Mit der Wiederöffnung der Grenze nach Obervolta am 4. Juni 1966 wurde der Konflikt endgültig beigelegt. 1967 bis 1988 erarbeitete eine gemeinsame Kommission den Verlauf der 600 Kilometer langen Grenze.

Weitere Entwicklung

Der NLC reprivatisierte die Staatsbetriebe, und multinationale Unternehmen begannen in Ghana zu investieren, da das neue Regime von westlichen Staaten unterstützt wurde. NKRUMAHS CPP wurde verboten.

Nach den Wahlen 1969 wurde eine Zivilregierung unter KOFI BUSIA gebildet. BUSIAS *Progressive Party* (PP), in der sich vor allem die Traditionalisten (Chiefs) und Geschäftsleute zusammengefunden hatten, errang 75 Prozent der Sitze; die *National Alliance of Liberty* (NAL) 21 Prozent und die NKRUMAH-freundlichen Splitterparteien (PAP/PPP) lediglich vier Prozent.

John Rawlings, Staatspräsident seit 1972 (Mitte), zeigt sich gerne in der Rolle des nationalen Retters: Im Frühjahr 1983 bat er die internationale Staatengemeinschaft um Hilfe beim Wiederaufbau der zusammengebrochenen Wirtschaft Ghanas.

1971 spitzte sich die wirtschaftliche Lage erheblich zu, und die Gewerkschaften wurden aufgelöst.

Oberst IGNATUS KUTU ACHEAMPONG löste die BUSIA-Regierung 1972 durch einen unblutigen Militärputsch ab. Die Verfassung wurde suspendiert, die Parteien wurden verboten. Im Oktober 1973 scheiterte ein Putschversuch von ehemaligen Mitgliedern der sozialistischen CPP.

Die wichtigsten Entscheidungs- und Machtpositionen im *National Redemption Council* (*Nationaler Erlösungsrat*; NRC), wurden weitgehend mit Militärs besetzt. Im Oktober 1975 wurde der *Supreme Military Council* (*Oberster Militärrat*; SMC) gebildet, der die Position der Militärs noch weiter stärkte.

Studentenproteste und Sezessionsbestrebungen der Voltaregion, dem ehemaligen Britisch-Togo, das seit der Unabhängigkeit 1957 Ghana angegliedert ist, erhöhten 1976 die innenpolitischen Spannungen.

Aufgrund der infrastrukturellen Benachteiligung der Region, die im Süden von Angehörigen des Ewe-Volkes bewohnt ist, war eine von einem im togolesischen Exil lebenden, ehemaligen BUSIA-Minister angeführte Bewegung entstanden, die den Anschluß der Voltaregion an den Nachbarstaat → Togo zum Ziel hatte. Ein Übergreifen der

Jerry John Rawlings (*1947)
Ghanaischer Staatspräsident 1979 und seit 1981.
Der Luftwaffenoffizier Rawlings, Fürsprecher einer »moralischen Erneuerung« Ghanas, schwang sich zum ersten Mal 1979 durch einen unblutigen Militärputsch zum Präsidenten des Landes auf und versprach, die weitverbreitete Korruption zu unterbinden. Nach vier Monaten übergab er die Amtsgeschäfte wieder einer Zivilregierung, der er mit einem neuerlichen Putsch drohte, falls ihre Politk nicht erkennbar den Interessen der Nation diene. 1981 brachte er sich dann erneut an die Macht und behielt diese, trotz anfänglich gegenteiliger Versprechungen, über ein Jahrzehnt. Doch auch nach der Rückkehr zu einer demokratischen Verfassung blieb Rawlings an der Macht: Bei den freien Wahlen 1992 wurde er vom Volk als Präsident bestätigt.

Revolte auf andere Regionen konnte nur durch das massive Eingreifen der Sicherheitskräfte unterbunden werden.

1979 übernahm der britischstämmige Luftwaffenleutnant JERRY JOHN RAWLINGS die Macht und ließ führende Politiker und Militärs öffentlich hinrichten.

Im Oktober 1979 wurde eine zivile Regierung gewählt, die jedoch 1981 von RAWLINGS gestürzt wurde. Nach elf Jahren Diktatur sah sich Präsident RAWLINGS 1992 durch internationalen Druck gezwungen, Wahlen abzuhalten.

Im Februar 1994 kam es zu einem Stammeskonflikt zwischen den animistischen Konkomba und den muslimischen Nanumba. Die traditionelle Rivalität gründet in dem sozialen und politischen Ungleichgewicht zwischen den beiden Volksgruppen: Die Konkomba sind die Pächter der Ländereien der Nanumba. Die ghanaische Zentralregierung erklärte den Notstand in den sieben betroffenen Verwaltungsbezirken und entsandte Armee-Einheiten in die Nordostregion. Im Juni wurde vereinbart, daß künftig abwechselnd eine der Volksgruppen den Verwaltungschef stellen soll. Damit war eine der Hauptforderungen der Konkomba erfüllt.

Literatur: F. Ansprenger: *Die politische Entwicklung Ghanas von Nkrumah bis Busia*. München 1972.
D. E. Apter: *Nkrumah, Charisma und der Coup*. In: D. Berg-Schlosser: *Die politischen Probleme der Dritten Welt*. Hamburg 1972.
D. E. Apter: *Konstante und variable Faktoren in der neueren Politik Ghanas*. In: J. J. Vlianney (Hg.): *Politische Perspektiven Afrikas*. Bonn 1972.
W. F. Gutteridge: *Military Regimes in Africa*. London 1975.
R. Hanisch: *Der Handlungsspielraum eines Landes der Peripherie im internationalen System. Das Beispiel Ghana*. Saarbrücken 1975.
R. M. Price: *Society and Bureaucracy in Contemporary Ghana*. Berkeley 1975.
L. Reuke: *Befreier und Erlöser? Militär und Entwicklung in Ghana*. Bonn-Bad Godesberg 1979.
L. Rubin: *Ghana 1966–1972. A study in African constitutional change*. In: *Jahrbuch des öffentlichen Rechts der Gegenwart*. 25. Jg.. Tübingen 1976.
T. Siebold: *Ghana 1957–1987*. Hamburg 1988.
G. Spittler (Hg.): *Regierungspolitik und sozialer Wandel in Ghana. Eine Kritik des Modells: modernisierende Elite – traditionale Massen*. Freiburg 1971.
Statistisches Bundesamt (Hg.): *Länderbericht Ghana*. Wiesbaden 1989.
R. Tetzlaff: *Ghana – Fehlgeschlagene Versuche der Befreiung*. In: G. Grohs / B. Tibi (Hg.): *Zur Soziologie der Dekolonisation in Afrika*. Frankfurt 1973.
S. W. Thompson: *Ghana's Foreign Policy*. Princeton, N.J., 1969.
V. Thomson: *West Africa's Council of the Entente*. Ithaca, N.Y., 1972.
M.Timmler: *Ghana – Zehn Monate nach dem zweiten Militär-Putsch*. In: *Internationales Afrikaforum*. 8. Jg., Nr. 11/12. München 1972.
S. Touval: *The Boundary Politics of Independent Africa*. Cambridge, Mass., 1972.
J. Woronoff: *Organizing African Unity*. Metuchen 1970.
W. I. Zartman: *International Relations in the New Africa*. Englewood Cliffs, N.J., 1966.

Staatsname: Republik Ghana
Staatsform: Präsidiale Republik
Staatsoberhaupt: Jerry John Rawlings (DNC; seit 1981)
Regierungschef: Jerry John Rawlings (DNC; seit 1981)
Regierung: Demokratischer Nationalkongreß (DNC; seit 1981)
Parlament: Nationalversammlung 200 Sitze (Wahl vom 30.12.1994), DNC 189, Sonstige 11
Mitgliedschaft bei internationalen Organisationen: AKP, Commonwealth, ECOWAS, OAU, UNO
Lage: 1°–3° westlicher Länge, 5°–11° nördlicher Breite
Fläche: 238 533 km^2
Hauptstadt: Accra
Bevölkerung: 15,6 Millionen; Akan 52,4 %, Mossi 15,8 %, Ewe 11,9 %, Sonstige 19,9 %; Christen 62,6 %, traditionelle Religionen 21,4 %, Muslime 15,7 %, Sonstige 0,3 %
Wirtschaft: Dienstleistung 45 %, Industrie 14 %, Landwirtschaft 41 %; Export: Kakao 30,8 %, Metalle 29,9 %, Holz 12,5 %

Golfkrieg I → Iran, → Irak

Grenzkrieg zwischen Iran und Irak 1980 bis 1988

Während der Wirren der islamisch-fundamentalistischen Revolution gegen das westlich orientierte Schahregime überfielen irakische Truppen am 20. September 1980 den Iran. Teheran führte daraufhin einen »heiligen Krieg« gegen die »gottlosen« Machthaber in Bagdad. Hintergründe waren neben religiösen Gegensätzen auch wirtschaftliche Interessen wie der Streit um die Schiffahrtsrechte auf dem Schatt el-Arab und der Kampf um die Erdölgebiete im Mündungsgebiet von Euphrat und Tigris.

Golfkrieg II → Kuwait, → Irak

Annexion von Kuwait 1990 und Befreiungskrieg der internationalen Anti-Irak-Koalition 1991

Der Irak hatte schon seit alters her Anspruch auf die ehemalige osmanische Provinz Basra, das heutige Scheichtum Kuwait, erhoben. Die irakische Aggression und spätere militärische Invasion in Kuwait vereinigten eine weltweite Befreiungskoalition: Die USA führten im UN-Auftrag die Allianz an und trugen auch die militärische und finanzielle Hauptlast des Krieges, um die Hegemonialbestrebungen Bagdads im arabischen Raum zu unterbinden und die Ölinteressen der westlichen Welt zu sichern.

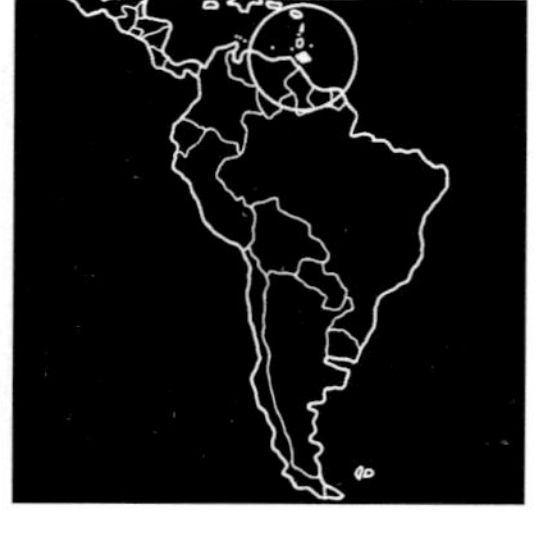

GRENADA

Bürgerkriegsunruhen und Invasion der USA 1983

Nach einem linksgerichteten Putsch und dem Ausbruch von bürgerkriegsähnlichen Unruhen intervenierten die Vereinigten Staaten auf der kleinen Karibikinsel, da die Weltmacht kein »zweites Kuba« in ihrem mittelamerikanischen Einflußbereich dulden wollte.

Historischer Hintergrund

Christoph Kolumbus entdeckte die Antilleninsel 1498 und nannte sie »Concepcíon«. Ab 1674 war die Insel franzö-

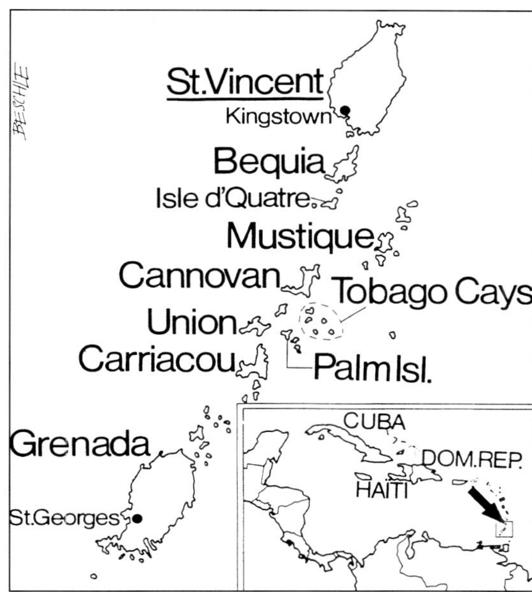

Zum Staatsgebiet von Grenada mit einer Gesamtfläche von 344 Quadratkilometer gehören die Inseln Carriacou und einige weitere kleine Eilande der Windward Islands.

sische Kolonie, 1763 eroberten sie die Briten, machten sie aber erst 1877 zur Kronkolonie. Franzosen wie Engländer importierten bis zur Sklavenbefreiung 1834 Afrikaner. Seit dem frühen 18. Jahrhundert werden auf Grenada Kakao, Kaffee und Baumwolle angepflanzt. Von 1958 bis 1962 gehörte die Insel zur Westindischen Föderation. 1967 erhielt sie zusammen mit den südlichen Grenadine Islands innere Autonomie.

Bis auf kleine europäische und indische Minderheiten stammt die Bevölkerung von den afrikanischen Sklaven ab; 82 Prozent sind Schwarze und 13 Prozent Mulatten. Selbst für karibische Verhältnisse ist der Lebensstandard auf Grenada sehr niedrig. So betrug das jährliche Pro-Kopf-Einkommen Mitte der achtziger Jahre lediglich 1370 Dollar. In Grenada wächst ein Drittel der Weltproduktion an Muskatnüssen; daneben sind Kakao, Bananen und Zuckerrohr die wichtigsten landwirtschaftlichen Produkte.

Der hohe Verstädterungsgrad von 65 Prozent – trotz des geringen industriellen Entwicklungsstandes des Landes (20 % des Wirtschaftsaufkommens) – ist darauf zurückzuführen, daß die ländlichen Gebiete keine ausreichenden Arbeitsmöglichkeiten bieten. Diese Situation verursacht zahlreiche soziale Probleme.

Erst am 7. März 1974 und erst nach schweren Unruhen wurde Grenada innerhalb des Commonwealth unabhängig.

***Maurice Bishop* **
(1944–19.10.1983)
Ministerpräsident Grenadas von 1979 bis 1983. Nach seinem Jurastudium in London arbeitete Bishop als Anwalt. Als Sympathisant der US-amerikanischen Black-Power-Bewegung war er ein Vertreter der Neuen Linken, die einen eigenen Weg sozialrevolutionärer Reformen zwischen Neokolonialismus und Kapitalismus suchte. Er war der Führer der New-Jewel-Bewegung, die am 13. März 1979 das diktatorische Regime Sir Eric Gairys stürzte. Nach zunächst enger Zusammenarbeit mit Kuba und der Sowjetunion versuchte er auch eine Annäherung an die USA, was im Oktober 1983 zum Putsch gegen ihn führte. Er kam bei den Unruhen ums Leben – ob bei Straßengefechten oder durch ein Exekutionskommando blieb ungeklärt.

Die hohe Arbeitslosigkeit von über 30 Prozent und der diktatorische Regierungsstil des seit 1967 regierenden Premierministers Sir Eric M. Gairy führten fünf Jahre später wiederum zu Unruhen, die in die sozialistische Revolution der *Jewel-Bewegung* unter Maurice Bishop mündeten (s. u.).

Konfliktparteien

Die politischen Kräfte des Landes waren in erster Linie die Gewerkschaften und die Mittelstands-Organisationen. Aus den Gewerkschaften entstand unter Führung von Gairy die *Grenada United Labour Party* (GULP), aus dem Mittelstand formierte sich die *Grenada National Party* (GNP). 1951 war Gairy als Sieger aus den ersten Wahlen hervorgegangen. Er etablierte eine diktatorische Herrschaft, die er auf die GULP, die Gewerkschaften und die Geheimpolizei stützte. Einschüchterung und Terrorisierung der Opposition waren an der Tagesordnung.

Gegen Unterdrückung, Korruption und wirtschaftlichen Niedergang bildete sich eine Opposition aus linken Intellektuellen, die sich 1973 zum *New Jewel Movement* (NJM) zusammenschloß (»Jewel« steht für Joint Endeavour for Welfare, Education and Liberation). Bei den Wahlen 1976 erhielt die Opposition sechs der 15 Unterhaussitze.

Konfliktverlauf

Der Diktator Gairy wurde am 13. März 1979 entmachtet und mußte das Land verlassen. Die Macht übernahm das *People's Revolutionary Government* (PRG), das überwiegend aus Mitgliedern des NJM bestand. Neuer Ministerpräsident wurde Maurice Bishop, der ein sozialistisches Grenada proklamierte: Die Verfassung und repressive Gesetze wurden aufgehoben und die Sicherheitskräfte reduziert.

Aufgebaut werden sollte ein neues politisches System mit sozialen Rechten und eine neue, sozialistische Wirtschaftsordnung. Grenada wurde Mitglied in der *Sozialistischen Internationale* und in der von → Kuba dominierten *Bewegung der Blockfreien*.

Nach dem Sieg der *Sandinisten* in → Nicaragua im Sommer 1979 befürchteten die USA erhebliche Störungen in ihrer unmittelbaren Einflußsphäre in Mittelamerika. Sie waren nicht bereit, Veränderungen der Kräfteverhältnisse hinzunehmen. Eine Invasion von Gairy-Anhängern, die im November 1979 mit amerikanischen Schiffen von Miami aus auf der Insel gelandet waren, schlug die neue Revolutionäre Volksarmee erfolgreich zurück.

In Washington befürchtete man ein zweites → Kuba in der Karibik. Die USA versuchten, die Insel im gesamten

Nach der Besetzung Grenadas durch Truppen der USA und aus der Karibik wurden bis zum 27. Oktober 1983 mehr als 1000 Kubaner gefangengenommen. Ein amerikanischer Soldat bewacht sie auf dem Flughafen von Point Salinas.

lateinamerikanischen Raum politisch zu isolieren: Manöver vor der Küste sollten die Regierung verunsichern, der grenadische Botschafter wurde in Washington nicht akkreditiert, und Gesprächsangebote BISHOPS wurden ausgeschlagen. Grenada suchte daraufhin Unterstützung bei den sozialistischen Staaten. Kuba gewährte vor allem wirtschaftliche und militärische Unterstützung. Die USA sahen mit Mißtrauen den mit kubanischer Hilfe begonnenen Bau eines Touristenflughafens, den sie für einen Militärstützpunkt für sowjetische Aufklärungsflugzeuge und kubanische Truppentransporte nach Angola hielten.

Spannungen innerhalb des Zentralkomitees des NJM über das Verhältnis zu den USA sowie die Frage der Verstaatlichung in Landwirtschaft und Industrie führten am 14. Oktober 1983 zum Sturz BISHOPS, der nun in seiner Partei als USA-Freund diskreditiert war. Er wurde aus dem NJM ausgeschlossen und unter Hausarrest gestellt.

Am 19. Oktober befreiten ihn Anhänger aus seinem Haus, und es kam zu Gefechten mit Regierungssoldaten. BISHOP kam bei den Unruhen ums Leben.

Noch am Abend des 19. Oktober gab General HUDSON AUSTIN, der Chef der Streitkräfte, die Auflösung der »Revolutionären Volksregierung« und die Machtübernahme durch einen sechzehnköpfigen »Revolutionären Militärrat« bekannt. Die karibischen Nachbarstaaten verurteilten den Staatsstreich gegen BISHOP entschieden, das neue Regime wurde von keiner Regierung anerkannt. Am 21. Oktober forderten sechs von sieben Mitgliedern der *Organization of Eastern Caribbean States* (OECS) eine Intervention der USA. Einen Tag später beschlossen die Mitglieder der *Caribbean Community* (CARICOM) eine Handels- und Verkehrsblockade gegen Grenada.

Die USA zogen Marineeinheiten für eine Invasion zusammen. Auf Grenada wurde eine zivile Übergangsregierung angekündigt, doch am 23. Oktober wurde die allge-

Ronald Wilson Reagan (*6.2.1911)
US-Präsident von 1981 bis 1989. Dem Hollywood-Schauspieler und konservativen Parteigänger der Republikaner gelang es, durch die charismatische Beschwörung eines neuen Patriotismus das durch Vietnam, Watergate und die Geiselnahme von Teheran angeschlagene Selbstwertgefühl des amerikanischen Volkes schnell wieder aufzurichten. Außenpolitisch setzte Reagan ganz auf eine Politik der Stärke. Um die Weltmachtstellung der USA zu demonstrieren, scheute er nicht vor politischer und militärischer Konfrontation zurück. Er forcierte den Rüstungswettlauf mit der UdSSR und unterstützte u. a. antikommunistische Rebellenbewegungen in Nicaragua und Afghanistan. Mit der militärischen Operation gegen das linke Regime im mittelamerikanischen Grenada 1983 wollte Reagan im »Hinterhof« der USA ein Exempel statuieren. Drei Jahre später ließ er als Reaktion auf libyschen Terror Tripolis bombardieren. Das Gipfeltreffen mit dem sowjetischen Staatschef Michail Gorbatschow 1986 in Reykjavik leitete das Ende des Kalten Krieges ein.

meine Mobilmachung (1300 Armeesoldaten, 3000 Milizionäre und 250 Polizisten und Küstenwachen) befohlen. Am 25. Oktober 1983 landeten 1900 US-Marines und 300 Soldaten aus Barbados, Jamaika, Dominica, Antigua, St. Vincent und St. Lucia auf Grenada. Am 29. Oktober wurden alle gegen Grenada verhängten Sanktionen aufgehoben, und die USA stellten 475 000 Dollar für die Beseitigung der durch die Invasion entstandenen Schäden zur Verfügung. Zwei Tage später wurden die Kämpfe beendet, nachdem die Zahl der US-Soldaten auf 6000 erhöht worden war. Die Führer des Putsches wurden festgenommen.

Ergebnis

Die Vereinigten Staaten rechtfertigten ihr Vorgehen mit den vitalen Interessen der Nachbarländer Grenadas. US-Präsident Ronald Reagan begründete das Eingreifen außerdem mit der Notwendigkeit, die etwa 1000 im Land befindlichen US-Bürger zu schützen und die demokratische Ordnung auf Grenada wiederherzustellen. Die Intervention wurde von der Weltöffentlichkeit und der internationalen Staatengemeinschaft einhellig verurteilt.

Nach offiziellen amerikanischen Angaben haben die Kämpfe 18 US-Soldaten, 71 Grenadiern und 27 Kubanern das Leben gekostet. Zeitungsberichte sprachen dagegen von 42 toten US-Soldaten, 71 Kubanern und 160 gefallenen Grenadiern. Der britische Gouverneur übernahm die Regierungsgeschäfte, bis er Anfang Dezember von einer Interimsregierung abgelöst wurde, in der Mitglieder der karibischen Regionalorganisationen vertreten waren. Der USA-freundliche Herbert Blaize und seine *New National Party* (NNP) gewannen die Wahlen am 3. Dezember 1984 und bildeten eine neue Regierung.

Entwicklung seit Konfliktende

Im Juli 1989 trat Ministerpräsident Blaize aus der regierenden NNP aus und gründete die *National Party* (NP), deren Führung er übernahm. Nach seinem Tod am 4. Dezember wurde der NP-Politiker Ben Jones zum Regierungschef ernannt. Bei den Wahlen am 13. März 1990 gewann der *National Democratic Congress* (NDC) sieben der 15 Parlamentssitze. Nicholas Brathweite übernahm daraufhin die Regierungsgeschäfte, die er im Februar 1995 aus gesundheitlichen Gründen an George Brizan (NDC), den bisherigen Landwirtschaftsminister, übergab.

Die Kritik der Bevölkerung an der wirtschaftlichen und sozialen Situation hatte bereits 1992/93 und 1994 zu Streiks geführt. Um die Verbindungen zu den USA zu stärken, gründeten von dort zurückgekehrte Exilanten Ende 1993 die *Vereinigte Republikanische Partei* (URP). Im Februar 1994 wurde der Inselstaat 116. Mitglied des Allgemeinen Zoll- und Handelsabkommens GATT bzw. WTO (seit 1995).

Literatur: J. Ferguson: *Grenada. Karibikinsel am US-Tropf.* Frankfurt 1994.
W. C. Gilmore: *The Grenada Intervention.* Berlin 1984.
J. Koch: *Grenada. Selbstmord einer Revolution.* München 1984.
G. T. Kurian: *Encyclopedia of the Third World.* Bd. 1. London 1979.
F. Nuscheler: *Grenada.* In: Nohlen / Nuscheler (Hg.): *Handbuch der Dritten Welt.* Bonn 1982.
H. Mitchell: *Caribbean Patterns.* London 1967.
H. Späth: *Spielräume im »Hinterhof« – Revolution und Invasion am Fallbeispiel Grenada.* Münster 1993.

Staatsname: Staat von Grenada
Staatsform: Konstitutionelle Monarchie im Commonwealth
Staatsoberhaupt: Königin Elizabeth II.
Regierungschef: George Brizan (NDC; seit 1.2.1995)
Regierung: NDC (seit 1990)
Parlament: Repräsentantenhaus 15 Sitze (Wahl vom 13.3.1990), NDC (Konservative) 7, GULP (Sozialdemokraten) 4, NNP (Konservative) 2, NP (Liberale) 2
Mitgliedschaft bei internationalen Organisationen: AKP, CARICOM, Commonwealth
Lage: 61° westlicher Länge, 12° nördlicher Breite
Fläche: 344 km²
Hauptstadt: St. George's
Bevölkerung: 91 000; Schwarze 82 %, Mulatten 13 %, Weiße 1 %, Sonstige 3 %; Christen 93,8 %, Sonstige 6,2 %
Wirtschaft: Dienstleistung 64,5 %, Industrie 20,2 %, Landwirtschaft 15,3 %; Export: Bananen 20 %, Muskatnuß 17,6 %, Kakaobohnen 16,3 %

GRIECHENLAND

Bürgerkrieg 1946 bis 1949

Zur ersten Ost-West-Konfrontation nach dem Zweiten Weltkrieg kam es während des griechischen Bürgerkrieges.

Historischer Hintergrund

Das antike Griechenland, die Wiege der abendländischen Kultur, geriet nach dem Ende der mazedonischen Vorherrschaft 168 v. Chr. unter die Fremdherrschaft der Römer. Nach dem Zusammenbruch des Römischen Reiches war Griechenland ein Teil des Byzantinischen Reiches, und nach der Eroberung Konstantinopels 1453 verleibten sich die Türken Griechenland ein. Doch die Griechen behielten während der Türkenherrschaft ihre Sprache und ihren christlich-orthodoxen Glauben.

Erst ab 1814 entwickelte sich eine starke Nationalbewegung gegen die osmanische Oberhoheit. 1821 brach ein bewaffneter Aufstand aus. Am 1. Januar 1822 verkündeten die Griechen ihre Unabhängigkeit, die ohne die Intervention Englands, Frankreichs und Rußlands nicht zustandegekommen wäre. Nach mehreren militärischen Niederlagen sahen sich die Türken 1830 gezwungen, die griechische Unabhängigkeit anzuerkennen.

Den selbständigen Staat machten 1833 die Großmächte zur Monarchie und setzten Prinz Otto von Bayern auf den Athener Thron. Nach dessen Absetzung 1862 wurde der dänische Prinz Wilhelm König der Griechen. Als Georg I. regierte er bis zu seiner Ermordung 1913. In diesem Jahr siegten die Griechen auch im Kampf um Kreta über die Türkei.

Nach dem Ersten Weltkrieg erhielt Griechenland Südalbanien und 1920 Smyrna (Izmir) zugesprochen. Nach einem vergeblichen Angriffskrieg gegen die Türkei, wurden mehr als eine Million Griechen aus Kleinasien gewaltsam in die Heimat umgesiedelt. 1924 wurde dort die Republik ausgerufen, doch 1935 sprach sich die überwiegende Mehrheit der griechischen Bevölkerung bei einer Volksabstimmung für die Monarchie aus. König Georg II. konnte auf den Thron zurückkehren.

Die Auseinandersetzung um eine neue griechische Gesellschaftsordnung zwischen konservativen und sozialistischen Kräften im späteren Bürgerkrieg (s. u.) begann in den dreißiger Jahren. Wie in Deutschland und Italien hatte sich auch in Griechenland zwischen 1936 und 1941 eine Diktatur etabliert: der sog. Monarchofaschismus. In Athen regierte General Ioannis Metaxas im Einverständnis mit

Georg II. (1.8.1890–1.4.1947)
König von Griechenland von 1922 bis 1924 und 1935 bis 1947. Nach Ausrufung der Republik 1924 mußte er ins Exil gehen; Ende 1935 holte ihn General Metaxas auf den Thron zurück.

König Georg II. und orientierte sich dabei an den faschistischen Regimes in Rom und Berlin.

1940 überfielen italienische Truppen das griechische Festland in einem Überraschungsangriff; deutsche Soldaten folgten ihnen zur Unterstützung und hielten Griechenland besetzt, bis die britische Armee das Land von der deutschen Besetzung 1944 befreite.

Konfliktparteien

Ioannis Metaxas (12.4.1871–29.1.1941)
Griechischer General und Regierungschef von 1936 bis 1941. Der autoritär regierende Offizier hatte seit 1936 neben dem Amt des Ministerpräsidenten auch das Außenministerium unter sich. 1935 veranlaßte er die Rückkehr Georg II. auf den Thron. Im Oktober 1940 konnte er den italienischen Überfall erfolgreich abwehren.

Die späteren Bürgerkriegsparteien bildeten sich bereits während des Widerstands gegen die Besatzungsmächte heraus. Doch zu Kampfhandlungen der Widerstandsgruppen kam es kaum noch, da man sich bereits auf eine bewaffnete Auseinandersetzung nach dem Krieg einstellte.

Kommunisten

Der sozialistische Widerstand organisierte sich in der marxistisch orientierten *Ellenikon Apelevtheikon Metopon* (EAM) mit ihrem militärischen Flügel *Ellenikon Laikon Apelevtherikon Straton* (ELAS).

Republikaner

Die bürgerlichen Kräfte sammelten sich militärisch vor allem in den republikanischen Truppen der *Ellenikon Demokratikon Ethnikon Straton* (EDES), die zusammen mit den regulären Regierungstruppen kämpften.

Griechischer Bürgerkrieg von 1946 bis 1949: Regierungssoldaten auf dem Weg zur Front.

Wafiades Markos (1906–23.3.1949)
Griechischer Partisanen-General von 1946 bis 1949.
Der ehemalige Tabakarbeiter war seit 1924 Mitglied der KP. 1938 wurde er Zweiter Sekretär der Partei in Piräus und Mitglied des ZK. Wegen seiner politischen Tätigkeit war er häufig in Haft. Während der deutschen Besatzung gelang ihm die Flucht, und er übernahm eine führende Rolle in der EAM. Zwischenzeitlich hatte er sich in Moskau aufgehalten; 1946 wurde er General der EAM-Truppen. 1949 wurde er von Nikos Zachariades abgelöst. Nach seiner Entmachtung mußte er sich in Moskau rechtfertigen und wurde dort vermutlich hingerichtet.

Konfliktverlauf

1944

Unter Beteiligung von sechs kommunistischen Ministern der EAM wurde im Mai 1944 von Georgios Papandreou in Beirut eine Exilregierung gebildet. Doch nach dem Abzug der deutschen Besatzungstruppen ab August und der Rückkehr Papandreous nach Athen wurden diese Politiker aus der Regierung entlassen und politisch isoliert.

Seit dem Frühjahr hatten sich bereits Widerstandsregierungen in den befreiten Gebieten gebildet. Die ELAS und die EDES rüsteten sich zu einem Machtkampf, der bereits in vereinzelten Gefechten eskalierte. Nach dem bewaffneten Eingreifen von Polizeikräften bei einer Demonstration in Athen am 3. Dezember kam es zu einem Aufstand. Durch die Intervention Großbritanniens, das noch Truppen in Griechenland stationiert hatte, konnte die Situation zunächst etwas entschärft und eine Ausweitung des Konfliktes verhindert werden.

1945 bis 1949

Am 12. Februar 1945 wurde unter Vermittlung der Briten in Varkiza ein Waffenstillstandsabkommen unterzeichnet, das aber von der ELAS unterlaufen wurde: Zwar übergaben die ELAS-Einheiten ihre Waffen den Regierungstruppen, aber technisch hochwertiges Kriegsmaterial blieb in ihren Verstecken, und etwa 4000 ELAS-Kämpfer setzten sich über die Grenzen in Nachbarstaaten ab.

Im Dezember 1945 formierten sich die ELAS-Einheiten unter der politischen Führung der Kommunisten neu; es entstand die *Demokratikos Stratos Ellados* (DSE), die *Demokratische Armee Griechenlands*. Ausgangsbasis ihrer ersten militärischen Operationen, ein Guerillakrieg kleinerer Einheiten, waren die Grenzgebiete zu Jugoslawien, Albanien und Bulgarien. Von hier aus wurde der gesamte Nachschub organisiert, und die Kommunisten wurden von diesen Ländern unterstützt.

Unter der militärischen Führung von General WAFIADES MARKOS kämpften zunächst die 4000 geflüchteten ELAS-Aktivisten; im Laufe des Jahres 1946 stießen noch einmal 3000 Freiwillige hinzu. Diese Truppenstärke erlaubte aber keinen offenen Krieg, dazu wären über 50 000 Soldaten notwendig gewesen. Doch die angewandte Guerillataktik – Überfälle auf Versorgungseinrichtungen der Regierungsarmee, Behinderung und Sabotage der Verkehrswege, Angriffe auf Gendarmerieposten usw. – zeigte Wirkung und verursachte eine permanente politische Unruhe im Land.

Am 31. März 1946 hatte es gegen den Widerstand liberaler Kreise und der EAM Parlamentswahlen gegeben, bei denen die Konservativen die Mehrheit erhielten. Bei der Volksabstimmung vom 19. September 1946 entschied sich das griechische Volk für die Monarchie: Bis 1964 regierte König PAUL I.

Die griechische Regierung rief wegen der Unruhen, die die ELAS-Guerilleros schürten, die UNO an. Im Sommer 1947 debattierte die Vollversammlung über den griechischen Bürgerkrieg. Fünfmal verhinderte die UdSSR mit einem Veto, daß die UNO in den Konflikt schlichtend eingriff.

Die Hilfe, die Großbritannien dem in wirtschaftliche Schwierigkeiten geratenen Land noch 1946 gewährte hatte, wurde im Frühjahr 1947 vollständig eingestellt. Die Athener Regierung bat daraufhin Washington um Unterstützung. Am 12. März 1947 verkündete der amerikanische Präsident HARRY S. TRUMAN vor dem amerikanischen Kongreß, daß die USA verpflichtet seien, den »in ihrer Freiheit bedrohten freien Völkern« zu helfen: Der Kongreß bewilligte 300 Millionen Dollar Rüstungshilfe; es wurden Waffen geliefert und militärische Berater nach Griechenland entsandt. Um alle militärischen Aktionen gegen die ELAS-Rebellen zu koordinieren, wurde Mitte November 1947 ein griechisch-amerikanischer Generalstab gebildet.

Inzwischen hatte sich die auf über 23 000 Mann angewachsene DSE-Bürgerkriegsarmee in den Grammos-, Vitsi- und Vermiongebirgszügen in der Nähe der griechisch-albanisch-jugoslawischen Grenze festgesetzt und eine fast uneinnehmbare Schutzzone aus Bunkern, Stacheldraht und Minenfeldern errichtet. Die im Untergrund auf dem übrigen griechischen Festland operierende »Selbstschutzorganisation« der DSE von etwa 50 000 Mann konnte mit der Unterstützung von 250 000 Sympathisanten rechnen.

Im August 1947 hatte sich ein gemeinsames Oberkommando der DSE-Truppen in den Grenzregionen gebildet. Die Guerillataktik wurde aufgeben, und man ging dazu über, größere Städte anzugreifen: Aber die Versuche, Florina, Konitza und Grevena zu erobern, scheiterten.

Harry Spencer Truman* *(8.5.1884–26.12.1972)
Präsident der Vereinigten Staaten von Amerika von 1945 bis 1953. Im Ersten Weltkrieg Offizier der amerikanischen Interventionsarmee in Frankreich, versuchte sich Truman Anfang der zwanziger Jahre erfolglos als Herrenausstatter, bevor er in die Politik wechselte und ab 1934 für die Demokraten im Senat saß. 1944 wurde Truman zum Vizepräsidenten gewählt. Nach dem Tod Franklin D. Roosevelts übernahm Truman 1945 dessen Nachfolge und wurde bei der Wahl 1948 im Amt bestätigt. Truman galt als außenpolitischer »Falke« (Spitzname »Give 'Em Hell Harry«). Auf seinen Befehl wurde der Krieg gegen Japan mit Atombomben beendet; im Kalten Krieg wandte er sich mit einer »Containment«-Politik gegen eine weitere sowjetische Expansion. Im März 1947 überzeugte Truman den amerikanischen Kongreß von der Notwendigkeit massiver militärischer und wirtschaftlicher Hilfe für Griechenland und die Türkei. Die sog. Truman-Doktrin beinhaltete die Unterstützung »aller freien Völker, die sich gegen Unterjochungsversuche durch bewaffnete Minderheiten oder auswärtigen Druck widersetzten«.

Nikos Zachariades (1903–1973)
Generalsekretär der griechischen KP von 1935 bis 1956. Als junger Hafenarbeiter und Matrose gründete er in Saloniki eine kommunistische Jugendorganisation. Er war von 1929 bis 1931 in Moskau und wurde 1935 Generalsekretär der Partei. Der Stalinist lebte lange Zeit in der Illegalität, war auch häufig in Haft, von 1941 bis 1945 im KZ Dachau. Nach der Befreiung organisierte er den Partisanenkampf in seiner Heimat und löste 1949 General Markos als Chef des Politbüros und als Oberbefehlshaber der Bürgerkriegsarmee ab. Nach der Niederlage ging er ins Exil und wurde 1956 all seiner Ämter enthoben.

Am 24. Dezember 1947 wurde über einen von den Rebellen kontrollierten Rundfunksender die »Freie Demokratische Regierung Griechenlands« ausgerufen. General MARKOS, der bis zu dieser Zeit unbestrittene militärische Führer der ELAS und DSE, bekleidete in dieser Regierung ohne Staat und Land, die von keiner Regierung der Welt, auch von keiner kommunistischen, anerkannt wurde, das Amt des Premier- und Verteidigungsministers. Seine Autorität geriet aber rasch ins Wanken, als sich nach dem Übergang vom Partisanenkampf zum offenen Gefecht keine größeren Erfolge einstellten. Auch in der Bevölkerung verlor er rasch an Rückhalt, vor allem als er über 28 000 Kinder zwangsweise aus den umkämpften Gebieten ins benachbarte kommunistische Ausland evakuieren ließ; nur 10 000 von ihnen kehrten später in ihre Heimat zurück.

Die Kampfkraft der DSE war für einen offenen Schlagabtausch mit den Regierungstruppen zu gering. Als sich die bevorstehende Niederlage immer deutlicher abzuzeichnen begann, wurde MARKOS seiner Ämter enthoben; an seine Stelle trat der ehemalige stalinistische Generalsekretär der KP, NIKOS ZACHARIADES.

Die Nicht-Anerkennung durch die befreundeten kommunistischen Staaten und ihre abnehmende Solidaritätsbereitschaft hatten ihre Ursache u. a. im Zerwürfnis zwischen Belgrad und Moskau (s. a. → Bosnien und Herzegowina, Historischer Hintergrund).

Als die griechischen Kommunisten sich auf die Seite der Sowjetunion stellten, gewährte Jugoslawien keine Hilfe mehr und entwaffnete sogar nach Jugoslawien geflüchtete Guerilleros und verbrachte sie in eigens eingerichtete Internierungslager. Aber auch die Sowjetunion unterstützte die griechischen Genossen nur diplomatisch; militärische Unterstützung blieb aus. Dies mußte zwangsläufig zur Niederlage führen.

Im Januar 1949 hatte die reguläre griechische Armee, nicht zuletzt auf Druck der amerikanischen Regierung und der im Lande anwesenden Militärberater, ihre Befehlsstruktur verändert: General ALEXANDROS PAPAGOS hatte den Oberbefehl mit weitreichenden Vollmachten übernommen, und unter seiner Führung hatten die Regierungstruppen immer mehr militärische Erfolge.

Die Bürgerkriegstruppen der DSE mußten sich schließlich Ende 1949 der Übermacht der Regierungsarmee beugen.

Ergebnis

Über 60 000 Tote forderten die Kämpfe von Juni 1946 bis zum April 1949: 15 000 auf Regierungsseite, 40 000 bei den DSE-Truppen und etwa 5000 Zivilisten, die zum Teil hingerichtet wurden.

Der Konflikt wurde durch die amerikanische Intervention zugunsten der Restaurationspolitik der konservativen griechischen Regierung entschieden; begünstigt durch die uneinheitliche Strategie und mangelnde internationale Solidarität der Gegenseite. Zehntausende linke Oppositionelle gingen ins Exil. Wer blieb, fand sich nicht selten in sog. Umerziehungslagern wieder.

Alexandros Papagos (9.12.1883–4.10.1955)
Griechischer Ministerpräsident von 1952 bis 1955. 1935/36 war Papagos für kurze Zeit Kriegsminister, danach reorganisierte er das griechische Heer. 1940/41 schlug er als Oberbefehlshaber den italienischen Überfall zurück; mußte sich aber den deutschen Invasionstruppen beugen. Er wurde verhaftet und war bis 1945 in KZ-Haft. Nach der Niederlage der kommunistischen Bürgerkriegsarmee wurde er zum Feldmarschall ernannt. Nach dem Ende seiner militärischen Laufbahn gründete er die nationalistisch orientierte »Hellenistische Sammlungsbewegung« und wurde nach deren Wahlerfolg im November 1952 Regierungschef bis zu seinem Tod 1955.

Entwicklung seit Konfliktende

Die Verfassung von 1952 schrieb die konstitutionelle Monarchie als Staatsform fest: Die Legislative lag beim König und beim Parlament, die Exekutive bei der Regierung. Der Beitritt zur NATO diente zur Absicherung gegenüber der Präsenz der Sowjetunion auf dem Balkan; ab 1953 wurden US-Truppen in Griechenland stationiert.

Die innenpolitische Situation blieb mehrere Jahrzehnte äußerst labil. Nur durch Wahlmanipulationen konnten sich wechselnde Regierungen der Konservativen noch bis 1963 an der Macht halten. Die Zersplitterung des Parteienwesens und direkte Eingriffe des Monarchen in die Tagespolitik erschwerten über Jahre die Regierungsbildung.

Zu einer Staatskrise kam es im Jahre 1965, als König Konstantin II., der seit 1964 auf dem Thron saß, den linksdemokratischen Ministerpräsidenten Georgios Papandreou aus seinem Amt entließ. Papandreou hatte sich entschieden gegen die Politisierung der Armee gewandt, die sich in Geheimbünden radikalisierte und sich für die Idee eines »Groß-Griechenlands« (Megali Idea) engagierte.

Am 21. April 1967 putschten Obristen unter der Führung von Georgios Papadopoulos und Stylianos Patakos: Politiker wurden verhaftet, gefoltert, verurteilt; Parteien verboten und königstreue Offiziere aus der Armee entfernt. Am 13. Dezember 1967 scheiterte ein Gegenputsch des Königs, der daraufhin ins Exil gehen mußte. Am 1. Juni 1973 wurde Griechenland zur Republik und der König endgültig für abgesetzt erklärt.

Die Diktatur der Obristen wurde von den NATO-Verbündeten zwar kritisiert, aber sie übten keinen weiteren Druck auf das totalitäre Regime aus, das sich als unfähig erwies, die Wirtschaftskrise mit hoher Inflation zu beenden.

Nach einem weiteren Offiziersputsch innerhalb der Junta am 25. November 1973 wurde General Phaidon Gizikis Staatspräsident; der neue starke Mann wurde aber der Chef der Militärpolizei, General Dimitrios Ioannidis. Der Terror gegen politisch Andersdenkende ging ungebrochen weiter.

Nach außenpolitischen Spannungen im Sommer 1974 mit dem NATO-Partner → Türkei, bei denen es um Erdölrechte in der Ägäis und um die Zypernfrage (→ Zypern) ging, zerbrach die Militärjunta, weil die Lösung letzterer

Konstantin Mitsotakis (*18.10.1918)
Griechischer Ministerpräsident von 1990 bis 1993. Geboren in Chania (Kreta) wurde er nach einem Jura-, Politik- und Ökonomiestudium in Athen Rechtsanwalt; 1940 war er auf eigenen Wunsch als Offizier an der Front und während der Besatzungszeit in der Widerstandsbewegung; 1946 wurde er erstmals als Abgeordneter der »Liberalen Partei« ins Parlament gewählt. 1951 wurde er Staatssekretär im Finanzministerium, 1952 Verkehrsminister. Seit 1963 – als Mitglied der »Liberalen Zentrumsunion« – war er Finanzminister. 1967 wurde er während des Staatsstreiches verhaftet, später unter Hausarrest gestellt. Er floh in die Türkei und traf später im Pariser Exil Karamanlis. 1977 gründete er die »Neo-Liberale Partei«, trat aber später zur konservativen »Nea Demokratia« (ND) von Karamanlis über und war von 1980 bis Oktober 1981 Außenminister, ab 1984 Parteichef der ND. Aus den Parlamentswahlen am 8. April 1990 ging seine Partei mit 47,12 Prozent als eindeutige Siegerin hervor, und Mitsotakis wurde am 11. April 1990 Ministerpräsident bis zu seiner Abwahl 1993.

einer Demütigung des Regimes gleichkam. Daraufhin berief GIZIKIS den ehemaligen konservativen Ministerpräsidenten KONSTANTIN KARAMANLIS zum neuen Regierungschef, der das Amt mit Unterbrechungen bereits von 1955 bis 1963 innegehabt hatte. Er ordnete die Freilassung aller politischen Gefangenen an, und die demokratischen Grundrechte wurden wiederhergestellt.

Erste freie Wahlen fanden am 17. November 1974 statt: KARAMANLIS wurde eindrucksvoll bestätigt.

Nach der Verabschiedung einer neuen republikanischen Verfassung am 11. Juni 1975 entwickelte sich Griechenland zu einem demokratischen Staat, der abwechselnd von linksorientierten oder konservativen Parteien regiert wurde. Außenpolitisch und vor allem wirtschaftlich lehnten sich alle Regierungen an Europa (Vollmitgliedschaft in der Europäischen Gemeinschaft seit 1981) und die USA an.

Im Zuge der Auflösung der Ostblockstaaten kam es in den neunziger Jahren zu wiederholten Spannungen mit den ehemaligen kommunistischen Nachbarländern → Albanien (u. a. wegen der griechischen Minderheit im Norden Albaniens) und Jugoslawien bzw. des neu entstandenen Staates Makedonien, von dem Athen die Änderung des Namens und seiner nationalen Symbole verlangte. Darüber hinaus sollten in der makedonischen Verfassung Artikel gestrichen werden, die Gebietsansprüche auf die gleichnamige griechische Region beinhalteten. Um ihre Forderungen zu unterstreichen, verhängte die griechische Regierung 1994 ein Handelsembargo gegen Makedonien (u. a. die Sperrung des Hafens von Thessaloniki, über den fast 80 % der makedonischen Importe abgewickelt wurden), was zu Spannungen wiederum mit der EU führte.

Ein neuer Konflikt entstand 1994 mit der → Türkei, als die Verdoppelung der griechischen Hoheitsgewässer um die Ägäis-Inseln vor der anatolischen Küste – möglich geworden durch die Internationale Seerechtskonvention von 1982 – vollzogen werden sollte. Die Türkei drohte daraufhin mit Militäraktionen und unterstrich dies mit Manövern und Raketenstationierungen. Strittig zwischen den beiden Staaten sind weiterhin auch die Ausbeutungsrechte der Erdölvorkommen in diesem Teil des Mittelmeers.

Literatur: E. Balane: *The Greek Civil War 1944–1949*. London 1966.
M. Esche: *Die KP Griechenlands 1941–1949*. München 1982.
H. Korisis: *Das politische System Griechenlands*. Hersbruck 1980.
F. A. Voigt: *The Greek Sedition*. London 1967.
C. Woodhouse: *Modern Greece*. London 1977.

Staatsname: Griechische Republik
Staatsform: Parlamentarische Republik (seit 1975)
Staatsoberhaupt: Konstantinos Stephanopoulos (ND; seit 1995)
Regierungschef: Andreas Papandreou (PASOK; seit 13.10.1993)
Regierung: PASOK (seit 12.10.1993)
Parlament: Nationalversammlung 300 Sitze (Wahl vom 10.10.1993),
PASOK (Sozialisten) 170, ND (Konservative) 111, Politischer Frühling 10, KKE (Kommunisten) 9
Mitgliedschaft bei internationalen Organisationen: EU, Europarat, KSZE, NATO, OECD, UNO, WEU
Lage: 20°–28° östlicher Länge, 35°– 42° nördlicher Breite
Fläche: 131 957 km²
Hauptstadt: Athen
Bevölkerung: 10,3 Millionen; Griechen 97 %, Makedonier 1,5 %, Türken 0,9 %, Albaner 0,6 %; orthodoxe Christen 98,1 %, Muslime 1,5 %, Sonstige 0,4 %
Wirtschaft: Dienstleistung 60 %, Industrie 28,1 %, Landwirtschaft 11,9 %;
Export: Industrieprodukte 48 %, Nahrungsmittel 27 %, Erdöl 11 %

GROSSBRITANNIEN

Falklandkrieg 1982 → Argentinien
Nordirland-Konflikt 1966 bis 1994

Konfessionelle, politische und soziale Spannungen zwischen der protestantischen Mehrheit und der katholischen Minderheit in der nordirischen Provinz Ulster eskalierten Mitte der sechziger Jahre zu bürgerkriegsähnlichen Auseinandersetzungen. Es ging auch um die Frage: Anschluß an die Republik Irland oder Verbleib in der Union mit Großbritannien?

Historischer Hintergrund

Der Nordirland-Konflikt hatte seine Ursache in der von Widerstand und Aufständen gegen die Engländer geprägten Geschichte der Insel.

Im 12. Jahrhundert begann die anglo-normannische Eroberung und damit bereits der Kampf um Unabhängigkeit. Um 1300 hatte England seine Herrschaft über die Insel gesichert. Eine vollständige Unterwerfung gelang aber erst 1541 HEINRICH VIII.

Nach mehreren gescheiterten Aufständen und nach der Flucht des gälischen Adels aus Ulster (»Flight of the Earls«) 1607, dem Zentrum des irischen Widerstands, siedelte England rund 100 000 presbyterianische Schotten in den sechs nordirischen Grafschaften an (»Ulster-Plantation«) und schuf sich so eine größere Bevölkerungsbasis in diesem Teil der Insel.

Die Gegensätze verschärften sich um so mehr, als die katholischen Bauern nun Pächter und damit Abhängige von den neuen protestantischen Grundherren wurden. Der Aufstand von 1641 wurde von OLIVER CROMWELL (1649 bis 1652) blutig und grausam niedergeschlagen, und Irlands Status entsprach nun dem einer (ersten) großen Kolonie Englands. Die Verhinderung einer industriellen Entwicklung und die Einschränkung ökonomischer Entfaltungsmöglichkeiten (z. B. durch begrenztes Recht zur Ausfuhr von Wollprodukten und Vieh) schwächten die Insel wirtschaftlich in erheblichem Maße: Hungerkatastrophen und Massenauswanderung ließen das Land verarmen.

Alle Aufstände seit dem 17. Jahrhundert (1641, 1688, 1798, 1848, 1867) konnten aber die englische Herrschaft nicht erschüttern. Erst nach dem mißlungenen Osteraufstand von 1916 wurde die Lage der Engländer auf der Insel auch infolge des Ersten Weltkriegs instabil.

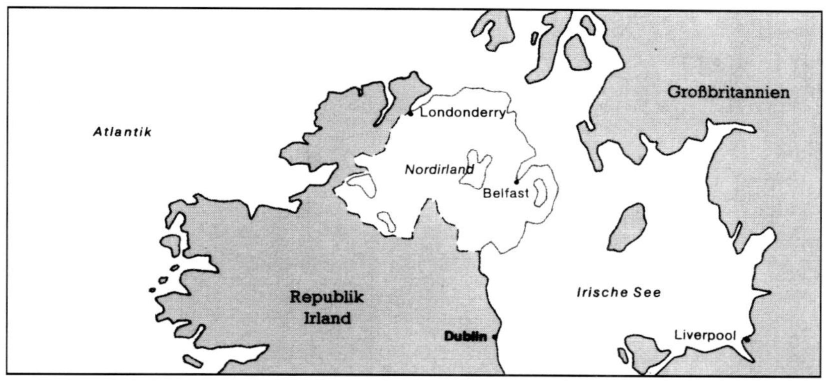

Die nordirische Provinz Ulster gehört zu Großbritannien.

Im Januar 1919 rief ein Untergrundparlament in Dublin die irische Republik aus, und im anschließenden Unabhängigkeitskrieg (bis 1921) konnten sich die Republikaner behaupten.

1922 kam es aber zu einem folgenschweren Kompromiß in der Nordirland-Frage: Der protestantische Norden, die sechs Grafschaften Ulsters, sollte in einer Union mit England verbunden bleiben. In einem »inneren« Bürgerkrieg (1922/23) zwischen den Kompromißbereiten und den Gegnern des Vertrags mit London spaltete sich die irische Nationalbewegung. Die mehr links orientierten Republikaner unterlagen in dieser Auseinandersetzung, setzten aber ihren Kampf um eine Wiedervereinigung Ulsters mit der Republik als illegale *Irish Republican Army* (IRA) mit Sabotageaktionen und Bombenanschlägen weiter fort.

Der katholische Süden wurde als Freistaat Irland (Eire) aber erst nach dem Zweiten Weltkrieg auch formal eine Republik und schied aus dem Commonwealth aus.

Konfliktparteien

In Ulster festigte die englandfreundliche protestantische Zwei-Drittel-Mehrheit ihre politische, ökonomische und soziale Vormachtstellung und diskriminierte die katholische Minderheit. Die Katholiken leben nur in bestimmten Gebieten des Landes und in den Städten auf engem Raum zusammengeballt in Elendsquartieren.

Eine politische Repräsentanz konnte die katholische Bevölkerung nicht entfalten, da die Wahlgesetze den Unionisten die Mehrheit sicherten, obwohl in einigen Bezirken mehr Katholiken wohnen als Protestanten. Die allgemeine Benachteiligung der katholischen Minderheit ließ verschiedene Protestbewegungen entstehen.

Ian Paisley (*6.4.1926)
Abgeordneter im Britischen Unterhaus seit 1970, Mitglied des nordirischen Unterhauses von 1970 bis 1972, seit 1979 auch Europaabgeordneter.
Der protestantische Geistliche gründete 1951, fünf Jahre nach seiner Priesterweihe, die Free Presbyterian Church of Ulster. Die vom radikalen Unionisten Paisley geführten militanten Ulster Protestant Volunteers hatten entscheidenden Anteil an der blutigen Eskalation des Nordirland-Konflikts. 1972 gründete Paisley die Democratic Unionist Party, für die er ins britische Parlament einzog. 1985 gab er aus Protest gegen das von Margaret Thatcher und dem irischen Premier Garret FitzGerald ausgehandelte Hillsborough Agreement sein Abgeordnetenmandat vorübergehend zurück. 1990 marschierte er an der Spitze einer Demonstration gegen den Besuch des irischen Premiers Charles Haugheys in Belfast.

Protestanten

Die protestantischen Unionisten sind in erster Linie in der *Orange Order* (in Erinnerung an Wilhelm von Oranien [Orange], der nach der Besteigung des englischen Throns 1689 den Protestantismus gegenüber den katholischen Stuarts verteidigte) und in der *Ulster Unionist Party* (UUP), der größten und eher als gemäßigt geltenden Partei der nordirischen Protestanten, organisiert. Ihre Hilfstruppen sind die paramilitärische sog. B-Polizei (ca. 8000 fanatische protestantische Freiwillige) und die stark bewaffnete Polizeitruppe *Royal Ulster Constabulary* (RUC), die während der blutigen Auseinandersetzungen bisher immer parteiisch gewesen ist.

Einer der militantesten und radikalsten Führer der Protestanten ist der Geistliche Ian Paisley, der seit 1970 Parlamentsabgeordneter im britischen Unterhaus ist. Neben der *Ulster Unionist Party* ist im Parlament auch die radikale protestantische *Democratic Unionist Party* (DUP) vertreten.

Die bewaffneten Auseinandersetzungen mit den radikalen katholischen Milizen bestritten auf protestantischer Seite die unionistische *Ulster Volunteer Force* (UVF) mit ihrer verbotenen paramilitärischen Miliz *Protestant Action Force* (PAF) sowie die 1971 gegründete, seit 1992 im Untergrund agierende *Ulster Defence Association* (UDA) mit der 1973 von ihr abgespaltenen Terroreinheit *Ulster Freedom Fighters* (UFF).

Katholiken

Die gemäßigte *Social Democratic and Labour Party* (SDLP) und die 1902 gegründete *Sinn Fein* (Wir Selbst), die die Unabhängigkeit der Republik Irland (1937) mit erkämpft hatte, sind die parlamentarischen Parteien der nordirischen Katholiken. Der Vorsitzende der *Sinn Fein* Gerry Adams errang 1983 für seine Partei einen Sitz im britischen Unterhaus.

Verschiedene politische Gruppierungen mit sehr unterschiedlichen Zielsetzungen haben sich auf katholischer Seite gebildet. Die größte ist die Bürgerrechtsbewegung mit ihrer 1967 gegründeten Dachorganisation *Northern Ireland Civil Rights Association* (NICRA), die sich für mehr politische Rechte und sozialen Ausgleich in Nordirland einsetzt. Die NICRA sucht nicht unbedingt den Anschluß an die Republik Irland, vor allem nicht mit Gewalt. Eine der Leitfiguren dieser Bürgerrechtsbewegung ist u. a. Bernadette Devlin, die als jüngste Parlamentsabgeordnete für Nordirland und die radikal-sozialistische *People's Democracy* von 1969 bis 1974 im britischen Unterhaus saß und Protestanten wie Katholiken zum gemeinsamen politischen Kampf gegen Fremdbestimmung aufrief.

Reformmaßnahmen, die Anfang der sechziger Jahre unter der Regierung Terence O'Neill eingeleitet worden waren und große Hoffnungen geweckt hatten, scheiterten und radikalisierten Teile der Bürgerrechtsbewegung. Die verbotene *Irish Republican Army* (IRA), der militärische Arm der *Sinn Fein*, spaltete sich ab, und der nationalrevolutionäre »provisorische« Flügel bestimmte bald das Handeln. Die IRA konnte sich aber nicht unbedingt der vollen Unterstützung der katholischen Minderheit sicher sein; wegen der zahllosen Attentate und Bombenanschläge, die viele unschuldige Opfer gefordert hatten, distanzierte sich die Bürgerrechtsbewegung mehrheitlich von der Idee einer gewaltsamen Lösung des Konflikts und versuchte statt dessen, auf friedlichem Wege zu Kompromissen zu kommen. Bis 1986 beteiligte sich noch die 1972 von der IRA abgespaltene verbotene *Irish National Liberation Army* (INLA), der militärische Arm der *Irish Republican Socialist Party* (IRSP), an terroristischen Aktionen der extremistischen Katholiken.

Britische Truppen

Seit 1969 sind britische Truppen in Ulster stationiert, die Spezialeinheiten bildeten – den britischen *Special Air Service* (SAS) und das *Ulster Defence Regiment* (UDR), das sich aus Nordiren rekrutiert – und allein durch ihre Präsenz zur Verschärfung des Konflikts beigetragen hatten.

Konfliktverlauf

Zur blutigen Eskalation des Konflikts kam es nicht während einer besonders schweren ökonomischen oder politischen Krise, sondern in einem Moment, als versprochene und dringend erwartete Reformen ausblieben.

Nach dem Regierungsantritt TERENCE O'NEILLS 1963 war in die starre nordirische Politik zunächst Bewegung gekommen. O'NEILL scheiterte aber am Widerstand seiner eigenen Partei und an der unversöhnlichen Haltung der militanten Protestanten. Seine Annäherung an die Republik Irland auf wirtschaftlichem Gebiet und zaghafte Reformversuche im Inneren erzeugten auf katholischer Seite eine Erwartungshaltung, die aber enttäuscht wurde.

1964/65 kam es zu ersten Demonstrationen für ein gerechtes Wahlsystem und mehr soziale Gerechtigkeit. Ein erstes Fanal bildete der Bürgerrechtsmarsch vom 5. Oktober 1968 in Londonderry, in dessen Folge es nach Übergriffen der Polizei zu Unruhen mit Straßenschlachten zwischen Protestanten und Katholiken kam. Der »Tag von Derry« hatte schwerwiegende Folgen. Beide Seiten radikalisierten sich, und besonders die loyalistischen *Ulster Protestant Volunteers* unter Pfarrer IAN PAISLEY trugen entschieden zur Eskalation bei, indem sie häufg in das Viertel der Katholiken in Londonderry, die »Bogside«, eindrangen

Bernadette Mc Aliskey, geb. Devlin (*25.4.1947)
Parlamentsabgeordnete im britischen Unterhaus 1969 bis 1974. Die radikale, aber populäre nordirische Bürgerrechtskämpferin stammt aus einem armen katholischen Elternhaus. Sie studierte keltische Sprachen und Psychologie in Belfast und wurde Mitglied der radikal-sozialistischen People's Democracy. Sie appellierte an die Protestanten und Katholiken, gemeinsam den sozialen Kampf zu führen.
Im April 1969 gewann sie als jüngste Abgeordnete die Wahl zum britischen Unterhaus und wurde im Juni 1970 wiedergewählt. Wegen ihrer politischen Aktivitäten wurde sie mehrfach zu Haftstrafen verurteilt. 1974 kandidierte sie bei den Unterhauswahlen nicht mehr. 1981 war sie Opfer eines Anschlags, bei dem sie lebensgefährlich verletzt wurde. Heute arbeitet sie ehrenamtlich als Kommunalpolitikerin in Nordirland.

»Blutsonntag« in Londonderry: Am 30. Januar 1972 kamen 13 Menschen ums Leben, 13 weitere wurden schwer verletzt, als britische Fallschirmjäger gewaltsam gegen Demonstranten vorgingen und von der Waffe Gebrauch machten.

und die Bewohner überfielen. Bei allen wichtigen Veranstaltungen, Feiertagen und Umzügen beider Seiten kam es in der Folgezeit zu blutigen Zusammenstößen, wobei die RUC und die B-Polizei die militanten Protestanten unterstützten.

Die IRA war zu diesem Zeitpunkt noch relativ zurückhaltend. Erst als sich die Übergriffe auf katholische Wohngebiete häuften (angeblich suchte man nach versteckten Waffen) und der Terror gegen die Bevölkerung heftiger wurde, trat auch sie mit Sabotageakten und Bombenanschlägen in Aktion.

Im Sommer 1969 verschärften sich die Auseinandersetzungen derart, daß die britische Armee (vorerst 5000 Soldaten) intervenierte – und anfänglich selbst von der katholischen Bevölkerung als Ordnungsmacht begrüßt wurde.

Durch die Gewaltbereitschaft der IRA, die infolge interner Streitigkeiten über ihr Selbstverständnis (Schutztruppe für die katholischen Viertel oder Terrororganisation) gespalten war, bekam der Konflikt im Sommer 1971 eine völlig neue Qualität. Das Schwergewicht verlagerte sich nun auf die Auseinandersetzung zwischen der Armee und den verschiedenen Untergrundorganisationen. Die provisorische IRA führte zeitweise einen regelrechten Guerillakrieg gegen die britische Armee.

Anschläge in Nordirland und in London verschafften der IRA für eine gewisse Zeit die gewünschten Erfolge. Die Armee wurde verunsichert, und sie war nicht immer souverän genug, angemessen zu reagieren. Es kam zu willkürlichen Übergriffen auf die katholische Bevölkerung, und bei Schießereien wurden auch Zivilisten getötet.

Im Sommer kam es zu großangelegten Internierungsaktionen und mehreren Verhaftungswellen (»Internments«), die den Haß unter den Katholiken schürten. Bei Ausschreitungen in Belfast starben über 20 Menschen, und viele Katholiken flohen über die Grenze.

Nach dem sog. Blutsonntag von Londonderry am 30. Januar 1972, als ein Anti-Internment-Protestzug von der britischen Armee mit Gewalt beendet wurde – 13 Menschen fanden dabei den Tod –, verschärfte sich der Konflikt derart, daß London selbst die Initiative ergriff, die Regierung in Belfast am 30. März 1972 absetzte und einem Nordirlandminister die Regierungsgewalt übertrug. Immer mehr Soldaten wurden nach Ulster geschickt. Den »Blutsonntag von Derry« beantwortete die IRA mit einem Rachefeldzug gegen britische Soldaten; der Terror nahm zu.

Seit Sommer 1976 wurden von den überkonfessionellen *Peace People* immer wieder Massendemonstrationen organisiert, die sich gegen den Terror und die Unfähigkeit der Politiker richteten, die Situation zu entschärfen und einer Lösung zuzuführen. Ihre beiden Sprecherinnen, BETTY WILLIAMS und MAIREAD COMGAN, erhielten 1977 für ihr Engagement den Friedensnobelpreis.

Die Lage blieb weiterhin explosiv: In englischen Internierungslagern einsitzende IRA-Kämpfer wurden zu Märtyrern stilisiert, so z. B. BOBBY SANDS, der 1981 während seiner Inhaftierung von der katholischen Bevölkerung ins Unterhaus gewählt wurde, aber an den Folgen seines Hungerstreiks für die Anerkennung als politischer Gefangener im Juni 1981 verstarb. Weitere Hungerstreiktote in den Gefängnissen radikalisierten die Katholiken noch mehr: Am 20. Juli 1982 forderten zwei IRA-Bombenanschläge in London acht Todesopfer und 50 Verletzte. Administrative Maßnahmen und politische wie soziale Reformen (z. B. des Wahlrechts) blieben Stückwerk. Wahlen für das nordirische Parlament im Oktober 1982 brachten eine Mehrheit (46 Sitze) für die Protestanten und Unionisten, 14 Mandate für die *Social Democratic Labour Party* und fünf für die *Sinn Fein*, die politische Organisation der IRA. Die Protestanten majorisieren weiterhin die Katholiken.

Im nordirischen Bellykelly verübte die *Irische Nationale Befreiungsarmee* (INLA) im Dezember 1982 einen Terroranschlag, bei dem 16 Menschen, unter ihnen ein britischer Soldat, getötet wurden.

Im November 1983 wählte die *Sinn Fein* GERRY ADAMS, der sich als geschickter Unterhändler bereits einen Namen gemacht hatte und für die *Sinn Fein* als Abgeordneter im britischen Unterhaus saß, zu ihrem neuen Vorsitzenden. Er sollte in den nächsten 12 Jahren zu einem der wichtigsten Hoffnungsträger für einen Friedensprozeß werden.

Der Terror der IRA ging zunächst weiter: Am 13. Oktober 1984 verübte sie einen Bombenanschlag auf das Grand Hotel in Brighton, in dem die britische Premierministerin MARGARET THATCHER während des Parteitages der konservativen Partei logierte. Vier Menschen starben, die Premierministerin blieb unverletzt. Die Terrorserie riß auch 1985 nicht ab.

»Als wichtigstes Ergebnis der Geschichte des irischen Nordens ist festzuhalten, daß es heute in Nordirland einen verhängnisvollen Zusammenhang zwischen Konfessionszugehörigkeit, politischer Einstellung und politischem Einfluß sowie sozialem und ökonomischem Status gibt. Die objektive Existenz einer vertikal gespaltenen Gesellschaft wird von niemandem bestritten; ihre Auswirkungen sind offensichtlich und so tiefgreifend, daß bisher jeder Versuch, die Kluft zwischen Protestanten und Katholiken zu überbrücken, gescheitert ist. Bei den meisten Protestanten wurde die Sicherung ihres objektiv oder vermeintlich privilegierten Status zur zentralen Frage. Dies half ihnen, die Diskriminierung der Minderheit in vielen Bereichen als gerechtfertigt anzusehen. Folgerichtig mußte für viele Protestanten jeder Ansatz, die vertikale Spaltung zu unterlaufen, eine schwerwiegende Gefährdung ihres Status bedeuten. Als dann in den sechziger Jahren die diskriminierte katholische Minderheit ihre objektive Deprivation in voller Schärfe erkannte und sich mit den Bürgerrechtlern für deren Abbau einsetzte, war dies ein Alarmzeichen für die Protestanten. Das Konfliktpotential, das in der vertikalen Spaltung von Anfang an enthalten war, reichte aus, um einen schweren Zusammenstoß zwischen beiden Gruppen herbeizuführen, der zu einem bürgerkriegsähnlichen Konflikt eskalieren konnte.«
Klaus Stadler: *Nordirland – Analyse eines Bürgerkriegs* (1979).

Margaret Thatcher* → *Argentinien

Gerry Adams (Mitte), Chef des politischen Flügels der IRA, Sinn Fein, trägt den Sarg des IRA-Mitglieds Thomas Begley bei dessen Beerdigung in Belfast. Begley war bei einem Anschlag am 23. Oktober 1993 von seiner eigenen Bombe zerfetzt worden, neun weitere Menschen starben, rund 50 wurden verletzt. Adams distanzierte sich von dem Anschlag. Drei Tage später verübten protestantische Terroristen mehrere Racheakte, bei denen vier Katholiken starben.

Gerry Adams (*1948)
Parlamentsabgeordneter im britischen Unterhaus seit 1983. Der in Belfast geborene Katholik stand jahrelang im Verdacht, der IRA anzugehören, und verbüßte auch eine mehrjährige Haftstrafe. 1983 wurde er für die Sinn Fein in das britische Unterhaus gewählt und im selben Jahr auch Präsident der Sinn Fein.

Die Gesellschaft Nordirlands blieb gespalten. Trotz der militanten Kampfbereitschaft beider Seiten stellte sich allmählich eine wachsende Kriegsmüdigkeit in der Bevölkerung ein. Im weiteren Verlauf des Konflikts schaltete sich die Regierung in Dublin infolge des Drucks aus der Bevölkerung in den Konflikt ein und kritisierte zunehmend das britische Vorgehen. Irische Truppen wurden an der Grenze zu Nordirland stationiert und Flüchtlingslager eingerichtet.

Im Abkommen von Hillsborough zwischen Großbritannien und der Republik Irland vom November 1985 erklärte sich Irland bereit, die Zugehörigkeit Nordirlands zu Großbritannien so lange anzuerkennen, wie es die Mehrheit der Nordiren wünsche. Dublin erhielt im Gegenzug Mitwirkungsrechte bei der Vertretung der Interessen der Katholiken in Ulster. Doch weder die protestantische Seite noch die IRA akzeptierten das Abkommen: Die IRA forderte den Abzug der britischen Truppen, und die Protestanten befürchteten einen Ausverkauf ihrer Rechte.

Im November 1987 kam es wieder zu einem spektakulären Bombenattentat der IRA in Nordirland, als bei einer Gedenkfeier für die Opfer der beiden Weltkriege und des Bürgerkriegs 11 Menschen starben. In den nächsten Jahren setzte die IRA ihre Terroranschläge fort.

Im November 1989 gestand die britische Regierung ein, daß der Kampf militärisch nicht zu gewinnen sei und schlug deshalb Verhandlungen mit der IRA vor.

Der erste Versuch seit 15 Jahren, zwischen Protestanten und moderaten katholischen Gruppierungen zu vermitteln, scheiterte im Sommer 1991 an der Unvereinbarkeit der Positionen. Die Gespräche hatten mit Beteiligung von Vertretern aus London und Dublin, aber unter Ausschluß von IRA und *Sinn Fein* stattgefunden.

1992/93 verübten die IRA-Terroristen wiederum verschiedene Anschläge in Nordirland, aber auch in London,

z. B. auf das U-Bahn-Netz. In Nordirland kam es nach einem Attentat in Warrington am 20. März 1993, bei dem zwei Kinder starben, zu größeren Demonstrationen gegen den Terror. Im April verwüstete ein weiterer Anschlag einige Häuser in der Londoner City. Inzwischen wieder aufgenommene Verhandlungen wurden abgebrochen.

ADAMS und JOHN HUME, der Vorsitzende der gemäßigten Partei der nordirischen Katholiken SDLP, einigten sich im September 1993 auf eine gemeinsame Friedensstrategie.

Am 18. November nahmen in 16 Städten Nordirlands über 50 000 Menschen an Friedenskundgebungen teil und forderten ein Ende der Gewalt in Ulster.

Inzwischen hatte es seit Monaten über inoffizielle Mittelsmänner geheime Kontakte zwischen der britischen Regierung und der IRA gegeben. Der britische Premierminister JOHN MAJOR, seit 1990 im Amt, und der irische Ministerpräsident ALBERT REYNOLDS vereinbarten am 15. Dezember 1993 in London ein gemeinsames Vorgehen im Friedensprozeß für Nordirland. Diese sog. Nordirland-Erklärung akzeptierte die Beteiligung der IRA an Friedensgesprächen und stellte eine Volksabstimmung über die Vereinigung Nordirlands mit der Republik Irland in Aussicht. Die beiden protestantischen Parteien UUP und DUP lehnten die Vereinbarungen ab. *Sinn Fein* kritisierte das in der Erklärung vorgesehene Vetorecht für die UUP bei der Änderung der nordirischen Verfassung und forderte darüber hinaus eine Garantieerklärung für den Abzug der in Nordirland stationierten britischen Soldaten.

Noch bis in das Jahr 1994 gab es in Nordirland zahlreiche politische Morde und Bombenattentate, für die die beiden protestantischen Untergrundorganisationen UFF und UVF bzw. auf katholischer Seite die IRA und die INLA verantwortlich waren.

John Major (*29.3.1943)
Premierminister Großbritanniens seit 1990.
Der aus ärmlichen Verhältnissen stammende Major arbeitete ohne Schulabschluß als Sozialarbeiter in Nigeria und absolvierte in den sechziger Jahren eine Banklehre. Nach langjähriger Tätigkeit als Bankmanager im In- und Ausland begann er seine politische Karriere als Abgeordneter des Londoner Stadtbezirks Lambeth, bekleidete nach seiner Wahl ins Unterhaus zunächst einen Posten im Innenministerium und war von 1985 bis 1987 Staatsminister für Soziales, danach Staatssekretär im Schatzministerium im Kabinett von Margaret Thatcher. Nach den Stationen als Minister im Außen- und Finanzministerium sowie als Schatzkanzler löste er Margaret Thatcher im November 1990 als Premierminister ab.

Ergebnis

Doch trotz des immer wieder aufflackernden Terrors bahnte sich ein allmählicher Friedensprozeß an. Zwar lehnte die *Sinn Fein* auf einer Sonderkonferenz am 24. Juli 1994 die britisch-irische Friedensinitiative ab – kritisiert wurde vor allem ein mögliches Vetorecht der Mehrheit der nordirischen Bevölkerung in einem vereinten Irland – und forderte die IRA auch nicht zu einem Gewaltverzicht auf; dennoch verkündete die IRA am 3. August in Dublin einen uneingeschränkten Waffenstillstand. Am 14. Oktober sicherten auch die protestantischen Untergrundorganisationen UDA und UVF zu, den bewaffneten Kampf einzustellen.

Ende 1994 begannen Gespräche zwischen der britischen Regierung und der *Sinn Fein*. Bis dahin waren seit 1969 durch Terroranschläge von Extremisten beider Seiten 3171 Menschen ums Leben gekommen.

Entwicklung seit Konfliktende

Als direkte Reaktion auf den Waffenstillstand der IRA und der protestantischen Untergrundorganisationen zogen sich die britischen Soldaten im Januar 1995 in die Kasernen zurück und patrouillieren nicht mehr auf Nordirlands Straßen.

In einem weiteren Rahmenabkommen zwischen der britischen und der irischen Regierung im Februar 1995 wurde noch einmal das Selbstbestimmungsrecht der Nordiren garantiert, und wirtschaftliche Fragen der Republik Irland und Nordirlands sollen in Zukunft gemeinsam koordiniert werden.

Der Friedensprozeß wurde ab und an durch kleinere Anschläge und Zwischenfälle gestört, aber nicht ernsthaft gefährdet. Auch nicht durch größere Krawalle im Juli 1995 in Belfast, die sich an der vorzeitigen Haftentlassung eines britischen Soldaten entzündet hatten, der 1991 wegen Mordes an einer Katholikin in Belfast zu lebenslanger Haft verurteilt worden war.

Literatur: A. Aberg: *Irland. Insel des Unfriedens.* München. 1973.
C. Bals: *Nordirland: Zwischen Konflikten und Versöhnung.* Bonn 1992.
J. Blaschke: *Die Nordiren.* In: J. Blaschke: *Handbuch der westeuropäischen Regionalbewegungen.* Frankfurt 1980.
M. Breuer: *Nordirland. Eine Konfliktanalyse.* Münster 1994.
J. Darby: *Northern Ireland. The Background to the Conflict.* Belfast 1983.
R. Deutsch / V. Magowan: *Northern Ireland. A Chronology of Events! 1966–1974.* 3 Bde. Belfast 1973–1975.
B. Devlin: *Irland. Religionskrieg oder Klassenkampf?* Reinbek 1969.
T. Garsin: *The Evolution of Irish Nationalist Politics.* Dublin 1981.
R. Hermle: *Der Konflikt in Nordirland.* München 1979.
J.Hickey: *Religion and the Northern Ireland Problem.* Dublin 1984.
C. Kruse: *Der Nordirlandkonflikt im Focus journalistischer Schemata. Eine Analyse der Berichterstattung ausländischer Tageszeitungen unterschiedlicher Distanz.* Münster 1993.
B. Kübler: *Der Nordirlandkonflikt: Keine Chance für den Frieden?* München 1991.
D. Schulze-Marmeling: *Republikanismus und Sozialismus in Nordirland.* Frankfurt 1986.
D. Schulze-Marmeling: *Die irische Krise.* Wien 1988.
D. Schulze-Marmeling / R. Sotschek: *Der lange Krieg. Macht und Menschen in Nordirland.* Göttingen 1989.
K. Stadler: *Nordirland – Analyse eines Bürgerkriegs.* München 1979.
H. Vogt: *Konfessionskrieg in Nordirland?* Stuttgart 1973.

Staatsname: Vereinigtes Königreich von Großbritannien und Nordirland
Staatsform: Parlamentarische Monarchie (seit 1921)
Staatsoberhaupt: Königin Elizabeth II. (seit 1952)
Regierungschef: John Major (Konservative Partei; seit 1990)
Regierung: Konservative Partei (seit 1979)
Parlament: Unterhaus 651 Sitze (Wahl vom 9.4.1992), Konservative Partei 324, Labour Party 272, Liberaldemokraten 22, Ulster Unionisten 9, Walisische Nationalisten 4, Sonstige 20
Mitgliedschaft bei internationalen Organisationen: Commonwealth, EU, Europarat, NATO, OECD, OSZE, UNO, WEU
Lage: 2° östlicher bis 8° westlicher Länge, 49°– 62° nördlicher Breite
Fläche: 244 110 km^2
Hauptstadt: London
Bevölkerung: 58,1 Millionen; Engländer 80 %, Schotten 10 %, Iren 4 %, Waliser 2 %, Inder 1 %, Sonstige 3 %; Katholiken 13 %, Anglikaner 56 %, Presbyterianer 14 %, Muslime 11 %, Sonstige 6 %
Wirtschaft: Dienstleistung 67,8 %, Industrie 30,4 %, Landwirtschaft 1,8 %; Export: Maschinen 40 %, Fertigwaren 14 %, Chemieprodukte 10 %

GUATEMALA

Guerillakrieg seit 1960

Das mittelamerikanische Regime verletzt seit Jahrzehnten die Menschenrechte und schränkt die Freiheit der Bevölkerung ein. Jahrelang war jegliche politische oder gewerkschaftliche Betätigung untersagt. Gegen die Unterdrückung und gegen den Völkermord an den Indianern kämpft seit Anfang der sechziger Jahre eine Guerilla.

Historischer Hintergrund

Vom 3. bis zum 6. Jahrhundert bildete Guatemala das Zentrum des alten Maya-Reiches und behielt – auch nach seiner Unabhängigkeit von Spanien – eine Schlüsselposition in Mittelamerika. Von Mexiko aus hatten die Spanier 1523/24 das Land erobert, das während der gesamten Kolonialzeit Sitz des Generalkapitanats war und seit 1570 auch die übrigen mittelamerikanischen Provinzen Honduras, → El Salvador, → Nicaragua, Costa Rica und Chiapas, die südlichste Region des heutigen → Mexiko, verwaltete. Gleichzeitig mit Mexiko wurde Guatemala 1821 unabhängig, wurde aber 1822 für kurze Zeit vom neuen Kaiserreich Mexiko annektiert.

In der Zentralamerikanischen Konföderation der ehemaligen kolonialen Provinzen versuchte Guatemala, seinen Einfluß zu stärken. Diese Konföderation zerbrach 1838/39 wegen der ständigen Bürgerkriege zwischen liberalen und konservativen Kräften und den partikularen Interessen der Mitgliedstaaten. Nach der Auflösung entstanden die heutigen Staaten Costa Rica, → El Salvador, Guatemala, Honduras und → Nicaragua.

Über ein Jahrhundert lang wurde Guatemala von diktatorischen Regimes beherrscht, die eine Umverteilung des Kirchen-, Staats- und Gemeindelandes zugunsten weniger Großgrundbesitzer, der »Kaffeeoligarchie«, vornahmen und den Einfluß von ausländischem Kapital (*United Fruit Company*) zuließen. Die ihres Landbesitzes beraubten Indios wurden zur Zwangsarbeit verpflichtet.

Die Indios stellen zwar zwei Drittel der Bevölkerung, sind aber weder kulturell noch sozial, noch politisch integriert. 75 Prozent der Bevölkerung leben unter dem Existenzminimum, zwei Drittel sind Analphabeten.

Erst 1944 nach dem Sturz des Diktators JORGE UBICOS, einer demokratischen Revolution, in der durch freie Wahlen im Oktober 1944 JUAN JOSÉ ARÉVALO zum Staatspräsi-

Das mittelamerikanische Land Guatemala mit seinen Grenzen zu Mexiko, Belize, Honduras und El Salvador.

denten gewählt worden war, kam es unter diesem und seinem Nachfolger Jacobo Arbenz Guzmán zu einer fast zehn Jahre dauernden Reformperiode.

Juan José Arévalo (*10.9.1904) *Staatspräsident Guatemalas von 1945 bis 1951. Der ehemalige Volksschullehrer und Schuldirektor hatte neben Pädagogik auch Jura studiert und war seit 1939 Professor für Literatur und Ethik in Argentinien. Er war der erste fortschrittliche und sozialreformerische Präsident Guatemalas und ein entschiedener Gegner der konservativen Großgrundbesitzer. Nach seinem Sturz ging er von 1954 bis 1963 ins mexikanische Exil.*

Konfliktparteien

Aus den politischen Parteien rekrutieren sich die verschiedenen linken und rechten Guerillaverbände; die kommunistische *Partido Guatemalteco de Trabajo* (PGT) ist jedoch verboten; die sozialdemokratische *Frente Unido de la Revolución* (FUR) wurde 1979 offiziell zugelassen. Die Rechtsparteien entstanden erst nach 1954: Die nationale Befreiungsbewegung *Movimiento de Liberación Nacional* (MLN) und die *Partido Institucional Democratico* (PID); eine konservative Regimepartei stellt die *Partido Revolucionario* (PR) dar; 1979 entstand die *Central Autentica Nacionalista* (CAN).

Der MLN werden die engsten Verbindungen zu den rechtsextremistischen Terrororganisationen nachgesagt, für die in erster Linie die Sicherheits- und Streitkräfte der Regierung verantwortlich sind. Eine besondere Rolle spielen die 10 000 sog. Militärbeauftragten (Comisionados Militares), Mitglieder der Reservearmee, die an jedem Ort des Landes die Rekrutenaushebung organisieren und ein Informationsnetz über ganz Guatemala knüpfen.

Es gibt eine Vielzahl von regulären und paramilitärischen Verbänden, militärischen Reserve- (ca. 7000 Mann) und Polizeieinheiten (ca. 8000 Mann). Die Streitkräfte zählten

Jacobo Arbenz Guzmán (14.9.1913–27.1.1971)
Staatspräsident Guatemalas von 1951 bis 1954.
1944 beteiligte er sich als Kommandant des guatemaltekischen Kadettenkorps am Staatsstreich gegen den Diktator Jorge Ubicos und war bis 1951 Verteidigungsminister, danach Präsident.
Er vertrat eine gemäßigte linksgerichtete Politik und wurde deshalb 1954 von den Militärs gestürzt. Er ging ins Exil in die Schweiz, später in die ČSSR, nach Castros Sieg nach Kuba und zuletzt nach Mexiko.

nach einer Teilmobilmachung 1981 etwa 40 000 Soldaten. Zu den bekanntesten rechten Terror- und Todesschwadronen gehören die *Mano Blanca* (Weiße Hand), *Ojo por Ojo* (Auge um Auge) und *Nueva Organización Anticomunista* (NOA).

Die US-Militärhilfe betrug zwischen 1950 und 1981 über 75 Millionen Dollar, wobei besonderer Wert auf die Ausbildung der Antiguerilla-Einheiten der Armee gelegt wurde. Angeblich waren zwischen 1966 und 1968 auch Angehörige der Green Barrets und Rangertruppen der US-Streitkräfte an den Kämpfen gegen die Partisanen beteiligt (s. u.).

Die linke guatemaltekische Guerillabewegung entstand 1960. Nachdem sie Ende der sechziger Jahre zerschlagen worden war, organisierte sich der bewaffnete Widerstand gegen das Regime erst wieder Mitte der siebziger Jahre. Die erste Guerillabewegung entstand nach einem gescheiterten Militärputsch vom 13. November 1960: Rebellen um den Offizier Marco Antonio Yon Sosa, die ursprüngliche *Gruppe MR 13*, die sich nach 1964 dem Trotzkismus zuwandte, und die *Fuerzas Armadas Rebeldes* (FAR), die in loser Verbindung zur kommunistischen Partei PGT stand.

In den siebziger Jahren bildeten sich vier neue Gruppen: die *Ejército Guerrillero de los Pobres* (EGP), 1972 von Mitgliedern der alten Guerilla gegründet; die *Organización del Pueblo en Armas* (ORPA), die zwar schon 1971 gegründet worden war, aber erst 1979 nach intensiver ideologischer Vorbereitung mit Aktionen hervortrat und sich überwiegend aus der indianischen Bevölkerung rekrutiert; die neue FAR, die mit den alten aufständischen Streitkräften nicht mehr allzuviel zu tun und ihre Basis in der christlichen Gewerkschaftsbewegung hat; der PGT-Führungskern, eine radikale Fraktion der Kommunisten, die sich 1978 von der PGT abspaltete.

Im Februar 1978 wurde das *Guatemaltekische Komitee der Patriotischen Einheit* (CGUP) als politische und diplomatische Ergänzung gegründet, die die verschiedensten sozialen und politischen Kräfte (Bauernführer, Gewerkschafter, Sozialdemokraten, Sozialisten, Kommunisten usw.) zusammenfaßt. Die CGUP strebt eine enge Verbindung mit der zuvor gegründeten politischen Dachorganisation FDCR *(Frente Democratio Contra la Represión)* an, in der über 300 unterschiedliche Organisationen versammelt sind.

Konfliktverlauf

Am 18. Juni 1954 stürzte mit Hilfe des CIA der Exilpolitiker und ehemalige Oberst Carlos Castillo Armas den Reformpräsidenten Jacobo Arbenz Guzmán. Die katholische Kirche, die Oberschicht und Teile des Mittelstandes, das Militär und Vertreter des Auslandskapitals begrüßten den

Eine Alltagsszene in Antigua 1987: Jugendliche werden auf der Straße rekrutiert, zum Mitkommen gezwungen und unter Bewachung in die nächste Kaserne transportiert.

Putsch. CASTILLO machte Reformen rückgängig, verbot Parteien und Gewerkschaften. Die weit selbstbewußtere Haltung ARBENZ' gegenüber den USA und seine forcierte Bodenreform, die den Interessen der *United Fruit Company* entgegenstand, aber etwa 100 000 Bauernfamilien (Campesinos) zugute kam, hatten andere ausländische Finanz- und Militärhilfe für CASTILLO ermöglicht.

Guatemala war faktisch eine Militärdiktatur, die zeitweise mit einer zivilen Regierungsfassade versehen wurde. Nach dem gescheiterten Offiziersaufstand von 1960 begannen die ersten Guerillakämpfe gegen das Regime. Die etwa 500 bis 600 Guerilleros operierten vorwiegend in den nordöstlichen Provinzen Izabal und Zacapa. Sie wurden ab Herbst 1966 durch besonders gut ausgebildete Antiguerilla-Einheiten unter dem Oberst ARANA OSORIO bekämpft und waren 1968 vollständig aufgerieben.

*Arana Osorio (*17.7.1918)* Staatspräsident Guatemalas von 1970 bis 1974. Der Berufsoffizier und General bekämpfte 1966/67 brutal die Guerilla und schlug mit besonderer Härte einen Aufstand in der Region von Zacapa nieder. 1970 wurde er bei einer Wahlbeteiligung von 10 Prozent zum Präsidenten »gewählt«. Nach den Wahlen im März 1974 übergab er das Amt an Kjell Eugenio Laugerud Garcia.

Die Entführung und Ermordung des US-Botschafters MEIN im August 1968 und die Ermordung des Botschafters der Bundesrepublik Deutschland, KARL GRAF SPRETI, im April 1970 waren nur noch spektakuläre Aktionen und Verzweiflungstaten einer längst besiegten Guerilla. SPRETIS Entführung war die Reaktion auf die manipulierte Wahl ARANA OSORIOS zum Präsidenten Guatemalas. OSORIO vereitelte die Freilassung des Botschafters und trug am Tod SPRETIS eine gewisse Mitschuld.

Die rechten Terrororganisationen und Todesschwadronen der *Mano Blanca* und NOA trugen durch Fememorde an politischen Gegnern und durch ihren Terror in der Bevölkerung zur Zerschlagung der ersten Guerillabewegung bei. Darüber hinaus hatten die Rebellen nicht den Rückhalt bei den Campesinos wie die Guerilla der siebziger Jahre.

Die zweite Phase des bewaffneten Kampfes stand vor dem Hintergrund allgemeiner politischer und ökonomischer Probleme (Verschärfung der sozialen Spannungen und steigende Repressionen der Regierung gegenüber den

Efrain Rios Montt (*1926)
Staatspräsident Guatemalas von 1982 bis 1983, Parlamentspräsident seit 1995. Nach einer steilen Offizierslaufbahn war Rios Montt von 1970 bis 1974 Chef des Generalstabs. 1974 bewarb er sich um das Präsidentenamt, mußte sich aber (nach Manipulationen) General Laugerud geschlagen geben. Am 23. März 1982 kam er durch einen Putsch an die Macht. Seine Amtszeit war von zahlreichen Menschenrechtsverletzungen und Morden gekennzeichnet. Mit religiösem Eifer verfolgte er die Indios. 1983 setzte ihn die Militärführung ab; nach der Wahl im August 1994 wurde er Kongreßpräsident. Ende 1995 will er zum Staatspräsidentenamt kandidieren.

Indios). Gute Verbindungen zu Gewerkschaften, linken Parteien, Studenten und vor allem zu den Indios, die sich in großer Zahl den Guerilleros angeschlossen hatten, stärkten in erheblichem Maße die militärische Kampfkraft der Rebellen (ca. 6000 Mann), die in 16 der 22 Provinzen Guatemalas operierten.

Der latente Bürgerkrieg veranlaßte die Regierung zu noch härteren Maßnahmen gegen die Guerilla und vor allem gegen die Bevölkerung, die den Rebellen Unterschlupf gewährte.

Seit dem Putsch des Generals EFRAIN RIOS MONTT im März 1982 wurden jeden Monat fast 400 bis 500 Menschen bei den Aktionen der Streitkräfte und der Todesschwadronen getötet; 9000 allein im September 1982! Seit 1954 waren etwa 100 000 Personen bei politischen Auseinandersetzungen ums Leben gekommen. MONTT hatte mit der Ausrufung des Belagerungszustandes dem Militär ein praktisch uneingeschränktes Gewaltmonopol gegeben. Alle individuellen Freiheitsrechte waren beschnitten, jegliche politische oder gewerkschaftliche Betätigung verboten. Die Schlagkraft der Guerillaverbände hat seit dem Regierungsantritt General EFRAIN RIOS MONTTS an Effektivität verloren. Von Ende März 1982 bis zum Jahresende waren allein 12 000 Menschen ums Leben gekommen. Selbst der Papstbesuch verhinderte nicht, daß Guerilleros, die eine Waffenruhe während des Besuchs angekündigt hatten, von Regierungssoldaten hingerichtet wurden.

US-Präsident RONALD REAGAN ordnete im Januar 1983 die Wiederaufnahme von Waffenlieferungen an Guatemala an, die 1978 von seinem Vorgänger im Amt, JIMMY CARTER, nach Bekanntwerden der brutalen Vorgehensweise gegen Regimekritiker eingestellt worden waren.

Im August 1983 wurde RIOS MONTT durch einen Putsch abgesetzt; seine Brutalität gegenüber den Kleinbauern und seine Massaker an Indios wollte die Militärführung nicht mehr hinnehmen. Neuer Präsident wurde MEJIA VICOTRES, der nach Wahlen im November 1985 sein Amt an den Christdemokraten VINICIO CEREZO ARÉVALO abgeben mußte. Er war der erste zivile Präsident seit 16 Jahren, der auf einem vorsichtigen Kurs zwischen Militärs und der Wirtschaftsoligarchie demokratische Ansätze versuchte. Doch viele Reformvorhaben stagnierten wegen der schlechten ökonomischen Situation des Landes.

Im August 1987 wurde ein Friedensplan für Zentralamerika von den Präsidenten von Costa Rica, → El Salvador, Guatemala und → Nicaragua unterzeichnet, der zur Beendigung der bewaffneten Konflikte in diesen Ländern beitragen sollte. Doch die Gespräche zwischen den Konfliktparteien kamen nur schwer in Gang und scheiterten schon nach kurzer Zeit. Im August 1988 begannen aber wieder »Versöhnungsgespräche« zwischen den guatemaltekischen

August 1983, Guatemala-Stadt: In den ersten Tagen nach dem Sturz von Präsident Rios Montt durch das Militär beherrschten Soldaten das Straßenbild.

Guerillas und der Regierung, die im Mai 1989 einen Putsch rechter Militärs abwehren mußte.

Bei den Präsidentschaftswahlen im Januar 1991 siegte der konservative Protestant JORGE SERRANO ELIAS. Er lehnte amerikanische Militärhilfe ab, um die im Mai 1991 wieder aufgenommenen Verhandlungen mit der Guerillaorganisation *Unidad Revolucionaria Nacional Guatemalteca* (URNG) nicht zu gefährden und um den Bürgerkrieg zu beenden.

Weitere Entwicklung

Die Verleihung des Friedensnobelpreises 1992 an RIGOBERTO MENCHU, die zur indianischen Bevölkerungsmehrheit gehört und deren Beteiligung an der Regierung fordert, hatte die Unterdrückung der Indios in Guatemala in den Blickpunkt der Weltöffentlichkeit gerückt. Im Januar 1993 nahmen die Guerillaorganisation URNG und Präsident SERRANO ihre unterbrochenen Friedensgespräche wieder auf.

Im Mai 1993 löste SERRANO das Parlament auf und setzte die Verfassung teilweise außer Kraft: Auf Druck der Armee mußte er im Juni 1993 zurücktreten, und am 6. Juni 1993 wurde der bisherige Menschenrechtsbeauftragte RAMIRO DE LEÓN CARPIO als neuer Staatschef eingesetzt, der soziale Reformen und die Beteiligung der Indianer an der Regierung versprach.

Es sollte auch zu Verfassungsänderungen kommen: Die Amtszeit des Präsidenten und die Legislaturperiode des Parlaments wurden auf vier Jahre verkürzt, die Zahl der Abgeordnetensitze wurde von 116 auf 94 reduziert. Am 30. Januar 1994 stimmten in einem Referendum 68 Prozent (bei einer Wahlbeteiligung von nur 16 % der 3,4 Mio. Wahlberechtigten) der Verfassungsreform zu.

Ramiro de León Carpio (*12.1.1942)
Staatspräsident Guatemalas seit Juni 1993. Nach einem Jurastudium war Carpio 20 Jahre als Anwalt und Notar tätig. 1983 zählte er zu den Gründern der liberalen Union del Centro Nacional (UCN), deren Generalsekretär er bis zu seinem Austritt aus der Partei 1986 war. 1989 wurde er Staatsanwalt für Menschenrechte, 1993 Nachfolger des konservativen Präsidenten Jorge Serrano, der nach seiner eigenmächtigen Parlamentsauflösung mit Hilfe des Militärs abgesetzt worden war.

Die Regierung und die Guerilla einigten sich, die im Mai 1993 unterbrochenen Friedensgespräche über ein Ende des Bürgerkriegs wieder aufzunehmen. Mehrere Gesprächsrunden blieben zunächst ohne konkrete Ergebnisse, da die Regierung sich weigerte, eine »Wahrheitskommission« nach salvadorianischem Vorbild (→ El Salvador) einzusetzen. Vereinbart wurde aber die Einsetzung einer UNO-Kommission zur Untersuchung der Menschenrechtssituation. Der Armee werden vor allem Massaker an der indianischen Bevölkerung vorgeworfen. Von 1960 bis 1994 waren im Bürgerkrieg zwischen Armee und der Indianer-Guerilla über 100 000 Menschen getötet worden, 45 000 blieben verschwunden.

Bei Verhandlungen in Oslo, die im Juni 1994 unter Vermittlung der UNO zustande gekommen waren, erklärte sich die Regierungsdelegation doch bereit, eine dreiköpfige »Wahrheitskommission« zu bilden. Auch ein Flüchtlingsabkommen wurde unterzeichnet, das die Rückführung von mehreren hunderttausend Vertriebenen vorsah.

Ab November 1994 überwachte für sechs Monate eine UNO-Kommission die Einhaltung der Menschenrechte. Die sog. Wahrheitskommission zur Aufklärung von Menschenrechtsverletzungen und Gewalttaten im Bürgerkrieg sollte aber keine Namen von Kriegsverbrechern nennen und keine rechtlichen Konsequenzen veranlassen. Allein im ersten Halbjahr 1994 wurden erneut über 800 Menschenrechtsverstöße registriert, 166 Menschen wurden ermordet, darunter auch der Präsident des Verfassungsgerichts, EDUARDO EPAMINDOS GONZALES. Der Tat verdächtig sind rechtsgerichtete Todesschwadronen.

UN-Generalsekretär BOUTROS-GHALI forderte erneut eine Kommission, die die Einhaltung der Menschenrechte kontrollieren und den Friedensprozeß beschleunigen sollte.

Bei den Parlamentswahlen am 14. August 1994 (Wahlbeteiligung knapp 20 % – die Vertreter der verfolgten indianischen Bevölkerungsmehrheit hatten zum Boykott aufgerufen) gewann die *Frente Republicano Guatemalteco* (FRG) des ehemaligen Diktators EFRAIN RIOS MONTT mit 33 Prozent der Stimmen vor der rechten *Partido Avanzada Nacional* (PAN). Der ultrarechte RIOS MONTT zog an der Spitze von 32 Abgeordneten seiner rechtsextremen *Republikanischen Front* in den Kongreß ein, dessen Präsidentschaft er 1995 übernahm. Er will bei der Staatspräsidentenwahl im November 1995 kandidieren.

Literatur: Amnesty International*: Guatemala. Politischer Mord als Regierungsprogramm.* Bonn 1981.
K. Dierkes / W. Göbels: *500 Jahre Lateinamerika. Guatemala im Brennpunkt.* Aachen 1992.
P. Gleijeses: *The United States and the Guatemalan Revolution.* Pittsburgh, 1983.
Guatemaltekische Kirche im Exil / Medico International (Hg.): *Aufstandsbekämpfung in Guatemala.* Stuttgart 1991.
S. Jonas / D. Tobias. *Guatemala.* New York 1981.
G. Molkentin (Hg.): *Guatemala. Auf dem Weg zum Frieden.* Bonn 1992.
Statistisches Bundesamt (Hg.): *Länderbericht Guatemala.* Wiesbaden 1989.

Staatsname: Republik Guatemala
Staatsform: Präsidiale Republik
Staatsoberhaupt: Ramiro de León Carpio (parteilos; seit 1993)
Regierungschef: Ramiro de León Carpio (parteilos; seit 1993)
Regierung: UCN, PDCG (seit 6.6.1993)
Parlament: Kongreß 80 Sitze (Wahl vom 14.8.1994), FRG (Republikanische Front) 32, PAN (Nationale Vorhut) 24, PDCG (Christdemokraten) 13, UCN (Zentrumsunion) 7, MLN (Nationale Befreiungsbewegung) 3, UDG (Demokratische Union) 1
Mitgliedschaft bei internationalen Organisationen: Centroamerica-4, OAS, SELA, UNO
Lage: 88°– 93° westlicher Länge, 12°–18° nördlicher Breite
Fläche: 108 889 km^2
Hauptstadt: Guatemala Stadt
Bevölkerung: 9,7 Millionen; Indianer 45 %, Mestizen 45 %, Weiße 5 %, Schwarze 2 %, Sonstige 3 %; Katholiken 75 %, Protestanten 25 %
Wirtschaft: Dienstleistung 59 %, Landwirtschaft 25 %, Industrie 16 %;
Export: Kaffee 21 %, Zucker 10 %, Bananen 8 %

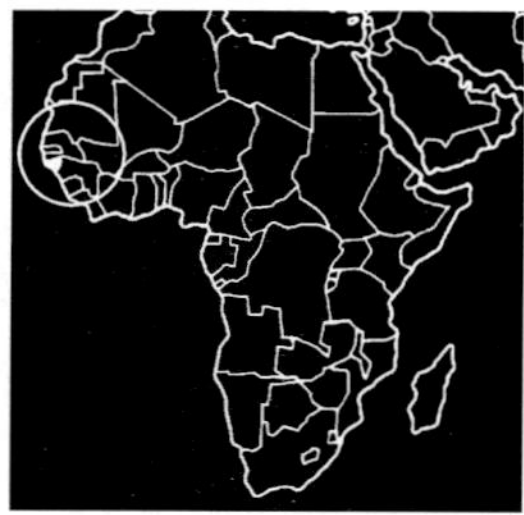

GUINEA-BISSAU

Unabhängigkeitskrieg 1959 bis 1974

Der Unabhängigkeitskampf der kleinen portugiesischen Kolonie im westlichen Afrika berührte auch die Interessensphären der NATO.

Historischer Hintergrund

Knapp 500 Jahre beherrschte Portugal das Land (zusammen mit den Kapverdischen Inseln) an der westafrikanischen Küste, an der im Jahre 1446 der portugiesische Seefahrer NUÑO TRISTAO gelandet war. Ein Jahrhundert später wurde die Region besiedelt; der Handel mit Gold, Elfenbein und Sklaven bildete den Schwerpunkt der kolonialen Wirtschaft. Nach der Ächtung und dem Verbot des Sklavenhandels wurde der Erdnußanbau zur Haupteinnahmequelle der europäischen Siedler. 1879 erhielt Guinea-Bissau den Status einer Kolonie, 1951 wurde es eine der Überseeprovinzen Portugals.

Eine Minderheit der Afrikaner konnte durch eine im Mai 1954 eingeführte Regelung den Status des sog. Assimilado erhalten und die portugiesische Staatsbürgerschaft annehmen, sofern sie die portugiesische Sprache beherrschte, einen Beruf und regelmäßige Einkünfte nachweisen konnte. Die so herangebildete und von den Portugiesen abhängige afrikanische Kleinbourgeoisie sollte das Kolonialsystem stabilisieren; doch aus dieser sozialen Schicht formierte sich auch der Widerstand gegen die Fremdherrschaft.

Wegen der geostrategischen Lage des Landes und vor allem wegen seiner Inseln im Atlantik war der Befreiungskampf auch für Portugals NATO-Partner von nicht unerheblicher Bedeutung, da sie eine Anlehnung eines unabhängigen Guinea-Bissau an den Ostblock befürchteten.

Konfliktparteien

Unabhängigkeitsbewegung

Die zentrale politische Kraft während der Unabhängigkeitsbestrebungen und danach war und ist die *Partido Africano da Independencia Guiné-Bissao e Cabo Verde* (PAIGC). Die Partei, 1956 gegründet, und ihr langjähriger Führer AMILCAR CABRAL fanden breite Unterstützung in der ethnisch sehr heterogenen afrikanischen Bevölkerung. Über 15 Jahre lang führte die PAIGC einen Partisanenkrieg. Von den Nachbarstaaten → Senegal und Guinea wurde sie

Der westafrikanische Staat Guinea-Bissau und seine Nachbarstaaten Senegal und Guinea.

mit Waffen unterstützt; kubanische Militärs bildeten führende Kader aus; diplomatische Stärkung erfuhr sie durch die Sowjetunion, die Volksrepublik → China und die *Organisation für Afrikanische Einheit* (OAU).

Kolonialmacht

Die Portugiesen und ihre Kolonialarmee – 17 000 Milizsoldaten gehörten u. a. der westafrikanischen Volksgruppe der Fulbe (Fulani) an – wurden während des Krieges von NATO-Partnern unterstützt.

Amilcar Cabral (1924–20.1.1973)
Führer der PAIGC von 1963 bis 1973. Der ehemalige Hydraulik-Ingenieur, der in Lissabon studiert hatte, stammte von den Kapverdischen Inseln und war von 1950 bis 1954 in der Kolonialverwaltung angestellt. Danach ging er in die portugiesische Kolonie Angola, wo er zusammen mit Antonio Agostinho Neto 1956 die angolanische Befreiungsbewegung MPLA gründete. In Guinea-Bissau war er Mitbegründer der PAIGC, die er seit 1963 politisch führte. Am 20. Januar 1973 wurde er im Exil in Guineas Hauptstadt Conakry von innerparteilichen Widersachern ermordet.

Konfliktverlauf

1959/60

Die PAIGC hatte in den ersten Jahren ihres Bestehens versucht, auf legalem Weg mehr politische Rechte für die Afrikaner durchzusetzen. Doch von Anfang an wurden ihre Aktivisten von der portugiesischen Kolonialverwaltung behindert und vom Geheimdienst verfolgt.

Ein erstes Fanal für den Befreiungskampf war der Hafenarbeiterstreik am 3. August 1959 in Pidjiguiti, der von den portugiesischen Militärs blutig beendet wurde. Viele Anhänger der PAIGC gingen daraufhin in den Untergrund; es kam zu vereinzelten Sabotageakten.

1960 mußte PAIGC-Führer Cabral nach Conakry, der Hauptstadt des Nachbarlandes Guinea, flüchten. Vom Exil aus koordinierte er den Widerstand und suchte, Verbün-

Antonio Sebastiao Ribeiro de Spinola (*11.4.1910)
Gouverneur und Oberbefehlshaber der Kolonialarmee von Guinea-Bissau von 1968 bis 1973; Staatspräsident Portugals 1974. Ribeiro diente als Freiwilliger im Spanischen Bürgerkrieg auf seiten Francos und war in den fünfziger Jahren Manager eines Stahlwerks. Er versuchte, die afrikanische Bevölkerung in Guinea-Bissau durch Sozialprogramme mit der Kolonialmacht zu versöhnen. 1972 kehrte er nach Portugal zurück, sprach sich für einen lusitanischen Staatenbund aller Kolonien aus und wurde nach der »Nelken-Revolution« am 25. April 1974 für kurze Zeit Staatspräsident. Ende September 1974 trat er wegen des Linksrucks der Revolution zurück. Nach einem von ihm gebilligten gescheiterten Putschversuch im März 1975 ging er nach Brasilien ins Exil, kehrte 1976 zurück und wurde 1978 rehabilitiert. Sein Buch »Portugal und die Zukunft« (veröffentlicht 1974) über die verfehlte Kolonialpolitik hatte zum Umsturz in Portugal beigetragen.

Léopold Sédar Senghor → Senegal

dete unter den afrikanischen Führern zu gewinnen. Neben seinem Exilland Guinea und dessen Präsident SÉKOU TOURÉ unterstützte ihn auch Senegals Präsident LÉOPOLD SÉDAR SENGHOR, der eher zum gemäßigten profranzösischen Lager afrikanischer Staaten gehörte (→ Senegal).

1963/64

Im Januar 1963 kam es zu einer Verhaftungswelle in Guinea-Bissau, und die Kolonialmacht verhängte den Ausnahmezustand. Die PAIGC verkündete den bewaffneten Kampf. Die Guerilleros fanden großen Rückhalt in der bäuerlichen Bevölkerung; nur die Volksgruppe der Fulbe, die etwa ein Viertel der Gesamtbevölkerung stellt, kollaborierte – wie schon in Französisch-Guinea – mit der Kolonialmacht.

Viele Freiheitskämpfer wurden aus den in die angrenzenden Staaten Geflüchteten rekrutiert. Die *Forcas Armadas Revolucionarias Populares* (FARP; Revolutionäre Volksstreitkräfte) konnten sich von nur 1000 Mann im Jahr 1964 auf fast 5000 im Jahr 1969 verstärken; hinzu kamen noch Dorfmilizen der *Forcas Armadas Locales* (FAL), die regional begrenzte militärische Operationen durchführten.

Im Juli 1964 gelang es der PAIGC bei der Schlacht um die Como-Inseln, bei der 900 Menschen starben, der übermächtigen Kolonialarmee der Portugiesen eine empfindliche Niederlage beizubringen. Daraufhin verstärkte Portugal seine Armee um das Zehnfache auf 30 000 Mann.

Die Volksrepublik China bildete in Nanking PAIGC-Militärkader zu Guerilla-Kommandeuren aus; die Sowjetunion lieferte moderne Waffen: u. a. Boden-Luft-Raketen vom Typ SAM 7, die halfen, die Luftangriffe der portugiesischen Armee abzuwehren.

1968 bis 1972

Im Mai 1968 erhielt Guinea-Bissau einen neuen Gouverneur: General ANTONIO SEBASTIAO RIBEIRO DE SPINOLA war zugleich Oberkommandierender der kolonialen Streitkräfte, und er versuchte, mit einer großangelegten sozialpolitischen Kampagne – »Für ein besseres Guinea« – den Rückhalt zu brechen, den die Aufständischen zunehmend in der Bevölkerung fanden. Dazu diente auch der 1969 einberufene Volkskongreß, der den Afrikanern gewisse Mitsprache in Regierung und Verwaltung Guineas zugestand. Der Kongreß, der bis 1974 fünfmal tagte, diente aber vorrangig den Interessen der Kolonialherren und konnte die Entwicklung zu einer eigenständigen politischen Ordnung im Land nicht mehr verhindern.

Im November 1970 scheiterte der Versuch einer Gruppe von Exilguineern und einer portugiesischen Söldnertruppe, Guineas Hauptstadt Conakry von See her zu überfallen: Dabei sollte TOURÉ gestürzt und die PAIGC-Führung zerschlagen werden.

In von der PAIGC kontrollierten Gebieten baute die Unabhängigkeitsbewegung ein soziales Netz aus: Schulen und Ambulanzen wurden errichtet, die Landwirtschaft vom monokulturellen Erdnußanbau auf Selbstversorgung umgestellt, gewählte und sich selbstverwaltende Dorfeinheiten bildeten die zukünftige politische Basis. Bei Wahlen in 11 der 15 Regionen im Oktober 1972 sprachen sich 97,1 Prozent für die PAIGC-Kandidaten einer ersten, noch provisorischen Nationalen Volksversammlung aus.

***Sékou Touré* (9.1.1922–26.3.1984)**
Staatspräsident Guineas von 1960 bis 1984. Nach der Koranschule belegte der ehemalige Postangestellte vom Stamm der Soussou Fernkurse, organisierte seit 1945 den Gewerkschaftsaufbau seines Landes, wurde 1956 Abgeordneter für Guinea in der französischen Nationalversammlung, später Bürgermeister von Conakry. 1957 bis 1972 war er Regierungschef und ab 1960 auch Staatspräsident des 1958 unabhängig gewordenen Guinea. Sein sozialistischer Kurs war immer von Distanz zu den Ostblockstaaten Europas geprägt.

1973/74

Innerparteiliche Streitigkeiten in der Führung der PAIGC führten am 20. Januar 1973 zur Ermordung von Cabral. Sein Mörder, Innocencio Kani, war einer der Mitbegründer der PAIGC und Befehlshaber der kleinen Kriegsmarine, die nur über zwei Motorboote verfügte. Hinter dem Mord vermutete man aber auch den portugiesischen Geheimdienst. Kani und seine Mitverschwörer wurden von Tourés Soldaten verhaftet und der PAIGC übergeben. Nach dem gewaltsamen Tod Cabrals änderte sich die politische Zielrichtung der Partei nicht.

Am 25. Mai 1973 gelang den Guerilleros ein entscheidender militärischer Schlag: Sie konnten ein größeres Militärlager der Portugiesen in Guiledj an der Südfront erobern.

Noch während der Kämpfe – die PAIGC kontrollierte inzwischen zwei Drittel des Landes – wurde am 24. September 1973 die unabhängige Republik Guinea-Bissau proklamiert. An die Spitze des Staatsrats wurde der bisherige stellvertretende PAIGC-Generalsekretär Luis de Almeida Cabral, ein Bruder Amilcar Cabrals, gewählt.

Fünf Monate später, am 12. Februar 1974, zeichnete sich nach der Erstürmung der portugiesischen Militärbasis Copa im Nordosten bereits der Sieg der Befreiungsbewegung ab.

Ergebnis

Unmittelbar nach der Unabhängigkeitserklärung im September 1973 wurde Guinea-Bissau von über 70 Staaten anerkannt, nicht aber von den NATO-Mitgliedsländern; am 2. November erfolgte die Aufnahme des jungen Staates, der sich noch immer im Kriegszustand mit Portugal befand, in die UNO. Erst nach dem Sturz der Diktatur in Portugal durch die »Nelken-Revolution« am 25. April 1974 wurde Guinea-Bissau auch von Lissabon anerkannt. Am 10. September 1974 wurde die Unabhängigkeitsurkunde in der portugiesischen Hauptstadt unterzeichnet.

Am 5. Juli 1975 erklärten sich die Kapverdischen Inseln ebenfalls zur souveränen Republik. Auch hier war es zu offenen Kämpfen gegen die Kolonialtruppen gekommen. Die Republik Cabo Verde bildete bald – beeinflußt von der

Luis de Almeida Cabral* *(*11.4.1931)
Staatspräsident Guinea-Bissaus von 1973 bis 1980. Der Bruder des legendären Führers der Unabhängigkeitsbewegung war der Initiator des Hafenarbeiterstreiks von 1959 und wurde 1961 Gewerkschaftssekretär. Nach dem Tod seines Bruders übernahm er die politische Führung der PAIGC und des Staatsapparats. Am 16. November 1980 wurde er durch einen Putsch entmachtet.

politischen Führung der Einheitspartei PAIGC, die sich nach sowjetischem Vorbild organisiert hatte – eine Union mit dem Festland.

Entwicklung seit Konfliktende

LUIS DE ALMEIDA CABRAL, der erste Präsident des neuen Staates, vertrat als afrikanischer Nationalist eine Politik der strikten Neutralität, obwohl ihm enge Verbindungen zu FIDEL CASTRO (→ Kuba) nachgesagt wurden. Am 16. November 1980 wurde er gestürzt; durch einen Staatsstreich kam JOÃO BERNARDO VIEIRA, einer der Partisanenchefs der PAIGC, an die Macht. Er war seit der Unabhängigkeit Verteidigungsminister und seit 1978 Ministerpräsident gewesen: Nach dem Putsch vereinigte er die Ämter des Staats-, Partei- und Regierungschefs in seiner Person.

Im September 1981 konnte VIEIRA erfolgreich das Ansinnen der UdSSR abwehren, einen Flottenstützpunkt in Guinea-Bissau zu errichten. Zu einem Putschversuch kam es im August 1983, und nach internen Auseinandersetzungen in der Regierung wurden der Außenminister, die Minister für Finanzen und Arbeit sowie der Generalstabschef wegen Korruption abgelöst.

Im Mai 1991 beschloß die Einheitspartei PAIGC, auf den Anspruch der Alleinherrschaft zu verzichten: Erste zaghafte Schritte in Richtung einer Demokratisierung wurden eingeleitet, freie Wahlen fanden aber nach mehreren Aufschüben erst im Juli 1994 statt. Staatspräsident VEIRAS PAIGC errang die absolute Mehrheit, in einer Stichwahl im August konnte er sich gegen den Kandidaten der Opposition, den Sozialisten KUMBA IALÁ, durchsetzen. Im Oktober 1994 ernannte er den bisherigen Generalsekretär seiner Partei, MANUEL SATURINO DA COSTA, zum Regierungschef.

Fidel Castro → Kuba

Durch den Verfall der Weltmarktpreise für Nüsse kam es nach 1992 zu erheblichen wirtschaftlichen Schwierigkeiten (100 % Inflation, 260 % des Bruttosozialprodukts Auslandsschulden). Spannungen mit dem → Senegal gab es, als 1993 über 11 000 Menschen aus der Casamance-Region nach Guinea-Bissau flüchteten.

Literatur: Afrika-Komitee: *Ein Volk in Bewegung kann niemand aufhalten. Die Unabhängigkeit Guinea-Bissaus.* Internationale Reihe 5. Berlin 1974.
E. Andrade: *The Cape Verde Islands.* Dakar 1974.
A. Cabral: *Die Revolution der Verdammten.* Berlin 1974.
A. Cabral: *Die Theorie als Waffe.* Wuppertal 1982.
R. R. Chilcote: *Emerging Nationalism in Portuguese Africa. Documents.* Stanford 1972.
B. Davidson: *Die Befreiung Guineas.* Frankfurt 1970.
B. Davidson: *No Fist is Big Enough to Hide the Sky. The Liberation of Guiné and Cape Verde.* London 1981.
R. Lobban: *Historical Dictionary of the Republics of Guinea-Bissau and Cape Verde.* London 1979.
Statistisches Bundesamt (Hg.): *Länderbericht Guinea-Bissau.* Wiesbaden 1990.

Staatsname: Republik Guinea-Bissau
Staatsform: Präsidiale Republik (seit 1984)
Staatsoberhaupt: João Bernardo Vieira (PAIGC; seit 1980)
Regierungschef: Manuel Saturino da Costa (PAIGC; seit 1994)
Regierung: PAIGC (seit 1974)
Parlament: Nationalversammlung 100 Sitze (Wahl vom 3.7.1994), PAIGC (ehem. Einheitspartei) 62, RGB-MB (Marktwirtschaftler) 19, PRS (Sozialisten) 12, Sonstige 7
Mitgliedschaft bei internationalen Organisationen: AKP, ECOWAS, OAU, UNO
Lage: 13°–17° westlicher Länge, 11°–12° nördlicher Breite
Fläche: 36 125 km^2
Hauptstadt: Bissau
Bevölkerung: 1 Million; Balanté 27,2 %, Fulbe 22,9 %, Mandyako 10,6 %, Pepel 10 %, Malinké 2,2 %, Sonstige 27,1 %; traditionelle Religionen 54 %, Muslime 38 %, Christen 8 %
Wirtschaft: Dienstleistung 48 %, Landwirtschaft 44 %, Industrie 8 %; Export: Cashew-Nüsse 52,8 %, Erdnüsse 11,3 %

HAITI

Bürgerkriegsunruhen von 1986 bis 1994

Nach dem Zusammenbruch des maroden Duvalier-Regimes 1986 lösten anhaltende Unruhen Putsche und Gegenputsche aus. Nach der Wahl des Armenpriesters Jean Bertrand Aristide zum Präsidenten kam es 1991 erneut zu einem Putsch. Aristide konnte erst 1994 auf internationalen Druck und aufgrund der Invasionsandrohung der USA wieder in sein Amt zurückkehren.

Historischer Hintergrund

Haiti, der westliche Teil der Karibikinsel Hispaniola, gehört zu den ärmsten Ländern der westlichen Hemisphäre. Die Insel wurde 1492 von Christoph Kolumbus entdeckt und von Spaniern besiedelt. Nach der Ausrottung der Aruaken und Kariben kamen im 16. Jahrhundert afrikanische Sklaven nach Hispaniola. Nach dem Vertrag von Ryswijk (1697) fiel der Westteil der Insel an Frankreich. Während der Französischen Revolution erhoben sich unter dem freigelassenen Sklaven TOUISSANT LOUVERTURE Schwarze und Mulatten erfolglos gegen die Franzosen. Da LOUVERTURES Truppen englische und spanische Angriffe abgewehrt hatten, wurde er von den Franzosen 1797 zum Oberbefehlshaber der Insel ernannt. Er besetzte den Westteil Hispaniolas und rief 1801 die Unabhängigkeit aus. LOUVERTURE starb im Gefängnis, sein Nachfolger JEAN JACQUES DESSALINES erklärte aber im Jahre 1804 erneut die Unabhängigkeit, und als Kaiser JAKOB I. herrschte er bis zu seiner Ermordung 1806.

1808 wurde das Land geteilt: Der Osten wurde von dem Mulatten ALEXANDER PETION relativ gemäßigt regiert, der Westen wurde von dem Schwarzen HENRY CHRISTOPHES, der sich 1811 zum Kaiser HEINRICH I. ernannte, unterdrückt. 1820 annektierte JEAN PIERRE BOYER den Osten, die heutige → Dominikanische Republik, die sich nach seinem Sturz 1844 wieder selbständig machte.

20. Jahrhundert

Von 1915 bis 1934 kontrollierten die USA das von Anarchie bedrohte Land. Es folgten Diktaturen, und wie die benachbarte → Dominikanische Republik wurde auch Haiti nur von einer Familie beherrscht. Im September 1957 wurde der Arzt FRANÇOIS DUVALIER mit Hilfe der Militärs Präsident. 1964 ernannte sich »PAPA DOC« zum Präsidenten

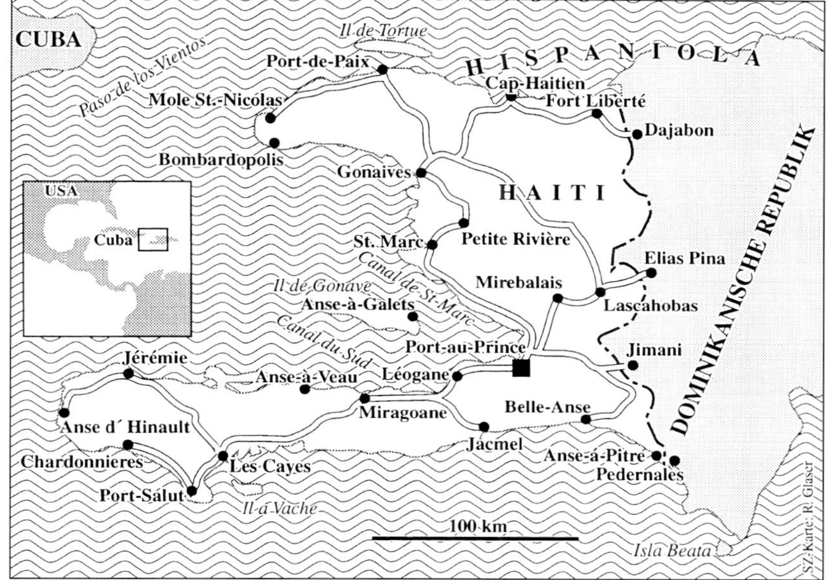

Die Karibikinsel Hispaniola ist seit 1844 in zwei Staaten geteilt, die eine ähnliche politische Entwicklung durchliefen. In Haiti wie in der Dominikanischen Republik beherrschte lange Zeit eine einzige Familie den Machtapparat.

auf Lebenszeit und errichtete einen brutalen Polizeistaat. Sein Sohn Jean-Claude (»Baby Doc«) übernahm 1971 dieses Amt, das nahezu die gesamte politische Macht in sich vereinigte. Zwar kam es zu einer kurzen Phase der Liberalisierung, doch »Baby Doc« kehrte sehr schnell zu den diktatorischen Methoden seines Vaters zurück.

Konfliktparteien

Gesellschaftliche Gruppen

Die soziale Not der Haitianer (über 70 % sind zumindest zeitweise arbeitslos), von denen sich mehr als 90 Prozent zur römisch-katholischen Kirche bekennen und viele auch Anhänger afrikanischer »Voodoo«-Kulte sind, ist groß. Mit einer Bevölkerungsdichte von mehr als 250 Einwohnern pro Quadratkilometer ist Haiti überbevölkert. Angesichts der schlechten Wirtschaftslage wanderten viele Haitianer in die Nachbarländer oder nach Nordamerika aus: Über 600 000 Haitianer leben zur Zeit im Ausland. Mehrere Putschversuche und Invasionen von Exil-Haitianern blieben erfolglos.

Bis zum Ende des 19. Jahrhunderts kämpften die Schwarzen und französisierte Mulatten um die Vorherrschaft. Die Mulatten genossen schon in der Kolonialzeit Vorrechte

»Aba Jean-Claude«: In ganz Haiti forderten Anfang Februar 1986 Demonstranten den Rücktritt von Staatspräsident Duvalier.

Jean-Claude Duvalier (*3.7.1951)
Staatspräsident von Haiti von 1971 bis 1986. Der studierte Jurist trat im April 1971 die Nachfolge seines Vaters François »Papa Doc« Duvalier an und wurde zum Staatspräsidenten auf Lebenszeit ernannt. »Baby Doc« zeigte sich zunächst bemüht, Haiti aus der Isolierung zu lösen und die sozialen Mißstände im Land abzubauen. 1983 erließ er eine neue Verfassung, die aber die Patronage der Familie Duvalier unverändert ließ. Da sich seine Versprechungen als leere Worte erwiesen, kam es auf Haiti zu anhaltenden, teils blutigen Unruhen und Streiks, die ihn 1986 zur Flucht nach Frankreich zwangen.

und bilden heute die Elite der haitianischen Gesellschaft. Sie glaubt sich den Schwarzen überlegen und übt überwiegend Berufe mit hohem Sozialprestige (Ärzte, Architekten) aus. Die Mitglieder dieser Elite leben überwiegend in den Städten, nur wenige sind Großgrundbesitzer. In den vierziger Jahren erwarben auch Angehörige der schwarzen Mittelschicht einen gewissen Wohlstand. Sie hatten Stellungen in der Verwaltung übernommen oder waren durch Handel und Gewerbe reich geworden.

Während der Herrschaft FRANÇOIS DUVALIERS wurde die mulattische Elite politisch entmachtet; sie blieb aber aufgrund ihres Lebensstils und -standards tonangebend. Unter DUVALIERS Sohn JEAN CLAUDE konnte sie wieder mehr Einfluß geltend machen.

Parteien im herkömmlichen Sinne gab es nicht, eher Wahlvereine, in denen Politiker Anhänger zu ihrer Unterstützung sammelten. Außer der *Parti de l'Unité Nationale*, der Partei der Familie DUVALIER, war nach »PAPA DOCS« Machtübernahme jegliche weitere Parteienbildung verboten. Er ließ die politischen Führer verfolgen, von denen viele aus dem Exil den Widerstand organisierten.

Militär
Die Armee besteht ausschließlich aus Freiwilligen. Neben den Streitkräften gibt es zwei paramilitärische Verbände: die *Tontons Macoutes*, deren Name auf Geister der haitianischen Mythologie verweist, und die Zivilmiliz *Volontaires de la Securité Nationale* (VSN). In beiden Verbänden waren 10 000 Mann organisiert. FRANÇOIS DUVALIER baute die VSN als Gegengewicht zu den Streitkräften auf, um deren Machtentfaltung einschränken zu können. Die nichtuniformierten *Tontons Macoutes* agierten als Geheimpolizei und wurden überwiegend gegen oppositionelle Kräfte eingesetzt. Außerdem wurde innerhalb der Armee die Spezialeinheit der *Leoparden* eingerichtet.

Konfliktverlauf

Nach anhaltenden blutigen Unruhen gegen das Regime verließ »Baby Doc« im Februar 1986 das Land und ging nach Frankreich ins Exil. Eine Regierungsjunta unter der Führung von General Henri Namphy übernahm die Macht. Es kam weiterhin zu gewaltsamen Zwischenfällen und brutalen Übergriffen von Angehörigen der politischen Polizei und der *Tontons Macoutes*, die für die Verschleppung und Ermordung zahlreicher Menschen verantwortlich waren. Namphy ernannte sich am 21. März selbst zum Präsidenten.

Am 19. Oktober 1986 fanden Wahlen mit einer Beteiligung von nur fünf Prozent statt und blieben ohne Ergebnis. Im Juni wurde die linksgerichtete Gewerkschaft wegen eines Aufrufs zum Generalstreik verboten.

Die Wahlen vom November 1987 mußten abgebrochen werden, da Banden von Duvalier-Anhängern Wahlwillige ermordet oder bedroht hatten. Im Januar 1988 wurde die Wahl wiederholt, an der sich kaum 15 Prozent der Bevölkerung beteiligten. Zum Sieger wurde der Politikwissenschaftler Leslie Manigat erklärt, der am 7. Februar als Präsident vereidigt, aber bereits im Juni von den Militärs wieder entmachtet wurde. General Namphy löste beide Kammern des Parlaments auf und ernannte eine nur aus Militärs bestehende Regierung.

Er blieb aber nur drei Monate im Amt; am 17. September putschte Generalleutnant Prosper Avril. Nach einem Generalstreik und nach massivem Druck der USA versprach Avril im März 1989 Wahlen. Anfang April konnte er einen Putschversuch niederschlagen, doch im März 1990 mußte er aufgrund von Unruhen zurücktreten. Für 72 Stunden übernahm der Oberbefehlshaber der Streitkräfte, General Abraham das Präsidentenamt, das er am 13. März bis zu den Neuwahlen im Dezember 1990 an die frühere Richterin am Obersten Gerichtshof, Erta Pascal-Trouillot, übergab.

Aus den ersten freien Parlamentswahlen ging der 37jährige katholische Armenpriester und marxistisch orientierte Befreiungstheologe Jean Bertrand Aristide als Sieger hervor. Erste Reformen, wie die Erhöhung des Mindestlohnes, sicherten Aristide die Sympathie der Massen. Aristide wollte die sozialen Mißstände auf der Insel unter anderem durch Enteignungen beseitigen. Dieses Vorhaben machte ihn zum Feind der Militärs, der Geschäftsleute und Landbesitzer. Am 30. September 1991, nach nur achtmonatiger Amtszeit, wurde er von General Raoul Cedras gestürzt. Bei dem Staatsstreich fanden mehrere hundert Menschen den Tod. Aristide wurde zunächst gefangengenommen, konnte aber am 2. Oktober nach Frankreich ausreisen. Das Ausland verurteilte den Militärputsch, verweigerte den neuen Machthabern die Anerkennung und stellte die Wirtschaftshilfe ein. Am 7. Oktober scheiterte der Versuch der

Jean Bertrand Aristide (*15.7.1953)
Staatspräsident Haitis seit 1991. Nach seiner Wahl im Dezember 1990 zum Präsidenten wollte der linksgerichtete Armenpriester die Korruption und Mißwirtschaft bekämpfen und soziale Reformen durchführen. Seine Landreform rief den heftigen Widerstand der Großgrundbesitzer und der Militärs hervor. Am 30. September 1991 wurde er durch einen Putsch gestürzt und ging über Frankreich in die USA ins Exil. Angesichts einer drohenden Intervention der USA trat die regierende Junta im Oktober 1994 zurück. Am 15. Oktober kehrte Aristide nach Haiti zurück.

Organisation Amerikanischer Staaten (OAS), ARISTIDE wieder ins Amt zu setzen; daraufhin verhängte die OAS Wirtschaftssanktionen über Haiti. Das Militär zwang das Parlament mit Waffengewalt, der Wahl des 70jährigen Richters JOSEPH NORETTE zum Interimspräsidenten zuzustimmen. Dieser stellte Neuwahlen in Aussicht und ernannte den Aristide-Gegner JEAN-JACQUES HONORAT zum Regierungschef. In der Folge bestimmten Mißwirtschaft, Terror und Korruption den Alltag: 90 Prozent der Bevölkerung lebten unter dem Existenzminimum; der aus armen Verhältnissen stammende ARISTIDE blieb der Hoffnungsträger des Volkes.

Inzwischen waren viele auf abenteuerliche Weise über das Meer zum US-Militärstützpunkt Guantanamo auf Kuba geflohen. US-Präsident GEORGE BUSH wies die Küstenwache an, Flüchtlingsboote aus Haiti abzufangen und zur Rückkehr zu zwingen, da der Stützpunkt mit 12 000 Bootsflüchtlingen bereits überfüllt war.

George Bush → Irak

Im Juni 1992 ernannte Staatspräsident JOSEPH NORETTE den konservativen Politiker MARC BAZIN, der bei den Präsidentschaftswahlen 1990 ARISTIDE unterlegen war, zum Ministerpräsidenten. Doch die wirtschaftliche Lage verschlechterte sich zusehends, der internationale Druck auf das Regime wurde immer stärker.

Das Handelsembargo und die Wirtschaftssanktionen führten Mitte 1993 zum scheinbaren Nachgeben der Militärs. Unter Vermittlung der UN stimmte CEDRAS der Rückkehr des gewählten Staatspräsidenten zu. Nach der Bestätigung des von ARISTIDE ernannten Premierministers ROBERT MALVAL durch das Parlament am 27. August wurden die internationalen Sanktionen aufgehoben.

Unter Führung der UN sollte eine multinationale Friedenstruppe von 1300 Soldaten für einen friedlichen Machtwechsel sorgen. Bewaffnete haitianische Demonstranten verhinderten jedoch, daß das erste Truppenkontingent von rund 300 US-amerikanischen und kanadischen Soldaten am 12. Oktober an Land gehen konnte. Eine Terrororganisation erschoß am 14. Oktober Justizminister GUY MALARY, einen Gefolgsmann von ARISTIDE. Da CEDRAS, entgegen seiner Zusage, am 15. Oktober nicht zurückgetreten war, ermächtigte der Weltsicherheitsrat am 16. Oktober 1993 die UN-Mitgliedsländer zur militärischen Durchsetzung eines ab 19. Oktober in Kraft tretenden Erdöl- und Waffenembargos gegen Haiti, das am 6. Mai 1994 noch einmal verschärft wurde.

Am 11. Mai setzten die Militärs den Präsidenten des Obersten Gerichtshofs EMILE JONASSAINT als Staatspräsident von ihren Gnaden ein. Im Juni forderte das amerikanische Repräsentantenhaus eine militärische Invasion auf Haiti. Daraufhin verhängte JONASSAINT den Ausnahmezustand über Haiti. Am 31. Juli billigte der UN-Sicherheitsrat das militärische Eingreifen von US-Truppen. Nur nach

September 1994: Anhänger des 1991 gewählten Staatspräsidenten Aristide forderten bei einer Demonstration in Haitis Hauptstadt Port-au-Prince die sofortige Entwaffnung der berüchtigten haitianischen Geheimpolizei, der Todesschwadronen, durch UNO-Truppen.

langwierigen Verhandlungen zwischen den Militärmachthabern und einer US-Delegation unter Führung des früheren Präsidenten Jimmy Carter konnte eine Invasion vermieden werden. Am 19. September 1994 begannen die USA mit der Stationierung von 15 000 Soldaten auf Haiti, um bis zur geplanten Ablösung durch UNO-Truppen die öffentliche Sicherheit zu garantieren.

Ergebnis und weitere Entwicklung

Am 15. Oktober 1994 traf Aristide in Port-au-Prince ein und übernahm die Regierungsgeschäfte. Seit dem Militärputsch waren mehr als 3000 Anhänger Aristides getötet und Hunderttausende in die Flucht getrieben worden, für zahlreiche Menschenrechtsverletzungen zeichnen die *Tontons Macoutes* verantwortlich. Die internationalen Sanktionen hatten vor allem die Armen getroffen. Die schwarze Bevölkerungsmehrheit konnte weder Nahrungsmittel noch Medikamente auf dem überteuerten Schwarzmarkt kaufen. Noch mehr Haitianer hatten ihre Arbeit verloren. Die schlechte Versorgung führte zu einem Anstieg der monatlichen Kindersterblichkeit von 3000 auf 4000. Das Embargo hatte auch zu schweren Umweltschäden geführt, da u. a.

Jimmy Carter → Israel

über 90 Prozent des Waldes wegen Brennstoffmangels abgeholzt wurden. Unter der Militärjunta gingen die Exporte von 163 Millionen Dollar (1991) auf 72 Millionen Dollar (1993) zurück, die Importe fielen von 300 Millionen Dollar auf 173 Millionen Dollar, zwei Drittel der Bevölkerung waren arbeitslos und unterernährt. Ende 1993 hatte Haiti über 773 Millionen Dollar Auslandsschulden.

Eine sog. Wahrheitskommission untersuchte die Menschenrechtsverletzungen; das Parlament verabschiedete im Oktober 1994 eine Amnestie für die Streitkräfte, die die Straffreiheit für die im Zusammenhang mit dem Putsch gegen Aristide verübten Verbrechen garantierte. Die Militärjunta hatte das zur Bedingung für ihren Rücktritt gemacht. Die Streitkräfte wurden von 7500 auf 1500 Mann reduziert; die Offiziere, die am Putsch beteiligt waren, mußten ihren Abschied nehmen und gingen teilweise ins Exil. Ein Polizeikorps von 7500 Mann wurde mit UN-Unterstützung ausgebildet.

Die Amtszeit des alten Parlaments war im Januar 1995 beendet. Da die Verfassung eine unmittelbare Wiederwahl verbietet, wird Aristide bei den Präsidentschaftswahlen Ende 1995 nicht mehr kandidieren.

Literatur: J. Aristide: *Laßt mich meine Geschichte erzählen. Bericht aus Haiti.* Luzern 1992.
J. Aristide: *Plädoyer für ein geschundenes Land.* Wuppertal 1994.
G. Caprio: *Haiti. Wirtschaftliche Entwicklung und periphere Gesellschaftsformation.* Frankfurt 1979.
O. Dallemand: *Haiti.* In: D. Nohlen / D. F. Nuscheler (Hg.): *Handbuch der Dritten Welt,* Band 3. Hamburg 1982.
U. Fleischmann: *Aspekte der sozialen und politischen Entwicklung Haitis.* Stuttgart 1971.
M. Labelle: *Ideologie de couleur et classes sociales en Haiti.* Montreal 1978.
D. Nicholls: *From Dessalines to Duvalier. Race, Colour and National Independence in Haiti.* Cambridge 1979.
M. Otero: *Las constituciones de Haiti.* Madrid 1968.
G. Pierre-Charles: *L'économie haitienne et sa voie de développement.* Paris 1967.

Staatsname: Republik Haiti
Staatsform: Präsidiale Republik (seit 1987)
Staatsoberhaupt: Jean Bertrand Aristide (seit 1991)
Regierungschef: Smarck Michel (seit 8.11.1994)
Regierung: Übergangsregierung (seit 8.11.1994)
Parlament: Abgeordnetenhaus 83 Sitze (Wahl vom 16.12.1990/20.1.1991), FNCD (Linksparteien) 27, ANDP (Sozialliberale) 17, PDCH (Christdemokraten) 7, PAIN (Agroindustrielle) 6, Sonstige 24, vakant 2
Mitgliedschaft bei internationalen Organisationen: AKP, OAS, SELA, UNO
Lage: 72°–74° westlicher Länge, 18°–20° nördlicher Breite
Fläche: 27 700 km²
Hauptstadt: Port-au-Prince
Bevölkerung: 6,9 Millionen; Schwarze 95 %, Mulatten 4,9 %, Weiße 0,1 %; Katholiken 80,3 %, Protestanten 15,8 %, Sonstige 3,9 %
Wirtschaft: Dienstleistung 45,6 %, Industrie 20,4 %, Landwirtschaft 34 %; Export: Leichtindustrieprodukte 70,7 %, Kaffee 10,5 %, Kunsthandwerk 5,7 %

INDIEN

Kaschmir-Konflikt 1947 und 1965
Bürgerkriegsunruhen in Kaschmir seit 1990
Grenzkonflikt mit China 1959 und 1962
Bürgerkriegsunruhen im Punjab seit 1982
Bürgerkriegsunruhen in Assam seit 1990

Indiens historische Konflikte sind bis heute nicht gelöst: Muslimische und hinduistische Extremisten stehen sich nach wie vor unversöhnlich gegenüber, was schon zur Teilung des indischen Subkontinents nach kolonialer Grenzziehung (Mac-Mahon-Linie) erst in zwei, später in drei Staaten und zu neuen Gebietskonflikten geführt hatte.

Historischer Hintergrund

3. Jahrtausend v. Chr. bis 16. Jahrhundert
Im Nordwesten des indischen Subkontinents, insbesondere im Industal und im Punjab, dem heutigen Pakistan, gab es im 3. Jahrtausend v. Chr. eine Hochkultur, die die kulturelle Entwicklung des gesamten Subkontinents beeinflußte. Das Gebiet war auch Ausgangspunkt der Eroberungszüge von Persern, Griechen, Hunnen und Türken, die über → Afghanistan und den Khaiberpaß in das Land einfielen. Zu den späteren Eroberern zählten die Arier, die um 1400 v. Chr. das politische und ökonomische Zentrum weiter nach Osten ins Gangestal verschoben. Sie gründeten verschiedene Königreiche und strukturierten die Gesellschaft in ein streng hierarchisches Kastensystem aus Priestern (Brahmanen), Kriegern (Adel), Bauern, Dienenden (Niedere) und unreinen Berufsgruppen (Unberührbare). Zwischen 272 und 231 v. Chr. gründeten die inzwischen hinduistischen Indo-Arier unter Ashoka das erste große zusammenhängende indische Reich, das durch seine wirtschaftlichen Aktivitäten (Fernhandel mit China) und seine Religionen (Hinduismus und Buddhismus) über 500 Jahre auf Ost- und Südostasien ausstrahlte. Während des Guptareiches (320 bis 500 n. Chr.) erlebte der indische Subkontinent wieder eine ausgeprägte Hochkultur, die aber von den einfallenden Hunnen zerstört wurde. Um etwa 700 verdrängte der Hinduismus den Buddhismus, und seit dieser Zeit breitete sich auch in mehreren Wellen der Islam in Indien aus.

Mit dem Beginn der Eroberungszüge der Türken im 12. Jahrhundert etablierte sich auch im Norden der Islam. Das Mogulreich (1526–1857), das den gesamten Subkontinent umfaßte, stand unter muslimischer Herrschaft und

Der Kaschmir-Konflikt zwischen Pakistan und Indien sowie religiöse und ethnische Unruhen in einigen indischen Provinzen erschüttern den Subkontinent seit Jahren.

persischem Kultureinfluß. Bis heute haben die damaligen sozialen, religiösen und ethnischen Strukturen überdauert: die Vielzahl verschiedener Völker und Stämme, Traditionen und Sprachen, die rivalisierenden Religionen (Hinduismus gegen Islam in unterschiedlichen regionalen Ausprägungen) und das Kastenwesen (seit 1950 verboten).

Kolonialzeit

Die soziale Disparität machten sich die britischen Kolonialherren zunutze. Da sie immer auf die Mithilfe der Inder angewiesen waren, förderten sie nur bestimmte Gruppen; daraus entstand eine neue indische Oberschicht (Beamte, Kaufleute, Anwälte).

Seit dem 17. Jahrhundert wickelten die Briten auf dem Subkontinent ihren Fernhandel durch die *East India Company* ab, die nach der vollständigen Eroberung – nach dem Sieg über Frankreich (1757), das mit England um die koloniale Vormachtstellung konkurriert hatte – einzelne Territorien direkt verwaltete. Fürstenstaaten, die den Engländern wohlgesonnen waren, erhielten begrenzte innere Autonomie (Indirect Rule).

Nach dem ersten großen Aufstand (1857) gegen die Kolonialmacht wurde die *East India Company* aufgelöst (1858) und Indien der direkten Verwaltung Londons unterstellt, das durch einen Vizekönig in Delhi vertreten war. Der aufkommende Nationalismus (begünstigt durch die europäische Erziehung der neuen Oberschicht) dokumentierte sich in der Gründung der (mehrheitlich hinduistischen)

Mohandas Karamschand Gandhi (2.10.1869–30.1.1948)
Führer der indischen Unabhängigkeitsbewegung. Der Hindu studierte in England, war Rechtsanwalt in Bombay und 1893 Führer der indischen Minderheit in Südafrika. Seit 1920 organisierte er den gewaltlosen Widerstand gegen die britische Kolonialmacht durch zivilen Ungehorsam und Wirtschaftsboykott. Von 1924 bis 1937 war Ghandi, genannt »Mahatma« (Große Seele), Präsident der Kongreßpartei; am 30. Januar 1948 wurde er von einem fanatisierten politischen Gegner ermordet.

Kongreßpartei (1885), die Reformen, Mitsprache und Unabhängigkeit forderte. Den Machtansprüchen der Nationalisten begegneten die Engländer mit Unterdrückungsmaßnahmen, aber auch mit Teilzugeständnissen.

Die indischen Muslime organisierten sich 1906 in der *Muslim-Liga*, in der bald auch die Forderung nach selbständiger politischer Repräsentanz und 1940 sogar nach einem eigenen Muslim-Staat (Pakistan) laut wurde. Die zentrale Figur des indischen Unabhängigkeitskampfes war der Führer der *Kongreßpartei*, Mohandas Karamschand (»Mahatma«) Gandhi, der mit politischen Kampagnen und gewaltfreien Aktionen (Boykott und ziviler Ungehorsam) die Freiheit Indiens erzwang. Die eskalierenden Auseinandersetzungen zwischen Hindus und Muslimen verhinderten, daß ganz Indien zu einem zusammenhängenden »Dominion« (britisches Herrschaftsgebiet im Commonwealth) erklärt werden konnte, wie die Briten es ursprünglich vorgehabt hatten. Resultat der unüberbrückbaren Gegensätze zwischen den beiden Religionsgemeinschaften war die Teilung in einen muslimischen Staat (→ Pakistan) und einen Hindu-Staat (Republik Indien), jeweils mit Dominion-Status.

Konfliktparteien

Auch Bengalen (→ Bangladesch) und der Punjab, Provinzen mit einem hohen Anteil von Anhängern beider religiösen Gruppen, entschieden sich für die Sezession. Die North-Western-Frontier-Provinz verlangte einen eigenen Staat (Paschtunistan), konnte sich aber nicht durchsetzen und schloß sich → Pakistan an. Die übrigen 560 Fürstentümer mußten sich ebenfalls für einen der beiden Staaten entscheiden: Die Mehrheit schloß sich auf mehr oder weniger starken Druck der Indischen Union an. Hingegen wurde das fruchtbare Kaschmir zum Zankapfel zwischen dem islamischen Pakistan, das sich mit den USA verbündete und durch Wirtschafts- und Militärhilfeabkommen (Mitgliedschaft in der SEATO) dem Westen zuordnete, und Indien, das neutral blieb und eines der führenden Länder der »Blockfreien« wurde.

Im innerindischen Konflikt in Kaschmir stehen sich gegenüber: muslimisch-fundamentalistisch orientierte propakistanische Organisationen wie die *Hizbul-Mudschaheddin, Allah-Tigers, Al-Omar-Mudschaheddin, Muslim Student's Federation, Islami-Jammiat-Tulba*, die pro-pakistanische *Jammu and Kashmir People's League* und die politischen Gruppierungen, die für die Unabhängigkeit Kaschmirs eintreten: *Jammu and Kashmir Liberation Front* (JKLF), *Kashmir Student's Liberation Front* (KSLF), *Mahaz-i-Azadi, Kashmir Mudschaheddin Liber-*

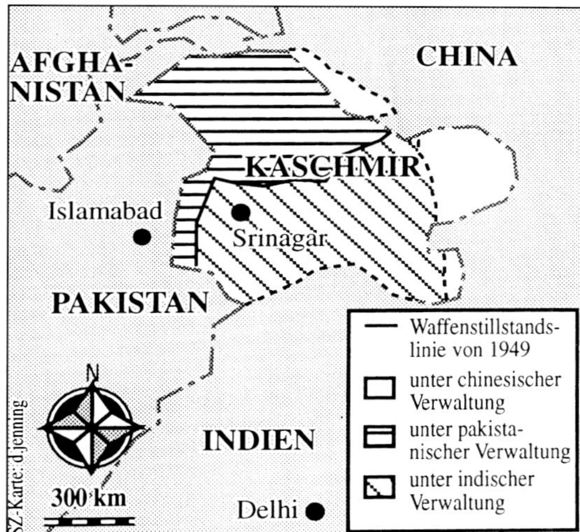

1957 wurde der von Indien seit 1947 besetzte Teil Kaschmirs in die Republik Indien eingegliedert. Die Aufstände der mehrheitlich muslimischen Bevölkerung wurden seither immer wieder von Pakistan unterstützt. Seit 1990 kämpft die Jammu and Kashmir Liberation Front für ein vereinigtes unabhängiges Kaschmir.

ation Front. Sie alle sehen in der indischen Zentralmacht ihren Hauptfeind.

Im Punjab-Bürgerkrieg, der seit Juli 1982 die Provinz erschüttert, sind es die *Khalistan Liberation Force* (KLF), *Khalistan Commando Force* (KCF) und mehr als 30 kleinere politische Gruppen, im Bürgerkrieg in Assam seit 1990 die Kampfverbände der *United Liberation Front of Assam* (ULFA), die gegen indische Regierungstruppen kämpfen.

Indien mußte sich auch noch an der Grenze zu China im Norden, in der Kaschmir-Provinz Ladakh und im Nordosten an der Mac-Mahon-Linie (der Grenze zwischen → Tibet, → China und Indien) gegenüber Peking behaupten (s. u.).

Konfliktverlauf

Kaschmir-Konflikt 1947 und 1965

Wegen des Streits um die Teilung des historischen Punjab kam es noch vor der eigentlichen Unabhängigkeit Pakistans und Indiens zu schweren Ausschreitungen und Massakern zwischen Hindus und Muslimen, in deren Folge acht Millionen Muslime nach → Pakistan und sechs Millionen Hindus von dort nach Indien flüchteten. Die blutigen Unruhen forderten an die 10 Millionen Tote.

Mahatma Gandhi, ein Gegner der Teilung und Verfechter eines Minderheitenschutzes für die Muslime, versuchte vergeblich zu vermitteln. Das brachte ihn zwischen die

Fronten: Am 30. Januar 1948 wurde er von einem fanatisierten radikalen Hindu ermordet.

In der Kaschmirfrage traten die geschichtlichen Ursachen des Konflikts am deutlichsten hervor. Das historische Kaschmir war als Eingangstor Indiens im Norden vielen Eroberungen ausgesetzt gewesen. Seit Mitte des 19. Jahrhunderts hatten die Sikhs von der Provinz Punjab aus Kaschmir erobert und dort eine hinduistische Maharadscha-Herrschaft begründet. 75 Prozent der Bevölkerung waren aber Muslime, die für einen Anschluß an → Pakistan plädierten, während der Hindu-Maharadscha für Indien votierte: Beide Staaten erhoben Anspruch auf die Region. Im Oktober 1947 versuchten bewaffnete islamische Pathani, die Kaschmirfrage gewaltsam zu entscheiden. Auch einige der westlichen Stämme Kaschmirs erhoben sich gegen den hinduistischen Maharadscha, der Hilfe von Delhi erwartete und sich am 27. Oktober 1947 der Indischen Union anschloß. Indien schickte Luftlandetruppen, denen es gelang, während des fast zweijährigen Krieges drei Viertel Kaschmirs zu erobern.

Die UNO verlangte in ihren Beschlüssen, daß eine Volksabstimmung unter UN-Kontrolle über die Zugehörigkeit Kaschmirs entscheiden solle. Doch Indien setzte sich über diese Forderungen hinweg, erzwang in den Waffenstillstandsvereinbarungen den Abzug der pakistanischen Truppen und die Teilung Kaschmirs entlang der Waffenstillstandslinie, wie sie die UNO 1949 festgelegt hatte. Im Januar 1957 wurde der von Indien besetzte Teil Kaschmirs in die Republik Indien (seit 1950) eingegliedert.

Doch → Pakistan erhielt seinen Anspruch aufrecht. 1963/64 schürte Pakistan Aufstände der muslimischen Bevölkerung in Kaschmir. Vom 30. August bis 29. September 1965 kam es an der Waffenstillstandslinie zu heftigen Kämpfen zwischen beiden Armeen. Der indische Angriff auf die Grenze wurde von Pakistan mit schweren Bombardements gestoppt.

Aber die Luft- und Panzergefechte brachten beiden Seiten keinen territorialen Gewinn. Während der Kämpfe stellten die UdSSR, die USA und Großbritannien jegliche Wirtschafts- und Militärhilfe für beide Seiten ein. → China drohte den Indern im Falle einer Verletzung der chinesischen Grenze mit Vergeltungsschlägen. Am 20. September forderte der UN-Sicherheitsrat die beiden Konfliktparteien ultimativ auf, die Kampfhandlungen einzustellen; am 29. September herrschte Waffenruhe, aber die Truppen zogen sich nicht zurück.

Erst durch Vermittlung Moskaus wurden die Truppen hinter den bisherigen Grenzverlauf zurückgezogen, und im Abkommen von Taschkent (10.1.1966) vereinbarten beide Seiten wieder den Austausch von Botschaftern. Im Dezember 1971 kam es noch einmal zu einer größeren kriegeri-

Srinagar im Februar 1990: Indische Sicherheitskräfte lösen gewaltsam einen Umzug auf, bei dem muslimische Einwohner für die Unabhängigkeit Kaschmirs demonstrierten.

schen Auseinandersetzung zwischen → Pakistan und Indien, als Neu-Delhi zugunsten der sezessionswilligen Bevölkerung in Bengalen (→ Bangladesch) eingriff und Pakistan Indien in Kaschmir angriff.

Bürgerkriegsunruhen in Kaschmir seit 1990

Seit 1987 formierte sich im von Indien verwalteten Teil Kaschmirs (Bundesstaaten Jammu und Kaschmir) ziviler und militärischer muslimischer Widerstand, der Anfang 1990 zum Krieg eskalierte. Die Bevölkerung Kaschmirs wurde von der indischen Regierung ökonomisch, sozial und politisch diskriminiert. Hinzu kamen religiöse und ethnische Spannungen, die in der Forderung der zahlreichen politischen und religiösen militanten Splittergruppen nach einer Sezession gipfelten.

Die JKLF kämpft für ein unabhängiges Kaschmir unter Einschluß des pakistanischen Teils; sie dominierte seit Beginn der Auseinandersetzung den Konflikt. Nach den militärischen Erfolgen der indischen Sicherheitskräfte gegen die JKLF und nach umfassenden Repressionen gegen die muslimische Bevölkerung sind inzwischen die pro-pakistanischen, muslim-fundamentalistischen Gruppen um die *Hizbul-Mudschaheddin* zu den Hauptgegnern der indischen Truppen geworden.

Die öffentliche Ordnung ist in weiten Bereichen zusammengebrochen, der wachsende Einfluß der Fundamentalisten ist überall zu spüren. Die indische Zentralregierung hat die kaschmirische Administration (President's Rule) über-

Shri Narasimha Rao (*18.6.1921)
Indischer Premierminister seit 1991.
Der Literat und promovierte Jurist gilt als treuer Gefolgsmann der Nehru-Gandhi-Familie und war Parlamentsabgeordneter in seinem heimatlichen Bundesstaat Andhra Pradesh seit 1957, ab 1977 im Bundesparlament in Neu-Delhi. In den achtziger Jahren war Rao Außen-, Innen- und Verteidigungsminister. 1989 trat er in den Ruhestand, wurde aber nach der Ermordung Rajiv Gandhis Vorsitzender der Neuen Kongreßpartei und im Juni 1991 Premierminister.

nommen und hart durchgreifende Gouverneure eingesetzt. Der innerindische Kaschmir-Konflikt berührt auch das Verhältnis zu → Pakistan. Zwei Kriege hat es zwischen den beiden Staaten um Kaschmir gegeben, die bisher zu keiner Lösung des Konflikts geführt haben. Pakistan schürt den innerindischen Konflikt durch Waffenlieferungen an die extremistischen muslimischen Organisationen in Jammu und Kaschmir sowie an die militanten Sikh-Organisationen im Punjab (s. u.). Indien soll damit innenpolitisch destabilisiert werden. Truppenverstärkungen beider Seiten an der Grenze hatten schon Evakuierungen indischer Grenzdörfer zur Folge. Zunehmende militärische Grenzzwischenfälle haben zur Flucht von Hindus aus Kaschmir geführt. Im September 1991 mußte das Militär gewaltsam gegen die separatistischen Gruppen in Kaschmir vorgehen. Im August 1992 kam es nur kurzfristig zu einer leichten Entspannung im Verhältnis zu → Pakistan, als beide Staaten den Verzicht auf Chemiewaffen vereinbarten. Die Verfolgung der Muslime und die andauernden gewalttätigen Auseinandersetzungen in Kaschmir belasten das Verhältnis. Muslimische Separatisten besetzten am 15. Oktober 1993 die Hazratbal-Moschee in Srinagar, die daraufhin von Sicherheitskräften umstellt und vollständig abgeriegelt wurde. In den folgenden Wochen wurden bei blutigen Zusammenstößen zwischen Sicherheitskräften und muslimischen Demonstranten über 50 Muslime getötet. Nach 32 Tagen ergaben sich die Besatzer. Mehrere führende Politiker muslimischer Separatistenbewegungen wurden festgenommen.

An der Beerdigung des ermordeten muslimischen Politikers Qazi Nissar, der für den Anschluß Kaschmirs an Pakistan eingetreten war, nahmen über 100 000 Menschen teil. Insgesamt sind von 1990 bis 1994 bei den Kämpfen zwischen den muslimischen Extremisten und den Regierungstruppen 10 000 Menschen ums Leben gekommen. Premierminister Shri Narasimha Rao bekräftigte im August 1994 noch einmal den Anspruch Indiens auf den von → Pakistan verwalteten Teil Kaschmirs.

Grenzkonflikt mit China 1959 und 1962

Pekings eindeutige Drohungen während des 2. Kaschmir-Krieges hatten ihre Ursache in den langjährigen Grenzkonflikten an der Mac-Mahon-Linie und in der Kaschmir-Region Ladakh. → China hat die Grenzziehung von 1913/14 durch die Briten bei der Tibet-Konferenz in Simla inzwischen akzeptiert.

Während des großen Aufstands in → Tibet kam es im Herbst 1959 auch in Ladakh zu Zwischenfällen; Indien fühlte sich durch das Vorgehen der Chinesen in Tibet beunruhigt und bedroht, Grenzkommissionen fanden keine Lösung. Als Peking mit → Pakistan über die Grenze zu Kaschmir verhandelte (1962) und der Streit um die Ge-

Juli 1984: Nachdem indische Truppen den Goldenen Tempel in Amritsar, das höchste Heiligtum der Sikhs, gestürmt hatten, kam es im Punjab, aber auch in Neu-Delhi zu gewalttätigen Protesten aufgebrachter Sikhs.

biete der Mac-Mahon-Linie immer noch nicht geklärt war, sondern sich sogar zuspitzte, griff Indien militärisch ein. Diese Aktion scheiterte jedoch an einer Gegenoffensive der Chinesen, die am 20. Oktober 1962 in Ladakh und an der Mac-Mahon-Linie begann. Die chinesischen Truppen drangen weit auf indisches Territorium vor und machten erst an der Linie halt, die Pekings Grenzverlaufsvorstellungen entsprach. Am 21. November gaben sie einseitig den Waffenstillstand bekannt.

Im Laufe des Konflikts hatte Indien die USA um Militärhilfe gebeten, denn die indische Armee war den besser bewaffneten chinesischen Truppen weit unterlegen. Durch internationale Vermittlung zogen sich die Chinesen bis zum März 1963 aus den besetzten Gebieten im Nordosten zurück. Im Juli 1994 vereinbarten beide Seiten, die alte Handelsroute über den Shipkila-Paß im Bundesstaat Himachal Pradesh, der 1962 während der chinesischen Besatzung → Tibets geschlossen worden war, wieder zu öffnen.

Bürgerkriegsunruhen im Punjab seit 1982

Für mehr Autonomie und einen eigenen Staat »Khalistan« (Land der Reinen) kämpfen die *Khalistan Liberation Force* (KLF), die *Khalistan Commando Force* (KCF) und mehr als 30 kleinere Organisationen. Nach dem Ende der britischen Kolonialherrschaft 1947 wurde im Zuge der indisch-pakistanischen Sezession auch der Punjab geteilt. Zu → Pakistan kam die historische Metropole Lahore. Durch die Flucht von Millionen Hindus und Sikhs aus dem fruchtbaren West-Punjab veränderte sich die demographische Struktur des indischen Punjab. 1966 wurden nach einem manipulierten Referendum Gebietskorrekturen entsprechend der Sprachenanteile vorgenommen.

Extremistische Sikhs fordern wegen ihrer ökonomischen, politischen und religiösen Benachteiligung seit 1980 verstärkt Autonomie für den Punjab, und seit Juli 1982 kämp-

Indira Gandhi* *(19.11.1917–31.10.1984)
Indische Premierministerin von 1966 bis 1977 und von 1980 bis 1984.
Indira Gandhis Familie stammt aus Kaschmir, sie war Tochter des Premierministers Pandit Nehru. Nach der Schule in der Schweiz absolvierte sie ein Geschichtsstudium in England und Indien. Während des Unabhängigkeitskampfes war sie mehrfach inhaftiert. Nach der Erlangung der Unabhängigkeit wurde sie in den fünfziger Jahren Ministerin, 1966 Vorsitzende der Kongreßpartei und Premierministerin und übernahm 1969 den Vorsitz der fortschrittlichen Mehrheitsfraktion, betrieb deren Abspaltung und begründete damit die Neue Kongreßpartei. Als sie 1975 wegen korrupter Praktiken im Jahr 1971 rechtsgültig verurteilt wurde, verhängte sie den Ausnahmezustand. Bei den Wahlen im März 1977 verlor sie ihre parlamentarische Mehrheit, errang aber 1980 eine Zweidrittelmehrheit und regierte bis zur Ermordung durch ihre Sikh-Leibwächter im Oktober 1984.

fen sie mit Waffengewalt für einen eigenen Staat. Der Goldene Tempel in Amritsar, eines ihrer wichtigsten Heiligtümer und Zentrum der Sikh-Rebellen, wurde am 5. Juli 1984 von indischen Soldaten gestürmt. Es wurden mehr als 1000 Aufständische samt ihrem Anführer SANT JARNAIL SINGH BHINDRANWALE getötet, und das Herz des Heiligtums, das Akal Takht, wurde zerstört. Am 31. Oktober wurde als Reaktion auf das Massaker und die Zerstörung des Tempels die indische Premierministerin INDIRA GANDHI von Sikh-Leibwächtern ermordet. Es kam zu Pogromen in ganz Nordindien, bei denen mehr als 3000 Sikhs ums Leben kamen.

Der Sohn INDIRA GANDHIS und ihr Nachfolger im Amt des Premierministers, RAJIV RATAN GANDHI, versuchte in Verhandlungen mit dem Führer der Sikh-Partei *Akali-Dal*, HARCHAND SINGH LONGOWAL, den Konflikt einzudämmen, doch als dieser von extremistischen Sikhs ermordet wurde und die *Akali-Dal*-Regierung 1987 unter dem Druck der politischen Entwicklung zurücktreten mußte, kam es zu keiner friedlichen Einigung mehr. Die Radikalen bekamen immer mehr Zulauf. 1986 war der Goldene Tempel, in dem der Staat »Khalistan« ausgerufen wurde, erneut Zentrum des Aufstandes gegen die indische Zentralregierung. Daraufhin wurden die indischen Truppen im Punjab verstärkt.

Der Punjab wird nicht nur von innen, sondern auch von außen bedroht. Er hat eine gemeinsame Grenze mit → Pakistan, an der es immer wieder zu Gefechten kommt, und mit dem indischen Bundesstaat Kaschmir (s. o.). »Khalistanis« kontrollieren einige Distrikte an der pakistanischen Grenze. Dort wurde eine eigene Gerichtsbarkeit eingeführt, und es werden eigene Steuern eingetrieben. Diese Gebiete werden allmählich ausgedehnt: so zum Beispiel in Amritsar und Chandigarh. Die mehrheitlich von Hindus bewohnten Orte wurden von indischen Soldaten bewaffnet. 1991 gab es mehr als 5000 Tote, davon waren zwei Drittel Zivilisten. Seit 1986 flüchteten Hunderttausende von Hindus, aber auch Sikhs vor dem Bürgerkrieg in die benachbarten Bundesstaaten. Es kam wiederholt zu Massakern an den Angehörigen der jeweils anderen Volksgruppe.

Die *Kongreßpartei* errang im Februar 1992 im Punjab einen hohen Wahlsieg, der ihr nicht nur die Macht in diesem Bundesstaat sicherte, sondern auch die Mehrheit im Bundesparlament verschaffte. Wegen Terrordrohungen von Sikh-Extremisten nahmen aber nur 28 Prozent der Wahlberechtigten an der Abstimmung teil. Bei Feuergefechten im Juli/August 1992 töteten die Sicherheitskräfte mehrere hohe Führer der Sikhs. Aus Rache ermordeten Sikh-Terroristen daraufhin 31 Polizisten und deren Familien. Bei einem weiteren Anschlag im November 1992 verloren 16 Hindus ihr Leben.

Blutige Zusammenstöße in Ayodhya im Oktober 1990: Fünf fanatische Hindus wurden von Soldaten erschossen und mehr als 20 weitere verletzt, als sie versuchten, ein Gelände zu stürmen, auf dem Hindus eine Moschee abreißen und einen Tempel errichten wollten. Im Dezember gelang es 300 000 Hindus, die Moschee zu zerstören; der dadurch ausgelöste Religionskrieg forderte seither über 2000 Todesopfer.

Bürgerkriegsunruhen in Assam seit 1990
Die ungerechte ökonomische Umverteilung zwischen Einheimischen und bengalischen Siedlern in der nordöstlichen Provinz Indiens führte zu erheblichen sozialen Spannungen. Die Region leidet unter der rückständigen industriellen Entwicklung und unter der Vernachlässigung durch die Zentralregierung in Neu-Delhi, die u. a. die Gewinne aus dem Erdölgeschäft, der Juteproduktion und dem Teeanbau nur zu einem geringen Teil in die Provinz zurückfließen läßt.

Konflikte zwischen Assamesen und Neusiedlern aus Bengalen Ende der siebziger und Anfang der achtziger Jahre eskalierten 1983 zu Massakern an der bengalischen Bevölkerung. Die von der Zentralregierung angeordnete Rücksiedlung der Bengalen 1985 schwächte den Konflikt nur für wenige Jahre ab; seit 1988 verschärfte er sich erneut.

Die aus der Studentenbewegung entstandene *United Liberation Front of Assam* (ULFA) nutzte diese ethnischen Spannungen und forderte, unterstützt durch einen Untergrundkampf gegen die indische Zentralregierung, ein unabhängiges Assam (Swadhin Asom). 1990 eskalierten die bewaffneten Auseinandersetzungen: Die ULFA hatte in weiten Teilen Assams entlang dem Brahmaputra eine eigene Verwaltung aufgebaut, die sich aus erpreßten

Rajiv Ratan Gandhi
(20.9.1944–21.5.1991)
Premierminister von 1984 bis 1989. Der Sohn Indira Ghandis und Enkel Pandit Nehrus war bis 1980 Pilot. 1981 wurde er Parlamentsabgeordneter und 1983 einer der fünf Generalsekretäre der Neuen Kongreßpartei. Nach der Ermordung seiner Mutter 1984 übernahm er das Amt des Premierministers bis 1989. Den Attentatsversuch eines Sikh überlebte er 1986. Bei einer Veranstaltung zu den Parlamentswahlen 1991 wurde er von radikalen Tamilen ermordet.

Abgaben der Teeplantagenbesitzer finanzierte. Die Ablehnung von Schutzgeldzahlungen führte zu Anschlägen, und die Teeproduktion erlitt Einbußen. Um die Entwicklung in Assam besser unter Kontrolle zu bekommen, löste eine Direktverwaltung aus Delhi (seit November 1990) die korrupte Regionalverwaltung, der auch die Unterstützung der ULFA vorgeworfen wurde, ab.

Die Armee begann Ende 1990 eine fünfmonatige Offensive und im September 1991 eine weitere. Die ULFA – inzwischen auch in interne Flügelkämpfe verstrickt – wurde immer mehr in die Defensive gedrängt und erklärte einen einseitigen Waffenstillstand. Doch militante Führer der ULFA halten weiterhin am bewaffneten Kampf fest.

Im Juli 1994 kamen bei Unruhen zwischen Muslimen und dem Volksstamm der Bodo 50 Menschen ums Leben. 60 000 Bewohner Assams flohen an die Grenze zu Bhutan in die Landeshauptstadt Dispur. Die Bodo, 1,4 Millionen der etwa 22 Millionen Einwohner Assams, fordern einen eigenen Staat.

Weitere Entwicklung

Die historischen Konflikte zwischen extremistischen Muslimen und radikalen Hindus, die sich bis in die Gegenwart fortsetzen, bestimmen seit Jahrzehnten die innenpolitische Entwicklung Indiens.

Am 30. Oktober 1990 brachen Unruhen in der nordindischen Stadt Ayodhya (Uttar Pradesh) aus und forderten über 2000 Tote. Zehntausende fanatisierte Hindus hatten versucht, eine der ältesten Moscheen Indiens, die Babri-Moschee in Ayodhya, abzubrechen und an ihrer Stelle einen Hindutempel zu errichten.

Am 21. Mai 1991 kam RAJIV GANDHI, der von 1984 bis 1989 Premierminister gewesen war, auf einer Wahlveranstaltung im südindischen Sriperumbudur bei einem Bombenattentat ums Leben. Ihm hatte man zugetraut, das Land aus der schwierigen politischen Situation und wachsenden Armut zu führen. Bei dem Attentat starben neben GANDHI und der mutmaßlichen Attentäterin 16 weitere Personen.

Die srilankische Widerstandsorganisation *Befreiungstiger von Lhmil Eelam* (LTTE) wurde verdächtigt, den Anschlag geplant zu haben, da die Rebellen im Nachbarstaat → Sri Lanka von einem politischen Comeback GANDHIS einen Rückschlag ihres bewaffneten Kampfes befürchteten. GANDHI hatte in seiner Zeit als Premier im Sommer 1987 die Entsendung indischer Truppen nach Sri Lanka befürwortet, die den Kampf gegen die tamilischen Separatisten aufnahmen.

Die Drahtzieher des Mordes an GANDHI, die sich der Verhaftung durch Selbstmord entzogen, verfügten im

Bundesstaat Tamil Nadu über eine gut ausgebaute Infrastruktur.

Im September 1991 wurde ein Gesetz beschlossen, nach dem alle Tempel des Landes unter Schutz gestellt werden, um deren Verwüstung durch andere Religionsgruppen zu verhindern. Ein im Dezember 1991 bis Januar 1992 als »Pilgerzug der Einheit« deklarierter Marsch militanter Hindus von Süd- nach Nordindien führte unterwegs mehrfach zu gewalttätigen Auseinandersetzungen.

Der seit Jahren schwelende Konfessionskonflikt erreichte am 6. Dezember 1992 einen weiteren Höhepunkt in Bombay. Die Hindus verlangten, auf dem Platz der 1528 errichteten Moschee wieder einen Tempel für den Hindu-Gott Ram zu errichten. *Der Welt-Hindu-Rat* (*Vishwa Hindu Parishad;* NHP) rief zwar zu einem gewaltfreien Vorgehen auf, doch im Verlauf einer zunächst friedlichen Großkundgebung mit 300 000 Gläubigen wurde die Moschee von fanatischen Hindu-Gruppen vollständig zerstört.

In den folgenden Tagen kam es in vielen Städten Indiens, vor allem in Bombay, zu blutigen Auseinandersetzungen zwischen Hindus und Muslimen, bei denen über 1200 Menschen getötet wurden. Über zahlreiche Städte wurde eine Ausgangssperre verhängt.

Infolge der gewalttätigen Ereignisse verbot die Regierung drei hinduistische und zwei muslimische Extremistenorganisationen. Staatspräsident SHANKAR DAYAL SHARMA, im Juli 1992 als Kandidat der regierenden *Neuen Kongreßpartei* zum neuen Staatsoberhaupt Indiens gewählt, löste die Landesparlamente der Bundesstaaten Madhya Pradesh, Rajasthan und Himachal Pradesh auf und entließ die Regierungen; die Gliedstaaten wurden der Zentralregierung unterstellt.

Trotzdem dauerten die Auseinandersetzungen an und eskalierten im März 1993, als über 300 Menschen Bombenanschlägen zum Opfer fielen. Auf seiten der Hindus gilt die *Janata-Dal-Partei* als hauptverantwortlich für die Gewaltexzesse, ihre Führer waren bereits im Dezember 1992 entlassen worden.

Gegen den Beschluß, auf dem Gelände der Babri-Moschee sowohl einen Tempel als auch eine Moschee zu errichten, protestierten Hindus und Muslime, und es kam wieder zu blutigen Ausschreitungen in Bombay. Zehntausende, zumeist Muslime, flüchteten aus der Stadt. Auch im benachbarten Bundesstaat Gujarat gab es religiös motivierte Gewalttaten.

Im März 1993 kam es zu einer Serie von 13 Bombenanschlägen in Bombay, bei denen 300 Menschen getötet und mehr als 1000 verletzt wurden und zu denen sich Angehörige der Religionsgemeinschaft der Sikhs bekannten. Wenige Tage später wurden bei einer Bombenexplosion in Kalkutta mindestens 60 Menschen getötet.

Shankar Dayal Sharma (*19.8.1918)

Staatspräsident Indiens seit 1992. Der Angehörige der obersten Kaste der Brahmanen studierte Jura und promovierte in Cambridge. Er nahm am Unabhängigkeitskampf gegen die Briten teil. Der strenggläubige Hindu gilt als loyaler Anhänger der Familie Nehru-Gandhi. Er war von 1950 bis 1956 Parlamentsabgeordneter im Bundesstaat von Madhya Pradesh in Bhopal. Danach bekleidete er bis 1971 mehrere Ministerämter in Madhya Pradesh und war auch Gouverneur in drei Bundesstaaten; von 1972 bis 1974 war er Vorsitzender der Neuen Kongreßpartei. Für sie war er Parlamentsabgeordneter in Neu-Delhi von 1970 bis 1977 und wieder von 1980 bis 1984. 1987 wurde er zum Vizepräsidenten und im Juli 1992 zum Staatspräsidenten gewählt.

Gewalttätige Auseinandersetzungen zwischen Hindus und Muslimen forderten Anfang Mai 1993 im Bundesstaat Manipur mindestens 100 Menschenleben.

In den Bundesstaaten Jammu, Kaschmir und Punjab sind seit 1990 über 200 Personen verschwunden. *Amnesty International* wirft der Regierung Tatenlosigkeit in bezug auf die von den Sicherheitskräften begangenen schweren Menschenrechtsverletzungen vor, u. a. Folter und Mord von Gefangenen; zunehmend würden die Übergriffe vertuscht.

Mitte Juli 1994 wurden 73 Angehörige der Sicherheitskräfte wegen Menschenrechtsverletzungen in den Unionsstaaten Jammu und Kaschmir zu Haftstrafen von bis zu zehn Jahren verurteilt; 101 weitere wurden vom Dienst suspendiert oder degradiert.

Die bis dahin noch nicht in Erscheinung getretene Rebellengruppe *Al Faran*, die ebenfalls mit Guerillamethoden für die Loslösung Kaschmirs von Indien kämpft, entführte im Sommer 1995 europäische Touristen und drohte mit deren Hinrichtung, falls inhaftierte Gesinnungsgenossen nicht freigelassen würden. Die indische Regierung weigerte sich, ihren Forderungen auch nach der Ermordung einer Geisel nachzugeben.

Literatur: s. a. → Bangladesch, → Pakistan, → China
Amnesty International (Hg.): *Indien. Folter, Vergewaltigung, Todesfälle in Haft.* Bonn 1992.
W. Draguhn (Hg.): *Indien in den 90er Jahren: Politische, soziale und wirtschaftliche Rahmenbedingungen.* Münster 1990.
R. Geiger: *Die Kaschmirfrage im Lichte des Völkerrechts.* Berlin 1970.
D. Kantowsky: *Recent Research on Ladakh.* Köln 1983.
D. Kantowsky: *Indien – Gesellschaft und Entwicklung.* Frankfurt 1990.
R. Kothari: *Politics in India.* New Delhi 1972.
A. Lamb: *The Mac Mahon Line.* 2 Bde. Toronto 1966.
N. Maxwell: *Indias China War.* London 1970.
K. Siddiqi: *Conflict, Crisis and War in Pakistan.* New York 1972.
S. Wolpert: *A New History of India.* New York 1976.

Staatsname: Republik Indien
Staatsform: Parlamentarische Bundesrepublik
Staatsoberhaupt: Shankar Dayal Sharma (seit 1992)
Regierungschef: Shri Narasimha Rao (Neue Kongreßpartei; seit 1991)
Regierung: Neue Kongreßpartei (seit 1991)
Parlament: Unterhaus 545 Sitze (Wahl vom 15.6.1991), Neue Kongreßpartei 227, BJP (Hindu-Partei) 119, Janata Dal 55, CPI (Kommunisten) 49, Telugu Desam 13, Sonstige 51, 31 Sitze unbesetzt
Mitgliedschaft bei internationalen Organisationen: Commonwealth, SAARC, UNO
Lage: 68°–97° östlicher Länge, 8°–37° nördlicher Breite
Fläche: 3,17 Millionen km²
Hauptstadt: Neu-Delhi
Bevölkerung: 896,6 Millionen; Inder 97 %, Mongolen 3 %; Hindus 80,3 %, Muslime 11 %, Christen 2,4 %, Sikhs 1,1 %, Buddhisten 0,7 %, Sonstige 4,5 %
Wirtschaft: Dienstleistung 40 %, Landwirtschaft 32 %, Industrie 28 %; Export: Kunsthandwerk 21,2 %, Textilien 16,5 %, Agrarerzeugnisse 14 %

Indochina → Kambodscha → Laos → Vietnam

Unabhängigkeitskrieg 1946 bis 1954
Bürgerkrieg 1964 bis 1975

Das ehemalige französische Kolonialreich in Indochina – der Ostteil Hinterindiens mit den Regionen Tongking, Annam, Kotschinchina, Kambodscha, Siam und Laos – wurde über 30 Jahre lang von Kriegen erschüttert. Nach den Unabhängigkeitskriegen und der staatlichen Souveränität von Kambodscha, Laos und Vietnam kam es zum Bürgerkrieg zwischen den vietnamesischen Teilstaaten, den der kommunistische Norden 1975 trotz massiver militärischer Interventionen der USA zur Stützung des Südens für sich entscheiden konnte und von dem auch die Nachbarländer in Indochina nicht verschont blieben.

INDONESIEN

Unabhängigkeitskrieg 1945 bis 1949
Krieg mit Malaysia auf Borneo 1963 und 1965
Sezessionskrieg auf West-Neuguinea seit 1965
Sezessionskrieg auf Ost-Timor seit 1975
Bürgerkrieg in der Provinz Aceh auf Sumatra seit 1990

Die ehemalige holländische Kolonie (Niederländisch-Indien) konnte ihre Unabhängigkeit erst erlangen, nachdem auf die Kolonialherren internationaler Druck ausgeübt worden war. Autonomiebestrebungen und Befreiungskriege auf West-Irian (Neuguinea), Ost-Timor und in der Aceh-Provinz auf Sumatra erschüttern seit Mitte der sechziger Jahre die indonesische Innenpolitik.

Historischer Hintergrund

Um 1600 landeten holländische Seefahrer auf dem südostasiatischen Archipel und verdrängten 1605 ihre portugiesischen Konkurrenten. Der Handel mit Gewürzen machte das Inselreich für die Europäer interessant. Ihre Kolonialherrschaft beruhte auf dem Prinzip des Paternalismus: Siedler trieben die wirtschaftliche Entwicklung durch Ausbeutung der Arbeitskraft der einheimischen Bevölkerung voran.

Indonesien besteht aus vielen kleinen Inseln und den Hauptinseln Java, Sumatra, Borneo, Celebes und dem Westteil von Neuguinea.

Ein 1916 gebildeter Volksrat wurde von den Holländern dominiert; erst in den dreißiger Jahren verschob sich das Schwergewicht auf die Einheimischen. Der Erste Weltkrieg bot, wie in anderen Kolonialländern auch, der jungen Nationalbewegung eine erste Chance im Kampf um die Unabhängigkeit. Doch Uneinigkeit und isoliertes Vorgehen der Gruppierungen schwächten die Erfolgsaussichten.

Konfliktparteien

Die wichtigste Freiheitsbewegung war die 1912 gegründete *Sarekat Islam* (Islam-Vereinigung). Ursprünglich ein Zusammenschluß japanischer Händler gegen die wirtschaftliche Vormachtstellung der Chinesen, entwickelte sie sich allmählich zu einer Widerstandsbewegung gegen die holländischen Kolonialherren.

1920 spaltete sich die *Sarekat Islam* in einen nationalistischen und einen kommunistischen Flügel: Der linke Flügel gründete daraufhin die *Kommunistische Partei Indonesiens* (PKI), die nach einem mißlungenen Aufstand Ende 1926 auf West-Java und Sumatra in den Untergrund ging.

Mitte der zwanziger Jahre begann ACHMED SUKARNO eine beherrschende Rolle in der indonesischen Freiheitsbewegung zu spielen. Er versuchte, die Einheit wiederherzustellen, gründete 1927 die *Partai Nasional Indonesia* (PNI) und erreichte, daß sich die verschiedenen Organisationen zu einer Föderation der indonesischen Parteien zusammenschlossen. Doch das Verbot der Parteien und die Verhaftungen der Führer lähmten die Freiheitsbewegung. Erst während und nach der japanischen Besatzungszeit von 1942 bis 1945 konnte sie sich wieder neu formieren.

Die holländische Kolonialherrschaft war Anfang 1942, als die Japaner Indonesien besetzten, zusammengebrochen. Doch 1945 sollten die Kolonialherren nach dem Abzug der japanischen Truppen noch einmal wiederkommen.

Achmed Sukarno (6.6.1901–20.6.1970)
Indonesischer Staatspräsident von 1949 bis 1968. Der ehemalige malaiische Widerstandskämpfer proklamierte nach der Kapitulation Japans, das die niederländische Kolonie ab 1942 besetzt hielt, 1945 die Republik Indonesien. Die Holländer entließen das Land jedoch erst 1949 nach erbitterten Kämpfen in die Unabhängigkeit, und Sukarno wurde Präsident, ab 1963 auf Lebenszeit. Er regierte autoritär und setzte gegen regionalen Widerstand einen zentralistischen Einheitsstaat durch. Außenpolitisch lehnte er sich an die UdSSR und China an. Wegen seiner zögerlichen Haltung bei einem kommunistischen Putschversuch wurde er ab 1965 von der Armee unter Führung von General Ibrahim Suharto schrittweise entmachtet.

Konfliktverlauf

Unabhängigkeitskrieg 1945 bis 1949

Die japanischen Soldaten waren als Befreier begrüßt worden, doch sie erwiesen sich als noch schlimmere Ausbeuter als die Niederländer.

Die Linke entschied sich für den aktiven Widerstand im Untergrund, die bürgerlichen Kräfte um SUKARNO und MOHAMMED HATTA versuchten, auf dem Verhandlungsweg die Unabhängigkeit zu erreichen. Das trug ihnen den Namen »Japanknechte« ein. Sie erreichten aber, daß am 17. August 1945 die Republik Indonesien proklamiert werden konnte, da sich der Krieg im pazifischen Raum zum Nachteil der Japaner entwickelt hatte und diese sich aus Indonesien zurückziehen mußten.

Am 29. September 1945 landeten britische Truppen auf Java und brachten in ihrem Gefolge die holländische Verwaltung *Nederlandsch-Indische Civiele Administratie* (NICA) zurück. Zwischen den Briten und den indonesischen Nationalisten brachen heftige Kämpfe aus. Die Holländer akzeptierten die Repräsentanten der neuen Republik nicht und waren zu keinen Verhandlungen bereit; sie wollten den Zustand von 1942 wiederherstellen, waren jedoch so kurz nach dem Kriegsende in Europa noch nicht in der Lage, eigene Truppen nach Asien zu schicken. Die militärischen Aufgaben erledigten bis 1946 die Briten und deren anglo-indische Verbände für sie. Auch japanische Gefangene wurden im Kampf gegen die indonesischen Freiheitskämpfer eingesetzt.

Auf Borneo, Celebes und ein paar kleineren Inseln hatten sich die Holländer bald wieder etabliert und stellten aus den auf der Insel Ambon ansässigen Molukkern Truppen zusammen. Die Städte Javas waren bald wieder unter holländischer Verwaltung. Anfang 1945 war Surabaya, ein Zentrum des indonesischen Widerstands auf Java, hart umkämpft. Flächenbombardements und Tieffliegerangriffe trafen vor allem die Zivilbevölkerung. Auf Celebes und auf Bali kam es dagegen zu einem erbitterten Partisanenkrieg.

Trotz der Eroberungen der anglo-indischen Truppen (Jakarta, Surabaya) und eines Blockaderinges um die Inseln war der Widerstand nicht zu brechen. Indische Soldaten liefen zu den Aufständischen über, und die chinesische Minderheit stellte eigene Verbände für den Unabhängigkeitskampf auf.

Im Januar 1946 kamen die ersten regulären holländischen Marineinfanteristen. Erst nachdem die britischen Truppen von den Inseln abgezogen waren, kam es zu monatelangen Verhandlungen und am 25. März 1947 zum Abkommen von Linggadjati, in dem die Niederlande die Regierung der Republik Indonesien auf Java, Madura und Sumatra de facto anerkannten.

Auf Bali, Celebes und den benachbarten Inseln errichteten die Holländer einen »Groß-Ost-Indonesischen Staat«, der in einer Föderation mit der Republik die »Vereinigten Staaten von Indonesien« bilden und in einer Union mit den Niederlanden verbunden bleiben sollte. Doch die Holländer brachen das Abkommen, griffen am 21. Juli 1947 Java an und eroberten größere Gebiete. Da sie Indonesien immer noch als Kolonie betrachteten, erklärten sie das Vorgehen zu einer »Polizeiaktion« gegen Extremisten zur Wiederherstellung von Ruhe und Ordnung.

Der Sicherheitsrat der *Vereinten Nationen* konnte den Vormarsch der Kolonialtruppen zunächst stoppen. Am 17. Januar 1948 wurde auf dem US-Kriegsschiff »Renville« ein Abkommen unterzeichnet, das der Republik nur noch kleinere Gebiete und die Hauptstadt Jakarta zusprach und die Holländer an die sog. Van-Mook-Linie band, die die Truppen am 5. August 1947 erreicht hatten.

Nach dem mißglückten Putsch der Kommunisten im September 1948 brachen die Niederländer erneut den Waffenstillstand, erstürmten Jogjakarta und verhafteten die Regierung. Der UN-Sicherheitsrat verlangte die sofortige Einstellung der Kampfhandlungen und die Freilassung der politischen Führer. Erst nachdem die USA die Marshall-Plan-Lieferungen sperrten, waren die Holländer zu Verhandlungen bereit.

Die Guerilla auf Java und Sumatra stand zwar einer Übermacht von ca. 145 000 niederländischen Soldaten gegenüber, die konventionelle holländische Armee war jedoch den Partisanen im Guerillakampf im Dschungel unterlegen. Der Krieg war mit militärischen Mitteln nicht zu entscheiden gewesen. Im Juni 1949 zogen die holländischen Truppen aus Jogjakarta ab. Der Unabhängigkeitskrieg war beendet.

***Mohammed Hatta* (12.8.1902–14.3.1980)**
Vizepräsident Indonesiens von 1950 bis 1956.
Nach seinem Studium in Holland gründete Hatta 1932 die Nationale Partei. Er war häufig inhaftiert, nahm aber auch an den Unabhängigkeitsverhandlungen teil und erreichte 1949 die Übertragung der Souveränitätsrechte an Indonesien. 1950 wurde Hatta Vizepräsident und war als Stellvertreter Sukarnos Verhandlungsführer nach der holländischen »Polizeiaktion«. 1956 trat er aus Protest gegen Sukarnos Politik der »gelenkten Demokratie« zurück. Er starb 1980 in Jakarta.

Ergebnis

Am 27. Dezember 1949 erkannte die holländische Regierung die Rechte und die volle Souveränität der »Vereinigten Staaten von Indonesien« an – ausgenommen Neuguinea.

Am 17. August 1950 wurde die Föderation in eine unitarische Republik Indonesien umgewandelt. Die junge Republik hatte sich wiederholt gegen ethnische und kommunistisch geschürte Aufstände zur Wehr zu setzen. Um die Lage zu entschärfen, nahm SUKARNO Kommunisten in die Regierung auf. Dies rief aber wiederum heftige Proteste bei den Muslimen hervor.

Krieg mit Malaysia auf Borneo 1963 und 1965
Indonesien teilt sich Borneo mit → Malaysia. 1963 kam es zu heftigen Kämpfen, nachdem der Norden der Insel (Sa-

***Ibrahim Suharto* (*8.6.1921)**
Indonesischer Staatspräsident seit 1966. Der ehemalige Partisanenführer in Zentraljava schlug als Brigadegeneral an der Spitze des Heeres 1965 den kommunistischen Putschversuch blutig nieder. Gegen den Widerstand von Staatschef Sukarno übernahm er das Amt des Verteidigungsministers und entmachtete Schritt für Schritt den amtierenden Präsidenten. Seit über einem Vierteljahrhundert herrscht Suharto unumschränkt über Indonesien. Er verfolgt eine Politik der Blockfreiheit und wendet sich scharf gegen jeglichen islamischen Fundamentalismus. Obwohl er stets um gute Beziehungen zum Westen bemüht ist, lehnt er die westliche Mehrparteien-Demokratie ab.

rawak und Sabah) nach einer Volksabstimmung Malaysia zugesprochen worden war. Großbritannien unterstützte dabei Malaysia, Indonesien die kommunistische Guerilla. Bei politischen und religiösen Unruhen, die sich in erster Linie gegen den kommunistischen Einfluß in Indonesien richteten, kamen ca. 760 000 Menschen ums Leben. 1965 wurde SUKARNO entmachtet. Er blieb zwar bis 1968 offiziell im Amt, aber der neue starke Mann hieß General IBRAHIM SUHARTO. Er vereinbarte 1966 mit Malaysia für Borneo ein Sicherheitsabkommen. SUHARTO ist bis heute unumschränkter Herrscher in Indonesien.

Sezessionskrieg auf West-Neuguinea seit 1965
Schon seit 1950 gab es immer wieder heftigen Streit mit den Holländern um West-Neuguinea, der bis an den Rand einer größeren militärischen Auseinandersetzung führte, bevor er 1963 von der UNO zugunsten Indonesiens geschlichtet werden konnte. Seit 1965 kämpft die *Organisasi Papua Merdeka* (*Organisation für ein freies Papua*; OPM), eine kleine bewaffnete Befreiungsorganisation, mit Unterstützung der Papua-Stämme gegen die Annexion ihres Landes (indonesisch »West Irian«, seit 1973 »Irian Jaya«), das 1969 durch eine manipulierte Volksabstimmung indonesisches Staatsgebiet wurde. Von dem von Indonesien eingeleiteten wirtschaftlichen Aufschwung profitierten nicht die Papuas, sondern die Einwanderer aus dem indonesischen Mutterland. Die Zwangsassimilierung in Sprache und Kultur stieß bei der Urbevölkerung auf heftigen Widerstand.

Die OPM wird von der ethnisch-kulturell verwandten Bevölkerung des benachbarten → Papua-Neuguinea unterstützt. Die dortige Regierung verweigert zwar offiziell ihre Hilfe, hält jedoch die Grenzen für Guerilleros und Flüchtlinge aus dem Nachbarland offen. Der Krieg forderte bis 1992 weit über 100 000 Todesopfer.

Sezessionskrieg auf Ost-Timor seit 1975
Nach der Revolution vom April 1974 zog Portugal seine Kolonialtruppen aus Ost-Timor zurück. Die sozialistisch orientierte *Frente Revolucionaria de Timor Leste Independiente* (FRETILIN) hatte eine schnelle Dekolonialisierung und Unabhängigkeit angestrebt. Die bürgerlich-konservative *Uniao Democratica Timorese* (UDT), eine weitere Unabhängigkeitsbewegung, kooperierte zunächst mit der FRETILIN, versuchte sie dann jedoch in einem gewaltsamen Putsch am 11. August 1975 auszuschalten. Mit Hilfe von portugiesischen Söldnern konnte die FRETILIN den Kampf um die Macht für sich entscheiden und erklärte am 28. November 1975 die »Demokratische Volksrepublik Timor« für unabhängig. Am 7. Dezember 1975 intervenierte das indonesische Militär in Portugiesisch-Timor. Im Mai

1976 proklamierte Suharto den Anschluß Ost-Timors an Indonesien.

Die FRETILIN zog sich aus den Städten ins Landesinnere zurück, von wo aus sie über drei Jahre den breiten Widerstand gegen die indonesischen Okkupanten organisierte. 1980 reorganisierte sich die FRETILIN als Guerillaarmee, die den militärisch überlegenen indonesischen Truppen trotz ihrer Terror- und Massenmordaktionen besonders im Osten die Kontrolle auf Ost-Timor erschwerte.

Die Indonesische Republik hatte Ost-Timor zwar im Juli 1976 als 27. Provinz angegliedert; doch aus Sicht der UNO steht Ost-Timor nach wie vor unter portugiesischer Verwaltung. Mindestens 17 000 bis 20 000 Menschen fielen diesem Krieg bis 1992 zum Opfer.

Bürgerkrieg in der Provinz Aceh auf Sumatra seit 1990

In der westlichsten Provinz auf Sumatra leben über 3,2 Millionen fundamentalistisch orientierte Muslime. Die überwiegende Mehrheit, nämlich 87 Prozent der muslimischen Indonesier, neigt dagegen zu einer eher moderaten Religiosität. Bereits während der Kolonialzeit hatte dies immer wieder zu Konflikten geführt. Obwohl die indonesische Zentralregierung der Provinz bereits Ende der fünfziger Jahre kulturelle und religiöse Autonomie eingeräumt hatte, gab es Unruhen, die sich Mitte der achtziger Jahre verschärften. Hintergrund des Engagements Indonesiens ist vor allem der wirtschaftliche Reichtum der Provinz Aceh, die sich durch Erdöl- und Erdgasvorkommen, Mineralien und große Waldflächen auszeichnet.

Während die politische Bürgerbewegung *Aceh Merdeka* (Für ein freies Aceh) in erster Linie Mitspracherechte reklamiert, kämpft die muslimische Guerilla unter dem Namen *Bewegung zur Störung der öffentlichen Ordnung* (GPK) gegen die indonesischen Regierungstruppen. Sie setzt auf Terror und Überfälle, tötet javanische Siedler und Soldaten. Mindestens 2000 Menschen fielen bisher diesem Krieg zum Opfer.

Weitere Entwicklung

Bei Auseinandersetzungen im November 1991 auf Ost-Timor waren bei einem Massaker von Regierungssoldaten vor dem christlichen Friedhof Santa Cruz in Dili, der Provinzhauptstadt Ost-Timors, mindestens 19 Menschen getötet worden. Erst nach scharfen ausländischen Protesten wurde eine Untersuchungskommission eingesetzt, und Präsident Suharto kündigte strafrechtliche Konsequenzen an.

Im April 1992 wurde der Chef der FRETILIN, Alexandre Gusmao, festgenommen und blieb bis heute inhaftiert.

Gewaltsame Arbeiterproteste im Februar 1994 bekräftigten die Forderungen nach einer Erhöhung des Mindestlohns und nach freien Gewerkschaften. Die Protestwelle, die mehrere Tage dauerte, war in Jakarta sowie in Medan auf Sumatra ausgebrochen und hatte auch auf andere Städte im Norden der Insel übergegriffen.

Nach einem UN-Beschluß ist Portugal nach wie vor Verwaltungsmacht des annektierten Ost-Timor. Am 6. Mai 1994 stimmte die Regierung in Absprache mit Portugal erstmals direkten Gesprächen unter der Schirmherrschaft der UNO mit der Unabhängigkeitsbewegung von Ost-Timor, FRETILIN, zu. Im Oktober 1994 kam es dann zu Unterredungen, ein Waffenstillstandsangebot der Befreiungsfront, das mit dem Wunsch nach Freilassung des Anführers GUSMAO verknüpft war, wurde von der indonesischen Regierung jedoch nicht akzeptiert.

Im November 1994 besetzten Demonstranten die US-Botschaft in Jakarta, um auf die Unterdrückung der Unabhängigkeitsbewegung in Ost-Timor aufmerksam zu machen. In der Provinz gab es gewaltsame Demonstrationen für Autonomie. Anfang 1995 forderte Portugal einen Volksentscheid über den Status Ost-Timors, was Indonesien ablehnte.

Seit dem Militärputsch gegen Präsident SUKARNO 1965 wurden allein auf Ost-Timor über 200 000 Menschen getötet, und selbst auf den als politisch stabil geltenden Inseln Java und Bali wurden Oppositionelle verfolgt, gefoltert und laut *Amnesty International* mehrere hunderttausend Menschen ermordet.

SUHARTO wurde im März 1993 für eine weitere Amtszeit, seine sechste, wiedergewählt. Derzeit sind die Gewerkschaften verboten, die Pressefreiheit ist eingeschränkt, und SUHARTO lehnt es auch weiterhin ab, zusätzliche Parteien zuzulassen.

Literatur: B. Dahm: *Sukarnos Kampf um Indonesiens Unabhängigkeit.* Hamburg 1966.
B. Dahm: *Emanzipationsversuche von kolonialer Herrschaft in Südostasien.* Wiesbaden 1974.
B. Dahm: *Indonesien.* Köln 1978.
H. Dengel: *Darul – Islam: Kartosuwirjos Kampf um einen islamischen Staat Indonesien.* Stuttgart 1986.
G. Mc. T. Kahin: *Nationalism and Revolution in Indonesia.* Ithaca, N.Y., 1959.
H. Nöbel: *Heer und Politik in Indonesien. Zielsetzung und Zielverwirklichung einer militärischen Organisation 1945–1967.* Freiburg 1975.
T. Schwarz: *Flucht und Migrationsbewegungen in Indonesien.* Berlin 1993.
R. McVey: *The Rise of Indonesian Communism.* Ithaca, N.Y., 1965.
R. Werning: *Indonesien 1965–1985.* Altenberge 1985.

Staatsname: Republik Indonesien
Staatsform: Präsidiale Republik
Staatsoberhaupt: Ibrahim Suharto (seit 1966)
Regierungschef: Ibrahim Suharto (seit 1966)
Regierung: Golkar (seit 1966)
Parlament: Repräsentantenhaus 500 Sitze (Wahl vom 9.6.1992), Golkar (funktionale Gruppen) 299, PPP (Muslime) 61, PDI (christliche Nationalisten) 40, von den Streitkräften und vom Präsidenten ernannte Abgeordnete 100
Mitgliedschaft bei internationalen Organisationen: ASEAN, OPEC, UNO
Lage: 94° östlicher Länge, 6° südlicher Breite
Fläche: 1,9 Millionen km²
Hauptstadt: Jakarta
Bevölkerung: 188,2 Millionen; Javaner 39,4 %, Sundanesen 15,8 %, Malaien 12,1 %, Maduresen 4,3 %, Chinesen 3 %, Sonstige 25,4 %; Muslime 87,2 %, Christen 9,6 %, Hindus 1,8 %, Buddhisten 1 %, Sonstige 0,4 %
Wirtschaft: Dienstleistung 40 %, Industrie 40 %, Landwirtschaft 20 %; Export: Mineralbrennstoffe 28 %, Textilien 17 %, Halbwaren 13 %

IRAK

Kurden-Konflikt seit 1976
Golfkrieg I 1980 bis 1988
Kuwait-Überfall 1990 → Kuwait
Golfkrieg II 1991
Schiiten-Konflikt seit 1991

Der Irak gilt als einer der aggressivsten Staaten der arabischen Welt. Das Regime Saddam Husseins kann sich im Innern nur durch Repression an der Macht halten; nach außen demonstriert der Diktator durch gezielte Provokationen und Kriegshandlungen seinen Führungsanspruch im Mittleren Osten.

Historischer Hintergrund

Antike

Bereits im 6. Jahrtausend v. Chr. betrieben seßhaft gewordene Nomaden im Süden Mesopotamiens Ackerbau und Viehzucht. Um die Mitte des 4. Jahrtausends v. Chr. entstanden erste Städte. Ab 2300 v. Chr. kamen semitische Stämme ins Land, und es bildete sich unter König SARGON von Akkad ein erstes Reich, das aber nach dem Tod des Königs bereits wieder zerfiel. Erst mit König HAMMURABI entstand um 1700 v. Chr. ein babylonisches Reich, das vier Jahrhunderte später unter assyrische Herrschaft geriet. Das assyrische Reich vom 13. bis 7. Jahrhundert v. Chr. hatte sein Zentrum am oberen Tigris. Unter NEBUKADNEZAR II. (604–562 v. Chr.) wurde Babylon noch einmal Großmacht, mußte sich dann aber 539 v. Chr. den Persern beugen, wurde 331 v. Chr. von ALEXANDER DEM GROSSEN unterworfen und 141 v. Chr. von den Parthern verwüstet.

7. bis 19. Jahrhundert

637 n. Chr. fiel die Region unter arabisch-islamische Herrschaft mit Damaskus und ab 762 Bagdad als Hauptstadt. Die Mongolen verwüsteten 1258 das Land. Nach der Eroberung durch die Osmanen 1534 blieb das Gebiet die nächsten 400 Jahre unter ihrer Herrschaft.

20. Jahrhundert

Nach dem Zerfall des Osmanischen Reiches übernahm Großbritannien während des Ersten Weltkriegs mit Zustimmung des *Völkerbundes* die Regierungsgewalt im Irak. 1921 setzten die Briten den arabischen Fürsten FEISAL I. auf den irakischen Königsthron.

Seit der Machtübernahme Saddam Husseins ist der Irak permanent in Konflikte mit seinen Nachbarländern verwickelt.

Nach dem Zweiten Weltkrieg beteiligte sich der Irak als Mitbegründer der *Arabischen Liga* 1945 und 1948 an Militäraktionen gegen → Israel.

Vom Februar 1955 bis 1959 bildeten der Irak und die → Türkei den sog. Bagdad-Pakt, ein Sicherheitsbündnis, dem sich auch Großbritannien, der → Iran und → Pakistan anschlossen. 1958 wurde die irakische Monarchie von dem sozialistischen General ABD EL-KARIM KASSEM durch einen blutigen Putsch gestürzt, der seinerseits fünf Jahre später von ABD AS-SALAM MOHAMMED AREF gewaltsam abgesetzt wurde.

1968 putschte der linksgerichtete General ACHMED HASSAN AL-BAKR die nationalistische *Baath*-Partei an die Macht. General AL-BAKR war ein Vertreter der arabischen Einheit und ein unversöhnlicher Gegner Israels. Daher übernahm der Irak zusammen mit → Syrien nach dem Abkommen von Camp David (1978, → Israel) eine führende Rolle im arabischen Widerstand gegen → Ägyptens Nahostpolitik. Nach AL-BAKRS Rücktritt im Juli 1979 kam es unter seinem Nachfolger SADDAM HUSSEIN zu groß angelegten »Säuberungsaktionen« innerhalb der *Baath*-Partei.

Konfliktparteien

Kurden

→ Iran → Türkei

Nach blutigen Auseinandersetzungen im Jahr 1961 im Nordosten des Irak war es den Kurden 1970 gelungen, eine gewisse Selbständigkeit unter dem Schutz eigener Truppen zu erlangen. Doch die irakische Regierung war zu keiner Zeit bereit, diese Autonomie anzuerkennen, was immer wieder zu gewaltsamen Übergriffen führte.

Mehrere Organisationen vertraten den kurdischen Autonomieanspruch: die *Kurdische Demokratische Partei Irak* (KDP-Irak), die *Patriotische Union Kurdistans* (PUK), die *Sozialistische Partei Kurdistans* (PSK) und die *Kommunistische Partei des Irak* (KP Irak), die sich alle im Juni 1988 zur *Iraqi Kurdistan Front* zusammengeschlossen hatten. Ferner die *Kurdische Sozialistische Partei* (PASOK) und seit 1981 auch noch die *Demokratische Volkspartei Kurdistans* (PGDK).

Das nach dem irakisch-iranischen Grenzabkommen über das Gebiet des Schatt el-Arab bis April 1975 befristete Ultimatum, das die Kurden aufforderte, entweder in den Iran überzusiedeln oder im Irak Frieden zu halten, wurde weitgehend befolgt.

Irak

Nach dem Regierungsantritt SADDAM HUSSEINS kam es zu Spannungen mit → Syrien und vor allem mit dem benachbarten → Iran, da Bagdad die Autonomiebestrebungen der persischen Erdölprovinz Khusistan unterstützte.

Bereits 1969 war es zwischen dem Iran und dem Irak zum Streit über die Schiffahrtsrechte auf dem Schatt el-Arab gekommen.

Die Differenzen konnten erst 1975 durch einen Vertrag beigelegt werden, der die Passagerechte des Iran von den Städten Khorramschahr und Abadan zum Persischen Golf sicherte.

Die revolutionären Wirren in Teheran (→ Iran) waren für die Militärs in Bagdad ein willkommener Anlaß, die Lösung der Grenzstreitigkeiten durch militärische Mittel herbeizuführen.

Iran

Das neue Regime in Teheran bedrohte in seinem aggressiven islamischen Fundamentalismus die inneren Machtstrukturen des Irak. Im Hintergrund des Konflikts stand aber ebenfalls die alte Rivalität um die Vorherrschaft am Persischen Golf. Hinzu kamen die Feindseligkeiten zwischen schiitischen und sunnitischen Muslimen. Die schiitischen Mullahs in Teheran betrachteten die sunnitischen Machthaber in Bagdad als »Gottlose«, die es zu bekämpfen galt.

Kuwait → Kuwait

Internationale Staatengemeinschaft

Die UdSSR, die USA, Großbritannien, Frankreich, Israel und andere Staaten waren am ersten Golfkrieg zwischen dem Iran und dem Irak 1980 bis 1988 indirekt beteiligt:

Saddam Hussein pflegt einen maßlosen Personenkult: irakische Frauen bei einer Militärparade anläßlich seines 56. Geburtstages am 28. April 1993.

Auf legalen und illegalen Wegen wurden zur Erhaltung des militärischen Gleichgewichts Waffen an beide Kriegsparteien verkauft.

Die USA und die UdSSR verhielten sich gegenüber den Kriegsgegnern »neutral«. Die Entlarvung der illegalen amerikanischen Waffenlieferungen an den → Iran (die sog. Iran-Contra-Affäre im Herbst/Winter 1986/87; → Nicaragua) führte u. a. zu einer inoffiziellen Zusammenarbeit der beiden Großmächte, die die Beendigung des Krieges zum Ziel hatte.

Die Annexion → Kuwaits durch den Irak am 2. August 1990 mündete in den zweiten Golfkrieg (17.1.–27.2.1991), in dem unter der Führung der USA (und mit Billigung der UNO, Resolution 665 vom 25.8.1990) Streitkräfte aus Großbritannien, Frankreich, Belgien, Kanada, Dänemark, Griechenland, Italien, den Niederlanden, Spanien, Argentinien, Afghanistan, Australien, Bahrain, Ägypten, Bangladesch, Pakistan, Marokko, Saudi-Arabien, dem Senegal, Syrien, Kuwait, dem Niger und der Türkei den Aggressor zurückschlugen.

Schiiten

Die schiitischen Muslime werden seit Jahrzehnten von der überwiegend von Sunniten gestellten Regierung in Bagdad unterdrückt. Kurz vor Ende des zweiten Golfkriegs riefen die Führer der schiitischen Widerstandsbewegung zu einem Volksaufstand auf.

Saddam Hussein (*28.4.1937)
Irakischer Staatspräsident seit 1979.
1969, im selben Jahr, als Hussein sein Studium der Rechtswissenschaften abschloß, gelangte die Baath-Partei, deren aktives Mitglied er war, an die Macht. 1979 übernahm er die Führung in Staat und Partei und führte als erstes blutige »Säuberungen« durch. 1980 überfiel er den Erzfeind Iran. Am 2. August 1990 besetzten irakische Truppen das Nachbarland Kuwait. Als Hussein sämtliche Ultimaten zum Abzug ignorierte, intervenierten am 17. Januar mit Rückendeckung der UNO und mit Unterstützung durch internationale Streitkräfte die USA und schlugen Saddams Armeen zurück. Trotz innen- und außenpolitischer Anfechtungen, die sich nach den Niederlagen permanent verschärft hatten, konnte Hussein seine diktatorische Macht bislang behaupten.

April 1991 nahe der Stadt Erbil im Norden des Irak: Nachdem irakische Regierungstruppen den Widerstand der kurdischen Aufständischen gegen das Regime Saddam Husseins gebrochen hatten, flohen Kurden zu Hunderttausenden aus dem Irak.

Konfliktverlauf

Kurden-Konflikt seit 1976
Die irakische Regierung hatte über die Jahre ihre Arabisierungspolitik gegenüber den Kurden – insbesondere in den Erdölgebieten – intensiviert.

1976 begann eine Evakuierungswelle innerhalb einer 10 bis 20 Kilometer breiten Zone zum Iran und zur → Türkei. Zwischen 1976 und 1987 wurden mehr als eine Million Kurden aus etwa 2500 Dörfern dieser Region in sog. Wehrdörfer zwangsumgesiedelt.

Diese Zwangsmaßnahme verstärkte die Bereitschaft der Kurden zum bewaffneten Widerstand, doch die Rivalitäten zwischen der KDP-Irak und der PUK schwächten die Rebellen in ihrem Kampf gegen die irakischen Truppen. Im März 1988 – nach Ende des Krieges gegen den → Iran (s. u.) – startete HUSSEIN einen Vernichtungsfeldzug gegen den kurdischen Widerstand. Bei einer Giftgasattacke irakischer Regierungstruppen auf die kurdische Stadt Helabja kamen Schätzungen zufolge 5000 bis 7000 Menschen ums Leben, etwa ebenso viele wurden verletzt.

Der kurdische Widerstand geriet durch die anschließende Massenflucht vor allem in die Türkei stark in die Defensive.

Eine Neuformierung war erst nach der irakischen Niederlage im zweiten Golfkrieg (1991) möglich. Die wiedererstarkte Aufstandsbewegung brachte bald den größten Teil des von Kurden bewohnten irakischen Territoriums unter ihre Kontrolle.

Nachdem die Regierung in Bagdad einen schiitischen Aufstand (s. u.) im Süden des Landes niedergeschlagen hatte, ging sie daran, den irakischen Norden zurückzuerobern. Das rücksichtslose Vorgehen und die erneute Massenfluchtbewegung veranlaßten die USA und die Staaten der Anti-Irak-Koalition (s. u.), über den Nordirak ein Flugverbot für irakische Kampfflugzeuge zu verhängen. Nach der Resolution 688 des UN-Sicherheitsrats vom 5. April 1991 wurden Schutzzonen geschaffen, in die die kurdischen Flüchtlinge zurückkehren konnten.

Ergebnis des Kurden-Konflikts

Nach Abzug der alliierten Truppen aus dem Nordirak übernahmen kurdische Organisationen die Kontrolle in diesen Gebieten. Die anschließenden Friedensverhandlungen zwischen der irakischen Regierung und Vertretern der KDP-Irak und PUK scheiterten vor allem an der Frage der Grenzziehung für die autonome kurdische Region, die wiederum von Erdölinteressen bestimmt war. Die Repressionen gegenüber den Kurden seitens des irakischen Staates ließen auch nach den Kämpfen nicht nach: Es kam zu Wirtschaftsblockaden der kurdisch kontrollierten Gebiete und zu sporadischen Gefechten. Ungeachtet dessen ging der Ausbau der kurdischen Selbstverwaltung weiter. Im Mai 1992 wurden Parlamentswahlen abgehalten, die auf eine Machtaufteilung zwischen der KDP-Irak und PUK hinausliefen.

Das kurdische Regionalparlament in Erbil beschloß im Oktober 1992 die Bildung eines kurdischen Teilstaates innerhalb einer irakischen Föderation. Man kam überein, die Anhänger der türkischen *Arbeiterpartei Kurdistans* (PKK) gewaltsam zu vertreiben, da deren Aktivitäten als Gefährdung der eigenen Autonomiebestrebungen angesehen wurden.

Während der blutigen Auseinandersetzungen zwischen den Kurden intervenierte die türkische Armee mit Land- und Luftangriffen auf Stellungen der PKK im Nordirak. Die türkischen Truppen zogen sich erst am 18. November wieder zurück (→ Türkei).

Nachdem im Januar 1993 die irakische Regierung angekündigt hatte, den Nordirak befreien zu wollen, und an der Grenze zum Kurdengebiet Truppen zusammenzog, kam es immer häufiger zu bewaffneten Auseinandersetzungen, die die Lage noch mehr destabilisierten. Allein 1994 kamen etwa 2800 Menschen bei innerkurdischen

19. Oktober 1980: Bei ihrem Vormarsch auf wichtige Erdölstädte am Mündungsarm von Euphrat und Tigris werden die irakischen Truppen immer wieder von iranischen Kampfflugzeugen unter Beschuß genommen.

»Der Konflikt zwischen dem Irak und dem Iran hat sich am Montag zu einem offenen Krieg ausgeweitet. Irakische Flugzeuge warfen am Mittag Bomben auf den militärischen Teil des Flughafens Mehrabad bei Teheran sowie auf die Luftwaffenstützpunkte von Schiras und Buschehr, Dezful, Hamadan, Isfahan, Täbris, Agha Jari, Korramschahr und Ahwas. Der Iran antwortete mit der Bombardierung zweier ungenannter Luftwaffenstützpunkte im Irak. Daraufhin flogen die Iraker eine zweite Angriffswelle. ... Der Irak beschuldigte die herrschende Clique in Teheran, die Situation auf die Ebene uneingeschränkten Krieges gebracht zu haben. Staats- und Regierungschef Saddam Hussein bezeichnete die Bombardierungen als Präventivschläge. Damit sollten Versuche des rassistischen iranischen Regimes vereitelt werden, die irakische Souveränität zu untergraben. ... Man habe geglaubt, hieß es in der irakischen Erklärung, daß die herrschende Clique im Iran Gebrauch aus den Lektionen machen würde, die in den letzten Tagen nach der Befreiung unserer Gebiete und der Wiederherstellung unserer Souveränität über den Schatt el-Arab erteilt wurden.
Süddeutsche Zeitung,
23. September 1980.

Auseinandersetzungen, die auch noch 1995 anhielten, ums Leben.

Golfkrieg I 1980 bis 1988

Am 20. September 1980 durchbrachen irakische Einheiten am Schatt el-Arab die Grenze zum → Iran. Wichtige Erdölstädte am Mündungsarm von Euphrat und Tigris sollten erobert werden. Doch die Anfangserfolge der Iraker wurden im Frühjahr 1982 durch eine Gegenoffensive der Iraner zunichte gemacht. Iranische Panzerverbände sicherten strategisch wichtige Brückenköpfe am Schatt el-Arab und drangen in Richtung Bagdad vor. Die Iraner mußten aber aufgrund mangelnder Reserven bald wieder den Rückzug antreten. In der Folge wechselten sich Offensiven und Gegenoffensiven in diesem von hohen Verlusten auf beiden Seiten gekennzeichneten Krieg ab.

Syrien, Verbündeter des Iran, sperrte am 8. April 1982 eine Erdölpipeline und sorgte damit für erhebliche Einbußen der irakischen Exportwirtschaft. Den Ölexport des Iran wiederum brachten schwere irakische Luftangriffe auf die Ölverladeinsel Charg zum Erliegen. Der Iran mißachtete die UN-Waffenstillstandsresolution 514 vom 12. Juli 1982 und setzte den Krieg auf irakischem Territorium fort.

Trotz der Tatsche, daß die Kampfhandlungen an der iranisch-irakischen Front seit dem Frühjahr 1983 immer mehr zum Graben- und Stellungskrieg gerieten, ließen sich die Kontrahenten noch nicht dazu bewegen, zu einem Waffenstillstand, geschweige denn zu baldigen Friedensverhandlungen zu kommen.

Ende Februar 1984 eroberte der Iran die irakischen Madschnun-Ölinseln. Der Irak versuchte nun, den Konflikt zu internationalisieren, und begann im April 1984 einen sog. Tankerkrieg, in dem Schiffe neutraler Staaten beschossen wurden. Kuwaitische Tanker konnten nur noch unter der Flagge der USA oder der UdSSR und unter militärischem Geleitschutz den Golf befahren. Die irakische

Luftwaffe, die sowohl mit sowjetischen als auch mit französischen und britischen Maschinen ausgerüstet war, bombardierte u. a. iranische Erdöllager und richtete damit im Persischen Golf eine ökologische Katastrophe an.

Der gegenseitige Raketenbeschuß von Städten im März 1985, unter dem besonders die Zivilbevölkerung zu leiden hatte, führte zu einer weiteren Eskalation. Erst nach Monaten gelang es der UNO, die Einstellung zu erwirken. Nach einem erneuten Bombardement der iranischen Insel Charg im September 1985 startete der Iran 1986 eine Gegenoffensive an der Südfront und eroberte die strategisch wichtige Halbinsel Fao an der Mündung des Schatt el-Arab. Iranische Truppen stießen 1987 bis Basra vor. Die UN-Waffenstillstandsresolution 598 vom 20. Juli 1987 wurde vom Irak angenommen. Der Iran lenkte dagegen erst am 18. Juli 1988 ein, nachdem der Irak Fao zurückerobert hatte und die weitere Versorgung der Truppen, die immer mehr in Bedrängnis gerieten, nicht mehr gewährleistet war.

Der vom Irak erhoffte Zusammenbruch des neuen islamischen Mullahregimes im → Iran war ausgeblieben. Im Gegenteil: Durch den Krieg konnten die Radikalen in der iranischen Revolutionsregierung die Propaganda für ihren islamischen Gottesstaat verstärken.

Ergebnis Golfkrieg I

Der Krieg zwischen dem Irak und dem → Iran, der auf beiden Seiten mit modernsten Waffensystemen und vom Irak sogar unter Einsatz von Giftgas geführt wurde, hat einer Million Menschen das Leben gekostet, etwa zwei Millionen wurden verletzt. Er soll Bagdad ca. 420 Milliarden DM und Teheran etwa 370 Milliarden DM gekostet haben. Eine UN-Beobachtertruppe wachte über die Einhaltung des Waffenstillstands.

Mehrere Verhandlungsrunden über die Ausgestaltung eines Friedensabkommens blieben zunächst ergebnislos. Der Irak verlangte die Schiffbarmachung des Schatt el-Arab; der Iran machte dies von der Räumung der etwa 2600 Quadratkilometer großen, von irakischen Truppen besetzten Gebiete abhängig und forderte die Anerkennung der Talweg-Linie als Grenze; anderenfalls drohte er mit Rückeroberung. Beide Kriegsgegner rüsteten wieder auf.

Zu ersten Direktgesprächen auf Außenministerebene kam es erst am 4. Juli 1990 in Genf. Während des Konflikts um → Kuwait im August 1990 war der Irak gezwungen, dem Iran Zugeständnisse zu machen, um alle seine Truppenverbände in den Krieg gegen die internationalen Armee-Einheiten in Saudi-Arabien und am Golf führen zu können (s. u.). So erklärte sich SADDAM HUSSEIN bereit, die Grenzziehung von vor dem Krieg zu akzeptieren. Neben

»Der Iran hat am Dienstag nach eigenen Angaben nach mehrstündigen Gefechten den wichtigen irakischen Golfhafen Fao eingenommen. Fao, hundert Kilometer südöstlich von Basra gelegen, ist der einzige Zugang des Irak zum Golf. ... Das iranische Militär-Communiqué meldete die Einnahme Faos am Dienstagmorgen als entscheidenden Durchbruch im Verlauf der neuen Offensive. Ihr Ziel ist das für den Irak strategisch wichtigste Gebiet des Flusses Schatt el-Arab mit der Stadt Basra im Süden des Landes. Bei den stundenlangen Kämpfen in der Nacht hätten sich ganze Scharen irakischer Soldaten ergeben. ... In einem Bericht der irakischen Nachrichtenagentur wurde am Dienstag bestätigt, daß iranische Truppen den Schatt el-Arab überquert hätten. Allerdings hieß es, die Stadt Basra und der Fluß seien voll unter irakischer Kontrolle. Die 3. Armee habe alle iranischen Kämpfer vernichtet. Die 7. Armee, die den Schatt verteidige, setze ihre Einkreisung der iranischen Truppen fort, die am Sonntagabend die Wasserstraße überquert hätten. Aus dem Südirak berichteten Augenzeugen, Kolonnen irakischer Truppen seien mit Panzern, Raketen und schwerer Artillerie auf dem Weg zur Front.«
Süddeutsche Zeitung,
12. Februar 1986.

George Herbert Walker Bush (*12.6.1924)
US-Präsident von 1989–1993. Der Republikaner und Millionärssohn George Bush war von 1971 bis 1973 UNO-Botschafter, von 1974 bis 1975 Leiter des Verbindungsbüros der USA in Peking und 1976 bis 1977 Chef des Geheimdienstes CIA. Vizepräsident während beider Amtsperioden Ronald Reagans, wurde er im November 1988 selbst zum Staatspräsidenten gewählt. Bush, dem das Image eines Zauderers anhing, trat außenpolitisch in die Fußstapfen Reagans und demonstrierte militärische Stärke. So entsandte er 1989 amerikanische Truppen nach Panama und befahl im Sommer 1990 nach der irakischen Invasion in Kuwait 400 000 Soldaten auf Kriegsschiffen in den Persischen Golf. Als Saddam Hussein das Ultimatum zum Rückzug verstreichen ließ, ordnete Bush am 16. Januar die massive Bombardierung des Irak und seiner Stellungen in Kuwait an. Nach dem Sieg über den Irak erreichte Bushs Beliebtheit in den USA bislang nicht erreichte Spitzenwerte; dennoch unterlag er 1992 seinem demokratischen Herausforderer Bill Clinton.

dem Austausch von Kriegsgefangenen kam es auch zu Gesprächen über die Normalisierung der Beziehungen beider Länder. Der irakische Truppenrückzug von iranischem Territorium war bereits am 21. August beendet.

Kuwait-Überfall 1990 → Kuwait

Golfkrieg II 1991
Am 2. August 1991 hatten irakische Truppen das benachbarte Kuwait überfallen. Seit 1961, als der Ölstaat von Großbritannien unabhängig wurde, forderte der Irak bereits die Einverleibung → Kuwaits. Begründet wurde der Anspruch damit, daß Kuwait Teil der ehemaligen osmanischen Provinz Basra gewesen war.

Weltweit wurde die Besetzung Kuwaits als eine empfindliche Verschiebung des Kräfteverhältnisses in der Golfregion gesehen. Seine Erdölinteressen sah insbesondere der Westen gefährdet. Die auch mit westlicher Unterstützung hochgerüstete Armee des Irak stellte schon länger ein unkalkulierbares Gefahrenpotential für die arabischen Nachbarstaaten und → Israel dar, die sich vom gewaltsamen Machtstreben des Landes in der Region bedroht fühlten. Eine eindeutige Vormachtstellung im Nahen Osten konnte man dem Irak nicht zugestehen.

Der Irak machte seinen Rückzug aus Kuwait von der Zurücknahme der UN-Resolution abhängig, die die Annexion verurteilt hatte, und forderte eine Nahostkonferenz, die die Rückgabe der von Israel besetzten Gebiete regeln sollte. Die USA konnte als wichtigste Schutzmacht Israels diese Bedingungen nicht akzeptieren. Mehrere Vermittlungsversuche von arabischer Seite und seitens der Sowjetunion im Vorfeld des Krieges scheiterten entweder an der Haltung des Irak oder an den Amerikanern, die entschlossen waren, das Regime in Bagdad in die Schranken zu weisen.

Nachdem ein Ultimatum der UNO und des US-Präsidenten George Bush an den Irak, aus Kuwait abzuziehen, ohne Reaktion verstrichen war, startete die USA unter dem Kommando von General Norman Schwarzkopf am 17. Januar 1991 die »Operation Wüstensturm«. Über 1300 Einsätze flogen die Kampfflugzeuge der Anti-Irak-Koalition innerhalb der ersten 14 Stunden und legten dabei Militär- und Industrieanlagen des Irak in Schutt und Asche. Unterstützt wurden sie dabei von US-Kriegsschiffen, die vom Persischen Golf aus 106 Marschflugkörper auf Ziele im Irak abfeuerten. Am Boden kam es zu heftigen Artilleriegefechten, bei denen es den irakischen Verbänden gelang, saudiarabische Erdöltanks zu zerstören. Von alliierter Seite war eine strenge Medienzensur über das weitere Kriegsgeschehen verhängt worden.

Als Antwort auf das Bombardement feuerte die irakische Armee »Scud«-Raketen auf israelische Städte ab, die je-

Ein ausgebrannter irakischer T-62-Panzer nach der Rückeroberung von Kuwait-City durch die Alliierten.

doch entweder abgeschossen wurden oder nur geringen Schaden anrichteten. Mit diesen Raketenangriffen, die von der arabischen Welt bejubelt wurden, sollte Israel mit in den Krieg hineingezogen werden. SADDAM HUSSEIN rechnete in diesem Fall mit der Unterstützung der arabischen Länder. Doch auf Drängen der USA hielten sich die Israelis selbst dann noch zurück, als irakische Giftgasangriffe drohten. Unterdessen versuchte die US-Armee, die Startrampen der irakischen »Scud«-Raketen zu zerstören, und stationierte in Israel ihr Luftabwehrsystem »Patriot«.

Ende Januar suchten irakische Kampfflugzeuge Zuflucht beim ehemaligen Kriegsgegner Iran, und der Irak startete noch einmal eine Offensive gegen die kuwaitische Grenzstadt Chafdschi. Am 13. Februar kamen über 300 Menschen bei einem Luftangriff der Alliierten auf einen Luftschutzbunker in Bagdad ums Leben.

Schweres Geschützfeuer auf irakische Stellungen an der kuwaitisch-saudiarabischen Grenze bereitete die alliierte Bodenoffensive am 24. Februar vor. Nach nur 100 Stunden waren die irakischen Truppen, die wenig Widerstand entgegensetzen konnten, besiegt. Als erstes stießen Panzer mit Räumschaufeln gegen die irakischen Schützengräben vor, schütteten sie zu und begruben die Soldaten bei lebendigem Leibe. Hunderte von Kampfpanzern drangen nach Kuwait ein, während zur selben Zeit 100 000 Soldaten mit Unterstützung von US-Fallschirmjägern gleichzeitig von Westen zum Euphrat vorrückten und die irakische Armee und die Eliteeinheiten der Republikanischen Garde einkesselten.

Nie zuvor waren so viele hochmoderne, computergesteuerte Waffen eingesetzt worden wie im zweiten Golfkrieg. Es war ein »High-Tech-Krieg«, dessen Aufbereitung in den Medien die Weltöffentlichkeit über das wahre Ausmaß des Leids der Kriegsopfer (auch unter der Zivilbevölkerung in den bombardierten Städten) hinwegtäuschen sollte. Der al-

»Im Wüstenkrieg um Kuwait tilgte Bush endgültig einen Makel, der sein Image seit Beginn seiner politischen Karriere vor mehr als zwei Jahrzehnten befleckt hat: den Ruf, ein entscheidungsschwacher Opportunist zu sein, von Gegnern hämisch als Wimp verunglimpft. Noch im Präsidentschaftswahlkampf 1988 plagten selbst Bush-Freunde Zweifel, ob der Mantel der Präsidentschaft nicht eine Nummer zu groß für Ronald Reagans Vize sei. Das ist vorbei. Bush, dem Helden des Blitzkrieges in der Wüste, ist nun die Wiederwahl 1992 so gut wie sicher.«
Der Spiegel, 4. März 1991.

Trotz der angeblichen Punktgenauigkeit der modernen Kriegsführung mit High-Tech-Waffensystemen boten auch die überwiegend von Zivilisten bewohnten Stadtviertel Bagdads nach den alliierten Bombardements ein Bild der Verwüstung.

liierte Luftkrieg wurde als ein mit »chirurgischen Schnitten operierender Waffengang« dargestellt. Die Präzision, mit der die US-Waffen ihre Ziele im Irak und in Kuwait trafen, wurde immer wieder anhand von der Militärzensur ausgewählter Fernsehbilder demonstriert. Sog. intelligente Bomben peilten ihr Ziel mit Laser oder Infrarotkameras zentimetergenau an. Mit dreifacher Schallgeschwindigkeit fliegende »Patriot«-Raketen schossen im Umkreis von 80 Kilometern radargelenkte gegnerische Raketen ab, und die computergesteuerten »Tomahawk«-Marschflugkörper wären sogar noch in der Lage gewesen, ihre Sprengköpfe über 9500 Kilometer ins Ziel zu tragen. Das Waffensystem »Wild Weasel« spürte feindliches Raketensuchradar auf und feuerte selbständig Raketen darauf ab. Mit speziellen elektronischen Geräten wurde das irakische Radar genarrt, und der »Tarnkappenbomber« 117 A war aufgrund einer Spezialbeschichtung kaum auszumachen. Satellitengestützte Navigationsapparaturen und extrem empfindliche Nachtsichtgeräte machten Kampfflugzeuge von den realen Sichtbedingungen unabhängig.

Ergebnis Golfkrieg II

In den westlichen Demokratien hatte die Rechtmäßigkeit und Angemessenheit dieses Krieges heftige Debatten ausgelöst. 29 der 42 irakischen Divisionen waren aufgerieben und 200 000 Kriegsgefangene gemacht worden. Der Irak akzeptierte alle 12 UN-Resolutionen zum Golfkrieg. Nach irakischen Angaben kamen bei den Kampfhandlungen 85 000 bis 110 000 Soldaten und 40 000 Zivilisten ums Leben, die irakische Opposition spricht von 150 000 bis 250 000 getöteten Soldaten und 70 000 bis 180 000 Zivilisten. Die USA bezifferten die Opfer auf alliierter Seite mit 343 Soldaten. Bei den Kämpfen starben 4000 bis 7000 Kuwaiter, 13 Israelis kamen bei irakischen Raketenangriffen auf israelische Städte um. Erneut richteten die Iraker eine ökologische Katastrophe an, als sie die kuwaitischen Ölquellen in Brand setzten. Allein auf Kuwait gingen über zwei Millionen Tonnen Ruß und Schwefel nieder. Die Folgen des Krieges und des UN-Embargos haben die irakische Wirtschaft und Infrastruktur in vielen Bereichen zum Erliegen gebracht. Der eigentliche Kriegstreiber, SADDAM HUSSEIN, herrscht noch immer. Die Waffenstillstandsbedingungen, die der Irak am 3. April 1991 (UN-Resolution 687) unterzeichnete, sahen auch die Zerstörung irakischer Massenvernichtungswaffen unter internationaler Kontrolle vor. Dennoch kann nicht davon ausgegangen werden, daß sämtliche Waffen tatsächlich vernichtet wurden. Mehrfach drohte der Irak bereits wieder mit einer erneuten militärischen Konfrontation, da er im Vorgehen der UNO eine Verletzung seiner Souveränität sah.

Schiiten-Konflikt seit 1991

Die schiitischen Muslime, die im Irak die Mehrheit stellen, werden schon seit Jahrzehnten von der überwiegend sunnitischen Regierung in Bagdad unterdrückt.

Kurz vor Ende des zweiten Golfkrieges, als sich bereits die Niederlage der irakischen Truppen abzeichnete, riefen die Führer der schiitischen Widerstandsbewegung zu einem Volksaufstand gegen das Regime von SADDAM HUSSEIN auf. Die vermeintliche Gunst der Stunde erwies sich aber als Trugschluß; die erwartete Unterstützung durch die USA und andere Regimegegner blieb aus. Washington war an einer Wiederholung der islamischen Revolution im → Iran nicht interessiert, und die anderen Oppositionsgruppen waren viel zu zerstritten, um gemeinsam an einem Strang zu ziehen. So konnten die irakischen Truppen den Aufstand schnell niederschlagen.

Zu den heftigsten Kämpfen war es in den im Südosten des Landes gelegenen Sumpfgebieten gekommen, in denen während des Iran-Irak-Krieges desertierte Soldaten und bewaffnete Regimegegner untergetaucht waren. Im August 1992 setzten die USA im UN-Sicherheitsrat ein Flugverbot für die irakische Luftwaffe südlich des 32. Breitengrades durch, um die Flächenbombardements auf die Stellungen der schiitischen Rebellen zu unterbinden. Mehr als 800 000 der im Süden des Irak lebenden Menschen verloren in der ersten Kriegsphase ihr Hab und Gut, 50 000 bis 60 000 Menschen sind im Bombenhagel und bei den Kämpfen bisher ums Leben gekommen; seit 1991 sind 150 000 Schiiten in den Iran geflohen. Auch wenn der militärische Widerstand der Schiiten gebrochen zu sein scheint, ist der Konflikt keineswegs beendet. Um den Widerstand zu brechen, ordnete Bagdad die systematische Entwässerung der Sümpfe im Euphrat- und Tigris-Delta an und ließ große Teile der Vegetation verbrennen. Dadurch kam es zu einer ökologischen Katastrophe in diesem Gebiet.

Weitere Entwicklung

Der Irak hatte sich nach Beendigung des Golfkrieges verpflichtet, alle atomaren, biologischen und chemischen Waffen zu vernichten. Die UN-Kontrolleure wurden aber systematisch behindert, und erst nach wiederholter Kriegsandrohung erklärte sich Bagdad im März 1992 bereit, auch seine »Scud«-Raketen zu zerstören. Das UN-Handelsembargo wurde weitgehend umgangen.

Im Januar 1993 drangen mehrmals irakische Einheiten wieder in → Kuwait ein, um Kriegsmaterial zu bergen. Auch das Flugverbot im Süden wurde mehrfach mißachtet. Die Alliierten bombardierten daraufhin militärische Einrichtungen im Irak. Im April 1993 griffen irakische Regierungsverbände in den südlichen Sumpfgebieten erneut schiitische Kampfgruppen an; über 3000 Schiiten flohen in den benachbarten → Iran.

Präsident HUSSEIN übernahm Ende Mai 1994 zusätzlich wieder das Amt des Ministerpräsidenten, das er bereits von 1979 bis 1991 innegehabt hatte. Im Irak gibt es noch immer kein Mehrparteiensystem, obwohl HUSSEIN dies 1991 zugesagt hat. Oppositionelle werden nach wie vor verfolgt, von der einst versprochenen Liberalisierung des öffentlichen Lebens ist das Land noch weit entfernt; im Juni 1994 wurde die Scharia wieder eingeführt. Regimegegner machten Ende 1994 wiederholt mit Bombenanschlägen in der Hauptstadt auf sich aufmerksam.

Als Vergeltungsmaßnahme für das gescheiterte Attentat auf den amerikanischen Ex-Präsidenten BUSH feuerten US-Soldaten am 27. Juni 1994 26 Marschflugkörper auf das Hauptquartier des irakischen Geheimdienstes ab. Im Oktober eskalierten noch einmal die Spannungen zwischen den USA und dem Irak, als 64 000 irakische Soldaten an der Grenze zu Kuwait aufmarschierten. Als die Amerikaner auf diese Provokation mit einer Verstärkung ihrer Truppen reagierten, zog sich der Irak wieder zurück.

An die UN-Kompensationskommission wurden bislang Forderungen in Höhe von 160 Milliarden DM als Wiedergutmachung für Schäden gestellt, die durch den Krieg um Kuwait entstanden sind. Der Irak soll über eine 30prozentige Abgabe seiner Erdöldevisen dafür aufkommen.

Literatur: s. a. → Iran, → Türkei → Kuwait
M. E. Ahrarie (Hg.): *The Gulf and International Security. The 1980s and Beyond.* New York 1989.
A. Alnasrazi / Ch. Rudenberg (Hg.): *Consistency of U.S. Foreign Policy: The Gulf War and the Iran-Contra-Affair.* Belmont 1989.
F. W. Axelgard: *A new Iraq? The Gulf War and Implications for U.S. Policy.* New York 1988.
Sh. Chubin / Ch. Tripp: *Iran and Irak at War.* London 1988.
M. S. El-Azhary (Hg.): *The Iran-Iraq War. A Historical, Economic and Political Analysis.* London 1984.
F. Farhangt: *Probleme des iranisch-irakischen Konfliktes von 1968–1984: Eine Analyse aus irakischer Sicht.* Frankfurt 1989.
H. Fürtig: *Der irakisch-iranische Krieg 1980–1988.* Berlin 1992.
A. Gardner: *The Iraq-Iran War. A Bibliography.* London 1988.
B. Goranwantschy: *Der Golfkrieg zwischen Iran und Irak 1980–1988.* Frankfurt 1993.
S. R. Grummon: *The Iran-lrak War.* New York 1982.
W. J. Hübschen: *Der Irak-Kuwait-Krieg.* Pfungstadt 1992.
G. Lerch: *Der Golfkrieg.* München 1988.
A. Malanowski / M. Stern (Hg.): *Iran–Irak. Bis die Gottlosen vernichtet sind.* Reinbek 1987.
F. Rasoul: *Irak–Iran. Ursache und Dimensionen eines Konflikts.* Köln 1987.
U. Steinbach (Hg.): *Der Golfkrieg: Ursachen, Verlauf, Auswirkungen.* Hamburg 1988.

Staatsname: Irakische Republik
Staatsform: Präsidiale Republik (seit 1980)
Staatsoberhaupt: Saddam Hussein (seit 1979)
Regierungschef: Saddam Hussein (seit 1994)
Regierung: Baath-Partei (seit 1968)
Parlament: Nationalrat 250 Sitze (Wahl vom 1.4.1989), Baath-Partei 250
Mitgliedschaft bei internationalen Organisationen: Arabische Liga, OAPEC, OPEC, UNO
Lage: 39°– 48° östlicher Länge, 29°–37° nördlicher Breite
Fläche: 438 317 km²
Hauptstadt: Bagdad
Bevölkerung: 19,4 Millionen; Araber 77,1 %, Kurden 19 %, Turkmenen 1,4 %, Perser 0,8 %, Assyrer 0,8 %, Sonstige 0,9 %; Schiiten 61,5 %, Sunniten 34 %, Christen 3,7 %, Sonstige 0,8 %
Wirtschaft: Dienstleistung 49,7 %, Industrie 30 %, Landwirtschaft 20,3 %; Export: Erdöl 99,5 %, Nahrungsmittel 0,5 %

IRAN

Revolution 1978/79
Kurden-Konflikt 1979 bis 1988
Golfkrieg I 1980 bis 1988

Das autoritäre Regime des Schah und die Verwestlichung der traditionellen iranischen Gesellschaft führten zur islamisch-fundamentalistischen Revolution der Mullahs, die ihre Herrschaft durch Repression und Gewalt zu festigen versuchten. Im Zeichen des Islam fochten sie einen erbarmungslosen Kampf gegen die kurdische Minderheit und führten einen »heiligen Krieg« gegen den »gottlosen« Irak.

Historischer Hintergrund

Persien ist einer der ältesten Staaten der Weltgeschichte und war schon im Altertum eines der zentralen Verbindungsländer zwischen West und Ost und damit Durchgangsstation für viele Völker. Seit dem altpersischen Achämenidenreich (550–330 v. Chr.) besaß Persien unter wechselnden Dynastien und einem halben Jahrtausend Fremdherrschaft in Großreichen eine ausgeprägte kulturelle Tradition. Die Expansion des Islam verdrängte die bis ins 7. Jahrhundert vorherrschende Staatsreligion des Zoroastrismus und führte (nach zwischenzeitlichem arabischen Einfluß) zur Ausprägung einer eigenständigen Kultur, die sich ab Mitte des 10. Jahrhunderts unter der Osmanenherrschaft mit türkischen Elementen anreicherte. Am Ergebnis dieser wichtigsten Entwicklungsperiode der iranisch-persischen Geschichte änderten auch die schweren Verwüstungen durch die Mongolen im 13. Jahrhundert und die Schreckensherrschaft Timur Lengs im 14. Jahrhundert nichts.

An der Schwelle zur Neuzeit entwickelte sich auf der Machtbasis der turkmenischen Nomadenstämme eine neue autochthone persische Dynastie. Ismail (1502–1524), Führer des Ordens der Safawiden und Begründer der gleichnamigen Dynastie, nannte sich Schah und gilt als der eigentliche Begründer des persischen Nationalstaates. Ismail machte die schiitische Lehre des Islam zur bis heute dominierenden Staatsreligion.

Die Safawiden wurden 1796 von der ebenfalls turkstämmigen Kadscharen-Dynastie abgelöst, die über Jahrzehnte in die Auseinandersetzung der europäischen Kolonialmächte um Asien mit hineingezogen wurde.

Durch seine zentrale Lage in der islamischen Welt ist der Iran seit der Revolution zu einer Bedrohung für viele Staaten in der Region geworden.

Permanente Konflikte mit dem zaristischen Rußland, an das Persien nach zwei verlorenen Kriegen (1804–1813; 1826–1828) → Georgien und → Armenien abtreten mußte, sowie mit Großbritannien, das Persien durch abgepreßte Konzessionen wirtschaftlich und politisch von sich abhängig gemacht hatte, bestimmten die politische Lage im 19. Jahrhundert.

Davon unberührt blieben aber die traditionellen Sozialstrukturen (nomadische und halbnomadische Stämme einerseits, Militärfeudalismus andererseits). Das durch eine 1879 gegründete Kosaken-Brigade modernisierte persische Heer wurde im wesentlichen zur Unterdrückung regionaler Aufstände eingesetzt.

Ein mächtiges Wirtschaftsbürgertum in den Städten konnte 1905/06 eine Verfassungsänderung hin zu einer konstitutionellen Monarchie durchsetzen. Dies führte zu erheblichen Spannungen mit dem konservativen Schah und zu Unruhen, die → Rußland und Großbritannien ausnutzten, das Land zu okkupieren und in drei Zonen aufzuteilen: Der Norden geriet unter russischen, der Süden unter britischen Einfluß, die Mittelzone blieb neutral. Die im Süden Persiens entdeckten Erdölfelder wurden seit 1910 von der *Anglo-Iranian Oil Company* ausgebeutet, deren Aktien unter britischer Kontrolle waren.

Die verstärkte Einflußnahme Rußlands und Großbritanniens war nur möglich, weil in Persien nach heftigen Auseinandersetzungen zwischen Bürgertum und Monarchie Chaos und Anarchie herrschten – mit katastrophalen wirt-

Mohammed Reza Pahlawi (26.10.1919–27.7.1980)
Iranischer Schah von 1941 bis 1979. In der Schweiz erzogen, bestieg Mohammed Reza am 15. September 1941 nach der von den Alliierten erzwungenen Abdankung seiners Vaters den persischen Kaiserthron. Mit Gewalt setzte er dessen Modernisierungspolitik fort und versuchte, den Iran nach westlichem Vorbild in ein modernes Industrieland zu verwandeln. Sein aufwendiger Lebensstil und seine autoritäre Politik riefen den Widerstand linker und liberaler Kreise hervor. 1953 verließ er im Konflikt mit Ministerpräsident Mohammed Mossadegh das Land, wurde aber nach erfolgreichem Putsch von Armee und CIA wieder zurückgeholt. Mit laizistischen Reformen brüskierte der Schah die schiitische Geistlichkeit. Nach Abschaffung des islamischen Kalenders 1977 flammten im ganzen Land blutige Unruhen auf, die ihn 1979 ins Exil zwangen. Das neue Mullahregime in Teheran verurteilte den Schah in Abwesenheit zum Tode. Reza Pahlawi starb 1980 im ägyptischen Exil.

schaftlichen Folgen (Hungersnöte) und der Sezession von Teilstaaten. Mit dem Staatsstreich des Kosaken-Kommandanten REZA KHAN, der die Einheit Persiens militärisch wiederherstellte und selbst die Macht übernahm (Ministerpräsident 1923; Inthronisation als Schah REZA PAHLAWI 1925), endete die Dynastie der Kadscharen.

Die Annahme des Beinamens PAHLAWI (alte mittelpersische Dynastie) und der neue Staatsname Iran (Land der Arier) 1935 deuteten auf eine Rückbesinnung auf alte Traditionen hin und standen ganz im Gegensatz zu der rigorosen Modernisierung von Staat und Kultur nach westlichem Vorbild (Industrialisierung, Bildungsreform, Gesetzesnovellierungen, westliche Kleidung, Schleierverbot für Frauen usw.), die der neue Schah einleitete. Die Entfremdung der religiösen Bevölkerung von ihren islamischen Traditionen führte zu einer wachsenden Kluft zwischen Schah und Volk und rief den erbitterten Widerstand der schiitischen Geistlichkeit hervor.

Hinzu kam, daß vom wirtschaftlichen Aufschwung nur die ohnehin schon besitzenden Schichten, das Militär und der Monarch selbst profitierten. Außenpolitisch lehnte sich das »Land der Arier« an die faschistischen Staaten Europas an und gewährte Deutschland zunehmenden Einfluß. Britische und sowjetische Truppen besetzten 1941 den Iran, nachdem der Schah der ultimativen Aufforderung der Großmächte zur Ausweisung der Deutschen nicht Folge geleistet hatte; er mußte zugunsten seines Sohnes MOHAMMED REZA PAHLAWI abdanken.

Konfliktparteien

Schahregime

Gegen die autokratische Herrschaft des alten Schah, die auch sein Sohn fortzuführen gedachte, und gegen dessen »Weiße Revolution« (forcierte Industrialisierung, Landreform, Bildungsreform usw.), die den Abbau traditioneller Werte bedeutete und nur mit totaler Repression durchzuführen war (s. u.), hatte sich Widerstand in politischen und religiösen Kreisen gebildet.

Opposition

Die wichtigsten Parteien waren die marxistische *Tudeh-Partei*, die nach einem Attentat auf den Schah aber verboten wurde, und die daraufhin 1949 von MOHAMMED MOSSADEGH gegründete *Nationale Front*. Die Opposition reichte bis in die Reihen der Großgrundbesitzer und Stammesführer. Die Unterdrückung jeglicher Regimekritik führte so weit, daß iranische Studenten sogar noch an den Hochschulen im Ausland vom berüchtigten Geheimdienst *Savak* bespitzelt und verfolgt wurden.

Die orthodoxe schiitische Geistlichkeit bildete für breite Massen des Volkes und die Opposition ein Auffangbecken, in dem eine oppositionelle Haltung noch artikuliert werden konnte.

Kurden
Das Volk ohne Land kämpft nicht nur im Iran, sondern auch im → Irak und in der → Türkei um mehr Autonomie und Selbstbestimmung. Im Iran setzte sich vor allem die *Kurdische Demokratische Partei Iran* (KDP-Iran) für Demokratie und für die Autonomie Kurdistans ein; hingegen baute die 1983 gegründete *Kornalah (Kommunistische Partei des Iran in Kurdistan)* auf eine marxistische Revolution und den bewaffneten Kampf gegen iranische Truppen und sog. Pasdaran (Revolutionswächter).

Irak → Irak

Mohammed Mossadegh (*1880–5.3.1967)
Iranischer Ministerpräsident von 1951 bis 1953. Mossadegh war 1920 Justiz-, 1921 Finanz- und 1922 Außenminister des Iran. Als Abgeordneter forderte er ab 1923 liberale Reformen und wurde von Schah Reza Pahlawi vorübergehend inhaftiert. Seit Anfang der vierziger Jahre stand Mossadegh als Führer der Nationalen Front im iranischen Parlament an der Spitze einer antibritischen Bewegung. Diese richtete sich insbesondere gegen die Machtstellung der Briten in der von ihnen kontrollierten Anglo-Iranian Oil Company. Als Ministerpräsident verstaatlichte er die Erdölgesellschaft und geriet dadurch in Konflikt mit Großbritannien und dem Schah. Als Mossadegh versuchte, die Rechte des Schah einzuschränken, wurde er 1953 entmachtet und zu drei Jahren Haft verurteilt.

Konfliktverlauf

Revolution 1978/79
Der Sturz des letzten Schah (1979) war das Ergebnis einer dreißigjährigen Entwicklung. Nach Ende des Zweiten Weltkriegs hatten sich außenpolitische Ereignisse auf die innere Entwicklung des Landes ausgewirkt. Unter dem Schutz der Roten Armee waren 1945/46 → Aserbaidschan und Kurdistan autonome Republiken geworden, die sich erst auf Druck der USA und den dadurch erzwungenen Abzug der sowjetischen Truppen aus dem Norden wieder auflösten. Damit stand der Iran in der Schuld der USA, die von jetzt ab verstärkt ihren Einfluß geltend machten. Besonders deutlich wurde dies, als zwischen 1951 und 1953 schwere Krisen um den Schah ausbrachen.

Der Führer der *Nationalen Front*, MOSSADEGH, gewann die Wahlen von 1950 und wurde vom Parlament mit fast diktatorischen Befugnissen ausgestattet. Seine Verstaatlichung der *Anglo-Iranian Oil Company* stieß auf den Widerstand des Schah, der 1953 vergeblich versucht hatte, MOSSADEGH zu entlassen. Als der Schah sich nicht durchsetzen konnte, floh er in den Irak. Der von der iranischen Armee mit Hilfe des amerikanischen Geheimdienstes CIA durchgeführte Putsch am 22. August 1953 stürzte MOSSADEGH, und der Schah konnte nach Teheran zurückkehren. Die *Tudeh-Partei* und die *Nationale Front* wurden endgültig zerschlagen, die Gewerkschaften verboten und jegliche Opposition unterdrückt.

1954 versuchte die *Tudeh-Partei*, aus dem Untergrund heraus den autoritären Schah zu stürzen, doch dies mißlang ebenso wie zahlreiche andere Umsturzversuche der schiitischen Geistlichkeit unter ihrem Führer Ayatollah

Teheran 1979: Begeisterte Anhänger huldigen ihrem Idol Ayatollah Khomeini.

Ruhollah Mussavi Khomeini (17.5.1900–4.6.1989)
Geistlicher Führer des Iran von 1979 bis 1989.
Khomeini entstammte einer schiitischen Gelehrtenfamilie. Nach dem Studium der Theologie und des islamischen Rechts in Gom arbeitete er dort als Religionslehrer und profilierte sich bald als scharfer Kritiker der »Weißen Revolution« des Schah. 1965 mußte er ins Exil in den Irak gehen, von wo er den Widerstand gegen das Schahregime organisierte. Ab 1978 betrieb er den Umsturz von Paris aus. Khomeini kehrte am 1. Februar 1979 nach Teheran zurück und setzte als die überragende, charismatische Figur die islamische Revolution in Gang. In der neuen Verfassung ließ er die führende Rolle der islamischen Geistlichkeit festschreiben und stand fortan ohne eigentliches Regierungsamt an der Spitze der durch eine Volksabstimmung proklamierten Islamischen Republik.

RUHOLLAH MUSSAVI KHOMEINI, der im Oktober 1963 aus dem Iran verbannt wurde. Die forcierte Industrialisierung und die damit verbundene »Verwestlichung« des Iran riefen seit Mitte der siebziger Jahre immer stärker werdenden Protest der unterdrückten Opposition hervor, der sich seit 1978 auch in großen Massendemonstrationen artikulierte.

Von seinem Pariser Exil aus rief Ayatollah KHOMEINI zum Streik und zum Aufstand gegen das Schahregime auf. Die Unruhen verschärften sich, der Schah mußte am 16. Januar 1979, nachdem die USA von ihm abgerückt waren, das Land verlassen. Vierzehn Tage später kehrte KHOMEINI nach Teheran zurück.

Die Übergangsregierung SHAPUR BACHTIARS wurde von Vertrauten KHOMEINIS abgelöst und die Islamische Republik proklamiert (3.2.1979). Doch der Iran kam damit nicht zur Ruhe. Im Februar lieferten sich die sog. Volksmilizen KHOMEINIS mit schahtreuen Truppenteilen heftige Gefechte, am 14. Februar wurde zum ersten Mal die US-Botschaft, Symbol für den mit dem Schah verbündeten »Imperialismus«, besetzt, im November 1979 zum zweiten Mal (bis Januar 1981).

Ehemalige Schah-Anhänger und Mitglieder des berüchtigten *Savak*-Geheimdienstes mußten sich vor Gericht verantworten. Viele wurden nach kurzer oder auch ohne jegliche Verhandlung hingerichtet – im ersten Jahr der Revolution über 1000 Menschen.

Auch gegen KHOMEINI, der alle Macht im Staat in sich vereinigte, regte sich Widerstand. Linksradikale Studenten sog. *Volksmudschaheddin*, verübten Anschläge auf prominente Vertreter der islamischen Revolution:

Am 1. Mai 1979 wurde der Leiter der Revolutionsgerichte ermordet; am 28. Juni 1981 tötete ein Anschlag auf die Zentrale der von KHOMEINI gegründeten *Iranisch-Republikanischen Partei* den obersten Revolutionsrichter, vier Minister und 20 Parlamentsabgeordnete; am 30. August 1981 kamen der Ministerpräsident, der Staatspräsident und weitere führende Politiker bei einem Bombenattentat ums Leben.

KOHMEINIS Anhänger antworteten mit brutalen Vergeltungsmaßnahmen, die auch ehemalige Anhänger des Ayatollahs, die den eingeschlagenen Weg nicht mehr mitmachen wollten, trafen: Seit Beginn der Revolution bis Ende 1982 waren über 4000 Menschen getötet worden.

Said Ali Khamenei (*1940)
Staatspräsident seit 1981 und geistlicher Führer des Iran seit 1989.
Nach der islamischen Revolution wurde Khamenei Mitglied im Revolutionsrat und bekleidete ab 1981 das Amt des Staatspräsidenten. Nach dem Tod von Ayatollah Khomeini wurde er als Vertreter des radikalen Flügels dessen Nachfolger im höchsten Amt der schiitischen Geistlichkeit. In dieser Funktion ist er auch der Oberbefehlshaber der iranischen Streitkräfte. In seiner Absicht, die Rückkehr des Iran in die internationale Staatengemeinschaft voranzutreiben, handelte er gemäßigter als sein Vorgänger Khomeini. 1989 besuchte er als erster Staatschef des Iran China.

Kurden-Konfikt 1979 bis 1988

Über 50 Prozent der Gesamtbevölkerung des Iran setzen sich aus nationalen Minderheiten zusammen. Alle ethnischen Gruppen hatten sich am Kampf gegen das Schahregime beteiligt, um größere kulturelle Freiheiten durchzusetzen. Die Kurden begannen nach dem Sieg der islamischen Revolution, die ihnen zugesagte innere Selbstverwaltung auszuweiten. Im Februar 1980 kamen bei einem brutal niedergeschlagenen Aufstand über 10 000 Menschen ums Leben. Die neuen Machthaber in Teheran sahen in den Autonomiebestrebungen der Kurden eine Gefährdung des islamischen Zentralstaates und gingen mit militärischen Mitteln gegen sie vor, um die Kontrolle in den überwiegend von Kurden besiedelten Gebiete zurückzugewinnen. Die kurdischen Kämpfer zogen sich daraufhin in die unwegsameren Gebirgsregionen zurück. Während des Krieges mit dem → Irak verlagerte die iranische Armee ihre Großoffensiven in den Norden, was die kurdische Guerilla noch mehr in die Defensive drängte. 1986 gab es auch zwischen den beiden großen kurdischen Parteien bewaffnete Auseinandersetzungen, die den gemeinsamen Kampf gegen das islamisch-fundamentalistische Regime in Teheran erheblich schwächten. Verhandlungen zwischen der KDP-Iran und der iranischen Regierung waren zwischenzeitlich gescheitert. Die unaufhörlichen Repressionen und die Wirtschaftskrise des Iran führten im Juni/Juli 1992 zu Aufständen in kurdischen Ortschaften. Aktionen kurdischer Freiheitskämpfer dauern bis heute an (→ Türkei).

Oktober 1980, in der Nähe der iranischen Erdölfelder bei Abadan: Soldaten der irakischen Armee mit aufgegriffenen iranischen Soldaten und Zivilisten.

Golfkrieg I 1980 bis 1988
Zwischen dem Schah und dem → Irak war es bereits 1969 zum Konflikt um die Schiffahrtsrechte auf dem Schatt el-Arab gekommen. Erst 1975 waren durch einen Vertrag der beiden Staaten die Streitigkeiten beigelegt und die Passagerechte des Iran auf dem Schatt el-Arab von den Städten Khorramschahr und Abadan zum Persischen Golf gesichert worden.

Im September 1980 wollte der Irak die Revolutionswirren im Iran ausnutzen: Am 20. September griffen irakische Einheiten am Schatt el-Arab die Grenze zum Iran an. Teheran rief daraufhin zum »heiligen Krieg« und zur islamischen Revolution gegen die »gottlose« Regierung in Bagdad auf. Der Krieg mit dem Irak war den Mullahs ein willkommener Anlaß zur Propaganda für die nationale Einheit, um von den wirtschaftlichen, sozialen und innenpolitischen Problemen abzulenken. (Verlauf und Ergebnis Golfkrieg I → Irak)

Ergebnis und weitere Enwicklung

Die islamische Revolution hat das Land an den Rand des wirtschaftlichen Ruins gebracht, eine Entwicklung, die durch den Golfkrieg I (→ Irak) nur noch beschleunigt wurde. Innenpolitisch konnten sich die Mullahs nur durch Terror an der Macht halten. Zur menschlichen und ökonomischen Katastrophe kam im Frühjahr 1983 eine ökologische hinzu: Irakische Bomber hatten den iranischen Ölförderkomplex Nowroz bombardiert und leck geschossen. Seit Februar strömten täglich etwa zwei Millionen Liter Rohöl in den Golf. Sämtliche Anrainerstaaten waren von einer Umweltkatastrophe unvorstellbaren Ausmaßes bedroht.

1983 wurde die im Kampf gegen das Schahregime verbündete *Tudeh-Partei* verboten. Konflikte zwischen Progressiven und Konservativen, Gemäßigten und Fundamentalisten innerhalb der islamischen Führungsgruppe konnten nur durch die Autorität von Revolutionsführer KHOMEINI und die äußere Bedrohung durch den Irak-Krieg zunächst unterbunden werden. Ende 1987 drohten Flügelkämpfe, die Regierung zu spalten. In der SALMAN-RUSHDIE-Affäre 1989 stellte sich KHOMEINI auf die Seite der Radikalen, die eine Ermordung des britisch-muslimischen Autors forderten.

Als der charismatische Revolutionsführer KHOMEINI am 4. Juni 1989 starb, geriet das Land zwar in einen massenpsychotischen Taumel der Trauer, doch noch am selben Tag wurde SAID ALI KHAMENEI zu seinem Nachfolger gewählt. Über eine neue Verfassung, die die iranische Gesellschaft tiefgreifend islamisierte, wurde in einem Referendum am 28. Juli abgestimmt. Der sog. Gottesgelehrte erhielt eine zentrale Rolle im politischen Machtgefüge. Dem neuen Präsidenten des islamischen Staates, dem gemäß Verfassung direkt vom Volk gewählten ALI AKBAR HASCHEMI RAFSANDSCHANI, gelang der Ausgleich zwischen den radikalen und gemäßigten Flügeln. Im Gegensatz zu den Radikalen strebte er ein besseres Verhältnis mit den USA an. Im Zuge seiner realistischeren Außenpolitik gelang ihm auch eine allmähliche Überwindung der politischen und wirtschaftlichen Isolation.

Da der Iran sich im Golfkrieg II neutral verhielt, konnte Teheran in der Folgezeit einige diplomatische Erfolge verbuchen. Im September 1992 vereinbarten der Iran und die → Türkei eine gemeinsame Strategie in der Kurdenfrage, und man verständigte sich auch mit → Syrien über die Verhinderung eines selbständigen Kurdenstaates im Nordirak (→ Irak).

Heftige Auseinandersetzungen um den neuen politischen Kurs im iranischen Parlament, in dem die Radikalen über eine Mehrheit verfügten, hatten Ende Oktober 1990 Straßenunruhen und gewaltsame Zusammenstöße zwischen Anhängern der Gemäßigten und der Radikalen zur Folge. Aufgrund der desolaten Wirtschaftslage kam es 1991/92 immer wieder zu Demonstrationen gegen die Regierung, die zu blutigen Auseinandersetzungen mit den Sicherheitskräften führten.

Ali Akbar Haschemi Rafsandschani (*25.8.1934)
Iranischer Staats- und Ministerpräsident seit 1989. Der Schüler Ayatollah Khomeinis wurde nach der islamischen Revolution Mitglied im Revolutionsrat und Innenminister. Seit 1980 war er als Parlamentspräsident auch Vertreter Khomeinis im Obersten Verteidigungsrat. Oberbefehlshaber der Streitkräfte seit 1988, wurde er am 28. Juli 1989 zum Staatspräsidenten gewählt. Zugleich übernahm er das Amt des Ministerpräsidenten. Rafsandschani steuert einen gemäßigt islamischen Kurs und wurde im Juni 1993 in seinem Amt bestätigt.

Diese gingen auch gewaltsam gegen die Anhänger der Bahai-Religion vor. Die iranische Luftwaffe bombardierte einen Stützpunkt der seit 1981 gegen das Regime kämpfenden *Volksmudschaheddin* im irakischen Exil nördlich von Bagdad.

Das Todesurteil gegen RUSHDIE wurde im Februar 1993 verlängert. Die Menschenrechtssituation hat sich Mitte der neunziger Jahre noch nicht gebessert: Nach Angaben der UN-Menschenrechtskommission gibt es ca. 19 000 politische Häftlinge; Gefangene werden gefoltert und ermordet. Unerlaubter Kontakt mit Ausländern wurde unter Strafe gestellt, ebenso die Teilnahme an nicht genehmigten Demonstrationen oder Streiks und die Nichtbeachtung islamischer Prinzipien.

Die innenpolitische Situation bleibt nach wie vor äußerst angespannt. Im Februar 1994 scheiterte ein Attentat auf Staatspräsident RAFSANDSCHANI; *Volksmudschaheddin* verübten am 20. Juni 1994, dem höchsten iranischen Feiertag, ein Bombenattentat auf die Moschee im schiitischen Wallfahrtsort Meschhed; 50 000 Demonstranten erzwangen nach blutigen Auseinandersetzungen mit den Sicherheitskräften die Abspaltung der Stadt Ghazwin von der Provinz Sandschan.

Die Regierung in Teheran wurde von den USA und → Israel immer wieder für internationale Attentate und Anschläge (z. B. auf das jüdische Zentrum in Buenos Aires im Juli 1994, bei dem 95 Menschen starben) veranwortlich gemacht und beschuldigt, die islamischen Terrororganisationen *Hisbollah*, *Jihad Islami* und *Hamas* zu unterstützen.

Literatur: s. a. → Irak → Kuwait → Türkei
H. Algar: *Islam and Revolution. Writings and Sayings of Imam Khomeini.* Berkeley 1981.
S. Bachtiar: *Ma fidélité.* Paris 1982.
S. Bakhash: *The Reign of the Ayatollahs.* London 1985.
A. Behrawan: *Iran – die programmierte Katastrophe. Anatomie eines Konflikts.* Frankfurt 1980.
Ch. Benard / Z. Khalilzad: *Gott in Teheran.* Frankfurt 1988.
H.-G. Eberte: *Die Islamische Republik Iran.* Berlin 1987.
Friedrich-Ebert-Stiftung (Hg.): *Iran in der Krise: Weichenstellungen für die Zukunft.* Bonn 1980.
D. Gholamassad: *Iran. die Entstehung der islamischen Revolution.* Hamburg 1985.
J. Kooroshy: *Wirtschaftsordnung der islamischen Republik Iran.* Hamburg 1990.
N. Keddie: *Religion und Rebellion im Iran.* London 1966.
R. Mottahedeh: *Der Mantel des Propheten.* München 1988.
B. Nirumand / K. Daddjou: *Mit Gott für die Macht. Eine politische Biographie des Ayatollah Chomeini.* Reinbek 1987.
H. Nußbaumer: *Khomeini – Revolutionär im Namen Allahs.* München 1979.
H. Nußbaumer: *Revolution in Iran und Afghanistan.* Frankfurt 1980.
R. M. Pahlavi: *Answer to History.* London 1980.
P. Scholl-Latour: *Allah ist mit den Standhaften.* Stuttgart 1983.
A. Taheri: *Chomeini und die Islamische Revolution.* Hamburg 1985.
H. Tilgner: *Umbruch im Iran.* Reinbek 1979.
R. Wright: *In the Name of God. The Khomeini Decade.* New York 1989.

Staatsname: Islamische Republik Iran
Staatsform: Islamische präsidiale Republik (seit 1979)
Staatsoberhaupt: Ali Akbar Haschemi Rafsandschani (seit 1989)
Regierungschef: Ali Akbar Haschemi Rafsandschani (seit 1989)
Regierung: Vereinigung der religiösen Kämpfer (seit 1989)
Parlament: Islamischer Rat 270 Sitze (Wahl vom 10.4.1992)
Mitgliedschaft bei internationalen Organisationen: ECO, OPEC, UNO
Lage: 44°–64° östlicher Länge, 25°–40° nördlicher Breite
Fläche: 1,6 Millionen km^2
Hauptstadt: Teheran
Bevölkerung: 60,8 Millionen; Perser 45,6 %, Aserbaidschaner 16,8 %, Kurden 9,1 %, Gilaki 5,3 %, Luri 4,3 %, Sonstige 18,9; Schiiten 90,5 %, Sunniten 7,8 %, Sonstige 1,7 %
Wirtschaft: Dienstleistung 48 %, Industrie 28 %, Landwirtschaft 24 %; Export: Erdöl 80 %

ISRAEL

1. Arabisch-israelischer Krieg 1948/49
2. Arabisch-israelischer Krieg – Suez-Krise und Sinai-Feldzug 1956
3. Arabisch-israelischer Krieg – Sechs-Tage-Krieg 1967
4. Arabisch-israelischer Krieg – Jom Kippur 1973

Die seit Jahrhunderten verfolgten Juden haben in Palästina ihre »nationale Heimstätte« gefunden, wodurch aber zugleich die Palästinenser ihre Heimat verloren. Nur durch militärische Stärke konnte sich Israel, der neue Staat der Juden, gegenüber seinen arabischen Nachbarn behaupten. Lange Zeit wollten die Araber den Staat Israel nicht anerkennen und die Israelis keinen Palästinenserstaat dulden. Erst die Autonomieabkommen von 1993 und die einsetzenden Verhandlungen zwischen Israel und gemäßigten Palästinensern eröffneten Chancen für einen – gleichwohl schwierigen – Friedensprozeß im Nahen Osten.

Der Verlauf der vier großen arabisch-israelischen Kriege wird unter → Ägypten behandelt; die weitere Entwicklung der vom Nahostkonflikt betroffenen Staaten unter → Jordanien, → Libanon und → Syrien.

Historischer Hintergrund

Die Geschichte des Staates Israel und seines Volkes ist gekennzeichnet von jahrhundertelanger Verfolgung und führt ins 15. bis 13. Jahrhundert v. Chr. zurück, als hebräische Stämme nach ihrer Vertreibung aus Ägypten das von Kanaanitern besiedelte »Gelobte Land« Palästina eroberten. Ihr erstes einheitliches Königtum bildeten die Israeliten (Israel, hebräisch: Volk Gottes) unter König SAUL um 1020 v. Chr., nachdem sie die Eroberungsbestrebungen der östlichen und westlichen Nachbarn (Ammoniter und Philister) abwehren konnten. Es folgte das Großreich unter den Königen DAVID (1000–960 v. Chr.) und SALOMON (965–926 v. Chr.), das aber bereits 930 v. Chr. in zwei Königreiche (Israel im Norden mit der Hauptstadt Samaria – bis 721 v. Chr. und Judäa im Süden mit der Hauptstadt Jerusalem – bis 586 v. Chr.) zerfiel. Während die folgenden Jahrhunderte von Streitigkeiten der beiden Reiche untereinander und mit den Nachbarstaaten gekennzeichnet waren, wurde die Erinnerung an das Großreich bis ins Religiöse hinein verklärt. Der Zions- und Messiasglaube, die Erwartung eines »neuen DAVID«, der den jüdischen Staat erneuern würde, prägte sich unter der Herrschaft der

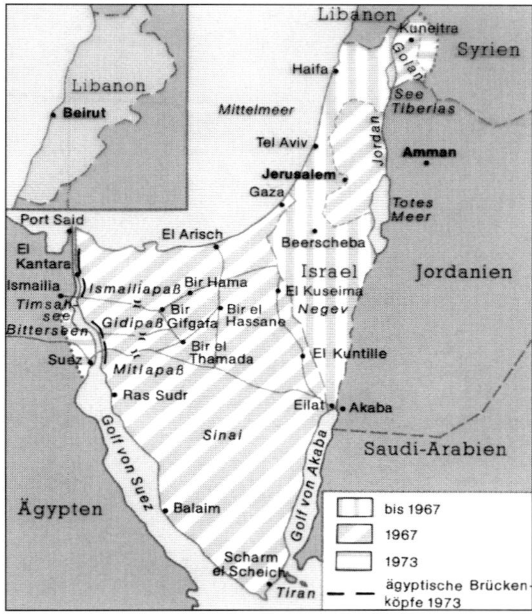

Der Staat Israel und die besetzten Gebiete nach dem Sechs-Tage-Krieg 1967 und dem Jom-Kippur-Krieg 1973. Nach dem Vertrag von Camp David zog sich Israel 1979 von der Sinai-Halbinsel zurück, die strategisch wichtigen Golanhöhen stehen bis heute unter israelischer Verwaltung.

Römer insbesondere nach der Zerstörung des Tempels in Jerusalem 70 n. Chr. stark aus.
Rom hatte bis 64 v. Chr. den Einfluß vorderasiatischer Völker (Eroberungen durch die Assyrer 722 v. Chr., die Babylonier 586 v. Chr., die Perser 539 v. Chr. und die Makedonier unter ALEXANDER DEM GROSSEN 332 v. Chr.) zurückgedrängt, und »Palästina« – benannt nach dem Syrien der Philister: »Syria et Palaistien« – wurde bis Mitte des 7. Jahrhunderts Teil des Römischen, später des Oströmischen Reiches. Damit war die Hoffnung auf ein einheitliches Reich der Juden zerstört. Die Bewohner des Landes wurden deportiert oder mußten aus Palästina fliehen.

Nach den Römern eroberten Araber die Region, und schon bald stellten die Muslime die Bevölkerungsmehrheit. Nach den Eroberungen der Kreuzfahrer (1099–1187 bzw. 1291) kamen die Mamelucken (1291–1517) und die Osmanen (bis 1918). Politisch mußten sich die Araber den jeweiligen Eroberern beugen, und wie die Zionisten hegten auch sie die Hoffnung auf ein wiederkehrendes Großreich. Im Gegensatz dieser beiden Nationalbewegungen, die sich jeweils von der anderen Seite in ihrer Existenz bedroht fühlten, liegt eine der Ursachen für den späteren arabisch-israelischen Konflikt. Bereits zur Zeit der Mameluckenherrschaft war Palästina zerstört worden, und durch die

Höhepunkt der Palästina-Krise 1948: Wie hier in Jaffa kam es im Vorfeld der israelischen Staatsgründung überall im Land zu heftiger Gegenwehr der Palästinenser, die in ihrem Kampf gegen die jüdischen Streitkräfte von arabischen Freiwilligen unterstützt wurden.

Entdeckung des Seewegs nach Indien wurde diese Region bedeutungslos und verödete allmählich.

Mit dem Bau des Suezkanals (1869 eröffnet) erfuhr der gesamte Mittelmeerraum und somit auch Palästina einen wirtschaftlichen Aufschwung. Hinzu kamen jüdische Einwanderer, die vor allem aus Osteuropa vertrieben worden waren und das Land ihrer Väter wieder kultivierten.

Der Gedanke, einen neuen jüdischen Staat in Palästina zu errichten, entstand gegen Ende des 19. Jahrhunderts, als – in Abwehr antisemitischer Tendenzen und vor dem Hintergrund der Pogrome in Osteuropa – THEODOR HERZL mit seinem »politischen Zionismus« (1. Zionistischer Kongreß 1897 in Basel) die Eroberung Israels (»Erez Israel«) als »nationale Heimstätte« für die verfolgten europäischen Juden proklamierte.

Tel Aviv, 1911 gegründet, war die erste jüdische Stadt im heutigen Israel; zur gleichen Zeit entstanden die ersten Kibbuzim, landwirtschaftliche Kollektive, zu denen sich die jüdischen Siedler zusammenschlossen. Die eingesessene palästinensische Bevölkerung fühlte sich von den zielstrebigen Aktivitäten der Juden, das Land in Besitz zu nehmen, mehr und mehr bedroht.

Viele von ihnen hatten bereits große, zum Teil in der Wüste gelegene Landstriche an jüdische Immobilienhändler verkauft, die auf diesem Land Siedlungen errichteten, es bewässerten und fruchtbar machten. Damit waren Fakten geschaffen, die die Grundlage für die spätere politische Vorherrschaft der Juden in Palästina bildeten und damit zwangsläufig die Konfrontation mit der arabischen Bevölkerung heraufbeschworen.

1917/18 besetzte Großbritannien Palästina. Der damalige britische Außenminister ARTHUR JAMES BALFOUR sicherte den Zionisten die »Schaffung einer nationalen Heimstätte für das jüdische Volk in Palästina« unter der Bedingung zu, daß die arabischen Gemeinschaften nicht beeinträchtigt würden. In der sog. BALFOUR-Deklaration vom 2. November 1917 sahen die Zionisten eine Garantieerklärung und Rechtsgrundlage für die jüdische Staatsgründung. 1920 ging die britische Militärverwaltung mit dem London übertragenen *Völkerbund*-Mandat in eine zivile Administration über, die aber immer noch unter der Leitung eines englischen Hochkommissars stand.

Zu Beginn der zwanziger Jahre betrug der Anteil der Juden an der Gesamtbevölkerung nur etwa 11 Prozent; die Judenverfolgung in Nazi-Deutschland löste jedoch eine große Einwanderungswelle westeuropäischer Juden aus, die vor allem Kapital und viel technisches Know-how mitbrachten. Die planmäßige Erweiterung der Besiedlung (Schaffung von Wehrdörfern usw.) führte zu Unruhe und zu einer immer feindseliger werdenden Haltung der arabischen Bevölkerung. Von 1936 bis 1939 kam es zu einem Aufstand der Palästinenser, der von der britischen Mandatsmacht mit Hilfe der Juden niedergeschlagen wurde. Vorschläge zur Teilung Palästinas wurden von Juden und von Arabern gleichermaßen abgelehnt. Britische Pläne zur Begrenzung der Einwanderung von Juden riefen militanten zionistischen Widerstand hervor, begleitet von Terroraktionen geheimer jüdischer Militärorganisationen. Auch die Vereinigten Staaten förderten angesichts des Auswanderungsdrucks europäischer Juden infolge der Nazi-Greuel die Einwanderungspolitik nach Palästina.

1947 billigte die UN-Vollversammlung die Teilung des Landes in einen arabischen und einen jüdischen Staat bei gleichzeitiger wirtschaftlicher Einheit und neutraler Stellung Jerusalems. Die Araber lehnten diesen Plan ab; die Juden stimmten dem Lösungsvorschlag zu und riefen wenige Stunden vor Beendigung des britischen Mandats am 14. Mai 1948 ihren unabhängigen und souveränen Staat aus. Erster Ministerpräsident wurde der Präsident der zionistischen Weltorganisation, DAVID BEN GURION. Der verbliebene Ostteil Palästinas wurde 1950 → Jordanien angegliedert.

David Ben Gurion (16.10.1886–1.12.1973)
Israelischer Ministerpräsident von 1948 bis 1953 und 1955 bis 1963. Ben Gurion stammte aus Polen und kam bereits 1906 nach Palästina. Nach dem Jurastudium in Istanbul war er Mitbegründer und von 1921 bis 1935 Generalsekretär der Gewerkschaft Histadruth. Von 1930 bis 1965 war er Parteiführer der sozialistischen Mapai. Von 1935 bis 1948 leitete er die Jüdische Vertretung für Palästina und wurde 1944 Präsident der zionistischen Weltorganisation. Von 1948 bis 1953 war er der erste Ministerpräsident Israels; bis 1955 Verteidigungsminister und von 1955 bis 1963 erneut Ministerpräsident.

Golda Meir (3.3.1898–8.12.1978)
Israelische Ministerpräsidentin von 1969 bis 1974.
Golda Meir wurde in Rußland geboren, wanderte in die USA aus, wo sie als Lehrerin und Bibliothekarin in Chicago und New York arbeitete. Ab 1921 lebte sie in Israel und war in der Gewerkschaftsarbeit aktiv sowie führendes Mitglied der Arbeitspartei (bis 1966). 1948/49 vertrat sie als Botschafterin in Moskau den jungen Staat. Von 1956 bis 1965 war sie Außenministerin und von 1969 bis 1974 Ministerpräsidentin.

Konfliktparteien

Israel

Schon früh hatten sich die jüdischen Siedler in Selbstverteidigungsgruppen organisieren müssen, um sich gegen arabische Übergriffe zu schützen. Diese Wehrgruppen wurden Mitte der dreißiger Jahre zur Untergrundarmee *Haganah* zusammengefaßt. Daneben entstanden zwei weitere, wesentlich militantere Organisationen: die *Irgun Zwai Leumi*, der auch der spätere israelische Ministerpräsident MENACHEM BEGIN angehörte, und die *Lohami Herut Israel*. Beide verübten vor allem Terroranschläge gegen die britische Mandatsmacht.

Nach der Proklamierung des Staates Israel lösten sich diese paramilitärischen Verbände auf; die *Haganah* wurde in eine reguläre Armee transformiert und durch Waffenlieferungen aus den USA und Europa aufgerüstet. Heute zählt die israelische Armee zu den modernsten Streitkräften der Welt. Sie hat sich bisher in allen kriegerischen Auseinandersetzungen als die stärkere und überlegene Kraft erwiesen.

Arabische Staatengemeinschaft

Auch nach dem Zweiten Weltkrieg kam es nicht zur angestrebten »Umma«, der Einheit von Staat und Islam in der arabischen Welt. Die rund 20 Staaten waren mehr denn je Rivalen als Verbündete, ging es doch schließlich auch um die Vorherrschaft in der Region nach Ende der Kolonialzeit. Die 1945 gegründete *Arabische Liga*, zu der sich → Syrien, → Jordanien, der → Irak, Saudi-Arabien, der → Libanon und der → Jemen unter der politischen Führung → Ägyptens zusammenfanden, stärkte aber die Position der palästinensischen Araber in ihrem Kampf gegen Israel. Insbesondere der Mufti von Jerusalem, der 1936 das *Arab High Committee* gegründet hatte und der immer wieder zum Streik gegen die Briten aufrief und Anschläge gegen zionistische Siedlungen befehligte, bekam von der *Arabischen Liga* uneingeschränkte Hilfe.

Palästinenser

In den palästinensischen Flüchtlingslagern formierten sich unter dem Dach der 1964 gegründeten *Palestine Liberation Organization* (PLO) verschiedene Freischärlergruppen *(Fedajin)*: u. a. die *Al-Fatah* (Anagramm von *Harkat al Tahir al Falastin*: Bewegung zur Befreiung Palästinas), die seit Mitte der sechziger Jahre Terror- und Sabotageanschläge gegen Israel (z. T. auch im Ausland) unternahm.

Die PLO bildete 1969 einen Exekutivrat (Exilregierung) und wurde 1974 von der arabischen Gipfelkonferenz in Rabat als einzige legitime Vertretung der Palästinenser anerkannt – im November 1974 auch de facto von der UNO, in der seit 1976 bei den Debatten zum Palästinaproblem PLO-

Vertreter Stellung nehmen dürfen. Die PLO und Israel verweigerten sich die gegenseitige Anerkennung bis 1993.

Eine mehr marxistisch orientierte Gegenorganisation zur PLO bildet die 1962 gegründete *Volksfront für die Befreiung Palästinas* (PFLP) von GEORGES HABASCH, der ebenso wie die radikalen Organisationen *Schwarzer September* und *Demokratische Volksfront zur Befreiung Palästinas* (PDLFP) sowie einige kleinere Terrorgruppen die Verhandlungsbereitschaft des PLO-Führers JASSIR ARAFAT nach wie vor strikt ablehnt.

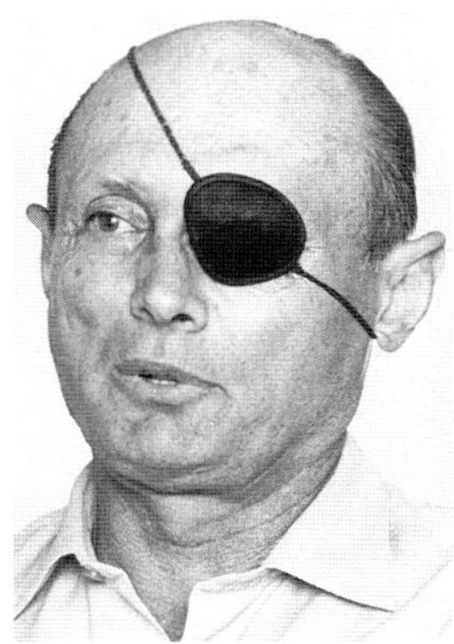

Moshe Dajan -(20.5.1915–16.10.1981)
Israelischer Verteidigungsminister von 1967 bis 1979.
Dajan wurde im ersten jüdischen Kibbuz auf palästinensischem Boden geboren. Er war Landwirt und Mitglied der Haganah, Offizier und Kommandant im ersten arabisch-israelischen Krieg 1948/49, später Chef des Generalstabs, und er befehligte den Sinai-Feldzug 1956. Von 1959 bis 1964 war er Landwirtschafts-, von 1967 bis 1974 Verteidigungs- und zwischen 1977 und 1979 auch Außenminister Israels.

Konfliktentwicklung 1948 bis 1995

Konfliktverlauf → Ägypten

1. Arabisch-israelischer Krieg 1948/49

Ständige Anschläge hatten schon seit November 1947 zu Kämpfen zwischen Arabern und Juden geführt, nachdem sich die Briten bereit erklärt hatten, das Mandat für Palästina zurückzugeben, und ihre Truppen Anfang 1948 abzogen. Der Krieg begann am 15. Mai 1948, einen Tag nach der Unabhängigkeitserklärung Israels, und endete mit dem Waffenstillstandsvertrag am 20. Juli 1949.

Der Sieg der Israelis führte zunächst zur Festschreibung der Frontlinien als vorläufige Grenzen, die von den Arabern jedoch nicht anerkannt wurden. → Jordanien behielt das eroberte Hügelland Ost-Palästinas und die Altstadt von Jerusalem. Israel erweiterte durch den Sieg sein Territorium erheblich: Galiläa mit einer entmilitarisierten Zone an der Grenze zu → Syrien, Teile des Westjordanlandes mit der Neustadt von Jerusalem, die Mittelmeerküste mit Ausnahme des Gazastreifens, der unter ägyptische Verwaltung kam.

Der neue Staat Israel verlegte seinen Regierungssitz 1950 von Tel Aviv in die Neustadt von Jerusalem, wurde Mitglied der UNO und ist inzwischen von den meisten Staaten anerkannt: Frankreich, Großbritannien und die USA erklärten sich bereit, den Status quo zu schützen.

Georges Habasch → Jordanien

Jassir Arafat → Jordanien

Seit Anfang 1948 waren 500 000 Araber (ca. 80 % der arabischen Bevölkerung Palästinas) geflüchtet bzw. vertrieben worden, und sie durften auch später nicht in ihre Heimat zurückkehren (Gesetz vom 7.11.1961). Sie lebten seitdem in Flüchtlingslagern im → Libanon, in Libyen, Jordanien, Syrien und die Mehrzahl im Gazastreifen, wo sie vom *Hilfswerk der Vereinten Nationen* (UNHCR) versorgt wurden, da die arabischen Staaten nicht in der Lage waren, das Flüchtlingsproblem zu lösen. Sie betrachteten die Flüchtlinge u. a. als eine Art Faustpfand gegenüber Israel, das rund 70 000 Hektar arabisches Territorium annektiert hatte. Aus dem palästinensischen (arabischen) Nationalgefühl und aus dem Haß auf Israel entwickelte sich die be-

Menachem Begin (16.8.1913–9.3.1992)
Israelischer Ministerpräsident von 1977 bis 1983. Der radikale Zionist wurde in Brest-Litowsk geboren, studierte Jura in Warschau und kam 1942 nach Palästina. Er gehörte der Untergrundbewegung Irgun Zwai Leumi an und war 1948 Gründer der Cheruth-Partei. Seit 1949 war er Mitglied der Knesset, bis 1967 Oppositionsführer, von 1967 bis 1970 Minister ohne Portefeuille. Nach Wahlerfolgen des rechten Likud-Blocks wurde Begin 1977 Ministerpräsident. Zu Beginn seiner Karriere verfolgte er eine unnachgiebige Haltung gegenüber den Arabern, leitete aber später mit Anwar as-Sadat den Friedensprozeß ein. 1978 erhielt er gemeinsam mit dem ägyptischen Präsidenten den Friedensnobelpreis, was jedoch weltweit auf Kritik stieß, da er sich in der Frage einer Autonomieregelung für die israelisch besetzten palästinensischen Gebiete unnachgiebig zeigte. 1981 wurde er im Amt bestätigt, 1983 trat er als Regierungschef zurück.

dingungslose Bereitschaft der Flüchtlinge zum Kampf für einen unabhängigen Palästinenserstaat und zur Vertreibung der Juden aus ihrer Heimat.

2. Arabisch-israelischer Krieg – Suez-Krise und Sinai-Feldzug 1956

Die international angespannte Situation nach der vertragswidrigen Verstaatlichung des Suezkanals durch → Ägypten nutzte Israel, dem seit 1950 die Benutzung des Kanals von Kairo verwehrt worden war, um die eigene Position gegenüber den arabischen Staaten zu stärken und vor allem die territorialen Landgewinne abzusichern. Am 29. Oktober 1956 drangen israelische Truppen unter dem Kommando des späteren Verteidigungs- und Außenministers Moshe Dajan über die Sinai-Halbinsel bis zum Suezkanal vor; nur auf internationalen Druck kam es am 7. November zum Waffenstillstand. Israel zog sich bis hinter die Waffenstillstandslinien von 1949 zurück. UN-Friedenstruppen kontrollierten nun den Gazastreifen und den Zugang zum Golf von Akaba. Die Verstaatlichung des Kanals wurde nicht rückgängig gemacht.

3. Arabisch-israelischer Krieg – Sechs-Tage-Krieg 1967

Mitte der sechziger Jahre verschärfte sich der Nahostkonflikt durch die massive Propaganda der arabischen Welt gegen Israel: Aufgerufen wurde zum heiligen und totalen Krieg gegen den Judenstaat und zur Rückeroberung des »geplünderten Bodens Palästinas«. Der arabischen Truppenkonzentration begegnete die Regierung der Ministerpräsidentin Golda Meir am 5. Juni 1967 mit einem Präventivschlag. Auch aus diesem, nur sechs Tage dauernden Krieg ging Israel als Sieger hervor. Es war mehr als nur ein Befreiungsschlag aus der Umklammerung der arabischen Feinde; diesmal wollte Israel nicht – wie 1956 – die gewonnenen Gebiete wieder zurückgeben. Sein Prinzip der »sicheren Grenzen« bedeutete: Anspruch auf die Golanhöhen und auf das Westjordanland (wieder wie in der Antike »Samaria« und »Judäa« genannt) sowie auf die Sinai-Halbinsel und das besetzte Ostufer des Suezkanals. Die palästinensischen Bewohner waren vor den israelischen Truppen in den Libanon und nach Jordanien geflohen.

4. Arabisch-israelischer Krieg – Jom Kippur 1973

Nach dem Sieg im Sechs-Tage-Krieg war Israel die Anerkennung durch die arabischen Staaten versagt geblieben. Trotz der UN-Resolution 242 vom 22. November 1967, die einen »dauerhaften und gerechten Frieden« für jeden Staat in dieser Region und den Rückzug der israelischen Truppen aus den besetzten Gebieten gefordert hatte, rüsteten die USA und die UdSSR ihre jeweiligen Verbündeten auf. Die Guerillatätigkeit der *Fedajin* (Angriffe von → Syrien,

Annäherung in Camp David: Am 7. September 1978 trafen sich auf Vermittlung des US-Präsidenten Jimmy Carter der israelische Ministerpräsident Menachem Begin und Ägyptens Staatspräsident Anwar as-Sadat zu einem ersten Spitzengespräch. Ein halbes Jahr später, am 26. März 1979, konnte der ägyptisch-israelische Friedensvertrag unterzeichnet werden.

→ Jordanien und dem → Libanon aus auf jüdische Siedlungen) wurde von Israel mit »Vergeltungsschlägen« beantwortet. Auch Anschläge im Ausland (Flugzeugentführungen, Ermordung von israelischen Sportlern bei den Olympischen Spielen in München 1972 usw.), besonders in den Staaten der europäischen Verbündeten Israels, sollten auf die ungelöste Problematik der Palästinafrage aufmerksam machen und verdeutlichen, daß sich die arabische Welt nicht mit den durch den Sechs-Tage-Krieg geschaffenen Tatsachen abfinden werde. Am 6. Oktober 1973, dem jüdischen Versöhnungsfest Jom Kippur, drangen die Ägypter über den Suezkanal auf die Sinai-Halbinsel vor. Nach heftigen Kämpfen auch auf den Golanhöhen und dem Vorstoß der Israelis nach → Ägypten stimmte die Regierung in Jerusalem am 26. Oktober Waffenstillstandsvereinbarungen zu. Wieder hatte sich Israel behauptet.

Am 18. Januar 1974 verpflichtete es sich, die Truppen vom Suezkanal bis zu den Sinai-Pässen zurückzuziehen, die nun von UN-Friedenstruppen kontrolliert wurden. Auch die eroberten Gebiete östlich der Golanhöhen (ebenso die Städte Rafid und Kuneitra) wurden wieder an Syrien abgetreten, nicht jedoch die für Israel strategisch so wichtigen Golanhöhen.

1974 lebten inzwischen 300 000 von den 1,2 Millionen Palästinensern in Lagern; in den von Israel besetzten Gebieten wohnten 600 000 und im Kernland (innerhalb der Grenzen von 1949) etwa 400 000 palästinensische Araber. Die Bevölkerung des Staates Israel war Mitte der siebziger Jahre auf ca. 2,6 Millionen Juden angewachsen.

Jimmy Carter (*1.10.1924)
US-Präsident von 1977 bis 1981. Geboren in Georgia als Sohn eines Farmers, begann Jimmy Carter mit 18 Jahren ein technisches Studium. Nach seiner Ausbildung an der Marineakademie meldete er sich zur U-Boot-Waffe. 1953 kehrte er in seinen Heimatort zurück und baute ein Saatgutgeschäft auf. Als Mitglied der Demokratischen Partei war er von 1962 bis 1966 zum ersten Mal im Senat und schaffte es 1970 im zweiten Anlauf, Gouverneur zu werden. Man wählte ihn 1976 mit großer Mehrheit zum Präsidentschaftskandidaten der Demokraten, und er gewann die Wahl gegen den damaligen Präsidenten Ford. Während seiner Amtszeit bemühte er sich besonders um eine Friedenslösung im Nahen Osten. Bei den Präsidentschaftswahlen 1980 mußte Carter nicht zuletzt aufgrund des Geiseldramas im Iran eine der schwersten Niederlagen der Demokraten gegen den Republikaner Ronald Reagan hinnehmen.

Der Friedensprozeß

Der Frieden war nach dem Jom-Kippur-Krieg im Nahen Osten noch nicht in Sicht. Eine Wende zeichnete sich erst mit der neuen Politik des ägyptischen Präsidenten Anwar as-Sadat ab, der sich ab Mitte der siebziger Jahre bereit

Anwar as-Sadat → Ägypten

Yitzhak Rabin (1.3.1922–4.11.1995)
Israelischer Ministerpräsident 1974 bis 1977 und 1992 bis 1995. Der Sohn russischer Einwanderer schloß sich als Schüler der jüdischen Selbstschutztruppe Palmach an, die gegen die britische Mandatsmacht kämpfte, und wurde dafür 1946 interniert. Nach der Unabhängigkeit Israels 1948 beinahe permanent im Fronteinsatz, brachte es Rabin 1964 zum Stabschef der Armee und war Führer im Sechs-Tage-Krieg. 1968 ging er als Botschafter nach Washington und bildete nach dem Rücktritt von Golda Meir 1974 die neue Regierung, unterlag jedoch 1977 dem rechten Likud. Als Verteidigungsminister der Koalitionsregierung von Arbeitspartei und Likud ab 1984 zeigte sich der inzwischen zum Volkshelden avancierte Rabin noch als »Falke« und Sicherheitsfanatiker. Als Ministerpräsident ab 1992 gab er sich jedoch unerwartet moderat und leitete die Aussöhnung mit den Palästinensern und den arabischen Nachbarn ein. Der Friedensnobelpreisträger (1994) wurde 1995 von einem rechtsgerichteten israelischen Fanatiker erschossen.

erklärte, mit dem israelischen Ministerpräsidenten Menachem Begin (unter Vermittlung der USA) Friedensverhandlungen aufzunehmen. Die Hinwendung Sadats zum Westen schuf ihm und seinem Land tödliche Gegner im eigenen, arabischen Lager. Die Verträge von Camp David (→ Ägypten) und die spätere Unterzeichnung des ägyptisch-israelischen Friedensvertrags am 26. März 1979 bildeten jedoch die Grundlage für einen beginnenden Friedensprozeß, auch wenn dieser häufig gestört und gefährdet schien.

Erst nach den Garantien der USA für Israel zogen dessen Truppen vom Sinai ab. Die Frage der Golanhöhen blieb weiterhin ungelöst: 1980 wurden sie von Israel annektiert; die Alt- und Neustadt von Jerusalem wurden vereinigt und zum »ewigen« Territorium Israels erklärt. Beide Annexionen sind von der UNO und den USA für ungültig erklärt worden.

Nach dem Massaker von Hebron, bei dem ein fanatischer jüdischer Siedler im Februar 1994 beim Morgengebet in der Moschee 39 Palästinenser getötet hatte, kam es zu Unruhen in ganz Israel und den besetzten Gebieten. Im Gazastreifen lieferten sich Demonstranten heftige Straßenschlachten mit dem israelischen Militär.

Nach dem Angriff der israelischen Truppen auf den → Libanon im Juni 1982 und nach der Vertreibung der PLO aus Beirut stellte sich um so dringlicher die Notwendigkeit eines selbständigen Palästinenser-Staates, den Israel immer noch verhindern wollte, obwohl das Friedensabkommen von Camp David 1979 bereits die palästinensische Selbstverwaltung im Gazastreifen vorgesehen hatte.

1987 begann die sog. Intifada, der gewalttätige Palästinenseraufstand gegen die israelische Besatzungsmacht; die Fronten schienen sich wieder einmal zu verhärten. 1988 verzichtete → Jordanien auf das Westjordanland und bot es als Territorium für einen zukünftigen palästinensischen Staat an. Am 30. Oktober 1991 wurde unter ägyptischer Vermittlung die Nahostfriedenskonferenz in Madrid eröffnet, die – neben geschickter Geheimdiplomatie beider Seiten – die Friedensgespräche zwischen Israel und der PLO vorbereiten half. Am 9. September 1993 erkannte die PLO das Existenzrecht Israels an. Am 13. September unterzeichneten der israelische Ministerpräsident YITZHAK RABIN und PLO-Chef ARAFAT in Washington das Gaza-Jericho-Abkommen, das den Palästinensern in diesen Gebieten Teilautonomie zusichert.

Am 26. Oktober 1994 unterzeichneten RABIN und der jordanische Ministerpräsident ABDEL SALAM ED-MADSCHALI in Araba, an der Grenze zwischen Israel und Jordanien, im Beisein von US-Präsident BILL CLINTON einen weiteren wichtigen Friedensvertrag für den Nahen Osten und für den Staat Israel. Damit war der seit 1948 herrschende Kriegszustand beendet. Die Regelung der strittigen Grenzziehung am Toten Meer und am Golf von Akaba wurde nach dem 1922 festgesetzten Verlauf des ehemaligen britischen Mandatsgebiets vereinbart. Damit verzichtete Israel auf seine Eroberungen von 1967; israelische Siedlungen blieben jedoch bestehen, und Jordanien erhielt Wasser aus

Shimon Peres (*15.8.1923)
Ministerpräsident seit 1995. Der 1934 aus Ostpolen nach Palästina emigrierte Peres wurde 1940 Mitglied der jüdischen Selbstschutztruppe Haganah und arbeitete sich ab 1948 im israelischen Verteidigungsministerium zum stellvertretenden Minister hoch (1959–1965). 1974 bis 1977 wurde Peres selbst Verteidigungsminister und war von 1984 bis 1986 Ministerpräsident und Außenminister eines Regierungsbündnisses aus Likud und Arbeitspartei. Im Gegensatz zu seinem rechtsgerichteten Koalitionspartner Yitzhak Shamir trat er für Verhandlungen mit Jordanien ein. Als Außenminister unter Yitzhak Rabin konnte er mit dem Gaza-Jericho-Abkommen sein Ziel, die Rückgabe der seit 1967 besetzten Gebiete an die Palästinenser, realisieren. Nach der Ermordung Rabins 1995 übernahm Peres als sein Stellvertreter die Regierungsgeschäfte. Der Friedensnobelpreisträger gilt bei Neuwahlen als chancenreicher Kandidat für die Nachfolge Rabins im Amt des Ministerpräsidenten.

dem Jordan und Jarmuk. Israel akzeptierte außerdem Jordaniens Rolle als Beschützer der heiligen Stätten des Islam in Jerusalem. Die Palästinenser betrachten Jerusalem als Hauptstadt ihres zukünftigen Staates.

Nach wie vor ungeklärt blieb der Status der Golanhöhen, auf denen 17 000 Drusen und 13 000 Israelis leben. Das 1300 Meter hohe und für Israel strategisch sehr wichtige Plateau im Südwesten → Syriens steht seit dem Sechs-Tage-Krieg von 1967 unter israelischer Verwaltung. Der Golan war immer wieder Ausgangspunkt und Ziel für Anschläge auf israelische Siedlungen.

Im Rahmen der Washingtoner Nahostkonferenz hatten Jerusalem und Damaskus 1991 Verhandlungen über eine Beendigung des Kriegszustandes aufgenommen. Syrien erkennt das Existenzrecht Israels nicht an und verlangt die Rückgabe der Golanhöhen. Israel will jedoch aus Sicherheitsgründen nur einem Rückzug in Stufen zustimmen. Im Januar 1994 erklärte sich Syrien mit einem Abkommen einverstanden, das die Kontrolle der Golanhöhen durch UNO-Streitkräfte für die Dauer von 10 Jahren und einen freien Grenzverkehr vorsieht.

Der Friedensprozeß im Nahen Osten wird auch von zahlreichen israelischen Extremisten torpediert, die der Regierung Verrat vorwerfen. Ministerpräsident RABIN wurde am 4. November 1995 bei einer Friedensdemonstration in Tel Aviv von einem fanatischen Gegner seiner Aussöhnungspolitik mit den Palästinensern und den arabischen Nachbarn erschossen. Eine bisher unbekannte rechtsextreme jüdische Organisation bekannte sich zu dem Attentat. Israels Außenminister SHIMON PERES hat bis zu Neuwahlen kommissarisch die Amtsgeschäfte RABINS übernommen.

Literatur: s. a. → Ägypten, → Irak, → Jordanien, → Libanon, → Syrien
F. Ansprenger: *Juden und Araber in einem Land*. München 1979.
J. Bunzl: *Israel – Palästina*. Hamburg 1980.
M. L. Cohen: *Palestine and the Great Powers 1945/48*. Princeton 1982.
M. L. Cohen: *Palestine to Israel. From Mandate to Independence*. London 1988.
D. Diner: *Israel in Palästina*. Königstein 1980.
I. Fahmy: *Negociating for Peace in the Middle East*. Beckenham, Kent, 1983.
S. Flapan: *Die Geburt Israels*. München 1988.
R. O. Freedman: *The Middle East since Camp David*. Boulder, 1984.
A. Hegazi: *Zionismus und palästinensische Araber*. Bremen 1983.
Ch. Herzog: *Kriege um Israel. Von 1948 bis 1984*. Berlin 1984.
W. Hollstein: *Kein Frieden um Israel*. Bonn 1977.
K. Hornung: *Krisenherd Naher Osten*. München 1993.
H. Köchler / H. Klecatsky u. a.: *Zur Lage der Menschenrechte in Palästina*. Wien 1988.
J. Laffin: *Die PLO zwischen Terror und Diplomatie*. Altstätten 1983.
K. Landmann / E. Geipel: *Die Geschichte des vierzigjährigen Krieges in Nahost*. Frankfurt 1991.

W. Laquer / B. Rubin: *A Documentary History of the Middle East Conflict.* New York 1985.
B. Lewis: *Die Juden in der islamischen Welt. Vom frühen Mittelalter bis ins 20. Jahrhundert.* München 1987.
H. Mejcher / A. Schölch: *Die Palästinafrage 1917–1948.* Paderborn 1981.
C. Neuhaus / C. Sterzing: *Die PLO und der Staat Palästina.* Frankfurt 1991.
A. Niemitz: *Brennpunkt Nahost. Geschichte und Hintergründe politischer und religiöser Konfrontation.* München 1991.
C. C. O'Brian: *Belagerungszustand. Die Geschichte des Zionismus und des Staates Israel.* Wien 1988.
I. Otto / M. Schmidt-Dumont: *Der Nahostkonflikt seit Ausbruch der Intifada. Eine Auswahlbibliographie.* Hamburg 1990.
M. Robbe: *Der Nahostkonflikt in Vergangenheit und Gegenwart.* Berlin 1987.
M. Robbe: *Pälastina – Sehnsucht und Machtpolitik. Geschichte, Strukturen und Perspektiven eines Konfliktes.* Berlin 1990.
M. Rodinson: *Israel and the Arabs.* Harmondsworth 1982.
R. Sack: *Die USA im Nahost-Konflikt. Von der Intervention zur Partizipation.* Trier 1988.
R. Samuel: *A History of Israel: The Birth, Growth and Development of Today's Jewish State.* London 1989.
P. Schendel / M. Wolffsohn: *Nahost: Geschichte und Struktur des Konflikts.* Opladen 1989.
F. Schreiber: *Aufstand der Palästinenser – Die Intifada.* Leverkusen 1990.
Statistisches Bundesamt (Hg.): *Länderbericht Israel.* Bonn 1991.
H. Schulz-Klingauf: *Dauerkonfliktregion Nahost: Araber – Juden – Palästinenser.* Regensburg 1992.
B. Tibi: *Konfliktregion Naher Osten. Regionale Eigendynamik und Großmachtinteressen.* München 1991.

Staatsname: Staat Israel
Staatsform: Parlamentarische Republik (seit 1948)
Staatsoberhaupt: Ezer Weizman (Arbeitspartei; seit 1993)
Regierungschef: Shimon Peres (Arbeitspartei; seit 4.11.1995 kommissarisch)
Regierung: Arbeitspartei, Meretz (seit 1992), Yiud (seit 1994)
Parlament: Knesset 120 Sitze (Wahl vom 23.6.1992)
Arbeitspartei 44, Likud-Block 32, Linkes Bündnis Meretz 12, Zomet und Moledet 8, Shas 6, orthodoxe und arabische Parteien 18
Mitgliedschaft bei internationalen Organisationen: UNO
Lage: 34°–36° östlicher Länge, 29°–33° nördlicher Breite
Fläche: 20 770 km^2
Hauptstadt: Jerusalem
Bevölkerung: 5,1 Millionen; Israelis 82 %, Palästinenser 18 %; Juden 81,5 %, Muslime 14,4 %, Christen 2,3 %, Drusen 1,8 %
Wirtschaft: Dienstleistung 69,7 %, Industrie 27,2 %, Landwirtschaft 3,1 %; Export: Maschinen 30,5 %, Diamanten 24,5 %, Chemieprodukte 11,7 %

JEMEN

Nordjemenitischer Bürgerkrieg 1962 bis 1970
Grenzkonflikte zwischen Nord- und Südjemen 1972 und 1978
Südjemenitischer Bürgerkrieg 1986
Bürgerkrieg im vereinigten Jemen 1994

Der Norden und der Süden des Jemen, die bis 1990 zwei unabhängige Staaten bildeten, stehen sich traditionell feindlich gegenüber: Der Unabhängigkeitskampf, die Grenzkonflikte und Bürgerkriege zwischen Nord- und Südjemen, die auch nach der Wiedervereinigung anhielten, waren nicht nur national, sondern auch international, vor allem aber für die arabische Welt von Bedeutung.

Historischer Hintergrund

Seit dem 7. Jahrhundert war der gesamte Jemen Bestandteil eines islamischen Reiches, doch lokale Herrscher konnten sich eine relative Unabhängigkeit bewahren. Nach der ersten osmanischen Eroberung (1537–1635) kam es aufgrund religiöser Auseinandersetzungen zur Teilung des Jemen: Die zaiditischen Stämme des Nordens bildeten auf der Grundlage der staatsrechtlichen Lehre des Islam unter einem weltlichen und geistlichen Oberhaupt, dem Imam, ein theokratisch-feudalistisches Königreich; die sunnitischen Stämme des Südens dagegen zersplitterten sich in kleinere Fürstentümer. Der Imam des Nordens forderte aber seither immer wieder die Oberhoheit über den gesamten Jemen.

Nachdem die Briten 1839 Aden erobert hatten (seit 1935 Kronkolonie), schlossen sie mit den Sultanaten des Hinterlandes und an der südarabischen Küste »Schutzverträge« ab, in denen den Sultanen und Emiren eine relative Autonomie zugestanden wurde. Die tatsächliche Gewalt übten aber die Kolonialherren aus (britisches Protektorat bis 1967).

Das Königreich im Norden wurde 1872 noch einmal von einer osmanischen Eroberung überrollt und blieb bis zu seiner Unabhängigkeit (1919) unter türkischer Herrschaft. Nach der Befreiung von den Türken bekräftigte der Imam seine Ansprüche auf die Gebiete des britischen Protektorats, in dem sich 1959 einige der Teilstaaten zur Federation of Emirates of the South zusammengeschlossen hatten; 1963 traten Aden und andere Emirate hinzu und bildeten die Federation of South Arabia, die aber weiter unter britischer Oberhoheit stand.

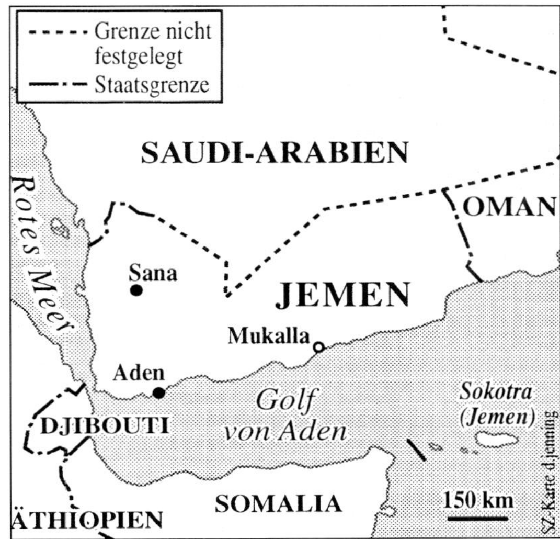

Die Republik Jemen nach der Vereinigung 1990 mit der ehemaligen südjemenitischen Hauptstadt Aden und der heutigen Hauptstadt Sana im Norden des Landes.

Ein Militärputsch stürzte 1962 den Imam des Nordjemen, und das Königreich wurde Republik; es folgte ein jahrelanger Bürgerkrieg zwischen Royalisten und Republikanern (s. u.).

Die benachbarte Südarabische Föderation konnte sich erst 1967 von den Engländern befreien und wurde am 30. November 1967 unabhängig.

Konfliktparteien

Südjemen

In der Südarabischen Föderation – 1970 umbenannt in Demokratische Volksrepublik Jemen – war viele Jahre nur eine Partei zugelassen, die prosowjetische *Yemenite Socialist Party* (YSP). Sie entstand aus der 1963 gegründeten radikalen Unabhängigkeitsbewegung *National Liberation Front* (NLF), die zusammen mit der reformorientierten Befreiungsorganisation *Front for the Liberation of Occupied South Yemen* (FLOSY) für die Selbständigkeit des Südjemen kämpfte. Daneben hatte die schon 1956 gegründete Gewerkschaft *Aden Trade Union Congress* (ATUC) maßgeblichen Anteil am Zusammenbruch der englischen Herrschaft.

Seit 1963 mußten sich die britischen Truppen gegen bewaffnete Aufstände und Überfälle der Befreiungsbewegungen, die vom Nordjemen und → Ägypten unterstützt wurden, zur Wehr setzen. Von Jahr zu Jahr steigerte die NLF

Junge Frauen bei einer antibritischen Demonstration 1967 in Aden.

ihre Aktivitäten und eroberte ein Fürstentum der Föderation nach dem anderen. Nach Verhandlungen zwischen London und den beiden nationalistischen Gruppen, die sich in der Schlußphase auch gegenseitig bekämpft hatten, wurde am 30. November 1967 die Volksrepublik Südjemen proklamiert. Im Kampf um die Vormachtstellung setzte sich die NLF gegenüber der FLOSY durch und schloß als Regierungspartei mit → China, Nordkorea (→ Korea), der → DDR und der Sowjetunion (→ Rußland) Wirtschafts- und Militärhilfeabkommen: Die UdSSR rüstete die Armee auf, die DDR kümmerte sich um den zivilen See- und Luftverkehr, und China gewährte großzügige Kredite.

Mit der Umbenennung in Demokratische Volksrepublik Jemen am 30. November 1970 wurde eine strikte Trennung von Staat und Kirche vollzogen, gleichzeitig aber auch der Führungsanspruch für den gesamten Jemen zum Ausdruck gebracht. Mittlerweile waren auch die Banken und die Industrie verstaatlicht worden. Nach mehrjährigen innerparteilichen Auseinandersetzungen zwischen gemäßigten Sozialisten und radikaleren Kräften setzten sich letztere durch; im Oktober 1978 wurde die YSP als Einheits- und Staatspartei Nachfolgeorganisation der NLF.

Nordjemen

Im ehemaligen Königreich Jemen bzw. in der späteren Arabischen Republik Jemen gab es seit der Revolution von 1962 keine politischen Parteien mehr. Im Bürgerkrieg standen sich royalistische, konservativ-traditionelle Kräfte und reformorientierte republikanische Offiziere gegenüber. Die Monarchisten wurden finanziell und mit Waffen von Saudi-Arabien unterstützt; die Republikaner erhielten militärischen Beistand aus → Ägypten. Diese Koalitionsbildung bedeutete aber auch einen innerarabischen Konflikt: pragmatischer Nasserismus (GAMAL ABD EL-NASSER → Ägypten) gegen konservativen Nationalismus.

Republik Jemen
Zu Grenzkämpfen zwischen dem Süden und dem Norden, aber auch mit Saudi-Arabien und Oman, kam es bereits seit 1972. Wiedervereinigungsversuche von Nord und Süd hat es immer wieder gegeben, doch seit 1978 hatten sich die kriegerischen Auseinandersetzungen an der Grenze verschärft.

Konfliktverlauf

Nordjemenitischer Bürgerkrieg 1962 bis 1970
Am 26. September 1962 putschten junge Offiziere gegen die autokratische Herrschaft des Imam SAIF ISMAEL EL-BADR, der den Thron seines am 19. September 1962 verstorbenen Vaters bestiegen hatte: Der königliche Palast in Sana, der Hauptstadt des Nordens, wurde bombardiert, aber BADR konnte über die Grenze nach Saudi-Arabien flüchten.

Ein sechsköpfiger Revolutionsrat unter Führung von ABDULLAH AL-SALLAL proklamierte das Ende der Monarchie und die Errichtung einer Demokratischen Republik Jemen auf der Grundlage des Islam.

Die revolutionären Offiziere führten Reformen durch, die auf den Widerstand der traditionell lebenden Nomadenstämme im Hinterland stießen. Die königstreuen Nomaden unterstützten deshalb den zurückgekehrten Imam BADR im Kampf gegen die junge Republik, die sich mit Hilfe der Ägypter zu behaupten suchte. Saudi-Arabiens militärische Unterstützung für den Imam machte den Bürgerkrieg vollends zu einem arabischen und internationalen Konflikt. Der Beistand des ägyptischen Präsidenten NASSER (→ Ägypten) für die junge Republik unterstrich die Front der fortschrittlichen panarabischen Staaten gegenüber den konservativen arabischen Ländern → Jordanien und Saudi-Arabien, die in einer Koalition mit Großbritannien, das noch immer das Protektorat über den Südjemen innehatte, die Position BADRS festigten.

Der verstärkte Widerstand im Süden veranlaßte London, die Royalisten im Norden zu stützen. Die Engländer versorgten die Truppen des Imam mit Nachschub und gaben auch Luftunterstützung.

Nach einigen militärischen Erfolgen der royalistischen Truppen kam es im Sommer 1965 zu einer ersten Annäherung zwischen Ägypten und Saudi-Arabien. Beide Staaten einigten sich, daß der Imam nur noch repräsentative Funktionen erhalten und die ägyptische Armee sich aus dem Jemen allmählich zurückziehen sollte.

Auf republikanischer Seite war es im Laufe des Krieges zu Auseinandersetzungen über die Rolle der Ägypter in diesem Konflikt gekommen. Nach der Niederlage im Sechs-Tage-Krieg 1967 (→ Israel) mußte Kairo seine Truppen aus

Saif Ismael el-Badr (*1920)
Nordjemenitischer Politiker, Imam des Nordjemen 1962. Der Sohn des Imam Ahmed schlug 1955 erfolgreich einen Staatsstreich nieder und wurde 1957 stellvertretender Ministerpräsident, 1961 Ministerpräsident, Außen- und Verteidigungsminister. Obwohl er keinen erblichen Anspruch auf die Thronfolge hatte, konnte er sich durchsetzen und wurde Imam. 1962 wurde er durch die Revolution gestürzt und kämpfte aus dem Exil jahrelang vergeblich um die Rückkehr an die Macht.

***Abdullah al-Sallal* **
(*1917–5.5.1994)
Ministerpräsident der Demokratischen Republik Jemen von 1962 bis 1967. Sallal erhielt seine Militärausbildung in Bagdad und war nach seiner Rückkehr als Oppositioneller von 1948 bis 1955 inhaftiert. Nach seiner Entlassung leitete er Bauarbeiten im Hafen von Hodeida, später war er Kommandant des Militärflughafens in Sana, danach Oberst der Leibwache des Imam el-Badr (1952) und damit praktisch Oberbefehlshaber der Armee. Er war der Anführer der Revolution gegen den Imam und Ministerpräsident von 1962 bis 1967. Er wurde gestürzt und ging nach Bagdad ins Exil.

dem Jemen abziehen. Dafür erhielten die Republikaner nun Material- und Waffenlieferungen aus → China, → Algerien und vor allem aus der UdSSR.

Nach dem Rückzug der Ägypter versuchten die Saudis und die Royalisten, die Republikaner in einer Großoffensive entscheidend zu schwächen. Diese gewannen aber an Boden, da die bisher königstreuen Stämme sich auf ihre Seite geschlagen hatten. Als die Monarchisten sich weigerten, einer generellen militärischen und politischen Kontrolle durch die Saudiaraber zuzustimmen, stellte Riad die Unterstützung ein. Dadurch wurde die Republik gestärkt, und es kam zu direkten Kontakten zwischen beiden Bürgerkriegsparteien. Nach schwierigen Verhandlungen wurden im April 1969 auch Royalisten in den Nationalrat (Parlament) aufgenommen; royalistische Politiker traten im Mai 1970 in die Regierung ein.

Offiziell wurde der Bürgerkrieg mit der Verabschiedung der neuen Verfassung vom 28. Dezember 1970 beendet und der Nordjemen zur Arabischen Republik Jemen erklärt.

Grenzkonflikte zwischen Nord- und Südjemen 1972 und 1978

Beide jemenitischen Republiken strebten Anfang der siebziger Jahre eine Wiedervereinigung an, doch es kam besonders ab 1978 immer wieder zu schweren Grenzzwischenfällen. In beiden Staaten kontrollierte das Militär Regierung und Verwaltung. Regierungskrisen und Militärputsche in beiden Ländern machten die Situation im Jemen unübersichtlich.

Die Republik Jemen (Nordjemen) hatte sich Mitte der siebziger Jahre zu einer neutralen Außenpolitik bekannt, im Gegensatz zur Demokratischen Volksrepublik (Südjemen), die sich an den Ostblock anlehnte. Die geostrategische Lage des Jemen ließ sowohl die arabischen Staaten als auch die Weltmächte in den Konflikt eingreifen. Die Wirtschaft der Volksrepublik hing eng mit der geographischen Lage ihrer Haupt- und Hafenstadt Aden am Golf von Aden zusammen; als dieser nach dem Sechs-Tage-Krieg 1967 (→ Ägypten) geschlossen wurde, bedeutete dies einen schweren Schlag für die ökonomische Entwicklung des Landes.

Ergebnis

Am 5. Juli 1988 fanden zum ersten Mal Parlamentswahlen im Nordjemen statt. Die islamisch-fundamentalistischen Kräfte, die sich für die Durchsetzung der Scharia einsetzten, gewannen 25 Prozent der 128 Mandate, Stammesführer ebenfalls ein Viertel und die Republikaner, Anhänger der Revolution von 1962, die bisher die Regierung gebildet hatten, errangen die Mehrheit. Das neugewählte Parlament bestätigte Ali Abdallah Salih als Staatspräsident.

Südjemenitischer Bürgerkrieg 1986

Am 13. Januar 1986 führten die Machtkämpfe im Politbüro der *Jemenitischen Sozialistischen Partei* (YSP) zu blutigen Auseinandersetzungen, die die Hauptstadt Aden verwüsteten. Der ehemalige Staatspräsident Abdul Fattah Ismail, Hauptwidersacher von Staatspräsident Ali Nasir Muhammad, kam dabei ums Leben. Nachdem die Armee zuvor auf der Seite Muhammads gestanden hatte, wechselte sie auf die Seite der Rebellen und vertrieb die Anhänger des regierenden Präsidenten aus der Stadt. Am 23. Januar hatte die Armee die Herrschaft über das ganze Land errungen. Muhammad flüchtete nach Sana, in die Hauptstadt der Demokratischen Republik Jemen. Ministerpräsident Haidar Abu Bakr al-Attas wurde am 9. Februar 1986 zum neuen Staatschef des Südjemen ernannt.

Bürgerkrieg im vereinigten Jemen 1990

Am 22. Mai 1990 wurde in Aden offiziell die Vereinigung Nord- und Südjemens zur »Republik Jemen« ausgerufen. Präsident des neuen Staates wurde Ali Abdallah Salih; ihm unterstand ein fünfköpfiger Präsidentschaftsrat, der die exekutive und die legislative Arbeit in einer 30 Monate dauernden Übergangsperiode überwachen sollte. Hauptstadt wurde die bisherige nordjemenitische Hauptstadt Sana. Ministerpräsident wurde der bisherige südjemenitische Präsident Attas. Freie Wahlen sollten nach zweieinhalb Jahren stattfinden, doch die Vereinigung der beiden diktatorisch regierten Machtapparate wurde realiter nicht vollzogen. Auch die beiden Armeen wurden nicht fusioniert; vielmehr wurden geschlossene Einheiten des Südens in den Norden und solche des Nordens in den Süden verlegt.

Die schwierige Wirtschaftslage nach der Vereinigung des kapitalistischen Nordens mit dem sozialistischen Süden wurde durch die erzwungene Rückkehr von 900 000 aus Saudi-Arabien ausgewiesenen jemenitischen Arbeitern weiter verschärft. Da sich der Jemen während des Golfkrieges nach der Besetzung Kuwaits durch irakische Truppen im Sommer 1990 (→ Irak) auf die Seite des Irak gestellt hatte, blieb ausländische Hilfe aus. Eine weitere Belastung für das am Rand des wirtschaftlichen Ruins stehende Land waren die Lager der Flüchtlinge aus → Äthiopien und → Somalia. Wachsende Arbeitslosigkeit und hohe Lebenshaltungskosten führten zu blutigen Zusammenstößen zwischen Demonstranten und Sicherheitskräften. Unter dem Druck der Proteste beschloß die Regierung Lohnerhöhungen und staatlich festgesetzte Preise.

Im Oktober 1992 nahmen der Jemen und Saudi-Arabien Verhandlungen über die seit Jahrzehnten umstrittene

Ali Abdallah Salih (*1942)
Staatspräsident der Republik Jemen seit 1990.
Der Angehörige des Sanhan-Stammes absolvierte eine militärische Laufbahn und war als junger Soldat an den Putschen von 1962 und 1974 auch am Putsch der nordjemenitischen Armee beteiligt. Von 1975 bis 1978 war er Oberbefehlshaber der Armee. Nach der Ermordung von Staatspräsident Hussein al Ghashmi am 17. Juli 1978 übernahm er das Präsidentenamt des Nordjemen. Nach der Vereinigung mit dem Südjemen, die er seit seiner Amtsübernahme offensiv betrieb, wurde er bei den ersten Wahlen am 24. Mai 1990 im Amt bestätigt. Der von ihm angeführte Allgemeine Volkskongreß errang bei den Wahlen 1993 die Mehrheit. Nach dem Ende des Bürgerkriegs 1994 wurde er für weitere fünf Jahre wiedergewählt.

Grenzregion auf. Ein weiteres Grenzabkommen im Herbst 1992 mit Oman regelte langjährige Grenzstreitigkeiten in der Provinz Dhofar.

Bei den ersten Wahlen nach der Vereinigung am 27. April 1993 erhielt keine der Parteien die absolute Mehrheit. Internationale Wahlbeobachter hatten zahlreiche Unregelmäßigkeiten bei der Wahl (Wahlbeteiligung über 80 %) festgestellt. Der *Allgemeine Volkskongreß* von Staatspräsident SALIH bildete eine Koalition mit der *Sozialistischen Partei*. ATTAS wurde erneut Ministerpräsident.

Nach den Wahlen kam es in der Regierung zu Meinungsverschiedenheiten über die wirtschaftlichen und sozialen Reformen angesichts einer Massenarbeitslosigkeit von über 40 Prozent, einer Inflation von 50 Prozent und eines chronischen Devisenmangels. Die Rivalität zwischen Staatspräsident SALIH und seinem Stellvertreter ALI SALE AL-BEEDH, der die im Süden regierende kommunistische Einheitspartei YSP anführte, eskalierte nach einem fehlgeschlagenen Attentat auf die Familie BEEDHS am 19. August 1993. BEEDH kehrte daraufhin endgültig in die ehemalige südjemenitische Hauptstadt Aden zurück. Er beschuldigte SALIH, politisch unabhängige staatliche Institutionen, die Vereinigung der Streitkräfte und eine selbständige Verwaltung der Provinzen zu verhindern. Der Norden wolle die Vorherrschaft. SALIH wiederum warf BEEDH vor, wegen der lukrativen Erdölvorkommen im Süden separatistische Absichten zu verfolgen. BEEDH hatte von der Regierung immer wieder gefordert, die Einnahmen aus dem Ölgeschäft zum Aufbau des wenig entwickelten Südens zu verwenden.

Anfang 1994 wurden an der früheren Grenze Gefechte gemeldet. In einem durch jordanische Vermittlung zustande gekommenen Versöhnungsdokument (Dokument über Engagement und Eintracht) vom 20. Februar 1994 wurde dem Süden weitgehende Verwaltungs- und Finanzautonomie zugestanden. Doch gab es weiterhin kleinere Gefechte zwischen Truppen des Nordens und des Südens, die sich im Mai 1994 zum Bürgerkrieg ausweiteten.

Die Luftwaffe des Südens bombardierte die Flughäfen von Sana und anderen Städten des Nordens, nordjemenitische Kampfflugzeuge beschossen daraufhin Aden. Auf beiden Seiten wurden auch »Scud«-Raketen eingesetzt. Präsident SALIH entließ seinen Vize BEEDH und die von der YSP gestellten Regierungsmitglieder. MOHAMMED SAID AL-ATTAR löste ATTAS als Ministerpräsident ab. Die Führung in Aden proklamierte daraufhin am 21. Mai die Abspaltung des Südjemen und rief eine erneute Demokratische Republik Jemen unter der Präsidentschaft von BEEDH aus. Eine internationale Anerkennung blieb aus, abgesehen von den konservativen Golfstaaten. Saudi-Arabien wurde verdächtigt, die Sezessionisten militärisch und finanziell zu unterstützen und Truppen an der Grenze zu konzentrieren. Sau-

5. Juni 1994: Nordjemenitische Truppen feiern den Fall der Stadt Al Hutah, 25 Kilometer von der südjemenitischen Hauptstadt Aden entfernt, die sie zwei Tage später einnehmen sollten.

di-Arabien und andere Golfstaaten schürten den Konflikt, um das dem islamischen Fundamentalismus nahestehende Regime in Sana zu schwächen und eine Ausbreitung des Fundamentalismus im Süden der Arabischen Halbinsel zu verhindern. Die militärisch überlegenen Truppen des Nordens rückten auf Aden vor, nahmen erst die Erdölprovinz Shabwa und am 7. Juli Aden ein.

Ergebnis

BEEDH floh mit seinen Vertrauten nach Oman. Präsident SALIH erließ noch am 7. Juli 1994 eine Amnestie für alle Angehörigen der Streitkräfte des Südens mit Ausnahme der Anführer der Rebellion, darunter BEEDH, gegen die schon Anfang Mai ein Haftbefehl wegen Hochverrats ergangen war.

SALIH bekräftigte die Verpflichtung zur Achtung der Menschenrechte und bekannte sich zu den Prinzipien der Demokratie, zu politischem Pluralismus und zur freien Marktwirtschaft. Auch die Freiheit der Presse wurde garantiert. Im Rahmen der Verfassung der vereinigten Republik und des Versöhnungsdokuments von Amman forderte SALIH zum nationalen Dialog auf.

Nach offiziellen Angaben wurden im Bürgerkrieg über 7000 Menschen getötet und 15 000 weitere verletzt. Der Gesamtschaden wurde von der Regierung auf 7,5 Milliarden Dollar geschätzt. Der Wiederaufbau der zerstörten Hafenstadt Aden wird bis zu 200 Millionen Dollar kosten.

Weitere Entwicklung

Im Oktober 1994 wurde Präsident SALIH für weitere fünf Jahre im Amt bestätigt, und er besetzte das neue Kabinett überwiegend mit Mitgliedern der von ihm geführten Partei *Allgemeiner Volkskongreß*; ein Drittel der Ministerposten erhielt die Islamistenpartei *Islah*, die zweitstärkste politische Kraft des Landes. Sozialisten wurden nicht in die Regierung berufen.

Das Parlament verabschiedete im Herbst 1994 weitreichende Verfassungsänderungen; u. a. wurde die islamische Scharia zur Rechtsgrundlage erhoben.

Da die Erdölförderanlagen während des Bürgerkriegs nur wenig beschädigt worden waren, erreichte die Produktion bereits im September 1994 wieder die Vorkriegskapazität.

Ende 1994 gewährte die Weltbank dem Jemen eine Soforthilfe von 35 Millionen Dollar. Insgesamt ist ein Entwicklungshilfekredit über 345 Millionen Dollar bewilligt.

An der Nordgrenze kam es Ende 1994 zu Schußwechseln zwischen Grenzposten des Jemen und Saudi-Arabiens. Seit Februar 1995 versucht eine Kommission, den Grenzverlauf zu klären. Jemen weigerte sich bisher, den Vertrag von Taif zu verlängern, der die Erdölprovinzen Asir, Jisan und Najran 1934 Saudi-Arabien zugesprochen hatte.

Literatur: M. El Azzazi: *Die Entwicklung der Arabischen Republik Jemen.* Tübingen 1978.
R. D. Burrowes: *Yemen Arab Republic. The Politics of Development 1962–1986.* San Diego 1987.
H. Dequin: *Arabische Republik Jemen.* Riad 1976.
R. Dreyer: *Die arabische Republik Jemen.* Bochum 1983.
J. Gambke (Hg.): *Sultanspaläste in Volkshand. Die Volksdemokratische Republik Jemen.* Berlin (Ost) 1974.
F. Halliday: *Arabia without Sultans.* Harmondsworth 1975.
H. Kopp / G. Schweizer (Hg.): *Entwicklungsprozesse in der arabischen Republik Jemen.* Wiesbaden 1984.
J. E. Peterson: *Yemen – The Search for a modern State. Baltimore, 1982.*
D. A. Schmidt: *Yemen. The Unknown War.* London 1968.
F. Sitte: *Brennpunkt Jemen.* Wien 1973.
Statistisches Bundesamt (Hg.): *Länderbericht Jemenitische Arabische Republik.* Wiesbaden 1989.

Staatsname: Republik Jemen
Staatsform: Republik (seit 1990)
Staatsoberhaupt: Ali Abdallah Salih (Volkskongreß; seit 1990)
Regierungschef: Abdalaziz Abdelghani (Volkskongreß; seit 3.10.1994)
Regierung: Koalition aus Volkskongreß und Islah (seit 2.10.1994)
Parlament: 301 Sitze (Wahl vom 27.4.1993),
Allgemeiner Volkskongreß 122, Islah (Islamisten) 62, YSP (Sozialisten) 56, Unabhängige 48, Sonstige 13
Mitgliedschaft bei internationalen Organisationen: Arabische Liga, UNO
Lage: 43°–53° östlicher Länge, 13°–19° nördlicher Breite
Fläche: 531 869 km^2
Hauptstadt: Sana
Bevölkerung: 12,5 Millionen; Araber 100 %; Sunniten 53 %, Schiiten 46 %, Sonstige 1 %
Wirtschaft: Dienstleistung 55 %, Industrie 24 %, Landwirtschaft 21 %; Export: Kaffee 16,6 %, Zigaretten 15,6 %, Kekse 13,6 %

Jom Kippur → Ägypten → Israel

4. Arabisch-israelischer Krieg vom 6. bis 26. Oktober 1973

Am Tag des jüdischen Versöhnungsfestes Jom Kippur überfiel die ägyptische Armee Israel, um die Resultate des Sechs-Tage-Kriegs von 1967 (Besetzung der Golanhöhen, des Westjordanlandes, des Gazastreifens, der Sinai-Halbinsel sowie des Ostufers des Suezkanals) rückgängig zu machen. Israel konnte sich aber behaupten und wurde nur durch die Interventionsandrohungen der USA und der Sowjetunion an weiteren Gebietseroberungen und -besetzungen gehindert.

JORDANIEN

Nahostkonflikt und Palästinenserfrage

Jordanien hatte nach den arabisch-israelischen Kriegen (→ Ägypten, → Israel) die Hauptlast des Palästinenserproblems zu tragen. Nach Jahrzehnten bewaffneter Auseinandersetzungen zwischen Israel, palästinensischen Freischärlern und den sie unterstützenden arabischen Staaten entstand 1995 aufgrund eines Abkommens zwischen der PLO und dem jüdischen Staat im Westjordanland ein Autonomiegebiet für die Palästinenser.

Historischer Hintergrund

Die Region des heutigen Jordanien war in biblischer Zeit geteilt: Westlich des Jordans lag Palästina, die östlichen Gebiete gehörten zu den Königreichen Ammon, Edom und Moab. Das um 300 v. Chr. gegründete mächtige Nabatäische Reich wurde im Jahre 106 n. Chr. von den Römern zerstört.

Im 7. Jahrhundert eroberten muslimische Araber das Land, und nach kurzer Herrschaft der Kreuzritter wurde das gesamte Gebiet Teil des Reiches der mameluckischen Herrscher Ägyptens. Vom 16. Jahrhundert bis zum Ende des Ersten Weltkriegs regierten die Türken am Jordan. Ende des 19. Jahrhunderts propagierte der Zionismus (→ Israel)

Im Westjordanland, das 1995 einen Autonomiestatus erhielt, kann in naher Zukunft zusammen mit dem bereits ebenfalls autonomen Gazastreifen ein eigener Palästinenser-Staat entstehen.

die Idee eines Staates der Juden in Palästina. Von den jüdischen Siedlern und deren Landaufkäufen fühlte sich die arabische Bevölkerung zunehmend in ihrer Existenz bedroht.

20. Jahrhundert

Während des Ersten Weltkriegs besetzte 1917/18 Großbritannien Palästina. Arabische Partisanen unter der Führung des Haschemiten-Prinzen FEISAL hatten den Briten geholfen, das Land von der türkischen Herrschaft zu befreien. Als Dank dafür versprach London den Arabern die Errichtung eines unabhängigen Königreiches. Gleichzeitig versprach London in der sog. BALFOUR-Deklaration vom 2. November 1917 aber auch den Juden eine territoriale Heimat in Palästina.

1920 erhielt England vom *Völkerbund* ein Mandat für Palästina: Die Briten bildeten 1923 aus einem Teil des Territoriums das Transjordanische Emirat und setzten FEISALS Bruder, ABDALLAH IBN HUSSEIN, auf den Thron.

1936 bis 1939 kam es zu einem Aufstand der palästinensischen Bevölkerung gegen die jüdische Besiedlungspolitik. Dieser wurde von den Briten mit Hilfe jüdischer Immigranten niedergeschlagen. Pläne, Palästina zwischen den Arabern und Juden aufzuteilen, wurden von beiden Seiten abgelehnt.

Nach 1945

Die Loyalität des Emirs im Zweiten Weltkrieg bewog London, ihn 1946 als König eines unabhängigen Transjorda-

***Hussein I.* (*14.11.1935)**
König Jordaniens seit 1953. Hussein, der eine militärische Ausbildung in England absolviert hat, verfolgte nach seiner Krönung 1953 eine moderat prowestliche Politik. An seiner Solidarität mit den anderen arabischen Ländern ließ er dabei aber keinen Zweifel. Nach dem Verlust von Jerusalem und des Westjordanlandes nach dem Sechs-Tage-Krieg 1967 kam es zu Spannungen mit den ins Land strömenden Palästinensern, die 1970 fast zum Bürgerkrieg eskalierten. Hussein wies die palästinensischen Freischärler aus Jordanien aus und versuchte, in den nachfolgenden Konflikten zwischen Israel und den arabischen Staaten neutral zu bleiben. 1974 erkannte der König das Alleinvertretungsrecht der PLO an und verzichtete 1988 zugunsten der Palästinenser endgültig auf das Westjordanland. Jordanien verweigerte sich der Anti-Irak-Allianz im Golfkrieg II 1991, wollte aber auch das Regime Saddam Husseins nicht offen unterstützen. Erst 1993 distanzierte sich König Hussein öffentlich von dem Diktator in Bagdad. 1994 unterzeichnete er ein Friedensabkommen mit Israel und beendete damit den 46 Jahre währenden Kriegszustand zwischen den beiden Ländern.

nien anzuerkennen. Nachdem Großbritannien sein Mandat über Palästina 1948 aufgegeben hatte, ergriff Transjordanien die Partei der anderen arabischen Staaten und erklärte Israel, das sich am 14. Mai 1948 für unabhängig erklärt hatte, den Krieg (1. Arabisch-israelischer Krieg → Ägypten, → Israel), aus dem der junge israelische Staat als Sieger hervorging.

Bei der Grenzziehung erhielt Jordanien jedoch den Ostteil Palästinas zugesprochen. Auch die Altstadt von Jerusalem verblieb bei Jordanien, die Vorstädte im Norden und Westen und der Süd-West-Hügel kamen zu Israel.

Seit Anfang 1948 waren etwa 80 Prozent der arabischen Bevölkerung Palästinas geflüchtet. Sie durften auch nach Beendigung des Krieges nicht in ihre Heimat zurückkehren und lebten seitdem in großen Flüchtlingslagern in den angrenzenden arabischen Staaten (u. a. im → Libanon) und im Gazastreifen.

Im April 1950 wurde Transjordanien in Jordanien umbenannt. ABDALLAH fiel 1951 dem Attentat eines extremistischen arabischen Nationalisten zum Opfer. Sein Sohn TALAL folgte ihm auf dem Thron, wurde aber bereits ein Jahr später vom Parlament abgesetzt, und sein Sohn HUSSEIN IBN TALAL bestieg als HUSSEIN I. den haschemitischen Königsthron, benannt nach HASCHIM, dem Ahnherrn des Haschemiten-Geschlechts, dem auch der Prophet MOHAMMED angehörte. Die Könige von Jordanien verstehen sich als direkte Nachfolger des Scherifen und späteren Königs HUSSEIN von Mekka.

Bis kurz vor Ausbruch der Suez-Krise 1956 (2. Arabisch-israelischer Krieg → Ägypten, → Israel) neigte Jordanien außenpolitisch tendenziell mehr dem Westen zu; Großbritannien hatte seine Stützpunkte im Land behalten. Zunehmender arabischer Nationalismus führte in der Folge zur Annullierung der Verträge mit Großbritannien, und 1957 nahm Jordanien diplomatische Beziehungen zur Sowjetunion auf.

Über die Palästinenserfrage kam es in den Jahren 1959 bis 1965 zu Spannungen zwischen Ägypten und Jordanien: HUSSEIN beanspruchte das Vertretungsrecht für die Palästinenser, weil die überwiegende Mehrzahl in Jordanien lebte. Ägyptens Staatspräsident GAMAL ABD EL-NASSER (→ Ägypten) hingegen forderte eine eigene Organisation als politisches Organ der Palästinenser.

Erst mit dem Beitritt Jordaniens in die anti-israelische Solidaritätsfront der arabischen Staaten bei der Arabischen Gipfelkonferenz in Kairo 1964 wurden die innerarabischen Spannungen beigelegt. 1965 erklärte sich Jordanien zur Teilnahme an einer gemeinsamen arabischen Verteidigungstruppe bereit und stimmte der Gründung einer palästinensischen Befreiungsorganisation zu.

Konfliktparteien

Jordanien

Obwohl Mitglied der *Arabischen Liga*, steuerte König Hussein im Verlauf des Nahostkonflikts (→ Ägypten, → Israel) weitgehend einen auf eigenstaatliches Interesse ausgerichteten Kurs, da er Unruhen durch ein Übergreifen des Palästinenserproblems nach Jordanien befürchtete. Seine Politik zielte auf Kooperation, ohne dabei die arabischen Bruderstaaten zu düpieren.

Israel

Während des gesamten Nahostkonflikts gelang es → Israel nicht nur, seine staatliche Souveränität zu behaupten, sondern auch für die Sicherung seines Territoriums strategisch wichtige Gebiete (Gazastreifen, Westjordanland, Sinai-Halbinsel, Golanhöhen) zu erobern bzw. zu besetzen und auf Dauer militärisch und/oder administrativ seiner Kontrolle zu unterwerfen.

Quasi als westlicher Vorposten im Nahen Osten ging Israel – dank der Waffenlieferungen aus den USA und Europa – bisher aus allen kriegerischen Auseinandersetzungen (Œ Ägypten) mit den arabischen Staaten als militärischer Sieger hervor.

Palästinenser

Die *Palestine Liberation Organization* (PLO) wurde 1964 in den Flüchtlingslagern als politische Vertretung der Palästinenser gegründet. Sie bildete 1969 einen Exekutivrat (Exilregierung) unter dem Vorsitz von Jassir Arafat. 1974 wurde sie von der Arabischen Gipfelkonferenz in Rabat als einzige legitime Vertretung des palästinensischen Volkes anerkannt.

Nach dem Sechs-Tage-Krieg (3. Arabisch-israelischer Krieg → Ägypten) hatte die PLO ihr Hauptquartier in Jordanien, von 1971 bis 1982 in Beirut (→ Libanon) und danach in Tunis, der Hauptstadt Tunesiens.

Bis zu ihrer De-facto-Anerkennung durch die *Vereinten Nationen* 1974 unterhielt die PLO enge Kontakte zu den im Untergrund operierenden Freischärlertruppen (Fedajin), unter ihnen die *Al-Fatah* (Bewegung zur Befreiung Palästinas), die seit Mitte der sechziger Jahre Terror- und Sabotageanschläge gegen Israel (z. T. auch im Ausland) unternommen hatte.

Nach dem Zerfall des Sowjetimperiums (→ Rußland) und der Niederlage des Irak im Golfkrieg (→ Irak, → Kuwait) sah sich die PLO zu einem pragmatischen Verhandlungskurs gezwungen. 1993 erkannten sich die PLO und Israel gegenseitig an. Seit der Teilautonomie für die Palästinenser in Gaza und Jericho im Westjordanland 1993 organisiert die PLO dort die Sicherheits-, Justiz- und Verwaltungsbehörden.

Jassir Arafat (*21.3.1929)
Führer der Palästinensischen Befreiungsorganisation (PLO). Arafat war 1957 Mitbegründer der Al-Fatah und ist seit 1969 Führer der PLO. Er hatte entscheidenden Anteil am Nahost-Friedensprozeß, der im September 1993 zur gegenseitigen Anerkennung von Palästina und Israel führte. Der Gazastreifen und Jericho stehen seither unter Kontrolle der PLO. Im Juli 1994 kehrte Arafat als Präsident des neu entstehenden palästinensischen Staates in die vormals von Israel besetzten Gebiete zurück. Im selben Jahr wurde er gemeinsam mit dem israelischen Ministerpräsidenten Yitzhak Rabin und dessen Außenminister Shimon Peres mit dem Friedensnobelpreis ausgezeichnet.

Georges Habasch (*1.1.1925)
Palästinensischer Guerillakämpfer.
Der arabische Christ Habasch ist als radikaler Palästinenserführer Gegenspieler von PLO-Chef Jassir Arafat. Der in Tel Aviv geborene Arzt gehörte ursprünglich der panarabischen Bewegung der arabischen Nationalisten an. Nach der Niederlage im Sechs-Tage-Krieg gründete er eine Guerillagruppe, um den bewaffneten Kampf gegen den Staat Israel aufzunehmen. Seine marxistische Volksfront für die Befreiung Palästinas trat 1974 aus der PLO aus und torpediert seitdem jeden Ansatz der Aussöhnung zwischen Palästinensern und Israelis. Habasch ist für zahlreiche Bombenanschläge und Flugzeugentführungen verantwortlich; er unterstützt und trainiert Terroristen in der ganzen Welt.

Palästinensische Gegner eines Friedens mit Israel sind somit auch Gegner der PLO geworden: Vor allem die ebenfalls in den sechziger Jahren gegründete marxistische *Volksfront zur Befreiung Palästinas* (PFLP) unter der Führung von GEORGES HABASCH stemmt sich gegen den Friedensprozeß. Die radikale PFLP sieht in der Annäherung zwischen Israel und der PLO die panarabische Revolution verraten, die für HABASCH eine Vorbedingung zur Befreiung Palästinas ist. Die PFLP ist die zweitgrößte palästinensische Organisation und hat ihren Sitz in Damaskus (→ Syrien).

Eine weitere Terrororganisation ist der *Fatah-Revolutionsrat* unter der Führung ABU NIDALS, die sich von der PLO abgespalten hatte und zuerst von Libyen, später dann vom Iran unterstützt wurde; sie hat aber in den letzten Jahren an Bedeutung verloren.

Die in Syrien ansässige *Demokratische Volksfront zur Befreiung Palästinas* (PDLFP) wendet sich ebenfalls gegen den Aussöhnungsprozeß mit Israel – wie des weiteren auch die Extremisten des *Islamischen Djihad*, der als radikal-islamische Opposition zur PLO im Gazastreifen einen bewaffneten Untergrundkampf führt.

Unter den Palästinensern hat in den letzten Jahren die islamisch-fundamentalistische Terrororganisation *Hamas* zunehmend Sympathisanten gewonnen. Die *Hamas* war 1980 ursprünglich als Kulturverband der *Moslembrüder* in Gaza gegründet worden, entwickelte sich aber im Verlauf des Intifada (arabisch: Krieg der Steine) genannten Aufstands der Palästinenser gegen die israelische Besatzung seit Mitte der achtziger Jahre zu einer religiös motivierten militärischen Kampforganisation.

Die israelischen Besatzungsbehörden ließen die *Hamas* zunächst unbehelligt, da man sich von einem innerpalästinensischen Konflikt eine Schwächung der PLO erhoffte. Erst im September 1989, nach dem Mord an einem israelischen Soldaten, wurde die *Hamas* verboten. Ein Jahr später wurde ihr Gründer, der geistliche und zugleich militärische Führer, Scheich AHMAD YASSIN, wegen vierfachen Mordes an palästinensischen »Kollaborateuren« von einem israelischen Gericht zu einer lebenslangen Haftstrafe verurteilt. Die *Hamas* strebt die Errichtung eines islamischen Gottesstaates in Palästina an. Friedensverhandlungen oder die friedliche Koexistenz mit Israel lehnt sie grundsätzlich ab.

Finanziert wird die *Hamas*, deren Zentrale sich nach Angaben der PLO in London befindet, vom Iran und von anderen islamischen Gemeinschaften. Der Dialog zwischen PLO und *Hamas* über die Beseitigung der innerpalästinensischen Differenzen wird in jüngster Zeit immer wieder von Terroranschlägen palästinensischer Extremisten in Israel gestört. Die Anschläge gefährden darüber hinaus den gesamten Friedensprozeß.

Konfliktverlauf

Nachdem → Israel 1964 einen Teil des Jordans im Rahmen eines Bewässerungsprogramms abgeleitet hatte, forderten → Ägypten und → Syrien einen Generalangriff auf den jüdischen Staat und kritisierten massiv die zurückhaltende Politik König HUSSEINS. Am 30. Mai 1967 unterzeichnete HUSSEIN einen Militärpakt mit Ägypten. Am 5. Juni begann Israel einen präventiven Blitzkrieg (3. Arabisch-israelischer Krieg → Ägypten, → Israel); eine Woche später hatten die israelischen Truppen das Westjordanland besetzt. In der Folge wurde die Palästinenserfrage zum zentralen innen- und außenpolitischen Problem Jordaniens. Durch die israelische Annexion des Westjordanlandes (Westbank), in dem etwa 1,1 Millionen Menschen leben, kam es zu einem Flüchtlingsstrom in die arabischen Nachbarstaaten, und die PLO gewann zunehmend an politischem Einfluß.

Jordanien behauptete zwar immer seinen Anspruch auf die Westbank als Teil des haschemitischen Königreiches, doch bereits 1947 hatte der UN-Teilungsplan das Westjordanland als Gebiet für einen zu errichtenden arabischen Staat ausgewiesen. Das palästinensische Staatsterritorium hätte dann neben diesem Kerngebiet auch noch Gaza (mit einem Sinai-Streifen) und Teile des südlichen Libanon (mit einer schmalen Verbindungslinie zur Westbank) umfaßt.

Palästinensische Freischärler unternahmen von Jordanien aus Terroranschläge auf Israel, und die PLO bezog in Damaskus ihr Hauptquartier. Obwohl HUSSEIN eine direkte Auseinandersetzung mit den PLO-Kämpfern vermeiden wollte, schuf seine Annahme des arabisch-israelischen Waffenstillstands im August 1970 eine unüberbrückbare Kluft zwischen ihm und der PLO-Führung.

HUSSEIN konnte einen palästinensischen »Staat im Staat« nicht dulden; im September 1970 ging die jordanische Armee deshalb gegen palästinensische Guerillastellungen vor. Die Kämpfe drohten in einen Bürgerkrieg auszuarten. Im Sommer 1971 war die PLO aus Jordanien vertrieben. HUSSEIN unternahm nun neue Anstrengungen, um zu einer Verständigung mit Israel über das Westjordanland zu kommen; gleichzeitig verschlechterten sich seine Beziehungen zu den anderen arabischen Staaten.

Der von HUSSEIN 1972 vorgelegte Plan einer Föderation zwischen einem autonomen Palästina und Jordanien wurde von Israel zurückgewiesen. Ägypten und Libyen brachen aus Protest gegen diesen Plan die diplomatischen Beziehungen zu Jordanien ab, das aber bereits im Jom-Kippur-Krieg 1973 (4. Arabisch-israelischer Krieg → Ägypten, → Israel) wieder als Verbündeter an der Seite der arabischen Staaten stand. Der Krieg brachte wiederum keine Lösung der Palästinenserfrage. Die Guerilla-Aktionen der *Fedajin* gingen weiterhin auch von jordani-

Sabri Khalil Albanna, alias »Abu Nidal« (*1937)
Palästinensischer Terrorist. Abu Nidal (Vater der Kämpfe), seit den sechziger Jahren Mitglied in Jassir Arafats Guerillaorganisation Al-Fatah, verließ 1973 aus Protest gegen den nach seiner Meinung zu moderaten Kurs gegenüber Israel die PLO und gründete die Terrorgruppe Fatah-Revolutionsrat, die mit Unterstützung der Regierungen vom Irak, von Syrien und Libyen aus operierte. Der Fatah-Revolutionsrat (auch Abu-Nidal-Gruppe) wird für zahlreiche Attentate auf arabische und israelische Diplomaten und Politiker verantwortlich gemacht. U. a. wird ihm die Entführung eines ägyptischen Verkehrsflugzeuges 1985 zugeschrieben, bei der 60 Menschen ums Leben kamen, ferner die Bombenanschläge auf die Flughäfen von Rom und Wien im selben Jahr, bei denen 18 Menschen starben, sowie die Hinrichtung von 21 Juden in einer Synagoge in Istanbul. Der Abu-Nidal-Gruppe wird auch der Mord an Abu Iyad, einem engen Mitarbeiter Arafats, im Januar 1991 angelastet. Bereits 1974 wurde Albanna von einem PLO-Tribunal in Abwesenheit zum Tode verurteilt.

schem Territorium aus; Israel beantwortete sie mit Vergeltungsschlägen.

1974 hatte die PLO ihren ersten diplomatischen Erfolg: Die Vollversammlung der UNO bestätigte in ihrer Resolution 3236 das Recht des palästinensischen Volkes auf Selbstbestimmung, nationale Unabhängigkeit und Souveränität. Im selben Jahr gab HUSSEIN dem Drängen der arabischen Länder nach und erklärte zugunsten der PLO den Verzicht Jordaniens auf die diplomatische Vertretung des Westjordanlandes.

Anwar as-Sadat → Ägypten

HUSSEIN begrüßte auch die Friedensbemühungen des ägyptischen Staatspräsidenten MUHAMMAD ANWAR AS-SADAT, lehnte jedoch den Friedensvertrag von Camp David (26.3.1979) zwischen Israel und Ägypten ab, da die Rechte des palästinensischen Volkes auf Freiheit und Selbstbestimmung darin nicht berücksichtigt waren.

Im irakisch-iranischen Krieg 1980 bis 1988 (Golfkrieg I → Iran, → Irak) stellte sich HUSSEIN auf die Seite des Irak, der über den jordanischen Hafen Akaba seinen Handel abwickelte und auch seinen militärischen Nachschub erhielt.

Zu einer direkten Verwicklung Jordaniens in einen Krieg infolge seiner Palästinapolitik kam es 1983 im Libanon-Konflikt (→ Libanon). Jordanien hatte zu Beginn der israelischen Invasion in den Südlibanon einige hundert Palästinenser zur Teilnahme an den Kämpfen ausreisen lassen. Nach der Vertreibung der PLO aus Beirut durch die israelische Armee näherte sich HUSSEIN den Vorschlägen des US-Präsidenten RONALD REAGAN an, die eine palästinensische Selbstbestimmung im Westjordanland und im Gazastreifen vorsahen. Jordanien signalisierte Gesprächsbereitschaft mit der PLO. Im Februar 1984 kam es zu einem ersten Treffen zwischen ARAFAT und dem König, ein Jahr später suchte HUSSEIN den Konsens mit Ägyptens Staatspräsident MOHAMMED HOSNI MUBARAK.

Ronald Reagan → Grenada

Mohammed Hosni Mubarak → Ägypten

Während dieser Phase der Annäherung Jordaniens an die übrige arabische Welt nahm der Aufstand der Palästinenser (Intifada) gegen die Besatzungspolitik Israels in den annektierten Gebieten – expansive jüdische Besiedlungspolitik, Armut und Arbeitslosigkeit – immer militantere Formen an. Israel versuchte, den »Krieg der Steine« der zumeist jugendlichen Palästinenser durch militärisch-administrative Maßnahmen und Wirtschaftsblockaden einzudämmen.

Bei ihrer außerordentlichen Gipfelkonferenz erklärte die *Arabische Liga* im Juni 1988 ihre Solidarität mit der Intifada und sagte finanzielle Unterstützung zu. Bei einem Treffen HUSSEINS mit MUBARAK und ARAFAT im Oktober 1988 in Akaba wurden die Grundlagen neuer Beziehungen zwischen Jordanien und der PLO gelegt; zuvor hatte HUSSEIN in einer Rede an die Nation die endgültige Aufgabe aller Ansprüche Jordaniens auf das Westjordanland zugunsten der PLO bekanntgegeben. Inzwischen hatte sich auch

Alltag israelischer Wachsoldaten 1991 über dem Yarmouk-Tal am Dreiländereck zwischen Israel, Jordanien und Syrien. Im Hintergrund der Grenzzaun zwischen Israel und Jordanien.

PLO-Führer ARAFAT den Vorstellungen HUSSEINS von einer Konföderation eines unabhängigen Staates Palästina mit Jordanien angenähert.

Am 15. November 1988 proklamierte die PLO in Algier den Staat Palästina, distanzierte sich in einer Erklärung vom Terrorismus und akzeptierte die UN-Resolutionen 242 und 338; dies bedeutete indirekt die Anerkennung des Existenzrechtes Israels. Damit verbesserte die PLO ihren diplomatischen Status; in der Folge wurde der Staat Palästina von einem Großteil der internationalen Staatengemeinschaft anerkannt. Zum ersten Präsidenten dieses Staates ohne Land wählte der PLO-Exekutivrat gegen den Widerstand der Gruppe um HABASCH im April 1989 ARAFAT.

Infolge des politischen Wandels in der Sowjetunion (→ Rußland) kam es zur Auswanderung vieler russischer Juden nach Israel (bis August 1990 allein 70 000 Immigranten). Jordanien protestierte gegen die Ansiedlung der israelischen Neubürger im Westjordanland, die dort zu einer demographischen Veränderung zuungunsten der Palästinenser geführt hätte.

Eine unglückliche Rolle spielte Jordanien im Golfkrieg II 1991 (→ Irak, → Kuwait): Als Transitland für den Warenverkehr in den Irak hatte Jordanien einen neutralen Kurs gesteuert. Das internationale Wirtschaftsembargo gegen den Irak wirkte sich auch auf Jordanien aus und stürzte das Land in eine schwere Wirtschaftskrise. Als zusätzliches innenpolitisches Problem erwies sich die Massenflucht in Kuwait lebender Palästinenser. Die PLO, die im Golfkrieg Sympathiebekundungen für den Irak abgegeben hatte, geriet ebenfalls in eine ökonomische Krise, als viele arabische Staaten, die das Vorgehen der UN-Truppen gegen SADDAM HUSSEIN billigten, ihre Zahlungen an die PLO einstellten. Im Juli 1991 überstimmte das jordanische Parlament König HUSSEIN, der die Nahost-Friedenspläne der USA akzeptiert

Saddam Hussein** → **Irak

hatte. Mit dieser ablehnenden Haltung des Parlaments in Amman waren weitere Wirtschafts- und Militärhilfe von seiten der Vereinigten Staaten an Jordanien nicht mehr möglich.

Auf ägyptische Vermittlung kam im Oktober 1991 in Madrid die Nahostfriedenskonferenz zustande, die Verhandlungen zwischen Israel und der PLO vorbereiten half. Vorausgegangen waren eine israelische Friedensinitiative (SCHAMIR-Plan, 1989) und der Plan von US-Außenminister JAMES BAKER, der bilaterale Friedensgespräche vor allem mit Jordanien propagiert hatte. Im Laufe des Jahres 1992 gelang es HUSSEIN, durch kluges Taktieren und zähes Verhandlungsgeschick sowohl seine innenpolitische Stellung zu stabilisieren als auch die außenpolitische Isolation Jordaniens zu durchbrechen.

Nach der Anerkennung Israels durch die PLO am 9. September 1993 und dem Wahlsieg der israelischen *Arbeitspartei* kam es am 13. September 1993 in Washington zum historischen Handschlag zwischen dem neuen israelischen Ministerpräsidenten YITZHAK RABIN und PLO-Chef ARAFAT. Das Abkommen zwischen der PLO und Israel sah eine Autonomie der Palästinenser in Gaza und Jericho vor und enthielt Prinzipienerklärungen für weitere Verhandlungen.

Yitzhak Rabin → ***Israel***

Bei den Parlamentswahlen am 8. November 1993, den ersten freien Wahlen in Jordanien seit 1956, siegte die von HUSSEIN angeführte Gruppierung der gemäßigt-konservativen Befürworter einer arabisch-israelischen Versöhnungspolitik. Die neue jordanische Regierung unterstützte das zwischen Israel und der PLO geschlossene Autonomieabkommen. Der Wahlerfolg stärkte auch HUSSEINS Position, der eine enge wirtschaftliche Zusammenarbeit zwischen Jordanien, Israel und der PLO anstrebt. Seit September 1993 bereitete HUSSEIN in Geheimtreffen mit israelischen Politikern den Friedensschluß zwischen Jordanien und Israel vor.

Im Oktober 1993 einigten sich Jordanien und die PLO auf ein Wirtschaftsabkommen, das den freien Handel zwischen den autonomen Gebieten und Jordanien regelt. Die jordanische Zentralbank übernahm die Geldpolitik in den Autonomiezonen. Im November 1993 unterzeichneten Jordanien und Israel einen Kooperationsvertrag.

Der schwierige Annäherungsprozeß zwischen beiden Staaten erlitt im Februar 1994 einen schweren Rückschlag, als ein radikaler israelischer Siedler am Grab ABRAHAMS in der Moschee von Hebron, die von Juden und Muslimen gemeinsam genutzt wird, 39 Palästinenser erschoß. Extremistische Organisationen beider Seiten versuchten daraufhin, den Friedensprozeß zu torpedieren. Am 16. April 1994 untersagte der König der *Hamas*-Bewegung jegliche Betätigung auf jordanischem Gebiet.

Frieden nach 46 Jahren: Israels Ministerpräsident Yitzhak Rabin und Jordaniens König Hussein nach der feierlichen Unterzeichnung einer Friedenserklärung am 25. Juli 1994 in Washington; im Hintergrund US-Präsident Bill Clinton.

Ergebnis und weitere Entwicklung

1994 waren über 50 Prozent der jordanischen Bevölkerung Palästinenser. Die meisten von ihnen waren im Verlauf des Nahostkonflikts aus dem Gazastreifen und dem Westjordanland nach Jordanien geflohen. Allein während des zweiten Golfkrieges 1991 (→ Irak, → Kuwait) waren etwa 300 000 Palästinenser aus Kuwait nach Jordanien geflohen.

Das Gaza-Jericho-Abkommen, das am 13. September 1993 in Washington zwischen der PLO und Israel besiegelt worden war, trat am 4. Mai 1994 in Kraft. Am 10. Mai trafen in Gaza und am 12. Mai in Jericho die ersten palästinensischen Polizisten ein, um nach 27jähriger Besatzung die Befugnisse der israelischen Militär- und Zivilverwaltung zu übernehmen.

»Während des Heilungsprozesses wird es Rückfälle geben, gute und schreckliche Tage. Aber keinen Augenblick lang dürfen wir vergessen, daß endlich, nach so viel Angst, Haß und Tod der Heilungsprozeß angefangen hat. (...) Wir haben keine Wahl. Wie wird das alles enden? Das Land Israel ist die einzige Heimat für die Juden. Palästina ist die einzige Heimat für die Palästinenser. Wir werden es teilen müssen: Unseres geht von hier bis da, und ihres geht von da bis dort. Und, falls nötig, werden uns elektrische Zäune und Minenfelder trennen – bis zu jenem Tag, an dem wir uns alle im Herzen gewandelt haben. Ein palästinensischer Nachbarstaat liegt in Israels nationalem Interesse und ist auch eine moralische Verpflichtung, damit wir anfangen können, den Sumpf der Verzweiflung und des Fanatismus auszutrocknen. (...) So wird es wieder Hoffnung und eine Zukunft geben, für sie und für uns, denn unsere Hoffnung auf eine Zukunft hängt von ihrer ab. Dann endlich werden auch sie wieder etwas zu verlieren haben. Etwas, das sie innehalten und nachdenken läßt.«
Der israelische Schriftsteller Amos Oz in der *Süddeutschen Zeitung*, 30. Januar 1995.

Im Juli 1994 bezog ARAFAT als Chef der palästinensischen Autonomieverwaltung (»Palestinian Authority«) seinen Amtssitz in Gaza. Seine Regierung erhielt 250 Millionen Dollar Aufbauhilfe von der internationalen Staatengemeinschaft. Insgesamt wurden den Palästinensern 2,4 Milliarden Dollar zur Schaffung einer besseren wirtschaftlichen, sozialen und administrativen Infrastruktur zugesagt. Viele jordanische Palästinenser zögern aber mit dem Umzug in die autonomen Zonen und warten die weitere wirtschaftliche und politische Entwicklung ab.

In einem weiteren Stufenplan war die Ausweitung der Autonomiezone auf das restliche Westjordanland für den Herbst 1995 vorgesehen, aber noch nicht verbindlich vereinbart worden.

Nach Verhandlungen in Washington, bei denen Jordanien und Israel von den USA Finanz- und Militärhilfe zugesichert worden waren, hatten beide Staaten bereits am 25. Juli 1994 ihren seit 46 Jahren andauernden Kriegszustand für beendet erklärt: Der Friedensvertrag wurde am 26. Oktober 1994 in der Oase Ein Avrona von Israels Ministerpräsident RABIN und dem jordanischen Ministerpräsidenten ABDEL SALAM ED MADSCHALI unterzeichnet. Das jordanische Parlament ratifizierte den Vertrag am 6. November 1994 gegen die Stimmen der islamisch-fundamentalistischen Abgeordneten.

Seit 1995 gibt es rege Verhandlungen zwischen Israel und der PLO, die den Ausbau der Autonomieregelungen vor allem im Westjordanland zum Ziel haben. Diese Gepräche werden aber immer wieder durch gewaltsame Proteste und Übergriffe militanter jüdischer Siedler sowie Anschläge islamischer Extremisten in israelischen Städten (z. B. Natanya, Tel Aviv) und durch Unruhen im Gazastreifen gestört. In beiden Lagern gibt es zudem fundamentalistische Kräfte, die, um den Friedensprozeß aufzuhalten, notfalls auch die eigenen Führer ermorden: Am 4. November 1995 wurde RABIN von einem fanatischen jüdischen Studenten aus nächster Nähe erschossen.

Ein strittiger Punkt ist der von den Palästinensern verlangte Baustopp für jüdische Siedler in den besetzten Gebieten.

Ein im Januar 1995 geschlossenes Abkommen sieht neben wirtschaftlicher Zusammenarbeit auch eine Regelung der Zuständigkeit für die islamischen Heiligtümer in Ost-Jerusalem vor. Ein Vierergipfel der Staaten Ägypten, Jordanien, Israel und der PLO im Februar in Kairo sollte den Friedensprozeß im Nahen Osten weiter voranbringen. Als Zeichen der Versöhnung und zur Vermeidung eines palästinensischen Bruderkriegs bot die radikal-palästinensische Organisation *Djihad* ARAFAT im April 1995 einen Waffenstillstand an.

Die Beratungen Israels und der PLO über die Ausweitung der Autonomie auf das gesamte Westjordanland sind trotz vieler Verhandlungsunterbrechungen und großer Meinungsverschiedenheiten bis September 1995 weit gediehen. Problematisch waren lange Zeit der ab November 1995 geplante Rückzug der israelischen Armee aus den palästinensischen Bevölkerungszentren des Westjordanlandes und vor allem die schwierige Frage des Status von Hebron: Die Stadt des Massakers vom Februar 1994, in der 400 Juden unter 100 000 Arabern leben, gilt Muslimen wie Juden wegen des Grabmals ABRAHAMS (hebräisch: Vater der Menge; Stammvater der Israeliten und Urbild des Gläubigen), der als Kultstifter um 1800 v. Chr. nach Palästina eingewandert war, als heilig.

Einig sind sich beide Parteien über den zukünftigen Palästinenserrat, der für alle Angelegenheiten in den Autonomiegebieten zuständig sein soll.

Literatur: s. a. → Israel, → Ägypten, → Libanon, → Syrien, → Iran, → Irak, → Kuwait

H. Arendt / B. Lewis u. a.: *Der Nahostkonflikt. Analysen und Dokumente*. Wien 1981.

K. Bauer: *Stichwort: Palästinenser und PLO*. München 1993.

R. Büren: *Ein palästinensischer Teilstaat. Zur internen, regionalen und internationalen Dimension der Palästinafrage*. Baden-Baden 1982.

D. Diner: *Israel in Palästina*. Königstein 1980.

D. Diner: *Nationalstaatsproblem und Nahostkonflikt*. In: W. Benz / H. Graml (Hg.): *Weltprobleme zwischen den Machtblöcken*. Frankfurt 1981.

A. Flores: *Intifada. Aufstand der Palästinenser*. Berlin 1988.

S. Heenen-Wolff: *Erez Palästina. Juden und Palästinenser im Konflikt*. Frankfurt 1987.

K. Hornung: *Krisenherd Naher Osten*. Weinheim 1991.

P. Hünseler (Hg.): *Jordaniens Stellung im Nahost-Konflikt*. Bonn 1984.

Staatsname: Haschemitisches Königreich Jordanien
Staatsform: Konstitutionelle Monarchie (seit 1952)
Staatsoberhaupt: König Hussein I. ibn Talal (seit 1952)
Regierungschef: Said ibn Schakir (seit 5.1.1995)
Regierung: Kabinett aus 28 Ministern (seit Januar 1995)
Parlament: Abgeordnetenhaus 80 Sitze (Wahl vom 8.11.1993), Demokratische Koalition 20, Nationalistische Parteien 25, Islamische Aktionsfront 16, Unabhängige 13, Unabhängige Islamisten 6
Mitgliedschaft bei internationalen Organisationen: Arabische Liga, UNO
Lage: 35°–39° östlicher Länge, 29°–33° nördlicher Breite
Fläche: 88 572 km^2
Hauptstadt: Amman
Bevölkerung: 3,8 Millionen; Araber 99,2 %, Tscherkessen 0,5 %, Armenier 0,1 %, Türken 0,1 %, Kurden 0,1 %; sunnitische Muslime 93 %, Christen 4,9 %, Sonstige 2,1 %
Wirtschaft: Dienstleistung 67,7 %, Industrie 25 %, Landwirtschaft 7,3 %; Export: Minerale 25 %, Phosphatdünger 19,3 %, Obst, Gemüse 7,9 %

Jugoslawien → Bosnien und Herzegowina, → Kroatien, → Slowenien

Bürgerkrieg seit 1991

Der Zerfall des kommunistischen Staates Jugoslawien Ende der achtziger Jahre und die Bürgerkriege in den drei ehemaligen Teilrepubliken Slowenien, Kroatien sowie Bosnien und Herzegowina haben ihre Ursache in der historischen Entwicklung des Vielvölkerstaates, der als Staatsgebilde seit 1918 und unter dem Namen Jugoslawien seit 1929 existierte.

Die Geschichte der gesamten Region Südosteuropas – die im Artikel → Bosnien und Herzegowina beschrieben wird – ist geprägt von Fremdherrschaft und dem vergeblichen Bemühen, eine dauerhafte gesamtstaatliche Einheit zu bilden und die Völker des Balkan zu einen. Ethnische und religiöse Unterschiede, aus denen traditionelle Machtansprüche und territoriale Forderungen abgeleitet werden, lassen die Konflikte um die Einheit Bosniens und Herzegowinas sowie Kroatiens mit dem serbisch dominierten Rest-Jugoslawien (Serbien, Montenegro und Kosovo) unlösbar erscheinen.

KAMBODSCHA

Bürgerkrieg seit 1967

Nach seiner Unabhängigkeit im Jahre 1953 konnte sich Kambodscha aus dem Indochinakrieg und bis Mitte der sechziger Jahre auch aus dem Vietnamkrieg heraushalten. Doch ein Umsturz von rechts, die amerikanische und später vietnamesische Invasion, der Partisanenkrieg und die Schreckensherrschaft der Roten Khmer sowie deren Vertreibung durch vietnamesische Truppen machten Kambodscha zu einem der Dauerkriegsschauplätze Indochinas (→ Vietnam).

Historischer Hintergrund

Die ersten staatlichen Gemeinschaften Kambodschas standen unter chinesischem und vor allem unter indischem Einfluß: die Königreiche Fu Nan vom 1. bis 6. Jahrhundert und die der Chen-La-Periode von 535 bis 802, deren Er-

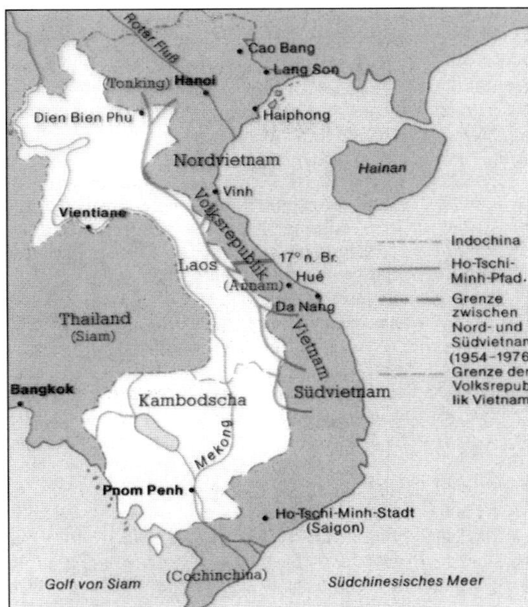

Kambodscha, Laos und Vietnam waren für viele Jahre der größte Krisenherd in Südostasien.

oberung und Vereinigung durch die Khmer das sagenhafte Khmer-Reich von Angkor (802–1432) begründete. Zwischen dem 10. und 12. Jahrhundert beherrschten die Gottkönige von Angkor fast den gesamten indochinesischen Raum. Gegen Ende des 12. Jahrhunderts zerbrach die feudale Herrschaft der Khmer unter den Angriffen der Cham, die 1177 die Haupt- und Tempelstadt Angkor plünderten, die später (1353) von den Thais erobert und 1430 endgültig zerstört wurde. Neue Hauptstadt wurde 1434 Phnom Penh.

Das Restreich der Khmer (etwa das heutige Kambodscha und Südvietnam) geriet abwechselnd unter die Herrschaft der Thais und der Vietnamesen, die Ende des 15. Jahrhunderts das Mekongdelta im Südosten kontrollierten. Die Vietnamesen konnten 1720 schließlich die Khmer und die mit ihnen verwandten Cham aus Südvietnam verdrängen – der historische Ausgangspunkt für die heutigen Konflikte zwischen Kambodscha und → Vietnam.

Kolonialzeit

Im 19. Jahrhundert sah sich das Königreich wieder von den Vietnamesen und den Thais bedroht und mußte einem »Schutzabkommen« mit dem kolonialen Frankreich zustimmen, das bereits Südvietnam erobert hatte. 1887 wurde Kambodscha Teil der Union Indochinoise.

Norodom Sihanouk (*31.10.1922)
König von Kambodscha von 1941 bis 1955 und seit 1993. Sihanouk bestieg 1941 als Protegé der Kolonialmacht Frankreich den Königsthron. Er absolvierte von 1945 bis 1947 eine Militärausbildung in Paris und dankte 1955 zugunsten seines Vaters Norodom Suramarit wieder ab, um nach dem Wahlerfolg seiner Sozialistischen Volksgemeinschaft Ministerpräsident werden zu können (bis 1969). Nach dem Tod seines Vaters 1960 wurde er Staatspräsident. Nach dem Sturz durch Lon Nol ging er ins Exil nach Peking. Nach dem Sieg der Roten Khmer wurde er 1975 als Staatspräsident bestätigt, dann aber 1976 von Khieu Samphan abgelöst. Er erhielt Hausarrest und wurde kurz vor dem Sieg der Vietnamesen freigelassen. Von Peking aus bekämpfte er in einer Front mit seinen ehemaligen Todfeinden, den Roten Khmer, die vietnamesische Besatzungsmacht und das Regime Heng Samrins. 1991 kehrte er nach Phnom Penh zurück und wurde Vorsitzender der Übergangsregierung. Bei den Wahlen 1993 als Staatsoberhaupt bestätigt, bestieg er nach Wiedereinführung der Monarchie wieder den Thron.

Ho Tschi Minh → Vietnam

Während des Zweiten Weltkriegs besetzten Japan und das mit ihm verbündete → Thailand das Land. Kambodscha mußte drei Grenzprovinzen, die 1907 die Kolonialmacht Frankreich annektiert hatte, an Thailand abtreten. Zu dieser Zeit entstanden die *Khmer Issarak* (Freie Khmer), eine nationale Widerstandsbewegung gegen die Japaner und Franzosen.

Einen ersten Versuch, die Unabhängigkeit zu erringen, unternahm der 1941 von den Franzosen zum König bestellte Prinz NORODOM SIHANOUK im März 1945. Doch nach der Besetzung durch die Briten stellte sich Kambodscha wieder unter französischen Schutz und wurde im Oktober 1946 als formal unabhängiger Staat Mitglied der Union Française. Infolge des anhaltenden Widerstands der *Khmer Issarak* und SIHANOUKS Hartnäckigkeit konnte sich Phnom Penh mit einer schrittweise erweiterten Selbstverwaltung allmählich von Paris lösen. Frankreich mußte auf der Genfer Indochina-Konferenz am 8. November 1953 der Unabhängigkeit Kambodschas zustimmen.

Nach der Unabhängigkeit

Durch Neutralitätspolitik konnte SIHANOUK zunächst verhindern, daß der Krieg in → Vietnam (1964) auf kambodschanisches Territorium übergriff. Einerseits gestattete er zwar dem *Vietcong* und den nordvietnamesischen Truppen einen Nachschubweg, den sog. HO-TSCHI-MINH-Pfad, auf kambodschanischem Territorium anzulegen, tolerierte jedoch gleichzeitig die Anwesenheit der amerikanischen *Special Forces* in seinem Land. Erst 1965 brach er die diplomatischen Beziehungen zu Washington aufgrund von Verletzungen des kambodschanischen Luftraums durch die US-Luftwaffe ab (bis 1969). SIHANOUK hatte sich inzwischen durch gute Beziehungen zu Peking abzusichern versucht. Diese »Schaukelpolitik« stieß in rechtsgerichteten Kreisen auf Widerspruch. Obwohl sie den neutralen Kurs unterstützte, formierte sich die Linke unter dem Namen *Rote Khmer* dennoch zum bewaffneten Widerstand gegen SIHANOUK.

Konfliktparteien

Regierung

Die 1955 von SIHANOUK gegründete Bewegung *Sangkum Reastr Niyum* (Sozialistische Volksgemeinschaft) wurde als Staatspartei mit dem Programm eines sog. buddhistischen Sozialismus die stärkste Kraft im Land. SIHANOUK dankte zugunsten seines Vaters NORODOM SURAMARIT ab und übernahm das Amt des Ministerpräsidenten. 1960 wurde er Staatspräsident. Dieses Amt, das alle Macht im Staate in sich vereinigte, war nach dem Tod des Königs durch eine Verfassungsänderung geschaffen worden. Von 1960 bis 1970 und von 1975 bis 1976 war SIHANOUK Staatsoberhaupt. 1982 wurde er zum Staatschef der Exilregierung und 1991 zum Chef der Übergangsregierung ernannt. Seit 1993 ist er wieder König.

Opposition

SIHANOUKS innenpolitische Gegner waren die von den USA unterstützten rechten Kreise der *Sangkum*-Partei um General LON NOL, die bei den Parlamentswahlen 1966 die Mehrheit erringen konnten. SIHANOUK mußte 1969 auf Druck der Rechten LON NOL zum Ministerpräsidenten ernennen, der ihn am 18. März 1970 durch einen Staatsstreich stürzte und die Republik Kambodscha proklamierte.

Rote Khmer

Die Kommunisten hatten bereits 1967/68 mit ihrer Guerilla (*Rote Khmer*) unter Führung POL POTS und KHIEU SAMPHANS den bewaffneten Kampf aufgenommen. Nach ihrem späteren Sieg (s. u.) und der Proklamation des Demokratischen Kamputscheas spalteten sich die *Roten Khmer* in der Frage über ihren zukünftigen Kurs.

Vietnam

Aus dieser Spaltung der *Roten Khmer* ging die *Einheitsfront Kamputscheas für die nationale Rettung* (EFKNR) hervor, die 1978/79 mit Unterstützung Hanois den Kampf gegen das POL-POT-Regime aufnahm. Dieser konnte durch einen Blitzkrieg der regulären vietnamesischen Armee schnell entschieden werden (s. u.). Die neue, von Hanoi abhängige Regierung rief die Volksrepublik Kamputschea aus, und POL POT zog sich mit seinen Regierungsgenossen und seinen Guerillakämpfern in die Berge zurück.

Lon Nol (13.11.1913–17.11.1985)
Staatspräsident Kambodschas von 1972 bis 1975.
Lon Nol absolvierte die königliche Militärakademie, war Gouverneur in den Provinzen Kratie und Battambang und wurde 1951 Chef der Polizei. 1955 stieg er zum Generalstabschef und 1959 zum Oberbefehlshaber der Streitkräfte auf. Von 1963 bis 1969 bekleidete Lon Nol mehrfach das Amt des Vizeministerpräsidenten, des Ministerpräsidenten und des Verteidigungsministers. Der überzeugte Antikommunist stürzte 1970 mit amerikanischer Hilfe Norodom Sihanouk und übernahm, nachdem er das Parlament aufgelöst hatte, im März 1972 alle Macht. Im März 1975 floh er vor den anrückenden Roten Khmer nach Hawaii.

Konfliktverlauf

SIHANOUK hatte im Sommer 1968 den Kampf gegen die *Roten Khmer* aufgenommen, die Ende 1969 eine Stärke von etwa 3000 Mann erreicht hatten. Doch der Umsturz kam nicht von links, sondern von rechts. Den Konservativen mißfiel SIHANOUKS »Beschwichtigungspolitik« gegenüber Hanoi, und sie nutzten die amerikanische Verärgerung über die kambodschanische Neutralitätspolitik, um den Prinzen 1970 mit Hilfe des US-Geheimdienstes CIA zu stürzen, als er sich auf einer Auslandsreise befand.

Die ultimative Aufforderung des neuen starken Mannes, LON NOL, an Hanoi, seine Truppen von kambodschanischem Territorium abzuziehen, und die gleichzeitige Propaganda schürten wieder alte chauvinistische Ressentiments: Es kam zu blutigen Pogromen gegen die seit

Pol Pot (*19.5.1928)
Kambodschanischer Ministerpräsident von 1976 bis 1979. Der Bauernsohn und Schullehrer war Mitbegründer der illegalen KP und Führer der Roten Khmer, einer Guerillaeinheit, die die Regierung Norodom Sihanouks bekämpfte. Nach der Machtergreifung des rechtsgerichteten Lon Nol, der von Südvietnam und den USA gestützt wurde, verbündeten sich die ehemaligen Todfeinde, und Pol Pot wurde 1970 ein führendes Mitglied in Sihanouks Exilregierung. Nach dem Sieg der Roten Khmer übernahm er 1976 das Amt des Ministerpräsidenten und versuchte mit blankem Terror, Kambodscha in einen reinen Bauernstaat zu verwandeln (»Steinzeitkommunismus«). Er schaffte Geld und Handel ab, entvölkerte die Städte, steckte deren Bewohner in Umerziehungslager und ließ politische Gegner und Intellektuelle systematisch massakrieren. 1979 beendete die Invasion vietnamesischer Truppen die Schreckensherrschaft der Roten Khmer, der rund zwei Millionen Menschen zum Opfer fielen. Seither führt Pol Pot von Nordkambodscha aus einen Guerillakrieg gegen die Regierung in Phnom Penh.

Generationen in Kambodscha lebenden Vietnamesen. Daraufhin verstärkte Nordvietnam seine Truppen in Kambodscha und dehnte sein Operationsgebiet über den Ho-Tschi-Minh-Pfad hinaus aus. Gleichzeitig verstärkten die *Roten Khmer*, die jetzt noch mehr Unterstützung von Hanoi erhielten, ihre Aktionen.

Schwere Kämpfe zwischen Anhängern Sihanouks und der kambodschanischen Armee ließen nun auch die USA am 1. Mai 1970 zugunsten Lon Nols eingreifen, dem sie schon vorher Militärhilfe gewährt hatten. Die sog. Entlastungsoffensive der Amerikaner galt aber in erster Linie den Nachschubbasen und Versorgungswegen des *Vietcong* sowie den 40 000 nordvietnamesischen Soldaten; auch schon früher hatten US-Bomber das kambodschanische Grenzgebiet zu Südvietnam aus diesem Grund bombardiert.

Sihanouk bildete im Pekinger Exil eine »Regierung der Nationalen Einheit«, die den Kampf der ehemaligen Todfeinde, der *Roten Khmer*, voll unterstützte und die Guerilla als den militärischen Arm der Exilregierung ansah. Durch das Aufeinandertreffen der amerikanischen und südvietnamesischen Truppen war Kambodscha nun vollends in den Vietnam-Konflikt mit einbezogen (→ Vietnam).

Der Einsatz der US-Bodentruppen war auf acht Wochen befristet. Nach ihrem Abzug im Juli 1970 ließen sie die südvietnamesischen Einheiten zurück, die sich in Kambodscha als Besatzungsmacht festsetzten. Der *Vietcong* und die nordvietnamesischen Truppen drängten sie jedoch zurück und kontrollierten bald 12 der 19 kambodschanischen Provinzen.

Sihanouk rief unterdessen seine Landsleute zum »nationalen Befreiungskampf« gegen das Lon-Nol-Regime und zur Unterstützung der *Roten Khmer* auf, die mittlerweile auf 60 000 Mann angewachsen waren. Militärisch konnte sich Lon Nol nur durch die amerikanische Luftwaffenunterstützung, eine jährliche Militärhilfe von 200 Millionen US-Dollar und durch die Unterstützung von 10 000 südvietnamesischen Soldaten halten. Doch Korruption – Minister verschoben Lebensmittel, Generäle verkauften Kriegsmaterial an den Gegner, Kommandanten unterschlugen den Wehrsold usw. –, die mangelnde Kampfbereitschaft der Regierungstruppen und der fehlende Rückhalt in der Bevölkerung, die vor den massiven Bombardements der US-Luftwaffe nach Phnom Penh oder nach → Thailand floh, schwächten das Lon-Nol-Regime und führten dazu, daß die *Roten Khmer* und ihre nordvietnamesischen »Berater« Ende 1973 bereits 90 Prozent des Landes erobert hatten. Im April 1975 begann sich der Kreis um Phnom Penh zu schließen; am 17. April – 13 Tage vor der Kapitulation Saigons vor den Kommunisten aus Hanoi im Nachbarland → Vietnam – eroberten die *Roten Khmer* die Hauptstadt Kambodschas. Prinz Sihanouk wurde im Amt des Staatspräsidenten zunächst bestätigt und kehrte am 9. September nach Phnom Penh zurück.

Im Namen der Organisation *Angka*, die genauso anonym blieb wie die Führung der *Roten Khmer* (nur POL POT, der Generalsekretär der KP, und KHIEU SAMPHAN waren bekannt), begannen nach Verhängung einer totalen Nachrichtensperre »Umsiedlungsaktionen« aus den großen Städten auf das vom Krieg verwüstete Land. Durch »Säuberungsaktionen« – d. h. Liquidierung von LON-NOL-Gefolgsleuten, zu denen die *Roten Khmer* auch die 250 000 republikanischen Soldaten, 50 000 Polizisten, 70 000 Beamten, 20 000 Lehrer und 30 000 Angehörige anderer Berufe (Kaufleute, Ärzte, Anwälte usw.) zählten – kamen Hunderttausende von Kambodschanern auf grausamste Weise ums Leben. Beinahe der gesamte Mittelstand, der für eine »totale sozialistische Revolution« der Agrarproduktion und Selbstversorgung ungeeignet erschien, wurde gnadenlos ausgerottet, religiöse und kulturelle Institutionen wurden zerstört.

***Khieu Samphan* (*22.7.1932)**
Staatspräsident Kambodschas von 1976 bis 1979.
Der promovierte Agrarwissenschaftler hatte in Paris studiert und wurde 1962 Mitglied in Norodom Sihanouks Sozialistischer Volksgemeinschaft. Bereits 1967 wechselte er zu den Roten Khmer, die militante Regimegegner waren. 1975 übernahm er die ideologische Führung der Guerilla. Nach deren Sieg wurde er 1976 Staatsoberhaupt. Als die vietnamesischen Truppen 1979 die Roten Khmer vertrieben, ging er in den Untergrund. Er bildete eine Gegenregierung, deren Ministerpräsident und Außenminister er wurde.

Vor der Schreckensherrschaft der *Roten Khmer* waren über 150 000 Menschen nach → Vietnam geflüchtet. Seit Anfang 1977 kam es immer häufiger zu Zwischenfällen an der kambodschanisch-vietnamesischen Grenze. Als sich nach inneren Auseinandersetzungen die vietnamhörigen Kommunisten von den pekingfreundlichen *Roten Khmer* abspalteten, eine *Nationale Kambodschanische Befreiungsfront* gründeten und den Kampf eröffneten, griff Hanoi ein. In einem Blitzkrieg von wenigen Wochen (25.12.1978–16.1.1979) eroberten 200 000 vietnamesische Soldaten Kambodscha.

Der Überfall chinesischer Truppen am 17. Februar 1979, der sog. Erziehungsfeldzug (→ Vietnam), sollte die Armee Vietnams an der Grenze zu → China binden, um der Guerilla der *Roten Khmer* Zeit zu geben, sich für den Widerstandskampf gegen die vietnamesischen Streitkräfte neu zu formieren.

Ergebnis

POL POTS *Rote Khmer* wurden in den Dschungel und in die Berge vertrieben. Von dort aus agierten nun ca. 20 000 Guerilleros und etwa 10 000 bis 15 000 nationalistische Rebellen gegen die neuen Machthaber in Phnom Penh, die in vollständiger Abhängigkeit von Hanoi Kambodscha zu einem Satellitenstaat → Vietnams machten. Die *Khmer*-Guerilla erfuhr trotz der von ihr zu verantwortenden Massenmorde (über zwei Millionen Menschen sollen ihr zum Opfer gefallen sein) weiterhin Unterstützung aus Peking. Dies resultierte u. a. aus der ideologischen Feindschaft zwischen → China und dem moskautreuen Vietnam. Da China keinen kriegerischen Konflikt mit der Sowjetunion riskieren konnte, wurden in Kambodscha Stellvertreterkriege geführt. Einen verstärkten Einfluß Moskaus im südostasiatischen Raum hätte Peking niemals gedul-

Vor dem Bürgerkrieg und der Schreckensherrschaft der Roten Khmer flohen Hunderttausende Kambodschaner in die Nachbarländer Vietnam und Thailand. Sie lebten über ein Jahrzehnt in Sammellagern und kehrten erst unter dem Schutz der UN-Friedenstruppen ab 1992 in ihr Heimatland zurück.

det, solange es keine dauerhafte Verständigung zwischen beiden kommunistischen Weltmächten gab.

Prinz SIHANOUK, der bereits nach einem Jahr von den *Roten Khmer* wieder abgesetzt und unter Hausarrest gestellt worden war, wurde kurz vor der Kapitulation vor den anrückenden Vietnamesen wieder aus der Haft entlassen. Von Peking aus und vor dem Weltsicherheitsrat in New York agitierte er gegen die vietnamesische Aggression. Seit der Bildung einer Koalition aus *Roten Khmer* und bürgerlich-nationalen Kräften hoffte der Prinz, die Macht in Kambodscha zurückerobern zu können.

Während des Bürgerkriegs und der Terrorherrschaft der *Roten Khmer* waren bis 1983 in Kambodscha etwa drei Millionen Menschen umgekommen. Durch den anhaltenden Guerillakrieg und die wirtschaftliche Not waren weitere zwei Millionen vom Hungertod bedroht; Hunderttausende waren ins benachbarte → Thailand geflüchtet.

Anfang April 1983 kam es zu einer weiteren Massenflucht, als Vietnam mit einer Großoffensive gegen die *Roten Khmer* entlang der Grenze nach Thailand begann. Thailand griff daraufhin die Vietnamesen mit Napalmbomben an; die USA lieferten Bangkok neue Boden-Luft-Raketen.

Weitere Entwicklung

Seit dieser Zeit gab es mehrere Großoffensiven der vietnamesischen Armee gegen die *Roten Khmer*. Im September 1985 gab Pol Pot das Oberkommando über die *Roten Khmer* ab, die bereit waren, in einer Koalition mit der Regierung zusammenzuarbeiten, wenn die vietnamesischen Truppen abzögen. Auch Prinz Sihanouk verhandelte inzwischen mit der 1979 von den Nordvietnamesen eingesetzten Regierung Heng Samrin über eine mögliche Zusammenarbeit. Samrin konnte sich trotz des permanenten Bürgerkriegs bis 1991 halten.

Durch die Reformpolitik Michail Gorbatschows entfiel die Unterstützung Hanois durch Moskau. → Vietnam mußte im September 1989 seine Truppen aus Kambodscha zurückziehen. Nach heftigen Kämpfen zwischen den Regierungstruppen und den Widerstandsgruppen stagnierte der innerkambodschanische Bürgerkrieg in einem militärischen Patt. Eine Lösung des Konflikts konnte nur auf dem Verhandlungswege gefunden werden. 1990 einigte man sich durch Vermittlung der ASEAN-Staaten, der USA, der Sowjetunion, Chinas, Großbritanniens und Frankreichs auf einen UN-Friedensplan. In einer demokratisch legitimierten Regierung sollten alle Kriegsparteien – die *Roten Khmer*, die rechtsnationalen Einheiten des ehemaligen Ministerpräsidenten unter Lon Nol, Son Sann, und die Anhänger Sihanouks – vertreten sein. Doch die Furcht vor der Rückkehr der militärisch nach wie vor starken *Roten Khmer* lähmte den Demokratisierungsprozeß, der von der UNO überwacht wurde.

Über ihre wahre Stärke und die von ihr beherrschten Gebiete gab die Führung der *Roten Khmer* keine Auskunft. Auch die Entwaffnung der übrigen Bürgerkriegsparteien und die gesellschaftliche Integration der Kämpfer stellte die Übergangsregierung vor kaum lösbare Probleme. Zur Unterstützung der neuen Administration waren 16 000 Blauhelmsoldaten und 6000 Zivilisten der *United Nations Transitional Authority in Cambodia* (UNTAC) ins Land gekommen. An der UN-Friedensaktion beteiligten sich zum ersten Mal in der Geschichte der Bundeswehr 140 deutsche Soldaten, die im Mai 1992 ihren Sanitätsdienst antraten. Ihr Einsatz außerhalb des NATO-Gebietes war in der deutschen Öffentlichkeit heftig umstritten.

Die Wiedereingliederung der über 370 000 Flüchtlinge, die aus → Thailand zurückkehrten, und der etwa 190 000 Heimatlosen in Kambodscha gestaltete sich äußerst schwierig. Die ersten freien Wahlen fanden Ende Mai 1993 unter UN-Aufsicht statt: Prinz Sihanouk und die royalistische Partei FUNCINPEC gewannen 58 der 120 Parlamentsmandate. Am 23. September wurde die Monarchie wieder eingeführt, und Sihanouk war wieder König. Damit war auch die UN-Mission, die 3,2 Milliarden Dollar gekostet hatte, beendet.

Den Westen Kambodschas, gut 20 Prozent des Landes, kontrollierten weiterhin die *Roten Khmer*, mit denen es

Heng Samrin (*25.5.1934)
Staatspräsident Kambodschas von 1979 bis 1991. Der Bauernsohn war zunächst Mitglied der Roten Khmer, Bataillons- und Regimentskommandeur, ab 1976 Politoffizier und stellvertretender Stabschef. 1978 versuchte er einen Staatsstreich gegen Pol Pot und flüchtete nach dessen Scheitern nach Vietnam. Im Dezember 1978 wurde er Vorsitzender der EFKNR, der Widerstandsorganisation gegen das Pol-Pot-Regime. Nach dem Sieg der Vietnamesen wurde er Vorsitzender des Volksrevolutionsrates und war von Januar 1979 bis Oktober 1991 Staatsoberhaupt Kambodschas.

Michail Gorbatschow → Rußland

»Die Roten Khmer könnten schon eine Rolle im zukünftigen Kambodscha spielen. Sie könnten auch in einer zukünftigen Regierung ein paar Ministerien haben. Eine dominierende Rolle in Kambodscha können sie aber nicht spielen, denn es handelt sich um die Sicherheit und um das Leben des kambodschanischen Volkes. Die ASEAN-Länder, die europäischen Länder, die ganze Welt will, daß China ein Kambodscha akzeptiert, das nicht das gleiche von 1975 bis 1979 ist. Andererseits wird China aber auch niemals ein vietnamisiertes, sowjetisiertes Kambodscha akzeptieren.« Prinz Sihanouk in einem *Spiegel*-Gespräch, Mai 1983.

Anfang 1994 erneut zu heftigen Kämpfen um ihren Stützpunkt in Anlong Veng sowie im Raum von Battambang kam. 25 000 Kambodschaner flüchteten nach Thailand, wurden aber von der dortigen Regierung, die von Phnom Penh beschuldigte wird, die *Roten Khmer* zu unterstützen, wieder ausgewiesen. Im Mai flüchteten 40 000 Menschen aus den umkämpften Gebieten in den Nordwesten Kambodschas. Das Parlament ließ per Gesetz die *Roten Khmer* im Juli 1994 verbieten. König SIHANOUK war gegen diese Maßnahme, da sie die Friedensgespräche erschwerte. Als Geste der nationalen Versöhnung will er die *Roten Khmer* nach wie vor an der Regierung beteiligen.

Drei Tage nach ihrem Verbot riefen die *Roten Khmer* in der Nordprovinz Preah Vihear eine »Regierung der nationalen Solidarität und der nationalen Rettung« unter der Führung von KHIEU SAMPHAN aus. Diese Gegenregierung erkennt König SIHANOUK als kambodschanisches Oberhaupt zwar an, versucht aber durch Entführung von Ausländern die gewählte kambodschanische Regierung und die mit ihr verbündeten Staaten unter Druck zu setzen.

Der Bürgerkrieg in Kambodscha ist nicht zu Ende. Machtkämpfe innerhalb der Regierung machen die Lage weiterhin instabil; der Aufbau des Landes wird durch den Terror der *Roten Khmer* behindert.

Literatur: s. a. → Laos, → Thailand, → Vietnam
J. P. A. Barron: *Murder of a Gentle Land*. New York 1977.
W. Burchett: *Kambodscha und Laos oder Nixons Krieg?* Reinbek 1970.
M. Carney (Hg.): *Communist Power in Kampuchea*. Ithaca 1977.
P. Opitz: *Frieden für Kambodscha? Entwicklungen im Indochina-Konflikt seit 1975*. Frankfurt 1991.
W. Shawcross: *Schattenkrieg. Kissinger, Nixon und die Zerstörung Kambodschas*. Frankfurt 1980.
N. Sihanouk: *Indochina von Peking aus gesehen*. Stuttgart 1972.
M. Sontheimer: *Kambodscha – Land der sanften Mörder. Ein Bericht aus Indochina*. Reinbek 1990.
Statistisches Bundesamt (Hg.): *Länderbericht Kambodscha*. Wiesbaden 1991.
R. Strassner: *Der Kambodscha-Konflikt von 1986–1990*. Münster 1991.
T. Terzani / A. Barth: *Holocaust in Kambodscha*. Reinbek 1980.
O. Weggel: *Kambodscha 1975/76*. Hamburg 1977.

Staatsname: Königreich Kambodscha
Staatsform: Konstitutionelle Monarchie (seit 23.9.1993)
Staatsoberhaupt: König Norodom Sihanouk (seit 1993)
Regierungschef: Prinz Norodom Ranaridh (seit 1993; FUNCINPEC)
Regierung: FUNCINPEC, CPP (seit 1.7.1993)
Parlament: Verfassungsgebende Versammlung 120 Sitze (Wahl vom Mai 1993), FUNCINPEC (Monarchisten) 58, CPP (Kommunisten) 51, BLDP (Buddhisten) 10, Molinaka 1
Mitgliedschaft bei internationalen Organisationen: UNO
Lage: 102°–108° östlicher Länge, 10°–15° nördlicher Breite
Fläche: 181 916 km^2
Hauptstadt: Phnom Penh
Bevölkerung: 9,3 Millionen; Khmer 94,1 %, Chinesen 3,1 %, Cham 2,3 %, Sonstige 0,5 %; Buddhisten 88,4 %, Muslime 2,4 %, Sonstige 9,2 %
Wirtschaft: Dienstleistung 42,2 %, Landwirtschaft 40,9 %, Industrie 16,9 %; Export: Gummi 82,9 %, Fertigwaren 8,1 %

KAMERUN

Unabhängigkeitskampf 1955 bis 1970

Die koloniale Aufteilung des Landes zwischen Frankreich und Großbritannien führte – nachdem ein Teil Britisch-Kameruns Nigeria zugeschlagen worden war – 1961 zunächst zu einer Föderation, 1972 zu einem Einheitsstaat, für den zwischen 1955 und 1970 eine Guerilla gekämpft hatte.

Historischer Hintergrund

Im Mittelalter gehörte der äußerste Norden des heutigen Kamerun zum Reich Kanem-Bornu. Im 16. Jahrhundert landeten portugiesische Seefahrer an der Küste Kameruns, gründeten aber wegen des tropischen Klimas keine Siedlungen. Vom 17. bis 19. Jahrhundert war die Kamerunküste ein Zentrum des Sklavenhandels.

In diesen drei Jahrhunderten waren vor allem portugiesische, spanische, englische, französische und deutsche Kaufleute, Sklavenhändler und Missionare ins Land gekommen.

Im Süden waren im Lauf der Zeit Städte entstanden, die durch den Menschen-, Elfenbein- und Palmölhandel wohlhabend geworden waren.

Der Norden des Landes, das Hochplateau und die Sahelzone, war vom 11. bis 18. Jahrhundert immer wieder von Kämpfen zwischen den islamischen Emiren erschüttert worden. Im Gefolge der Fulani-Herrscher von Bornu und Kanem, die von Norden aus ihre Macht über die Emirate von Dikwa, am Benue-Fluß und auf der Adamawa-Hochebene ausgedehnt hatten, drang der Islam immer weiter ins Landesinnere vor. 1806 gerieten Teile der Region unter die Herrschaft Osman Dan Fodios, der im heutigen Nord-Nigeria ein großes islamisches Reich errichtete.

Im Süden Kameruns nahm unterdessen die Konkurrenz zwischen deutschen und englischen Händlern zu. 1884 schloß der deutsche Generalkonsul von Tunis, Gustav Nachtigal, mit den Duala-Fürsten einen Vertrag, der Kamerun zum deutschen Schutzgebiet machte. Im selben Jahr hatte das Deutsche Reich auf der Berliner Konferenz auch das Protektorat über das Kamerungebiet zugeteilt bekommen, das später bis zum Tschad-See ausgeweitet wurde. Durch den deutsch-französischen Marokko-Vertrag vom 4. November 1911 hatte Frankreich große Teile seines Ko-

Die willkürliche Gebietsaufteilung durch die Kolonialmächte bestimmt bis heute die Konfliktpotentiale in Westafrika. Teile Nigerias und das nördliche Kamerun gehören zu einem kulturell einheitlichen Gebiet.

lonialgebietes im Osten und Westen Kameruns an Deutschland abgetreten.

20. Jahrhundert

Nach der deutschen Niederlage im Ersten Weltkrieg zerfiel Kamerun gemäß dem französisch-britischen Aufteilungsvertrag vom 4. März 1916 in einen britischen (etwa ein Fünftel des Landes) und einen französischen Teil. England und Frankreich erhielten zwar am 20. Juli 1922 jeweils für ihren Bereich ein Völkerbundmandat, behandelten aber ihre Gebiete wie Kolonien: Paris gliederte seinen Teil Französisch Äquatorialafrika ein und installierte eine regionale Verwaltung; London stellte seinen Teil der Nachbarkolonie Nigeria gleich und ließ ihn von dort aus verwalten. Auch nach dem Zweiten Weltkrieg verblieben die Kamerungebiete unter der Treuhandschaft der UNO bei den beiden Mandats- bzw. Kolonialmächten.

Konfliktparteien

Vor der Unabhängigkeit gab es in beiden Teilen Kameruns viele Parteien und politische Gruppierungen. Den Kampf um die Unabhängigkeit Französisch-Kameruns focht in erster Linie die *Union des Populations du Cameroun* (UPC) aus.

Schon Mitte der vierziger Jahre hatte sie sich als kamerunische Nationalbewegung formiert. Ihre Anhänger kamen vor allem aus den Gewerkschaften. Am 10. April 1948

Ahmadou Ahidjo
(24.8.1924–30.11.1989)
Staatspräsident von Kamerun von 1960 bis 1982.
Der gläubige Muslim besuchte eine Verwaltungshochschule und arbeitete dann als Postbeamter. Er wandte sich früh der Politik zu und wurde 1957 Innenminister. Am 18. Februar 1958 ernannte man ihn zum Premierminister. Bei den Wahlen im ersten Jahr der Unabhängigkeit Kameruns wurde er 1960 zum Staatspräsidenten gewählt. Mit Hilfe Frankreichs gelang es ihm, die inneren Unruhen einzudämmen und eine kamerunische Nation zu formen. Er wurde bis 1980 dreimal wiedergewählt. 1982 trat er vom Amt des Staatspräsidenten zurück und lebte dann abwechselnd in Frankreich und im Senegal, wo er 1989 starb.

gründeten Reuben Um Nyobe und Ernest Quandié die UPC, die die Forderungen der Kameruner nach Unabhängigkeit und nach einer Vereinigung der beiden Territorien nachhaltig vertrat.

Die UPC wurde in den fünfziger Jahren verboten und ihre Organisationsstruktur zerschlagen. Ihre Führer waren entweder in den Untergrund gegangen, im Exil ermordet worden oder zur Regierung übergewechselt. Der letzte Chef der kamerunischen Untergrundbewegung, Ernest Quandié, wurde 1971 erschossen.

Von den mit Frankreich kollaborierenden Politikern wurde bereits 1958 die *Union Camerounaise* gegründet, deren Führer der aus dem Norden stammende Muslim Ahmadou Ahidjo war. Ab 1958 regierte er mit ständig wachsender Machtfülle erst als Premierminister und später als Staatspräsident für viele Jahre das Land.

West-Kamerun

1954 gewährte Großbritannien dem Südteil Britisch-Kameruns einen Regionalstatus mit eigenem Parlament innerhalb der Föderation → Nigeria. Der Nordteil des englischen Mandatsgebietes blieb aber weiterhin ein Verwaltungsbezirk Nord-Nigerias. Dies hatte entscheidenden Einfluß auf die Gesamtentwicklung, da beide Teile nun erst recht auseinandergerissen waren.

Die meisten Parteien in Britisch-Kamerun hatten enge Bindungen zu denen → Nigerias und verlangten mit unterschiedlichem Nachdruck regionale Autonomie. Die wichtigsten Parteien waren die *Kamerun National Democratic Party* (KNDP), geführt von John F. Foncha, und die *Kamerun National Convention* (KNC). Nur die KNDP trat für eine Trennung von Nigeria und eine Vereinigung mit Französisch-Kamerun ein und unterhielt dementsprechend enge Kontakte zur UPC.

Konfliktverlauf

Der UPC war es aufgrund von Behinderungen durch die Mandatsmacht Frankreich nicht gelungen, legal an die Macht zu kommen. Ab Mai 1955 organisierte sie deshalb in den größeren Städten den Aufstand gegen die Kolonialmacht. Streiks sollten die Forderung nach Aufhebung der UNO-Treuhandschaft unterstreichen. Bei mehreren gewalttätigen Zwischenfällen kamen Hunderte von Aufständischen ums Leben. Daraufhin wurde die UPC verboten.

UPC-Präsident Felix Moumie floh nach Britisch-Kamerun und bildete dort eine Exilregierung. Nyobe leitete in Französisch-Kamerun den Unabhängigkeitskampf vom Untergrund aus; er ging am 13. Juli 1955 zum Guerillakampf über. Die UNO verurteilte die Aktivitäten der UPC.

2. Januar 1960: Studenten in Yaunde beteiligen sich an der Parade zur Unabhängigkeitsfeier.

Trotz der Unruhen und des Boykotts durch die UPC konnten am 23. Dezember 1956 Parlamentswahlen stattfinden.

Das Parlament billigte am 16. April 1957 ein von Frankreich vorgeschlagenes Statut für Kamerun, in dem auch die Unabhängigkeit vorgesehen war. Es wurde eine instabile Übergangsregierung gebildet.

Unabhängig von der politischen Entwicklung setzte die UPC im Bassa- und Bamileke-Gebiet ihren Untergrundkampf fort. Erst die Ermordung NYOBES machte am 13. September 1958 den Gefechten im Bassa-Gebiet ein Ende. Eine gemäßigte UPC-Fraktion kehrte daraufhin zur legalen politischen Arbeit zurück und bildete zusammen mit anderen Kräften die Parlamentsopposition.

Die von Britisch-Kamerun aus operierende Exil-UPC unter MOUMIE verstärkte, unterstützt durch Waffenlieferungen aus Guinea, → Ghana und → Ägypten, im Bamileke-Gebiet den Guerillakampf, der auch nach MOUMIES Tod (1962) noch bis 1964, teilweise sogar bis 1970 fortgesetzt wurde.

Entwicklung in West-Kamerun

Unterschiedliche Auffassungen über die territoriale Zugehörigkeit West-Kameruns erschwerten die Unabhängigkeit Britisch-Kameruns. Der nördliche Teil, der von England zusammen mit der Nordregion Nigerias verwaltet wurde, und der südliche Teil, der administrativ zur Süd- und Ostregion Nigerias gehörte, blieben in dieser Frage uneins.

Die britische Armee kämpfte mit der französischen zusammen gegen die UPC-Guerilleros, doch beeinträchtigte dieser Kampf nicht die politische Entwicklung Britisch-Kameruns.

Bei der nigerianischen Verfassungskonferenz, die vom 23. Mai bis 26. Juni 1957 stattfand, erhielt Süd-Kamerun Regionalstatus mit eigener Regierung. Im Februar 1958 wurde dann die Forderung nach einer Vereinigung mit Französisch-Kamerun fallengelassen. Nach dem Wahlsieg der KNDP 1959 wurde FONCHA Premierminister der Region.

Ergebnis

Am 13. März 1959 verabschiedete die UNO eine Resolution, die für den 1. Januar 1960 die Unabhängigkeit Kameruns vorsah. Die UPC, die Wahlen forderte, blieb weiterhin verboten.

In einer Volksabstimmung 1961 sollte über die Zukunft Britisch-Kameruns entschieden werden: Der nördliche Teil votierte für den Anschluß an Nigeria. Als Sardauna-Provinz wurde er daraufhin in die damalige nigerianische Nordregion integriert. Der Süden hatte sich für einen gemeinsamen Staat mit dem ehemaligen französischen Territorium ausgesprochen.

AHIDJO, Premierminister des französischen Teils, wurde erster Präsident des neuen Staates und bei allen Wahlen bis 1982 in seinem Amt bestätigt; FONCHA übernahm die Vize-Präsidentschaft. Auf Druck AHIDJOS und des zentralen Staatsapparates fusionierten 1966 die in den beiden Teilen des Landes jeweils vorherrschenden Parteien, die *Union Camerounaise* und die KNDP, sowie mehrere kleine Parteien zur Einheitspartei *Union Nationale Camerounaise* (UNC).

Bei den noch bis 1970 anhaltenden Guerillakämpfen in Kamerun sind seit 1955 über 20 000 Menschen ums Leben gekommen.

Weitere Entwicklung

Am 2. Juni 1972 wurde mit einer neuen Verfassung die Föderation aufgelöst und die Vereinigte Republik Kamerun proklamiert. Staatspräsident AHIDJO trat am 6. November 1982 zurück; sein Nachfolger wurde der aus dem Süden stammende bisherige Premierminister PAUL BIYA, der auch die Führung der UNC übernahm. AHIDJO schien aber nicht ganz freiwillig aus dem Amt geschieden zu sein. Er soll einen Putschversuch unternommen haben. Als dieser scheiterte, ging er ins Exil.

Eine blutige Militärrevolte in der Präsidentengarde im Mai 1984 offenbarte den Gegensatz zwischen dem christlichen Süden und dem islamischen Norden Kameruns. BIYA, der inzwischen das Amt des Premierministers abgeschafft hatte, konnte sich behaupten. Bei den Präsidentschaftswahlen im April 1988 wurde er als einziger Kandidat mit 98,75 Prozent der Stimmen in seinem Amt bestätigt. Nachdem es zu gewalttätigen Demonstrationen gekommen war, auf denen mehr demokratische Rechte gefordert wurden, setzte der Präsident 1991 wieder einen Premierminister ein. Die innenpolitische Lage verschärfte sich jedoch noch, als Präsident BIYA nach Wahlen im März 1992 die Fälschung des Ergebnisses nachgewiesen werden konnte. Oppositionspolitiker wurden daraufhin verhaftet oder unter Hausarrest gestellt. Das autoritäre Regime kann sich seither nur mit Polizeigewalt an der Macht halten.

Mit dem Nachbarland → Nigeria kam es seit Mitte der achtziger Jahre immer wieder zu Spannungen, da beide Staaten die rohstoffreiche Region um die Halbinsel Bakassi sowie die Inseln Apani und Diamant für sich beanspruchen. In einem Abkommen von 1975 waren diese Gebiete Kamerun zugesprochen worden, doch Nigeria berief sich später auf die koloniale Grenzziehung. Nach kleineren Zwischenfällen 1994 wurden auf beiden Seiten die Grenztruppen verstärkt, und Kamerun bat Paris um militärischen Beistand.

Literatur: s. a. → Nigeria
H.-W. Beuth: *Bestimmungsfaktoren der Außenpolitik Kameruns*. Bern / Frankfurt/M. 1975.
T. Eyongetah / R. A. Brain: *A History of the Cameroon*. London 1974.
H. F. Illy (Hg.): *Kamerun. Strukturen und Probleme der sozioökonomischen Entwicklung*. Mainz 1974.
A. Mehler: *Presse und politischer Aufbruch in Kamerun*. Hamburg 1991.
A. Mehler: *Kamerun in der Ära Biya. Bedingungen, erste Schritte und Blockaden einer demokratischen Transition*. Hamburg 1993.
Statistisches Bundesamt (Hg.): *Länderbericht Kamerun*. Wiesbaden 1992.

Staatsname: Republik Kamerun
Staatsform: Präsidiale Republik (seit 1972)
Staatsoberhaupt: Paul Biya (RDPC; seit 1982)
Regierungschef: Simon Achidi Achu (RDPC; seit 1992)
Regierung: Demokratische Sammlung des Volkes von Kamerun (RDPC; seit 1985)
Parlament: Nationalversammlung 180 Sitze (Wahl vom 1.3.1992),
RDPC (Konservative) 88, UNDP 68, UPC (Sozialisten) 18, MDR 6
Mitgliedschaft bei internationalen Organisationen: AKP, Commonwealth, OAU, UNO
Lage: 8°–16° östlicher Länge, 2°–13° nördlicher Breite
Fläche: 475 442 km^2
Hauptstadt: Yaunde
Bevölkerung: 13,1 Millionen; Fang 19,6 %, Bamileke, Bamum 18,5 %, Duala, Luanda, Basa 14,7 %, Fulani 9,6 %, Tikar 7,4 %, Sonstige 31,5 %; Christen 52,2 %, Animisten 26 %, Muslime 21,8 %
Wirtschaft: Dienstleistung 48 %, Industrie 30 %, Landwirtschaft 22 %;
Export: Erdöl 48,7 %, Holz 10,5 %, Industriegüter 9,5 %

Kaschmir-Konflikt → Indien

Kriege zwischen Indien und Pakistan 1947 bis 1949, 1965, 1984, Bürgerkriegsunruhen seit 1990

Seit der Unabhängigkeit des indischen Subkontinents von Großbritannien wird das ehemalige Fürstentum Kaschmir – zwei Drittel des Gebietes bilden heute der indische Teilstaat Jammu und Kaschmir, ein Drittel das pakistanische Azad Kaschmir – sowohl von → Pakistan als auch von → Indien beansprucht. Etwa 75 Prozent der Bevölkerung sind muslimischen, 25 Prozent hinduistischen Glaubens. Der Konflikt ist bisher nicht entschieden; es kommt immer wieder zu gegenseitigen Kriegsandrohungen, kleineren bewaffneten Auseinandersetzungen und größeren Kampfhandlungen um die Grenze am Siachen-Gletscher.

KENIA

Befreiungskampf 1952 bis 1956

Der unter der Bezeichnung Mau-Mau-Aufstand bekannt gewordene Befreiungskampf der afrikanischen Bevölkerung Kenias führte erst sieben Jahre nach Beendigung der Unruhen zur Unabhängigkeit (1963).

Historischer Hintergrund

Vor 2000 Jahren war die Region an der ostafrikanischen Küste ein bedeutendes Zentrum für den Handel mit Arabien, Persien, Indien und China. Viele Völker (Galla, Massai, Somali, Bantu, Niloten) siedelten hier. Um 1500 machten die Portugiesen die alte Hafenstadt Mombasa zu einem ihrer Stützpunkte. Gegen Ende des 17. Jahrhunderts eroberte der osmanische Sultan die Küste, um den Sklavenhandel auszuweiten; im 19. Jahrhundert drangen die Sklavenjäger weiter ins Landesinnere vor.

1887 wurde der Sultan von Sansibar gezwungen, das Küstengebiet an die *British East Company* abzutreten. Das ganze Land wurde 1895 Teil des British East African Protectorate; aber erst 1920 (ohne die Küste) britische Kolonie.

Im Landesinneren stießen die Kolonisatoren auf geringen Widerstand, da die Bevölkerung, insbesondere das in der Hochebene ansässige Kikuyu-Volk, durch Sklavenjagd und

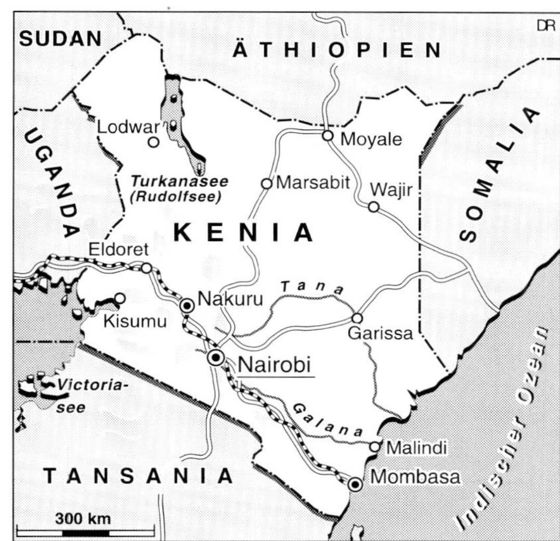

Umgeben von krisengeschüttelten Nachbarn ist Kenia immer wieder Zufluchtsort für Flüchtlinge aus der Region.

Seuchen stark dezimiert worden war. Der Mythos vom »leeren Hochland« bildete die Grundlage für eine intensive weiße Besiedlung (»white man's country«) dieser fruchtbaren Region: Seit 1904 waren große Ländereien im Besitz weißer Siedler, die afrikanische Bevölkerung lebte in Reservaten. Seit den zwanziger Jahren gab es massive Proteste der von diesem Landraub am stärksten betroffenen Kikuyu.

Konfliktparteien

Politisch hatten sich die Kikuyu 1919 in der *Kikuyu Association* und 1921 in der *Young Kikuyu Association* organisiert. Nach blutigen Zusammenstößen bei Demonstrationen und Verhaftungen bildete sich die *Kikuyu Central Association* (KCA), die in den folgenden Jahren die bedeutendste politische Organisation wurde. Seit 1929 war Jomo Kenyatta, der spätere Staatspräsident des unabhängigen Kenia, Generalsekretär der KCA.

Zahlreiche andere politische Organisationen der einzelnen ethnischen Gruppen strebten Ende der dreißiger Jahre eine allgemeine Kooperation an; doch zu Beginn des Zweiten Weltkriegs verhinderte ein Verbot der politischen Betätigung die Konsolidierung der Oppositionskräfte. Erst 1944 konnten 33 Vertreter verschiedener afrikanischer Volksgruppen die *Kenya African Union* (KAU) gründen, die als Nachfolgeorganisation der KCA galt, aber jetzt über ethnische Schranken hinaus gesamtkenianische Interessen

Jomo Kenyatta (20.10.1891–22.8.1978)
Staatspräsident und Premierminister Kenias von 1963 bis 1978. Eigentlich Kamau wa Ngengi und nach seiner Taufe 1914 Johnston Kamau Ngeng; sein Name »Jomo Kenyatta« bedeutet »Brennender Speer«. Nach dem Besuch der Missionsschule wurde er 1929 Generalsekretär der KCA. Als Verhandlungsführer für die afrikanischen Interessen ging er nach London und blieb dort mit Unterbrechungen bis 1946. 1947 wurde er Präsident der KAU, war von 1952 bis 1959 in Haft, danach lebte er in der Verbannung. 1960 wurde er in Abwesenheit zum Präsidenten der KANU gewählt. Kenyatta war einer der angesehensten afrikanischen Führer und Kämpfer für die Unabhängigkeit der afrikanischen Völker. Er regierte als »Mzee«, was in Kisuaheli »Ehrwürdiger Herr« heißt, also autokratisch, und orientierte sich außenpolitisch an den westlichen Staaten.

vertrat. Während des *Mau-Mau*-Aufstandes (s. u.) wurde sie von den Engländern verboten. Kurz vor der Unabhängigkeit entstand aus der KAU die *Kenya African National Union* (KANU; Mai 1960), die in den ersten drei Jahrzehnten des neuen Staates die führende Kraft und für viele Jahre die einzige Partei Kenias war.

Konfliktverlauf

Die KAU hatte nach dem Zweiten Weltkrieg Forderungen (Ansiedlung von Afrikanern im Hochland, freie Gewerkschaften, Mindestlöhne, Beteiligung afrikanischer Vertreter an Regierung und Verwaltung usw.) an die britische Kolonialmacht gerichtet, die alle abgewiesen wurden. Das verschärfte die sozialen Spannungen: Es kam zu Streiks und Demonstrationen. Geheimbünde wurden gegründet, die Sabotage- und Terrorakte begingen, die sich vor allem gegen weiße Siedler und schwarze Kollaborateure richteten. Am radikalsten und aggressivsten war der Geheimbund *Mau-Mau*, dessen Mitglieder vorwiegend Angehörige des Kikuyu-Volkes waren.

Nach heftigen Feuergefechten im Sommer 1952 ordnete die Verwaltung den Ausnahmezustand an und ließ im November etwa 3000 Männer der Kikuyu in streng bewachten Lagern internieren. Die Überfälle und Morde hörten auch nach »Säuberungsaktionen« der britischen Armee nicht auf.

Für den Terror der *Mau-Mau* machten die Briten die legale politische Organisation der Afrikaner, die KAU, und deren Führer verantwortlich. Kenyatta, damals Präsident der KAU, wurde im November 1952 verhaftet und zu sieben Jahren Zwangsarbeit verurteilt. Die Unruhen gingen trotzdem weiter.

Im Februar 1954 kam es zwar zu Verhandlungen zwischen den Briten und der *Mau-Mau*-Führung; aber auch sie konnten die Kämpfe nicht beenden. Bei einer anschließenden Massendeportation wurden 10 000 Afrikaner in Internierungslager gebracht. Gleichzeitig bombardierte die britische Luftwaffe Gebiete, in denen man die Lager der Rebellen vermutete. Die Gesamtstärke der *Mau-Mau*-Gruppen wurde auf 4000 Mann geschätzt. Die britischen Truppeneinheiten umfaßten zeitweise zwischen 5000 und 8000 Mann; hinzu kamen noch etwa 7000 afrikanische Soldaten, die im Dienst der Engländer standen.

Im Herbst 1956 wurde einer der wichtigsten *Mau-Mau*-Führer, Dedan Kimathi, gefangengenommen. Die Unruhen und Wirren, Terror- und Sabotageaktionen schwächten sich ab, und die britischen Truppen wurden am 13. November 1956 aus den umkämpften Gebieten abgezogen. Aber etwa 40 000 Menschen saßen noch in Internierungslagern und Gefängnissen.

Jomo Kenyatta zählte im eigenen Land und in ganz Afrika zu den bedeutendsten Integrationsfiguren. Anläßlich des nationalen Loyalitäts- und Solidaritätstages, wenige Wochen vor Kenyattas Tod am 22. August 1978, bekundeten Tausende ihre Verehrung für den Präsidenten im Stadion von Mombasa.

Ergebnis und weitere Entwicklung

Bei dem Aufstand wurden 10 173 *Mau-Mau*-Angehörige getötet, 2274 gefangengenommen; 2214 liefen zur britischen Kolonialmacht über. Von den Ordnungskräften kamen 512 afrikanische, 57 europäische und drei asiatische Soldaten ums Leben. Aus der Zivilbevölkerung starben 291 Afrikaner, 32 Europäer und 24 Asiaten. Zeitweise waren 90 000 Afrikaner, vor allem Vertreter der Führungsschicht, in Lagern oder Gefängnissen inhaftiert. Die politischen Organisationen blieben weiterhin verboten, und der Ausnahmezustand wurde erst am 12. Januar 1962 wieder aufgehoben.

Es entstanden zwei rivalisierende Parteien, die *Kenya African National Union* (KANU), deren Anhänger die Kikuyu und Luo waren, und die *Kenya African Democratic Union* (KADU), hinter der die kleineren Stämme standen, die die Vorherrschaft der Kikuyu und Luo mißbilligten. KENYATTA kam 1959 nach Verbüßung seiner Freiheitsstrafe frei, und nach einer vorübergehenden Verbannung in den Norden Kenias führte er die neugegründete KANU-Partei bei den Wahlen 1961 zum Sieg. Er war der Gesprächsführer bei den Verhandlungen mit den Briten (Zweite Londoner Verfassungskonferenz 1962), die die Unabhängigkeit am

Daniel Arap Moi **(*1924)**
Staatspräsident Kenias seit 1978. Der Angehörige des nilo-hamitischen und mit den Massai verwandten Tugen-Stammes der Kalenjin-Gruppe begann 1955 als Abgeordneter seine politische Karriere. 1967 wurde er Vizepräsident unter Jomo Kenyatta und übernahm 1978 nach dessen Tod das Präsidentenamt. 1979 wurde er im Amt bestätigt. Im August 1982 konnte er einen Putsch abwehren. Nur unter dem Druck der Weltbank leitete er eine allmähliche Demokratisierung des Landes ein. Die ersten freien Wahlen 1992 konnte er mit 37,2 Prozent der Stimmen für sich entscheiden.

12. Dezember 1963 vorbereiteten. Die KANU, die auch die Wahlen von 1963 gewonnen hatte, strebte die Abschaffung des Regionalismus an, änderte die Verfassung und vereinigte sich mit der KADU-Partei. KENYATTA wurde Präsident des neuen Staates und blieb es bis zu seinem Tod 1978. Er konnte sich aufgrund seines autoritären Regierungsstils immer wieder gegen seine innenpolitischen Gegner durchsetzen und machte Kenia zu einem Einparteienstaat mit kapitalistischer Wirtschaftsordnung. Zahlreiche weiße Siedler waren nach der Unabhängigkeit im Land geblieben.

Im Norden Kenias, dem Northern Frontier District, der von ca. 200 000 Somali bewohnt wird, kam es 1963 und bis zum Herbst 1967 wiederholt zu Guerilla-Aktionen der *Shifta*, einer Organisation, die die Selbstbestimmung für diese Region forderte. In den folgenden Jahren kam es auch immer wieder zu Grenzzwischenfällen, die erst 1977 in Verhandlungen zwischen → Somalia und Kenia beigelegt werden konnten.

Kenia hat wenig Bodenschätze, die Landwirtschaft ist einer der wichtigsten Wirtschaftssektoren. Die stabile politische Lage ermutigte ausländische Unternehmen zu Investitionen. Der Tourismus boomt und hat inzwischen den Kaffee als Hauptdevisenquelle überholt. 1968 intensivierte die Regierung die Übergabe von Land und Geschäften an die Afrikaner; dadurch waren die im Land lebenden Asiaten und die Kenianer benachteiligt, die die britische Staatsbürgerschaft behalten hatten.

Der Tod Präsident KENYATTAS am 22. August 1978 ließ ethnische Rivalitäten wieder aufleben. Sein Nachfolger DANIEL ARAP MOI wurde bei den Wahlen im Oktober 1978 in seinem Amt bestätigt. Seit März 1980 nutzen auch US-amerikanische Truppenteile kenianische Militäranlagen.

MOI konnte im August 1981 einen Putschversuch abwehren. Im März 1984 sollen Soldaten im Norden des Landes über 300 Menschen massakriert haben.

Zu Stammesauseinandersetzungen kam es 1991 im Westen Kenias; im April 1994 flammten sie erneut in der Provinz Rift Valley auf. Angehörige der politisch einflußreichen Minderheit der Kalenjin, der auch Präsident MOI angehört, wollten den zugewanderten Kikuyu und Luo in dieser Region kein Landrecht zugestehen, sondern beanspruchten dies allein für sich.

Im Januar 1995 wurden bei Angriffen auf von Kikuyu bewohnte Bauernhöfe, an denen auch Armee- und Polizeiangehörige an der Seite der Kalenjin beteiligt waren, zahlreiche Menschen getötet: Seit 1991 starben bei ethnischen Konflikten über 1500 Menschen. Die Zahl der Vertriebenen wird auf 300 000 geschätzt.

Im Streit um den Grenzverlauf zum → Sudan, zu → Uganda, → Äthiopien, → Somalia und → Tansania kam es trotz wiederholter Vereinbarungen immer wieder zu Zwischenfällen und bewaffneten Auseinandersetzungen: 1987/88 mit Uganda und 1989/90 mit Somalia. Vor dem Bürgerkrieg im → Sudan flüchteten 260 000 Menschen im Mai 1992 nach Kenia.

Die Wiederbelebung der seit 1977 nicht mehr existenten *Ostafrikanischen Gemeinschaft* (EAC) mit Tansania und Uganda soll die Wirtschaft dieser Länder fördern helfen. Ein im November 1993 geschlossenes Abkommen zwischen den drei Staaten strebt eine gemeinsame Außenpolitik an und soll freien Kapital-, Waren-, Personen- und Dienstleistungsverkehr gewährleisten.

Literatur: G. Arnold: *Kenyatta and the Politics of Kenya*. London 1974.
F. Ballot: *Politische Herrschaft in Kenia. Der neo-patrimoniale Staat 1963–1978*. Rheinfelden 1986.
J. M. Kariuki: *»Mau-Mau«-Detainee*. Harmondsworth 1964.
S. Mair: *Kenias Weg in die Mehrparteiendemokratie*. Baden-Baden 1994.
G. C. Mutiso: *Kenya, Politics, Policy and Society*. Nairobi 1975.
C. A. Rosberg / J. Nottigham: *The Myth of »Mau-Mau«. Nationalism in Kenya*. London 1966.
R. Sandbrook: *Proletarians and African Capitalism. The Kenyan Case 1960–1972*. London 1975.

Staatsname: Republik Kenia
Staatsform: Präsidiale Republik
Staatsoberhaupt: Daniel Arap Moi (KANU; seit 1978)
Regierungschef: Daniel Arap Moi (KANU; seit 1978)
Regierung: Afrikanische Nationalunion Kenias (KANU)
Parlament: Nationalversammlung 202 Sitze (Wahl vom 29.12.1992), KANU 100, FORD-Asili 31, FORD-Kenia 31, DP 23, Sonstige 17
Mitgliedschaft bei internationalen Organisationen: AKP, Commonwealth, OAU, UNO
Lage: 34°– 42° östlicher Länge, 5° nördlicher bis 5° südlicher Breite
Fläche: 582 646 km^2
Hauptstadt: Nairobi
Bevölkerung: 28,1 Millionen; Kikuyu 20,9 %, Luhya 13,8 %, Luo 12,8 %, Kamba 11,3 %, Kalenjin 10,8 %, Sonstige 30,4 %; Christen 73 %, Volksreligionen 19 %, Sonstige 8 %
Wirtschaft: Dienstleistung 54 %, Landwirtschaft 27 %, Industrie 19 %;
Export: Nahrungsmittel 54,8 %, Industriebedarf 24,2 %, Brennstoffe 9,8 %

KOLUMBIEN

Bürgerkrieg 1948 bis 1957
Guerillakrieg seit 1964

Traditionelle oligarchische Gruppen beherrschen seit dem 19. Jahrhundert das Land. Der Bürgerkrieg (Violencia) brachte aber die Herrschaft der mächtigen Familien nicht ins Wanken: Linke Guerilla, Bandenkriege rechter Privatarmeen, Militärdiktatur und die Nationale Front der Konservativen und Liberalen bestimmen das von sozialen Spannungen und latenter Unruhe gekennzeichnete Land.

Historischer Hintergrund

Der nördlichste Andenstaat Südamerikas mit einer karibischen und einer pazifischen Küste trägt den Namen des Entdeckers der Neuen Welt. Nach der spanischen Eroberung im 16. Jahrhundert wurde Kolumbien im 18. Jahrhundert dem Vizekönigreich Neu-Granada angegliedert. Die Kolonisatoren suchten Gold und ließen einheimische Indios und afrikanische Sklaven für sich in den Minen und Zuckerrohrplantagen arbeiten. Hauptstadt war die im zentralen Hochland der kolumbianischen Anden gelegene Stadt Bogotá, die auch schon in der vorkolonialen Zeit Zentrum der hochentwickelten Kultur der Chibcha-Indios gewesen war.

Die zu Beginn des 19. Jahrhunderts entstandene Unabhängigkeitsbewegung schüttelte erst 1819 unter Simón Bolívar endgültig die spanische Herrschaft ab. Die Vereinigung mit Neu-Granada und Venezuela (1822 kamen Ecuador und → Panama hinzu) führte zur Gründung der Republik Groß-Kolumbien, die aber durch die permanente Auseinandersetzung zwischen konservativen Zentralisten und liberalen Föderalisten 1830 zerbrach; Venezuela und Ecuador sagten sich von Kolumbien los, 1903 auch Panama. Seit dem 19. Jahrhundert wird Kolumbien von 23 Familien regiert, die 60 Prozent des Bodens besitzen und über 40 Prozent des Volkseinkommens verfügen. Die Oligarchie ist in Liberale und Konservative gespalten, die sich abwechselnd die Macht im Lande teilten (s. u.). Nach der Ausbeutung der Goldminen an den Küsten erfolgte ein intensiverer Plantagenanbau von Kaffee und Bananen sowie die Förderung der reichhaltigen Erdölvorkommen mit Unterstützung ausländischen Kapitals, das seit 1914 vor allem aus den USA kam.

Das im Nordwesten Südamerikas gelegene Kolumbien ist seit einigen Jahren das Zentrum des Rauschgifthandels. Die Drogenmafia terrorisierte über einen langen Zeitraum das öffentliche Leben des Landes.

Die Bevölkerung Kolumbiens – 58 Prozent sind Mestizen, 14 Prozent Mulatten, vier Prozent Nachfahren afrikanischer Sklaven und nur noch ein Prozent Indios – hat unter sozialen Mißständen zu leiden: 80 Prozent der Bauern besitzen kein Land; die Verarmung der Landbevölkerung, mitverursacht durch das überdurchschnittlich große Bevölkerungswachstum, führt zu einem ständigen Zustrom von Menschen in die Elendsquartiere der Hauptstadt. Die sozialen Spannungen entluden sich erstmals Ende der zwanziger Jahre in einem Bürgerkrieg, der sog. Violencia: Aufstände, Unruhen und Guerillakrieg halten bis heute an.

Konfliktparteien

Regierung
Der gelegentliche Wechsel der Regierungsmacht zwischen Konservativen und Liberalen brachte kaum Veränderungen der sozialen Situation. Seit 140 Jahren stel-

len die beiden Parteien, die eigentlich nur Interessenverbände der herrschenden Familien sind, die Regierung: Die Konservativen traten für einen Zentralstaat unter Einbindung der katholischen Kirche ein, die sie zu ihrer Herrschaftslegitimation brauchte, und stellten von 1888 bis 1930 die Regierung; die Liberalen versuchten zwischen 1930 und 1946, föderalistische Tendenzen, eine stärkere Trennung von Kirche und Staat sowie soziale Reformen zu verwirklichen.

Beide Gruppen rekrutierten aus dem verarmten Landproletariat eigene Privatarmeen, Banden, die sich besonders in der sog. religiösen Frage (Verhältnis Staat–Kirche) und im Föderalismus-Zentralismus-Streit heftig bekämpften.

Opposition und Guerilla

Bürgerkriegsähnliche Zustände herrschten in Kolumbien 1849, 1853 bis 1858, 1876, 1899 bis 1903 und 1948 bis 1957. Seit 1964 kämpfen verschiedene Guerillaverbände mit unterschiedlichen Zielsetzungen gegen die Regierung.

Neben den Traditionsparteien konnte sich als Opposition nur die 1930 gegründete *Partido Comunista de Colombia* (PCC) behaupten, aber nie politische Macht ausüben. Bedeutung gewann die PCC erst während der Violencia im Untergrund, vor allem auf dem Land, wo sie unabhängige Gebiete kontrollierte und mit ihrer bewaffneten »Selbstschutzorganisation« den Privatarmeen der Parteien und Regierungstruppen widerstand.

Die heutige bewaffnete Opposition bilden die noch kämpfenden Guerillagruppen, zum einen die *Fuerzas Armadas Revolucionarias de Colombia* (FARC), die aus dem *Bloque Sur* entstanden sind und sich seit 1982 FARC-*Ejercito Popular* (FARC-EP) nennen; zum anderen die sich stark an → Kuba orientierende Guerilla *Ejercito de Liberación Nacional* (ELN), die für eine Revolution in Kolumbien kämpft und wie andere lateinamerikanische Guerillagruppen die Zelle eines Volksaufstandes sein will. Aus der maoistischen Abspaltung von der kommunistischen Partei entstand *Ejercito Popular de Liberación* (EPL) und als Stadtguerilla das *Movimiento 19 de Abril* (M-19), das bis 1990 seinen bewaffneten Kampf führte.

Die Gründer des M-19 hatten sich zum Teil von der FARC abgespalten, zum anderen waren es Mitglieder der *Alianza Nacional Popular* (ANAPO), einer Partei, für die General Gustavo Rojas Pinilla bei den Präsidentschaftswahlen 1970 kandidiert hatte. Der damalige Wahlbetrug führte zur Gründung des M-19 mit dem Ziel, das bestehende System zu reformieren und demokratischer zu gestalten.

Das M-19, die Stadtguerilla von Bogotá, und die drei Landguerillas verstanden sich als Nachfolgeorganisationen der bewaffneten Gruppen der Violencia und stehen in der Tradition der bäuerlichen Selbstverteidigung. Bis 1982 standen im wesentlichen der Schutz der Landbevölkerung und die Durchsetzung einer umfassenden Agrarreform im Vordergrund des Kampfes; danach ging es vor allem um allgemeine politische und ökonomische Ziele.

Die einzelnen Guerillaverbände Kolumbiens haben sich zeitweise auch gegenseitig bekämpft. 1987 schlossen sich zwar alle in der *Coordinadora Nacional Simón Bolívar* zusammen, was aber ihre ideologischen und strategischen Differenzen nicht beendete.

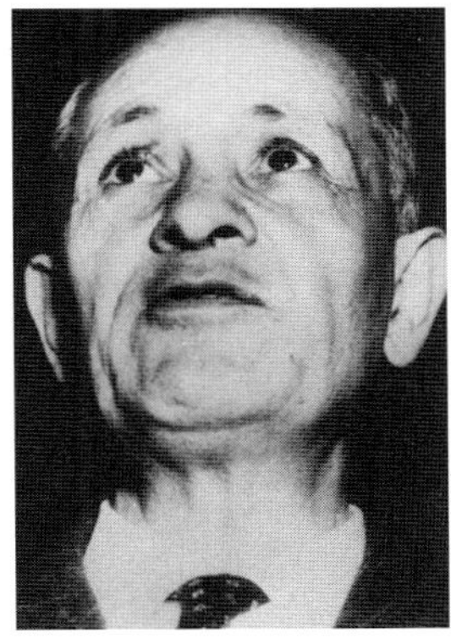

Gustavo Rojas Pinilla (1900–1975)
Staatspräsident Kolumbiens von 1953 bis 1957. Pinilla schlug nach einem Bauingenieurstudium in den USA eine Offizierslaufbahn ein. 1950 ernannte man ihn zum Generalstabschef, was ihm ermöglichte, 1953 durch einen Putsch den Staatspräsidenten abzulösen. Ein Generalstreik zwang ihn 1957 zum Rücktritt. Nach kurzem Exil in Spanien kehrte er nach Kolumbien zurück, wo ihm jedoch die militärischen und bürgerlichen Ehrenrechte aberkannt worden waren. 1967 wurde er rehabilitiert.

Konfliktverlauf

Bürgerkrieg 1948 bis 1957

Die Liberalen hatten sich Anfang der vierziger Jahre über das Ausmaß der angekündigten sozialen Reformen zerstritten und in einen linken und einen rechten Flügel gespalten. Bei der Präsidentschaftswahl 1946 gewann der Kandidat der Konservativen und machte die begonnenen Reformen (Trennung von Staat und Kirche, Wahlrecht, Sozialreform) rückgängig.

Zum Auslöser des sozialen Aufstands wurde die Ermordung des populären linksliberalen Präsidentschaftskandidaten Jorge Eliecer Gaitan im April 1948. Die aufgebrachte Bevölkerung Bogotás lynchte den Attentäter, stürmte das Kapitol, in dem gerade der panamerikanische Kongreß der 21 amerikanischen Staaten tagte, und setzte den Sitzungssaal in Brand. In Straßenschlachten mit der Polizei und der Armee kamen bereits am ersten Tag 300 Menschen ums Leben. Die rebellierenden Massen zündeten die US-Botschaft an und besetzten öffentliche Gebäude.

Die Kommunisten riefen die soziale Revolution aus, was die rivalisierenden Konservativen und Liberalen zu einem Zweckbündnis zwang. Daraufhin gründete die PCC auf dem Höhepunkt der ersten Violencia-Phase bewaffnete Selbstschutzgruppen, die gegen die Banden der Liberalen und Konservativen kämpften. Das Bündnis der Traditionsparteien hielt nicht lange. Die Konservativen spalteten sich in drei Fraktionen, die sich im Osten des Landes bekämpften. Durch einen Putsch übernahm 1953 General Pinilla die Macht und stellte vorübergehend wieder Ordnung her.

Nach dem Waffenstillstand konnten Kommunisten und die Guerilla die von ihnen kontrollierten Regionen halten, in denen sie »unabhängige Republiken« mit genossenschaftlich organisierten Landwirtschaftsbetrieben errichtet hatten. Erst nach massiven Angriffen der Regierungstruppen wurden die Rebellen zu größerer Mobilität gezwungen. Sie zogen sich in schwer zugängliche Gebiete zurück.

Die erste Violencia-Phase hatte mit der Machtergreifung General Pinillas geendet; die zweite endete mit seinem Sturz 1957, als Liberale und Konservative ihre Fehde bei-

Camilo Restrepo Torres* *(3.2.1929–15.2.1966)
Kolumbianischer Guerillapriester. Der Professorensohn studierte zunächst Jura, dann Theologie und wurde 1954 zum Priester geweiht. Nach einem Soziologiestudium in Belgien war er 1959 Studentenpfarrer in Bogotá, wo er wegen seiner sozialrevolutionären Ideen suspendiert wurde. Der charismatische Studentenführer ließ sich daraufhin in den Laienstand zurückversetzen und verstärkte sein politisches Engagement. 1965 schloß er sich der ELN-Guerilla an und wurde im Februar 1966 bei einem Gefecht mit Regierungstruppen getötet. Camilo Torres wurde zum Symbol einer Theologie der Befreiung in Lateinamerika.

Fidel Castro* → *Kuba

legten und eine große Koalition (*Nationale Front*) bildeten. Die verschiedenen Guerillagruppen waren aber damit nicht besiegt.

Ergebnis Bürgerkrieg

Im Verlauf des Bürgerkriegs (bis 1957) kamen über 200 000 Menschen ums Leben. Die traditionellen Parteien und die *Nationale Front* versagten PINILLA im Mai 1957 ihre Unterstützung, als sie durch eingeleitete Sozialreformen ihre Vorherrschaft bedroht sahen. Die Militärjunta war durch Inflation und Korruption so sehr geschwächt, daß es der *Nationalen Front* nicht schwerfiel, die Macht zu übernehmen: In vier Regierungsperioden (bis 1974) stellten Liberale und Konservative abwechselnd den Präsidenten und teilten sich paritätisch die Macht in Staat und Verwaltung.

Guerillakrieg seit 1964

Soziale Spannungen und damit verbundene Unruhen waren aber auch mit dieser »Proporz-Koalition« der *Nationalen Front* nicht beseitigt. Im Gegenteil: Die an FIDEL CASTRO orientierte Guerillabewegung der sechziger und siebziger Jahre versuchte, mit derselben Strategie und Taktik wie auf → Kuba die Oligarchie zu schwächen. Zeitweise beherrschten die Rebellen wieder verschiedene Gebiete des Landes.

Ihnen schlossen sich immer mehr Oppositionelle an; so auch Angehörige des niedrigen katholischen Klerus, wie der bekannte Pater CAMILO TORRES, der als Mitglied einer ELN-Einheit am 15. Februar 1966 bei einem Gefecht mit Regierungstruppen getötet wurde. Etwa 400 bis 500 Verfechter der Theologie der sozialen und politischen Befreiung organisierten sich in der Gruppe *Sacerdotes para America Latina* (Priester für Lateinamerika; SAL) und durchbrachen damit, zumindest auf unterer Ebene, das traditionelle Bündnis von Oligarchie und Amtskirche. Obwohl jede Guerilla in ihrem Operationsgebiet autonom kämpfte, konnte die gesamte Bewegung in den siebziger Jahren Erfolge verbuchen.

Bei den Präsidentschaftswahlen 1974 setzte sich der Liberale LOPEZ MICHELSEN durch, der zunächst im Ansatz eine weniger repressive Politik betrieb und Sozialreformen einleitete. Mit dem Scheitern seiner Wirtschaftspolitik kam es zu Massenprotesten, die die Regierung mit schärferen Gegenmaßnahmen beantwortete. Dieses härtere Vorgehen gegen die Opposition ging ab 1978 unter dem neuen, ebenfalls liberalen Präsidenten JULIO CESAR TURBAY AYALA in massive Repressionen über: Gesetze wurden verschärft, der Ausnahmezustand verhängt und den Sicherheitskräften freie Hand gelassen. Die Guerilla mußte zwar immer mehr zurückweichen, konnte aber nicht besiegt werden.

Im Kampf gegen die Aufständischen kamen Ende der siebziger Jahre immer häufiger paramilitärische Todesschwadronen zum Einsatz, die auf Befehl von Armeekommandanten oder Großgrundbesitzern brutal zuschlugen.

Das M-19 machte weiterhin mit spektakulären Aktionen von sich reden: Die Guerilleros raubten etwa SIMÓN BOLÍVARS Schwert oder besetzten 1980 eine Botschaft in Bogotá und nahmen zahlreiche Diplomaten als Geiseln, um auf die sozialen Probleme im Land aufmerksam zu machen. Doch die Gruppe hatte nur eine kleine Basis und genoß lediglich in den Slums der Städte eine gewisse Popularität.

Seit den achtziger Jahren lag der Schwerpunkt des Kampfes der ELN auf der Nationalisierung der Bodenschätze, insbesondere der Erdölquellen. So konzentrierten sich ihre Aktionen in erster Linie auf die Regionen, in denen multinationale Konzerne ansässig waren.

Im Juni 1982 wollte der neue, von der konservativen Partei PSC gestellte Präsident BELISARIO CUARTAS BETANCUR den dreißig Jahre währenden Kriegszustand beenden und suchte den Dialog mit der Guerilla. Zu keiner Zeit hatte er aber die mehrheitliche Unterstützung der Parteien. Die starke Stellung des Militärs, der Terror der Todesschwadronen und der fortgesetzte Kampf der ELN, die zum Dialog nicht bereit war, ließen dem Präsidenten keinen großen Verhandlungsspielraum.

Im Juni 1982 hob er den Ausnahmezustand auf und erließ am 20. November eine großzügige Amnestie. 1984 führten die Gespräche dann zum Waffenstillstand: im März mit der FARC, die im folgenden Jahr die legale Partei *Unión Patriotica* gründete, und schließlich mit der maoistischen EPL. Die Regierung hatte sich im Gegenzug zu umfassenden Reformen in der Landwirtschaft und im allgemeinen gesellschaftspolitischen System bereit erklärt. Doch der eingeleitete Friedensprozeß entwickelte sich ausgesprochen schwierig, und die Opposition war weiterhin Repressionen ausgesetzt, insbesondere die Gewerkschaften und die *Unión Patriotica*. Im Frühjahr 1984 wurde erneut der Ausnahmezustand verhängt und die Amnestie ausgesetzt. Es gab zwar einige Fortschritte bei der Verfassungs- und Agrarreform, doch weiterführende Umwälzungen hätten für die beiden führenden Parteien den Verzicht auf ihr bisheriges Machtmonopol bedeutet, wozu sie nicht bereit waren. Durch die Dialogbereitschaft des Präsidenten war zudem eine neue rechtsextreme Opposition entstanden. Ihre von Großgrundbesitzern und Teilen des Militärs unterstützten Todesschwadronen sabotierten durch Attentate auf ehemalige führende Guerilleros den Friedensprozeß. Hauptangriffsziel war der legale Arm der Guerilla, die

Belisario Cuartas Betancur (*4.2.1923)
Staatspräsident Kolumbiens von 1982 bis 1986.
Der aus einfachen Verhältnissen stammende Betancur studierte Jura und Wirtschaft; er betätigte sich danach publizistisch bei verschiedenen Tageszeitungen Bogotás. 1953 ins Abgeordnetenhaus gewählt, wurde er mehrfach verhaftet, war zeitweise Arbeitsminister und von 1958 bis 1962 Senator für Antioquia. Nach drei erfolglosen Kandidaturen gewann er 1982 die Wahlen. Sein Ziel der inneren Befriedung des Landes erreichte er im selben Jahr durch die Waffenruhe mit der Guerilla; die schlechte Wirtschaftslage jedoch behinderte seine geplanten Sozialreformen, so daß 1985 die Gewalttätigkeiten wieder aufflammten.

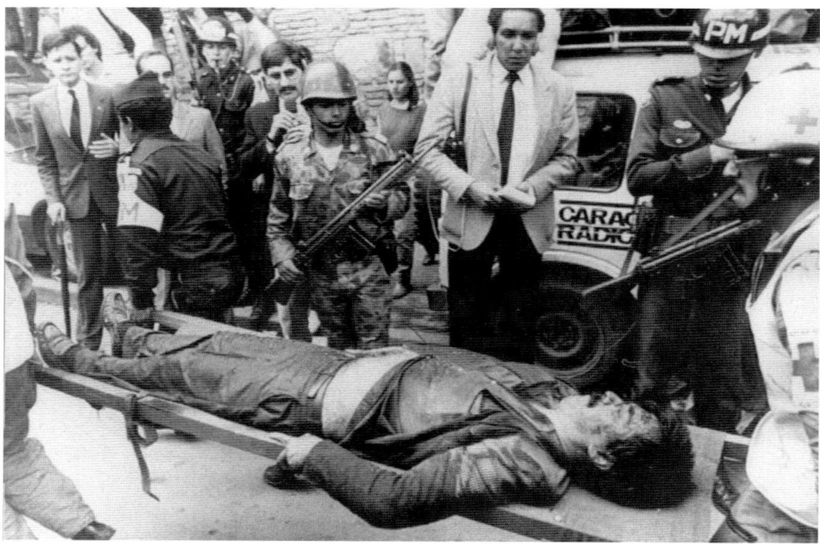

Kolumbianische Elitetruppen beenden am 8. November 1985 blutig die Besetzung des Justizpalastes in Bogotá durch M-19-Guerilleros. Unter den toten Geiseln, die von Rot-Kreuz-Helfern geborgen werden, befindet sich auch der Präsident des Obersten Gerichtshofes, Alfonso Reyes.

Unión Patriotica: Über 1000 Mitglieder wurden 1985 ermordet. Die Guerilla kündigte aufgrund des Gegenterrors den Waffenstillstandsvertrag. Eine ihrer ersten Aktionen war am 7. November 1985 die Besetzung des Justizpalastes durch ein M-19-Kommando, wobei 100 Menschen ums Leben kamen.

Weitere Entwicklung

Die konservative PSC mußte nach dem Sieg des liberalen Präsidentschaftskandidaten VIRGILIO BARCO am 25. Mai 1986 in die Opposition gehen, und die Guerilla bekundete Dialogbereitschaft mit der neuen Regierung, die einen Friedensplan unterbreitet hatte. Seit den gescheiterten Friedensbemühungen BETANCURS war M-19 die erste Guerilla, die erfolgreich Gespräche mit der Regierung aufnahm. Nach dem Verbot der Todesschwadronen im April 1989 unterzeichneten am 8. März 1990 Vertreter von M-19 ein Friedensabkommen, das nach dem Niederlegen der Waffen und einem gesellschaftlichen Reintegrationsprogramm zu einer Amnestie für ihre Mitglieder führte. M-19 beteiligte sich an den Präsidentschaftswahlen 1990, in deren Vorfeld mehrere Kandidaten ermordet wurden.

Nach der Ermordung des legendären Führers von M-19, CARLOS PIZARRO, erreichte sein Nachfolger NAVARRO WOLFF mit 13 Prozent den dritten Platz und wurde vom neuen Präsidenten Cesar Gaviria als Minister ins Kabinett berufen. Die anderen Guerillabewegungen blieben weiterhin militärisch aktiv.

Die insgesamt 10 000 bis 15 000 Kämpfer – davon 6000 bis 8000 der FARC, die als einzige ein größeres Gebiet kontrollierte – waren jetzt besser ausgerüstet und zahlenmäßig stärker als noch vor dem Friedensprozeß.

Doch im Laufe des Jahres 1990 verständigte sich die Mehrheitsfraktion des EPL mit der Regierung über einen Waffenstillstand und zog Ende 1990 mit zwei Sitzen in die Verfassunggebende Versammlung ein. Die radikale Fraktion des EPL blieb aber beim bewaffneten Kampf.

1991 verhandelten auch ELN und FARC mit der Regierung, doch es kam zu keiner Einigung. Im August 1991 erfolgte daraufhin eine Großoffensive der Guerilla gegen Industrieeinrichtungen und Sabotageaktionen gegen Erdölförderanlagen, die zu erheblichen ökologischen Schäden führten.

Das Geschäft mit Kokain erhielt in den letzten Jahrzehnten aufgrund der steigenden Nachfrage in den USA immer größere wirtschaftliche, soziale und gesellschaftspolitische Bedeutung. Kolumbien spielte schon immer eine wichtige Rolle bei der Verarbeitung und dem Export von Kokain, das aus → Bolivien und → Peru stammt. Doch auch in Kolumbien selbst wurden die Anbauflächen ausgeweitet und zu diesem Zweck Kleinbauern vertrieben. Hatte sich in den siebziger Jahren die Drogenmafia noch untereinander bekämpft, so teilte sie in den achtziger Jahren das Geschäft mit dem »Weißen Gold« auf. Es bildeten sich Kartelle (in Cali, Bogotá und in Medellin), die sich zu einem mächtigen Staat im Staate entwickelt haben und die kolumbianische Gesellschaft immer mehr korrumpieren. Das Medellin-Kartell, die größte Organisation des kolumbianischen Drogenhandels, hatte bereits 1989 der Regierung einen Kampf »bis aufs Blut« angekündigt. Die Drogenmafia verübte in der Folgezeit ungezählte Morde und Terroranschläge. Die Guerilla wurde verdächtigt, mit dem Medellin-Kartell zusammenzuarbeiten.

Am 8. November 1992 verhängte Präsident Cesar Gaviria Trujillo nach Anschlägen der Drogenmafia und Überfällen der Guerilla erneut den Ausnahmezustand. Aus Protest verließ der legale Arm von M-19 die Regierung. Am 6. August 1993 wurde der Ausnahmezustand aufgehoben, doch die Sondergesetze blieben in Kraft. Im Oktober gab es Gespräche zwischen der Regierung und den Guerillaorganisationen FARC und ELN. Allein 1993 waren 1241 Menschen bei Anschlägen der Rebellen getötet worden.

Der am 19. Juni 1994 gewählte neue Präsident Ernesto Samper Pisano, der der liberalen PL angehört, versprach weitere sozialpolitische Initiativen. Trotz der 1989 begonnenen Wirtschaftsreformen leben in Kolumbien 46 Prozent der Bevölkerung in größter Armut.

Die Guerilla hat ihre Kämpfe bisher nicht eingestellt, die Todesschwadronen morden weiter im Auftrag von Großgrundbesitzern und Geschäftsleuten, die Drogenmafia terrorisiert nach wie vor das Land. Nach Angaben von Amnesty International kamen in Kolumbien zwischen 1986 und 1994 über 20 000 Menschen bei Gewalttaten ums Leben.

Literatur: Gemeinsame Konferenz Kirche und Entwicklung (Hg.): *Zur Lage der Menschenrechte in Kolumbien.* Bonn 1990.
S. Kurtenbach (Bearb.): *Staat, Gewalt und Klientelismus: Das Beispiel Kolumbien.* Frankfurt 1990.
H. Mansilla: *Ursachen und Folgen politischer Gewalt in Kolumbien und Peru.* Frankfurt 1993.
Statistisches Bundesamt (Hg.): *Länderbericht Kolumbien.* Wiesbaden 1994.
U. Zelinsky: *Parteien und politische Entwicklung in Kolumbien unter der nationalen Front.* Bodenheim 1970.

Staatsname: Republik Kolumbien
Staatsform: Präsidiale Republik (seit 1886)
Staatsoberhaupt: Ernesto Samper Pisano (PL; seit 7.8.1994)
Regierungschef: Ernesto Samper Pisano (PL; seit 7.8.1994)
Regierung: PL, PSC (seit 7.8.1994)
Parlament: Abgeordnetenhaus 163 Sitze (Wahl vom 13.3.1994), PL (Liberale) 89, PSC (Konservative) 50, M-19 (Ex-Guerilla) 2, Sonstige 22
Mitgliedschaft bei internationalen Organisationen: ALADI, Andenpakt, G-3, OAS, SELA, UNO
Lage: 66°–79° westlicher Länge, 12° nördlicher bis 4° südlicher Breite
Fläche: 1,14 Millionen km^2
Hauptstadt: Bogotá
Bevölkerung: 34 Millionen; Mestizen 58 %, Weiße 20 %, Mulatten 14 %, Schwarze 4 %, Zambos 3 %, Indianer 1 %; Katholiken 92,7 %, Sonstige 7,3 %
Wirtschaft: Dienstleistung 51 %, Industrie 28 %, Landwirtschaft 21 %; Export: Erdöl 19 %, Kaffee 16 %, Kohle 7 %

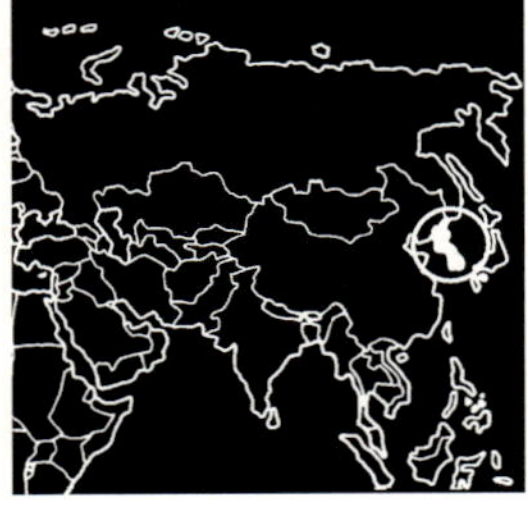

KOREA

Bürgerkrieg 1950 bis 1953

In Korea kam es nach dem Zweiten Weltkrieg zu einem nationalen Konflikt, der zu einer Kraftprobe zwischen den Blöcken in Ost und West ausartete: Der Bürgerkrieg zwischen Nord- und Südkorea war ein sog. Stellvertreterkrieg. Trotz des massiven Engagements der USA erfolgte im Ergebnis keine Veränderung des Status quo: Korea blieb entlang des 38. nördlichen Breitengrades geteilt.

Historischer Hintergrund

Korea ist eines der ältesten Gemeinwesen der Welt; es hat sich trotz starker äußerer Bedrohung und vielfacher chinesischer, japanischer und mongolischer Invasionen über 2000 Jahre seine ethnische und kulturelle Eigenart bewahren können. Auf der Grundlage der konfuzianischen Sitten- und Staatslehre bildete sich im 7. Jahrhundert aus den verschiedenen unabhängigen Reichen, die zum Teil von Japan oder → China beeinflußt waren, eine nationale Einheit. Sie existierte seit dem 15. Jahrhundert in denselben Grenzen und blieb bis 1954 bestehen.
Eine vollständige Isolierung des Landes von 1640 bis 1885 trug zu dieser Stabilität bei, beinhaltete aber auch die Stagnation in überkommenen Gesellschaftsstrukturen (zentralistischer Feudalismus). Nach ihrem Sieg im japanisch-chinesischen Krieg 1894/95 verstärkten die Japaner ihren Einfluß in Korea und kolonisierten das Land.

20. Jahrhundert
1910 annektierte Japan Korea offiziell und konnte sich gegen Aufstände sowie den national-bürgerlichen und kommunistischen Widerstand behaupten. Die japanischen Kolonisatoren beuteten das Land und seine Menschen erbarmungslos aus. Viele Koreaner flohen in die Mandschurei, wo sie aber nur geduldete Einwanderer waren. Zusammenstöße zwischen chinesischen Bauern und Koreanern nahm Tokio 1931 zum Anlaß, in die Mandschurei einzumarschieren.

Durch die geographische Lage der Halbinsel geriet Korea immer wieder in die Interessensphären Japans, → Chinas und der UdSSR. So auch nach der Kapitulation der Japaner im Sommer 1945: Der Norden wurde bis zum 38. Breitengrad von sowjetischen Truppen besetzt, der Süden von US-Truppen. In den Vereinbarungen von Kairo vom Dezember 1943 und Jalta vom Februar 1945 war beschlossen worden,

Trotz der vielen Frontlaufsveränderungen teilt seit Ende des Koreakrieges am 38. nördlichen Breitengrad eine Demarkationslinie Korea.

daß Korea »zu gegebener Zeit« frei und unabhängig werden sollte, aber nach der Besetzung verständigten sich Russen und Amerikaner auf den 38. Breitengrad als vorläufige Demarkationslinie. Offiziell übernahm die UNO mit der Resolution vom 14. November 1947 das Mandat für die Wiedervereinigung. Doch dazu kam es nicht; der 38. Breitengrad bildete zugleich eine Front im Kalten Krieg zwischen Ost und West.

Der Süden proklamierte am 15. August 1948 die Republik Korea und der Norden am 9. September 1948 im Gegenzug die Demokratische Volksrepublik Korea; beide Staaten erhoben Anspruch auf das gesamte Land.

Konfliktparteien

Nicht nur der sozialistische Norden und der westlich orientierte Süden standen sich gegenüber, sondern vor allem ihre Verbündeten, die UdSSR und die USA, ferner als dritte Macht die Volksrepublik → China und außerdem die UNO, die zum ersten Mal in einen Konflikt als Kriegspartei eingriff.

Nordkorea

Die Volksrepublik war unter der Schirmherrschaft der sowjetischen Besatzungsmacht von der kommunistischen *Koreanischen Arbeiterpartei* (KAP) unter der unumstrittenen Führung von Kim Il Sung proklamiert worden. Ihre Rivalität mit dem Süden stammte noch aus der Zeit des

Kim Il Sung (15.4.1912–8.7.1994)
Ministerpräsident Nordkoreas von 1948 bis 1972 und Staatspräsident Nordkoreas von 1972 bis 1994.
Der aus einer Bauernfamilie stammende Kim Il Sung trat mit 15 Jahren einem KP-Jugendverband bei. Nach einer militärischen Ausbildung in China und der Sowjetunion war er in den dreißiger Jahren am Aufbau einer koreanischen Guerilla gegen die Japaner beteiligt. Auf seiten Chinas kämpfte er im Zweiten Weltkrieg gegen die Japaner und zog 1945 mit der Roten Armee in Nordkorea ein. Ab 1948 war er Ministerpräsident der Demokratischen Volksrepublik Korea.
Am 25. Juni 1950 befahl er den Einmarsch in Südkorea. Seit 1948 war Kim der erste Mann im Nordstaat, 1972 erhielt er durch eine Verfassungsänderung weitere Vollmachten und konnte sich nunmehr Staatspräsident nennen.
Als sich Nordkorea Anfang der neunziger Jahre gegen internationale Kontrollen seiner Nuklearanlagen wehrte und Kim Il Sung Drohungen gegen Südkorea richtete, fürchtete man weltweit einen Atomschlag. Nach seinem plötzlichen Tod kam es zu einer Einigung mit den USA.

Harry S. Truman → Griechenland

Widerstands gegen die Japaner, der von einem kommunistischen und einem bürgerlich-nationalen Flügel geführt worden war.

Südkorea
Der Führer des nationalistischen Widerstands SYNGMAN RHEE, der der von den Japanern 1910 abgesetzten Königsfamilie entstammte, wurde nach den ersten allgemeinen Parlamentswahlen Staatspräsident der Republik Korea. Südkorea war von amerikanischer Wirtschafts- und Militärhilfe abhängig. Seine wirtschaftliche Entwicklung orientierte sich an westlichen Vorbildern. Politisch allerdings führte SYNGMAN RHEE ein diktatorisches Regime.

UdSSR
Schon das zaristische → Rußland hatte Anspruch auf Korea angemeldet, war aber durch den verlorenen Krieg mit Japan (1904/05) endgültig in die Schranken gewiesen worden. Nach dem Zweiten Weltkrieg konnte Moskau einen erneuten Anlauf nehmen.

USA
Washington lag daran, mit Korea als Verbündeten ein Standbein zur Kontrolle des Fernen Ostens zu haben, nachdem in → China die Kommunisten gesiegt hatten.

China
Chinas Eingreifen in den Konflikt Ende 1950 resultierte aus der Bedrohung der Mandschurei (s. u.) und dem traditionellen Einfluß, den die Chinesen bis zum Ende des 19. Jahrhunderts auf Korea ausgeübt hatten.

Konfliktverlauf

Als die sowjetischen und amerikanischen Truppen 1949 abgezogen waren, kam es an der vereinbarten Demarkationslinie zu einem Bandenkrieg. Diesen nutzte Nordkorea geschickt zu einer Offensive und befahl seinen Truppen am 25. Juni 1950, den 38. Breitengrad in Richtung Seoul zu überschreiten, das bereits am 29. Juni erobert werden konnte. Der UN-Sicherheitsrat (von den Sowjets boykottiert) hatte schon am 27. Juni die Aggression verurteilt und eine Kollektivintervention zugunsten Südkoreas beschlossen. Den Oberbefehl über die UN-Streitkräfte erhielt US-General DOUGLAS MACARTHUR, als sich die amerikanischen Verbände – Marine- und Luftlandeeinheiten, die auf Befehl von US-Präsident HARRY S. TRUMAN bereits ohne Mandat in die Kämpfe eingegriffen hatten – den UN-Truppen angeschlossen hatten. Damit war die Intervention der USA nachträglich formal legitimiert worden. Den UN-Streitkräf-

August 1950: Südkoreanische Zivilisten auf der Flucht vor den angreifenden nordkoreanischen Truppen begegnen amerikanischer Infanterie auf dem Vormarsch. Anders als in Vietnam kämpften die USA in Korea im Auftrag der Vereinten Nationen.

ten gehörten u. a. auch Einheiten aus Großbritannien, Kanada, Australien, Frankreich, der Türkei, Griechenland und den Niederlanden an.

Die Hauptlast der Kämpfe trugen die Amerikaner und die südkoreanischen Truppen. Partisaneneinheiten der Nordkoreaner, die hinter den Linien der US-Truppen operierten, erschwerten es in der ersten Phase des Krieges, die nordkoreanische Offensive zu stoppen. In einer kombinierten See- und Landoffensive gelang es den US-Truppen im September 1950, Seoul zurückzuerobern und über den 38. Breitengrad hinaus vorzustoßen. Unterstützt wurden die Luftlandetruppen und Marineinfanteristen der 7. US-Flotte durch Bomber, die Angriffe bis weit nach Nordkorea hinein flogen.

Am 20. Oktober nahmen dann amerikanische und südkoreanische Einheiten Pjöngjang, die Hauptstadt Nordkoreas, ein. Es galt aber, noch einige Gebiete im Süden zurückzuerobern, denn nordkoreanische Partisanen kontrollierten immer noch südkoreanische Städte und wichtige Verbindungswege. In den wieder eingenommenen Regionen kam es zu brutalen und grausamen Vergeltungsmaßnahmen von seiten südkoreanischer Soldaten, die die Gelegenheit nutzten, gleich mit den Kritikern des RHEE-Regimes abzurechnen.

Im November drangen die Truppen MACARTHURS weiter nach Norden vor, bis zum Fluß Jalu an der Grenze zur Mandschurei. Die angekündigte Großoffensive beantwor-

Syngman Rhee
(26.3.1875–19.7.1965)
Präsident Südkoreas von 1948 bis 1960.
Der Verwandte der 1910 von den Japanern abgesetzten koreanischen Königsfamilie bekämpfte seit 1895 die Monarchie und wurde 1897 zu lebenslanger Haft verurteilt. Nach seiner Flucht organisierte er ab 1904 von den USA aus den nationalen Widerstand gegen die japanischen Okkupanten in Korea. Von 1919 bis 1941 Oberhaupt der koreanischen Exilregierung, wurde er 1948 zum ersten Präsidenten der Republik gewählt und regierte Südkorea autoritär und mit polizeistaatlichen Methoden. Rhee versuchte im Koreakrieg vergeblich, den Waffenstillstand von 1953 zu verhindern. Er wurde 1960 wegen Wahlfälschung zum Rücktritt gezwungen.

teten chinesische Truppen (200 000 sog. Freiwillige) am 26. November mit einer gewaltigen Gegenoffensive, bei der die UN-Truppen bis zum 38. Breitengrad zurückgedrängt wurden.

Ab 5. Dezember war Pjöngjang wieder in nordkoreanischer Hand. Kurz darauf geriet auch Seoul erneut in kommunistische Gewalt. Zu diesem Zeitpunkt wurde im Westen ernsthaft über den Einsatz von Atombomben diskutiert. Im Februar 1951 gelang es den UN-Streitkräften, Seoul zum zweiten Mal einzunehmen. Als sie sich wieder bis zu der Demarkationslinie am 38. Breitengrad vorgekämpft hatten, unterbreitete MACARTHUR den Chinesen und den Nordkoreanern ein Verhandlungsangebot, das aber mit der Drohung verbunden war, im Falle einer Ablehnung den Krieg auf → China auszudehnen, was den Einsatz von atomaren Waffen bedeutet hätte.

Die Chinesen ließen sich nicht einschüchtern und forderten ihrerseits den Abzug der amerikanischen Armee aus Korea und Taiwan. Auf MACARTHURS Befehl überschritten die UN-Truppen noch einmal den 38. Breitengrad. Daraufhin entband US-Präsident TRUMAN den General von seinem Oberkommando; die Selbstherrlichkeit und Eigenmächtigkeit seines obersten Soldaten konnte der Präsident nicht länger verantworten: Nachfolger wurde General MATTHEW RIDGEWAY.

Im April 1951 drangen nordkoreanische Truppen wieder über den 38. Breitengrad in südlicher Richtung vor. Die Offensive wurde Mitte Mai von den US-Streitkräften gestoppt, und damit waren für die nächste Zeit die Positionen festgeschrieben: Ein zweijähriger, zeitweise erbittert geführter Stellungskrieg begann.

Im Sommer 1951 wurde nach umständlichen Vorbereitungen mit Waffenstillstandsverhandlungen in Panmunjon begonnen, die aber erst nach zwei Jahren ein greifbares Ergebnis brachten. Am 17. Juli 1953 unterzeichneten die Chefunterhändler Nordkoreas und der UNO die Waffenstillstandsvereinbarungen, die u. a. eine zwei Kilometer breite entmilitarisierte Zone entlang der Demarkationslinie zwischen Nord und Süd am 38. Breitengrad vorsahen.

Ergebnis

Der Krieg, der mit aller Härte und unter grober Verletzung der Haager und Genfer Kriegsrechtskonventionen geführt worden war (Erschießung von südkoreanischen und amerikanischen Kriegsgefangenen und Verletzten; Zutrittsverbot für das *Internationale Rote Kreuz* in den Lagern im Norden; amerikanische Bombardierungen von Wohn- und Industriegebieten in Nordkorea), hatte keine Veränderung der politischen und militärischen Lage von vor 1950 gebracht.

September 1950: Amerikanische Soldaten der Marineinfanterie, sog. Ledernacken, dringen auf der Wolmi-Insel, dem Tor zur Hafenstadt Inchon, vor.

Über 27 000 UN-Soldaten starben auf den Schlachtfeldern Koreas, davon allein 24 000 Amerikaner. Die Zahl der Opfer unter den Zivilisten und Soldaten in beiden Teilen Koreas ist nicht bekannt; sie dürfte sich in Millionenhöhe bewegen. 900 000 Chinesen starben bei den Kämpfen.

Beide Regime festigten trotz oder gerade wegen des Kriegsausgangs ihre Positionen nach innen wie nach außen.

Weitere Entwicklung

Versuche der USA, Großbritanniens, Frankreichs, der UdSSR und → Chinas, die Koreafrage zu lösen, waren auch auf der Indochinakonferenz vom 26. April bis 21. Juli 1954 (→ Vietnam) in Genf gescheitert. Der Vorschlag, Wahlen in ganz Korea unter UN-Aufsicht abzuhalten, wurde abgelehnt. Erst sollten alle ausländischen Truppen Korea verlassen. Nordkorea drängte zwar auf eine Wiedervereinigung, aber nur unter der Voraussetzung eines Abzugs der US-Streitkräfte. Südkorea benötigte aber aus innenpolitischen Gründen die amerikanischen Truppen im Land. Das Zusammengehörigkeitsgefühl der Koreaner blieb bestehen, was mehrfach auch zu innenpolitischen Krisen im Süden führte.

Der Süden beschuldigte den Norden terroristischer Aktionen und machte ihn für das gescheiterte Attentat auf den südkoreanischen Präsidenten PARK CHUNG HEE im Januar 1968 verantwortlich, bei dem 16 Personen getötet wurden.

1971 kam es zu Geheimgesprächen zwischen beiden Regierungen, ein Jahr später verhandelten die Delegationen offiziell über Familienzusammenführungen. Einen Friedensvertrag Pjöngjangs wies Seoul im Februar 1973 zurück, alle weiteren Gespräche wurden daraufhin vorerst abgebrochen. In den folgenden Jahren gab es keine Fortschritte, die Spannungen zwischen beiden Ländern hielten an.

Am 18. August 1976 ereignete sich in der entmilitarisierten Zone bei Panmunjon ein Zwischenfall, bei dem zwei amerikanische Offiziere von nordkoreanischen Grenzbeamten getötet wurden. Man einigte sich daraufhin, in der gemeinsamen Zone eine Demarkationslinie festzulegen, um derartige Vorkommnisse künftig zu vermeiden.

In den siebziger Jahren entdeckten die Südkoreaner Tunnelanlagen, die unter der entmilitarisierten Zone in den Norden führten. Am 9. Oktober 1983 wurde in Rangun auf die Delegation des südkoreanischen Präsidenten CHUN DO HWAN ein Bombenanschlag verübt, dem 19 Menschen zum Opfer fielen, darunter mehrere seiner Minister; der Präsident selbst blieb unverletzt. Daraufhin wurden die südkoreanische Armee und die im Land stationierten US-Streitkräfte in Alarmbereitschaft versetzt; doch die Lage entspannte sich wieder.

Drei nordkoreanische Wachsoldaten und ein südkoreanischer wurden getötet, als es am 23. November 1984 erneut zu einem Zwischenfall in Panmunjon kam, weil ein Tourist versucht hatte, die Demarkationslinie zu überschreiten.

Im August 1988 trafen sich in Panmunjon Delegationen beider Staaten zu Gesprächen, und Ende des Jahres wurden erste direkte Wirtschaftsbeziehungen aufgenommen. Weitere Verhandlungen, in denen man im November 1989 die Familienzusammenführung und im Januar 1990 eine Grenzöffnung nach deutschem Vorbild (→ Deutsche Demokratische Republik) hoffnungsvoll in Aussicht genommen hatte, blieben jedoch folgenlos.

Erst am 4. und 5. September 1990, nach den politischen Umwälzungen in Osteuropa, kam es zu einem ersten offiziellen Treffen der Ministerpräsidenten beider Staaten in Seoul. Die Delegationen vereinbarten die Fortsetzung der Begegnungen abwechselnd in beiden Hauptstädten. Die mühsamen Verhandlungen mündeten im Dezember in einen »Vertrag über die Wiederversöhnung, den Nichtangriff, den Austausch und die Kooperation«, der formell den Kal-

Juli 1953: Eine Ehrenwache der Vereinten Nationen vor dem Waffenstillstandsgebäude in Panmunjon, das direkt auf der Nord- und Südkorea trennenden Demarkationslinie errichtet wurde. Bis heute finden hier Begegnungen zwischen nord- und südkoreanischen Delegationen statt.

ten Krieg zwischen beiden Staaten beendete. Im Januar 1992 verpflichteten sich beide Länder zur friedlichen Nutzung der Kernenergie.

Trotz der vorsichtigen Annäherung versuchten im Mai 1992 einzelne nordkoreanische Soldaten, die Grenze nach Süden zu überschreiten. Bei den anschließenden Gefechten mit südkoreanischen Grenzsoldaten gab es drei Tote. Im März 1993 kam es zu einem erneuten Zwischenfall, der aber politisch ebenfalls folgenlos blieb.

Entwicklung Nordkoreas

Nordkorea blieb bis heute ein zentralistisch verwalteter kommunistischer Staat, der sich eine relative Unabhängigkeit von Peking und Moskau bewahren konnte. Unter der Führung Kim Il Sungs, der eine Ideologie nationaler Selbständigkeit und Isolation mit Rekurs auf Koreas Geschichte propagierte, beschritt Nordkorea einen eigenen sozialistischen Weg: den sog. Stalinismus des Ostens. Die sozialistische Volksrepublik erhebt dabei nach wie vor den Alleinvertretungsanspruch für ganz Korea. Die sowjetische Besatzungsmacht stärkte den Kommunisten den Rücken.

Nordkorea erzielte im Laufe der Zeit beachtliche wirtschaftliche Fortschritte. 1961 wurde ein Siebenjahresplan eingeleitet, dessen Hauptakzente auf der Entwicklung der Schwerindustrie und der Ausbeutung bedeutender Mine-

Kim Jong Il (*16.2.1941)
Designierter Staatschef Nordkoreas seit 1994.
Kim Jong Il schloß sein Wirtschaftsstudium an der Universität von Pjöngjang 1963 ab und ließ sich danach einige Jahre an der Militärakademie der DDR-Luftstreitkräfte ausbilden. Seine Karriere im Parteiapparat begann 1964 als Abteilungsdirektor und später Sekretär im Zentralkomitee. Ab 1979 stellte ihn die Parteipropaganda als den kommenden Führer Nordkoreas dar, und 1990 wurde er zum Ersten Stellvertreter seines Vaters in das Nationale Verteidigungskomitee berufen, der ihm den Oberbefehl über die Armee übertrug. Nach dem Tod Kim Il Sungs blieb aber die offizielle Bestätigung Kim Jong Ils zum neuen Machthaber überraschend aus.

Jimmy Carter → Israel

ralienvorkommen lagen. Das Land bezog jedoch auch in den folgenden 30 Jahren chinesische und russische Wirtschaftshilfe.

Als die Staaten des ehemaligen kommunistischen Ostblocks Ende der achtziger Jahre diplomatische Beziehungen zu Südkorea aufnahmen und Moskau mit Seoul die Einrichtung ständiger Vertretungen vereinbarte, kritisierte die Regierung in Pjöngjang zwar diese Annäherungspolitik, nahm aber ihrerseits Kontakte zum japanischen Nachbarn auf. Während sich die Beziehungen zwischen Pjöngjang und Tokio allmählich verbesserten, geriet Nordkorea in eine wirtschaftlich schwierige Lage, da die zerfallende UdSSR (→ Rußland) und → China ihre Wirtschaftshilfen erheblich reduzierten.

Moskau drohte auch mit einem Lieferstopp von Kernbrennstoffen, falls Nordkorea sich nicht internationalen Atomkontrollen unterziehen würde. Die Atompolitik Nordkoreas belastete für die nächste Zeit die Beziehungen zu allen wichtigen Staaten der Welt. Im Januar 1992 unterzeichnete Pjöngjang zwar einen Vertrag bei der Internationalen Atombehörde in Wien über die Kontrolle seiner Anlagen, kündigte ihn aber bereits im März 1993 wieder auf. Auf die Sanktionsandrohungen der USA reagierte das Regime mit der Verhängung des Alarmzustandes und einem Einreiseverbot für Ausländer. Nach seinem 80. Geburtstag übertrug KIM IL SUNG die Regierungsgeschäfte seinem Sohn KIM JONG IL. Als der greise Diktator am 8. Juli 1994 starb, brach im Land eine Massenhysterie aus, die dem Regime propagandistisch geschickt als Beweis für die Verbundenheit des Volks mit seiner Führung diente. Da augenscheinlich die Machtverhältnisse im Zentralkomitee der Partei nicht eindeutig geklärt waren, gab es lange Zeit Unsicherheit über den wahren neuen politischen Führer Nordkoreas. KIM JONG IL erschien nur selten in der Öffentlichkeit, wurde von den Massenmedien aber immer wieder als der legitime Nachfolger seines Vaters gepriesen. Die offizielle Bestätigung als Oberbefehlshaber der Armee und Vorsitzender des Nationalen Verteidigungskomitees sowie als neuer Staats- und Parteichef blieb jedoch vorerst aus.

Trotz der Machtkämpfe blieb das Regime stabil und setzte seine undurchsichtige Atompolitik fort. Mit einer Grundsatzerklärung vom August 1994 wurden durch Vermittlung des ehemaligen US-Präsidenten JIMMY CARTER die wirtschaftlichen und politischen Beziehungen zu den USA normalisiert.

Entwicklung Südkoreas

Seoul blieb unterdessen ein treuer Verbündeter der USA. 1960 mußte der Präsident der unabhängigen Republik,

SYNGMAN RHEE, wegen Wahlmanipulation zurücktreten. Bei den Neuwahlen siegte die *Neue Demokratische Partei*, doch 1961 wurde die Regierung durch einen Militärputsch unter General PARK CHUNG HEE gestürzt, der ein autoritäres Präsidialregime errichtete, das brutal gegen jegliche Opposition vorging. Auch er wurde 1963 und 1978 der Wahlmanipulation beschuldigt. Seine Ermordung Ende Oktober 1979 führte zu einem Machtkampf in der Armee, bei dem die Ultras die Oberhand behielten. Der neue Präsident CHOI KYU HA löste sein Versprechen der Demokratisierung nicht ein. Im Mai 1980 kam es daraufhin in Seoul und anderen Städten zu schweren Unruhen, die von den Streitkräften niedergeschlagen wurden. Im August 1980 mußte Präsident CHOI KYU HA sein Amt dem Armeegeneral CHUN DO HWAN übergeben. Während seines Militärregimes wurden die demokratischen Institutionen aufgelöst und jegliche Opposition unterdrückt. Nach Lockerung der Repressionen konnte im Februar 1985 der prominente Oppositionsführer KIM DAE JUNG aus seinem Exil in den USA zurückkehren.

Die Opposition formierte sich, und es gab in den folgenden Jahren immer wieder gewaltsame Auseinandersetzungen mit den Sicherheitskräften. Erst mit der regulären Wahl des neuen Staatspräsidenten ROH TAE WO kam es am 25. Februar 1988 zum ersten friedlichen Machtwechsel seit Ende des Koreakrieges.

Die Olympischen Spiele 1988 in Seoul brachten Südkorea einen außenpolitischen Erfolg, da der nordkoreanische Aufruf zum Boykott von den sozialistischen Staaten nicht befolgt wurde.

Auch in den folgenden Jahren kam es wegen der innenpolitischen Situation und der schlechten wirtschaftlichen Lage immer wieder zu gewalttätigen Demonstrationen gegen die Regierung. Im September 1990 besuchte der südkoreanische Staatspräsident die sowjetische Hauptstadt, und im Dezember 1990 nahmen Moskau und Seoul diplomatische Beziehungen auf.

Eine Übergangsregierung gewährleistete im Dezember 1992 eine unbeanstandete Präsidentenwahl, aus der der ehemalige Oppositionspolitiker KIM YOUNG SAM, der zur Regierungspartei übergetreten war, als Sieger hervorging. Eine Amnestie des neuen Präsidenten rehabilitierte die meisten politischen Gefangenen.

Ihm gelang es, diplomatische Beziehungen zu → China und zu → Vietnam aufzunehmen. Um der atomaren Bedrohung aus dem Norden zu begegnen, hielten südkoreanische und US-amerikanische Truppen demonstrative Manöver ab. Bei einem Besuch des japanischen Ministerpräsidenten in Seoul entschuldigte sich dieser beim koreanischen Volk für die Greueltaten während der japanischen Kolonialzeit 1910 bis 1940. Im August 1994 kam es zu

Kim Dae Jung (*1924)
Südkoreanischer Politiker. Der aus einer Bauernfamilie stammende Kim Dae Jung besuchte bis 1943 eine Handelsschule und wurde Manager bei einer japanischen Reederei. Ab 1960 war er zunächst Abgeordneter, dann Präsidentschaftskandidat der oppositionellen New Democratic Party, die jedoch bei einer gefälschten Wahl unterlag. Kurz bevor 1972 in Südkorea das Kriegsrecht verhängt wurde, konnte Kim Dae Jung in die USA fliehen, wo er zur Integrationsfigur der Opposition wurde. Er wurde 1973 vom südkoreanischen Geheimdienst entführt und in Südkorea unter Hausarrest gestellt, wo man ihn 1976 wegen subversiver Tätigkeit zu fünf Jahren Haft verurteilte. Diese Strafe wurde aufgrund seines Gesundheitszustandes gemildert, aber immer wieder stellte man ihn unter Hausarrest und verurteilte ihn 1980 sogar zum Tode, ein Urteil, das aufgrund internationaler Proteste in eine lebenslange Haftstrafe umgewandelt wurde. 1987 trat er gegen Kim Young Sam und Roh Tae Wo als Präsidentschaftskandidat an.

Straßenschlachten zwischen mit Nordkorea sympathisierenden Studenten und der Polizei.

Literatur: B. Bonwetsch / P. Kuhfus: *Die Sowjetunion, China und der Koreakrieg.* In: *Vierteljahreshefte für Zeitgeschichte 1.* 1985.

T. Cui: *Das Herrschaftssystem Nordkoreas unter besonderer Berücksichtigung der Wiedervereinigungsproblematik.* Frankfurt 1994.

K. Gupta: *How Did the Korean War Begin?* In: *The China Quarterly 52.* 1977.

W. Loth: *Die Teilung der Welt. Geschichte des kalten Krieges 1941–1955.* München 1980.

K. Schmieck: *Der Koreakrieg im politischen Spannungsfeld der Weltmächte USA, Sowjetunion und China.* Frankfurt 1979.

H. Sichrovsky: *Koreareport. Vom Bruderkrieg zur Wiedervereinigung.* Wien 1973.

D. Song: *Kapitalismus, soziale Bewegungen und Gesellschaftsformation in Südkorea.* Altenberge 1990.

D. Yang: *Die Waffenstillstandsverhandlungen in Korea 1951–1953.* München 1982.

Staatsname: Demokratische Volksrepublik Korea
Staatsform: Kommunistische Volksrepublik (seit 1948)
Staatsoberhaupt: Kim Jong Il (seit 20.7.1994; inoffiziell)
Regierungschef: Kang Song San (seit 1992)
Regierung: Verwaltungsrat (Exekutive), Zentrales Volkskomitee
Parlament: Oberste Volksversammlung 687 Sitze (Wahl vom 22.4.1990), KAP 687
Mitgliedschaft bei internationalen Organisationen: UNO
Lage: 124°–31° östlicher Länge, 38°– 43° nördlicher Breite
Fläche: 122 762 km^2
Hauptstadt: Pjöngjang
Bevölkerung: 22,6 Millionen; Koreaner 99,8 %, Chinesen 0,2 %; Volksreligionen 15,6 %, Chondogyo 13,9 %, Buddhisten 1,7 %, Christen 0,9 %, Konfessionslose 67,9 %
Wirtschaft: Dienstleistung 50 %, Industrie 30 %, Landwirtschaft 20 %;
Export: Magnesiumpulver 13 %, Walzprodukte 13 %

Staatsname: Republik Korea
Staatsform: Präsidiale Republik (seit 1948)
Staatsoberhaupt: Kim Young Sam (Vereinigungspartei; seit 1993)
Regierungschef: Lee Hong Koo (Vereinigungspartei; seit 17.12.1994)
Regierung: Korea-Vereinigungspartei (seit 1985)
Parlament: Nationalversammlung 299 Sitze (Wahl vom 24.3.1992), Korea-Vereinigungspartei 149, Demokratische Partei 97, Nationale Einigungspartei 31, Neue Politische Reformpartei 1, Unabhängige 21
Mitgliedschaft bei internationalen Organisationen: APEC, UNO
Lage: 126°–32° östlicher Länge, 33°–38° nördlicher Breite
Fläche: 99 263 km^2
Hauptstadt: Seoul
Bevölkerung: 44 Millionen; Koreaner 99,9 %, Sonstige 0,1 %; Konfessionslose 46 %, Buddhisten 27,6 %, Christen 24,3 %, Konfuzianer 1 %, Wonbulgyo 0,3 %, Sonstige 0,8 %
Wirtschaft: Dienstleistung 51 %, Industrie 41 %, Landwirtschaft 8 %;
Export: Fertigwaren 45 %, Maschinen 42 %, Chemikalien 6%

Korfu-Krise → Albanien

Streit zwischen Großbritannien und Albanien um die Schiffahrtsrechte in der Straße von Korfu 1945 bis 1949

Während des griechischen Bürgerkriegs (→ Griechenland) kam es zu einer militärischen Konfrontation zwischen → Albanien, das die kommunistische Guerilla unterstützte, und Großbritannien, das auf seiten der griechischen Regierung stand. Vordergründig ging es um Hoheitsrechte in der Straße von Korfu; diese Auseinandersetzung, die der Internationale Gerichtshof 1949 schlichtete, war jedoch auch ein Teil des Kalten Krieges zwischen Ost und West.

KROATIEN

Unabhängigkeits- und Bürgerkrieg seit 1991

Nach dem Zerfall des Vielvölkerstaates Jugoslawien beanspruchten vier der sechs Republiken ihre Selbständigkeit. Alte ethnische und religiöse Konflikte brachen wieder auf. Die Kroaten müssen sich in erster Linie gegen den Machtanspruch Serbiens und die Unabhängigkeitsbestrebungen der serbischen Kroaten in der Krajina wehren und sind selbst Konfliktpartei im Krieg um Bosnien (→ Bosnien und Herzegowina).

Historischer Hintergrund

Die zuerst von Illyrern bewohnte Region wurde unter Kaiser AUGUSTUS der römischen Provinz Pannonien zugeschlagen. Im 7. Jahrhundert wanderte das Volk der Kroaten vom dinarischen Binnenland her ein. Es mußte sich zunächst der byzantinischen Herrschaft beugen und bildete dann im 10. Jahrhundert ein kroatisches Königreich, das seine Herrschaft über Dalmatien bis nach → Slowenien ausdehnen konnte. Nach dem Tod des Königs STEFAN II. 1098 fiel das Reich an Ungarn, konnte aber als das »Dreieinige Königreich« Dalmatien-Kroatien-Slawonien eine gewisse Selbständigkeit behalten.

1699 fielen Kroatien und das Gebiet zwischen Drau und Save (Königreich Slawonien) an die Habsburger und gehörte damit wieder zu Ungarn. Beide Königreiche wurden als Nebenländer der ungarischen Krone verwaltet.

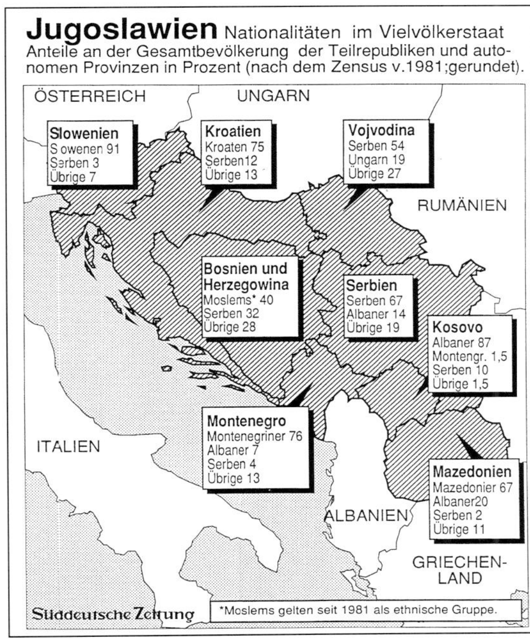

Die Nationalitätenanteile im Vielvölkerstaat Jugoslawien in den achtziger Jahren.

Es entstand eine kroatisch-slawonische Pufferzone als »Vorposten« der Habsburger Monarchie gegen die osmanische Expansion. Vor allem im 18. Jahrhundert wurden in diesem Gebiet in einem breiten Gürtel von der Adria bis nach Ungarn sog. Wehrbauern angesiedelt, die an der »Militärgrenze« (Krajina) Sonderrechte genossen und deren Region eine gewisse Autonomie hatte.

Zwischen 1809 und 1814 gehörte Kroatien südlich der Save zu den illyrischen Provinzen des französischen Kaisers Napoleon. Nach den Auseinandersetzungen 1848/49 zwischen Österreich und Ungarn wurden Kroatien und Slawonien österreichisches Kronland, 1867 aber wieder Ungarn zugeschlagen. Die Selbständigkeitswünsche der Kroaten erfüllten sich trotz Sondervereinbarungen mit der ungarischen Krone nicht.

Nach dem Ersten Weltkrieg wurde Kroatien Teil des Vereinigten Königreiches der Serben, Kroaten und Slowenen (ab 1929 Königreich Jugoslawien). Die Mehrheit der nationalistischen Kroaten versteht sich durch die 800jährige Verbindung ihres Landes zu Ungarn bzw. zu Habsburg Westeuropa zugehörig, die Serben haben dagegen von jeher eine Vormachtstellung für sich beansprucht und verfolgen die Idee eines »Großserbischen Reiches«. Die traditionelle kroatisch-

Franjo Tudjman (*14.5.1922) *Staatspräsident Kroatiens seit 1990. Als junger Mann kämpfte er an der Seite Titos gegen die faschistischen Ustascha-Verbände. Nach dem Zweiten Weltkrieg wurde er Verteidigungsminister in Belgrad und zum General befördert. Nach dem Ausscheiden aus der Armee studierte er ab 1961 Geschichte und Politikwissenschaft und wurde nach der Promotion außerordentlicher Professor an der Universität in Zagreb, wo er bis 1967 Direktor des Instituts für die Geschichte der kroatischen Arbeiterbewegung war. 1967 wurde er aus der Kommunistischen Partei ausgeschlossen, da er eine Erklärung für die kroatische Sprache mitunterzeichnet hatte. Danach trat er immer offensiver für eine größere kroatische Unabhängigkeit ein und wurde 1971 wegen »konterrevolutionärer Umtriebe« mehrmals inhaftiert. 1989 gründete er die Kroatische Demokratische Gemeinschaft (HDZ), die bei den ersten freien Wahlen im April/Mai 1990 die absolute Mehrheit errang. Am 30. Mai wurde Tudjman zum Staatspräsidenten Kroatiens gewählt und 1992 in seinem Amt bestätigt.*

Slobodan Milošević → Bosnien und Herzegowina

Josip Broz Tito → Bosnien und Herzegowina

serbische Rivalität belastete das Königreich bis zum Zerreißen und prägt noch heute die politischen Spannungen auf dem Balkan (s. Konfliktparteien). Im Zweiten Weltkrieg kämpften Kroaten und Serben gegeneinander. Dieses Kapitel der gemeinsamen Vergangenheit wurde aber im späteren kommunistischen Jugoslawien tabuisiert und nicht aufgearbeitet.

Nach der Zerschlagung Jugoslawiens wurde mit den Resten Kroatiens 1941 ein Unabhängiger Staat Kroatien proklamiert und unter ANTE PAVELIĆ ein faschistisches Regime etabliert, das sich auf die nationalistische »Ustascha«-Bewegung (Aufständische) stützte. Es kam zu Greueltaten und Massakern an der serbischen Minderheit, was nach dem Ende des Zweiten Weltkriegs zu Racheakten der Serben an den Kroaten führte. Nach dem Sieg der kommunistischen Partisanen unter JOSIP BROZ TITO wurde Kroatien 1946 eine von sechs Volksrepubliken des neuen sozialistischen Jugoslawiens.

Konfliktparteien

Republik Kroatien

Die ersten freien Parlamentswahlen im April/Mai 1990 gewann die nationalistische *Kroatische Demokratische Gemeinschaft* (HDZ) unter Führung von Dr. FRANJO TUDJMAN mit absoluter Mehrheit. Die neue kroatische Regierung befürwortete zu diesem Zeitpunkt die Umwandlung des föderativen Gesamtstaates in eine Konföderation souveräner Republiken; Unterstützung für diesen Plan fand Kroatien nur bei → Slowenien. Das kroatische Parlament verabschiedete am 25. Juli 1990 eine Reihe von Verfassungsänderungen, und Kroatien wurde eine parlamentarische Demokratie auf rechtsstaatlicher Grundlage und eine selbständige Republik. Im Zeichen eines neuen kroatischen Nationalismus wurden die Serben als »staatsbildendes Volk« aus der Verfassung gestrichen.

Am 19. Mai 1991 stimmten die Kroaten mit über 90 Prozent für die Unabhängigkeit; die Serben Kroatiens hatten die Wahl boykottiert. Das kroatische Parlament beschloß am 30. Mai die Sezession von Jugoslawien.

Kroatische Serben und die Republik Serbien

Der Ende der achtziger Jahre wiedererwachte Nationalismus der kroatischen Serben wurde durch die von Serben dominierte Belgrader Zentralregierung systematisch gefördert. Es war zugleich auch eine Reaktion auf den kroatischen Nationalismus, wie er sich in der neuen Verfassung ausdrückte.

Die Teilrepublik Serbien versuchte, den Gesamtstaat Jugoslawien unter eigener Führung gewaltsam zusammenzuhalten. Serbiens Präsident SLOBODAN MILOŠEVIĆ hatte im

Osijek im Juli 1991: Der Konflikt zwischen Serben und Kroaten verschärfte sich trotz des auf Brioni vereinbarten dreimonatigen Stillhalteabkommens. Kroatische Milizionäre lieferten sich erstmals Feuergefechte mit serbischen Extremisten, sog. Tschetniks.

Falle der Abspaltung einzelner Republiken mit Gebietsansprüchen gedroht. Das Ausscheren → Sloweniens aus der Staatengemeinschaft war von Serbien vehement bekämpft worden, mußte aber, wenn auch widerwillig, hingenommen werden. MILOŠEVIĆ erklärte im Falle Kroatiens, daß das Selbstbestimmungsrecht »des kroatischen Volkes« zwar nicht bestritten werde, doch habe es in Jugoslawien bisher nur »Verwaltungsgrenzen« gegeben; für »Völker«, die aus dem bisherigen Gesamtstaatenverband ausscheiden wollten, müßten deshalb die künftigen Staatsgrenzen neu gezogen werden.

Die Verzögerungstaktik der serbischen Vertreter im jugoslawischen Staatspräsidium hinsichtlich der Übernahme des Vorsitzes durch den Vertreter Kroatiens, den bisherigen Vizepräsidenten STJEPAN »STIPE« MESIĆ, hatte den Prozeß der staatlichen Selbständigkeit Kroatiens aber bereits beschleunigt.

Die kommunistische Volksarmee Gesamtjugoslawiens, die überwiegend von Serben kommandiert wurde, war parteiisch und unterstützte Serbiens »großserbische Ambitionen« militärisch.

Die Serben, durch die 500jährige Herrschaft der Türken und durch den Kampf gegen sie geprägt, verfolgen die Idee eines Großserbien seit dem 14. Jahrhundert.

Die serbische Minderheit in Kroatien – von den 580 000 Serben wohnen die meisten in Zagreb, Rijeka und Split – befürchtete Repressalien in einer selbständigen Republik Kroatien.

Der Konflikt zwischen den beiden Volksgruppen gewann an Eigendynamik, als die kroatischen Serben am 1. April 1991 ihren Anschluß an Serbien erklärten und ihre Miliz- und Freiwilligenverbände mobilisierten. Darüber hinaus entschieden sich am 12. Mai 90 Prozent der serbischen Bewohner der Enklave Krajina in einem Referendum für den Anschluß an Serbien und proklamierten am 19. Dezember

1991 eine »Serbische Republik Krajina«, die im Osten die Gebiete Ostslawonien und Baranja, im Westen Westslawonien, im Norden Banija und im Süden die Krajina umfaßte, in denen rund 270 000 Serben lebten.

Konfliktverlauf

1991

Am 31. März 1991 war es im Nationalpark von Plitwice zu einer Schießerei zwischen serbischen Extremisten und kroatischen Polizeikräften gekommen, bei denen mindestens zwei Menschen getötet und 20 verletzt wurden. Am 1. April griff die jugoslawische Volksarmee ein und bildete einen Sperriegel zwischen den verfeindeten Volksgruppen. Es kam zu weiteren schweren Zusammenstößen zwischen kroatischen Sicherheitskräften und bewaffneten Serben: u. a. in dem mehrheitlich von Serben bewohnten slawonischen Dorf Borovo Selo, in der Gemeinde Vukovar an der Grenze der Provinz Vojvodina und in dem mehrheitlich von Kroaten bewohnten Dorf Polaca in der von den Serben ausgerufenen autonomen Krajina (Dalmatien).

Nachdem am 15. Mai der turnusgemäße Wechsel im Amt des jugoslawischen Staatspräsidenten gescheitert war – die Serben verhinderten die Wahl des Kroaten und Vizepräsidenten Mesić –, hatte Jugoslawien keine legale politische Führung mehr. An diesem Tag griff die jugoslawische Volksarmee auf serbischer Seite in die Kämpfe um Petrinja an der serbischen Grenze ein. In vielen kroatischen Orten mit überwiegend serbischer Bevölkerung kam es zu Bombenanschlägen und Gefechten.

Am 1. Juli wurde der Kroate Mesić durch einen letzten Kompromiß aller sechs Teilrepubliken doch noch für ein Jahr zum Staatsoberhaupt Jugoslawiens (und damit zugleich auch zum Oberbefehlshaber der Armee) gewählt.

Nach einem Beschluß der EG-Außenminister wurde die Beobachtermission in Jugoslawien von → Slowenien auf Kroatien ausgedehnt und von bisher 50 auf 500 Abgesandte erhöht.

Am 1. August beschoß ein aus der serbischen Vojvodina kommender Panzerverband der Volksarmee östlich von Osijek kroatische Dörfer. In die Kämpfe griffen auch Flußboote der Donaumarine auf der serbischen Seite ein. Präsident Tudjman ordnete noch am selben Tag die Teilmobilmachung an.

Es kam im Laufe des August zu weiteren Kämpfen, bei denen die Volksarmee einseitig die Serben unterstützte. Alle Beschlüsse des Belgrader Staatspräsidiums, den Konflikt friedlich zu lösen, wurden dadurch konterkariert und blieben dementsprechend wirkungslos. Die EG-Außenminister, die gemäß ihres Grundsatzes handelten, »keine Ver-

Dubrovnik, November 1991: Die seit Anfang Oktober belagerte Stadt an der Adria erlebte Mitte November die bis dahin schwersten Angriffe der jugoslawischen Armee. Dabei wurden Wohngebiete und die historische Altstadt unter Beschuß genommen.

änderungen der Grenzen zu akzeptieren, die nicht auf friedlichem Weg und mit gegenseitiger Übereinstimmung erreicht werden«, drohten erneut vergeblich mit »internationalen Aktionen«.

Am 2. September wurden in Brüssel zwar ein sofortiger Waffenstillstand und die Einberufung einer Friedenskonferenz (sie begann unter Leitung des Briten Lord PETER CARRINGTON am 7.9. in Den Haag) von allen Konfliktparteien vereinbart, doch die Kämpfe in Kroatien und vor allem in Slawonien gingen weiter. Bis zu diesem Zeitpunkt waren 2200 Tote zu beklagen, und 140 000 Menschen befanden sich auf der Flucht.

Die Kampfhandlungen hatten sich inzwischen zum offenen Bürgerkrieg ausgeweitet. Truppen der jugoslawischen Volksarmee unterstützten weiterhin offen serbische Freischärler, die Mitte September etwa ein Drittel Kroatiens kontrollierten.

Die jugoslawische Volksarmee hatte sich immer mehr der politischen Befehlsgewalt verweigert und in ihren Aktionen verselbständigt. Der Vorsitzende des Staatspräsidiums Mesić verlangte erfolglos den Rückzug der Einheiten in die Kasernen und bezeichnete das Verhalten der Bundesarmee als »Militärputsch«. Ab Mitte September blockierte die jugoslawische Kriegsmarine sechs kroatische Küstenstädte.

Ein von EG-Unterhändler Lord Carrington vermittelter und von den Präsidenten Serbiens und Kroatiens unterzeichneter erneuter Waffenstillstand für den 18. September wurde nicht eingehalten. Bis zum November 1991 folgten weitere vierzehn wirkungslos bleibende Waffenstillstandsabkommen.

Mit der Resolution 713 beschloß am 26. September 1991 der UN-Sicherheitsrat ein Waffenembargo gegen ganz Jugoslawien.

Am 30. September begann der monatelange Kampf von jugoslawischen Armee-Einheiten und serbischen *Tschetniks* (nationalistische Freischärler) um die Adriastadt Dubrovnik, bei dem durch Granaten- und Raketenbeschuß das historische Stadtzentrum zerstört wurde. Erst ein Jahr später vereinbarten der jugoslawische und der kroatische Präsident in einem Abkommen in Genf das Ende des Beschusses von der Halbinsel Preflaka aus, dem letzten Adriastützpunkt der jugoslawischen Marine. Die jugoslawische Armee zog von der strategisch bedeutsamen Halbinsel ab, die später unter UNO-Kontrolle gestellt wurde.

Im Herbst 1991 wurde auch die kroatische Hauptstadt Zagreb bombardiert, und im November beschoß die jugoslawische Armee den Adriahafen Split.

Am 8. November fror die EG ihr Handels- und Kooperationsabkommen mit Jugoslawien ein. Diese Sanktionen sollten die Belgrader Regierung dazu veranlassen, zugesagte Versprechen bzw. unterzeichnete Vereinbarungen auch einzuhalten. Am 17. Dezember beschloß die EG, → Slowenien und Kroatien zum 15. Januar 1992 als eigenständige Staaten anzuerkennen.

Die bereits fast vollständig zerstörte ostslawonische Stadt Vukovar wurde am 18. November nach fast dreimonatiger Belagerung von Einheiten der jugoslawischen Armee eingenommen. Fünf Tage später erklärte sich die Volksarmee aber bereit, gemäß einem neuen, auf internationalen Druck hin unterzeichneten Abkommen innerhalb von 15 Tagen Kroatien zu verlassen.

Nachdrücklich forderte die UNO die Einhaltung des am 23. November ausgehandelten 14. Waffenstillstands. Mitte Dezember billigte der UN-Sicherheitsrat die Entsendung von Vertretern zur Vorbereitung der Stationierung von UNO-Friedenstruppen.

Rund 550 000 Menschen befanden sich zu diesem Zeitpunkt auf der Flucht; etwa 300 000 Vertriebene stammten aus den von Serben besetzten Gebieten Kroatiens. Am letzten Tag des Jahres 1991 stimmte das jugoslawische Rumpf-

Februar 1993 bei Obravac: Freischärler der selbsternannten »Serbischen »Republik Krajina« lieferten sich schwere Gefechte mit Einheiten der kroatischen Armee.

Staatspräsidium ebenso wie der serbische und der kroatische Präsident dem UNO-Plan zur Beendigung des Bürgerkrieges zu, obwohl die jugoslawische Armee mit Kampfflugzeugen und Artillerie einen Tag zuvor noch einmal an nahezu allen kroatischen Frontabschnitten angegriffen hatte. Doch Ende 1991 waren alle Kasernen in Kroatien von der jugoslawischen Volksarmee geräumt.

1992

Unter der Vermittlung des UNO-Sonderbeauftragten CYRUS ROBERT VANCE unterzeichneten die Konfliktparteien in Sarajevo am 2. Januar das 15. Waffenstillstandsabkommen. Doch fünf Tage später kamen fünf EG-Beobachter während der vereinbarten Waffenruhe in Kroatien beim Abschuß ihres Hubschraubers ums Leben. Am 9. Januar erklärte MILOŠEVIĆ den Bürgerkrieg für beendet. Zu diesem Zeitpunkt waren nach Angaben des kroatischen Sanitätsstabs seit Beginn des Krieges 3104 Kroaten, darunter 1434 Zivilisten, getötet worden.

Die UNPROFOR-Truppen trafen Anfang März in ihrem Hauptquartier in Sarajevo ein, ab April waren sie dann auch in Belgrad und ab August in Zagreb stationiert.

Am 10. April kam es wieder zu Artillerieangriffen der jugoslawischen Armee auf die Städte Osijek, Vinkovci, Sisak, Zadar und Karlovac. Doch den Truppen gelang es nicht, die paramilitärischen Verbände in den vier von Serben bewohnten Schutzzonen und von diesen zur »Serbischen Republik Krajina« proklamierten Gebieten zu entwaffnen. Über den Austausch von Kriegsgefangenen hatten sich die Bürgerkriegsparteien bereits im August verständigt.

Am 30. September unterzeichneten der kroatische und der jugoslawische Präsident in Genf eine Erklärung über die Normalisierung der kroatisch-jugoslawischen Beziehungen. Darin erkannten sie die Unverletzlichkeit der bestehenden Grenzen an.

»Kroatien als Staat kann ohne die von den Serben besetzten Gebiete nicht funktionieren. Und wenn Bosnien-Herzegowina aufgeteilt wird, erfüllen sich die serbischen Träume von einem Großserbien: Sofort würde sich der von Serben gehaltene Teil Bosniens an Serbien anschließen und als nächstes würden sie auch die kroatische Krajina (also die derzeit besetzten Gebiete Kroatiens) diesem Großserbien anschließen. Es muß auf die serbische Seite weiter Druck ausgeübt werden, damit die Einheit von Bosnien möglich wird. In diesem Punkt unterscheiden wir uns von Präsident Tudjman, der meint, wenn ein Großserbien gegründet wird, verzichtet Serbien auf die Krajina-Gebiete in Kroatien. Daran denkt Herr Milošević aber überhaupt nicht.«
Kroatiens ehemaliger Parlamentspräsident Stipe Mesić in einem Interview mit der *Süddeutschen Zeitung*, 25. Juni 1994.

1993
Eine vom UN-Sicherheitsrat verurteilte kroatische Offensive am 22. Januar gegen serbisch besetzte Gebiete im Hinterland der dalmatinischen Küstenstadt Zadar brachte die Ende 1991 von Krajina-Serben eroberte Maslenica-Brücke, die einzige kroatische Landverbindung nach Süddalmatien, den Flughafen Zemunik und den Peruca-Damm wieder unter kroatische Kontrolle. Die UNO forderte den Rückzug der kroatischen Soldaten aus den Schutzzonen. Im Gegensatz zu den extremistischen Serben traten gemäßigte Krajina-Serben für eine »lose Konföderation« der drei Enklaven (Krajina, West- und Ostslawonien) mit Kroatien ein.

Am 9. September besetzte die kroatische Armee drei serbische Dörfer bei Gospić und überschritt damit erstmals seit Jahresbeginn die 1991 vereinbarte Waffenstillstandslinie. Im Gegenzug beschossen die Krajina-Serben Karlovac und Zagreb, später auch Zadar und Šibenik. Daraufhin flog die kroatische Luftwaffe Angriffe auf mehrere serbisch kontrollierte Gebiete. Die Kroaten zogen sich aber auf Verlangen der UNPROFOR aus den drei besetzten Dörfern zurück, und die Serben zogen ihre schweren Geschütze ab. In den UNO-Schutzzonen waren inzwischen 10 737 UNPROFOR-Soldaten stationiert; dazu kamen noch 173 Militärbeobachter.

Im November 1993 erklärte TUDJMAN, die serbische Minderheit könne eine lokale Autonomie in denjenigen Gebieten erhalten, in denen sie vor dem Krieg die Mehrheit besaß (z. B. in Knin und Glina); ferner wollte er ihr kulturelle Autonomie in ganz Kroatien zugestehen, wenn sie einem dauerhaften Frieden zustimme und die territoriale Integrität und Souveränität Kroatiens anerkenne. Doch die Serben hielten nach wie vor an der Abspaltung fest. Im Dezember flammten die Gefechte wieder auf.

1994
Zu Beginn des Jahres hielten die Serben etwa ein Drittel Kroatiens besetzt. Über 6900 Menschen waren im Krieg mit Serbien getötet und 26 000 verletzt worden, 7600 wurden noch vermißt. Die Kriegsschäden beliefen sich mittlerweile auf 26 Milliarden US-Dollar, und der Unterhalt der 300 000 Flüchtlinge betrug monatlich 46 Millionen Dollar.

Kroatien war im Bosnien-Konflikt (→ Bosnien und Herzegowina) immer wieder beschuldigt worden, die bosnischen Kroaten in ihrem Kampf gegen die Muslime zu unterstützen. Erst durch ein von den USA vermitteltes Friedensabkommen Anfang 1994, das eine muslimisch-kroatische Föderation und spätere Eingliederung in einen Staatenbund mit Kroatien vorsah, war dieser Frontabschnitt des Jugoslawien-Konflikts zunächst einmal befriedet worden.

Ein durch → Rußland vermittelter Waffenstillstand für die Krajina konnte am 30. März unterzeichnet werden. Die

Waffenruhe an der 1500 Kilometer langen Demarkationslinie trat am 3. April 1994 in Kraft.

Weitere Entwicklung

Im Laufe des Jahres 1994 gelang es der UNO nicht, den bereits Anfang 1992 gefaßten VANCE-Plan zur Entwaffnung der serbischen Verbände und zur Rückführung der kroatischen Flüchtlinge in die von den Serben besetzten Gebiete konsequent umzusetzen. Aufgrund dieses Mißerfolgs versuchte die kroatische Regierung, die UNO-Friedenstruppen mit einem Ultimatum unter Druck zu setzen: Alle besetzten Gebiete sollten bis zum 10. Januar 1995 unter kroatische Verwaltung gestellt werden. Nachdem dies nicht verwirklicht werden konnte, warf der kroatische Präsident TUDJMAN, der unter innenpolitischem Druck stand, der UNO vor, die Serben zu unterstützen, und verlangte den Abzug der 15 000 Mann starken UN-Truppen bis zum 31. März. Unter anderem beabsichtigte TUDJMAN damit, daß die UN-Truppen im Rücken der Krajina-Serben an der Grenze Kroatiens Stellung beziehen sollten und somit auch die internationale Anerkennung des kroatischen Anspruchs auf das serbisch besetzte Territorium dokumentiert werden würde. Dies hätte möglicherweise einen neuen Krieg bedeutet, doch aufgrund internationaler Kritik an dieser Entscheidung TUDJMANS wurde die Kündigung der UN-Truppen zurückgenommen und das Mandat für 5000 Blauhelmsoldaten verlängert.

Im Januar 1995 wurde der Krajina-Serbe DUSAN BOLJEVIĆ von einem Gericht in der serbisch besetzten Region Krajina in Kroatien wegen Kriegsverbrechen und sechsfachen Mordes an wehrlosen Zivilisten zu 20 Jahren Haft verurteilt. Ursprünglich waren ihm 18 Morde zur Last gelegt worden. Es handelte sich um den ersten Kriegsverbrecherprozeß der Behörden der serbisch kontrollierten Krajina gegen einen Serben.

Am 28. April 1995 ermordete ein Kroate bei Nova Gradiska einen Krajina-Serben. Als Vergeltung beschossen die Serben daraufhin auf der Autobahn Zagreb – Belgrad kroatische Autos: Es gab drei Tote. Später sperrten die Serben die Autobahn. Am 1. Mai 1995 rückte die kroatische Armee im Morgengrauen mit Panzern und Artillerie gegen die Serben vor und erzwang die Öffnung der Autobahn.

Am 30. April gründeten der Parlamentspräsident MESIĆ und der Vorsitzende der zweiten Parlamentskammer, dem Haus der Regionen, JOSIP MANOLIĆ, eine neue Partei, die *Kroatischen Unabhängigen Demokraten* (HND). Zu ihnen gesellten sich weitere sieben Abgeordnete aus der regierenden *Kroatischen Demokratischen Gemeinschaft* (HDZ) von Präsident TUDJMAN, die bisher 85 der 135 Sitze

»Kroatien hält trotz aller Warnungen an der Entscheidung fest, das am 31. März auslaufende UN-Mandat nicht mehr zu verlängern. ›Wir sind überzeugt‹, meinte kürzlich Präsident Franjo Tudjman, ›daß unsere Freunde und alle internationalen Mächte sehen werden, daß die Entscheidung richtig war und daß sie nicht nur den Friedensprozeß in Kroatien, sondern im gesamten ehemaligen Jugoslawien beschleunigen wird.‹ Mit dieser Einschätzung steht Kroatien allerdings alleine da, auch wenn die kroatische Regierung und die Führung der Krajina-Serben immer wieder ihre friedlichen Absichten beteuern, sind UN-Vertreter davon überzeugt, daß es nach einem Abzug der 14 000 UN-Soldaten sehr schnell zu Kämpfen kommen würde.«
Das Sonntagsblatt, 24. Februar 1995.

in der ersten Kammer innegehabt hatte. Die Differenzen in der kroatischen Regierungspartei HDZ hatten bereits im Frühsommer 1994 begonnen. MESIĆ warf TUDJMAN mangelndes Demokratieverständnis und »Selbstherrlichkeit« vor und kritisierte ihn vor allem wegen seiner Bosnienpolitik (→ Bosnien und Herzegowina). TUDJMAN neigte dazu, Serbien und den bosnischen Serben nachzugeben, in der Hoffnung, sie würden damit auf die serbischen Gebiete in Kroatien verzichten. Andererseits erwog er immer wieder ein massives Eingreifen der kroatischen Armee im Bosnien-Konflikt, um die von Muslimen bewohnten Gebiete und UN-Schutzzonen vor den serbischen Angriffen zu schützen. Kroatien ist als Staat ohne die von den Serben besetzten Gebiete nicht lebensfähig. Bei einer Aufteilung von Bosnien und Herzegowina würden sich die großserbischen Träume erfüllen: Nicht nur der von Serben eroberte Teil Bosniens würde sich Serbien anschließen, sondern auch die kroatische Krajina und die derzeit von den Serben besetzten Gebiete Kroatiens.

Ein wichtiger Grund für den Bruch in der HDZ-Führung war, daß die zur Linken zählende Gruppierung um MANOLIĆ und MESIĆ das Abkommen über eine muslimisch-kroatische Föderation in Bosnien und Herzegowina nicht akzeptierte. Sie beharren weiterhin auf einem ungeteilten Staat Bosnien und Herzegowina.

Wie erst im April 1995 bekannt wurde, soll TUDJMAN vor dem Krieg mit dem serbischen Präsidenten MILOŠEVIĆ eine Teilung von Bosnien und Herzegowina in Aussicht genommen haben. Die neue Partei bezeichnete es auch als einen gravierenden Fehler, daß kroatische Truppen aus der bosnischen Posanna zurückgezogen wurden und das strategisch wichtige Gebiet den Serben überlassen worden war, da durch diese Region südlich der Save der Korridor führt, der für die von den Serben besetzten Gebiete und die Krajina auf kroatischem Territorium lebenswichtig ist.

Im Mai 1995 unternahm die kroatische Armee eine größere Offensive in Westslawonien, bei der u. a. die seit dreieinhalb Jahren getrennte (halb kroatische, halb serbische) Stadt Pakrac »wiedervereinigt« wurde. Aus anderen serbisch kontrollierten Orten (Nova Topla, Nova Varos, Bijel Stijena) flüchteten die Krajina-Serben vor den kroatischen Truppen. Hierbei soll es auch zu gewalttätigen Übergriffen auf die serbische Zivilbevölkerung gekommen sein.

Ende Juni befürwortete TUDJMAN, ähnlich wie die bosnische Regierung, ein Ende der UNO-Mission, wenn nicht bis zum Ablaufdatum im Herbst eine politische Lösung in der Krajina gefunden worden sei. Der Präsident der muslimisch-kroatischen Föderation in Bosnien, KRESIMIR ZUBAK, drohte ebenfalls mit der Ausweisung der »Schnellen Eingreiftruppe«, falls deren genauer Auftrag nicht binnen 30 Tagen geklärt sei. Er kritisierte, daß die UNO-Einheiten bisher nur in von bosnischen Kroaten kontrollierten Gebieten stationiert waren.

Im Frühsommer 1995 bereitete die kroatische Armee neue Offensiven gegen die Krajina und die Stellungen der kroatischen Serben in den besetzen Gebieten in Kroatien sowie in Bosnien und Herzegowina um die UNO-Schutzzone Bihać (→ Bosnien und Herzegowina) vor.

Kroatien wird nicht befriedet sein, solange die anderen Konflikte des zerfallenen Jugoslawien nicht gelöst sind. Das Nationalitätenproblem scheint der Haupthinderungsgrund für eine Einigung aller Parteien zu sein. Die militärisch einmal eroberten Gebiete werden weiterhin zäh verteidigt, Ansprüche anderer Volksgruppen gewaltsam zurückgewiesen, so daß ein friedliches Zusammenleben nicht möglich scheint. Die sog. ethnischen Säuberungen haben inzwischen Tatsachen geschaffen, die nur schwer wieder rückgängig gemacht werden können, ohne eine neue und noch größere kriegerische Auseinandersetzung zu provozieren.

Die weitere Entwicklung in Kroatien dürfte von den Entscheidungen und der Einflußnahme der UNO sowie der Regierungen der EU, Rußlands und der USA entscheidend mitbestimmt werden.

Literatur: s. a. → Bosnien und Herzegowina, → Slowenien
S. Drakulic: *Sterben in Kroatien. Vom Krieg mitten in Europa.* Reinbek 1992.
M. Dugel / I. Korsky u. a.: *Stoppt den Krieg in Kroatien.* Hamburg 1991.
H. Rullmann: *Die jugoslawische Armee. Krieg in Kroatien.* Hamburg 1991.
H. Rullmann: *Kroatien auf dem Weg zum Frieden?* Hamburg 1992.
H. Rullmann: *Krieg der Kroaten gegen die Muselmanen.* Hamburg 1993.

Staatsname: Republik Kroatien
Staatsform: Republik (seit 1991)
Staatsoberhaupt: Franjo Tudjman (HDZ; seit 1990)
Regierungschef: Nikica Valentic (HDZ; seit 1993)
Regierung: Kroatische Demokratische Gemeinschaft (HDZ; seit 1990)
Parlament: Sabor 124 Sitze (Wahl vom 2.8.1992), HDZ (Konservative) 85, HSLS (Sozialliberale) 14, Sozialdemokraten 11, Regionale Parteien 5, HSP (Rechtsradikale) 5, HSN (Volkspartei) 4
Mitgliedschaft bei internationalen Organisationen: OSZE, UNO
Lage: 13°–19° östlicher Länge, 42°– 47° nördlicher Breite
Fläche: 56 538 km^2
Hauptstadt: Zagreb
Bevölkerung: 4,8 Millionen; Kroaten 78,1 %, Serben 12,2 %, Bosnier 0,9 %, Slowenen 0,5 %, Ungarn 0,5 %, Sonstige 7,8 %; Katholiken 76,5 %, Muslime 11,1 %, Serbisch-Orthodoxe 1,4 %, Konfessionslose 2,9 %, Protestanten 1,2 %, Sonstige 6,9 %
Wirtschaft: Industrie 45,4 %, Dienstleistung 43,1 %, Landwirtschaft 11,5 %; Export: Konsumgüter 29,9 %, Maschinen 22,8 %, Chemikalien 11,8 %

KUBA

Revolution 1953 bis 1959
Schweinebucht-Invasion im April 1961
Kuba-Krise 1962

Der Sturz des korrupten Batista-Regimes brachte grundlegende politische und soziale Veränderungen auf der Karibikinsel. Die kubanische Revolution war über Jahrzehnte Modell für sozialrevolutionäre Bewegungen in Lateinamerika.

Die Sowjetunion förderte die Entwicklung Kubas zu einem sozialistischen Staat; die Stationierung ihrer Atomraketen auf der Insel führte zur sog. Kuba-Krise, die nach dem Koreakrieg einen Höhepunkt der Konfrontation der beiden Supermächte USA und UdSSR im Kalten Krieg darstellte und beinahe zum Atomkrieg geführt hätte.

Historischer Hintergrund

15. bis 19. Jahrhundert
Von der größten Insel der Großen Antillen, die 1492 von Christoph Kolumbus entdeckt, aber erst 20 Jahre später erobert und besiedelt worden war, ging die Erschließung des gesamten mittel- und südamerikanischen Raumes aus.

Bis zum Ende des 19. Jahrhunderts dauerte der Unabhängigkeitskampf gegen die spanische Kolonialmacht: 1812 probten die schwarzen Sklaven den Aufstand, aber erst 1868 kam es zu einer nationalen Erhebung unter Carlos Manuel de Céspedes; die Ermordung des Schriftstellers und Freiheitshelden José Martí 1895 durch die Spanier löste dann den Unabhängigkeitskampf aus, der bis 1898 dauerte; in diesem Jahr intervenierten die USA und errichteten einen Armeestützpunkt auf der Insel. Die staatliche Unabhängigkeit von Spanien führte zu einer stärkeren wirtschaftlichen Abhängigkeit von den USA.

20. Jahrhundert
Die Amerikaner nahmen immer wieder ein »Interventionsrecht« für sich in Anspruch – so in den Jahren 1901 bis 1903, 1906 bis 1909, 1912 und 1917 bis 1922 –, um ihre wirtschaftlichen und politischen Interessen im karibischen Raum zu sichern.

1925 etablierte sich eine Diktatur unter Gerardo Machado, der acht Jahre später durch eine Revolution gestürzt wurde; ein Jahr darauf kam es zu einer Gegenrevolution.

***Fulgencio Batista y Zaldívar* (16.1.1901–6.8.1973)**
Staatspräsident Kubas 1940 bis 1944 und 1952 bis 1958. Mit 19 Jahren trat Batista in den Militärdienst ein und wurde später Generalstabschef des Diktators Gerardo Machado y Morales, an dessen Sturz er 1933 maßgeblich beteiligt war. Unter Batistas Führung etablierte sich eine Schattenmilitärregierung. Nach sozialen Unruhen Ende der dreißiger Jahre war er 1940 bis 1944 Präsident unter einer neuen, sozialstaatlich anmutenden Verfassung. 1944 abgewählt und bis 1952 im Exil in den USA, brachte er sich 1952 durch einen Staatsstreich erneut an die Macht. Doch schon bald regte sich Widerstand gegen sein diktatorisches Regime, der 1956 im Guerillakrieg unter der Führung von Fidel Castro eskalierte. Am 1.1.1959 mußte Batista Kuba endgültig verlassen.

1933 bis 1959

Die »Revolte der Sergeanten« von 1933 hatte ein Vertrauter MACHADOS, der junge Offizier FULGENCIO BATISTA Y ZALDÍVAR, angeführt. Bis Ende der fünfziger Jahre galt er in verschiedenen Ämtern und Positionen – 1940 bis 1944 war er Präsident – als der starke Mann Kubas.

Seit 1944 regierte die *Partido Auténtico*, eine mittelständisch orientierte, liberale Partei. 1952 hatte sie wieder die Wahlen gewonnen, war aber durch einen Putsch BATISTAS von der Macht verdrängt worden. BATISTA war von den USA abhängig, die Abnahmegarantien für den kubanischen Zucker, das wichtigste Exportgut der Insel, gegeben hatten und so wirtschaftlichen wie politischen Einfluß (verstärkt auch durch ein Militärabkommen) ausübten. Havanna galt als das »Freudenhaus« der Amerikaner. Spielkasinos, Nachtklubs und der Rauschgifthandel waren fest in der Hand der Mafia; der Wohlstand Weniger mehrte sich, soziale Reformen, insbesondere auf dem Land, wurden sträflich vernachlässigt. Es herrschte soziale Not, die medizinische Versorgung auf dem Land war nicht gewährleistet, und nur eine Minderheit der Bevölkerung konnte lesen und schreiben.

Konfliktparteien

Während der Revolution

Regierung

Das Regime, das sich nur auf den Polizeiapparat und die Armee stützen konnte, war zwar auf das Wohlwollen Wa-

Fidel Castro Ruz (*13.8.1927)
Kubanischer Ministerpräsident seit 1959; seit 1965 Generalsekretär der PCC; seit 1976 auch Vorsitzender des Staatsrates.
Der promovierte Rechtsanwalt stammt aus einer wohlhabenden Großgrundbesitzerfamilie, besuchte eine Jesuitenschule und war schon als Student politisch aktiv. Nach dem mißglückten Sturm auf die Moncada-Kaserne in Santiago de Cuba (1953) war er längere Zeit inhaftiert, mußte dann ins Exil nach Mexiko gehen. Nach der erfolgreichen Revolution von 1959, die er angeführt hatte, wurde er zum unbestrittenen politischen Führer Kubas. Er versuchte, einen eigenständigen Weg des Sozialismus zu verwirklichen.

shingtons angewiesen, doch die US-Regierung unternahm nichts, um BATISTA zu Hilfe zu kommen, als er militärisch in Bedrängnis geriet. Erst 1961, zwei Jahre nach der Machtübernahme der Kommunisten, griffen die USA ein, als sie versuchten, zusammen mit Exilkubanern an der Südküste in der Schweinebucht zu landen.

Opposition
Der Opposition – sie reichte vom bürgerlichen Lager über Liberale, Nationalisten bis zu den Kommunisten – blieb nach der Machtergreifung BATISTAS nur der Untergrundkampf oder das Exil. Zu ihrem Sprecher wurde nach den Wahlen von 1952 der junge Rechtsanwalt FIDEL CASTRO RUZ, der sein Mandat als Abgeordneter der 1947 gegründeten *Partido del Pueblo Cubano*, den *Ortodoxos* (die in ihrem Programm »Nationalismus, Antiimperialismus, Sozialismus, wirtschaftliche Unabhängigkeit, politische Freiheit und soziale Gerechtigkeit« versprachen), nach dem Staatsstreich nicht mehr wahrnehmen konnte. Vorerst versuchte CASTRO noch, mit legalen Mitteln – einer Klage beim Verfassungsgericht – gegen die Diktatur vorzugehen. Nachdem diese aber erwartungsgemäß abgewiesen worden war, plante er einen gewaltsamen Umsturz und bildete eine Guerilla, die spätere *Bewegung des 26. Juli* (s. u.).

Während der Kuba-Krise (Oktober 1962)
Aufgrund seiner geographischen Lage war Kuba nach der Revolution in die geostrategischen Interessensphären der Weltmächte geraten:

Sowjetunion
Der Hauptverbündete CASTROS nach der Revolution war Moskau – nicht nur ideologisch und wirtschaftlich, sondern vor allem militärisch: 1962 waren 40 000 sowjetische Soldaten auf der Insel stationiert. Die sowjetischen Machthaber, an ihrer Spitze NIKITA SERGEJEWITSCH CHRUSCHTSCHOW, betrieben Konfrontationspolitik und demonstrierten militärische Stärke. Dazu gehörte die Stationierung von Mittelstreckenraketen vor der Südküste der USA.

Vereinigte Staaten von Amerika
Der neue Präsident der USA, JOHN FITZGERALD KENNEDY, der im Januar 1961 sein Amt angetreten hatte, war durch das Scheitern der Invasion in der Schweinebucht innenpolitisch in Bedrängnis geraten. Der »Schlagabtausch« mit der Sowjetunion war nicht nur eine notwendige Verteidigungsmaßnahme, sondern auch eine Frage des Prestiges und zugleich eine Demonstration der Macht im Wettlauf um die weltpolitische Vormachtstellung während des Kalten Krieges. Der Einsatz nuklearer Waffen wurde von bei-

den Seiten nicht ausgeschlossen; die Kuba-Krise war ein Prüfstein für den Weltfrieden.

Konfliktverlauf

Revolution 1953 bis 1959

Am 26. Juli 1953 erstürmte eine kleine bewaffnete Gruppe aus dem Kreis der *Ortodoxos* unter Führung CASTROS die Moncada-Kaserne in Santiago de Cuba, der zweitgrößten Stadt Kubas. Der Überfall scheiterte: Für jeden gefallenen Soldaten ließ BATISTA zehn Rebellen hinrichten; CASTRO, sein Bruder RAÚL und einige ihrer Gefolgsleute wurden zu 15 Jahren Gefängnis verurteilt, aber nach zwei Jahren entlassen und ins Ausland abgeschoben.

In den Jahren von 1953 bis 1956 verschärfte sich die soziale Lage; die Unzufriedenheit der Bevölkerung wuchs. Neben Korruption und eklatanter Mißwirtschaft trat noch der polizeiliche Terror. Im mexikanischen Exil formierte CASTRO eine Guerilla, die in Erinnerung an das Datum des mißglückten Sturms auf die Moncada-Kaserne *Bewegung des 26. Juli* genannt wurde.

Zu den Gründungsmitgliedern gehörte auch der bolivianische Arzt ERNESTO »CHE« GUEVARA SERNA, der eine marxistisch-leninistisch inspirierte Strategie des bewaffneten Kampfes entwickelt hatte, die in den folgenden Jahrzehnten die Befreiungsbewegungen in Afrika und Lateinamerika beeinflussen sollte (s. u. und → Bolivien).

Am 26. November 1956 starteten 82 Rebellen von Mexiko aus in einer alten Jacht, der »Granma« (heutiger Name der Parteizeitung), zu einer 1200 Seemeilen langen Reise. Am 30. November wollte man an der Südküste von Oriente, der Heimatprovinz CASTROS, landen; gleichzeitig sollte dort der Aufstand losbrechen. Doch stürmische See und das alte, lecke Schiff brachten den Zeitplan durcheinander.

Erst am 2. Dezember konnten die Revolutionäre an Land gehen und wurden dort schon von Regierungssoldaten erwartet. Die Guerilleros wurden in vereinzelten Gefechten aufgerieben; 70 fielen, die restlichen zwölf flüchteten in die Berge der Sierra Maestra. Von dort aus führten sie kleinere, gezielte militärische Operationen durch, die so durchschlagend waren, daß sie – vor allem auch durch die Unterstützung der Landbevölkerung – bald die Provinz unter ihre Kontrolle brachten.

CASTRO organisierte eine kleine, sich selbstverwaltende, fast autonome Region mit verschiedenen Versorgungseinrichtungen, und durch den Zulauf von Freiwilligen konnten die Rebellen ihren Aktionsradius bis nach Havanna ausdehnen: Unter anderem steckten sie dort die Börse in Brand und entführten am 25. Februar 1958 den argentini-

Ernesto »Che« Guevara Serna (14.6.1928–9.10.1967)
Lateinamerikanischer Revolutionär.
Der in Argentinien geborene Arzt ging nach erfolglosem Kampf gegen den argentinischen Diktator Juan Perón 1953 nach Guatemala, wo er für das linke Regime von Jakobo Arbenz tätig war. Nach dessen Sturz 1954 schloß er sich in Mexiko der revolutionären Gruppe um Fidel Castro an, an dessen Seite er von 1956 bis 1959 gegen den kubanischen Diktator Fugencio Batista kämpfte. Nach dem Sieg der Revolution bekleidete er verschiedene hochrangige Staatsämter, verließ dann aber Kuba, um andere revolutionäre Bewegungen zunächst in Afrika, dann in Lateinamerika beim Aufbau schlagkräftiger Guerillatruppen zu unterstützen. Guevara verfaßte mehrere Schriften zur Theorie und Praxis des Guerillakrieges und war Verfechter eines unabhängigen Sozialismus in Lateinamerika. Er wurde 1967 in Bolivien erschossen.

John Fitzgerald Kennedy (29.5.1917–22.11.1963)
Präsident der USA von 1961 bis 1963. Nach einem Jurastudium in Harvard war der aus einer wohlhabenden Ostküstenfamilie stammende Kennedy Marineoffizier im Zweiten Weltkrieg, von 1947 bis 1953 demokratischer Abgeordneter im Repräsentantenhaus, von 1953 bis 1960 Senator für Massachusetts. Nach seiner Wahl zum Präsidenten der Vereinigten Staaten bemühte er sich um mehr soziale Gerechtigkeit. Wie Chruschtschow die Schlagkraft der Sowjetunion, bemühte sich Kennedy die der USA zu stärken. Gleichzeitig war er bemüht, den Kalten Krieg zu überwinden. Die fehlgeschlagene Landung in der Schweinebucht 1961 bedeutete eine schwere Niederlage für Kennedy. Die Stationierung sowjetischer Waffen auf Kuba war für ihn allein schon deshalb nicht hinnehmbar. Kennedys unnachgiebige Haltung in der Kuba-Krise zwang die UdSSR, ihre Waffen abzuziehen. Im November 1963 wurde er in Dallas/Texas ermordet. Die Hintergründe des Attentats sind bis heute nicht aufgeklärt.

schen Rennfahrer Juan Manuel Fangio, um die Weltöffentlichkeit auf ihren Kampf aufmerksam zu machen.

Im Herbst 1958 wurde die Provinz Camagñey und im Dezember 1958 die Stadt Santa Clara, ein strategisch wichtiger Ort der Insel, erobert.

Von einem eigentlichen Bürgerkrieg konnte nicht gesprochen werden: Die militärischen Aktionen waren begrenzt, und die Anzahl der durch Kampfhandlungen getöteten Soldaten und Rebellen war relativ gering. Daß Castros Guerilleros – zeitweise nur 300 bis maximal 800 Mann – am 8. Januar 1959 siegreich in Havanna einmarschieren konnten, lag auch an der mangelnden Kampfmoral der regulären kubanischen Truppen (etwa 30 000 Soldaten), die sich teilweise auflösten, als von den USA keine Hilfe mehr für das marode Batista-Regime zu erwarten war – obwohl US-Truppen auf der Insel stationiert waren: auf dem 111,9 Quadratkilometer großen Marinestützpunkt Guantánamo an der Südostküste (1903 für 99 Jahre von den USA gepachtet). Batista selbst hatte bereits in der Neujahrsnacht 1958/59 die Insel verlassen.

Schweinebucht-Invasion im April 1961

Die neue kubanische Regierung suchte anfänglich noch einen Ausgleich mit den USA, doch die Amerikaner betrachteten mit wachsendem Mißtrauen die Revolution. Enteignungen amerikanischer Firmen (und unzureichende Entschädigungszahlungen) führten zu immer stärkeren Spannungen zwischen Washington und Havanna, das allmählich einen rein sozialistischen Kurs einschlug. Die Folgen waren zunächst die Reduzierung der bis dahin von den USA garantierten Zuckerabnahmemengen um 700 000 Tonnen, am 3. Januar 1961 dann der Abbruch der diplomatischen Beziehungen Washingtons mit Kuba und schließlich der vollständige Einfuhrstopp für Zucker von der Karibikinsel: Die USA, der wichtigste Handelspartner Kubas, von dem man – vom Auto bis zur Schraube – alles bezogen hatte, verhängte ein Wirtschaftsembargo über die Insel, das bis heute andauert. An die Stelle der USA trat die wirtschaftlich wesentlich weniger potente UdSSR. Die politische und wirtschaftliche Isolierung Kubas durch die USA führte zwangsläufig dazu, daß Havanna eine stärkere Anlehnung an Moskau suchen mußte.

Zehntausende von Flüchtlingen, die aus politischen und vor allem aus wirtschaftlichen Gründen in die USA (insbesondere nach Florida) gekommen waren, wollten das Rad der Geschichte zurückdrehen und rüsteten mit Unterstützung der CIA zu einem militärischen Gegenschlag.

Am 15. April 1961 begann die Invasion von 1500 Exilkubanern und verdeckt operierenden amerikanischen Marineeinheiten, die aber aufgrund mangelnder Unterstützung der US-Luftwaffe (nur zwei folgenlose Luftangriffe auf kubanische Militärbasen) und wegen der zögerlichen Haltung von US-Präsident KENNEDY scheiterte. Die verlustreichen Kämpfe an der Südwestküste Kubas waren bereits am 20. April beendet; CASTRO bot den USA u. a. einen Austausch der 1200 Gefangenen gegen 5000 Traktoren an.

Die fehlgeschlagene Invasion in der Schweinebucht kam einer Demütigung der Weltmacht gleich und war ein Triumph der kubanischen Revolution, der auch propagandistisch entsprechend (»Sieg über den US-Imperialismus«) ausgeschlachtet wurde. Die Spannungen zwischen den Großmächten nahmen wegen dieses Interventionsversuches der USA erheblich zu. Der Kalte Krieg steuerte auf einen neuen Höhepunkt zu.

Kuba-Krise 1962

Kuba war nicht zuletzt durch die Ereignisse in der Schweinebucht endgültig zum Bündnispartner Moskaus geworden.

Der Kalte Krieg zwischen den großen Blöcken war nach dem Koreakrieg (→ Korea) und der Berlin-Krise (→ DDR) auf dem Höhepunkt. Die Karibikinsel wurde zum Spielball der Weltmächte. Die Situation eskalierte, als die Sowjetunion begann, vor der Haustür der USA atomare Mittelstreckenraketen in der Absicht zu stationieren, politische und strategische Vorteile im Ringen um die globale Vormachtstellung zu erhalten. Dazu gehörte u. a. ein »Pokern« um West-Berlin: Hätten die USA militärisch auf Kuba interveniert, um die Raketenstationierung zu verhindern, wären im Gegenzug sowjetische Truppen in West-Berlin einmarschiert, um auch diesen Teil der Stadt unter Kontrolle zu bringen. Kuba und Berlin bildeten zwei »feindliche Inseln« in der jeweiligen Interessensphäre der beiden Großmächte.

Auf Kuba stationierte sowjetische Raketen hätten keine grundsätzlich neue Bedrohung für die USA bedeutet, da amerikanische Städte und andere Ziele schon lange in der Reichweite russischer Rakten lagen. Im Vordergrund stand demnach eher die Störung des weltpolitischen Gleichgewichts im Kampf um die globale Vorherrschaft.

Die USA versuchten, die Sowjets durch eine Seeblockade und die Androhung militärischen Eingreifens von der Raketenstationierung auf Kuba abzuhalten. Ein Nachgeben schien für beide Seiten unmöglich. Diese Kraftprobe der Supermächte führte die Welt an den Rand eines atomaren Weltkrieges.

Am 28. Oktober 1962 lenkten beide Regierungen ein: Die Sowjets stationierten keine Raketen auf Kuba, und im Gegenzug zogen die USA ihre auf Moskau gerichteten Mittelstreckenraketen aus der Türkei ab, hoben die Sperrmaßnahmen vor der kubanischen Küste auf und garantierten, zukünftig auf eine Invasion zu verzichten.

Nikita Sergejewitsch Chruschtschow (17.4.1894–11.9.1971)
Sowjetischer Ministerpräsident von 1958 bis 1964. 1953 wurde Chruschtschow Erster Sekretär der KPdSU. Der ehemalige Gefolgsmann Stalins leitete 1956 die sog. Entstalinisierung ein. 1958 wurde er Ministerpräsident und entwickelte eine neue außenpolitische Doktrin, in deren Zentrum die These von der friedlichen Koexistenz der politischen Systeme stand. Gleichzeitig stärkte er konsequent die militärische Schlagkraft des Ostblocks und war auch verantwortlich für die brutale Niederschlagung des Ungarnaufstands 1956, für das Berlin-Ultimatum 1958 und den Bau der Berliner Mauer 1961. Wegen der Koexistenzthese kam es 1960 zum Bruch mit Mao Tsetung. Kuba steht sowohl für einen großen Triumph als auch für die größte außenpolitische Niederlage Chruschtschows. In Fidel Castro gewann er den ersten Verbündeten in der westlichen Hemisphäre. Daß ihn die USA 1962 jedoch zwingen konnten, seine Raketen von der Insel wieder abzuziehen, bedeutete einen schmerzlichen Gesichtsverlust. 1964 wurde Chruschtschow entmachtet.

Raúl Castro Ruz (*1931)
Kubanischer General, 1959 bis 1980 Verteidigungsminister; 1960 bis 1972 stellvertretender Ministerpräsident; seit 1976 stellvertretender Vorsitzender des Staatsrates und Erster Vizeministerpräsident. Der jüngere Bruder Castros gehörte mit zu der Rebellengruppe, die 1956 mit der Jacht »Granma« in Kuba gelandet war. Er gilt als die rechte Hand und als möglicher Nachfolger in den Ämtern seines Bruders.

Die friedliche Lösung der Kuba-Krise machte trotz der weiterhin unversöhnlich erscheinenden Haltung der Supermächte den Weg frei für Verhandlungen (u. a. die Einrichtung einer telefonischen Direktleitung zwischen dem Kreml und dem Weißen Haus) und zukünftige Abkommen (z. B. über das Verbot der Kernwaffenversuche in der Atmosphäre, im Weltraum und unter Wasser 1963; den Atomwaffensperrvertrag 1968) bis hin zur Entspannungspolitik der achtziger Jahre.

Ergebnis

Als am 16. Februar 1959 Castro das Amt des Ministerpräsidenten, das er bis heute innehat, übernahm, hofften weite Teile des Volkes, daß nun Unterdrückung, Korruption und die Wirtschaftsmisere ein Ende haben würden. Große soziale Programme wurden in Angriff genommen: Es gab eine grundlegende Bodenreform, die Wirtschaft wurde verstaatlicht.

Der Ausbau des Gesundheits-, Bildungs- und Sozialsystems war für Lateinamerika beispielhaft: Niemand mußte mehr Hunger leiden oder sterben, nur weil es keine medizinische Versorgung gab; die Anzahl der Analphabeten verringerte sich von Jahr zu Jahr (Alphabetisierungsgrad 1989: 96 %), und Slums, wie man sie aus südamerikanischen Ländern kennt, gibt es auf der Insel nicht.

Doch das ehrgeizige antikapitalistische Industrialisierungsprogramm, das von Che Guevara, der bis 1965 Industrieminister war, geleitet wurde, stellte sich bald als Fehlschlag heraus: Ein Agrarland ohne große eigene Rohstoffvorkommen ließ sich nicht so ohne weiteres in ein blühendes Industrieland verwandeln.

Die großzügigen Kredite, die Moskau gewährte, reichten nicht aus, als Washington den Zuckerimport um 95 Prozent senkte.

Das Versiegen der Haupteinnahmequelle und der Wirtschaftsboykott durch die USA führten zu einer noch stärkeren Anbindung Kubas an den Ostblock. Die innenpolitischen Probleme verschärften sich.

Castro und seine am 7. Oktober 1965 gegründete *Partido Comunista de Cuba (PCC)* errichteten eine Einparteiendiktatur. Die Meinungsfreiheit wurde immer mehr eingeschränkt, Oppositionelle wurden verhaftet (Mitte der achtziger Jahre waren etwa 14 000 Gegner des Castro-Regimes inhaftiert) oder ins Exil getrieben.

In den über 30 Jahren seit der Revolution sind mehr als 1,2 Millionen Kubaner geflohen oder ausgewandert – zum Teil legal (allein 1980 über 125 000), Hunderttausende aber illegal und häufig auf sehr abenteuerliche Weise über das Meer.

Entwicklung seit Konfliktende

Die kubanische Revolution hatte deutlich gemacht, daß diktatorische und korrupte Regimes in der Dritten Welt, die von den USA gestützt wurden, nicht länger zu halten waren, wenn sie sich nicht politisch und sozial reformierten. Der Kampf um politische Freiheiten, bessere Lebensbedingungen und soziale Gerechtigkeit in diesen Ländern führte zwangsläufig zu militärischen Konfliktlösungen.

Die mangelnde Sensibilität der westlichen Welt gegenüber den Problemen dieser Staaten, das Festhalten an überkommenen, zum Teil noch feudal strukturierten Systemen und autoritären Regierungen aus ideologischer Blindheit, wirtschaftlichem Interesse und geopolitischem Kalkül trieb die Befreiungsbewegungen an die Seite Moskaus, das wiederum diese Konflikte für eigene weltkommunistische Zielsetzungen zu instrumentalisieren versuchte. Aus anfänglich noch eher liberal bzw. demokratisch gesinnten Revolutionären wurden im Laufe der Jahre Marxisten stalinistischer Prägung.

Kuba ist somit ein Modellfall für die Entwicklung vieler Staaten der Dritten Welt während des Kalten Krieges. Die kubanischen Ideen einer sozialen Revolution und die Strategien des Guerillakampfes fanden in vielen Ländern Widerhall, in denen Unabhängigkeits- oder Befreiungsbewegungen kämpften: Kubas Kommunisten unterstützten die Guerilla in Lateinamerika und übten erheblichen politischen Einfluß aus: in → Bolivien, → El Salvador, → Grenada, Jamaika, Martinique, → Nicaragua, Puerto Rico. Nach Afrika kamen seit 1977 zuerst kubanische Zivilberater (z. B. nach → Algerien, → Tansania, → Uganda), später Militärberater (so nach Benin, → Guinea-Bissau, in den → Jemen, den → Kongo, nach → Madagaskar, → Mosambik, → Sierra Leone) und dann vor allem kubanische Elitetruppen (→ Äthiopien, → Angola). Anfang der achtziger Jahre waren weltweit über 150 000 sog. kubanische Entwicklungshelfer tätig.

Darüber hinaus versuchte CASTRO über mehrere Jahre, die Politik der *Organisation der blockfreien Staaten* entscheidend mitzubestimmen.

Die Perestroika in der Sowjetunion, d. h. das Programm zur Öffnung der sozialistischen Gesellschaft, eine demokratische Politik der reformerischen Kräfte unter MICHAIL GORBATSCHOW Mitte der achtziger Jahre, wurde von CASTRO vehement abgelehnt und der eigenständige Weg des kubanischen Sozialismus trotz zunehmender Probleme betont. Kuba geriet dadurch auch gegenüber seinen Verbündeten in die Isolation. Nach der Auflösung des Ostblocks verschärften sich die wirtschaftlichen Schwierigkeiten Kubas, das nun erneut seinen wichtigsten Handelspartner verloren hatte: Die Sowjets hatten als Gegenleistung für die politi-

Michail Gorbatschow* → *Rußland

»Dem sozialistischen Bollwerk in der Karibik droht der wirtschaftliche Zusammenbruch. Straßenproteste und Plünderungen in Havanna, Massenflucht nach Florida und der Ruf nach Freiheit deuten das Ende der Herrschaft Fidel Castros an. Doch Kubas roter Caudillo bleibt bei seiner Parole: Sozialismus oder Tod.« *Der Spiegel*, 33/1994.

sche Willfährigkeit Havannas zu überhöhten Preisen kubanischen Zucker gekauft. Bis 1991 waren noch etwa 2200 sowjetische Soldaten auf der Insel. Kuba bleibt – neben → China, → Nordkorea und → Vietnam – eine der letzten Bastionen des Kommunismus. Durchhalteparolen (»Socialismo o Muerte«: Sozialismus oder Tod) ersetzen eine wirksame Reformpolitik, die die äußerst angespannte wirtschaftliche Notlage lindern könnte: Lebensnotwendige Waren sind nur noch auf Bezugsschein erhältlich; 1989 bis 1992 war die Importkapazität von 8 auf 2,9 Milliarden Dollar zurückgegangen; 1993 ging der Zuckerexport um weitere 450 Millionen Dollar zurück; 1993 schuldete Kuba Rußland 75 Milliarden Dollar; neue Erdöllieferungen aus der ehemaligen Sowjetunion blieben aus; der Tourismus (1993 kamen über 600 000 Urlauber auf die Karibikinsel) kann die Wirtschaftsmisere nicht beheben. Umfangreiche ökonomische Reformen wurden zwar angekündigt, Liberalisierungen des Handels (Zulassung von Kleinunternehmen) aber bald wieder zurückgenommen. 1993 wurde der US-Dollar – schon lange heimliche Währung des Landes – als offizielles Zahlungsmittel anerkannt. Die Lebensbedingungen auf der Karibikinsel verschlechtern sich zusehends: Die Unzufriedenheit in der Bevölkerung wächst, neue Auswanderungswellen drohen, wobei die USA es ablehnen, weitere Flüchtlinge ins Land zu lassen.

Literatur: s. a. → Bolivien, → Rußland
E. Abel: *13 Tage vor dem Dritten Weltkrieg*. München 1966.
P. G. Bourne: *Fidel Castro*. Düsseldorf 1988.
B. Denk: *Das kubanische Entwicklungsmodell und die sowjetische Entwicklungshilfe an Kuba*. Frankfurt 1986.
B. Goldenberg: *Lateinamerika und die kubanische Revolution*. Köln 1963.
M. Görtemaker: *Kuba-Krise*. In: W. Woyke (Hg.): *Handwörterbuch Internationale Politik*. Leverkusen 1986.
T. Hugh: *Cuba*. London 1968.
C. Mühlmann: *Kuba*. In: P. Waldmann (Hg.): *Politisches Lexikon Lateinamerika*. München 1992.
L. A. Perez: *Cuba. Between Reform and Revolution*. New York 1988.
P. Sweezy / L. Huberman: *Sozialismus in Kuba*. Frankfurt 1970.
C. Widmann: *Report aus Cuba*. München 1970.

Staatsname: Republik Kuba
Staatsform: Sozialistische Republik
Staatsoberhaupt: Fidel Castro Ruz (PCC; seit 1976)
Regierungschef: Fidel Castro Ruz (PCC; seit 1976)
Regierung: Staatsrat, 31 Mitglieder, alle PCC
Parlament: Nationalversammlung 589 Sitze (Wahl vom 24.2.1993), 589 PCC
Mitgliedschaft bei internationalen Organisationen: OAS, SELA, UNO
Lage: 74°– 85° westlicher Länge, 20°–23° nördlicher Breite
Fläche: 110 861 km²
Hauptstadt: Havanna
Bevölkerung: 10,9 Millionen; Weiße 70 %, Mulatten 18 %, Schwarze 12 %; Konfessionslose 55,1 %, Katholiken 39,6 %, Protestanten 3,3 %, Sonstige 2 %
Wirtschaft: Industrie 55,3 %, Handel, Transport 28,1 %, Landwirtschaft 15,9 %; Export: Zucker 73,2 %

Kurden → Türkei

Nationalitätenkonflikt und Unabhängigkeitskampf im Grenzgebiet von Irak, Iran und der Türkei seit den zwanziger Jahren

Die überwiegend schiitisch-muslimischen Kurden, ein Volk ohne Staat, leben (z. T. als Nomaden) in den Grenzregionen zwischen → Irak, → Iran, der Türkei und in einigen wenigen Siedlungsgebieten in → Armenien, → Aserbaidschan und → Syrien. Ihr vergeblicher politischer Kampf um Autonomie und Selbstverwaltung schlug bereits Anfang der zwanziger Jahre in einen militärischen um und wird heute besonders von der von der Türkei aus operierenden *Arbeiterpartei Kurdistans* (PKK) ausgefochten. Die gewaltsame Unterdrückung der Unabhängigkeitsbestrebungen durch die jeweiligen Regierungen führte zu einer Eskalation der Kampfhandlungen in der Türkei, aber auch im Iran und Irak, der bei seinen Feldzügen gegen die Kurden regelrechten Völkermord betreibt.

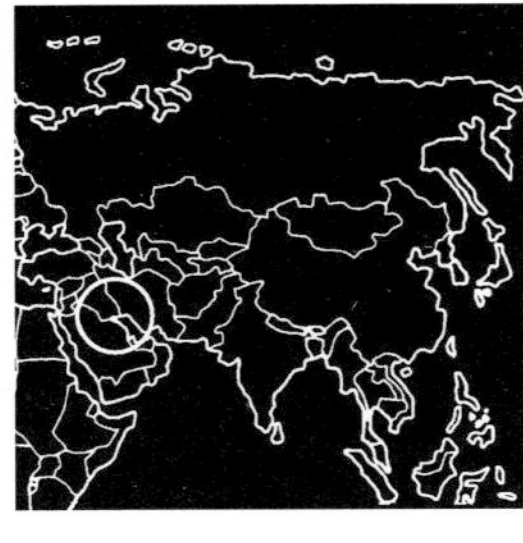

KUWAIT

Irakische Invasion 1990 und Befreiungskrieg 1991

Der Irak hat seine historisch begründeten Ansprüche auf den Nachbarstaat nie ganz aufgegeben. Der Überfall auf das Scheichtum löste eine UN-Militäraktion aus, mit der unter der Führung der USA Kuwait wieder befreit wurde (Golfkrieg II → Irak).

Historischer Hintergrund

Als erste Europäer landeten die Portugiesen im 15. Jahrhundert an der Küste des späteren Kuwait und errichteten dort einen Handelsstützpunkt. Das Land selbst wurde erst 300 Jahre später von nomadisierenden Arabern besiedelt; diese gründeten auch die Stadt Kuwait, die sich zu einem blühenden Handelszentrum am Persischen Golf entwickelte. Seit 1829 unterstand Kuwait der Oberhoheit des Osmanischen Reiches. 1899 machte Großbritannien das Land zu seinem Protektorat, und 1913 erkannten die Türken die Autonomie Kuwaits an. 1961 erhielt es die volle Unabhängigkeit von Großbritannien und wurde Mitglied in der *Arabischen Liga*.

Kuwaits Erdölreichtum und seine strategische Lage am Persischen Golf weckte immer wieder die Begehrlichkeit des Irak.

1938 entdeckte eine anglo-amerikanische Gesellschaft Erdöl in Kuwait. Seine Ausbeutung machte das kleine Scheichtum nach 1945 zu einem der wohlhabendsten Länder im arabischen Raum.

Im Nahostkonflikt nahm Kuwait stets eine neutrale Stellung ein und reagierte lediglich auf den ägyptisch-israelischen Friedensvertrag mit dem Abbruch seiner diplomatischen Beziehungen zu → Ägypten.

Konfliktparteien

Irak

Schon bald nach der Unabhängigkeit Kuwaits erhob der → Irak Anspruch auf das Territorium, da es einstmals Teil der ehemaligen osmanischen und heutigen irakischen Provinz Basra gewesen war. Erst nach massiver militärischer Intervention britischer Truppen und Einheiten der *Arabischen Liga* akzeptierte der Irak 1963 die kuwaitische Selbständigkeit, gab jedoch seinen Anspruch nie wirklich auf. Der Irak forderte von Kuwait Fördermengenanteile aus grenzüberschreitenden Erdölfeldern. Zudem beschuldigte er Kuwait und die Arabischen Emirate, durch ihre Überproduktion den Weltmarktpreis für Erdöl bewußt zu drücken, um die Deviseneinnahmen des Irak zu schmälern.

Kuwait

Im Sommer 1980 führte der iranisch-irakische Grenzkonflikt auch zu innenpolitischen Turbulenzen in Kuwait, das bisher den → Irak unterstützt hatte. Kuwait hielt sich aus dem ersten Golfkrieg heraus und blieb selbst dann noch neutral, als es zu iranischen Übergriffen auf sein Staatsgebiet kam. Das Verhältnis zum Irak verschlechterte sich im Verlauf des Krieges aber zunehmend, vor allem als sich Kuwait weigerte, strategisch wichtige Inseln im Golf abzutreten. Als der Irak nach Kriegsende 1988 von Kuwait ver-

Jaber al-Ahmad al-Jaber as-Sabah (*1928)
Emir von Kuwait seit 1978. Der Sohn des 10. Emirs von Kuwait war von 1949 bis 1959 Gouverneur der Ahmadi-Region und damit der Erdölgebiete. Nachdem er eine Zeitlang für die nationale Oil Company gearbeitet hatte, wurde er 1962 Finanzminister. Nach dem Tod seines Vaters wurde Sabahs Onkel Emir von Kuwait und machte ihn zum Ministerpräsidenten. 1966 wurde er offiziell zum Thronfolger ernannt und bestimmte zunehmend den politischen und wirtschaftlichen Weg des Landes. Als es 1976 zu Spannungen zwischen Parlament und Herrscherfamilie kam, trat Sabah von seinem Amt zurück, löste das Parlament auf, setzte die Verfassung außer Kraft und führte eine Pressezensur ein, die er erst 1981 wieder aufhob. 1977 wurde er Emir. Am 2. August 1990 besetzten irakische Truppen Kuwait und stürzten Sabah, dem die Flucht nach Saudi-Arabien gelang. Nach dem Golfkrieg II kehrte er nach Kuwait zurück. In den feudalistischen Gesellschaftsstrukturen änderte er trotz gegenteiliger Versprechungen nichts.

George Bush → Irak

geblich die Streichung seiner Schulden verlangte, eskalierten die Spannungen.

Konfliktverlauf

In der Nacht zum 3. August 1990 besetzten irakische Truppen Kuwait. Die Invasion vollzog sich ohne nennenswerten Widerstand von seiten der militärisch weit unterlegenen kuwaitischen Truppen; die Kämpfe forderten dennoch einige hundert Todesopfer.

Die neuen Herren im Land verhängten eine Ausgangssperre, schlossen Häfen und Flugplätze und erklärten den nach Saudi-Arabien geflüchteten kuwaitischen Herrscher, Emir JABER AL-AHMAD AL-JABER AS-SABAH, für abgesetzt. Am 28. August folgte die offizielle Eingliederung des Landes als 19. Verwaltungsbezirk des → Irak. Der UN-Sicherheitsrat verurteilte die Annexion Kuwaits und verhängte Sanktionen.

Der Irak erklärte alle 11 000 in Kuwait lebenden Ausländer zu Geiseln und verschleppte sie zum Teil als »lebende Schutzschilde« an strategisch wichtige Stellen im Land, um die internationalen Streitkräfte, die sich inzwischen unter der Führung der USA formierten, von Angriffen abzuhalten.

Die westlichen Staaten sahen in der Besetzung Kuwaits durch irakische Truppen eine Verschiebung der Kräfteverhältnisse in der Golfregion. Die Ölinteressen der Industriestaaten waren bedroht, und der Irak war zu einer erneuten Gefahr für Israel geworden. Die vom Irak angestrebte Vormachtstellung sollte durch eine gemeinsame Militäraktion verhindert werden. Zur Befreiung Kuwaits war eine Anti-Irak-Koalition gebildet worden, die sich zugleich zum Ziel gesetzt hat, das Militärpotential des irakischen Staatschefs SADDAM HUSSEIN zu vernichten (Weiterer Konfliktverlauf → Irak).

Ergebnis

Am 27. Februar 1991 zogen kuwaitische, später ägyptische und amerikanische Truppen in das zerstörte Kuwait-City ein. Drei Tage zuvor hatten die von den Alliierten besiegten irakischen Truppen ihre Stellungen geräumt.

Der amerikanische General NORMAN SCHWARZKOPF, der im Auftrag von US-Präsident GEORGE BUSH die internationalen Streitmacht bei der »Operation Wüstensturm« befehligte, gab bekannt, daß 29 von 42 irakischen Divisionen aufgerieben und 200 000 Kriegsgefangene gemacht worden seien. Der → Irak hatte inzwischen alle 12 UN-Resolutionen zum Golfkrieg akzeptiert.

November 1991: kanadische Spezialisten bei Ramadatayn. Acht Monate nach Kriegsende konnte die letzte von insgesamt 727 brennenden Ölquellen gelöscht werden.

Die Besatzer hatten in den sieben Monaten ihrer Herrschaft über Kuwait gefoltert und mehrere tausend Zivilisten hingerichet. Etwa 8000 Kuwaiter wurden von den flüchtenden Soldaten als Geiseln zusammen mit Diebesgut in den Irak verschleppt.

Die computergesteuerten Waffen der Alliierten machten diesen Waffengang zu einem »High-Tech-Krieg«. Die Angemessenheit der Mittel war in der Öffentlichkeit einiger westlicher Staaten heftig umstritten.

Weitere Entwicklung

Nach der Niederlage des → Irak schloß Kuwait mit den USA, Großbritannien, Frankreich und → Rußland ein Verteidigungsabkommen; → Syrien und → Ägypten verpflichteten sich in der sog. Damaskus-Erklärung, den militärischen Schutz Kuwaits zu übernehmen. US-Luftwaffeneinheiten blieben im Land stationiert.

Im August 1991 konnte die Erdölförderung wieder aufgenommen werden; die letzten Erdölquellen, die vom Irak

»Mindestens drei Millionen Barrel Rohöl verbrennen täglich im Emirat Kuwait, der drittgrößten Öllagerstätte der Welt, und transportieren Tausende von Tonnen Rauch, Ruß, gefährliche Gase und krebserzeugende Partikel in die Atmosphäre. Im Umkreis von 1000 Kilometern um Kuwait waren erste ökologische Folgen der größten Brandstiftung aller Zeiten bereits zu verspüren. Der Tag verdunkelte sich, dann kam der schwarze Regen, berichtete aus der Türkei Hanifi Demirkol, Gouverneur der Provinz Hatay im Südosten des Landes. Dort hatte der Fallout Hände, Gesichter und Kleidung der Menschen, die sich im Freien aufhielten, schwarz gefärbt. Aus Südost-Anatolien meldete der deutsche Ingenieur Helmut Geist, Oberbauleiter des Kraftwerks am Atatürk-Staudamm: Der Regen sieht aus wie Asche, die man in Wasser anrührt. In Bahrein empfahl die Umweltschutzbehörde allen Bürgern, sich außerhalb von Gebäuden Taschentücher vor Mund und Nase zu halten. Der übelriechende schwarze Nebel werde wahrscheinlich auf lange Sicht gesundheitsschädlich sein. Im Westen des Iran legte sich der giftige Regen als schwarzer Schmierfilm auf die Felder.«
Der Spiegel, 4. März 1991.

in Brand gesteckt worden waren, konnten dagegen erst am 6. November gelöscht werden. Etwa 60 Prozent des kuwaitischen Territoriums waren vermint bzw. mit Munition übersät. Irakische Soldaten drangen im Januar 1992 erneut ins Land ein, um zurückgelassenes Militärmaterial abzutransportieren.

Bei den Wahlen zur Nationalversammlung im Oktober 1992, den ersten seit 1985, errang die Opposition zwar einen Erfolg; dies änderte aber nichts am bisherigen Kräfteverhältnis und am feudalistischen Gesellschaftssystem Kuwaits, das sich inzwischen auch zunehmend von muslimisch-fundamentalistischer Seite bedrängt fühlt.

Im Februar 1993 wurden die UN-Sicherheitstruppen verstärkt, und Kuwait begann im Juni desselben Jahres, die neue Grenze zum → Irak zu sichern. Gegen den Widerstand des Irak war im Mai 1993 die von der UNO modifizierte Grenzziehung in Kraft getreten, die dem Emirat einige vormals irakische Erdölfelder zuschlug.

Erst 1994 erkannte auch der Irak Kuwait völkerrechtlich an. Der Emir forderte von der Regierung in Bagdad eine Milliarde Dollar an Reparationszahlungen und sprach sich nachdrücklich gegen eine Lockerung des Handelsembargos gegen den Irak aus. *Amnesty International* beschuldigte 1994 die kuwaitischen Sicherheitskräfte, nach dem Abzug der Iraker schwere Menschenrechtsverletzungen begangen zu haben; vor allem seien viele Unschuldige der Kollaboration bezichtigt, verhaftet, gefoltert und sogar hingerichtet worden.

Literatur: s. a. → Irak, → Iran, → Israel
P. Billing / B. Trautner: *Der Konflikt um Kuwait.* Frankfurt 1990.
F. Ibrahim / M. Ferdowsi (Hg.): *Die Kuwait-Krise und das regionale Umfeld.* Berlin 1992.
B. May: *Kuwait-Krise und Energiesicherheit. Wirtschaftliche Abhängigkeit der USA und des Westens vom Mittleren Osten.* Bonn 1991.
Statistisches Bundesamt (Hg.): *Länderbericht Kuwait.* Wiesbaden 1989.

Staatsname: Staat Kuwait
Staatsform: Konstitutionelle Erbmonarchie (Emirat) (seit 1962)
Staatsoberhaupt: Jaber al-Ahmad al-Jaber as-Sabah (seit 1978)
Regierungschef: Saad al-Abdallah as-Sabah (seit 1978)
Regierung: 16 Minister (seit 1968)
Parlament: Nationalversammlung 50 Sitze (Wahl vom 5.10.1992), Liberale 13, Islamisten 9, Getreue des Emirs 18, Unabhängige 10
Mitgliedschaft bei internationalen Organisationen: Arabische Liga, OAPEC, OPEC, UNO
Lage: 46°– 48° östlicher Länge, 28°–30° nördlicher Breite
Fläche: 17 818 km^2
Hauptstadt: Kuwait-City
Bevölkerung: 1,4 Millionen; Kuwaiter 58 %, Ausländer 42 %; Sunniten 63 %, Schiiten 27 %, Christen 8 %, Hindus 2 %
Wirtschaft: Industrie 58,6 %, Dienstleistung 41,1 %, Landwirtschaft 0,3 %; Export: Erdöl 92,2 %

LAOS

Bürgerkrieg 1954 bis 1975
Widerstand der Meo 1975 bis 1990
Grenzkonflikt mit Thailand 1987/88

Das ehemalige Königreich wurde im 19. Jahrhundert französische Kolonie und ist seit 1953 unabhängig; in den siebziger Jahren war Laos ein Satellitenstaat → Vietnams und wurde 1991 Volksrepublik: Die strategische Bedeutung des »Dolches von Südostasien« ließ das Land zum Kampfgebiet im Indochina- und Vietnamkrieg werden.

Historischer Hintergrund

Im 12. Jahrhundert besiedelten aus Südchina eingewanderte Thai-Stämme, unter ihnen die Lao, das Bergland. Sie gerieten unter die Herrschaft der Khmer, die ihren Einfluß auf fast ganz Südostasien ausgedehnt hatten, bevor sich 1353 die Lao-Stämme zu einem eigenen Königreich vereinigen konnten. Von dem historischen Lan Xang, dem »Land der Millionen Elefanten«, spalteten sich im frühen 18. Jahrhundert drei rivalisierende Fürstentümer bzw. Königreiche (Luang Prabang, Vientiane und Champassak) ab. Sie konnten die Angriffe des Königreiches Siam (→ Thailand) nicht abwehren, und Laos geriet unter siamesische Oberhoheit.

Kolonialzeit

Zur Wiedervereinigung kam es 1893 durch die Franzosen, die Laos zu ihrem Protektorat machten; es sollte den Kolonialherren als Pufferzone zum benachbarten → Thailand und zu dem von den Engländern beherrschten Burma (→ Myanmar) dienen. Laos war zum strategischen Spielball der Großmächte und Nachbarstaaten geworden.

Wirtschaftlich war das Land für die Franzosen kaum von Interesse; sie vernachlässigten es und hielten es nur unter ihrer politischen Kontrolle. Der König von Luang Prabang, SISAVANG VONG, erhielt im Protektoratsvertrag von 1941 die Oberhoheit auch über die Fürstentümer Champassak und Vientiane zugesprochen. Nach der japanischen Besatzung (1941–1945) proklamierte er zwar die Unabhängigkeit, doch im April 1946 übernahmen die ehemaligen Kolonialherren mit seiner Zustimmung wieder die Verwaltung und schlossen ein Abkommen über Einheit und Autonomie für Laos. 1949 wurde Laos ein assoziierter Staat der »Fran-

Laos ist ein buddhistisch geprägtes Bergland. In seiner jüngsten Geschichte stand der »Dolch von Südostasien« unter erheblichem Einfluß Vietnams.

zösischen Union«, und erst am 22. Oktober 1953 wurde es endgültig in die Unabhängigkeit entlassen.

Aus der Rivalität der drei Fürstenhäuser entstand ein Bürgerkrieg, der bis zu seinem Ende (1975) immer wieder auch von ausländischen Interventionen gekennzeichnet war.

Konfliktparteien

Im wesentlichen standen sich drei größere politische Gruppen gegenüber:

Königlich-nationale Regierung

Die *Lao Issarat* (Bewegung für ein freies Laos) wurde bereits 1945 während der japanischen Besatzung von patriotischen Gefolgsleuten des späteren Premierministers und Neffen des Königs, Prinz Phetsarat Ratanavongsa, gegründet. Der Prinz forderte die konsequente Loslösung und völlige Unabhängigkeit von Frankreich und proklamierte in Vientiane eine »Regierung der nationalen Einheit«.

Westlich orientiertes Champassak

Prinz Boun Um, der Fürst von Champassak, verlangte dagegen die Rückkehr der Franzosen.

Kommunisten

Unmittelbar vor der Unabhängigkeit 1953 hatten die kommunistischen *Pathet Lao* (Laotische Nationalisten) mit

Phetsarat Ratanavongsa (19.1.1890–1959)
Chef der laotischen Exilregierung von 1946 bis 1959. Prinz Phetsarat, ältester Sohn des Vizekönigs Boun Khong, ist einer der Vorreiter der laotischen Unabhängigkeit, auf die er 20 Jahre hinarbeitete. Im Laufe des Indochinakriegs 1940/41 entließ Frankreich einige Provinzen ins Königreich von Luang Prabang und gestattete eine laotische Exekutive mit Phetsarat als Premier. Nach dem Ende der japanischen Besatzung wollte der Prinz die Rückkehr der Kolonialmacht verhindern, indem er das Vereinigte Königreich Laos proklamierte. Als ihn König Sisavang Vong aus seinen Diensten entließ und die Franzosen ins Land zurückholte, schloß er sich der oppositionellen Lao Issarat (Freies Laos) an, floh 1946 nach Thailand und wurde dort Kopf einer Exilregierung. Phetsarat weigerte sich in den Folgejahren, an den von Frankreich abhängigen Regierungen in Laos mitzuwirken, und rief immer wieder zur Beendigung des Bürgerkriegs auf.

Souvanna Phouma* *(7.10.1901–10.1.1984)
Mehrfacher Ministerpräsident von Laos zwischen 1951 und 1975.
Der Neffe von König Sisavang Vong studierte in Frankreich Ingenieurwissenschaft und wurde 1950 Minister. Von 1951 bis 1954 war er Ministerpräsident, später Verteidigungsminister, 1958 wieder Ministerpräsident. Nach der Machtübernahme prowestlicher konservativer Kräfte ging er als Gesandter nach Paris; kurz darauf bildete er wieder eine Koalitionsregierung, mußte aber nach der Rebellion Phoumi Nosavans ins Exil gehen. 1962 wurde er wieder Ministerpräsident einer Koalitionsregierung, die, obwohl sich die Pathet Lao bereits 1964 endgültig aus der Regierung zurückgezogen hatte, pro forma aufrechterhalten wurde. 1975 übergab er die Macht an die Pathet Lao.

Unterstützung der *Vietminh* (→ Vietnam) die Nordprovinzen Phong Saly und Houa Phan erobert und riefen eine »Nationale Widerstandsregierung« in Sam Neua aus. Unter der Führung eines Halbbruders von Prinz PHETSARAT RATANAVONGSA, Prinz SOUVANNA VONG, waren die *Pathet-Lao*-Verbände zu einer kampfstarken Guerilla von 2000 Mann angewachsen, die alle in → Vietnam ausgebildet worden waren.

Konfliktverlauf

Bürgerkrieg 1954 bis 1975

Die Genfer Indochina-Konferenz (1954) bestätigte die Unabhängigkeit von Laos, forderte die Auflösung der *Pathet-Lao*-Verbände und die Wiedereingliederung der beiden kommunistisch verwalteten Provinzen Phong Saly und Houa Phan in das Königreich. Diese Beschlüsse wurden nie verwirklicht. Die Interessen der nordvietnamesischen Kommunisten und die Interessen der USA, die seit 1950 schon häufiger in Laos interveniert hatten, standen dagegen.

Es kam zu abwechselnden Koalitionsregierungen zwischen den Nationalisten, Kommunisten und Neutralisten (1957, 1962 und 1974), die aber den Bürgerkrieg nicht verhindern konnten. Der erste neutrale Regierungschef, Prinz SOUVANNA PHOUMA, ein weiterer Halbbruder von PHETSARAT RATANAVONGSA, bildete die erste »Koalition der Nationalen Einheit«, in der auch *Pathet-Lao*-Funktionäre als Minister saßen.

Die Neutralitätspolitik SOUVANNA PHOUMAS erzeugte Mißtrauen bei dem rechtsorientierten Champassak-Fürsten BOUN UM, beim König und vor allem beim Oberbefehlshaber der Armee, PHOUMI NOSAVAN, einem Vertrauten der Amerikaner. Als die Koalitionsregierung durch die Rechtsregierung PHOUI SANANIKONES abgelöst wurde, intensivierten die *Pathet Lao* den nie wirklich beendeten Guerillakrieg. Nach Regierungskrisen und Putschen wurden die Kämpfe heftiger.

1960 bis 1970

Die Regierungstruppen von BOUN UM und PHOUMI NOSAVAN eroberten den Süden des Landes und besetzten 1960 die Hauptstadt Vientiane.

Die *Pathet-Lao*-Truppen, die von nordvietnamesischen Einheiten unterstützt wurden und Waffenlieferungen aus der UdSSR erhielten, zogen sich in die »Ebene der Tonkrüge« zurück. Sie hatten bis 1960 etwa die Hälfte des Landes erobert. US-Streitkräfte landeten mit kleineren Einheiten im benachbarten → Thailand, und im Oktober 1961 entsandte Washington verstärkt Militärberater in die südvietnamesische Hauptstadt Saigon. Das Verhängnis

Wegen seiner Neutralitätspolitik gegenüber den Kommunisten wurde Souvanna Phouma 1960 auf Betreiben der Amerikaner vorübergehend entmachtet. Am 27. Juli 1962 kam es bei einem Staatsbesuch im Weißen Haus zur Aussöhnung zwischen ihm und US-Präsident John F. Kennedy.

des amerikanischen Engagements in Südostasien begann (→ Vietnam).

Nach Friedensbemühungen des kambodschanischen Staatschefs Prinz NORODOM SIHANOUK, der eine Ausweitung des Konflikts auf sein Gebiet befürchtete, kam es nach der Genfer 14-Mächte-Konferenz 1961 zu einer neuen Koalitionsregierung von Kommunisten, Antikommunisten und Neutralen; alle drei Gruppen behielten ihre militärischen Verbände. Laos war faktisch in ein von den *Pathet Lao* beherrschtes und in ein von den königlichen Neutralen kontrolliertes Gebiet aufgeteilt.

Der Waffenstillstand wurde nach der Ermordung des (den Kommunisten nahestehenden) Außenministers QUINIM PHOLSENA im April 1963 gebrochen, und die Kampfhandlungen gingen weiter: Die *Pathet Lao* stießen weiter nach Süden vor; die amerikanische Luftwaffe unterstützte die Regierungstruppen mit Aufklärungs- und Versorgungsflügen, bombardierte aber auch die von der laotischen Guerilla besetzten Gebiete. Dies geschah vor allem im eigenen Interesse; die Bombardements sollten den Verbindungs- und Versorgungsweg der kommunistischen *Vietcong*-Guerilla zerstören, den sog. HO-TSCHI-MINH-Pfad, der über laotisches Gebiet führte und wo über 50 000 nordvietnamesische Soldaten eingesetzt waren.

Der Bürgerkrieg wechselte im Rhythmus kommunistischer Offensiven in der Trockenzeit und Gegenoffensiven der Regierungsarmee während der Monsunregenzeit, wobei die *Pathet Lao* immer mehr Gebiete eroberten. Die 60 000 Soldaten der Regierungstruppen und das 20 000 Mann starke Söldnerheer aus → Thailand waren dem kommunistischen Sturmlauf nicht gewachsen. Der amerikanische Geheimdienst CIA hatte zusätzlich aus den

Phoumi Nosavan (*1920)
Laotischer General und Politiker. Phoumi Nosavan führte 1950 eine Anti-Guerilla-Einheit und wurde 1954 als Brigadegeneral Generalstabschef. Er bildete 1960 zusammen mit Prinz Boun Um eine Gegenregierung zu Souvanna Phouma und wurde stellvertretender Ministerpräsident und Verteidigungsminister. In einer Koalitionsregierung unter Souvanna Phouma war er 1962 bis 1964 Finanzminister; 1965 mußte er nach Thailand fliehen.

Norodom Sihanouk
→ Kambodscha

Prinz Souvanna Vong, Führer der Pathet-Lao-Guerilla, beim Ausheben eines Schützengrabens (Biographie s. S. 471).

Bergstämmen der Meo eine über 15 000 Mann starke Spezialtruppe unter General VAN PAO gebildet, die den 50 000 *Pathet Lao* noch den heftigsten Widerstand entgegensetzen konnte.

1970 bis 1975

1970 hatten die *Pathet-Lao*-Verbände 70 Prozent des Landes erobert. Südvietnamesische Truppen versuchten – übrigens parallel zum Einmarsch in → Kambodscha – vergeblich, in einer großangelegten Offensive die laotischen Kommunisten zu schwächen.

Ho Tschi Minh → Vietnam

Die weiteren Kämpfe konzentrierten sich in den folgenden Wochen auf den HO-TSCHI-MINH-Pfad, der zum wichtigsten Lebensnerv der laotischen und vietnamesischen Partisanen geworden war.

Nach den Pariser Vietnam-Friedensverhandlungen im Januar 1973 kam es auch in Vientiane zu Waffenstillstandsvereinbarungen. Das Abkommen vom 3. Februar 1973 sah eine Koalitionsregierung und den Abzug aller ausländischen Streitkräfte vor.

Die amerikanischen und thailändischen Einheiten verließen daraufhin das Land, die Nordvietnamesen aber blieben. Hanois Streitkräfte konnten von nun an ohne Störung durch amerikanische Luftangriffe über den HO-TSCHI-MINH-Pfad ihre in Südvietnam operierenden Truppen versorgen. Dem Sieg der *Vietcong* über Saigon folgte die Machtübernahme der *Pathet Lao* in Vientiane.

Ergebnis

Im Dezember 1975 wurde die Monarchie abgeschafft und die Demokratische Volksrepublik Laos proklamiert. Staatspräsident wurde der Gründer der *Pathet Lao*, Prinz SOUVANNA VONG.

Der 1977 mit Hanoi geschlossene Freundschaftsvertrag dokumentiert die besonderen Beziehungen und Verflechtungen zwischen den beiden kommunistischen Staaten. Die Stationierung vietnamesischer Truppen machte Laos zu einem Satelliten des Nachbarlandes.

Laos konnte seine Eigenständigkeit nicht ausbauen. Von der Fremdherrschaft durch Burma, → Thailand und Frankreich befreit, geriet es nun in Abhängigkeit von Vietnam. Das Land wurde nur mit Hilfe Hanois zusammengehalten; die staatliche Einheit blieb durch die latenten ethnischen Spannungen zwischen den herrschenden Laoten und den verschiedenen Minderheiten gefährdet.

***Souvanna Vong* (13.7.1912–9.1.1995)**
Laotischer Staatspräsident von 1975 bis 1986.
Prinz Souvanna Vong (s. Abb. S. 470) engagierte sich ab 1938 aktiv in der nationalistischen Bewegung gegen die französische Kolonialmacht und war nach dem Zweiten Weltkrieg Mitglied der laotischen Exilregierung in Bangkok. Nach seinem Bruch mit ihr formierte er 1950 mit Unterstützung der Vietminh die pro-kommunistische Pathet Lao, die nach langem Guerillakrieg 1975 die Unabhängigkeit erzwang, die Monarchie abschaffte und die Macht übernahm. Der Prinz wurde im Dezember 1975 Staatspräsident der Demokratischen Volksrepublik Laos, die sich unter ihm zu einem Satellitenstaat des kommunistischen Vietnam entwickelte. Souvanna Vong trat im Oktober 1986 zurück.

Widerstand der Meo 1975 bis 1990

Die ethnischen Konflikte zwischen Tiefland- und Hochland-Laoten manifestierten sich in der ideologischen Ablehnung des Regimes und traten im Guerillakrieg der Meo (Hmong) offen zutage.

Erst 1979 konnte der Widerstand der Meo-Bergvölker gegen die sozialistische Regierung weitgehend gebrochen werden. 20 verschiedene Widerstandsgruppen führten aber weiterhin Anschläge und kleinere Guerillaaktionen durch. 1981 vereinigten sich diese Truppen zur *Lao Liberation Army* (LLA), in der überwiegend Meo kämpften. Um den Alleinvertretungsanspruch der Meo rivalisierte die LLA mit einer anderen Widerstandsgruppe unter Führung von PA KAO HER, die den bedingungslosen Abzug der Vietnamesen forderte und erst danach verhandeln wollte.

1989 bildete die LLA eine provisorische Revolutionsregierung. Im Januar 1990 griffen die laotischen Regierungstruppen mit Unterstützung vietnamesischer Soldaten massiv die LLA-Verbände an, um den Widerstand endgültig zu brechen. Über die weitere Entwicklung der ethnischen Konflikte gibt es bisher keine zuverlässigen Informationen.

Grenzkonflikt mit Thailand 1987/88

Vom 3. November 1987 bis 19. Februar 1988 kam es zu einem Krieg mit Thailand (Konfliktverlauf → Thailand) um eine umstrittene Grenzziehung zwischen beiden Ländern. Thailand fühlte sich durch die Stationierung der 40 000 bis 50 000 Mann starken vietnamesischen Truppen in Laos bedroht. Nach den Friedensverhandlungen entspannten sich die Beziehungen zwischen den beiden Staaten.

Weitere Entwicklung

In Laos etablierte sich eine sozialistische Volksdemokratie unter der Führung von SOUVANNA VONG, der sein Amt am 31. Oktober 1986 aus Gesundheitsgründen an den bisherigen Ministerpräsidenten PHOUMI VONGVICHIT abtrat. Ähnlich wie im China der achtziger Jahre wurde in Laos nun versucht, die Wirtschaft allmählich an den Prinzipien der Marktwirtschaft auszurichten.

Am 14. August 1991 verabschiedete die Volksversammlung die erste Verfassung seit 1975. Die *Laotische Revolutionäre Volkspartei* (LRVP) ist als einzige Partei zugelassen. Der seit 1975 regierende Ministerpräsident KAYSONE PHUOMVIHANE wurde einen Tag später zum Staatspräsidenten der neuen Volksrepublik gewählt und behielt dieses Amt bis zu seinem Tod am 21. November 1992. Auch unter dem neuen Staatsoberhaupt NOUHAK PHOUMSAVANH änderte sich nichts am innen- und außenpolitischen Kurs des Regimes, das seit 1975 an der Macht ist und die Lage im Land stabilisiert hat.

Literatur: s. a. → Kambodscha, → Myanmar, → Thailand, → Vietnam
H. Arndt: *Eine Verfassung für Laos.* In: *Verfassung und Recht in Übersee 23*, 1990.
S. Avimor: *Laos im neuen Indochina.* In: *Asien 15*, 1985.
W. Burchett: *Kambodscha und Laos oder Nixons Krieg?* Reinbek 1970.
A. J. Dommen: *Conflicts in Laos.* New York 1967.
A. J. Dommen: *Laos. Keystone in Indochina.* Boulder u. a. 1985.
G. Evans: *Lao Peasants under Socialism.* New Haven, Conn., 1990.
P. Le Boulanger: *Histoire du Laos.* Paris 1969.
Statistisches Bundesamt (Hg.): *Länderbericht Laos.* Bonn 1991.
Ch. A. Stevenson: *The End of Nowhere. American Policy toward Laos since 1954.* Boston 1973.
M. Thee: *Notes of a Witness. Laos and the Second Indochinese War.* New York 1973.
J. J. Zasloff: *The Pathet Lao. Leadership and Organization.* Toronto 1973.
O. Weggel: *Minderheiten und Minoritätenpolitik.* In: *Südostasien aktuell 5*, 1986.

Staatsname: Laotische Demokratische Volksrepublik
Staatsform: Volksrepublik (seit 1991)
Staatsoberhaupt: Nouhak Phoumsavanh (seit 1992)
Regierungschef: Khamtay Siphandone (LRVP; seit 1991)
Regierung: Laotische Revolutionäre Volkspartei (LRVP; seit 1975)
Parlament: Volksversammlung 85 Sitze (Wahl von 20.12.1992), alle LRVP
Mitgliedschaft bei internationalen Organisationen: UNO
Lage: 14°–22° östlicher Länge, 100°–108° nördlicher Breite
Fläche: 236 800 km^2
Hauptstadt: Vientiane
Bevölkerung: 9,3 Millionen; Mon-Khmer 94,1 %, Laoten 67 %, Thai 7,8 %, Meo, Man 5,2 %, Sonstige 3,5 %; Buddhisten 58 %, Stammesreligionen 34 %, Christen 2 %, Muslime 2,4 %, chinesische Volksreligionen 1 %, Konfessionslose 2,6 %
Wirtschaft: Landwirtschaft 49,3 %, Dienstleistung 33,3 %, Industrie 17,4 %; Export: Holz 33,3 %, Elektrizität 23,8 %, Kaffee 14,3 %

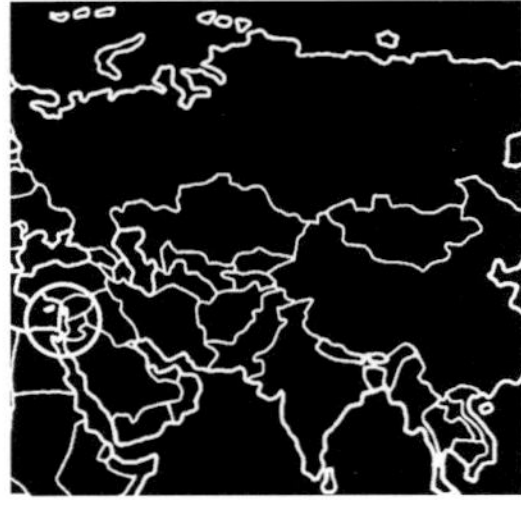

LIBANON

Bürgerkrieg 1958
Bürgerkrieg 1975 bis 1990

Beide libanesischen Bürgerkriege waren Teil des Nahostkonflikts (→ Israel): Bei den Kämpfen 1958, in die sich auch die USA und Großbritannien einschalteten, ging es um den innerlibanesischen Machtproporz, um Neutralität und arabische Vormachtstellung. Eine Rolle spielte auch der Kalte Krieg zwischen Ost und West.

Der Bürgerkrieg von 1975 bis 1991 war Religionskrieg und Klassenkampf; eine komplizierte Konfrontation zwischen Glaubensgemeinschaften, politischen Parteien und sozialen Schichten. In den Dauerkonflikt verstrickt waren auch Israel und die Palästinenser.

Historischer Hintergrund

Das Territorium des heutigen Libanon (lat. Libanua, arab. Dschebel Libnan: weißes Gebirge) entspricht in etwa dem historischen Phönikien und bildete schon in altorientalischer Zeit wegen seiner Hafenstädte Sidon, Tyrus und Beirut ein bedeutendes Fernhandelszentrum. Das Gebiet, das jahrhundertelang unter Fremdherrschaft stand, war seit jeher von strategischer Bedeutung. Die ausgeprägte Handelstradition machte diese Region auch zu einem besonderen kulturellen und geistigen Zentrum an der Nahtstelle zwischen Asien, Afrika und Europa.

Seit der arabisch-muslimischen Expansionsphase im 7. Jahrhundert ist die Geschichte des Libanon mit derjenigen → Syriens eng verbunden, mit dem entscheidenden Unterschied, daß sich das Christentum im Libanon behaupten konnte. Heute sind etwa 40 Prozent der Bevölkerung Mitglieder verschiedener christlicher Glaubensgemeinschaften. Eine weitere Besonderheit stellen die hauptsächlich im Süden des Libanon lebenden Drusen dar, die sich im 11. Jahrhundert von den schiitisch-muslimischen Ismailiten abspalteten. Die Bevölkerung ist in viele weitere Religionsgemeinschaften mit jeweils vielfältigen Lehren und Sekten aufgesplittert.

Während der Kreuzzüge und durch enge Verbindungen mit italienischen Seestädten war der Libanon bis zur osmanischen Herrschaft (1516/17) durch den Fernhandel eines der wirtschaftlich bedeutendsten Länder im Mittelmeerraum (Zentrum: Beirut seit 1375). Unter den Türken konnte er sich

Während des Bürgerkrieges im Libanon intervenierten die Nachbarstaaten Syrien und Israel aus unterschiedlichen Motiven häufig militärisch: Syrien wollte seinen Einfluß stärken und wurde zur »Ordnungsmacht«; Israel griff palästinensische Stellungen im Südlibanon an, die jüdische Siedlungen bedrohten.

als autonomes Fürstentum mit zwei sich abwechselnden drusischen Dynastien (1516–1841) behaupten.

19. Jahrhundert

Nach der Eroberung Syriens durch die Ägypter (1831–1840) und deren Vertreibung durch die Intervention → Frankreichs zerbrach das Fürstentum. Die ökonomische wie demographische Expansion der syrischstämmigen christlichen Maroniten führte zu einem Bürgerkrieg mit den libanesischen Drusen (1860). Nach dem Krieg wurde die Region zur autonomen Provinz Mont Liban erklärt (Kern der heutigen Republik, aber ohne die Hafenstädte Salda [Sidon], Beirut und Tripoli), blieb aber unter dem Schutz der Franzosen und eines christlichen Gouverneurs innerhalb des Osmanischen Reiches (1861). Religionsproporz in Regierung und Verwaltung sollte die friedliche Koexistenz der verschiedenen Religionsgemeinschaften sicherstellen; doch die unierten Christen (Maroniten und griechisch-katholische) sahen die Provinz als eine »christliche Insel im muslimischen Meer«.

20. Jahrhundert

Nach dem Ersten Weltkrieg erhielt Frankreich für den Libanon das Völkerbundmandat zuerkannt, und die Franzosen arbeiteten eng mit den Christen zusammen. Die Provinz Mont Liban wurde 1920 durch die Küstenstädte Saida, Beirut und Tripoli sowie durch die sunnitischen und schiitischen Regionen im Süden, Norden und Osten zum Grand Liban (Territorium des heutigen Libanon) erweitert.

Kamil Schamun* *(3.4.1900–7.8.1987)
Libanesischer Staatspräsident von 1952 bis 1958.
Der maronitische Christ Schamun bekleidete seit 1938 wichtige politische Ämter; er war u. a. Finanz- und Innenminister sowie UN-Delgierter, bevor er 1952 Staatspräsident wurde. Der Streit zwischen seinen Anhängern und Oppositionellen eskalierte zum ersten libanesischen Bürgerkrieg. 1958 rief Schamun amerikanische Truppen zu Hilfe und wandte sich, als die USA zuerst seinen Rücktritt forderten, an die Arabische Liga. Erst als der sozialistische irakische Staatschef Abdel Karim Kassem Unterstützung anbot, intervenierten die Amerikaner, sorgten jedoch dafür daß Schamun bald abgelöst wurde. Als Führer der christlichen Nationalpartei spielte Schamun auch im zweiten libanesischen Bürgerkrieg eine bedeutende Rolle. 1975 bekleidete er erneut das Amt des Innenministers und war 1984/85 Finanzminster.

Gamal Abd el-Nasser* → *Ägypten

Damit waren künftige Konflikte vorprogrammiert. Die Abtrennung der überwiegend muslimischen Gebiete von → Syrien und ihre Eingliederung in den christlich-französisch beherrschten Grand Liban brachten weitere Spannungen. Zwar konnte die christliche Bevölkerungsmehrheit trotz des in der Verfassung festgeschriebenen Religionsproporzes (1926) ihre Macht sichern, doch ein gemeinsamer, einigender Nationalismus, der zur Unabhängigkeit von Frankreich hätte drängen können, entstand nicht.

Die arabisch-muslimischen Nationalisten forderten die Rückgabe der Küsten- und Randgebiete an → Syrien; nach der Erlangung der Unabhängigkeit (1943 formal, 1946 endgültig) traten sie für einen Libanon arabischen Zuschnitts ein. Die Christen formten jedoch einen Staat nach europäischem Vorbild, der den kulturellen und ökonomischen Verflechtungen mit Frankreich (und dem Westen allgemein) Rechnung trug.

Die französischen Truppen verließen 1946 das Land. Der sog. Nationalpakt (Verfassung vom 21. 1. 1947) schrieb den Proporz nach den damaligen Mehrheitsverhältnissen (auf der Basis der letzten Volkszählung von 1932!) fest und sollte den jungen Staat regierbar machen. Der Staatspräsident mußte Christ, der Ministerpräsident Muslim sein.

Das System blieb unverändert, obwohl sich die Proportionen der Religionsgemeinschaften immer mehr zugunsten der Muslime verschoben hatten. Ein weiterer Bestandteil des Nationalpakts von 1947 war die Unabhängigkeit und Neutralität des Libanon gegenüber den arabischen Nationen. Angesichts des aggressiven »revolutionären Arabertums« der Regierung GAMAL ABD EL-NASSERS in → Ägypten wandte sich die libanesische Regierung unter Staatspräsident KAMIL SCHAMUN allmählich dem Westen zu. Mitte der fünfziger Jahre sah die Opposition das Neutralitätsprinzip verletzt, als der Libanon im Rahmen der EISENHOWER-Doktrin (Unterstützung befreundeter Staaten im Nahen Osten zur Abwehr des Kommunismus) Militärhilfe von den USA erhielt.

1957 kam es über die Neutralitätsfrage (Anlehnung an die arabischen Staaten oder an den Westen) zu gewalttätigen Auseinandersetzungen. Die politische Opposition organisierte sich in einer nationalen Front unter der panarabisch agierenden, vorwiegend muslimischen Führung von SAEB SALAM, ABDULLAH AL-YAFI, RASCHID KARAMEH und KAMAL DSCHUMBLAT, während die Anhänger NASSERS auf einen Beitritt Libanons zu der von → Ägypten und → Syrien am 1. Februar 1958 gegründeten »Vereinigten Arabischen Republik« (VAR) hinarbeiteten. Dieser Konflikt wurde dann zwischen Mai und Dezember 1958 in einem Bürgerkrieg ausgetragen (s. u. Konfliktverlauf).

Die Ursachen für den Bürgerkrieg 1975 bis 1991 lagen zum einen in der politischen Vorherrschaft der Maroniten, die, ge-

Bürgerkrieg 1958: Rebellen haben im Moslemviertel von Beirut Straßensperren errichtet.

messen an ihrem Anteil an der Gesamtbevölkerung, deutlich überrepräsentiert waren, zum anderen in der Verschärfung der sozialen Spannungen zwischen der überwiegend christlichen Oberschicht und der muslimischen Unterschicht, die durch Landflucht und Arbeitslosigkeit die Elendsviertel von Beirut bevölkerte. Hinzu kam die seit Anfang der siebziger Jahre steigende Präsenz der Palästinenser, deren Kommandoeinheiten vom Libanon aus gegen → Israel operierten und immer wieder israelische Vergeltungsmaßnahmen provozierten (s. u.). Die Christen wollten die Palästinenser aus dem Land haben, da sie als Unruhestifter die Sicherheit bedrohten, vor allem aber, weil sich linke und muslimische Gruppen mit der *Palästinensischen Befreiungsorganisation* (PLO) und den Flüchtlingen solidarisiert hatten und so die christliche Machtposition gefährdeten. Tatsächlich kontrollierten die PLO-Einheiten Mitte der siebziger Jahre den Süden des Libanon.

Konfliktparteien

Die religiöse Hauptgruppe im Libanon bilden mit 53 Prozent der Bevölkerung die Muslime; etwa 30 Prozent sind

Dwight David Eisenhower (14.10.1890–28.3.1969)
Präsident der USA von 1953 bis 1961.
»Ike« Eisenhower leitete als Oberkommandierender die Landung der alliierten Streitkräfte in Nordafrika, Sizilien und Italien (1943) sowie in der Normandie (1944). Von 1945 bis 1948 war er Generalstabschef des Heeres, 1948 bis 1950 Präsident der Columbia Universität in New York und von 1950 bis 1952 Oberkommandierender der NATO-Streitkräfte. Eisenhower verfolgte eine Politik des »modern republicanism« und versuchte, die sozialpolitischen Errungenschaften seiner Vorgänger zu konsolidieren und vorsichtig auszubauen. Vor dem Hintergrund des Kalten Krieges verkündete er Anfang 1957 die sog. Eisenhower-Doktrin, in der er den arabischen Staaten im Nahen Osten Hilfe beim Kampf gegen den Kommunismus zusicherte. Die Eisenhower-Doktrin war Grundlage für die Intervention der USA in Jordanien und im Libanon (1958).

Schiiten, 23 Prozent Sunniten. Hinzu kommen knapp 7 Prozent pseudo-islamische Drusen. 40 Prozent der Gesamtbevölkerung sind Christen, davon gut die Hälfte Maroniten; die andere Hälfte setzt sich aus griechischorthodoxen, griechisch-katholischen (je etwa 7 %) und anderen christlichen Gruppen (etwa 5 %, überwiegend armenischer Herkunft) zusammen.

Bürgerkrieg 1958
Christliche Milizen und Regierungstruppen gegen die nichtchristlichen Milizen.

Bürgerkrieg 1975 bis 1991
Insgesamt leben im Libanon 1,54 Millionen Muslime und 1,16 Millionen Christen, die sich mit ihren vielfältigen politischen und religiösen Organisationen in der *Libanesischen Front* (christlich) und der *Nationalen Bewegung* (muslimisch) zusammengefunden hatten. Doch die eigentliche Front verlief nicht zwischen den Religionsgemeinschaften, sondern zwischen Arm und Reich. Das Schicksal des Libanon wurde vor allem von großen, das Land beherrschenden Familienclans beider Seiten bestimmt. Nicht selten unterstützten wohlhabende Muslimfamilien christliche Gruppierungen. Militärisch standen sich die beiden Bürgerkriegsparteien während des gesamten Konfliktverlaufes mit insgesamt etwa 80 Privatarmeen und Milizen gegenüber. Die Hauptgegner waren:

Libanesische Front
Zu ihr gehörten die christlich-nationalen *Falangisten* von der *Kataeb-Partei*, die *Nationalliberale Partei*, maronitische Mönchsorden und maronitische großbürgerliche Kräfte. Es waren dies teilweise konservative bis reaktionäre Gruppierungen, die den Status quo verteidigten und den arabischen Einfluß, insbesondere den der PLO, zurückdrängen wollten. Die bewaffneten Einheiten bildeten die *Kataeb*-Milizen der Familie GEMAYEL; die *Tiger*, eine Befreiungsarmee der Familie des zeitweiligen Staatspräsidenten SULAIMAN FRANDSCHIJEH, der ein Gegner der GEMAYELS war; und ferner die *Wächter der Zeder* sowie die christlichen Milizen des israelhörigen Majors SAAD HADDAD, der im Süden, an der Grenze zu Israel, den »Freien Libanon« ausgerufen hatte.

Nationale Bewegung
Zu ihr gehörten die Linksparteien, verschiedene muslimische Gruppen, die syrische sozial-nationalistische *Baath-Partei*, die *Nadschada-Partei* und die *Bewegung der Entrechteten* des schiitischen Imams sowie die *Muslimbruderschaft*.

Die PLO hatte mit der *Nationalen Bewegung* ein Bündnis geschlossen. 1982 lebten über 350 000 palästinensische

Flüchtlinge im Libanon, davon ca. 275 000 in Flüchtlingslagern. Die *Nationale Bewegung* kämpfte trotz der unterschiedlichen ideologischen Akzentuierung in den verschiedenen Gruppen für soziale und ökonomische Gerechtigkeit, verbesserte Bildungsmöglichkeiten und die Eindämmung des Konfessionalismus in Politik und Gesellschaft. Militärisch standen hinter der *Nationalen Bewegung* die etwa 25 000 PLO-Kämpfer, die bis 1982 ihr Hauptquartier in Beirut hatten, sozialistische und kommunistische Milizen, bewaffnete Drusen, die *Armee des revolutionären Libanon* sowie muslimische Teile der Regierungstruppen, die während des Bürgerkrieges auseinanderfielen und sich den jeweiligen Einheiten der Bürgerkriegsparteien anschlossen.

Beschir Gemayel (10.9.1947–14.9.1982)
Christlicher libanesischer Politiker, Staatspräsident 1982. Der Bruder von Amin Gemayel studierte wie dieser Jura in Beirut und schloß sein Studium in Texas ab. Nachdem er einige Jahre als Anwalt in Beirut tätig war, wurde er 1976 zum Nachfolger seines Vaters in die Führung der Falange gewählt. Bei Ablauf der Amtszeit von Präsident Sarkis 1982 hatte nur Gemayel seine Kandidatur angemeldet, und so wurde er trotz des Protestes der Moslems im August zum Staatspräsidenten gewählt. Knapp einen Monat später starb er bei einem Bombenattentat auf die Parteizentrale seiner Kataeb-Partei.

Konfliktverlauf

Bürgerkrieg 1958
Auslöser des Krieges war der Mord an einem prokommunistischen Verleger in Beirut am 8. Mai 1958. Es kam zu Demonstrationen, zum Generalstreik und zu bewaffneten Auseinandersetzungen zwischen Anhängern der Opposition und von Staatspräsident SCHAMUN, der durch eine Verfassungsänderung versucht hatte, noch einmal für das höchste Amt zu kandidieren.

Die Armee griff nur am Anfang des Konflikts ein und versuchte, die Städte Beirut und Tripoli sowie andere Kampfgebiete einzugrenzen. Die oppositionellen Milizen kontrollierten bald große Teile des Landes. Sie wurden von → Syrien, das mit → Ägypten eine »Vereinigte Arabische Republik« gegründete hatte, mit Waffen unterstützt.

Am 13. Mai bat SCHAMUN die USA um Hilfe, die aber erst eingreifen wollten, wenn er als Staatspräsident zurücktreten würde. Trotzdem wurden die 6. US-Flotte und Panzereinheiten in Alarmbereitschaft versetzt, mit der Begründung, amerikanische Staatsbürger und ihren Besitz notfalls schützen zu wollen. Daraufhin wandte sich SCHAMUN an die *Arabische Liga*, die zwar eine vermittelnde Resolution verabschiedete, sich aber zu keinen weiteren Maßnahmen bereitfand. Im Juni schickte die UNO eine Waffenkontrollkommission in den Libanon.

Inzwischen war ein Patt im Bürgerkrieg eingetreten, die Kämpfe flammten aber bereits Mitte Juni wieder auf. Erst die Ankündigung SCHAMUNS, auf eine zweite Amtsperiode zu verzichten, ließ das Ende des Bürgerkrieges näherrücken. Gleichzeitig konzentrierten der → Irak und → Jordanien größere Truppenverbände in Jordanien. Bagdad erklärte, alle im prowestlichen Bagdad-Pakt zusammengeschlossenen Staaten seien verpflichtet, der Regierung SCHAMUN zu helfen.

Amin Gemayel (*1942)
Staatspräsident des Libanon von 1982 bis 1988.
Die maronitische Familie Gemayel spielte über Generationen eine entscheidende Rolle in der libanesischen Politik. Der Vater Amin Gemayels, Pierre, war Gründer der Falangistenpartei Kataeb. Nach der Ermordung seines gerade zum Präsidenten gewählten Bruders Beschir 1982 wurde Amin Gemayel selbst Präsident des Libanon. 1988 verließ Amin das Land, nachdem er sich zuvor mit dem Parlament nicht über seine Nachfolge hatte verständigen können und eine Übergangsregierung eingesetzt hatte.

Am 14. Juli kam aber durch einen Linksputsch ABDEL KARIM KASSEM im Irak an die Macht. Das versetzte die USA und andere westliche Staaten in höchste Alarmbereitschaft, weil man eine Ausbreitung des Kommunismus in der Region befürchtete. Die USA schickten 14 000 Soldaten in den Libanon, die vorwiegend Hafenanlagen und Flugplätze schützen sollten. Großbritannien entsandte vorsorglich 2000 Soldaten nach Jordanien. Die UdSSR hielt sich bis dahin auffallend zurück und beschränkte sich auf allgemein gehaltene Warnungen. Eine von den Sowjets geplante Gipfelkonferenz mit → Großbritannien, den USA, Frankreich und → Indien kam aber nicht zustande.

Die Lage entspannte sich zusehends, als deutlich wurde, daß das neue Regime in Bagdad keine Ausdehnung des kommunistischen Machtbereichs im Mittleren Osten bedeutete. Am 31. Juli 1958 wurde auf Druck der USA FOUAD SCHIHAB, ein Favorit NASSERS (→ Ägypten), zum Nachfolger SCHAMUNS gewählt. Der neue Staatspräsident forderte die USA auf, ihre Truppen abzuziehen, was auch geschah. Doch die Lage im Libanon stabilisierte sich erst, als alle politischen Gruppen einer neuen Regierungsbildung am 14. Oktober 1958 zugestimmt hatten. UN-Truppen und britische Soldaten zogen bis Ende des Jahres aus → Jordanien ab. Jordanien und die »Vereinigte Arabische Republik« von → Syrien und → Ägypten nahmen wieder normale Beziehungen mit dem Libanon auf.

Bürgerkrieg 1975 bis 1990

Der zweite Bürgerkrieg wurde durch einen Angriff christlicher *Falangisten* auf einen Bus mit Palästinensern am 13. April 1975 ausgelöst. In der Hauptstadt Beirut kam es daraufhin zu Straßenkämpfen zwischen *Falangisten* und PLO-Angehörigen, die bald von muslimischen Kampfverbänden unterstützt wurden. Im Sommer wurde auch in den Städten Zahleh, Tripoli und Zghorta heftig gekämpft; zunächst behielten die *Falangisten* die Oberhand.

Anfang 1976 schlossen sich die muslimischen und linken Kräfte mit ihren Privatarmeen zur *Nationalen Bewegung* zusammen, die nun, wesentlich verstärkt, die christlichen Milizen zurückdrängen konnte. Zu diesem Zeitpunkt wollte → Syrien noch vermitteln, schickte aber palästinensische Einheiten, um die Bürgerkriegsparteien auseinanderzuhalten.

Die libanesische Regierung versuchte ihrerseits, durch einen Verfassungsänderungsvorschlag (gleiche Anzahl von Parlamentssitzen für Christen und Muslime) den Konflikt zu entschärfen. Daraufhin putschte am 12. März 1976 die Armee, die mit diesen Plänen nicht einverstanden war. Doch auch der neugewählte Präsident des Libanon, der Christ ELIAS SARKIS, konnte den Bürgerkrieg nicht mehr verhindern; die Auseinandersetzungen nahmen an Heftigkeit zu: Im Juni ermordeten linke Terroristen den amerikanischen Botschafter, im Juli überfielen rechte Terroreinheiten das Palästinenserlager Tall al-Zataar; über 2000 Flüchtlinge starben bei diesem Angriff. Der Gegenschlag der *Nationalen Bewegung* brachte die christlichen Milizen bis an den Rand ihrer völligen Vernichtung, die nur durch das Eingreifen von 20 000 syrischen Soldaten verhindert werden konnte.

Doch die Syrer, die im Juni die Grenze überschritten hatten, verhielten sich nicht neutral. Sie waren als Friedenstruppe gekommen und vermittelten auch einen Waffenstillstand, der zeitweise eine relative Beruhigung brachte, aber ihre Sympathien für die PLO, die man ursprünglich durch diese Intervention zu einer Mitwirkung an der politischen Lösung des Palästinenserproblems zwingen wollte, sowie die Parteinahme für die Muslime riefen massive Störmanöver seitens der christlichen *Falangisten* hervor.

Als am 14. März 1978 PLO-Kommandos vom Südlibanon aus Tel Aviv (→ Israel) überfielen und die Israelis mit Truppen die Grenze zum Libanon überschritten, um mit Vergeltungsaktionen die PLO aus dem Süden und damit aus der unmittelbaren Nähe zur Grenze zu vertreiben, offenbarte sich der internationale Charakter des Bürgerkriegs und seine Brisanz für den gesamten Nahen Osten.

Die UNO zwang die Israelis zum Rückzug, und die UN-Friedenstruppen versperrten der PLO die Rückkehr in den Südlibanon. Der Kommandant der christlichen Milizen des Südlibanon, HADDAD, erklärte daraufhin die von ihm kontrollierten Gebiete zum »Freien Libanon«. Israels Beistand für HADDAD sollte auch die Ausgangsbasen für israelische Truppen und ihre militärischen Aktionen gegen die PLO sichern helfen.

Durch die israelische Intervention hatten die christlichen Milizen wieder Auftrieb erhalten und eröffneten nun mit Unterstützung der Israelis von neuem den Kampf. Syrischer Raketenbeschuß des christlichen Ostteils von Beirut sollte dagegen die Offensive der *Falangisten* entscheidend schwächen.

1980 und 1981 wurden die Verhältnisse im Libanon immer unübersichtlicher: In beiden Bürgerkriegsparteien, die sich weiterhin heftig bekämpften, kam es zu teilweise blutigen internen Auseinandersetzungen. Die Syrer hatten endgültig ihre Funktion als Friedensstifter aufgegeben, und ein Attentat auf den israelischen Botschafter in London diente Israel als willkommener Vorwand zur erneuten Intervention im Libanon, um die PLO endgültig zu vertreiben.

Am 6. Juni 1982 überschritten 60 000 israelische Soldaten, unterstützt durch vorherige Luftangriffe, mit Panzern und Raketenwerfern die Grenze zum Libanon. Die Operation »Frieden für Galiläa« beschränkte sich aber nicht nur auf die Grenzgebiete; die Israelis drangen immer weiter in Richtung Beirut vor: Nach den Angriffen auf Tyrus (Sur),

Elias Sarkis
(20.7.1924–27.6.1985)
Libanesischer Staatspräsident von 1976 bis 1982.
Über den Verwaltungsdienst gelangte er 1958 als juristischer Berater ins Kabinett. 1976 wurde er als Präsident des Libanon vereidigt, war aber weitgehend von syrischen Interessen abhängig und konnte dem weiteren Verfall staatlicher Autorität keinen Einhalt gebieten. Als Israel 1982 den Südlibanon besetzte, brachte er zwar die Vertreter der wichtigsten politischen Gruppen an einen Tisch, eine Lösung konnte jedoch nicht erzielt werden.

Suleiman Frandschijeh (14.6.1910–22.7.1992)
Staatspräsident des Libanon von 1970 bis 1976. Frandschijeh stammt aus einer politisch aktiven, christlichen Familie und bezeichnete sich selbst als arabischen Maroniten. Bei den Wahlen 1960 kam er als Führer der Gruppe der Unabhängigen Zentristen ins Parlament und war in wechselnden Regierungen u. a. Innen-, Justiz-, und Wirtschaftsminister. Im August 1970 gewann er die Wahl zum Präsidenten, und die ersten Jahre seiner Amtszeit kennzeichnete politische Stabilität. Im Jahre 1976 kam es unter syrischem Druck zu vorgezogenen Präsidentschaftswahlen, und er mußte sein Amt an Elias Sarkis abgeben. Als Nachfolger von Amin Gemayel bewarb er sich 1988 noch einmal um das Präsidentenamt und sorgte damit für Aufsehen.

Sidon, Nabatijeh und Mandschajun stürmten die israelischen Verbände am 10. Juni Beaufort, ein Zentrum der Palästinenser. Die syrischen Truppen konnten die Israelis nicht aufhalten.

Danach begann die Belagerung West-Beiruts, wo sich die Kommandozentrale der PLO und ca. 10 000 PLO-Kämpfer befanden. Mit ihnen waren auch 2000 syrische Soldaten im Westteil der Stadt eingeschlossen, der vom Meer und vom Land aus belagert wurde. Die Weltöffentlichkeit (auch eine große Anzahl israelischer Bürger) sowie der UN-Sicherheitsrat verurteilten den Vormarsch der Israelis. Jerusalem forderte jedoch Garantien für die israelischen Grenzen, den Abzug aller fremden Truppen (insbesondere der PLO), die Stationierung einer UN-Friedenstruppe und die Bildung einer unabhängigen libanesischen Regierung. Die Forderungen wurden mit schwerem Artilleriefeuer und Luftangriffen auf Beirut unterstrichen.

Nach amerikanischer Vermittlung begann am 21. August unter internationaler Kontrolle der Abzug der PLO-Kämpfer aus Beirut. Sie wurden vom → Sudan, von → Syrien, → Jordanien und Tunesien aufgenommen; ihre Familien blieben im Libanon zurück. Weitere 30 Militärlager der PLO im Land wurden von den Einheiten HADDADS und von israelischen Soldaten vernichtet. Syrer und der Rest der PLO-Kämpfer zogen sich in die von den Israelis nicht kontrollierte Beka-Ebene zurück.

Ansonsten gab es im Libanon keine PLO-Kämpfer mehr, wohl aber immer noch palästinensische Flüchtlingslager. Nach dem Abzug der PLO aus Beirut übernahm dort die libanesische Armee die Kontrolle.

Zum neuen Staatspräsidenten wurde der *Falangisten*-Führer BESCHIR GEMAYEL gewählt. Nach seiner Ermordung durch ein Bombenattentat am 14. September 1982 richteten *Falangisten* grausame Massaker in den Flüchtlingslagern von Sabra und Schatila an, in denen über 80 000 Palästinenser lebten; mehr als 1000 Flüchtlinge wurden bei dem Rachefeldzug getötet. Die christlichen *Falangisten* waren von israelischen Soldaten geschickt worden, die die Flüchtlingscamps sicherten. Sie sollten nach angeblich versteckten Waffen und PLO-Sympathisanten suchen.

Zum Nachfolger BESCHIR GEMAYELS wurde sein als gemäßigt geltender Bruder AMIN gewählt, der einen Ausgleich mit den muslimischen Gruppen suchte; doch den christlichen *Falangisten* war der neue Staatspräsident zu nachgiebig.

Israel und Libanon unterzeichneten gegen den Widerstand Syriens am 17. Mai 1983 ein von den USA vermitteltes Abkommen über den Abzug aller fremden Truppen. Nach der ersten Phase des Rückzugs hinter den Awali-Fluß bis zum 3. September 1983 war der weitere israelische Abzug erst Mitte 1985 abgeschlossen. Israel übertrug die Kontrolle der

Sicherheitszone auf libanesischem Territorium dem ehemaligen maronitischen General Antoine Lahad und seiner *Südlibanesischen Armee* (SLA).

Die libanesische Regierungsarmee bot kein einheitliches Bild mehr; sie war gespalten, was den syrischen Einfluß im Libanon noch verstärkte. Am 5. März 1984 erklärte der Libanon das Abkommen mit → Israel für ungültig. Auf einer von Saudi-Arabien vermittelten Versöhnungskonferenz der Bürgerkriegsparteien in Lausanne kam eine Einigung über die Feuereinstellung und über künftige innenpolitische Reformen zustande. Am 24. April 1984 wurde unter Ministerpräsident Raschid Karameh eine Regierung der Nationalen Einheit gebildet.

Der libanesische nationale Widerstand setzte sich nach dem israelischen Teilrückzug mit vereinzelten Aktionen und Anschlägen gegen die *Südlibanesische Armee* und die israelischen Soldaten fort. Im Landesinneren bekämpften sich die verschiedenen Milizen; die Gemeinschaften grenzten sich gegeneinander ab. So unterstützten die Maroniten zum Teil den ehemaligen Präsidenten Frandschijeh, der den Norden der libanesischen Küste beherrschte, andere wiederum standen auf seiten der Familie Gemayel.

Die Schiiten, die aus ihren Siedlungen im Süden nach Beirut geflüchtet waren, erhielten innenpolitisch immer mehr Gewicht. Neben der prosyrischen *Amal*-Miliz, die gegen die Palästinenser vor allem im Südlibanon kämpfte, entstanden unter iranischem Einfluß Extremistengruppen, die sich an der Revolution im Iran orientierten. Ihre bewaffneten Organisationen kämpften wiederholt gegen Drusen und Sunniten, die erhebliche Verluste erlitten.

Nachdem Anhänger des PLO-Führers Jassir Arafat in die Lager südlich von Beirut eingedrungen waren, kam es Mitte 1985 zum Lagerkrieg mit der *Amal*-Miliz, die von den Arafat feindlich gesonnenen Syrern und von der schiitischen 6. Brigade der libanesischen Armee unterstützt wurde. Auch unter den Palästinensern, die den Angriff abwehren konnten, gab es eine pro- und eine antisyrische Fraktion.

Jassir Arafat* → *Israel

In der Stadt Tripoli, die zur »Islamischen Republik« ausgerufen worden war, war die *Amal*-Miliz inzwischen unter die Kontrolle des sunnitisch-fundamentalistischen Scheichs Ahmad Schaaban geraten, der enge Verbindungen zum Iran hatte. Bereits 1981 war es zwischen Syrien und der *Falange* zu einem Konflikt um die Stadt gekommen. Um den strategisch wichtigen griechisch-orthodoxen Ort Zahleh in der Bekaa-Ebene kontrollieren zu können, ließ → Syrien die Stadt im Sommer 1985 von verbündeten schiitischen Milizen unter Beschuß nehmen. Im Oktober 1985 brach der letzte Kampf um Tripoli aus, das von syrischen Soldaten besetzt wurde. Die Kämpfe kosteten 500 Menschen das Leben. 300 000 Flüchtlinge verließen vorübergehend die Stadt. Als

Fundamentalisten im Dezember 1986 erneut versuchten, die Stadt in ihre Gewalt zu bekommen, konnten sie von den Syrern zurückgeschlagen werden.

Am 15. Oktober 1985 verhandelten unter syrischer Vermittlung die Führer der großen libanesischen Milizen über eine Neuregelung des politischen Systems im Libanon. Die christliche Seite weigerte sich aber, das Ergebnis zu akzeptieren. Kämpfe, Unruhen, Autobomben, Anschläge und Entführungen von Libanesen und Ausländern dauerten an. Nach zähem Ringen um einen Kompromiß konnte am 28. Dezember 1985 dann doch ein Vertrag von den drei Milizen unterschrieben werden, der für den sunnitischen Ministerpräsidenten einen Machtzuwachs zu Lasten des christlichen Staatspräsidenten bedeutete. Die Politik sollte »dekonfessionalisiert«, die Milizen aufgelöst und die libanesische Regierungsarmee neu formiert werden. Ferner verständigte man sich auf eine enge Kooperation mit → Syrien, das den Waffenstillstand überwachen sollte. Staatspräsident GEMAYEL stimmte dem Vertrag zu, Generalstabschef SAMIR GEAGEA, der die christlichen Viertel von Beirut und die sich nördlich anschließenden Regionen von Dschunjeh bis vor Batroun kontrollierte, lehnte ihn ab. Nördlich des Herrschaftsbereichs GEAGEAS lag das Gebiet der mit → Syrien verbündeten Marada, Anhänger des ehemaligen Präsidenten FRANDSCHIJEH.

Monatelang beschossen Syrien und seine verbündeten Milizen christliche Stadtviertel von Beirut. Zur gleichen Zeit gab es im muslimischen Westteil der Stadt unter den Milizen heftige Auseinandersetzungen um die Vormachtstellung in ihrem Bereich. Nachdem die *Amal* über ein Jahr lang vergeblich versucht hatte, die PLO zu entwaffnen, begann sie von Juli 1986 an, mit einer Lebensmittelblockade der Lager in Süd-Beirut und in Tyros ihr Ziel durchzusetzen. Im Februar 1987 kämpfte die *Amal* einerseits nach wie vor gegen die Palästinenser um die Lager von Süd-Beirut, andererseits gegen eine Koalition aus kommunistischen Milizen, Drusen, Schiiten und anderen bewaffneten Linksgruppen in West-Beirut. Am 8. Januar 1987 mußte der Flughafen von Beirut geschlossen werden. Ministerpräsident KARAMEH forderte Syrien zum Einmarsch in Beirut auf: Am 22. Februar 1987 erzwangen 7000 syrische Soldaten zwar eine Waffenruhe in West-Beirut, gerieten dabei aber in Kämpfe mit der proiranischen *Hisbollah*. Die *Amal* übergab im April 1987 syrischen Truppen die Kontrolle über die Lager von Süd-Beirut.

KARAMEH, der am 4. Mai zurückgetreten war, wurde am 1. Juni durch ein Bombenattentat ermordet.

Die Zersplitterung des Landes in jeweils von einer Gruppe beherrschte Regionen war nicht mehr aufzuhalten. In schweren Kämpfen war es der *Amal* im Süden gelungen, sich gegen die *Hisbollah* durchzusetzen.

Während des 15 Jahre dauernden Bürgerkrieges war die Innenstadt von Beirut immer wieder Schauplatz von Bombenattentaten.

Nach dem Ablauf der Amtszeit von Staatspräsident GEMAYEL im September 1988 etablierte sich gegen die christliche Interimsregierung von General MICHEL AOUN eine muslimische Gegenregierung.

Der Führer der von Israel gestützten *Südlibanesischen Armee* LAHAD erkannte AOUN als rechtmäßigen Ministerpräsidenten des Landes an. Die institutionelle Spaltung des Libanon setzte sich zwangsläufig auch in der Armee fort. Zum provisorischen Oberbefehlshaber der einen Hälfte des libanesischen Militärs (ca. 15 000 Mann) wurde SAMI AL-CHATIB ernannt, der sich im Kampf gegen Israel mit nationalen und mit den Syrern alliierten Milizen (*Amal* ca. 2000 Kämpfer, 5000 Mann der *Sozialistischen Fortschrittspartei* des Drusenführers WALID DSCHUMBLAT im Schuf und die *Volksbefreiungsarmee* der Nasseristen unter MUSTAFA SAAD in Sidon) verbündete (NASSER → Ägypten). General AOUN befehligte die andere Hälfte und stützte sich auf die Milizen GEAGEAS, die *Forces Libanaises* (FL); diesem wiederum unterstellte sich Anfang Oktober 1988 die Privatarmee des ehemaligen Präsidenten GEMAYEL (ca. 3500 Mann).

Nach wochenlangen Kämpfen unterzeichneten *Amal* und *Hisbollah* durch syrische und iranische Vermittlung am 30. Januar 1989 einen Waffenstillstand, der die freie Aktivität der *Hisbollah* im Süden garantierte und einen Monat lang weitere Kämpfe dort verhinderte. Am 14. März 1989 begann AOUN, der vom Irak unterstützt wurde, zusammen mit großen Teilen der christlichen Milizen einen verlustreichen »Befreiungskrieg« gegen die syrische Armee. Die Syrer antworteten mit einem großangelegten Bombardement christlicher Stellungen.

Syrien erklärte sich bereit, seine Rolle im Libanon neu zu definieren, und machte damit den Weg frei zur »Versöhnungscharta von Taif« vom 22. Oktober 1989, in der die

Arabische Liga den Abzug der 30 000 syrischen Soldaten hinter eine Sicherheitslinie in der östlichen Bekaa-Ebene zusagte.

Im nordlibanesischen Luftwaffenstützpunkt Kalaiat wurde am 5. November 1989 René Moawad in Anwesenheit des *Falangisten*-Führers Georges Saade und des maronitischen Patriarchen Nasrallah Sfeir zum Staatspräsidenten gewählt; die Wahl wurde von Aoun nicht anerkannt. Nach Moawads Ermordung – er war nur 17 Tage im Amt gewesen – wurde der Maronit Elias Hrawi zum Nachfolger gewählt.

Am 23. Dezember brachen im Süden des Landes wieder Kämpfe zwischen *Amal* und *Hisbollah* aus. Im Januar 1990 hatte der Machtkampf unter den Christen einmal einen Höhepunkt, als es erneut zu bewaffneten Auseinandersetzungen zwischen Aoun-Anhängern und den Geagea-Milizen kam.

In 15 Jahren Krieg waren etwa 94 000 Zivilisten getötet und 115 000 verletzt worden; über 14 000 Personen wurden entführt, darunter einige ausländische Staatsbürger. Beinahe 20 000 Menschen gelten als vermißt, 800 000 flohen ins Ausland.

Erste Schritte zum Frieden machten die überlebenden Abgeordneten des libanesischen Parlaments (1972 war letztmals gewählt worden) am 21. August 1990. Sie änderten die Verfassung dahingehend, daß das Abgeordnetenhaus künftig paritätisch mit Muslimen und Christen besetzt wird. Die Vollmachten des nach wie vor maronitischen Staatspräsidenten wurden eingeschränkt. Auch der Oberbefehlshaber der Armee bleibt Maronit, der Oberste Verteidigungsrat setzt sich aber ebenfalls paritätisch aus Christen und Muslimen zusammen. Die neue Verfassung betont ausdrücklich den »arabischen Charakter Libanons«, Staatspräsident Hrawi proklamierte am 21. September 1990 die »Zweite Republik Libanon«.

Aoun, der in seinem Herrschaftsgebiet militärisch eingekesselt worden war, kapitulierte am 14. Oktober 1990. Um eine Eskalation wegen des entstandenen Machtvakuums zu vermeiden, versuchte → Syrien, die ungefähr 80 Privatarmeen zu entwaffnen. Um ihren Einfluß im Libanon weiterhin zu sichern, schlossen der → Iran und Syrien am 5. November 1990 ein Friedensabkommen, das den Kampf der prosyrischen *Amal*- gegen die proiranische *Hisbollah*-Miliz, der ein fester Platz im Südlibanon zugesichert wurde, beendete. Bis Ende November 1990 zogen sich die Bürgerkriegsmilizen aus der Gegend um Beirut und aus der Stadt selbst zurück; die Regierung übernahm wieder die Kontrolle, und die »Grüne Linie« zwischen Muslimen und Christen, die Beirut trennte, war damit aufgehoben. An die Stelle der syrischen traten reguläre libanesische Einheiten. Ende Dezember 1990 versuchte der neue libanesische Ministerpräsident

Omar Karami, ein Kabinett der nationalen Einheit zu bilden. Im Frühjahr 1991 gelang es der Regierung, weitere Teile des Landes unter ihre Kontrolle zu bringen. Über 20 000 Milizionäre konnten entwaffnet werden. Mit seiner prosyrischen Mehrheit ratifizierte das Parlament im Mai 1991 einen Kooperationsvertrag (dem sich noch ein Sicherheitspakt und ein Verteidigungsbündnis anschlossen) mit Syrien, das den Libanon praktisch zu einem »Protektorat« des Nachbarlandes machte.

Rafik Baha ad-Din Hariri (*1944)
Libanesischer Ministerpräsident seit 1992.
Der Sunnit Hariri verließ 1966 den Libanon in Richtung Saudi-Arabien, wo er ab 1970 als Bauunternehmer und später auch als Banker ein Milliardenimperium aufbaute. 1983 gründete er die Hariri-Stiftung, die Tausenden libanesischer Studenten ein Studium in Europa und den USA finanzierte. Hariris Reichtum erleichterte ihm, in der libanesischen Politik Fuß zu fassen: Die meisten Libanesen halten Hariri für zu reich, um bestechlich oder korrupt zu sein. Außerdem hielt man ihn nicht zuletzt deshalb für geeignet, das Land in der schweren Zeit des Wiederaufbaus zu leiten, weil er aufgrund seiner beruflichen Leistungsbilanz wie kein anderer den Mangel an effizientem Management in der Regierung zu beheben versprach.

Ergebnis und weitere Entwicklung

Im Südlibanon flog die israelische Armee, wie in den Jahren zuvor, Luftangriffe gegen Stellungen der *Hisbollah* und der PLO. Bei einem israelischen Vergeltungsschlag auf Sidon im Februar 1992 kam der *Hisbollah*-Führer Mussawi ums Leben.

Nach der erfolgreichen Einnahme der Hafenstadt durch die Regierungstruppen gelang es auch, die Palästinenser zu entwaffnen, von denen 350 000 eingebürgert werden sollten. Die Kämpfe im besetzten Südlibanon gingen auch in den nächsten Jahren weiter. Nach der Freilassung vieler schiitischer Gefangener aus israelischen Gefängnissen trat aber immerhin in der Geiselfrage – in den vergangenen Jahren waren zahlreiche Menschen, darunter viele Ausländer, in die Hände palästinensischer Kidnapper geraten, die inhaftierte Kampfgenossen freipressen wollten – eine gewisse Entspannung ein.

Bei den ersten freien Parlamentswahlen seit zwanzig Jahren im Sommer 1992 siegten die Schiiten und die Fundamentalisten, doch keine der Parteien errang eine eindeutige Mehrheit. Ministerpräsident wurde Rafik Baha ad-Din Hariri, ein libanesischer Milliardär mit saudi-arabischem Paß. Die neue Regierung – wie die alte prosyrisch eingestellt – verweigerte im Dezember 1992 den israelischen Behörden die Deportation von 415 Palästinensern in den Libanon.

Die Israelis haben inzwischen in der Sicherheitszone ihre eigenen Truppen verstärkt. Es ist ihnen aber bis heute noch nicht gelungen, die *Hisbollah* zu entwaffnen, die sich zusammen mit der *Volksfront zur Befreiung Palästinas-Generalkommando* (PFLP-GC) weiterhin mit der *Südlibanesischen Armee* heftige Gefechte liefert und in der Sicherheitszone bzw. in Israel immer wieder Terroranschläge verübt.

Als die Angriffe der *Hisbollah*-Milizen auf Israel nicht nachließen, startete die israelische Armee eine Großoffensive gegen deren Stellungen im gesamten Libanon. 30 000 Granaten und 1200 Fliegerbomben sollen bei diesem Angriff eingesetzt worden sein. 250 000 bis 300 000 Menschen flohen aus dem südlichen Libanon.

1995 waren noch immer 40 000 syrische Soldaten im Libanon stationiert; die Regierung in Damaskus greift häufig in die Innenpolitik des Nachbarlandes ein. Unterdessen versucht der derzeit amtierende sunnitische Ministerpräsident HARIRI, seine Macht auszubauen. Die Wirtschaftslage im Libanon ist schwierig; für die Sanierung des im Bürgerkrieg zerstörten Landes werden bis zum Jahr 2000 etwa 12 Milliarden Dollar Entwicklungshilfe benötigt. Am Wiederaufbau Beiruts verdienen Unternehmen des Ministerpräsidenten HARIRI mit. Teile der Christen, insbesondere die *Forces Libanaises* (FL), die mit der maronitischen *Falange* konkurrierten, können sich mit dem Machtverlust nicht abfinden, und es kommt hin und wieder zu vereinzelten Anschlägen, um die seit Ende des Bürgerkriegs verfolgte Versöhnungspolitik zu stören.

Literatur: s. a. → Ägypten, → Irak, → Israel, → Jordanien, → Syrien
A. Abu Khalil: *Syria and the Shiites. Al-Asad's politics in Lebanon.* In: *Third World Quarterly* 12.2, 1990.
M. Agwani (Hg.): *The Lebanese Crisis 1958. A Documentary Study.* London 1965.
J. P. Baltas / G. Corm: *L'avenir du Libanon dans le contexte régional et international.* Paris 1990.
Barakatz Halim (Hg.): *Toward a Viable Lebanon.* London 1988.
J. Becker: *The PLO: The Rise and Fall of the Palestine Liberation Organization.* New York 1984.
H. Cobball: *The Making of Modern Lebanon.* Boulder, Col., 1985.
M. Deeh: *Shia Movements in Lebanon: Their Formation Ideology. Basis and Links with Iran and Syria.* In: *Third World Quarterly* 10, 1988.

G. Delafon: *Beyrouth, les soldats de l'Islam.* Paris 1989.
I. Q. Fahem: *Crisis in Lebanon.* Washington 1961.
Th. L. Friedmans: *From Beirut to Jerusalem.* New York 1989.
A. Gemayel: *L'offense et le pardon.* Paris 1988.
A. Gersh: *Le Liban au miroir des dechirements arabes.* In: *Le Monde Diplomatique*, Januar 1990.
Th. Hanf: *Libanon.* Frankfurt 1995.
X. H. Hourani: *Political Society in Lebanon. A Historical Introduction.* London 1986.
W. Köhler: *Die Vorgeschichte des Krieges im Libanon.* Stuttgart 1980.
W. Köhler: *Libanon.* In: D. Nohlen / F. Nuscheler (Hg.): *Handbuch der Dritten Welt.* Hamburg 1983.
G. Konzelmann: *Der unheilige Krieg, Krisenherde im Nahen Osten.* Hamburg 1985, München 1988.
A. R. Norton: *Amal and the Shi'a Struggle for the Soul of Lebanon.* Austin, Tex., 1987.
V. Perthes: *Der Libanon nach dem Bürgerkrieg.* Baden-Baden 1994.
E. Picard: *Liban, état de discorde: des fondations aux guerres fractricides.* Paris 1988.
N. Picaudou: *La déchirure libanaise.* Brüssel 1989.
D. Pipes: *Greater Syria. The History of an Ambition.* New York 1990.
H. Rabinositch: *The War for Lebanon.* New York 1984.
A. Rieck: *Die Schiiten und der Kampf um den Libanon. Politische Chronik 1958–1988.* Hamburg 1989.
K. Salibi: *A House of Many Mansions. The History of Lebanon Reconsidered.* London 1988.
A. Schlicht: *Libanon zwischen Bürgerkrieg und internationalem Konflikt.* Bonn 1986.
D. Schnittger: *Der Libanon im Kreuzfeuer. Eine Zeittafel.* Berlin 1993.
N. Shehadi / D. H. Mills: *Lebanon. A History of Conflict and Consensus.* London 1988

Staatsname: Libanesische Republik
Staatsform: Parlamentarische Republik (seit 1926)
Staatsoberhaupt: Elias Hrawi (seit 1989)
Regierungschef: Rafik Baha ad-Din Hariri (seit 1992)
Regierung: 15 christliche und 15 muslimische Minister
Parlament: Nationalversammlung 128 Sitze (Wahl von August/September 1992), Amal-Partei 19, Hisbollah 12, Liste Salim al-Huss 10, Sozialistische Fortschrittspartei 7, Syrisch-Nationalistische Partei 6, Sonstige 74
Mitgliedschaft bei internationalen Organisationen: Arabische Liga, UNO
Lage: 35°–37° östlicher Länge, 33°–35° nördlicher Breite
Fläche: 10 400 km^2
Hauptstadt: Beirut
Bevölkerung: 2,9 Millionen; Libanesen 80 %, Palästinenser 12 %, Armenier 5 %, Sonstige 3 %; schiitische Muslime 30 %, sunnitische Muslime 23 %, Drusen 7 %, christliche Maroniten 21 %, griechisch-orthodoxe Christen 7%, griechisch-katholische Christen 7 %, sonstige Christen 5 %
Wirtschaft: Dienstleistung 56,8 %, Industrie 24,1 %, Landwirtschaft 19,1 %; Export: Juwelen 10,2 %, Kleidung 5,2 %, Pharmazeutika 4,9 %

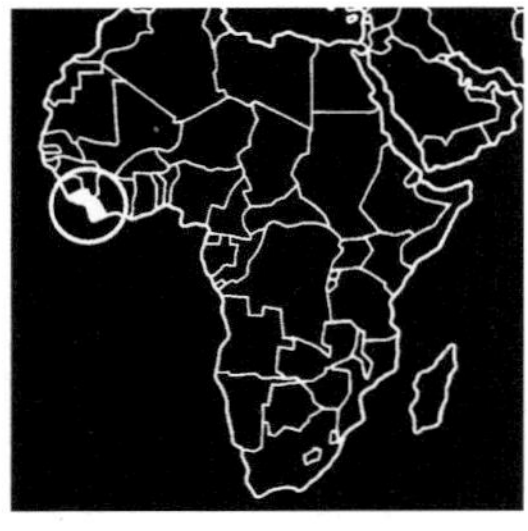

LIBERIA

Bürgerkrieg seit 1989

Nach der gewaltsamen Beseitigung eines korrupten Regimes durch im Exil entstandene bewaffnete Widerstandsgruppen kam es zu ethnischen Konflikten und zu einem blutigen Machtkampf mehrerer Rebellengruppen, der bis heute nicht entschieden ist.

Historischer Hintergrund

Liberia ist die älteste Republik Afrikas, und seine Entwicklung hängt eng mit der Sklaverei zusammen. Gegen Ende des 18. Jahrhunderts erhielten immer mehr Schwarze in den USA und England ihre Freiheit zurück. So war bereits 1787 Freetown in → Sierra Leone entstanden. 1820 kamen die ersten befreiten Sklaven nach Liberia, die die 1816 gegründete *American Colonization Society* hier ansiedelte. 1838 schlossen sich die einzelnen Kolonien (außer Maryland in Liberia) zum »Commonwealth of Liberia« zusammen, und 1841 wurde der erste schwarze Gouverneur ernannt. Am 26. Juli 1847 erklärte Liberia seine Unabhängigkeit; die Verfassung des Landes orientierte sich an der amerikanischen. Mit US-Wirtschaftshilfe wurden große Kautschukplantagen angelegt.

Einwanderer und Einheimische zu einer Nation zu verschmelzen war eines der bis heute nicht gelösten Hauptprobleme. Die wirtschaftliche Situation des Landes, vor allem die Abhängigkeit von der Kautschukproduktion, erschwerte zusätzlich den Integrationsprozeß. Erst in den fünfziger Jahren erschloß sich Liberia mit der Ausbeutung seiner gewaltigen Eisenerzvorkommen eine zusätzliche Einnahmequelle.

Trotz der US-Schirmherrschaft mußte Liberia Anfang des 20. Jahrhunderts ein Drittel seines Territoriums an England und Frankreich abtreten. Um 1930 kam es zu einer schweren Krise zwischen Einwanderern und Einheimischen, als Liberianer als Zwangsarbeiter an das damals portugiesische Fernando Poo im heutigen Äquatorial-Guinea wie Sklaven »verliehen« wurden.

Liberias Innenpolitik wurde viele Jahrzehnte lang von einer Einheitspartei geprägt, der *True Whig Party* (TWP). Sie hatte bereits 1870 den ersten schwarzen Präsidenten gestellt. Seit der Staatsgründung besteht die politische Elite aus Ameriko-Liberianer, d. h. aus Einwanderern aus Amerika und ihren Nachfahren. Die Ameriko-Liberianer ver-

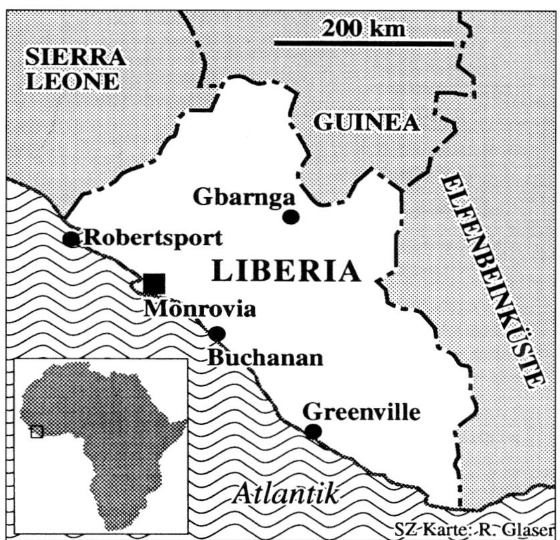

William Tubman (29.11.1895–23.7.1971)
Liberianischer Staatspräsident von 1944 bis 1971.
Der studierte Jurist Tubman war in den zwanziger und dreißiger Jahren Abgeordneter im liberianischen Senat und von 1937 bis 1934 Richter am Obersten Gerichtshof in Monrovia, bevor er 1944 zum Staatspräsidenten gewählt wurde. Als solcher war er insbesondere um den Ausgleich zwischen den verschiedenen Ethnien Liberias bemüht. Tubman warb erfolgreich bei ausländischen Investoren um Vertrauen in sein Land, baute ein öffentliches Schulsystem auf und führte das Wahlrecht für Frauen ein. Mehrere Attentate auf ihn schlugen fehl. 1971 starb er eines natürlichen Todes. Tubman war einer der Initiatoren der Organisation für Afrikanische Einheit (OAU).

hielten sich wie Kolonialisten und führten den Lebensstil amerikanischer Südstaatler ein. Regierungsstil, Religion, Sprache, Sitten, Wertvorstellungen und Machtstreben trennten sie von der angestammten afrikanischen Bevölkerung. Erst unter der Präsidentschaft von WILLIAM TUBMAN von 1944 bis 1971 wurde die innere Einheit des Landes forciert. Die politische Macht blieb aber weiterhin in den Händen der aus Amerika stammenden Liberianer, die nur fünf Prozent der Gesamtbevölkerung ausmachen. Der Rest setzt sich aus 16 verschiedenen einheimischen ethnischen Gruppen zusammen.

Der liberianische Staat war eine Scheindemokratie. Wahlberechtigt waren nur Schwarze mit Eigentum, Weißen war Grundbesitz verboten. Großen Einfluß übten die Kirchen und Freimaurerlogen auf die ameriko-liberianische Elite aus.

Auf TUBMAN folgte 1971 WILLIAM TOLBERT. Wirtschaftliche und soziale Probleme, vor allem die zunehmende Arbeitslosigkeit, führten im April 1979 zu blutigen Unruhen in Monrovia. Am 12. April 1980 wurde Präsident TOLBERT bei einem Militärputsch unter Führung des Hauptfeldwebels SAMUEL DOE ermordet und die Herrschaft der *True Whig Party* beendet; fast alle Regierungsmitglieder wurden hingerichtet. Seitdem regierte in Monrovia ein aus Militärs bestehender *People's Redemption Council* (Volkserlösungsrat). Die früheren Oppositionsparteien *People's Progressive Party* (PPP) und *Movement of Justice in Africa* (MOJA) wurden an der neuen Regierung beteiligt. DOE

22. Juli 1990: Rebellenführer Charles Taylor und seine Truppen von der Nationalen Patriotischen Front feiern die Eroberung der Hauptstadt Monrovia.

Charles Taylor (*1942)
Liberianischer Guerillaführer. Taylor wurde nach einem Studium der Wirtschaftswissenschaften, das er in England absolvierte, 1979 Direktor der staatlichen Handelsgesellschaft Liberias. 1980 beteiligte er sich am Putsch von Samuel Doe gegen den Präsidenten William Tolbert. Der Veruntreuung von Millionenbeträgen öffentlicher Gelder verdächtigt, mußte er 1986 in die USA fliehen. Als er dort wegen illegaler Waffengeschäfte polizeilich gesucht wurde, kehrte er nach Liberia zurück, formierte die Guerillatruppe NPFL und brach 1989 einen Bürgerkrieg gegen das Doe-Regime vom Zaun. Taylor eroberte bis 1990 den größten Teil des Landes, ermordete den Präsidenten und stürzte dessen Regierung.

wollte die Benachteiligung der Afro-Liberianer beseitigen und eine betont blockfreie Außenpolitik führen.

Konfliktparteien

Der Bürgerkrieg zwischen der Regierungsarmee DOES und den Rebellen hat seine Ursachen in den ethnischen Spannungen zwischen den verschiedenen Volksgruppen – Kpelle (19,4 %), Bassa (13,8 %), Gio, Kru und Grebo (jeweils um die 8 %) und andere, kleinere Bevölkerungsgruppen (mit über 40 %) – und im Machtgerangel innerhalb der Elite des Landes.

Seit August 1990 kämpfen die Exil-Liberianer der *Nationalen Patriotischen Front Liberias* (NPFL) unter Führung von CHARLES TAYLOR und die von ihr abgesplitterte *Unabhängige Nationale Patriotische Front* (NPF) unter YORMIE JOHNSON sowohl gegeneinander als auch gegen die Regierung.

Konfliktverlauf

DOE hatte ein Terrorregime etabliert. Es war zu Mißwirtschaft und Korruption gekommen, und bis zu seiner Ermordung (s. u.) hatte es über 35 Putschversuche gegeben. Die innenpolitische Lage hatte viele Liberianer ins Exil, vor allem in die Republik Elfenbeinküste, getrieben. Hier organisierte die Opposition ihren Widerstand gegen das DOE-Regime. Der nordöstliche, rohstoffreiche Bezirk Nimba, in dem die Stämme der Gio und Mano leben, war bereits 1985 und 1988 von Rebellen angegriffen worden.

Am 25. Dezember 1989 drangen erneut Guerillagruppen über die Grenze von Elfenbeinküste in den Nimba-Bezirk ein. Angeführt wurden sie von TAYLOR, einem ehemaligen Regierungsfunktionär, der 1986 der Veruntreuung bezichtigt worden und in die USA geflohen war. Mit Unterstützung Libyens hatte er eine Rebellenarmee aufgebaut, fand aber keinen großen Rückhalt in der Bevölkerung. Die liberianische Armee (überwiegend Krahn-Angehörige) versuchte, die Rebellenangriffe mit großer Grausamkeit zurückzuschlagen, und tötete vor allem Angehörige der Gio- und Mano-Stämme, die schon 1985 den Übergriffen der Armee ausgesetzt waren. 60 000 Menschen flüchteten nach Elfenbeinküste, etwa 15 000 nach Guinea.

Doe bezichtigte Elfenbeinküste der Unterstützung der Rebellen und drohte, bei der Verfolgung der Rebellen notfalls die Grenze zu überschreiten. Die Kämpfe im Norden weiteten sich zu einem Bürgerkrieg aus; die Rebellenarmee war etwa 5000 Mann stark, und ihr gehörten vor allem Angehörige der Gio- und Mano-Stämme an. Es kam zu Massakern unter den verschiedenen Volksgruppen.

Doe konnte sich nur noch in der Hauptstadt Monrovia halten; die Truppen der NPFL hatten Anfang Juli 1990 die nur noch aus wenigen hundert Mann bestehenden Regierungseinheiten bei seiner Residenz eingeschlossen. Taylor erklärte sich am 27. Juli 1990 zum neuen Präsidenten Liberias. Innerhalb der NPFL kam es zum Streit: Anfang August stellte eine Fraktion unter der Führung von Hauptfeldwebel Johnson eine eigene, etwa 1000 Mann starke Rebellengruppe zusammen, die sich nun gegen Taylor und Doe wandte. Die Staaten der *Economic Community of Westafrican States* (ECOWAS) stellten in dieser Situation eine Friedenstruppe, die *Economic Community Monitoring Group* (ECOMOG), zusammen, der Einheiten aus → Nigeria, Gambia, → Ghana, Guinea und → Sierra Leone angehörten. Am 24. August 1990 wurden die 3000 Mann der ECOMOG in die Kämpfe mit Taylors Soldaten verwickelt, der im Gegensatz zu Doe und Johnson die auswärtige Intervention verurteilte. Johnson gelang es am 9. September 1990, in den Regierungspalast vorzudringen, Doe zu töten und sich selbst zum neuen Präsidenten zu erklären.

Aber auch Taylor und außerdem noch General David Nimley, der Chef der Präsidentengarde, sowie der Staatswissenschaftler Amos Sawyer beanspruchten das Präsidentenamt. Letzterer hatte einst für Doe die Verfassung konzipiert und war nach Gründung einer Oppositionspartei 1982 ins Exil in die USA gegangen. Sawyer wurde von Vertretern verschiedener liberianischer Oppositionsgruppen zum Präsidenten gekürt, und er hatte die Unterstützung der westafrikanischen Interventionstruppe, die ihn schließlich auch in das Amt einsetzte. Taylor erkannte ihn nicht an: Liberia hatte somit zwei Regierungen.

Taylor zog Reste der aufgeriebenen Regierungstruppen auf seine Seite und schickte sie in den Kampf gegen die ECOMOG-Truppen. Die ehemaligen Regierungssoldaten kontrollierten Teile der Hauptstadt, Taylor das Hinterland und die Umgebung von Monrovia.

Samuel Doe (6.5.1950–9.9.1990)
Liberianischer Staatspräsident von 1985 bis 1990.
Doe kam 1980 durch einen blutigen Putsch gegen William Tolbert (Präsident seit 1971) an die Macht. Er war der erste aus der Urbevölkerung stammende Staatschef Liberias und ließ als erstes fast alle amerikoliberianischen Regierungsmitglieder hinrichten. 1985 löste er die von ihm geführte Militärregierung auf und wurde zum Präsidenten einer Zivilregierung gewählt. Unter seinem Regime hielten Mißwirtschaft und Korruption Einzug in Liberia. Außenpolitisch wurden die vormals engen Beziehungen zu den USA empfindlich gestört. Wegen der massiven Unterdrückung des umstürzlerischer Umtriebe verdächtigten Stammes der Gio im Norden des Landes geriet das Doe-Regime international heftig in die Kritik. Im September 1990 wurde Doe von Rebellen getötet und seine Regierung gestürzt.

Nachdem sich im April 1992 die Kämpfe zwischen den beiden rivalisierenden Rebellengruppen noch einmal verschärft hatten, bahnte sich eine Wende im liberianischen Bürgerkrieg an. TAYLOR, der inzwischen fast das gesamte Land und die Hauptstadt kontrollierte, erklärte sich zur Entwaffnung seiner Truppen bereit und erkannte die Friedenseinheiten der ECOWAS an. Dennoch kam es zu weiteren verlustreichen Kämpfen zwischen seinen Einheiten, der nationalen Armee und Anhängern des ehemaligen Präsidenten DOE. Am 2. April hatten ECOMOG-Einheiten die Hafenstadt Buchanan, eines der Hauptquartiere TAYLORS, erobern können.

Ergebnis und weitere Entwicklung

Am 17. Juli 1993 wurde mit Hilfe der UNO ein Friedensabkommen unterzeichnet und im August eine Übergangsregierung gebildet, an der alle Konfliktparteien beteiligt waren. Es kam wiederholt zu ethnischen Übergriffen, die von den verschiedenen Rebellengruppen verübt wurden.

Nach mehreren Wechseln an der Spitze der Übergangsregierung steht seit dem 28. Februar 1994 DAVID KPOMAKPOR an der Spitze des Staatsrates. Die UNO entsandte 500 Beobachter ins Land, die auch die Entwaffnung der etwa 60 000 Bürgerkriegskämpfer überwachen sollten, die zwar im März 1994 begann, aber nur schleppend vorankam. Über 1,4 Millionen Liberianer sind obdachlos oder befinden sich auf der Flucht. In den Flüchtlingslagern in der Nähe von Monrovia gab es immer wieder Massaker; wer dafür verwantwortlich ist, wurde bisher nicht geklärt. Die Kämpfe, die seit 1989 unter der Zivilbevölkerung etwa 150 000 Tote gefordert haben, halten weiterhin an.

Literatur: D. Boom: *Bürgerkrieg in Liberia.* Münster 1993.
R. Kappel / W. Korte (Hg.): *Liberia. Unterentwicklung und politische Herrschaft in einer peripheren Gesellschaft.* Hamburg 1986.
J. G. Liebenow: *Liberia. The Quest for Democracy.* Bloomington, Ind., 1987.
Statistisches Bundesamt (Hg.): *Länderbericht Liberia.* Wiesbaden 1989.

Staatsname: Republik Liberia
Staatsform: Präsidiale Republik (seit 1847)
Staatsoberhaupt: David Kpomakpor (seit 28.2.1994)
Regierungschef: David Kpomakpor (seit 28.2.1994)
Regierung: Staatsrat (5 Mitglieder; seit 7.3.1994)
Parlament: Repräsentantenhaus 64 Sitze (seit 1990 aufgelöst), z. Zt. Übergangsnationalversammlung mit 35 Mitgliedern (seit 7.3.1994)
Mitgliedschaft bei internationalen Organisationen: AKP, ECOWAS, OAU, UNO
Lage: 7°–11° westlicher Länge, 4°–8° nördlicher Breite
Fläche: 99 067 km^2
Hauptstadt: Monrovia
Bevölkerung: 2,8 Millionen; Kpelle 19,4 %, Bassa 13,8 %, Grebo 9 %, Gio 7,8 %, Kru 7,3 %, Sonstige 42,7 %; Christen 67,7 %, traditionelle Religionen 18,5 %, Muslime 13,8 %,
Wirtschaft: Dienstleistung 39 %, Landwirtschaft 38 %, Industrie 23 %; Export: Eisenerz 55,1 %, Gummi 28 %, Holz 8,4 %

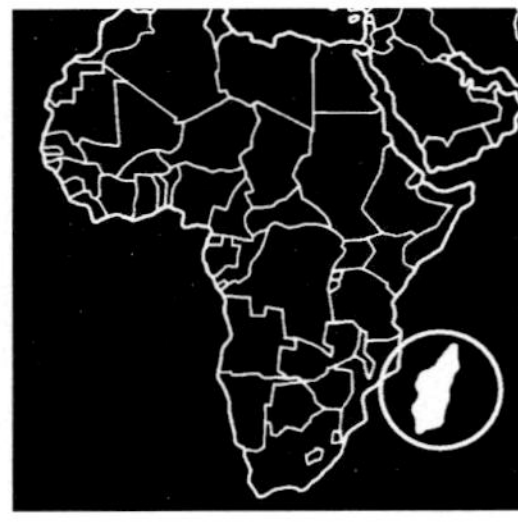

MADAGASKAR

Unabhängigkeitskrieg 1947/48

Der Aufstand gegen die französische Kolonialmacht führte noch nicht in die Unabhängigkeit. Diese wurde erst 12 Jahre später, am 26. Juni 1960, erreicht.

Historischer Hintergrund

Die Bevölkerung des Inselstaats ist ethnisch ausgesprochen vielfältig: Malaiisch-polynesische, indische, arabische und chinesische Bevölkerungsgruppen haben aber dennoch eine einheitliche Kultur mit einer gemeinsamen Sprache ausgeprägt.

Im 16. Jahrhundert gründeten die Portugiesen auf der Insel für kurze Zeit Handelsniederlassungen; zur Eroberung kam es nicht. Herren waren in der Folge vielmehr europäische Piraten, die sich neben den Merina, dem größten Stamm Madagaskars, kleinere Bereiche sicherten und sich mit der einheimischen Bevölkerung vermischten, woraus die ethnische Gruppe der Zana-Malata entstand. Vom 17. Jahrhundert bis ins späte 19. Jahrhundert gab es auf Madagaskar eine absolute Monarchie.

Mitte des 17. Jahrhunderts versuchten die Franzosen vergeblich, das Eiland in Besitz zu nehmen. Trotz ihres Scheiterns erhoben sie seither Anspruch auf die Insel, Stammesunruhen, die das Merina-Reich erschütterten, lieferten 1895 den Vorwand für eine militärische Intervention. 1896 wurde die Monarchie abgeschafft und Madagaskar als Kolonie annektiert. Aufstände gegen die Kolonialherren in den Jahren 1904 und 1905 wurden niedergeschlagen. Im Ersten Weltkrieg kämpften ca. 40 000 Madagassen in der französischen Armee, aber erst 1946 wurden sie französische Staatsbürger, und die Insel wurde den anderen Überseeterritorien administrativ gleichgestellt.

Konfliktparteien

Eine Unabhängigkeitsbewegung hatte sich schon bereits nach dem Ersten Weltkrieg gebildet. Die *Ligue Française pour l'Accession aux Droits des Citoyens des Indigènes de Malgache* unter der Führung von RALAIMONGO und JOSEPH RAVOAHANGY konnte Mitte der dreißiger Jahre während der Volksfrontregierung einige Kurskorrekturen in der Kolonialpolitik Frankreichs erreichen.

Trotz unterschiedlichster Abstammung bildet die Bevölkerung des Inselstaates im Indischen Ozean vor der Küste Afrikas eine kulturelle Einheit.

Im Februar 1946 gründeten die drei führenden Politiker des Landes – RAVOAHANGY, JOSEPH RASETA und JACQUES RABEMANAJARA – das *Mouvement Démocratique de la Renovation Malgache* (MDRM) und gewannen im November die Wahlen zur französischen Nationalversammlung. Doch ihre parlamentarische Arbeit bewirkte für die Unabhängigkeit Madagaskars nur wenig. Unzufriedenheit und Ungeduld schürten den Widerstand gegen die Kolonialverwaltung.

Jacques Rabemanajara (*1913)
Vizeministerpräsident Madagaskars von 1970 bis 1972. Nach dem Studium der Literaturwissenschaft in Paris veröffentlichte er als Schriftsteller einige Bücher. 1945 war er Deputierter in der französischen Nationalversammlung, später Gründungsmitglied des MDRM. Er wurde für die Unruhen in seiner Heimat verantwortlich gemacht und zu lebenslanger Haft verurteilt. Nach der Unabhängigkeit Madagaskars kehrte er zurück und wurde 1965 Wirtschaftsminister, später Landwirtschaftsminister und Außenminister. Von 1970 bis 1972 war er Vizeministerpräsident.

Konfliktverlauf

An verschiedenen Stellen der Insel brachen in der Nacht vom 29. zum 30. März 1947 Aufstände los, die in ihrer Intensität den Freiheitskämpfen in → Algerien oder → Vietnam (zumindest in deren ersten Phasen) in nichts nachstanden. In den ersten Wochen und Monaten wurden die Franzosen in die Defensive gedrängt, und etwa ein Sechstel der Insel wurde zum Schauplatz von Partisanenkämpfen. Es gelang den Aufständischen, die Städte Morondava (an der Westküste) und Mahanoro (an der Ostküste) zu erobern; große Gebiete im Landesinneren wurden bald von ihnen kontrolliert.

Doch die nur schlecht ausgebildeten Guerilleros mit ihren veralteten Waffen konnten die anfänglichen Erfolge nicht fortsetzen; die Unterstützung aus dem Ausland war unzureichend. So konnten die eingesetzten 15 000 französischen Soldaten ab Herbst 1947 allmählich die Oberhand

Didier Ratsiraka (*4.11.1936)
Staatspräsident von Madagaskar von 1976 bis 1993. Nach dem Besuch der Marinehochschule in Toulon wurde Ratsiraka Kommandant eines Patrouillenbootes der madagassischen Seestreitkräfte. Ab 1970 war er Militärattaché an der Botschaft in Paris, bis er 1972 als Außenminister ins Kabinett des Generals Ramanantsoa berufen wurde. Im Laufe der Staatskrise 1975 wurde er vom Militärrat, dessen Mitglied er war, an die Spitze des Obersten Revolutionsrates und zum Staats- und Regierungschef berufen. Eine durch Volksabstimmung gebilligte Verfassung bestimmte einen sozialistischen Kurs, und die von ihm gegründete Partei AREMA wurde zur Staatspartei. Ratsiraka wurde 1982 und 1989 wieder für sieben Jahre zum Präsidenten gewählt, stimmte jedoch 1992 einer Neuwahl zu, in der er Albert Zafy unterlag.

gewinnen und Ende 1948 den ungleichen Kampf für sich entscheiden.

Ergebnis

Nach madagassischen Angaben starben bei den Kämpfen auf seiten der Rebellen 80 000 Menschen (Zivilisten und Partisanen); die französische Armee war mit großer Härte und Brutalität vorgegangen und verzeichnete offiziell auf ihrer Seite 1826 Opfer.

Die eigentliche Schuld am Aufstand wollte man aber dem MDRM zuweisen und ganz besonders seinen Abgeordneten in Paris, RASETA, RAVOAHANGY und RABEMANAJARA, die ja für eine autonome Republik Madagaskar eingetreten waren. Das MDRM wurde verboten, und die drei Politiker wurden im Sommer 1948 in Paris vor Gericht gestellt und abgeurteilt: RASETA und RAVOAHANGY erhielten die Todesstrafe, RABEMANAJARA bekam lebenslängliche Haft. Nach der Unabhängigkeit am 26. Juni 1960 wurden sie aber alle begnadigt und konnten in ihrer Heimat wieder politische Funktionen übernehmen.

Entwicklung seit Konfliktende

Innerhalb der »Union Française« erhielt Madagaskar ab 1956 selbständige Körperschaften und nach dem von CHARLES DE GAULLE vorgeschlagenen Referendum im August 1958 (die Mehrheit hatte sich für eine Autonomie im Rahmen der »Communauté« entschieden) eine Verfassung (1959) und am 26. Juni 1960 die Unabhängigkeit.

Bis Oktober 1972 regierte Präsident PHILIBERT TSIRANANA die Insel, der stark zum Westen tendierte und seine Basis in einer Sammlungsbewegung hatte, die die verschiedensten politischen Kräfte band. Bereits im April 1971 war es zu einer linksgerichteten Rebellion gekommen, und nach Massendemonstrationen im Mai 1972 hatte TSIRANANA die Macht an General RAMANANTSOA übergeben, war aber noch bis Oktober formell im Amt verblieben. Die politische Richtung war jetzt durch ein sozialistisches Wirtschaftsprogramm und stärkeren Anschluß an sozialistische Staaten bestimmt, was gleichzeitig eine gewisse Abkehr von Frankreich bedeutete und die Forderung nach Abzug der französischen Truppen zur Folge hatte. 1975 brach auch diese Regierung zusammen, der Nachfolger RAMANANTSOAS wurde ermordet.

Erst durch die Verfassung vom 21. Dezember 1975 kam eine gewisse Ruhe in das Land. Herrschende politische Kraft wurde die *Avantgarde de la Révolution de Malagasy* (AREMA) in der »Nationalen Front«, einem Zusammenschluß verschiedener Parteien. Eine 19köpfige Militärjunta unter Präsident DIDIER RATSIRAKA stellte nun die Regierung Madagaskars; die sozialistische Politik wurde fortgesetzt. 1982 wurde RATSIRAKA wiedergewählt. Im Mai 1991 kam es zu einem Putschversuch mit zahlreichen Toten. Während des ganzen Jahres gab es anhaltende Protestdemonstrationen. Die Regierung, die umgebildet werden mußte und an der jetzt auch Oppositionelle beteiligt wurden, verhängte den Ausnahmezustand. Nach einer Stichwahl wurde am 27. März 1993 der Oppositionsführer und Vorsitzende der sog. Hohen Staatsbehörde, ALBERT ZAFY, als neuer Präsident vereidigt.

Noch immer zählt die viertgrößte Insel der Erde zu den ärmsten Ländern der Welt. Die ungelösten wirtschaftlichen und sozialen Probleme wie die Rivalitäten unter den verschiedenen Volksgruppen dürften auch künftig Anlaß zu Auseinandersetzungen geben.

Literatur: R. Archer: *Madagascar depuis 1972. La Marche d'une Révolution.* Paris 1976.
C. Cadoux: *La République Malgache.* Paris 1969.
G. Hepp: *Erziehung und Politik im unabhängigen Madagaskar (1960–1973).* Frankfurt 1976.
N. Heseltine: *Madagascar.* London. 1971.
I. Pfeiffer: *Verschwörung im Regenwald.* Hannover 1991.
Statistisches Bundesamt (Hg.): *Länderbericht Madagaskar.* Wiesbaden 1991.
V. Thompson / R. Adolff: *The Malagasy Republic.* Stanford 1965.

Staatsname: Demokratische Republik Madagaskar
Staatsform: Republik (seit 1992)
Staatsoberhaupt: Albert Zafy (Forces Vives; seit 1993)
Regierungschef: Francçisque Ravony (Forces Vives; seit 1993)
Regierung: Forces Vives (seit 9.8.1993)
Parlament: Nationalversammlung 138 Sitze (Wahl vom 16.6.1993), Forces Vives 75, MFM (Sozialisten) 15, Leader-Fanilo 13, FAMIMA 11, Sonstige 24
Mitgliedschaft bei internationalen Organisationen: AKP, OAU, UNO
Lage: 40°–50° östlicher Länge, 12°–25° südlicher Breite
Fläche: 587 041 km^2
Hauptstadt: Antananarivo
Bevölkerung: 13,3 Millionen; Madagassen 98,9 %, Komorer 0,3 %, Inder, Pakistani 0,2 %, Franzosen 0,2 %, Chinesen 0,1 %; Christen 51 %, traditionelle Religionen 47 %
Wirtschaft: Dienstleistung 56 %, Landwirtschaft 30,9 %, Industrie 13,1 %; Export: Vanille 28,6 %, Schalentiere 20,7 %, Kaffee 10,8 %

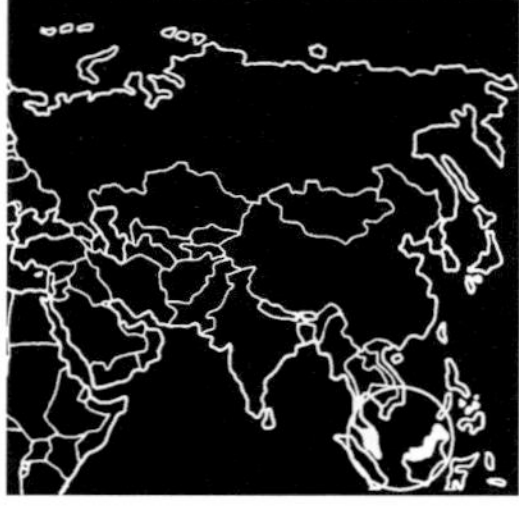

MALAYSIA

Unabhängigkeitskrieg 1948 bis 1957
Guerillakrieg 1970 bis 1989

Trotz des Sieges der englischen Kolonialmacht über die Unabhängigkeitsbewegung wurde der föderative Staat Malaysia am 31. August 1957 in die Unabhängigkeit entlassen. Eine kommunistische Guerilla kämpfte seit Mitte der siebziger Jahre gegen die bürgerliche Regierung.

Historischer Hintergrund

Kern des heutigen Malaysia ist das historische Malaya. Zur Föderation gehören auch Sarawak und Sabah auf Borneo, nicht jedoch Brunei sowie der südliche Teil der Insel, der zu → Indonesien zählt. Singapur schied bereits 1965 wieder aus.

Die Malaien kamen etwa 3000 v. Chr. auf die Halbinsel Malakka. Doch kulturell dominierten die Inder und politisch die Chinesen, die noch heute einen hohen Anteil an der vielschichtigen Bevölkerung haben. Um 1500 landeten die Portugiesen, sie wurden 1641 von den Holländern vertrieben.

Gewürze, Zuckerrohr und reichhaltige Zinnvorkommen ermöglichten den wirtschaftlichen Aufschwung und machten Malakka zu einem wichtigen Umschlagplatz im Fernhandel zwischen → China und → Indien sowie zu einem politischen Machtzentrum im südostasiatischen Raum. Nach der holländischen Eroberung zerfiel das Reich in lokale Sultanate, die sich den Kolonialherren unterwerfen mußten.

In der zweiten Hälfte des 18. Jahrhunderts suchten die Briten nach geeigneten Flottenstützpunkten im Golf von Bengalen. Im britisch-niederländischen Vertrag von 1824 wurden klare Abgrenzungen zwischen den Interessengebieten der Engländer (Malaya) und denen der Holländer (Indonesien) vorgenommen. Die »Siedlungen an der Wasserstraße« (Pinang, Wellesleys, Malakka und Singapur) wurden von den Niederländern als Schutzbereiche für den britischen Chinahandel anerkannt.

Wegen der gestiegenen wirtschaftlichen Bedeutung des Landes und seiner strategisch wichtigen Lage eroberten die Japaner im Zweiten Weltkrieg (1941/42) einige der Inseln und das Festland.

Widerstand gegen die Besatzer leisteten in erster Linie die Kommunisten. Die Widerstandsbewegung nahm bald ei-

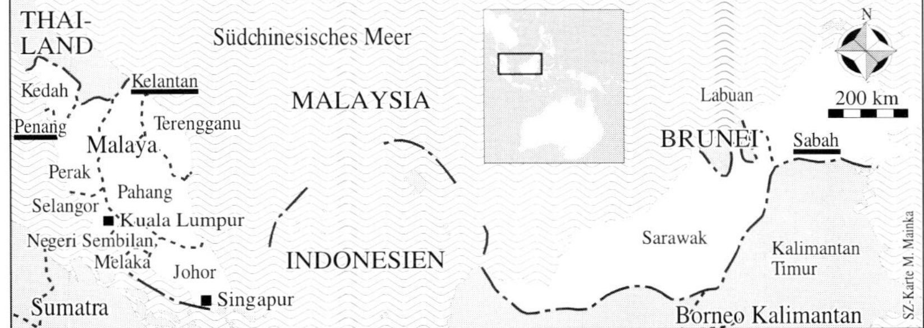

Zur Föderation Malaysia gehören neben dem Kerngebiet Malaya auch Teile Borneos.

nen sozialrevolutionären Charakter an; ihr Kampf richtete sich nach der japanischen Kapitulation (1945) auch gegen die malayischen Fürstenstaaten.

1946 wurden Nordborneo (Sabah) und Sarawak wieder britische Kolonien; und 1948 fiel der bisherige Staatenbund Malaya als »Federation of Malaya« unter britische Vorherrschaft: Die 1946 gegründete »Malayan Union« war zuvor am Widerstand der Malaien gescheitert, die eine Staatsbürgerschaft für Nicht-Malaien, wie Inder und Chinesen, ablehnten.

Konfliktparteien

Die Partisanen der *Malayan People's Anti-Japanese Army*, überwiegend Kommunisten, organisierten sich 1948 in der *Malayan Races Liberation Army* (MRLA), die sich nahezu vollständig aus Chinesen rekrutierte (90 %).

Obwohl die kommunistischen Partisanen im Kampf gegen die Japaner (trotz Verbots der KP) noch Unterstützung von den Briten erhalten hatten, kam es nach der Vertreibung der Besatzer nicht zu einer friedlichen Übereinkunft mit den ehemaligen Kolonialherren. Die Kommunisten lehnten die Verfassung für eine »Federation of Malaya« vom 1. Februar 1948 entschieden ab. Der bewaffnete Konflikt schien unausweichlich.

Konfliktverlauf

Unabhängigkeitskrieg 1948 bis 1957

Die Chancen für einen Sieg über die Engländer waren von vornherein gering. Der Partisanenführer TSCHIN PENG konnte nur mit einer Guerillatruppe von ca. 5500 Kämpfern aufwarten, denen 40 000 britische Soldaten gegenüberstanden. Bis Anfang der sechziger Jahre war den

***Abdul Rahman* (8.2.1903–6.12.1990)**
Premierminister Malayas 1957 bis 1963 und Malaysias 1963 bis 1970.
Der in England ausgebildete Rechtsanwalt Fürst Abdul Rahman war einer der Architekten der Malayan Chinese Association (1949) und des Malayan Indian Congress (1956). Er wirkte 1961 entscheidend an der Gründung der Association of Southeast Asia mit, der späteren (1967) ASEAN (Association of Southeast Asian Nations), und war die Schlüsselfigur bei der Begründung der Föderation von Malaysia 1963. Gegenüber den großen Minderheiten der Chinesen und Inder verfolgte er eine ausgleichende Politik. Viele Malaien befürchteten jedoch, daß die Minderheiten in Malaya gemeinsam mit dem hohen chinesischen Bevölkerungsanteil in Singapur zur Mehrheit in der Föderation werden könnten. Wegen der ethnischen Spannungen verließ Singapur schließlich die Föderation. Nach der Aufhebung der Verfassung 1969 trat Rahman 1970 zurück.

Vo Nguyên Giap* → *Vietnam

Mao Tse-tung* → *China

Kommunisten der Rückhalt im chinesischen Teil der Bevölkerung sicher, und es entwickelte sich ein Partisanenkrieg nach den großen Vorbildern und Mustern derjenigen von MAO TSE-TUNG in → China und VO NGUYÊN GIAP in → Vietnam.

Der Nachschub für die Guerillaeinheiten konnte jedoch nicht sehr lange aufrechterhalten werden. Die Briten boten nicht nur 40 000 Mann (darunter ca. 10 000 sog. Gurkhas, Infanteristen der anglo-indischen Armee) auf, sondern sie hatten auch noch 80 000 Mann als Hilfstruppen zur Verfügung. Im Laufe der Kämpfe kamen im Anti-Guerilla-Krieg erprobte Soldaten aus Australien, Kenia und Fidschi hinzu, die in kleinen Einheiten im Dschungel gegen die Partisanen vorgingen.

Der Rückhalt der Guerilla unter den Chinesen Malaysias wurde u. a. durch eine große Umsiedlungsaktion gebrochen: Die Dschungelrandgebiete wurden entvölkert, die Ernten zerstört und die Rodungsgebiete mit chemischen Kampfstoffen unbrauchbar gemacht. So wurde den Partisanen der Lebensmittelnachschub genommen.

Die Guerilleros verfügten zwar über Rückhalt in der Landbevölkerung, doch zu mehr reichte es nicht; größere befreite Gebiete konnten sie nirgends schaffen. Ende 1951 war der Krieg für die Engländer, die ihn aus strategischen und ökonomischen Interessen geführt hatten, im Grunde schon gewonnen; doch die Partisanen setzten ihren Kleinkrieg fort.

Erst 1955 waren die Regionen Pahang und Trengganu mit 150 000 Einwohnern unter vollständiger Kontrolle der Briten und der malayischen Polizei. 1957 waren zusammenhängende, von Küste zu Küste reichende Gebiete der Halbinsel frei von Guerillas. Doch noch bis Anfang der siebziger Jahre kämpften kommunistische Partisanen gegen die Regierung.

Guerillakrieg 1970 bis 1989

In einem Militärabkommen hatten → Thailand und Malaysia schon 1970 die Bekämpfung der Guerilla beider Länder im gemeinsamen Grenzgebiet vereinbart. Während anhaltender Unruhen und Zusammenstößen zwischen Malaien und Chinesen Ende 1974 verstärkten die Kommunisten ihren Guerillakampf im Dschungel. Als Malaysia und Thailand 1975 diplomatische Beziehungen mit → China aufnahmen, verlor die Guerilla ihren letzten Verbündeten. Die anhaltenden sozioökonomischen Spannungen Mitte der achtziger Jahre zwischen Malaien und Chinesen nahmen die Partisanen zum Anlaß, ihren Kampf fortzusetzen. Erst als der bewaffnete Widerstand gänzlich aussichtslos wurde, vereinbarte die Guerilla am 2. Dezember 1989 mit den Regierungen von Malaysia und Thailand einen Waffenstillstand.

Malaysische Regierungssoldaten durchkämmen den Dschungel auf der Suche nach Guerilleros.

Ergebnis

6000 Partisanen waren bis 1957 bei den Kämpfen um die Unabhängigkeit gefallen, 1200 wurden gefangengenommen, und 1700 sollen angeblich zu den Engländern übergelaufen sein. Der Krieg in Malaya wurde im Schatten jener in → China, → Korea und Indochina (→ Vietnam) ausgefochten und war in Europa deshalb kaum zur Kenntnis genommen worden.

Die bürgerlich-konservativen Kräfte Malaysias hatten sich an den Kämpfen nicht beteiligt. Sie hatten bereits 1946 die *United Malaya's National Organization* (UMNO) gegründet, die sich später mit der 1949 entstandenen *Malayan Chinese Association* (MCA) – einer antikommunistischen Gruppierung, die für einen malayisch-chinesischen Ausgleich eintrat – zum *Malayan Indian Congress* (MIC) zusammenschloß.

Diese Allianz gewann unter der Führung des Fürsten Abdul Rahman 1955 die Wahlen. Die Malaysische Föderation wurde am 31. August 1957 in die Unabhängigkeit entlassen.

Entwicklung seit Konfliktende

Die Provinzen Nordborneos (Sabah und Sarawak) und Singapur wurden 1963 in den Bund aufgenommen. Wegen

Achmed Sukarno → Indonesien

der latenten Spannungen zwischen den singapurischen und malayischen Chinesen trat Singapur aus dem Bund wieder aus und wurde am 22. Dezember 1965 eine unabhängige Republik. Der indonesische Präsident ACHMED SUKARNO bezeichnete Malaysia als eine neokolonialistische Schöpfung, und britische Truppen wurden herbeigerufen, um die Gebiete Borneos 1964/65 vor indonesischen Partisanen zu schützen (→ Indonesien).

Der Bundesstaat Malaysia ist eine Wahlmonarchie auf parlamentarischer Grundlage und besteht aus fünf Sultanaten und 13 Staaten. Staatsoberhaupt ist ein König, der für fünf Jahre aus dem Kreis der Sultane gewählt wird, die bis zur Verfassungsänderung 1993 über das Gesetz gestellt und vor dem Zugriff der Justiz geschützt waren. Der König ist zugleich das geistige Oberhaupt der malayischen Muslime und Oberbefehlshaber der Armee; er ernennt den Premierminister und kann das Parlament auflösen. Diese Befugnisse wurden aber in den letzten Jahren schrittweise eingeschränkt. Die *Kommunistische Partei* ist verboten.

Literatur: s. a. → Thailand
W. Grassmann (Hg.): *Malaysia*. In: *Studien zur Entwicklung in Süd- und Ostasien. N. F. Tl. 4: Malaysia*. Frankfurt 1966.
S. Lahl: *Malaysian Democracy. An Indian Perspective*. London 1986.
G. P. Means: *Malaysian Politics*. New York 1991.
H. Miller: *The Story of Modern Malaysia*. London 1965.
R. S. Milne / D. K. Mauzy: *Politics and Government in Malaysia*. Singapur 1977.
F. J. Moorhead: *A History of Malaya*. 2 Bde. Kuala Lumpur 1959–1963.
J. P. Ongkili: *Nation-building in Malaysia 1946–1974*. Singapur 1985.
V. Purcell: *The Chinese in Malaya*. Oxford 1967.
J. D. Ross: *Assault on the Judiciary*. New York 1989.
N. J. Ryan: *The Making of Modern Malaysia and Singapore. A History from Earliest Times to 1966*. Kuala Lumpur 1969.
T. Schönenberger: *Der britische Rückzug aus Singapur 1945–1976*. Zürich 1981.
A. Short: *The Communist Insurrection in Malaya 1948–1960*. Plymouth 1975.
Statistisches Bundesamt (Hg.): *Länderbericht Malaysia*. Bonn 1993.
K. G. Tregonning: *A History of Modern Malaysia and Singapore*. Singapur u. a. 1972.
W. Vennewald: *Chinesen in Malaysia*. Hamburg 1990.

Staatsname: Föderation Malaysia
Staatsform: Parlamentarisch-demokratische Wahlmonarchie (seit 1963)
Staatsoberhaupt: Ja'afar ibni A. Tuanku A. Rahman (seit 1994)
Regierungschef: Datuk Seri Mahathir Mohamad (seit 1981)
Regierung: Nationale Front (seit 1974)
Parlament: Abgeordnetenhaus 180 Sitze (Wahl vom 21.10.1990), Koalition Nationale Front 127, Oppositionsallianz 49, Unabhängige 4
Mitgliedschaft bei internationalen Organisationen: APEC, ASEAN Commonwealth, UNO
Lage: 99°–119° östlicher Länge, 1°– 8° nördlicher Breite
Fläche: 330 442 km^2
Hauptstadt: Kuala Lumpur
Bevölkerung: 19,1 Millionen; Malaien 61,7 %, Chinesen 29,7 %, Inder 8,1 %, Sonstige 0,5 %; Muslime 52,9 %, Buddhisten 17,3 %, chinesische Volksreligionen 11,6 %, Hindus 7 %, Christen 6,4 %, Sonstige 4,8 %
Wirtschaft: Industrie 42 %, Dienstleistung 41 %, Landwirtschaft 17 %; Export: Investitionsgüter 47 %, Mineralöl 11 %, verarbeitete Waren 10 %

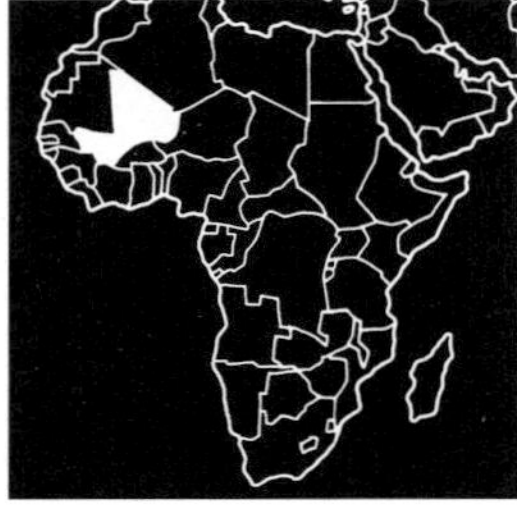

MALI

Tuareg-Rebellionen 1962 bis 1964 und 1990
Grenzkriege mit Obervolta 1974 bzw. Burkina Faso 1985/86

Kulturelle Unterschiede zwischen den Tuareg, die in der gesamten Sahelzone nomadisieren, und der schwarzafrikanischen Bevölkerung Malis sowie Landstreitigkeiten und nicht eingehaltene Zusagen der Regierungen von Mali und → Niger führten bisher zu zwei großen Rebellionen und bewaffneten Kämpfen.

Die Grenzkonflikte Malis mit Obervolta, dem heutigen → Burkina Faso, hatten ihre Ursachen in der kolonialen und nachkolonialen Grenzziehung sowie in traditionellen ethnischen Spannungen zwischen den Völkern dieser westafrikanischen Region.

Historischer Hintergrund

Die Bevölkerung des in der Sahelzone gelegenen Mali ist im Norden in der Mehrzahl arabisch-berberisch, im Süden dagegen überwiegend schwarzafrikanisch. Die Malinke gründeten um 800 das erste Reich Mali und eroberten 1235 unter König Sundjata Keïta das westlich gelegene Ghana-Reich. Unter Mansa Musa (1312–1335) erlebte das Königreich Mali seine Blütezeit.

Im 15. Jahrhundert entwickelte sich im Osten das mächtige Reich der Songhai (→ Niger, → Sudan). Mali wurde durch Angriffe der Songhai gezwungen, immer mehr Gebiete abzugeben und ihre Vorherrschaft im westlichen Sudan anzuerkennen. 1593 wurde das Songhai-Reich von den Marokkanern zerschlagen. Im 18. und 19. Jahrhundert bildeten sich entlang des oberen Niger mächtige muslimische Königreiche mit Timbuktu als Zentrum.

Kolonialzeit

Als die Franzosen 1894 ins Land kamen, wurde Mali von den Tuareg beherrscht. Die Franzosen kontrollierten das Gebiet (Französisch-Sudan) bis 1960.

Die französische Kolonialverwaltung hatte mit den Tuareg vereinbart, daß das Nomadenvolk keine Steuern zu zahlen brauchte, wenn es als Gegenleistung auf Raubzüge und die Sklavenjagd verzichtete; außerdem durften die Tuareg in der gesamten Sahara nomadisieren, ohne sich an Staatsgrenzen zu halten. Mali und → Senegal hatten 1959 eine Föderation gebildet, aus der Senegal wieder austrat,

Die Tuareg-Nomaden betrachten die gesamte Sahara – Teile Malis, Burkina Fasos (bis 1984: Obervolta) und des östlich gelegenen Niger – als ihre angestammten Gebiete, in denen sie mehr Autonomie und Bewegungsfreiheit fordern, während die betroffenen Staaten sie zur Seßhaftigkeit zwingen wollen.

als Mali 1960 unabhängig wurde. Die Vereinbarungen mit den Tuareg hatten auch noch in nachkolonialer Zeit Gültigkeit.

Im Laufe der Jahrhunderte vermischten sich arabisch-muslimische Bevölkerungsteile mit den Tuareg, die aber fast überall diskriminiert wurden. Verhaßt waren sie bei der schwarzafrikanischen Bevölkerung u. a. deshalb, weil ihre Vorfahren von ihnen versklavt worden waren. Bereits in der Kolonialzeit hatte der staatliche Druck gegen das Nomadenwesen (aber auch anhaltende Dürreperioden) zur beginnenden Auflösung der traditionellen Tuareg-Gemeinschaften geführt. Autonomieforderungen blieben ungehört.

Konfliktparteien

Burkina Faso → Burkina Faso

Regierung von Mali

Am 22. September 1960 proklamierte Ministerpräsident MODIBO KEÏTA die »Republik Mali« und übernahm das Amt des Staatspräsidenten.

Unter KEÏTA war die Innenpolitik streng sozialistisch ausgerichtet, und die Regierung suchte um Unterstützung bei den kommunistischen Staaten nach, von denen das Land Wirtschaftshilfe erhielt. Von 1961 bis 1963 bildeten Mali, → Ghana und Guinea die »Union Afrikanischer Staaten«. 1968 mußte KEÏTA nach einem Militärputsch zurücktreten.

Modibo Keïta (4.6.1915–16.5.1977)
Malischer Staatspräsident von 1960 bis 1968.
Keïta saß ab 1956 als Abgeordneter Französisch-Sudans in der Pariser Nationalversammlung und übernahm 1959 das Amt des Ministerpräsidenten der Föderation Mali. Nach ihrem Zerfall wurde er 1960 Staats- und Regierungschef der Republik Mali. Seine Regierung steuerte einen sozialistischen Kurs und suchte Unterstützung bei den kommunistischen Bruderländern auf der Welt. Von 1961 bis 1963 paktierte Keïta mit Ghana und Guinea in der Union Afrikanischer Staaten. Er wurde 1968 bei einem Militärputsch unter der Führung von General Moussa Traoré gestürzt. Unter Keïtas Ägide kam es infolge einer Viehbesteuerung 1962 zum Aufstand der Tuareg.

Sein Nachfolger, General Moussa Traoré, formte mit seiner nationalkonservativen Politik Mali zum Einheitsstaat.

Tuareg-Gruppen
Vier größere Organisationen erheben über die Ländergrenzen hinweg den Anspruch, die politischen und sozialen Interessen des Tuareg-Volkes zu vertreten (→ Niger): das *Mouvement Populaire de l'Azawad* (MPA), die *Front Islamique Arabe de l'Azawad* (FIAA), die *Front Populaire pour la Libération de l'Azawad* (FPLA) und die *Alliance Révolutionnaire pour la Libération de l'Azawad* (ARLA).

Konfliktverlauf

Tuareg-Rebellion 1962 bis 1964
1962 hatte die Keïta-Regierung eine Viehsteuer für die nördlich von Timbuktu und in der nordöstlichen Gao-Region siedelnden Ifora-Tuareg beschlossen, die daraufhin ihre Herden nach Obervolta (→ Burkina Faso) und nach Niger trieben. Es kam zu bewaffneten Zwischenfällen mit malischen Steuer- und Zollbeamten; kurze Zeit später kämpften etwa 5000 Tuareg-Krieger gegen die Armee Malis.

Im August 1963 wurden die Rebellen ultimativ aufgefordert, bis zum Ende des Jahres die Waffen abzuliefern und alle Steuern zu zahlen. Das Ultimatum wurde im Januar 1964 mit einer Kriegserklärung des Rats der Tuareg beantwortet, der nun auch die Errichtung eines eigenen Staates forderte.

Nach kleineren Gefechten in der ersten Jahreshälfte kam es am 16. Juli 1964 zu einer Großoffensive der malischen Armee, bei der der letzte Widerstand der Tuareg gebrochen werden konnte.

Die neue Steuerregelung sah vor, daß die Tuareg ihre Abgaben an den Staat zu entrichten hätten, in dem sie gerade nomadisierten, also auch in Obervolta (→ Burkina Faso) oder in → Niger.

Grenzkriege mit Obervolta 1974 bzw. Burkina Faso 1985/1986 → Burkina Faso

Tuareg-Rebellion 1990
Während der siebziger und achtziger Jahre arbeiteten Tausende von Tuareg aus Mali und Niger in → Algerien und Libyen. 1990 waren 20 000 Tuareg-Flüchtlinge und -Arbeitsemigranten von dort in ihre Herkunftsgebiete in Mali und in Niger zurückgekehrt, die sie sechs Jahre zuvor während der anhaltenden Dürreperiode verlassen hatten. Dort wurde ihnen die zugesicherte Hilfe zur Wiedereingliederung von den Behörden verweigert. Die überwiegende Mehrheit der staatenlosen Tuareg betrachtet die Sahara

Die Tuareg leben zumindest in der Sahara und im südalgerischen Hoggar-Gebirge noch gemäß ihrer Nomaden-Traditionen.

und das südalgerische Hoggar-Gebirge als ihre angestammte Heimat und forderte mehr Autonomie für das Stammesgebiet. Der libysche Staatschef MUAMMAR AL-GADDHAFI bezeichnete Libyen, obwohl es zu wenig Weideflächen hat, als die wahre Heimat der Tuareg und bot ihnen Zuflucht und Hilfe an.

Es kam wieder zu Auseinandersetzungen mit Mali und Niger, deren Regierungen die Mißachtung ihrer Grenzen nicht akzeptieren und die Nomaden seßhaft machen wollten.

Am 7. Mai 1990 hatten Tuareg in → Niger den Grenzposten Tchin-Tabaradene überfallen; Ende Juni 1990 weitete sich der Konflikt durch einen Tuareg-Angriff auf die Polizeistation von Ménaka auf Mali aus.

Hinter den Tuareg-Aufständen wurde auch die libysche *Force Islamique* (Islamische Legion) vermutet, die seit längerem die Sahel-Region zu destabilisieren versucht, um einen panafrikanischen Maghreb-Staat unter Führung Libyens zu installieren.

Im Juli kam es in Ménaka im Norden Malis zu weiteren Zusammenstößen zwischen Armee und Tuareg, bei denen 50 Menschen getötet wurden. Am 10. Juli wurde der Ausnahmezustand über den Norden verhängt. Auch an der algerischen Grenze gab es Gefechte; bei den anschließenden Strafaktionen des Militärs kamen mehrere hundert Menschen ums Leben. In Mali sollen 155 Soldaten und auf seiten der Zivilbevölkerung 125 Menschen den Kämpfen zum Opfer gefallen sein.

Alpha Oumar Konaré (*2.2.1946)
Malischer Staatspräsident seit 1992.
Bevor Konaré mit gerade einmal 32 Jahren von Moussa Traoré zum Minister für Jugend, Kunst und Kultur berufen wurde, absolvierte er in Warschau ein Geschichtsstudium, das er mit einer Promotion abschloß. Nach zwei Jahren legte er sein Ministeramt nieder. 1989 gründete er »Les Echos«, die erste unabhängige Tageszeitung Malis. Er gehörte zu den Mitbegründern der Alliance pour la Démocratie au Mali (ADEMA). Im April 1992 wurde Konaré, mittlerweile Generalsekretär der ADEMA, erster demokratisch gewählter Staatspräsident Malis.

Muammar al-Gaddhafi
→ Tschad

Ergebnis

Im September 1990 trafen sich die Staatschefs von Mali, → Algerien, Libyen und → Niger in der Oase Djanet zu einem Sahara-Gipfel, um verstärkte Grenzkontrollen zu ver-

Moussa Traoré (*25.9.1936)
Malischer Staats- und Regierungschef von 1968 bis 1991. Der Berufsoffizier Traoré führte 1968 den Armeeputsch gegen Staatspräsident Modibo Keïta an. Als Vorsitzender des »Militärkomitees für die nationale Befreiung« wurde er zugleich Ministerpräsident und Staatsoberhaupt Malis. 1976 gründete der gemäßigt sozialistische Traoré die Einheitspartei Union Démocratique du Peuple Malien und wurde bei den Wahlen von 1979 zum Staatspräsidenten gewählt, bekleidete jedoch zugleich bis 1986 weiter das Amt des Ministerpräsidenten. Infolge der blutigen Auseinandersetzungen mit aufständischen Tuareg von 1990 wurde Traoré 1991 nach 23jähriger Herrschaft durch einen unblutigen Staatsstreich von einem »Nationalen Versöhnungsrat« unter der Führung des Oberstleutnants Amadou Toumani Touré abgesetzt, der eine Übergangsregierung bildete. 1992 kam es zu einem Friedenspakt der Tuareg mit der Regierung, und Traoré wurde im folgenden Jahr zum Tode verurteilt. Ob das Urteil vollstreckt wurde, ist nicht bekannt.

einbaren und so den Aktionsradius der Tuareg erheblich einzuschränken. Dürreperioden und Verwüstung hatten bereits viele Tuareg aus dem Norden in die fruchtbareren Siedlungen der schwarzafrikanischen Bauern im Süden des Landes getrieben. Durch Mordanschläge der Armee und von Teilen der schwarzafrikanischen Zivilbevölkerung in Mali waren zahlreiche Tuareg ums Leben gekommen, und 50 000 von ihnen waren nach Mauretanien geflüchtet.

Entwicklung seit Konfliktende

Der Aufstand hatte den Zusammenbruch des 1979 zum Präsidenten gewählten, gemäßigt sozialistischen TRAORÉ-Regimes bewirkt: Am 26. März 1991 wurde nach 23jähriger Herrschaft TRAORÉ durch einen unblutigen Staatsstreich von einem »Nationalen Versöhnungsrat« unter der Führung Oberstleutnants AMADOU TOUMANI TOURÉ abgelöst, der im Juli 1991 einen Gegenputsch abwehren konnte. Die Übergangsregierung erarbeitete eine neue Verfassung. Nach den regulären Kommunal- und Parlamentswahlen wurde im April 1991 ALPHA OUMAR KONARÉ, ein Führungsmitglied der Demokratiebewegung des Landes, zum neuen Staatspräsidenten gewählt.

Im April 1992 bekamen die Tuareg im Friedenspakt mit der neuen Regierung unter Ministerpräsident YOUNOUSSI TOURÉ die regionale Selbstverwaltung im Norden des Landes zugesichert.

Der frühere Machthaber TRAORÉ und die damaligen Minister für Verteidigung und Inneres sowie der ehemalige Generalstabschef wurden im Februar 1993 zum Tode verurteilt. Im April 1993 war es wegen massiver Kürzungen der Sozialleistungen zu innenpolitischen Spannungen und Studentenunruhen gekommen. Neuer Ministerpräsident wurde daraufhin der parteilose Politiker und bisherige Verteidigungsminister ABDOULAYE SEKOU SOW.

Anhänger TRAORÉS versuchten Anfang Dezember 1993 vergeblich, die Regierung zu stürzen. SOW gab im Februar 1994 sein Amt an den bisherigen Außenminister IBRAHIMA BOUBACAR KEÏTA ab.

Obwohl im Mai 1994 in Algier die Auflösung der Tuareg-Stützpunkte des *Mouvement et Fronts Unifiés de l'Azawad* (MFUA) vereinbart worden war, kam es Mitte 1994 zu erneuten Kämpfen, nachdem das Nomadenvolk der Regierung Wortbruch vorgeworfen hatte: Eingeklagt wurden die vereinbarte Wirtschaftshilfe und die Integration der Tuareg-Kämpfer der MFUA in die Armee. Vermittlungsversuche des Europaparlaments scheiterten im Dezember 1994.

Literatur: s. a. → Burkina Faso, → Niger
R. Fischer: *Gold, Salz und Sklaven*. Oberdorf 1991.
Th. Krings: *Viehhalter contra Ackerbauern. Eine Fallstudie aus dem Nigerbinnendelta (Republik Mali)*. In: *Die Erde* 116 (1985).
G. Lachenmann: *Ökologische Krise und sozialer Wandel in afrikanischen Ländern*. Saarbrücken 1990.
R. Meyer: *Mali – Demokratisierung und ihre gesellschaftspolitischen Grundlagen*. Bonn 1980.
S. Tag: *Etat et Democratisation au Mali*. Hamburg 1994.
A. Wodtcke: *West-Afrika*. Hohenthann 1991.

Staatsname: Republik Mali
Staatsform: Präsidiale Republik
Staatsoberhaupt: Alpha Oumar Konaré (ADEMA-PASJ; seit 1991)
Regierungschef: Ibrahima Boubacar Keïta (ADEMA-PASJ; seit 7.2.1994)
Regierung: Allianz für Demokratie in Mali (ADEMA-PASJ; seit 1992)
Parlament: Nationalversammlung 129 Sitze (Wahl vom 23.2./8.3.1992), ADEMA-PASJ 76, CNID 9, US-RDA 8, Sonstige 36
Mitgliedschaft bei internationalen Organisationen: AKP, ECOWAS, OAU, UNO
Lage: 4°–12° östlicher Länge, 10°–25° nördlicher Breite
Fläche: 1,25 Millionen km^2
Hauptstadt: Bamako
Bevölkerung: 8,7 Millionen; Bambara 31,9 %, Senufo 12 %, Tuareg 7,3 %, Fulani 13,9 %, Soninke 8,8 %, Sonstige 26,1 %; Muslime 90 %, traditionelle Religionen 9 %, Christen 1 %
Wirtschaft: Dienstleistung 45 %, Landwirtschaft 42 %, Industrie 13 %; Export: Baumwolle 44,9 %, Vieh 24 %, Gold, Diamanten 12,5 %

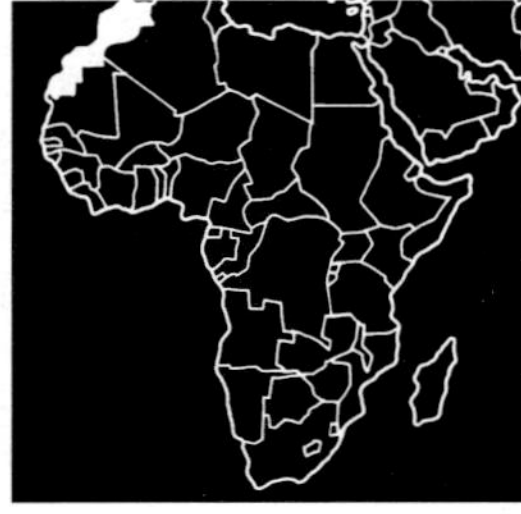

MAROKKO

Unabhängigkeitskampf 1954 bis 1956
Grenzkonflikt mit Algerien 1962
Annexion der Westsahara 1975

Der Grenzkonflikt mit Algerien und die Auseinandersetzung um die Westsahara halfen dem marokkanischen König Hassan II., von innenpolitischen Schwierigkeiten abzulenken und eine nationale Identifikation mit der Idee eines »Groß-Marokko« herbeizuführen.

Historischer Hintergrund

Die unabhängigen Berberstämme der Antike wurden im 7. Jahrhundert durch arabische Eroberungszüge islamisiert. Marokkos Entwicklung war somit eng mit der maurischen Herrschaft im damaligen muslimischen Spanien verknüpft. Wechselnde Dynastien (arabisch-islamische oder berberisch-islamische) beherrschten den Westen Nordafrikas relativ unabhängig von den östlichen Kalifen, von denen der jetzige Monarch Marokkos, HASSAN II., seine Herrschaft ableitet.

Die Scherifen übernahmen die Macht in Marokko im 16. Jahrhundert. Seit dieser Zeit war das Territorium in zwei Machtbereiche aufgeteilt: in das Machsen- (oder auch Regierungs-)gebiet in den fruchtbaren Ebenen und in das Sibagebiet in den Bergen, in denen die Berberstämme den König nur als geistliches Oberhaupt, nicht aber als weltliches anerkannten.

Die europäischen Kolonialmächte teilten um die Jahrhundertwende Marokko unter sich auf und bildeten drei Zonen: die internationale Zone von Tanger, ein spanisches Protektorat im Norden und ein französisches Protektorat im Süden; nur formal blieb der Sultan Herrscher über Marokko. Der Konflikt um die Vormachtstellung in Nordafrika zwischen Frankreich und Deutschland führte zu den sog. Marokko-Krisen 1905 und 1911. Das Land war ein Spielball im Ringen der europäischen Mächte geworden: Diese Großmachtpolitik, die verknüpft war mit kolonialen Interessen und Bündnisverpflichtungen, machte die Lage in Europa vor dem Ersten Weltkrieg instabil.

Der in den zwanziger Jahren entstandene marokkanische Nationalismus fand in Sultan SIDI MOHAMMED IBN JUSSUF (der spätere MOHAMMED V.) eine Integrationsfigur für die nationale Einheit. Während des Algerienkrieges bröckelte auch die Macht der Franzosen in Marokko (→ Algerien).

Mohammed V. (10.10.1909–26.2.1961)
König von Marokko von 1957 bis 1961. Als Sidi Mohammed Ibn Jussuf folgte er 1927 seinem Vater als Sultan nach und unterstützte die Befreiungsbewegung Istiqlal, die gegen die französische Oberhoheit kämpfte. Verstärkt forderte er 1947/48 die Selbständigkeit. 1953 wurde er deshalb von den Franzosen als Sultan abgesetzt, kam aber nach zweijährigem Exil in Korsika 1955 wieder zu Amt und Würden. 1956 erreichte er die Unabhängigkeit Marokkos von Frankreich und Spanien und bestieg im August 1957 als Mohammed V. den Königsthron. Er regierte als absoluter Monarch, seit 1960 auch als Ministerpräsident, wirkte aber innenpolitisch integrativ. Außenpolitisch unterstützte er die panarabischen Bestrebungen des ägyptischen Staatschefs Gamal Abd el-Nasser und erhob Anspruch auf Mauretanien und die Westsahara.

Konfliktparteien

Angehörige des Mittelstandes gründeten 1944 zusammen mit jungen Intellektuellen die *Istiqlal*, eine Unabhängigkeitspartei, deren Forderungen nach Selbständigkeit, Reformen und Demokratisierung auch vom Sultan unterstützt wurden. Nach der Unabhängigkeit des Landes und dem Tod MOHAMMEDS V. 1961 trennte sich dessen Sohn und Nachfolger auf dem Thron, HASSAN II., von den Idealen der *Istiqlal* und schloß die Partei von der Regierungsverantwortung aus. Der Ausnahmezustand von 1965 bis 1971 trieb die Anhänger der *Istiqlal* zusammen mit anderen politischen Kräften in scharfe Opposition zum König. Sie stellten sich aber – im Hinblick auf ein künftiges »Groß-Marokko« – hinter ihn, als es galt, die Grenzgebiete nach → Algerien zu verändern und zu verteidigen und in der Westsahara (»Spanisch-Sahara«) gegen die dortige Befreiungsbewegung *Frente Popular para la Liberación de Saguia el Hamra y Río de Oro* (POLISARIO) zu kämpfen.

Konfliktverlauf

Unabhängigkeitskampf 1954 bis 1956

Nachdem im August 1953 Sultan MOHAMMED von den Franzosen abgesetzt und nach Korsika (später nach Madagaskar) verbannt worden war, begehrten die bisher in der Frage der nationalen Einheit nachgiebigen Berberstämme,

Hassan II. (*9.7.1929)
König von Marokko seit 1961. Nach einem Jurastudium und der Ausbildung in der französischen Armee wurde Hassan von seinem Vater, Sultan Mohammed, schon sehr früh in die Regierungsgeschäfte einbezogen. Beide mußten von 1953 bis 1955 ins Exil. Nach der Rückkehr war Hassan Stellvertreter seines Vaters, der seit der Unabhängigkeit Marokkos Königswürden trug, und befehligte die »Königliche Armee«. Gnadenlos bekämpfte er die Opposition. 1960 bekleidete er neben seinem Vater das Amt des stellvertretenden Ministerpräsidenten und war zugleich Verteidigungsminister. 1961 wurde er selbst König. Seine Herrschaft ist durch einen autoritären Regierungsstil geprägt. 1971 und 1972 konnte er zwei Putschversuche abwehren. Er annektierte trotz des Verbots der UNO nach dem Abzug der Spanier 1975/76 das Gebiet Westsahara. Hassan sieht sich selbst als Mittler zwischen der europäischen und arabischen Kultur. Während des zweiten Golfkriegs stand er auf der Seite der Anti-Irak-Koalition. Das angekündigte Referendum über die Unabhängigkeit in der Westsahara läßt der König regelmäßig verschieben.

deren geistiges Oberhaupt er war, auf. Ende 1954 gingen die marokkanischen Nationalisten zum bewaffneten Kampf über: Eine mehrere tausend Mann starke Befreiungsarmee operierte seit Mitte 1955 vorwiegend auf dem Land.

In → Algerien spitzte sich die Lage für die französische Armee immer mehr zu, und Paris sah sich veranlaßt, in der Unabhängigkeitsfrage Marokkos nachzugeben, weil es dem Schicksal der französischen Siedler und den Rohstoffquellen in Algerien zu diesem Zeitpunkt größere Bedeutung beimaß.

Im März 1956 erhielt Marokko seine Unabhängigkeit; im April wurde das spanische Protektorat und im Oktober der internationale Status von Tanger aufgehoben. Der zurückgekehrte Sultan, der nun König geworden war, bildete aus der uneinheitlichen Befreiungsarmee die »Königlichen Streitkräfte«, die ihm direkt unterstellt waren und von seinem Sohn HASSAN befehligt wurden. Seit 1960 führte MOHAMMED V. auch die Kabinettsgeschäfte; HASSAN übernahm als sein Nachfolger diese Regierungstradition, ohne aber als absoluter Herrscher erscheinen zu wollen. Er ließ 1962 durch eine Volksabstimmung eine neue Verfassung bestätigen, in der die konstitutionelle Monarchie mit starker Stellung des Königs verankert worden war.

Grenzkonflikt mit Algerien 1962

Nach der Unabhängigkeit → Algeriens kam es zu Grenzstreitigkeiten Marokkos mit dem Nachbarn im Gebiet von Tindouf im Südosten. HASSAN II. ließ Truppen über die Grenze marschieren mit dem Argument, diese Gebiete der Sahara gehörten zu »Groß-Marokko«. Wichtig waren ihm aber vor allem die dortigen Bodenschätze (Erze und Phosphate). Die Offensive der Marokkaner konnte von den Algeriern zurückgeschlagen werden, aber die beiderseitigen Ansprüche auf das Territorium blieben bis 1972 bestehen. Erst durch die Unterzeichnung eines Grenz- und Zusammenarbeitsabkommens auf der OAU-Gipfelkonferenz im Juni 1971 wurde der Grenzstreit beigelegt.

Annexion der Westsahara 1975

Nachdem HASSAN II. 1971 und 1972 zwei Putschversuche überstanden hatte, versuchte er, seine Herrschaft durch eine aggressive »Groß-Marokko«-Politik zu sichern. Die Westsahara, immer noch spanischer Kolonialbesitz, sollte Marokko angegliedert werden. In Stillhalteabkommen mit Mauretanien und → Algerien bereitete HASSAN II. die Annexion vor. Zuerst unterstützte er die Unabhängigkeitsbewegung der Westsahara POLISARIO und reichte beim *Internationalen Gerichtshof* in Den Haag Klage gegen → Spanien ein. In seinem Urteil am 16. Oktober 1975 verlangte der Gerichtshof Selbstverwaltung für die Westsaha-

6. November 1975: Rund 350 000 Marokkaner, nur »bewaffnet« mit Fahnen und dem Koran, starten zu einem Marsch in die Westsahara, um ihren Anspruch auf das Gebiet zu demonstrieren.

ra. Um dies zu unterstreichen und um den Anspruch Marokkos auf das Gebiet zu dokumentieren, rief HASSAN II. am 6. November 1975 etwa 350 000 Marokkaner zu einem unbewaffneten und gewaltlosen Marsch in die Westsahara auf. → Spanien, durch den Tod FRANCISCO FRANCOS (20.11.1975) in innenpolitische Schwierigkeiten geraten, entließ die Westsahara aber nicht in die Unabhängigkeit, wie es inzwischen auch die UNO gefordert hatte, sondern trat das Territorium an Mauretanien und Marokko ab.

Die POLISARIO rief sofort zum Kampf gegen die beiden neuen »Kolonialmächte« auf. Mauretanische (im Süden) und marokkanische Truppen (im Norden) besetzten das Land. In die Kämpfe griff Anfang 1976 auch → Algerien ein, das die Ziele der POLISARIO unterstützte. In der Nähe von Amgala kam es zu einer größeren Schlacht zwischen algerischen und marokkanischen Truppeneinheiten.

Am 27. Februar bildete die POLISARIO eine Exilregierung in Algier und proklamierte die »Demokratische Arabische Republik Sahara«. → Algerien unterstützte nicht nur aus ideologischen Gründen das Selbstbestimmungsrecht der Westsahara, sondern auch um die Expansionsbestrebungen Marokkos einzudämmen. Bevor es 1984 zur Annäherung zwischen Marokko und Libyen kam, stand auch Tripolis der POLISARIO bei.

Durch ihre militärische Überlegenheit erzwang die POLISARIO Verhandlungen mit Mauretanien. Die militärische Niederlage und kriegsbedingte Wirtschaftsprobleme hatten zum Sturz der dortigen Regierung geführt, und die neuen Machthaber erklärten sich sofort zu Verhandlungen mit der Befreiungsorganisation bereit. Am 5. August 1979 wurde ein Friedensvertrag geschlossen. Daraufhin besetzte Marokko auch den mauretanischen Teil der Westsahara, denn HASSAN II. wollte auch den von Mauretanien bisher kontrollierten Süden nicht den Freiheitskämpfern überlassen: Bald beherrschten die von Frankreich unterstützten Marokkaner große Gebiete der Westsahara, mußten sich aber ständig gegen die POLISARIO-Guerilla wehren.

Im Juli 1982 folgten auf einen sechsmonatigen Waffenstillstand heftige Kämpfe; auch in den folgenden Jahren kam es im Südosten immer wieder zu schweren Gefechten. Marokko war für längere Zeit zu keinen Verhandlungen mehr bereit.

Ergebnis

Marokko hatte sich bereits 1981 bereiterklärt, ein Referendum in der Westsahara durchzuführen. Doch erst 1988 wurde ein UN-Friedensplan von beiden Seiten angenommen und am 6. September 1991 ein Waffenstillstandsabkommen unterzeichnet. Die Kämpfe haben nach Angaben der POLISARIO über 24 000, nach anderen Quellen 10 000 Menschenleben gefordert.

Entwicklung seit Konfliktende

Mit den Grenzkriegen und der territorialen »Abrundung« des Staatsgebietes gelang es HASSAN II. vorerst, von innenpolitischen Schwierigkeiten abzulenken, seine Position in der Bevölkerung zu festigen und die linke Opposition zu schwächen. Aber die hohen Militärausgaben trieben Marokko in eine ernsthafte wirtschaftliche Krise.

Seit 1982 sorgte eine regionalistische Berberbewegung für innenpolitische Unruhe. 1984 kam es nach einem nur zum Teil befolgten Generalstreik zu blutigen Auseinandersetzungen. Die sozialen Spannungen wuchsen stetig. Aber auch die gewaltsamen Ausschreitungen, die nach einem neuerlichen Generalstreik 1990 folgten, konnten das Regime von HASSAN II. nicht gefährden.

Wie es der UN-Friedensplan vorsah, sollte über die Gründung eines unabhängigen Staates oder einen besonderen Autonomiestatus der Westsahara innerhalb Marokkos schon 1992 ein Referendum entscheiden. Aber aufgrund der Uneinigkeit in der Frage, wer stimmberechtigt sei, wurde das Referendum immer wieder verschoben, erst auf den Februar 1995, dann auf den Oktober und zuletzt auf Januar oder Februar 1996. Und auch dieser Termin ist bereits wieder in Zweifel gezogen worden.

Literatur: s. a. → Algerien, → Burkina Faso
U. Clausen: *Der Konflikt um die Westsahara.* Hamburg 1978.
S. Faath: *Marokko. Die innen- und außenpolitische Entwicklung seit der Unabhängigkeit. Kommentar und Dokumentation.* Hamburg 1987.
T. Hodges: *Western Sahara. The Roots of a Desert War.* Westport 1983.
R. Lawless / L. Monalan (Hg.): *War and Refugees. The Western Sahara Conflict.* London 1987.
Statistisches Bundesamt (Hg.): *Länderbericht Marokko.* Wiesbaden 1990.
R. Tydecks: *Europa und der Krieg Marokkos in der Westsahara.* Kiel 1991.

Staatsname: Königreich Marokko
Staatsform: Konstitutionelle Monarchie (seit 1972)
Staatsoberhaupt: König Hassan II. (seit 1961)
Regierungschef: Abdellatif Filali (seit 26.5.1994)
Regierung: Parteilose und Konservative (seit 27.2.1995)
Parlament: Nationalversammlung 333 Sitze (Wahl vom 17.9.1993), Entente (Königstreue) 154, Unité (linke Nationalisten) 115, Gewerkschaften 10, Sonstige 54
Mitgliedschaft bei internationalen Organisationen: Arabische Liga, UNO
Lage: 1°–16° westlicher Länge, 23°–36° nördlicher Breite
Fläche: 458 730 km^2
Hauptstadt: Rabat
Bevölkerung: 26,5 Millionen; Araber 70 %, Berber 30 %; Muslime 98,7 %, Christen 1,1 %, Juden 0,2 %
Wirtschaft: Dienstleistung 52 %, Industrie 33 %, Landwirtschaft 15 %; Export: Konsumgüter 28,8 %, Nahrungsmittel 25,7 %, Halbwaren 24,8 %

MEXIKO

Chiapas-Konflikt seit 1994

Der bewaffnete Aufstand der Indios im mexikanischen Bundesstaat Chiapas dauerte nur wenige Wochen; der Konflikt schwelt aber weiter, da ihre Forderungen nach mehr Autonomie bisher nur zu einem geringen Teil erfüllt wurden.

Historischer Hintergrund

Lange vor der Eroberung durch die Spanier im 16. Jahrhundert existierten in Mexiko hochentwickelte indianische Reiche. Im 1. Jahrtausend n. Chr. errichteten die Mayas große Städte; mit der Vermischung der Tolteken und der Maya begann eine neue Periode, die auf der Halbinsel Yucatán ihre kulturelle Blüte entfaltete. Das Reich der Azteken, die um 1200 von Norden eingewandert waren, erreichte im 15. Jahrhundert seine größte Ausdehnung.

Die spanischen Konquistadoren beuteten die Gold- und Silberschätze des Landes aus und etablierten ein starres hierarchisches Klassensystem, das durch extreme sozioökonomische Ungleichheiten charakterisiert war und bis heute nachwirkt: Die Einwanderer hatten die politische Macht, die Kreolen (in Mexiko geborene Weiße) besaßen oder verwalteten die Minen und riesige Ländereien, und die Indios und Mestizen (Mischlinge) dienten als recht- und besitzlose Arbeitskräfte. Auflehnung der Indianer gegen die Unterdrückung war die Folge: Bereits unter Hernán Cortéz kam es 1520 zum ersten Indianeraufstand. 1810 begann der Unabhängigkeitskampf unter der Führung des Priesters Miguel Hidalgo y Costilla.

Machtkämpfe und Bürgerkriege zur Etablierung verschiedener Staatssysteme – Kaiserreich, Republik, Militärdiktatur, liberaler Verfassungsstaat – kennzeichneten die Geschichte Mexikos im 19. Jahrhundert. 1876 ergriff General Porfirio Díaz durch einen Staatsstreich die Macht und regierte in paternalistischer Diktatur bis zur Revolution 1910. In seiner Herrschaftszeit übernahmen amerikanische und britische Investoren die mexikanische Wirtschaft, das indianische Land teilten Großgrundbesitzer unter sich auf. Nach dem Sturz von Díaz kam es zur langen und blutigen Mexikanischen Revolution unter Führung Francisco Maderos und der Bauernrevolutionäre Emiliano Zapata, Pancho Villa und Venustiano Carranzo, der 1917 eine neue Verfassung erließ: Sie sah die Trennung von

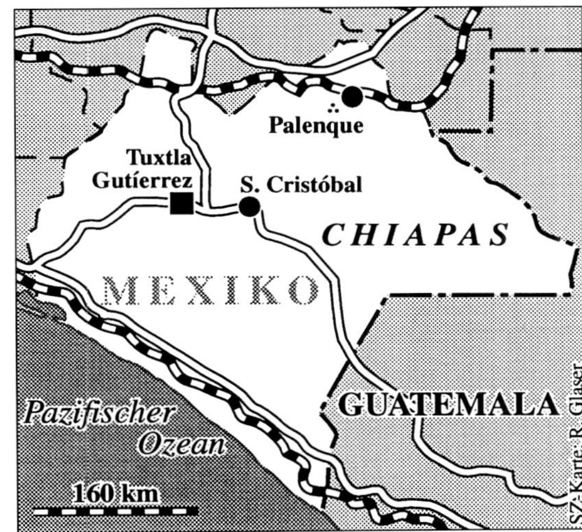

Chiapas gehört zu den ärmsten und unterentwickeltsten Regionen Mexikos. Die soziale Deklassierung der Campesinos führte 1994 zum Aufstand der Zapatisten.

Staat und Kirche, die Verstaatlichung der Ländereien und Bodenschätze sowie die Verteilung des Landes unter den Indianern vor.

Aufgrund des Widerstands der Großgrundbesitzer blieben aber bis heute alle seit 1917 angekündigten Agrarreformen wirkungslos. Mitte der zwanziger Jahre hatte zudem die politische Konsolidierung Vorrang vor der Landreform. Der liberale Präsident LÁZARO CÁRDENAS gründete in den dreißiger Jahren die bis heute herrschende *Partido Revolucionario Institucional* (Partei der institutionalisierten Revolution; PRI), die in den folgenden Jahrzehnten vor allem die nationale Wirtschaftspolitik (Erdöl, Stahl, petrochemische Industrie, Automobil- und Elektroindustrie) förderte. Der daraufhin einsetzende Aufschwung ging aber zu Lasten der Landwirtschaft: Die überfällige Bodenreform lag nicht im Interesse der herrschenden Partei, Probleme wie Landflucht und Bevölkerungsexplosion wurden zu lange ignoriert.

Kostspielige Industrialisierungsprojekte und aufgrund der vernachlässigten Agrarwirtschaft steigende Nahrungsmittelimporte haben Mexiko zum größten Schuldnerstaat der Welt gemacht (Auslandsverschuldung 1994: 119 Mrd. Dollar). Fehlplanungen, Mißwirtschaft und Korruption verschärften die inneren Gegensätze im Land; Streiks, Guerillaaktionen, Landbesetzungen begleiten seit den fünfziger Jahren die Innenpolitik Mexikos. Höhepunkte waren die Studentenunruhen 1968 und der Bauernaufstand 1981.

Privatisierungen bzw. Liquidierungen der defizitären staatlichen Unternehmungen führten in den achtziger Jahren zwar zur vorübergehenden Senkung der Staatsausgaben, doch wurden Ansätze zur politischen und wirtschaftlichen Erneuerung von politischen Skandalen überlagert.

Auf Druck oppositioneller Bewegungen legte die PRI im August 1989 ein Programm landwirtschaftlicher Reformen vor, demzufolge die Kleinbauern einen Teil der Kontrolle über die staatlichen Agrareinrichtungen erhalten sollten. Die Hälfte der sechs Millionen Hektar landwirtschaftlicher Nutzfläche gehört 6000 sog. Latifundistas, während über eine Million indigener Familien sich 800 000 Hektar Land teilen.

Die Agraroligarchie konnte ihre Interessen unter staatlichem Schutz und mit Hilfe ihrer Söldnereinheiten, den *Guardias Blancas*, wahren. Es ist bisher nicht gelungen, die Rechte der Indianer in der Verfassung festzuschreiben. Im Bundesstaat Chiapas arbeiten fast 90 Prozent der Indianer in der Landwirtschaft; ihr Einkommen liegt unter dem Existenzminimum.

Konfliktparteien

Regierung

Die führende Partei in Mexiko ist die 1928 als nationalrevolutionäre Partei gegründete PRI, die seit 1929 ununterbrochen regiert. Sie hat sich ihre Macht nur durch Wahlbetrug erhalten können. Im Verlauf ihrer Alleinherrschaft hat es die PRI mit ihren 12 bis 15 Millionen Mitgliedern verstanden, sich zur machtvollen Interessenvertretung und Kontrollinstanz vieler gesellschaftlicher Gruppen nach dem Prinzip »Geben und Nehmen« zu machen. Sie übt erheblichen Einfluß auf Massenorganisationen, Medien und Staatsfirmen aus; in Behörden und Ämtern haben Parteimitglieder wichtige Positionen inne.

Im Januar 1995 einigten sich Staatspräsident Ernesto Zedillo Ponce de León und Führer der Oppositionsparteien auf eine Wahlrechtsreform, die den Einfluß der PRI einschränken soll.

Opposition

In der radikalsten oppositionellen Gruppierung, dem *Nationalen Demokratischen Konvent* (CND), haben sich linksgerichtete Intellektuelle formiert. Im *Zapatistischen Nationalen Befreiungsheer* (EZLN) sind die zum bewaffneten Kampf entschlossenen Indios organisiert; ihre Bewegung ist nach dem mexikanischen Bauernrevolutionär Zapata (1879–1919) benannt. Sie setzen sich für bessere Lebensbedingungen der landlosen indianischen Bauern ein und streiten darüber hinaus für radikalere politische Reformen mit dem Ziel einer Demokratisierung des autoritären PRI-Staates.

Konfliktverlauf

Vom 1. bis 12. Januar 1994 besetzten 10 000 indianische Bauern, unterstützt von Guerillakämpfern des EZLN, mehrere Ortschaften im verarmten südlichen Bundesstaat Chiapas. Sie wollten damit ihre Forderungen nach sozialer und politischer Gerechtigkeit für die indianische Urbevölkerung sowie nach demokratischen Reformen im ganzen Land unterstreichen. Bei blutigen Gefechten mit den 15 000 Mann starken Regierungstruppen kamen nach offiziellen Angaben 150, nach inoffiziellen 400 Menschen ums Leben. Seit dem Aufstand kontrollieren die *Zapatisten* im Lacandona-Urwald eine rund 100 000 Hektar große »befreite Zone«.

Auf Vermittlung des Bischofs von San Cristóbal, SAMUEL RUIZ, handelten die Aufständischen mit der Regierung einen Waffenstillstand aus, desweiteren eine Amnestie für die Rebellen und ein vorläufiges Abkommen, das eine Verbesserung der Lebensbedingungen in Chiapas in Aussicht stellte sowie Autonomierechte für die Indios und Garantien für einen fairen Verlauf der anstehenden Präsidentschaftswahlen zum Inhalt hatte. Die Angebote der Regierung in diesem Abkommen wurden am 12. Juni von den Vertretungen der Indiogemeinschaften als ungenügend abgelehnt; trotz des Waffenstillstands blieb die Lage explosiv: Die gewaltsamen Landnahmen durch Campesinos (Bauern) nahmen bis Ende 1994 zu; die Indios organisierten sich in etwa 20 Verbänden, u. a. in der *Organización Proletaria Emiliano Zapata* (OPEZ).

Im August 1994 tagte der zivile Arm der *Zapatisten*, der CND: Er forderte den Übergang zu einer parlamentarischen Demokratie, die Bildung einer Verfassunggebenden Versammlung, die Beseitigung sozialer Ungleichheit und rief zur Abwahl der PRI auf. Aus den Präsidentschaftswahlen ging der Nachfolgekandidat des im März bei einer Wahlkundgebung ermordeten LUIS DONALDO COLOSIO, ZEDILLO, als Sieger hervor. Die Gouverneurswahl in Chiapas gewann EDUARDO ROBLEDO RICÓN, der ebenfalls der PRI angehört. Die Opposition warf der PRI Wahlbetrug vor, und die linksgerichtete *Demokratische Revolutionäre Partei* (PRD) erklärte ihren Kandidaten ARMANDO AVENDANO zum Sieger. In den darauffolgenden Tagen kam es zu gewalttätigen Demonstrationen. Am 1. September forderten die Indios ROBLEDO zum Rücktritt auf; der CND verlangte darüber hinaus die Annullierung der Präsidentenwahl.

Im Oktober 1994 scheiterten neuerliche Verhandlungen der Regierung mit den Rebellen. Beide Konfliktparteien erklärten sich zwar zu weiteren Gesprächen bereit; konterkariert wurde diese Bereitschaft aber zugleich durch verstärkten militärischen Druck. Bei seiner zweiten Tagung im

Ernesto Zedillo Ponce de Léon (*27.12.1951)
Staatspräsident Mexikos seit 1994. Zedillo wuchs in ärmlichen Verhältnissen in der nördlichen Grenzstadt Mexicali auf. Er studierte in Mexiko-Stadt und England Wirtschaftswissenschaften und promovierte an der amerikanischen Elite-Universität Yale. Seit 1987 gehörte Zedillo zum Kreis der »Egg-heads« um Präsident Carlos Salinas de Gortari, der eine durchgreifende Reform von Mexikos Wirtschaft durchsetzte. Zedillo war im Kabinett Salinas Planungs- und Erziehungsminister. Nach dem Mord am Präsidentschaftskandidaten Luis Donaldo Colosio wurde Zedillo nominiert und ging aus der Präsidentschaftswahl vom 21.8.1994 mit 48,8 Prozent als Sieger hervor. Der liberale Technokrat Zedillo hat zahlreiche Gegner im harten konservativen Kern der PRI; angesichts der wachsenden internationalen Kritik an den undemokratischen Verhältnissen im Lande, der ökonomischen Schwäche und der gravierenden sozialen Spannungen sieht sich Zedillo unter Druck gesetzt, Reformen auf allen gesellschaftlichen Gebieten durchzuführen.

Rafael Sebastian Guillen Vicente *Zapatistischer Guerillaführer. Der stets vermummt auftretende Anführer des EZLN, bekannt als »Subcomandante Marcos«, der vom 1. bis 12. Januar 1994 den Aufstand der Zapatisten im Bundesstaat Chiapas anführte, gibt sich in seinen politisch-literarischen Kommuniqués aus dem Untergrund als gebildeter, romantischer Idealist. Vicente entstammt der Mittelschicht der nordmexikanischen Stadt Tampico, seine Schwester Paloma ist dort Abgeordnete im Regionalparlament. Er besuchte eine Jesuitenschule und studierte Philosophie und Soziologie. Schon als Student unterhielt er Kontakte zur linksgerichteten Demokratischen Revolutionären Partei (PRD); nach seiner Promotion leistete er Sozialdienst in Chiapas und war dann Hochschullehrer in Mexiko-Stadt. Sein militärisches Training soll Vicente bei den Sandinisten in Nicaragua erhalten haben.*

November forderte der CND Neuwahlen und eine Überarbeitung der mexikanischen Verfassung. Die Amtseinführung von ZEDILLO und des neuen PRI-Gouverneurs von Chiapas spitzte die Lage weiter zu.

Bei einer Demonstration des CND in Mexiko-Stadt kam es zu schweren Unruhen. Der inzwischen weltweit bekannte *Zapatisten*-Führer »Subcomandante MARCOS«, alias RAFAEL SEBASTIAN GUILLEN VICENTE, kündigte den Waffenstillstand auf und drohte mit Krieg. ZEDILLOS Bemühungen, den Dialog wiederaufzunehmen, und seine Erklärungen, den Waffenstillstand auch einseitig einzuhalten, entschärften die Lage nicht. Ende 1994 besetzten bewaffnete Bauern 38 Ortschaften in Chiapas. Daraufhin rückte die Armee in die aufständischen Gebiete vor, gleichzeitig erklärte die Regierung sich bereit, im Rahmen eines Notprogramms 26 000 Hektar Land an verarmte Bauern zu verteilen.

Das Wiederaufflammen des Konfliktes führte an der mexikanischen Börse zu schweren Verlusten und einer dramatischen Abwertung des Peso. Offenbar verstärkte die Wirtschafts- und Finanzkrise den Druck auf die PRI. Auf eine kurze Entspannungsphase im Januar (direkte Gespräche zwischen Regierung und Rebellen am 17.1.1995) folgte am 9. Februar 1995 eine Offensive der Armee, in deren Verlauf die bis dahin von den *Zapatisten* kontrollierte Zone um die Hochburg des EZLN, Guadalupe Tepeyac, besetzt wurde. Es kam zu einer Massenflucht der indigenen Zivilbevölkerung, die Rebellen wurden in die Berge zurückgedrängt und umzingelt.

Am 17. Februar verlangte das EZLN als Vorbedingung für Gespräche den Abzug der Armee und drohte mit einem Gegenschlag. Der Rücktritt des umstrittenen Gouverneurs ROBLEDO und die Berufung eines Interimsgouverneurs sollte die Verhandlungsbereitschaft der Regierung signalisieren; eine mit Vertretern aller Parteien beschickte »Nationale Versöhnungskommission« (CONAI) unter Vorsitz des Bischofs von Mexiko-Stadt handelte ein Waffenstillstandsabkommen aus.

Zusätzlich zur Wirtschaftskrise – das Notprogramm zur Bewältigung der Finanzkrise blieb wirkungslos, Mexiko mußte sich für zahlungsunfähig erklären – erschütterte ein politischer Skandal im März 1995 das Land, der allgemein als Indiz für den innerhalb der PRI ausgebrochenen Machtkampf gilt: Als mutmaßlicher Drahtzieher des Attentats auf den PRI-Generalsekretär FRANCISCO RUIZ MASSIEU im September 1994 wurde der hochrangige PRI-Politiker RAÚL SALINAS DE GORTARI, ein Bruder des ehemaligen Präsidenten CARLOS SALINAS DE GORTARI, verhaftet.

Im April 1995 einigten sich die *Zapatisten* und die Regierung nach einjähriger Pause auf die Wiederaufnahme direkter Friedensgespräche in dem Ort San Miguel im Osten von Chiapas. Die Konfliktparteien unterzeichneten die

»Gemeinsame Erklärung von San Miguel«, die Grundsätze für die Fortsetzung der Verhandlungen und Vereinbarungen zur Waffenruhe enthält.

Ergebnis und weitere Entwicklung

Das zapatistische EZLN will in den seit April 1995 laufenden Friedensgesprächen Voraussetzungen für ein Reformprogramm schaffen, das sich nicht nur um die Lösung des Chiapas-Problems bemühen soll; die Regierung hingegen sieht den Konflikt als regionales Ereignis und will Strukturmaßnahmen einleiten. In den bislang vier Verhandlungsrunden beharren die beiden Konfliktparteien auf ihrer jeweiligen Vorbedingung, der Gegner müsse seine Truppen zurückziehen bzw. seine Waffen abliefern. Eine Beilegung des Konfliktes am Verhandlungstisch zeichnet sich bislang nicht ab.

Literatur: D. Briesemeister / K. Zimmermann (Hg.): *Mexiko heute. Politik, Wirtschaft, Kultur*. Frankfurt 1992.

U. Ewald: *Mexiko. Das Land, seine Geschichte und Kultur*. Stuttgart u. a. 1994.

V. G. Lehr: *Der mexikanische Autoritarismus. Parteien, Wahlen, Herrschaftssicherung und Krisenpotential*. München 1981.

M. Mols / H. W. Tobler: *Mexiko. Die Institutionalisierte Revolution*. Köln u. a. 1976.

M. Mols: *Mexiko im 20. Jahrhundert. Politisches System, Regierungsprozeß und politische Partizipation*. Paderborn 1981.

M. Mols: *Mexiko*. In: P. Waldmann (Hg.): *Politisches Lexikon Lateinamerika*. München 1982.

Staatsname: Vereinigte Mexikanische Staaten
Staatsform: Präsidiale Bundesrepublik (seit 1917)
Staatsoberhaupt: Ernesto Zedillo Ponce de León (PRI; seit 1.12.1974)
Regierungschef: Ernesto Zedillo Ponce de León (PRI; seit 1.12.1974)
Regierung: Partei der institutionalisierten Revolution (PRI; seit 1928)
Parlament: Abgeordnetenhaus 500 Sitze (Wahl vom 21.8.1994), PRI 300, PAN (Konservative) 119, PRD (Linkspartei) 71, PT (Linkspartei) 10
Mitgliedschaft bei internationalen Organisationen: ALADI, APEC, G-3, NAFTA, OAS, OECD, SELA, UNO
Lage: 87°–117° westlicher Länge, 15°–33° nördlicher Breite
Fläche: 1,96 Millionen km²
Hauptstadt: Mexiko-Stadt
Bevölkerung: 90 Millionen; Mestizen 60 %, Indios 30 %, Weiße 9 %, Sonstige 1 %; Christen 94,6 %, Juden 0,1 %, Sonstige 2,1 %, Konfessionslose 3,2 %
Wirtschaft: Dienstleistung 63 %, Industrie 29 %, Landwirtschaft 8 %; Export: Kfz 24 %, Maschinen 23 %, elektrotechnische Produkte 6 %

MOLDAWIEN

Dnjestr-Konflikt seit 1990

Nach dem Zerfall der Sowjetunion (→ Rußland) und der Unabhängigkeit der ehemaligen Teilrepublik Moldawien kam es in der Dnjestr-Region (Transnistrien), in der die überwiegend russische Bevölkerung seit 1990 die Sezession fordert, 1992 zu bewaffneten Auseinandersetzungen.

Historischer Hintergrund

Das Territorium der heutigen Republik Moldawien umfaßt die Mitte Bessarabiens zwischen der Ukraine und Rumänien; begrenzt wird es im Westen vom Pruth und im Osten vom unteren Dnjestr – mit Ausnahme eines Gebietsstreifens östlich des Flusses.

Über die Moldau (rumänisch: Moldova) herrschten im Laufe der Jahrhunderte verschiedene Mächte und Reiche (zur Frühgeschichte s. a. → Rumänien). Mitte des 14. Jahrhunderts konnte sich ein eigenständiges Fürstentum bilden, das aber bereits 1511 unter türkische Lehnsherrschaft geriet. Von 1712 bis 1812 verwalteten griechische Hospodaren die Moldau, danach regierten wieder einheimische Fürsten die Region. 1774 mußte die Moldau die Bukowina an das Habsburger-Reich abtreten, und 1812 fiel Bessarabien, das heutige Moldawien, an → Rußland, blieb aber überwiegend von Rumänen bewohnt. Das moldauische Kernland wurde 1859 zusammen mit der Walachei mit dem Fürstentum Rumänien vereinigt.

20. Jahrhundert

Nach der Oktoberrevolution in → Rußland erklärten sich die Moldawier am 7. Februar 1918 für unabhängig. Doch bereits zwei Monate später schloß sich die Moldau-Republik Rumänien an; die Ostgrenze bildete der Dnjestr. Moskau hat diese Vereinigung niemals anerkannt.

Josef Stalin → Rußland

Das Gebiet östlich des Dnjestr wurde 1924 zu einer autonomen Moldau-Republik innerhalb der sowjetischen Teilrepublik Ukraine erklärt. 16 Jahre später wurde im Zuge des HITLER-STALIN-Paktes dieses autonome Gebiet mit dem Hauptteil des bisher rumänischen Bessarabiens annektiert. Dieser Zwangsvereinigung vom 2. August 1940 folgte am 12. Februar 1941 gemäß der Verfassung der UdSSR die Bildung der Moldauischen Sozialistischen Sowjetrepublik (russisch: Moldawskaja). Im Friedensvertrag von Paris wurde 1947 die Zugehörigkeit Moldawiens zur

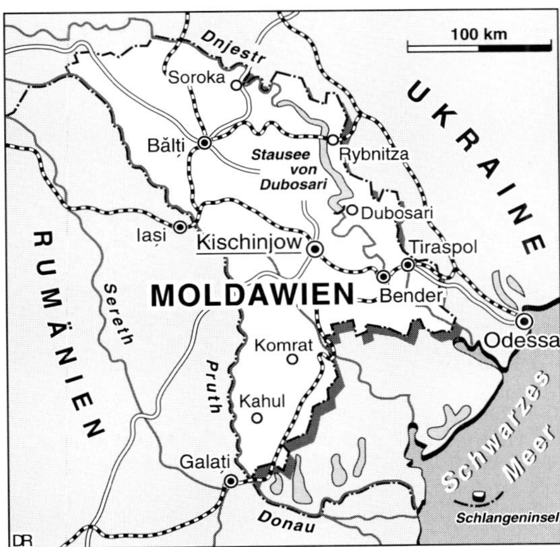

Die russische Minderheit in dem von Rumänien dominierten Moldawien rief 1990 in ihrem Siedlungsgebiet östlich des Dnjestr die »Republik Transnistrien« aus.

Sowjetunion bestätigt. Mitte der achtziger Jahre entwickelte sich im Zuge der allmählichen Auflösung des Sowjetreiches (→ Rußland) in Moldawien eine immer stärker werdende Nationalbewegung.

Konfliktparteien

Moldawische Regierung
Vor der Unabhängigkeit hatte das Präsidium des Obersten Sowjets der Republik 1989 Mircea Ion Snegur zu seinem Vorsitzenden gewählt. Im September 1990 übernahm er das neugeschaffene Amt des Präsidenten der Sowjetrepublik Moldawien, die sich am 28. August 1991 für unabhängig erklärte. Bei den ersten freien Wahlen im Dezember 1991 wurde der Altkommunist Snegur mit 98,7 Prozent der abgegebenen Stimmen im Amt bestätigt.

Die Mehrheit der Bevölkerung sind Rumänen bzw. Moldauer (64,5 %), etwa jeweils 13 Prozent sind Ukrainer und Russen; den Rest stellen Gagausen, Bulgaren und andere kleinere Volksgruppen. Ein Teil der rumänischstämmigen Einwohner des Agrarlandes Moldawien strebt eine Wiedervereinigung mit Rumänien an.

Russen
Die russische Minderheit rief 1990 in ihrem Siedlungsgebiet östlich des Dnjestr die »Republik Transnistrien« aus, die völkerrechtlich nicht anerkannt wurde. Im Dezember

Moldawische Nationalgardisten in einer Stellung vor Bendery im Februar 1992.

1991 hatten 98 Prozent der wahlberechtigten Einwohner der industrialisierten Dnjestr-Region in einer Volksabstimmung für eine Abspaltung von der neuen Republik Moldawien votiert. Bei diesem Urnengang wurde gleichzeitig IGOR SMIRNOW zum Präsidenten der selbsternannten Dnjestr-Republik gewählt. In den Kämpfen mit den moldawischen Sicherheitskräften 1992 wurden die Separatisten teilweise von der regulären 14. Russischen Armee unterstützt.

Gagausen
Die kleine turkstämmige Volksgruppe der christlich-orthodoxen Gagausen (etwa 150 000 Einwohner), die ursprünglich aus Bulgarien nach Moldawien gekommen war, erklärte ihr Siedlungsgebiet im Süden des Landes zur »Republik Gagausien«, da sie eine Wiedervereinigung Moldawiens mit Rumänien befürchtete.

Konfliktverlauf

Die Sezession der Dnjestr-Region wurde von der moldawischen Regierung nicht hingenommen. Der Konflikt eskalierte zum Bürgerkrieg, als im Februar 1992 in der südmoldawischen Stadt Bendery am Dnjestr erbitterte Kämpfe zwischen russischen Milizen und der moldawischen Nationalgarde ausbrachen. Als die Kämpfe an Heftigkeit zunahmen, verhängte Präsident SNEGUR den Ausnahmezustand über ganz Moldawien. Diese Maßnahme brachte aber zunächst keine Beruhigung der Lage.

Im März 1992 zeigte sich die moldawische Regierung kompromißbereit und bot der Dnjestr-Region eine begrenzte Autonomie an, die aber von den Separatisten nicht akzeptiert wurde. Auch die Vermittlungsversuche Rumäniens, der Ukraine und Rußlands scheiterten. Im Juni wurde das Autonomieangebot (Russisch als Amtssprache, lokale Parlamente mit Volksgruppenproporz) erweitert; doch die Kämpfe gingen bis zum Juli weiter.

Erst eine Vereinbarung zwischen dem russischen Präsidenten BORIS JELZIN (→ Rußland), seinem moldawischen Amtskollegen SNEGUR und dem selbsternannten Präsidenten der sog. Dnjestr-Republik, SMIRNOW, konnte im Laufe des Sommers den gewaltsamen Konflikt beenden.

Ergebnis

Die Dnjestr-Region blieb Teil Moldawiens. Das Friedensabkommen beinhaltete neben der Garantie der territorialen Integrität Moldawiens vor allem einen besonderen Rechtsstatus und Schutz für die ethnischen Minderheiten der Republik. Eine entmilitarisierte Zone wurde zwischen den Konfliktparteien geschaffen und eine gemeinsame Schutztruppe gebildet (u. a. mit 7000 Soldaten der 14. Russischen Armee), die den Waffenstillstand gewährleisten sollte. Die Präsenz der russischen Soldaten auf moldawischem Territorium wurde aber von der Ukraine und Moldawien auch als ein potentielles Sicherheitsrisiko angesehen.

Weitere Entwicklung

Aus den ersten Parlamentswahlen nach der Unabhängigkeit Moldawiens gingen die ehemaligen Kommunisten, die sich in der *Agrarpartei* (PDAM) gesammelt hatten, mit einem Stimmenanteil von etwa 45 Prozent als Sieger hervor. Die PDAM ist zugleich der Interessenverband der ehemaligen Kolchosenfunktionäre (landwirtschaftliche Produktionsgenossenschaften).

Im Dezember 1992 schlossen die Ukraine und Moldawien einen Freundschaftsvertrag, der im März 1993 durch weitere bilaterale Abkommen (über wirtschaftliche und militärische Kooperation) ergänzt wurde.

Einen Anschluß an Rumänien lehnten bei einer Volksabstimmung 83 Prozent der Bevölkerung ab. In einem weiteren Referendum im März 1993, das von den Bewohnern der Dnjestr-Region boykottiert wurde, stimmten 90 Prozent der Wahlberechtigten für die Souveränität Moldawiens in den von der UNO anerkannten Grenzen. Zugleich wurde die rumänische Nationalhymne »Wach auf, Rumänien«, die seit der Unabhängigkeitserklärung 1991 gespielt worden war, per Parlamentsbeschluß abgeschafft. Sie wurde ersetzt durch das Lied »Limba noatra« (Unsere Sprache), das zwar ebenfalls Passagen enthält, die die Zugehörigkeit Moldawiens zu Rumänien betonen, mit dem aber bereits 1990 die Unabhängigkeit der Republik besungen worden war.

Mircea Snegur (*17.1.1940)
Moldawischer Staatspräsident seit 1991.
Der Sohn eines Kleinbauern bekleidete als Agrarexperte ab 1973 Führungspositionen im moldawischen Landwirtschaftsministerium, bevor er 1981 in Spitzengremien der KP aufstieg. Als Präsidiumsvorsitzender des Obersten Sowjets der Republik löste er im November 1989 den im Zuge der Perestroika in Ungnade gefallenen orthodoxen KP-Führer Semjon Grossau ab und übernahm im September 1990 den vom Parlament neu eingerichteten Posten des Präsidenten. Am 27. August 1991 erklärte Snegur die Unabhängigkeit Moldawiens und wurde im Dezember mit überwältigender Mehrheit im Amt bestätigt. Der Taktiker Snegur ist Befürworter eines einigen, unteilbaren Moldawien und wendet sich scharf gegen vorschnelle Umarmungsversuche Rumäniens sowie Sezessionsbestrebungen der ukrainischen und gagausischen Minderheiten und insbesondere der Russen, die in Transnistrien bereits 1990 eine »Republik Transnistrien« ausriefen. 1992 bezichtigte Snegur den russischen Präsidenten Boris Jelzin der militärischen Unterstützung der Separatisten und drohte mit Krieg.

»Ist Moldauisch dasselbe wie Rumänisch, oder handelt es sich um zwei verschiedene Sprachen? – Für Linguisten ist der Fall klar: In der Republik Moldau, der kleinen, zwischen der Ukraine und Rumänien eingeklemmten ehemaligen Sowjetrepublik wird ein regional eingefärbtes Rumänisch gesprochen. In der jungen Republik ist die Frage aber hochpolitisch, so politisch, daß deswegen in der Stadt Bendery am Dnjestr Schulen besetzt und Eisenbahnlinien blockiert werden. Ordnungshüter müssen aufeinander einprügelnde Demonstrantengruppen auseinanderbringen, Blut fließt.
Der Streit geht indes nicht die gesamte Republik an, sondern nur den östlichen Teil des Dnjestr, dessen Führung in der Industriestadt Tiraspol vor drei Jahren mit der Unterstützung kommunistischer Kreise in Moskau die souveräne Dnjestr-Republik ausgerufen hat. Die Führung des von keinem anderen Staat der Welt anerkannten Gebildes besteht aus russischen Nationalisten und Kommunisten, die für die Wiederherstellung der Sowjetunion kämpfen, zumindest aber für den Anschluß an die Russische Föderation. Die Russen sind gerade ein Viertel der Bevölkerung, 40 Prozent sind Moldauer, deren Mehrheit in einer Republik Moldau leben möchte.«
Süddeutsche Zeitung,
20. Oktober 1994

Rumänien gewährt Moldawien wirtschaftliche Unterstützung. Im November 1992 einigten sich die Regierungen → Rumäniens und der ehemaligen Sowjetrepublik auf die Einrichtung eines gemeinsamen Parlamentsausschusses, der die Fusion beider Länder prüfen soll. Doch inwieweit Bukarest weiterhin Vereinigungsbestrebungen verfolgt, ist zur Zeit nicht eindeutig auszumachen.

Im April 1994 stimmte das moldawische Parlament dem Beitritt zur *Gemeinschaft Unabhängiger Staaten* (GUS) zu und verabschiedete im August eine neue Verfassung, in der sich die Republik zur Neutralität bekennt und als unabhängiger, einheitlicher und unteilbarer Staat definiert, der der Dnjestr-Region (Transnistrien) und dem Gebiet der Gagausen Autonomie (regionale Selbstverwaltung, eigenes Bildungssystem, Türkisch als Amtssprache) einräumt. Transnistrien lehnt den gegenwärtigen Autonomiestatus als unzureichend ab, weigerte sich deshalb, die neue Währung Moldawiens, den Leu, zu übernehmen, und führte statt dessen im August 1994 als eigene Währung den Rubel ein.

Am 10. August 1994 wurde zwischen der moldawischen Regierung und Moskau der Abzug der russischen Truppen innerhalb von drei Jahren vereinbart. Politiker der Dnjestr-Region verweigern aber nach wie vor die Übergabe des größten Munitionsdepots Europas im Norden Transnistriens, in dem über 400 000 Tonnen Raketen, Minen und Artilleriegeschosse unterschiedlichster Kaliber aus ehemaligen sowjetischen Beständen lagern. Nach der Vereinbarung vom 10. August haben sich die russischen Truppen verpflichtet, das Kriegsmaterial, das angeblich zu einem Fünftel schrottreif ist, während ihres Abzugs im Laufe der nächsten drei Jahre abzutransportieren bzw. zu vernichten.

Unter der Vermittlung der *Konferenz für Sicherheit und Zusammenarbeit in Europa* (KSZE/OSZE) und Rußlands verhandeln die moldawische und die transnistrische Regierung über den künftigen Status der »Dnjestr-Republik«.

Literatur: s. a. → Rußland
W. Adam: *Ein Imperium zerbricht. Reportagen über den Untergang der Sowjetunion*. Frankfurt 1992.
U. Druwe: *Das Ende der Sowjetunion. Krisen und Auflösung einer Weltmacht*. Weinheim 1991.
H. Hofbauer: *Bukowina, Bessarabien, Moldawien*. Wien 1993
M. Unger: *Stichwort GUS. Völker und Staaten*. München 1992.

Staatsname: Republik Moldawien
Staatsform: Republik (seit 1991)
Staatsoberhaupt: Mircea Ion Snegur (parteilos; seit 1990)
Regierungschef: Andrei Sangheli (PDAM; seit 1992)
Regierung: Kommunisten
Parlament: Parlament 104 Sitze (Wahl vom 27.2.1994), PDAM (Kommunisten) 56, Einheit (Kommunisten) 28, Block der Bauern und Intellektuellen 11, Christlich-demokratische Allianz 9
Mitgliedschaft bei internationalen Organisationen: GUS, OSZE, UNO
Lage: 27°–30° östlicher Länge, 45°–48° nördlicher Breite
Fläche: 33 700 km^2
Hauptstadt: Chisinau
Bevölkerung: 4,4 Millionen; Moldauer 64,5 %, Ukrainer 13,8 %, Russen 13 %, Gagausen 3,5 %, Bulgaren 1,5 %, Sonstige 3,7 %; orthodoxe Christen 60 %, Juden 10 %, Sonstige 30 %
Wirtschaft: Industrie 44,5 %, Landwirtschaft 41,8 %, Dienstleistung 13,2 %; Export: Maschinen, Metallwaren, Nahrungsmittel

MOSAMBIK

Unabhängigkeitskrieg 1964 bis 1974
Bürgerkrieg 1975 bis 1992

Erst der Sturz der Diktatur in Portugal ermöglichte den Sieg der Unabhängigkeitsbewegung in Mosambik. Danach kam es zum Bürgerkrieg zwischen der von Rhodesien (Zimbabwe) und von Südafrika unterstützten Rebellengruppe RENAMO und der FRELIMO-Regierung.

Historischer Hintergrund

Im Jahr 1498 landete als erster Europäer der portugiesische Seefahrer Vasco da Gama an der Küste des heutigen Mosambik. Auch das Hinterland wurde im Laufe des 16. Jahrhunderts von den Portugiesen in Besitz genommen. Die Bildung von sog. Prazos – Lehnsgebiete für portugiesische Bürger, die sich dort wie kleine Fürsten gebärdeten – brachte einen schwunghaften Sklavenhandel in Gang. Mosambik war die einzige Region in Südostafrika, von der aus Sklaven nach Amerika verschifft wurden.

Im 19. Jahrhundert setzte eine verstärkte landwirtschaftliche Nutzung des Bodens durch portugiesische und andere ausländische Gesellschaften auf der Grundlage von Konzessionen ein. Die Einheimischen wurden teilweise zur Zwangsarbeit herangezogen.

Vor dem Ersten Weltkrieg verschärften sich die Arbeits- und Lebensbedingungen; Willkür und Terror der Kolonialherren trieben viele ins Exil in die benachbarten Länder. Viele Wanderarbeiter Mosambiks gingen in die Bergbauregionen → Südafrikas und Rhodesiens.

Konfliktparteien

Während des Unabhängigkeitskrieges
Nach einem Massaker der Portugiesen an protestierenden Bauern in Mueda (1960), das 600 Tote gefordert hatte, organisierten sich verschiedene Widerstandsbewegungen. Mosambikanische Arbeiter gründeten im selben Jahr in Rhodesien die *União Democrática Nacional de Moçambique* (UDENAMO), und 1961 schlossen sich mosambikanische Arbeiter und Bauern in Tanganjika (→ Tansania) und → Kenia zur *Mozambique African National Union* (MANU) zusammen. Eine dritte Organisation, die *União Africana de Moçambique Independente* (UNAMI), wur-

Mosambik hatte den rhodesischen (ZANU, ZAPU) und südafrikanischen Befreiungsbewegungen (ANC) Rückzugsmöglichkeiten gewährt.

Chivambo Eduardo Mondlane (1920–1969)
Präsident der FRELIMO 1962 bis 1969.
Der Häuptlingssohn Mondlane studierte Sozialwissenschaften in Südafrika, Portugal und in den USA. Nach seiner Promotion war er UN-Angestellter und als Lehrer in den USA tätig. Als gemäßigter Führer der Unabhängigkeitsbewegung wollte er die Selbständigkeit im Einvernehmen mit den Portugiesen erreichen. Mondlane wurde während des Exils 1969 bei einem Attentat im tansanischen Daressalam ermordet.

de von Arbeitern, die aus dem Tete-Distrikt stammten, in Malawi gegründet.

Die Hauptquartiere der drei Widerstandsorganisationen waren in der tansanischen Hauptstadt Daressalam, von wo aus auch später alle militärischen und politischen Aktionen geleitet wurden.

Nicht zuletzt auf Druck des tansanischen Präsidenten Julius Nyerere und des Präsidenten von → Ghana, Kwame Nkrumah, kam es zur Vereinigung der drei Organisationen unter dem Namen *Frente de Libertação de Moçambique* (FRELIMO). Trotz vereinzelter Fraktionskämpfe verlor die FRELIMO unter ihrem Präsidenten, dem Soziologen Chivambo Eduardo Mondlane, nicht an Geschlossenheit und Kampfkraft. Als Mondlane 1969 durch eine Paketbombe getötet wurde – die Hintergründe des Attentats wurden nie geklärt –, übernahm sein Vertrauter Samora Moises Machel die Führung der FRELIMO. Er straffte den Organisationsapparat der sich immer mehr marxistisch orientierenden FRELIMO und baute sie zu einer schlagkräftigen Befreiungsarmee gegen die Kolonialmacht Portugal aus.

Während des Bürgerkrieges

Die unabhängige mosambikanische Regierung kämpfte mit Hilfe von Truppeneinheiten aus → Nigeria, → Tansania und Malawi gegen die *Resistencia Nacional Moçambiquana* (RENAMO), die von Rhodesien, dem späteren → Zimbabwe, und → Südafrika unterstützt wurde. Diese beiden Länder fühlten sich von der Linksregierung in Mosambik bedroht.

Julius Nyerere** → **Tansania

Kwame Nkrumah** → **Ghana

***Samora Moises Machel* (29.9.1933–19.10.1986**
Präsident Mosambiks von 1975 bis 1986.
Der Häuptlingssohn wurde wegen seiner politischen Aktionen aus dem Stamm der Shona ausgestoßen. Machel, der seine militärische Ausbildung in Algerien erhalten hatte, war seit 1966 Führer der Guerillastreitkräfte der FRELIMO, nach dem Tod von Chivambo Eduardo Mondlane 1970 auch deren Präsident. 1975 wurde Machel Staatspräsident Mosambiks. Der Vorkämpfer für einen Afro-Kommunismus kam am 19. Oktober 1986 bei einem Flugzeugabsturz auf südafrikanischem Gebiet ums Leben.

Antonio de Spinola
→ Guinea-Bissau

Konfliktverlauf

Unabhängigkeitskrieg 1964 bis 1974

Am 25. September 1964 griffen FRELIMO-Einheiten, die in → Algerien ausgebildet worden waren, den portugiesischen Militärposten von Mueda an und eröffneten damit nach jahrelangen intensiven Vorbereitungen den bewaffneten Kampf gegen die Kolonialherren.

In der Provinz Cabo Delgado konnte die Bewegung ihre ersten befreiten Zonen aufbauen. Die Portugiesen erreichten ihre Stützpunkte nur noch über den Luftweg. In Cabo Delgado, dem Land der Makonde-Volksgruppe, errichtete die FRELIMO auch die ersten neuen Verwaltungsstrukturen und politischen Organisationen. Ein Gesundheitsdienst wurde aufgebaut, Schulen und Einrichtungen zur politischen und gesellschaftlichen Bildung gegründet.

Bei den mit dem Makonde-Volk traditionell verfeindeten Makua im Süden der Provinz Cabo Delgado, traf die FRELIMO auf mehr Widerstand, die Portugiesen hingegen fanden hier Verbündete. Bei den Nyanja hingegen, der Volksgruppe in der benachbarten Provinz Niassa an der Grenze zu → Tansania, bekamen die FRELIMO-Kämpfer Unterstützung.

Der Zustrom zur FRELIMO – vor allem Bauern schlossen sich der Guerilla an – nahm bis 1967 stetig zu: Etwa 6000 Guerilleros versuchten, den Kampf auch in anderen Provinzen Mosambiks aufzunehmen. FRELIMO-Einheiten setzten sich in den Provinzen Tete und Manica Sofala fest. Im Süden des Landes, in den Provinzen Gaza und Lourenco, der Heimat einiger FRELIMO-Führer, konnte die Guerilla aber kaum militärische Aktivitäten entfalten, weil entsprechende Verbindungswege fehlten: Süd-Mosambik war bis 1974 von → Tansania und bis 1968 von Sambia, wo die FRELIMO ihre Stützpunkte hatte, nicht zu erreichen. Daher waren auch nur dort Operationen sinnvoll, wo die logistischen Verbindungen zu den Basen in den angrenzenden Ländern gesichert waren.

1970 kam es zur entscheidenden kriegerischen Auseinandersetzung zwischen der Befreiungsbewegung und der Kolonialarmee. Eine Großoffensive des Generals KAULZA DA ARRIAGA, die Operation »Gordischer Knoten«, sollte die Stützpunkte der Widerstandskämpfer im Norden des Landes, besonders die in der Provinz Cabo Delgado – und damit auch die soziale und politische Aufbauarbeit in dieser Zone –, endgültig vernichten. Vertraute General ANTONIO DE SPINOLA in → Guinea-Bissau und in → Angola noch auf eine militärische und politische Lösung, so setzte ARRIAGA allein auf eine militärische Entscheidung.

In den von der FRELIMO beherrschten Gebieten hatten sich noch einige kleinere portugiesische Stützpunkte halten können, die sie durch zeitweilige Feuerüberfälle zu stö-

ren und zu verunsichern suchte. Der FRELIMO kam es nicht so sehr auf die Vernichtung des Gegners an als vielmehr auf die Sicherstellung ihrer Autorität gegenüber der afrikanischen Bevölkerung, auf deren Rückhalt sie angewiesen war. Strategischer Sieger in dieser größten Auseinandersetzung des Unabhängigkeitskrieges war dann auch die FRELIMO.

Zwischen Mai und November 1970 waren auf portugiesischer Seite 35 000 Soldaten im Einsatz. Nach Angaben der Kolonialarmee zerstörten sie 61 Stützpunkte und 165 Versorgungslager der Befreiungsbewegung, töteten 651 Guerilleros und machten 1840 Gefangene. Die FRELIMO gab an, über 600 portugiesische Soldaten getötet zu haben. Die Operation »Gordischer Knoten« hatte sich damit als Fehlschlag erwiesen. In Cabo Delgado, Niassa und ab 1971 in der Provinz Tete setzte die FRELIMO ihre Guerillakämpfe fort.

Die Partisaneneinheiten überschritten den Sambesi, ohne aber den im Bau befindlichen Damm von Cabora Bassa anzutasten. Im Dezember 1972 kam es zwischen der rhodesischen Grenze und Cabora Bassa zu schweren Kämpfen, bei denen portugiesische Einheiten 149 FRELIMO-Kämpfer töteten und 45 Stützpunkte zerstörten. Diese Massaker wurden später unter dem Namen »Wiriyamu« bekannt.

Die FRELIMO-Einheiten konnten sich dennoch halten, und sie eroberten ihre Stellungen in den Provinzen Cabo

Seit Mitte der fünfziger Jahre plante die portugiesische Kolonialmacht in der Cabora-Bassa-Schlucht, etwa 100 Kilometer nordwestlich von Tete, die Wassermassen des unteren Sambesi zu stauen. Der Sambesi ist in diesem Gebiet bis zu 100 Meter breit und über zwei Meter tief. Das Staudammprojekt nahm 1966 ein internationales Firmenkonsortium unter Leitung Südafrikas in Angriff. Die Staumauer mit einer Höhe von 140 Metern hat den Fluß zu einem 2800 Quadratkilometer großen See aufgestaut, der der Bewässerung riesiger agrarisch genutzter Flächen und dem Aufbau einer Schwerindustrie dienen sollte. Politisch war der Staudamm Cabora Bassa heftig umstritten und galt als Symbol der weißen Kolonialherrschaft. Der Staudamm hat Mosambik durch die Stromlieferung ökonomisch an Südafrika gebunden.

»...wohl noch lange (wird man) den Schatten des Wirtschaftsgiganten Südafrika auf dem marxistischen Mosambik spüren – nicht nur im Hafen oder an der Bahnhofsstation, wo die Gastarbeiter in die Minen rollen, sondern zum Beispiel auch in den Interfranca-Läden, wo es nach Ostblock-Muster gegen harte Devisen westliche Konsumgüter zu kaufen gibt. Manches in den Regalen kommt direkt aus Südafrika – die großen Dosen mit Instant Coffee ebenso wie die Kondensmilch. Dies können die Ideologen im Land leicht verschmerzen, weil die Läden ja sowieso fast nur von Ausländern bevölkert sind. Anders, bitterer, demütigender ist da schon der Fall, wenn ein Krankenhaus in Maputo ganz dringend ganz bestimmte Medikamente braucht und in der Not keinen anderen Ausweg weiß, als – Selbstachtung hin, Stolz her – die verhaßten Rassisten um Hilfe zu bitten.« *Süddeutsche Zeitung*, 30. Mai 1983.

Delgado im Oktober 1972 und Manica Sofala im Februar 1973 wieder zurück. Im Juli 1973 wurde General ARRIAGA aus Mosambik abberufen.

Die portugiesischen Streitkräfte zogen sich in ihre befestigten Stützpunkte zurück, die nur auf dem Luftweg oder erschwert auf dem Landweg versorgt werden konnten, da Guerillatrupps häufig die Landverbindungen störten. Bis zum Ende des Krieges (1974) änderte sich diese militärische Lage nicht, mit der einzigen Ausnahme, daß FRELIMO-Verbände bis an die Beira-Rhodesien-Eisenbahn vordrangen. Die portugiesische Luftwaffe hatte insgesamt nur 12 Fiat-G-9-Jagdbomber, sieben Dakotas, fünf Nordatlas-Transporter, 15 umgebaute Harvard-T-6-Bomber und 16 Hubschrauber zur Verfügung, um die Versorgung der eigenen Streitkräfte zu sichern. Der Putsch in Portugal im April 1974 brachte auch in Mosambik die Entscheidung.

Ergebnis Unabhängigkeitskrieg

Im Abkommen von Lusaka vom September 1974 wurde die Bildung einer Übergangsregierung beschlossen, und am 25. Juni 1975 verkündete der neue Präsident SAMORA MACHEL die Verfassung der Volksrepublik Mosambik. Der zehnjährige Guerillakrieg forderte insgesamt 25 000 Tote und 120 000 Verletzte.

Das Land kam aber auch nach der Unabhängigkeit nicht zur Ruhe. Die Wirtschaft stand nach der Auswanderung von ca. 250 000 Mosambik-Portugiesen am Rande des Zusammenbruchs; der Aufbau kam nur mühsam voran. Innere politische Auseinandersetzungen über den zukünftigen Kurs und Übergriffe der rhodesischen Armee, die auf mosambikanischem Gebiet die Freiheitskämpfer der ZANU (→ Zimbabwe) verfolgte, sorgten weiter für Unruhe.

Bürgerkrieg 1975 bis 1992

1977/78 baute der rhodesische Geheimdienst mit mosambikanischen Rebellen die Guerillaorganisation RENAMO auf, die in der Folge von → Südafrika finanziert und mit Militärhilfe ausgestattet wurde.

Die durch den Krieg verursachte schwierige ökonomische Lage in Mosambik hatte die FRELIMO-Regierung politisch geschwächt und zwang sie, sich dem Westen zu öffnen.

Die FRELIMO sah in der RENAMO mehr einen militärischen als einen politischen Gegner.

Die 12 000 Guerilleros hatten durch ihre Sabotageakte, z. B. die Zerstörung der Erdölleitung von Beira nach Mutare in → Zimbabwe im Mai 1982, dem Land erheblichen wirtschaftlichen Schaden zugefügt. Daraufhin schützten auch Soldaten aus Zimbabwe die Pipeline. 1984 kontrollierten die Rebellen bereits die Hälfte des Landes. Im September 1985 konnte die Armee, unterstützt von 1000 zimbabwischen Soldaten, die RENAMO durch eine Großoffensive zwar erheblich schwächen, doch sie setzte ihre Guerillaaktivitäten fort.

Bereits 1984 hatten → Südafrika und Mosambik ein Abkommen geschlossen, in dem sich beide Staaten verpflichteten, Widerstandsgruppen in dem jeweils anderen Land nicht mehr zu unterstützen. Während Mosambik die Unterstützung für den *African National Congress* (ANC) auch tatsächlich einstellte, gewährte Südafrika der RENAMO aber weiterhin Waffenhilfe. Erst seit der Präsidentschaft FREDERIK WILLEM DE KLERKS (1989–1994) rückte Südafrika von der RENAMO ab.

Am 19. Oktober 1986 kam Präsident MACHEL bei einem Flugzeugabsturz ums Leben; sein Nachfolger wurde der bisherige Außenminister JOAQUIM ALBERTO CHISSANO. Die Rebellen konnten die Regierungstruppen bis Mitte 1987 wieder in die Defensive drängen, aber wegen der mangelnden Infrastruktur gelang es ihnen nicht, sich länger in den von ihnen kontrollierten Gebieten festzusetzen. Nach wie vor verübten sie spektakuläre Terrorüberfälle, wie im Juli 1987 im Küstenort Homoine, bei dem 400 Menschen ums Leben kamen.

Die FRELIMO gab sich im Juli 1989 ein neues Statut und löste sich damit vom Marxismus-Leninismus. Die Regierung war angesichts der Aussichtslosigkeit, den Krieg zu gewinnen, zu Verhandlungen mit der RENAMO gezwungen, die im Juli 1990 in Rom begannen. Die Waffenstillstandsvereinbarungen wurden bald wieder gebrochen: Nach wie vor kontrollierte die Regierung die Städte und die Rebellen das Land. Ein fehlgeschlagener Putschversuch von Armeeteilen im Juni 1991 schwächte allerdings die Regierung.

Joaquim Alberto Chissano (*22.10.1939)
Staatspräsident von Mosambik seit 1986.
Der Mediziner Chissano war 1962 Mitbegründer der FRELIMO. Nach dem Sieg der FRELIMO im Unabhängigkeitskrieg wurde er Präsident eines ersten Übergangskabinetts und nach der Unabhängigkeit 1975 Außenminister. Nach dem Tod Samora Machels wählte ihn das Zentralkomitee der Partei zu ihrem neuen Vorsitzenden und zum Staaspräsidenten. Chissano gilt als pragmatischer Politiker. Er leitete das Ende der Planwirtschaft ein und sorgte für eine politische Öffnung hin zu einem Mehrparteiensystem. Am 4. Oktober 1992 schloß er mit der rechtsgerichteten und von Südafrika finanzierten Rebellenorganisation RENAMO Frieden. Chissano wurde bei den ersten freien Wahlen in Mosambik im Oktober 1994 in seinem Amt als Staatspräsident bestätigt.

Ergebnis Bürgerkrieg

Anfang Oktober 1992 kam es zur Unterzeichnung eines Waffenstillstandsabkommens; Anfang Januar 1993 trafen UN-Friedenstruppen in Mosambik ein. Die Waffenruhe wurde jedoch von RENAMO-Abtrünnigen mehrfach gebrochen.

Der Krieg forderte eine Million Todesopfer (u. a. auch durch Dürre und Hungerkatastrophen), mehrere Millionen Menschen mußten zum Teil ins Ausland fliehen.

Am 14. April 1994 verließen die letzten zimbabwischen Truppen, die seit 1984 im Land stationiert waren, Mosambik. Die Demobilisierung und Vereinigung der ehemaligen Regierungsarmee mit den Einheiten der RENAMO erwies sich durch eine Meuterei ehemaliger Soldaten und Rebellen im Sommer 1994 zunächst als schwierig; Mitte August

Frederik Willem de Klerk
→ Südafrika

ging jedoch jegliche Befehlsgewalt an die neu formierte Armee über.

Aus der international kontrollierten Präsidentschafts- und Parlamentswahl im Oktober 1994 ging die FRELIMO mit einer absoluten Mehrheit hervor. CHISSANO siegte über seinen Konkurrenten, den Führer der rechtsgerichteten RENAMO, ALFONSO DHLAKAMA. Dieser zweifelte die Wahl an, und seine Fraktion verließ vor der konstituierenden Sitzung im Dezember 1994 das Parlament. Präsident CHISSANO lehnte es bisher ab, die RENAMO an der Regierung zu beteiligen.

Die UN-Friedensmission endete im Dezember 1994, obwohl die Entschärfung der 1,5 Millionen Minen, die im Land vergraben sind, und die Auflösung der verborgenen Waffenlager noch nicht abgeschlossen waren.

Literatur: s. a. → Zimbabwe, → Südafrika
F. Ansprenger u. a.: *Wiriyamu. Eine Dokumentation zum Krieg in Mosambik*. München 1974.
F. Couto: *Mosambik und Frelimo*. Nürnberg 1974.
E. de Seusa Ferreira: *Portugiesischer Kolonialismus zwischen Südafrika und Europa*. Freiburg 1972.
J. Hanlon: *Mosambik – Revolution im Kreuzfeuer*. Bonn 1986.
A. Isaacman / B. Isaacman: *Mozambique. From Colonialism to Revolution 1900–1982*. Boulder, Col. 1983.
W. Kühne: *Südafrika und seine Nachbarn: Durchbruch zum Frieden? Zur Bedeutung der Vereinbarungen mit Mozambik und Angola vom Frühjahr 1984*. Baden-Baden 1985.
D. Meyns: *Moçambique im Jahre 2 der Unabhängigkeit*. Berlin 1977.
P. Meyns: *Befreiung und nationaler Wiederaufbau von Mozambik*. Hamburg 1979.
P. Meyns: *Das Südliche Afrika nach Nkomati. Die Regionalpolitik von Botswana, Moçambique und Zimbabwe*. Hamburg 1987.
E. Mondlane: *Kampf um Mosambik*. Berlin (Ost) 1977.
B. Munslow: *Mozambique: The Revolution and its Origins*. London 1983.
Statistisches Bundesamt (Hg.): *Länderbericht Mosambik*. Wiesbaden 1989.
B. Weimer: *Die mozambiquanische Außenpolitik 1975–1982. Merkmale, Probleme, Dynamik*. Baden-Baden 1983.

Staatsname: Volksrepublik Mosambik
Staatsform: Republik (seit 1990)
Staatsoberhaupt: Joaquim Alberto Chissano (FRELIMO; seit 1986)
Regierungschef: Pascoal Manuel Mocumbi (FRELIMO; seit 29.12.1994)
Regierung: FRELIMO (seit 1975)
Parlament: Volksversammlung 250 Sitze (Wahl vom 29.10.1994), FRELIMO 129, RENAMO 112, UD (Demokratische Union) 9
Mitgliedschaft bei internationalen Organisationen: AKP, OAU, SADC, UNO
Lage: 31°– 41° östlicher Länge, 11° – 27° südlicher Breite
Fläche: 812 379 km^2
Hauptstadt: Maputo
Bevölkerung: 15,2 Millionen; Makua 47,3 %, Tsonga 23,3 %, Malawi 12 %, Shona 11,3 %, Yoa 3,8 %, Sonstige 2,3 %; Volksreligionen 47,8 %, Christen 38,9 %, Muslime 13 %, Sonstige 0,3 %
Wirtschaft: Landwirtschaft 64 %, Dienstleistung 21 %, Industrie 15 %; Export: Krabben 34,3 %, Cashewnüsse 11,3 %, Baumwolle 6,9 %

MYANMAR

Unabhängigkeitskrieg 1941 bis 1948
Bürgerkrieg seit 1945

Seit der Unabhängigkeit im Jahr 1948 wird das ehemalige Birma, so der Staatsname bis 1989, durch ethnische Spannungen und Guerilla-Aktionen, die sich gegen die diktatorischen Regime des Landes richten, in latenter Unruhe gehalten.

Historischer Hintergrund

1. bis 13. Jahrhundert

Die Shan- und Karen-Reiche bildeten den Staat Birma (englisch: Burma), der sich am 27. Mai 1989, der Landessprache entsprechend, in Myanmar umbenannt hat.

Aus Hinterindien und Südwestchina waren die Birmanen im 1. und 8. Jahrhundert eingewandert; Pagan wurde Regierungssitz des Königreichs, das das Mon-Reich im 11. Jahrhundert besiegt und den Buddhismus eingeführt hatte. 1287 wurde das blühende Pagan-Reich von Kublai Khan erobert; das nordöstliche Bergvolk der Shan machte daraufhin Ava zum neuen Zentrum des Landes.

17. bis 19. Jahrhundert

Anfang des 17. Jahrhunderts hatten die Kolonialmächte Holland und England ihre ersten Handelsniederlassungen im Königreich Birma eingerichtet, das bis zum 19. Jahrhundert seine Unabhängigkeit bewahren konnte. In den Kriegen von 1824 bis 1826, 1852 und 1885 eroberten die Briten das birmanische Reich, lösten es auf und machten es zur Provinz von Britisch-Indien.

Machtkämpfe zwischen den Hauptvolksgruppen – Shan, Birmanen, Karen, Kachin, Indern und Mon – waren im 16. Jahrhundert zugunsten der Birmanen entschieden worden; die Gegensätze zwischen den Ethnien führen aber bis heute immer wieder zu innenpolitischen Spannungen. Vorschub leistete nicht zuletzt die kolonial-administrative Teilung des Landes in ein zentral- und direktverwaltetes »Inner Burma« und ein durch regionale Herrscher kontrolliertes »Outer Burma«, weil damit das Entstehen einer gemeinsamen nationalen Identität verhindert wurde.

20. Jahrhundert

Die sich nach der Jahrhundertwende formierende Nationalbewegung erreichte nach dem Ersten Weltkrieg die Tren-

Seit seiner Unabhängigkeit 1948 wird Birma, das heutige Myanmar, von Bürgerkriegen erschüttert. Der unüberwindbare Gegensatz zwischen den Völkern der Birmanen, Shan, Karen, Kachin und Indern ist eine Erblast aus kolonialer Zeit.

nung des Landes von der Verwaltung durch Indien und einen schwachen Autonomiestatus. Erst nach den Bauernaufständen von 1932 bis 1935 erlangte Birma größere Selbständigkeit und 1937 innere Autonomie.

Die seit Ausbruch des Pazifischen Krieges 1941 formierte birmanische Befreiungsarmee kollaborierte nach 1942 mit den Japanern, die das Land besetzt hatten, in der trügerischen Hoffnung, so die staatliche Unabhängigkeit erlangen zu können. Erst als die nationalistischen Kräfte wieder die Fronten gewechselt hatten und mit der britischen Armee gegen die Besatzungsmacht kämpften, bahnte sich die Möglichkeit der Bildung eines selbständigen Staates an; endgültige Unabhängigkeit erlangte Birma am 4. Januar 1948, doch keinen inneren Frieden.

Konfliktparteien

Unabhängigkeitsbewegung und Guerilla

Die Unabhängigkeitsbewegung *Anti Fascist People's Freedom League* (AFPFL), die sich 1945 gebildet hatte und noch alle nationalen Kräfte einband, spaltete sich später aufgrund religiöser und politischer Differenzen.

Die Kommunisten (*Burmese Communist Party*; BPC), ebenfalls gespalten in die *Weiße Fahne* und die *Rote Fahne*, traten 1946 aus der AFPFL aus. Bis 1989 bildete die von Birmanen beherrschte BPC die größte oppositionelle Kraft im Land. Ihr »nationalitätenübergreifender Klassen-

Aung San (13.2.1915–17.7.1947)
Birmanischer Politiker und Freiheitskämpfer.
Nach seinem Geschichtsstudium beteiligte sich Aung San als militärischer Führer von Aufständischenverbänden am Widerstand gegen die britischen Kolonialherren. Während der japanischen Besatzung war er Verteidigungsminister, kämpfte aber später gegen die Japaner. Als Leiter der Abteilung für auswärtige Angelegenheiten und Vizepräsident des Exekutivrates führte er die Unabhängigkeitsverhandlungen in London. Im Juli 1947 wurde der Führer des linken Flügels der AFPFL im Parlament von seinen politischen Gegnern erschossen.

kampf« verlor durch Vernachlässigung der Minderheitenfrage allmählich an Bedeutung. Nichteingelöste Autonomieversprechen für die Zeit nach der Unabhängigkeit – Sezessionsmöglichkeit für die Völker der Shan und der Karen, Autonomie für die Kachin – führten zur Radikalisierung der verschiedenen ethnischen und politischen Gruppierungen, die etwa 20 Guerillaeinheiten bildeten; die größten und wichtigsten neben den Privatarmeen waren die *Karen National Union* (KNU) und die *Karen National Liberation Army* (KNLA), die *Kachin Independence Army* (KIA) und die *Shan State Army* (SSA).

Daneben etablierten sich mächtige Opiumhändler, »Warlords«, die sich aus den versprengten *Kuomintang*-Truppen nach der Niederlage im chinesischen Bürgerkrieg (→ China) in Birma festgesetzt hatten und hier bald den Opiumanbau kontrollierten. Ihre militärischen Organisationen waren die *Shan United Army* (SUA) und der *Thai Revolutionary Council* (TRC).

Oppositionsparteien

Die 1976 gegründete *National Democratic Front* (NDF) versuchte neben der militärischen Koordination der Guerillaeinheiten die Organisation des politischen Kampfes. Sie gründete nach dem Militärputsch von 1988 die *Democratic Alliance of Burma* (DAB), der neben Studenten und Mönchen auch Exilgruppen angehören.

Die *National League for Democracy* (NLD) entwickelte sich unter ihrer Generalsekretärin Aung San Suu Kyi, der Tochter des Freiheitskämpfers Aung San, zur stärksten Partei.

Zentralregierung

1958 hatte sich die Unabhängigkeitsbewegung AFPFL unter ihrem langjährigen Führer U Nu zur *Unionspartei* neu formiert. Sie hatte nach dem Zweiten Weltkrieg zunächst die Schlüsselpositionen im Staat besetzt.

Alle Rebellen- und Oppositionsgruppen hatten bisher ein gemeinsames Ziel: den Sturz der Zentralregierungen und Militärjuntas (*State Law and Order Restoration Council*; SLORC), die sich nur durch Notverordnungen und auf der Grundlage des Kriegsrechts an der Macht halten konnten.

Konfliktverlauf

1941 bis 1946

Der birmanische Kampf um die Befreiung von der britischen Kolonialherrschaft begann 1942 mit Unterstützung der japanischen Besatzer. Diese Koalition führte aber zu neuen Abhängigkeiten, woraufhin die Nationalisten wiederum die Fronten wechselten und sodann versuchten, zu-

Nationalchinesische Freischärler, die in Birma untergetaucht waren und das Land terrorisierten, werden über den Sainen nach Thailand abgeschoben.

sammen mit der britischen Armee die Japaner zurückzudrängen. Diese Allianz zwischen Birmanen und Briten war erst möglich geworden, nachdem der englische Premierminister CLEMENT RICHARD ATTLEE Ende 1946 die AFPFL als Verhandlungspartner akzeptiert hatte.

1947 bis 1949

Am 17. Juli 1947 wurde General AUNG SAN, einer der führenden Köpfe der birmanischen Befreiungsbewegung und Vertreter der Linken in der AFPFL, von Mitgliedern der rechten Fraktion ermordet. Hinter dem Attentat stand der ehemalige Premierminister U SAW. Er mußte die Macht U NU, dem ehemaligen Außenminister der Kollaborationsregierung unter BA MAW, überlassen, der ihn im Mai 1948 wegen Hochverrats hinrichten ließ.

Am 17. Oktober 1947 hatte die AFPFL bereits die Herauslösung Birmas aus dem Verband mit Großbritannien erreicht; zweieinhalb Monate später wurde das Land unabhängig.

Wirtschaftliche Krisen destabilisierten den Staat; Aufstände ethnischer Minderheiten, besonders der Kachin und Shan, die auch Guerillaeinheiten gebildet hatten, ließen die Situation eskalieren. Einen Partisanenkrieg führten die Peking-freundlichen *Weiße-Fahne*-Kommunisten, die zusam-

*Ne Win (*24.5.1911)*
Staatspräsident Birmas von 1974 bis 1981. General Ne Win, mit richtigem Namen Maung Shu Maung, kämpfte mit den Briten gegen die japanischen Besatzer, wurde 1948 stellvertretender Generalstabschef und 1949/50 Vizeministerpräsident. Nach dem Putsch von 1962 war er Vorsitzender der Einheitspartei Birmanischer Weg zum Sozialismus (BSPP) und des Revolutionsrates. Bis 1974 bekleidete er das Amt des Ministerpräsidenten und war bis 1981 Staatspräsident. Bis 1988 blieb er Parteivorsitzender und hat vermutlich auch danach noch hinter den Kulissen die Fäden gezogen.

Tschiang Kai-schek → ***China***

men mit den Wa-Stämmen aus der chinesischen Grenzregion immer weiter nach Süden vorstießen. Die Kämpfe forderten bis zu 30 000 Tote.

Auch der Aufstand der Karen von Dezember 1948 bis Juni 1949 war von der *Weißen Fahne* organisiert worden; im Sommer 1949 wandten sich die Karen jedoch gegen die Kommunisten. Dies ermöglichte den Regierungstruppen, die Karen-Rebellen zu besiegen, die ihr Ziel, die Unabhängigkeit der Provinz Saluën, nicht erreicht hatten, aber von der Regierung in Rangun gewisse Zusagen für eine relative Selbständigkeit erhielten.

Nach 1949

Anfang der fünfziger Jahre führten versprengte Einheiten der chinesischen *Kuomintang*-Armee TSCHIANG KAI-SCHEKS von birmanischem Territorium aus Guerillaaktionen gegen die Volksrepublik → China durch.

Nach der Spaltung der AFPFL 1958 mußte der langjährige Regierungschef U NU zugunsten des Oberbefehlshabers der Armee, General NE WIN, zurücktreten. Zu massiven ethnischen und religiösen Unruhen kam es, als 1961 der Buddhismus zur Staatsreligion erklärt wurde.

Im Land kehrte nie wirklich Ruhe ein; bis 1989 kämpften Partisanen der *Weißen* und *Roten Fahne* erbittert um die Vorherrschaft in einigen Regionen.

Nach 1961

NE WIN hatte bereits am 2. März 1962 seine Machtposition durch einen unblutigen Staatsstreich gefestigt und an der Spitze eines Revolutionsrates einen sozialistischen Kurs eingeschlagen: 1964 wurden Banken und Industrie verstaatlicht, die Parteien mit Ausnahme der neugegründeten Einheitspartei des *Birmanischen Weges zum Sozialismus* verboten. Erst 1974 gab es über die Verfassung der »Sozialistischen Republik« eine Volksabstimmung.

Birmas strikte außenpolitische Neutralität – u. a. auch die ideologische Distanz zu Peking – bewahrte das Land vor einer Involvierung in den Indochina-Konflikt (→ Vietnam, → Kambodscha, → Laos).

1967 gab es einen Aufstand gegen die Chinesen; 1970 versuchte der mittlerweile im thailändischen Exil lebende ehemalige Regierungschef U NU, gegen das Regime von General NE WIN zu putschen; 1975/76 lieferten sich Regierungstruppen und Milizen der *Weiße-Fahne*-Kommunisten heftige Kämpfe.

Die Kampfbereitschaft der Guerilla nahm erst ab, als Peking keine militärische Hilfe mehr leistete. Von 1976 bis 1977 kam es zu schweren Unruhen ethnischer Minderheitsgruppen; ein Putschversuch junger Offiziere war am 20. Juli 1976 gescheitert.

Seit den achtziger Jahren

Im November 1981 wurde NE WIN von U SAN YU als Staatspräsident abgelöst; er blieb jedoch weiterhin Parteivorsitzender und somit der mächtigste Mann im Land. Erst am 23. Juli 1988 trat er endgültig von all seinen Ämtern zurück.

Bei der Verfolgung von aufständischen Karen überschritten im März 1984 Regierungstruppen die Grenze nach → Thailand.

Die Ankündigung einer Währungsreform im September 1987 führte zu landesweiten Protesten und Ausschreitungen. Im März 1988 kam es zu Studentenunruhen, die blutig niedergeschlagen wurden; doch die Demonstrationen dauerten an; die Universitäten wurden geschlossen, und es gab Massenverhaftungen unter den Studenten. Am 8. September wurde als Protest gegen die Regierung ein Generalstreik ausgerufen. Bereits am 3. August 1988 war von SEIN LWIN, dem neuen starken Mann, das Kriegsrecht verhängt worden; dieser mußte jedoch bereits am 12. August 1988 die Macht an U MAUNG, einen Vertrauten NE WINS, abtreten. Bei einem Putsch am 18. September 1988 übernahm die Armee unter General SAW MAUNG die Regierungsgewalt. Blutige Unruhen, die über 1000 Menschen das Leben kosteten, folgten.

Im Zuge schwerer Gefechte zwischen Karen-Rebellen und Regierungstruppen an der thailändischen Grenze flohen im Mai 1989 etwa 3000 Birmanen nach → Thailand. Um allen ethnischen und religiösen Gruppen des Landes gerecht zu werden, wurde am 27. Mai 1989 der Staatsname in »Union Myanmar« umbenannt. Die Militärjunta verhängte wegen der anhaltenden Unruhen im Juli 1989 den Ausnahmezustand.

Bei den Wahlen vom 27. Mai 1990 siegte die Oppositionspartei *Nationale Liga für Demokratie* (392 der 485 Parlamentssitze) von AUNG SAN SUU KYI, die von Juli 1989 bis September 1995 unter Hausarrest gehalten wurde. Die Militärjunta war nämlich nicht bereit, das Wahlergebnis anzuerkennen und die Macht zu übergeben.

Am Protest gegen die Gewaltherrschaft der Militärs (Verhaftungen und Todesurteile gegen Regimegegner) begannen sich auch Mönche zu beteiligen: Sie lehnten Opfergaben von Soldaten ab und weigerten sich, religiöse Feste, Hochzeiten oder Begräbnisse für die Militärs auszurichten. Dieser religiöse Boykott kam einer Exkommunizierung gleich; die Regierung verhängte im Oktober 1990 das Kriegsrecht über einige Städte, löste Orden auf und stürmte über 150 Klöster. Im Dezember bildete der Vertreter von AUNG SAN SUU KYI, SEIN WIN, mit Mitgliedern der NLD eine Gegenregierung, die für illegal erklärt wurde.

Obwohl sich der internationale Druck auf das Regime wegen wiederholter Menschenrechtsverletzungen verstärkte, änderte die Junta ihre innenpolitische Haltung nicht.

Aung San Suu Kyi (*19.6.1945)
Oppositionsführerin und gewähltes Staatsoberhaupt Myanmars seit 1990.
Die Tochter des Führers der Unabhängigkeitsbewegung, Aung San, war von 1969 bis 1971 bei der UNO beschäftigt. Obwohl 1989 unter Hausarrest gestellt, siegte die Oppositionspolitikerin bei den Wahlen vom 27. Mai 1990 mit ihrer Nationalen Liga für Demokratie haushoch. Doch die Junta erkannte das Wahlergebnis nicht an und hielt den Arrest aufrecht. 1991 erhielt Aung San Suu Kyi für ihrern gewaltlosen Einsatz für die Menschenrechte in ihrem Land in Abwesenheit den Friedensnobelpreis. 1995 mußte sich die Junta dem Druck der Öffentlichkeit im In- und Ausland beugen und Aung San Suu Kyi auf freien Fuß setzen.

Aung San Suu Kyi erhielt den Friedensnobelpreis, den sie aber im Dezember 1991 in Stockholm nicht selbst in Empfang nehmen konnte.

Die brutale Verfolgung (Festnahmen, Folter, Mord und Deportationen in Arbeitslager) von Angehörigen der islamischen Front *Rohingya* im Bundesstaat Arakan seit November löste 1991 eine Fluchtwelle aus: 270 000 flohen nach → Bangladesch, ihre Staatsangehörigkeit wurde ihnen aberkannt. Und um den Sitz der Gegenregierung in Manerplaw einzunehmen, begannen die Regierungstruppen im Januar 1992 mit einer Offensive gegen die Karen-Rebellen; 70 000 Menschen flohen nach → Thailand.

Weitere Entwicklung

Am 23. April 1992 übergab Saw Maung die Macht an seinen Stellvertreter General Than Shwe; einige wenige politische Gefangene wurden freigelassen, im August die Universitäten wieder geöffnet. Im Januar 1993 trat auf Anordnung der Junta ein Nationalkonvent zusammen, in dem auch oppositionelle Kräfte vertreten waren, um die lange angekündigte neue Verfassung auszuarbeiten, die den Streitkräften eine Sonderrolle einräumt. Nachdem Delegierte mit abweichenden Meinungen aus der Verfassunggebenden Versammlung entlassen oder in Haft genommen worden waren, wurde im April 1994 ein Entwurf verabschiedet. Danach sind mit einem Ausländer verheiratete Bürger vom Amt des Staatspräsidenten ausgeschlossen – Aung San Suu Kyis Ehemann ist Brite! Am 20. September und am 28. Oktober 1994 kam es erstmals zu einer Begegnung führender Juntagenerale mit der Oppositionsführerin. Das Angebot, sie freizulassen, wenn sie ins Exil ginge, lehnte Aung San Suu Kyi seinerzeit ab. Über den weiteren Inhalt der Gespräche wurde nichts bekannt.

Myanmar ist von einer demokratischen Entwicklung noch immer weit entfernt. In Waffenstillstandsabkommen mit Rebellengruppen wurden den Shan und den Karen begrenzte Autonomierechte eingeräumt und Entwicklungshilfen zugesagt. Die DAB, Dachorganisation von 12 Rebellenbewegungen, lehnte diese Einzelabkommen ab, da sie die gesamte Opposition schwächen würden. Im Februar 1995 eroberten Truppen des SLORC die wichtigsten Zentren der Karen-Rebellen.

Literatur: Amnesty International (Hg.): *Myanmar.* Bonn 1990.
J. F. Cady: *History of Modern Burma*. Ithaca, N. Y. 1958.
K. Fleischmann: *Die neue Verfassung der Union Birma*. Hamburg 1976.
K. Fleischmann: *Arakan – Konfliktregion zwischen Birma und Bangladesh. Vorgeschichte und Folgen des Flüchtlingsstroms von 1978.* Hamburg 1981.
K. Fleischmann (Hg.): *Documents on Communism in Burma 1945–1977.* Hamburg 1989.
T. Schwarz: *Flucht und Migrationsbewegung in Birma.* Berlin 1993.
D. Steinberg: *Burma: A Socialist Nation of Southeast Asia.* Boulder, Co. 1982.
H.-U. Storz: *Birma*. Wiesbaden 1967.
F. N. Trager: *Burma. From Kingdom to Independence*. London 1966.

Staatsname: Union Myanmar
Staatsform: Sozialistische Republik (seit 1974)
Staatsoberhaupt: General Than Shwe (seit 1992)
Regierungschef: General Than Shwe (seit 1992)
Regierung: Militärjunta (SLORC)
Parlament: Volksversammlung mit 485 Sitzen (Wahl vom 27.5.1990; bisher nicht zusammengetreten), NLD (Nationale Liga für Demokratie) 392, Shan NLD 23, Rakhine Demokratische Liga 11, Nationale Einheitspartei 10, Mon Demokratische Front 5, Sonstige 44
Mitgliedschaft bei internationalen Organisationen: UNO
Lage: 92°–101° östlicher Länge, 10°–28° nördlicher Breite
Fläche: 676 577 km^2
Hauptstadt: Rangun (Yangon)
Bevölkerung: 44,6 Millionen; Birmanen 69 %, Shan 8,5 %, Karen 6,2 %, Rakhine 4,5 %, Mon 2,4 %, Sonstige 9,4 %; Buddhisten 89,4 %, Christen 4,9 %, Muslime 3,8 %
Wirtschaft: Landwirtschaft 59 %, Dienstleistung 31 %, Industrie 8,8 %; Export: Agrarprodukte 31,5 %, Holz 23,8 %, Mineralien 8,7 %

Nachitschewan → Armenien

Nationalitätenkonflikt um die mehrheitlich von Aserbaidschanern bewohnte Enklave auf armenischem Gebiet

Schon vor der Loslösung aus dem Verband des Sowjetreiches kam es zu schweren Auseinandersetzungen und Kämpfen um die armenische Exklave Nagornji Karabach in → Aserbaidschan und im Gegenzug zu Vergeltungsaktionen in und um die aserbaidschanische Exklave Nachitschewan, die auf armenischem Gebiet liegt.

Nagornji Karabach → Aserbaidschan

Nationalitäten- und Regionalismuskonflikt zwischen Armenien und Aserbaidschan

Gründe für den bewaffneten Konflikt um die von christlichen Armeniern bewohnte autonome Kaukasusregion Nagornji Karabach, die im überwiegend islamischen Aserbaidschan liegt, sind religiös motivierte Nationalitätenfragen und die staatliche Zugehörigkeit der Enklave zu → Armenien.

Nahostkonflikt → Ägypten, → Israel

Konflikte und Kriege seit Gründung des Staates Israel in Palästina

Der Staat Israel als »nationale Heimstätte« der Juden – seit 1896 von den Zionisten gefordert, 1917 in der BALFOUR-Deklaration von der britischen Regierung unterstützt – entstand nach dem Zweiten Weltkrieg auf Druck der Weltmächte gegen den heftigen Widerstand der arabischen Völker im britischen Mandatsgebiet Palästina. Die Mißachtung der Rechte der dort seit knapp zwei Jahrtausenden lebenden Nicht-Juden führte zu mehreren kurzen kriegerischen Auseinandersetzungen, die später in immer erbitterter geführte Terroraktionen beider Seiten mündeten.

Die Geschichte der Palästinenser und der Friedensprozeß im Nahen Osten werden unter → Israel behandelt.

NAMIBIA

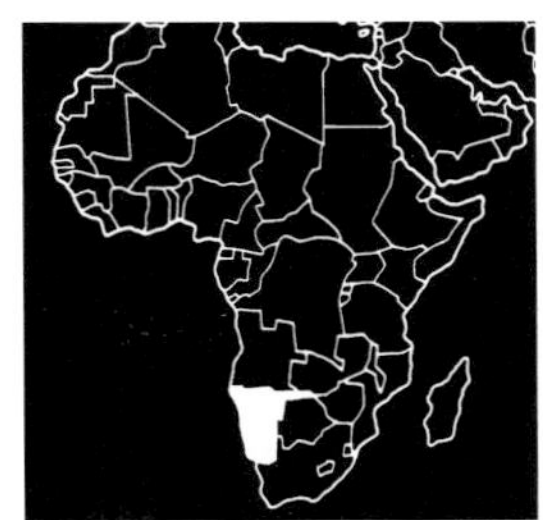

Unabhängigkeitskampf 1965 bis 1990

Die Unabhängigkeit Südwestafrikas (seit 1967: Namibia) wurde schwer erkämpft. Die Machtinteressen Südafrikas, Namibias internationaler Sonderstatus und die Verwicklungen in den angolanischen Bürgerkrieg sowie die heterogene Bevölkerungsstruktur erschwerten den Weg zur Selbständigkeit.

Historischer Hintergrund

Namibia, das frühere Deutsch-Südwestafrika, hat aufgrund seiner kolonialen Vergangenheit und einer vielschichtigen Bevölkerungsstruktur (San, Damara, Nama, Herero, Ovambo, Weiße und Mischlinge) eine komplizierte ethnische, soziale und politische Entwicklung erlebt.

Im 16. Jahrhundert eroberten die Volksstämme der Herero und Ovambo, die aus Zentralafrika kamen, Südwestafrika. Die Urbevölkerung, San und Damara, wurde von den aus dem Süden eingewanderten Nama (Hottentotten) bekämpft und versklavt.

Kolonialzeit und Völkerbundmandat
Seit 1884 war Südwestafrika deutsche Kolonie, und die Stämme kämpften isoliert und vereinzelt gegen die fremden Machthaber (Herero- und Hottentottenaufstände 1904–1907). Die Stammeskonflikte kamen den Kolonialisten zugute – Aufstände konnten stets niedergeschlagen werden.

Mit der Entdeckung größerer Diamantenvorkommen und dem damit verbundenen wirtschaftlichen Aufschwung kam es zu ersten sozialen und politischen Reformen.

Im Ersten Weltkrieg eroberten südafrikanische Truppen unter britischem Kommando die deutsche Siedlungskolonie Südwestafrika (1915). Im Versailler Vertrag wurde das Gebiet als Völkerbundmandat an → Südafrika übertragen (1922). In den zwanziger Jahren kam es zu einer Einwanderungswelle von Buren (niederl. »Bauern«; Nachkommen niederländischer und deutscher Siedler in Südafrika), die bald unter der weißen Bevölkerung die Mehrheit bildeten.

Südafrikanische Besatzungszeit
Nach dem Zweiten Weltkrieg weigerte sich → Südafrika, das Völkerbundmandat aufzugeben und das Land in UN-Treuhandschaft zu übergeben(1946). Vor dem *Internationalen Gerichtshof* (1950, 1955, 1956, Urteil: 1966) bekam

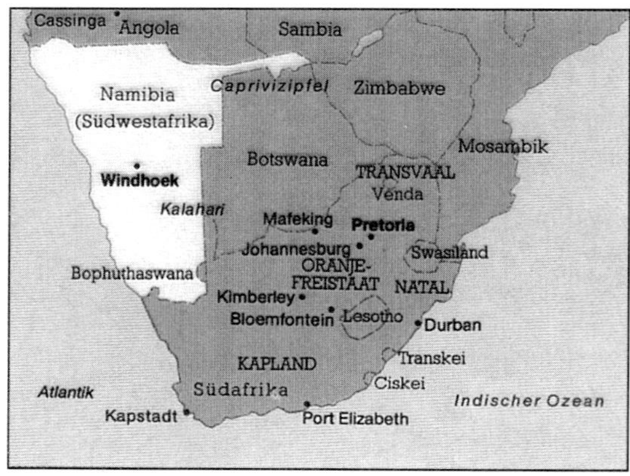

Unter der Mandatschaft der benachbarten Republik Südafrika konnte die weiße Minderheit in Südwestafrika ein Apartheidsregime errichten.

Südafrika recht, wurde aber angewiesen, den Status Südwestafrikas nicht anzutasten.

Erst am 27. Oktober 1966 beschloß die UN-Vollversammlung unter dem Druck der afrikanischen und asiatischen Staaten, das Mandat Südafrikas zu beenden und Südwestafrika den *Vereinten Nationen* direkt zu unterstellen, mit der Maßgabe, die Unabhängigkeit bald herbeizuführen.

Südafrika akzeptierte diesen Beschluß nicht. Der im Mai 1967 eingesetzte UN-Rat war nicht in der Lage, das Land aus der südafrikanischen Umklammerung zu lösen. Pretoria fuhr fort, Südwestafrika (seit 1967 auf Beschluß der UNO: »Namibia«) durch Verfassungsänderungen (1968, 1969) zu integrieren; es übertrug die Politik der »Apartheid« (Rassentrennung) und richtete für die verschiedenen Stämme zehn sog. Homelands (auch: Bantustans) ein, Gebiete mit begrenzter Autonomie und Selbstverwaltung, die aber unter Kontrolle der südafrikanischen Behörden blieben.

In der Verfassungskonferenz von 1975 in Windhuk (»Turnhallenkonferenz«), zu der alle elf Bevölkerungsgruppen Vertreter entsandt hatten, wurden diese Entscheidungen korrigiert. Man kam überein, gegen die Apartheid anzukämpfen und bis spätestens zum 31. Dezember 1978 die Unabhängigkeit des Landes herzustellen. Angestrebt wurde eine Übergangsregierung, in der die verschiedenen ethnischen Gruppen repräsentiert und ein politischer Ausgleich geschaffen sein sollten.

Konfliktparteien

Von den zeitweise über 46 verschiedenen politischen Parteien Namibias waren die SWAPO und die DTA die wichtigsten. Die *South West African People's Organization*

(SWAPO) wurde 1960 gegründet und hat ihre Basis im volkreichsten Stamm Namibias, bei den Ovambo.

Die 1977 gegründete, gemischtrassige *Demokratische Turnhallen-Allianz* (DTA) bildete unter ihrem weißen Vorsitzenden Dirk Mudge die erste Übergangsregierung.

Der übermächtige Einfluß der südafrikanischen Regierung in Pretoria bestimmte aber immer noch die Geschicke Namibias. Während die illegale *Äußere* SWAPO einen Guerillakrieg mit → Südafrika aufnahm, kämpfte ihr legaler Arm, die *Innere* SWAPO, gewaltlos weiter für die Unabhängigkeit Namibias.

Dirk Mudge (*16.1.1928)
Namibischer Premierminister von 1978 bis 1983. Der studierte Wirtschaftswissenschaftler Mudge war seit 1961 Abgeordneter des Landesrates, der im ehemaligen Deutsch-Südwestafrika als Nachfolgeverwaltung aufgebaut wurde. Nach Aufhebung der südafrikanischen Mandatsherrschaft durch die UNO stieg der deutschstämmige Politiker 1969 zum Administrator Namibias auf. Im Oktober 1977 gründete er die Republican Party of South West Africa und rief einen Monat später die Demokratische Turnhallen-Allianz ins Leben, an der sich 11 Parteien beteiligten. Die DTA gewann die Wahlen, und Mudge wurde Vorsitzender des Ministerrates. 1983 legte er sein Amt im Streit mit der südafrikanischen Regierung nieder und widmete sich seiner afrikaanssprachigen Tageszeitung »Die Republikein«. Später gehörte er dem ersten unabhängigen Parlament Namibias an und wirkte an der neuen Verfassung mit. 1993 zog er sich aus der Politik zurück.

Konfliktverlauf

In der Anfangsphase des Unabhängigkeitskampfes Mitte der sechziger Jahre ließ sich noch keine systematische Kriegsführung der *Äußeren* SWAPO erkennen. Die militärischen Operationen beschränkten sich auf gelegentliche bewaffnete Aktionen: Zwischen September 1965 und Juli 1966 drangen kleinere Einheiten der Guerilla im Norden Namibias ein, wurden aber von der Hubschrauberstaffel der südafrikanischen Polizei zurückgeschlagen.

1972 verübten SWAPO-Kämpfer von Sambia aus, wohin sie sich auch immer wieder zurückzogen, vereinzelte Sabotageanschläge im östlichen Teil des Caprivi-Zipfels. Anfang 1973 unternahmen SWAPO-Kommandos größere Vorstöße, bei denen es auch zu Gefechten mit der südafrikanischen Polizei kam.

Erst seit Mitte der siebziger Jahre führte die SWAPO einen permanenten Guerillakrieg gegen die südafrikanischen Streitkräfte. Diese verfolgten die SWAPO-Kämpfer über die Grenzen Namibias hinaus bis nach → Angola, wo sie im Mai 1975 die SWAPO-Basislager Cassinga und Chetequera zerstörten und 504 Menschen töteten. Im August 1978 drangen südafrikanische Soldaten mit den gleichen Operationszielen auch in Sambia ein.

Die ersten Wahlen 1978 wurden von der SWAPO boykottiert. Die gemischtrassige DTA konnte mit 82 Prozent der abgegebenen Stimmen eine große Mehrheit erringen. Ihr Vorsitzender Mudge bildete eine Übergangsregierung, einen sog. Ministerrat, dessen Vorsitz er übernahm.

Der Guerillakrieg ging weiter. Von Juni bis September 1981 stießen wieder 4500 Südafrikaner (»Operation Protea«) 200 Kilometer weit in angolanisches Gebiet vor, vernichteten den SWAPO-Stützpunkt Lubungo und töteten etwa 1000 Guerilleros. Im November 1981 wurde das Hauptquartier der Partisanen bei Chitequeta (240 km nördlich der namibischen Grenze) schwer getroffen. Im Frühjahr 1982 griffen südafrikanische Truppen erneut SWAPO-Lager in → Angola an.

Südafrikas Präsident Frederik Willem de Klerk beglückwünscht am 21. März 1990 den künftigen Präsidenten Namibias, Sam Nujoma, zur Unabhängigkeit seines Landes.

Sam Nujoma (*12.5.1929)
Staatspräsident Namibias seit 1990.
Der in christlichen Missionsschulen erzogene Nujoma gründete 1959 die sozialistische Befreiungsbewegung South West African People's Organization (SWAPO). 1960 ging er als Führer der sog. Äußeren SWAPO ins Exil und befehligte die People's Liberation Army of Namibia, die von Mitte der sechziger Jahre bis 1989 von Stützpunkten in Angola, Tansania und Sambia aus einen Guerillakrieg gegen Südafrika führte. 1973 erkannte die UNO die SWAPO als rechtmäßige Vertretung des namibischen Volkes an. 1988 willigte Nujoma in ein von Angola, Südafrika und Kuba unterzeichnetes UN-Friedensabkommen ein, das Namibia in die Unabhängigkeit führen sollte. Nujoma kehrte in seine Heimat zurück und wurde am 21. März 1990 nach dem Wahlsieg der SWAPO zum ersten Präsidenten der unabhängigen Republik Namibia ernannt. Bei den ersten unabhängigen Präsidentenwahlen im Dezember 1994 wurde er mit überwältigender Mehrheit im Amt bestätigt.

Michail Gorbatschow → Rußland

MUDGES provisorischer Ministerrat, der seit 1979 mit einem begrenzten Selbstverwaltungssystem arbeitete, trat im Januar 1983 wegen erheblicher Differenzen mit → Südafrika zurück. Seit dem 18. Januar 1983 wurde Namibia wieder von einem südafrikanischen Generaladministrator verwaltet.

Für lange Zeit war keine Lösung des Konflikts in Sicht. Die USA unterstützten Südafrika u. a. bei der Forderung, daß erst die ca. 30 000 kubanischen Soldaten aus Angola abziehen müßten, bevor Namibia unabhängig werden könne. Die SWAPO wiederum wurde vom Ostblock und seit 1975 auch vom prosowjetischen Regime in → Angola unterstützt. Damit war der Unabhängigkeitskampf Namibias auch zu einem Teil des Ost-West-Konfliktes geworden. Die militärische Lage veränderte sich zwischen 1983 und 1988 kaum: Die SWAPO führte ihren Guerillakrieg fort – Zentrum der Kämpfe war dabei der Norden Namibias – und zog sich immer wieder in ihre Versorgungslager nach Angola zurück; die südafrikanischen Truppen versuchten vergeblich, sie in verschiedenen Offensiven aufzureiben.

Ergebnis

Erst im Zuge der neuen sowjetischen Außenpolitik unter MICHAIL GORBATSCHOW Mitte der achtziger Jahre bahnten sich Verhandlungen an. Als die Kubaner 1988 bereit waren, aus → Angola abzuziehen, war eine der Hauptbedingungen der südafrikanischen Regierung erfüllt, die nun ihrerseits den Rückzug ihrer Truppen aus dem Nachbarland Namibias einleiten wollte. Als das vom Bürgerkrieg gezeichnete Angola nach dem Abzug der Kubaner keine Unterstützung mehr gewähren konnte, zeigte man sich in der SWAPO verhandlungsbereit.

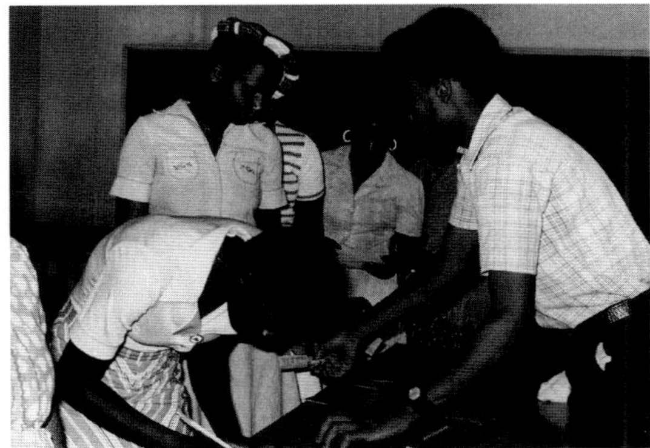

Erst nach der Wende in Südafrika konnten sich auch die Schwarzen Namibias politische Rechte erzwingen. Bei den ersten freien Wahlen votierten sie mit überwältigender Mehrheit für die SWAPO.

In → Südafrika zeichnete sich eine gewaltige innenpolitische Umwälzung an. Hier erkannte man ebenfalls – nicht zuletzt auf internationalen Druck – in Verhandlungen die größere Chance zu einer Konfliktlösung. Zudem war es inzwischen nicht nur zu einem militärischen Patt gekommen, auch die wirtschaftlichen Probleme Südafrikas ließen das kostspielige Engagement in Namibia nicht mehr zu. Über 20 000 Menschen waren seit Beginn der Kämpfe getötet worden, 80 000 waren nach Sambia und Angola geflohen.

Den beginnenden Unabhängigkeitsprozeß in Namibia begleiteten 5000 UN-Beobachter, darunter erstmals auch 50 Angehörige des deutschen Bundesgrenzschutzes.

Weitere Entwicklung

Bei den Wahlen zur Verfassunggebenden Versammlung vom 7. bis 11. November 1989 erreichte die SWAPO mit 57 Prozent einen eindeutigen Sieg über die DTA, die auf 29 Prozent kam. Die am 9. Februar 1990 verabschiedete Verfassung schrieb die Einführung eines Mehrparteiensystems vor, garantierte die Grundrechte und stellte Rassendiskriminierung unter Strafe.

SAM NUJOMA wurde am 16. Februar zum ersten Präsidenten der Republik Namibia gewählt. In Anwesenheit des südafrikanischen Staatspräsidenten FREDERIK WILLEM DE KLERK und des aus der Haft entlassenen Vizepräsidenten der südafrikanischen, schwarzen Widerstandsbewegung *African National Congress* (ANC), NELSON MANDELA, wurde Namibia am 21. März 1990 feierlich in die Unabhängigkeit entlassen; UN-Generalsekretär PERÉZ DE CUELLAR vereidigte NUJOMA auf sein Amt.

Frederik Willem de Klerk** → **Südafrika

Nelson Mandela** → **Südafrika

Die Versöhnungspolitik des neuen Präsidenten befriedete nicht nur den einst heftig umkämpften Norden, sondern bewog auch viele weiße Bewohner Namibias, die wichtige Schlüsselpositionen der Wirtschaft innehaben und über große Kapitalmengen verfügen, im Land zu bleiben. Im Dezember 1991 wurde die SWAPO in eine politische Partei umgewandelt. Unter der Führung ihres Vorsitzenden NUJOMA ging sie auch aus den Regional- und Kommunalwahlen 1992 als deutlicher Sieger hervor und erreichte in der zweiten Kammer eine Zweidrittelmehrheit; ebenso erfolgreich war sie bei den Parlaments- und Präsidentenwahlen im Dezember 1994. NUJOMA wurde mit 76,3 Prozent der Stimmen wiedergewählt.

Schon im März 1994 war der letzte Streitpunkt mit → Südafrika bereinigt worden: Die Walfischbucht, eine südafrikanische Enklave mit dem einzigen Tiefseehafen an der Küste, wurde namibisches Staatsgebiet.

Literatur: s. a. → Angola, → Südafrika
D. Atkinson / C. Lichtenstein u. a.: *Human Rights and Namibia*. Frankfurt 1986.
A. Babing / H. D. Brauer: *Namibia*. Köln 1980.
A. Harneit-Sievers: *SWAPO of Namibia. Entwicklung, Programmatik und Politik seit 1959*. Hamburg 1985.
A. Harneit-Sievers: *Namibia. Wahlen zur Verfassunggebenden Versammlung 1989*. Hamburg 1990.
H. G. Hubrich / H. Melber: *Namibia – Geschichte und Gegenwart*. Bonn 1977.
H. Jenny: *Südwestafrika*. Stuttgart 1979.
W. Nachtwei: *Namibia. Von der antikolonialen Revolte zum nationalen Befreiungskampf*. Mannheim 1976.
F. Pyck / A. Schwartze: *Namibia – Der lange Weg in die Unabhängigkeit*. Bochum 1991.
M. Spiegel: *The Namibia Negotiations and the Problem of Neutrality*. In: S. Touval / I. W. Zartman (Hg.): *International Mediation in Theory and Practice*. Boulder, Co. / London 1985.
Statistisches Bundesamt (Hg.): *Länderbericht Namibia*. Wiesbaden 1988.
H. Weiland / M. Braham: *The Namibian Peace Process: Implications and Lessons for the Future*. Freiburg 1994.
I. W. Zartman: *Ripe for Resolution. Conflict and Intervention in Africa*. New York 1985.

Staatsname: Republik Namibia
Staatsform: Präsidiale Republik (seit 1990)
Staatsoberhaupt: Sam Nujoma (SWAPO; seit 1990)
Regierungschef: Hage Geingob (SWAPO; seit 1990)
Regierung: SWAPO (seit 1990)
Parlament: Nationalversammlung 72 Sitze (Wahl vom 8.12.1994), SWAPO (Sozialisten) 53, DTA (Liberale) 15, UDF (gemäßigte Linke) 2, Sonstige 2
Mitgliedschaft bei internationalen Organisationen: AKP, Commonwealth, OAU, SADC, UNO
Lage: 12°–25° östlicher Länge, 17°–20° südlicher Breite
Fläche: 824 292 km^2
Hauptstadt: Windhuk
Bevölkerung: 1,5 Millionen; Ovambo 49,8 %, Kavango 9,3 %, Herero 7,5 %, Damara 7,5 %, Nama 4,8 %, Weiße 6,4 %, Sonstige 14,7 %; Christen 82,1 % (davon Protestanten 51,2 %), Sonstige 17,9 %
Wirtschaft: Dienstleistung 62 %, Industrie 26 %, Landwirtschaft 12 %; Export: Mineralien 75,9 %, Agrarprodukte 11 %

NICARAGUA

Bürgerkrieg (Sandinisten) 1977 bis 1979
Bürgerkrieg (Contras) 1982 bis 1990

Die Selbstbereicherungsdiktatur der Familie Somoza wurde von der sandinistischen Revolution gestürzt. Von den USA unterstützte rechtsgerichtete Konterrevolutionäre (Contras) behinderten jedoch den Wiederaufbau des Landes und die Errichtung eines demokratischen Sozialismus.

Historischer Hintergrund

Zahlreiche Indiostämme bewohnten die atlantische Küste Mittelamerikas, die – nach dem gleichnamigen Volk – auch Misquito-Küste genannt wird. Bevor die Spanier 1523 diese Region eroberten, lebten in den Grenzen des heutigen Nicaragua (abgeleitet vom Namen des Nicarao-Volkes) etwa 600 000 Indios.

Kolonialzeit
Durch gnadenlose Zwangsarbeit und durch die Verschleppung von Arbeitskräften in den Norden des spanischen Kolonialreiches war schon 1548 die Bevölkerung auf etwa 12 000 Menschen dezimiert worden. Goldvorkommen lockten Piraten an, die das Land ausplünderten. Als die Goldadern erschöpft waren, wurden Viehzucht und Kakaoanbau die wichtigsten Einnahmequellen der Kolonisatoren.

19. Jahrhundert
Nach dem Zerfall der spanischen Herrschaft wurde Nicaragua (zusammen mit → Guatemala) zunächst Provinz des Kaiserreiches → Mexiko (1822), dann Teil der »Zentralamerikanischen Föderation« (1823–1838) und danach ein selbständiger Staat.

Nach einer langen Phase der Herrschaft der »Konservativen« – nur unterbrochen durch das Regime des US-amerikanischen Abenteurers und Sklavenhalters William Walker (1856–1860), der im Auftrag der »Liberalen« mit seiner Privatarmee in die bürgerkriegsähnlichen Auseinandersetzungen zwischen den politischen Lagern eingegriffen und sich dann selbst zum Präsidenten erklärt hatte – kam es 1893 zum Machtwechsel. Die »Liberalen« regierten bis 1909 und leiteten administrative und wirtschaftliche Reformen ein (Zentralisation, Eisenbahnbau, Landumverteilung zugunsten der Großgrundbesitzer, forcierter Kaffeeanbau,

Im Nachbarland Honduras befanden sich die Aufmarschstellungen der Widerstandsbewegungen gegen die Regierung in Managua.

Öffnung für Auslandskapital). An ihrem Sturz waren die USA tatkräftig beteiligt, da sie ihre geopolitischen Sicherheitsinteressen und den Schutz des privaten Kapitals in Nicaragua gefährdet sahen.

20. Jahrhundert

Bis 1933 übten die Amerikaner durch die von ihnen eingesetzten Präsidenten die indirekte Kontrolle über das Land aus und errichteten Marinestützpunkte in Nicaragua. Von 1912 bis 1925 und von 1927 bis 1932 war der mittelamerikanische Staat von US-Marineinfanterie besetzt.

Gegen den ausländischen Einfluß und die US-Besatzung kämpfte von 1927 bis 1932 eine nationale Befreiungsbewegung unter AUGUSTO CÉSAR SANDINO. Nach einer Wende in der US-amerikanischen Lateinamerika-Politik zogen die in Nicaragua stationierten Marinesoldaten ab, doch nur kurze Zeit später ließ der Oberbefehlshaber der (von den USA aufgebauten) Nationalgarde, ANASTASIO (»TACHO«) SOMOZA GARCÍA, SANDINO ermorden und seine Anhänger gnadenlos verfolgen (1934).

Zwei Jahre später kam er mit Unterstützung der USA durch einen Staatsstreich an die Macht. Seitdem beherrschte der SOMOZA-Clan politisch und wirtschaftlich das Land. Durch geschicktes Taktieren verstand es die Familie, die Rivalitäten innerhalb der Bourgeoisie für sich zu nutzen und sich dadurch Rückhalt im bürgerlichen Lager zu verschaffen, daß sie die wohlhabenden Schichten an der von ihr praktizierten Selbstbereicherung teilhaben ließ.

***Anastasio Somoza García* (1.2.1896–29.9.1956)**
Staatspräsident Nicaraguas von 1937 bis 1947 und von 1950 bis 1956.
Der spätere Diktator mit dem Spitznamen »Tacho« entstammte einer wohlhabenden Familie und arbeitete nach seinem Studium bei der in weiten Teilen Lateinamerikas wirtschaftlich dominanten US-amerikanischen United Fruit Company in Nicaragua. 1926 war er an einem Umsturz beteiligt und wurde danach Gouverneur von Leons, dann Kriegsminister, Botschafter in Costa Rica und 1932 Befehlshaber der Nationalgarde, die er konsequent zu seinem Machtinstrument ausbaute. Nach seinem Staatsstreich 1936 ließ er sich für die Dauer von zehn Jahren zum Präsidenten wählen und übernahm dieses Amt 1950 für weitere sechs Jahre. Somoza herrschte über Nicaragua wie über seinen Privatbesitz. 1956 wurde er ermordet.

Das rechtsautoritäre Klassenregime mit seiner pseudodemokratischen Fassade wurde aber unumschränkt von den SOMOZAS beherrscht: ANASTASIO SOMOZA GARCÍA bis 1956, gefolgt von seinem Sohn LUIS ANASTASIO SOMOZA DEBAYLE bis 1963 und dessen Bruder ANASTASIO (»TACHITO«) SOMOZA DEBAYLE bis 1979.

Sie errichteten ein Wirtschaftsimperium, das fast alle Einnahmequellen des Landes (Haupterträge aus dem Großgrundbesitz: Baumwolle, Bananen, Kaffee und Zucker) umfaßte. Das Vermögen der Familie wurde am Ende ihrer diktatorischen Herrschaft auf ca. zwei Milliarden Dollar geschätzt; 10 Prozent der landwirtschaftlichen Anbaufläche befanden sich in ihrem Besitz.

Der letzte regierende SOMOZA, ANASTASIO »TACHITO«, brach mit mafiösen Geschäftspraktiken in von der Familie bisher noch nicht kontrollierte Wirtschaftszweige ein. Dies sowie die Unterschlagung internationaler Hilfsgelder zum Aufbau der Hauptstadt Managua nach dem Erdbeben von 1972, an der neben den SOMOZAS auch von ihnen abhängige Offiziere der Nationalgarde beteiligt waren, führte zur Formierung einer bürgerlichen Opposition und rief Proteste der Kirche und steigende Unruhe hervor.

Konfliktparteien

Bürgerkrieg (Sandinisten) 1977 bis 1979

Regierung

Der Clan der SOMOZAS hatte die Nationalgarde zu einer privaten Schutztruppe zur Herrschaftssicherung ausgebaut. Ihr zur Seite stand noch der sog. *Amroc*, eine bewaffnete Schlägertruppe, die die Gewerkschaften und andere oppositionelle Gruppen einschüchtern sollte.

Die durch das rigorose Wirtschaftsgebaren SOMOZAS bedrängte Unternehmerschaft entschloß sich Mitte der siebziger Jahre, auf den Sturz des Diktators hinzuarbeiten. Die bürgerliche Opposition strebte eine parlamentarische Demokratie und eine marktwirtschaftlich-kapitalistische Wirtschaftsordnung an.

Sandinisten

Die stärkste Oppositionsgruppe bildete aber die schon Anfang der sechziger Jahre gegründete und nach dem ermordeten Freiheitskämpfer SANDINO benannte *Frente Sandinista de Liberación Nacional* (FSLN). Eine erste Guerilla der *Sandinisten* war aber bald von der Nationalgarde nahezu vollständig zerschlagen worden. Die FSLN strebte zwar eine sozialistische Revolution an, kann aber dennoch nicht als marxistische oder kommunistische Partei bezeichnet werden, sie war vielmehr eine revolutionäre nationale Bewegung, die auch bürgerliche Oppositionsgruppen einschloß. Ihre Mitglieder kamen in erster Linie aus der städtischen Mittelschicht und aus dem Bildungsbürgertum.

Eine breitere Front aller Oppositionellen sollte die im Sommer 1978 gegründete *Frente Amplio Opositor* (FAO) darstellen, die aber schon im Herbst zerbrach, als der überwiegende Teil der bürgerlichen Regimegegner einen Vermittlungsplan der USA akzeptierte, der den Rücktritt SOMOZAS, aber die Beibehaltung der Nationalgarde vorsah und den bürgerlichen Kräften unter Ausschluß der FSLN die Regierungsgewalt in Aussicht stellte. Die *Sandinisten* diskreditierten diesen Plan als »Somozismo ohne SOMOZA« und riefen zum Volksaufstand auf.

Anastasio Somoza Debayle* *(5.12.1925–17.9.1980)
Staatspräsident Nicaraguas von 1967 bis 1979. Der zweitälteste Sohn von »Tacho« Somoza, »Tachito« genannt, besuchte die Militärakademie in Westpoint (USA) und machte Karriere in der Nationalgarde seines Vaters. Er nahm 1965 an der Invasion in der Dominikanischen Republik teil und übernahm 1967 nach dem Tod seines älteren Bruders Luis (1922–1967) die Präsidentschaft. Er setzte nach Ablauf seiner regulären Amtszeit die Verfassung außer Kraft, um an der Macht bleiben zu können. Somoza war ein Günstling der USA, die ihn aber nach der Ermordung eines Oppositionspolitikers fallenließen und die Wirtschafts- und Militärhilfe einstellten. Nach dem Sieg der Sandinisten floh er zuerst nach Florida ins Exil, später nach Paraguay; dort wurde er am 17. September 1980 ermordet.

Bürgerkrieg (Contras) 1982 bis 1990
Opposition gegen die Sandinisten

Nach dem Sieg der Rebellen bildete sich eine neue Opposition: Dazu gehörten die drei wichtigen Parteien der Mittel- und Oberschicht, das *Movimiento Democrático Nicaraguense* (MDN), die konservative *Partido Conservador Demócrata* (PCD) und die christlich-soziale *Partido Socialistiano* (PSC).

Aber auch innerhalb der FSLN, die von den kleinen Parteien – von den Liberalen der *Partido Liberal Independiente* (PLI), von den Sozialisten der *Partido Socialista de Nicaragua* (PSN) und den Christen der *Partido Popular Socialcristiano* (PPSC) – unterstützt wurde, kam es zu Auseinandersetzungen über den Kurs nach dem Sieg der Revolution.

Contras

Der stellvertretende Verteidigungsminister und ehemalige *Sandinisten*-Führer im Bürgerkrieg, EDEN PASTORA (»Commandante Cero«), trat im April 1982 zurück und rief von Costa Rica aus zum Sturz der Revolutionsregierung in Managua auf, der er Verrat an den Zielen des Freiheitskampfes vorwarf.

Zusammen mit anderen ehemals führenden *Sandinisten* gründete PASTORA in Costa Rica im Januar 1983 die *Alianza Revolucionaria Democratiza* (ARDE). Die Dissidenten würdigten durchaus die Errungenschaften der Revolution (Sozialisierungsmaßnahmen, Kampf gegen den Analphabetismus, Landreform usw.), forderten aber nachdrücklich die Erfüllung ihrer Prinzipien (Demokratisierung, Parteienpluralismus, Gewerkschaftsfreiheit) und strikte Neutralität der *Sandinisten*.

Auch andere Gegner der FSLN, vor allem rechtsgerichtete Gruppen (ehemalige SOMOZA-Anhänger, reaktionäre Geschäftsleute und ehemalige Offiziere der Nationalgarde), riefen zum Kampf gegen die neuen Machthaber auf. Von Honduras aus kam es Anfang März 1983 zur ersten militärischen Invasion von vermutlich 5000 bis 7000 Re-

Kurz vor dem Sieg der Revolution: Sandinistische Guerilleros haben in Managua Barrikaden errichtet.

Ronald Reagan → Grenada

bellen der bisher unbekannten *Nicaraguanischen Demokratischen Front* (FND), die von der US-Regierung unter RONALD REAGAN mit Waffen unterstützt wurde: Ihre Partisanenlager in Honduras wurden von US-Ausbildern geleitet; die honduranische Armee wurde ebenfalls von den USA verstärkt aufgerüstet.

Konfliktverlauf

Bürgerkrieg (Sandinisten) 1977 bis 1979

Mit kleineren Kommandoeinheiten hatten die *Sandinisten* nach der Zerschlagung ihrer alten Guerilla und einer Phase der Konsolidierung Mitte der siebziger Jahre das SOMOZA-Regime verunsichern können. Ihre Aktionen gegen die Nationalgardisten fanden aufgrund repressiver Reaktionen immer mehr Unterstützung in der Bevölkerung.

In ihrer Oktober-Offensive 1977 griffen die *Sandinisten* Kasernen der Nationalgarde an, konnten einzelne Ortschaften besetzen, dort für ihre Ziele werben und Anhänger rekrutieren.

Die Härte der SOMOZA-Armee rief den massiven Protest der Kirche hervor, die sich nun auch aktiv an Widerstandsaktionen beteiligte. Nach der Ermordung des oppositionellen Politikers und Verlegers der Tageszeitung »La Prensa«, PEDRO JOAQUÍN CHAMORRO, am 10. Januar 1978 riefen die Gewerkschaften zum Generalstreik auf, dem sich auch Handel und Industrie anschlossen. Parallel zur Streikwelle unternahmen die Rebellen gezielte militärische Aktionen und fügten der Nationalgarde erhebliche Verluste zu. Die Besetzung des Nationalpalastes am 23. April 1978, mit der sie von SOMOZA Geld und die Freilassung von politischen Gefangenen erzwingen konnten, zog erneut einen Generalstreik und Aufstände in 15 größeren Ortschaften nach sich.

Das Regime geriet in Bedrängnis. SOMOZAS Autorität hatte durch das Nachgeben in der Geiselaffäre schwer gelitten; sogar Teile der Nationalgarde wandten sich von ihm ab. Um politisch und militärisch die Oberhand zurückzugewinnen – im November hatte US-Präsident JIMMY CARTER die Hilfe für Nicaragua eingestellt – , ließ der immer mehr in die Enge getriebene SOMOZA durch Artillerie, Luftwaffe und Panzer die Städte unter Beschuß nehmen. Blutige Massaker und die Bombardierung der Hauptstadt Managua forderten über 6000 Tote unter der Zivilbevölkerung.

Aber die *Sandinisten* gaben sich nicht geschlagen; von eroberten Landregionen aus drangen sie wieder in die Städte ein. Am 17. Juli 1978 brach das durch tiefe ökonomische und politische Krisen geschwächte Regime endgültig zusammen. Der Diktator floh mit einer Militärmaschine nach Florida und bat dort um Asyl. Zurückgelassen hatte er ein durch seine Kriegsführung verwüstetes Land.

Daniel Ortega Saavedra (*11.11.1945)
Staatspräsident Nicaraguas von 1985 bis 1990.
Der Rebellenführer war nach dem Sieg der Sandinisten Koordinator der Junta von 1979 bis 1984. Als 19jähriger nahm er bereits am bewaffneten Kampf gegen das Somoza-Regime teil. Wie sein Bruder Humberto, der spätere Verteidigungsminister, war er sieben Jahre inhaftiert und wurde durch eine Geiselnahme von der Guerilla freigepreßt. Danach lebte er im kubanischen Exil, nahm aber an den letzten Kämpfen in Nicaragua als »Comandante« teil. Als Staatschef und ab 1985 gewählter Präsident versuchte er an der Spitze der sandinistischen Regierung, gegen den militanten Widerstand der von den USA finanzierten Contra-Rebellen das Land zu sanieren und zu einer sozialistischen Republik nach kubanischem Vorbild zu formen. Seit der verlorenen Präsidentschaftswahl 1990 ist er Führer des marxistischen Flügels der ideologisch gespaltenen Sandinisten.

Jimmy Carter → Israel

Ergebnis

In den letzten zwei Jahren des Kampfes gegen die SOMOZA-Diktatur kamen etwa 40 000 Menschen ums Leben, im wesentlichen durch das brutale und erbarmungslose Vorgehen der Nationalgardisten.

Unter der Führung der FSLN und unter Einschluß der bürgerlichen Kräfte bildeten die siegreichen *Sandinisten* eine nationale Regierung. Aber bald setzte sich eine am kubanischen Revolutionssystem orientierte Clique (→ Kuba) in der Regierung durch, und ihre Gegner unter den Revolutionären gingen zum bewaffneten Kampf über (s. o. Konfliktparteien).

Bürgerkrieg (Contras) 1982 bis 1990
Nach eigenen Angaben waren die Contras Ende 1982 80 Kilometer nah an die Hauptstadt Managua vorgedrungen. Bis zu diesem Zeitpunkt hatten die USA (bzw. ihr Geheimdienst CIA) über 30 Millionen Dollar für Aktionen der rechtsgerichteten *Contras* ausgegeben.

Das zunehmende Engagement Washingtons in → El Salvador und Nicaragua ließ befürchten, daß sich die USA auch militärisch einmischen könnten, um ihre Sicherheitsinteressen vor der »Haustür« zu wahren, die US-Präsident REAGAN durch die Entwicklungen in einigen Ländern Lateinamerikas gefährdet sah. Zugleich bestritt er aber die Absicht, direkt intervenieren zu wollen, denn er wünsche kein zweites → Vietnam. Doch seine Politik der einseitigen Unterstützung rechtsgerichteter Diktaturen (→ El Salvador, → Guatemala) bzw. reaktionärer Rebellen schürte überall nur die Konflikte und trug nicht gerade zur Demokratisierung Lateinamerikas bei.

»Der aufkommende Bürgerkrieg in Nicaragua ist (...) längst keine rein nationale Angelegenheit mehr. Gerade weil die Sandinisten um ihre Macht fürchten müssen, besteht die Gefahr, daß sich das Regime in einer Art verzweifelter Vorwärtsverteidigung gezwungen sieht, einen vernichtenden Schlag gegen die Aufmarschstellungen des Widerstandes in Honduras zu führen. Seit Wochen drohen die Comandantes mit dieser Strategie und warnen gleichzeitig davor, weil dann die offene Internationalisierung nicht mehr aufzuhalten wäre: Kuba, El Salvador, Guatemala und die Vereinigten Staaten würden auf den Plan gerufen (...). In der Zwischenzeit läuft die Propaganda-Maschine auf Hochtouren, um die Contras als Reaktionäre, Somozisten und blutrünstige Exgardisten abzustempeln. Doch der Kampf im Norden Nicaraguas hat nichts mit dem ›Unternehmen Schweinebucht‹ gemein. Hier kämpfen Nicaraguenser, keine gedungenen Söldner, für demokratische Ideale, die das Regime der Bevölkerung vorenthält. Für Freiheit und Demokratie waren auch die Sandinisten einmal angetreten.«
Die Zeit, 8. April 1983.

Zwischen 1983 und 1984 hatte der amerikanische Geheimdienst CIA in Nicaragua mehrmals Sabotageakte unternommen und dabei u. a. die Häfen von Corinto und Puerto Sandino vermint. Die US-Truppen in Honduras waren verstärkt worden, und mit Manövern im Grenzgebiet und vor der nicaraguanischen Küste übten die USA massiven militärischen Druck aus. Nicht nur der Kongreß in Washington, der die Finanzhilfe eingestellt hatte, sondern auch der Internationale Gerichtshof in Den Haag verurteilte diese Aktionen. Nur über illegale Waffenverkäufe des Geheimdienstes an den → Iran konnte die REAGAN-Administration jetzt noch die *Contras* weiter unterstützen (sog. Iran-Contra-Affäre).

Die sandinistische Regierung unter DANIEL ORTEGA SAAVEDRA versuchte, durch demokratische Reformmaßnahmen den Druck der *Contras* zu mindern; aber direkte Verhandlungen wurden nicht aufgenommen. Die Wahlen zur Nationalversammlung am 4. November 1984, die von einem Wahlbündnis der konservativen Parteien *Coordinadora Democrática Nicaraguense* (CDN) boykottiert wurden, gewann die FSLN mit 67 Prozent. Trotz einer Großoffensive der Regierungsarmee, die mit Wehrpflichtigen auf 50 000 Mann verstärkt und mit sowjetischen und kubanischen Waffen aufgerüstet worden war, gelang es nicht, die *Contras* zu besiegen. Mit einem Wirtschaftsembargo versuchten andererseits die USA, die Wirtschaft Nicaraguas und damit die Schlagkraft der Armee zu schwächen. Im Juni 1985 gewährte auch der Kongreß wieder 28 Millionen Dollar an »humanitärer Hilfe« für die *Contras*. Aber selbst weitere rund 100 Millionen Dollar im Jahr 1987 bescherten den *Contras* nicht die gewünschten militärischen Erfolge.

Nach einem Gipfeltreffen der Präsidenten von → El Salvador, Honduras, Nicaragua und Costa Rica in → Guatemala im Mai 1986 wurde im Februar 1987 der nach dem Präsidenten von Costa Rica benannte ARIAS-Plan verabschiedet, der die Demokratisierung Nicaraguas vorsah. Im sog. August-Abkommen von Esquipulas verpflichteten sich die fünf zentralamerikanischen Präsidenten, innenpolitische Konflikte in ihren Ländern friedlich zu lösen, die Demokratisierung voranzutreiben und keine bewaffneten Gruppen mehr zu unterstützen. Aufgrund dieser Vereinbarungen handelten die sandinistische Regierung und die *Contras* im Abkommen von Sapoa vom 24. März 1988 einen zweimonatigen Waffenstillstand aus, der später immer wieder verlängert wurde. Doch Ende des Jahres kam es wieder zu vereinzelten Kämpfen.

Innenpolitisch war den *Sandinisten* inzwischen mit der *Unión Nacional Opositora* (UNO) eine bedeutende Gegnerschaft erwachsen. Das Bündnis aus Konservativen, Liberalen, Sozialdemokraten, Sozialisten und Kommunisten, das mit den Sandinisten noch gegen das SOMOZA-Regime gekämpft hatte, war unter der neuen Führung von VIOLETA BARRIOS DE CHAMORRO aus den Wahlen vom 25. März 1990 als Sieger hervorgegangen.

Am 19. April 1990 unterzeichneten die noch amtierende sandinistische Regierung, CHAMORROS UNO und die *Contras* auf Vermittlung der katholischen Kirche einen unbegrenzten Waffenstillstand: Vom Tag der Regierungsübergabe am 25. April bis zum 10. Juni mußten alle Waffen abgelegt werden, und die *Contras* sollten sich bis dahin in sieben Sicherheitszonen zurückgezogen haben.

Violeta Barrios de Chamorro (*18.10.1929)
Staatspräsidentin Nicaraguas seit 1990. Die Großgrundbesitzertochter war nach der Ermordung ihres Mannes, des Herausgebers der liberalen Tageszeitung »La Prensa«, 1978 eine der schärfsten Kritikerinnen der Somoza-Diktatur. Sie gehörte nach dem Sturz des Diktators von 1979/80 der Revolutionsjunta des nationalen Wiederaufbaus an und schied wegen politischer Differenzen mit den linken Sandinisten aus. Ihre Zeitung »La Prensa« wurde zum Sprachrohr der konservativen Opposition. Als Kandidatin des 14-Parteien-Bündnisses UNO siegte sie bei den Präsidentschaftswahlen am 25. März 1990. Nach ihrem Amtsantritt erklärten sich die Contra-Rebellen bereit, ihre Waffen niederzulegen. Seit 1993 regiert Chamorro mit parlamentarischer Unterstützung der linksgerichteten Sandinisten.

Ergebnis

Am 28. Juni 1990 war der Krieg der *Contras*, der etwa 50 000 Todesopfer gefordert hatte, zu Ende. Doch die Entwaffnung kam nur schleppend voran; noch im Sommer 1991 verfügten Teile der *Contras* und Anhänger der *Sandinisten* über Waffen.

Die neue Staatspräsidentin CHAMORRO, die auch das Verteidigungsministerium mitübernommen hatte, ernannte den bisherigen Verteidigungsminister HUMBERTO ORTEGA SAAVEDRA zum Generalstabschef. Die *Sandinistische Front* bildete nun mit ihrer Fraktion im Parlament eine starke reguläre Opposition und mußte bei allen wichtigen Entscheidungen, die eine Zweidrittelmehrheit erforderten, miteinbezogen werden.

Ehemalige Angehörige der sandinistischen Regierung und der *Contra*-Rebellen wurden mit Regierungs- oder Verwaltungsämtern betraut. Die Armee wurde von 90 000 auf 46 000 Soldaten verringert und eine Reform der Streitkräfte durchgeführt. Armeeangehörige durften danach kein politisches Amt mehr bekleiden.

Die politische Rechte war gegen jede Zusammenarbeit mit den *Sandinisten*, die ihre revolutionären Ziele nicht aufgegeben haben, sie aber mit friedlichen Mitteln durchzusetzen versuchen.

Weitere Entwicklung

Anfang der neunziger Jahre befand sich das Land in einer katastrophalen wirtschaftlichen Lage und war auf die zugesagten 300 Millionen Dollar Wirtschaftshilfe der USA, die den Wirtschaftsboykott aufgehoben hatten, und die 197 Millionen Mark Soforthilfe der EG für den Wiederaufbau dringend angewiesen. Präsidentin CHAMORRO schloß im Januar 1992 ein Freundschafts- und Kooperationsabkommen mit den USA.

Nach einem gegen die *Sandinisten* gerichteten Bombenanschlag im November kam es zu schweren Ausschreitungen in Managua. Immer wieder versuchten Extremisten von Links und Rechts, mit spektakulären Aktionen Einfluß auf die Aussöhnungspolitik der Präsidentin zu nehmen: So hatten sog. *Re-Contras*, die um die von der Regierung versprochene Zuteilung von Land und Krediten kämpfen und jeglichen Einfluß der *Sandinisten* in der Regierung ablehnen, im März 1993 die nicaraguanische Botschaft in Costa Rica besetzt und Geiseln genommen. Die *Re-Contras* verübten in 24 Gemeindebezirken Nicaraguas Sabotageakte, so daß im Mai der Ausnahmezustand über diese Regionen verhängt werden mußte. Im Juli kam es zu heftigen Gefechten zwischen den *Re-Contras* und der Regierungsarmee.

Im August nahmen *Re-Contras* 38 Abgeordnete als Geiseln und forderten den sofortigen Rücktritt von Armeechef ORTEGA, der aber erst am 21. Feburar 1995 sein Amt niederlegte. Als Antwort auf die Geiselnahme stürmten sog. *Re-Compas*, ehemalige sandinistische Soldaten, den Sitz der UNO-Koalition und nahmen ihrerseits 40 Geiseln, die erst nach einwöchigen Verhandlungen wieder freigelassen wurden. Präsidentin CHAMORRO hatte im September 1991 ein Amnestiegesetz für diejenigen erlassen, die ihre Waffen zurückgeben würden. Die 500 unter dem Namen *Frente Norte 3-80* im Norden kämpfenden *Re-Contras* konnten aber erst nach heftigen Kämpfen mit den Regierungstruppen im Februar 1994 entwaffnet werden.

Eine Verfassungsreform, die u. a. keine direkte Wiederwahl des Präsidenten mehr zuließ und die Wehrpflicht abschaffte, beendete im Februar 1995 die parlamentarische und innenpolitische Krise, die seit 1992 infolge der Zusammenarbeit der Regierung mit den *Sandinisten* schwelte. Die *Sandinisten* spalteten sich im Januar 1995 in einen Reformflügel, der unter der Führung von SERGIO RAMIREZ in der Parlamentsfraktion der FSLN die Mehrheit bildete, und in den marxistischen Flügel um Ex-Präsident ORTEGA. Beide *Sandinisten*-Führer wollen bei den Präsidentschaftswahlen 1996 kandidieren. Die instabile Situation Nicaraguas wird durch die anhaltend schwierige Wirtschaftslage und die heftigen innenpolitischen Auseinandersetzungen der Parteien noch verstärkt.

Literatur: D. Boris / R. Rausch: *Zentralamerika.* Köln 1983.
W. Dietrich: *Nicaragua.* Heidelberg 1985.
Friedrich-Ebert-Stiftung: *Zentralamerika. Perspektiven nach dem Volksaufstand in Nicaragua.* Bonn 1981.
G. Ganger: *Nicaragua im Jahr der Befreiung.* Hamburg 1980.
J. González: *Menschenrechte in Nicaragua 1979–1984.* München 1985.
Informationsbüro Nicaragua (Hg.): *Nicaragua – ein Volk im Familienbesitz.* Reinbek 1979.
H. Jung: *Nicaragua – Bereicherungsdiktatur und Volksaufstand.* Frankfurt 1980.
G. Langguth: *Wer regiert Nicaragua? Geschichte, Ideologie und Machtstrukturen des Sandinismus.* München 1989.
R. Leonhard: *Nicaragua: Auch nach den Wahlen – Der Krieg verhindert jede Stabilisierung.* In: Lateinamerika-Analysen und Berichte. Band 9. Hamburg 1985.
A. Pastor Robert: *Condemned to Repetition. The United States and Nicaragua.* Princeton 1987.
M. Rediske: *Umbruch in Nicaragua. Die Entstehung der Revolution aus dem Zerfall bürgerlicher Herrschaft.* Berlin 1984.
Statistisches Bundesamt (Hg.): *Länderbericht Nicaragua.* Wiesbaden 1988.
B. Strebe: *Fünf Jahre sandinistische Revolution in Nicaragua.* Hg.: Informationsbüro Nicaragua e.V., Wuppertal. Wuppertal 1984.
O. Vargas: *Nicaragua nach dem Regierungswechsel.* Hg.: Informationsbüro Nicaragua e.V., Wuppertal. Wuppertal 1990.

Staatsname: Republik Nicaragua
Staatsform: Präsidiale Republik (seit 1987)
Staatsoberhaupt: Violeta Barrios de Chamorro (UNO; seit 1990)
Regierungschef: Violeta Barrios de Chamorro (UNO; seit 1990)
Regierung: Union der Nationalen Opposition (UNO; seit 1990)
Parlament: Nationalversammlung 92 Sitze (Wahl vom 25.2.1990), UNO (Nationale Opposition) 51, FSLN (Sandinisten) 39, MUR (Linkspartei) 1, PSC (Christdemokraten) 1
Mitgliedschaft bei internationalen Organisationen: Centroamerika-4, OAS, SELA, UNO
Lage: 11°–15° nördlicher Breite, 83°–87° westlicher Länge
Fläche: 131 779 km^2
Hauptstadt: Managua
Bevölkerung: 4,3 Millionen; Mestizen 77 %, Weiße 10 %, Schwarze 9 %, Indianer 4 %; Katholiken 90,7 %, Sonstige 9,3 %
Wirtschaft: Dienstleistung 51 %, Landwirtschaft 30 %, Industrie 19 %; Export: Kaffee 21 %, Fleisch 20 %, Baumwolle 11,4 %

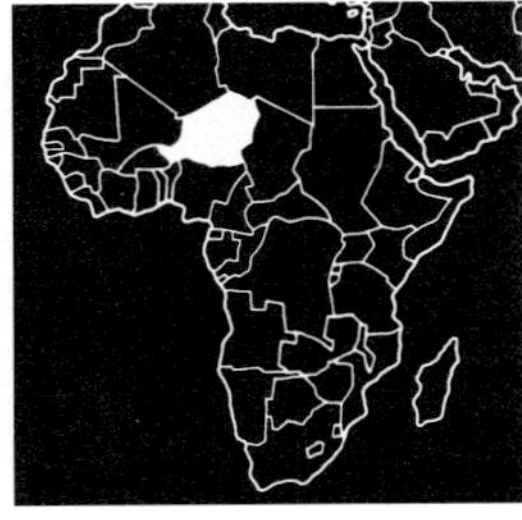

NIGER

Tuareg-Aufstand 1990

Koloniale Grenzziehungen, nicht eingehaltene Autonomieversprechen und soziale Diskriminierung der notleidenden Tuareg-Stämme sind die Ursachen für die Rebellion des Nomadenvolkes in Niger wie im benachbarten → Mali.

Historischer Hintergrund

Im 12. Jahrhundert kam das Volk der Haussa – von den aus dem Norden vordringenden Tuareg bedrängt – in den Westen des heutigen Niger und gründete das Gobir-Reich. Von 1512 bis 1593 wurden die Haussa vom mächtigen moslemischen Reich der Songhai beherrscht (→ Mali, → Sudan). Im 17. und 18. Jahrhundert kam es immer wieder zu Übergriffen der Tuareg.

Die hier siedelnden Stämme mußten sich schließlich den Fulani (Fulbe) unterwerfen, die als aggressive moslemische Wanderhirten in das Land vordrangen: Unter USMAN DAN FODIO wurden sie um 1800 in einem »Heiligen Krieg« besiegt und endgültig islamisiert.

1890 stießen die Franzosen von Westen und die Briten von Süden nach Niger vor. Beide Kolonialmächte legten die Südgrenze fest. Erst nach 30 Jahren war das Land vollständig unterworfen, da vor allem die Tuareg erbitterten Widerstand leisteten.

20. Jahrhundert

Um 1900 war das heutige Niger Militärdistrikt, 1922 wurde das Land französische Kolonie und damit Teil von Französisch-Westafrika (Afrique Occidentale Française). 1946 bildete FÉLIX HOUPHOUËT-BOIGNY, ein Arzt und Plantagenbesitzer von der Elfenbeinküste im damaligen Französisch-Westafrika, zu dem auch Niger gehörte, den *Rassemblement Démocratique Africaine* (RDA). Im gleichen Jahr gründete DJIBO BAKARY die *Union Démocratique Nigerienne* (UND) und HAMANI DIORI die *Parti Progressiste Nigerien* (PPN). DIORI konnte bei den französischen Parlamentswahlen 1946 einen Erfolg verbuchen und ging als Abgeordneter nach Paris.

BAKARY schloß sich 1947 dem *Mouvement Socialiste Africain* (MSA) an und wurde Bürgermeister der nigerischen Hauptstadt Niamey. Unter dem Namen *Sawaba* (Freiheit) errang seine Partei zehn Jahre später bei den Ter-

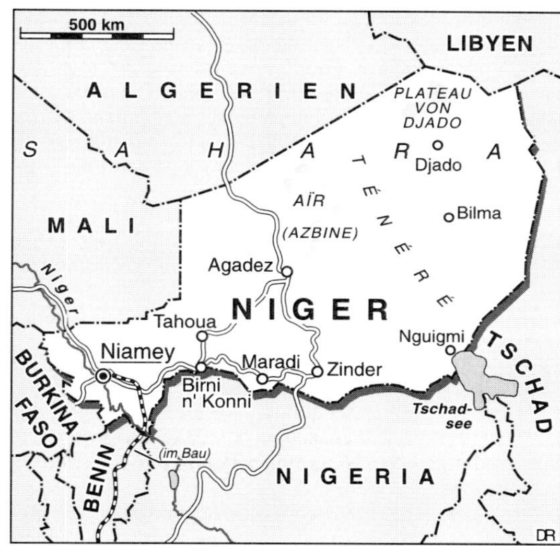

Die koloniale Grenzziehung hat den Lebensraum der Tuareg zerschnitten: Die meisten von ihnen leben in Niger, der Rest verteilt sich auf Mali, Algerien, Libyen und Burkina Faso.

ritorialwahlen 41 von 60 Sitzen, und BAKARY wurde Ministerpräsident und Vizepräsident des *Conseil du Niger*. Die *Sawaba* entschied sich beim Referendum 1958 gegen den Verbleib in der französisch-afrikanischen Staatengemeinschaft, und BAKARY mußte zurücktreten. Bei den Wahlen 1959 konnte die *Sawaba* keine Mehrheit mehr erzielen. Nachdem die Partei verboten worden war, mußte BAKARY nach Mali fliehen.

1957 erhielt Niger begrenzte Autonomie und am 3. August 1960 die volle Unabhängigkeit. DIORI wurde erster Präsident des neuen Staates. Er war zugleich Generalsekretär der aus PPN und RDA neu formierten Einheitspartei, die bald das ganze Land kontrollierte. Mitte April 1974 putschten die Militärs unter Oberstleutnant SEYNI KOUNTCHÉ; das Parlament wurde aufgelöst, die Verfassung außer Kraft gesetzt, und alle politischen Vereinigungen wurden verboten. Vier Jahre später verständigte sich Niger mit Libyen auf eine enge Zusammenarbeit.

Im September 1964 kam es zu erheblichen Spannungen mit → Ghana, da die dortige Regierung KWAME NKRUMAHS im Exil lebende Oppositionelle (die sog. *Sawaba*-Gruppe) unterstützte, die einen Umsturz in Niger planten. Im September/Oktober 1964 überfielen ghanaische Soldaten und nigrische Exilanten mehrere Dörfer in Niger. Den dortigen Sicherheitskräften gelang es nur mit französischer Waffenhilfe, die Eindringlinge zurückzuschlagen.

Kwame Nkrumah** → **Ghana

Am 13. April 1965 versuchte ein Exil-Nigrer, der in Ghana ausgebildet worden war, DIORI mit einer Handgranate

***Hamani Diori* (16.6.1916–23.4.1989)**
Nigrischer Ministerpräsident von 1958 bis 1974 und Staatspräsident von 1960 bis 1974. von 1958 bis 1974. Diori, der vor seiner politischen Karriere als Lehrer gearbeitet hatte, gründete unter der Herrschaft der Franzosen über Westafrika die Parti Progressiste Nigerien und zog 1946 als Abgeordneter in die französische Nationalversammlung ein. Zwei Jahre vor der Unabhängigkeit wurde Diori Ministerpräsident des autonomen Niger und übernahm 1960 zusätzlich das Amt des Staatspräsidenten der neuen Republik. Er fusionierte seine PPN mit dem Rassemblement Démocratique Africaine zu einer Einheitspartei. 1974 wurde seine korrupte Regierung durch einen Putsch vom Militärregime unter der Führung von Oberstleutnant Seyni Kountché abgelöst. Diori wurde bis 1980 unter Hausarrest gestellt.

zu töten. Im April 1974 wurde Diori gestürzt, und ein Militärregime unter Oberstleutnant Kountché übernahm die Regierungsgewalt. Die Einheitspartei wurde verboten, das Parlament aufgelöst, Diori und die meisten Minister wurden unter Hausarrest gestellt. Die *Forces Armées Nationales* wurden als Retter des Vaterlandes begrüßt, da die Korruption unter Diori unvorstellbare Ausmaße angenommen hatte.

1975 scheiterte ein Putschversuch Bakarys. Auch ein Umsturzversuch rivalisierender Militärs im März 1976 konnte von der Regierung abgewehrt werden. Das oberste politische Organ war nun der *Conseil Militaire Suprême* (CMS), an dessen Spitze Kountché stand. Ein anderes wichtiges Organ war der *Conseil National du Développement*, der alle Ministerien koordinierte, die mit der Entwicklungspolitik des Landes befaßt waren.

Gegen die Opposition ging die Militärregierung rigoros vor. Dagegen wurde die Chefferie, das Häuptlingswesen, in ihrer traditionellen Rolle gestärkt und übte erheblichen gesellschaftlichen Einfluß aus.

Der Islam wurde von den neuen Machthabern als einigendes Element betrachtet: Die islamischen Geistlichen erhielten allmählich eine immer größere Bedeutung in Staat und Gesellschaft.

Nachhaltig war auch der Einfluß Libyens; der gescheiterte Putschversuch von Teilen der Armee 1975 soll von Tripolis aus gesteuert worden sein.

Konfliktparteien

Regierung von Niger

Das Militär, das von 1974 bis 1991 die Regierung stellte, war lange Zeit die einflußreichste Größe im Staat. Viele Offiziere waren in Frankreich ausgebildet worden und hatten in Indochina und → Algerien in der französischen Kolonialarmee gedient.

Nach Kountchés Tod am 10. November 1987 übernahm sein langjähriger Vertrauter, Generalstabschef Ali Seybou, die Macht.

Tuareg-Gruppen

Das Volk der Tuareg wird durch vier politische Gruppierungen vertreten (→ Mali), die eine länderübergreifende Autonomie anstreben. In Niger war die *Front Islamique Arabe de l'Azawad* (FIAA) Partner bei den Waffenstillstandsverhandlungen 1991.

Der kleinste gemeinsame Nenner der politisch und organisatorisch zersplitterten Rebellen in der bodenschatzreichen Nordregion von Niger (Air und Azawad) ist der Kampf um Autonomie (→ Mali).

Konfliktverlauf

Neben den Autonomiebestrebungen spielt auch die Kontrolle über die Ausbeutung der im Air-Gebirge entdeckten Uranvorkommen, die für Niger eine erhebliche Verbesserung der wirtschaftlichen Lage bedeuten, eine wesentliche Rolle im Tuareg-Konflikt. Niger ist der zweitgrößte Uranproduzent der Erde.

Die koloniale Grenzziehung hatte den Lebensraum der vorwiegend von Viehzucht lebenden Tuareg-Nomaden zerschnitten: Etwa 700 000 von ihnen leben in Niger, 400 000 in → Mali und je 20 000 bis 50 000 in → Algerien, Libyen und → Burkina Faso (ehem. Obervolta).

Eine Vereinbarung zwischen der französischen Kolonialverwaltung und den Tuareg hatte freiwillige Steuerzahlungen für die Nomaden vorgesehen; ihre Stämme durften im gesamten Saharagebiet nomadisieren, ohne sich an den neuen Staatsgrenzen orientieren zu müssen. Als Gegenleistung hatten die Tuareg auf Raubzüge und Sklavenjagd verzichtet.

Dieser Vertrag hatte noch in nachkolonialer Zeit Gültigkeit. Doch fast überall wurden die Tuareg, die sich zum Teil schon mit der arabisch-muslimischen Bevölkerung vermischt hatten, diskriminiert. Bei der schwarzafrikanischen Bevölkerung, deren Vorfahren einst von den Tuareg versklavt worden waren, sind sie verhaßt. Der staatliche Druck gegen die Nomaden nahm mit den Jahren zu, und verschiedene Dürreperioden beschleunigten die Auflösung der traditionalen Tuareg-Gemeinschaften, die bereits in der Kolonialzeit eingesetzt hatte. Autonomieforderungen der Tuareg blieben unerfüllt.

Während des Erdölbooms in den siebziger und achtziger Jahren arbeiteten Tausende von Tuareg aus Mali und Niger in Algerien und Libyen. Nach der Rückkehr in ihre Herkunftsgebiete wurden ihnen die zugesicherten Hilfen zur Wiedereingliederung von den Behörden Nigers und → Malis verweigert.

Am 7. Mai 1990 kam es zum Aufstand: Tuareg-Kämpfer überfielen den nigrischen Grenzposten Tchin-Tabaradene an der Grenze zu Mali. Die Sicherheitskräfte konnten den Angriff abwehren und richteten unter der Tuareg-Bevölkerung ein Massaker an. Es starben 600, nach anderen Angaben beinahe 1700 Menschen. Ende Juni 1990 griffen militante Tuareg die Polizeistation von Menaka in → Mali an.

Anfang 1991 nahmen die innenpolitischen Spannungen in Niger zu, und es kam zu gewaltsamen Demonstrationen oppositioneller Kräfte. Im März zogen sich die Militärs aus der Regierung zurück; im August erklärten die 1200 Delegierten einer Nationalkonferenz die Armeeführung für abgesetzt. Die im Oktober gebildete Übergangsregierung (Hoher Rat) nahm die Verhandlungen mit den Tuareg-Rebellen wieder auf.

Doch trotz des am 11. April 1992 unterzeichneten Friedensvertrages, der u. a. auch die Rückführung von Flüchtlingen aus den Nachbarstaaten, lokale Selbstverwaltung für die Tuareg sowie einen Gefangenenaustausch vorsah, flammten die Kämpfe im Mai 1992 wieder auf.

Die nigrische Regierung traf im selben Monat erneut zu Verhandlungen mit den Tuareg zusammen, die jedoch erst im Frühjahr 1993 fortgesetzt wurden und zu einem erneuten Waffenstillstand führten. Zwischenzeitlich war es immer wieder zu einzelnen Gefechten mit Aufständischen gekommen.

Weitere Entwicklung

Bei einer Volksabstimmung in Niger wurde im Dezember 1992 ein neues Grundgesetz angenommen. Am 26. März 1993 wurde der Sozialdemokrat Mahamane Ousmane bei den ersten freien Wahlen nach dem Ende des Militärregimes zum neuen Präsidenten gewählt. Am 19. März 1993 hatten die FIAA und die noch amtierende Übergangsregierung den Waffenstillstand unterzeichnet, der im Dezember 1994 erneuert (aber nur um drei Monate verlängert) wurde. Vereinbart wurde neben Sozialmaßnahmen für die in Not geratene Tuareg-Bevölkerung die administrative Neuregelung der Nordregion (Selbstverwaltung). Der Krieg forderte bisher mindestens 1000, möglicherweise mehr als 2000 Todesopfer.

Literatur: s. a. → Mali
E. Beuchelt: *Niger. Die Länder Afrikas.* Band 38. Bonn 1968.
G. Göttler: *Die Tuareg. Kulturelle Einheit und regionale Vielfalt eines Hirtenvolkes.* Köln 1989.
R. Higgott / F. Fuglestad: *The 1974 Coup d'Etat in Niger: Towards an Explanation.* In: *The Journal of Modern African Studies.* Nr. 3. London 1975.
U. Hinkmann: *Niger.* München 1968.
F. Lancrenon: *La République du Niger. Notes et Études Documentaires.* Nr. 3994/3995. Paris 1973.
R. Meyer: *Niger: Koloß von Frankreichs Gnaden.* In: *Afrika heute,* 2/1973. Bonn.
D. G. Morrison u. a.: Black Africa. A Comparative Handbook. New York 1972.
J. Riedel / K. Beck u. a.: *Sozial-kulturelle Herausforderungen für die Entwicklungspolitik – Die Republik Niger.* Köln 1990.
E. Sere de Riviere: *Histoire du Niger.* Paris 1965.
Statistisches Bundesamt (Hg.): *Länderbericht Niger.* Wiesbaden 1992.

Staatsname: Republik Niger
Staatsform: Präsidiale Republik
Staatsoberhaupt: Mahamane Ousmane (CDS; seit 1993)
Regierungschef: Hama Amadou (MNSD; seit 21.2.1995)
Regierung: MNSD (seit 1995)
Parlament: Nationalversammlung 83 Sitze (Wahl vom 12.1.1995)
MNSD (Ex-Einheitspartei) 29, CDS (Sozialdemokraten) 23, PNDS (Sozialistische Demokraten) 12, Sonstige 19
Mitgliedschaft bei internationalen Organisationen: AKP, ECOWAS, OAU, UNO
Lage: 0°–16° östlicher Länge, 12°–23° nördlicher Breite
Fläche: 1,27 Millionen km^2
Hauptstadt: Niamey
Bevölkerung: 8,5 Millionen; Haussa 52,8 %, Songhai-Dyerma 21 %, Tuareg 10,6 %, Fulani 9,8 %, Kanuri Nanga 4,5 %, Sonstige 1,3 %; sunnitische Muslime 98,6 %
Wirtschaft: Dienstleistung 46 %, Landwirtschaft 37 %, Industrie 17 %;
Export: Uran 71,5 %, Vieh 10,5 %, Hülsenfrüchte 5,2 %

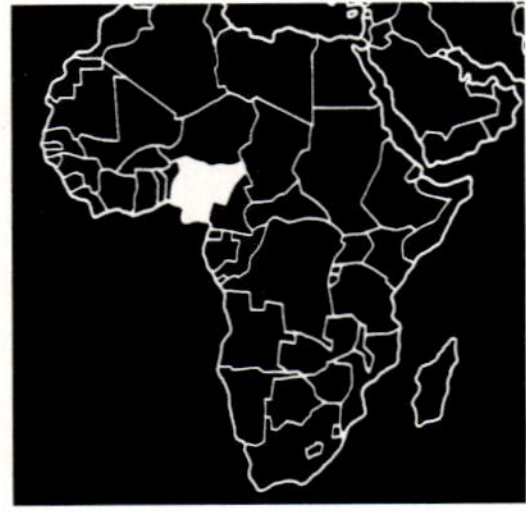

NIGERIA

Bürgerkrieg um die Sezession Biafras 1967 bis 1970

Der Bürgerkrieg um die Sezession der Ostregion Nigerias (Biafra) ging auf den historischen Grundkonflikt zwischen dem muslimischen Norden und dem missionierten und kolonisierten Süden, dessen Kerngebiet die Ostregion war, zurück. Der Kampf um die reichhaltigen Erdölvorkommen verschärfte den Konflikt.

Historischer Hintergrund

Im Gebiet des heutigen Nigeria existierten die ältesten afrikanischen Kulturen: die Nok-Kultur im 5. Jahrhundert v. Chr. und die Igbo-Ukwu-Kultur im 7. Jahrhundert n. Chr. Im Westen bildeten sich seit dem 11. Jahrhundert Haussa-Staaten. Die muslimischen Volksstämme der Haussa und Fulani (Fulbe) hatten sich im Savannengebiet des Nordens festgesetzt, und in der Regenwaldzone im Süden und an der Küste siedelten die Stämme der Ibo und Yoruba.

Sie waren die Hauptopfer der Sklavenjäger-Stämme des Nordens, deren Zentrum das Sultanat von Sokoto war. Der Expansionsdrang der islamischen Völker des Nordens führte zu einem jahrzehntelangen Krieg mit dem Süden, der erst von der britischen Kolonialmacht 1893 beendet wurde.

Die Briten hatten bereits 1849 begonnen, die Küsten von Benin und Biafra zu kolonisieren und machten 1861 die aus einer europäischen Handelsniederlassung entstandene Stadt Lagos – benannt nach Lagos Island, das im 15. Jahrhundert von den Portugiesen entdeckt wurde – zur Kronkolonie. 1885 wurden das gesamte Küstengebiet zwischen Lagos und dem Rio del Rey (Kamerun) sowie große Teile des Landesinneren nach der Eroberung des Sultanats von Sokoto (1902/03) zum britischen Protektorat erklärt.

Die beiden Schutzgebiete im Norden und Süden und die Kronkolonie Lagos wurden 1914 zwar zur Verwaltungseinheit Nigeria zusammengeschlossen, administrativ aber weiterhin unterschiedlich behandelt: Während im Norden das System der »Indirect Rule« Geltung hatte, die Verwaltungsautorität also weitestgehend den traditionellen Herrschern übertragen wurde, war dies im Süden aufgrund anderer politischer Strukturen nicht möglich. Gesellschaftlich bedeutete dies auch eine konservative Erstarrung des Nordens und eine weitreichende Modernisierung des Südens.

Die historische Konfrontation zwischen Nord und Süd verschärfte sich nach dem Zweiten Weltkrieg in der Über-

Traditionelle Gegensätze zwischen den Stämmen im Norden Nigerias und den von ihnen lange versklavten Ibo in der Ostregion wirken bis in die Gegenwart und waren u. a. Ursache für den Sezessionsversuch Biafras von 1967 bis 1970.

gangsphase zur Unabhängigkeit, als die Fulani- und Haussa-Stämme des Nordens unter Berufung auf ihre traditionelle militärische und politische Überlegenheit Vorrechte für ganz Nigeria anmeldeten.

Die Bundesrepublik Nigeria wurde am 1. Oktober 1960 unabhängig und bildete eine Föderation aus den drei Regionen Ost, Nord, West und ab 1963 auch mit der Mittelwest-Region.

Politisch dominierten vorerst die Haussa und Fulani, aber die politischen und vor allem sozialen Spannungen zwischen der Zentralregierung in Lagos und den vier Regionen mit ihren doch sehr unterschiedlichen ethnischen Zusammensetzungen wuchsen. Der Biafra-Konflikt war vorprogrammiert.

Konfliktparteien

Die Haussa organisierten sich politisch im *Northern People's Congress* (NPC), die Ibo im *National Council of Nigeria and of the Cameroun* (NCNC) und die Yoruba in der *Action Group*. Viele kleinere regionale Parteien hatten bei der ersten Bundeswahl (1960) keine Chancen. Stärkste Gruppierung wurde der NPC, der sich auch bei den Wahlen 1964 und den Regionalwahlen im Westen 1965 als stärkste Partei behaupten konnte. Doch diese Wahlerfolge kamen durch Wahlmanipulationen und Terrorakte gegen die Ibo im Mittelwesten und Osten zustande. Auch in anderen Re-

Yacubu Gowon (*1934)
Nigerianischer Militärmachthaber von 1966 bis 1975. Der Angehörige des kleinen Anywa-Stammes besuchte eine Methodistenschule, die Offiziersschule in Ghana und die Militärakademie in Sandhurst. 12 Jahre diente er in der britischen Armee (in Nigeria und im Ausland) und brachte es bis zum Oberst. Durch einen Militärstreich gegen General Ironsi kam er am 29. Juli 1966 an die Macht, wurde Oberbefehlshaber der Armee und Vorsitzender des Bundesexekutivrates. Nach seinem Sturz im Juli 1975 ging er nach Togo ins Exil.

gionen wurden ethnische Minderheiten vom jeweiligen Mehrheitsvolk unterdrückt und diskriminiert. Tribalismus, Nepotismus, Korruption und allgemeine Mißwirtschaft führten am 15. Januar 1966 zum Putsch. Der Ibo-General AGUIYI IRONSI setzte sich an die Spitze einer Militärregierung. Er vertrat einen konsequenten Zentralismus und provozierte damit den Gegenputsch vom 29. Juli 1966 unter YACUBU GOWON, einem Angehörigen einer Minderheit aus dem Norden. Unterdessen betrieb der Gouverneur der Ostregion, ODUMEGWU CHUKWUEMEKA OJUKWU, offen die Loslösung seines Gebietes.

Konfliktverlauf

Nach der Machtübernahme durch IRONSI kam es im Norden zu Pogromen gegen die Ibo. Auch in der Armeeführung formierte sich der Widerstand gegen die Ibo-Offiziere. GOWONS Gegenputsch sollte das föderative System Nigerias wiederherstellen und die Ibo aus den Schaltstellen der Macht vertreiben. Im Oktober kam es erneut zu rassistisch motivierten Übergriffen und Massakern, bei denen über 50 000 Ibo starben. Mehr als eine halbe Million Menschen flüchteten aus dem Norden in die Ostregion, dem Heimatland der Ibo. Gouverneur OJUKWU verlangte finanzielle Entschädigungen für die Opfer und machte die Regierung GOWON für die Verbrechen verantwortlich.

In der Zwischenzeit war Nigeria in zwölf Provinzen gegliedert worden; die Ostregion in drei neue Einheiten. Nach vergeblichen Einigungsversuchen zwischen der Zentralregierung und der Ostregion erklärte OJUKWU am 30. Mai 1967 die Sezession und Unabhängigkeit Biafras und stellte die Zahlungen an die Zentralregierung ein. Dadurch wurde Lagos wirtschaftlich erheblich geschwächt, denn der größte Teil des nigerianischen Staatshaushaltes war aus den Einnahmen der Erdölförderung (jährlich etwa 30 Mio. t) in der Ostregion finanziert worden.

Am 7. Juli 1967 startete die Zentralregierung eine militärische Invasion in Biafra. Doch die Regierungstruppen stießen auf erbitterten Widerstand, und die Armee Biafras konnte in den ersten Wochen des Bürgerkriegs sogar weiter nach Westen vorstoßen: über den Niger hinaus bis in die Mittelwestregion, deren Truppenteile sich mit OJUKWUS Soldaten verbündeten. Beide Bürgerkriegsparteien wurden von europäischen Mächten unterstützt: Biafra von Portugal, Spanien und Frankreich; die Zentralregierung von → Großbritannien, der Sowjetunion (→ Rußland) und der → Tschechoslowakei.

Die verstärkten Regierungstruppen eroberten bis Ende September den Mittelwesten zurück und konnten von Nor-

Biafra 1968: Den gefallenen Soldaten der Regierungstruppen hatten die Biafra-Soldaten die Uniformen ausgezogen, Waffen und Munition wurden eingesammelt.

den aus nach Biafra eindringen. Im Oktober wurden nach schweren Bombardierungen auch die Hauptstadt Enugu und die für den Nachschub so wichtige Hafenstadt Calabar von GOWONS Truppen eingenommen.

Im Frühjahr gelang es der nigerianischen Armee, strategisch wichtige Orte und für die Versorgung der Armee Biafras unentbehrliche Verkehrsverbindungen unter ihre Kontrolle zu bringen: am 22. März 1968 Onitsha; am 5. April die Ost-West-Verbindung Onitsha - Enugu - Abakaliki - Kamerun; am 29. Mai Port Harcourt, den Hauptumschlagplatz für Erdöl und die einzige Verbindung Biafras zum Meer.

Im Sommer 1968 ließen die Kämpfe nach, und es kam zu ersten Verhandlungen zwischen den beiden Bürgerkriegsgegnern, die aber ergebnislos blieben. Die Offensiven der Bundestruppen hatten die Bevölkerung Biafras auf ein kleines Restgebiet zusammengetrieben. Etwa fünf Millionen Menschen lebten in primitiven Flüchtlingslagern, und eine Hungersnot forderte täglich mehrere tausend Tote. Über eine internationale Luftbrücke wurde versucht, die ärgste Not zu lindern.

1969 hatten die biafrischen Truppen wieder einigen Boden gutgemacht und ein paar Städte zurückerobert (z. B. Owerri und Onitsha). Doch gegen Ende des Jahres wurde die Lage für OJUKWUS Truppen immer kritischer. Der Januaroffensive der nigerianischen Bundesarmee, die, unterstützt von britischen Beratern, alle drei Armeedivisionen (z. T. mit russischen 122-Millimeter-Granaten ausgerüstet) in den Kampf schickte, konnten OJUKWUS Soldaten nichts mehr entgegensetzen. Nach erneuten Bombardierungen von Flüchtlingslagern brachte die Schlacht um Owerri, der nach Enugu und Umuahia mittlerweile dritten provisorischen Hauptstadt Biafras, dann die endgültige Entscheidung.

Biafra: Nigerianische Regierungstruppen auf dem Vormarsch; am Straßenrand ein von Hunger ausgezehrtes, sterbendes Kind, dem ein Freund Gesellschaft leistet.

Odumegwu Chukwuemeka Ojukwu (*1933)
Gouverneur der nigerianischen Ostregion Biafra bis 1970. Der Sohn wohlhabender Eltern absolvierte sein Geschichtsstudium in Oxford und machte seine Offiziersausbildung in der britischen Kolonialarmee. Nach Ironsis Machtübernahme wurde er Militärgouverneur der Ostregion und proklamierte am 30. Mai 1967 die Unabhängigkeit Biafras. Nach der Niederlage im Bürgerkrieg flüchtete er in die Republik Elfenbeinküste, kehrte aber Ende 1982 wieder nach Nigeria zurück.

Ergebnis

Am 15. Januar 1970 kapitulierte Biafra bedingungslos, und OJUKWU flüchtete ins Ausland. Die 30monatigen Kämpfe hatten unter der Zivilbevölkerung über eine Million Tote gefordert; 50 000 Soldaten waren gefallen. Der Sezessionskrieg hatte die Wirtschaft des Landes zum Erliegen gebracht, und auch danach lähmten die horrenden Kosten des Wiederaufbaus für lange Zeit die ökonomische Entwicklung Nigerias. GOWON verfolgte eine Versöhnungs- und Integrationspolitik; so erließ er eine Generalamnestie für frühere Gegner der Zentralregierung, und es gelang ihm, das Ibo-Volk vor neuen Verfolgungen zu bewahren.

Entwicklung seit Konfliktende

Die Mißstände in Nigeria blieben. Die Korruption griff weiter um sich, und soziale Spannungen belasteten die innenpolitische Situation. Nach einem unblutigen Putsch am 29. Juli 1975 mußte GOWON gehen, und die Föderation wurde von 12 auf 19 Teilstaaten erweitert. Am 29. August 1978 erhielt Nigeria eine neue Verfassung. Im September 1978 wurden politische Parteien zugelassen, und 1979 wurde wieder eine Zivilregierung gebildet. Im Oktober 1982 kamen bei religiösen Unruhen, die von einer extremistischen Muslimsekte ausgingen, im Nordosten Nigerias 450 Menschen ums Leben. Diese Sekte, die ihre Mitglieder aus dem Heer eingewanderter Arbeitsloser und dem verarmten städtischen Proletariat rekrutierte, betrieb eine aggressive Missionierung und rief zum »Heiligen Krieg gegen die Ungläubigen« und andere Muslime auf.

Im Herbst 1983 wurden Präsidentschafts-, Gouverneurs-, Senats- und Parlamentswahlen abgehalten, aus denen der seit 1979 regierende Präsident SHEHU SHAGARI und seine *National Party of Nigeria* (NPN) als Sieger hervorgingen. Die Erklärung der Opposition, die Wahlen seien manipuliert worden, löste Unruhen aus. Ende Dezember putschte das Militär unter Generalmajor MOHAMMED BUHARI und setzte SHAGARI und seine Regierung ab. Die Verfassung von 1978 wurde suspendiert, und alle politischen Parteien wurden verboten. Die neuen Machthaber bildeten einen »Obersten Militärrat«. Im März 1984 kam es wieder zu religiösen Ausschreitungen im Norden, bei denen Tausende ums Leben kamen.

Im April wurde die Schließung der Landesgrenzen angeordnet, die Pressefreiheit eingeschränkt und ein verschärftes Militärstrafrecht erlassen.

Im August 1985 wurde BUHARI durch einen Militärputsch gestürzt; Generalmajor IBRAHIM BABANGIDA, der bisherige Heereschef, übernahm die Macht. Im Dezember 1985 und im März 1986 konnte er zwei gegen ihn gerichtete Putschversuche abwehren. Im September ernannte der Militärrat eine neue Regierung, die je zur Hälfte aus Zivilisten und Offizieren bestand. Die wirtschaftlich katastrophale Lage des Landes hatte sich in den letzten Jahren nicht gebessert.

Im Mai 1987 kam es zu Studentenunruhen. Ein generelles Demonstrationsverbot war die Folge. Im April 1990 scheiterte der Putschversuch einiger Offiziere, bei dem es zahlreiche Tote gab.

Das Militärregime beschnitt im Dezember 1992 die Rechte des im Juli gewählten Parlaments, das von nun an nur noch in neun von insgesamt 38 Ressorts mitentscheiden durfte. Die Präsidentschaftswahl vom 16. Juni 1993, aus der der Sozialdemokrat MOSHOOD ABIOLA, ein Angehöriger des Yoruba-Stammes, als klarer Sieger hervorgegangen war, wurde annulliert. Nach gewalttätigen Demonstrationen für mehr Demokratie wurde der Ausnahmezustand verkündet. Im Juli kam es auf Vorschlag BABANGIDAS zu einem Kompromiß: Mit Billigung und Beteiligung von Sozialdemokraten und Republikanern wurde eine Übergangsregierung gebildet. Am 26. August übergab BABANGIDA, der acht Jahre an der Macht gewesen war, die Amtsgeschäfte. Der Chef des bisherigen Übergangsrates, ERNEST ADEGUNLE OLADEINDE SHONEKAN, wurde als neuer Premierminister eines Kabinetts aus Zivilisten und Militärs vereidigt. Doch schon am 17. November 1993 übernahm unter General SANI ABACHA, dem bisherigen Verteidigungsminister im Kabinett SHONEKANS, das Militär erneut die Macht.

ABACHA ersetzte 30 gewählte Provinzgouverneure durch Militärstatthalter, verbot alle politischen Aktivitäten der Parteien und entmachtete die Anhänger BABANGIDAS in der Armeeführung. Der von den Gewerkschaften organisierte landesweite Generalstreik wurde erst beendet, nachdem

Moshood Abiola (*24.8.1937)
Der Millionär aus dem Süden Nigerias arbeitete 1969 bis 1988 für den US-Konzern ITT in Nigeria. Seit 1978 engagierte er sich im Mediengeschäft. Bei der Präsidentschaftswahl 1993 siegte er als Kandidat der Sozialdemokraten; die Wahl wurde aber von den Machthabern nicht anerkannt. Am 11. Juni 1994 rief er sich zum rechtmäßigen Präsidenten aus. Er wurde verhaftet und wegen Hochverrats angeklagt.

Sani Abacha (*20.9.1943)
Staatspräsident Nigerias seit 1993.
Der in Kairo geborene General war 1983 am Sturz der Zivilregierung beteiligt und anschließend Mitglied in der Junta unter General Ibrahim Babangida. Abacha setzte Babangida 1993 ab und übernahm nach dem Rücktritt des Übergangspräsidenten Ernest Adegunle Oladeinde Shonekan Ende 1993 selbst die Macht.

ABACHA eine teilweise Rücknahme der Benzinpreiserhöhung (600 %) zugesagt hatte. Die *Europäische Union* beschloß Sanktionen gegen das Militärregime.

Es kam erneut zu Grenzstreitigkeiten mit → Kamerun um die Halbinsel Bakassi, auf der Erdölvorkommen vermutet werden. Das Gebiet war dem Nachbarland 1975 von GOWON für die Neutralität Kameruns im Biafra-Konflikt versprochen worden; die späteren Machthaber Nigerias fühlten sich an diese Zusage aber nicht gebunden. Nach Zwischenfällen im Januar 1994 kam es am 18. Februar zu blutigen Auseinandersetzungen mit Grenzsoldaten Kameruns. Der Konflikt wurde am 14. Juni auf diplomatischem Weg beigelegt.

Am 23. Mai 1994 wählten die Nigerianer eine Verfassunggebende Versammlung. Die Oppositionsparteien hatten zum Boykott dieser Wahl aufgerufen; dementsprechend gering war die Wahlbeteiligung. ABIOLA, Sieger der von den Militärs annullierten Präsidentschaftswahlen von 1993, rief sich selbst am 11. Juni 1994 in Lagos zum Präsidenten und Oberkommandierenden der Streitkräfte einer Gegenregierung aus. Am 23. Juni wurde er verhaftet und des Hochverrats angeklagt, was zu Protestkundgebungen und wochenlangen Streiks führte; die Erdölproduktion kam zum Erliegen. Im August legte ein unbefristeter Generalstreik dann die gesamte Wirtschaft lahm. Gewerkschaftsführer und Oppositionelle wurden von den Militärs verhaftet. Am 4. September 1994 wurde der Ausstand beendet, doch die Repressionen wurden verschärft: Die Junta verbot politische Publikationen; die Dauer der Vorbeugehaft, in die Verdächtige ohne Gerichtsurteil genommen werden können, wurde verlängert und die Freilassung ABIOLAS abgelehnt.

Der Machtkampf zwischen ABACHA und ABIOLA geht ebenfalls auf den traditionellen Nord-Süd-Konflikt zurück. ABACHA kommt – wie alle bisherigen Machthaber – aus dem islamischen und rückständigen Siedlungsgebiet der Haussa und Fulani im Norden Nigerias; der Millionär ABIOLA, selbst Muslim, stammt aus dem Siedlungsgebiet der Yoruba im christlichen und wirtschaftlich entwickelteren Süden, der über die größten Erdölvorkommen verfügt. Der Norden beansprucht die Unterstützung aus dem Süden, jedoch ohne diesen angemessen an der Macht zu beteiligen.

Die von der Junta eingesetzte Verfassunggebende Konferenz soll bis zum Januar 1996 ein neues Grundgesetz erarbeiten. Am 8. Februar 1995 entließ ABACHA die Militärübergangsregierung; er will erst nach Fertigstellung der Verfassung zugunsten einer Zivilregierung zurücktreten.

Literatur: G. Arnold: *Modern Nigeria*. London 1977.
J. Bühler: *Biafra. Tragödie eines begabten Volkes*. Zürich/Stuttgart. 1968.
Z. Cervenka: *The Nigerian War 1967–1970*. Frankfurt 1971.
A. D. Chegwe: *Biafra – Tragödie eines Volkes*. Wiesbaden 1969.
R. Cohn: *Labour and Politics in Nigeria 1945–1971*. London 1974.
W. Gieler: *Nigeria zwischen Militär- und Zivilherrschaft. Eine Analyse der politischen Entwicklung seit der Unabhängigkeit 1960–1990*. Münster 1993.
C. D. König. *Zivilgesellschaft und Demokratisierung in Nigeria*. Münster 1994.
J. Lütke-Entrop: *Nigeria – Von der völkerrechtlichen Unabhängigkeit zur zweiten Republik*. St. Augustin 1981.
U. Niebling: *Kriege in Zentralafrika seit 1945*. Münster 1992.
T. Zülch: *Biafra – Todesurteil für ein Volk?* Berlin 1968.
T. Zülch: *Die Republik Biafra*. Hamburg 1969.

Staatsname: Bundesrepublik Nigeria
Staatsform: Präsidialrepublik
Staatsoberhaupt: Sani Abacha (seit 1993)
Regierungschef: Sani Abacha (seit 1993)
Regierung: Militärregierung (am 8.2.1995 entlassen)
Parlament: Repräsentantenhaus 593 (aufgelöst; annullierte Wahl vom 4.7.1992), SDP (Sozialdemokraten) 314, NRC (Konservative) 275, Sonstige 4
Mitgliedschaft bei internationalen Organisationen: AKP, Commonwealth, ECOWAS, OAU, OPEC, UNO
Lage: 3°–15° östlicher Länge, 4°–14° nördlicher Breite
Fläche: 923 768 km^2
Hauptstadt: Abuja
Bevölkerung: 91,5 Millionen; Haussa 21,3 %, Yoruba 21,3 %, Ibo 18 %, Fulani 11,2 %, Ibibio 5,6 %, Sonstige 22,6 %; Christen 49 %, Muslime 45 %, Sonstige 6 %
Wirtschaft: Industrie 38 %, Landwirtschaft 37%, Dienstleistung 25 %; Export: Rohöl 97,9 %, Kakaobohnen 0,6 %, Gummi 0,4 %

Nordirland → Großbritannien

Bürgerkrieg 1966 bis 1994

Politische und soziale Diskriminierung sowie konfessionelle Spannungen zwischen der katholischen Minderheit und der protestantischen Mehrheit waren die Ursachen heftiger Unruhen in der nordirischen Provinz Ulster. Die britische Armee intervenierte, da durch die Bestrebungen der Katholiken nach einem Anschluß an die Republik Irland die Union mit Großbritannien in Frage gestellt war.

Ogaden-Konflikt → Äthiopien

Krieg zwischen Somalia und Äthiopien 1977 bis 1978

Der Ogaden-Konflikt ist auf den Imperialismus des alten kaiserlichen Äthiopien zurückzuführen (→ Eritrea). Das benachbarte → Somalia erhob im Rahmen seiner »Groß-Somalia«-Politik Anspruch auf das äthiopische Ogaden-Gebiet.

Oromo-Konflikt → Äthiopien

Bürgerkrieg 1974 bis 1991

Die in Zentral-, Süd- und Westäthiopien lebenden Oromo sind die größte Volksgruppe Äthiopiens. Sie wurden in die staatliche Einheit mit dem äthiopischen Reich gezwungen, mußten den christlichen Glauben und die amharische Sprache übernehmen. Eine marxistisch orientierte Befreiungsbewegung kämpft für mehr Selbstbestimmung.

PAKISTAN

Kaschmir-Konflikt 1947 bis 1949, 1965, 1984
Ahmadiyya-Konflikt seit 1974
Karakorum-Konflikt seit 1984
Unruhen in der Sindh-Provinz seit 1986
Unruhen in der North-Western-Frontier-Provinz 1994

Seit der Gründung Pakistans 1947 kam es zu zahlreichen Grenzkonflikten und drei Kriegen mit → Indien. Ethnische Spannungen, religiöser Fanatismus, starke soziale Ungleichheiten und politische Machtkämpfe führten zu gewalttätigen Konflikten in einigen pakistanischen Provinzen und zu Staatskrisen.

Immer wieder kommt es zu Unruhen in der Sind-Provinz.

Historischer Hintergrund

Die pakistanische Geschichte ist eng verbunden mit der Geschichte → Indiens. Dieser historische Zusammenhang bildet eine der Ursachen für die Konflikte der Gegenwart.

Das indische Königreich Sindh kam 712 n. Chr. unter islamische Herrschaft. Vom 12. bis 14. Jahrhundert erstreckte sich die Macht des muslimischen Sultanats über den ganzen Norden des indischen Subkontinents, bis 1398 die Mongolen unter TIMUR LENGH das Land eroberten. Das Sultanat zerfiel in mehrere kleine Königreiche, die der muslimische Eroberer BABUR 1526 im »Reich der Großmoguln« wiedervereinigte. Der Mogulherrscher AURANGSEB bereitete im 17. Jahrhundert den Niedergang des Reiches vor, als er die im Süden zu einem Machtfaktor herangewachsenen Hinduisten verfolgen ließ; im 18. Jahrhundert entstand die islamische Sekte der Sikhs, die fast den gesamten Punjab eroberte.

Kolonialzeit

1818 unterwarf Großbritannien das hinduistische Marathen-Reich und dehnte nach 1840 seine Herrschaft auch auf das nordwestliche Indusgebiet aus. Ein »nationaler« Aufstand der hinduistischen und muslimischen Bevölkerung 1857 wurde von der Kolonialmacht blutig niedergeschlagen. 1885 hatten die Inder die Gründung des *Hinduistischen Nationalkongresses* durchgesetzt, der Reformen, Mitsprache und Unabhängigkeit forderte; die Aristokratie der Muslime, die sich in ihren Interessen übergangen sah, organisierte sich 1906 in der *Muslim-Liga*. Ihr Führer MOHAMMED ALI JINNAH und der bedeutende Dichter MOHAMMED IQBAL forderten seit den dreißiger Jahren die territoriale Trennung der Muslime von den Hindus. Als Resultat der unüberbrückbaren Gegensätze zwischen den beiden Religionsgemeinschaften kam es im Juni 1947 mit Einwilligung der Briten zur Gründung des Staates Pakistan, der sich in einen westlichen und einen östlichen Teil spaltete.

Mudschibur Rahman
→ Bangladesch

Spannungen zwischen der Zentralregierung und der für Autonomie eintretenden *Awami-Liga* des Scheichs MUJIBUR RAHMAN mündeten 1971 in einen Bürgerkrieg in Ostpakistan, der aufgrund der militärischen Intervention → Indiens zur Unabhängigkeit dieser Region (→ Bangladesch) führte.

Konfliktparteien

Pakistan gegen Indien

Seit der Staatsgründung 1947 wird Pakistan von innen- und außenpolitischen Krisen geschüttelt. Sein Verhältnis zum Nachbarstaat → Indien ist geprägt von Konflikten (Kaschmir-Konflikt s. u.), Krisendiplomatie und offenen kriegerischen Auseinandersetzungen.

Die Grenzziehung durch den Punjab, dessen östlicher Teil zu Indien gehört, führte zu einem 12jährigen Dauerkonflikt. Wegen der Teilung des historischen Punjab war es schon zur Kolonialzeit zu schweren Ausschreitungen und Massakern zwischen Hindus und Muslimen gekommen; die Staatengründung (bzw. -teilung) hatte eine Massenflucht zur Folge: Millionen von Sikhs und Hindus wurden aus Pakistan nach Indien vertrieben und umgekehrt Millionen Muslime aus Indien nach Pakistan. Die blutigen Unruhen forderten 10 Millionen Tote.

Ein weiterer Krisenherd war das Gebiet des Rann von Katsch, ein im Süden an die Provinz Sindh grenzender Salzsumpf. Auf das ursprünglich Indien zugesprochene Gebiet machte Pakistan historisch begründete Territorialansprüche geltend. Die 1956 begonnenen bewaffneten Auseinandersetzungen eskalierten im Jahr 1965; 1969 vereinbarten Indien und Pakistan einen neuen Grenzverlauf.

Regierung und muslimische Opposition

Von 1956 bis 1971 und von 1978 bis 1985 stand Pakistan unter Kriegsrecht. Die Herrschaft des Militärs wurde nur während der Reformperiode unter der Regierung von ZULFIKAR ALI-KHAN BHUTTO, dem Gründer der zentralistischen, linksgerichteten *Pakistan People's Party* (PPP) (s. a. → Bangladesch), unterbrochen.

Die pakistanische Innenpolitik verfolgte zwar in den letzten 10 Jahren einen liberaleren Kurs, doch machte sich gleichzeitig ein immer stärker werdender islamischer Fundamentalismus bemerkbar. Nach der Wiederzulassung von Parteien Anfang 1986 kam es zum Zusammenschluß der politischen Opposition im *Movement for the Restauration of Democracy*. Die stärkste Kraft darin war die PPP unter BENAZIR BHUTTO, die aus den Parlamentswahlen 1988 als Siegerin hervorging. Seitdem waren alle Wahlen von blutigen Auseinandersetzungen rivalisierender Gruppierungen begleitet. 1990 wurde BHUTTO, die erste Premierministerin eines islamischen Staates, wegen Bestechlichkeit und Korruption von Staatspräsident GHULAM ISHAQ KHAN abgesetzt. Seit ihrer Wiederwahl im Oktober 1993 nahmen die blutigen Auseinandersetzungen mit militanten muslimischen Organisationen wieder zu.

Zulfikar Ali-Khan Bhutto (5.1.1928–4.4.1979)
Pakistanischer Staatspräsident von 1971 bis 1973 und Ministerpräsident von 1973 bis 1977. Der in Oxford ausgebildete Jurist entstammte einer zum Islam konvertierten Familie. 1957 Delegierter in der UNO, wurde er 1958 Mitglied der Regierung Mohammad Ayub Khans, in der er als Außenminister ab 1963 für größere Unabhängigkeit vom Westen und für eine Anlehnung an China kämpfte. 1965 wurde Bhutto wegen seiner ablehnenden Haltung zum Kaschmir-Frieden mit Indien entlassen und nach Gründung der PPP (1967) wegen regimekritischer Agitation 1968/69 inhaftiert. 1971 befürwortete Bhutto, dessen Partei die stärkste Kraft im Land geworden war, die gescheiterte militärische Invasion im separatistischen Osten (Bangladesch). Im selben Jahr übernahm er die Präsidentschaft, die nach einer Verfassungsänderung 1973 im Amt des Ministerpräsidenten aufging. Er versuchte, soziale Reformen durchzusetzen und die Spannungen mit Indien und Afghanistan abzubauen; der islamischen Opposition begegnete er mit Härte. 1977 wurde Bhutto durch einen Militärputsch gestürzt und 1979 wegen Anstiftung zum Mord an einem Oppositionspolitiker hingerichtet.

Konfliktverlauf

Kaschmir-Konflikt 1947 bis 1949, 1965, 1984

Das Kaschmirproblem ist die Hauptursache für den Dauerzwist zwischen Pakistan und → Indien. Die im Himalaya gelegene Region, deren Grenze am Siachen-Gletscher verläuft, gilt als eine der gefährlichsten Krisenherde der Welt, besonders deshalb, weil Indien über Atomwaffen verfügt und Pakistan alles daransetzt, den nuklearen Vorsprung des Kontrahenten aufzuholen.

1947 hatte der hinduistische Maharadscha von Kaschmir den Anschluß an Indien vereinbart. Im Jahr darauf war es zum ersten Krieg zwischen Pakistan und Indien gekommen, mit dem Ergebnis, daß nur der südöstliche Teil (etwa zwei Drittel des ehemaligen Fürstentums) als Bundesstaat Jammu und Kaschmir bei Indien blieb, während das nordwestliche Drittel als »Azad Kaschmir« (Freies Kaschmir) unter pakistanische Verwaltung gestellt wurde. Die Waffenstillstandslinie von 1949 bildet die Grenze. Das den Kaschmiris versprochene und in einer UNO-Resolution abgesicherte Referendum über die Zugehörigkeit zu Indien oder Pakistan wird von Neu-Delhi bis heute abgelehnt.

1965 kam es in Kaschmir zur zweiten bewaffneten Konfrontation der beiden Kriegsparteien; seit 1989 herrschen im mehrheitlich von Muslimen bevölkerten, indischen Teil bürgerkriegsähnliche Zustände, bei denen bisher mehr als 35 000 Menschen ums Leben gekommen sind. Von Islamabad indirekt mit Waffen und Geld unterstützt, kämpft dort die *Jammu und Kaschmir Muslim Konferenz* für den Anschluß an Pakistan, während die *Jammu und Kaschmir Befreiungsliga* die Autonomie Kaschmirs anstrebt. Auch im pakistanischen Teil Kaschmirs kommt es immer wieder zu tätlichen Übergriffen muslimischer Rebellen gegen Hin-

Mohammad Zia ul-Haq (12.8.1924–17.8.1988)
Pakistanischer Staatschef von 1977 bis 1988.
Zia ul-Haq schlug im Range eines Generalmajors 1972 eine Militärrevolte nieder, wurde befördert und 1975 von Ministerpräsident Zulfikar Ali-Khan Bhutto zum Armeechef ernannt. 1977 setzte er seinen Gönner in einem unblutigen Staatsstreich ab und übernahm als »Hauptkriegsrechtsadministrator« die Macht, installierte erst ein militärhöriges Regime und übernahm 1978 selbst das Präsidentenamt. 1979 ließ er Bhutto anklagen und hinrichten. Zia ul-Haq verurteilte die sowjetische Invasion in Afghanistan und wurde von den USA massiv aufgerüstet. Innenpolitisch setzte er auf eine autoritäre Islamisierung. Er kam 1988 bei einem Flugzeugabsturz ums Leben.

dus. Ethnische, religiöse und soziale Spannungen haben immer wieder zu Unruhen, Sezessionsbemühungen und Staatskrisen geführt.

Ahmadiyya-Konflikt seit 1974
Seit 1974 kämpfen die Sunniten gegen die mehrere Millionen Mitglieder zählende *Ahmadiyya Muslim Jammat*, eine islamische Erneuerungsbewegung, die von den orthodoxen Muslimen als abtrünnig angesehen wird. Blutige Auseinandersetzungen zwischen fundamentalistischen Studenten und *Ahmadis* in Rabnah, dem Weltzentrum der Sekte, veranlaßten die Regierung, die Anhänger der *Ahmadiyya Muslim Jammat* staatsrechtlich als nicht-islamische Minderheit einzustufen. Die Unruhen konnten unter dem damaligen Ministerpräsidenten ZULFIKAR ALI-KHAN BHUTTO nur mit Hilfe der Armee beendet werden. Immer wieder kam es zu Verfolgungen und Anschlägen auf Mitglieder der Bewegung; 1984 verhängte Präsident MOHAMMAD ZIA UL-HAQ eine Zensurverordnung über Schriften der Sekte. 1994/95 erreichte der Konflikt seinen bisherigen Höhepunkt, als die Moschee der *Ahmadis* in Rawalpindi auf Betreiben sunnitischer Mullahs zerstört wurde und Mitglieder der Sekte Anschlägen zum Opfer fielen.

Karakorum-Konflikt seit 1984
Seit 1984 schwelt die Auseinandersetzung zwischen → Indien und Pakistan um die strategisch wichtige Gebirgsregion des Karakorum im Norden von Kaschmir. Dieses Gebiet war nach den beiden Kaschmir-Kriegen 1947 bis 1949 und 1965 bei der Festlegung der Waffenstillstandslinie ausgeklammert worden. Der Karakorum-Konflikt wirkt sich als innenpolitischer Faktor zur Herrschaftssicherung aus und ist zum »Stellvertreterkonflikt« für die ungelöste Kaschmirfrage geworden. Nach 1990 wurden gelegentliche Grenzzwischenfälle im Karakorum vom Bürgerkrieg im indischen Teil Kaschmirs (s. o.) überlagert, der aufgrund der direkten Unterstützung des kaschmirisch-muslimischen Widerstands durch Pakistan einer zwischenstaatlichen Konfrontation gleichkam.

Unruhen in der Sindh-Provinz seit 1986
Die beiden größten Städte der Provinz Sindh, die Hafenstadt Karachi (12 Mio. Einwohner) und das am Indus gelegene Hyderabad, werden seit der religiös motivierten Masseneinwanderung aus Indien nach der Staatsgründung 1947 von urdusprachigen Muhajirs dominiert. Die angestammte Sindhi-Bevölkerung geriet in die Minderheit und begehrte mit ihrer politischen Vertretung, der *Sindh National Alliance* (SNA), gegen ihre Benachteiligung auf; radikale Separatisten der Untergrundorganisation *Seay Sindh* forderten immer wieder die Autonomie für einen

Staat Sindhudesch. Als die Regierung 1972 Sindhi zur Amtssprache erhob, kam es zur ersten blutigen Rebellion der Muhajirs.

Weiteren Konfliktstoff lieferte in den siebziger Jahren der Zuzug von weit über einer Million Menschen aus dem Landesinneren, vorwiegend Paschtunen. Die Muhajirs setzten sich gegen die zunehmende Bedrohung ihrer regionalen Führungspositionen zur Wehr und organisierten sich im 1984 gegründeten *Muhajir Quaumi Movement* (MQM). Den Paschtunen war es gelungen, den Waffen- und Drogenhandel sowie das Transportwesen unter ihre Kontrolle zu bringen. Politisch repräsentiert werden sie von der *Punjab Pashtun Ittehad.* Nach 1986 kam es in Karachi und Hyderabad wiederholt zu blutigen Auseinandersetzungen zwischen Sindhi bzw. Paschtunen auf der einen und den Muhajirs auf der anderen Seite.

Die Unruhen in der Provinz Sindh hatten schwerwiegende Auswirkungen auf die Regierungen in Islamabad: Nachdem bei Krawallen in Karachi innerhalb einer Woche 170 Menschen getötet und über 700 verletzt worden waren, mußte die Regierung am 19. Dezember 1986 zurücktreten.

Die oppositionelle PPP unter BENAZIR BHUTTO hatte während der Diktatur ZIA UL-HAQS stets mit der Sindhi-Bevölkerung sympathisiert. Aus wahltaktischen Gründen suchte sie jedoch ab 1988 den Ausgleich mit dem MQM. Diese Allianz, die nur wenige Monate hielt, hatte allerdings weitere Unruhen zwischen den verfeindeten Volksgruppen zur Folge. Eine Polizeiaktion in Hyderabad, die 80 Todesopfer forderte, nahm die militärische Führung zum Anlaß, die Premierministerin abzusetzen, freilich ohne daß dadurch die Polarisierung im Sindh nachließ. Ende September 1990 verlor die PPP die Provinzwahlen im Sindh, die neue Regierung stellte die *Islamisch-Demokratische Partei* unter Beteiligung des MQM.

In den Jahren 1994/95 weiteten sich die Unruhen aus; eine beispiellose Terror- und Streikwelle legte das öffentliche Leben in Karachi lahm, bei Gefechten zwischen Regierungssoldaten und Extremisten kamen über 1000 Menschen ums Leben. Im Juni 1995 deckte BENAZIR BHUTTO, die inzwischen erneut an die Macht gekommen war, eine Attentatsverschwörung auf, an der das MQM maßgeblich beteiligt war.

Bei den politisch, religiös und ethnisch motivierten Kämpfen stehen sich inzwischen auch die beiden rivalisierenden muslimischen Glaubensrichtungen, die Sunniten mit ihrer Terrorgruppe *Sipah i Sahaba Pakistan* und die Schiiten mit ihren Milizen und Killerkommandos der *Sipah e Mohammed Pakistan*, sowie die beiden einander blutig befehdenden Fraktionen der Muhajirs, das MQM und dessen im Untergrund operierende Abspaltung *Haqiqi*, gegenüber. Eine Lösung des Konflikts ist nicht Sicht.

Benazir Bhutto (*21.6.1953) *Premierministerin Pakistans 1988 bis 1990 und seit 1993. Die in Harvard und Oxford studierte Tochter des 1979 hingerichteten Zulfikar Ali-Khan Bhutto ist bereits zum zweiten Mal Regierungschefin von Pakistan. Sie übernahm 1982 gemeinsam mit ihrer Mutter Begum Nusrat Bhutto die Führung der PPP. Nach Jahren des Hausarrests, der Haft und des Exils wurde sie nach dem Tod des Diktators Zia ul-Haq 1988 erstmals Ministerpräsidentin. Sie befreite die politischen Gefangenen und stellte die Menschenrechte wieder her, zeigte sich dann aber von den vielfältigen Problemen in ihrem Land zunehmend überfordert. Obwohl 1990 unter dem Vorwurf der Korruption und des Amtsmißbrauchs entlassen, wurde Benazir Bhutto im Oktober 1993 erneut gewählt.*

Das im Himalaya gelegene Kaschmir gilt als einer der gefährlichsten Krisenherde der Welt.

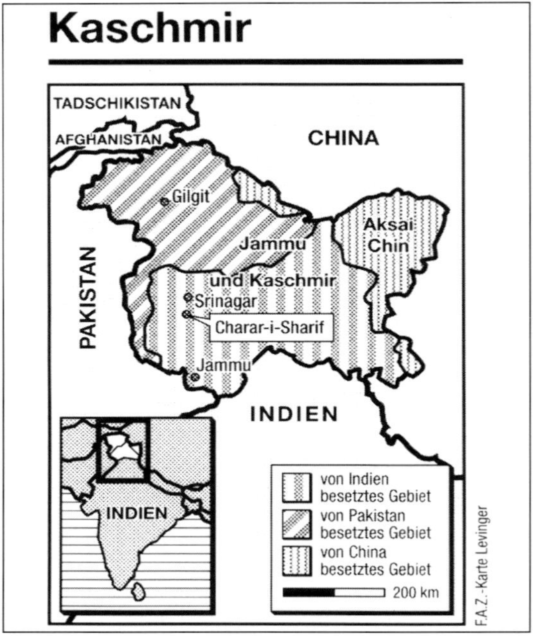

Unruhen in der North-Western-Frontier-Provinz 1994
Nach den ersten Demonstrationen und Ausschreitungen im Mai 1994 kam es im November zu schweren Unruhen im Swat-Tal zwischen muslimischen Fundamentalisten und der Militärpolizei. Mit Geiselnahmen und der Besetzung des Flughafens von Mingora versuchten Anhänger der fundamentalistischen Gruppe *Tanzeem Nifaz e Shariat Mohammedi* (TNSM), die Einführung des islamischen Rechts (Scharia) zu erzwingen. Die Revolte, die mehrere hundert Tote forderte, wurde zwar niedergeschlagen, die Regierung gab aber dennoch den Forderungen der Aufständischen nach.

Weitere Entwicklung

Keiner der in den letzten Jahren entstandenen Konflikte konnte bislang von der Regierung BHUTTO politisch gelöst werden, und auch mit → Indien ist im Kaschmir-Konflikt kein Ausgleich in Sicht. Das Anwachsen der fundamentalistischen Strömungen in Pakistan dürfte zu einer weiteren Verschärfung der innerstaatlichen Probleme führen.

Literatur: s. a. → Bangladesch, → Indien
A. S. Ahmed: *Pakistanian Society.* London 1986.
M. D. Ahmed: *Islamisierung in Pakistan.* In: *Heidelberger Südasiengespräche 2* (1991).
T. Ali: *Pakistan: Military Rule or People's Power.* New York 1970.
D. Conrad: *Von der Teilung Indiens zur Teilung Pakistans. Staatsrechtliche Aspekte.* In: *Internationales Asienforum.* München 1973.
K. B. Sayeed: *The Political System of Pakistan.* Boston 1967.
K. Siddiqi: *Conflict, Crisis and War in Pakistan.* New York 1972.
W.-P. Zingel: *Pakistan.* In: *Handbuch Dritte Welt.* Bd. 7. Hamburg 1983.

Staatsname: Islamische Republik Pakistan
Staatsform: Föderative Republik (seit 1973)
Staatsoberhaupt: Faruk Leghari (PPP; seit 1993)
Regierungschef: Benazir Bhutto (PPP; seit 1993)
Regierung: Pakistanische Volkspartei (PPP; seit 1993)
Parlament: Nationalversammlung 201 Sitze (Wahl vom 7.10.1993), PPP 86, PML-N 72, Unabhängige 15, PML-J 6, Islami Jamhoori Mahaz 4, Sonstige 18
Mitgliedschaft bei internationalen Organisationen: Commonwealth, ECO, SAARC, UNO
Lage: 60°–75° östlicher Länge, 23°–37° nördlicher Breite
Fläche: 796 095 km^2
Hauptstadt: Islamabad
Bevölkerung: 128 Millionen; Pakistani 85 %, Iraner 2,5 %, Sonstige 12,5 %; Muslime 96,7 %, Christen 1,6 %, Hindus 1,5 %, Sonstige 0,2 %
Wirtschaft: Dienstleistung 46 %, Landwirtschaft 27 %, Industrie 27 %; Export: Baumwollgarn 29 %, Bekleidung 9 %, Kunstfasergewebe 7 %

PANAMA

US-Intervention 1989

Die USA besitzen in der Panamakanal-Zone einen vertraglich zugesicherten 16 Kilometer breiten Hoheitskorridor. Um ihre wirtschaftlichen und strategischen Interessen zu sichern, entmachteten sie in einer militärischen Blitzaktion den panamaischen Diktator Manuel Antonio Noriega, der eine antiamerikanische Politik verfolgte.

Historischer Hintergrund

1503 hatte CHRISTOPH KOLUMBUS das Gebiet des heutigen Panama zum spanischen Besitz erklärt. 10 Jahre später überquerte der Konquistador VASCO NÚEZ DE BALBOA die mittelamerikanische Landenge und erreichte als erster Europäer die Pazifikküste.

Nach der Unabhängigkeitserklärung Panamas von Spanien 1821 schloß sich das Land der »Republik Groß-Kolumbien« an (→ Kolumbien). Erst 1903 trennte sich die Provinz wieder von Kolumbien. Dies geschah nicht ohne den Einfluß der USA, die sich kurz nach der panamaischen Staatsgründung im Hay-Bunau-Vertrag die Rechte zum Bau, Betrieb und Schutz des als Plan bereits existierenden Panamakanals sicherten. Der erste Versuch, einen Kanal durch den Isthmus zu stechen, war 1879 an der kolumbianischen Zentralregierung in Bogotá gescheitert. Nun aber konnten sich die Amerikaner für 10 Millionen Dollar einen 16 Kilometer breiten Streifen Land kaufen, durch den sich der Kanal ziehen sollte.

Die junge panamaische Republik profitierte von dem gigantischen Bauunternehmen, das 1906 begann. Doch schon bald nach der Eröffnung des Kanals 1914 empfand sich Panama von der Hegemonialmacht USA übervorteilt, die die Kanalzone gewissermaßen zu ihrer Kolonie gemacht hatte. Streitpunkte waren u. a. die Schutzzölle, durch die die USA die Kanalzone vor Wareneinfuhren aus Panama abschirmten, die Errichtung von US-Militärstützpunkten, das Interventionsrecht der USA bei inneren Unruhen in Panama und die Höhe des jährlichen Pachtzinses.

Das Kanalstatut wurde zwar 1936 und 1955 modifiziert, doch ohne die wesentlichen Streitfragen zu schlichten. Erst 1964 kamen nach nationalistischen Ausschreitungen Verhandlungen über eine grundlegende Neuregelung in Gang. 1977 wurde schließlich die schrittweise Überführung von Kanal und Kanalzone in die Souveränität Panamas bis zum Jahr 2000 vereinbart. Dieser Vertrag trat 1979 in Kraft.

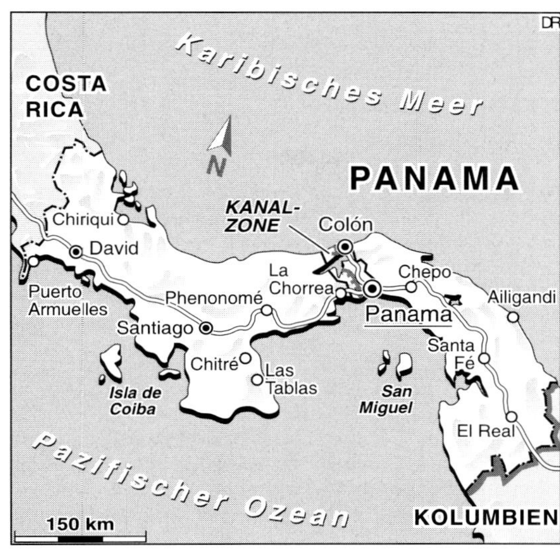

Seit Eröffnung des Panamakanals 1914 fühlt sich das mittelamerikanische Land von den USA übervorteilt, die die wichtige Wasserstraße militärisch unter Kontrolle halten.

Mit dem Putsch der Nationalgarde am 11. Oktober 1968 etablierte sich in Panama eine autoritäre linke Junta, deren ziviler Arm die *Partido Revolucionario Democrático* (PRD) war. Die Anfang der achtziger Jahre eingeleitete Redemokratisierung erlitt im April 1983 durch die Ernennung von General MANUEL ANTONIO NORIEGA zum Oberbefehlshaber der Streitkräfte einen Rückschlag: Unmittelbar nach seinem Amtsantritt wurde die Nationalgarde per Gesetz faktisch zur eigentlichen Staatsmacht; damit etablierte der General ein diktatorisches System.

Die innere Krise Panamas verschärfte sich durch Manipulationen bei der Präsidentschaftswahl vom 6. Mai 1984: Es kam zu Protesten und Unruhen, als der Kandidat NICOLAS ARDITO BARLETTA zum Sieger erklärt wurde. Sein Kurs einer nationalen Versöhnung scheiterte; er mußte bereits im September 1985 wegen sozialer Spannungen und der anhaltenden Wirtschaftskrise zurücktreten.

In den Jahren 1986 und 1987 formierte sich in Panama der Widerstand gegen die repressive Politik General NORIEGAS. Nicht nur auf seiten der Gewerkschaften und Unternehmer, sondern auch innerhalb der Streitkräfte bildeten sich oppositionelle Zirkel.

Auf Druck Washingtons kam es 1988 zur innenpolitischen Kraftprobe: In Absprache mit den USA setzte der amtierende Präsident ARTURO DELVALLE General NORIEGA von seinem Posten als Oberbefehlshaber der Nationalgarde ab. Doch NORIEGA, der sich der Loyalität der Streitkräfte versichert hatte, erzwang im Gegenzug die Absetzung DEL-

Omar Torrijos Herrera (13.2.1929–31.7.1981)
Staatschef von Panama von 1972 bis 1981.
Als Brigadegeneral leitete der Karrieresoldat Herrera 1968 den Staatsstreich gegen den panamaischen Präsidenten Arnulfo Arias. 1972 wurde er als Chef der Militärjunta selbst formales Staatsoberhaupt. 1978 handelte er mit US-Präsident Jimmy Carter die schrittweise Überführung des von den USA kontrollierten Panamakanals in eigene nationale Zuständigkeit bis zum Jahr 2000 aus. Als er 1978 von seinem Amt als Staatschef zurücktrat, wurde sein enger Vertrauter Aristide Royo zum neuen Staatspräsidenten gewählt. Als Kopf der Nationalgarde blieb aber Herrera weiterhin der mächtigste Mann im Staat. 1981 kam Herrera bei einem Flugzeugabsturz ums Leben.

Manuel Antonio Noriega (*1934)
Staatschef von Panama von 1983 bis 1989.
Unter Omar Torrijos Herrera Geheimdienstchef, stieg Noriega 1983 zum neuen Befehlshaber der panamaischen Nationalgarde auf, die die eigentliche Macht im Staat darstellte. In seiner Funktion war er in der Lage, nach eigenem Gutdünken Präsidenten einzusetzen und zu entlassen. 1985 geriet Noriega wegen seiner Sympathie für die Sandinisten in Nicaragua und seiner Verbindungen zu Kuba und zum kolumbianischen Medellin-Drogenkartell unter Beschuß der Reagan-Administration. In Abwesenheit verurteilten ihn 1988 zwei US-Gerichte wegen Rauschgifthandels, Erpressung und Geldwäsche für die Kokainmafia. Als die außenpolitischen Spannungen zwischen den USA und Panama eskalierten, rückten in einer Blitzaktion am 20. Dezember 1989 amerikanische Streitkräfte in Panama-Stadt ein und nahmen Noriega gefangen. 1992 wurde ihm in den USA der Prozeß gemacht, und er wurde zu 40 Jahren Gefängnis verurteilt. Inzwischen erklärte ein Bundesrichter Noriega zum politischen Gefangenen, was mildernde Auswirkungen auf seine Haftbedingungen hatte.

VALLES durch die Nationalversammlung. Als Marionette NORIEGAS wurde der bisherige Erziehungsminister SOLIS PALMA zum Staatspräsidenten ernannt.

Konfliktparteien

Noriega-Regime

In den Jahren 1943 bis 1957 war die panamaische Nationalgarde von den USA militärisch ausgerüstet und in Trainingslagern der US-Armee ausgebildet worden. Ihrem Selbstverständnis nach betrachtete sich diese paramilitärische Polizeitruppe als Hüter der »Revolucion Panamena«. Mit dem Putsch vom 11. Oktober 1968 war sie zur eigentlichen Staatsmacht geworden; befehligt wurde sie bis 1981 vom Führer des Putsches und Präsidenten der Junta, OMAR TORRIJOS HERRERA. General NORIEGA war unter TORRIJOS Geheimdienstchef gewesen; als er 1983 zum Oberbefehlshaber der Nationalgarde ernannt wurde, stockte er die Truppe auf 16 000 Mann auf.

NORIEGA hat seine Regierungsgewalt mehr oder weniger unangefochten auf die Nationalgarde stützen können; mit der Intervention der amerikanischen Truppen brach dann aber der militärische Machtapparat Panamas zusammen.

USA

Die USA unterstützten aus Interesse an stabilen Verhältnissen die Junta: Erste Spannungen gab es, als sich NORIEGA weigerte, die Konfrontationspolitik von US-Präsident RONALD REAGAN gegen das sandinistische Regime in → Nicaragua zu unterstützen. 1985 vollzog sich der Bruch zwischen NORIEGA und der Regierung in Washington: Mit antiamerikanischer Propaganda schürte der General die nationalistischen Emotionen im Land; seine Verbindungen zu → Kuba und → Nicaragua sowie seine Verwicklung in internationale Drogen- und Waffengeschäfte ließen ihn als Bündnispartner für die USA untragbar werden.

Mit der Aufkündigung jeglicher Militär- und Wirtschaftshilfe für Panama und der Unterstützung der zivilen Opposition griffen die USA in den innenpolitischen Machtkampf ein. Im Februar 1988 erhoben zwei amerikanische Gerichte Anklage gegen NORIEGA wegen seiner Verbindungen zum Drogenkartell von Medellin (→ Kolumbien). Als es den USA weder auf diplomatischem Wege – im April 1988 waren bilaterale Verhandlungen mit dem Ziel einer politischen Lösung des Konflikts eröffnet worden – noch durch eine drastische Verschärfung der Wirtschaftssanktionen gelang, NORIEGA zum Rücktritt zu zwingen, und obendrein zwei Putschversuche junger amerikafreundlicher Offiziere scheiterten, spitzte sich die Lage im Herbst 1989 dramatisch zu.

Panama-Stadt, 21. Dezember 1989: Amerikanische Soldaten patroullieren vor dem ausgebrannten Hauptquartier General Noriegas, das sie kurz zuvor gestürmt hatten.

Konfliktverlauf

Ronald Reagan → Grenada

Durch Betrug bei den Parlamentswahlen im Mai 1989 war ein Vertrauensmann NORIEGAS, CARLOS DUQUE, neuer Staatspräsident geworden; im November ernannte sich der General selbst zum Staatschef. Am 15. Dezember erklärte die ihm hörige Parlamentsmehrheit den USA wegen Einmischung in die inneren Angelegenheiten Panamas den Krieg. Daraufhin kam es in der Kanalzone zu ersten gegenseitigen Provokationen zwischen Anhängern NORIEGAS und US-Soldaten. Nachdem am 17. Dezember ein unbewaffneter amerikanischer Offizier in Zivil vor dem Hauptquartier NORIEGAS in Panama-Stadt getötet worden war, stürmte in der Nacht zum 20. Dezember 1989 eine etwa 20 000 Mann starke amerikanische Interventionstruppe, unterstützt von Artillerie und Luftwaffe, die Hauptstadt. Das Unternehmen mit dem Decknamen »Just Case« hatte den Sturz und die Verhaftung NORIEGAS zum Ziel.

George Bush → Irak

US-Präsident GEORGE BUSH rechtfertigte die militärische Aktion mit der Notwendigkeit, die 35 000 in Panama und in der Kanalzone lebenden Amerikaner zu schützen, demokratische Verhältnisse in Panama wiederherzustellen, die amerikanischen Interessen am Panamakanal zu sichern und den Drogenhandel zu zerschlagen. Militärischen Widerstand leisteten nur NORIEGAS paramilitärische Milizen, die sog. Bataillone der Würde. Nachdem NORIEGA in die

Guillermo Endara (*12.5.1936)
Staatspräsident von Panama 1989 bis 1994.
Endara wurde am 20. Dezember 1989 während der US-Invasion von den Besatzern zum neuen Präsidenten vereidigt. Unabhängigen Beobachtern zufolge hatte der Führer der oppositionellen Koalition nämlich im Mai 1989 eigentlich die Präsidentschaftswahlen gewonnen, die auf Geheiß des starken Mannes von Panama, General Manuel Antonio Noriega, anschließend von einem Tribunal wieder annulliert wurden. Obwohl Endara mit Unterstützung der USA die panamaische Wirtschaft erfolgreich reformierte, zerbrach seine Regierungsmannschaft an internen Querelen. Bei den Präsidentschaftswahlen von 1994 konnte sich Endara nicht mehr durchsetzen.

vatikanische Nuntiatur geflüchtet war, zog sich die Nationalgarde in ihre Kasernen zurück. Innerhalb eines Tages konnten die US-Truppen fast alle zentralen Einrichtungen der Stadt unter ihre Kontrolle bringen. Bis zum 26. Dezember erlosch auch der Widerstand vereinzelter kleiner Milizeinheiten und der Heckenschützen.

Ergebnis

Zwischen 600 und 700 Menschen, überwiegend Zivilisten, kamen beim amerikanischen Bombardement des Armenviertels in der Hauptstadt, in dem sich das panamaische Armeehauptquartier befand, ums Leben. Die Verluste der US-Truppen wurden offiziell mit 25 Toten angegeben. Der materielle Schaden wurde auf 2,2 Milliarden Dollar geschätzt.

Noch in der Nacht vom 20. auf den 21. Dezember war der Oppositionspolitiker Guillermo Endara, der nach Ansicht unabhängiger Beobachter die Wahlen vom Mai 1989 eigentlich gewonnen hatte, auf einem US-Stützpunkt als neuer Präsident Panamas vereidigt worden.

Der Antrag Noriegas auf politisches Asyl wurde vom Vatikan abgelehnt. Nachdem ihn die Nuntiatur ultimativ aufgefordert hatte, die Botschaft des Vatikans zu verlassen, stellte sich der General am 4. Januar 1990 den amerikanischen Truppen. Er wurde von Beamten der amerikanischen Drogenfahndungsbehörde nach Miami ausgeflogen und dort von einem Gericht wegen Rauschgifthandels und Geldwäscherei zu einer Haftstrafe verurteilt.

Weitere Entwicklung

Bis zum 14. Februar 1990 wurden die US-amerikanischen Interventionstruppen wieder abgezogen; am 2. März hob US-Präsident Bush die letzten Wirtschaftssanktionen gegen Panama auf.

Die neue Regierung unter Endara vereinbarte mit den USA ein Abkommen zur Zusammenarbeit; die US-Administration stellte Wirtschafts- und Finanzhilfen in Höhe von 450 Millionen Dollar in Aussicht.

Der Demokratisierungsprozeß seit dem Ende der Militärherrschaft machte allerdings nur geringe Fortschritte. Putschversuche gegen Endara im Oktober und Dezember 1990 scheiterten. Am 8. April 1991 brach die regierende *Demokratische Allianz* auseinander, und der Präsident regierte ohne Mehrheit weiter.

Im Januar 1994 begann planmäßig der Abzug von in der Panamakanal-Zone stationierten US-Einheiten; bis Ende 1999 soll das US-Hoheitsgebiet entmilitarisiert sein. Bei den ersten freien Wahlen im Mai 1994 siegte der Kandidat des oppositionellen Wahlbündnisses *Allianza Pueblo Unido* aus *Partido Revolucionario Democrático* (PRD), *Partido Liberal Republicano* (PL) und *Partido Laborista*, Ernesto Pérez Balladares.

Der neue Präsident signalisierte das Bestreben, sich von der Schutzmacht USA zu emanzipieren, ohne dabei auf Konfrontation zu gehen. Die neue Regierung hat bereits angedeutet, in Zukunft keine Einwendungen mehr gegen US-Militärstützpunkte vorzubringen; auch hält sie an der geplanten Verfassungsreform fest, die eine Abschaffung der panamaischen Streitkräfte vorsieht.

Im Sommer 1995 wurde eine Verschwörung in Armeekreisen aufgedeckt, der Machtkampf zwischen den Militärs und den demokratischen Kräften ist bislang nicht entschieden. Vieles wird davon abhängen, ob Balladares die soziale Frage lösen – die Hälfte der panamaischen Bevölkerung lebt unter der Armutsgrenze – und den wirtschaftlichen Aufbau des Landes bewerkstelligen kann.

Literatur: R. Große: *Panama.* In: *Lateinamerika Nachrichten* (1989).
K.-D. Hoffmann: *Panama.* In: *Politisches Lexikon Lateinamerika.* München 1992.
W. LaFeber: *The Panama Canal. The Crisis in Historical Perspective.* New York 1989.
D. McCullough: *The Path between the Seas: TheCreation of the Panama Canal 1870–1914.* New York 1977.
M. Minkner: *Panama und die USA: Krise um einen General?* In: *Jahrbuch Dritte Welt.* München 1989.
S. Ropp: *General Noriega's Panama.* In: *Current History* (1985).

Staatsname: Republik Panama
Staatsform: Präsidiale Republik (seit 1972)
Staatsoberhaupt: Ernesto Pérez Balladares (PRD; seit 1.9.1994)
Regierungschef: Ernesto Pérez Balladares (PRD; seit 1.9.1994)
Regierung: PRD (seit 1.9.1994)
Parlament: Nationalversammlung 72 Sitze (Wahl vom 8.5.1994)
PRD (Konservative) 31, PA (Arnulfisten) 14, MPE (Umweltbewegung) 6, MOLIRENA (Nationalliberale) 5, PL (Liberale) 4, Sonstige 12
Mitgliedschaft bei internationalen Organisationen: OAS, SELA, UNO
Lage: 77°–83° westlicher Länge, 7°–10° nördlicher Breite
Fläche: 75 517 km^2
Hauptstadt: Panama-Stadt
Bevölkerung: 2,6 Millionen; Mestizen 60 %, Schwarze und Mulatten 20 %, Weiße 10 %, Indianer 8 %, Asiaten 2 %; Christen 98 %, Sonstige 2 %
Wirtschaft: Dienstleistung 75 %, Industrie 15 %, Landwirtschaft 10 %; Export: Bananen 43,3 %, Garnelen 11,4 %, Rohzucker 5,1 %

PAPUA-NEUGUINEA

Bürgerkrieg auf Bougainville seit 1989

Der bewaffnete Konflikt um Bodenrechte und finanzielle Entschädigungen für Umweltschäden durch den Kupferabbau auf Bougainville führte 1990 zur Loslösung der Insel von der Zentralregierung, die daraufhin ein Embargo verhängte. 1992 wurde Bougainville von Regierungstruppen Papua-Neuguineas besetzt.

Historischer Hintergrund

Bougainville gehört ethnisch und geographisch zu den Salomon-Inseln, politisch aber zu Papua-Neuguinea, dessen Staatsgebiet den Ostteil der Pazifikinsel Neuguinea und eine ganze Reihe von Inselgruppen umfaßt; der Westteil Neuguineas, West-Irian (West-Papua bzw. Irian Jaya), gehört dagegen zu → Indonesien.

1526 entdeckten die Portugiesen Neuguinea, und 1828 besetzten die Holländer den Westteil der Insel. 1884 erklärte Großbritannien den Südosten zu seinem Protektorat; der Nordosten und die vorgelagerten Inseln wurden deutsches Hoheitsgebiet. 1901 wurde der Südosten australisches Territorium, und nach der Kapitulation der deutschen Kolonialtruppen im Ersten Weltkrieg übernahm Australien auch die Herrschaft über »Kaiser-Wilhelm-Land« (Teilstaat Neuguineas) und den Bismarck-Archipel. Im Zweiten Weltkrieg wurde der Norden Neuguineas von den Japanern besetzt, 1944 aber von den Australiern und Amerikanern wieder zurückerobert.Von 1920 bis 1946 stand Neuguinea unter australischem Völkerbundmandat (später UN-Treuhandschaft). Nach der Vereinigung der Kolonie mit dem Treuhandgebiet (1949) entwickelte sich das »Territory of Papua and New Guinea« zu einem selbständigen Staat innerhalb des britischen Commonwealth. Im Dezember 1973 gewährte ihm Australien zunächst die völlige Selbstverwaltung und entließ es im September 1975 endgültig in die Unabhängigkeit.

Auf der 8800 Quadratkilometer großen Insel Bougainville betreibt die *Corzinc Riotinto*, eine australische Tochterfirma des britischen Konzerns *Riotinto Zinc* (RTZ), seit 1972 eine Kupfermine am Berg Panguna. Als Folge der Förderung von Kupfer und Gold im Wert von fünf Milliarden US-Dollar entstanden ungeheure Umweltschäden. Die Regierung des Landes, dessen Export zur Hälfte (17 % der Staatseinkünfte) aus Kupfer besteht, befürchtete ein Über-

Die 8800 Quadratkilometer große Insel Bougainville betreibt seit 1990 die Ablösung von Papua-Neuguinea.

greifen der Sezessionsbestrebungen auf die Hauptinsel, wo weitere Kupfer- und Goldvorkommen von Minenkonzernen ausgebeutet werden.

Konfliktparteien

Rebellen

Der Gründer und Führer der *Bougainville Revolutionary Army* (BRA), der ehemalige Landvermesser Francis Ona, forderte die Stillegung der Mine, die Wiederaufforstung des Panguna, 11,5 Milliarden US-Dollar als Ausgleich für die Umweltschäden, höhere Entschädigungen für enteignete Ländereien sowie eine Volksabstimmung der Insulaner über die Zukunft Bougainvilles.

Regierung

In der Regierungsverantwortung wechselten sich folgende Parteien ab: Die *Pangu Pati* (PP), die von jungen westlich orientierten Intellektuellen 1967 gegründet wurde und die Unabhängigkeit betrieb. Sie hat gute Kontakte zur Gewerkschaftsbewegung. Ihr Vorsitzender Michael Somare vertrat einen starken Zentralismus mit einigen Zugeständnissen an dezentrale Bestrebungen.

Die *People's Progress Party* (PPP), gegründet 1970, bildete zunächst mit der PP eine Regierungskoalition, war dann in der Opposition und ist zur Zeit unter ihrem Vor-

Julius Chan (*29.8.1939)
Premierminister von Papua-Neuguinea 1980 bis 1982 und seit 1994.
Der aus begütertem Elternhaus stammende Katholik Chan trat nach seinem Studium in den australischen Verwaltungsdienst und begann seine politische Karriere, als Papua-Neuguinea 1964 begrenzte innere Autonomie erhielt. In den schnell wechselnden Koalitionsregierungen seit der Unabhängigkeit des Landes 1975 bekleidete Chan mehrmals hohe Posten. So war er unter Michael Somare Finanzminister und ab 1977 stellvertretender Premierminister. Nach zwei Jahren Opposition wurde er 1980 selbst Premier einer wenig stabilen Regierung, die abermals von Somare abgelöst wurde. 1985 machte sich Chan erfolgreich für dessen Vize Paias Wingti stark und wurde sein Stellvertreter. Wingtis Regierung zerbrach 1988, konnte sich aber 1992 erneut formieren. Angesichts der fortdauernden Kämpfe in Bougainville verabschiedete das Parlament 1993 ein Gesetzespaket zur inneren Sicherheit, das der Regierung weitreichende Kompetenzen einräumt. 1994 wurde Chan nach einem erfolgreichen Mißtrauensvotum gegen Wingti zum neuen Premierminister gewählt.

sitzenden, dem als gemäßigt geltenden Wirtschaftsfachmann und derzeitigen Premierminister JULIUS CHAN, die maßgebliche Regierungspartei.

Die 1969 gegründete *United Party* (UP) trat im Gegensatz zu PPP und PP für enge Beziehungen zu Australien ein, war aber an verschiedenen Regierungskoalitionen beteiligt.

Die *People's National Party* (PNP) entstand 1979 aus der *People's United Front* und war ebenfalls zeitweise an der Regierung beteiligt.

SOMARE war der erste Präsident Papua-Neuguineas, der sich bei den Wahlen von 1977 behaupten konnte. Im März 1980 stürzte die Regierung durch ein konstruktives Mißtrauensvotum. Neuer Premierminister wurde CHAN von der PPP. Nach den Wahlen im Juli 1982 wurde wieder SOMARE Regierungschef. Im August war es während des Bürgerkrieges in Irian Jaya (→ Indonesien) zu Grenzverletzungen durch indonesische Truppen gekommen. Der Konflikt wurde in einem neuen Grenzabkommen in Port Moresby geregelt.

1985 wurde Premierminister SOMARE durch das Parlament gestürzt, neuer Regierungschef wurde PAIAS WINGTI, der 1988 ebenfalls nach einem Mißtrauensvotum sein Amt an den Oppositionsführer RABBIE NAMALIU abgeben mußte. Im Juli 1992 wurde wieder WINGTI und im August 1994 CHAN zum Regierungschef gewählt.

Konfliktverlauf

Die mit modernen Waffen und Geräten ausgestatteten Regierungssoldaten gingen brutal gegen die Aufständischen auf Bougainville vor. 4000 Dorfbewohner kamen in Internierungslager, 1500 angebliche Sympathisanten der Aufständischen wurden in einem Lager nahe der Inselhauptstadt festgehalten. Gefangene Aufständische wurden gefoltert und hingerichtet. Die Mine wurde infolge der Kämpfe im Mai 1989 geschlossen; 2000 Arbeiter und Techniker wurden entlassen. Die Schließung hatte für Papua-Neuguinea gravierende ökonomische Auswirkungen.

Im März 1990 wurden die Regierungstruppen von der Insel vertrieben; die BRA übernahm die Macht. Die im Januar 1991 vereinbarte Waffenruhe, die von einer internationalen Beobachtergruppe überwacht werden sollte, wurde bald wieder gebrochen. Nach einigen militärischen Erfolgen rief die Führung der BRA am 17. Mai 1990 die unabhängige »Republik Bougainville« aus. Daraufhin verhängte die Zentralregierung Papua-Neuguineas ein Embargo über die Insel, die seither von der Außenwelt weitgehend abgeschnitten ist. Erst im Mai 1992 landeten wieder Regierungstruppen. Die Kämpfe dauern an.

Ergebnis und weitere Entwicklung

Im Oktober 1994 scheiterten die von Premierminister CHAN eingeleiteten Verhandlungen mit den Rebellen. Die Schließung des Kupferbergwerks auf Bougainville ließ die Schuldenlast des Landes ins Unermeßliche steigen, und die Regierung war Ende 1994 zahlungsunfähig.

Die *Weltbank*, der *Internationale Währungsfonds*, die *Asiatische Entwicklungsbank* und Australien wollten 1995 mit einem Sanierungsprogramm von 336 Millionen DM Papua-Neuguinea wirtschaftlich unterstützen.

Literatur: L. Eling: *Zur politischen Entwicklung in Papua-Neuguinea, einer jungen Demokratie am Rande Südostasiens*. Sankt Augustin 1978.
O. Ruhen: *Mountains in the Clouds. A Vivid and Colorful History of Papua and New Guinea*. Melbourne u. a. 1968.
R. Seib: *Papua-Neuguinea. Wirtschaft und Politik. Eine Bibliographie 1950–1988*. Hamburg 1990.
R. Seib: *Papua-Neuguinea: Zwischen isolierter Stammesgesellschaft und weltwirtschaftlicher Integration*. Hamburg 1994.
G. Siemers: *Papua-Neuguinea. Neuer Staat im Aufbruch. Ein Überblick*. Hamburg 1978.
Statistisches Bundesamt (Hg.): *Länderbericht Papua-Neuguinea*. Wiesbaden 1990.
O. White: *Parliament of a Thousand Tribes. Papua New Guinea. The Story of an Emerging Nation*. Melbourne 1972.

Staatsname: Unabhängiger Staat Papua-Neuguinea
Staatsform: Parlamentarische Monarchie im Commonwealth
Staatsoberhaupt: Königin Elizabeth II. (seit 1975)
Regierungschef: Julius Chan (PPP; seit 30.8.1994)
Regierung: PPP, PP, MA, PAP, NP (seit 30.8.1994)
Parlament: Abgeordnetenhaus 110 Sitze (Wahl vom Juni 1992), PP 22, PDM 15, PAP 15, PPP 10, Unabhängige 31, Sonstige 17
Mitgliedschaft bei internationalen Organisationen: AKP, APEC, Commonwealth, Südpazifik Forum, UNO
Lage: 141°–156° östlicher Länge, 0°–11° südlicher Breite
Fläche: 462 840 km^2
Hauptstadt: Port Moresby
Bevölkerung: 3,9 Millionen; Papua-Neuguineer 84 %, Melanesier 15 %; Protestanten 58,4 %, Katholiken 32,8 %, Anglikaner 5,4 %, Animisten 2,5 %, Sonstige 0,9 %
Wirtschaft: Dienstleistung 39,4 %, Industrie 34,4 %, Landwirtschaft 26 %; Export: Gold 43,1 %, Kupfer 18,1 %, Holz 8,1 %

PERU

Guerillakrieg seit 1980
Anden-Krieg zwischen Peru und Ecuador 1995

Seit Beginn der achtziger Jahre wird der von Verelendung und Diskriminierung geprägte Andenstaat von einem Guerillakrieg linker Radikaler gegen das herrschende Regime erschüttert.

Eine umstrittene Grenzziehung zwischen Ecuador und Peru in den Condor-Kordilleren, Erdöl- und Goldvorkommen, die in einem Teil der Andenregion vermutet werden, und der Versuch Perus, von innenpolitischen Problemen abzulenken, um bevorstehende Wahlen zu beeinflussen, führten zum sog. Anden-Krieg.

Historischer Hintergrund

Um 1200 gründeten die Inkas im Gebiet des heutigen Peru, in dem sich nomadisierende Indianerstämme vor 20 000 Jahren niedergelassen hatten, ein Königreich mit der Hauptstadt Cuco. Anfang des 16. Jahrhunderts erreichte es unter HUAIN CÁPAC (1493–1527) eine Hochblüte und erstreckte sich von Ecuador bis nach Zentralchile. Das für damalige Verhältnisse bereits modern organisierte Königreich war in größere und kleinere Verwaltungseinheiten gegliedert. Die Religion gründete sich auf einen Kult um Spa Inka, den Sohn des Sonnengottes Inti, der als höchster Herrscher verehrt wurde; in Vertretung Spa Inkas wurde das Indioreich von einem Vizekönig regiert. Noch heute spricht über die Hälfte der peruanischen Bevölkerung Ketschua, die Sprache der Inkas.

1531 begann durch die Eroberung der Spanier die Zerstörung des Reiches. 1533 ließ der Konquistador FRANCISCO PIZARRO den Inka-König ATAHUALPA und weitere 4000 Mitglieder der indianischen Führungsschicht ermorden, beraubte sie ihrer sagenumwobenen Schätze und plünderte die Gold- und Silberminen, in denen die Indios fortan als Sklaven arbeiten mußten. Nach der vollständigen Eroberung des Territoriums wurde 1553 Lima Verwaltungssitz der Kolonisatoren.

Erst ab 1821 konnte das Land von den Kolonialherren befreit werden. Der argentinische General JOSÉ DE SAN MARTÍN und der legendäre südamerikanische Freiheitsheld SIMÓN BOLÍVAR hatten schrittweise Gebiete erobert und zu »Groß-Kolumbien« (→ Kolumbien) vereinigt. Nach der Revolution gegen die kolumbianische Herr-

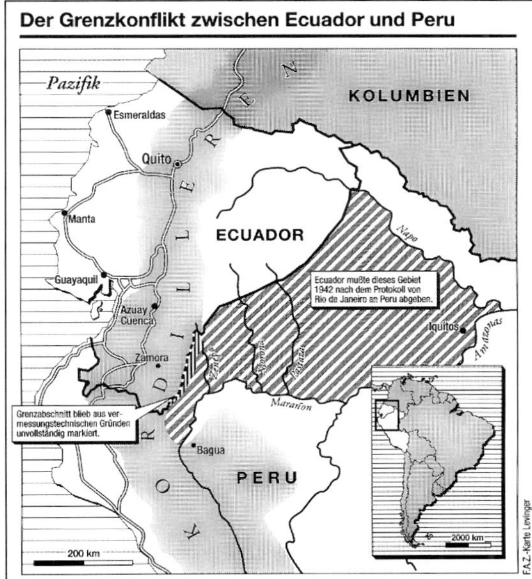

Der Grenzkonflikt zwischen Peru und Ecuador geht auf eine umstrittene Grenzziehung in den Condor-Kordilleren aus dem 19. Jahrhundert zurück.

schaft und dem anschließenden Bürgerkrieg 1827 entstand von 1835 bis 1839 ein Bundesstaat mit → Bolivien. Spanien erkannte dessen Unabhängigkeit nicht an und erklärte, nachdem es die Chinca-Inseln zurückerobert hatte, dem jungen Staat 1864 den Krieg. Mit Hilfe → Chiles, Ecuadors und Boliviens konnte sich Peru aber behaupten; 1871 kam es unter Vermittlung der USA zum Waffenstillstand.

Grenzstreitigkeiten zwischen Bolivien und Chile um die salpeterreiche Atacama-Wüste führten 1879 zum sog. Salpeterkrieg. Peru verbündete sich mit Bolivien gegen den einstigen Verbündeten im Unabhängigkeitskampf. 1881 besetzte Chile die Hauptstadt Lima, und Peru mußte 1883 im Frieden von Ancón seine salpeterreichen Regionen (in den Provinzen Arica, Tacna, Tarapaca) für 10 Jahre an den Nachbarstaat abtreten. In den folgenden acht Jahrzehnten, in denen Peru von verschiedenen Diktatoren regiert wurde, konnte sich der Andenstaat weder wirtschaftlich noch politisch stabilisieren.

1968 gab es einen Putsch linksgerichteter Militärs unter der Führung von General VELASCO ALVARADO. Nach radikalen Reformen und Verstaatlichungsprogrammen (u. a. wurde 1972 die US-Firma *International Petroleum Company* enteignet) kam es zu Streiks und Unruhen. Das Militärregime war Ende der siebziger Jahre ökonomisch und

Abimael Guzmán Reynoso (*1934)
Peruanischer Guerillaführer. Der Philosophieprofessor Guzmán, alias »Presidente Gonzalo«, formierte 1970 den Sendero Luminoso (Leuchtender Pfad) als eine von den Lehren Mao Tse-tungs inspirierte ländliche Widerstandsbewegung gegen die »neokolonialistische Regierung«. Ende 1970 ging er in den Untergrund und führte mit seiner Truppe in den peruanischen Bergen ein aus Erlösen des Kokahandels finanziertes Terrorregime, das 25 000 der Kollaboration mit der Regierung bezichtigten Menschen das Leben kostete. Als der Sendero Luminoso seine Aktionen vermehrt in urbane Gebiete verlagerte, startete Präsident Alberto Kenya Fujimori eine militärische Gegenoffensive, in deren Verlauf Guzmán zusammen mit einigen seiner führenden Gefolgsleute gefangengenommen und zu einer lebenslangen Haftstrafe verurteilt wurde. Anschläge der verbliebenen Rumpfguerilla gegen lokale Politiker führten 1993 zu einem bewaffneten Aufstand der Amazonas-Indianer gegen die Rebellen.

Mao Tse-tung → China

politisch gescheitert. Bei den ersten freien Wahlen seit 1963 ging im Mai 1980 der 1968 gestürzte Präsident FERNANDO BELAUNDE TERRY als Sieger hervor und machte alle Verstaatlichungen wieder rückgängig. Seit der Unabhängigkeit war die kleine spanischstämmige weiße Oberschicht (12 % der Bevölkerung) nie bereit, ihre Privilegien und die Macht mit Indios oder Mestizen zu teilen. Das überwiegend von Indios bewohnte rückständige Andenhochland wurde wirtschaftlich gegenüber der von den Weißen dominierten Küstenregion vernachlässigt.

Konfliktparteien

Guerilla

Linksradikale Kräfte sammelten sich in den siebziger Jahren in der maoistisch orientierten *Partido Comunista del Peru* (PCP), die mit ihrem bewaffneten Arm, dem *Sendero Luminoso* (Leuchtender Pfad) unter der Führung des Philosophieprofessors ABIMAEL GUZMÁN REYNOSO, alias »Presidente GONZALO«, einen gewaltsamen Umsturz anstrebte. Ideologische Grundlage der Guerilleros waren die Bauernkriegstheorien von MAO TSE-TUNG und die sozialrevolutionären Ideen des peruanischen Marxisten MARIATEGUI (1894–1930), der einen bewaffneten Aufstand der Anden-Bewohner propagiert hatte. Von der Losung »Für den erleuchteten Pfad von MARIATEGUI« leitet sich der ursprünglich als Spottname benutzte Name der Kampforganisation *Leuchtender Pfad* ab. Eine Vorläuferorganisation des *Sendero Luminoso* war die von HUGO BLANCO geführte trotzkistische Bauernguerilla, die in den Anden nach dem Putsch von 1963 gegen die Militärregierung gekämpft hatte und 1966 zerschlagen wurde.

1985 wurde das nach TUPAC AMARÚ, dem Führer des antispanischen Aufstandes von 1780 bis 1782, benannte *Movimiento Revolucionario Tupac Amarú* (MRTA) gegründet, eine Guerilla, die sich nicht so sehr die Revolution (wie der *Sendero Luminoso*) auf die Fahnen geschrieben hatte, sondern eher einen politischen Ausgleich und die Partizipation der unterprivilegierten Bevölkerungsmehrheit forderte: Ihre Ziele waren die Nationalisierung ausländischer Industriebetriebe und Firmen, Lohnerhöhungen, Subventionen für Nahrungsmittel sowie die Freilassung aller politischen Gefangenen.

1992 machte der Staat den Guerilleros ein Amnestieangebot und setzte ihnen eine »Reuefrist« bis Ende 1994, in der sie freiwillig ihre Waffen abgeben sollten. Über 6300 Widerstandskämpfer nahmen diese Gelegenheit war. Dieser Schachzug der Regierung schwächte die Guerilla erheblich. Die übrigen, etwa 700 militante Rebellen, mußten sich nun neu formieren, um ihren Terror fortsetzen zu können. Im

Mit Anti-Terror-Einheiten ging die Regierung in Ayacucho gegen den Sendero Luminoso vor.

Dezember 1994 schlossen sich die Untergrundkämpfer des MRTA und des *Sendero Luminoso* zusammen.

Regierung
Neben Polizei und regulären Streitkräften setzte die Regierung vor allem Anti-Guerilla-Einheiten und Todesschwadronen ein. Unterstützt wurden diese Truppen von der US-amerikanischen *Drug Enforcement Agency* (DEA), die seit 1988 im vom *Sendero Luminoso* kontrollierten oberen Huallaga-Tal, dem größten Koka-Anbaugebiet der Welt, operierte.

Konfliktverlauf

Guerillakrieg seit 1980
In drei Phasen wollte die Guerilla vorgehen: zuerst mit politischer Agitation in den Dörfern; 1980, während der Präsidentschafts- und Kongreßwahlen am 18. Mai, die das Ende der zwölfjährigen linksnationalistischen Militärherrschaft und den Beginn einer Demokratisierung einleiteten, ging sie dann in den Bergen zum bewaffneten Kampf über. Der für die dritte Phase angestrebte »Volkskrieg« fand aber nicht mehr statt.

Die ursprünglich nur wenige hundert Mann zählende Guerilla schlug im Departement Ayacucho in den südlichen Zentralanden zu. Bis zum Jahresende 1981 startete sie etwa 300 Aktionen (Bombenanschläge, Morde und Attentate). Dorfbesetzungen, Zerstörung von Infrastruktureinrichtungen und öffentliche Exekutionen linksorientierter Politiker ließen den Konflikt eskalieren. Am 11. Oktober 1981 wurde die Polizeistation in Tambo in der Provinz La Mar erobert. Der *Sendero Luminoso* operierte in kleinen, sehr beweglichen Einheiten. Die Regierung in Lima belegte nach dem Überfall auf Tambo fünf

Alan García Pérez (*1949)
Peruanischer Staatspräsident 1985 bis 1990.
Der Führer der gemäßigt linken APRA besiegte bei den Wahlen von 1985 Fernando Belaunde Terry und wurde erster freigewählter, ziviler Präsident Perus. Um die Erblast einer maroden Ökonomie zu bewältigen, war er gezwungen, das sozialistische Programm seiner Partei zu modifizieren. García versuchte vergeblich, mit einer aktiven Arbeits- und Sozialpolitik der zunehmenden Verelendung der Massen beizukommen. Den radikalkommunistischen Guerillabewegungen begegnete er zugleich mit verstärkten Militäraktionen und Verhandlungsangeboten. Während seiner Präsidentschaft verlagerte der Sendero Luminoso (Leuchtender Pfad) seine terroristischen Aktivitäten in die Städte. 1990 mußte García sein Amt an den politischen Neuling Alberto Kenya Fujimori abtreten.

der sieben Provinzen des Departements Ayacucho mit dem Ausnahmezustand und stationierte dort spezialisierte Anti-Terror-Einheiten, die in der Folge schwere Menschenrechtsverletzungen an den der Subversion verdächtigen Indios begingen. Trotz des Ausnahmerechts und des Einsatzes zusätzlicher Soldaten stellte sich lediglich ein militärisches Patt ein, unter dem die Zivilbevölkerung am meisten zu leiden hatte.

Am 2. März 1982 gelang dem *Sendero Luminoso* die mehrstündige Besetzung der 80 000 Einwohner zählenden Regionalhauptstadt Ayacucho, und bis zum Jahresende konnten die Aktionen auf weitere Departements ausgeweitet werden. Am 30. Mai 1983 wurde daraufhin landesweit der Ausnahmezustand verhängt. Das MRTA führte zu dieser Zeit Anschläge in Lima durch und brachte das untere Huallaga-Tal in der Provinz San Martin im Osten der Anden unter seine Kontrolle. Das MRTA wurde zunächst vom *Sendero Luminoso* bekämpft, der zusammen mit der Drogenmafia das obere Huallaga-Tal, das größte Koka-Anbaugebiet der Erde, beherrschte. Bis zu den Wahlen 1985 mußte der *Sendero Luminoso* immer neue Niederlagen hinnehmen.

Nach den Wahlen kam es zum ersten Mal seit Jahrzehnten zu einem demokratischen Machtwechsel. Der Vorsitzende der *Alianza Popular Revolucionaria Americana* (APRA), Alan García Pérez, wurde Präsident Perus. Um den Terrorismus einzudämmen, versuchte die neue Regierung, durch eine aktive Arbeitsmarkt- und Sozialpolitik, aber auch durch verstärkten militärischen Einsatz sowie Verhandlungsangebote die Rebellen zur Aufgabe zu bewegen. Doch die anhaltend miserable wirtschaftliche Entwicklung führte zu einer rapiden Verschlechterung der sozialen Situation im Land. Der *Sendero Luminoso* verlegte die Kämpfe in die Städte und erpreßte in den von ihm kontrollierten Gebieten eine sog. Revolutionssteuer. Angeblich hat er zwischen 1987 und 1988 über 15 000 Sabotageakte durchgeführt, aber in den Slums der Hauptstadt konnten die Guerilleros kaum Fuß fassen.

Die innenpolitische Krise im Land verschärfte sich abermals Ende der achtziger Jahre, als die rechten Todesschwadronen verstärkt in den Krieg zwischen der Regierung und dem *Sendero Luminoso* eingriffen. Ihre Übergriffe richteten sich nicht nur gegen die Guerilla, sondern gegen alle oppositionellen Kräfte. Dies hatte eine Brutalisierung der Gesellschaft zur Folge; die Kriminalitätsrate stieg an, und immer mehr Bewohner des südlichen Hochlandes mußten in die großen Städte an der Küste fliehen, was zur Ausdehnung der Slums, insbesondere in Lima, führte.

Am 10. Juni 1990 besiegte Alberto Kenya Fujimori, Sohn japanischer Einwanderer und parteiloser Agrarwissenschaftler, im zweiten Wahlgang um das Präsidentenamt mit 56,5 Prozent der Stimmen seinen liberalen Konkurrenten, den Schriftsteller MARIO VARGAS LLOSA (33,9 %). Bei seiner Vereidigung am 28. Juli versprach er »Arbeit, Ehrlichkeit und Technologie«. Doch seine radikalreformistische Politik (Aufhebung aller Preiskontrollen und Subventionen) führte zu drastischen Preiserhöhungen (»Fuji-Schock«) – Benzin verteuerte sich beispielsweise um das Dreißigfache – und vermochte zunächst nicht, die ungeheuren ökonomischen Probleme des Landes (Reallohnsenkung um 70 %, Inflation von 2000 %) zu lösen und die Not der zu 40 Prozent an Unterernährung leidenden Bevölkerung zu lindern. Die Folgen waren Plünderungen und Generalstreiks. Die wirtschaftliche Lage besserte sich erst 1993; in diesem Jahr verzeichnete Perus Wirtschaft die höchste Wachstumsrate in ganz Lateinamerika.

Alberto Kenya Fujimori (*28.7.1939)
Peruanischer Staatspräsident seit 1990.
Der Agronom, Radio-Talkmaster und Führer der von ihm gegründeten Reformbewegung Cambio 90 (Wechsel 90) gebärdete sich als politischer Erneuerer und bezwang damit bei den Präsidentenwahlen 1990 seinen Opponenten von der Demokratischen Front. Mangels Mehrheit im Parlament und in Anbetracht der wachsenden Opposition gegen seinen Politikstil löste der Sohn japanischer Einwanderer 1992 in einem Staatsstreich das Parlament auf und setzte die Verfassung außer Kraft. Auf seine Popularität bauend, ließ er sich via Plebiszit eine Verfassungsreform bestätigen, die seine Position gegenüber der Legislative erheblich stärkte und die es ihm erlaubte, sich 1995 zur Wiederwahl zu stellen. Das von ihm eingeleitete wirtschaftliche Konsolidierungsprogramm und seine erfolgreiche Kampagne gegen die peruanische Guerillabewegung Sendero Luminoso (»Leuchtender Pfad«) brachte Fujimori die Sympathie des Westens und 1993 zwei Milliarden Dollar Wirtschaftshilfe aus den USA und Japan ein.

1992 hatte FUJIMORI staatsstreichartig das Abgeordnetenhaus aufgelöst und die Verfassung außer Kraft gesetzt. Die anschließenden Wahlen, die von der Opposition boykottiert wurden, hatten eine neue Verfassunggebende Versammlung zum Ziel, die 1993 ein neues Grundgesetz verabschiedete, nach dem der Präsident das Recht hat, das Parlament aufzulösen und nach einer Amtsperiode wiedergewählt werden kann.

Gegen die Guerillaaktionen des *Sendero Luminoso* wurden nicht nur reguläre Sicherheitskräfte eingesetzt: Indianische Kleinbauern (sogar ganze Dörfer) wurden bewaffnet und *Rondas Campesinas* (Bauernstreifen) gebildet, die sich nun gegen die Guerilleros stellten. Den Bauernmilizen versprach die Regierung als Gegenleistung Verbesserungen der Infrastruktur (Wasser, Elektrizität, Straßen, Hospitäler) im Andenhochland.

Während der 1992 unter FUJIMORI vorgenommenen Verstärkung der militärischen Maßnahmen gegen die Guerilla gelang es, eine Reihe von Anführern des MRTA und des *Sendero Luminoso*, unter ihnen seinen Kopf GUZMÁN, zu verhaften. Als Nachfolger GUZMÁNS, der zu lebenslanger Haft verurteilt wurde, wählte der *Sendero Luminoso* im April 1994 »RICARDO Z.«, dessen wahre Identität nicht bekannt ist. Im November 1994, nach Ablauf des sog. Reuegesetzes von 1992, waren etwa 6300 Rebellen bereit, ihre Waffen abzugeben. Ihnen war Amnestie oder Straferleichterung versprochen worden, wenn sie mit der Polizei und dem Militär zusammenarbeiten würden.

Ergebnis und weitere Entwicklung

Nach Ablauf des Ultimatums kam es weiterhin zu Übergriffen der sich neu formierenden Guerilleros: Von den

Grenzkonflikt mit Ecuador 1995: Peruanische Soldaten bringen ein Artilleriegeschütz in Stellung.

ehemals 8000 Untergrundkämpfern des *Sendero Luminoso* und des MRTA blieben 700 übrig; sie setzten ihren Kampf fort. U. a. entführten sie 134 Aschaninka-Indianer, die am 28. Dezember 1994 von der peruanischen Armee wieder befreit werden konnten. Die Lage hat sich aber im Vergleich zu den achtziger Jahren erheblich beruhigt.

Die bisher nicht eingelösten Zusagen der Regierung gegenüber den Bauernmilizen führten zu einer allgemeinen Unzufriedenheit unter der Landbevölkerung, die während der Kämpfe zum Teil ihre Felder vernachlässigen mußte und deshalb heute in bitterer Armut lebt.

Wenn es in absehbarer Zeit keine wirkungsvollen Hilfsaktionen für die Bewohner des Andenhochlandes gibt, ist nicht auszuschließen, daß es zu einem bewaffneten Bauernaufstand gegen die Regierung, vergleichbar dem der *Zapatisten* im mexikanischen Chiapas (→ Mexiko), kommt.

Der *Sendero Luminoso* hatte nie eine breite Basis unter der Landbevölkerung bilden können; die indianischen Bauern hatten sich sogar gegen ihn gestellt, als er sich statt als Befreier als Unterdrücker erwies. Daß die Indios bereit sind, notfalls mit der Waffe in der Hand für ihre Rechte zu kämpfen, haben die *Rondas Campesinas* gezeigt, die zu einem nicht unerheblichen Teil zum Sieg über die Guerilla beigetragen haben.

Von 1980 bis 1995 sind über 30 000 Menschen bei Kämpfen zwischen den Militärs und den Rebellen ums Leben gekommen.

Anden-Krieg zwischen Peru und Ecuador 1995
Der Grenzkonflikt zwischen Peru und Ecuador im Cenepa-Tal in den Condor-Kordilleren brach am 26. Januar 1995 aus. Bei den drei Wochen andauernden Kämpfen wurden neben Bodentruppen auch die Luftwaffen beider Staaten eingesetzt.

Der Konflikt um einen Abschnitt von 78 Kilometern an der 1600 Kilometer langen gemeinsamen Grenze oberhalb des Amazonasbeckens ging auf eine umstrittene Grenzziehung aus dem 19. Jahrhundert zurück. 1941/42 versuchten beide Länder, in einem Krieg die Grenze zu verändern. Im Friedensvertrag, dem Protokoll von Rio vom 29. Januar 1942, wurden 200 000 Quadratkilometer des ecuadorianischen Staatsgebietes Peru zugesprochen. Beide Staaten haben diese Entscheidung, die seinerzeit von den vier Garantiemächten (Argentinien, Brasilien, Chile, USA) beschlossen worden war, nie anerkannt. An den Jahrestagen der Vertragsunterzeichnung kam es regelmäßig zu kleineren Grenzgefechten (zuletzt 1981). Nach schwierigen Verhandlungen in Rio de Janeiro unterzeichneten beide Seiten am 17. Februar 1995 das »Abkommen von Brasilia« (Frieden von Itamaraty), das eine Waffenruhe unter der Aufsicht von 40 internationalen Beobachtern vorsah. Anfang März verständigten sich die Nachbarstaaten unter Vermittlung Brasiliens, → Argentiniens, → Chiles und der USA in der »Erklärung von Montevideo« über den Rückzug beider Truppen hinter die bereits am 15. Februar vereinbarten Linien. Dies bedeutete, daß der Krieg zu keinerlei Grenzkorrektur geführt hatte. Die Waffenruhe war zwischenzeitlich durch kleinere Gefechte unterbrochen worden. Am 8. März trat der Waffenstillstand in Kraft, und Peru favorisierte für diese Region ein zollfreie Zone.

Hintergrund der bewaffneten Auseinandersetzung um den umstrittenen Grenzverlauf waren die Erdöl-, Uran- und Goldvorkommen, die in dieser 340 Quadratkilometer großen Region vermutet werden. Zugleich wollte die Regierung in Lima von innenpolitischen Problemen ablenken und die Präsidentschaftswahlen am 9. April 1995 in ihrem Sinne beeinflussen. Tatsächlich wurde dann erwartungsgemäß der seit 1990 regierende Fujimori im Amt bestätigt. Gegenkandidat war der ehemalige UNO-Generalsekretär Javier Pérez de Cuellar (1982–1991).

Während der bisher vierjährigen Amtszeit Fujimoris gelang es, die Inflation auf 20 Prozent zu senken; das Wirtschaftswachstum betrug zwischenzeitlich 10 Prozent, und durch die Privatisierung von Staatsunternehmen erhöhten sich die Devisenreserven Perus auf über sechs Milliarden Dollar.

Aber auch der wirtschaftliche Aufschwung konnte das Elend weiter Bevölkerungskreise auf dem Lande und in den Slums der Städte nicht lindern: Das soziale Ungleichgewicht scheint für längere Zeit festgeschrieben zu sein.

Literatur: J. Barolo: *Der Erleuchtete Pfad in die Finsternis. Sendero Luminoso zwischen Guerillakampf und Terrorismus.* In: Ehrke / Evers: *Lateinamerika, Analysen und Berichte 9.* Hamburg 1985.
A. Hertoghe / A. Labrousse: *Die Koksguerilla. Der Leuchtende Pfad in Peru.* Berlin 1990.
L. Huber: *Bauern und Staat in Peru. Die Rondas Campesinas von Peru.* Saarbrücken 1992.
A. Koschützke: *Peru. Politisches Lexikon Lateinamerika.* München 1980.
C. Küchemann: *Krise, Konflikt und Entwicklung in Peru.* Saarbrücken 1988.
H. C. Mansilla: *Ursachen und Folgen politischer Gewalt in Kolumbien und Peru.* Frankfurt 1993.
E. M. Poloczek: *Die Bedrohung Perus durch den Terrorismus.* In: Konrad-Adenauer-Stiftung (Hg.): *Auslandsinformationen 2.* Bonn 1988.
G. v. Sierck: *Spirale der Gewalt. Menschenrechte in Peru.* Bonn 1991.
Statistisches Bundesamt (Hg.): *Länderbericht Peru.* Wiesbaden 1990.
A. Wachendorfer: *Gewerkschaften und Militärregierung in Peru.* Heidelberg 1989.

Staatsname: Republik Peru
Staatsform: Präsidiale Republik (seit 1980)
Staatsoberhaupt: Alberto Kenya Fujimori (Cambio 90; seit 1990)
Regierungschef: Efraín Goldenberg Schreiber (seit 17.2.1994)
Regierung: Notstandsregierung
Parlament: Abgeordnetenhaus 120 Sitze (Wahl vom 9.4.1995), C 90/NM 67, UPP 17, APRA 8, FIM 6, (CODE) Pais Posible 5, AP 4, PPC 3, Renovacion 3, IU 2, OBRAS 2, MIA 1, FRENATRACA 1, FREPAP 1
Mitgliedschaft bei internationalen Organisationen: ALADI, Andenpakt, OAS, SELA, UNO
Lage: 69°– 81° westlicher Länge, 0°–18° südlicher Breite
Fläche: 1,29 Millionen km^2
Hauptstadt: Lima
Bevölkerung: 22,9 Millionen; Ketschua 47,1 %, Mestizen 32 %, Weiße 12 %, Aymara 5,4 %; Katholiken 92,5 %, Protestanten 5,5 %, Sonstige 2 %
Wirtschaft: Dienstleistung 48 %, Industrie 38,8 %, Landwirtschaft 13,2 %; Export: Erdöl und Erze 50 %, Fischmehl und Agrarprodukte 25 %

PHILIPPINEN

Huk-Aufstand 1942 bis 1954
Bürgerkrieg 1968 bis 1993

Eine muslimische Guerilla und kommunistische Untergrundkämpfer führten einen Partisanenkrieg gegen das alte korrupte und autoritäre Regime sowie gegen die neue Regierung; soziale Spannungen und die Diskriminierung der muslimischen Minderheit verschärften den Konflikt.

Historischer Hintergrund

Eingewanderte Negritos, Malaien und Inder übten in vorkolonialer Zeit den stärksten Einfluß auf die Entwicklung der Inselgruppe aus. Ein weiteres ethnisches und kulturelles Element bildeten die chinesischen Kaufleute, die sich auf den Inseln niedergelassen hatten. Im 15. Jahrhundert erfolgte von → Indonesien aus die Islamisierung des Südens.

Der portugiesische Seefahrer FERNÃO DE MAGELLAN entdeckte 1521 die Philippinen für Spanien, und vor der eigentlichen Eroberung und Kolonisation (1565) wurden die Inseln nach dem spanischen Kronprinzen und späteren König PHILIPP II. benannt (1543). Die Spanier hatten starke ökonomische Interessen am China-Handel, der von → Mexiko aus über den Pazifik und die Philippinen abgewickelt wurde.

Kolonialzeit
Die entscheidende Rolle bei der Kolonisierung spielte die katholische Kirche, die die Christianisierung der Filipinos gegen den heftigen Widerstand der islamischen Fürstentümer vorantrieb und den Islam in den äußersten Süden von Mindanao, Luzon und Sulu zurückdrängen konnte. Heute sind 94 Prozent der Bevölkerung Katholiken und nur noch fünf Prozent Muslime. Die Missionare, Priester und Mönche übernahmen auch wichtige Aufgaben in der Kolonialverwaltung.

Die Spanier konnten sich bis zum Ende des 19. Jahrhunderts auf den Inseln halten. Die spanische Revolution von 1868 hatte zwar auch die erste philippinische Nationalbewegung begünstigt, doch zum bewaffneten Volksaufstand kam es erst 1896 durch die Geheimgesellschaft *Katipunan*, die 1897 sogar die »Republik der Philippinen« proklamierte.

Entschieden wurde der Unabhängigkeitskampf aber erst durch das Eingreifen der USA, die sich seit ihrer Intervention auf → Kuba mit Spanien im Krieg befanden und in den pazifischen Raum weiter expandieren wollten.

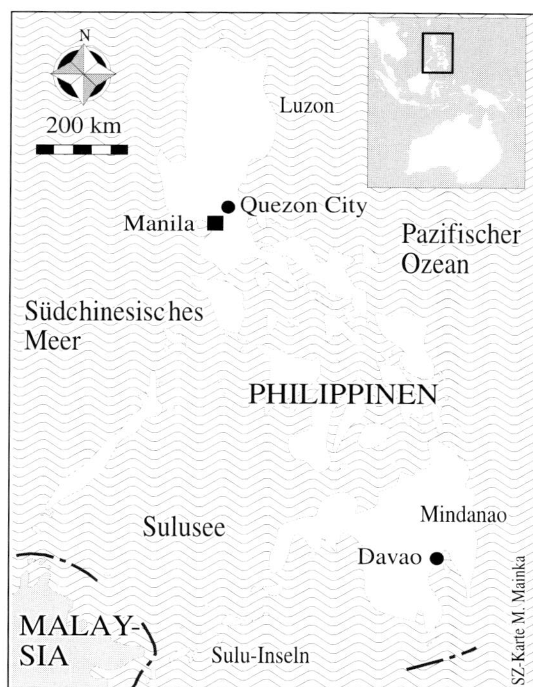

Die Philippinen vor der Küste Indochinas bestehen aus 7100 Inseln. Die ehemalige Kolonie Spaniens ist zu 94 Prozent katholisch.

20. Jahrhundert

Die Amerikaner behandelten die Philippinen wie eine Kolonie und gewährten erst 1934 Autonomie im Rahmen eines Dominion-Status (»Commonwealth of the Philippines«).

Während der japanischen Besatzung im Zweiten Weltkrieg (1942–1945) entstand die *Hukbalakap*, kurz *Huk*, eine kommunistische Widerstandsbewegung mit nationalen und sozialrevolutionären Zielen, die nach dem Abzug der Japaner und der endgültigen Unabhängigkeit der »Republik Philippinen« 1946 bei ihrem Versuch einer gewaltsamen Machtübernahme (Kämpfe bis 1954) scheiterte.

Die unabhängigen Philippinen erhielten eine Präsidialverfassung nach amerikanischem Vorbild, und der junge Staat geriet unter zunehmenden wirtschaftlichen, politischen und militärischen Einfluß der USA.

Nach Erlangung der Unabhängigkeit nahmen die sozialen Mißstände weiter zu, insbesondere seit 1964 unter der Regierung von FERDINAND EDRALIN MARCOS: Korruption, Ausbeutung, Diskriminierung der muslimischen Minderheit und die Bereicherung der wenigen Großgrundbesitzerfamilien führten zu wachsender Unzufriedenheit und Widerstand.

Ferdinand Edralin Marcos (11.9.1917–28.9.1989)
Philippinischer Staatspräsident von 1964 bis 1986.
Der Jurist Marcos, der 1938/39 angeklagt war, einen politischen Gegner ermordet zu haben, begann seine politische Karriere 1949 als Mitglied der Abgeordnetenkammer und Senator (1959) für die Liberalen, deren Vorsitzender er ab 1960 war. 1964 wechselte er zur Nationalistischen Partei und kündigte als Präsidentschaftskandidat an, das Land von der Korruption befreien zu wollen. Im Amt ließ er jedoch die Oligarchie der Großgrundbesitzer unangetastet und verfocht mit diktatorischem Regierungsstil ihre Interessen. Außenpolitisch war Marcos eine Marionette der USA, die er u. a. mit Truppen im Vietnamkrieg unterstützte. Ab 1973 ließ er sich mit fingierten »Volksbefragungen« seine unumschränkte Herrschaft legitimieren und ging rigoros gegen Regimegegner vor. Nach der Ermordung des Oppositionspolitikers Benigno Aquino 1983 und erneuten dreisten Wahlfälschungen schwappte der Volkszorn über. Als Teile des Militärs die Fronten wechselten und sich gegen ihn stellten, floh er 1986 in die USA.

Konfliktparteien

Regierung

Politische Parteien im eigentlichen Sinne gab es nicht, sondern nur zwei Interessenverbände, in denen sich die knapp 400 Millionärsfamilien organisiert hatten, die um die politische und wirtschaftliche Vormachtstellung rangen. Aus der 1907 gegründeten *Partido Nacionalista* (PN) spalteten sich 1946 die *Nacionalista Party* (NP) und die *Liberal Party* (LP) ab. Beide Gruppierungen hatten kein ausformuliertes politisches Programm, und die Fluktuation zwischen den Parteien und Gruppen war groß. Der langjährige Präsident der Philippinen, Marcos, der 1964 an die Macht kam, wechselte noch kurz vor seiner Wahl von der LP zur NP.

Mit der Ausrufung des Kriegsrechts (1972) waren alle Parteien verboten worden, die 1930 gegründete *Partido Komunistang Pilipinas* (PKP) bereits 1957. Wahlen wurden immer überschattet von Mord, Terror und Korruption. Nachdem Marcos den Ausnahmezustand verhängt hatte, proklamierte er 1973 eine neue Verfassung, die ihm auf unbegrenzte Zeit diktatorische Vollmachten einräumte.

Opposition

Den Widerstand gegen das Regime organisierten die islamische *Moro National Liberation Front* (MNLF) im Süden der Insel Luzon, im Norden die kommunistische Guerillaorganisation *New People's Army* (NPA) der illegalen marxistisch-leninistischen *Communist Party of the Philippines* (CPP). Die NPA-Guerilleros verstanden sich als Nachfolger der *Huk*, linksorientierter Widerstandskämpfer gegen die japanische Besatzung, die in der PKP organisiert waren. Den politischen Dachverband des kommunistischen Untergrunds bildete die *National Democratic Front* (NDF), der sich auch andere Oppositionsgruppen (Intellektuelle, Geschäftsleute, Politiker aus dem Exil, Kreise der christlichen Sozialarbeit und der katholischen Kirche) angeschlossen hatten.

Zu der Unabhängigkeitsbewegung auf Mindanao zählten neben der MNLF und ihrem militärischen Arm *Bangsa Moro Army* (BMA), die *Bangsa Moro Liberation Organization* (BMLO) und die *Islamische Befreiungsfront der Moros* (MILF).

Konfliktverlauf

Huk-Aufstand 1942 bis 1954

Die 1942 gegründete Volksbefreiungsarmee *Huk* (20 000 bis 30 000 Mann) konnte sich auf einen breiten Rückhalt in der Bevölkerung stützen. Vor der Landung der Amerikaner (1944) kontrollierten sie zeitweise die Hauptinsel Luzon und viele andere der rund 7100 Inseln, die zu den

Philippinen gehören. Erst 1954 gelang es den Regierungstruppen, in brutalen Vergeltungsaktionen durch Bombardierungen und schweren Artilleriebeschuß der *Huk*-Basen die Guerilla in die Berge abzudrängen, ihren Aktionsradius erheblich einzuschränken und ihren Kampf schließlich zum Erliegen zu bringen.

Bürgerkrieg 1968 bis 1993

Die sozialen Spannungen hatten sich in den fünfziger und sechziger Jahren erheblich verschärft: 1968 kam es zu Aufständen, und auf Luzon formierte sich der Widerstand in der *New People's Army* (NPA) neu. Gleichzeitig war es im Süden des Inselstaates (auf Mindanao und auf dem Sulu-Archipel) zur Rebellion der diskriminierten islamischen Minderheit gekommen. Die Muslime bauten eine »Islamische Revolutionsstreitmacht« auf, die bald vier Provinzen Mindanaos kontrollierte. Allein dieser Dschungelkrieg auf Mindanao band 60 000 Regierungssoldaten.

1972 verhängte MARCOS über alle Inseln das Kriegsrecht. Im Februar 1974 zerstörte philippinische Artillerie die durch islamische Flüchtlinge auf etwa 80 000 Einwohner angewachsene Hauptstadt des Sulu-Archipels Jolo fast völlig. Als Mitte der siebziger Jahre der kommunistische Untergrund auf die Hälfte seiner Schlagkraft reduziert worden war, dezentralisierte sich die NPA: Es blieben einige Guerillaeinheiten im Norden von Luzon, andere setzten sich auf Samar und den Visayas fest. Auf Mindanao kämpften NPA-Einheiten nun mit MNLF-Verbänden zusammen.

Mit der neuen Strategie kontrollierten 5000 bis 8000 NPA-Guerilleros bald 73 philippinische Provinzen; unterstützt wurden sie dabei von etwa 10 000 Kadern der CPP und von über 100 000 Sympathisanten. Hauptkampfgebiet der NPA war die Insel Mindanao, wo sie in Kompaniestärke die Regierungstruppen angriff. Korrupte Regierungsbeamte wurden wegen »Verbrechen gegen die Interessen des Volkes« vor sog. Volksgerichte gestellt, abgeurteilt und hingerichtet.

Das autoritäre MARCOS-Regime reagierte mit Terror: Monatlich wurden von Regierungssoldaten mehr als 4500 Willkürakte verübt. Unterdrückung und die Armut großer Bevölkerungsteile (über 50 % der Filipinos lebten in den achtziger Jahren unterhalb des Existenzminimums) ließen den Zulauf zu den Untergrundkämpfern nicht abreißen.

Das zwischen den Philippinen und → Malaysia umstrittene Sabah, in das rund 100 000 Moros geflohen waren, diente der MNLF als Rückzugsgebiet. Einige arabische Länder, darunter Libyen und Saudi-Arabien, unterstützten die BMA, den militärischen Arm der MNLF. Auf Drängen der *Islamischen Außenministerkonferenz* trafen sich die philippinische Regierung und die im Exil lebende MNLF-Führung 1975 zu Gesprächen in Saudi-Arabien und ver-

Unter der Selbstbereicherungsdiktatur von Ferdinand Marcos sind die Philippinen zu einem Armenhaus der Welt verkommen. Schätzungsweise zwei Millionen Menschen leben in Tondo, dem riesigen Slum von Manila.

einbarten am 23. Dezember 1976 in Libyen ein Waffenstillstandsabkommen, das die Selbstbestimmung für alle Muslime garantierte. Die Forderung der MNLF nach staatlicher Eigenständigkeit konnte nicht durchgesetzt werden und führte zu neuen ethnischen Rivalitäten zwischen der Exilführung und lokalen Kommandeuren sowie zur Entstehung der BMLO, die von Saudi-Arabien unterstützt wurde.

Kurz nach Abschluß des Abkommens veränderte die philippinische Regierung die Grenzen der Wahlbezirke auf Mindanao so, daß es nur noch in fünf von 13 eine für die Autonomie der Muslime nötige Mehrheit geben konnte. Bei der Volksabstimmung am 17. April 1977 sprach sich dadurch die Mehrheit gegen eine Autonomie Mindanaos aus.

Im Frühjahr 1977 kam es deshalb erneut zu Unruhen, aber die MNLF mußte einen weiteren schweren Rückschlag hinnehmen, als die Philippinen im August 1977 zugunsten → Malyasias auf Sabah verzichteten. Noch zehn Jahre später erklärte der Sultan von Sulu, JAMALILUL KIRAM, daß er mit diesem Verzicht nicht einverstanden sei. Dies verlängerte den Konflikt; ein Ende des Bürgerkriegs erschien trotz der wachsenden innenpolitischen Destabilität des MARCOS-Regimes lange Zeit unmöglich.

Uneingeschränkte Unterstützung erfuhr der Diktator nur noch von den USA. Seine verheerende Wirtschafts- und

Gesellschaftspolitik hatte zu einer allgemeinen Verschlechterung der Lebensbedingungen vor allem bei der Landbevölkerung geführt. Kriegsrecht und zunehmende Militarisierung der Provinzen, besonders in Mindanao, wo zeitweise über 60 Prozent der Regierungsarmee stationiert waren, verhinderten darüber hinaus jedwede demokratische und soziale Reform.

Die sowjetischen Waffen, mit denen die *Palästinensische Befreiungsorganisation* (PLO) und Libyen die Guerilleros belieferten, hatten inzwischen die Kampfkraft der NPA in erheblichem Maße gestärkt.

Im Januar 1981 hob MARCOS dennoch das Kriegsrecht formal auf und ließ einige wenige Liberalisierungstendenzen erkennen. Im Juni 1981 wurde er durch eine Scheinwahl in seinem Präsidentenamt bestätigt, gab aber das Amt des Ministerpräsidenten ab. Die Ermordung des am 21. August 1983 aus dem Exil in den USA zurückgekehrten populären Oppositionspolitikers BENIGNO AQUINO wurde MARCOS angelastet und löste eine Welle weltweiter Entrüstung aus. Die USA reduzierten ihre Investitionen drastisch, was zu Machtkämpfen in der Regierung und um die Nachfolge MARCOS' führte.

Am 14. Mai 1984 wurden die ersten Parlamentswahlen seit Aufhebung des Kriegsrechtes abgehalten. Bei Wahlkampfveranstaltungen und Straßenschlachten waren zuvor über 200 Menschen ums Leben gekommen. Die bürgerlichen Oppositionsparteien konnten ihren Stimmenanteil zwar vervierfachen, die 1978 gegründete Regierungspartei *Kilusan Bagong Lipunan* (Bewegung der Neuen Gesellschaft; KBL) erreichte dennoch eine Zweidrittelmehrheit. Die NPA hatte die Wahlen boykottiert.

Im Sommer 1985 konstituierte sich unter der Führung von HASHIM SALAMAT die *Moro Islamic Liberation Front* (MILF), die sich gegen die MNLF stellte, in der Flügelkämpfe ausgebrochen waren. Die gewalttätigen Auseinandersetzungen hielten trotz der innerparteilichen Schwächung der Muslime bis zum Sturz der Regierung MARCOS am 25. Februar 1986 an.

Grundlegende Veränderungen leiteten die blutig verlaufenden Präsidentschaftswahlen (80 Tote) vom 7. Februar 1986 ein: Als Sieger gingen die Witwe des ermordeten AQUINO, CORAZON (»CORY«) AQUINO, Vorsitzende der *Vereinigten Nationalen Demokratischen Organisation* (UNIDO), und ihr Vizepräsidentschaftskandidat SALSADOR LAUREL hervor.

Trotz des eindeutigen Sieges der Opposition unterstellte die Wahlbehörde eine Mehrheit für MARCOS. Doch als sich am 22. Februar 1986 Verteidigungsminister JUAN PONCE ENRILE und der an der Spitze der Reformbewegung der Streitkräfte stehende stellvertretende Generalstabschef FIDEL RAMOS von MARCOS lossagten, was einer Militärrebel-

Corazon Cojuangco Aquino (*25.1.1933)
Philippinische Staatspräsidentin von 1986 bis 1991. Die Witwe des 1983 ermordeten Oppositionspolitikers Benigno Aquino war Integrationsfigur des demokratischen Widerstands gegen die Diktatur von Staatspräsident Ferdinand Marcos. Als sie 1986 gegen ihn kandidierte, kam es zu massiven Wahlfälschungen, die den Ausschlag zum Umsturz des alten Regimes gaben. Ihre zögerliche Einlösung von Wahlversprechen führte bald zu erneuter Unzufriedenheit in der Bevölkerung. Gegen Aquino gab es während ihrer Amtszeit acht Putschversuche rechtsgerichteter Kreise in der Armee und mehrere Anschläge linker Guerilleros.

»Das Unrecht rekrutiert die Revolutionäre: Auch in anderen Gebieten Mindanaos hat die Neue Volksarmee ihre Aktivitäten verstärkt; zunehmend arbeitet sie auch mit der muslimischen Moro National Liberation Front zusammen. In Mindanao ist in vielen Gebieten seit einem halben Jahr kein Regen mehr gefallen, so daß die Mais- und Reisernten verloren und über zwei Millionen Menschen von einer Hungersnot bedroht sind – eine Situation, die die sozialen Spannungen noch verschärft hat. Auch in den Muslim-Gebieten sind Landfragen der Hauptgrund für die Unzufriedenheit. Obschon die Regierung riesige Summen nach Mindanao gepumpt hat, haben die breiten Massen wenig davon gesehen. Profitiert davon haben die großen Plantagen, die ihren Arbeitern weiterhin nur Hungerlöhne zahlen. Entwicklungsgelder verschwinden aber auch in den Taschen korrupter Beamter.«
Frankfurter Rundschau,
16. Mai 1983.

lion gleichkam, war der Sturz des Regimes unausweichlich. Am 25. Februar 1986 mußte MARCOS mit seiner Familie ins Exil nach Hawaii fliehen, wo er drei Jahre später starb.

Mitte März 1986 erklärte Präsidentin AQUINO die Verfassung von 1973 für ungültig. Seit Beginn ihrer Machtübernahme bis Oktober 1990 gab es acht Putschversuche gegen sie, die aber jedesmal von loyalen Truppeneinheiten niedergeschlagen wurden.

Es kam zu ersten Waffenstillstandsgesprächen mit der NDF, doch als der Gewerkschafter und Vorsitzende der linksgerichteten Volkspartei *Partidong Bayan*, ROLANDO OLALIA, im November 1986 ermordet wurde, brach die NDF die Verhandlungen zunächst ab. Am 27. November 1986 unterzeichneten beide Seiten ein Waffenstillstandsabkommen, das zunächst vom 10. Dezember 1986 bis zum 8. Februar 1987 befristet war.

Seit September 1986 verhandelte Präsidentin AQUINO auch mit der MNLF über einen Waffenstillstand. Diese fühlte sich an die Vereinbarungen aber nicht gebunden und verübte weiterhin Attentate. Am 3. Dezember 1986 rief die MNLF den »Bundesstaat Bangsa Moro« aus, der die Inseln Mindanao, Sulu und Palawan umfaßte, führte die islamische Rechtsprechung (Scharia) ein und bildete ein eigenes Parlament. Die Autonomieerklärung wurde von der Regierung in Manila nicht akzeptiert, sie setzte aber die Verhandlungen mit der MNLF fort. Im Januar 1987 kam es zur Bildung einer gemeinsamen Kommission, die die Einzelheiten einer Autonomie für die Süd-Philippinen ausarbeiten, den Waffenstillstand überwachen und ein Wirtschafts- und Sozialprogramm erstellen sollte.

Bei den am 13. Dezember 1986 begonnenen Friedensgesprächen zwischen der Regierung und der NDF wurde keine Einigung erzielt, da viele der Forderungen der NDF (Auflösung der US-Militärstützpunkte, gerechte Landverteilung) den Militärs als unannehmbar erschienen.

Die MILF beging weitere Anschläge, doch am 17. Januar 1987 einigte sich die Regierung mit einem Teil ihrer Führung über einen Waffenstillstand, der allerdings vom MILF-Vorsitzenden SALAMAT nicht akzeptiert wurde. Er kündigte eine Zusammenarbeit mit der kommunistischen NPA an.

Als Soldaten am 22. Januar 1987 bei einer Bauerndemonstration 18 Menschen töteten, brach auch die NDF die Friedensgespräche ab und rief zum Boykott des Referendums über die neue Verfassung vom 2. Februar 1987 auf. Diese wurde dennoch mit großer Mehrheit angenommen. Bei den am 11. Mai 1987 abgehaltenen Parlamentswahlen siegte die Regierungskoalition *People's Power* (*Lakasng Bayan*). Verlierer waren die KBL, die unter der Führung ENRILES stehende *Grand Alliance for Democracy* (GAD) sowie die linke *Alliance for New Politics* (ANP). Viele Anhänger der NDF erwarteten nun eine grundlegende Veränderung der sozialen

Verhältnisse. Doch Präsidentin Aquino konnte sich gegen das Militär nur schwer durchsetzen. Die NPA ging wieder zum bewaffneten Kampf über, und die Armee, rechtsradikale und fanatisch religiöse Bürgermilizen führten weiterhin Aktionen gegen die Guerilla durch.

Am 18. Oktober 1988 unterzeichneten die USA und die Philippinen ein Militärabkommen, das den Amerikanern gestattete, ihre Stützpunkte auf den Philippinen bis 1991 weiterzubetreiben. Als Gegenleistung erhöhte Washington seine Militär-, Wirtschafts- und Nahrungsmittelhilfe. Die US-Stützpunkte blieben bis zum endgültigen Abzug der Amerikaner am 24. November 1992 quer durch alle politischen Lager ein hochbrisantes Politikum, das sowohl die Rebellen und die gesamte Opposition als auch Regierung und Militärs entzweite oder in brüchige Koalitionen führte. Der Abzug der USA führte zu ökonomischen Problemen, da 78 000 Filipinos von den Militärbasen abhängig waren.

Auf Mindanao ging der Terror weiter; so verübten muslimische Separatisten am 9. Januar 1989 einen Überfall auf ein Sportstadion, bei dem mindestens 26 Menschen getötet wurden. Am 19. November 1989 wurde auf den Süd-Philippinen ein Referendum über einen von der Regierung entworfenen Autonomieplan abgehalten. Die MNLF störte die Volksabstimmung, so daß dieser Plan bei sehr geringer Wahlbeteiligung abgelehnt wurde.

Anfang Dezember 1989 unternahmen Angehörige der Luftwaffe und Marineinfanteristen einen Putschversuch, der mit Hilfe des US-Militärs und loyaler Truppenteile niedergeschlagen werden konnte. Daraufhin verhängte Präsidentin Aquino den Ausnahmezustand. Es kam zu Machtkämpfen innerhalb der Regierung, die kaum noch handlungsfähig war.

Am 4. Oktober 1990 putschten auf Mindanao stationierte Soldaten und brachten die Militäreinrichtungen und Flugplätze unter ihre Kontrolle. Als sie die Insel zur unabhängigen Republik erklärten, stießen sie auf Zustimmung in der Bevölkerung. Loyale Militäreinheiten schlugen den Putsch nach wenigen Tagen nieder.

Fidel Ramos (*18.3.1928)
Philippinischer Staatspräsident seit 1991.
Der in Westpoint (USA) ausgebildete Berufssoldat Ramos bekleidete als treuer Gefolgsmann des Diktators Ferdinand Marcos hohe Ämter in der philippinischen Armee, bevor er 1986 ins Lager der Opposition wechselte. Nach dem Sturz des Marcos-Regimes sicherte er als Verteidigungsminister mit loyalen Truppenteilen die Regentschaft der neuen Präsidentin Corazon Aquino gegen permanente Umsturzversuche rechtsgerichteter Militärs ab. Im Mai 1991 wurde Ramos als Vorsitzender der neugegründeten Partei Laksas Edsa (NUCD) selbst zum Staatspräsidenten gewählt.

Ergebnis und weitere Entwicklung

Die Auseinandersetzungen auf den Süd-Philippinen hatten bis Anfang der neunziger Jahre bereits über 100 000 Menschenleben gekostet.

Am 1. Mai 1991 gewann der frühere Verteidigungsminister Ramos die Präsidentschaftswahlen; Aquino hatte nicht mehr kandidiert. Der neue Präsident erließ im August 1992 eine Amnestie für etwa 4500 ehemalige kommunistische Guerillakämpfer und unterzeichnete ein Dekret, das die kommunistische Partei wieder zuließ.

Nach fast 100jähriger amerikanischer Militärpräsenz verließen die letzten US-Soldaten am 24. November 1992 die Philippinen. Im April 1993 fruchteten die Friedensverhandlungen mit der MNLF, und der 25jährige Konflikt auf Mindanao konnte beendet werden. Die umkämpften Provinzen werden nun in autonome Regionen umgewandelt, eine erste provisorische Regierung soll 1996 ihre Arbeit aufnehmen.

Literatur: T. A. Agoncillo: *A Short History of the Philippines*. New York 1975.
W. Chapmans: *Inside the Philippine Revolution. The New People's Army and its Struggle for Power.* New York/London 1987.
B. Dahm: *Emanzipationsversuche von kolonialer Herrschaft in Südostasien. Die Philippinen und Indonesien. Ein Vergleich.* Wiesbaden 1974.
B. Dahm (Hg.): *Economy and Politics in the Philippines under Corazon Aquino.* Hamburg 1991.
R. Hanisch: *Der Zusammenbruch des Marcos-Regimes und die Regierung Aquino.* In: *Jahrbuch Dritte Welt.* München 1987.
S. Hansen: *Philippinen – Guerilla und Revolution.* Altenberge 1991.
T. Kuschnerus / R. Werning: *Die Philippinen unter Aquino. Facetten eines Machtwechsels.* Frankfurt 1987.
E. Lachica (Hg): *Philippine Agrarian Society in Result.* Manila 1971.
K. Lightfoot: *The Philippines.* London 1973.
H. U. Luthen: *Der Mindanao-Konflikt: Interner Kolonialismus und regionale Rebellion in den Süd-Philippinen.* In: M. Khan Khushi / M. Nzolker (Hg.): *Regionalkonflikte in der Dritten Welt. Ursachen, Verlauf, Internationalisierung, Lösungsansätze.* München 1981.
E. Nebenführ: *Aktuelle Tendenzen der Bevölkerungspolitik auf den Philippinen.* Hamburg 1990.
U. Nimsdorf (Hg.): *Anatomie einer Revolution. Herrschaft, Krise und Umbruch in den Philippinen.* Saarbrücken 1993.
T. Schwarz: *Flucht- und Migrationsbewegung auf den Philippinen.* Berlin 1993.
L. Schwarzbacher / H. Vinke: *Philippinen: Die unvollendete Revolution.* Göttingen 1987.
Statistisches Bundesamt (Hg.): *Länderbericht Philippinen.* Wiesbaden 1992.

Staatsname: Republik Philippinen
Staatsform: Präsidiale Republik (seit 1987)
Staatsoberhaupt: Fidel Ramos (NUCD; seit 1992)
Regierungschef: Fidel Ramos (NUCD; seit 1992)
Regierung: Laban Ng Demokratigong Pilipino (LDP; seit 1992)
Parlament: Repräsentantenhaus 198 Sitze (Wahl vom 11.5.1992), LDP 87, Nationalist People's Coalition 48, Laksas Edsa (NUCD) 31, LP-PDP 13, Nacionalista Party 6, Sonstige 13
Mitgliedschaft bei internationalen Organisationen: APEC, ASEAN, UNO
Lage: 117°–127° östlicher Länge, 5°– 21° nördlicher Breite
Fläche: 300 076 km^2
Hauptstadt: Manila
Bevölkerung: 65 Millionen; jungmalaiische Filipinos 40 %, Indonesier und Polynesier 30 %, Altmalaien und Negritos 10 %, Chinesen 10 %, Inder 5 %, Sonstige 5 %; Christen 94,2 %, Muslime 5 %, Sonstige 0,8 %
Wirtschaft: Dienstleistung 45 %, Industrie 33 %, Landwirtschaft 22 %; Export: Elektrobauteile 31,2 %, Bekleidung 20 %, Mineralien 6 %

Punjab → Indien

Regionalismus-Konflikt seit 1982

Die überwiegend von Sikhs – Mitgliedern einer indischen (kastenlosen) Religionsgemeinschaft, die Hinduismus und Islam verbindet – bewohnte nordindische Region Punjab wurde 1947 nach dem Ende der britischen Kolonialherrschaft aufgeteilt: Der Westen des Punjab um das Zentrum Lahore kam zu → Pakistan, der Osten zu → Indien. Radikale Sikhs fordern seit Beginn der achtziger Jahre die Autonomie für den Punjab.

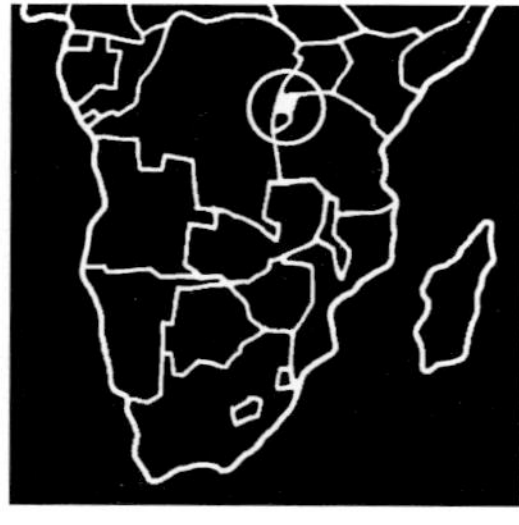

RUANDA

Stammeskrieg 1959
Bürgerkrieg 1990 und 1994

Wie im Nachbarland → Burundi führten jahrhundertealte ethnische Gegensätze zwischen der Hutu-Mehrheit und der Tutsi-Minderheit zu einem grausamen Stammeskrieg. Nach dessen Beendigung begründete die neue Hutu-Herrschaft zwar eine Republik, aber der Konflikt droht immer wieder neu auszubrechen; Ruanda bleibt ein permanenter Krisenherd.

Historischer Hintergrund

Parallel zu dem in → Burundi gab es in vorkolonialer Zeit auch in Ruanda ein feudalistisches Königreich der Tutsi. Nach dem Ende der deutschen Kolonialzeit (1890–1916) wurde Ruanda-Urundi von belgischen Truppen besetzt: Völkerbundmandat (1920–1946), dann UN-Treuhandgebiet (1946–1962), Unabhängigkeit und Abschaffung der Monarchie (1962) waren die weiteren Stationen in der Geschichte des Landes.

Bei der großen Hungersnot unter den Hutu während des Zweiten Weltkrieges (1943/44) aufgrund der aufgezwungenen Beschränkung der Landwirtschaft auf Monokulturen wie Baumwolle und Kaffee wurde das soziale Ungleichgewicht zwischen ihnen und den Tutsi sehr deutlich. Die jahrhundertelange Vormachtstellung der Tutsi und ihr überkommenes Feudalsystem führten bereits in der Vorphase der Unabhängigkeit zu schweren ethnischen Konflikten.

Die ethnischen Konflikte zwischen Hutu-Mehrheit und Tutsi-Minderheit in Ruanda und dem benachbarten Burundi führten zu Massakern, die Hunderttausende zur Flucht in die Nachbarländer Zaire und Tansania trieben.

Konfliktparteien

Hutu-Organisationen

Die Hutu-Volksgruppe hatte sich noch vor der Unabhängigkeit am 1. Juli 1962 in dem von GREGOIRE KAYIBANDA gegründeten *Mouvement Social Muhutu* (1957) organisiert, das sich 1959 in *Parti du Mouvement de L'Émancipation Hutu* (PARMEHUTU) umbenannte. Ihr zur Seite stand die 1957 von JOSEPH HABYARIMANA gegründete und etwas gemäßigtere *Association pour la Promotion de la Masse* (APROSOMA). Beide Organisationen versuchten, die Tutsi-Herrschaft zu brechen und einen von der Hutu-Mehrheit geführten Staat zu gründen.

Tutsi-Organisationen

Ihnen gegenüber stand die extremistische monarchistische Tutsi-Partei *Union Nationale Ruandaise* (UNAR), die die Macht der Tutsi durch Terror und Repressionen zu erhalten suchte. Für eine demokratischere Entwicklung trat die Tutsi-Partei *Rassemblement Démocratique Ruandais* (RADER) ein, in der auch Hutu mitarbeiteten.

Konfliktverlauf

Stammeskrieg 1959

Nach dem Tod des belgienfreundlichen Königs MTARA III. im Juli 1959 und der Wahl von KIGERI V. zu seinem Nach-

Gregoire Kayibanda (*1.5.1924)
Staats- und Ministerpräsident Ruandas von 1962 bis 1973. Der Hutu besuchte eine katholische Missionsschule, studierte Theologie und wurde anschließend Lehrer in Kigali. Er gründete 1957 die PARMEHUTU und wurde 1962 zum Regierungschef gewählt. 1973 wurde er durch einen unblutigen Staatsstreich gestürzt.

folger gegen den ausdrücklichen Wunsch der Mandatsmacht Belgien kam es zur Revolution der Hutu, die sich durch ein undemokratisches Wahlverfahren ein weiteres Mal benachteiligt sahen. Der allgemeine Aufstand wurde durch die Ermordung eines der Stammesführer der Hutu am 1. November 1959 ausgelöst.

In die 10 Tage dauernden Kämpfe griffen auch 2000 belgische Soldaten ein, die den Aufstand zwar niederschlagen, aber das Regime der Tutsi nicht mehr retten konnten. Es kam zu grausamen Massakern, die viele tausend Opfer unter der Tutsi-Bevölkerung forderten. 150 000 Tutsi und ihr König Kigeri V. flohen ins benachbarte Ausland, die meisten nach → Burundi.

Ergebnis

Die Hutu-Revolution bedeutete das Ende der Tutsi-Monarchie. Kigeri V. war es zwar gelungen, den afro-asiatischen und kommunistischen Block auf seine Seite zu ziehen und durch politische Morde und Agitation die Hutu-Herrschaft zu verunsichern, doch das Referendum unter UN-Kontrolle im September 1961 brachte eine eindeutige Mehrheit (79 %) für eine Hutu-Republik und gegen die Tutsi-Monarchie.

Dies war auch eine Bestätigung der Politik der PARMEHUTU, die bei den Wahlen die Mehrheit errang. Am 1. September 1962 erlangten Ruanda und Burundi die Unabhängigkeit; Kayibanda wurde Staats- und Ministerpräsident. Entgegen des Beschlusses der UNO wurde auch die Trennung von Burundi vollzogen.

Die Tutsi wollten sich aber mit dieser Entwicklung nicht abfinden. Am 20. Dezember 1963 begann eine Invasion von Zehntausenden, die von ihren Flüchtlingslagern in → Burundi, → Uganda und Kongo (→ Zaire) aus in Ruanda eindrangen, aber von der Armee wieder zurückgetrieben wurden.

Bei den Kämpfen zwischen Dezember 1963 und Februar 1964 kamen über 20 000 Tutsi ums Leben. Als Reaktion auf die Tutsi-Invasion wurden alle oppositionellen Gruppierungen verboten, und die PARMEHUTU versuchte als Einheitspartei, ein neugeordnetes Staatswesen aufzubauen. Die politische Freiheit allein brachte aber aufgrund der geographischen Lage und mangelnder Ressourcen sowie der fehlenden Infrastruktur noch keine wirtschaftliche Unabhängigkeit. Zudem vermochte es die PARMEHUTU nicht, die sozialen und ethnischen Spannungen zu entschärfen. Erst nach dem Militärputsch des gemäßigteren Generals Juvénal Habyarimana am 5. Juli 1973 gab es erste Ansätze zur Überwindung des Tribalismus und eines Ausgleichs zwischen den traditionell verfeindeten Stämmen.

Seit dem 5. Juli 1975, dem zweiten Jahrestag der Machtergreifung Habyarimanas, regierte die neue Einheitspartei *Mouvement Révolutionnaire National pour le Dévelop-*

pement (MRND) die zweite Republik Ruanda. Das Verhältnis zwischen Hutu und Tutsi begann sich etwas zu entspannen, und die Regierung versuchte, den Ausgleich zwischen beiden Stämmen weiter zu unterstützen. Dagegen kam es im benachbarten → Burundi wiederholt zu blutigen Ausschreitungen der von einer Tutsi-Minderheit beherrschten Hutu-Mehrheit.

Bürgerkrieg 1990

Am 4. Oktober 1990 drangen etwa 1000 in → Uganda lebende Exil-Tutsi in den Norden Ruandas ein. Sie wollten die Regierung HABYARIMANAS stürzen, der sie ein diktatorisches Regime, Korruption und Unfähigkeit vorwarfen. Unter dem Anführer der *Patriotischen Front Ruandas* (FPR), FRED RWIGYEMA, der es in der ugandischen Armee bis zum Generalmajor und stellvertretenden Verteidigungsminister gebracht hatte, eroberten sie die Stadt Gabiro.

Mit Unterstützung von 500 zairischen, 600 belgischen und 150 französischen Fallschirmjägern wehrte die ruandische Armee die Angriffe der FPR, die bereits Kigali erreicht hatte, ab.

Juvénal Habyarimana (*8.3.1937–6.4.1994)
Ruandischer Staatspräsident von 1973 bis 1994. Der Hutu Habyarimana studierte Mathematik und Medizin in Belgisch-Kongo, dem heutigen Zaire. Danach machte er eine steile Militärkarriere. Seit 1965 war er Verteidigungsminister und Polizeichef. 1973 stand er an der Spitze eines unblutigen Putsches und regierte danach das Land mehr als 20 Jahre. Nach den ersten freien Wahlen 1992 mußte er seine zuvor uneingeschränkt ausgeübte Macht mit dem Tutsi-Ministerpräsidenten teilen. Im Sommer 1994 kam er bei einem Flugzeugabsturz ums Leben.

Ergebnis

Bereits am 17. Oktober 1990 stimmte HABYARIMANA Verhandlungen mit der FPR zu, doch ein Waffenstillstandsabkommen kam erst nach sechsmonatigem Kampf im März 1991 zustande. HABYARIMANA und die Präsidenten von → Uganda, → Burundi und → Zaire verständigten sich auf die Bildung einer militärischen Beobachtergruppe. Die Rückkehr der Tutsi-Exilanten aus Uganda, Zaire und Burundi wurde vereinbart.

1993 kam es trotz der Vereinbarungen wiederholt zu heftigen Gefechten zwischen der *Patriotischen Front*, die bis auf 50 Kilometer an die Hauptstadt Kigali herangekommen war, und der Regierungsarmee. Die Lage im Land wurde durch die vielen Flüchtlinge bzw. zurückkehrende Vertriebene immer schwieriger, die sozialen Spannungen wuchsen. Im August 1993 unterzeichneten die Konfliktparteien zum wiederholten Male ein Waffenstillstandsabkommen, das eine Übergangsregierung und die Beteiligung der FPR vorsah. Doch die anhaltenden bewaffneten Auseinandersetzungen verhinderten vorerst die Regierungsbildung.

Bürgerkrieg 1994

Am 6. April 1994 kam Präsident HABYARIMANA zusammen mit dem burundischen Präsidenten CYPRIEN NTARYAMIRA bei einem Flugzeugabsturz ums Leben. Ihre Maschine war beim Landeanflug auf die ruandische Hauptstadt Kigali beschossen worden. Unmittelbar nach dem Attentat brach ein Bürgerkrieg aus, der verheerende Folgen hatte: Bereits Ende April waren 200 000 Todesopfer zu beklagen; Hun-

Pasteur Bizimungu (*1950)
Staatspräsident Ruandas seit 1994. Der als gemäßigt geltende Bizimungu gehört zum Stamm der Hutu. Er zählte lange Jahre zum engeren Kreis um Präsident Juvénal Habyarimana. Ende der achtziger Jahre wandte er sich jedoch von dessen Regime ab und gehörte 1990 zu den Gründungsmitgliedern der Patriotischen Front Ruandas (FPR). Am 18. Juli 1994 wurde er zum Staatspräsidenten ernannt.

derttausende flohen in die Nachbarstaaten. Die FPR-Rebellen eroberten immer mehr Gebiete, die Übergangsregierung flüchtete aus Kigali, und marodierende Banden begingen Pogrome an der jeweils anderen Bevölkerungsgruppe. Ende Juni begann Frankreich mit der Militäraktion »Operation Türkis«. 2500 französische und senegalesische Soldaten richteten im Südwesten Ruandas eine Schutzzone ein. Am 4. Juli eroberten die Tutsi-Rebellen die Hauptstadt.

Weitere Entwicklung

Am 18. Juli erklärte die FPR den Krieg einseitig für beendet und vereidigte eine neue Regierung. Die beiden höchsten Staatsämter wurden mit Hutus besetzt: PASTEUR BIZIMUNGU wurde Staatspräsident und FAUSTIN TWAGIRAMUNGU Ministerpräsident. Die UNO entsandte 5000 Blauhelmsoldaten nach Ruanda.

Über eine Million Hutus flüchteten vor den heranrückenden Truppen nach → Zaire, wo in den Flüchtlingslagern noch immer täglich Menschen an der Cholera sterben oder die Übergriffe geflüchteter Hutu-Regierungssoldaten befürchten müssen, die weiterhin den Haß schüren und gnadenlos ehemalige Tutsi-Kollaborateure verfolgen. Aus Angst vor der Rache der Tutsi flüchteten auch Hunderttausende aus den eingerichteten Schutzzonen. Über 40 000 Soldaten der ehemaligen Regierungsarmee bereiten sich in Zaire auf die Rückeroberung Ruandas vor. Dort hat sich die Lage vorerst stabilisiert; die neue Regierung, die eine Aussöhnungspolitik betreibt, hat die Flüchtlinge aufgefordert, ins Land zurückzukehren. Im August wurde TWAGIRAMUNGO, dessen Amtszeit bis 1999 laufen sollte, von Präsident BIZIMUNGU bereits wieder entlassen. Neuer Ministerpräsident wurde PIERRE-CÈLESTIN RWIGEMA vom Stamm der Hutu.

Literatur: s. a. → Burundi, → Tansania, → Uganda, → Zaire
U. Buschmann: *Das Bodenrecht in Ruanda.* Aachen 1987.
R. Eegley: *Rwanda*. Santa Barbara 1993.
K.-H. Hausner / B. Jezic: *Rwanda, Burundi.* Bonn 1968.
C. Newbury: *The Cohesion of Oppression. Clientship and Ethnicity in Ruanda 1960–1980.* New York 1988.
H. Schürings: *Ruandische Zivilisation und christlich-koloniale Herrschaft.* Frankfurt 1992.
Statistisches Bundesamt (Hg.): *Länderbericht Ruanda.* Wiesbaden 1992.
J. Vanderlinden: *La République Rwandaise.* Paris 1970.

Staatsname: Republik Ruanda
Staatsform: Präsidiale Republik (seit 1962)
Staatsoberhaupt: Pasteur Bizimungu (Hutu; seit 19.7.1994)
Regierungschef: Pierre-Cèlestin Rwigema (Hutu; seit 29.8.1994)
Regierung: FPR und drei weitere Parteien (seit 19.7.1994)
Parlament: Übergangsparlament 70 Sitze (seit 25.11.1994), FPR und 12 kleinere Parteien
Mitgliedschaft bei internationalen Organisationen: AKP, OAU, UNO
Lage: 29°–31° östlicher Länge, 1°–3° südlicher Breite
Fläche: 26 271 km²
Hauptstadt: Kigali
Bevölkerung: 7,6 Millionen; Hutu 90 %, Tutsi 9 %, Twa (Pygmäen) 1 %
Wirtschaft: Landwirtschaft 41 %, Dienstleistung 37 %, Industrie 22 %; Export: Kaffee 60,2 %, Tee 24,4 %

RUMÄNIEN

Bürgerkrieg und Regimesturz 1989

Mißwirtschaft und jahrzehntelange Unterdrückung führten zu sozialen Unruhen und zum Sturz des psychopathische Züge tragenden kommunistischen Diktators Nicolae Ceaușescu. Kein Umsturz in Osteuropa verlief so blutig wie der in Rumänien.

Historischer Hintergrund

Frühgeschichte bis 16. Jahrhundert
In der südöstlichen Region Europas zwischen Donau, Karparten und Schwarzem Meer existierte bis 800 v. Chr. eine bronzezeitliche Kultur, die von den aus Südrußland eindringenden Skythen zerstört wurde. Im 3. Jahrhundert v. Chr. mußten sich die Skythen den Dakern unterwerfen, die einen festen Stammesverband bildeten und im 1. Jahrhundert v. Chr. unter Burebistas ein erstes Königreich im Südwesten Transsilvaniens errichteten, das bis zum Schwarzen Meer reichte.

Die dakischen Stämme konnten lange Zeit die Römer abwehren: Erst Anfang des 2. Jahrhunderts eroberte Rom unter Kaiser Trajan die Gebiete der späteren Walachei, Siebenbürgens und der südlichen Moldau. In den zwei Jahrhunderten ihrer Herrschaft bauten die Römer die Infrastruktur ihrer neuen Provinz aus: Sie gründeten Städte, bauten Handelsstraßen und führten das arianische Christentum ein. Die römische Kultur prägte auch nach der Eroberung durch die Goten (271) und nach der Völkerwanderung bis zum 10. Jahrhundert, als die Awaren, Slawen, Magyaren und die nomadischen Turkvölker der Petschenegen und Kumanen im Donauraum siedelten, weiterhin die Region.

Erste Staatsformen bildeten die sog. Woiwodschaften (Grundherrschaften), die bis zum 13. Jahrhundert von den Ungarn beherrscht wurden, die deutsche Siedler ins Land gebracht hatten.

Im 14. Jahrhundert entstanden zwei unabhängige christliche Fürstentümer, aus denen später der rumänische Staat hervorgehen sollte: das Fürstentum in der Moldau (→ Moldawien) unter Bogdan, das im frühen 15. Jahrhundert unter polnischem Einfluß stand, sowie das von Basarab begründete Fürstentum in der Walachei, das ab 1391 den Türken Tribut zahlen mußte. Die Moldau war ab 1513 den Osmanen tributpflichtig.

Seine heutige territoriale Form erhielt Rumänien erst im Zuge des Zweiten Weltkriegs. Das Staatsgebiet grenzt im Norden an die Ukraine, im Westen an Ungarn, im Südwesten an Serbien, im Süden an Bulgarien und im Südosten an das Schwarze Meer.

Neuzeit

Erst nach der Niederlage der Türken vor Wien 1699 ging auch ihr Einfluß in der Moldau und der Walachei zurück: 1718 eroberte Prinz EUGEN das Banat. Nach den russisch-türkischen Kriegen machte sich ab 1739 immer mehr der russische Einfluß in Rumänien bemerkbar. 1775 mußte die Bukowina an Österreich abgetreten werden. 1784 kam es zu einem großen Volksaufstand gegen den Adel, und nachdem 1812 Bessarabien an → Rußland gefallen war, kam es 1821 und 1848 wieder zu Aufständen, die aber niedergeschlagen werden konnten. Nach dem Krimkrieg und dem Frieden von Paris 1856 gestanden die europäischen Großmächte den Rumänen das Recht zu, einen eigenen Staat zu bilden. Fürst ALEXANDER CUZA MUNTENIA vereinigte 1859 die beiden Landesteile Moldau und Walachei zu einem Staat, der 1862 als Rumänien proklamiert wurde. Prinz KARL VON HOHENZOLLERN-SIGMARINGEN wurde 1866 als CAROL I. zum Fürsten von Rumänien gewählt. Er hatte

Nicolae Ceaușescu (26.1.1918–25.12.1989) Rumänischer Staatspräsident von 1974 bis 1989. Der wegen seiner Mitgliedschaft in antifaschistischen Kampfbünden mehrfach inhaftierte Ceaușescu durchlief nach dem Zweiten Weltkrieg eine steile Karriere in der rumänischen KP. 1965 wurde er Erster Parteisekretär, 1967 zusätzlich Staatsratsvorsitzender und 1974 Präsident der Republik. Gegenüber der kommunistischen Brudermacht Sowjetunion setzte Ceaușescu auf größere, auch ideologische Selbständigkeit, was ihm im Westen Sympathie einbrachte. In seinem vergeblichen Trachten, das Agrarland gewaltsam zu industrialisieren, verwandelte er Rumänien aber zum »Armenhaus« Europas. Seine diktatorische Herrschaft stabilisierte er mit Hilfe des gefürchteten Staatssicherheitsdienstes »Securitate«. Der immer grotesker werdende Kult um seine Person stand in krassem Widerspruch zu seinem völligen politischen Versagen. Die unmenschlichen Entbehrungen, die der Diktator dem Volk abverlangte, führten schließlich im Dezember 1989 zum blutigen Umsturz. Noch im selben Monat wurde Ceaușescu zusammen mit seiner Frau Elena hingerichtet.

durch sein Eingreifen im russisch-türkischen Krieg 1877 und auf dem Berliner Kongreß, auf dem die Türken die Selbständigkeit Rumäniens akzeptierten, entscheidend zur Unabhängigkeit des Landes beigetragen. 1881 wurde er König und regierte bis 1914.

20. Jahrhundert

Während des Ersten Weltkrieges kämpfte Rumänien 1916 an der Seite der Alliierten gegen Österreich, wurde aber bald besiegt. Nach dem Untergang des Habsburger-Reiches wurden Transsilvanien, das russische Bessarabien und das ungarische Siebenbürgen rumänisch.

Überfällige Land- und Sozialreformen verhinderte in den zwanziger Jahren die Aristokratie. CAROL II. erreichte 1934 im Balkanpakt mit den europäischen Großmächten die Sicherung des rumänischen Territoriums. Der seit 1930 regierende Monarch, der 1938 eine Königsdiktatur errichtet hatte, versuchte, Rumänien aus dem Zweiten Weltkrieg herauszuhalten, konnte aber nicht verhindern, daß → Ungarn und Bulgarien mit deutscher Hilfe ihre territorialen Ansprüche durchsetzen konnten und → Rußland den Norden der Bukowina und Bessarabien annektierte (→ Moldawien).

Nach seiner Abdankung 1940 folgte MICHAEL I. auf den Thron. Die Regierungsgeschäfte betrieb ION ANTONESCU, der Rumänien an der Seite Deutschlands in den Krieg gegen die Sowjetunion führte. Nach der Niederlage des Verbündeten erklärte MICHAEL I. nachträglich Deutschland den Krieg und ließ ANTONESCU als Kriegsverbrecher hinrichten. Dies hielt die UdSSR nicht davon ab, das Land zu besetzen. Dem Einmarsch der sowjetischen Truppen hatte Rumänien nichts mehr entgegenzusetzen.

Nach dem Zweiten Weltkrieg

Das Land geriet rasch unter kommunistische Kontrolle. König MICHAEL I. mußte 1947 abdanken, und Rumänien wurde »Volksrepublik«. Bukarest unterwarf sich bis Anfang der sechziger Jahre bedingungslos der Politik Moskaus. Dies änderte sich erst ab 1962, als das Agrarland Rumänien entgegen der Weisung des großen Bruderstaates begann, ein ehrgeiziges Industrialisierungsprogramm zu verfolgen.

Nach der Wahl des als Reformer geltenden NICOLAE CEAUȘESCU 1965 zum Ersten Sekretär der rumänischen Kommunisten ging Bukarest immer mehr auf Distanz zu Moskau. CEAUȘESCU verurteilte 1968 den Einmarsch der *Warschauer-Pakt*-Staaten in Prag (→ Tschechoslowakei) und vertrat auch in weiteren außenpolitischen Fragen andere Positionen als die Kremlherren. Dies machte Rumänien zu einem interessanten Ansprechpartner für den Westen im sonst so monolithisch erscheinenden Ostblock. So stellten westliche Staaten Kapital zur Verfügung, um die gigantischen Industrialisierungsprojekte Rumäniens zu verwirklichen.

Konfliktparteien

Ceaușescu-Regime

In den 24 Jahren seiner Herrschaft hatte Ceaușescu, der seit 1967 auch Staatsratsvorsitzender und seit 1974 Staatspräsident war, ein auf einen beispiellosen Personenkult (er ließ sich »Conducator« oder »Titan der Titanen« nennen), Korruption und Nepotismus gegründetes diktatorisches System aufgebaut, das sich vor allem auf den ihm unterstellten und loyal ergebenen paramilitärischen Sicherheitsapparat des äußerst effizienten und brutalen Geheimdienstes *Securitate* stützte.

Alle wichtigen Ämter in Staat und Wirtschaft hatte er an seine Familie und treue Vasallen vergeben. Gegen die deutsche und ungarische Minderheit im Land entfachte das Regime einen extremen rumänischen Nationaldünkel: Seit Anfang der achtziger Jahre verschärfte sich die Repression gegen die in Rumänien lebenden Ungarn und die deutschstämmigen Siebenbürger Sachsen.

Eine rücksichtslose Umstrukturierung des Agrarsektors, bei der über 7000 Dörfer zerstört werden sollten, führte zu steigender Unzufriedenheit und Unruhe in der Bevölkerung. Darüber hinaus hatte die Regierung versucht, die Auslandsschulden durch Nahrungsmittelexporte auszugleichen, was zu einer Verknappung der Lebensmittel im eigenen Land und zu großen Versorgungsproblemen in der Bevölkerung führte. Die UdSSR hatte in den Jahren der katastrophalen Entwicklung Rumäniens keine Möglichkeit, wie in den anderen Ostblockstaaten, Einfluß auf die Regierung auszuüben. Der Machterhalt anderer kommunistischer Regime des europäischen Ostblocks stand in der Vergangenheit in einem direkten Verhältnis zur ideologischen wie wirtschaftlichen Abhängigkeit von Moskau und war an die militärische Präsenz sowjetischer Truppen gebunden. In Rumänien waren dagegen keine sowjetischen Soldaten stationiert.

Die Herrschaft des größenwahnsinnigen Ceaușescu nahm immer deutlichere psychopathische Züge an. Er war nicht mehr in der Lage, die sich verschärfenden wirtschaftlichen und sozialen Probleme wahrzunehmen, geschweige denn zu bewältigen. Die Verhinderung von Reformen führte in eine ökonomische Krise, die Rumänien zum Armenhaus Europas machte und politisch immer mehr isolierte. Der perfekte Überwachungsapparat der *Securitate* mit seinen perfiden Repressionsmethoden machte viele Jahre jegliche Kritik oder Oppositionsbildung unmöglich.

Bukarest, 26. Dezember 1989: Bei den heftigen Kämpfen zwischen der rumänischen Armee und Ceaușescu-treuen Geheimpolizisten wurden über Weihnachten 6000 Menschen getötet.

Ceaușescu-Gegner
Innerhalb der *Kommunistischen Partei* bildete sich aufgrund der katastrophalen innenpolitischen Situation eine Gruppe namens *Front zur nationalen Rettung* (FSN). Im Oktober 1989 riefen oppositionelle Funktionäre unter der Führung von Ion Iliescu – wahrscheinlich mit Billigung Moskaus – zum Sturz Ceaușescus auf. Nachdem sich die Bevölkerung bei Protestdemonstrationen, die blutig niedergeschlagen wurden, Gehör verschafft hatte und auf eine Verbesserung der Lage drängte, stellte sich die rumänische Armee auf die Seite der Parteirebellen.

Konfliktverlauf

Michail Gorbatschow
→ Rußland

Im Sommer 1989 hatte der sowjetische Staats- und Parteichef Michail Gorbatschow auf der zum ersten Mal in Bukarest stattfindenden Ostblock-Gipfelkonferenz die Notwendigkeit von Reformen in den sozialistischen Staaten betont. Sein Gastgeber Ceaușescu zeigte sich davon unbeeindruckt und erteilte im November auf dem 14. Parteitag, bei dem er einstimmig als KP-Chef wiedergewählt wurde, allen Reformen eine eindeutige Absage.

Auslöser für den Regimesturz waren gewaltsam unterdrückte Demonstrationen am 17. Dezember in der Universitätsstadt Temesvar im ungarischen und deutschen Siedlungsgebiet im Bezirk Timiș. Mehrere tausend Menschen hatten gegen die Zwangsumsiedlung eines ungarnstämmigen Pfarrers und Bürgerrechtlers protestiert. Bei den Auseinandersetzungen mit den Sicherheitskräften hatte es Tote und Verletzte gegeben. Einen Tag später riegelte die Armee die Stadt ab, alle Grenzen wurden geschlossen, und über den Bezirk wurde der Ausnahmezustand verhängt. Doch die Unruhen weiteten sich zu einem Volksaufstand aus, der auf die Hauptstadt Bukarest übergriff. Der Armee und Polizei gelang es nicht, die aufgebrachten Massen unter Kontrolle zu bringen. Am 21. Dezember versuchte CEAUŞESCU, vom Balkon seines Palastes aus vor einer riesigen Menschenmenge seine Politik zu verteidigen: Er wurde jedoch niedergeschrien, und die aufgebrachte Menge stürmte den Präsidentenpalast, während CEAUŞESCU zunächst fliehen konnte. Der Ausnahmezustand wurde daraufhin über das ganze Land verhängt. Große Teile der Armee schlossen sich den Demonstranten an, die sich gegen die Übergriffe der *Securitate* zu verteidigen versuchten. Es kam zu einem wenige Tage dauernden Bürgerkrieg zwischen der Armee und Einheiten des Staatssicherheitsdienstes.

CEAUŞESCU und seine Frau wurden von der Armee verhaftet, vor ein Schnellgericht gestellt und am 25. oder 26. Dezember (das genaue Datum ist nicht bekannt) hingerichtet. Der Widerstand der führerlos gewordenen *Securitate* brach am 28. Dezember endgültig zusammen.

Ion Iliescu (*3.3.1930)
Präsident Rumäniens seit 1990. Als politischer Ziehsohn Ceauşescus war Iliescu seit 1968 Mitglied des Zentralkomitees der rumänischen KP und wurde 1971 ZK-Sekretär für Kultur und Propaganda. Unstimmigkeiten zwischen ihm und der übrigen Parteiführung u. a. wegen des ausufernden Personenkults um den Diktator ließen ihn in der Machthierarchie zurückfallen. Ab 1979 bis zum Sturz Ceauşescus spielte Iliescu im Staat keine nennenswerte Rolle mehr. Nach der Revolution von 1989 profilierte sich Iliescu als Kopf der »Front zur nationalen Rettung« und provisorisches Staatsoberhaupt so sehr, daß er im Mai 1990 aus den Präsidentschaftswahlen als strahlender Sieger hervorging. Seine Glaubwürdigkeit als Reformpolitiker sank unterdessen wieder, nicht zuletzt weil er 1990 mit brutaler Härte gegen Oppositionelle durchgreifen ließ.

Ergebnis und weitere Entwicklung

Entscheidend für das Gelingen des Umsturzes war der Entschluß der Armeeführung, sich auf die Seite des Volkes zu stellen. Ausschlaggebend für diesen Schritt war die Ermordung des Verteidigungsministers VASILE MILEA, der sich geweigert hatte, auf Demonstranten schießen zu lassen. Bei den Kämpfen sollen zwischen 1000 und 6000 Menschen ums Leben gekommen sein.

Die FSN bildete eine neue Staatsspitze, die sich aus in Ungnade gefallenen hohen Funktionären des CEAUSESCU-Regimes sowie oppositionellen Intellektuellen und Bürgerrechtlern zusammensetzte: Das Amt des Staatsoberhauptes übernahm der ehemalige Propagandachef ION ILIESCU, der sich 1971 geweigert hatte, eine Art »Kulturrevolution« nach chinesischem Muster auch in Rumänien durchzuführen, und danach in den Nationalen Wasserrat versetzt wurde. Aus dieser Zeit kannte er den Wasserbauingenieur PETRE ROMAN, den er zum neuen Ministerpräsidenten bestellte. Bereits am 22. Dezember, noch während der Kämpfe, hatte die FSN im Fernsehen angekündigt, die führende Rolle der *Kommunistischen Partei* zu streichen, eine demokratische und rechtsstaatliche Verfassung auszuarbeiten, die Zerstörung der Dörfer zu beenden, eine Bildungsreform durchzuführen, die Gleichberechtigung der nationalen Minderheiten in der Verfassung zu verankern, die Nahrungsmittelexporte zu Lasten der Bevölkerung zu stoppen und die *Securitate* aufzulösen.

Vorübergehend setzte eine Liberalisierung des politischen Lebens ein. Minderheiten- bzw. Territorialkonflikte mit → Ungarn (Siebenbürgen) bzw. der Sowjetunion um → Moldawien (Bessarabien) blieben zunächst ungelöst, obwohl eine Ausweitung der Autonomierechte für die nationalen Volksgruppen angekündigt worden war. Dessen ungeachtet lieferten sich ungarische und rumänische Nationalisten Ende März 1990 bei Tîrgu Mureş blutige Auseinandersetzungen. Auch die Roma-Minderheit (etwa 400 000 leben in Rumänien) war Verfolgungen und sogar Pogromen von seiten nationalistischer Rassisten ausgesetzt. Aus den ersten Wahlen im Mai 1990, bei denen mehrere Parteien zugelassen waren, ging die FSN mit 86 Prozent der Stimmen als Sieger hervor.

International wurden immer wieder Zweifel laut, daß die neuen Machthaber in Bukarest wirklich eine Änderung der Herrschaftsstrukturen anstrebten oder nur eine modifizierte Diktatur etablieren wollten. Kurz vor ILIESCUS Amtsantritt als erstes freigewähltes Staatsoberhaupt am 20. Juni 1990 war es nämlich zu blutigen Protestdemonstrationen gegen die neue Regierung gekommen. Die Demonstranten wurden von den Sicherheitskräften und von eilig herbeigeholten Bergarbeitern niedergeknüppelt.

Aufgrund der Wirtschaftsreform, die Preissteigerungen, Versorgungsengpässe und Arbeitslosigkeit zur Folge hatte, kam es im zweiten Halbjahr 1990 und in den nächsten Jahren immer wieder zu Demonstrationen, Streiks und Regierungsumbildungen. Im Dezember 1991 wurde in einer Volksabstimmung mit Zweidrittelmehrheit die neue Präsidialverfassung angenommen.

Die Regierungspartei FSN spaltete sich im März in einen Reformflügel um den ehemaligen Ministerpräsidenten ROMAN und in den Präsidentenflügel um ILIESCU, der für einen starken Staat eintritt und bei den Wahlen 1992 in seinem Amt erst nach einer Stichwahl bestätigt wurde.

Im November 1992 einigten sich die Regierungen Rumäniens und der ehemaligen Sowjetrepublik → Moldawien auf die Einrichtung eines gemeinsamen Parlamentsausschusses, der die Fusion beider Länder prüfen soll. Doch inwieweit Bukarest weiterhin Vereinigungsbestrebungen mit dem Nachbarn verfolgt, ist zur Zeit nicht eindeutig auszumachen. Rumänien gewährt Moldawien wirtschaftliche Unterstützung.

Der anhaltenden Ausreisewelle von deutschstämmigen Rumänen versuchten Bonn und Bukarest am 20. April 1992 durch die Unterzeichnung eines Abkommens zu begegnen. Die Anzahl der Wirtschaftsflüchtlinge soll durch Wirtschaftshilfe und den Ausbau von Ausbildungszentren und Betrieben verringert werden.

Bei einer Umfrage 1994 bekannten sich 30 Prozent der Bevölkerung zur Monarchie. Der 1947 zurückgetretene König MICHAEL I., der seit seiner Abdankung in der Schweiz lebt und nach dem Sturz CEAUŞESCUS nur zweimal für kurze Zeit seine Heimat besuchen konnte, hatte sich bereits 1992 für die Errichtung einer konstitutionellen

Monarchie ausgesprochen, in der viele Rumänen eine Alternative zu den bisher regierenden Altkommunisten sehen.

Literatur: R. Castellan: *Histoire de la Romanie.* Paris 1984.
A. U. Gabanyi: *Die unvollendete Revolution. Rumänien zwischen Diktatur und Demokratie.* München 1990.
C. C. Giurescu / D. C. Giurescu: *Geschichte der Rumänen.* Bukarest 1980.
M. Shafir: *Romania.* London 1985.

Staatsname: Republik Rumänien
Staatsform: Republik (seit 1991)
Staatsoberhaupt: Ion Iliescu (FDSN; seit 1989)
Regierungschef: Nicolae Vacaroiu (parteilos; seit 1992)
Regierung: PSDR, PUNR, Parteilose (seit 1994)
Parlament: Volksdeputiertenkammer 327 Sitze (Wahl vom 27.9.1992)
PSDR (Sozialdemokraten) 117, CDR (Demokraten) 82, FSN (Sozialdemokraten) 43, PUNR (Nationalisten) 30, UDMR (Ungarn) 27, PRM (Nationalisten) 16, Sonstige 12
Mitgliedschaft bei internationalen Organisationen: Europarat, OSZE, UNO
Lage: 20°– 29° östlicher Länge, 43°– 48° nördlicher Breite
Fläche: 237 500 km^2
Hauptstadt: Bukarest
Bevölkerung: 22,8 Millionen; Rumänen 89,4 %, Ungarn 7,1 %, Roma 1,8 %, Deutsche 0,5 %, Ukrainer 0,3 %, Sonstige 0,9 %; Rumänisch-Orthodoxe 86,8 %, Katholiken 5 %, Griechisch-Orthodoxe 3,5 %, Muslime 0,2 %, Sonstige 4,5 %
Wirtschaft: Industrie 47,1 %, Dienstleistung 32,6 %, Landwirtschaft 20,3 %; Export: Metalle 20,5 %, Textilien 17,8 %, Mineralien 14,9 %

RUSSLAND

Konfliktpartei bei internationalen Krisen
Sowjetische und russische Nationalitätenkonflikte
Tschetschenien- und Inguschen-Konflikt seit 1991

Rußland war und ist als größte und mächtigste Nachfolgerepublik der ehemaligen Sowjetunion Konfliktpartei in mehreren bewaffneten Auseinandersetzungen. Nach dem Zusammenbruch der UdSSR kam es zu innerrussischen Konflikten, die ihre Ursachen in der Geschichte des imperialistischen Zaren- und Sowjetreiches haben.

Historischer Hintergrund

Russische Geschichte des 20. Jahrhunderts ist sowjetische Geschichte. Das Staatsterritorium des Sowjetreiches gründete sich auf zaristischen Landraub. Von entscheidender Bedeutung für die Entwicklung der UdSSR (und vor allem für ihre Auflösung) waren die unterschiedlichen politischen, sozialen und kulturellen Eigenheiten der jeweiligen Teilrepubliken (→ Armenien, → Aserbaidschan, Estland, → Georgien, Kasachstan, Kirgisistan (Kirgisien), Lettland, Litauen, → Moldawien, Russische Föderation, → Tadschikistan, Turkmenistan, Ukraine, Usbekistan, und Weißrußland), die als historische Kräfte in der Union stets wirksam blieben.

Schon das zaristische Rußland konnte die heterogenen bzw. gegenläufigen Elemente verschiedener Traditionen der zahlreichen Nationalitäten slawischer, mongolisch-tatarischer oder türkischer Abstammung nur mühsam zusammenhalten. Beim Untergang des kommunistischen Systems, das mit seinen repressiven Methoden als staatliche Klammer gedient hatte, zerfiel das Großreich wieder in seine Teilgebiete. In einigen neuen Staaten und in russischen Gebieten (s. u. Tschetschenien und Inguschien) kam es daraufhin zu teilweise ethnisch und historisch motivierten bewaffneten Konflikten. Aufgrund der jahrhundertelangen Unterdrückung der legitimen Interessen der vielgestaltigen Volksgruppen und der Zwangsherrschaft der Zentralmacht forderten ethnische Gruppen Autonomie oder suchten gewaltsam einen Weg zur Unabhängigkeit.

Frühgeschichte

Erste Spuren der Besiedlung lassen sich seit der Altsteinzeit belegen. Sarmaten und finnisch-ugrische Stämme siedelten im Norden des von weiten Steppen- und großen Waldge-

Nach jahrhundertelanger Unterdrückung unzähliger Volksgruppen im Zarenreich und anschließend in der UdSSR kam es nach dem Zerfall der Sowjetunion zu Sezessionsbestrebungen.

bieten durchzogenen Landes; das nomadisierende, sehr kriegerische Reitervolk der Skythen durchstreifte seit 700 v. Chr. die südlichen Steppen bis zum Schwarzen Meer. Sie mußten sich im 3. Jahrhundert v. Chr. der Sarmaten aus dem Wolgagebiet erwehren. Seit dem 3. Jahrhundert n. Chr. kamen von Norden ostgermanische Stämme. Die Goten errichteten eine Tributherrschaft über die slawischen und ostslawischen Stämme, wurden aber bereits 375 von den aus Zentralasien vorgedrungenen Hunnen unterworfen. In den folgenden Jahrhunderten beherrschten vor allem zentralasiatische Reiter- bzw. Nomadenvölker (Bulgaren, Chazaren, Kumanen, Petschenegen, Tataren) das Gebiet zwischen der oberen Wolga und der südrussischen Steppe. Von der Weichselregion zogen slawische Stämme weiter nach Osten zum mittleren Dnjepr, zur Dúna (Daugava) und bis zum Ilmensee.

Die aus Schweden stammenden Waräger (Wikinger) beherrschten seit 800 die Region um Nowgorod; sie drangen unter der Führung von RURIK Mitte des 9. Jahrhunderts weiter bis Kiew vor und gründeten dort 882 den ersten russischen Staat, das sog. Kiewer Reich, einen Zusammenschluß ostslawischer Stämme unter der Führung skandinavischer Fürsten. 907, 941 und 1043 versuchten sie vergeblich, Byzanz zu erobern. Die Byzantiner nannten die Waräger »Rus« bzw. »Kiewer Rus«; später wurde daraus »Rosija« (Rußland).

10. bis 15. Jahrhundert

Seit dem 10. Jahrhundert baute das Kiewer Reich enge wirtschaftliche Beziehungen zu Byzanz auf, und 988 nahm Großfürst WLADIMIR I. (»der Heilige«), der die byzantinische Kaisertocher ANNA geheiratet hatte, das Christentum an. Damit wurden auch die byzantinische Schrift und Kunst adaptiert.

Diese Nähe zu Byzanz bestimmte für Jahrhunderte die kulturelle Entwicklung des zwischen Einheit und Spaltung wechselnden sowie hin- und hergerissenen Reiches. Die Einflüsse aus dem übrigen, vor allem westlichen Europa blieben für sehr lange Zeit äußerst gering, obwohl 1017 und 1033 Bündnisse mit dem deutsch-römischen Reich und Polen bestanden und Rußland allmählich in das europäische Staatensystem miteinbezogen wurde.

Die Auflösung der Zentralmacht des Kiewer Reiches betrieben seit 1061 die Kumanen, die durch Übergriffe aus der Steppe die Handelsbeziehungen zwischen Kiew und Byzanz störten. Die Entscheidung, den Fürsten des Reiches ihre Gebiete als erblichen Besitz zuzuerkennen, führte ab 1100 zu einem losen Fürstenbund. Nach der Eroberung Kiews 1169 war der Fürst von Wladimir-Susdal, ANDREJ BOGOLJUBSKI, der mächtigste Herrscher im Reich. Inzwischen hatte sich Nowgorod – im Gegensatz zu den monarchistischen Reichsstrukturen in den südwestlichen Fürstentümern – zu einem wichtigen Handelszentrum entwickelt, das von Patriziern regiert wurde. Das Reich war somit geteilt und konnte 1237 dem Ansturm der Mongolen nicht mehr widerstehen.

BATU KHAN, ein Enkel des legendären DSCHINGIS KHAN, eroberte bis 1240 die russischen Fürstentümer und errichtete mit der »Goldenen Horde« einen islamisch-mongolischen Staat. Die Tataren wollten in erster Linie den Fernhandel der Russen kontrollieren und ließen die Fürstentümer unangetastet; sie erhielten eine weitgehende Autonomie, wurden aber zu Tributzahlungen verpflichtet. Die Fürsten hatten keine Heeresdienste zu leisten, und die Einheit der russischen Kirche blieb ebenfalls gewahrt. Doch die Mongolenherrschaft isolierte Rußland für lange Zeit von der Entwicklung im übrigen mittelalterlichen Europa. Die orthodoxe Kirche unterstützte vor allem die Moskauer Fürsten, die der Khan der »Goldenen Horde« mit der Eintreibung der Tributzahlungen beauftragt hatte. Unter der Moskauer Vorherrschaft verloren Nowgorod und die anderen rivalisierenden Fürstentümer seit Anfang des 14. Jahrhunderts an Bedeutung.

Nach der türkischen Eroberung Konstantinopels (Byzanz) 1453 betrachteten sich die Großfürsten Moskaus als legitime Nachfolger der oströmischen Kaiser; der Großfürst beanspruchte daher den Titel Caesar und nannte sich später Zar. Großfürst IWAN III. von Moskau verweigerte Ende des 15. Jahrhunderts der »Goldenen Horde« den Tribut. Mit IWAN III. begann die Expansionspolitik Moskaus und die Integration vieler russischer Fürsten- und Großfürstentümer zu einem Reich: Jaroslawl, Rostow, Nowgorod, Twer, oberes Dnjepr-, Oka-

und Desnabecken, Pskow und Rjasan. Die »Sammlung der russischen Erde« war 1521 abgeschlossen, die Mongolen waren endgültig vertrieben.

16. bis Anfang des 20. Jahrhunderts

Der Enkel IWANS III., IWAN IV. (»der Schreckliche«), dessen Herrschaft von grausamen Exzessen gegenüber der Bevölkerung gekennzeichnet war, nahm 1547 den Zarentitel an. Er gewann weiteres Land hinzu: 1552 das Tataren-Khanat Kasan und 1556 Astrachan. Seit 1582 eroberte der Nowgoroder Kaufmann und spätere Graf BORIS STROGANOW im Auftrag des Zaren und mit Hilfe kosakischer Söldner Sibirien. Russische Vorstöße in den Ostseeraum im Livländischen Krieg 1558 bis 1582 scheiterten an der Übermacht des Deutschen Ordens und Polen-Litauens.

Der erste Zar stärkte die Moskauer Zentralregierung, indem er die Macht des Hochadels einschränkte. Den Landbesitz verlieh er an den ihm ergebenen Dienstadel, der die leibeigenen Bauern gnadenlos ausbeutete.

1598 kam BORIS GODUNOW, ein Vertrauter IWANS IV., auf den Thron, der nach dem Tod des Zaren für dessen schwachsinnigen Sohn FJODOR I. die Regentschaft übernommen hatte. Nach GODUNOWS Tod 1605 entbrannte ein Machtkampf um den Zarenthron, an dem sich auch ausländische Mächte beteiligten: Polnische Truppen besetzten Moskau und 1611 schwedische Truppen Nowgorod. 1612 versuchte der polnische König SIGISMUND III., sich zum Zaren krönen zu lassen, was einen nationalen Aufstand hervorrief und MICHAIL ROMANOW 1613 auf den Zarenthron brachte.

Im Frieden von Stolbowo (1617) erhielt Rußland Nowgorod zurück, doch Ingermanland und Ostkarelien fielen an Schweden. Nach einer Phase der Wirren und der politischen Unsicherheit setzten sich die ROMANOWS mit ihrem Anspruch auf den Zarenthron durch und stellten die Autokratie wieder her. Die Expansionspolitik der frühen Zaren wurde fortgesetzt und das eigentliche russische Kerngebiet 1648 um ganz Sibirien erweitert. 1654 bis 1667 kam die Ukraine östlich des Dnjepr hinzu, 1658 die Amurregion, 1665 die Gebiete um den Baikalsee und 1667 Smolensk.

Mit der Regentschaft PETERS I. (»der Große«), der bereits als Zwölfjähriger 1682 zum Zaren ausgerufen worden war, aber erst 1689 den Thron bestieg, beginnt die Geschichte des modernen Rußland. Er leitete am westlichen Europa orientierte Reformen ein. PETER I. erweiterte seinen Herrschaftsbereich durch den Sieg über die Türken 1696 und die Eroberung der Festung Asow an der Mündung des Don. 1703 kam Ingermanland dazu, 1709 besiegte er die Schweden und erhielt 1710 Livland und Estland. Mit dem Frieden von Mystad (1721), der den Nordischen Krieg (seit 1700)

Katharina II. (2.5.1729–17.11.1796) *Russische Zarin von 1762 bis 1796. Die geborene Sophie Friederike Auguste, Prinzessin von Anhalt-Zerbst wurde im Alter von 14 Jahren mit dem späteren Zaren Peter III., Karl Ulrich von Holstein-Gottorp, verheiratet. Die Ehe erwies sich als wenig glücklich – Katharina veranlaßte Peters Sturz und billigte seine Ermordung. So gelangte sie selbst auf den Zarenthron, nachträglich legitimiert durch das Votum der 1767 einberufenen Gesetzgebenden Kommission. Innenpolitisch schien es zunächst, als setze die mit den Ideen der Aufklärung vertraute Regentin auf Reformen. Doch ganz im Gegenteil stärkte Katharina II. bald entschieden die überkommenen Sozialstrukturen, zu denen insbesondere die Leibeigenschaft gehörte. Außenpolitisch setzte sie auf Expansion: In zwei Türkenkriegen sicherte sie dem Russischen Reich den Zugang zum Schwarzen Meer und dehnte die Reichsgrenze bis zum Dnjestr aus. 1783 annektierte sie die Krim. Die Polnischen Teilungen brachten weiteren Gebietsgewinn, 1795 wurde auch das Herzogtum Kurland dem Reich eingegliedert.*

beendete, errang Rußland die Vorherrschaft im Ostseeraum. Seit 1716 war Rußland auch in Polen militärisch präsent und übte erheblichen politischen Druck aus. 1722/23 bezwang PETER I. Persien und eroberte Provinzen am Kaspischen Meer.

Im Siebenjährigen Krieg (1756–1762) kämpften russische Truppen (gegen Preußen) zum ersten Mal in Zentraleuropa. Nach der Ermordung des zu dieser Zeit regierenden Zaren PETERS III. bestieg 1762 dessen Witwe als KATHARINA II. den Thron. Sie setzte die von PETER I. begonnene Modernisierung fort. Die soziale Not der Leibeigenen hatte sich bisher nicht gebessert, sondern eher verschärft. 1773 kam es unter der Führung des Kosaken JEMELJAN PUGATSCHOW im Ural und im Wolgagebiet zu einem Aufstand. Kosaken, meist Bauern, bildeten Reiterheere und kämpften unter gewählten Anführern gegen das Zarenreich. Die Rebellen, zu denen auch entlaufene Leibeigene und muslimische Bergwerksarbeiter, die sog. Baschkiren, gehörten, eroberten Kasan und rückten auf Moskau vor. 1774 wurden sie aber von Regierungstruppen besiegt.

Rußland strebte auch unter KATHARINA II. weitere Expansion an: Die Ufer des Schwarzen Meeres und die vormals türkische Krimhalbinsel wurden 1783 russisch; nach den drei Teilungen Polens (1772, 1793, 1795) kamen die Ukraine, Weißrußland, Podolien und Litauen sowie Wolhynien und Kurland hinzu. Seit dem Frieden von Küçük-Kaynarci 1774, der den 3. Russisch-türkischen Krieg beendet hatte, erhob Moskau zudem Anspruch auf Teile des Balkans (→ Bosnien und Herzegowina), insbesondere auf ein Protektorat der orthodoxen »Glaubens- und Blutsbrüder« in den südslawischen Siedlungsgebiete. So unterstützte Rußland den serbischen Aufstand 1806 bis 1812 und 1827 auch den der Griechen.

Seit ihrem »Griechischen Projekt« (1787) zur Errichtung eines »Satellitenkaisertums«, versuchte KATHARINA II., Konstantinopel unter ihre Kontrolle bringen; dies löste den 4. Russisch-türkischen Krieg (1787–1792) aus, in dessen Folge sich Rußland bis zum Pruth ausdehnen konnte. Seitdem war das Durchfahrtsrecht russischer Schiffe am Bosporus eine entscheidende Frage der russischen Außenpolitik und zugleich ein bedeutender Faktor im Ringen mit der Türkei und den anderen Großmächten um die Vormachtstellung im Schwarzen Meer.

Die russische Expansionspolitik galt im Norden Finnland, das 1809 einverleibt wurde, im Westen Polen – Zar ALEXANDER I. gewann 1815 »Kongreß-Polen« hinzu –, im Süden Bessarabien, das 1812 russisch wurde, und Teilen des Osmanischen Reiches (Kaukasus und Balkan) sowie im Osten Zentralasien bis hin zum Pazifik. Von den Kaukasus-Völkern leisteten die Tschetschenen im 18. Jahrhundert den heftigsten Widerstand. Eine Reihe von späteren

Kriegen – Krimkrieg (1853–1856), Russisch-japanischer Krieg (1904/5) und Balkankriege (1912/13) – war ebenfalls Ausdruck dieser Expansionsbestrebungen.

Zar ALEXANDER I., Enkel von KATHARINA II., strebte Reformen des zentralistischen Staates an, doch die Beteiligung am 2. Koalitionskrieg (1798–1800) gegen das revolutionäre Frankreich und am 3. Koalitionskrieg (1805) verhinderten dies. Im 4. Koalitionskrieg (1806/07) kam Rußland seinem Verbündeten Preußen militärisch nur durch hinhaltenden Widerstand in Ostpreußen (1806/07) zu Hilfe, verhinderte aber im Frieden von Tilsit (1807) die Auflösung Preußens. Die Vereinbarung von Interessensphären zwischen dem französischen Kaiser NAPOLEON und ALEXANDER I. gab Rußland die Möglichkeit zur Eroberung Finnlands (1808/09). Das Osmanische Reich wurde durch die russische Unterstützung der aufständischen Serben in einen 5. Russisch-türkischen Krieg (1806–1812) hineingezogen. Der Einfall der napoleonischen Truppen in Rußland 1812 involvierte das Land endgültig in die zentraleuropäische Großmachtpolitik, und russische Truppen stießen bei der Verfolgung der geschlagenen französischen Armee über Polen und Deutschland (1813) bis nach Frankreich (1814) vor. Das Königreich Polen fiel auf dem Wiener Kongreß 1815 an Rußland (»Kongreß-Polen« mit eigener Verfassung, die eine gewisse Autonomie garantierte).

Seit den kulturellen und politischen Kontakten mit Westeuropa kamen liberale Ideen nach Rußland. Im Dezember 1825, als nach dem Tod ALEXANDERS I. Unsicherheit über seine Nachfolge herrschte, versuchten liberale Kräfte eine Revolution; der sog. Dekabristenaufstand wurde aber schnell niedergeschlagen. Unter NIKOLAUS I. blieb die Autokratie bestehen, und Rußland betrieb immer mehr europäsiche Großmachtpolitik. 1828 wurden → Aserbaidschan und der Norden → Armeniens Teile des großen Zarenreiches, und 1849 half Rußland den Habsburgern, den Aufstand in Ungarn niederzuschlagen. Im Krimkrieg 1854 konnten England und Frankreich die russischen Ansprüche auf türkisches Territorium erfolgreich zurückweisen.

Rußland expandierte weiter nach Zentralasien und nach Osten: Die Khanate Merw, Buchara und Samarkand wurden erobert, 1860 wurde Wladiwostok gegründet. In → Afghanistan stieß Rußland wie schon im Krimkrieg auf den Widerstand Englands, das sich von den russischen Expansionsbestrebungen in Asien bedroht fühlte.

Zar ALEXANDER II., seit 1855 auf dem Thron, wollte Rußland modernisieren und außenpolitisch stärken. 1861 erhielten durch die Aufhebung der Leibeigenschaft 47 Millionen Bauern die Freiheit und die Möglichkeit, Land zu erwerben. Da sie aber über keine finanziellen Mittel verfügten, übernahmen Beamte die Kontrolle über die Bauern,

Revolution 1905 in St. Petersburg: Kosaken attackieren demonstrierende Arbeiter auf dem Schloßplatz.

die noch weit davon entfernt waren, anerkannte, freie und gleiche Bürger zu sein.

Mit dem Aufbau einer modernen Industrie entstand in den Städten eine neue soziale Schicht. Die Arbeiterschaft wurde von bürgerlichen Intellektuellen (Anarchisten, Sozialrevolutionären, Sozialdemokraten) organisiert. Es bildeten sich kleine revolutionäre Gruppen (*Narodniki, Bolschewiki*). 1881 ermordeten die *Narodniki* (Volksfreunde) den Zaren. Unter seinen Nachfolgern ALEXANDER III. und NIKOLAUS II. blieben die politischen und sozialen Verhältnisse in Rußland trotz großer gesellschaftlicher Umwälzungen im Gefolge der industriellen Revolution – die Bauern kamen zu Tausenden in die Industriestädte und wurden Arbeiter– unverändert.

Das Engagement Rußlands auf dem Balkan ließ dort nationalrevolutionäre Bewegungen (sog. Panslawismus) entstehen; es kam zu Terroraktionen gegen die Türken und 1877/78 zur russischen Intervention (→ Bosnien und Herzegowina).

Nach der Orientkrise (1875–1878) und dem Berliner Kongreß (1878) stellte sich Deutschland, das 1879 für Österreich-Ungarn optierte, gegen Rußland, das sich mit Frankreich verbündete.

Den Russifizierungsmaßnahmen zwischen 1885 und 1892 – mehr als die Hälfte der Bevölkerung Rußlands war andersstämmig – widersetzten sich die bisher loyalen Völker des Reiches. Alle Untertanen des Zaren – die Eroberung Turkestans (Zentralasien), die bereits 1868 begonnen hatte, konnte erst 1895 abgeschlossen werden – sollten sich als Teil der russischen Nation verstehen, die russische Sprache und den orthodoxen Glauben übernehmen. Erhöhte Getreideexporte, die Devisen für die Industrialisierung einbringen sollten, und Mißernten führten 1891/92 zu Hungersnöten und verschärften die sozialen Spannungen.

Die territoriale und wirtschaftliche Expansion führte im Fernen Osten zu einem Krieg mit Japan, das die russische Armee in der Mandschurei besiegte und 1905 die Flotte des Zaren in der Straße von Tsushima vernichtete. Während dieses Krieges kam es zu einem revolutionären Aufstand. Am 22. Januar 1905 wurden in St. Petersburg Demonstranten vor dem Winterpalais des Zaren niedergeschossen. Daraufhin kam es zum Streik und in einigen Städten zu Straßenkämpfen; Arbeiterräte wurden eingerichtet, Bauern erhoben sich gegen die Großgrundbesitzer und Armee-Einheiten meuterten (u. a. auf dem Panzerkreuzer »Potemkin«). Schließlich zwang ein Streik der Eisenbahner Zar NIKOLAUS II. dazu, eine Verfassung vorzulegen, die die Einrichtung eines Parlaments (Duma) vorsah. Doch die Ansätze zu einem parlamentarischen System wurden nicht weiterentwickelt; die Arbeiterbewegung mußte sich nunmehr im Untergrund und im Exil organisieren.

Vor dem Ersten Weltkrieg wurde die Industrialisierung mit Schwerpunkten in Moskau, St. Petersburg, im Donezbecken, im Ural und um Baku intensiviert. Hier kam es immer wieder zu Streiks. Das Industrieproletariat stellte die Mehrheit bei den *Bolschewiki*.

Rußland unterstützte außenpolitisch weiterhin die südslawische Nationalbewegung in Serbien gegen Österreich-Ungarn und den Balkanbund im 1. Balkankrieg 1912/13 gegen das Osmanische Reich (→ Bosnien und Herzegowina).

Erster Weltkrieg und Revolution

Nach dem Ausgleich mit London über die Afghanistan- und Persienfrage wurde Moskau in die Entente zwischen England und Frankreich miteinbezogen (Tripel-Entente, 1907), die aber Rußland nach dem Kriegseintritt der Türkei an der Seite des deutschen Kaiserreichs isolierte. Rußland erlitt (u. a. wegen fehlender Materiallieferungen) schwere Niederlagen, und es entstand aufgrund der ausbleibenden Siege innenpolitisch eine explosive Situation. Die Streiks gegen die Regierung eskalierten 1917, als sich Armee-Einheiten den Demonstranten anschlossen. Am 15. März trat NIKOLAUS II. auf Drängen der Militärführung zurück; zusammen mit seiner Familie wurde er im Juli 1918 von den *Bolschewiki* ermordet.

Der Konflikt zwischen den gemäßigten revolutionären Kräften in der provisorischen Regierung, die die einmal errungene Macht nur erhalten wollten, und den weitergehenden Forderungen der St. Petersburger Räte führte zunächst zur bolschewistischen Oktoberrevolution: Am 7. November 1917 ergriffen die radikalsozialistischen *Bolschewiki* unter der Führung von WLADIMIR ILJITSCH LENIN die Macht (Sturm auf das Winterpalais, den Sitz der gemäßigten sozialistischen Regierung). Die bolschewistische militärische Aktion wurde von LEO DAWIDOWITSCH TROTZKI geleitet, der die *Rote Armee* aufbaute.

Im März 1918 schloß die neue Regierung mit Deutschland, Österreich-Ungarn, der Türkei und Bulgarien den

Wladimir Iljitsch Lenin (22.4.1870–21.1.1924)
Sowjetischer Staats- und Parteichef von 1917 bis 1924. Wegen politischer Agitation wurde Lenin 1897 nach Sibirien verbannt. Dort entwickelte er die Grundlagen seines auf den Lehren von Karl Marx und Friedrich Engels aufbauenden revolutionären Programms. Ab 1900 lebte Lenin mit einer kurzen Unterbrechung während des mißglückten Aufstands im Dezember 1905 im Exil. Nach dem Sturz des russischen Zarentums konnte er sich an die Spitze der Bolschewiki setzen, die innerhalb der revolutionären Sozialdemokratie in Rußland die Oberhand gewonnen hatten. Lenin machte aus der bolschewistischen Organisation eine straff geführte Kaderpartei. Nach der Revolution 1917 übernahm Lenin als Vorsitzender des Rates der Volkskommissare die Staatsführung. Mit dem langfristigen Ziel einer bolschewistischen Weltrevolution vor Augen fügte sich Lenin nahtlos in die Geschichte russischer Expansionspolitik ein.

Josef Wissarionowitsch Stalin (21.12.1879–5.3.1953)
Sowjetischer Staats- und Parteichef von 1924 bis 1953. 1922 wurde Stalin (»der Stählerne«, mit bürgerlichem Namen Dschugaschwili) Erster Generalsekretär der Partei und baute in der Folge dieses Amt zu einer Schlüsselposition im Partei- und Staatsapparat aus. Nach dem Tod Lenins im Jahr 1924 stieg Stalin zum unumschränkten Führer in der Kommunistischen Partei und im sowjetischen Staat auf. Ab 1929 verfügte er über die absolute Macht im Staat, nachdem er zuvor sämtliche innerparteilichen Gegner hatte ausschalten können. Nun begann seine von ihm so genannte »Revolution von oben«. Unter massiver Gewaltanwendung kollektivierte er die Landwirtschaft und forcierte den Ausbau der Schwer- und Rüstungsindustrie. 1935 bis 1939 vollzog Stalin in der »Großen Tschistka« eine blutige »Säuberung« in Partei, Armee und Staat. Außenpolitisch verfolgte er zunächst eine defensive Gleichgewichtspolitik. Der Hitler-Stalin-Pakt 1939 war dann der Auftakt einer offensiv-expansionistischen Eroberungspolitik.

Frieden von Brest-Litowsk und erkannte die Abtrennung Polens, Finnlands, der Ukraine, Litauens, Lettlands, Estlands, Georgiens und Armeniens vom russischen Staatsgebiet an. Im Sommer 1918 begann der Bürgerkrieg zwischen den Fraktionen der gespaltenen *Sozialdemokratischen Arbeiterpartei Rußlands*, den radikalen *Bolschewiki* (»Mehrheitler«) und den gemäßigten *Menschewiki* (»Minderheitler«) sowie gegen nationalistische Bewegungen der nichtrussischen Völker. Im Februar 1918 verlegte die Regierung ihren Sitz nach Moskau.

Nach dem Sieg der *Bolschewiki* 1921 entsprach der neue sowjetrussische Staat etwa dem Gebiet des zaristischen Imperiums – außer Finnland, Polen und den baltischen Staaten. Formal stützte er sich auf die *Sowjets* (Arbeiterräte), doch die eigentliche Macht lag beim Zentralkomitee der *Kommunistischen Partei der Sowjetunion* (KPdSU) und beim Politbüro. Die »Russische Sozialistische Förderative Sowjetrepublik« (RSFSR) hatte sich Ende 1922 mit Transkaukasien, der Ukraine und Weißrußland zur »Union der Sozialistischen Sowjetrepubliken« (UdSSR) zusammengeschlossen.

Stalin-Ära

Nach LENINS Tod (1924) begann ein fünfjähriger Kampf um die Führung der Partei. Bis 1929 konnte JOSEF WISSARIONOWITSCH DSCHUGASCHWILI, genannt STALIN (»der Stählerne«), seine innerparteilichen Gegner ausschalten und übernahm die alleinige Macht in Partei und Staat.

Seine an planwirtschaftlichen Prinzipien ausgerichtete Wirtschaftspolitik – alle Produktionsmittel waren bereits verstaatlicht worden – war durch die Zwangskollektivierung der Landwirtschaft und eine forcierte Industrialisierung gekennzeichnet. Die Zwangskollektivierung verursachte gewaltige soziale Umwälzungen und führte zu Hungersnöten. Die Unzufriedenheit mit dem stalinistischen Regime war unter den nichtrussischen Völkern am größten. Die Russifizierung wurde daraufhin nur noch rücksichtsloser durchgeführt.

Mitte der dreißiger Jahre ließ STALIN innerparteiliche Gegner liquidieren; erst 1939 war diese sog. Säuberung abgeschlossen.

Moskau unterstützte von 1939 bis 1941 Deutschland gegen die Westmächte (HITLER-STALIN-Pakt). Rußland wurde dennoch am 22. Juni 1941 von deutschen Truppen angegriffen. Mit der vernichtenden Niederlage der Deutschen bei Stalingrad, dem heutigen Wolgograd, im Winter 1942/43, begann der Siegeszug der *Roten Armee*, die 1945 mehr als die Hälfte Europas besetzt hatte.

Nach dem Zweiten Weltkrieg

Unmittelbar nach dem Ende des Zweiten Weltkriegs begannen der Aufbau eines Bündnissystems mit der Sowjetunion bedingungslos ergebenen Satellitenstaaten und zugleich der Kalte Krieg zwischen den kommunistischen Staaten Osteuropas und den Westmächten. Militärisch standen sich der *Warschauer Pakt* und die NATO gegenüber.

Im Juni 1948 verhängte die sowjetische Besatzungsmacht eine Blockade über West-Berlin, um ihre Macht zu demonstrieren und die ganze Stadt unter ihre Kontrolle zu bekommen (→ Deutsche Demokratische Republik).

STALIN starb im März 1953. Nach einer Phase der kollektiven Führung gelangte 1958 NIKITA SERGEJEWITSCH CHRUSCHTSCHOW an die Spitze der Sowjetstaates. Auf dem 20. Parteitag der KPdSU 1956 hatte er bereits die »Entstalinisierung« eingeleitet. 1964 wurde CHRUSCHTSCHOW abgesetzt, und LEONID ILJITSCH BRESCHNEW wurde neuer Generalsekretär der Partei. Er setzte die Politik der friedlichen Koexistenz seines Vorgängers bei gleichzeitiger Hochrüstung fort.

Leonid Iljitsch Breschnew (19.12.1906–10.11.1982)
Sowjetischer Staats- und Parteichef von 1964 bis 1982. Maßgeblich am Sturz von Nikita Chruschtschow beteiligt, bestimmte Breschnew als Präsidiumsvorsitzender des Obersten Sowjets (1960–1964 und 1977–1982), Erster Sekretär (1964) und Generalsekretär des Zentralkomitees der KPdSU (ab 1964) fast zwei Jahrzehnte lang die Politik der UdSSR. Außenpolitisch ging es ihm um die Sicherung der Weltmachtstellung der Sowjetunion. Trotz Kooperationsbereitschaft mit dem Westen nach 1970 nutzte er die amerikanische Schlappe in Vietnam, um die Einflußsphäre der UdSSR in Afrika und Asien zu erweitern. Innenpolitsch agierte er restaurativ, brach die zaghaften Reformen seines Vorgängers ab, setzte aber zugleich dessen wirtschaftlichen Modernisierungskurs fort. Nach der Entsendung von Truppen zur Unterdrückung der reformsozialistischen Bewegung in der Tschechoslowakei 1968 verkündete er die These vom »beschränkten Selbstbestimmungsrecht« der Staaten Osteuropas (»Breschnew-Doktrin«).

1982 bis 1993

Am 10. November 1982 starb der langjährige Staats- und Parteichef BRESCHNEW im Alter von 75 Jahren. Sein Nachfolger wurde der frühere Geheimdienstchef JURI WLADIMIROWITSCH ANDROPOW, der bis Februar 1984 die Sowjetmacht führte. Nach einer einjährigen Übergangsphase, in der der greise »Apparatschik« KONSTANTIN USTINOWITSCH TSCHERNENKO an der Spitze des Sowjetimperiums gestanden hatte, kam im Frühjahr 1985 der Reformer MICHAIL SERGEJEWITSCH GORBATSCHOW an die Macht. Er sollte der letzte Generalsekretär der KPdSU und letztes Staatsoberhaupt der Sowjetunion sein. Seine Politik der Entspannung nach außen, vor allem aber sein innenpolitisches Programm von »Perestroika« (Umgestaltung) und »Glasnost« (Offenheit, Transparenz) seit Sommer 1987 veränderte den gesamten Ostblock und die Konstellationen der Weltpolitik.

In vielen Regionen des Riesenreiches forderten seit dem Frühjahr 1988 nationale Bewegungen die Unabhängigkeit einzelner Republiken; viele alte ethnische und nationale Konflikte, die bisher in der Sowjetunion unterdrückt worden waren, brachen nun auf.

Auf der 19. Parteikonferenz der KPdSU wurde im Sommer 1988 die Reform des politischen Systems bestätigt; am 1. Dezember wurde eine Präsidialverfassung erlassen.

Im März 1989 fanden Wahlen zum sowjetischen Volksdeputiertenkongreß statt, der am 12. März 1990 die Abschaffung des Machtmonopols der KPdSU beschloß. GORBATSCHOW wurde am 15. März zum ersten Präsidenten der UdSSR, der Radikalreformer BORIS NIKOLAJEWITSCH JELZIN am 25. Mai zum Parlamentspräsidenten Rußlands gewählt.

Auf dem 28. Parteitag der KPdSU im Juli wurde GORBATSCHOW, der für eine »Union souveräner Staaten« plädierte, in seinem Amt als Generalsekretär bestätigt; JELZIN trat we-

Nikita Chruschtschow → Kuba

Michail Sergejewitsch Gorbatschow (*2.3.1931)
Sowjetischer Staats- und Parteichef von 1985 bis 1991. Der Jurist und Agrarökonom Gorbatschow, seit 1971 Mitglied des Zentralkomitees und seit 1980 des Politbüros wurde 1985 Generalsekretär der KPdSU. Ab 1988 Staatschef und Präsidiumsvorsitzender des Obersten Sowjets, übernahm er nach einer Verfassungsänderung 1990 das Amt des Staatspräsidenten. Unter den Schlagworten »Perestroika« (Umgestaltung) und »Glasnost« (Offenheit) leitete er eine tiefgreifende soziale und politische Strukturreform ein, die auf den gesamten Ostblock ausstrahlte. Außenpolitisch rückte er von der hegemonialen Großmachtpolitik ab und suchte den Ausgleich mit dem Westen. Die Versorgungskrise infolge der zögerlichen Umsetzung marktwirtschaftlicher Reformen, die aus seinem vorsichtigen Lavieren zwischen Radikalreformern und reaktionären Kräften erwuchs, sowie die ethnischen Konflikte im Vielvölkerstaat brachten ihn zunehmend in Bedrängnis. Mit der Gründung der GUS hörte die alte Sowjetunion 1991 auf zu existieren, und Gorbatschow trat zurück.

gen erheblicher Meinungsverschiedenheiten mit der Staats- und Parteiführung aus der KPdSU aus.

Der Oberste Sowjet billigte im Oktober den Übergang zu einer »regulierten Marktwirtschaft«. Volksabstimmungen in verschiedenen Sowjetrepubliken seit Februar 1991 bestätigten den Unabhängigkeitswillen der Bevölkerung. Ein Referendum am 17. März unterstützte die Umgestaltung der »Union der Sozialistischen Sowjetrepubliken« (UdSSR) in eine Union souveräner Republiken. Am 1. April 1991 löste sich der *Warschauer Pakt* auf. Ende April kam es zu einem Kooperationsabkommen zwischen GORBATSCHOW und neun Republikspräsidenten; der sowjetische Staatsname wurde in »Union souveräner Sowjetrepubliken« umgeändert. Bei der ersten Direktwahl in der Russischen Föderation am 12. Juni wurde JELZIN zum russischen Präsidenten gewählt. Er spielte eine entscheidende Rolle bei der Niederschlagung eines Putsches reaktionärer Altkommunisten gegen GORBATSCHOW zwischen dem 19. und 21. August in Moskau. Zwei Tage später erfolgten die Amtsenthebung der sowjetischen Regierung und das Verbot der *Kommunistischen Partei* in Rußland. GORBATSCHOW trat am 25. August als Generalsekretär der KPdSU zurück. Der Oberste Sowjet setzte eine neue Regierung ein, beschloß eine Umorganisation des Geheimdienstes KGB und neue Reformpläne. Der sowjetische Kongreß der Volksdeputierten verabschiedete am 5. September eine neue Verfassung und erkannte die Unabhängigkeit der baltischen Staaten an.

Am 21. Dezember gründeten 11 der ehemaligen Sowjetrepubliken (außer den baltischen Staaten und Georgien) die »Gemeinschaft Unabhängiger Staaten« (GUS), die das mit dem offiziellen Ende der UdSSR am 31. Dezember 1991 entstandene Machtvakuum füllen sollte.

Seitdem existiert wieder ein eigenständiges Rußland, an dessen Spitze Präsident JELZIN am 31. März 1992 einen Föderationsvertrag mit 18 russischen Republiken (zunächst noch ohne Tatarstan, Tschetschenien und Inguschien) unterzeichnete, der das zukünftige Zusammenleben im Vielvölkerstaat Rußland regeln sollte.

Im Oktober 1993 mußte JELZIN einen Putsch reformfeindlicher Kräfte abwehren. Bei den zum Teil gewaltsamen Auseinandersetzungen wurde das Moskauer »Weiße Haus«, in dem das Parlament tagt, von der russischen Armee belagert und beschossen. Da die Generalität der *Roten Armee* – wie schon beim Putsch vom August 1991 – eindeutig auf seiten der Regierung stand, wurde ein Bürgerkrieg bzw. die Machtübernahme der reaktionären Kräfte verhindert. Die politische Rolle der Armee ist auch bei der zukünftigen Entwicklung Rußlands zu einem demokratischen oder autokratischen Staat von außerordentlicher Bedeutung.

Nach rund zehnstündigen Kämpfen eroberten am 4. Oktober 1993 Eliteeinheiten der Armee das Weiße Haus in Moskau. Damit war der Putschversuch der nationalkommunistischen Opposition niedergeschlagen.

Konfliktparteien

UdSSR – Außenpolitik

Die Außenpolitik der Sowjetunion war nach 1945 von Widersprüchen geprägt: Einerseits bemühte sich der Kreml bei gleichzeitiger (vor allem auch atomarer) Hochrüstung um friedliche Koexistenz und später um eine Entspannungspolitik (Mitinitiator der *Konferenz für Sicherheit und Zusammenarbeit in Europa*; KSZE), anderseits verschärften die Kremlherren den Kalten Krieg, beschworen internationale Krisen herauf (→ Kuba-Krise) und unterstrichen durch militärische wie wirtschaftliche Unterstützung kommunistischer Regime in aller Welt sowie sozialistischer Freiheitsbewegungen in Asien, Afrika und Lateinamerika ihren Anspruch als Welt- bzw. Führungsmacht des Weltkommunismus.

Die restriktive Reaktion der Sowjets auf die revolutionären Ereignisse in Polen seit August 1980 (Streiks und Demonstrationen für mehr Demokratie), die sie als Bedrohung ihrer Hegemonie in Osteuropa empfanden, führte zwar zunächst zu einem Rückschlag in der Entspannungspolitik, trug aber letztlich zum Zerfall des Ostblocks bei. Durch die allmähliche Demokratisierung Polens (und anderer sozialistischer Länder) Ende der achtziger Jahre und die Wahl des legendären Führers der polnischen Widerstandsbewegung, LECH WALESA, zum Präsidenten im Dezember 1990 löste sich der monolithische Ostblock allmählich auf.

China

Seit dem Sieg der Kommunisten im chinesischen Bürgerkrieg 1949 (→ China) war in Peking ein Konkurrent um die Vormacht im kommunistischen Lager erwachsen. Es kam zu offenen ideologischen Feindseligkeiten und 1969 zu einem bewaffneten Zusammenstoß an der Grenze zur Mandschurei (Ussuri-Konflikt → China).

Boris Nikolajewitsch Jelzin (*1.2.1931)
Präsident der Russischen Föderation. Als radikalreformerischer Gegenspieler von Michail Gorbatschow schuf sich Jelzin nach seiner Entlassung als kommunistischer Parteichef Moskaus eine eigene politische Basis und wurde im Mai 1991 zum Präsidenten der Russischen Föderation gewählt. Der Anwalt von Demokratisierung und freier Marktwirtschaft war entscheidend an der Niederschlagung des kommunistischen Putschversuchs vom August 1991 gegen Gorbatschow beteiligt. Den Triumph nutzte er, um seine Stellung zu festigen. Er ließ die russische KP verbieten und unterstellte Armee, Geheimdienst und Polizei seinem Befehl. 1993 versuchten reaktionäre Abgeordnete des russischen Parlaments vergeblich, Jelzin zu stürzen. 1994 ließ er sich seine Stellung im Staat per Referendum stärken und macht seitdem innerhalb der GUS und weltweit den Machtanspruch Rußlands deutlich.

DDR, Ungarn und Tschechoslowakei
Um die Machtstellung im Ostblock nicht zu gefährden, unterdrückte Moskau jegliche demokratische Entwicklung oder Proteste gegen die Regime der sozialistischen Bruderstaaten: Den Volksaufstand vom 17. Juni 1953 in Ost-Berlin beendeten russische Panzer (→ Deutsche Demokratische Republik); im Oktober 1956 schlugen sowjetische Truppen den Ungarn-Aufstand nieder (→ Ungarn), und 1968 wurde eine mögliche Demokratisierung in der → Tschechoslowakei mit Waffengewalt verhindert.

USA
Der Höhepunkt des Kalten Krieges zwischen Ost und West war die Raketenkrise um → Kuba, die beinahe zum nuklearen Schlagabtausch geführt hätte. Der Besitz von Atomwaffen hatte die Sowjetunion neben den USA zur zweiten Supermacht der Welt gemacht. Die beiden standen sich in vielen bewaffneten Konflikten indirekt gegenüber und hielten mit Hilfe ihrer abschreckenden Waffenarsenale den Weltfrieden in einem ausgesprochen labilen Gleichgewicht.

Die sowjetische Intervention in → Afghanistan im Dezember 1979 verschärfte nicht nur die Konfrontation mit den USA, sie verschlechterte überdies das Verhältnis Moskaus zu Westeuropa und wurde auch von den meisten islamischen und blockfreien Staaten verurteilt.

Im Juni 1982 erklärte Moskau seine Bereitschaft zu einem Verzicht auf einen atomaren Erstschlag, und am 30. Juni desselben Jahres begannen in Genf die Verhandlungen über strategische Rüstungskontrolle (Strategic Arms Reduction Talks; START) mit den USA, die (nach einer zwischenzeitlichen Unterbrechung 1983–1985) im Juni 1991 zu einer weitgehenden Abrüstungsvereinbarung zwischen den beiden Supermächten führten und eine nachhaltige Entspannung zwischen den Blöcken ermöglichten.

Innenpolitische Konfliktparteien
Kritiker des Regimes wurden in der Sowjetunion verfolgt und nationale Minderheiten in ihren Rechten eingeschränkt. Besonders die Juden, die in den vergangenen Jahrhunderten bereits Verfolgungen ausgesetzt gewesen und Opfer von Pogromen geworden waren, wurden während der Sowjetherrschaft immer wieder angegriffen und benachteiligt. 1979 konnten über 50 000 von ihnen das Land verlassen.

Das autoritäre Sowjetsystem mit seinen Unterdrückungsmechanismen hatte bis zu seiner Auflösung die Nationalitätenprobleme eindämmen, nicht aber lösen können. Nach dem Zusammenbruch des kommunistischen Staates brachen diese dann umso heftiger hervor.

Die UdSSR bestand aus 15 Teilrepubliken: neben Rußland waren dies → Armenien, → Aserbaidschan, Est-

Die baltischen Staaten gehörten zu den ersten, die aus der Union ausscherten. Vergeblich versuchte Moskau, sie mit Waffengewalt zu halten.

land, → Georgien, Kasachstan, Kirgisistan (Kirgisien), Lettland, Litauen, → Moldawien, → Tadschikistan, Turkmenistan, die Ukraine, Usbekistan und Weißrußland. Hinzu kamen 20 autonome Republiken: die Abchasische, Abscharische, Baschkirische, Burjatische, Dagestanische, Jakutische, Kabardino-Balkarische, Karakalpakische, Karelische, Kalmükische, die der Komi und der Mari sowie die Mordwinische, Nachitschewanische, Nordossetische, Tatarische, Tschetscheno-Inguschische, Tschuwaschische, Tuwinische und Udmurtische Republik.

Nach den Unabhängigkeitserklärungen der 15 ehemaligen Sowjetrepubliken im Laufe des Jahres 1991 wurden die autonomen Republiken in die jeweiligen neuen Staaten integriert oder – wie im Falle der föderativen Republik Rußland – neu aufgeteilt bzw. neue autonome Gebiete gebildet. Diese Neuordnung führte zum Aufbrechen alter Konflikte oder ließ neue entstehen.

Konfliktverlauf

Mit Massendemonstrationen und der Bildung nationaler Bewegungen im Baltikum im Februar 1988 begann der Prozeß der Auflösung der staatlichen Einheit der Sowjetunion. Streitigkeiten zwischen Armeniern und Aserbaidschanern um die armenische Enklave Nagornji Karabach auf dem Territorium → Aserbaidschans (s. a. → Armenien) seit Anfang 1988 veranlaßten Moskau Ende Juni zu einer militärischen Intervention. Im November desselben Jahres erklärte sich Estland für souverän, im Mai 1989 Litauen. Nationale Unruhen destabilisierten seit Ende 1988 und Anfang 1989 die Lage in → Georgien, → Tadschikistan, → Moldawien, Usbekistan und Kasachstan. Im September 1989 bildete sich die ukrainische Nationalbewegung *Ruch*, und die Ukraine, Kasachstan und Kirgisistan führten ihre Nationalsprachen als Amtssprachen ein. Mit dem Fall der Berliner Mauer, dem Symbol des Kalten Krieges, der Teilung Deutschlands und Europas (→ Deutsche Demokratische Republik), beschleunigte sich die Auflösung des gesamten Ostblocks: Im Februar und März 1990 verließen die sowjetischen Truppen die → Tschechoslowakei und → Ungarn.

Litauens Unabhängigkeitserklärung und die Wahl eines neuen Präsidenten am 11. März 1990 veranlaßten Moskau zu Sanktionen, ein knappes Jahr später, am 8. Januar 1991, sogar zur militärischen Invervention. Doch solche und ähnliche Versuche, den Auflösungsprozeß der UdSSR gewaltsam zu stoppen – wie etwa in Lettland, wo am 20. Januar sowjetische Truppen das Innenministerium stürmten –, waren vergeblich.

In vielen Sowjetrepubliken fanden Volksabstimmungen über die Unabhängigkeit statt. Im August/September 1991 erklärten sich Estland, Lettland, Litauen, die Ukraine, Weißrußland, → Moldawien, → Aserbaidschan, Kirgisistan und Usbekistan unabhängig; es folgten → Tadschikistan, → Armenien, Kasachstan, → Georgien und Turkmenistan.

Tschetschenien- und Inguschen-Konflikt seit 1991

Die Tschetschenen leisteten von allen Kaukasus-Völkern den heftigsten Widerstand gegen das zaristische Rußland. 1936 wurde Tschetschenien eine autonome Republik innerhalb der UdSSR. STALIN ließ 1944 die Tschetschenen und die mit ihnen eng verwandten sunnitischen Inguschen wegen angeblicher Unterstützung der deutschen Truppen nach Mittelasien und Sibirien deportieren. Erst unter CHRUSCHTSCHOW wurde 1957 die binationale Republik Tschetscheno-Inguschetien wieder autonom, und die Deportierten konnten in ihre Heimat zurückkehren.

Das Unabhängigkeitsstreben war trotz der Rückschläge in der Vergangenheit ungebrochen, und beim Zerfall der UdSSR glaubten die tschetschenischen Nationalisten, die Gelegenheit nutzen zu können, um aus dem staatlichen Verbund mit Rußland ausscheren zu können. Anführer der Unabhängigkeitsbewegung wurde der ehemalige Luftwaffengeneral und Divisionskommandeur der *Roten Armee*, DSCHOCHAR DUDAJEW.

Im August und September 1991 kam es in Tschetscheniens Hauptstadt Grosny zu tagelangen Demonstrationen gegen den Obersten Sowjet der Teilrepublik, der nach dem Rücktritt seines Vorsitzenden am 8. September aufgelöst

Die Tschetschenen leisteten bereits gegen das zaristische Rußland heftigsten Widerstand.

Dschochar Dudajew (*1944)
Tschetschenischer Präsident seit 1991.
Dudajews Familie hatte während der stalinschen Deportationen nach Kasachstan gehen müssen und kehrte erst 1957 nach Tschetschenien zurück. 1968 trat Dudajew der KPdSU bei. Er diente in einer Bombereinheit in Sibirien und in der Ukraine bis zum Generalmajor (1987). 1990 schied er aus dem Militärdienst aus und kehrte nach Grosny zurück. 1990 wurde er an die Spitze des Exekutivkomitees der Oppositionsbewegung gewählt. Nach seiner Wahl zum tschetschenischen Präsidenten 1991 erklärte er einseitig die Loslösung Tschetscheniens von Rußland. Das tschetschenische Parlament wollte ihn 1993 seines Amtes entheben, was Dudajew prompt mit der Auflösung des Parlaments quittierte. Seit dem Frühsommer 1994 versuchten von Rußland unterstützte tschetschenische Oppositionelle, Dudajew zu stürzen. Im Mai entkam er nur knapp einem Attentat.

wurde. DUDAJEW übernahm an der Spitze eines Exekutivkomitees die Macht und wurde im Oktober zum Präsidenten der autonomen Republik gewählt. Moskau erklärte die Wahlen für ungültig. DUDAJEW ordnete daraufhin die Generalmobilmachung an und erklärte am 8. November Tschetschenien einseitig für unabhängig. Der russische Präsident JELZIN verhängte einen Tag später den Ausnahmezustand über die abtrünnige Republik, was zu Massendemonstrationen führte. Nach seiner Aufhebung am 11. November trat aber keine Beruhigung ein. DUDAJEW proklamierte am 12. März 1992 erneut die Unabhängigkeit von Rußland.

Es kam zu schweren Unruhen zwischen Befürwortern und Gegnern DUDAJEWS, der sich gezwungen sah, nun seinerseits den Ausnahmezustand zu verhängen, den er im November erneuerte, nachdem Rußland in Nordossetien wegen der Inguschen-Frage interveniert hatte.

Die Inguschen erheben seit ihrer Rückkehr aus der stalinschen Deportation Anspruch auf ehemalige Siedlungsgebiete ihres Volkes in der russischen Republik Nordossetien (s. a. Südossetien-Konflikt → Georgien).

Tschetscheno-Inguschetien wurde 1992 wegen der Unabhängigkeitsbestrebungen beider Ethnien in zwei russische Republiken geteilt. Der Grenzverlauf zwischen ihnen konnte geregelt werden, nicht aber der Grenzverlauf zwischen Inguschien und Nordossetien. Dies führte im Herbst 1992 und im November 1993 zu gewaltsamen Auseinandersetzungen der beiden Teilrepubliken, bei denen mehrere

Tschetschenische Zivilisten am Neujahrstag 1995 in den Trümmern der in der Silvesternacht bombardierten Hauptstadt Grosny.

hundert Menschen ums Leben kamen. Die russischen Truppen waren in Gefechtsbereitschaft versetzt worden. JELZIN verlängerte Ende Juli 1993 den Ausnahmezustand im Konfliktgebiet und ließ die illegalen Einheiten Nordossetiens und Inguschiens entwaffnen.

Der Ausnahmezustand wegen des Inguschen-Konflikts in Nordossetien wurde vom tschetschenischen Parlament in Grosny im Februar 1993 aufgehoben. Nach einem Referendum im März, bei dem nur 10 Prozent der Wahlberechtigten ihre Stimme abgaben, wurden die Vollmachten des Präsidenten erweitert. Dies hatte wochenlange Proteste gegen DUDAJEW zur Folge, den das Parlament durch ein Amtsenthebungsverfahren zu entmachten suchte. Doch dieser löste im April das Parlament auf, entließ die Regierung und verfügte eine Präsidialherrschaft. Die gewalttätigen Demonstrationen gegen den Präsidenten ließen nicht nach; erneut wurde der Ausnahmezustand verhängt. Im August kam es zu Kämpfen zwischen tschetschenischen Regierungstruppen und Einheiten der Region Nadtereschni, die sich von Tschetschenien abzuspalten versuchte.

Seit Anfang 1994 hatten sich DUDAJEWS Gegner, die für einen Verbleib der Teilrepublik innerhalb der Russischen Föderation eintraten und von Moskau mit Waffen und Soldaten unterstützt wurden, zum bewaffneten Widerstand formiert. Ende Mai entging DUDAJEW nur knapp einem Anschlag; am 11. Juni kam es in Grosny zum wiederholten Male zu blutigen Auseinandersetzungen zwischen Sicherheitskräften und Gegnern DUDAJEWS; Ende Juli scheiterte ein erneuter Umsturzversuch. Wegen der Zuspitzung der Lage wurden am 9. August die russischen Truppen an der Grenze zur Kaukasusrepublik in Alarmbereitschaft versetzt, zwei Tage später wurde die Generalmobilmachung angeordnet. Am 26. August demonstrierten in Grosny auf zwei getrennten Kundgebungen jeweils etwa 40 000 Anhänger bzw. Gegner des Präsidenten.

Im Dezember 1994 gab der russische Präsident JELZIN den Befehl, militärisch einzugreifen, obwohl DUDAJEW Verhandlungsbereitschaft signalisiert hatte. Der heftige Widerstand der Tschetschenen konnte die Einnahme Grosnys durch russische Truppen Anfang Februar 1995 nicht verhindern. Die Kämpfe verlagerten sich daraufhin vor allem in das unwegsame Bergland. Doch weder militärisch noch politisch war der Krieg für Rußland zu gewinnen. Angesichts russischer Übergriffe auf tschetschenische Zivilisten (über 25 000 Menschen kamen ums Leben) nahm die internationale Kritik zu. Innenpolitisch befürworteten Kommunisten und Nationalisten den Krieg in Tschetschenien, den sie zum Erhalt der Einheit Rußlands für notwendig erachteten, Kritiker sprachen dagegen vom Rückfall in die Diktatur.

Bei einer tschetschenischen Terroraktion im südrussischen Budjonnowsk hatten Geiselnehmer unter der Führung von SCHAMIL BASSAJEW im Juni 1995 sechs Tage lang bis zu 1000 Menschen in einem Krankenhaus in ihrer Gewalt. 120 Geiseln starben, rund 400 wurden verletzt, als russische Truppen das Krankenhaus stürmen wollten. Auch JELZIN kritisierte später das gewaltsame Vorgehen der russischen Sicherheitskräfte. BASSAJEW und seine etwa 100 Getreuen konnten sich später unbehelligt in das Bergdorf Dargo, 50 Kilometer südöstlich der Hauptstadt Grosny, absetzen.

Der russische Verteidigungsminister PAWEL GRATSCHOW forderte in der Folge eine erhebliche Ausweitung der Machtbefugnisse seines Ministeriums. Eine zentrale Führung aller Ministerien mit Truppenkontingenten müsse für die Sicherheit des Landes zuständig sein. Er kritisierte ausdrücklich die Behörden, die für die gescheiterten Sturmversuche zur Beendigung der Geiselnahme in Budjonnowsk zuständig waren.

Ergebnis

Für die Inguschische Republik, in der es seit der Entwaffnung der illegalen Kampftruppen im Konfliktgebiet zu Nordossetien durch die russische Armee relativ ruhig geblieben war, wurden noch immer keine endgültigen Grenzen festgelegt.

Die nach der Geiselnahme von Budjonnowsk aufgenommenen Verhandlungen zwischen Moskau und den tschetschenischen Unabhängigkeitskämpfern bereiteten den Weg zu einer Beendigung des Krieges. Die Delegationen einigten sich am 21. Juni 1995 auf einen Waffenstillstand, die Entwaffnung der Rebellen und den etappenweisen Rückzug der russischen Truppen. Ungelöst blieb bislang die Frage nach dem künftigen Status der Kaukasusrepublik, und auch über die Abhaltung freier Wahlen ist noch nicht entschieden.

Weitere Entwicklung

Die 12 Mitgliedstaaten der GUS beschlossen auf ihrer Konferenz Ende Oktober 1994 engere wirtschaftliche Zusammenarbeit, die von Moskau aus koordiniert werden soll. 1994 sanken das Bruttosozialprodukt und die Industrieproduktion, die Auslandsverschuldung stieg auf etwa 130 Milliarden Dollar. Die Arbeitslosigkeit wird auf 10 Prozent geschätzt; 18 Prozent der Russen leben in bitterster Armut, während sich vor allem die mafiaähnliche Bandenkriminalität mit Verbindungen zum Geheimdienst und zur Armee weiter ausdehnt.

Im April 1995 beschloß die russische Staatsduma gegen den Willen Präsident JELZINS und des Föderationsrats ein neues Wahlgesetz. Der russische Geheimdienst, der nach der offiziellen Auflösung des *Komitees für Staatssicherheit* (KGB) im Spätsommer 1991 zum dritten Mal umbenannt wurde, erhielt im April unter dem neuen Namen *Demokratischer Föderaler Sicherheitsdienst* (FSB) weitere Kompetenzen und damit eine Machtfülle wie zu alten Sowjetzeiten. Viele Abgeordnete bezeichneten das neue, von Präsident JELZIN unterzeichnete Gesetz, als weiteren Schritt in Richtung Polizeistaat.

Auf der Konferenz über die Verlängerung des 1970 in Kraft getretenen Atomwaffensperrvertrags im April 1995 in New York plädierte der russische Außenminister ANDREJ KOSYREW für die Abschaffung der Atomwaffen und zugleich für eine unbefristete Verlängerung des Abkommens. Dies sei aber kein Mandat für die Atommächte, ihre Nuklearwaffen auf Dauer zu behalten. In dem Abkommen haben sich die fünf offiziellen Atommächte USA, Rußland, China, Großbritannien und Frankreich auch zum Abbau ihrer Arsenale verpflichtet.

Am 14. April dementierte der Generalstab der russischen Luftwaffe, einen Angriff auf die afghanische Stadt Talokan geflogen zu haben. Bewohner der nordafghanischen Stadt bestätigten dagegen, daß bei einem russischen Luftangriff etwa 100 Menschen getötet und 120 weitere verletzt worden waren. Im Auftrag der GUS sichert die russische Armee die tadschikisch-afghanische Grenze. Im Grenzgebiet geht sie immer wieder gegen muslimische Rebellen vor, die von → Afghanistan aus die Regierung in → Tadschikistan mit Waffen bekämpfen. In Tadschikistan selbst sind seit dem Bürgerkrieg 1992 Tausende Soldaten aus Rußland und anderen GUS-Mitgliedstaaten stationiert, um die aus Altkommunisten bestehende Regierung gegen die Rebellen zu unterstützen. Nach Gefechten im Osten der zentralasiatischen Republik kam es zu einem Waffenstillstand zwischen Regierung und Rebellen, der Ende April um einen Monat verlängert wurde.

JELZIN forderte Anfang Mai die UNO auf, russische Friedenstruppen auf dem Gebiet der ehemaligen Sowjetunion offiziell mit einem UN-Mandat auszustatten. So wurden in der nach Selbständigkeit strebenden georgischen Region Abchasien nach dem Krieg mit den georgischen Regierungstruppen russische Einheiten stationiert. Ihnen und den russischen Truppen in → Georgien und Tadschikistan sollte nach Ansicht JELZINS der Status von Friedenstruppen der *Vereinten Nationen* verliehen werden, und sie sollten von der UNO auch entsprechend finanziert werden.

Die offenbar kaum noch aufzuhaltende Erweiterung der NATO nach Osten wird von Moskau als Bedrohung empfunden. Für die russische Generalität gibt es keinen Bruch in der jüngsten Geschichte, so wie auch die politische Führung im Kreml die Kontinuität zur Sowjetunion immer mehr unterstreicht. JELZIN, der anläßlich des 50. Jahrestages des Endes des Zweiten Weltkriegs PAWEL GRATSCHOW als »den besten russischen Verteidigungsminister der letzten zehn Jahre« bezeichnete, deutete wiederholt eine neue Großmachtrolle Rußlands an. Moskau scheint seine im Kern imperialistische Außen- und Militärpolitik fortsetzen zu wollen. Die russische Generalität, im Blockdenken erzogen, reagierte mit Unverständnis auf den Wunsch der ehemaligen Satellitenstaaten im *Warschauer Pakt* nach Aufnahme in das westliche Verteidigungsbündnis. Polen, Tschechien (→ Tschechoslowakei) und → Ungarn wurde von den russischen Militärs eine »antirussische Haltung« vorgeworfen.

Die Präsidenten der GUS unterzeichneten am 26. Mai ein Abkommen über die Bildung eines zwischenstaatlichen Währungskomitees, das die Finanz- und Kreditpolitik der Gemeinschaft koordinieren soll. Das Abkommen über den gemeinsamen Schutz der GUS-Außengrenzen wurde nur von sieben der 12 Staaten unterzeichnet. Fünf GUS-Republiken, darunter die Ukraine, → Moldawien und → Aserbaidschan, weigerten sich, dem Grenzschutzabkommen beizutreten, weil sie darin eine Beeinträchtigung ihrer nationalen Interessen sehen. Eine Menschenrechtskonvention der GUS wurde von Kasachstan, → Aserbaidschan und Usbekistan nicht unterzeichnet. Die Staatschefs verlängerten das Mandat der russischen Friedenstruppen in Abchasien. Am Rande des Gipfels unterzeichneten die Präsidenten Rußlands und Weißrußlands eine Erklärung über die Gründung einer Zollunion und über den Wegfall der Grenzkontrollen. In einem Referendum hatten sich die Weißrussen im Mai für eine nähere Anbindung an Rußland ausgesprochen.

Vor der Auflösung der Sowjetunion umfaßte die Russische Föderation 16 autonome Republiken, fünf Gebiete und zehn Kreise (s. o. Konfliktparteien); heute sind es 21 autonome Republiken (Adygien, Altai, Baschkirien, Burjatien, Chakassien, Dagestan, Inguschien, Kabardino-Balkarien, Kalmuckien, Karatschai-Tscherkessien, Karelien, Komi, Mari-El, Mordwinien, Nordossetien, Sacha, Tatarstan, Tschetschenien, Tschuwaschien, Tuwa, Udmurtien) und 59 autonome Kreise.

In diesem neuen Rußland gibt es neben den Konflikten um Tschetschenien und Inguschien/Nordossetien etwa 80 weitere potentielle Konflikte, die einer Lösung bedürfen: So erheben z. B. die Tataren Autonomieforderungen in einigen russischen Regionen; Birobidschan-Juden wollen eine eigene Republik; Burjatien und Taschita stellen gegenseitige Gebietsforderungen; Altai und Tuwa haben Grenzstreitigkeiten; Jakutien verlangt Gebiete von Magadan; Karelien beansprucht Murmansk; Kosaken wollen nationale Autonomie; Russen wünschen in Tatarstan eine eigene Kama-Republik; Rußlanddeutsche streben ein eigenes Siedlungsgebiet an; Tatarstan und Baschkirien erheben gegenseitig Gebietsansprüche; Tschuwaschen wollen innerhalb von Tatarstan autonom werden. Diese, keineswegs vollständig aufgezählten Forderungen und Ansprüche müssen nicht zu bewaffneten Auseinandersetzungen führen, bilden jedoch eine latente Gefahr für die Stabilität des russischen Gesamtstaates.

Literatur: s. a. → Afghanistan, → Armenien, → Aserbaidschan, → Deutsche Demokratische Republik, → Georgien, → Kuba, → Moldawien, → Rumänien, → Tadschikistan, → Tschechoslowakei, → Ungarn

W. Adam: *Ein Imperium zerbricht.* Frankfurt 1992.

H. Adomeit: *Die Sowjetmacht in internationalen Krisen und Konflikten.* Baden-Baden 1983.

J. Afanassjen: *Rußland – Demokratie oder Despotie.* Düsseldorf 1993.

H. Bischof: *Stand und Perspektiven der Perestroijka in der Sowjetunion. Föderation oder Diktatur.* Bonn 1991.

H. Bischof: *Rußland – Machtkampf im Kreml.* Bonn 1993.

U. Druwe: *Das Ende der Sowjetunion.* Weilheim 1991.

M. Gorbatschow: *Perestroika. Die zweite Russische Revolution. Eine neue Politik für Europa und die Welt.* München 1989.

M. Gorbatschow: *Glasnost. Das neue Denken.* Berlin 1990.

B. Michalowski: *Stichwort – Rußland.* München 1993.

W. Schwegler-Rohmeis / K. Segbers (Hg.): *Perestroika passé? Eine Zwischenbilanz der Reformpolitik in der Sowjetunion.* Leverkusen 1992.

K. Segbers (Hg.): *Rußlands Zukunft: Räume und Regionen.* Baden-Baden 1994.

M. Unger: *Stichwort GUS – Völker und Staaten.* München 1992.

H. Veen / P. Weilemann (Hg.): *Rußland auf dem Weg zur Demokratie? Parteien und Politik in der Russischen Föderation.* Paderborn 1993.

A. Waksberg: *Die sowjetische Mafia.* München 1992.

Staatsname: Russische Föderation
Staatsform: Bundesrepublik (21 autonome Republiken; seit 1991)
Staatsoberhaupt: Boris Jelzin (seit 12.6.1991)
Regierungschef: Viktor Tschernomyrdin (seit 14.12.1992)
Regierung: vom Präsidenten bestellter Ministerrat
Parlament: Duma 450 Sitze (Wahl vom 12.12.1993), Rußlands Wahl 70, Liberaldemokratische Partei 64, Kommunistische Partei 48, Agrar-Partei 33, Frauen Rußlands 23, Block Jawlinski 23, Sonstige 189
Mitgliedschaft bei internationalen Organisationen: GUS, OSZE, UNO
Lage: 19° östlicher – 169° westlicher Länge, 81°– 48° nördlicher Breite
Fläche: 17,1 Millionen km^2
Hauptstadt: Moskau
Bevölkerung: 148 Millionen; Russen 81,5 %, Tataren 3,8 %, Ukrainer 3 %, Deutsche 0,6 %, Sonstige 11,1 %; Christen 82 %, Sonstige 18 %
Wirtschaft: Industrie 45,5 %, Dienstleistung 32,9 %, Landwirtschaft 16 %; Export: Energieträger 43 %, Metalle und Mineralien 22,2 %, Maschinen 11,8 %

Sansibar → Tansania

Bürgerkrieg 1963/64

Ein Aufstand der afrikanischen Bevölkerung gegen die arabische Vorherrschaft auf der Insel führte zu einer Revolution und zum staatlichen Anschluß an Tanganjika (Tansania).

Sechs-Tage-Krieg → Ägypten, → Israel

3. Arabisch-israelischer Krieg vom 5. bis 10. Juni 1967

In einem Präventivschlag gegen die arabischen Truppenkonzentrationen an den Grenzen besetzte Israel die Golanhöhen, das Westjordanland, den Gazastreifen, die Sinai-Halbinsel und das Ostufer, was zu einer weiteren Verschärfung des Nahostkonflikts führte. Erst Mitte der neunziger Jahre kam es zu Verhandlungen über einen Rückzug der Israelis aus den besetzten Gebieten sowie eine Teilautonomie für den Gazastreifen und das Westjordanland. Der Friedensprozeß wird seitdem durch extremistische palästinensische und jüdische Gruppierungen gefährdet.

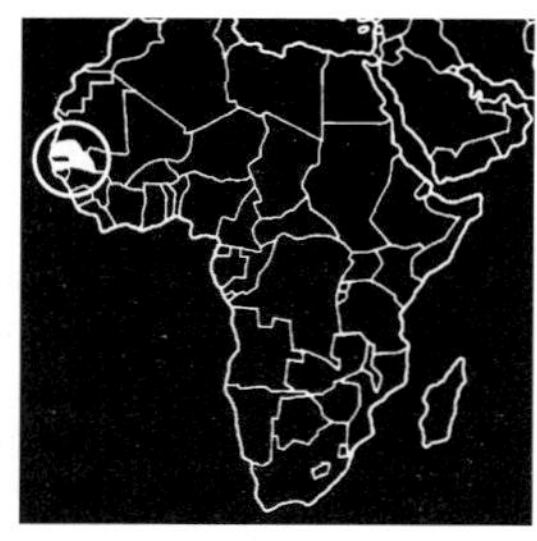

SENEGAL

Mauretanien-Senegal-Konflikt 1989/90
Casamance-Konflikt seit April 1990

Traditionelle ethnische Spannungen, verschärft durch wirtschaftliche Probleme, sind die Ursachen für blutige Auseinandersetzungen Senegals mit seinem nördlichen Nachbarn Mauretanien und für den Bürgerkrieg im Süden des Landes, wo die Rebellenbewegung MFDC seit Anfang der achtziger Jahre für die politische Autonomie der Region Basse-Casamance kämpft.

Historischer Hintergrund

Um 800 n. Chr. gründeten die Terkrur an den Ufern des unteren Senegal ein Reich, von dem aus die zugezogenen Almoraviden, muslimische Berber, in den folgenden Jahrhunderten die Islamisierung Westafrikas betrieben. Der Küstenstrich südlich der Mündung des Senegal war zwischen den Kolonialmächten Portugal, Frankreich, Holland und England vom 15. Jahrhundert an heftig umkämpft.

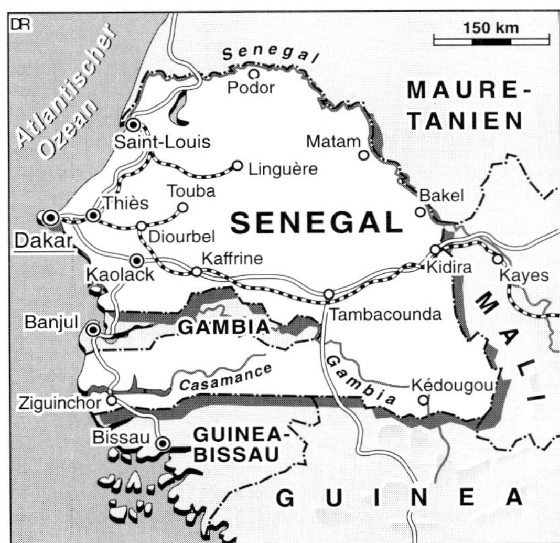

Im verarmten Norden Senegals schwelt seit langem ein ethnischer Konflikt zwischen den Schwarzafrikanern und maurischen Nomaden; in der vom übrigen Land nahezu abgetrennten Casamance-Region im Süden gibt es eine starke separatistische Bewegung.

Kolonialzeit

In der Mitte des 19. Jahrhunderts gelang es den Franzosen unter ihrem Gouverneur General LOUIS FAIDHERBE, das senegalesische Hinterland zu unterwerfen. 1895 wurde Senegal Teil von Französisch-Westafrika, zu dem auch der französische Teil des → Sudan, Guinea, die Elfenbeinküste und später auch Dahomé, Obervolta (→ Burkina Faso) und Mauretanien gehörten. Verwaltungszentrum wurde Dakar, die wichtige Hafenstadt am Kap Verde. 1958 erhielt Senegal innerhalb der *Communauté Économique de l'Afrique de l'Ouest* (CEAO; Westafrikanische Wirtschaftsgemeinschaft) den Status einer autonomen Republik. Seine völlige Unabhängigkeit erlangte es am 20. August 1960.

Nach Erlangung der Unabhängigkeit

Die ersten Jahrzehnte der jungen Republik wurden ganz von der sozialistischen Einheitspartei *Union Progressiste Sénégalaise* (UPS) bestimmt; erst 1976 wurden auch andere Parteien zugelassen. Bis 1980 war LÉOPOLD SÉDAR SENGHOR, einer der bedeutendsten Theoretiker der Négritude und Befürworter eines afrikanischen Sozialismus, unangefochten Staatspräsident; zu seinem Nachfolger bestimmte er den Juristen und langjährigen UPS-Politiker ABDOU DIOUF, der in den ersten freien Wahlen vom 21. Februar 1993 in seinem Amt bestätigt wurde.

Drängende soziale und wirtschaftliche Probleme führten zwischen 1982 und 1989 zur Union mit dem Nachbarstaat Gambia (Senegambia). In den Armutsgebieten Senegals ist

Léopold Sédar Senghor (*9.10.1906)
Staatspräsident Senegals von 1960 bis 1980.
Senghor studierte an der Sorbonne in Paris. Dort war er in den vierziger Jahren Mitbegründer der Négritude, einer literarischen Bewegung französischsprechender afrikanischer und karibischer Schriftsteller, die sich auf ihre kulturellen Wurzeln rückbesinnen wollten. Senghor hat sich sowohl als Literat als auch als Staatsmann in der ganzen Welt einen Namen gemacht. 1968 wurde er mit dem Friedenspreis des Deutschen Buchhandels ausgezeichnet. Politisch vertrat er einen moderaten »afrikanisch-sozialistischen« Kurs. Von 1941 bis 1959 war er Mitglied der französischen Nationalversammlung und 1959/60 Präsident der Mali-Föderation; 1960 wurde er Präsident Senegals. Nach einem Putschversuch von Ministerpräsident Mamadou Dia 1962, lange Jahre ein Förderer Senghors, übernahm er zusätzlich dessen Amt (bis 1970). Der katholische Intellektuelle Senghor stand 20 Jahre lang einer vorwiegend muslimischen Wolof-Nation vor und hatte seinen größten Rückhalt bei den Bauern.

das Potential für soziale Spannungen hoch, sowohl in den trockenen Landesteilen im Norden, wo eine traditionelle Feindschaft zwischen seßhaften Bauern und Nomaden herrscht, wie auch im Ballungsraum um die Zwei-Millionen-Stadt Dakar.

In der vom übrigen Senegal durch das Staatsgebiet von Gambia weitgehend abgetrennten Südprovinz Casamance gibt es seit Bestehen der Republik separatistische Bestrebungen.

Konfliktparteien

Die Auseinandersetzungen zwischen Mauretanien und Senegal liegen in den demographischen Verhältnissen begründet: 500 000 Mauren leben in Senegal, 30 000 Senegalesen in Mauretanien. Die Schwarzafrikaner wenden sich gegen die Diskriminierung durch die arabisch-berberische Bevölkerung; die Arabisierung Mauretaniens stößt auf den Widerstand der 1983 in Dakar gegründeten *Front de Libération Africaine de Mauretanie* (Afrikanische Front zur Befreiung Mauretaniens; FLAM). Bei Grenzstreitigkeiten kam es wiederholt zur Konfrontation der nationalen Armeen, ethnische Unruhen in den Hauptstädten beider Länder konnten von den jeweiligen Sicherheitskräften befriedet werden.

Schon bald nach der Unabhängigkeitserklärung Senegals 1960 suchte das *Mouvement Autonome Casamançaise* nach einer politischen Lösung in der Frage der Selbstbestimmung der Provinz Casamance. Die politische Bevormundung und wirtschaftliche Vernachlässigung durch die Zentralregierung sowie die Unterdrückung der Autonomiebestrebungen förderten auch die Bereitschaft zum bewaffneten Kampf. Organisatorische und militärische Plattform der Separatisten war das *Mouvement des Forces Démocratiques de la Casamance* (MFDC), das sich in Guerillakämpfen gegen die senegalesische Militärpräsenz stellte.

Konfliktverlauf

Mauretanien-Senegal-Konflikt 1989/90

Vor dem Hintergrund der traditionellen ethnischen Rivalität zwischen Mauren und der angestammten schwarzafrikanischen Bevölkerung sind die pogromartigen Unruhen zu sehen, die im Frühjahr 1989 in beiden Staaten zu Massakern an Senegalesen bzw. Mauretaniern führten.

In Mauretanien wurde erst 1983 offiziell die Sklaverei abgeschafft; viele der dort ansässigen Schwarzafrikaner leben bis heute in sklavenähnlichen Abhängigkeitsverhältnissen und finden kaum gesellschaftliche Aufstiegsmöglichkeiten.

Auf der anderen Seite lockten die lange Zeit politisch stabilen Verhältnisse in der Republik Senegal zahlreiche Einwanderer aus dem arabischen Nordafrika an, denen es schnell gelang, den senegalesischen Kleinhandel unter ihre Kontrolle zu bringen. Daneben besteht ein ebenfalls traditioneller Konflikt um Weidegründe im Grenzgebiet zwischen mauretanischen nomadisierenden Hirten und den seßhaften senegalesischen Bauern, die sich in ihrer Existenz bedroht sehen.

1986 erreichte der zwischenstaatliche Konflikt einen ersten Höhepunkt, als die FLAM in Mauretanien verboten wurde und zahlreiche ihrer Anhänger festgenommen wurden. Im Oktober 1987 machte die mauretanische Regierung FLAM-Sympathisanten in der Armee für einen Putschversuch verantwortlich. Ende 1988 und im Frühjahr 1989 häuften sich die Streitigkeiten um Weideland im Grenzgebiet. Nachdem ein mauretanischer Grenzsoldat zwei Senegalesen erschossen hatte, kam es in den umliegenden Bauerndörfern zu Racheakten, und in den folgenden Tagen griffen die Unruhen auf die Hauptstädte der beiden Staaten über. In Nouakchott sollen zwischen 40 und mehreren hundert Senegalesen getötet worden sein. Gleichzeitig wurden in Dakar die Geschäfte mauretanischer Händler geplündert; hier betrug die Zahl der Opfer nach offiziellen Angaben 56 Tote und 100 Verletzte. Bis zum 1. Mai 1989 kamen auf beiden Seiten etwa 300 Menschen ums Leben.

Der zwischenstaatliche Konflikt wurde durch internationale Vermittlung vorübergehend geschlichtet: Auf Initiative Frankreichs wurden mit Hilfe einer Luftbrücke 8719 Senegalesen und 5786 Mauretanier in ihre Heimatländer zurückgebracht. Die *Union des Arabischen Maghreb* (→ Marokko, Libyen, → Algerien, Tunesien und Mauretanien) und die *Organisation der Islamischen Konferenz* bemühten sich auf diplomatischem Wege um Beilegung des Konfliktes; im Rahmen des 12. Gipfeltreffens der *Westafrikanischen Wirtschaftsgemeinschaft* am 29. und 30. Juni 1989 kam es zwischen den Staatschefs von Senegal und Mauretanien zu Verhandlungen über die strittige Grenzziehung, doch kurze Zeit später brachen beide Länder ihre diplomatischen Beziehungen zueinander ab. Ihre Streitkräfte lieferten sich am 10. Januar 1990 über den Senegal-Fluß hinweg schwere Artilleriegefechte, doch weitere direkte militärische Konfrontationen wurden in der Folgezeit vermieden.

Abdou Diouf (*7.9.1935)
Staatspräsident Senegals seit 1981.
Der Muslim Diouf studierte Rechts- und Politikwissenschaften in Dakar und an der Pariser Sorbonne. Seit Anfang der sechziger Jahre war er im Öffentlichen Dienst beschäftigt, bevor er nacheinander mehrere wichtige Regierungsämter seines Landes bekleidete. Schon im Alter von 29 Jahren übernahm er den Posten des Generalsekretärs im Präsidialamt, war danach Industrieminister und wurde am 28. Februar 1970 zum ersten Ministerpräsidenten unter der neuen Verfassung bestimmt. In dieser Position verblieb Diouf zehn Jahre, bevor er auf Wunsch von Léopold Senghor 1981 dessen Nachfolge im Amt des Staatspräsidenten antrat. Bei den Präsidentschaftswahlen zwei Jahre später wurde er ebenso wie 1988 und zuletzt 1993 im Amt bestätigt.

Casamance-Konflikt seit April 1990

Seit Gründung der Republik Senegal führten wirtschaftliche Probleme zu Spannungen zwischen der Zentralregierung in Dakar und der südlichen Provinz Casamance. Deren Bewohner – überwiegend Angehörige des Diola-Volkes – wehrten sich gegen die Ausbeutung der natürlichen Ressourcen (Holz, Fisch) ihrer Region, lehnten den Zuzug von Erdnußbauern aus dem Norden ab und wandten sich gegen die politische Bevormundung. Beklagt wurde vor allem auch die mangelnde Förderung von Landwirtschaft, Industrie und Infrastruktur.

Seit Anfang der achtziger Jahre kam es im Zuge separatistischer Bestrebungen immer wieder zu Unruhen und politischer Verfolgung; in einem Bericht vom Mai 1991 warf *Amnesty International* den senegalesischen Behörden vor, in den vergangenen 10 Jahren mehrere hundert politische Gefangene gefoltert zu haben.

Um die Jahreswende 1986/87 kam es in der Casamance zu blutigen Zusammenstößen, die nach inoffiziellen Angaben mehrere Todesopfer forderten. Nach gescheiterten Verhandlungen zwischen dem MFDC und der Regierung proklamierten die Separatisten Ende 1989 die Unabhängigkeit der Region und führen seitdem einen Guerillakrieg gegen das senegalesische Militär.

Der regionale Konflikt hat insofern eine zwischenstaatliche Komponente, als bis 1993 rund 25 000 Bewohner der Casamance nach Gambia bzw. in den südlichen Nachbarstaat → Guinea-Bissau geflohen sind. Mitte Mai 1990 kam es auch zu militärischen Zusammenstößen zwischen den Streitkräften Senegals und Guinea-Bissaus an der gemeinsamen Staatsgrenze.

Ergebnis und weitere Entwicklung

Bisher gibt es keine Einigung im Konflikt zwischen Senegal und Mauretanien. Zu klären sind darüber hinaus offene Fragen über Reparationszahlungen an Vertriebene und Ausgeplünderte sowie die Rückgabe von konfisziertem Besitz. Die Fluchtbewegung von Senegalesen aus Mauretanien hält unvermindert an (68 000 bis Anfang 1994).

Der innerstaatliche Casamance-Konflikt wurde auf Vermittlung → Guinea-Bissaus Ende Mai 1991 vorläufig durch ein Waffenstillstandsabkommen beendet, das den Rückzug aller militärischen Einheiten und eine Amnestie für MFDC-Kämpfer vorsah. Im Mai und Juli 1993 wurde die Waffenruhe erneuert, nachdem zuvor die Auseinandersetzungen wieder aufgeflackert waren.

Die Situation bleibt angespannt, ein Abkommen zur Autonomiefrage ist nicht in Sicht.

Literatur: H. Mattes: *Die islamistische Bewegung des Senegal zwischen Autonomie und Außenorientierung.* Hamburg 1989.
M. Prinz: *Die kulturtragenden Institutionen Senegals. Zwischen kolonialem Erbe und Unabhängigkeit.* Saarbrücken 1992.
E. J. Schumacher: *Politics, Bureaucracy and Rural Development in Senegal.* Berkeley u. a.1975.
Statistisches Bundesamt (Hg.): *Länderbericht Senegal.* Wiesbaden 1993.

Staatsname: Republik Senegal
Staatsform: Präsidiale Republik (seit 1963)
Staatsoberhaupt: Abdou Diouf (SPS; seit 1981)
Regierungschef: Habib Thiam (SPS; seit 1991)
Regierung: SPS (seit 1960)
Parlament: Nationalversammlung 120 Sitze (Wahl vom 9.5.1993)
SPS (Sozialisten) 84, PDS (Demokraten) 27, Sonstige 9
Mitgliedschaft bei internationalen Organisationen: AKP, ECOWAS, OAU, UNO
Lage: 12°–18° westlicher Länge, 12°–17° nördlicher Breite
Fläche: 196 712 km^2
Hauptstadt: Dakar
Bevölkerung: 7,9 Millionen; Wolof 43,5 %, Fulani-Tukulor 24,1 %, Serer 14,9 %, Diola 5,3 %, Malinke 4,3 %, Sonstige 7,9 %; sunnitische Muslime 94 %, Christen 4,9 %, Sonstige 1,1 %
Wirtschaft: Dienstleistung 62,7 %, Landwirtschaft 18,7 %, Industrie 18,6 %; Export: Fisch 24 %, Erdnüsse 12,2 %, Chemieprodukte 11,1 %

17. Juni 1953 → Deutsche Demokratische Republik

Arbeiteraufstand gegen den SED-Staat

In der DDR kam es am 17. Juni 1953 im Gefolge einer Protestdemonstration in Ost-Berlin zu einem republikweiten Aufstand gegen die DDR-Regierung, der mit Hilfe sowjetischer Truppen gewaltsam niedergeschlagen wurde. In der Bundesrepublik Deutschland wurden die Ereignisse als Aufschrei der DDR-Bevölkerung für Freiheit und Demokratie sowie als Votum für die Wiedervereinigung der beiden deutschen Staaten verstanden. Der 17. Juni war in der Bundesrepublik bis 1990 als »Tag der deutschen Einheit« Nationalfeiertag.

SIERRA LEONE

Bürgerkrieg seit 1989

In einem der trotz reichhaltiger Bodenschätze ärmsten Länder der Welt tobt ein blutiger Machtkampf zwischen einer Militärjunta und Rebellen, die sich mit liberianischen Guerilleros verbündet haben (→ Liberia). Es ist ein Kampf zwischen den Eliten um wirtschaftliche Interessen.

Historischer Hintergrund

Die meisten der heute in Sierra Leone lebenden Stämme siedelten sich dort zwischen dem 12. und 16. Jahrhundert an, unter ihnen auch die aus dem Futa-Jalon (Guinea) kommenden Temne und die aus dem Innern des Kontinents stammenden Mani, die sich mit den Eingeborenen vermischten.

Die Portugiesen waren die ersten Europäer, die an der Küste landeten (1462). Nach ihnen kamen die Engländer, Franzosen und Niederländer. Die Geschichte Sierra Leones verlief ähnlich wie im Nachbarstaat → Liberia. Im 18. Jahrhundert betrieben die Europäer vor allem Sklavenhandel: Etwa 3000 Menschen wurden aus diesem Teil Westafrikas jährlich nach Übersee verschifft.

Die Volksgruppe der Mende kam im 18. und 19. Jahrhundert aus dem Südosten in die Region. Die Briten, die bereits seit 1651 Handelsniederlassungen hatten, gründeten 1787 Freetown, eine Siedlung für freigelassene Sklaven,

Sierra Leone entwickelte sich aus einer Schutzzone für freigelassene Sklaven in der Region um Freetown, die Ende des 18. Jahrhunderts von britischen Abolitionisten angelegt wurde; das Hinterland kam erst Ende des 19. Jahrhunderts hinzu.

die von philanthropisch (aber auch kommerziell) motivierten britischen Abolitionisten (Anhänger einer Bewegung zur Abschaffung der Sklaverei) hier angesiedelt wurden. 1806 wurde Freetown englischer Flottenstützpunkt und 1808 Kronkolonie. Europäer und immer mehr sog. Recaptives, Westafrikaner, die von Sklavenschiffen befreit worden waren, kamen in dieses Gebiet. Die englischen Westafrikakolonien (von Gambia bis Accra) wurden von Freetown aus verwaltet. Das Hinterland Sierra Leones wurde erst 1896 Protektorat.

Gegen Ende des 19. Jahrhunderts wurden die Grenzen Sierra Leones durch Verträge mit Liberia und Frankreich festgelegt, die Verwaltung der fünf Distrikte des Protektorats übernahmen Häuptlinge und englische Distriktkommissare.

***Milton Margai* (7.4.1895–28.4.1964)**
Premierminister von Sierra Leone 1958 bis 1964.
Margai war der erste Premierminister Sierra Leones nach Erlangung der Unabhängigkeit von Großbritannien. Der ausgebildete Arzt gründete 1951 die konservative Sierra Leone People's Party. Margai bekleidete verschiedene Ministerposten, ab 1954 den des »Chefministers«. Er war es auch, der die Unabhängigkeitsverhandlungen mit der Kolonialmacht führte.

20. Jahrhundert

Sierra Leones erste Verfassung von 1863 wurde 1924 revidiert und 1947 durch eine neue ersetzt. Danach bildeten dann Afrikaner die Mehrheit in Exekutiv- und Legislativrat. Bei den Wahlen 1951 errang die *Sierra Leone People's Party* (SLPP; s. u.) die Mehrheit und blieb bis zur Unabhängigkeit die beherrschende Partei. Sie stellte mit MILTON MARGAI seit 1958 den Premierminister. Im Vorfeld der Unabhängigkeitsverhandlungen wurde 1960 von der SLPP und mehreren kleinen Oppositionsparteien eine nationale Einheitsfront gebildet. 1958 erhielt das Land innere Autonomie, am 27. April 1961 bekam es den

Siaka Stevens nach seiner Wahl zum Staatspräsidenten im April 1971 bei seiner ersten Rundfunkansprache an die Nation.

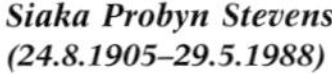

Siaka Probyn Stevens (24.8.1905–29.5.1988)
Staatspräsident von Sierra Leone von 1971 bis 1985. 1943 bis 1958 Generalsekretär der sierraleonischen Bergarbeitergewerkschaft und von 1951 bis 1957 Mitglied des Legislativrates, gründete Stevens 1960 den gemäßigten All People's Congress (APC). 1967 zum Premierminister gewählt, wurde er bald durch einen Militärputsch gestürzt. 1968 übernahm er das Amt erneut, bevor er nach einer Verfassungsänderung 1971 erster Präsident des Landes wurde. Stevens machte Sierra Leone zum Einparteienstaat; nach 1978 war seine APC die einzige zugelassene Partei. 1985 trat er im Alter von 80 Jahren in den Ruhestand.

Status eines selbständigen Staates im Commonwealth, und 1971 wurde die »Republik Sierra Leone« ausgerufen.

Seit der Unabhängigkeit

Nunmehr bildete der *All People's Congress* (APC) die stärkste Opposition zur bisher führenden SLPP (s. u.). 1965 ließ Premierminister ALBERT MARGAI, der von seinem 1964 verstorbenen Bruder MILTON Amt und Funktionen übernommen hatte, vier APC-Abgeordnete wegen subversiver Tätigkeiten verhaften und verurteilen, um den politischen Gegner einzuschüchtern. Die SLPP tendierte inzwischen zu einer Einheitspartei. 1967 bekam der APC bei der Repräsentantenhaus-Wahl die Mehrheit. Der bisherige Oppositionsführer Dr. SIAKA STEVENS konnte aber keine Regierung bilden, da die Armeeführung putschte. Zwei Tage danach wurde auch er gestürzt. Die Macht im Staat hatte nun Oberst JUXON SMITH. Unter seiner Führung übernahm ein *National Reformation Council* die Regierungsgeschäfte. Es folgten Putsch und Gegenputsche. 1968 kam STEVENS auf der Grundlage des Wahlergebnisses von 1967 wieder an die Macht, doch auch die weiteren Jahre waren durch Umsturzversuche (1971 und 1974), Unruhen, Verhaftungen von Oppositionellen und Hinrichtungen gekennzeichnet. STEVENS errichtete einen Einparteienstaat, der durch mehrere Verfassungsänderungen (1971 und 1975) legalisiert wurde: Einzige zugelassene Partei war der APC.

Nach einem Putschversuch 1971 waren für zwei Jahre Truppen aus Guinea zur Unterstützung der Regierung STEVENS in Sierra Leone stationiert. Dieser zog sich erst im November 1985 aus der Politik zurück und übergab alle seine Ämter in Partei und Staat Generalmajor JOSEPH SAIDU MOMOH, der im März 1987 einen Putsch des Kommandeurs der Präsidentenleibgarde und Leiters der Antikorruptionsbrigade, KAI KAI, abwehren mußte.

Trotz seines Reichtums an Bodenschätzen verarmte das Land immer mehr, während eine kleine Clique immer reicher wurde. Illegale Exporte von Diamanten und Gold belasteten die Haushaltskassen der Regierung, die 1992 mit etwa 1,3 Milliarden Dollar (ca. 160 % des Bruttosozialproduktes) verschuldet war.

Der Putsch gegen Präsident MOMOH durch Militärs unter Führung des damals 27jährigen Hauptmanns VALENTINE STRASSER wurde deshalb allgemein begrüßt. MOMOHS Anhänger versuchten am 28. Dezember vergeblich, den ehemaligen Präsidenten durch einen Gegenputsch an die Macht zurückzubringen: 26 von ihnen wurden vom neuen Regime, das eine Militärjunta gebildet hatte, hingerichtet.

STRASSER kündigte im April 1993 an, innerhalb von drei Jahren Sierra Leone, das seit Anfang der neunziger Jahre unter großen wirtschaftlichen Problemen (hohe Inflation und Arbeitslosigkeit, fünftärmstes Land der Welt mit der zweitniedrigsten Lebenserwartung) und Korruption zu leiden hatte, zur Demokratie zurückzuführen.

Joseph Saidu Momoh (*1937)
Staatspräsident von Sierra Leone von 1985 bis 1992.
Der Armeeoffizier Momoh wurde 1983 Kommandant im Range eines Generalmajors. Nach dem Rücktritt von Präsident Stevens im Jahre 1985 übernahm er dessen Nachfolge. Momoh versuchte vergeblich, gegen die Korruption und Mißwirtschaft im Lande anzukämpfen. Im April 1992 floh er nach einem Militärputsch in das benachbarte Guinea.

Konfliktparteien

Regierung

Nach dem Zweiten Weltkrieg bestimmten im wesentlichen drei Parteien die Politik Sierra Leones: die 1951 von MILTON MARGAI gegründete *Sierra Leone People's Party* (SLPP), der *National Council of Sierra Leone* (NCSL) unter der Führung von BANKOLE BRIGHT und der von SIAKA STEVENS gegründete *All People's Congress* (APC), der erst nach der Unabhängigkeit größere Bedeutung erlangte und unter Präsident STEVENS, der seit 1971 einen Einparteienstaat errichtet hatte, einzig zugelassene Partei war. Dies hatte sich auch unter seinem Nachfolger MOMOH nicht geändert (s. o.). Der Nachbarstaat Guinea und die Regionalmacht → Nigeria unterstützten den Putschisten STRASSER gegen die Rebellen.

Rebellen

Bereits gegen das APC-Regime MOMOHS hatte sich 1989 die bewaffnete Widerstandsgruppe *Revolutionäre Vereinigte Front* (RUF) unter der Führung von FODAY SANKOH gebildet, die sich im Laufe des Konflikts mit dem liberianischen Rebellenführer CHARLES TAYLOR verbündet hatte.

Charles Taylor → Liberia

Konfliktverlauf

Die RUF hatte den bewaffneten Kampf gegen die Regierungsarmee MOMOHS und seines Nachfolgers STRASSER

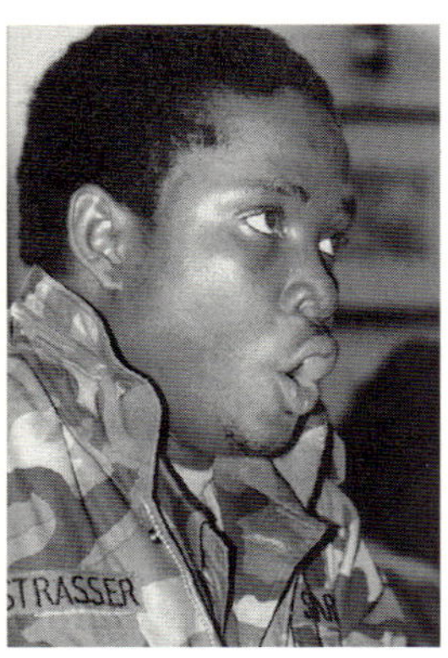

Valentine Strasser (*1965)
Staatspräsident von Sierra Leone seit 1992.
Der für sein Amt noch sehr junge Hauptmann gehörte zu der Junta unter Oberstleutnant Yaya Kanu, die am 29. April 1992 die Revolte gegen Saidu Momoh angeführt hatte. Strasser setzte die Mehrparteienverfassung vom August 1991 außer Kraft, etablierte mit dem National Provisional Ruling Council (NPRC) eine Übergangsregierung und versprach, die Konflikte möglichst rasch zu befrieden. 1993 kündigte er die stufenweise Rückkehr zur Demokratie bis Januar 1996 an.

1989 vor allem im Süden eröffnet, dort wo sich die Diamantenminen befinden. Die ersten Gefechte führten zu einer Massenflucht von Hunderttausenden in die Nachbarländer → Liberia und Guinea. Im Verlauf der kriegerischen Auseinandersetzung kam es zu zahlreichen Übergriffen marodierender Soldaten und Deserteure auf die Zivilbevölkerung, so daß sich 1994 mehr als ein Viertel (!) der Bevölkerung Sierra Leones auf der Flucht befand. Sierra Leones schlecht bezahlte Soldaten werden häufig von Putschgerüchten verunsichert. Sie plündern und beliefern mit ihrer Beute den Schwarzmarkt in Freetown.

1995 war bereits die Hälfte des Landes (besonders in der Nordprovinz Kambia und im Südosten) von den Kämpfen zwischen den Rebellen und den Regierungstruppen betroffen, die beide brutal und rücksichtslos (auch gegenüber Ausländern, die z. T. entführt wurden) vorgehen. Im Mai 1995 waren die Rebellen bis etwa 30 Kilometer vor die Hauptstadt Freetown vorgedrungen. Angebote der Regierung STRASSER, über einen Waffenstillstand zu sprechen, lehnten die Rebellen bisher ab.

Weitere Entwicklung

Das Land scheint in Anarchie zu versinken. In diesem Krieg geht es nicht um unterschiedliche politische Ideologien, sondern um Macht und Kontrolle der Erz-, Bauxit-, Diamanten- und Goldminen. Deshalb wird um den Kono-Distrikt besonders heftig gekämpft; in ihm liegen die meisten Bodenschätze, die von amerikanischen (*Sierra Rutile*) oder Schweizer (*Sieromco*) Firmen gefördert werden.

Literatur: s. a. → Liberia, → Nigeria
J. A. Alie: *A New History of Sierra Leone.* New York 1990.
Amnesty International: *Sierra Leone.* Washington, D. C., 1992.
S. B. Amy: *Constitutional Developments in the Post-Colonial State of Sierra Leone.* Lewiston u. a. 1993.
F. Mühlenberg: *Sierra Leone. Wirtschaftliche und soziale Strukturen und Entwicklung.* Hamburg 1978.
E. G. Mukonowe Shuro: *Colonialism, Class Formation and Underdevelopment in Sierra Leone.* Lanham, D.C., u. a. 1993.
Statistisches Bundesamt (Hg.): *Länderbericht Sierra Leone.* Wiesbaden 1989.

Staatsname: Republik Sierra Leone
Staatsform: Präsidiale Republik im Commonwealth (seit 1978)
Staatsoberhaupt: Valentine Strasser (seit 1992)
Regierungschef: Valentine Strasser (seit 1992)
Regierung: Nationaler Provisorischer Regierungsrat (seit 1992)
Parlament: Repräsentantenhaus 127 Sitze (Wahl vom 30.5.1986) nach Militärputsch vom 30.4.1992 aufgelöst, APC (gemäßigte Linke, ehemalige Einheitspartei)
Mitgliedschaft bei internationalen Organisationen: AKP, Commonwealth, ECOWAS, OAU, UNO
Lage: 10°–13° westlicher Länge, 7°–10° nördlicher Breite
Fläche: 71 740 km^2
Hauptstadt: Freetown
Bevölkerung: 4,5 Millionen; Mende 34,6 %, Temne 31,7 %, Limba 8,4 %, Kono 5,2 %, Bullom-Sherbro 3,7 %, Sonstige 16,4 %; traditionelle Religionen 51,5 %, sunnitische Muslime 39,4 %, Protestanten 4,7 %, Katholiken 2,2 %, Anglikaner 1,2 %, Sonstige 1 %
Wirtschaft: Dienstleistung 46 %, Landwirtschaft 38 %, Industrie 16 %; Export: Rutil 43,9 %, Bauxit 25,9 %, Diamanten 20,5 %

SLOWENIEN

Unabhängigkeitskampf 1991

Die nur wenige Tage dauernden Gefechte zwischen der jugoslawischen Volksarmee und der Nationalgarde Sloweniens um die Unabhängigkeit der Teilrepublik hatten – wie die Konflikte in → Kroatien und → Bosnien und Herzegowina – ihre Ursachen in der Geschichte des Vielvölkerstaates Jugoslawien.

Historischer Hintergrund

Die Republik Slowenien, die eine Vorreiterrolle im Demokratisierungsprozeß des zerfallenden Jugoslawien spielte, war neben → Bosnien und Herzegowina, → Kroatien, Montenegro, Serbien und Makedonien sowie den beiden autonomen Provinzen Kosovo und Vojvodina eine jugoslawische Teilrepublik. Das Staatsgebilde Jugoslawien existierte seit 1918, seinen Namen erhielt es 1929. Die historische Entwicklung des nordjugoslawischen Slowenien ist untrennbar mit der Geschichte des jugoslawischen Gesamtstaates und der Geschichte Österreichs verknüpft. (Historischer Hintergrund s. a. → Bosnien und Herzegowina)

Frühgeschichte bis zum 19. Jahrhundert
Die Illyrer siedelten im 7. und 8. Jahrhundert v. Chr. in der Region, die seit 700 v. Chr. bis zum 6. Jahrhundert n. Chr., wie der gesamte Balkan, zur griechischen und römischen Einflußsphäre gehörte. Die Slawen, die sich im späten 6. Jahrhundert im Donauraum anzusiedeln begannen, beherrschten etwa 100 Jahre später die verschiedenen Stämme der gesamten Balkanhalbinsel.

Seit dieser Zeit siedelte auch der südslawische Volksstamm der Slowenen (auch Winden genannt) in der Untersteiermark und der Krain (Grenzland), dem heutigen westlichen Slowenien. Die Slawen konnten trotz ihrer Eroberungen und der gemeinsamen kulturellen Identität ihrer Stämme kein einheitliches Reich bilden. Die Slowenen waren wie die anderen südslawischen Völker seit dem 7. Jahrhundert den Machtinteressen der Nachbarvölker und späteren Reichsgründungen ausgesetzt. 788 gehörte die slowenische Region zum Reich KARLS DES GROSSEN. 1270 eroberte der böhmische König OTTOKAR II., 1282 RUDOLF VON HABSBURG Slowenien, das aber erst 1335 vollständig als Herzogtum in das Reich der Habsburger eingegliedert wurde. Von 1809 bis 1814 gehörte das Land zu den Illy-

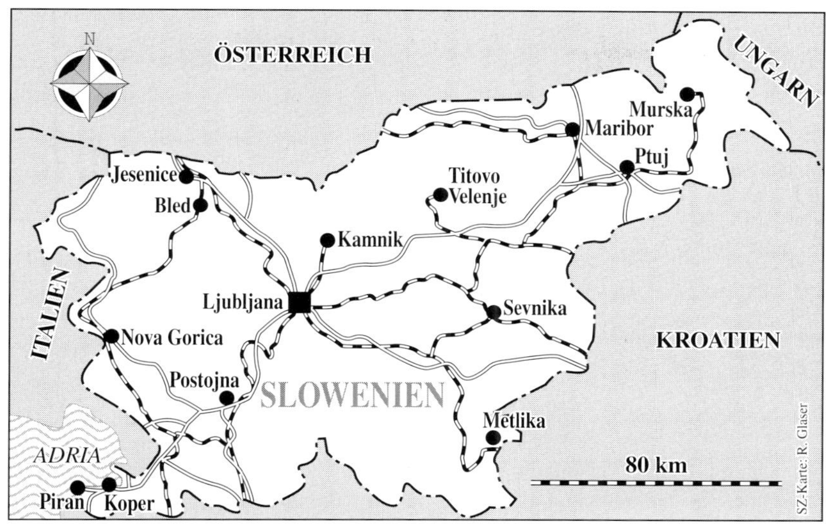

Der neue Staat Slowenien mit der Hauptstadt Ljubljana.

rischen Provinzen des napoleonischen Kaiserreiches und wurde 1849 österreichisches Kronland.

20. Jahrhundert

1918 schlossen sich die Slowenen unter dem Verlust des südlichen Kärntens, Istriens und von Gröz mit Serben und Kroaten zu einem Königreich zusammen, das seit 1929 den Namen Jugoslawien trug. Nach 1945 wurde Slowenien einer von sechs Teilstaaten der »Sozialistischen Volksrepublik Jugoslawien«. Zu Spannungen zwischen der Zentrale in Belgrad und der slowenischen Regierung in Ljubljana kam es, als Slowenien den Kosovo-Albanern Unterstützung zusagte: In der autonomen Region Kosovo im Südwesten Jugoslawiens hatten sich seit Mitte der achtziger Jahre die nationalistischen Bestrebungen der albanisch-muslimischen Bevölkerung verstärkt (s. a. Historischer Hintergrund → Bosnien und Herzegowina). Die Autonomie des Kosovo wurde im Frühjahr 1989 von Belgrad eingeschränkt. Dies führte zur Verschlechterung der Beziehungen zwischen den jugoslawischen Republiken, insbesondere zwischen Serben und Slowenen, die eine ähnliche Entwicklung für ihre Regionen befürchteten.

Im September 1989 gab sich die Teilrepublik Slowenien eine neue, an demokratische Vorbilder angelehnte Verfassung, die den Bürgern Grundrechte zusicherte, einen politischen Pluralismus und das Recht zum Austritt aus dem jugoslawischen Staatenbund vorsah. Als die slowenische Regierung eine von Belgrad aus gesteuerte Großdemonstration in Ljubljana gegen die angebliche Unterdrückung der

Milan Kucan (*14.1.1941)
Slowenischer Staatspräsident seit 1990.
Der Jurist Kucan begann seine politische Karriere 1964 in der Jugendorganisation der KP Jugoslawiens und war später in verschiedenen Funktionen sowohl in der slowenischen Teilrepublik als auch auf Bundesebene aktiv am politischen Leben Jugoslawiens beteiligt. 1978 wurde er Präsident des slowenischen Parlaments, 1986 Präsident des damaligen Bundes der Kommunisten Sloweniens. Bei den ersten freien Wahlen 1990 wurde Kucan im zweiten Wahlgang Präsident der Republik Slowenien. Bei den Wahlen im Dezember 1992 konnte er sich als parteiloser Kandidat bereits im ersten Durchgang mit 64 Prozent der abgegebenen Stimmen gegen sieben Konkurrenten durchsetzen. Kucan beschreibt sein politisches Programm als europaorientiert, sozial, weltlich und demokratisch. Trotz Kucans laizistischer Orientierung verlieh ihm Papst Johannes Paul II. 1993 den Pius-Ritterorden.

serbischen Minderheit im Kosovo im Dezember 1989 untersagte, verhängte Serbien wegen der Unterstützung für die Kosovo-Albaner einen Handelsboykott gegen Slowenien, das daraufhin sofort alle Zahlungen in die jugoslawische Bundeskasse einstellte. Das ökonomische Nord-Süd-Gefälle vertiefte den Antagonismus zwischen den Teilstaaten: Der wirtschaftlich prosperierende Nordwesten (Kroatien und Slowenien) hatte darüber hinaus schon immer größere Zuschüsse für die südöstlichen Regionen des Landes geleistet.

Konfliktparteien

Zum offenen Bruch mit dem Bundesstaat kam es, als die slowenischen Kommunisten im Februar 1990 auf dem Parteitag der jugoslawischen KP aus dem *Bund der Kommunisten* austraten und sich einen neuen Namen gaben: *Partei der Demokratischen Reformen* (SKS-SDR). Das slowenische Parlament beschloß darüber hinaus am 7. März, die »Sozialistische Republik Slowenien« in »Republik Slowenien« umzubenennen.

Diese Entwicklung beschleunigte den Zerfall Gesamtjugoslawiens erheblich, zumal bei den ersten freien Wahlen am 12. und 22. April 1990 die Reformkräfte bestätigt wurden: Das aus sieben Oppositionsparteien bestehende Bündnis *Demokratische Union Sloweniens* (DEMOS) errang mit 55 Prozent die Parlamentsmehrheit. Stärkste Einzelpartei wurde die SKS-SDR mit 17 Prozent der Stimmen. Der Reformer und ehemalige KP-Chef MILAN KUCAN wurde bei einer Stichwahl am 22. April zum Präsidenten gewählt.

Die Mehrheit des Parlaments beschloß eine Erklärung über die Souveränität Sloweniens, das von nun an als selbständiger Staat seine eigene Innen-, Rechts-, Außen- und Wirtschaftspolitik betreiben werde. Die bis dahin geltenden Bundesgesetze wurden in Slowenien außer Kraft gesetzt. Der Konflikt mit der Zentralmacht in Belgrad eskalierte, als eine slowenische Nationalgarde aufgestellt wurde, die aus Einheiten der Territorialverteidigung bestand. Damit waren die Autorität und das Machtmonopol des Bundes endgültig untergraben. Untergraben wurde die politische Entscheidungsgewalt des Bundes aber auch durch das Bundesheer, das ohne Auftrag der politischen Führung in Slowenien intervenierte.

Konfliktverlauf

Am 25. Juni 1991 erklärte sich Slowenien für unabhängig und übernahm auch die Überwachung der Grenzen seines Territoriums. Die jugoslawische Bundesarmee versuchte das zu verhindern und ging einen Tag nach der Proklamation zum

27. Juni 1991: Soldaten der jugoslawischen Armee holen die slowenische Flagge am Grenzübergang Seebergsattel (zwischen Österreich und Slowenien) ein, nachdem sie den zuvor von slowenischem Militär kontrollierten Checkpoint besetzt hatten.

Angriff über. Sie handelte dabei ohne Befehl der Zentralregierung, also ohne politische Legitimation durch das Staatspräsidium. Für wenige Tage sah es nach einem Putsch der Militärführung bzw. der Befehlshaber der in Nordjugoslawien stationierten Streitkräfte aus. Es kam zu mehrtägigen kleineren Gefechten zwischen den slowenischen Milizen und Einheiten der jugoslawischen Bundesarmee, die aber die neuen Grenzwächter nicht vertreiben konnten.

Ergebnis

Die Kampfhandlungen in Slowenien konnten bereits am 3. Juli 1991 auf Vermittlung der EG durch einen Waffenstillstand und den anschließenden Friedensvertrag von Brioni (8.7.) beendet werden. Die jugoslawische Armee bestand zunächst aber weiterhin auf der Entwaffnung der slowenischen Nationalgarde, doch das Belgrader Staatspräsidium ordnete am 19. Juli den Rückzug aus Slowenien innerhalb von drei Monaten an.

Am 26. Oktober zogen die letzten Einheiten der Bundesarmee aus den Kasernen in Slowenien ab, große Teile der schweren Waffen blieben aber in den slowenischen Depots.

Weitere Entwicklung

Im Dezember 1991 brach das Parteienbündnis DEMOS, die treibende politische Kraft für die Unabhängigkeit, auseinander. Der neue souveräne Staat, der sich im Dezember erneut eine revidierte, am Muster westlicher Demokratien orientierte Verfassung gab, wurde nach und nach international anerkannt: am 15. Januar 1992 von allen 12 EG-Staaten. Die erste frei gebildete Regierung hatte durch die Auflösung der DEMOS-Koalition keine Mehrheit mehr und wurde im April durch ein Mißtrauensvotum gestürzt. Neuer Ministerpräsident einer Mehrparteien-Koalition wurde der ehemalige Botschafter und Staatspräsident Jugoslawiens ab 1989, JANEZ DRNOVSEK, der 1991 der aus dem kommunistischen Jugendverband hervorgegangenen *Liberaldemokratischen Partei Sloweniens* (LDS) beigetreten war. Im Dezember 1992 gewann die LDS mit 23 Prozent die ersten Wahlen zur Staatsversammlung; bei den gleichzeitig stattfindenden Präsidentschaftswahlen setzte sich der amtierende Präsident KUCAN durch.

Die politische Entwicklung Sloweniens kann als stabil bezeichnet werden. Die Wirtschaftspolitik der reichsten Republik des ehemaligen Jugoslawien ist an marktwirtschaftlichen Prinzipien orientiert, die 2700 Staatsbetriebe wurden privatisiert. Außenpolitisch orientierte sich die Regierung an Westeuropa; im Mai 1992 wurde Slowenien Mitglied des *Europarates* und unterzeichnete als erster ehemaliger jugoslawischer Teilstaat im März 1994 ein Partnerschaftsabkommen mit der NATO. Mit Kroatien gab es seit 1993 Streitigkeiten um die Grenzziehung an der istrischen Küste bei Piran, dem einzigen Handelshafen Sloweniens an der Adria. Auch der Grenzverlauf im Binnenland ist zwischen Kroatien und Slowenien in einigen Regionen umstritten.

Über 70 000 Flüchtlinge, vor allem Muslime aus Kroatien und Bosnien, sind im Laufe der Kämpfe in ihrer Heimat illegal nach Slowenien gekommen. Daraufhin wurden die Kontrollen an den Grenzen zu Kroatien und Ungarn verstärkt. Aus den kriegerischen Auseinandersetzungen in → Kroatien und aus dem Bosnien-Konflikt (→ Bosnien und Herzegowina) konnte sich Slowenien bislang heraushalten.

Literatur: → Bosnien und Herzegowina, → Kroatien

Staatsname: Republik Slowenien
Staatsform: Republik (seit 1991)
Staatsoberhaupt: Milan Kucan (parteilos; seit 1990)
Regierungschef: Janez Drnovsek (LDS; seit 1992)
Regierung: LDS, SDK, ZL, ZS, SDSS (seit 1992)
Parlament: Staatsversammlung 90 Sitze (Wahl vom 6.12.1992), LDS (Liberaldemokraten) 22, SKD (Christdemokraten) 15, ZL (Sozialisten) 14, SNS (Nationalpartei) 11, SLS (Volkspartei) 11, DS (Christsoziale) 6, Sonstige 11
Mitgliedschaft bei internationalen Organisationen: Europarat, OSZE, UNO
Lage: 13°–17° östlicher Länge, 45°–47° nördlicher Breite
Fläche: 20 256 km^2
Hauptstadt: Ljubljana
Bevölkerung: 2 Millionen; Slowenen 87,8 %, Kroaten 2,8 %, Serben 2,4 %, Bosnier 1,4 %, Ungarn 0,4 %, Sonstige 5,2 %; Katholiken 90,9 %, Muslime 0,7 %, Sonstige 9,3 %
Wirtschaft: Industrie 62 %, Dienstleistung 30,1 %, Landwirtschaft 7,9 %;
Export: Maschinen 26,8 %, verarbeitete Produkte 26,6 %, Chemieprodukte 9 %

SOMALIA

»Shifta«-Krieg 1963 bis 1967
Ogaden-Konflikt 1977/78
Bürgerkrieg seit 1988

Somalia versuchte, sich im sog. Shifta-Krieg um den Northern Frontier District mit dem Ziel eines »Groß-Somalia« gegen → Kenia durchzusetzen und erhob ebenso wie → Äthiopien Anspruch auf das Ogaden-Gebiet. Der Bürgerkrieg hatte seine Ursachen u. a. im sozialen Süd-Nord-Gefälle und in den Machtansprüchen verschiedener Clans.

Historischer Hintergrund

Einen somalischen Staat gibt es erst seit 1960. Die Somali bewohnen zwar schon seit ca. 4000 Jahren diese Region am Horn von Afrika, haben aber nie einen ihr gesamtes Volk (Nomaden) umfassenden Staat bilden können, da sie in ihrer Vergangenheit immer wieder unter die Herrschaft verschiedener Eroberer (Portugiesen, Türken, Franzosen Ägypter, Briten usw.) gerieten.

Die soziale Uneinheitlichkeit der somalischen Gesellschaft erleichterte die Interessenpolitik der europäischen Kolonialmächte, die kaum mit Widerstand zu rechnen hatten. Zwar bildeten die Somali ethnisch und kulturell durch den Islam und eine gemeinsame Sprache eine Einheit, doch sie teilten sich in nomadisierende Samaale und seßhafte Sab auf, die sich wiederum auf große Clan-Gemeinschaften (Samaale: Darod, Hawiye, Dir, Ishaq; Sab: Digil, Rahanwein) und auf unzählige kleinere Clans und Familien verteilten. Zwischen 1884 und 1887 besetzte Großbritannien die Küstenregion (außer das Ost-Horn) und sicherte sich das Hinterland durch Schutzverträge mit den dort lebenden Stämmen.

Im Abessinienkrieg (1935/36) diente diese Region (wie → Eritrea) den Italienern als Ausgangsbasis für die Eroberung → Äthiopiens, 1941 dann den Briten für dessen Befreiung. Italien erhielt sein Gebiet (Italienisch-Somaliland) nach dem Zweiten Weltkrieg in UN-Treuhandschaft zugesprochen (1949), um die Unabhängigkeit vorzubereiten. Im Protektorat Britisch-Somaliland entstand ebenfalls allmählich eine Selbstverwaltung. Beide Gebiete wurden 1960 unabhängig und schlossen sich am 1. Juli 1960 zur »Republik Somalia« zusammen mit dem Ziel, alle in diesem Gebiet lebenden Somali in einem »Groß-Somalia« zu vereinen.

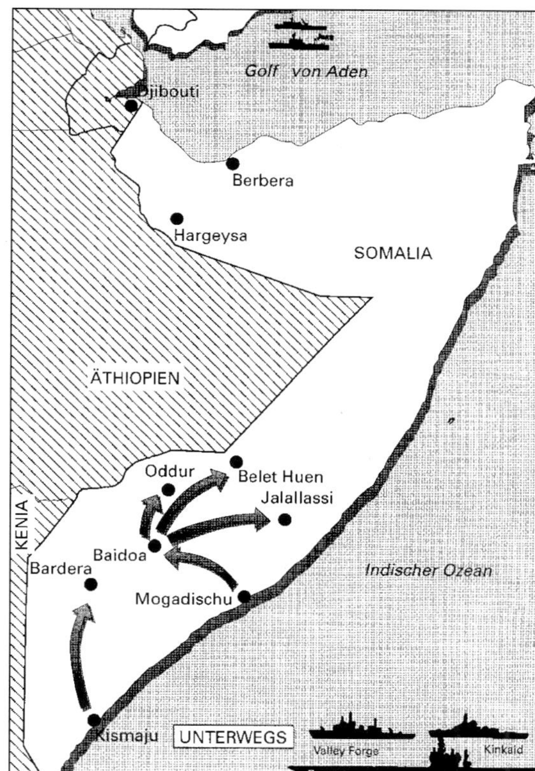

Die Karte Somalias zeigt die Flottenbewegungen zu Beginn der UNO-Hilfsaktion »Operation Restore Hope« vom Dezember 1992, an der insgesamt 30 000 Blauhelmsoldaten aus 20 Staaten beteiligt waren (s. S. 676f.).

Die Gemeinsamkeit von Kultur, Sprache und islamischer Religion sollte die Grundlage für eine »groß-somalische Nation« bilden. Aus diesem Grund wurde auf alle weiteren von Somalis bewohnten Gebiete Anspruch erhoben: auf Französisch-Somaliland (→ Dschibuti), den Northern Frontier District (→ Kenia) und den Südosten → Äthiopiens (Ogaden und Haud).

Als Northern Frontier District wird seit Beginn des 19. Jahrhunderts die 127 000 Quadratkilometer große Nordprovinz der ehemaligen britischen Kolonie → Kenia bezeichnet, in der überwiegend nomadisierende Somali leben. Mit der britischen Entscheidung, dieses Gebiet Kenia zuzuschlagen, waren die Somali nie einverstanden. Unmittelbar vor der kenianischen Unabhängigkeit boykottierten sie im Mai 1963 die lokalen Parlamentswahlen in Kenia.

Die willkürliche koloniale Grenzziehung war auch in der Ogaden-Region der Anlaß für einen bewaffneten Konflikt

Muhammad Siad Barre (*1919)
Somalischer Staatspräsident von 1969 bis 1991. Seit 1965 Oberbefehlshaber der Armee putschte sich Barre 1969 an die Macht und etablierte ein dem »wissenschaftlichen Sozialismus« verpflichtetes Regime. Das Parlament, in dem Vertreter der einzig zugelassenen Sozialistischen Einheitspartei saßen, war volksdemokratischer Deckmantel General Barres und seines aus Offizieren bestehenden Revolutionsrates. Eine unabhängige Judikative gab es nicht. Die Mißachtung der Menschenrechte war an der Tagesordnung. Die Invasion des Barre-Regimes in der vorwiegend von Somalis bewohnten Ogaden-Region Äthiopiens scheiterte, als die UdSSR ihm plötzlich die Unterstützung entzog und sich auf die Seite Äthiopiens stellte. Barres Regierung wurde 1991 unter wesentlicher Beteiligung seines langjährigen Kontrahenten Muhammad Farah Aidid durch einen Putsch beendet.

nach der Erlangung der Unabhängigkeit (→ Äthiopien). Der Ogaden war in einem Abkommen mit Großbritannien (1897) und einem Vertrag mit Italien (1907) dem Kaiserreich Äthiopien zugesprochen worden. Teile davon, den sog. Haud und die »Reserved Areas«, hielten die Engländer aber weiterhin besetzt; sie dienten ihnen als Nachschubbasen für Britisch-Somaliland. 1954 übergab London trotz massiver Proteste Britisch-Somalilands die Gebiete endgültig an Äthiopien. Die Ursachen für den späteren Bürgerkrieg gehen u. a. auf die Vereinigung Britisch-Somalilands und Italienisch-Somalilands im Jahr 1960 zurück. Die junge Republik Somalia hatte dadurch von Anfang an mit einem sozialen Ungleichgewicht zwischen Süd und Nord zu kämpfen.

Die aufkeimenden Konflikte wurden entscheidend vom Clanwesen beeinflußt, in dem die Familien- oder Stammesloyalität allerersten Rang einnimmt. Konflikte zwischen der von den Darod getragenen politisch dominierenden *Somali Youth League* (SYL) und verschiedenen Oppositionsgruppen führten nach der Unabhängigkeit zu Unruhen. Korruption, Vetternwirtschaft und politische Unfähigkeit ließen diese innenpolitischen Spannungen 1969 eskalieren. Nach Unruhen bei den Parlamentswahlen und der Ermordung des Präsidenten ABDULRASCHID ALI SHERMAKE putschte das Militär am 21. Oktober 1969.

Der neue Staatspräsident, Generalmajor MUHAMMAD SIAD BARRE, rief die »Somalische Demokratische Republik« aus, hob die Verfassung auf und verbot alle Parteien. Seine Politik war eine Mischung aus Sozialismus sowjetischer Prägung und Somali-Traditionen. Diesen »Islam-Marxismus« versuchten die traditionellen Clans ihren Interessen gemäß zu transformieren. Der neue Präsident sicherte seine Macht durch die Darod-Clans der Marehan, Ogadeni und Dulbahante (MOD-Allianz), während der bis 1969 einflußreiche Darod-Clan der Mijertein jetzt politisch und wirtschaftlich entmachtet wurde. BARRE, der aus dem Süden stammt, regierte mit polizeistaatlichen Methoden, und sein Marehan-Clan unterdrückte den Norden und beutete ihn aus. Vom 20. Oktober 1980 bis März 1982 herrschte Ausnahmezustand im Land.

Konfliktparteien

»Shifta«-Krieg 1963 bis 1967

Die im Northern Frontier District in Kenia lebenden nomadisierenden Somali, die den stärksten Bevölkerungsanteil stellen, betonten immer ihre somalische Volkszugehörigkeit und forderten die Angliederung der kenianischen Nordostprovinz an Somalia. So kämpften bewaffnete somalische Separatisten gegen die kenianische Regierung, die die Rebellen als »Shifta« (Banditen) verunglimpfte.

Berbera, der Hafen am Golf von Aden, eine frühere sowjetische Marinebasis, diente während des Ogaden-Konflikts 1977 und 1978 zur Versorgung der von Somalia unterstützten Rebellen im Ogaden.

Ogaden-Konflikt 1977/78
Somalia
Nach der Unabhängigkeit Somalias (1960) kam es immer wieder zu Grenzstreitigkeiten, die auch durch das Abkommen von Khartum 1964 nicht beendet werden konnten. Unterstützung erfuhr Somalia durch die 1976 vereinigten Widerstandsgruppen im Osten → Äthiopiens, die *Western Somali Liberation Front* (WSLF). Somalia wandte sich nach dem Bruch mit Moskau mehr dem Westen zu.

Äthiopien
Auf der Gegenseite kämpften die Regierungstruppen Äthiopiens mit sowjetischer Waffenhilfe und unterstützt von kubanischen Kampfeinheiten. Im Ogaden-Konflikt spielte (ähnlich wie in → Eritrea) der imperiale Eroberungscharakter des alten kaiserlichen Äthiopien eine wichtige Rolle.

Vor dem Ogaden-Konflikt hatte sich auch Somalia an die UdSSR gewandt und Waffenlieferungen erhalten. Als der kriegerische Konflikt ausbrach, mußte sich Moskau jedoch entscheiden und optierte für das mächtigere Äthiopien, um sich den Einfluß am Horn von Afrika zu sichern.

Bürgerkrieg seit 1988
Die 1976 gegründete Staatspartei *Somali Revolutionary Socialist Party* (SRSP) sollte die Unzufriedenheit der verschiedenen Interessengruppen auffangen, was ihr aber nicht gelang. Die Partikularinteressen der Clans waren zu verschieden. Zahlreiche Flüchtlinge aus dem Ogaden verschärften die innenpolitische Situation. Die BARRE-Militärregierung, die sich als unfähig erwies, die politischen und wirtschaftlichen Probleme zu lösen, wurde zum ersten Mal am 9. April 1978 durch einen Putschversuch gefährdet. Anfang der achtziger Jahre kam es zu ersten bewaffneten Aktionen regimefeindlicher Widerstandsgruppen gegen die Regierung BARRE, die schließlich zum Bürgerkrieg führten.

Während des Ogadenkriegs entstand die von Äthiopien unterstützte *Somali Salvation Front* (SSF), die sich im Oktober 1981 mit zwei kleineren Gruppierungen zur *Democratic Front for the Salvation of Somalia* (DFSS) zusammenschloß. Während die DFSS von äthiopischem Territorium aus operierte, kämpfte das 1981 gegründete *Somali National Movement* (SNM) innerhalb Somalias, vor allem im Norden. Weitere bewaffnete Rebellenorganisationen waren der *United Somali Congress* (USC), der in der Mitte Somalias beheimatet ist und sich auf den mittelsomalischen Abgal-Stamm stützt, und das *Somalia National Movement* (SNM), fundamentalistisch-islamisch orientiert und von Libyen unterstützt. Es hatte seine Basis bei den Issak im Norden, deren Gebiet zwischen Somalia, → Äthiopien und → Dschibuti aufgeteilt ist.

Das aus dem Süden stammende *Somalia Patriotic Movement* (SPM) stützte sich auf die Ogadeni, die auch in Äthiopien und → Kenia leben, sowie auf Deserteure der Armee. Das Ziel des SPM war die Errichtung einer von Ogadeni geführten Regierung. Die *Somalia Democratic Alliance* (SDA) war eine Oppositionsgruppe ohne militärischen Arm.

Konfliktverlauf

»Shifta«-Krieg 1963 bis 1967

1963 hatten somalische Separatisten mit ersten Überfällen auf kenianische Polizeiposten im Northern Frontier District ihren Widerstand auch militärisch unterstrichen. Kenia vermutete hinter den Rebellen die Regierung in Mogadischu und versetzte seine Truppen in Alarmbereitschaft. Auch die noch in → Kenia stationierten britischen Einheiten waren alarmiert. Am 25. Dezember 1963 wurde über den Northern Frontier District der Ausnahmezustand verhängt.

→ Äthiopien, das sich ebenfalls vom somalischen Expansionismus bedroht fühlte schloß mit Kenia einen Beistandspakt. Die Lage entspannte sich durch das Eingreifen der OAU, die am 12. Februar 1964 eine Resolution verabschiedete, die die Gültigkeit der Staatsgrenzen hervorhob. Die Separatisten gaben ihren bewaffneten Widerstand zunächst auf und nahmen sogar an den Regionalwahlen teil.

Von 1965 bis 1967 erfolgten wieder zahlreiche Überfälle der »Shifta«, so daß die Regierung in Nairobi den Kriegszustand mit Somalia ausrief. Doch auf Vermittlung des sambischen Präsidenten KENNETH KAUNDA vereinbarten beide Länder, ihre Beziehungen zu normalisieren und künftig auf Provokationen jeglicher Art zu verzichten. Erst im Verlauf des somalischen Bürgerkrieges Ende der acht-

Im Januar 1991 griffen die Kämpfe zwischen Rebellen der Bewegung Vereinigter Somalischer Kongreß und Regierungstruppen auf die Hauptstadt Mogadischu über.

ziger Jahre kam es wieder zu Zwischenfällen im Grenzgebiet von Kenia und Somalia.

Ogaden-Konflikt 1977/78 → Äthiopien

Bürgerkrieg seit 1988
Nach dem Abschluß des Friedensabkommens mit → Äthiopien im April 1988 eskalierten die innenpolitischen Spannungen und der Konflikt im Norden des Landes zum offenen Bürgerkrieg.

Die in Fraktionen gespaltene DFSS löste sich nach Einstellung der äthiopischen Unterstützung auf. Der Hawiye-Clan, dem überwiegend Händler angehören, die auch über libysche Waffen verfügten, schloß sich dem SNM an. Das SNM griff am 25. und 26. Mai 1988 in einer Großoffensive die nordsomalischen Städte Hargeisa und Burao an und konnte beide erobern. Es gelang ihr aber nicht, das strategisch bedeutsame Berbera, wo Material und Waffen der US-Marine lagerten, unter ihre Kontrolle zu bringen. Erst Ende Juli eroberten die Regierungstruppen nach einem massiven Bombardement Burao und Hargeisa zurück. Die kriegerischen Auseinandersetzungen hielten bis zum Jahresende mit unnachgiebiger Härte und Heftigkeit an. Nach Schätzungen betrug die Zahl der Toten am Jahresende 1988 etwa 50 000.

BARRE, inzwischen militärisch und politisch angeschlagen, bemühte sich vergeblich um eine politische Lösung des Konflikts, indem er den anderen Clans anbot, die Macht zu teilen und mit dem SNM zu verhandeln. 1989 waren alle Landesteile vom Bürgerkrieg betroffen. Im Sommer des Jahres kam es zu Kämpfen zwischen verschiedenen südlichen Truppenteilen der Streitkräfte.

Nach einem gescheiterten Putschversuch am 14. Juli 1989 verübten die somalischen Sicherheitskräfte Massaker an über 400 Isaak-Angehörigen, was den Konflikt noch einmal verschärfte.

Muhammad Farah Aidid (*1935)
Somalischer Clan- und Rebellenführer.
Die Familie Muhammad Farah Hassans, dem seine Mutter den Beinamen Aidid (»Der ohne Schwächen«) gab, gehört zum Clan der Hawiya, der etwa ein Viertel der Gesamtbevölkerung Somalias stellt. Zunächst in Italien, dann in der UdSSR ausgebildet, machte er eine steile Militärkarriere. Als Konkurrent des durch einen Militärputsch an die Macht gekommenen Muhammad Siad Barre (Mitglied des Marehan-Clans) mußte Aidid zunächst sechs Jahre ins Gefängnis. Nach der Haft machte Barre ihn erst zu seinem Sicherheitschef und schickte den potentiellen Gegenspieler dann als Botschafter nach Indien. Ende der achtziger Jahre übernahm Aidid die militärische Führung des United Somali Congress (USC) und war wesentlich an der Zerschlagung des Barre-Regimes beteiligt. Nach der Ernennung Ali Mahdi Muhammads zum Übergangspräsidenten kam es zur Spaltung des USC; Aidid setzte sich an die Spitze der »Somali Liberation Army«. 1993 massakrierten Aidids Milizen 23 pakistanische Blauhelmsoldaten. Der UNO-Sicherheitsrat erlaubte daraufhin »alle notwendigen Maßnahmen«, um die Festnahme der Verantwortlichen zu erreichen. Doch auch die Aussetzung eines Kopfgeldes auf Aidid und Angriffe amerikanischer Eliteeinheiten auf vermutete Verstecke des Milizenführers – dessen zahlreichen Kinder größtenteils sicher in den USA leben – blieben ohne Erfolg.

Erneut ereigneten sich in der umstrittenen kenianischen Grenzregion des Northern Frontier District bewaffnete Zwischenfälle, die Somalia und → Kenia an den Rand eines Krieges führten. Im Laufe der Bürgerkriegsereignisse hatte Präsident BARRE die Befehlsgewalt über große Teile der Armee verloren. Der Northern Frontier District war inzwischen auch das Ziel somalischer Elfenbeinwilderer und marodierender somalischer Regierungssoldaten geworden, die die Region erheblich verunsicherten. Nach dem Angriff regulärer somalischer Soldaten auf eine kenianische Polizeistation bei Liboi versetzte Kenia seine Sicherheitskräfte in Alarmbereitschaft.

Ende 1989 waren die Rebellen in einigen Landesteilen so mächtig geworden, daß Präsident BARRE nur noch als »Bürgermeister von Mogadischu« angesehen werden mußte. Bis auf Berbera kontrollierte das SNM die Küste im Norden; im Süden meuterten die Ogadeni, die 60 Prozent der Regierungsarmee stellten, und wendeten sich gegen das Minderheitsregime der Marehan. Zeitweise kontrollierten die Ogadeni die drittgrößte somalische Stadt Kisimaju. 400 000 Flüchtlinge waren im Sommer 1990 ins benachbarte Kenia unterwegs; 60 000 Zivilisten waren bereits ums Leben gekommen.

Der SPM-Führer BASHIR ALI SALAT BELLILIKO verlangte als Vorbedingung für Verhandlungen den Rücktritt BARRES. Die für das Frühjahr 1991 von der Regierung angekündigte Volksabstimmung über eine neue Verfassung und freie Wahlen sollte den Bürgerkrieg beenden, kam aber nicht zustande. Mittlerweile konzentrierten sich die Kämpfe auf die von USC-Rebellen belagerte Hauptstadt Mogadischu. Am 27. Januar 1991 flüchtete der seit 22 Jahren amtierende Präsident nach Kenia. Der siegreiche USC bildete eine Übergangsregierung, an der auch die beiden anderen Rebellenorganisationen SNM und SPM beteiligt wurden. Neuer Präsident wurde ALI MAHDI MUHAMMAD, der als Geschäftsmann den USC finanziert hatte. Die weitere Regierungsbildung gestaltete sich schwierig, die Kämpfe der rivalisierenden Clans um die Vorherrschaft in Somalia gingen weiter.

Am 18. Mai 1991 nutzte das SNM im Norden die Gelegenheit und rief im ehemaligen Britisch-Somaliland die »Republik Somaliland« aus. ABD AR-RAHMAN AHMAD ALI, der SNM-Vorsitzende, wurde Übergangspräsident. Die Republik ist aber bisher international noch nicht anerkannt worden; im Gegenzug erkannte das SNM die in Mogadischu amtierende gesamtsomalische USC-Regierung nicht an, die dem Norden zwar Autonomie zugestand, die volle Unabhängigkeit aber ablehnte.

Innerhalb des USC kam es zu Kämpfen verschiedener Stammesgruppen; zwischenzeitlich wurde MAHDI MUHAMMAD für abgesetzt erklärt. Im Dezember 1992 entsandte die UNO 30 000 Soldaten zum Schutz der hungernden Bevöl-

Die beiden mächtigsten Männer Somalias, Ali Mahdi Muhammad (links) und General Muhammad Farah Aidid (rechts) trafen sich Ende März 1994 in Nairobi, wo sie einen Waffenstillstand und die Bildung einer neuen somalischen Regierung vereinbarten.

kerung. An der Hilfsaktion »Operation Restore Hope« waren 20 Staaten beteiligt. Die Milizen, die nach den Vorstellungen der UNO entwaffnet werden sollten, zogen sich ins Hinterland zurück. Die USA wollten, anders als die UNO, lediglich die Hilfstransporte sichern. Trotz eines Übereinkommens zwischen den beiden mächtigsten Clanchefs Muhammad Farah Aidid und Ali Mahdi Muhammad, das quasi die Teilung der Hauptstadt Mogadischu bedeutete, gingen die Gefechte weiter. Im Mai 1993 wurde das Oberkommando der UN-Hilfstruppen von den USA, die ihr Kontingent reduzierten, an die UNO übergeben. Unter den 23 Nationen, die Soldaten für die Hilfstruppe zur Verfügung stellten, war auch die Bundesrepublik Deutschland. Die UN-Verbände sollten beim Aufbau der somalischen Infrastruktur helfen und die Versorgung der Bevölkerung mit Lebensmitteln sichern. Neu ausbrechende Gefechte an verschiedenen Stellen im Land versuchten UN-Soldaten durch Waffeneinsatz zu beenden und gerieten dabei immer mehr zwischen die Fronten.

Trotz der anhaltenden bewaffneten Auseinandersetzungen schlossen 15 Bürgerkriegsparteien am 28. März in Addis Abeba einen Waffenstillstand. Doch Aidid, der daraufhin mit Haftbefehl gesucht wurde, hatte zum Widerstand gegen die UN-Soldaten aufgerufen. Seine Milizen hielten sich nicht an das Abkommen, überfielen am 5. Juni 1993 UN-Truppen und töteten 23 pakistanische Soldaten in einem Hinterhalt. Der Überfall wurde von seiten der UNO mit einem Vergeltungsschlag beantwortet, und bei einer Demonstration am 13. Juni töteten pakistanische UN-Soldaten 20 Menschen. Aidids Anhänger verstärkten Anfang August den Druck auf die UN-Soldaten; am 8. August 1993 wurden vier US-Soldaten durch eine Bombe getötet. Daraufhin schickten die USA eine 400 Mann starke Anti-Terror-Einheit nach Mogadischu. Trotz der UNO-Präsenz und verschiedener Friedensgespräche der beteiligten Bürgerkriegsparteien war das Land, das durch die Herrschaftsgebiete der Clanmilizen zerteilt war, Anfang 1994 noch immer nicht befriedet. Die UNO-Mission wurde für gescheitert erklärt; die amerikanischen und europäischen Soldaten verließen Ende März 1994 Somalia. Zurück blieben etwa 20 000 UN-Soldaten aus Asien und Afrika. AIDID-Milizen überfielen im Sommer wieder UN-Friedenstruppen.

Im Herbst 1994 kam es zu bewaffneten Auseinandersetzungen in der nicht anerkannten »Republik Somaliland« zwischen der provisorischen Regierung unter Präsident MUHAMMAD IBRAHIM EGAL und den SNM-Rebellen unter der Führung von AHMAD ALI, der von 1991 bis 1993 erster Präsident »Somalilands« gewesen war, sich im April 1994 den AIDID-Milizen angeschlossen hatte und für eine Föderation mit Somalia eintritt: 25 000 Menschen flohen aus der größten Stadt, Hargeisa, nach → Äthiopien.

Ergebnis und weitere Entwicklung

Nach langwierigen Verhandlungen, die häufig von Gefechten unterbrochen wurden, verständigten sich im Februar 1995 die beiden Führer der größten somalischen Clans, MAHDI MUHAMMAD und AIDID, ihren Kampf um das Staatspräsidentenamt und die Vorherrschaft nicht nur in Mogadischu, sondern in ganz Somalia zu beenden. Im März 1995 verließen die letzten UN-Soldaten, die zwar humanitäre Hilfe leisten konnten, aber die verfeindeten Clan-Milizen nicht entwaffnen konnten, das Land. Inwieweit es durch die Vereinbarung vom Februar zu einem dauerhaften nationalen Konsens zwischen den rivalisierenden Clans gekommen ist, bleibt abzuwarten.

Literatur: s. a. → Äthiopien, → Dschibuti, → Eritrea
M. Bongartz: *Somalia im Bürgerkrieg.* Hamburg 1991.
M. Brons: *Somaliland. Zwei Jahre nach der Unabhängigkeitserklärung.* Hamburg 1993.
V. Mathies: *Das Horn von Afrika in den internationalen Beziehungen.* München 1976.
V. Mathies: *Der Grenzkonflikt Somalias mit Äthiopien und Kenya.* Hamburg 1977.
W. Michler: *Somalia – ein Volk stirbt. Der Bürgerkrieg und das Versagen des Auslands.* Bonn 1993.
Statistisches Bundesamt (Hg.): *Länderbericht Somalia.* Wiesbaden 1988.

Staatsname: Demokratische Republik Somalia
Staatsform: Präsidiale Republik (seit 1979)
Staatsoberhaupt: Ali Mahdi Muhammad (USC; seit 1991)
Regierungschef: Omar Arte Ghaleb (SNM; seit 1991)
Regierung: Vereinigter Somalischer Kongreß (USC; seit 1991)
Parlament: Volksversammlung (1991 aufgelöst)
Mitgliedschaft bei internationalen Organisationen: AKP, Arabische Liga, OAU, UNO
Lage: 41°–52° östlicher Länge, 2°–12° nördlicher Breite
Fläche: 637 000 km^2
Hauptstadt: Mogadischu
Bevölkerung: 8 Millionen; Somalier 98,3 %, Araber 1,2 %, Bantu 0,4 %, Sonstige 0,1 %; sunnitische Muslime 99,8 %, Christen 0,1 %, Sonstige 0,1 %
Wirtschaft: Landwirtschaft 65 %, Dienstleistung 26 %, Industrie 9 %; Export: Tiere 56,7 %, Bananen 26,7 %

Sowjetunion → Armenien, → Aserbaidschan, → Georgien, → Moldawien, → Rußland, → Tadschikistan

Der staatliche Zerfall der Sowjetunion bewirkte zahlreiche Einzelkonflikte in den neu entstandenen selbständigen Republiken. Die Geschichte Rußlands bildet im Kern die Geschichte der Sowjetunion – deshalb werden alle (inzwischen historischen) Konfliktimplikationen der ehemaligen UdSSR im Artikel → Rußland dargestellt.

Das Sowjetreich, das die Nachfolge des imperialistischen russischen Zarenreiches angetreten hatte, umfaßte viele ehemals selbständige europäische und asiatische Staaten oder Gebiete. Von entscheidender Bedeutung für seine Entwicklung (und vor allem Auflösung) waren die sehr heterogenen politischen, sozialen und kulturellen Eigenheiten der vielen Teilrepubliken (→ Armenien, → Aserbaidschan, Estland, → Georgien, Kasachstan, Kirgisistan, Lettland, Litauen, → Moldawien, → Rußland, → Tadschikistan, Turkmenistan, Ukraine, Usbekistan und Weißrußland) sowie die unterschiedlichen Traditionen der zahlreichen Nationalitäten slawischer, mongolisch-tatarischer oder türkischer Abstammung, die die UdSSR mit repressiven Methoden zusammenband. Als das kommunistische System unterging, zerfiel das Großreich wieder in seine Bestandteile, die sich als selbständige und völkerrechtlich anerkannte Republiken neu zu etablieren versuchen. In vielen dieser neuen Staaten kam es inzwischen zu teilweise heftigen ethnisch oder historisch motivierten bewaffneten Konflikten.

Über 130 verschiedene Völker leben auf dem ehemaligen Territorium der Sowjetunion: Allein 80 verschiedene Konflikte werden auf dem Gebiet des heutigen Rußland vermutet, etwa 180 im gesamten Bereich der GUS. Nicht alle werden in bewaffnete Auseinandersetzungen münden, das Gebiet des ehemaligen Riesenreiches wird aber noch für lange Zeit ein explosiver Krisenherd bleiben.

SRI LANKA

Tamilen-Konflikt seit 1983

Die Guerillaorganisation Liberation Tigers of Tamil Eelam kämpft für einen autonomen Tamilenstaat im Norden und Osten von Sri Lanka.

Historischer Hintergrund

Der Streit zwischen der Bevölkerungsmehrheit der überwiegend buddhistischen Singhalesen (74 %) und den hinduistischen Tamilen (18 %) um die Aufteilung der Tropeninsel schwelt seit mehr als 2300 Jahren: Damals errichteten die aus Indien zugewanderten Singhalesen auf Ceylon ein Königreich, das immer wieder bedrängt wurde von den aus Südindien stammenden, den Norden der Insel besiedelnden Tamilen. Vom 13. bis zum 16. Jahrhundert gab es auf Ceylon drei unabhängige Staaten: ein tamilisches Reich und zwei singhalesische Reiche.

Die traditionellen Rivalitäten zwischen den beiden Ethnien wußten die englischen Kolonialherren, die 1796 die Insel in Besitz nahmen (→ Indien), geschickt auszunutzen. Sie führten eine Zentralverwaltung ein und warben für die Bewirtschaftung der Plantagen Tamilen aus Südindien (sog. Indien-Tamilen) an.

Nach Erlangung der Unabhängigkeit

1948 erlangte Ceylon seine staatliche Unabhängigkeit als Dominion innerhalb des britischen Commonwealth. Schon während der Kolonialzeit hatte sich der Konflikt zwischen Singhalesen und Tamilen angebahnt. Die anfängliche Zusammenarbeit in dem 1919 formierten *Ceylonesischen Nationalkongreß* zerbrach bald an Auseinandersetzungen um Macht und Einfluß in Regierung und Verwaltung. Bereits 1922 spaltete sich der Kongreß in eine singhalesische und eine tamilische Organisation.

Die Regierungsgeschäfte des jungen ceylonesischen Staates übernahm zunächst die gemäßigt konservative, von der singhalesischen Elite geführte *United National Party* (UNP), die ein umstrittenes Staatsbürgerschaftsgesetz dekretierte, das die Indien-Tamilen zu Bürgern zweiter Klasse machte. Die folgenden Jahrzehnte waren vom Machtkampf zwischen der UNP und den oppositionellen linken Volksfrontallianzen geprägt, deren herausragende Persönlichkeit, der Gründer der prosinghalesischen *Sri Lanka Freedom Party* (SLFP), SOLOMON BANDARANAIKE, war.

Die erste Phase des Tamilen-Konflikts begann bereits in den fünfziger Jahren. Damals kam es zu blutigen Zusammenstößen zwischen Singhalesen und der tamilischen Minderheit, die sich gegen die politische, ökonomische und kulturelle Diskriminierung auflehnte.

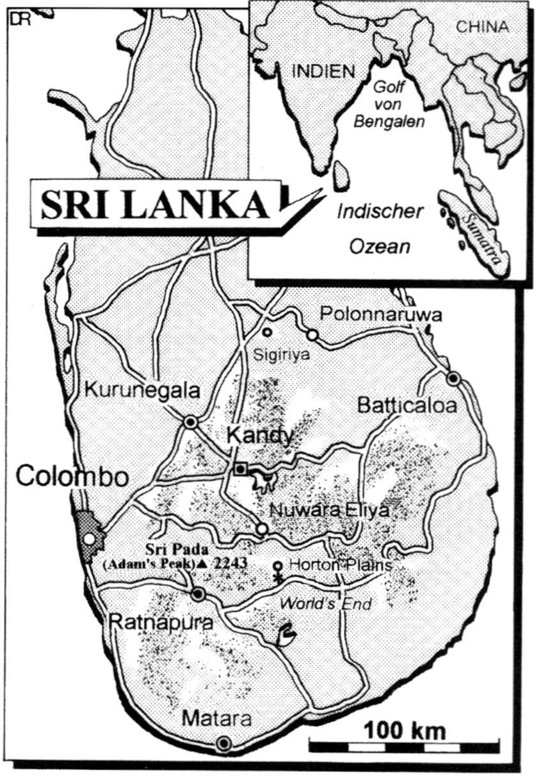

Ab Mitte der fünfziger Jahre wurden die Tamilen systematisch unterdrückt und ihrer Identität beraubt: 1956 wurde ein Sprachengesetz erlassen, das Tamilisch als zweitrangig erklärte; seit 1970 wurde den Tamilen per Erlaß der Zugang zu einem Hochschulstudium erschwert; 1972 erfolgte die verfassungsrechtliche Diskriminierung, indem die Tamilen zu »registrierten Bürgern« gemacht wurden; und 1983 wurde die Partei *Tamil United Liberation Front* (TULF) aus dem Parlament ausgeschlossen.

Nach der Ermordung BANDARANAIKES durch einen nationalistischen buddhistischen Mönch trat seine Witwe SIRIMAVO 1960 die politische Nachfolge an. Unter ihrer prosowjetisch orientierten Regierung kam es 1964 zum Abschluß eines Vertrages mit Indien (BANDARANAIKE-SCHASTRI-Pakt), der der Binationalität der Tamilenfrage Rechnung trägt: Danach sollte Ceylon 300 000 der insgesamt 950 000 Indien-Tamilen die Staatsbürgerschaft gewähren und Indien 522 000 in sein Territorium repatriieren.

Bei den Parlamentswahlen 1965 ging die UNP mit einer relativen Mehrheit als Sieger hervor; eine Koalitionsvereinbarung mit der tamilischen *Federal Party* (FP) sah die auch schon von der SLFP-Regierung wiederholt in Aussicht gestellte regionale Selbstverwaltung der Tamilenprovinz vor, wurde aber nicht verwirklicht. 1970 gelangte BANDARANAIKE mit einer linksgerichteten Parteienallianz erneut an die Macht. Ein Aufstand der ultralinken singhalesischen Volksbefreiungsfront *Janatha Vimukhti Peramuna* (JVP) im Frühjahr 1971 schlug fehl; die Regierung rief den nationalen Notstand aus.

Mit der Verstaatlichung der Plantagen und der Entlassung und Vertreibung von Indien-Tamilen verschärfte sich das Minderheitenproblem erneut und führte zur Bildung der TULF als tamilische Sammlungsbewegung der Oppositionsparteien, die infolge der Diskriminierungspolitik der Regierung die Wiederherstellung des früheren unabhängigen Tamilenreiches forderte.

Die Wahl von 1977 brachte ein Ergebnis, das nicht den demographischen Verhältnissen und parteipolitischen Bindungen entsprach: Die singhalesische UNP erzielte zwar zwei Drittel der Stimmen, doch im Norden und Osten bekam die TULF eine überzeugende Mehrheit. Als Reaktion auf den Wahlausgang kam es zu schweren Unruhen.

Premierminister JUNIUS RICHARD JAYEWARDENE änderte eigenmächtig die Verfassung; die Position des Präsidenten wurde deutlich gestärkt, und JAYEWARDENE übernahm dieses Amt gleich selbst. Um aber den Konflikt zu entschärfen, wurde Tamilisch wieder als nationale Sprache anerkannt, das umstrittene Staatsbürgerschaftsgesetz revidiert und die Einrichtung von sog. Distriktentwicklungsräten in den Tamilengebieten beschlossen. Doch diese Zugeständnisse führten eher zu einer Eskalation als zu einer Entspannung der Lage. Die Separatisten fühlten sich durch das Entgegenkommen der Regierung bestärkt, ihren Forderung nach staatlicher Autonomie nun umso deutlicher Nachdruck zu verleihen, während die radikalen singhalesischen Gruppen, vor allem die JVP, ihre Interessen bedroht sahen. In den Jahren 1978, 1981 und 1982 kam es zu Pogromen zwischen Singhalesen und Tamilen; 1982 riefen Exil-Tamilen in London einen unabhängigen Staat »Eelam« aus und bildeten eine Exilregierung.

Solomon Bandaranaike (8.1.1899–26.9.1959)
Ceylonesischer Premierminister von 1956 bis 1959. Nach seinem Studium in Oxford wurde Bandaranaike 1931 in die neugegründete Gesetzgebende Versammlung Ceylons gewählt. Als prominentes Mitglied der regierenden United National Party (UNP) saß er ab 1947 als Abgeordneter im Repräsentantenhaus und übernahm ein Ministeramt. 1951 trat er aus der westlich orientierten UNP aus und wurde ein Jahr später als Gründer der nationalistischen Sri Lanka Freedom Party (SLFP) Oppositionsführer. 1955 formierte er die People's United Front und wurde nach ihrem Wahlsieg 1956 Premierminister. Der Sozialist Bandaranaike verfolgte eine neutralistische Außenpolitik. Er besetzte alle wichtigen Ämter im Staat mit buddhistischen Singhalesen und ließ die Tamilen systematisch unterdrücken. 1959 fiel er einem Attentat zum Opfer.

Konfliktparteien

Tamilische Guerilla

Die größte und wichtigste der extremistischen Organisationen sind die 1972 von dem geheimnisumwitterten VELLE-

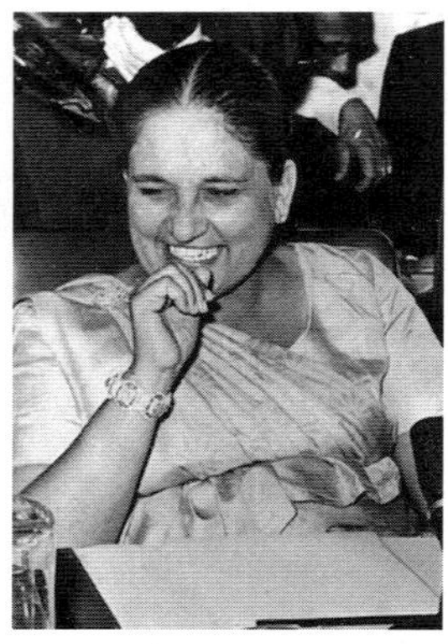

Sirimavo Bandaranaike (*17.4.1916)
Premierministerin Ceylons bzw. Sri Lankas von 1960 bis 1965, 1970 bis 1977 und seit 1994. Die Witwe Solomon Bandaranaikes übernahm nach der Ermordung ihres Mannes 1959 die Führung der linksgerichteten Sri Lanka Freedom Party (SLFP) und wurde nach dem überwältigenden Wahlsieg ihrer buddhistisch-marxistischen Allianz 1960 erste frei gewählte Regierungschefin der Welt. Sie verstaatlichte Banken und die ausländische Erdöl- und Plantagenwirtschaft im Land, reformierte das Sozial- und Gesundheitswesen und wandelte 1972 die Monarchie Commonwealth of Ceylon in die Sozialistische Republik Sri Lanka um. Bandaranaikes prosinghalesische Politik benachteiligte die Tamilen und ist eine der Ursachen für die bis heute andauernden gewalttätigen Spannungen zwischen den Volksgruppen der Insel. 1980 wurden ihr von der Parlamentsmehrheit wegen des Vorwurfs des Amtsmißbrauchs die bürgerlichen Ehrenrechte aberkannt. Doch unter der Präsidentschaft ihrer Tochter Chandrika Kumaratunga konnte Bandaranaike 1994 erneut das Amt der Regierungschefin übernehmen.

PILLAI PRABHAKARAN gegründeten *Tamil New Tigers*, die sich im Mai 1976 in *Liberation Tigers of Tamil Eelam* (LTTE) umbenannten.

Mit der Ermordung des SLFP-Bürgermeisters der mehrheitlich von Tamilen bewohnten Stadt Jaffna erregten die *Tigers* im Jahr 1975 zum ersten Mal Aufmerksamkeit. Die LTTE führt einen Kampf an mehreren Fronten: gegen die singhalesischen Regierungstruppen und die mit ihnen verbündeten indischen Hilfstruppen sowie gegen gemäßigte tamilische Gruppierungen wie die *Eelam People's Revolutionary Liberation Front* (EPRLF). Neben diesen beiden großen Widerstandsorganisationen gibt es 20 weitere extremistische tamilische Zusammenschlüsse, die sich aber nicht über eine gemeinsame Strategie verständigen konnten. Die meisten von ihnen werden finanziell und militärisch von der autonomistischen Tamilenpartei im südindischen Bundesstaat Tamil Nadu unterstützt.

Regierung
Die Regierung hat ebenfalls an mehreren Fronten zu kämpfen: Sie mußte Einheiten der Armee in die aufständischen Nordostprovinzen entsenden und zugleich mit Polizeiaktionen gegen die singhalesischen Guerillaeinheiten der extremistisch-chauvinistischen Volksbefreiungsbewegung *Deshapremi Janatha Vyaparaya* (DJV) vorgehen. Vom September 1987 bis März 1990 griff → Indien mit 45 000 Mann starken *Indian Peace Keeping Forces* (IPKF) in den Konflikt ein; der Beistandsvertrag vom Juli 1987 legitimierte den Nachbarstaat, in dessen südlichen Provinzen viele Tamilen leben, zur Entsendung von »Hilfstruppen« in den Norden Sri Lankas. Hatte INDIRA GANDHI noch den Sezessionskampf der Tamilen verdeckt unterstützt, so kam es 1987 unter ihrem Sohn RAJIV GANDHI zu einer politischen Umorientierung, und Indien stand plötzlich militärisch an der Seite der Regierung in Colombo. Die Ermordung GANDHIS während des indischen Wahlkampfes am 21. Mai 1991 steht im Zusammenhang mit seiner Sri-Lanka-Politik.

Konfliktverlauf

Der am 20. Oktober 1982 in seinem Amt bestätigte singhalesische Staatspräsident JAYEWARDENE (UNP) verhängte den Ausnahmezustand über Sri Lanka. Im Juli 1983 eskalierten die Unruhen zwischen den beiden Volksgruppen: Nach der Ermordung von 13 Regierungssoldaten durch LTTE-Terroristen überschwemmte eine Welle der Gewalt den Norden der Insel, hauptsächlich die Tamilenhochburg Jaffna.

Die Schaffung eines Notstandsministeriums unter der Leitung des Premierministers RANASINGHE PREMADASA im

Dezember 1984, die Entführung und Ermordung von vier prominenten Anführern der TULF, Massaker an der tamilischen Zivilbevölkerung und Terroranschläge der tamilischen Guerilla (21 Tote bei einem Bombenanschlag auf ein Flugzeug der Air Lanka im Mai 1986), aber auch Machtkämpfe innerhalb der Tamilenorganisationen markierten die weiteren Etappen der Eskalation des Konflikts. Eine auf indische Initiative zustandegekommene Versöhnungskonferenz zwischen der Regierung, Vertretern der TULF und tamilischen Guerillaorganisationen scheiterte im August 1985; die zuvor von Colombo unterbreiteten Reformvorschläge (beschränkte autonome Verwaltung durch tamilische Distrikträte, zweite tamilische Parlamentskammer) waren von den Separatisten nur unter Vorbehalt angenommen worden.

1987 erklärte die LTTE das Gebiet um Jaffna für autonom, Colombo verhängte daraufhin eine Wirtschaftsblockade und startete eine militärische Offensive. Auf Druck der Tamilen in Südindien schaltete sich Indiens Armee mit »Hilfssendungen« nach Jaffna ein. Verhandlungen zwischen Sri Lanka und → Indien zwangen aber im Juli 1987 den LTTE-Führer PRABHAKARAN, einem Waffenstillstandsabkommen zuzustimmen, das den Zusammenschluß der Nord- und Ostprovinz vorsah.

Als indische Soldaten, die zur Überwachung der Waffenruhe in Sri Lanka stationiert worden waren, Terroranschlägen zum Opfer fielen, starteten die *Indian Peace Keeping Forces* am 10. Oktober 1987 eine Großoffensive gegen Jaffna. Gleichzeitig lehnte die singhalesische DJV den Vertrag mit Indien ab und setzte die Regierung in Colombo unter Druck. In brutalen Einsätzen gelang es Regierungstruppen, den innersinghalesischen Widerstand bis 1990 zu brechen.

Bei den im Herbst 1988 abgehaltenen Regionalwahlen im Norden wurden Vertreter der gemäßigteren EPRLF mit der Regierungsbildung beauftragt. In dieser Zeit fielen Zehntausende von Menschen Attentaten der LTTE und der JVP zum Opfer, darunter auch APPAPILLAI AMIRTHALINGAM, der Vorsitzende der TULF.

Bei den Präsidentschaftswahlen vom 19. Dezember 1988, in deren Vorfeld es immer wieder zu politischen Morden und Terroranschlägen gekommen war, wurde der bisherige Regierungschef PREMADASA (UNP) im Amt bestätigt, und auch aus den darauffolgenden Parlamentswahlen ging die UNP (125 der 225 Sitze) als Sieger hervor; Regierungschef wurde DINGIRI BANDA WIJETUNGA.

Im April 1989 nahm die Regierung Gespräche mit der LTTE auf; die tamilische Seite forderte den Abzug der indischen Streitkräfte als Vorbedingung für einen Waffenstillstand. Im Juli 1989 begann → Indien mit dem Rückzug seiner Truppen (beendet März 1990); gleichzeitig floh die von

Junius Richard Jayewardene (*17.9.1906)
Staatspräsident Sri Lankas von 1978 bis 1989. Der Jurist, der seit 1943 im Staatsrat saß, wurde nach Erlangung der Unabhängigkeit Ceylons 1948 Finanzminister (bis 1953) der von der moderaten United National Party (UNP) gestellten ersten Regierung. Von 1953 bis 1956 war er Landwirtschaftsminister und von 1965 bis 1970 Innenminister. 1973 übernahm er den Vorsitz der UNP und wurde 1977 mit überwältigender Mehrheit zum Premierminister gewählt. Er stärkte durch eine Verfassungsänderung die Position des Staatspräsidenten und übernahm dieses Amt ein Jahr später selbst. Jayewardene brachte Sri Lanka auf einen marktwirtschaftlichen Kurs. Den tamilischen Separationsbestrebungen begegnete er abwechselnd mit militärischer Gewalt und politischen Zugeständnissen.

Indira Gandhi → Indien

Rajiv Gandhi → Indien

19. November 1989: Militante Tamilen massakrierten bei Angriffen auf fünf Polizeistationen im Osten Sri Lankas über 100 Menschen.

der EPRLF gestellte Provinzregierung auf das indische Festland.

Im November 1989 liquidierte die srilankische Armee innerhalb weniger Tage die gesamte Führungsspitze der singhalesischen Volksbefreiungsfront. Nach einer kurzen Ruhepause kam es im Juni 1990 zu einem spektakulären Coup der LTTE, die 800 singhalesische Polizisten entführte. Bei schweren Gefechten im Nordteil des Inselstaates wurden 1200 Menschen getötet, und auch die muslimische Minderheit im Osten Sri Lankas wurde in die Auseinandersetzungen hineingezogen. Als es zu Massakern in muslimischen Dörfern gekommen war, schoben sich LTTE und Regierung gegenseitig die Verantwortung dafür zu. Die von den Muslimen gebildete *Jibad*-Miliz reagierte mit präventiven Überfällen auf tamilische Dörfer und Stellungen der LTTE.

Mitte August kündigte die Regierung die Evakuierung der Halbinsel Jaffna an, auf der 800 000 Tamilen lebten. Aus Angst vor Pogromen durch die singhalesische Armee kam es zu einer großen Flüchtlingsbewegung nach → Indien und in den Süden Sri Lankas. Ein neuerliches Waffenstillstandsangebot von seiten der tamilischen Rebellen und führender Muslimgruppen zu Beginn des Jahres 1991 nutzte die LTTE dazu, ihre Stellungen auszubauen und ihre Waffenarsenale aufzustocken.

Auch innerhalb des Parlaments nahmen die Spannungen zu: Man warf PREMADASA Amtsmißbrauch vor, ein Verfahren zur Amtsenthebung wurde aber vom Parlamentspräsidenten niedergeschlagen. Im Dezember 1991 einigte man sich auf eine Verwaltungsreform, die neue Bundesstaaten mit weitgehender Autonomie vorsah, auch für die von den Tamilen bewohnten Nord- und Ostprovinzen. Doch die LTTE beharrte auf einer vollständigen Autonomie für die Tamilen.

Aufsehenerregende politische Morde spitzten im Frühjahr 1993 die Situation erneut zu: Der Führer der von der UNP abgespaltenen *Democratic United National Front* (DUNF), LALITH ATHULATHMUDALI, und Präsident PREMADASA wurden Opfer von Attentaten. Im Mai 1993 wählte das Parlament den bisherigen Ministerpräsidenten WIJETUNGA (UNP) einstimmig zum neuen Staatsoberhaupt. Dieser lehnte jede Verhandlung mit der LTTE ab.

Verluste der UNP bei Provinzwahlen und Stimmenzuwächse für die DUNF und die sozialistische SFP kündigten jedoch einen politischen Umschwung an. Korruption und Vetternwirtschaft, aber auch die zunehmende internationale Kritik an der Mißachtung der Menschenrechte auf Sri Lanka haben die Regierungspartei geschwächt; außerdem erlitt die Armee bei einem Angriff der LTTE im November 1993 auf den Armeestützpunkt Pooneryn ihre bisher schwerste Niederlage.

Die vorgezogenen Parlamentswahlen am 16. August 1994 entschied die linksgerichtete *People's Alliance* (PA) – ein seit 1992 bestehendes Neun-Parteien-Bündnis – für sich; die seit 17 Jahren regierende UNP erhielt lediglich 94 der 225 Mandate. CHANDRIKA KUMARATUNGA wurde am 19. August 1994 als Premierministerin vereidigt und übernahm zusätzlich das neugeschaffene Ressort für »ethnische Beziehungen und nationale Versöhnung«. Schon Ende August gab die Regierung, die der LTTE ein Verhandlungsangebot unterbreitete, die teilweise Aufhebung des Wirtschaftsboykotts gegen Jaffna bekannt.

Am 24. Oktober 1994, nur knapp drei Wochen vor der Präsidentschaftswahl, wurde der Oppositionsführer GAMINI DISSANAYAKE und mit ihm beinahe die gesamte Parteispitze der UNP ermordet; das Attentat wurde Terrorkommandos der LTTE angelastet. Im November wurde KUMARATUNGA von der PA, die über eine absolute Mehrheit im Parlament verfügt, zur Staatspräsidentin gewählt; neue Regierungschefin wurde ihre Mutter BANDARANAIKE, die dieses Amt bereits von 1960 bis 1965 und von 1970 bis 1977 innegehabt hatte.

***Chandrika Kumaratunga* (*29.6.1945)**
Staatspräsidentin Sri Lankas seit 1994. Die Tochter des 1959 ermordeten ceylonesischen Ministerpräsidenten Solomon Bandaranaike war nach ihrem Studium in Paris von 1974 bis 1984 für die von ihrer Mutter Sirimavo Bandaranaike geführte Sri Lanka Freedom Party (SLFP) tätig. Mit ihrem Mann, dem Filmschauspieler und Politiker Vijaya Kumaratunga (1988 von der JVP ermordet), gründete sie eine marxistische Partei, die sie 1992 mit anderen linken Parteien in der People's Alliance zusammenführte. Im August 1994 wurde sie zur Premierministerin gewählt, gab das mindergewichtige Amt aber im November 1994 zugunsten der Staatspräsidentschaft an ihre Mutter ab.

Weitere Entwicklung

Anfang 1995 vereinbarte die Regierung mit den Rebellen der LTTE einen Waffenstillstand; die Guerillaorganisation erklärte ihren Verzicht auf einen souveränen Tamilenstaat und gab sich mit einem Autonomiestatus der Provinz innerhalb des Bundesstaates Sri Lanka zufrieden. Colombo stellte Finanzhilfen für den Wiederaufbau der zerstörten Wirtschaft und Infrastruktur in den Tamilenprovinzen in Aussicht.

Nach mehr als drei Monaten relativer Ruhe hat die LTTE, die sich von einer für ein »Tamil-Homeland« kämpfenden Guerillatruppe zu einer Terrororganisation entwickelt hat, Ende April 1995 aus Enttäuschung über das ihrer Meinung nach zu geringe Entgegenkommen der Regierung bei den Friedensverhandlungen den Kampf für einen unabhängigen Tamilenstaat wiederaufgenommen. Nach blutigen Anschlägen vor allem auf singhalesische Armee-Einheiten verhängte die Regierung erneut Sanktionen gegen die aufständische Region Jaffna und reagierte auf den Bruch des Waffenstillstandes mit einer Offensive im Norden. Insgesamt hat der nunmehr seit 12 Jahren andauernde Konflikt mehr als 40 000 Menschenleben gekostet.

Literatur: Amnesty International (Hg.): *Sri Lanka. Ein zerrissenes Land.* Bonn 1990.
Heinz Bechert: *Ceylon vom 19. Jahrhundert bis zum Zweiten Weltkrieg.* In: L. Bianco (Hg.): *Das moderne Asien. Fischer Weltgeschichte. Bd. 33.* Frankfurt 1969.
J. Betz: *Wirtschafts- und Entwicklungspolitik in Sri Lanka seit 1977.* Hamburg 1982.
J. Betz: *Verfolgung der Tamilen auf Sri Lanka.* In: *Jahrbuch Dritte Welt. Band 2.* München 1984.
Internationales Komitee der Vierten Internationale (Hg.): *Stoppt das Blutbad in Sri Lanka.* Essen 1991.
T. Prinz: *Die Geschichte der United National Party in Sri Lanka.* Stuttgart 1990.
K. Rupesinghe / B. Verstappen: *Ethnic Conflict and Human Rights in Sri Lanka.* Basel 1989.
K. M. de Silva (Hg.): *Sri Lanka. A Survey.* London 1977.
Statistisches Bundesamt (Hg.): *Länderbericht Sri Lanka.* Wiesbaden 1988.
S. Wagner: *Die Muslime Sri Lankas. Eine Volksgruppe im Spannungsfeld des ethnischen Konflikts zwischen Singhalesen und Tamilen.* Freiburg 1990.
A. J. Wilson: *Politics in Sri Lanka 1947–1973.* New York 1974.

Staatsname: Demokratische Sozialistische Republik Sri Lanka
Staatsform: Präsidiale Republik (seit 1978)
Staatsoberhaupt: Chandrika Kumaratunga (PA; seit 12.11.1994)
Regierungschef: Sirimavo Bandaranaike (PA; seit 14.11.1994)
Regierung: People's Alliance (PA; seit 16.8.1994)
Parlament: Nationalversammlung 225 Sitze (Wahl vom 16.8.1994); People's Alliance 105, United National Party 94, Sri Lanka Muslim Congress 7, Sonstige 19
Mitgliedschaft bei internationalen Organisationen: Commonwealth, SAARC, UNO
Lage: 80°– 82° östlicher Länge, 6°–10° nördlicher Breite
Fläche: 65 610 km^2
Hauptstadt: Colombo
Bevölkerung: 17,6 Millionen; Singhalesen 74 %, Tamilen 18,2 %, Moor 7,1 %, Sonstige 0,7 %; Buddhisten 69,3 %, Hindus 15,5 %, Muslime 7,6 %, Christen 7,5 %, Sonstige 0,1 %
Wirtschaft: Dienstleistung 49 %, Landwirtschaft 26 %, Industrie 25 %; Export: verarbeitete Waren 50,9 %, Lebensmittel 34,5 %, Rohstoffe 6,1 %

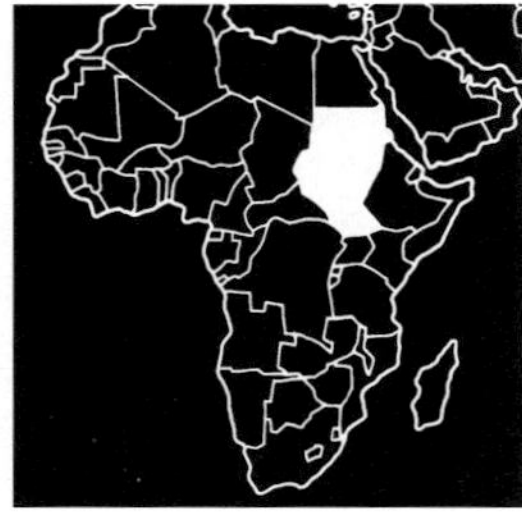

SUDAN

Bürgerkrieg 1955 bis 1972 und 1983

Der historische Nord-Süd-Konflikt im Sudan – der arabisch-muslimische Norden unterdrückt den negriden, teilweise christlichen Süden – führte nach der Kolonialzeit zum Kampf um Vormachtstellung und Autonomie.

Historischer Hintergrund

Der grundsätzliche Unterschied zwischen der überwiegend hellhäutigen Bevölkerung im Norden und der vorwiegend negriden im Süden geht bis auf das antike Ägypten und Nubien zurück. Das Gebiet des heutigen Sudan wurde seit dem 5. Jahrhundert zwar von negriden Stämmen besiedelt, war aber über Jahrhunderte durch verschiedene Eroberungen immer wieder arabischem Einfluß ausgesetzt. Doch die Arabisierung und Islamisierung reichte nur bis zur natürlichen geographischen Grenze des großen Schilfmeeres, das den negriden Süden, der dem schwarzen Afrika zugewandt blieb, vom muslimischen Norden trennte.

19. Jahrhundert
Auf der Jagd nach Gold, Elfenbein und vor allem Sklaven eroberte im 19. Jahrhundert (1820–1822; 1874/75) → Ägypten den ganzen Sudan. Während ihres zweiten Feldzuges (1874/75) drangen die ägyptischen Soldaten bis tief in den Süden vor und versuchten auch eine Invasion → Äthiopiens. Der Sudan wurde quasi ägyptische Kolonie; aber die Kosten für den fehlgeschlagenen Krieg gegen Äthiopien und die Eroberung des Südsudan verursachten in Kairo einen Staatsbankrott, den die Briten ausnutzten, Ägypten zu besetzen. Gleichzeitig eroberte die sudanesische nationale *Mahdi-Bewegung* (1881–1885) das Land zurück; doch nach dem Tode des als »Mahdi« (ein von den Sunniten erwarteter göttlicher Erlöser) verehrten MOHAMMED AHMED kehrten die ägyptischen Truppen nun mit englischer Unterstützung zurück (1898). Von 1899 bis 1955 bildete der Sudan ein anglo-ägyptisches Kondominium, wurde aber wie eine britische Kolonie verwaltet.

Die britischen Kolonialherren verschärften den Gegensatz zwischen dem stärker entwickelten Norden und dem vernachlässigten Süden. Der Süden geriet unter den Einfluß christlicher Missionare und entfernte sich somit auch in religiöser Hinsicht vom muslimischen Norden. Andererseits konnten sich im Süden durch die Bildungsvorteile der

Der Süden und der Norden des Sudan sind faktisch zwei Welten. Der christlich dominierte negride Südsudan wird aber politisch vom arabisch-muslimischen Nordsudan fremdbestimmt und in seiner kulturellen Identität bedroht.

Missionierung schneller intellektuelle Eliten bilden als im Norden. Doch die Schlüsselpositionen im Staat hielten für lange Zeit die muslimischen Beamten besetzt, die den Süden auch politisch dominierten.

Konfliktparteien

Unabhängigkeitsbewegung

Bis in die zwanziger Jahre hinein konnten zwar alle Aufstände gegen die Kolonialmacht niedergeschlagen werden; den Süden jedoch wirklich zu befrieden gelang aber nie. Die nationale Unabhängigkeitsbewegung organisierte sich zum ersten Mal 1918 im sog. Abiturientenklub (*Graduates' Congress*). Zu größeren Unruhen kam es 1924 unter der Führung der *White Flag Society*, und nach der Niederschlagung des Aufruhrs wurden die Ägypter aus der Kolonialverwaltung des Sudans ausgeschlossen.

Der Norden

Ende der dreißiger Jahre versammelten sich Nationalisten aus allen sozialen Gruppierungen des Nordens im *Graduates' General Congress* (1938). Mitte der vierziger Jahre

Jaafar Mohammed al-Numeiri (*1.1.1930)
Sudanesischer Minister- bzw. Staatspräsident von 1969 bis 1985.
Numeiri war bereits 1964 an einem Staatsstreich gegen die Regierung des Sudan beteiligt. Nach dem Putsch vom 25. Mai 1969 übernahm er im Range eines Generals den Vorsitz des sog. Revolutionären Kommandorates und amtierte ab 1969 als Ministerpräsident. In Personalunion bekleidete er in der Folgezeit zugleich mehrere Ministerposten, war ab 1971 Staatspräsident und von 1969 bis 1973 Oberbefehlshaber der sudanesischen Streitkräfte. Der moskautreue Israelfeind Numeiri löste sich nach einem fehlgeschlagenen Umsturzversuch linker Militärkreise von der UdSSR und wandte sich den USA zu. Seine rigorose Islamisierungspolitik des nichtmuslimischen Südens heizte den Bürgerkrieg im Sudan an und führte 1985 zu seiner Absetzung. 1985 nutzte das Militär die Abwesenheit Numeiris, der sich auf einer USA-Reise befand, um ihn abzusetzen.

spaltete sich die Bewegung in eine prowestliche Fraktion, die *Umma*-Partei, in der der Feudaladel und die islamische Bruderschaft der *Mahdisten* den Ton angaben, und eine von Intellektuellen und der nationalen Bourgeoisie getragene *National Union Party* (NUP), die die Unabhängigkeit in einer engen Zusammenarbeit mit → Ägypten erreichen wollte.

Die Unabhängigkeit (1.1.1956) brachte keine Beruhigung: Durch interne Machtkämpfe zwischen den Parteien – 1956 entstand aus der Spaltung der NUP eine proarabische Gruppierung, die *People's Democratic Party* (PDP) – und den Militärs kam es zu häufigen Wechseln zwischen Zivilregierungen (1956–1958; 1964–1969) und Militärregimes (1958–1964; seit 1969).

Der Süden

Im Südsudan konnten sich bis 1953 keine Parteien bilden; im neu konstituierten Parlament dominierten daher die Vertreter des Nordens. Nach einem Volksentscheid (1955), der sich gegen einen Anschluß an Ägypten ausgesprochen hatte, war es wiederholt zu Unruhen gekommen. Autonomieforderungen des Südens fanden im Norden kein Gehör, und nach einem mißglückten Aufstand (1955) mußten führende südsudanesische Politiker ins Exil gehen. In → Uganda gründeten sie die *Sudan African National Union* (SANU), die bedingungslos für einen unabhängigen Süden eintrat.

Die Guerillabewegung *Anya-Nya* (benannt nach einem Schlangengift) formierte sich 1962. Ihr Kampf begann mit kleineren Aktionen und Überfällen auf Gendarmerieposten, doch bald verwickelte sie die sudanesische Armee in einen fast 10 Jahre dauernden Partisanenkrieg.

Konfliktverlauf

Bürgerkrieg 1955 bis 1972

Der Norden war nach der Unabhängigkeitserklärung nicht bereit, seine Vormachtstellung aufzugeben. Die geplante zentrale Kontrolle der christlichen Truppenteile im Süden (Äquatorial-Korps) durch muslimische Offiziere führte 1955 zu einer Meuterei in Torit, die sich über den ganzen Süden ausbreitete. Muslimische Truppenteile konnten den Aufstand zwar rasch niederschlagen, doch die christlichen Soldaten des Äquatorial-Korps fügten sich nicht wieder in die Reihen der Regierungstruppen ein, sondern schlossen sich der neuen Guerillabewegung an.

Nach der Machtübernahme des Militärs im November 1958 kam es in Staat und Verwaltung zu einer verstärkten Islamisierung des Südens. Die Rebellen erhielten immer mehr Zulauf, und 1963/64 waren sie stark genug, um größere Truppenverbände anzugreifen und ganze Garnisonen zu isolieren. Die Guerilla wagte sich auch in die Städte vor, doch eine Eroberung der Provinzhauptstadt Bahr el-Ghazal im Januar 1964 mißlang.

Ausgerüstet mit moderneren Waffen, die zwar für den Bürgerkrieg in Kongo (→ Zaire) bestimmt waren, aber von den Guerilleros an der kongolesischen Grenze abgefangen werden konnten, ging die *Anya-Nya* in die Offensive und kontrollierte immer größere Gebiete des Südens. Die Kampfhandlungen nahmen an Grausamkeit zu. Vor den Massakern, die die Regierungstruppen an der Zivilbevölkerung verübten (z. B. im Juli 1965 in Juba und Wau) flohen 80 000 bis 100 000 Südsudanesen nach → Uganda und Kongo.

Unterstützt wurden die Rebellen zum Teil von → Israel, das die *Anya-Nya*-Kämpfer ausbildete und ihnen die im sog. Sechs-Tage-Krieg (→ Ägypten) erbeuteten ägyptischen Waffen zur Verfügung stellte, besonders nachdem der neue sudanesische Ministerpräsident Generalmajor JAAFAR MOHAMMED AL-NUMEIRI eine antiisraelische Haltung im Nahostkonflikt eingenommen hatte. Mit Hilfe ägyptischer Truppenverbände versuchte NUMEIRI im Sommer 1969, die Rebellen zu schlagen. Aber auch mit Unterstützung der Sowjetunion (sie rüstete die sudanesische Luftwaffe mit MiG 17, MiG 19 und MiG 21, das Heer mit T-55-Panzern aus und schickte 1500 Militärberater, die den im Süden operierenden Teil der sudanesischen Streitkräfte ausbildeten), konnten die 17 000 *Anya-Nya*-Guerilleros 1970 nicht besiegt werden.

»Der sudanesische Staatspräsident Jaafar Numeiri und Ägyptens Staatschef Hosni Mubarak haben auf einer gemeinsamen Pressekonferenz in Khartum bestätigt, daß Libyen in der vergangenen Woche einen Militärputsch im Sudan zum Sturz des Regimes geplant habe. Entsprechende Informationen und Berichte aus Washington waren bis zum letzten Wochenende von offizieller Seite in Kairo und Khartum heruntergespielt worden. (...) Auf der gemeinsamen Pressekonferenz beschuldigte Numeiri den libyschen Staatschef Muammar al-Gaddhafi, Militäraktionen im Sudan geplant zu haben, um ›meine Regierung zu stürzen, auch wenn er mich dabei hätte ermorden lassen müssen‹. Einer Meldung der offiziösen ägyptischen Nachrichtenagentur Mena zufolge bestätigte Numeiri frühere Berichte aus Washington, nach denen der Staatsstreich für den Freitag letzter Woche geplant gewesen sei.«
Süddeutsche Zeitung,
24. Februar 1983.

Ergebnis

Nach einem mißglückten Putschversuch gegen NUMEIRI, getragen von linken Kräften in der Armee, kündigte dieser die Zusammenarbeit mit Moskau auf und versuchte Anfang 1972, mit den Rebellen ein Friedensabkommen zu schließen. Der Oberbefehlshaber der Partisanen, Oberst JOSEPH LAGU, unterzeichnete am 28. Februar 1972 in Addis Abeba die Waffenstillstandsvereinbarungen.

Die vorerst provisorische Regierung der SANU hatte inzwischen durch interne Flügelkämpfe gegenüber den militärischen Führern ihre Autorität nahezu verloren. Die drei Südprovinzen erhielten Autonomie; am 20. März 1972 endete der seit 1955 bestehende Ausnahmezustand im Süden; die Soldaten der Rebellenarmee kehrten in die Reihen der regulären Streitkräfte zurück.

Der Bürgerkrieg hat nach Schätzungen etwa 500 000 Tote gefordert. Politisch kam der Sudan aufgrund verschiedener Putschversuche und ethnisch-religiöser Konflikte noch lange nicht zur Ruhe.

Sadek al Mahdi (*25.12.1935)
Ministerpräsident des Sudan von 1966 bis 1967 und von 1986 bis 1989.
Der Urenkel eines legendären Derwischführers Mohammed Ahmed studierte in Khartum und Oxford Wirtschaftswissenschaften und Philosophie. Nach dem Tod seines einflußreichen Vaters führte er die Umma-Partei und wurde 1966 Ministerpräsident des Sudan. Innere Streitereien sorgten 1969 für seine Absetzung, jedoch blieb er von seinem Exilstandort Ägypten aus weiter politisch aktiv. In Abwesenheit zum Tode verurteilt, kehrte er 1977 nach Khartum zurück, wo er mehrmals verhaftet wurde. Seine Partei war 1986 an der Koalitionsregierung beteiligt und er selbst wurde am 27.4.1988 zum Ministerpräsidenten gewählt. Seine radikale Haltung in der Friedensfrage mit den südsudanesischen Rebellen veranlaßten das bürgerkriegsmüde Militär, ihn am 30.6.1989 durch einen unblutigen Putsch abzusetzen.

Muammar al-Gaddhafi
→ Tschad

Bürgerkrieg seit 1983

Das Abkommen von Addis Abeba wurde nicht eingehalten, und es begannen wieder Kampfhandlungen mit dem Ziel, die Autonomie- und Sezessionsforderungen gewaltsam durchzusetzen.

Die ökonomische Benachteiligung des Südens war unübersehbar; die zugesagten Autonomierechte wurden von NUMEIRI weitgehend rückgängig gemacht. Innenpolitisch hatte die Regierung immer mehr Rücksichten auf den fundamentalistisch orientierten Koalitionspartner *National Islamic Front* (NIF) zu nehmen. Die 1983 eingeführte und auch für Nichtmuslime geltende islamische Rechtsprechung (Scharia) schürte den Widerstand im überwiegend andersgläubigen Süden. Unter der Führung von JOHN GARANG DE MABIOR organisierte sich in der *Sudanese People's Liberation Army (SPLA)* der bewaffnete Widerstand.

NUMEIRI hatte inzwischen mit Moskau gebrochen und erhielt nun Unterstützung aus den USA, vor allem aber aus Libyen und dem → Iran, während die SPLA hauptsächlich von → Äthiopien Waffen erhielt. Die immer heftiger werdenden Auseinandersetzungen um die Scharia führten 1985 zum Sturz NUMEIRIS. Bei der nachfolgenden Wahl ging SADEK AL-MAHDI, ein Nachfahre des legendären »Mahdi« MOHAMMED AHMED, als Sieger hervor. Doch es kam zu keiner Einstellung der Kampfhandlungen, der Bürgerkrieg ging unvermindert weiter. Erst im November 1988 wurde von der Regierung und der SPLA ein Friedensabkommen ausgehandelt, das aber vom Parlament abgelehnt wurde.

Am 30. Juni 1989 wurde MAHDI von einer Gruppe von Offizieren unter der Führung von OMAR HASSAN AL-BASHIR, die auf einen Frieden drängten, zum Rücktritt gezwungen. Am 1. Mai 1989 trat eine Waffenruhe in Kraft, doch im Oktober 1989 kam es wieder zu heftigen Kämpfen, und die SPLA konnte einige Städte im Süden einnehmen. Da der Bürgerkrieg noch immer nicht beendet war, stellten die USA die Wirtschafts- und Militärhilfe in Höhe von 75 Millionen Dollar ein.

General BASHIR vereinbarte mit Libyens Staatschef MUAMMAR AL-GADDHAFI Ende März 1990 nicht nur eine wirtschaftliche und militärische Kooperation, sondern plante sogar den Zusammenschluß beider Länder.

Im Februar 1991 wurde die Einführung der Scharia auch für den Süden noch einmal bekräftigt, zugleich wurden aber auch Angebote über eine staatliche Föderation zwischen dem Norden und dem Süden unterbreitet, um den Bürgerkrieg zu beenden. Im März 1992 kam es zur bisher großangelegtesten Offensive der Regierungstruppen gegen die Rebellen. Sie konnten die Stadt Pochala zurückerobern. Auf Regierungsseite kämpften angeblich auch 18 000 iranische Soldaten und libysche Luftwaffeneinheiten. Im Juli gelang es der Regierung, sogar das Hauptquartier der SPLA in Torit ein-

Folgen des Bürgerkriegs: ein Flüchtlingslager im Süden des Sudan. Bashirs international isoliertes fundamentalistisches Regime, das sich organisatorisch an Libyen orientiert, erhob landesweit die Scharia zum geltenden Recht und verschärfte damit die Spannungen mit dem nichtislamischen Süden.

zunehmen. Es folgte die Stadt Juba. Über 300 000 Menschen sahen sich zu diesem Zeitpunkt vom Terror der sudanesischen Armee und vom Hungertod bedroht.

1992 kam es zu einer Abspaltung innerhalb der Rebellengruppe. GARANG, der für eine Konföderation mit dem Norden eintritt, konnte sich zwar als Führer der SPLA behaupten, doch daneben kämpfte nun unter der Führung von LAM AKOL und RIEK MACHAR eine zweite Rebellengruppe für die Unabhängigkeit des Südens. Beide Gruppen, die inzwischen auch gegeneinander kämpften, hatten seit dem Juni vergeblich mit der Regierung über einen Waffenstillstand verhandelt; im Mai 1993 wurden die Gespräche für gescheitert erklärt.

Nachdem er BASHIR zum Präsidenten und Regierungschef ernannt hatte, trat im Oktober 1993 der den Sudan beherrschende »Revolutionäre Kommandorat« formal zurück; in der neuen Regierung sind aber immer noch zehn Militärs vertreten.

In einer Großoffensive der Regierungstruppen ging der Bürgerkrieg mit unverminderter Härte weiter. Bis Ende 1993 sollen 1,3 Millionen Menschen ums Leben gekommen sein, 1,5 Millionen sind auf der Flucht. Alle Friedensgespräche blieben bisher ergebnislos.

Omar Hassan al-Bashir (*1944)
Sudanesicher Staatspräsident seit 1989.
Bashir nahm als Offizier der sudanesischen Brigade im Oktober 1973 am arabisch-israelischen Jom-Kippur-Krieg teil und war von 1975 bis 1979 Militärberater in den Vereinigten Arabischen Emiraten. 1989 putschte er im Sudan, verbot Parteien, Gewerkschaften und die freie Presse, löste das Parlament auf und setzte die Verfassung außer Kraft. Als Vorsitzender des »Revolutionären Kommandorates für die nationale Rettung« wurde er zugleich Staatsoberhaupt, Regierungschef und Verteidigungsminister.

Weitere Entwicklung

Am 22. August 1993 setzten die USA den Sudan wegen der Unterstützung radikal-arabischer Gruppierungen durch die Regierung in Khartum auf die Liste terroristischer Staaten. Zu ihren Schützlingen sollen auch die Terroristen gehört haben, die im Februar 1993 einen Bombenanschlag auf das New Yorker World Trade Center verübt hatten. Im August 1994 lieferte der Sudan als ein Zeichen des guten Willens

John Garang de Mabior (*1943)
Sudanesischer Guerillaführer. Der aus dem unterdrückten Südsudan stammende Garang vom Stamm der Dinka mußte schon als Kind mit seinen Verwandten nach Tansania fliehen. Ein Stipendium ermöglichte ihm ein Studium in den USA. 1970 schloß er sich der Befreiungsbewegung Anya Nya an und gehörte 1972 zur Verhandlungsdelegation, die mit dem Numeiri-Regime einen Friedensvertrag aushandelte. Im Rang eines Majors wurde er in die reguläre sudanesische Armee übernommen, absolvierte 1974 eine militärische Ausbildung in den USA und promovierte dort. 1981 kehrte er nach Khartum zurück und setzte seine militärische Karriere fort. Als das Numeiri-Regime das Autonomieabkommen für den Süden von 1972 annullierte, ging Garang erneut in den Untergrund und gründete 1983 in Bor das Sudanese People's Liberation Movement (SPLM) mit seinem militärischen Arm Sudanese People's Liberation Army (SPLA).

den meistgesuchten Terroristen der Welt, »CARLOS« (mit bürgerlichem Namen ILLICH RAMIREZ SANCHEZ), an Frankreich aus.

Wiederholt kam es zum Konflikt mit → Ägypten um die Grenzziehung. Die Kolonialmächte Großbritannien und die → Türkei hatten sich 1889 auf einen Grenzverlauf entlang des 22. Breitengrades verständigt. 1902 unterstellte Großbritannien aber die nördlich der vereinbarten Grenze gelegene rohstoffreiche Halaib-Provinz der sudanesischen Administration, um die in der Region lebende Volksgruppe einheitlich zu verwalten. Trotz politischer Hoheit Ägyptens nahmen die Bewohner der Halaib-Provinz 1958 an sudanesischen Parlamentswahlen teil. Ägypten schickte zwar Truppen ins Grenzgebiet, akzeptierte aber den Status quo. Als der Sudan 1991 einer kanadischen Firma das Schürfrecht nach Erdöl übergab, protestierte Ägypten und erhöhte 1992 seine Truppenstärke von 1000 auf 5000 Mann. Der Sudan machte aber Verhandlungen über die Grenzregion vom Abzug der Truppen abhängig.

Eine Verschärfung der Situation trat im Juli 1995 ein, als in → Äthiopien ein Attentat auf den ägyptischen Staatspräsidenten MOHAMMED HOSNI MUBARAK verübt wurde. MUBARAK blieb unverletzt, beschuldigte aber die Regierung des Sudan, für das Attentat verantwortlich zu sein. Daraufhin wurden die Armeen beider Staaten im Grenzgebiet in höchste Alarmbereitschaft versetzt.

Literatur: P. K. Bechthold: *Politics in Sudan.* New York 1976.
A. Devermann: *Die »Republikanischen Brüder« im Sudan. Eine islamische Reformbewegung im 20. Jahrhundert.* Frankfurt 1993.
M. W. Dustan: *The Southern Sudan. The Problem of National Integration.* London 1973.
C. Eprile: *War and Peace in the Sudan 1955–1972.* London 1974.
E. Grawert: *Herkunftsland Sudan.* Bremen 1994.
P. M. Holt: *A Modern History of the Sudan.* London 1961.
Statistisches Bundesamt (Hg.): *Länderbericht Sudan.* Wiesbaden 1990.

Staatsname: Republik Sudan
Staatsform: Republik (seit 1986)
Staatsoberhaupt: Omar Hassan al-Bashir (seit 1989)
Regierungschef: Omar Hassan al-Bashir (seit 1989)
Regierung: Kabinett aus Militärs und Zivilisten (seit 1993)
Parlament: Übergangsparlament 300 Mitglieder (seit Februar 1992; von der Regierung benannt)
Mitgliedschaft bei internationalen Organisationen: AKP, Arabische Liga, OAU, UNO
Lage: 22°–38° östlicher Länge, 3°–23° nördlicher Breite
Fläche: 2,5 Millionen km^2
Hauptstadt: Khartum
Bevölkerung: 25 Millionen; Araber 49,1 %, Dinka 11,5 %, Nuba 8,1 %, Beja 6,4 %, Nuer 4,9 %, Sonstige 20 %; sunnitische Muslime 74,7 %, Animisten 17,1 %, Christen 8,2 %
Wirtschaft: Dienstleistung 50 %, Landwirtschaft 34 %, Industrie 16 %; Export: Baumwolle 44,6 %, Sesam 11 %, Gummiarabicum 10,4 %

SÜDAFRIKA

Apartheidkonflikt bis 1993
Namibia-Konflikt 1965 bis 1988

Die Apartheidpolitik der weißen Minderheit in Südafrika, die seit 1948 noch weiter intensiviert wurde, führte zur außenpolitischen Isolierung des Landes, das auch im benachbarten → Namibia seine imperialistischen Interessen verfolgte. Ein Wandel in der südafrikanischen Politik trat erst Ende achtziger Jahre ein.

Historischer Hintergrund

Frühgeschichte
Der portugiesische Seefahrer BARTHOLOMÃO DIAZ landete als erster Europäer 1488 an der Küste des südlichen Afrika. Er traf dort auf Stämme, die noch auf der Stufe der Jungsteinzeit lebten – die Buschmänner (Jäger und Sammler) und die Hottentotten (Hirten). 1657 kamen die ersten Siedler, ehemalige Soldaten und Angestellte der *Holländisch-Ostindischen Kompanie*; gegen Ende des 17. Jahrhunderts siedelten hier auch zahlreiche Hugenottenfamilien. Aus diesen Bauern (Buren) wurden Viehzüchter, die im letzten Drittel des 18. Jahrhunderts auf der Suche nach Weidegründen tiefer ins Landesinnere vorstießen, wo sie auf negride, bantusprechende Stämme, u. a. auf die ebenfalls Viehzucht treibenden Xhosa trafen, mit denen es zu Konflikten um Land und Tiere kam.

1795 besetzten die Briten das Kapland. 1803 konnte sich für drei Jahre die sog. Batavische Republik etablieren, bevor 1806 die Engländer endgültig die Kolonialherrschaft im südlichen Afrika übernahmen. Im fruchtbaren Landesinneren nördlich des Tugela hatten inzwischen die Zulu die Oberherrschaft über andere Stämme erlangt.

Über 5000 britische Siedler trafen 1820 in der neuen Kolonie ein. Die Buren wollten die Aufhebung der Sklaverei (1834) nicht akzeptieren und fühlten sich von den neuen Siedlern bedroht. 1837 begann der sog. Große Treck: Etwa 4000 Buren zogen nach Norden und Nordosten ins weite Land zwischen Oranje und Limpopo, weiter nach Natal, wo 1839 am Blood River 470 Buren über 12 000 Zulus siegten. Die britische Kolonialmacht annektierte 1843 Natal, erkannte 1852 aber eine gewisse Autonomie der Burenrepubliken Transvaal (Südafrikanische Republik) und 1854 den Oranje-Freistaat an.

Bis Anfang der neunziger Jahre war Südafrika wegen seiner Apartheidpolitik international geächtet.

1868 stellte sich Basutoland (heute: Lesotho) unter britischen Schutz, und später annektierte die Regierung der Kap-Provinz die Xhosa-Gebiete der Transkei zwischen sich und Natal. Eine Föderation der verschiedenen Landesteile scheiterte.

Nach der Entdeckung von Diamanten bei Kimberley wurde 1868 die Region der Kap-Provinz zugeschlagen. Mit der Eröffnung von Goldminen am Witwatersrand kamen Tausende von englischen Einwanderern nach Transvaal. Die sich rasch entwickelnde Industrie um Johannesburg wurde von den Buren als Bedrohung ihrer ländlichen traditionalistisch-puritanischen Lebensweise empfunden.

1877 kam es zur Annexion von Transvaal und 1879 zum Krieg mit den Zulus; 1881 schlugen die Buren die englischen Streitkräfte am Majuba Hill und gewannen damit ihre Unabhängigkeit zurück. Die Weigerung des südafrikanischen Präsidenten PAUL KRÜGER, den Ausländern am Witwatersrand volle Bürgerrechte zu gewähren, führte 1899 zum sog. Burenkrieg zwischen England und den Burenstaaten.

Die Briten konnten sich behaupten und schickten Tausende von Buren in Konzentrationslager, die die Engländer im ganzen Land eingerichtet hatten. Der burische Partisanenkrieg endete aber erst im Mai 1902 mit dem Frieden von Vereeniging. Die Folge war, daß beide Burenrepubliken britische Kolonien wurden. Acht Jahre später bildeten die Kap-Provinz, Natal, Transvaal und der Oranje-Freistaat die »Südafrikanische Union«.

Viele Buren bekämpften die Anbindung der Union an England. 1912 gründete der radikale Nationalist General JAMES BARRY MUNNICK HERTZOG mit der Parole »Südafrika zuerst« die *National Party*, die 1924 die seit 1919 gemäßig-

*Pieter Willem Botha (*12.1.1916)*
Staatspräsident Südafrikas von 1984 bis 1989.
Botha bestimmte über 20 Jahre lang als Ministerpräsident (ab 1978) und Staatspräsident (ab 1984) die südafrikanische Politik. Zuvor schon war er nach drei Jahren im Innenministerium von 1958 bis 1961 als Minister für Entwicklung, öffentliche Arbeit und Rassenfragen sowie 1965 bis 1978 als Verteidigungsminister in wichtigen Positionen für das Burenregime tätig. 1982 setzte er sich mit seinem für südafrikanische Verhältnisse revolutionären Plan durch, Mischlingen und Asiaten eine Vertretung im Parlament zuzubilligen. Nur den Schwarzen sollte die politische Repräsentation weiterhin gänzlich verwehrt bleiben. Als Präsident verhängte er 1986 den Ausnahmezustand über das Land; eine neue Verfassung stattete die Regierung mit Sonderrechten aus, die es ihr erlaubte, gegen Oppositionelle hart durchzugreifen und die Pressefreiheit einzuschränken. 1989 kam es zwischen dem gesundheitlich angeschlagenen Botha und Frederik Willem de Klerk, der ihn als Parteivorsitzender der National Party abgelöst hatte, zu einem Machtkampf, der ihn im August zum Rücktritt zwang.

te Regierung von Ministerpräsident Jan Christian Smuts übernahm. Hertzogs Regierung vertrat rigoros das Prinzip der strikten Rassentrennung und lehnte jeden Kompromiß mit der 1912 gegründeten schwarzafrikanischen Organisation *South African Native National Congress* (SANNC) ab, in dem fast alle großen Völker Südafrikas vertreten waren.

Während der Weltwirtschaftskrise der dreißiger Jahre bildeten Hertzog und Smuts eine Koalitionsregierung, und es wurde die *United Party* gebildet. Unter Daniel Malan spaltete sich 1934 eine neue *National Party* ab. Die Koalition Smuts–Hertzog zerbrach an der Frage der Beteiligung Südafrikas am Zweiten Weltkrieg, Hertzog war dagegen, wurde aber im Parlament überstimmt; Smuts wurde wieder Ministerpräsident und erklärte Deutschland den Krieg.

Konfliktparteien

Nationalistische Regierungen

1948 kam die *National Party* Malans an die Macht. Unter ihm und den nachfolgenden nationalistischen Ministerpräsidenten Johannes Strijdom, Hendrik Verwoerd und Balthazar Johannes Vorster wurde die rassistische Apartheidpolitik konsequent fortgeführt, die die rassischen Gruppen des Landes in allen Lebensbereichen voneinander trennte. Sie benachteiligte vor allem die Nichtweißen und stieß auf weltweite Ablehnung. 1961 wurde Südafrika Republik und trat wegen der Kritik der meisten Mitglieder an der Apartheidpolitik aus dem Commonwealth aus.

Im September 1978 legte Vorster sein Amt als Regierungschef nieder und wurde zum Staatspräsidenten gewählt; neuer Ministerpräsident wurde Pieter Willem Botha. Im Juni 1979 trat Vorster auch als Staatspräsident zurück; sein Nachfolger wurde Marais Vilioen.

Weiße Bevölkerung

87 Prozent des südafrikanischen Territoriums befinden sich im Besitz der weißen Bevölkerungsminderheit. Fast vier Millionen Südafrikaner sind europäischer Abstammung, sie beherrschen die Wirtschaft und bestimmten bis 1994 allein über die Zusammensetzung des Parlaments. Drei Fünftel von ihnen sprechen Afrikaans; sie sind Nachkommen von Holländern, Deutschen und französischen Hugenotten, die sich seit dem 17. Jahrhundert in der Kap-Provinz niederließen. Die übrigen Weißen sprechen Englisch und sind meist britischer Herkunft. Ihre Privilegien wurden seit 1948 durch über 300 Gesetze zur Rassentrennung geschützt. So hatten Weiße nicht nur das alleinige Wahlrecht,

nur sie durften auch ihren Wohnort frei wählen; Ehen zwischen Weißen und Farbigen waren verboten, alle öffentlichen Einrichtungen und Schulen wurden nach Rassen getrennt.

Schwarze Bevölkerung
Über drei Viertel der Gesamtbevölkerung sind schwarze Afrikaner verschiedener Stämme und Sprachen. Sie leben überwiegend in der westlichen Kap-Provinz, während der größte Teil der rund eine Million Asiaten des Landes in Natal zu Hause ist. Mehr als die Hälfte der afrikanischen Bevölkerung lebte in ghettoartigen Satellitenstädten (Townships) der großen Metropolen wie Johannesburg, wo sie als billige Arbeitskräfte benötigt wurden, der Rest in den sog. Homelands oder Bantustans (Eingeborenenreservate). Die Bewegungsfreiheit der schwarzen Afrikaner wurde durch ein Paßsystem strikt kontrolliert. Ihr Lebensstandard war niedrig, und sie verfügten nur in ihren Homelands oder Bantustans (Bophuthatswana, Ciskei, Transkei und Venda) über ein gewisses Maß an Selbstverwaltung. In jedem dieser Homelands lebten die Angehörigen eines bestimmten Stammes ohne Rücksicht darauf, aus welchem Landesteil sie ursprünglich stammten.

Die den 27 Millionen Schwarzen zugewiesenen Flächen machten etwa 13 Prozent des Landes aus; es gab dort keine Industrie und kaum Bodenschätze. Nur Viehzucht und Landwirtschaft waren möglich. Durch eigene Staatsbürgerschaften in jedem der Bantustans wurden die Schwarzen im übrigen Südafrika zu Ausländern oder Gastarbeitern und wurden dementsprechend behandelt. Mit dieser Konstruktion glaubte sich die südafrikanische Regierung auch von der politischen und sozialen Verantwortung gegenüber den Eingeborenen entbunden. Zynisch hielt sie sich diese menschenverachtende Politik als Nichteinmischung in die inneren Angelegenheiten eigenständiger Staaten zugute; sie leistete lediglich Entwicklungshilfe im Rahmen internationaler Bestimmungen.

Indirekt freilich unterstanden die Homelands völlig der weißen Regierung in Pretoria und wurden auch international nie als selbständige Staaten anerkannt. Die erste politische Organisation der schwarzen Bevölkerung war der 1912 gegründete SANNC, der nicht nur gegenüber Wirtschaftsunternehmen, sondern auch gegenüber der Kolonialregierung am Kap die Interessen der schwarzen Bevölkerung vertrat. Seit 1920 nennt er sich *African National Congress* (ANC), schwor der britischen Krone Treue und organisierte den Widerstand gegen die Kolonialregierung. 1959 spalteten sich die revolutionären Linksextremisten vom ANC ab und gründeten den *Pan African Congress* (PAC), der unter der Führung von MANGALISO ROBERT SOBUKWE den bewaffneten Kampf forderte.

Nelson Rolihlahla Mandela (*18.7.1918)
Staatspräsident Südafrikas seit 1994.
Der Xhosa-Häuptlingssohn Mandela kämpfte seit den 40er Jahren gegen die Apartheid. In den fünfziger Jahren leitete er als Führer des African National Congress (ANC) Protestaktionen und den zivilen Ungehorsam gegen das rassistische Burenregime, ging 1961 in den Untergrund und wurde 1964 wegen der Organisation von Terroranschlägen zu lebenslanger Haft verurteilt. Die Gefangenschaft machte ihn zur Leitfigur der weltweiten Anti-Apartheidbewegung und zum Symbol für das herrschende Unrecht in Südafrika. 1990 wurde Mandela auf internationalen Druck aus der Haft entlassen und führte mit der Regierung de Klerk die Verhandlungen über die gemischtrassige Zukunft Südafrikas. 1993 wurden Mandela und de Klerk mit dem Friedensnobelpreis ausgezeichnet. Nach den Wahlen 1994, aus denen der ANC mit über 62 Prozent der Stimmen als stärkste Partei hervorging, wurde Mandela zum ersten schwarzen Präsidenten der Republik Südafrika ernannt.

Konfliktverlauf

Apartheidkonflikt 1960 bis 1980

Am 21. März 1960 demonstrierten mehrere tausend Schwarze vor Polizeistationen in der Afrikanervorstadt Sharpeville und verstießen damit gegen das ihnen auferlegte Paßgesetz, das ihre Bewegungsfreiheit stark einschränkte. Die Polizei eröffnete daraufhin das Feuer und tötete über 70 Menschen. Um weitere Demonstrationen und Unruhen zu unterdrücken, setzte die Regierung zwischen Kapstadt und Pretoria verstärkt Panzer und Luftwaffe ein. Tausende wurden verhaftet, ANC und PAC verboten. Ihre politischen Führer, Albert Luthuli und Robert Sobukwe (beide später mit dem Friedensnobelpreis ausgezeichnet), wurden auf die berüchtigte Gefangeneninsel Robbeneiland deportiert, wo sie später auch starben.

Nach dem Massaker von Sharpeville bildeten sich zwei bewaffnete Widerstandsgruppen: der ANC-nahe *Umkhonto we Sizwe* (Speer der Nation) und der PAC-nahe *Pogo* (Wir selbst), die sich aber bald der überlegenen Polizeigewalt beugen mußten. Charismatischer Führer des *Umkhonto we Sizwe* war Nelson Rolihlahla Mandela, der nach seiner Verhaftung 1964 zur Leitfigur des schwarzen Widerstands in Südafrika wurde.

1976 sollte Afrikaans gleichberechtigt neben Englisch an den Bantu-Schulen eingeführt werden. Daraufhin kam es am 16./17. Juni in dem Johannesburger Township Soweto, in dem 1,25 Millionen Schwarze auf engstem Raum lebten, zu schweren Unruhen. Über 100 Menschen, vor allem Schwarze, wurden bei den Auseinandersetzungen getötet und über 1000 verletzt. Die Unruhen griffen auch auf die Townships von Pretoria, Mamelodi und Atteridgeville über. Das Justizministerium bezifferte am 21. Juni die Zahl der Toten mit 140 (davon 2 Weiße), die der Verletzten mit 1128 (davon 6 Weiße). 894 Schwarze wurden festgenommen. Schon bald kam es erneut zu Unruhen in Soweto und im Homeland Bophuthatswana. Erst Ende der siebziger Jahre trat die ANC-Guerillagruppe *Umkhonto we Sizwe* mit vereinzelten bewaffneten Aktionen in Erscheinung: U. a. überfiel sie am 4. April 1980 die Polizeistation Booysens in Johannesburg und verübte am 2. Juni Anschläge auf die Kohleverflüssigungsanlage Sasol I und die Raffinerie Natrefn. Doch diese Terrorakte waren noch kein Guerillakampf wie im von Südafrika besetzten → Namibia, wo die SWAPO-Guerilla gegen die Kap-Regierung einen regelrechten Krieg führte.

Namibia-Konflikt 1965 bis 1988

Das frühere Deutsch-Südwestafrika wurde 1920 Südafrika vom *Völkerbund* als Mandat übertragen; von der Regierung in Pretoria wurde es jedoch als Staatsterritorium beansprucht. So verweigerte sie der UNO nach dem Zweiten Weltkrieg die Treuhandschaft über Namibia, so daß de facto der Status quo unangetastet blieb und Südafrika die Macht in Händen behielt. Die Kap-Regierung integrierte ihr früheres Mandatsgebiet durch wiederholte Verfassungsänderungen in ihren Staat, führte eine äußerst regide Apartheidregelung ein und begann mit der Errichtung von Homelands.

1959 wurde in Kapstadt der *Ovamboland People's Congress* gegründet, der von SAM NUJOMA geführt wurde und eine Stammespartei der Ovambo, der Mehrheit der Bevölkerung in Südwestafrika, war. 1960 entstand aus der Ovambo-Partei die *South West African People's Organization* (SWAPO), deren militärischer Arm den Guerillakampf gegen die Regierung in Pretoria aufnahm (weiterer Konfliktverlauf → Namibia).

Nach einigen unbedeutenden Grenzverletzungen intervenierte Südafrika 1981 militärisch auch in → Angola. Zunächst fand im Juni etwa 150 Kilometer nördlich der Grenze Namibias zu Angola ein kleineres Gefecht statt, bei dem nach offiziellen südafrikanischen Angaben 114 SWAPO-Guerilleros, die sich nach Angola zurückgezogen hatten, getötet wurden.

Zwischen dem 24. August und 2. September stießen südafrikanische Bodentruppen bis 200 Kilometer tief nach Südangola vor, nachdem ein Luftangriff auf den SWAPO-Stützpunkt Lubungo (600 km nördlich der Grenze Namibias) erfolgreich abgeschlossen worden war.

Zu einem neuerlichen Angriff auf die SWAPO-Einheiten in Angola kam es am 13. März 1982, und im weiteren Verlauf des Namibia-Konflikts kam es immer wieder zu Vorstößen südafrikanischer Einheiten auf angolanisches Territorium (weiterer Konfliktverlauf → Angola).

Apartheidkonflikt 1981 bis 1993

Die internationale Sanktionspolitik und die allgemeine Ächtung Südafrikas wegen seiner Apartheidpolitik blieben ohne konkrete Wirkung. Neben den schwarzen Extremisten machten auch rechte, nationalistische Extremisten der *Africkaner Weerstands Beweging* (AWB) von sich reden. Zu spektakulären Bombenattentaten militanter Kräfte des ANC war es im Dezember 1981 gekommen; drei beteiligte ANC-Mitglieder wurden daraufhin zum Tode verurteilt. Die südafrikanische Armee griff im Dezember 1982 in Lesotho ANC-Einrichtungen an; im Mai 1983 wurde nach einem ANC-Überfall auf die Kommandozentrale der Luftwaffe ein Vergeltungsangriff auf die Hauptstadt → Mosambiks geflogen, in der sich ebenfalls ANC-Einrichtungen befanden.

Im November 1983 wurde bei einem Referendum unter der weißen Bevölkerung mit 66 Prozent der Stimmen ein Reformvorschlag gutgeheißen, der Asiaten und Mischlingen mehr Mitspracherechte einräumen wollte. Nach der Entlassung von über 15 000 schwarzen Minenarbeitern kam es im April 1985 zu blutigen Unruhen, bei denen die südafrikanische Polizei brutal gegen Demonstranten und Streikende vorging. Die Unruhen konnten aber trotz des massiven Eingreifens der Sicherheitskräfte nicht eingedämmt werden. Der UN-Sicherheitsrat verurteilte in seiner Resolution 560 einstimmig nicht nur das gewaltsame Vorgehen, sondern abermals auch die Apartheidpolitik der Regierung in Pretoria.

Von Juli 1985 bis März 1986 wurde über 36 Bezirke das Ausnahmerecht verhängt, ab Juni 1986 über das gesamte Land. Eine Verhaftungswelle gegen oppositionelle Kräfte überzog Südafrika. Am 10. Jahrestag der Soweto-Unruhen kamen 11 Menschen ums Leben; gleichzeitig kündigte die Regierung BOTHA aber Reformen an, die die Rassendiskriminierung mindern sollten. In der Provinz Natal fanden erste Gespräche u. a. mit dem Schwarzenführer MANGOSUTHU GATSHA BUTHELEZI über eine gemischtrassige Regierung statt. Allein diese Gespräche gingen weißen Nationalisten aber schon viel zu weit.

Die Führer der Zulu plädierten für eine Zusammenarbeit mit der Regierung und verurteilten den ANC, dessen Einrichtungen im benachbarten Ausland nach wie vor von der südafrikanischen Armee angegriffen und zerstört wurden. Unterdessen lieferten sich Zulu-Kämpfer heftige Gefechte mit Angehörigen des Pondo-Stammes, die sich seit dem 19. Jahrhundert von den Zulu unterdrückt fühlen.

Der Ausnahmezustand im gesamten Land wurde im Juni 1987 noch durch eine Notstandsregelung verschärft. Seit seiner Verhängung 1986 waren 9287 Personen verhaftet worden.

Im Juli und August 1987 traten über 340 000 schwarze Bergarbeiter in einen Ausstand, der von gewalttätigen Auseinandersetzungen mit den Sicherheitsbehörden begleitet war. Im November 1987 einigte sich Zulu-Führer BUTHELEZI mit der weißen Regierung über gemeinsame Verwaltungsbehörden in der Provinz Natal, die mit dem Homeland Kwazulu zusammengelegt werden sollte.

Im Juni 1988 protestierten über zwei Millionen schwarze Arbeiter gegen ein neues Arbeitsgesetz und demonstrierten damit eine große Solidarität unter der schwarzen Bevölkerungsmehrheit. Rechtsextreme weiße Gruppierungen bekamen daraufhin bei den Kommunalwahlen im Oktober 1988 die Mehrheit. Im April 1989 kam es in Natal erneut zu blutigen Auseinandersetzungen zwischen Zulus und ANC-Anhängern.

Im August 1989 wurde FREDERIK WILLEM DE KLERK neuer Staatspräsident. Seine Regierung kündigte eine Reihe von Maßnahmen an, die zur Beseitigung der Apartheid beitragen sollten: Der ANC, der seit 1960 verboten war, wurde wieder

Frederik Willem de Klerk (links) und Nelson Mandela haben für ihre Entspannungspolitik in Südafrika 1993 den Friedensnobelpreis erhalten.

als politische Organisation zugelassen; im Februar 1990 wurde der legendäre ANC-Führer MANDELA nach 27 Jahren aus der Haft entlassen. Damit begann ein Dialog zwischen der weißen Regierung und der gemäßigten schwarzen Opposition, die in MANDELA ihren alten und neuen Sprecher gefunden hatte. Ein weiterer Schritt in Richtung Demokratisierung war die Aufhebung des Ausnahmezustandes im Juni 1990. Der PAC lehnte aber immer noch jeglichen Dialog mit der Regierung ab und setzte den Guerillakampf fort. Radikale Buren, die um ihre Vormachtstellung fürchteten, organisierten sich in faschistischen Kommandogruppen, die zu einem »Heiligen Krieg« aufriefen. Der internationale Wirtschaftsboykott blieb vorläufig noch bestehen.

Innerhalb der schwarzen Opposition wütete seit Monaten ein erbitterter gewaltsamer Kampf zwischen den Anhängern des ANC und Angehörigen des Zulu-Stammes um die Vormachtstellung unter den Schwarzen-Organisationen. Die Zulus, die die Mehrheit der schwarzen Bevölkerung stellen und sich in der konservativen *Inkatha*-Bewegung zusammengefunden haben, die 1985 und 1986 auch von der südafrikanischen Regierung finanziell unterstützt worden war, kämpften gegen die politische Dominanz der Yhosa, die überwiegend im ANC organisiert waren. Allein 1990 kamen über 3000 Menschen bei den internen Streitigkeiten der schwarzen Opposition ums Leben: 11 000 von 1984 bis Juli 1991. Am 14. September 1991 unterzeichneten die Konfliktparteien ein Friedensabkommen, doch die gewalttätigen Auseinandersetzungen gingen weiter.

Im März 1992 stimmten 68,7 Prozent der weißen Bevölkerung für die Abschaffung der Apartheid und für eine Fortsetzung der Reformpolitik DE KLERKS. Die nachfolgenden Verfassungsgespräche zwischen der weißen Re-

Frederik Willem de Klerk (*18.3.1936)
Staatspräsident Südafrikas von 1989 bis 1994.
Der Rechtsanwalt de Klerk war seit 1972 Mitglied des Parlaments und bekleidete verschiedene Regierungsämter, bevor er 1989 an die Spitze von Staat und National Party vorstieß. Im August 1989 zum Präsidenten gewählt, leitete er die Beendigung der Apartheidpolitik ein und führte Südafrika damit aus der internationalen Isolation. Er hob das Betätigungsverbot für den ANC auf und entließ dessen Führer Nelson Mandela aus der Haft. Für seine Verdienste für den Frieden und die Demokratie in Südafrika wurde de Klerk zusammen mit Mandela 1993 mit dem Friedensnobelpreis ausgezeichnet. Bei den ersten allgemeinen Wahlen in Südafrika konnte de Klerks National Party 20,4 Prozent der Stimmen erringen und wurde nach dem ANC zweitstärkste politische Kraft. De Klerk ist seitdem Stellvertreter des neuen Präsidenten Nelson Mandela.

Mangosuthu Gatsha Buthelezi (*27.8.1928)
Führer der Zulu-Partei Inkatha. Der Zulu-Nationalist Buthelezi war von 1959 bis 1968 Premierminister der Zulu-Republik Kwazulu, die später zum Homeland innerhalb der Republik Südafrika degradiert wurde. 1975 gründete er die Inkatha Kwazulu, eine Organisation zur Vertretung der politischen und kulturellen Interessen der Zulu. Unter seiner Führung kooperierte die Inkatha in den siebziger und achtziger Jahre bis zu einem gewissen Grad mit der weißen Führung in Südafrika. Auch mit dem ANC gab es Kontakte, doch seit Mitte der achtziger Jahre gerieten die beiden Schwarzen-Organisationen in Streit über den richtigen Weg zur Verfolgung schwarzer Interessen, der in blutige Kämpfe ausartete. Nach anfänglichem Zögern nahm die Inkatha an den Wahlen 1994 teil und erhielt 10,5 Prozent der Stimmen. Buthelezi ist heute Mitglied der Regierung der nationalen Versöhnung Nelson Mandelas.

gierung und der schwarzen Opposition wurden durch brutale Übergriffe von *Inkatha*- bzw. ANC-Anhängern belastet. Im Juni war es in Boiptang, Soweto und im Vaal-Dreieck bei Johannesburg zu Massakern unter der afrikanischen Bevölkerung gekommen, bei denen 98 Menschen getötet wurden; im Homeland Ciskei kamen am 7. September bei der gewaltsamen Auflösung einer ANC-Demonstration gegen das dortige Militärregime 28 Menschen ums Leben. Dennoch wurden im selben Monat die Verfassungsgespräche wieder aufgenommen. Im Oktober entschuldigte sich DE KLERK offiziell für die jahrzehntelange Apartheidpolitik.

Ergebnis und weitere Entwicklung

Am 23. September 1993 billigte das immer noch von Weißen dominierte südafrikanische Parlament die Bildung eines gemischtrassigen Exekutivrats, der die Wahlen im April 1994 kontrollieren sollte. Damit wurden zum ersten Mal Vertreter der schwarzen Bevölkerungsmehrheit an der Exekutive beteiligt. Am 8. Oktober 1993 hob die UNO die Wirtschaftssanktionen gegen Südafrika auf. MANDELA und DE KLERK erhielten für ihre Politik der Verständigung den Friedensnobelpreis 1993. Am 22. Dezember endete mit der Verabschiedung der demokratischen Übergangsverfassung, die am 27. April 1994 in Kraft trat, die weiße Alleinherrschaft.

Anfang 1994 forderte Zulu-Führer BUTHELEZI die Wiedereinführung eines Zulu-Königreiches mit Häuptling ZWELITHINI GODWILL ZULU an der Spitze. Der Auflösung der Homelands widersetzte sich nur der Präsident des nominell unabhängigen Bophuthatswana. Nach blutigen Unruhen marschierte die südafrikanische Armee ein und stellte die Ordnung wieder her.

Trotz des Boykotts der ersten allgemeinen Parlamentswahlen durch BUTHELEZI und rechte Burenpolitiker konnte im April 1994 MANDELAS ANC (auch in den sieben Regionalparlamenten) mit 62,25 Prozent der Stimmen einen überragenden Sieg erringen; am 10. Mai 1995 wurde der ANC-Führer als Präsident der Republik Südafrika vereidigt. Kwazulu erhielt einen Sonderstatus, und die konstitutionelle Monarchie des Zulu-Köngis ZWELITHINI GODWILL ZULU wurde bestätigt.

Die Folgen der jahrzehntelangen Apartheid sind noch nicht überwunden: Etwa 10 Millionen Schwarze lebten 1995 noch immer in Slums; die Kindersterblichkeit ist unter ihnen elfmal höher als bei den Weißen. Für die Sanierungsmaßnahmen der Regierung MANDELA, für Reformen im Bildungs- und Gesundheitswesen sowie für die geplanten Umbau- und Entwicklungsmaßnahmen werden etwa

11 Milliarden Dollar benötigt; die geplante Landreform sieht die Rückgabe von Grundbesitz an schwarze Südafrikaner und eine Entschädigung für die Weißen vor.

Literatur: s. a. → Namibia

F. Ansprenger: *Freie Wahlen in Namibia. Der Übergang zur staatlichen Unabhängigkeit.* Frankfurt 1991.

F. Ansprenger: *Geschichte der Republik Südafrika.* Mannheim 1994.

M. Behrens / R. v. Rimscha: *Südafrika nach der Apartheid.* Baden-Baden 1994.

B. Breytenbach: *Schlußakte Südafrika.* Köln 1986.

A. Halbach: *Südafrika und seine Homelands.* Köln 1988.

H. Knütter / B. Rabert (Hg.): *Der Wandel in Südafrika und die internationale Lage.* Bonn 1992.

H. W. Maull (Hg.): *Südafrika. Krise ohne Ausweg?* Leverkusen 1990.

R. Meinardus: *Die Afrikapolitik der Republik Südafrika.* Bonn 1981.

J. Rüsen / H. Vörös-Rademacher (Hg.): *Südafrika. Apartheid und Menschenrechte in Geschichte und Gegenwart.* Pfaffenweiler 1991.

Statistisches Bundesamt (Hg.): *Länderbericht Südafrika.* Wiesbaden 1991.

Staatsname: Republik Südafrika
Staatsform: Republik im Commonwealth (seit 1.6.1994)
Staatsoberhaupt: Nelson Rolihlahla Mandela (ANC; seit 10.5.1994)
Regierungschef: Nelson Rolihlahla Mandela (ANC; seit 10.5.1994)
Regierung: Regierung der Nationalen Einheit (ANC, NP, IPP; seit 10.5.1994)
Parlament: Nationalversammlung 400 Sitze (Wahl vom 26.–29.4.1994), ANC 252, NP 82, IFP 43, FF 9, DP 7, Sonstige 7
Mitgliedschaft bei internationalen Organisationen: Commonwealth, OAU, SADC, UNO
Lage: 17°– 33° östlicher Länge, 22°– 34° südlicher Breite
Fläche: 1,23 Millionen km^2
Hauptstadt: Pretoria
Bevölkerung: 40,8 Millionen; Schwarze 75,6 %, Weiße 13,2 %, Farbige 8,6 %, Asiaten 2,6 %; Christen 67,9 %, Hindus 1,3 %, Muslime 1,1 %, Sonstige 29,7 %
Wirtschaft: Dienstleistung 63,2 %, Industrie 32,2 %, Landwirtschaft 4,6 %; Export: Edelmetalle 12,7 %, Metalle 12,4 %, Mineralien 10,6 %

Südossetien → Georgien

Nationalitätenkonflikt und Bürgerkrieg 1990 bis 1992

Die unterdrückte Minderheit in der autonomen nordgeorgischen Region Südossetien strebte 1989 eine Vereinigung mit der zu Rußland gehörenden autonomen Republik Nordossetien an. Während der Loslösung Georgiens aus der ehemaligen Sowjetunion erklärte sich Südossetien im September 1990 für unabhängig, woraufhin die georgische Regierung im Dezember 1990 die Autonomie der Region aufhob und Truppen entsandte.

Suez-Krise → Ägypten

2. Arabisch-israelischer Krieg 1956

Nach der Verstaatlichung des Suezkanals am 26. Juli 1956 durch Ägypten besetzte Israel die Sinai-Halbinsel, um sich eine bessere Ausgangsposition für Verhandlungen mit Kairo zu verschaffen, das dem Nachbarstaat seit 1950 die Benutzung der Wasserstraße untersagt hatte. Am 31. Oktober griffen Frankreich und England militärisch ein, und Israel zog sich auf Druck der Sowjetunion und der USA wieder zurück. Der Kanal wurde unter UN-Kontrolle gestellt und wieder für den Welthandel geöffnet.

SURINAM

Bürgerkrieg 1986 bis 1992

Der Bürgerkrieg in der ehemaligen niederländischen Kolonie hatte seine Ursachen in der ethnischen Vielfalt sowie in der ungleichen sozialen und wirtschaftlichen Entwicklung an der Küste und im Hinterland.

Historischer Hintergrund

Der spanische Seefahrer Alonso de Hojeda entdeckte 1499 die Küste des heutigen Surinam. 1630 siedelten sich dort als erste Europäer Engländer an, die 1650 ganz Guayana in Besitz nahmen. 1651 baute der Engländer Lord Francis Willoughby die europäische Siedlung auf dem Gebiet des späteren Niederländisch-Guayana aus. Es kamen portugiesische Juden aus Brasilien ins Land, und die Region ging 1667 im Tausch gegen New Amsterdam (heute New York) in holländischen Besitz über und erhielt den Namen Niederländisch-Guayana.

Zucker wurde für die Kolonie das wichtigste Handelsgut. Für die schwierige Plantagenarbeit wurden Sklaven aus Afrika herbeigeschafft. Viele von ihnen konnten sich befreien und flohen ins Landesinnere, wo sie mit den Indianern in Konflikt gerieten, die die Holländer bei den Suchaktionen und Kämpfen gegen die Schwarzen unterstützten. Nach der Abschaffung der Sklaverei 1863 importierten die Plantagenbesitzer billige Arbeitskräfte aus den holländischen Kolonien in Asien: Zwischen 1873 und 1947 wanderten etwa 46 000 Inder und Javaner ein. Die Bevölkerung wurde ethnisch immer vielfältiger: Im Laufe der Zeit dominierten die Kreolen (31 %) Staat und Verwaltung, die Inder (37 %), Javaner (14 %) und Chinesen (2 %) beherrschten Landwirtschaft und Handel, die Europäer (2 %) Industrie und Banken, während die im Hinterland lebenden Maroons (8,5 %), die Nachkommen der Sklaven, und die Indianer (3,1 %) kaum integriert wurden.

20. Jahrhundert

Während des Ersten Weltkrieges wurden im Nordosten des Landes große Bauxitvorkommen entdeckt. Der Abbau wurde zu einem der wichtigsten Produktionszweige Surinams.

Seit den zwanziger Jahren wurden in allen Bevölkerungsschichten und ethnischen Gruppen Forderungen nach politischer Mitsprache lauter, doch erst in den vierziger Jahren kam es zu Parteigründungen. Holland gewährte Surinam erst nach dem Zweiten Weltkrieg größere innere Selbständigkeit.

1949 und 1951 fanden erste Wahlen statt, aus denen die *Nationale Partei Surinams* (NPS) als stärkste Kraft hervorging. Nach langwierigen Verhandlungen wurde 1954 in Den Haag ein »Königreich-Statut« unterzeichnet, das Surinam ebenso wie den niederländischen Antillen volle Verwaltungsautonomie zusicherte.

1952 kam es aufgrund eines umstrittenen Wahlergebnisses zu Rassenunruhen zwischen Kreolen und Indern, die einen repräsentiert durch die NPS, die anderen durch die *Vereinigte Reformpartei* (VHP). Durch Bildung einer Koalition zwischen diesen beiden sich ideologisch kaum unterscheidenden Parteien konnte der Konflikt vorübergehend entschärft werden. 1969 übernahm erstmals die VHP die Regierungsverantwortung, wurde jedoch 1973 von der NPS aus der Macht verdrängt.

Im Dezember 1975 erhielt Surinam unter Ministerpräsident Henck Arron die volle Unabhängigkeit. Vor allem die schwarze Bevölkerung hatte sich für die Selbständigkeit stark gemacht. Inder und Javaner befürchteten dagegen

Die Vernachlässigung des Hinterlandes zugunsten der Küstenregion ist eine der Ursachen für die sozialen Konflikte in Surinam; die schwarze Dschungelkommando-Guerilla operierte im Osten an der Grenze zu Französisch-Guayana.

Diskriminierungen durch eine schwarze Regierung und wanderten vielfach in die Niederlande aus. Diese Emigrationsbewegung hielt wegen der großen wirtschaftlichen Schwierigkeiten der neuen Republik noch Jahre nach Erlangung der Unabhängigkeit an.

Im Februar 1980 putschte die Armee, stürzte die Regierung ARRON und installierte einen Nationalen Militärrat. Im August desselben Jahres schwang sich Feldwebel DÉSI BOUTERSE durch einen neuerlichen Staatsstreich zum starken Mann Surinams auf, löste das Parlament auf, verbot die Parteien und setzte Präsident JOHAN FERRIER ab. Unter dem neuen Staats- und Regierungschef HENK CHIN A SEN (abgesetzt am 4.2.1982) hielt er sich zunächst im Hintergrund. Nach einem fehlgeschlagenen Putsch Anfang 1982 sollte eine Übergangsverfassung Surinam eine sozialistische Gesellschaftsordnung geben.

Oberstleutnant BOUTERSE, seit 9. Dezember 1992 offiziell selbst Staatschef, blieb auch nach einem internen Militärputsch an der Macht. Die Probleme des Landes, insbesondere die Vernachlässigung des Hinterlandes zugunsten der Küstenregion, und die ethnischen Spannungen, konnte das BOUTERSE-Regime bisher nicht bewältigen.

Konfliktparteien

Die schwarze Guerilla *Dschungelkommando* unter der Führung von RONNIE BRUNSWIJK, einem ehemaligen Leibwächter BOUTERSES, wollte den Sturz der Regierung herbeiführen und kämpfte gegen die surinamische Armee und die indianische Spezialeinheit *Delta Force*, die die Regierungssoldaten unterstützte.

Nach Vereinbarungen zwischen Regierung und schwarzer Guerilla nahm im Herbst 1989 eine indianische Guerilla namens *Toekayana Amazonia* unter der Führung von THOMAS SABAJO den Kampf auf, weil sie sich benachteiligt fühlte.

Dési Bouterse (*1946)
Staats- und Ministerpräsident von Surinam von 1982 bis 1987. Zunächst im Dienst der niederländischen Armee, stieg Bouterse nach Erlangung der Unabhängigkeit Surinams 1975 vom Feldwebel zum Oberstleutnant und schließlich zum Armeechef auf. Nach einem von ihm geführten Staatsstreich im Februar 1980 übernahm er den Vorsitz des Nationalen Militärrats, tolerierte aber eine zivile Regierung und gründete im November 1981 die Revolutionäre Volksfront (RPF). Beim dritten Militärputsch innerhalb von zwei Jahren stürzte Bouterse 1982 den zwei Jahre zuvor von ihm selbst eingesetzten Henk Chin A Sen, erklärte sich selbst zum Regierungschef und kündigte an, daß es in Surinam nie mehr eine parlamentarische Demokratie geben werde. 1987 trat Bouterse aber nicht zuletzt auf wirtschaftlichen Druck der ehemaligen Kolonialmacht Holland zurück, blieb aber als Armeechef bis zu seinem Ausscheiden 1992 der starke Mann im Staat.

Konfliktverlauf

Das Hauptoperationsgebiet des *Dschungelkommandos*, das Ende 1986 die Regierung zu stürzen trachtete, war der Urwald im Osten des Landes, wo die Guerilla Stützpunkte an der Grenze zu Französisch-Guayana unterhielt. Der Grenzfluß bot günstige Rückzugsmöglichkeiten für die Rebellen, die Militärpatrouillen und Polizeistationen überfielen sowie Transportwege blockierten. Es wurde vermutet, daß die Guerilla jenseits der Grenze von niederländischen Geschäftsleuten unterstützt wurde. Auch der Einsatz der indianischen Spezialeinheit *Delta Force*, die eng mit den 800 Soldaten der surinamischen Armee im kaum zugänglichen Kampfgebiet zusammenarbeitete, konnte die Aktivitäten der Guerilla nicht eindämmen. BOUTERSE sah sich gezwungen, nach einem verlorenen Referendum vom März 1987 und auf Druck der ehemaligen Kolonialmacht, die ihre Entwicklungshilfe bereits nach seinem Putsch 1982 eingestellt hatte, zurückzutreten, blieb aber Oberbefehlshaber der Armee. Die neue Zivilregierung setzte eine Verfassungsänderung durch, die die Macht der Streitkräfte einschränkte. Im Januar 1988 wurde der Hindu RAMSEWAK SHANKAR Staatspräsident, Vizepräsident der ehemalige Ministerpräsident und Bankier ARRON. Die neue Regierung leitete unverzüglich Friedensverhandlungen mit dem *Dschungelkommando* ein. Am 21. Juli 1989 wurde das Abkommen von Kourou unterzeichnet, das eine Amnestie für die Guerilleros und ihre Einbindung in die Armee sowie Wirtschaftsförderungsmaßnahmen für Ost-Surinam vorsah. BOUTERSE lehnte die Vereinbarungen ebenso ab wie die Indianer in West-Surinam, die eine Vernachlässigung ihrer Region befürchteten.

Im September 1989 ging die indianische *Toekayana Amazonia* zum bewaffneten Kampf über. Sie forderte den Sturz der Regierung, die Annullierung des Abkommens von Kourou und besondere Entwicklungsprojekte für ihre Region im Westen des Landes. Es kam zu Kämpfen sowohl zwischen Indianern und Armee wie zwischen Indianern und schwarzer Guerilla. Der *Toekayana Amazonia* gelang es zeitweise, die Straßen zur Hauptstadt Paramaribo zu

Rebellenführer Ronnie Brunswijk (Mitte) in einem Dschungellager in der Nähe von Langa Tabiki. Im Frühjahr 1987 nahmen die Kämpfe zwischen Rebellen und Regierungsarmee an Heftigkeit zu, und immer mehr Zivilisten flohen über die Grenze ins benachbarte Französisch-Guayana.

blockieren. 14 000 Menschen befanden sich seit Ausbruch der Kämpfe auf der Flucht.

Am 24. Dezember 1990 stürzte das Militär unter der Führung von Iwan Graanoogst, einem Freund Bouterses, die Regierung und bestellte den Ehrenvorsitzenden der NPS, Johan Kraag, zum Übergangspräsidenten. Die Parlamentswahlen im Mai 1991 brachten keine Veränderungen der Mehrheitsverhältnisse; Bouterse blieb nach wie vor der unangefochten mächtigste Mann im Land. Im September 1991 wurde Ronald Venetiaan zum neuen Staatspräsidenten gewählt. Er erreichte im November 1991 die Wiederaufnahme der Entwicklungshilfe durch die ehemaligen Kolonialmacht, die aber Mitte 1993 wegen nicht erfüllter Auflagen erneut eingestellt wurde.

Ergebnis und weitere Entwicklung

Im August 1992 schlossen *Dschungelkommando*-Führer Brunswijk und der Chef der *Toekayana Amazonia* Sabajo mit der Regierung Waffenstillstandsabkommen, die den Bürgerkrieg vorerst beendeten.

Armeechef Bouterse erklärte im November seinen Rücktritt; sein Nachfolger wurde Graanoogst. Eines Putschversuches verdächtig, mußte er sein Amt als Heereschef bereits im Mai 1993 an Arthy Gorre abgeben, was zu erheblichen innenpolitischen Spannungen führte. Gorre führte im Auftrag von Präsident Venetiaan eine Reform der Armee durch, die sicherstellen sollte, daß der Oberbefehl über die Streitkräfte bei der Regierung lag und nicht mehr allein bei den Militärs wie zu Zeiten Bouterses.

Literatur: H. E. Chin: *Surinam. Politics, Economics and Society.* St. Martin 1987.
C. Ch. Goslinga: *A Short History of the Netherlands Antilles and Surinam.* Den Haag 1979.
J. Griffiths: *Surinam. Recent Developments Relating to Human Rights.* Ann Arbor 1981.
R. Hoefte: *Surinam.* Santa Barbara, CA. 1991.
B. Klimmeck: *Surinam.* In: *Politisches Lexikon Lateinamerika.* München 1992.
G. Sankatsing: *Surinam entre el Caribe y America Latina.* In: *El Caribe Contemporaneo* (1989).
G. Scherm: *Guyana und Surinam.* Berlin 1982.

Staatsname: Republik Surinam
Staatsform: Präsidiale Republik (seit 1987)
Staatsoberhaupt: Ronald Venetiaan (seit 1991)
Regierungschef: Jules Ajodhia (seit 1991)
Regierung: Front für Demokratie und Entwicklung (FDO; seit 1991)
Parlament: Nationalversammlung 51 Sitze (Wahl vom 25.5.1991), FDO 30, NDP (Nationaldemokratische Partei) 12, DA (Demokratische Alternative) 9
Mitgliedschaft bei internationalen Organisationen: AKP, CARICOM, OAS, SELA, UNO
Lage: 53°–58° westlicher Länge, 1°–6° nördlicher Breite
Fläche: 163 820 km²
Hauptstadt: Paramaribo
Bevölkerung: 405 000; Inder 37 %, Kreolen 31,3 %, Indonesier 14,2 %, Schwarze 8,5 %, Indianer 3,1 %, Sonstige 5,9 %; Christen 39,6 %, Hindus 26 %, Muslime 18,6 %, Animisten 15,8 %;
Wirtschaft: Dienstleistung 67,6 %, Industrie 20,4 %, Landwirtschaft 12 %; Export: Bauxit 82,1 %, Shrimps 7,6 %, Reis 5,4 %

SYRIEN

Nahostkonflikte 1948/49, 1967 und 1973
Spannungen mit der Türkei 1955 bis 1957 und seit 1989
Libanesische Bürgerkriege 1958, 1975 bis 1991
Aufstand der Muslimbrüder 1979 bis 1982

Syrien versteht sich im Sinne panarabischer Propaganda als Speerspitze des marxistischen arabischen Nationalismus gegen »Imperialismus« und »Zionismus«. Es war in drei Nahostkriegen militärischer Gegner Israels, mit dem es sich bis heute im Kriegszustand befindet, und lebt mit den Nachbarstaaten Türkei, dem Erzrivalen Irak und dem Libanon in wechselhaft gespannten Beziehungen. Beim Aufstand der sunnitischen Muslimbrüder entlud sich ein lange schwelender, religiös motivierter, sozialer innenpolitischer Konflikt.

Historischer Hintergrund

Der Wüstenstaat Syrien, im Schnittpunkt dreier Kontinente gelegen, ist von alters her ein Durchgangsland der Völker: Assyrer, Babylonier, Perser, Hethiter, Ägypter und Römer waren die Herren Syriens. Vom 4. bis zum 7. Jahrhundert unterstand es dem byzantinischen Reich, danach eroberten semitische Araber das Gebiet und islamisierten es. Ab 750 gehörte Syrien zum Abbasidenreich mit der Hauptstadt Bagdad. 1252 fiel es den ägyptischen Mamelucken zu, und von 1516 bis 1916 war es Teil des Osmanischen Reiches.

Seit dem 18. Jahrhundert versuchten europäische Länder, in den Levantestaaten ihre Interessen geltend zu machen. Nach dem Ersten Weltkrieg wurde Syrien französisches Mandatsgebiet; zugleich erwachten der arabische Nationalismus und der Wunsch nach staatlicher Unabhängigkeit. 1930 erhielt Syrien seine erste Verfassung, doch blieb Frankreichs Vormachtstellung bis zur völligen Souveränität des Landes 1946 unangetastet.

Die ersten Jahre des jungen Staates waren von inneren Unruhen gekennzeichnet; außenpolitisch suchte Syrien, in zahlreichen kriegerischen Auseinandersetzungen eine dominierende Position innerhalb der arabischen Welt zu erlangen (Spannungen mit dem → Libanon und dem → Irak 1949, mit der → Türkei 1955/57; Staatsstreichversuch im → Libanon unter Beteiligung der syrischen Armee 1956/57). Überwölbt wurden diese und nachfolgende Konflikte vom Einflußstreben der beiden Supermächte USA und UdSSR, das sich im prowestlichen Bagdad-Pakt (Tür-

kei, Irak), im arabischen Neutralismus (→ Ägypten) und in prosowjetischer Bindung (Syrien) manifestierte.

Seit dem Militärputsch von 1963 bestimmte die Ideologie der *Baath*-Partei (Wiedergeburts-Partei; s. a. → Irak), die für eine sozialistische Revolution in der ganzen arabischen Welt eintrat, Syriens Politik.

1970 putschte General HAFIZ AL-ASSAD, der bis heute, gestützt auf Militär, Vetternwirtschaft und *Baath*-Partei, an der Macht ist.

Syriens Politik wird traditionell von den rivalisierenden Interessen ethnischer und religiöser Minderheiten geprägt. Die Schlüsselpositionen des Staates sind mit Alawiten, Angehörigen einer schiitischen Sekte, besetzt; die Bevölkerungsmehrheit jedoch ist sunnitisch. Die Sunniten, die traditionell auch das Gros der Kaufleute Syriens stellen, streben schon immer eine angemessenere Teilhabe an der Macht an.

Seit seiner Machtübernahme 1970 hat es Staatspräsident ASSAD, der selbst ein Angehöriger der alawitischen Minderheit ist, verstanden, ausgesprochen flexibel auf diese explosive innenpolitische Situation zu reagieren und sogar teilweise zu seinen Gunsten auszunutzen. Sein zeitweise immer mal wieder gefährdetes Machtgefüge hatte letztendlich bestand, und ASSAD wurde vor allem auch außenpolitisch zu einer zentralen Figur in der arabischen Welt.

In den achtziger Jahren unterhielt Syrien mit Libyen, dem → Iran und der Sowjetunion freundschaftliche Beziehungen; im Zuge des Nahostfriedensprozesses (ägyptisch-israelischer

Hafiz al-Assad (*6.10.1930)
Syrischer Staatspräsident seit 1971. Der Berufssoldat Assad wurde nach dem Staatsstreich der Baath-Partei 1963 zum General befördert, war ab 1964 Oberbefehlshaber der syrischen Luftwaffe und ab 1966 Verteidigungsminister. 1970 initiierte er den Staatsstreich gegen Nur ad-Din al-Atasis und brachte sich selbst an die Macht. Im März 1971 übernahm er das Amt des Staatspräsidenten, in dem er 1978, 1985 und 1991 bestätigt wurde. Assad, der anfangs radikal-revolutionäre Ideen vertrat, beendete als Präsident den sozialistischen Kurs der Baath-Partei und gehört seitdem dem rechten, pragmatischen Parteiflügel an. Als erklärter Feind Israels führte er Syrien 1973 in den Jom-Kippur-Krieg und scheute auch danach nicht die Konfrontation mit dem Judenstaat. Assad ist höchster Repräsentant der alawitischen Minderheit. Seit dem Tod seines ältesten Sohnes Basil im Januar 1994 ist seine Nachfolge ungeklärt.

Friedensvertrag 1979 → Ägypten; Gaza-Jericho-Abkommen zwischen Israel und den Palästinensern 1993 → Israel, jordanisch-israelischer Friedensvertrag 1994 → Jordanien) und nach dem Ende des arabischen Boykotts Israels (Kontakte mit Tunesien, → Marokko und → Algerien) geriet Syrien, das palästinensische Terrororganisationen in ihrem Kampf gegen Israel unterstützt hatte, mehr und mehr ins Abseits. Als Drahtzieher des internationalen Terrorismus wurde das Land geächtet und mit Sanktionen belegt. Nach dem Zusammenbruch seiner Schutzmacht UdSSR (→ Rußland) war Syrien mehr denn je darauf angewiesen, einen Weg aus der internationalen Isolation zu finden. Die Beteiligung an der multinationalen Streitmacht gegen den → Irak im zweiten Golfkrieg war hierzu ein erster, wichtiger Schritt.

Innenpolitisch ist ASSADS Stellung unangefochten. Er wurde zuletzt 1991 zum dritten Male für eine siebenjährige Amtszeit gewählt, seine Regierung der *Nationalen Progressiven Front* wurde bei den Parlamentswahlen im August 1994 ebenfalls bestätigt.

Konfliktparteien

Syrien als Gegner Israels

(s. a. → Ägypten, → Israel)
Die Legitimation seiner Macht bezog Syriens Präsident in der Vergangenheit hauptsächlich aus seinem von nationalistischen Ideologen innerhalb der panarabischen *Baath*-Partei unterstützten Kampf gegen die »Zionisten«. Syrien leistete radikalen Splittergruppen der palästinensischen Befreiungsbewegung PLO Vorschub (z. B. der von ABU MUSA angeführten Gruppe, die sich 1983 von der PLO abgespalten hatte und gemeinsam mit der vom → Iran unterstützten libanesischen Schiiten-Organisation *Hisbollah* im Südlibanon operiert); als »Protektoratsmacht« hat Syrien bis zu 40 000 Soldaten im Libanon stationiert, mit dem es 1991 einen Freundschaftsvertrag geschlossen hat.

Israel war Syrien jahrzehntelang in allen militärischen Auseinandersetzungen überlegen (1947/48 Erweiterung des israelischen Territoriums u. a. um Galiläa mit einer entmilitarisierten Zone an der Grenze zu Syrien; Besetzung der syrischen Golanhöhen im Sechs-Tage-Krieg 1967; 1980 Annexion der Golanhöhen; 1982 Belagerung West-Beiruts), einzig im Jom-Kippur-Krieg 1973 hatte die syrische Armee militärische Erfolge.

Syrien als Gegner der Türkei

(s. a. → Türkei)
Syriens Beziehungen mit der Türkei sind seit Jahrzehnten angespannt. Seit Damaskus außerdem vor einigen Jahren begann, die gegen die Regierung in Ankara kämpfende

marxistische Rebellenorganisation *Arbeiterpartei Kurdistans* (PKK) finanziell und logistisch zu unterstützen, haben sich die Beziehungen noch weiter verschlechtert.

Syrien als Bürgerkriegspartei im Libanon
(s. a. → Libanon)
Die historische Entwicklung des → Libanon ist eng mit der Syriens verwoben; so kam es bereits 1860 zu einem Bürgerkrieg zwischen der starken syrischen Religionsgemeinschaft der christlichen Maroniten gegen die libanesischen Drusen. Nach dem Ersten Weltkrieg wurden Gebiete Syriens in den französischen Grand Liban eingegliedert. Nachdem beide Länder ihre volle staatliche Souveränität erhalten hatten, betrieb Syrien die Beteiligung des Libanon an einer panarabischen Lösung: Im Bürgerkrieg 1958 kämpften Regierungstruppen und christliche Milizen gegen die Verbände der *Vereinigten Nationalen Front*, zu der Links-Parteien, verschiedene muslimische Gruppierungen, Schiiten, die *Muslimbrüder* und die syrische sozial-nationalistische *Baath*-Partei zählten und die von Syrien mit Waffen unterstützt wurden.

Im Bürgerkrieg 1975 bis 1991 kamen die Syrer als arabische Friedenstruppe ins Land, aber ihre offene Sympathie für die PLO sowie ihre Parteinahme für die Muslime führte zu Auseinandersetzungen mit den christlichen *Falangisten*. Die prosyrische schiitische *Amal*-Miliz wandte sich nach 1983 gegen die moderate Politik der PLO unter Jassir Arafat; die palästinensischen Freiheitskämpfer zerfielen in prosyrische und syrienfeindliche Fraktionen. Seit dem Waffenstillstand mit den *Amal*-Milizen (ca. 2000 Kämpfer) erhält auch die proiranische *Hisbollah* Unterstützung von Syrien.

Jassir Arafat → Jordanien

Muslimbrüder
Die ultrakonservativen sunnitischen *Muslimbrüder*, deren Mitgliederzahl im gesamten arabischen Raum Anfang der sechziger Jahre auf rund eine Million Mitglieder angewachsen war, kämpften in Syrien gegen Sondereinheiten der sozialistischen *Baath*-Partei. Ihr politisch-religiöses Ziel ist die Erhebung der Scharia zum alleingültigen Recht. Der seit 1963 teilweise mit militärischen Mitteln ausgetragene Konflikt erhielt nach der islamischen Revolution im → Iran 1979 einen ideologischen Auftrieb, rückte aber nach der Niederschlagung des Aufstands von 1982 in den Hintergrund des politischen Geschehens in Syrien.

Konfliktverlauf

Nahostkonflikt 1948/49, 1967 und 1973
Der Verlauf der vier großen arabisch-israelischen Kriege wird unter → Ägypten und → Israel behandelt, die Palästi-

nenserfrage weitgehend unter → Jordanien. Im ersten Jahr seiner Unabhängigkeit 1948 führte Israel bereits Krieg gegen seine arabischen Nachbarstaaten und annektierte dabei rund 70 000 Hektar arabischen Territoriums, darunter Galiläa an der syrischen Grenze. Die Frontlinien wurden als vorläufige Staatsgrenzen festgeschrieben, und 500 000 palästinensische Araber wurden in Flüchtlingslagern u. a. auch in Syrien aufgenommen. Dieses sicherte in der Folge seine Westgrenze auf dem Golan und beschoß von dort jüdische Siedlungen.

Im Sechs-Tage-Krieg 1967, der durch massive Kriegspropaganda von seiten der Araber heraufbeschworen worden war, eroberte Israel die Golanhöhen und vertrieb alle dort siedelnden 70 000 Syrer; nur die Drusen durften bleiben. In den folgenden Jahren unterstützte Syrien die Guerillatätigkeit der palästinensischen Freischärler (*Fedajin*).

Während des arabisch-israelischen Krieges von 1973 holte sich Syrien die von Israel eroberten Gebiete östlich der Golanhöhen sowie die Städte Rafid und Kuneitra zurück, nicht aber die strategisch bedeutsamen Golanhöhen, die von Israel 1981 widerrechtlich annektiert und mit jüdischen Siedlern bevölkert wurden. Seit 1974 sichern UNO-Beobachter auf den Golanhöhen den Waffenstillstand zwischen Syrien und Israel.

Spannungen mit der Türkei 1955 bis 1957 und seit 1989
Im Streit um die Zugehörigkeit der alten osmanischen Provinz Hatay kam es zu jahrzehntelangen Spannungen zwischen Syrien und der → Türkei: 1939 unterzeichneten Frankreich und die Türkei einen militärischen Beistandspakt; gleichzeitig wurde Hatay, das 1921 Syrien zugeschlagen worden war, wieder der Türkei angegliedert. Nach dem Zweiten Weltkrieg waren die bilateralen Beziehungen oftmals stark gespannt, insbesondere nachdem die Türkei sich in das westliche NATO-Verteidigungsbündnis eingefügt hatte. In der Phase des Kalten Krieges zwischen den Supermächten kam es an der syrisch-türkischen Bruchlinie der beiden Systeme zu einer ernsthaften Konfrontation.

1955 schlossen sich Syrien und → Ägypten als Reaktion auf den pro-westlichen Bagdad-Pakt zu einem militärischen Bündnis zusammen und wurden von der UdSSR aufgerüstet. Die Türkei, die sich in ihrer Sicherheit bedroht fühlte, konzentrierte daraufhin ihre Truppen an der syrischen Grenze. Im Verlauf des Sommers 1957 nahmen Grenzverletzungen durch türkische Soldaten zu; die jeweiligen Schutzmächte USA und UdSSR begleiteten die Provokationen propagandistisch und mit militärischen Drohgebärden. Am 15. Oktober 1957 rief Syrien die UNO an, um auf die Bedrohung durch NATO-Manöver und auf die wiederholten Pressionen seitens der Türkei und ihrer Alliierten zu protestieren. Durch den diplomatischen Rück-

Wüstenpatrouille syrischer Beduinen.

zug der UdSSR kam es schließlich zur Deeskalation der Krise.

Auch im Zusammenhang mit der Kurdenproblematik (→ Türkei) kam es wiederholt zu zwischenstaatlichen Spannungen. Die Türkei wirft Syrien bis heute vor, die kurdische Separatistenbewegung PKK bei der militärischen Ausbildung zu unterstützen. Eine ebenfalls schwere Beeinträchtigung der türkisch-syrischen Beziehungen stellte in den achtziger Jahren der Bau des Atatürk-Staudammes in Südostanatolien dar. Syrien (und auch der → Irak) befürchteten eine Ableitung der Wasser des Euphrat, der für die Fruchtbarkeit großer syrischer Gebiete entscheidend ist.

Libanesische Bürgerkriege 1958, 1975 bis 1991

Beide libanesischen Bürgerkriege sind Teil des Nahostkonfliktes (→ Israel, → Ägypten, → Libanon). Beim ersten Krieg ging es um den innerlibanesischen Machtproporz und, aus der Sicht Syriens, um den Ausbau einer panarabischen Föderation. Syrien unterstützte die oppositionellen Milizen der *Vereinigten Nationalen Front* mit Waffen. Durch die Wahl von General Fuad Chebab zum libanesischen Präsidenten wurde die Parität zwischen Christen und Muslimen hergestellt, worauf sich die Lage entspannte und Syrien und → Ägypten (die von 1958 bis 1961 eine staatliche Einheit bildeten) diplomatische Beziehungen mit dem Libanon aufnahmen.

Im zweiten Bürgerkrieg zwischen Christen und Muslimen, der 16 Jahre dauerte, kam es nach anfänglichen Erfolgen der christlichen *Falangisten* zum Zusammenschluß der linken und muslimischen Privatarmeen in der *Nationalen Bewegung*, der es gelang, die christlichen Milizen zurückzudrängen. Syrien übernahm zunächst eine Vermittlerrolle: Im Juni 1976 überschritten 20 000 syrische Soldaten als arabische Friedenstruppe die Grenze und erzwangen einen Waffenstillstand. Aber ihre offene Sympathie für die PLO rief massive Gegenschläge der *Falangisten* hervor.

Durch die israelische Intervention, die die Vertreibung der PLO aus dem Südlibanon zum Ziel hatte, erhielten die christlichen Milizen Auftrieb; syrischer Raketenbeschuß des Ostteils von Beirut sollte diesen Vorteil wieder brechen.

Der Bürgerkrieg wurde Anfang der achtziger Jahre immer heftiger. → Israel blieb bei seiner Politik der militärischen Stärke und startete im Juni 1982 eine Großoffensive gegen den Libanon, die auch von den syrischen Truppen nicht aufgehalten werden konnte. Israel zerstörte syrische Raketenstellungen im Ostlibanon und besetzte bislang von Syrern kontrollierte Gebiete. Von der israelischen Belagerung West-Beiruts waren neben der PLO und ihren 10 000 Kämpfern auch 2000 syrische Soldaten betroffen. Im August 1982 begann unter internationaler Aufsicht der Abzug der PLO-Kämpfer aus Beirut; sie wurden vom → Sudan, von → Jordanien und Tunesien aufgenommen. Auch Syrien erklärte sich bereit, einen Teil von ihnen ins Land zu lassen bzw. gestattete ihnen, in den unter syrischer Kontrolle befindlichen Landesteilen im Nord- und Ostlibanon unterzutauchen. Bei der arabischen Gipfelkonferenz im marokkanischen Fès Anfang September 1982 stimmte Syrien einem Friedensplan zu, versuchte jedoch in der Folgezeit durch seinen Einfluß auf radikale Palästinenserorganisationen den Friedensbestrebungen entgegenzuarbeiten. Die Syrer zogen sich im weiteren Verlauf in die von Israel nicht kontrollierte Bekaa-Ebene zurück.

Nach der Ermordung des christlichen Staatspräsidenten BESCHIR GEMAYEL kam es zu grausamen Massakern durch die *Falangisten* in den palästinensischen Flüchtlingslagern von Sabra und Schatila. Nachfolger BESCHIRS wurde sein als gemäßigt geltender Bruder AMIN GEMAYEL, der mit Israel gegen den Widerstand Syriens im Mai 1983 ein Truppenrückzugsabkommen unterzeichnete. Der syrische Präsident ASSAD sah zu diesem Zeitpunkt seine Aufgabe darin, den libanesischen Widerstand gegen Israel zu stärken, auf seinen Druck hin kündigte der Libanon das Abkommen mit Israel wieder auf.

Amin Gemayel → Libanon

Gegen den zunehmend pragmatischer werdenden Kurs des PLO-Chefs ARAFAT formierten sich die prosyrische

Tripoli nach Bombardement durch prosyrische libanesische Milizen im September 1985.

Amal-Miliz und aus dem Südlibanon nach Beirut geflüchtete Schiiten. Von ihnen ließ Syrien im Sommer 1985 den strategisch wichtigen Ort Zahle in der Bekaa-Ebene unter Beschuß nehmen. Im Oktober 1985 besetzten syrische Truppen Tripoli. Syrien festigte auf diese Weise seine Machtposition im Libanon und konnte so bei den im Oktober 1985 stattfindenden Verhandlungen über eine Neuregelung des politischen Systems im Libanon ein gewichtiges Wort mitreden. Im Dezember unterschrieben die verfeindeten Milizen einen Vertrag, der die »Dekonfessionalisierung« der libanesischen Innenpolitik und eine enge Kooperation mit Syrien festschrieb.

Doch der Bürgerkrieg ging weiter: Als Vergeltung für den Widerstand christlicher Gruppen beschoß Syrien mit seinen verbündeten Milizen monatelang das christliche Stadtviertel von Beirut. Zu dieser Zeit eskalierten in der libanesichen Hauptstadt die Bruderkämpfe der Muslime, so daß Ministerpräsident Raschid Karameh im Januar 1987 Syrien zum erneuten Einmarsch in den Libanon aufforderte. Am 22. Februar 1987 gelang es 7000 syrischen Soldaten, die Waffenruhe in Beirut herzustellen, nicht ohne dabei in Gefechte mit der proiranischen *Hisbollah* verwickelt zu werden.

Im April 1987 übergaben die *Amal*-Milizen den syrischen Truppen die Kontrolle über die Lager in West-Beirut. Der Libanon war in der Folge in jeweils von einer Partei beherrschte Regionen geteilt; durch eine Verfassungskrise hatte sich eine muslimische Gegenregierung zur christlichen Interimsregierung gebildet, und auch die Armee war gespalten in einen mit Syrien alliierten und einen von den *Falangisten* befehligten Teil. Zu Beginn des Jahres 1989 kam es durch Vermittlung Syriens und des → Irans zu einem Waffenstillstandsabkommen zwischen *Amal* und *Hisbollah*, was die freie Aktivität der fundamentalistischen Terroreinheiten im Süden des Libanon ermöglichte. Im März 1989 begannen die christlichen Milizen mit einer verlustreichen Offensive gegen die syrische Armee, die von Damaskus mit heftigen Bombardements der feindlichen Stellungen beantwortet wurde.

In der Versöhnungscharta von Taif vom 12. Oktober 1989 erklärte die *Arabische Liga* den Abzug der insgesamt 30 000 syrischen Soldaten hinter eine Sicherheitslinie in der Bekaa-Ebene. Die Machtkämpfe innerhalb der libanesischen Gruppierungen gingen noch geraume Zeit weiter, ein erster Schritt zur nationalen Versöhnung wurde mit einer Verfassungsänderung 1990 gemacht, die dem »arabischen Charakter des Libanon« Rechnung trägt; im Oktober 1990 kapitulierten die christlichen Milizen.

Aufstand der Muslimbrüder 1979 bis 1982

Der fundamentalistischen Bewegung der *Muslimbrüder* ist es – außer in → Ägypten, wo ihre Führer aber 1965 wegen eines geplanten Staatsstreichs hingerichtet wurden – vor allem in Syrien recht früh gelungen, politischen Einfluß zu gewinnen. Doch mußte sie nach der Machtergreifung der *Baath*-Partei 1963 in den Untergrund abtauchen und führte von dort ihren an den Prinzipien des orthodoxen Islamismus ausgerichteten Kampf gegen die marxistische Regierung in Damaskus.

Zu einem ersten Aufstand kam es, weil im Entwurf für eine neue Verfassung von Anfang 1973 der Passus gestrichen worden war, daß der syrische Staatschef Muslim sein muß. Die Unruhen in Hamah, Damaskus und Aleppo hielten bis Ende April 1973 an – die strittige Klausel wurde schließlich wieder in die Verfassung aufgenommen.

Die Islamische Revolution im → Iran 1979 verstärkte die Polarisierung der innenpolitischen Lager in Syrien: Die *Muslimbrüder* radikalisierten sich. Am 16. Juni 1979 unternahmen die Fundamentalisten einen Anschlag auf die Kadettenschule in Aleppo, bei dem 83 vorwiegend alawitische Offiziersanwärter ums Leben kamen. Die offene Verfolgung der *Muslimbrüder*, Attentate, Bombenanschläge, ein regelrechter Bürgerkrieg waren die Folge. RIFAT AL-ASSAD, der Bruder des Präsidenten, übernahm das Kommando der alawitischen Spezialeinheiten, die zur Ausschaltung der Fundamentalisten gebildet worden waren.

Im Juli 1980 wurde die Zugehörigkeit zu den *Muslimbrüdern* unter Todesstrafe gestellt, es kam zu Massenhin-

Staatspräsident Assad hißt die syrische Fahne in Kuneitra nahe den Golanhöhen nach dem Abzug der Israelis 1974.

richtungen in Hamah und Aleppo. Bei einem Massaker am 24. April 1981 wurden die Bazarhändler von Hamas von den Sondereinheiten erschossen. 10 Monate später eskalierte der Konflikt: Am 2. Februar 1982 erklärten die *Muslimbrüder* in Hamah öffentlich den »Heiligen Krieg«, nachdem es zu Schießereien mit syrischen Soldaten gekommen war, die nach Waffenverstecken der Fundamentalisten gesucht hatten. Die Regierung behauptete, sie hätten mit ihrem Aufstand die Absicht verfolgt, einen Armeeputsch zu provozieren. Als *Muslimbrüder* unter Berufung auf die Scharia Funktionäre der *Baath*-Partei hinrichteten, wurde Hamah von Regierungssoldaten umstellt und unter Beschuß genommen. Nach der brutalen Niederschlagung des Aufstandes wurde die Zahl der Opfer auf 10 000 bis 30 000 Tote geschätzt.

Ergebnis und weitere Entwicklung

Nach der Entspannung im Nahostkonflikt sucht Syrien zur Zeit nach Wegen aus seiner internationalen Isolation. 1993 noch waren die bis dahin engen Kontakte mit der PLO unterbrochen worden, nachdem ARAFAT mit → Israel den Grundlagenvertrag geschlossen hatte. 1995 waren aufgrund des Kooperationsabkommens vom Mai 1991 im Libanon noch immer 40 000 syrische Soldaten stationiert. Libanon und Syrien sind von den an den Nahostkriegen beteiligten Staaten die einzigen, die mit Israel noch kein Friedensabkommen geschlossen haben. Die Abhängigkeit der libanesischen Politik von der syrischen macht eine libanesisch-israelische Friedensvereinbarung ohne ein gleichzeitiges Abkommen zwischen Syrien und Israel unwahrscheinlich.

Im Rahmen der Washingtoner Nahostkonferenz hatten Jerusalem und Damaskus 1991 Verhandlungen über eine

Beendigung des Kriegszustandes aufgenommen. Im Januar 1994 erklärte Syrien erstmals offiziell seine prinzipielle Bereitschaft zu einem Friedensvertrag mit Israel, verlangte aber gleichzeitig einen bedingungslosen und vollständigen Abzug von den seit 1967 besetzten und 1981 annektierten Golanhöhen. Israel hingegen will erst über einen Abzug verhandeln, wenn Syrien sich zu einer umfassenden Friedensregelung bereiterklärt.

Inzwischen bewegen sich die beiden Erzfeinde in vielen Gesprächen und unter diplomatischer Vermittlung der USA und auch Rußlands in kleinen Schritten aufeinander zu: Israels bisheriger Außenminister und nach dem Mord an YITZHAK RABIN Anfang November 1995 amtierender Ministerpräsident SHIMON PERES hält den Abschluß eines Friedensvertrages mit Syrien in absehbarer Zeit für möglich.

Yitzhak Rabin → Israel

Shimon Peres → Israel

Langfristig gesehen könnten die unklare Nachfolge ASSADS und der zunehmende islamische Fundamentalismus problematisch werden. Anfang 1991 riefen die bis heute in Syrien verbotenen *Muslimbrüder* von → Jordanien aus zum Sturz ASSADS auf. Und auch die Aktivitäten der PKK (→ Türkei) im syrisch-türkischen Grenzgebiet könnten zur Reeskalation der Spannungen führen.

Literatur: M. H. Kerr: *Hafiz Assad and the Changing Patterns of Syrian Politics*. In: *International Journal*.Toronto, 28 (1973).
R. Klaff: *Konfliktstrukturen und Außenpolitik im Nahen Osten. Das Beispiel Syrien*. Berlin 1993.
H. Mahr: *Die Baath-Partei. Portrait einer panarabischen Bewegung*. München/Wien 1971.
F. Pannewick: *Der andere Blick. Eine syrische Stimme zur Palästinafrage*. Berlin 1993.
A. L. Tibawi: *A Modern History of Syria*. London 1969.

Staatsname: Arabische Republik Syrien
Staatsform: Präsidiale Republik (seit 1973)
Staatsoberhaupt: Hafiz al-Assad (Baath-Partei; seit 1971)
Regierungschef: Mahmud Zubi (Baath-Partei; seit 1978)
Regierung: Baath-Partei (seit 1963)
Parlament: Volksversammlung 250 Sitze (Wahl vom 24./25.8.1994)
National-Progressive Front (von der Baath-Partei dominiert) 167, Unabhängige 83
Mitgliedschaft bei internationalen Organisationen: Arabische Liga, OAPEC, UNO
Lage: 36°– 42° östlicher Länge, 32°– 37° nördlicher Breite
Fläche: 185 180 km^2
Hauptstadt: Damaskus
Bevölkerung: 13,4 Millionen; Araber 88 %, Kurden 6 %, Sonstige 6 %;
Muslime 88 %, Christen 12 %
Wirtschaft: Dienstleistung 47 %, Landwirtschaft 30 %, Industrie 23 %;
Export: Erdöl und Rohölprodukte 62 %, Baumwolle 25 %

TADSCHIKISTAN

Nationalitätenkonflikt seit 1989

Die muslimisch-sunnitische und demokratische Opposition kämpft mit Unterstützung afghanischer Mudschaheddin gegen die rußlandfreundliche Regierung der Altkommunisten in Tadschikistan. Die autonome schiitische Provinz Gorno-Badachschan (Pamir) strebt in diesem Bürgerkrieg die Unabhängigkeit von der Zentralmacht an.

Historischer Hintergrund

Im Altertum gehörte Tadschikistan zum griechischen Einflußbereich. Ab dem 5. Jahrhundert drangen die Nomadenstämme der Hephthaliten in die mittelasiatische Gebirgsregion vor, die später von Turk-Völker beherrscht und islamisiert wurden. Die Tadschiken gehören zu den ältesten ostiranischen Völkern. Etwa 4,2 Millionen leben heute auf dem Gebiet der ehemaligen Sowjetunion, die meisten in Tadschikistan: Die Bevölkerung setzt sich zusammen aus 3,5 Millionen sunnitischen Tadschiken (62,3 %), 1,3 Millionen sunnitischen Usbeken (23,5 %), Russen (7,6 %) und Tataren (1,4 %); Kirgisen und Deutsche bilden ethnische Minderheiten. Da Tadschikistan Grenzen zu Usbekistan, Kirgisistan, → Indien, → Afghanistan und → China hat, leben ca. 700 000 Tadschiken in Usbekistan, über vier Millionen in Nord- und Zentralafghanistan, aber auch 50 000 im → Iran und einige in China.

Bis zur zaristischen Annexion Mitte des 19. Jahrhunderts (→ Rußland) assimilierten sich die Tadschiken mit den Usbeken, die bisher die Region beherrscht hatten. Beide Volksgruppen behielten zunächst weitreichende kulturelle Autonomie. Erst nach der Oktoberrevolution verstärkte Moskau seinen Einfluß. Im Norden Tadschikistans (der Süden blieb von Buchara beeinflußt) entstand im Widerstand gegen die kommunistischen Russifizierungsbestrebungen und die Zerstörung traditioneller Lebensformen eine stärkere kulturelle und nationale Identität, die sich auf die Werte des Islam stützt.

1924 wurde Tadschikistan aus der Turkestanischen Sozialistischen Sowjetrepublik ausgegliedert und als »Tadschikische Autonome Republik« der Usbekischen Sowjetrepublik zugeschlagen. Nach weiteren Teilungen wurde Tadschikistan eine von 15 sowjetischen Unionsrepubliken. Die islamische Autonomiebewegung wurde von der *Roten*

Neben Tadschikistan gehören Afghanistan und Pakistan zu den aktuellen Krisenherden in der mittelasiatischen Gebirgsregion.

Armee zerschlagen, die tadschikische Politelite eliminiert und durch russische Führungskader ersetzt. Infolge des Zerfallsprozesses der Sowjetunion (→ Rußland) erklärte Tadschikistan (zeitgleich mit Turkmenien) am 25. August 1990 seine Souveränität und am 9. September 1991 seine Unabhängigkeit.

Konfliktparteien

Regierung der Altkommunisten

Der Beschluß des Präsidenten des von Kommunisten beherrschten Parlaments, die KP Tadschikistans zu verbieten, führte zu tumultartigen Massendemonstrationen in der Hauptstadt Duschanbe. Lupo Aslonow mußte zurücktreten. Die Abgeordneten bestimmten den ehemaligen KP-Chef Rahman Nabijew zu seinem Nachfolger, was wiederum zu erheblichen Protesten in der Bevölkerung führte. Bei den ersten freien und geheimen Präsidentschaftswahlen im November 1991 konnte sich Nabijew dennoch gegen sieben Gegenkandidaten durchsetzen.

Islamisten

Die Gegner der kommunistischen Regierung sammelten sich in der islamistischen Partei *Wiedergeburt* und zwei weiteren antikommunistischen Parteien: *Rastoches* und *Demokratische Partei Tadschikistans*. Nach einer Phase der politischen Instabilität (Massendemonstrationen, bei denen eine neue Verfassung verlangt und NABIJEW zum Rücktritt aufgefordert wurde, Besetzung des Fernsehzentrums durch oppositionelle Kräfte und blutige Zusammenstöße 1992) wurde der Ausnahmezustand verhängt. NABIJEW bildete im Mai 1992 mit den Oppositionsparteien eine Koalitionsregierung, um die bewaffneten Auseinandersetzungen und die anhaltenden Unruhen einzudämmen.

Konfliktverlauf

Seitdem im Frühjahr 1992 Kämpfe vor allem zwischen den oppositionellen Islamisten und den Altkommunisten ausgebrochen sind, ist die Situation in der neuen selbständigen Republik äußerst unübersichtlich, zumal sich an den Kämpfen auch verfeindete Clans und kriminelle Banden beteiligten. Im Mai hatten die Unruhen bereits Hunderte von Toten gefordert.

Die russischsprachige Bevölkerung sah in den immer noch in Tadschikistan stationierten russischen Truppen den Garant für ihre Sicherheit, obwohl sich diese zur Neutralität verpflichtet hatten. Am 28. August 1992 hatte NABIJEW mit dem Oberbefehlshaber ein Abkommen über die Stationierung einer GUS-Friedenstruppe geschlossen.

Ende August belagerten Oppositionelle den Präsidentenpalast und nahmen mehrere Regierungsmitglieder als Geiseln, um Präsident NABIJEW zum Rücktritt zu zwingen. Darüber hinaus forderten sie mehr politische und religiöse Freiheit und die Einstellung der Kämpfe im Süden des Landes. Im September wurde NABIJEW durch ein Mißtrauensvotum des Parlaments und nach einer mißglückten Flucht zum Rücktritt gezwungen. Auch die gemäßigte islamische Übergangsregierung konnte das Land nicht befrieden, obwohl sie die russischen Truppen um Unterstützung im Kampf gegen die Regierungsgegner gebeten hatte. Am 11. Oktober stimmte die GUS einer Stationierung von Friedenstruppen zu. Usbekistan schloß seine Grenzen zu Tadschikistan, um die Infiltration islamischer Fundamentalisten zu verhindern.

Am 24. Oktober besetzten Anhänger des abgesetzten Präsidenten NABIJEW den Präsidentenpalast, der einen Tag später von Regierungssoldaten wieder zurückerobert werden konnte. Nach dem Rücktritt der Übergangsregierung im November und der Verlegung des Parlaments von Duschanbe nach Chodschent wurde der Altkommunist EMOMALI RACHMANOW zum Präsidenten gewählt. Das Parlament beschloß am 27. November die Abschaffung des Präsidialsystems und ratifizierte den GUS-Vertrag über kollektive Sicherheit. Kasachstan, Kirgisistan und Usbekistan wurden aufgefordert, Friedenstruppen nach Tadschikistan zu entsenden.

Duschanbe, Mai 1992: Nach dem Sturz des Altkommunisten Nabijew verbrannten Anhänger der islamischen Opposition vor dem Parlament die alte tadschikische Flagge, die noch Hammer und Sichel trug.

Der am 25. November ausgehandelte Waffenstillstand zwischen den beiden Hauptkontrahenten wurde nicht eingehalten. Eine neugebildete, von den Kommunisten beherrschte *Volksfront* installierte im Dezember 1992 gegen die islamisch-demokratische Opposition eine neue Regierung, die in die von prokommunistischen Einheiten zurückeroberte Hauptstadt Duschanbe zurückkehrte.

Im Süden hielten die Kämpfe mit unverminderter Härte an; die muslimischen Einheiten zogen sich in den Südosten nach Pamir, das praktisch der Kontrolle der Zentralregierung entzogen war, und nach Afghanistan zurück. Aufgrund der räumlichen Nähe und sprachlichen Verwandtschaft mit den Afghanen, die wie die Tadschiken Muslime sind – allerdings Schiiten und keine Sunniten –, wurde der Bürgerkrieg in → Afghanistan mit seinen ideologisch-islamischen Implikationen zum destabilisierenden Faktor in der gesamten Region.

Bis zum Mai 1993 waren nach Angaben von *Amnesty International* 20 000 Menschen ums Leben gekommen, 600 000 befanden sich auf der Flucht; die Angaben der Regierung lagen wesentlich höher (900 000 Flüchtlinge, 100 000 Vermißte).

Die muslimischen Rebellen versorgten sich in den angrenzenden islamischen Staaten (vor allem in Afghanistan) immer wieder mit Waffen. Entlang der gut 1000 Kilometer langen afghanischen Grenze kam es im Juli 1993 zu Gefechten zwischen tadschikischen Regierungstruppen, die von russischen Einheiten unterstützt wurden, und afghanischen *Mudschaheddin*. Die zentralasiatischen Staaten Kasachstan, Kirgisistan, Tadschikistan und Usbekistan be-

Emomali Rachmanow (*1952)
Staatspräsident Tadschikistans seit 1992.
Der Nachfolger von Präsident Rahman Nabijew und des Übergangspräsidenten Akbarscho Iskandarow gilt als Repräsentant des alten kommunistischen Regimes. Mit Unterstützung der GUS-Streitkräfte ging er als Sieger aus dem Bürgerkrieg hervor und ließ sich im November 1992 vom Obersten Sowjet zum Staatschef wählen. Die nicht nach demokratischen Standards abgehaltene Präsidentschaftswahl zwei Jahre später gewann er mit deutlichem Vorsprung.

Gulbuddin Hekmatyar
→ Afghanistan

schlossen im August, die gemeinsamen Truppen an den Grenzen zu verstärken.

Nach schweren Kämpfen besetzten am 7. August 1993 Regierungstruppen den strategisch wichtigen Paß zwischen Duschanbe und dem autonomen Gebiet Gorno-Badachschan im Südosten, wo der schiitischen Sekte der Ismailiten angehörende Rebellen um die Unabhängigkeit kämpfen. Das vom Volk der Pamiri bewohnte Gorno-Badachschan macht etwa die Hälfte des tadschikischen Staatsgebietes aus. Die Rebellen, die vom afghanischen *Mudschaheddin*-Führer Gulbuddin Hekmatyar (→ Afghanistan) militärisch unterstützt werden, haben sich mit den muslimischen Kämpfern des Südens verbündet. Nach Pamir, das auch als Umschlagplatz für Drogen von Afghanistan in die GUS-Staaten gilt, sollen über 200 000 Muslime geflohen sein. Mit dem Geld aus dem Drogenhandel werden die muslimischen Kämpfer finanziert.

Der rußlandfreundlichen Regierung in Duschanbe wurden von verschiedenen Organisationen schwerste Menschenrechtsverletzungen vorgeworfen; so soll es u. a. Massenhinrichtungen in Gefangenenlagern gegeben haben.

Am 10. März 1994 beantragte die Regierung beim UN-Sicherheitsrat vergeblich ein UNO-Mandat für die in Tadschikistan stationierten GUS-Friedenstruppen. Friedensgespräche im April in Moskau unter Beteiligung der UNO blieben ergebnislos; die Kämpfe im afghanischen Grenzgebiet hielten unvermindert an. Trotzdem hob die Regierung den seit 1992 bestehenden Ausnahmezustand Mitte August 1994 auf.

Im November 1994 wurde Rachmanow mit 60 Prozent der abgegebenen Stimmen bei der von der Opposition boykottierten Wahl in seinem Amt bestätigt. Die Opposition, die vom Wahlgesetz benachteiligt war, warf der Regierung Wahlbetrug vor.

Weitere Entwicklung

Am 14. April 1995 dementierte der Generalstab der russischen Luftwaffe, einen Angriff auf die afghanische Stadt Talokan geflogen zu haben, bei dem, Angaben der Bewohner zufolge, etwa 100 Menschen getötet und 120 weitere verletzt wurden. Die russische Armee war auch mehrere Tage lang gegen tadschikische Rebellen vorgegangen. Im Osten der zentralasiatischen Republik wurden bei Gefechten Anfang April 30 Rebellen und sechs Soldaten der unter russischem Kommando stehenden Grenztruppen getötet. Es kam zum Waffenstillstand, der von der tadschikischen Regierung und den muslimischen Rebellen Ende April um einen Monat verlängert wurde.

Der russische Präsident BORIS JELZIN hatte Anfang Mai erneut die UNO aufgefordert, Operationen russischer Friedenstruppen auf dem Gebiet der ehemaligen Sowjetunion, etwa in Georgien oder Tadschikistan, offiziell als UNO-Missionen zu deklarieren und entsprechende Finanzmittel zur Verfügung zu stellen.

Boris Jelzin → *Rußland*

Die Tadschiken haben inzwischen ihre wirtschaftlichen Beziehungen zum → Iran intensiviert. Das schiitische Regime in Teheran bietet auch kulturell seine Hilfe an, z. B. beim Übergang von der kyrillischen zur arabischen Schrift.

Literatur: → Afghanistan, → Rußland

Staatsname: Republik Tadschikistan
Staatsform: Republik (seit 1991)
Staatsoberhaupt: Emomali Rachmanow (seit 1992)
Regierungschef: Dschamsched Kamow (seit 27.12.1994)
Regierung: Kommunisten (seit 1992)
Parlament: Abgeordnetenhaus mit 181 Sitzen (Wahl vom 26.2.1995), Mehrheit für die Kommunisten
Mitgliedschaft bei internationalen Organisationen: ECO, GUS, OSZE, UNO
Lage: 67°–75° östlicher Länge, 36°–41° nördlicher Breite
Fläche: 143 100 km²
Hauptstadt: Duschanbe
Bevölkerung: 5,7 Millionen; Tadschiken 62,3 %, Usbeken 23,5 %, Russen 7,6 %, Tataren 1,4 %, Kirgisen 1,3 %, Sonstige 3,9 %; sunnitische Muslime, Ismailiten
Wirtschaft: Industrie 35 %, Landwirtschaft 33 %, Dienstleistung 32 %;
Export: Buntmetall 67,9 %, Maschinen 12,7 %, Leichtindustrieprodukte 11,9 %

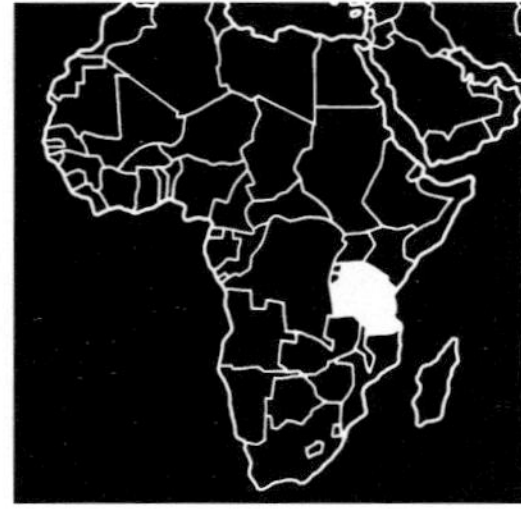

TANSANIA

Bürgerkrieg und Revolution auf der Insel Sansibar von 1963 bis 1964

Ein Aufstand der afrikanischen Bevölkerungsmehrheit gegen die arabische Vorherrschaft auf der Insel Sansibar führte nach Massakern zum Sturz des Sultanats und zum staatlichen Anschluß an Tanganjika (seit 1964: Tansania).

Historischer Hintergrund

6. Jahrhundert bis Mitte des 20. Jahrhunderts
Das Sultanat Sansibar im Indischen Ozean, gebildet aus den vor der Küste von Tanganjika liegenden Inseln Pemba und Sansibar, stand jahrhundertelang unter arabischer Herrschaft, die nur durch die Anwesenheit der Portugiesen zwischen 1503 und 1698 unterbrochen wurde.

Der arabisch-osmanische Sklavenhandel wurde seit dem 6. Jahrhundert über Sansibar abgewickelt; er bildete neben dem Anbau von Gewürznelken bis zum 19. Jahrhundert die wichtigste Grundlage der Inselwirtschaft.

Der Sultan von Oman Seyyid Said kontrollierte seit dem 18. Jahrhundert den gesamten ostafrikanischen Küstenbereich; 1840 verlegte er seine Residenz von Maskat am Golf von Oman nach Sansibar.

1888 wurde der Sultan vom Deutschen Reich aufgrund sog. Schutzverträge gezwungen, die Küste zu verpachten. Bei einem vergeblichen Aufstand versuchten die Araber, die ihren Sklavenhandel durch die deutschen Kolonialinteressen bedroht sahen, die Schutzbundregelung rückgängig zu machen.

1890 wurden die Inseln durch den Helgoland-Sansibar-Vertrag zwischen England und Deutschland britisches Protektorat, das der Sultan im Namen der Londoner Regierung verwaltete. Erst am 10. Dezember 1963 wurde Sansibar unabhängig.

Der jahrhundertealte arabisch-schwarzafrikanische Gegensatz – eine kleine arabische Oberschicht beherrschte die Afrikaner (um 1960 lebten 40 000 Araber und 280 000 Afrikaner auf den beiden Inseln) – bildete ein spannungsreiches sozial-ethnisches Konfliktfeld. Die Minderheit (Pflanzer, Grundbesitzer und Geschäftsleute) dominierte wirtschaftlich wie politisch die afrikanischen Landarbeiter und Pächter, die überwiegend Mitglieder der Schirasi und Bantu-Stämme waren.

Das ostafrikanische Land mit seinen drei größten Inseln Pemba, Sansibar und Mafia.

Konfliktparteien

Die verschiedenen ethnischen Gruppen hatten sich schon vor der Unabhängigkeit politisch organisiert: die Araber 1912 in der *Arab Association* und die Afrikaner 1930 in der *African Association*; etwas später entstand die afrikanische *Shirazi Association*.

In den fünfziger Jahren kam es zur Bildung politischer Parteien: Die *Zanzibar Nationalist Party* (ZNP), 1955 gegründet, wurde von der *Arab Association* unterstützt. Die 1957 formierte *Afro-Shirazi Union* (ASU) entstand aus der antiarabischen Koalition der *African Association* und der *Shirazi Association*. Die ASU spaltete sich aber 1959 wieder auf in die *Zanzibar and Pemba People's Party* (ZPPP), die bald mit der ZNP ein Wahlbündnis einging, und die *Afro-Shirazi Party* (ASP) unter Führung von Scheich ABEID KARUME.

Alle politischen und ethnischen Gruppierungen forderten die Unabhängigkeit des Sultanats von der britischen Krone. Als diese unter einem dem Sultan ergebenen ZNP-Premierminister erreicht war, brachen die ethnischen und sozialen Konflikte voll auf.

Verschärft wurden sie durch Wahlmanipulationen und Korruption der proarabischen Parteienkoalition von ZNP und ZPPP 1961 und 1963, durch die die ASP, obwohl sie die Mehrheit errungen hatte, von der Macht ausgeschlossen wurde. Da sich die Wählerstimmen für die ASP nur auf einige wenige Wahlkreise konzentrierten, bewirkte das

Abeid Karume (1905–7.4.1972)
Staatschef der Volksrepublik Sansibar von Januar bis April 1964, danach Vizepräsident von Tanganjika/Tansania bis 1972. Der in Kongo geborene Seemann wurde 1954 in den Stadtrat von Sansibar gewählt. Er war Führer der African Association und wurde angeblich in Moskau ausgebildet. Während der Kolonialzeit war er für kurze Zeit Gesundheitsminister. Nach der Revolution auf der Insel betrieb er als Staatschef den Zusammenschluß mit Tanganjika. Als Vizepräsident der Staatengemeinschaft trat er für einen konsequenten sozialistischen Kurs ein und suchte die Anlehnung an den Ostblock. Sein willkürlicher Regierungsstil war fremdenfeindlich und autoritär. Am 7. April 1972 wurde er ermordet.

Mehrheitswahlrecht, daß die afrikanische Bevölkerung im Verhältnis zur absoluten Zahl ihrer Wähler unterrepräsentiert war.

Konfliktverlauf

Der Rückgang der Gewürznelkenexporte hatte zu einer ökonomischen Krise geführt. Am 12. Januar 1964, nur einen Monat nach der Unabhängigkeit in Form einer konstitutionellen Monarchie mit dem Sultan an der Spitze, kam es zu antiarabischen Unruhen. In den arabischen Vierteln der Inselorte wurden über 500 Menschen getötet. Auch die Angehörigen der indischen Minderheit wurden brutal verfolgt.

Etwa 600 mit tschechischen Waffen ausgerüstete und in → Kuba, der Sowjetunion sowie in → China ausgebildete Rebellen stürmten unter der Führung von John Okello, einem ehemaligen Polizisten und ASU-Parteichef von Pemba, in der Hauptstadt die Polizeistation; der entmachtete Sultan floh aufs Festland. Die neuen Machthaber, von Tanganjika mit etwa 300 Polizisten unterstützt, ermordeten bei anschließenden »Säuberungsaktionen« etwa 3500 ihrer innenpolitischen arabischen Gegner.

Die Ausschreitungen dauerten nur wenige Tage. Es war kein Bürgerkrieg im eigentlichen Sinn: Blutige Unruhen, die sich zu Massakern ausgeweitet hatten, mündeten in eine eher unbeabsichtigte Revolution, die zum Sturz des Sultans führte.

Ergebnis

Am 15. Januar 1964 waren die Kämpfe beendet. Ein Revolutionsrat bildete eine neue Regierung aus Mitgliedern der ASP und der *Umma*-Partei, die sich unter Führung von Scheich Abdulrahman Muhammed (Babu) von der ZNP abgespalten hatte. Karume verkündete am 18. Januar die »Volksrepublik Sansibar«; im März wurden außer der ASP alle Parteien verboten.

Der junge Staat wurde vom Ostblock und von Peking anerkannt und wirtschaftlich sowie militärisch unterstützt. Karume strebte eine ostafrikanische Föderation und einen raschen Zusammenschluß mit Tanganjika an. Beide Staaten bildeten bereits am 27. April 1964 eine Staatengemeinschaft: die »Vereinigte Republik von Tanganjika und Sansibar« mit dem tanganjikischen Staatsoberhaupt Julius Kambarage Nyerere als Präsident und Karume aus Sansibar als Vizepräsident. Am 29. Oktober 1964 benannte sich die Union in Tansania um.

Entwicklung seit Konfliktende

Sansibar behielt eine weitgehende innere Autonomie und eine eigene Regierung mit einem Präsidenten, der automatisch Vizepräsident von Tansania ist.

Der autoritär regierende Präsident Sansibars KARUME wurde 1972 ermordet. Kurz zuvor hatte NYERERE eine Dezentralisierung der Verwaltung durchgeführt, die den Regionen mehr Selbstverantwortung gab. KARUMES Nachfolger wurde MWINYI JUMBE, der bis Januar 1984 im Amt blieb.

Zu erheblichen außenpolitischen Spannungen kam es 1972 mit dem Nachbarland → Uganda, als Flüchtlinge von tansanischem Gebiet aus versuchten, in ihre Heimat zurückzukehren, die damals vom Diktator IDI AMIN DADA regiert wurde. Tansania wurden Invasionsabsichten unterstellt, und die ugandische Luftwaffe griff tansanische Städte an. Nur durch die Vermittlung von → Somalia konnten weitere kriegerische Auseinandersetzungen verhindert werden.

1978 besetzten ugandische Truppen das grenznahe Kagera-Gebiet. Daraufhin rückten tansanische Verbände in → Uganda ein, eroberten die Hauptstadt Kampala und setzten AMIN im April 1979 ab. Bereits im Juli zogen die tansanischen Truppen wieder aus Uganda ab.

Anfang der achtziger Jahre kam es nach innenpolitischen Spannungen zu mehreren Putschversuchen in Tansania. Das Land war in große wirtschaftliche Schwierigkeiten geraten; die Weltöffentlichkeit versuchte, durch Hilfsgüter eine Hungersnot abzuwenden. 1984 wurde ALI HASSAN MWINYI Nachfolger des zurückgetretenen JUMBE in den Ämtern des Präsidenten von Sansibar und Vizepräsidenten von Tansania. Der gleichzeitige Rückzug des »Chefministers von Sansibar« war eine Reaktion auf wachsende Unzufriedenheit der Inselbevölkerung mit der Verbindung zu Tansania.

Am 27. Oktober 1985 wurde MWINYI als Wunschkandidat NYERERES zu seinem Nachfolger als tansanischer Staatschef gewählt. Vizepräsident wurde ABDUL WAKIL. NYERERE, der seit 1961 (damals noch als Premierminister und ab 1962 als Staatspräsident) despotisch regiert hatte, blieb jedoch Vorsitzender der Einheitspartei *Chama Cha Mapinduzi* (Partei der Revolution; CCM), die 1977 neu gebildet worden war. Er wurde im Oktober 1987 noch einmal wiedergewählt und zog sich erst am 16. August 1990 von allen Ämtern zurück. Doch auch ohne offizielles Amt blieb er eine der einflußreichsten Persönlichkeiten nicht nur der tansanischen, sondern der afrikanischen Politik überhaupt.

Auf Sansibar entließ im Januar 1988 Präsident WAKIL, der Regierungsmitgliedern sezessionistische Bestrebungen unterstellte, die gesamte Regierung und verhinderte damit bereits eingeleitete Liberalisierungen, vor allem in der Wirt-

Julius Kambarage Nyerere (*März 1922)
Staatspräsident von Tanganjika und Tansania von 1962 bis 1985. Der Häuptlingssohn und studierte Historiker wurde 1941 katholisch getauft. Als Mitbegründer und Vorsitzender der Tanganjika African National Union war er 1954, 1957 und 1958 bis 1960 Mitglied des Gesetzgebenden Rates von Tanganjika in Daressalam. 1960/61 wurde er sog. Chefminister, 1961/62 Premierminister Tanganjikas. Nach dem Zusammenschluß mit Sansibar amtierte Nyerere bis 1985 als unangefochtener Staatspräsident von Tansania. Der intellektuelle Politiker veröffentlichte zahlreiche Bücher. Er war Verfechter eines unabhängigen afrikanischen Sozialismus und unterstützte viele Befreiungsbewegungen.

Idi Amin Dada → Uganda

schaft. Neuer Premierminister wurde Omar Aliu Juma; bei den Wahlen im Oktober 1990 wurde Salim Amour – wie alle seine Vorgänger Mitglied der CCM – zum neuen Präsidenten von Sansibar gewählt.

Erst am 1. Juli 1992 wurde per Gesetz in ganz Tansania das Mehrparteiensystem eingeführt; damit endete das Machtmonopol der Regierungspartei CCM.

1993 kam es zur Staatskrise, als führende Politiker der CCM auf Sansibar einen Beitritt der überwiegend von Muslimen bewohnten Insel zur *Organisation Islamischer Staaten* (OIC) befürworteten. Die CCM spaltete sich. Nyerere, nach wie vor einflußreicher Politiker im Ruhestand, konnte noch einmal vermitteln und einen Bürgerkrieg sowie das Auseinanderbrechen der Union verhindern. Sansibar machte daraufhin den OIC-Beitritt rückgängig.

Literatur: S. G. Ayany: *A History of Zanzibar*. Nairobi 1970.
G. Baumhögger: *Grundzüge der Geschichte und politischen Entwicklung Ostafrikas*. München 1971.
A. Clayton: *The Zanzibar Revolution and its Aftermath*. Hamden, Conn., 1981.
I. N. Kimambo / A. J. Temu (Hg.): *A History of Tanzania*. Nairobi 1969.
U. Kumar: *Justice in a One-Party State – the Tanzania Experience*. In: *Verfassung und Recht in Übersee* 19 (1986).
R. Yeager: *Tanzania. An African Experiment*. Aldershot 1982.

Staatsname: Vereinigte Republik Tansania
Staatsform: Präsidiale föderative Republik (seit 1964)
Staatsoberhaupt: Ali Hassan Mwinyi (CCM; seit 1985)
Regierungschef: Cleopa David Msuya (CCM; seit 1994)
Regierung: Partei der Revolution (CCM; seit 1977)
Parlament: Nationalversammlung 291 Sitze (Wahl vom 28.10.1990), CCM (sozialistische Einheitspartei) 291
Mitgliedschaft bei internationalen Organisationen: AKP, Commonwealth, OAU, SADC, UNO
Lage: 29°– 40° östlicher Länge, 1°–12° südlicher Breite
Fläche: 945 087 km^2
Hauptstadt: Dodoma
Bevölkerung: 26,5 Millionen; Nyamwezi und Sukuma 21,1 %, Suaheli 8,8 %, Hehet und Bena 6,9 %, Makonde 5,9 %, Haya 5,9 %, Sonstige 51,4 %; Christen 34 %, Muslime 33 %, Sonstige 33 %
Wirtschaft: Landwirtschaft 61 %, Dienstleistung 26 %, Industrie 12 %;
Export: Kaffee 23,9 %, Baumwolle 17,8 %, Fertigwaren 14,4 %,

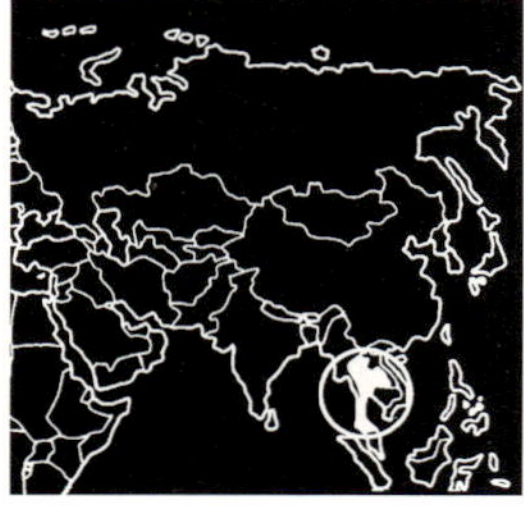

THAILAND

Kommunistischer Aufstand 1965 bis 1980
Grenzkonflikt mit Laos 1987/88
Spannungen mit Kambodscha 1975 bis 1985

Die Regierung in Bangkok konnte zwar die Machtergreifung der Kommunistischen Partei im eigenen Land verhindern. Doch Thailand wurde in die Bürgerkriege zwischen Kommunisten und den Regierungen der Nachbarstaaten Laos und Kambodscha verwickelt.

Historischer Hintergrund

Jahrhundertelang wanderten aus dem südchinesischen Raum zuerst die Mon-Khmer-Völker, später die Thai-Lao-Völker in die hinterindische Halbinsel ein. 1238 entstand in Mittelthailand noch unter der Oberhoheit der Khmer das erste größere Thai-Reich. Im 14. Jahrhundert gelang es der Ayuthya-Dynastie, die Fremdherrschaft abzuschütteln; unter dem Namen Siam wurde das Land, das sich über die Malayische Halbinsel bis nach Malakka erstreckte, zu einem der wohlhabendsten und mächtigsten Königreiche Südostasiens.

1767 eroberten birmanische Truppen Siam; Birmas Herrschaft war aber nur von kurzer Dauer. Der Feldherr CHAO PHRAYA CHAKRI begründete 1782 als König RAMA I. die bis heute herrschende CHAKRI-Dynastie. Siam gelang es in den beiden folgenden Jahrhunderten, umgeben von den Kolonialländern Großbritanniens (Birma und Malaysia) und Frankreichs (Laos und Kambodscha), seine Unabhängigkeit zu bewahren. 1932 brachen Armeeoffiziere die absolute Macht der thailändischen Gottkönige und erzwangen eine neue Verfassung, die das Land zu einer konstitutionellen Monarchie machte. 1939 wurde Siam in Anspielung darauf, daß es nie kolonisiert wurde, in Thailand (»Land der freien Männer«) umbenannt.

Nach dem Zweiten Weltkrieg ging Thailand eine Allianz mit den USA ein, die in U-Tapao einen Militärstützpunkt einrichteten. Politisch präsentierte sich das Land seit 1932 als anglophile Monarchie mit einem feudalistischen Klientelsystem und wechselnden, jedoch stets königstreuen Militärregierungen. Seit 1932 ist es keiner demokratisch gewählten Regierung (1944–1947, 1973–1976) gelungen, eine reguläre Legislaturperiode durchzustehen; bis 1995 gab es in Thailand 17 Militärputsche. Staatsoberhaupt ist seit 1946 König RAMA IX. BHUMIBOL ADULYADEJ.

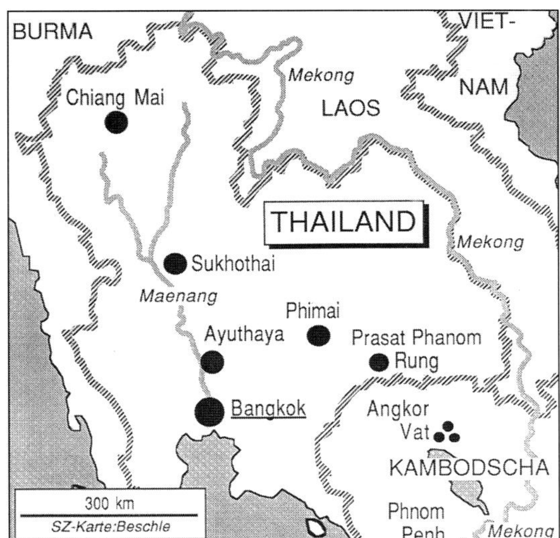

Durch seine geostrategische Lage wurde Thailand wiederholt in die Indochinakriege verwickelt.

Die außen- und sicherheitspolitische Situation Thailands wurde in der Nachkriegszeit maßgeblich bestimmt durch die Machtübernahme der Kommunisten in den Nachbarländern → Kambodscha und → Laos. Die daraus resultierenden bilateralen Spannungen konnten zwar weitgehend beigelegt werden, doch geriet Thailand in ökonomische Schwierigkeiten, als aus Laos und Kambodscha Hunderttausende von Flüchtlingen über die Grenzen kamen. Diese konnten nur mit Hilfe der USA bewältigt werden.

Die Unzufriedenheit mit der Militärherrschaft in Thailand eskalierte im Mai 1992 zu einem Aufstand der Opposition in Bangkok, der mit brutaler Gewalt niedergeschlagen wurde. Bei den blutigen Unruhen wurden 52 Menschen von Soldaten erschossen. Auf internationalen Druck und durch Vermittlung von König BHUMIBOL mußte daraufhin der Ministerpräsident, General SUCHINDA KRAPRAYOON, zurücktreten, und mit ANAND PANYARACHUN wurde im Juni 1992 ein ziviler Regierungschef ernannt. Bei den darauffolgenden Wahlen im September 1992 errangen die demokratischen Parteien die Mehrheit; neuer Ministerpräsident wurde CHUAN LEEKPAI. Der neuen Regierung ist es bisher nicht gelungen, den Einfluß der Militärs zu begrenzen. Eine entsprechende Verfassungsreform steht noch aus.

Eine große Gefährdung für die jüngste Demokratisierungsphase stellen die muslimischen Separatisten in den Südprovinzen Thailands dar, die mit Bombenattentaten und Brandanschlägen für einen autonomen islamischen Staat kämpfen. Einem Konflikt mit → Myanmar, dem frü-

Rama IX. Bhumibol Adulyadei (*5.12.1927)
Thailändischer König seit 1946. Der Enkel von König Chulalongkorn bestieg den Thron, nachdem sein älterer Bruder Ananda Mahidol, der seit 1935 regierte, 1946 an einer Schußverletzung starb. 1950 heiratete er Prinzessin Sirikit Kitiyakara und wurde 1950 formell gekrönt. Seit in Thailand 1932 durch eine Revolution der Absolutismus abgeschafft wurde, hat der König nur noch sehr wenig Macht, obgleich er nach der Verfassung Staatsoberhaupt und Oberbefehlshaber der Armee geblieben ist. Er ist in erster Linie eine symbolische Figur für die Einheit des Thai-Volkes. Bhumibol, ein passionierter Komponist und Jazzmusiker, trat in der Vergangenheit gelegentlich als moderater Vermittler in der thailändischen Politik in Erscheinung.

heren Birma, wich Thailand Anfang 1995 aus, indem es 15 000 Flüchtlinge aus dem Nachbarland wieder abschob. Diese, Mitglieder der vier Millionen Menschen umfassenden tibetoromanischen Minderheit der Karen, waren geflohen, als myanmarische Regierungstruppen eine Offensive gegen die *Vereinigte Birmanische Opposition* in der Karen-Metropole Manerplaw an der Grenze zu Thailand starteten.

Konfliktparteien

Regierung

Alle drei Krisen stehen im Zusammenhang mit dem Kampf der Kommunisten um die Macht in Indochina und sind darüber hinaus Teil des im dritten Indochinakrieg ausgefochtenen Konflikts zwischen den drei Weltmächten UdSSR, China und USA. Thailands Regierungen waren Konfliktpartei im innerstaatlichen Kampf gegen die seit 1947 an die Macht strebende, illegal operierende Kommunistische Partei Thailands (KPT). In Konflikt mit Kambodscha und Laos kamen sie aufgrund der geostrategischen Lage des Landes, das als Bündnispartner den USA verpflichtet war.

Kommunisten

Der Anstoß zur Gründung einer kommunistischen Partei in Thailand kam von → China und → Vietnam. Auf Betreiben von Ho Tschi Minh wurde 1930 die *Kommunistische Partei Siams* (KPS) gegründet; sie sollte den indochinesischen Kommunisten bei ihrem Kampf um die Unabhängigkeit der unter französischer Oberhoheit stehenden Länder → Vietnam, → Laos und → Kambodscha zur Seite stehen. Nachdem die siamesische Regierung 1933 die KPS verboten hatte, war der Einfluß der chinesischen Sektion in Bangkok gewachsen. Sie gründete im Dezember 1942 die *Kommunistische Partei Thailands* (KPT), die 1947 verboten wurde, als das Land Bündnispartner der USA wurde. 1961 nahm die im Untergrund arbeitende KPT den bewaffneten Kampf gegen die thailändische Regierung auf, die wiederum Unterstützung von den USA und → Malaysia erhielt.

Laos

Ho Tschi Minh → Vietnam

Mit der Machtübernahme der kommunistischen *Pathet Lao* 1975 in → Laos brachen traditionelle Feindschaften wieder aus, bei denen es um Gebiete an der Grenze zu Thailand ging, das im 19. Jahrhundert die drei laotischen Königreiche annektiert bzw. unter Tributherrschaft gestellt hatte. Hinzu kam, daß Thailand während des Bürgerkrieges in Laos und während des zweiten Indochinakrieges auf seiten der laotischen Regierung gegen die *Pathet Lao* gekämpft hatte. Nach deren Machtergreifung entstand in den riesigen Flüchtlingslagern auf thailändischem Territorium eine rechtsorientierte Widerstandsbewegung. Gleichzeitig erhielt aber die KPT Zulauf von der im Norden Thailands lebenden laotischen Minderheit. Die Regierungen beider Länder beschuldigten sich, die jeweils feindliche Guerilla zu unterstützen.

Kambodscha
Auch der Konflikt mit → Kambodscha geht auf alte Grenzstreitigkeiten zurück. Nach dem Abzug der Franzosen hatte Thailand 1954 das Gebiet um den kambodschanischen Tempel Prea Vihear besetzt. Als Kambodscha im Juli 1958 diplomatische Beziehungen zur Volksrepublik → China aufnahm, eskalierte der Streit: Thailand verhängte in den Grenzprovinzen den Ausnahmezustand und sprengte mit der Begründung, einer chinesischen Infiltration vorbeugen zu wollen, dort die Brücken. Nach der Machtergreifung der *Roten Khmer* in Kambodscha 1975 suchte die thailändische Regierung zwar eine Einigung auf diplomatischem Wege, doch nachdem vietnamesiche Truppen im Dezember 1978 im Nachbarland einmarschiert waren und kambodschanische Widerstandsgruppen von Thailand aus zu operieren begannen, verschärften sich die Spannungen erneut.

Chuan Leekpai (*28.7.1938)
Thailändischer Ministerpräsident seit 1992.
Der Rechtsanwalt Leekpai sitzt seit 1969 für die Democratic Party im thailändischen Parlament. Von 1980 bis 1986 war er Minister für Justiz, für Handel und Wirtschaft, für Landwirtschaft und für Bildung. In den folgenden beiden Jahren Sprecher des Parlaments, übernahm Leekpai 1988 das Gesundheitsministerium und wurde 1990 erneut Landwirtschaftsminister. Nach vorübergehender Absetzung durch das Militär im Jahre 1991 wurde er 1992 von König Bhumibol zum Ministerpräsidenten ernannt und steht seitdem einer Fünf-Parteien-Koalition vor.

Konfliktverlauf

Kommunistischer Aufstand 1965 bis 1980
Mit vereinzelten Anschlägen hatte die KPT nach ihrem dritten Parteikongreß im Jahr 1961 begonnen, die Regierung Thailands unter Druck zu setzen. Die im Land stationierten US-Truppen wurden daraufhin aktiv, und auch → Malaysia leistete Hilfe bei der Bekämpfung der kommunistischen Guerilla. Dennoch gelang es der KPT, die in der Landbevölkerung auf viel Sympathie stieß, bis zum Jahr 1973 einige Landesteile zu kontrollieren.

Erst im Zuge der militärischen Auseinandersetzungen in Südostasien brach der kommunistische Aufstand in Thailand in den siebziger Jahren zusammen. Die Ursachen lagen einerseits in der Machtergreifung der kommunistischen Parteien in → Vietnam, → Laos und → Kambodscha, andererseits in der innerparteilichen Krise der KPT. Der schwelende Konflikt zwischen der KP Vietnams und den *Roten Khmer* wurde 1979 durch den Einmarsch vietnamesischer Truppen in Kambodscha beendet; der Bruderkrieg zwischen den chinesischen und vietnamesischen Kommunisten endete mit dem sog. Erziehungsfeldzug → Chinas gegen Vietnam.

Thailands KP, materiell und ideologisch abhängig von der KP Chinas, geriet daraufhin unter die Räder der chinesischen Großmachtpolitik: China taktierte zwar einerseits

Dezember 1978: Eine Grenzpatrouille eskortiert zwei kambodschanische Regierungssoldaten, die Flüchtlinge auf thailändisches Territorium verfolgt hatten.

mit der KPT als Gegengewicht zur KP Vietnams, andererseits suchte es aber in der thailändischen Regierung einen Partner gegen die vietnamesische Aggression. In der Tat unterstützte Thailand die *Roten Khmer*, und China stellte als Gegenleistung die Zahlungen an die KPT ein, deren Niedergang damit besiegelt war; ihre Dschungelstützpunkte wurden von Regierungstruppen aufgerieben. Gleichzeitig erließ Bangkok eine Amnestie für einfache KPT-Mitglieder und suchte durch soziale Reformen (Arbeits- und Ansiedelungsprogramme), die Radikalisierungstendenzen zu entkräften.

Grenzkonflikt mit Laos 1987/88

Vom 3. November 1987 bis zum Waffenstillstandsvertrag vom 17. Februar 1988 führte Thailand Krieg gegen das von der kommunistischen *Pathet Lao* regierte → Laos, das durch einen 1977 unterzeichneten Pakt praktisch zu einem Satellitenstaat → Vietnams geworden war und in dem zeitweilig bis zu 50 000 vietnamesische Soldaten stationiert waren. Anlaß zu dem militärischen Schlagabtausch gaben laotische Truppenbewegungen dies- und jenseits der nicht eindeutig definierten Grenze entlang der Provinz Sayaboury und des Mekong. Beide Seiten zeigten bei den schon seit 1975 geführten Grenzscharmützeln eine unnachgiebige Haltung. Erst im Gefolge der Verhandlungen zur allgemeinen Befriedung der Konfliktherde in Indochina kam es zu einer raschen Verbesserung der Beziehungen beider Staaten.

Spannungen mit Kambodscha 1975 bis 1985

Tausende flohen nach der Machtergreifung der *Roten Khmer* 1975 aus → Kambodscha nach Thailand; in Grenznähe kam es dabei wiederholt zu Schußwechseln, da

Kambodschanische Flüchtlinge in einem Durchgangslager bei Aranyaprathet.

Regierungstruppen die Flüchtlinge unter Feuer nahmen. Beide Länder beschuldigten sich daraufhin wechselseitig der Grenzverletzung. Nach der Invasion → Vietnams in Kambodscha im Dezember 1978 nahmen die Kämpfe in der Grenzregion zu. Als kambodschanische Widerstandsgruppen von Thailand aus Regierungseinheiten angriffen, überschritten kambodschanische Truppen bei ihren Vergeltungsfeldzügen gegen die Flüchtlingslager die Grenze.

Der Flüchtlingsstrom hielt auch Anfang der achtziger Jahre unvermindert an. 1981/82 befanden sich 175 000 Kambodschaner in Lagern auf thailändischem Boden, Anfang der neunziger Jahre waren es bereits 370 000.

1985 kam es zu einer neuerlichen größeren Konfrontation zwischen den Heeren beider Länder. Nach dem Zusammenbruch der UdSSR (→ Rußland), die Vietnam mit Waffen beliefert hatte, flauten auch die erbitterten Kämpfe vietnamesisch geführter kambodschanischer Truppen mit den nach ihrer Vertreibung in der westlichen Grenzregion Thailands untergetauchten *Roten Khmer* ab.

Ergebnis und weitere Entwicklung

Thailand verfolgte in den letzten Jahren gegenüber seinen östlichen Nachbarn einen strikten Neutralitätskurs, und wenn auch davon ausgegangen werden kann, daß im Verhältnis zwischen → Laos und Thailand eine Normalisierung eingetreten ist – im April 1994 wurde die »Brücke der Freundschaft« über den Grenzfluß Mekong eröffnet –, so bleiben die Beziehungen mit Kambodscha weiterhin instabil.

Thailand versucht, sich aus den Auseinandersetzungen zwischen der Regierung in Phnom Penh und den *Roten Khmer*, die einige Gebiete im Westen Kambodschas kontrollieren, herauszuhalten. Um seinen Willen zu gutnachbarschaftlichen Beziehungen zu demonstrieren, hat es 25 000 Kambodschaner, die im Frühjahr 1994 nach Thailand geflohen waren, wieder ausgewiesen. Die Guerillatätigkeit der *Roten Khmer*, die an der Grenze zu Thailand ein Konzentrationslager mit Tausenden von Inhaftierten eingerichtet haben, stellt jedoch einen latenten Krisenherd dar.

Literatur: s. a. → Kambodscha, → Laos, → Vietnam
B. Basting: *Prätorianismus in Südostasien: Der Fall Thailand.* Trier 1992.
Le Thanh Khoi: *Südostasien seit Erlangung der Unabhängigkeit.* In: L. Bianco (Hg.): *Das moderne Asien. Fischer Weltgeschichte,* Bd. 33. Frankfurt 1969.
G. Reinecke: *Thailands Weg zur Sozialversicherung – Entscheidungsprozesse zwischen Demokratisierung und Militärputsch.* Saarbrücken 1993.
J. Rüland / B. Ladavalya: *Local Associations and Municipal Government in Thailand.* Freiburg 1993.
S. Schlörke: *Regionalentwicklung und Dezentralisierungspolitik in Thailand.* Münster 1992.
Statistisches Bundesamt (Hg.): *Länderbericht Thailand.* Wiesbaden 1993.
K. Wenk: *Thailand-Studien.* Frankfurt/Berlin 1962.
K. Wenk: *Thailand.* Heroldsberg 1976.

Staatsname: Königreich Thailand
Staatsform: Konstitutionelle Monarchie (seit 1932)
Staatsoberhaupt: König Rama IX. Bhumibol Adulyadei (seit 1946)
Regierungschef: Chuan Leekpai (DP; seit 1992)
Regierung: Fünf-Parteien-Koalition unter Führung der DP (seit 1992)
Parlament: Nationalversammlung 360 Sitze (Wahl vom 13.9.1992), DP (Democratic Party) 79, Chart Thai 77, CPP (Chart Pattana) 60, NAP (New Aspiration Party) 51, Palang Dharma 47, Sonstige 46
Mitgliedschaft bei internationalen Organisationen: APEC, ASEAN, UNO
Lage: 97°–105° östlicher Länge, 5°–21° nördlicher Breite
Fläche: 513 115 km^2
Hauptstadt: Bangkok
Bevölkerung: 57,8 Millionen; Thais 79,5 %, Chinesen 12,1 %, Malaien 3,7 %, Sonstige 4,7 %; Buddhisten 94,3 %, Muslime 4 %, Christen 0,5 %, Sonstige 1,2 %
Wirtschaft: Dienstleistung 49 %, Industrie 39 %, Landwirtschaft 12 %; Export: Maschinen 29 %, Nahrungsmittel 22 %, Fertigwaren 22 %

TIBET

Chinesische Besetzung 1950/51
Aufstand 1959

Der Mönchsstaat im Himalaya versuchte vergebens, sich gegen die Expansionsbestrebungen Chinas zur Wehr zu setzen. Nach dem blutig niedergeschlagenen Aufstand von 1959 wurde Tibet endgültig ein Teil der benachbarten Volksrepublik.

Historischer Hintergrund

Das in Innerasien gelegene größte Hochland der Erde (durchschnittlich 4000 m hoch) bildete im 9. Jahrhundert das erste Großtibetische Reich, das seit dem 13. Jahrhundert kulturell und seit dem 18. Jahrhundert auch politisch immer mehr von → China beeinflußt wurde. Ende des 19. Jahrhunderts konnte der chinesische Einfluß zurückgedrängt werden, und die Tibeter schlossen sich unter der Führung ihres geistlichen und weltlichen Oberhaupts DALAI LAMA von der Außenwelt ab. Diese Periode der freiwilligen Isolation war aber nur aufgrund des Wohlwollens der Briten möglich, die von → Indien aus den Himalaya kontrollierten.

20. Jahrhundert
1914 proklamierten → Indien, Großbritannien und → Rußland die Unabhängigkeit des Landes. → China erkannte die Selbständigkeit Tibets aber nie an. Das Land wurde geteilt (s. u. MACMAHON-Linie): Das nördliche »Innere Tibet« kam zu China, das Hochland bzw. »Äußere Tibet« wurde von der Hauptstadt Lhasa aus formal als indirektes britisches Protektorat, de facto aber unabhängig verwaltet. Mitte der dreißiger Jahre hatte der chinesische *Kuomintang*-Führer TSCHIANG KAI-SCHEK vergeblich versucht, die Oberhoheit über ganz Tibet zurückzugewinnen. Nach dem Sieg der Kommunisten im chinesischen Bürgerkrieg (→ China) meldete Peking wieder seinen traditionellen Anspruch auf Tibet an. 1950 wurde der Druck auf den DALAI LAMA verstärkt.

Tschiang Kai-schek. → China

Konfliktparteien

Tibeter
Die gesellschaftlich bedeutendste Kraft in Tibet ist der im 7. Jahrhundert begründete Lamaismus, eine Verschmel-

Auf dem »Dach der Welt« – der Mönchsstaat Tibet im Himalaya ist seit 1950 eine chinesische Provinz.

zung von buddhistischer Religion mit bodenständigem Dämonen- und Zauberglauben. Der oberste Priester und »Gottkönig« Dalai Lama, der nach dem Glauben der Tibeter die irdischen Erscheinungsformen Buddhas und des göttlichen Bodhisattvas in sich vereinigt und stets von neuem wiedergeboren wird, ist nicht nur geistlicher, sondern seit dem 17. Jahrhundert auch weltlicher Führer des Mönchsstaates, in dem es über 300 000 Lamas (geweihte Geistliche) gibt.

Der Titel des Dalai Lama lautet »Chal-va-rin-po-tsche« (Kleinod der Majestät oder des Sieges) und drückt die Machtfülle des »Gottkönigs« aus. Ihm zur Seite steht der Pantschen Lama (auch Taschi Lama genannt), der eine ähnliche Gewalt ausübt. Waren die Dalai Lamas unter chinesischer Herrschaft zu Marionetten der regierenden Mandarine degradiert worden, so gewannen sie seit der Jahrhundertwende ihren politischen Einfluß wieder zurück.

China

Die Volksrepublik → China sah in dem konservativen Mönchs- und Priesterstaat im Himalaya eine überkommene feudalistische Gesellschaftsordnung, die es zu beseitigen galt. Die Ausdehnung seiner Souveränität auf den Gebirgsstaat in Zentralasien bedeutete aber in erster Linie die Verwirklichung imperialistischer Herrschaftsansprüche und die Möglichkeit einer territorialen Expansion bis an die Grenzen Nepals und → Indiens.

Dalai Lama (*6.6.1935)
Tibetischer »Gottkönig«. Der gegenwärtige Dalai Lama (Dalai, mong. »Meer des Wissens«; Lama, tibet. »Priester«) ist nach dem Glauben der tibetischen Buddhisten die 14. Inkarnation des göttlichen Bodhisattva Avalokiteschwara. Der am Todestag des 13. Dalai Lamas als Tanchu Dhondup geborene Bauernsohn wurde im Alter von vier Jahren aufgrund von Hinweisen seines Vorgängers sowie verschiedener Merkmale von Mönchen als ihr wiedergeborenes geistliches und weltliches Oberhaupt erkannt und 1940 inthronisiert. 1959 flüchete der Dalai Lama mit 100 000 Gefolgsleuten vor den Truppen Mao Tse-tungs, die einen Aufstand im seit 1950 chinesisch besetzten Tibet niederschlugen. Aus dem Exil im Himalaya gelegenen nordindischen Dharmsāla fordert er seitdem die Unabhängigkeit seines Staates und ruft seine Landsleute zum gewaltlosen Widerstand gegen die chinesischen Besatzer auf. 1989 wurde der Dalai Lama mit dem Friedensnobelpreis ausgezeichnet.

Konfliktverlauf

Chinesische Besetzung 1950/51

Ende Oktober 1950 überschritten aus Tsinghai und Sinkiang-Uigur kommende chinesische Armee-Einheiten die tibetische Grenze. Bis Dezember drangen die Invasoren bis 250 Kilometer vor Lhasa in die Provinz Chamdo vor. Die unwegsame Gebirgslandschaft des Himalaya – die chinesischen Soldaten mußten 5000 Meter hohe Pässe überwinden – und die extremen klimatischen Bedingungen (Temperaturschwankungen zwischen –40° und +35 °C) erschwerten den Vormarsch. Die schlecht ausgerüsteten 10 000 tibetischen Soldaten konnten den chinesischen Soldaten dennoch keinen wirksamen Widerstand entgegensetzen. Der DALAI LAMA wurde zu Verhandlungen mit Peking gezwungen.

Ergebnis

Das am 23. Mai 1951 geschlossene Abkommen sah die Eingliederung Tibets in die Volksrepublik → China vor, und zwar unter Wahrung regionaler Autonomie, der geistlichen und politischen Funktionen des DALAI LAMA und mit der ausdrücklichen Zusicherung, keine Anhänger des Lamaismus zu verfolgen und die Tradition der buddhistischen Religion zu achten. Tibet wurde von nun an außenpolitisch von Peking vertreten. Die chinesischen Machthaber ließen die Durchführung der gewünschten sozialen und politischen Reformen durch etwa 50 000 Besatzungssoldaten überwachen. Das Gesundheits- und Bildungswesen wurde erheblich verbessert. Doch mit den sozialen und kulturellen Reformen wurde bewußt auch die gesellschaftliche Bedeutung des Lamaismus zurückgedrängt.

Unter unmenschlichen Bedingungen mußten tibetische Arbeiter zwei strategisch wichtige Verbindungsstraßen von China in den Himalaya bauen. 65 000 Menschen sollen bei dem Bau dieser Straßen von Sinkiang und Szechwan nach Lhasa umgekommen sein. Die Verpflichtung zu so drakonischer Zwangsarbeit und die Enteignung bzw. Auflösung der lamaistischen Klöster führten zu Widerstand und bewaffnetem Kampf gegen die chinesischen Okkupanten. Durch Umsiedlungsprogramme versuchten die Chinesen, der militanten Opposition, die sich gegen ihre Besatzungspolitik konstituiert hatte, die Basis zu entziehen: Tibeter wurden nach China deportiert und im Gegenzug etwa sieben Millionen Chinesen angesiedelt, die die kulturelle Identität Tibets unterwandern sollten.

Aufstand 1959

Auch ein Guerillakrieg, der vor allem vom Stamm der Khambos geführt wurde und auf breite Zustimmung in der

»Volksaufklärung« in Tibet durch rotchinesische Offiziere 1951.

übrigen Bevölkerung stieß, hatte diese Maßnahmen nicht verhindern können. Seit 1956 eskalierten die Kämpfe, und Ende 1958 waren die Rebellen schon bis vor die Hauptstadt durchgedrungen. Im März 1959 brachen nach Demonstrationen gegen die Chinesen Unruhen in Lhasa und anderen Städten aus. Die Besatzungsmacht griff daraufhin Klöster und die Potala, die Residenz des DALAI LAMA, an, der nach → Indien fliehen konnte, wo er eine Exilregierung bildete.

In Lhasa aber wurde weitergekämpft. Die tibetischen Rebellen, aktiv von den Mönchen unterstützt, waren den modern bewaffneten chinesischen Soldaten deutlich unterlegen. Nach der Verhängung des Kriegsrechtes am 22. März 1959 waren die Straßenkämpfe in Lhasa beendet. Nur in Gjangtse, der zweitgrößten Stadt Tibets, hielten sich die Widerständler noch bis Ende April. Bei den Gefechten um die Stadt fielen etwa 2000 Tibeter, 4000 gerieten in Gefangenschaft.

Ergebnis

Eine brutale Verfolgungswelle gegen oppositionelle Lamas und den tibetischen Adel setzte ein. Das Autonomiestatut wurde suspendiert, und bis zur Rückkehr des DALAI LAMA wurde unter dem Vorsitz des PANTSCHEN LAMA ein »Vorbereitungskomitee für die autonome Region Tibet« eingesetzt, während gleichzeitig ein chinesischer Militärgouverneur die Regierungsgewalt ausübte. Die lamaistische Kultur wurde systematisch zurückgedrängt, und viele tausend Tibeter flüchteten in die Nachbarstaaten.

Durch den niedergeschlagenen Aufstand in Tibet verschärfte sich auch wieder die Konfrontation zwischen Indien und China um die MACMAHON-Linie. Die 1913 von den Briten bestimmte und nach dem englischen Unter-

Pantschen Lama (30.11.1937–28.1.1989)
Tibetischer Priesterfürst. Der letzte Pantschen Lama (vollständiger Titel: Pantschen rin-potsche, tibet. »Juwel der Gelehrten«) wurde als Sohn armer Bauern unter dem Namen Lhamo Dhondup in der Todesstunde seines Vorgängers in der chinesischen Provinz Tsinghai geboren. Tibetische Mönche erkannten ihn als den zum zehnten Mal wiedergeborenen Buddha Amitabha und inthronisierten ihn 1943. Der Pantschen Lama wurde nach der Annexion Tibets von den Chinesen als Gegenspieler des im Exil lebenden Dalai Lama aufgebaut. So amtierte er ab 1959 als Vorsitzender des »Vorbereitungskomitees für die autonome Region Tibet«. Weil er sich weigerte, den Dalai Lama öffentlich zu denunzieren, fiel er 1964 in Ungnade und wurde wegen seiner offenen Kritik an der chinesischen Politik ab 1967 zehn Jahre lang in Peking inhaftiert. Nach seiner Entlassung wurde der Pantschen Lama wieder als Vertreter Tibets in den chinesischen Volkskongreß gewählt. Er starb 1989, seine 11. Inkarnation erkannte der Dalai Lama 1995 in dem 1989 geborenen Gedhun Choekyi Nyima.

händler HENRY MACMAHON benannte Grenzlinie im Himalaya zwischen Tibet bzw. China, Indien und Birma war von den Chinesen nie anerkannt worden. 1959 kam es zu Grenzzwischenfällen und von Oktober bis Dezember 1962 zum indisch-chinesischen Grenzkrieg in der Provinz Ladakh und an der Nordostgrenze Tibets (→ Indien).

Weitere Entwicklung

1980 gewährte Peking den Tibetern Steuernachlässe, Mitbestimmungsrechte in den Betrieben, förderte die private Landnutzung und das Handwerk und leitete eine gewisse Liberalisierung des Handels (u. a. mit Indien, Nepal und Bhutan) ein. Tibetisch wurde wieder Unterrichtssprache, und 1985 wurde die erste Universität Tibets gegründet. Klöster und Tempel wurden für den Tourismus restauriert, die offizielle Kritik am DALAI LAMA wurde moderater. Man bot ihm die Rückkehr an, sofern er seine Forderung nach einem unabhängigen Tibet aufgebe. Der PANTSCHEN LAMA nahm 1982 wieder Residenz in Lhasa.

Im Herbst 1987 kam es in der Hauptstadt wieder zu blutigen Unruhen, als Lama-Mönche wiederholt für die Trennung Tibets von → China demonstrierten. Bei den Auseinandersetzungen mit den Sicherheitskräften kamen sechs Menschen ums Leben, 19 wurden schwer verletzt. Das Militär und die Polizei wurden daraufhin verstärkt, und es kam zu erneuten Verhaftungen; eine Ausgangssperre wurde verhängt, und ausländische Journalisten mußten das Land verlassen. Am 5. März 1988 begannen wieder Demonstrationen für die Unabhängigkeit, und bei Ausschreitungen in Lhasa lieferten sich Tausende Tibeter Straßenschlachten mit der Polizei: Acht Menschen wurden dabei getötet und angeblich mehr als 300 Polizisten verletzt.

Im Sommer 1988 unterbreitete der DALAI LAMA einen Friedensplan, in dem er die Oberherrschaft Chinas über Tibet unter der Voraussetzung weitgehender Autonomie anerkannte. Kurz vor dem 30. Jahrestag des Aufstands von 1959 brachen erneut mehrtägige heftige Unruhen aus: Zwischen 12 und 60 Menschen sollen getötet worden sein. Trotz des geltenden Kriegsrechts, das die chinesische Regierung über Lhasa verhängt hatte, gab es bis September 1989 Demonstrationen. Viele Mönche wurden verhaftet und abgeurteilt.

Obwohl die meisten Staaten der Welt die Zugehörigkeit Tibets zur Volksrepublik China anerkennen, erhielt der DALAI LAMA für seinen gewaltlosen Kampf um die Freiheit Tibets am 5. Oktober 1989 den Friedensnobelpreis. Lhasa war bis zum März 1990 für Touristen gesperrt. Das Kriegsrecht wurde erst am 1. Mai aufgehoben. Für China scheint das Hochland nach wie vor von strategischer Bedeutung zu sein; angeblich befinden sich in Tibet Raketenbasen, die die Nachbarstaaten bedrohen können. Im September veröffentlichte Peking ein »Weißbuch über die Souveränitätszugehörigkeit Tibets«, in dem auch auf die Menschenrechtssituation eingegangen wird.

Der DALAI LAMA wurde erneut zur Rückkehr nach Tibet aufgefordert, und man bot ihm sogar Gespräche über die Unabhängigkeit an. Das Oberhaupt der Tibeter forderte für sein Land, in dem mittlerweile sieben Millionen Chinesen sechs Millionen Tibetern gegenüberstehen, eine Volksbefragung, in der über Unabhängigkeit, Autonomie oder Zugehörigkeit zu China abgestimmt werden soll. Im September 1994 wurde in Peking ein Entwicklungsprogramm bekanntgegeben, das Tibet an den Lebensstandard der Volksrepublik China heranführen soll.

Literatur: s. a. → China, → Indien

Dalai Lama: *Mein Leben*. München 1962.

Dalai Lama: *Große Veränderungen in Tibet*. Frankfurt 1972.

Dalai Lama: *Das Auge der Weisheit*. München 1975.

Dalai Lama: *The Buddhism of Tibet and the Key of the Middle Way*. Ohne Ort 1975.

Dalai Lama: *Frieden für die Welt und Frieden für Tibet*. Hamburg 1992.

T. Heberer: *Nationalitätenpolitik und Entwicklungspolitik in den Gebieten nationaler Minderheiten in China*. In: *Bremer Beiträge zur Geographie und Raumplanung* 9. Bremen 1984.

P. Kelly / G. Bastian (Hg.): *Tibet – ein vergewaltigtes Land*. Reinbek 1988.

P. Kelly / G. Bastian (Hg.): *Tibet klagt an. Zur Lage in einem besetzten Land*. Wuppertal 1992.

A. Lamb: *The McMahon Line*. 2 Bde. Toronto 1966.

N. Maxwell: *India's China War*. London 1970.

S. Piburn (Hg.): *Dalai Lama: Eine Politik der Güte*. Düsseldorf 1992.

W. v. Pochhammer: *Die Auseinandersetzungen um Tibets Grenzen*. Wiesbaden 1962.

H. Steckel (Hg.): *Tibet – Eine Kolonie Chinas. Ein buddhistisches Land sucht die Befreiung*. Hamburg 1993.

H. Swvin: *Chinas Sonne über Lhasa. Das neue Tibet unter Pekings Herrschaft*. München 1980.

Verein der Tibeter in Deutschland e.V.: *Tibet – Traum oder Trauma? Göttingen 1987.*

Tigray-Konflikt → Äthiopien

Bürgerkrieg 1974 bis 1991
In Tigray, dem Hochland von Nordäthiopien, das an den Sudan grenzt, gab es wie in Eritrea und im Oromo-Gebiet Bürgerkrieg um mehr Autonomie und Unabhängigkeit von Äthiopien. Die Volksbefreiungsfront *Tigray People's Liberation Front* (TPLF) kämpfte für die Autonomie Tigrays und seiner fünf Millionen Menschen (70 % Christen, 30 % Muslime), von denen die Hälfte in Eritrea lebt.

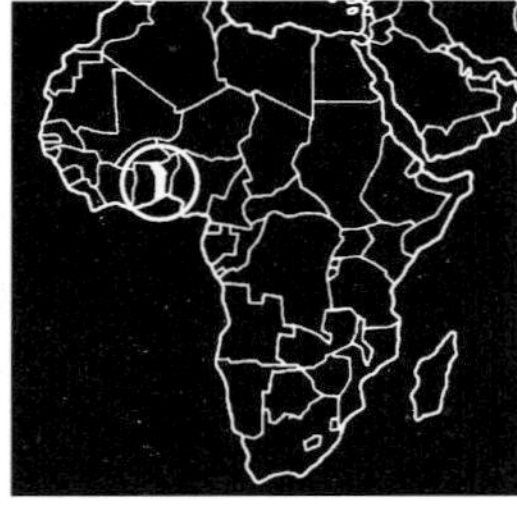

TOGO

Unruhen seit 1986

Das seit 1967 von General Étienne Gnassingbé Eyadéma autoritär regierte ostafrikanische Land wird schon seit Jahrzehnten von sozialen Spannungen und seit Mitte der achtziger Jahre von Umstürzen und Gegenputschen erschüttert. Die Auseinandersetzungen zwischen der Opposition und der Regierung könnten zu einem Bürgerkrieg eskalieren.

Historischer Hintergrund

Die auf dem Territorium des heutigen Togo siedelnden Stämme wurden von ihren mächtigeren Nachbarn, den Aschanti und den Dahome, im Laufe der Jahrhunderte ständig bedroht. Die einstige »Sklavenküste« des Golfs von Guinea wurde im 15. Jahrhundert von Portugiesen entdeckt. Im 17. und 18. Jahrhundert entstanden erste Handelshäuser französischer Kaufleute; Mitte des 19. Jahrhunderts kamen Missionare in den Süden des Landes, und ab 1857 gab es auch Niederlassungen deutscher Handelshäuser. 1884 wurde von Generalkonsul Gustav Nachtigal ein Schutzvertrag mit König Mpala III. geschlossen; damit wurde Togo Protektorat des Deutschen Reiches.

Nach dem Ersten Weltkrieg
Nach Ausbruch des Ersten Weltkrieges besetzten britische und französische Truppen Togo, und seit 1922 wurde das Gebiet von Großbritannien und Frankreich mit *Völkerbund*-Mandat verwaltet. West-Togo (33 775 km^2) ging an England, Ost-Togo (56 000 km^2) an Frankreich. Das britische Gebiet wurde als Transvolta-Togoland der

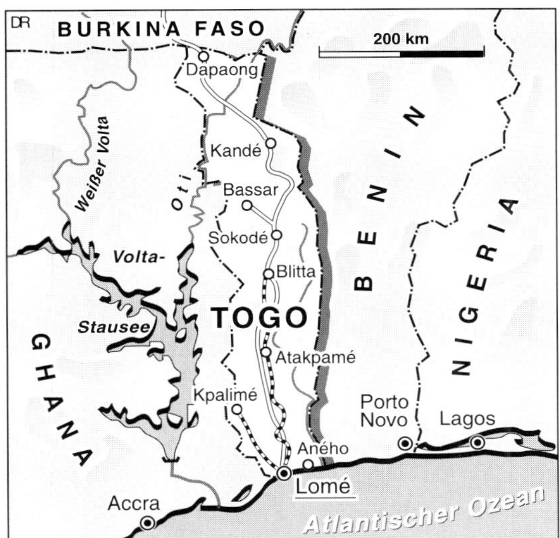

Togo – nur ein schmaler, in Nord-Süd-Richtung verlaufender Landstreifen zwischen Ghana und Benin an der westafrikanischen Küste.

britischen Goldküstenkolonie (dem späteren → Ghana) angegliedert, das französische einem Hochkommissar unterstellt und nach 1936 als Teil Französisch-Westafrikas verwaltet.

Mitte der dreißiger Jahre wurde der profranzösische *Cercle des Amitiés Françaises* gebildet, aus dem 1941 das *Comité de l'Unité Togolaise* (CUT) hervorging, das verschiedene Ethnien Togos und ihre Häuptlinge vereinte. Vizepräsident des CUT wurde Sylvanus Olympio, ein Prokurist der großen, in ganz Afrika verbreiteten Handelsgesellschaft *United African Company* (UAC), die zum *Unilever*-Konzern gehörte.

Nach dem Zweiten Weltkrieg

Nach 1945 entwickelte sich das CUT zu einer Pan-Ewe-Bewegung, die eine Anbindung an die 1941 gegründete *All Ewe Conference* der Goldküste suchte und alle im Süden lebenden Ewe-Stämme unter britischer Herrschaft vereinigen wollte (→ Ghana).

Frankreich bildete als Reaktion auf die britischfreundliche Ewe-Vereinigung am 9. April 1946 die *Parti Togolais du Progrès* (PTP), die sich den Vereinigungsbestrebungen entgegenstellte. Die von dem Deutschafrikaner Nicolas Grunitzky geführte PTP forderte im Gegensatz zu dem nach totaler Unabhängigkeit strebenden Olympio den Anschluß an die Union Française.

Bereits im August 1947 verlangten die Ewe die Vereinigung beider Regionen und wandten sich an die *Verein-*

Lomé 1970: Festumzug zum 10. Geburtstag der staatlichen Unabhängigkeit Togos.

Sylvanus Olympio (6.9.1902–13.1.1963)
Staatspräsident Togos von 1960 bis 1963. Olympio war eine führende Figur der togolesischen Unabhängigkeitsbewegung. 1958 wurde er Ministerpräsident des französischen UN-Treuhandgebiets Togo. Nach der Unabhängigkeit 1960 übernahm er in Personalunion die Ämter des Staatspräsidenten, des Ministerratsvorsitzenden und des Verteidigungsministers. Olympio regierte mit den Mitteln des Polizeistaats. Am 13. Januar 1963 putschte die Armee, und Olympio wurde erschossen.

ten Nationen, die daraufhin Frankreich und Großbritannien im Dezember 1947 aufforderten, die Selbstverwaltung zu ermöglichen. Aber erst 1955 kam es zu grundlegenden Veränderungen: Bei einem von der UNO geforderten Referendum am 9. Mai 1956 sprach sich die Mehrheit der Bevölkerung Britisch-Togolands (Transvolta) für den Anschluß an → Ghana aus, die im Süden der Region lebenden Ewe stimmten dagegen.

Frankreich hatte Togo im September 1956 den Status eines »Territoire Associé« eingeräumt und damit eine gewisse Eigenständigkeit innerhalb der Union Française zugebilligt. Die Zwangsarbeit wurde offiziell abgeschafft, die Bewohner erhielten französische Bürgerrechte. Doch die Mitgliedschaft in der Union Française bedeutete weder politisch noch ökonomisch die Abkehr vom Kolonialismus.

Am 27. April 1958 wurden von der UNO überwachte Wahlen abgehalten, bei denen das CUT 63 Prozent der Stimmen gewann. Ministerpräsident wurde Olympio, der eine von Ewe dominierte Regierung bildete. Nach einem Referendum über die Annahme der französischen Verfassungsvorschläge am 28. September 1958 erhielt die Republik Togo am 27. April 1960 die Unabhängigkeit.

Schon kurz danach kam es zu blutigen Unruhen im ehemaligen britischen Mandatsgebiet Togoland, das → Ghana angegliedert worden war. Die Wiedervereinigung mit der Region scheiterte. Das eindeutige Übergewicht der Ewe in verantwortlichen Positionen verstärkte die Spannungen zwischen Nord und Süd. Der bereits unter kolonialer Herrschaft stark benachteiligte Norden, dessen soziale und ökonomische Infrastruktur schlecht entwickelt war und dessen Bevölkerung nur geringe Aufstiegsmöglichkeiten hatte, fühlte sich unter Olympio gegenüber dem Süden erheblich zurückgesetzt. Der Nord-Süd-Gegensatz, der bis heute nicht abgebaut wurde, verhinderte u. a. eine einheitliche Opposition. Die PTP und die *Union des Chefs et des Populations du Nord* (UCPN) hatten sich bereits 1959 zur *Union Démocratique des Populations Togolaises* (UDPT) zusammengeschlossen. Olympio verfolgte während seiner kurzen Regierungszeit mit polizeistaatlichen Methoden einen ausgesprochen autoritären Kurs. Durch Scheinwahlen mit einer Einheitsliste am 9. April 1961 versuchte er, die Opposition endgültig auszuschalten. Seine in *Parti de l'Unité Togolaise* (PUT) umbenannte Partei erhielt 97 Prozent aller Stimmen, bei einer Wahlbeteiligung von 91 Prozent.

Nachdem Olympio bei einem Militärputsch am 13. Januar 1963 erschossen worden war, übernahm sein politischer Gegenspieler Grunitzky das Amt des Präsidenten. Er erließ eine Generalamnestie und beförderte die unmittelbar am Putsch beteiligten Soldaten, darunter den späteren Präsidenten Étienne Gnassingbé Eyadéma, der verdächtigt wurde, der Mörder Olympios gewesen zu sein.

Étienne Gnassingbé Eyadéma (*26.12.1937)
Staatspräsident Togos seit 1967. Eyadéma diente von 1953 bis 1960, dem Jahr der togolesischen Unabhängigkeit, in der französischen Armee. Bereits 1963 einer der Führer des Putsches gegen Sylvanus Olympio, war er 1967 auch maßgeblich am Sturz des Präsidenten Nicolas Grunitzky beteiligt und schwang sich danach selbst zum Machthaber über Togo auf. Eyadéma machte das Land zu einem Einparteienstaat. 1969, 1977, 1979 und 1986 wurde er in seinem Amt bestätigt, mußte aber wegen immer größeren Protesten 1991 seine Macht teilweise an eine Übergangsregierung abtreten, die 1994 von einer regulär gewählten Regierung abgelöst wurde. Eyadéma selbst hatte sich bereits 1993 bei überraschend anberaumten Präsidentschaftswahlen erneut im Amt bestätigen lassen.

Grunitzkys Versuch, eine *Parti unifié*, eine Koalition aller Parteien zu bilden, scheiterte an deren Rivalitäten. Die Militärs stürzten den erfolglosen Grunitzky am 13. Januar 1967 und übernahmen selbst die Macht.

Die neuen Herrscher suspendierten die Verfassung und lösten die Nationalversammlung und die Parteien auf; die Regierungsgewalt übte vorübergehend das *Comité de Reconcialiation nationale* (CRN) unter Colonel Kleber Dadjo aus.

Das Verhältnis zu Frankreich wurde in den siebziger Jahren durch die Verstaatlichung der Phosphatminen belastet. Trotz seiner reichen Phosphatvorkommen blieb Togo eines der ärmsten Länder Westafrikas; die ökonomische Abhängigkeit von Frankreich dauert bis heute an.

An der Goldküste begeisterte sich die Mehrheit der Bevölkerung Togos für das Programm Kwame Nkrumahs (→ Ghana), der die totale Unabhängigkeit von Europa und eine selbstbewußte afrikanische Identität anstrebte. Der Ewe-Nationalismus verlor gegenüber dem panafrikanischen Nationalismus vorübergehend an Bedeutung.

Die Grenzkonflikte mit → Ghana seit Mitte der sechziger Jahre eskalierten im Oktober 1977 erneut. Ghana beschuldigte Togo, durch Schwarzhandel die ghanaische Wirtschaft zu sabotieren.

Kwame Nkrumah → Ghana

Die Spannungen mit Benin (bis 1975 Dahomey) waren auf das Mißtrauen Togos gegenüber dem dort praktizierten Sozialismus und dessen außenpolitische Implikationen und die Anbindung an die damaligen Ostblockstaaten zurückzuführen.

Besonders enge Beziehungen unterhielt Togo zu → Zaire. Seine Soldaten wurden dort ausgebildet und der »Mobutisme« (Mobutu Sese-Seko → Zaire) diente dem neuen Machthaber Eyadéma als politisches Modell.

Mobutu Sese-Seko → Zaire

Konfliktparteien

Regierung

Bereits im April 1967 hatte der bis dahin nur aus dem Hintergrund taktierende Stabschef der Armee, der aus dem nördlichen Pya stammende Eyadéma vom Stamm der Kabre, die Macht übernommen; die führenden Politiker und Militärs gehören seitdem fast ausschließlich dem Stamm der Kabre an.

Im November 1967 gründete er die Einheitspartei *Rassemblement du Peuple Togolais* (RPT) und wurde Staatspräsident und damit Regierungschef, Generalstabschef und Vorsitzender der Partei.

Demokratische Wahlen gab es nicht, aber Eyadéma ließ sich 1969 und 1977 nach Rücktrittserklärungen durch Plebiszite in seinem Amt bestätigen. Am 30. Dezember 1979 wurde eine neue Verfassung verabschiedet, und es fanden Präsidentschafts- und Parlamentswahlen statt, bei denen Eyadéma wiedergewählt wurde. Es gelang ihm, den Nord-Süd-Gegensatz weitgehend zu entschärfen. Aufgrund ausländischer Finanzhilfen, steigender Weltmarktpreise für Phosphat, wachsender Staatseinnahmen, erhöhter Phosphatproduktion sowie guter Kaffee- und Kakaoernten, wurde es ihm möglich, dem bisher benachteiligten Norden eine bessere sozioökonomische Infrastruktur zu geben.

Opposition

Die Opposition war zwar zerstritten und schwach, doch dafür sorgten Anschläge, begangen von Ewe aus dem Süden und von *Revanchards* (Rächer), wie sich die Anhänger des ermordeten Olympio nannten, für permanente Unsicherheit.

Der im Exil lebende Ewe Noe Kutuklui war für die meisten Putschversuche verantwortlich und galt als Symbolfigur der Opposition gegen Eyadéma. Das Regime griff brutal durch: Oppositionelle wurden ermordet, ihr Tod offiziell häufig als Selbstmord deklariert.

Konfliktverlauf

Am 23. September 1986 schlugen Armee-Einheiten von Präsident Eyadéma Kommandotruppen in der Hauptstadt Lomé zurück, die einen Putschversuch gegen die Regierung unternommen hatten: Bei dem mehrere Stunden dauernden Gefecht kamen 13 Menschen ums Leben, darunter sieben Kämpfer eines aus → Ghana eingedrungenen Kommandos von Exil-Togolesen.

1990/91 kam es wieder zu Unruhen und Demonstrationen gegen die Regierung. Staatspräsident Eyadéma versprach daraufhin im April 1991 die Einführung eines Mehrparteiensystems und eine Amnestie für politische Straftäter.

Die militärische Präsenz in den ehemaligen Kolonien kostet Frankreich bis heute jedes Jahr Milliardenbeträge.

Nach erneuten Demonstrationen und einem einwöchigen Generalstreik im Juni 1991 gab er auch der Forderung nach einer Nationalkonferenz aller politischen Kräfte des Landes nach, die den Chef einer Übergangsregierung bestimmen und allgemeine Wahlen vorbereiteten sollte.

Im August 1991 wählte die Nationalkonferenz JOSEPH KOKOU KOFFIGOH zum Premierminister. Nach Demonstrationen der oppositionellen Kräfte und monatelangen Unruhen übernahmen die Militärs nach mehreren Putschversuchen im Dezember 1991 schließlich erneut die Macht.

Die Anhänger des im August entmachteten EYADÉMA forderten die Wiedereinsetzung ihres ehemaligen Oberbefehlshabers. Am 4. Dezember bildete sich eine Allparteienregierung, der auch EYADÉMAS im November verbotene Einheitspartei RPT angehörte.

Im Mai und Juni 1992 verschärfte sich die innenpolitische Situation durch blutige Stammesfehden, die auch auf die Hauptstadt übergriffen, noch einmal erheblich. Und die zweite Jahreshälfte wurde von mehreren Attentaten auf Politiker überschattet; die Opposition beschuldigte die Streitkräfte, hinter den Gewalttaten zu stehen.

Der demokratisch gewählte Premierminister KOFFIGOH beugte sich dem Druck EYADÉMAS, der wieder an Macht gewonnen hatte, und bildete ein neues Kabinett, in dem die RPT alle wichtigen Posten besetzte. Die Opposition wurde weiterhin gnadenlos verfolgt.

In den folgenden Monaten kam es zu mehreren Streiks und zu Unruhen, bei denen über 20 Menschen getötet wurden. Einigungsversuche zwischen EYADÉMA und KOFFIGOH wurden immer wieder unterlaufen: Streit über die Kabinettszusammensetzung verhinderte eine reguläre Regierungsarbeit; im Ausland bildeten sich Exilregierungen. Im

März 1993 kam es zu einem bewaffneten Angriff von Anhängern KOFFIGOHS auf die Kasernen der EYADÉMA treu ergebenen Truppen, der zurückgeschlagen werden konnte.

Bei einer überraschend angesetzten Präsidentenwahl am 25. August wurde EYADÉMA als Staatsoberhaupt bestätigt. Die Oppositionsparteien hatten ihre Kandidaten zurückgezogen, da die Regierung durch Manipulation die Registrierung Hunderttausender Wahlberechtigter verhindert hatte. Bei einem erneuten Umsturzversuch im Januar 1994 kamen 58 Personen ums Leben. EYADÉMA konnte sich aber noch einmal behaupten.

Weitere Entwicklung

Bei der ersten Mehrparteienwahl im Februar 1994 siegten die Oppositionsparteien. Die verfassungswidrige Bestellung von EDEM KODJO zum Regierungschef durch EYADÉMA spaltete die Opposition, die den EYADÉMA-Gegner YAO AGBOYIDO als Premierminister vorgesehen hatte. Ein Teil der Opposition verweigerte die Mitarbeit in der Regierung, der andere paktierte mit EYADÉMA. Nachdem der Oberste Gerichtshof einer Klage EYADÉMAS entsprochen und die Wahl von drei oppositionellen Abgeordneten für ungültig erklärt hatte, boykottierte die Opposition das Parlament.

Im August 1994 berichtete die UNO-Menschenrechtskommission über Hinrichtungen und Folter in Togo. Sollte sich EYADÉMA nicht zu politischen Reformen bereitfinden und die Menschenrechte künftig weiterhin mit Füßen treten, könnten die bisherigen Konflikte zwischen Regierung und Opposition zum Bürgerkrieg ausarten.

Literatur: s. a. → Ghana
R. Cornevin: *Histoire du Togo.* Paris 1969.
R. Cornevin: *Le Togo.* Paris 1973.
S. Decalo: *Historical Dictionary of Togo.* Metuchen, N. J., 1976.
S. Decalo: *Coups and army rule in Afrika. Studies in military style.* New Haven/London 1976.
M. Nußbaum: *Togo, eine Musterkolonie?* Berlin (Ost) 1962.
M. Olschewski: *Landwirtschaftspolitik in Togo 1967–1987.* Münster 1993.
R. Pfeffer: *Togo.* In: *Internationales Afrikaforum.* 2/1972. München.
M. Prouzet: *La Republique du Togo.* Paris 1976.
L. Reuke: *Die Politisierung der togoischen Armee.* In: *Vierteljahresberichte – Probleme der Entwicklungsländer.* Nr. 51. Bonn-Bad Godesberg 1973.
Statistisches Bundesamt (Hg.): *Länderbericht Togo.* Wiesbaden 1991.
J. Theres: *Die Evolution der politisch-administrativen Strukturen in Togo.* München 1989.
R. Verdier: *Le parti du Rassemblement du peuple togolais.* In: *Revue française d'études politiques africaines.* Nr. 145. Paris 1978.
G. Wülker: *Togo – Tradition und Entwicklung.* Stuttgart 1966.
K. Ziemer: *Demokratisierung in Westafrika?* Paderborn 1984.

Staatsname: Republik Togo
Staatsform: Präsidiale Republik
Staatsoberhaupt: Gnassingbé Eyadéma (RPT; seit 1967)
Regierungschef: Edem Kodjo (UTD; seit 23.4.1994)
Regierung: RPT, UTD (seit 25.5.1994)
Parlament: Nationalversammlung 81 Sitze (Wahl vom 20.2.1994), RPT 35, CAR 34, UTD 6, Sonstige 3, vakant 3
Mitgliedschaft bei internationalen Organisationen: AKP, ECOWAS, OAU, UNO
Lage: 0°– 2° östlicher Länge, 6°–11° nördlicher Breite
Fläche: 56 785 km^2
Hauptstadt: Lomé
Bevölkerung: 3,8 Millionen; Adja-Ewe 43,1 %, Kabre-Tem 26,7 % Guma 16,1 %, Kebu-Akposo 3,8 %, Ana-Ife 3,2 %, Sonstige 7,1 %; Animisten 50 %, Christen 35 %, Muslime 15 %
Wirtschaft: Dienstleistung 43 %, Landwirtschaft 36 %, Industrie 21 %;
Export: Fertigwaren 40 %, Kalziumphosphate 31,1 %, Kakao 2,7 %

TSCHAD

Bürgerkrieg 1966 bis 1994

Rivalitäten zwischen arabischen Stämmen im Norden und afrikanischen Volksgruppen im Süden führten im Tschad zum blutigen Bürgerkrieg.

Historischer Hintergrund

Die heterogene Bevölkerungsstruktur des Tschad mit einer schwarzafrikanischen Mehrheit, einer Minderheit von Sahara-Nomaden und einem hohen Anteil an Arabern ist bis ins 8. Jahrhundert zurückzuverfolgen, als Nomadenstämme aus dem Norden sich mit der schwarzafrikanischen Bevölkerung im Süden vermischten. Durch den Einfluß der nordafrikanischen Muslime gewann der Islam über die Jahrhunderte immer größere Bedeutung.

Erst um 1900 unterwarfen die Franzosen das Land (1897–1908); sie eroberten zunächst das Tibesti-Gebirge und später die vom Volk der Senussi beherrschte Borkou-Region. 1910 wurde der Tschad Teil der Kolonialföderation »Afrique Équatoriale Française«. Im Norden unterdrückten die Franzosen die viehzüchtenden muslimischen Nomaden militärisch, im Süden zerstörten sie traditionelle Stammesstrukturen.

Autonomie erhielt der Tschad nach der Auflösung Französisch-Äquatorialafrikas in eine »Union der Zentralafrikanischen Republiken« (1958). Die Erfahrungen der Franzosen im Algerienkrieg (→ Algerien) beschleunigten den Unabhängigkeitsprozeß. Am 11. August 1960 wurde der Tschad in die Souveränität entlassen.

Konfliktparteien

Regierung

Die 1946 gegründete *Parti Progressiste Tchadien* (PPT) war eigentlich als integrierende Kraft angetreten, hatte diese Funktion aber schon bald nach Erlangung der Unabhängigkeit unter der autoritären Regierung des ersten Staatspräsidenten des Landes, FRANÇOIS TOMBALBAYE, einem protestantischen Christen aus dem Volk der Mbaye, eingebüßt. Nach Verhaftungen der Kritiker TOMBALBAYES und dem Verbot aller oppositionellen Gruppierungen, vor allem der muslimischen Parteien, im Jahre 1964 wurde die PPT als Einheitspartei sogar in der Verfassung verankert.

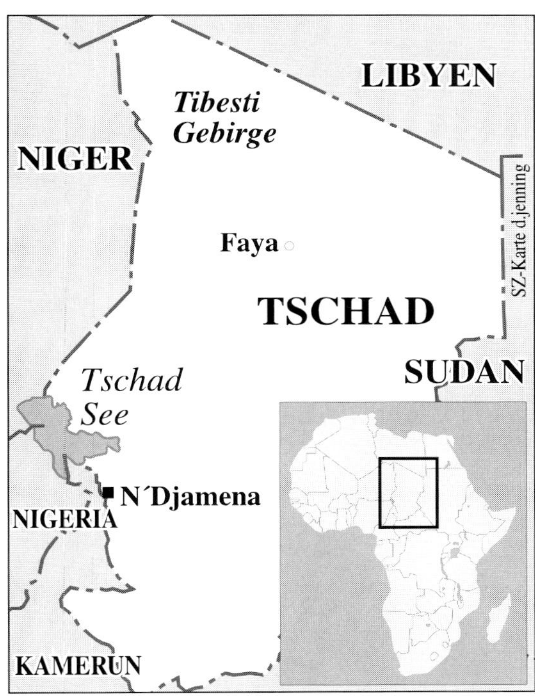

Die latenten ethnischen und religiösen Konflikte der aus verschiedenen Gruppen zusammengesetzten Bevölkerung, die die Kolonialherren nie zu lösen vermocht hatten, wurden für den Tschad zur Zerreißprobe.

François Tombalbaye (15.6.1918–13.4.1975)
Staatspräsident des Tschad von 1960 bis 1975. Tombalbaye kommt aus einer Kaufmannsfamilie, die dem Sara-Madjingaye-Stamm aus dem Süd-Tschad angehörte. Über ein Amt bei der Territorialversammlung wurde er 1959 Präsident der provisorischen Regierung; mit Erreichen der Unabhängigkeit (1960) dann Staatschef und Verteidigungsminister. Trotz zahlreicher Umsturzversuche seitens der FROLINAT konnte er die innere Ordnung aufrechterhalten. 1969 wurde er auf weitere sieben Jahre bestätigt. Beim Staatsstreich im April 1975 kam er ums Leben.

Opposition
Im Widerstand gegen das autoritäre Regime TOMBALBAYES – der u. a. die Moslems aus der Verwaltung ausschloß und von den Nomaden höhere Steuersätze verlangte – schlossen sich zwei führende Oppositionsorganisationen zur Befreiungsfront *Front de Libération Nationale Tchadienne* (FROLINA) zusammen: die orthodox-muslimische *Front de Libération du Tchad* (FLT), die für einen unabhängigen Teilstaat im Norden eintrat, und die marxistische *Union Nationale Tchadienne* (UNT), die die Mehrheit in der FROLINA stellte. Drei Jahre später trat die FLT aber aus dem Bündnis aus, und die FROLINA nannte sich nun *Front de Libération Nationale Tchadienne* (FROLINAT).

Ausland
Auf seiten der Regierungsarmee griffen Mitte der sechziger Jahre auch Einheiten der ehemaligen Kolonialmacht Frankreich in die Kämpfe ein; Anfang der achtziger Jahre schickte Libyen Truppen in den Tschad. Libyen hatte neben der Absicht, im nordafrikanischen Raum eine Vormachtstellung zu erringen, immer wieder auch Gebietsansprüche

Muammar Umar al-Gaddhafi (*1942)
Libyscher Staatschef seit 1969. An der Spitze der von ihm gegründeten Bewegung der »Freien Offiziere« war der Beduinensohn Gaddhafi im September 1969 maßgeblich am Sturz des libyschen Königs Idris beteiligt und ist seitdem unter wechselnden Titeln der starke Mann im Staat. Er übernahm den Vorsitz des »Revolutionären Kommandorates« und war bis 1979 Oberbefehlshaber der Armee. Im November 1972 trat die im wesentlichen auf Gaddhafis Ideen basierende neue libysche islamisch-sozialistische Verfassung in Kraft. Seine panarabischen Träume versuchte er als »Revolutionsführer« durch verschiedene Staatszusammenschlüsse mit Ägypten, Syrien, Tunesien, Marokko und dem Tschad zu verwirklichen, wurde dadurch aber wiederholt in Bürgerkriege anderer Länder verwickelt (u. a. im Tschad und Sudan). Wegen seiner Unterstützung von Befreiungsbewegungen gilt Gaddhafi als einer der Drahtzieher des internationalen Terrorismus.

an den Tschad, besonders im Aouzou-Streifen mit seinen Öl- und Uranvorkommen. Um dieses Ziel zu erreichen, unterstützte MUAMMAR AL-GADDHAFI mal den einen, dann den anderen Machthaber bzw. Rebellenführer im Tschad. Frankreich wollte ebenfalls die eigenen wirtschaftlichen Interessen in Nordafrika absichern und war bemüht, die staatliche Ordnung in der ehemaligen Kolonie wieder herzustellen sowie den Einfluß GADDHAFIS einzuschränken.

Konfliktverlauf

Präsident TOMBALBAYE konnte sein Regime nur durch die Armee und mit Hilfe von etwa 1500 Soldaten der ehemaligen Kolonialmacht Frankreich aufrechterhalten. Gleich nach ihrer Gründung schlug die FROLINA mit ihren Guerilla-Einheiten, die von → Algerien und Libyen finanziell und mit Waffen unterstützt wurden, militärisch zu und eroberte 1962 mehrere Provinzen im Norden und Osten. Nach einigen Niederlagen der Regierungsarmee bat TOMBALBAYE 1968 die Franzosen um verstärkte Hilfe: Der damalige französische Staatspräsident GEORGES POMPIDOU entsandte 4000 Soldaten, die an der Seite der etwa gleichstarken Regierungsarmee des Tschad gegen die Rebellen kämpften. Bis 1972 blieben die französischen Einheiten in voller Stärke im Land und konnten auch vorübergehend den Aktionsradius der späteren FROLINAT einschränken.

Nach heftiger innenpolitischer Kritik an der französischen Afrikapolitik zog POMPIDOU 1972 die Hälfte der Truppen wieder ab, nachdem auch eine gewisse Stabilität der Regierung TOMBALBAYE gesichert schien. Spaltungen in der Guerillabewegung hatten die FROLINAT geschwächt: Im Norden hatte sich eine sog. Zweite Armee gebildet, die vorwiegend aus Kämpfern des Tubu-Stammes unter der Führung HISSÈNE HABRÉS bestand; vom Nordosten aus kämpfte die Erste Armee der FROLINAT, und vom Sudan aus gingen FLT-Einheiten gegen die Regierungstruppen vor – aber längst nicht mehr mit derselben Durchschlagskraft wie zu Beginn des Bürgerkrieges.

Im April 1975 wurde TOMBALBAYE durch einen Militärputsch gestürzt und durch den aus der Haft entlassenen Brigadegeneral FELIX MALLOUM ersetzt, der nun eine Annäherung der verschiedenen Volksgruppen herbeiführen wollte. Aber seine Politik der nationalen Versöhnung scheiterte. HABRÉS Zweite Armee war inzwischen zur stärksten Streitmacht der Guerilla geworden und hatte im Herbst 1975 sogar gegen libysche Truppen gekämpft, die in den Tschad vorgedrungen waren. Nach den Gefechten spaltete sich die Zweite Armee, und HABRÉS Stellvertreter GOUKOUNI QUEDDEI, jetzt von GADDHAFI unterstützt, übernahm das Kommando. Habré selbst ging mit ein paar Getreuen in den Süden und kämpfte dort weiter.

Libyen versuchte 1977 mit Hilfe des radikalen Flügels der FROLINAT, im Norden größere Gebiete an der Grenze zu annektieren: Etwa 4000 libysche Soldaten und Angehörige des Tubu-Stammes hatten bald die Kontrolle über einige Regionen erlangt. Man vermutete, daß Libyen einen Tubu-Staat als Gegengewicht zu der von der POLISARIO geplanten Westsahara-Republik (→ Marokko) etablieren wollte.

Nach dem Abzug der libyschen Invasionstruppen setzte die FROLINAT ihren Kampf gegen die tschadische Regierung fort. Wieder schickte Frankreich Militärberater, und im Juni bombardierten französische und tschadische Luftwaffeneinheiten die in einem Teil von Zentral-Tschad isolierten Guerilleros. Unter der Vermittlung → Nigerias kam es 1978 und 1979 zu Verhandlungen zwischen allen beteiligten Parteien. Nach mehreren vergeblichen Anläufen wurde schließlich eine Regierung der nationalen Aussöhnung unter dem neuen Staatspräsidenten Queddei gebildet. Dieser hatte sich als stärkster Führer unter den rivalisierenden Gruppen herausgestellt, nachdem er als Oberbefehlshaber der FROLINAT-Streitkräfte *Forces Armées Populaires* (FAP) die Erste und Zweite Armee sowie die FLT-Truppen wiedervereint hatte.

Verteidigungsminister der neuen Regierung wurde Habré, der seine Position dazu benutzte, mit alten FROLINAT-Partisanen eine neue Guerillaarmee aufzubauen. Am 21. März 1980 griffen unter seinem Befehl Einheiten der *Forces Armées du Nord* (FAN) die FAP-Truppen und die dem Innenminister unterstehende Regierungsarmee *Forces Armées Tchadienne* (FAT) an. Während der Kämpfe, bei denen nun auch wieder libysche Soldaten auf seiten der Regierungstruppen kämpften, kam es zu einer großen Flüchtlingsbewegung von mehr als 100 000 Menschen in die angrenzenden Länder.

Habrés FAN-Truppen konnten sich gegen die Übermacht aus libyschen und tschadischen Regierungsstreitkräften nicht halten. Im Herbst mußten sie sich aus dem Tibesti-Gebirge und im Dezember aus der von ihnen besetzten Hauptstadt N'Djaména (ehemals Fort Lamy) zurückziehen. Habré flüchtete nach → Kamerun und unterzeichnete dort Ende 1980 ein Waffenstillstandsabkommen, das von der *Organization for African Union* (OAU) vermittelt worden war.

Nach Streitigkeiten zwischen dem libyschen Staatschef Gaddhafi und dem tschadischen Präsidenten Queddei wurden die ca. 10 000 libyschen Soldaten abgezogen und durch eine OAU-Friedenstruppe (Soldaten aus → Senegal, → Nigeria, Benin und → Zaire) ersetzt. Doch diese konnte die erneuten Kämpfe zwischen Habrés FAN-Einheiten und

Goukouni Queddei (*1944)
Ministerpräsident des Tschad 1978, provisorischer Staats- und Regierungschef von 1979 bis 1982. Der Sohn des Derbei, des geistigen und weltlichen Führers der Tibesti-Region, diente als Stellvertreter Hissène Habrés in der Zweiten Armee der FROLINAT. 1978 war Queddei Ministerpräsident, 1979 Innenminister einer Übergangsregierung. Im August desselben Jahres wurde er zum provisorischen Staats- und Regierungschef bestellt. 1982 floh er vor den Truppen Habrés, mit dem er sich überworfen hatte, nach Algerien.

Hissène Habré (*1942)
Ministerpräsident des Tschad 1978/79, Staats- und Parteichef von 1982 bis 1990.
Der in Frankreich ausgebildete Jurist war als Repräsentant der Forces Armées du Nord (FAN) Verteidigungsminister im Kabinett Goukouni Queddeis, der ihn nach einem Streit Anfang 1980 absetzte. Habré nahm daraufhin den bewaffneten Kampf auf, wurde aber mit Unterstützung libyscher Truppen von Queddeis FAP geschlagen, flüchtete nach Kamerun und rüstete dort für den Gegenschlag. Nach dem Sieg seiner FAN und der Flucht Queddeis bildete Habré 1982 einen Staatsrat und übernahm das Amt des Staatspräsidenten. Am 27. Oktober 1982 bildete er die erste Regierung des Tschad nach 17jährigem Bürgerkrieg, der u. a. auch Mitglieder der Übergangsregierung Queddeis angehörten. Mit Hilfe französischer Waffen und Fallschirmjäger gelang es ihm bis zu seinem Sturz 1990 immer wieder, die permanenten Offensiven der von Libyen unterstützten Truppen Queddeis abzuwehren.

der Regierungsarmee nicht verhindern: Die neuformierte FAN operierte seit Januar 1982 von Norden aus und kontrollierte schon im Frühjahr große Teile des Landes. Die Regierungsarmee war dem Sturmlauf der FAN-Verbände nach dem Abzug der libyschen Streitkräfte nicht mehr gewachsen. HABRÉ, der von den Libyen-Gegnern → Ägypten und → Sudan unterstützt wurde, wußte die Lage nach dem Abzug der Libyer auszunutzen und rückte mit seinen FAN auf N'Djaména vor. Die Weigerung QUEDDEIS, die Macht mit ihm zu teilen, veranlaßte die OAU zum Rückzug ihrer Friedenstruppen. Am 6. Juni 1982 eroberte HABRÉ die Hauptstadt des Tschad und schwang sich zum Präsidenten auf; QUEDDEI floh ins Exil nach → Algerien und verbündete sich wieder mit GADDHAFI.

Am 9. Juni 1982 setzte HABRÉ einen provisorischen Staatsrat ein. Das Mandat der OAU-Friedensstreitmacht lief am 30. Juni ab; im Sommer 1983 flammten die Kämpfe mit großer Heftigkeit wieder auf. Im August intervenierte Frankreich erneut. QUEDDEIS Vormarsch im Norden mit libyscher Unterstützung wurde am 16. Breitengrad gestoppt. Die Teilung in Nord und Süd war das vorläufige Ende des Bürgerkriegs.

Eine neue Situation ergab sich im Oktober 1986, als sich QUEDDEI von GADDHAFI lossagte und mit HABRÉ zu verhandeln begann. Daraufhin sagte sich sich eine Gruppe unter IBN OMAR von ihm los und wandte sich mit Unterstützung libyscher Truppen gegen ihn. GADDHAFI zog seine Soldaten nach mehreren militärischen Niederlagen im April 1987 zurück.

Die Außenminister Libyens und des Tschad unterzeichneten am 31. August 1989 in Algier ein Abkommen, um den Territorialkonflikt um den rohstoffreichen Aouzou-Streifen beizulegen, der nach einem nie ratifizierten italienisch-französischen Vertrag 1935 an Italien, die ehemalige Kolonialmacht Libyens, abgetreten worden war. Der Internationale Gerichtshof in Den Haag sollte die Streitfrage klären. Am 3. Februar 1994 erging ein Urteil zugunsten des Tschad; unter der Aufsicht von UN-Beobachtern verließen die libyschen Truppen den Grenzstreifen.

Eine dauerhafte Friedenslösung, die die kulturellen, ethnischen und religiösen Belange des Tschad hinreichend berücksichtigt, konnte nicht erreicht werden.

Im April 1990 nahmen mutmaßlich von GADDHAFI unterstützte Rebellenorganisationen wieder den Kampf auf. Eine neue Entwicklung des Konflikts bahnte sich durch den Sturz HABRÉS am 1. Dezember 1990 an. Neuer Präsident wurde sein früherer Vertrauter IDRISS DÉBY. Im Oktober 1991 kam es zu einem erneuten Putschversuch, der aber niedergeschlagen werden konnte. Frankreich schickte 450 Fallschirmjäger und Jagdbomber zur Unterstützung der Regierung.

Anhänger HABRÉS lieferten sich in der Folgezeit heftige Gefechte mit der Regierungsarmee; im Januar 1993 versuchten sie erneut einen Staatsstreich gegen DÉBY. Im Februar 1993 kam es zu weiteren schweren Gefechten mit dem *Mouvement pour Démocratie et Développement* (MDD) am Tschadsee.

Ergebnis und weitere Entwicklung

Im August 1994 schloß die Regierung mit dem *Conseil National de Redressement du Tchad* (CNRT), einer weiteren Rebellengruppe um ABBAS KOTY, einen Friedensvertrag.

KOTY, der angeblich einen Staatsstreich vorbereitet hatte, wurde im Oktober desselben Jahres ermordet. Der von Staatsoberhaupt DÉBY versprochene Demokratisierungsprozeß scheint mittlerweile in Gang gekommen zu sein; das Land ist zur Zeit in weiten Teilen befriedet.

Literatur: J. Boisson: *Histoire du Tchad et de Fort-Archambault.* Paris 1966.
R. Buistenhuits: *Le Frolinat et les révoltes populaires du Tchad. 1965–1976.* Berlin 1978.
J. Cabot / C. Bouquet: *Le Tchad.* Paris 1973.
P.-F. Gonidec: *La République du Tchad.* Paris 1971.
D. Soulas des Russel: *Krisen und Konflikte im Tschad.* Hamburg 1982.
Statistisches Bundesamt (Hg.): *Länderbericht Tschad.* Wiesbaden 1990.

Staatsname: Republik Tschad
Staatsform: Präsidiale Republik (seit 1960)
Staatsoberhaupt: Idriss Déby (UNIR; seit 1990)
Regierungschef: Delwa Kassiré Koumakoye (seit 1993)
Regierung: Übergangsregierung aus 17 Mitgliedern
Parlament: Übergangsparlament mit 57 Sitzen (seit 4.4.1993)
Mitgliedschaft bei internationalen Organisationen: AKP, OAU, UNO
Lage: 14°–23° östlicher Länge, 8°–32° nördlicher Breite
Fläche: 1,28 Millionen km^2
Hauptstadt: N'Djaména
Bevölkerung: 6,1 Millionen; Sara 30,5 %, Araber 26,1 %, Teda 7,3 %, Mbum 6,5 %, Tama 6,3 %, Sonstige 23,3 %; Muslime 40,4 %, Christen 33 %, traditionelle Religionen 26,6 %
Wirtschaft: Landwirtschaft 44 %, Dienstleistung 35 %, Industrie 7 %; Export: Baumwolle 91,1 %, Vieh 1,8 %, Fleisch 0,6 %

TSCHECHOSLOWAKEI

Invasion von Warschauer-Pakt-Truppen 1968

Der Reformsozialismus der tschechoslowakischen Kommunisten, der unter dem Begriff »Prager Frühling« bekannt wurde, bedrohte den hegemonialen Führungsanspruch Moskaus; die »Bruderländer« des Warschauer Pakts zwangen mit Panzern die Prager Reformer zur Umkehr.

Historischer Hintergrund

Die Tschechoslowakei vereinigte die Länder Böhmen, Mähren und Slowakei. Die Slowaken nahmen aber unter der späteren Herrschaft der Ungarn eine andere historische Entwicklung als die Tschechen in Böhmen und Mähren unter deutscher Herrschaft.

Frühe Geschichte bis 1918

Der Name des Landes Böhmen kommt von den keltischen Boiern, die bis etwa 60 v. Chr. hier lebten. Von 200 v. Chr. bis 600 n. Chr. siedelten germanische Völker, gegen Ende des 6. Jahrhunderts kamen slawische Stämme aus dem Osten. Im 9. Jahrhundert beherrschten die mährischen Slawen Böhmen, und als die Madjaren um 900 das Mährische Reich zerstörten, geriet die gesamte Region bis 1918 unter madjarische Herrschaft.

Das tschechische Przemysliden-Geschlecht unterwarf im 9. und 10. Jahrhundert andere slawische Stämme in Böhmen. Unter der Herrschaft Kaiser KARLS IV. (1346–1378) entwickelte sich Böhmen zu einem aufblühenden Gemeinwesen. Die späteren Könige von Böhmen verfügten über mehr Macht als die übrigen Reichsfürsten. Der Kirchenreformer JAN HUS, der 1415 als Ketzer auf dem Scheiterhaufen verbrannt wurde, war bereits entschieden für die kirchlich-nationale Eigenständigkeit der Tschechen eingetreten.

1526 bestieg FERDINAND VON ÖSTERREICH den böhmischen Thron, und das Land gehörte damit zum Habsburger Reich. Angeführt von König FRIEDRICH V. kämpfte der böhmische Adel gegen die Habsburger Vorherrschaft (Prager Fenstersturz 1618), verlor aber 1620 die Schlacht am Weißen Berg. Die Unabhängigkeit kam erst mit dem endgültigen Zusammenbruch des habsburgischen Reiches 1918.

1918 bis 1945

Nach dem Untergang der Habsburger Monarchie schlossen sich die Tschechen und Slowaken zur Tschechoslowaki-

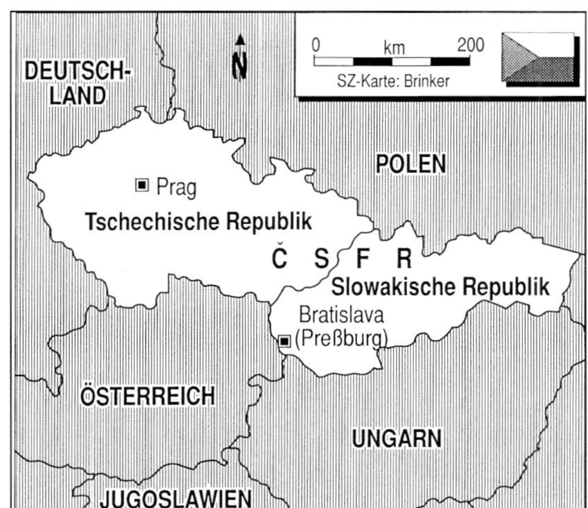

Die frühere Tschechoslowakei mit den Grenzen nach der Aufspaltung in zwei souveräne Staaten 1993.

schen Republik (ČSR) zusammen. Aufgrund des geringeren politischen, sozialen und ökonomischen Standards der Slowaken behielten aber die Tschechen die Vormachtstellung in diesem parlamentarisch-demokratischen Staat. Das Minderheitenproblem führte immer wieder zu erheblichen innenpolitischen wie auch außenpolitischen Konflikten. Besonders deutlich wurde dies in der Frage der Sudetendeutschen in Böhmen, Mähren und Österreich-Schlesien.

Autonomie- und Sezessionsbestrebungen der Sudetendeutschen schlugen nach der Machtergreifung der Nationalsozialisten in Deutschland um in eine Anschlußbewegung. Mit dem Münchner Abkommen (1938) wurde Prag durch massiven Druck ADOLF HITLERS gezwungen, die Gebiete an das Deutsche Reich abzutreten. Die Slowakei erhielt daraufhin Autonomie, machte sich dann 1939 unabhängig und wurde unter faschistischer Führung von Berlin abhängig. Böhmen und Mähren wurden dagegen deutsches »Reichsprotektorat«, nachdem am 15. März 1939 deutsche Truppen unter Verletzung des Münchner Abkommens in Prag einmarschiert waren. Die Zerschlagung des Reststaates Tschechoslowakei bildete den Auftakt zum Zweiten Weltkrieg. In London formierte sich eine Exilregierung unter EDUARD BENEŠ, die von Großbritannien und den USA 1941 anerkannte wurde. BENEŠ unterzeichnete 1943 einen Freundschaftspakt mit der Sowjetunion.

Nach dem Zweiten Weltkrieg

1945 befreiten sowjetische Truppen das Land. Danach sollte die Tschechoslowakei – getragen von den beiden gleichberechtigten Volksgruppen – in den Grenzen von 1937 wie-

Antonín Novotný
(10.12.1904–28.1.1975)
Staats- und Parteichef der ČSSR 1957 bis 1968.
Der gelernte Schlosser trat 1921 der KPČ bei. Wegen seiner Parteitätigkeit wurde er von den Deutschen 1941 im KZ Mauthausen inhaftiert. 1951 kam er ins Politbüro, dessen Erster Sekretär er 1953 wurde. 1957 übernahm er zusätzlich das Amt des Staatspräsidenten. Als Stalinist mußte er 1968 den Reformern weichen, und von 1968 bis 1971 suspendierte ihn die neue Parteiführung aus der KPČ. Er starb 1975 in Prag.

Josef Stalin → Rußland

Nikita Chruschtschow → Kuba

derentstehen. Staatspräsident wurde BENEŠ, doch die Kommunisten gingen bei den ersten Wahlen als stärkste Fraktion hervor und bildeten mit Sozialisten, Volkssozialisten und der *Volkspartei* eine »Regierung der Nationalen Front«. Der von den Kommunisten favorisierte zentralistische Einheitsstaat stieß auf den Widerspruch der bürgerlichen Parteien und der Slowaken, die für ein föderatives System plädierten. Über die von den Amerikanern angebotene MARSHALL-Plan-Hilfe kam es zu einer schweren Regierungskrise, in der sich im Februar 1948 die Kommunisten durchsetzen und die Kontrolle im Staat übernehmen konnten.

Im Mai 1948 wurde eine neue Verfassung verabschiedet und die Tschechoslowakei zur »Volksdemokratischen Republik« erklärt, zum Einheitsstaat, in dem beide Volksgruppen formal gleichberechtigt sein sollten. Nach dem im April 1949 erzwungenen Zusammenschluß von Kommunisten und Sozialdemokraten zur KPČ kam es zu einer Parteiendiktatur stalinistischen Stils (»Säuberungen« in Partei, Staat und Gesellschaft). In der neuen Verfassung von 1960 wurde die führende Stellung der KPČ im Staat fest verankert und die Tschechoslowakei zur »Sozialistischen Republik« (ČSSR) erklärt.

Während der allgemeinen »Tauwetterperiode« nach JOSEF STALINS Tod (1953) war es im Ostblock zu einer allmählichen Liberalisierung gekommen, besonders nach dem 20. Parteitag der KPdSU 1956, der den Auftakt zu NIKITA CHRUSCHTSCHOWS Generalabrechnung mit dem alten Regime (»Entstalinisierung«) bildete. Doch in Prag behielten die alten Stalinisten und orthodoxen Kommunisten noch bis 1963 die Oberhand: Die wirtschaftlichen Schwierigkeiten hatten Anfang der sechziger Jahre zu Unruhe und Widerstand gegen den Regierungskurs geführt, der sich bis dahin streng am Moskauer Vorbild orientierte. Auf dem 12. Parteitag der KPČ mußten die Fehler der einseitigen Wirtschaftsplanung zugegeben werden, und führende Stalinisten wurden ihrer Partei- und Regierungsämter enthoben. Doch der orthodoxe Erste Sekretär der Partei und Staatspräsident ANTONÍN NOVOTNÝ, der seit 1957 im Amt war, bestimmte weiterhin die Richtlinien der tschechoslowakischen Politik.

Konfliktparteien

Reformkommunisten

Die parteiinternen Kontroversen zwischen dem Kreis der Orthodoxen um NOVOTNÝ und einer reformorientierten Gruppe um ALEXANDER DUBČEK, die einen Sozialismus »mit menschlichem Antlitz« forderte, wurden erst im Januar 1968 nach einer offenen Debatte zugunsten der Reformer entschieden. DUBČEK löste NOVOTNÝ als Parteichef ab, der auch zwei Monate später vom Amt des Staatspräsidenten zurücktreten mußte: Sein Nachfolger in diesem Amt wurde General LUDVÍK SVOBODA.

Das Programm der Reformkommunisten wurde sogleich umgesetzt. Durch die neue Presse- und Versammlungsfreiheit (Abschaffung der Zensur im Juni) begann eine allgemeine Liberalisierung des öffentlichen Lebens. Das Aktionsprogramm der neuen Regierung garantierte nun die Bürgerrechte und den Schutz von Minderheiten, lockerte den Zentralismus und leitete eine Föderalisierung der Republik ein, in der die Slowaken mehr politische Rechte erhielten. Die Wirtschaftsreform sollte den Handel mit dem Westen intensivieren.

Der neue Parteichef der KPČ sah sich mehrmals veranlaßt, nach Moskau zu reisen, um die Politik seiner Regierung zu erläutern und eine sowjetische Einmischung zu verhindern. Die Lage spitzte sich aber im Sommer durch öffentliche Manifeste und Demonstrationen, die eine Fortführung und Erweiterung der Demokratisierung forderten, dramatisch zu. Der Druck Moskaus auf die Prager Regierung verstärkte sich, als die Reformer sich weigerten, von ihrem Kurs abzuweichen. Der »Prager Frühling«, wie die Phase der Demokratisierung bald genannt wurde, fand breite Zustimmung in der Bevölkerung.

UdSSR und Warschauer-Pakt-Staaten

Moskau beobachtete die Entwicklung in der ČSSR mit wachsendem Mißtrauen und befürchtete ein Übergreifen der reformkommunistischen Ideen auf andere sozialistische Länder des Ostblocks. Truppenbewegungen der sowjetischen Streitkräfte an den Grenzen und ein Ende Mai 1968 in der ČSSR abgehaltenes Manöver signalisierten unmißverständlich, daß man in Moskau ein Ausscheren der ČSSR aus der sozialistischen Staatengemeinschaft nicht dulden würde.

Konfliktverlauf

Am 19. August 1968 entschlossen sich die fünf *Warschauer-Pakt*-Staaten Polen, die → DDR, → Ungarn, Bulgarien und die UdSSR zur gemeinsamen militärischen Intervention. Die BRESCHNEW-Doktrin, wonach bei Bedrohung der Souveränität und Stabilität eines sozialistischen Staates die »Bruderländer« zu intervenieren hätten, wurde rigoros umgesetzt.

Man gab vor, von »treuen« Kommunisten in Prag um Hilfe gerufen worden zu sein, als in der Nacht zum 21. August 1968 die Truppen der fünf *Warschauer-Pakt*-Staaten in die ČSSR einmarschierten. Luftlandetruppen und Panzereinheiten besetzten die Hauptstadt Prag. Die Regierung appellierte an die Bevölkerung, keine bewaffnete Gegenwehr zu leisten. Der passive Widerstand erwies sich dann auch

Alexander Dubček (27.11.1921–7.11.1992)
Reformkommunist des »Prager Frühlings«. Der Maschinenschlosser Dubček wurde nach dreijähriger Ausbildung auf der Parteihochschule in Moskau 1958 Mitglied des ZK der KPČ, ab 1962 auch des Politbüros. Als dessen Erster Sekretär (1968/69) war er Repräsentant einer Gruppe von Reformern. Unter seinem wesentlichen Einfluß leitete die KPČ eine Phase der Liberalisierung, den sog. Prager Frühling, ein. Dubček genoß in der Bevölkerung große Sympathie. Nicht zuletzt deshalb mußte der demokratische Kurs in der ČSSR von den kommunistischen »Bruderstaaten«, deren Führer ein Übergreifen der Prager Aufbruchstimmung auf ihre Länder fürchteten, niedergeschlagen werden. Dubček verlor nach dem Einmarsch der Truppen des Warschauer Pakts alle Ämter in Staat und Partei. 1989 ließ er sich als Symbol für den Neuanfang noch einmal zum Parlamentspräsidenten wählen. Er kam 1992 bei einem Autounfall ums Leben.

Leonid Breschnew → Rußland

21. August 1968: Das Ende des Prager Frühlings. Dieser junge Mann, der sich einem sowjetischen Panzer entgegenstellte, wurde kurze Zeit später von russischen Soldaten erschossen.

als wesentlich effektiver, und die Reformer konnten sich noch bis zum Frühjahr 1969 an der Macht halten.

In einer erpreßten Abmachung zwischen der Moskauer Führung und den Prager Kommunisten wurde die tschechoslowakische Regierung jedoch verpflichtet, die Reformen rückgängig zu machen. Ein Truppenabkommen vom 16. Oktober 1968 legalisierte die Stationierung der sowjetischen Soldaten im Land auf unbestimmte Zeit.

Ergebnis

Zu Kämpfen und Blutvergießen war es nicht gekommen; nur bei der Besetzung der Radiostation von Prag wurden 30 Menschen bei Schießereien getötet und 300 verletzt. Insgesamt forderte die Besetzung des Landes 50 Todesopfer. Die Bevölkerung reagierte mit demonstrativem Haß und Verzweiflung (Selbstverbrennung von JAN PALACH im Januar 1969).

Eine neue Föderationsverfassung teilte die ČSSR in eine Tschechische und eine Slowakische Sozialistische Republik mit einem gemeinsamem Staatsoberhaupt und Bundesparlament. Die Orthodoxen gewannen mit Hilfe der Moskauer Freunde ihren Einfluß in der KPČ zurück. Am 17. April 1969 löste GUSTAV HUSÁK, einer der beiden stellvertretenden Ministerpräsidenten während des »Prager Frühlings«, ALEXANDER DUBČEK in der Parteiführung ab. Ein Jahr später schloß man ihn sogar aus der KPČ aus.

Weitere Entwicklung

Der Freundschaftsvertrag mit der UdSSR vom Mai 1970 zwang Prag wieder an die Seite Moskaus. Die ČSSR war wieder ein treuer Vasall geworden, und 1971 wurde die Invasion der *Warschauer-Pakt*-Staaten noch einmal als notwendige Maßnahme gegen »konterrevolutionäre Umtriebe« gerechtfertigt. Parteichef HUSÁK löste 1975 auch SVOBODA im Amt des Staatspräsidenten ab. Politische »Säuberungsaktionen« in Staat und Gesellschaft sowie die Unterdrückung jeglicher Opposition führten zu zahlreichen politischen Prozessen. Verhaftungen von prominenten oppositionellen Schriftstellern und häufige Menschenrechtsverletzungen riefen den Protest von (wiederum unterdrückten) Bürgerrechtsbewegungen (*Charta 77*) hervor. Die *Charta 77*, zu der prominente Schriftsteller wie VÁCLAV HAVEL gehörten, informierte die tschechische Bevölkerung in unregelmäßigen Abständen über Menschenrechtsverletzungen in ihrem Land. Ihre Mitglieder waren vielerlei Repressionen ausgesetzt und häufig in Haft.

Mitte der achtziger Jahre – Präsident HUSÁK war inzwischen für eine dritte fünfjährige Amtsperiode gewählt worden – nahmen die Proteste und Verhaftungswellen zu. Im Zuge der von Moskau angekündigten Reformmaßnahmen seit der Machtübernahme MICHAIL GORBATSCHOWS im März 1985 und seiner Politik der Erneuerung (»Glasnost« und »Perestroika«) kam es auch zu Veränderungen in der tschechischen KP-Führung. Im Dezember 1987 mußte HUSÁK sein Amt als Parteivorsitzender an MILOŠ JAKEŠ abgeben. Dies bedeutete zwar einen vorsichtigen Kurswechsel, doch auch diese Politik erfuhr im Oktober 1988 einen Rückschlag, als sich nach einem Regierungswechsel die Hardliner in der KP um JAKEŠ noch einmal durchsetzen konnten. Gleichzeitig nahmen die Proteste der Bürgerrechtler zu, ihre Repräsentanten wurden festgenommen und zu Haftstrafen verurteilt, im Februar 1989 u. a. auch HAVEL.

In der Zeit vom 1. Juli 1989 bis zum Frühjahr 1990 überschlugen sich dann die Ereignisse: Zum 21. Jahrestag der Invasion war es auf dem Prager Wenzelsplatz zu einer Großdemonstration gekommen, die von der Polizei gewaltsam aufgelöst wurde. Es folgte eine ganze Reihe von Demonstrationen und Protestmärschen, bei denen eine neue Regierung, freie Wahlen und die Freilassung der politischen Häftlinge gefordert wurden. Im November formierte sich die Opposition zum *Bürgerforum*, und die gesamte KP-Spitze trat zurück. Am 26. November demonstrierten 500 000 Menschen in Prag für Freiheit; der ehemalige kommunistische Reformer DUBČEK trat wieder in die Öffentlichkeit und wurde begeistert gefeiert. Am 28. Dezember wurde er zum Parlamentspräsidenten gewählt, nachdem die Abgeordneten den Führungsanspruch der KP aus der Verfassung gestrichen hatten und die KP mit letzten Versuchen einer Regierungsbildung gescheitert war. Am 29. Dezember wurde HAVEL zum Staatspräsidenten gewählt.

Gustav Husák (*10.1.1913)
Staatspräsident der ČSSR von 1975 bis 1989.
Der Arbeitersohn und promovierte Jurist wurde 1933 Mitglied der KP. Er gehörte im Zweiten Weltkrieg zu den führenden Widerstandskämpfern seines Landes und war Mitorganisator des slowakischen Aufstands von 1944. Seit 1945 in hohen Ämtern der KPČ, wurde er 1951 verhaftet und 1954 als »slowakischer bourgeoiser Nationalist« zu lebenslanger Haft verurteilt. 1960 begnadigt und 1963 rehabilitiert, wurde Husák 1968 stellvertretender Ministerpräsident. Nach dem Einmarsch der Warschauer-Pakt-Truppen distanzierte sich Husák von den Reformern um Alexander Dubček, wurde 1969 neuer Parteichef und 1975 bis 1989 Staatspräsident.

Michail Gorbatschow → Rußland

Václav Havel (*5.10.1936)
Staatspräsident der ČSSR/ČSFR 1989–1992 und Staatspräsident der ČR seit 1993.
Havel, der aus einer bürgerlichen Familie stammt, konnte aus politischen Gründen nur auf Umwegen einen Studienplatz bekommen, schloß aber dennoch 1966 ein Fernstudium im Fach Dramaturgie ab. In den sechziger Jahren veröffentlichte er erste Theaterstücke und schrieb für mehrere Zeitungen. 1968 erhielt er Publikationsverbot. 1977 war er einer der Mitbegründer der Charta 77. Wegen staatsfeindlicher Aktivitäten wurde er noch im selben Jahr verhaftet und kam erst 1983 endgültig wieder frei. Havel wurde 1989 Vorsitzender des Bürgerforums. Im Dezember 1989 erhielt er das Amt des ersten demokratisch gewählten Präsidenten der Tschechoslowakei. Als das Parlament 1992 die Teilung der Tschechoslowakei beschloß, trat Havel vorzeitig zurück. Dennoch wurde er zum ersten Präsidenten der Tschechischen Republik gewählt.

Am 26. Februar begann der Abzug der sowjetischen Streitkräfte; Präsident HAVEL schloß mit dem sowjetischen Staats- und Parteichef GORBATSCHOW ein Abkommen, das die Achtung der Souveränität beider Staaten vorsah. Am 20. April gab sich die Tschechoslowakei den neuen Staatsnamen »Tschechische und Slowakische Föderative Republik« (ČSFR), hatte aber nur noch bis Ende 1992 Bestand. Am 1. Januar 1993 zerfiel die ČSFR in zwei neue Staaten: die »Tschechische Republik« (ČR) und die »Slowakische Republik«. Die Einführung der Marktwirtschaft und der Rechtsstaatlichkeit ermöglichte eine demokratische Entwicklung und förderte das Auseinanderdriften der beiden Landesteile. 1992 hatte der slowakische Nationalrat die Entwürfe für eine Neugestaltung der Tschechoslowakei abgelehnt. Am 26. Januar 1993 wählte das Prager Parlament den bisherigen tschechoslowakischen Präsidenten HAVEL zum Staatsoberhaupt der ČR; das Parlament in Bratislava machte MICHAL KOVÁC zum Staatspräsidenten der Slowakischen Republik.

Literatur: s. a. → Deutsche Demokratische Republik, → Rumänien, → Rußland, → Ungarn

F. Altmann: *Wirtschaftsentwicklung und Strukturpolitik in der Tschechoslowakei nach 1968.* München 1987.

H. Bischof: *Die Tschechoslowakei am Scheideweg – Die Zukunft der Föderation.* Bonn 1992.

P-C. Burens: *Die DDR und der »Prager Frühling«.* Berlin 1981.

H. Haefs: *Die Ereignisse in der Tschechoslowakei vom 27. Juni 1967 bis 18. Oktober 1968.* St. Augustin 1968.

M. Hajek / A. Hegedüs u. a.: *Prager Frühling – Reformen gestern und heute.* Hamburg 1989.

V. Havel: *Angst vor der Freiheit.* Reinbek 1991.

K. Kaplan: *Der kurze Marsch. Kommunistische Machtübernahme in der Tschechoslowakei.* Oldenburg 1981.

N. von Lobkowicz: *Die Tschechoslowakei 1945–1970.* Oldenburg 1978.

L. Pachmann: *Was in Prag wirklich geschah.* Freiburg 1978.

J. Pelikan: *Sozialistische Opposition in der ČSSR.* Frankfurt 1974.

J. Pokstefl: *Verfassungs- und Regierungssystem der ČSSR.* Oldenburg 1982.

H. Schott: *Worte gegen Panzer – Der Prager Frühling.* Recklinghausen 1991.

Statistisches Bundesamt (Hg.): *Länderbericht Tschechoslowakei.* Wiesbaden 1992.

Staatsname: Tschechische Republik
Staatsform: Republik (seit 1.1.1993)
Staatsoberhaupt: Václav Havel (seit 1993)
Regierungschef: Václav Klaus (ODS; seit 1993)
Regierung: ODS, KDU-CSL, ODA (seit 1992)
Parlament: Tschechischer Nationalrat 200 Sitze (Wahl vom 5./6.6.1992), ODS (Konservative) 76, Linksblock (Kommunisten) 35, CSSD (Sozialdemokraten) 16, LSU (Liberalsoziale) 16, KDU-CSL (Christdemokraten) 15, Sonstige 42
Mitgliedschaft bei internationalen Organisationen: Europarat, OSZE, UNO
Lage: 12°–19° östlicher Länge, 48,5°–51° nördlicher Breite
Fläche: 78 864 km^2
Hauptstadt: Prag
Bevölkerung: 10,3 Millionen; Tschechen 93,5 %, Slowaken 4,1 %, Polen 0,7 %, Deutsche 0,5 %, Ungarn 0,2 %, Sonstige 1 %; Christen 43,4 %, Konfessionslose 39,7 %, Sonstige 16,9 %
Wirtschaft: Industrie 61 %, Dienstleistung 33 %, Landwirtschaft 6 %; Export: Halbfertigwaren 31 %, Maschinen 28,2 %

Staatsname: Slowakische Republik
Staatsform: Republik (seit 1.1.1993)
Staatsoberhaupt: Michal Kovác (HZDS; seit 1993)
Regierungschef: Vladimír Meciar (HZDS; seit 13.12.1994)
Regierung: HZDS, SNS, ZRS (seit 13.12.1994)
Parlament: Slowakischer Nationalrat 150 Sitze (Wahl vom 30.9./1.10.1994), HZDS (Nationalisten) / RSS 61, SDL (Linke Demokraten) 18, Ungarische Koalition 17, KDH (Christdemokraten) 17, DU (Demokraten) 15, Sonstige 22
Mitgliedschaft bei internationalen Organisationen: Europarat, OSZE, UNO
Lage: 17°–23° östlicher Länge, 47,5°–49,5° nördlicher Breite
Fläche: 40 036 km^2
Hauptstadt: Bratislava
Bevölkerung: 5,3 Millionen; Slowaken 85,6 %, Ungarn 10,6 %, Tschechen 1,1 %, Ukrainer und Russen 0,7 %, Deutsche 0,1 %, Polen 0,1 %; Christen 68,2 %, Konfessionslose 9,7 %, Sonstige 22,1 %
Wirtschaft: Industrie 54 %, Dienstleistung 40 %, Landwirtschaft 6 %; Export: Halbfertigwaren 38,8 %, Maschinen 19,4 %, Fertigprodukte 13,4 %

Tschetschenien → Rußland

Bürgerkriegsunruhen seit 1991

Die autonome russische Republik, die überwiegend von Muslimen bewohnt wird und seit über 300 Jahren Zentrum des Widerstandes gegen die russische Vorherrschaft im Kaukasus ist, erklärte sich 1991 nach der Wahl des ehemaligen sowjetischen Generals DSCHOCHAR DUDAJEW zum Präsidenten für unabhängig. Daraufhin kam es zu bewaffneten Kämpfen zwischen der tschetschenischen Regierung und Oppositionsgruppen, die zum Teil von Rußland unterstützt wurden. Moskau intervenierte mit starken militärischen Verbänden im Dezember 1994, um ein Abfallen der Republik von der Russischen Föderation zu verhindern.

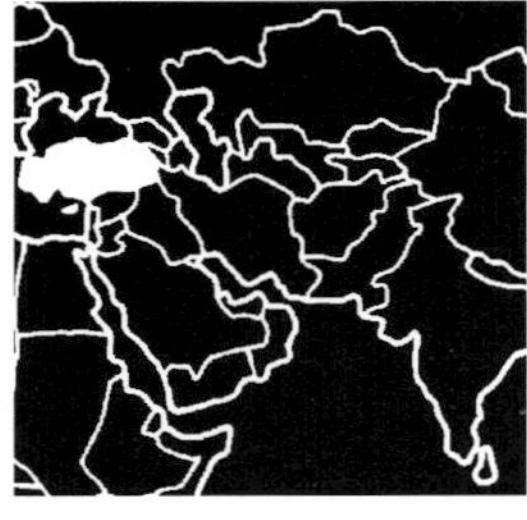

TÜRKEI

Kurden-Konflikt seit den zwanziger Jahren
Zypern-Konflikt 1974

Der 70jährige Nationalitätenkonflikt ist in erster Linie ein Unabhängigkeitskrieg der muslimischen Kurden, die als Volk ohne Staat im Grenzgebiet von Türkei, → Irak und → Iran leben und in allen drei Ländern massiv unterdrückt werden. Der kurdische Freiheitskampf wird in diesem Artikel vor dem Hintergrund der Geschichte der Türkei dargestellt, auf deren Territorium die Hälfte aller Kurden lebt.

Die Rolle der Türkei im Zypern-Konflikt wird unter dem Stichwort → Zypern behandelt.

Historischer Hintergrund

Frühgeschichte

In Anatolien gab es bereits um 6000 v. Chr. die städtische Siedlung Çatal Hüyük. Südlich und östlich des Berges Ararat lebten die Kurden, eines der ältesten Völker der Welt, das 2300 v. Chr. in sumerischen Quellen zum ersten Mal als »Qurti« erwähnt wurde. Sie konnten kein eigenes Reich bilden und wurden im Laufe ihrer Geschichte stets unterdrückt: im Altertum von den Sumerern, Assyrern, Medern und Parthern, später von den Arabern, Persern und Türken (s. u.). Indogermanische Stämme, u. a. die Hethiter, wanderten um 2000 v. Chr. ein und beherrschten seit

Das Territo-ium der heutigen Türkei ist nur noch ein Teil des einstigen Herrschaftsbereiches des mächtigen Osmanischen Reiches.

1800 v. Chr. Anatolien, mußten sich aber um 1200 v. Chr. unter SUPPILULIUMA II. den Angriffen der Seevölker beugen. Die Griechen siedelten ab 900 v. Chr. an der Westküste Kleinasiens

Die Phryger begründeten im 8. und 7. Jahrhundert v. Chr. und die Lyder nach 680 v. Chr. indogermanische Reiche, die beide ab 546 v. Chr. unter persische, später unter makedonische Herrschaft gerieten. Um 188 v. Chr. wurden sie Teil des Königreiches Pergamon und 133 v. Chr. römische Provinz. Das spätere Oströmische Reich zerfiel nach der Niederlage gegen die Seldschuken 1071, die ihrerseits im Jahr 1243 den Mongolen unterlagen.

Osmanisches Reich

Mit dem Untergang des Seldschuken-Reiches begann der Aufstieg des islamisierten Stammes der Oghusen unter ihrem Anführer OSMAN I. GHASI, dem Begründer der Sultanen-Dynastie der Osmanen, die ab 1299 Teile des zerfallenen Reiches neu gliederte und andere Völker in ihren Herrschaftsbereich integrierte. Erst 1453 gelang es Sultan MEHMED II., Konstantinopel zu erobern; danach erweiterten die Osmanen systematisch ihren Machtbereich: Mitte des 16. Jahrhunderts beherrschten die Türken unter Sultan

Mustafa Kemal Pascha (12.3.1881–10.11.1938)
Türkischer Staatsgründer und Präsident von 1923 bis 1938. Der im griechischen Saloniki geborene Mustafa Kemal Pascha nahm 1908 als Offizier am Putsch der »Jungtürken« im zerfallenden Osmanenreich teil. Der hochdekorierte Armeeführer organisierte nach dem Ersten Weltkrieg als Kopf der nationalen Bewegung den Widerstand gegen die alliierte und griechische Besatzung und wurde 1920 zum Vorsitzenden der Nationalversammlung gewählt. 1922 vertrieb er die Griechen aus Kleinasien, setzte nach dem Frieden von Lausanne den Sultan ab und rief am 29. Oktober 1923 die Republik aus, die er als Präsident mit diktatorischen Vollmachten zu einem westlich orientierten, modernen, laizistischen Nationalstaat formte (Kemalismus). Kemal, der seit 1934 den Beinamen Atatürk (Vater der Türken) trug, legte durch seine rigorose Türkisierungspolitik den Grundstein für den weiteren Kurden-Konflikt.

SÜLEYMAN II. Kleinasien und weite Teile der arabischen Halbinsel, → Ägyptens, Nordafrikas und des Balkans. 1529 belagerten sie Wien und eroberten bis 1543 → Ungarn und Siebenbürgen. Seither kam es immer wieder zu Kriegen zwischen den Osmanen und Ungarn, Österreich, Venedig, Polen und → Rußland. Im großen Türkenkrieg (1688–1699) und sieben weiteren Kriegen verloren die Osmanen weite Teile ihres Gebietes. 1830 mußten sie die Unabhängigkeit → Griechenlands anerkennen.

Das Schicksal der Kurden wurde der Weltöffentlichkeit erstmals im 19. Jahrhundert bewußt, als sie sich mit Waffengewalt gegen die Steuereintreiber und Verwalter des persischen Schahs und gegen den osmanischen Sultan erhoben.

Nach den Aufständen in Bosnien, der Herzegowina und Bulgarien 1875/76, die von den Türken brutal unterdrückt wurden, griff 1877 Rußland ein. Auf dem Berliner Kongreß 1878 wurde Bulgarien ein autonomes Fürstentum, Österreich-Ungarn übernahm die Verwaltung Bosniens und der Herzegowina (→ Bosnien und Herzegowina); Serbien, Montenegro und → Rumänien wurden unabhängige Königreiche.

Seit 1876 wandte sich die reformorientierte Nationalbewegung der *Jungtürken* gegen fremde politische Einflüsse, vor allem aber gegen die autoritäre Herrschaft des Sultans.

Nach dem Ersten Weltkrieg

Die Türkei war im Ersten Weltkrieg ein Bündnis mit Deutschland eingegangen, mußte aber nach den Niederlagen in → Armenien und am Suezkanal kapitulieren. Dem einstigen Großreich blieb nur noch Anatolien, und die Kurden hatten zum ersten Mal die Chance, einen eigenen Staat zu bilden, nachdem ihnen die alliierten Siegermächte am 10. Juni 1920 im Friedensvertrag von Sèvres Autonomie zugesagt hatten.

Im selben Jahr eröffnete MUSTAFA KEMAL PASCHA (ab 1934 ATATÜRK, »Vater der Türken«, genannt), ein Mitglied der *Jungtürkischen Partei,* die Nationalversammlung und erklärte den regierenden Sultan MEHMED VI. für abgesetzt. Mit dessen offizieller Abdankung im November 1922 endete das Osmanische Reich. KEMAL hatte zunächst eine provisorische Verfassung verkündet und war Präsident geworden. Mit diktatorischen Vollmachten ausgestattet, leitete er an Europa orientierte Reformen ein.

Die Zusagen an die Kurden nach dem Ersten Weltkrieg wurden von Großbritannien und Frankreich nicht eingelöst – von den kurdischen Gebietsansprüchen wären auch Teile der britischen und französischen Mandatsgebiete betroffen gewesen. Im Vertrag von Lausanne vom 24. Juli 1923, in dem die Alliierten die Unabhängigkeit und die Souveränität des neuen Staates Türkei anerkannten – im

Oktober 1923 wurde das Land Republik – war von kurdischer Autonomie nicht mehr die Rede. Mit dem Abzug der europäischen Mandatsmächte wurde das kurdische Siedlungsgebiet unter der Türkei, dem → Iran, dem → Irak, → Syrien, → Aserbaidschan und → Armenien aufgeteilt, was in der Folge immer wieder zu inner- und zwischenstaatlichen Konflikten führte.

Nach dem Zweiten Weltkrieg
Die Türkei war im Zweiten Weltkrieg bis zur Kriegserklärung Deutschlands im März 1945 neutral. Die USA und Großbritannien leisteten ihr Waffenhilfe. Die Nachkriegszeit war durch Korruption und Unterdrückung gekennzeichnet.

1960 kam General ÇEMAL GÜRSEL durch einen unblutigen Staatsstreich an die Macht und setzte eine zivile Regierung ein, die aber 1971 erneut von der Armee gestürzt wurde, welche 1972 abermals eine bürgerliche Regierung installierte. Innenpolitische Spannungen und Terroranschläge rechter und linker Extremisten führten zur Ausrufung des Notstandes und zu brutalen Unterdrückungsmaßnahmen von seiten der Sicherheitskräfte im ganzen Land. Die schlechte Wirtschaftsentwicklung führte zu innenpolitischen Spannungen. Die Armeeführung, die harte Maßnahmen gegen den anhaltenden Terrorismus gefordert hatte, putschte am 12. September 1980 unter Generalstabschef KENAN EVREN. Das Regime ließ in einem Referendum im November 1982 eine neue Verfassung billigen, in der die »demokratisch legitimierte« politische Machtposition des Militärs festgeschrieben wurde. EVREN wurde für sieben Jahre zum Staatspräsidenten gewählt.

Kenan Evren (*1.1.1918)
Türkischer Staatspräsident von 1980 bis 1989.
Der Berufssoldat Evren stieg 1978 zum Generalstabschef auf und stürzte zwei Jahre später in einem unblutigen Putsch die Regierung Süleyman Demirel, löste das Parlament auf, suspendierte die Verfassung und setzte sich an die Spitze eines »Nationalen Sicherheitsrates«. Evren, dessen politische Maximen Erhaltung der nationalen Einheit, Sicherung des sozialen und nationalen Friedens, Zerschlagung des Terrorismus, Sanierung der Wirtschaft und Stärkung der Westbindung lauteten, sah sich mit seinen Zielen in der Tradition von Kemal Atatürk. Bei einem Referendum 1982 wurde er mit 90,6 Prozent der Stimmen für eine siebenjährige Amtszeit zum Staatspräsidenten gewählt und gab 1983 seine militärischen Funktionen auf.

Konfliktparteien

Kurden
Die etwa 16 Millionen Kurden leben heute auf einer Fläche von rund 500 000 Quadratkilometern. Ihr Siedlungsgebiet, in dem auch viele Angehörige anderer Volksgruppen ansässig sind, erstreckt sich vom Aras-Fluß im → Iran und der Türkei im Norden bis zur Linie Mosul-Kirkut-Khanaqin im → Irak im Süden, vom Oberlauf des Euphrat im Westen bis zur Linie Hamadan-See über Resaiyeh bis zum iranischen Maku im Osten. Über eine Million Kurden leben außerhalb dieses Gebiets in irakischen und syrischen Städten oder im europäischen Ausland, allein 450 000 in Deutschland. 3,7 Millionen leben im Iran, knapp 3,1 Millionen im Irak, 300 000 in → Syrien, 100 000 in → Armenien und 60 000 im → Libanon. Nur etwa drei der über neun Millionen in der Türkei lebenden Kurden sprechen ihre eigene Sprache, die dem neupersischen Frasi verwandt ist.

*Jalal Talabani (*1933)*
Kurdenführer im Irak.
Der aus dem Nordosten des Irak stammende Jurist Talabani engagierte sich bereits in seiner Jugend im kurdischen Widerstand. Obwohl er zeitweise Guerillatruppen kommandiert hat, fühlt sich der weltgewandte Intellektuelle aber eher auf dem diplomatischen Parkett heimisch und pflegte als Vertrauter Mustafa Barsanis während der Entspannungsphase unter dem Bakr-Regime den Kontakt zu den arabischen Ländern. Nach der gewaltsamen Niederschlagung des großen Kurdenaufstands 1974/75 mußte Talabani fliehen und gründete in West-Berlin die PUK, die zusammen mit der DPK Massud Barsanis den bewaffneten Kampf gegen das Regime Saddam Husseins organisierte, gleichzeitig jedoch stets Verhandlungsbereitschaft über einen Autonomiestatus signalisierte. 1992 ging Talabanis PUK als zweitstärkste Kraft neben der DPK aus den Parlamentswahlen in der von den USA eingerichteten Schutzzone für die Kurden im Nordirak hervor.

Im Iran bildete sich 1943 die erst Kurdenorganisation *Komala-e-Zhian-e-Kurdistan* (Komitee für die Auferstehung Kurdistans), eine nationalistische Partei, die sich später marxistisch-leninistisch orientierte; 1945 benannte sie sich in *Demokratische Partei Kurdistans/Iran* (DPK/Iran) um und integrierte die irakischen Organisationen *Heva* und *Rizgary*. Waffenlieferungen erhielt sie aus der Sowjetunion. Ab Ende der sechziger Jahre wurden die Interessen der iranischen Kurden von der DPK/Iran unter Führung von ABDEL RAHMAN GHASSEMLOU vertreten. Unterstützt wurde sie aus dem Irak von der sozialistischen *Patriotischen Union Kurdistans* (PUK) von JALAL TALABANI.

In der Türkei und im Irak gibt es Ableger der DPK und der Organisation der *Kurdischen Revolutionären Jugend*. Die 1978 in der Türkei gegründete linksradikale *Patrya Karkeren Kurdistan* (Arbeiterpartei Kurdistans; PKK) strebt einen unabhängigen Kurdenstaat an; gemäßigtere türkische Kurden verlangen lediglich die Verbesserung der katastrophalen Infrastruktur und Versorgung in der Region. Eine zentrale Forderung aller kurdischen Organisationen und Parteien ist die Anerkennung des Kurdischen als Amtssprache in ihren Siedlungsgebieten.

Unmittelbar nach dem Verbot der PKK wurde ersatzweise die *Arbeiterpartei des Volkes* (HEP) ins Leben gerufen, die 1993 ebenfalls verboten wurde. Innerhalb der 1980 in Damaskus gegründeten *Demokratischen Patriotischen und Nationalen Front* ist die DPK/Irak eine der wichtigsten Gruppierungen. 1989 schlossen sich neben der DPK/Irak und der PUK sechs weitere kurdische Organisationen zur *Irakischen Kurdistan-Front* zusammen.

Regierungen

Alle bisherigen Regierungen der Türkei, des → Iran und des → Irak haben es abgelehnt, den Kurden Autonomie zu gewähren. Mit massiver Waffengewalt bekämpfen diese Länder den Freiheitswillen des kurdischen Volkes.

Konfliktverlauf

Kurdenkonflikt seit den zwanziger Jahren

Die Türkei hatte sich zwar nach dem Ersten Weltkrieg gegenüber den Alliierten verpflichtet, die Rechte der Kurden zu achten, doch seit KEMAL ATATÜRK wird die Existenz dieses Volkes auf türkischem Boden schlicht geleugnet; alles Kurdische in Wort, Schrift und Kultur ist verboten. Die systematische Türkisierung der Kurden führte zu Aufständen (1925, 1927–1930 und 1937). Im → Iran dauerte der erste vergebliche Unabhängigkeitskrieg der Kurden von 1920 bis 1930.

Die Kämpfe zwischen kurdischer Guerilla und türkischem Militär konzentrieren sich meist auf das türkisch-irakische Grenzgebiet.

Vierziger Jahre

Während der Besatzung des → Iran durch sowjetische und englische Truppen nach dem Zweiten Weltkrieg erhoben sich die Kurden erneut. In Mahabad, der Hauptstadt Persisch-Kurdistans, wurde die DPK/Iran gegründet, und der oberste muslimische Richter der Kurden GHASI MUHAMMAD rief, militärisch gestärkt durch 1200 kurdische Untergrundkämpfer aus dem → Irak, am 23. Januar 1946 die autonome »Republik Kurdistan« im persischen Staatsverband aus. An der Gründung dieser sog. Republik Mahabad waren auch türkische Kurdenführer beteiligt. Die Kämpfer der kurdischen Stämme unter Führung des Mullahs MUSTAFA BARSANI hatten bereits im August 1945 vergeblich einen Aufstand im Irak versucht. Über 9000 Kurden mußten in die neu entstehende kurdische Volksrepublik flüchten. Teheran schickte erst nach dem Abzug der russischen Truppen im Dezember 1946 Streitkräfte nach Kurdistan. Kurdenpräsident MUHAMMAD wurde am 31. März 1947 hingerichtet. BARSANIS Einheiten zogen sich in die Berge und später in die UdSSR zurück.

Fünfziger und sechziger Jahre

Nach dem Sturz des irakischen Königs FAISAL 1958 erlaubte der neue Machthaber General ABD EL-KARIM KASSEM dem

Mustafa Barsani (1904–2.3.1979) Kurdenführer im Irak bis 1975. Schon als Kind litt der im Nordosten des Irak geborene Barsani unter den Repressionen der Osmanen, wurde im Alter von fünf Jahren verhaftet und mußte miterleben, wie sein Bruder Abdel Salaam 1914 als Aufrührer gehenkt wurde. 1919 und 1931 beteiligte er sich an Aufständen gegen die britischen Kolonialherren und die irakische Regierung, wurde 1932 interniert und organisierte nach seiner Flucht die ersten spektakulären Kurdenaufstände (1943 und 1945). Als rechte Hand und Nachfolger des 1946 hingerichteten Kurdenführers Ghasi Muhammad mußte er nach Moskau fliehen, konnte aber unter Staatschef Kassem 1958 im Triumph zurückkehren. Dieser wandte sich aber bald gegen ihn, ließ Barsanis DPK verbieten und die Kurden erneut verfolgen. Seitdem führte Barsani mit kurzen Phasen der Entspannung (Friedensvertrag mit Staatschef Bakr 1970) bis 1975 einen erbitterten Guerillakrieg. 1976 flüchtete er unheilbar krank in die USA, wo er 1979 starb.

Kurdenführer BARSANI nach 12jährigem Exil in der Sowjetunion die Rückkehr in den Irak. Doch 1960 wurde die DPK/Irak verboten. Nach den Aufständen 1919, 1932, 1937 und 1945/46 kam es im → Irak im September 1961 zu einer erneuten kurdischen Rebellion gegen die Zentralregierung. Zeitweise befand sich ein Drittel des gesamten Staatsgebiets unter Kontrolle der Kurden. KASSEM ließ die kurdischen Dörfer von seiner Luftwaffe bombardieren. BARSANIS Untergrundarmee *Pesch Merga* (Die Todesbereiten) führte einen Guerillakrieg, den die irakische Armee nicht beenden konnte.

Ab Sommer 1962 unternahmen die kurdischen Rebellen Angriffe auf irakische Garnisonen im Norden. Nach dem Sturz KASSEMS durch ABD AS-SALAM MUHAMMAD ARIF im Februar 1963 (→ Irak) unterstützte BARSANI zunächst die neue Regierung und schloß mit ihr vorübergehend einen Waffenstillstand. Neuerliche Kämpfe erreichten ihren Höhepunkt im Juli 1965 und endeten mit der Niederlage der irakischen Armee. Das 12-Punkte-Friedensprogramm vom 29. Juni 1966 sah die verfassungsmäßige Anerkennung des kurdischen Volkes, die Zulassung seiner Sprache, eine Regierungsbeteiligung und die Schaffung einer autonome Kurdenprovinz im Norden vor. Dieser Vertrag wurde jedoch nie erfüllt.

Am 25. Januar 1967 wurde durch ein Dekret der türkischen Regierung SÜLEYMAN DEMIREL die kurdische Sprache erneut bei Strafandrohung verboten. Auf der Grundlage dieses Gesetzes erfolgten in den nächsten Jahren unzählige Verhaftungen. 1968 erhoben sich die Kurden erneut im → Iran, doch auch dieser Aufstand wurde von der Armee niedergeschlagen.

Um Aufständen vorzubeugen siedelte die Regierung in → Syrien ganze kurdische Dörfer um. Nur in der ehemaligen Sowjetrepublik → Armenien genossen die Kurden damals schon Gleichberechtigung. Sie hatten dort eigene Schulen und durften ihre Kultur und Sprache pflegen.

1969 ging der neue irakische Staatspräsident ACHMED HASSAN AL-BAKR, der ein Jahr zuvor die nationalistische *Baath*-Partei an die Macht geputscht hatte, mit einer Großoffensive von 60 000 Soldaten unter Einsatz von Napalm- und Phosphorbomben gegen aufständische Kurden vor.

Siebziger Jahre

Im Januar 1970 begannen die irakischen Streitkräfte eine erneute Offensive, die jedoch ebenfalls zu keiner militärischen Entscheidung führte. BAKR bot schließlich aus innenpolitischen Gründen einen Waffenstillstand und die Autonomie für das irakische Kurdengebiet an. Am 11. März 1970 wurde ein 15-Punkte-Autonomievertrag geschlossen. Einige Zugeständnisse wurden erfüllt, nicht aber die vorgesehene Ernennung eines Kurden zum Vizepräsidenten und die Abhaltung eines Autonomiereferendums in der erdölreichen Kirkuk-Region, einem traditionellen kurdischen Siedlungsgebiet. Das Gebiet wurde vielmehr 1973 der Regierungskontrolle unterstellt, und die Erdölfelder wurden verstaatlicht.

Nach dem türkischen Militärputsch 1971 wurden die DPK/Türkei und die *Kurdische Revolutionäre Jugend* verboten; die meisten kurdischen Provinzen in der Türkei wurden unter Kriegsrecht gestellt. An der türkisch-irakischen Grenze fanden demonstrative Manöver statt, zugleich kam es zu Razzien in kurdischen Dörfern. Die ökonomische Vernachlässigung des Gebiets durch die Regierung in Ankara führte zu einer Radikalisierung der türkischen Kurden.

Die irakisch-kurdische Opposition verlangte 1974 erneut ein Autonomiereferendum für die Kirkuk-Region. Nach Ablauf eines Ultimatums griffen am 6. April 5000 Kurdenkämpfer in den nordirakischen Bergen wieder zu den Waffen. Unterstützt wurde die Guerilla vom iranischen Schah REZA PAHLEWI und den USA, um das moskaufreundliche Regime im → Irak zu schwächen. Nach Panzer- und Luftangriffen auf kurdische Dörfer flüchteten Tausende in den Iran und in die Türkei.

Zur gleichen Zeit war es zu heftigen Spannungen zwischen dem Iran und dem Irak um den Grenzfluß Schatt el-Arab gekommen. Am 17. März 1975, auf der OPEC-Konferenz in Algier, legten die beiden Länder ihren Grenzkonflikt bei. Der Irak erkannte den vom Iran vorgegebenen Grenzverlauf an; im Gegenzug erklärte sich der Iran bereit, die Unterstützung der Kurden im Nachbarland einzustellen. Daraufhin startete die irakische Armee eine Großoffensive gegen die Kurden, die am 30. März kapitulierten. BARSANI floh in den Iran, wo bereits über 130 000 kurdische Flüchtlinge in Lagern lebten. In der Folge brach der Aufstand im Irak zusammen, und die kurdische Opposition war nach 1975 extrem zersplittert.

Die internationale *Liga für Menschenrechte* legte der UNO 1977 einen Bericht über die von den Irakern verübten Greueltaten an den Kurden vor: Von 1975 bis 1977 wurden in Gefängnissen 275 kurdische Freiheitskämpfer hingerichtet; 25 000 bis 30 000 befanden sich in Konzentrationslagern; 300 000 Menschen hatte die Regierung in Bagdad zwangsumgesiedelt.

Wie andere Minderheiten sympathisierten auch die Kurden nach dem Sturz des Schahs 1979 mit der Revolution der Mullahs unter Ayatollah RUHOLLAH KHOMEINI im → Iran. Sie erhofften sich von der neuen »Islamischen Republik« Autonomie für ihr Siedlungsgebiet und die Wiedererrichtung einer Republik, wie sie bereits 1946/47 bestanden hatte. Als ihre Forderungen unerfüllt blieben,

Abdullah Öcalan (*1949)
Kurdenführer in der Türkei. Der Sohn südostanatolischer Landarbeiter war während seines Studiums der Politikwissenschaften in Ankara Führer einer linksextremen Studentenorganisation, wandte sich später jedoch von der türkischen Linken wegen ihrer antikurdischen Haltung ab. Er gründete 1978 die stalinistisch geprägte kurdisch-nationalistische PKK, die ab 1984 immer wieder mit spektakulären Anschlägen in der Türkei in Erscheinung trat. Die Strafexpeditionen der türkischen Armee gegen die aus dem Irak operierenden PKK-Aktivisten führten zu wachsenden, teilweise bewaffnet ausgetragenen Spannungen mit der um Ausgleich bemühten Kurdistanfront Jalal Talabanis und Massud Barsanis, die von Öcalan als Verräter bezeichnet werden. In den neunziger Jahren weitete Öcalan seinen Terror gegen türkische Einrichtungen europaweit aus.

Reza Pahlewi → Iran

Ruhollah Khomeini → Iran

Unterstützt durch Panzereinheiten durchkämmen 35 000 Soldaten die nordirakische Kurdenregion. Ein Abkommen vom 14. Oktober 1984 mit dem Irak ermöglichte es türkischen Truppen, die Guerilla bis in das Nachbarland hinein zu verfolgen.

griffen die Kurden erneut zu den Waffen. Im März 1979 wurde ein Sieben-Punkte-Plan zur Beendigung der Kämpfe und über eine begrenzte Autonomie der Kurden innerhalb des Irans ausgehandelt. Doch die Kämpfe gingen weiter. Im August 1979 wurde die DPK/Iran verboten, und die iranische Armee griff die Kurden, die als Handlanger der USA denunziert wurden, massiv an. Diese waren der Übermacht nicht gewachsen und verloren im September 1979 ihren letzten Stützpunkt Mahabad. Ihnen blieb nur der Rückzug in die Berge. Seit 1979 kam es auch zu internen Kämpfen zwischen der DPK/Irak und der PUK-Guerilla, die die DPK/Iran in ihrem Kampf gegen die Revolutionsregierung in Teheran unterstützte.

Achtziger Jahre

Im Februar 1980 wurde ein erneuter Kurdenaufstand im → Iran niedergeschlagen; dabei kamen über 10 000 Menschen ums Leben. Die iranische Regierung verhängte anschließend eine Wirtschaftsblockade gegen die Kurden.

Der Militärputsch am 12. September 1980 durch General EVREN brachte eine Verschärfung der Lage der Kurden in der Türkei. Die kurdische Sprache wurde nun auch für den privaten Gebrauch bei Strafe verboten. Es kam zu erneuten Übergriffen der Sicherheitskräfte, zu Massenverhaftungen und Hinrichtungen.

Während des ersten Golfkrieges zwischen dem → Iran und dem → Irak (1980–1988) gab es weitere blutige Auseinandersetzungen zwischen der DPK/Iran, die sich einem sog. *Nationalen Widerstandsrat* angeschlossen hatte, und der Zentralregierung. Ein Drittel der iranischen Armee war bis 1984 in diese Kämpfe verwickelt. Danach hatte Teheran die Kontrolle über das iranische Kurdistan wiederhergestellt. 27 500 Kurden sollen in dieser Zeit ums Leben gekommen sein.

1983/84 kam es in der Türkei zu bewaffneten Überfällen kurdischer Separatisten und zu Zusammenstößen zwischen der Armee und der PKK-Guerilla, die ihre Aktionen vor allem gegen die Streitkräfte und lokale Bürgerwehren richtete. Ein Abkommen vom 14. Oktober 1984 mit dem Irak ermöglichte es türkischen Truppen, die Guerilla weit in das Nachbarland hinein zu verfolgen. Diese Vergeltungsfeldzüge entlasteten die irakische Armee, die gleichzeitig Krieg gegen den Iran führte. Das Abkommen wurde 1988 nicht mehr verlängert, da die Türkei begonnen hatte, am Oberlauf des Euphrat einen Stausee zu errichten, was in Syrien und im Irak heftige Proteste auslöste, da beide Staaten befürchteten, das für sie lebenswichtige Flußwasser könne von der türkischen Regierung als politisches Druckmittel benutzt werden.

1986 schlossen sich die PUK und die DPK/Irak zu einer Allianz gegen die Regierung in Bagdad zusammen. Die kurdische Guerilla startete Angriffe auf irakische Stellungen in Süd- und Nordkurdistan. Bei einem Giftgasangriff der irakischen Luftwaffe auf die kurdische Ortschaft Halabdscha im März 1988 kamen 4000 bis 5000 Menschen ums Leben.

Nach dem Waffenstillstand im ersten Golfkrieg am 20. Juli 1988 verstärkte die Regierung in Bagdad ihre Giftgasangriffe. Daraufhin flohen im Herbst 1988 etwa 100 000 irakische Kurden in die Türkei, die die Hälfte dieser Flüchtlinge in den → Iran abschob. Als der irakische Diktator SADDAM HUSSEIN am 6. September eine Amnestie für die Flüchtlinge erließ, kehrten 20 000 zurück; Tausende mußten, bewacht von türkischem Militär, in Zeltlagern in Ostanatolien überwintern. Seit 1989 wurde die kurdische Bevölkerung im → Irak aus einer 30 Kilometer breiten Sicherheitszone entlang der türkisch-iranischen Grenze deportiert und im Landesinnern angesiedelt.

Im Juli 1989 wurde der DPK/Iran-Führer GHASSEMLOU ermordet. Er soll angeblich eine weitgehende Einigung mit Teheran über eine begrenzte kurdische Selbstverwaltung erreicht haben. Doch seitdem hat die Guerilla ihren Kampf wieder aufgenommen.

Mitte 1989 entwickelte sich in der Türkei ein blutiger Kleinkrieg. Die türkische Armee zerstörte kurdische Dörfer, die Landbevölkerung floh immer häufiger in die Städte, und es gab Zwangsumsiedlungen in den 10 überwiegend von Kurden bewohnten östlichen und südöstlichen Provinzen, über die bereits im Juli 1987 der Ausnahmezustand

Abdel Rahman Ghassemlou (1930–13.7.1989)

Kurdenführer im Iran. Der Sohn eines kurdischen Großgrundbesitzers erlebte als 15jähriger die kurze Existenz der Kurdenrepublik Mahabad, bevor er als Mitglied der moskautreuen Tudeh-Partei nach Prag ging, um zu studieren. Als Gegner des Schah-Regimes saß er zwei Jahre im Gefängnis und arbeitete ab 1960 mit Mustafa Barsanis kurdischer Befreiungsbewegung im Irak zusammen. 1969 baute er die DPK/Iran auf, mußte ins Ausland fliehen und engagierte sich dort u. a. in der Sozialistischen Internationalen. Als Ayatollah Khomeini entgegen seinem Versprechen im gemeinsamen Pariser Exil nach der iranischen Revolution den Kurden die Autonomie verweigerte, übernahm Ghassemlou die Führung des »Kurdischen Frühlings«, einer Bewegung für kulturelle und politische Selbstbestimmung, die 1985 blutig niedergeschlagen wurde (40 000 kurdische Todesopfer). Innerhalb der DPK kam es 1988 zum Bruch, weil einigen Hardlinern die grundsätzliche Verhandlungsbereitschaft ihres Führers zu weit ging. Ghassemlou fiel 1989 in Wien einem Attentat zum Opfer.

Saddam Hussein → Irak

Im Herbst 1988 flohen 100 000 irakische Kurden vor den irakischen Giftgasattacken in die Türkei und mußten, bewacht vom türkischen Militär, in Ostanatolien überwintern.

verhängt worden war. Die türkische Regierung drohte → Syrien mit Militäraktionen, wenn es nichts gegen das Ausbildungslager der PKK in der syrisch kontrollierten Bekaa-Ebene im → Libanon unternähme, PKK-Führer ABDULLAH ÖÇALAN hatte lange Zeit sein Hauptquartier in der syrischen Hauptstadt Damaskus.

Neunziger Jahre

Die innenpolitische Situation in der Türkei hat sich seit Ende der achtziger Jahre wieder kontinuierlich verschärft; die Menschenrechtsorganisationen werfen der Regierung regelmäßig Menschenrechtsverletzungen vor. In Gefängnissen wird nachweislich gefoltert. Ankara mißachtet trotz massiver Proteste aus dem In- und Ausland in den 10 südostanatolischen Provinzen mit überwiegend kurdischer Bevölkerung in eklatanter Weise die Grundsätze der *Europäischen Menschenrechtskommission*.

Während der Feiern des kurdischen Neujahrsfestes (Newroz) am 21. März 1990 kam es an der Grenze zu → Syrien zu blutigen Auseinandersetzungen zwischen türkischen Sicherheitskräften und für die Unabhängigkeit ihres Volkes demonstrierenden kurdischen Aktivisten. Anfang August 1990 begann die türkische Armee wieder mit einer Großoffensive gegen die PKK.

Im selben Monat flammten Kämpfe zwischen der irakisch-kurdischen *Peschmerga* und irakischen Streitkräften um die nordirakischen Städte Dohuk und Arbil auf. Während der irakischen Besetzung → Kuwaits und dem nachfolgenden zweiten Golfkrieg (→ Irak) wurden die Kurden von westlichen Staaten unterstützt, um das HUSSEIN-Regime in Bagdad zu destabilisieren. Diese Hilfe beunruhigte die Türkei, die seit 1923 Ansprüche auf die irakischen Kurdengebiete um Kirkuk und Mosul (s. o. Historischer Hintergrund) erhebt. Ankara verlegte Truppen in die südlichen Provinzen.

Über zwei Millionen Kurden flüchteten nach dem zweiten Golfkrieg in das irakisch-iranisch-türkische Grenzgebiet, wo die UNO Mitte 1991 eine Schutzzone eingerichtet hatte.

Nach Ende des Golfkriegs hat Bagdad Kurden- und Schiitenaufstände brutal niedergeschlagen (→ Irak). Die Republikanische Garde HUSSEINS eroberte die Städte Kirkuk, Erbil und Dahuk zurück, und über zwei Millionen Kurden flüchteten in das irakisch-iranisch-türkische Grenzgebiet, wo sie in einer Art Niemandsland unter katastrophalen Bedingungen in Lagern lebten. Die Türkei sperrte zeitweise ihre Grenzen und öffnete sie nur auf internationalen Druck hin wieder. Im Mai und Juni konnten 200 000 Flüchtlinge in eine neu eingerichtete und von UNO-Truppen überwachte 300 Kilometer lange und 50 Kilometer breite Schutzzone auf irakischem Territorium an der türkischen Grenze zurückkehren.

Um auf das Schicksal des kurdischen Volkes in der Türkei aufmerksam zu machen, nahmen Kämpfer der *Volksbefreiungsarmee Kurdistans* (ARGK) im August 1991 auf einem Campingplatz beim Vulkan Nemrut in der Provinz Bitlis deutsche Touristen als Geiseln, die wenige Tage später auf Intervention der PKK wieder freigelassen wurden. Seither waren Touristeneinrichtungen und politische Institutionen in der Türkei (und auch im Ausland, vor allem in Deutschland) wiederholt Ziel terroristischer Anschläge fundamentalistisch-islamischer und linksextremistischer Gruppen, was die innenpolitischen Spannungen erheblich verschärfte.

Gespräche zwischen Kurdenführern und der Regierung in Bagdad über ein selbstverwaltetes Kurdengebiet im Nordirak scheiterten; ab Oktober 1991 wurden Kurden wieder verfolgt, und es kam erneut zu Kämpfen zwischen Guerilleros und der irakischen Armee. Die Türkei drang bei der Verfolgung von PKK-Kämpfern wieder in den Irak ein und bombardierte dort kurdische Siedlungen.

Die neue türkische Regierung unter Ministerpräsident DEMIREL (ab 21.11.1991) signalisierte eine gewisse Kompromißbereitschaft in der Kurdenfrage, obwohl die

Süleyman Demirel (*6.10.1924) *Mehrfach türkischer Ministerpräsident zwischen 1965 und 1993; seitdem Staatspräsident. Der Vorsitzende der 1964 gegründeten Gerechtigkeitspartei war fünfmal Ministerpräsident (1965–1971, 1975–1977, 1977/78, 1979/80, 1991–1993). Während einer schweren Wirtschaftskrise, ausgelöst durch die Lähmung des Staates aufgrund des permanenten Machtkampfs zwischen Demirel und seinem sozialdemokratischen Gegenspieler Bülent Ecevit, wurde seine Regierung 1980 von der Armee unter Führung von Kenan Evren gestürzt. Das gegen ihn verhängte Verbot der politischen Betätigung wurde 1987 durch ein Referendum aufgehoben. 1991 bildete Demirel erneut eine Regierung und wurde 1993 zum Staatspräsidenten gewählt.*

Kämpfe in Ostanatolien, wo nach wie vor der Ausnahmezustand herrschte, weitergingen. Im November 1992 drangen türkische Soldaten unterstützt von Kampfflugzeugen und Panzern bis zu 25 Kilometer weit auf irakisches Gebiet vor, um PKK-Separatisten zu verfolgen, töteten in der Region um die Stadt Haftanin 1000 Kämpfer und brachten etwa 160 Quadratkilometer Land im Nordirak unter ihre Kontrolle.

Terroranschläge in türkischen Städten setzten im Dezember die Serie der Gewalt fort. In Südostanatolien bombardierte die türkische Luftwaffe erneut PKK-Stellungen. Im Frühjahr 1992 erklärte die PKK-Führung in London der Regierung den Krieg; die Kämpfe eskalierten. Der Kurdenkrieg forderte immer mehr Opfer unter der Zivilbevölkerung. Die EU forderte den NATO-Partner Türkei wiederholt vergeblich auf, die Menschenrechte zu wahren. Im August 1992 wurde die Provinzhauptstadt Sirnak in der Nähe der irakischen Grenze bei Kämpfen zwischen PKK- und Armee-Einheiten fast vollständig zerstört. Bei der anschließenden Großoffensive im Oktober und im November wurden 4000 kurdische Kämpfer verwundet, in die Flucht geschlagen oder getötet.

Die irakischen Kurden, die ihr Gebiet im Oktober für autonom erklärt hatten, sahen durch die Aktivitäten der PKK ihre innenpolitische Lage gefährdet und vereinbarten im November 1992 mit der türkischen Regierung gemeinsame Grenzkontrollen. Der befristete Waffenstillstand vom 20. März bis 15. April 1993, der ein ungestörtes kurdisches Neujahrsfest garantieren sollte, wurde von der türkischen Regierung zu Gesprächen über eine Lösung des Konflikts mit Führern der irakischen Kurden genutzt. Nach Überfällen auf türkische Soldaten im Mai 1993 verstärkte die Armee jedoch wieder ihre Einsätze gegen die PKK-Kämpfer.

Im Juni wurde TANSU ÇILLER Ministerpräsidentin der Türkei. Das Parlament verlängerte im Sommer den Ausnahmezustand über die 10 Kurdenprovinzen. Die HEP, legale Ersatzpartei der illegalen PKK, wurde vom Verfassungsgericht verboten. Im Juli begann die türkische Armee mit über 100 000 Soldaten erneut eine Großoffensive gegen die PKK-Rebellen, die in der Provinz Erzincan ihre Terroraktionen gegen unkooperative Dörfer fortsetzten. Die seit 1987 von der türkischen Armee betriebene Zwangsumsiedlung ging weiter: Allein 1993 wurden 874 kurdische Dörfer evakuiert und zum Teil zerstört, viele der Bewohner wurden in Internierungslager in Südostanatolien gebracht, in denen nach Angaben von *Amnesty International* auch gefoltert wird.

Aus Anlaß des kurdischen Neujahrsfestes Newroz am 21. März 1994 demonstrierten mehrere tausend in Deutschland lebende Kurden für einen unabhängigen Kurdenstaat. Es blieb nicht bei friedlichen Kundgebungen, sondern extre-

Mit spektakulären Protestaktionen machten die in Deutschland lebenden Anhänger der PKK 1994 auf das Schicksal ihrer Landsleute in der Türkei aufmerksam.

mistische Kräfte aus dem Umfeld der auch in Deutschland bereits seit dem 26. November 1993 verbotenen PKK blockierten Autobahnen und besetzten Pressebüros. Auch in anderen europäischen Städten kam es zu spektakulären Aktionen, mit denen auf die Situation des kurdischen Volkes vor allem in der Türkei aufmerksam gemacht werden sollte, wo die Armee nach Augenzeugenberichten auch mit deutschem Kriegsmaterial gegen die Minderheit vorgeht. Die Aktivitäten der militanten Kurden führten in der Bundesrepublik zu einer heftigen Asyldebatte. Abgeschobenen kurdischen Aktivisten droht in der Türkei die Todesstrafe. Im Dezember 1994 wurden acht Parlamentsabgeordnete, die zuvor aus dem Parlament heraus verhaftet worden waren, wegen Kontakten zur verbotenen PKK zu langjährigen Haftstrafen verurteilt.

Weitere Entwicklung

Zum 10. Jahrestag des bewaffneten Kampfes bot die PKK am 15. August 1994 Verhandlungen an. In diesem Jahrzehnt sind nach Angaben der türkischen Regierung 14 404 Menschen getötet worden (8345 kurdische Kämpfer, 2572 Soldaten und 3487 Zivilisten); nach kurdischen Angaben waren 21 523 Tote (6443 Rebellen, 11 750 Soldaten und 3330 Zivilisten) zu beklagen. Das Gesprächsangebot wurde von der Regierung ÇILLER abgelehnt, da die PKK als terroristische Vereinigung angesehen wird. Für die Zerstörung kurdischer Dörfer machte man sich gegenseitig verantwortlich. Der bewaffnete Konflikt griff erneut auf den Westen und Süden der Türkei über; in einigen Touristenzentren kam es wieder zu Terroranschlägen.

Im Frühjahr 1995 verstärkte die türkische Armee wieder ihre Offensiven gegen die Kurden mit Luftangriffen auf Stellungen der Rebellen in der Provinz Bitlis. Im März 1995

Tansu Çiller (*1946)
Türkische Ministerpräsidentin seit 1993.
Die konservative Wirtschaftsprofessorin steht seit 1993 an der Spitze einer Koalitionsregierung aus ihrer Partei des Rechten Weges (DYP) und Sozialdemokraten. Zu ihren wichtigsten Vorhaben zählen die Privatisierung der Wirtschaft, die Senkung der Inflation und der Kampf gegen die Kurden. Das erbarmungslose Vorgehen der Regierung Çiller gegen die verbotene Kurdische Arbeiterpartei (PKK) stieß auf Entrüstung im In- und Ausland.

plante die Türkei gegen den Protest der amerikanischen Regierung einen 20 Kilometer breiten Gebietsstreifen im Nordirak als Sicherheitszone einzurichten. Begründet wurde diese Absicht damit, daß die irakischen Kurden durch Intervention der Golfkriegsalliierten nicht mehr unter Kontrolle Bagdads stünden und dadurch ein Machtvakuum in der Region eingetreten sei, das der PKK in ihrem Kampf um einen eigenen Staat nützen könnte. Die türkische Armee setzte deshalb Ende März 1995 ihre Offensiven im Nordirak fort und verstieß damit erneut gegen das Völkerrecht.

Im April gründeten kurdische Organisationen in Den Haag ein Exilparlament. Aus Protest rief die türkische Regierung ihren Botschafter aus den Niederlanden zurück.

Im Mai standen noch immer 10 000 von ehemals 35 000 türkischen Soldaten im Nordirak; Mitte Juni verstärkte die türkische Armee ihre Einheiten in den Kurdenprovinzen um weitere 50 000 Mann. Inzwischen operiert die PKK auch vom → Iran aus und hat mit Raketenwerfern türkische Stellungen angegriffen. Teheran hat jedoch bereits signalisiert, daß es türkische Vergeltungsmaßnahmen auf iranischem Territorium nicht dulden werde, bot aber gleichzeitig gemeinsame Maßnahmen zur Bekämpfung der kurdischen Rebellen an.

Eine friedliche Lösung des Konflikts ist nicht möglich, solange die Regierung in Ankara nicht zumindest die legitimen Interessen des kurdischen Volkes anerkennt. Autonomie oder zumindest die Respektierung der ethnischen Besonderheiten der Minderheit könnte die Lage entspannen. Die Bildung eines selbständigen Kurdenstaates scheint dagegen auch auf lange Sicht unrealistisch, da weder die Türkei, noch der Iran und der Irak bereit sind, dafür Teile ihrer Territorien abzutreten.

Zypern-Konflikt 1974

Angeblich um die türkische Minderheit auf der Insel zu schützen, intervenierte die Türkei militärisch auf → Zypern und geriet im Juli 1974 nach einem gegen den zypriotischen Staatspräsidenten Erzbischof MAKARIOS gerichteten Putsch der Nationalgarde an den Rand eines Krieges mit → Griechenland. (Konfliktverlauf → Zypern)

Literatur: s. a. → Irak, → Iran
F. Ahmad: *Die kurdische Befreiungsbewegung zwischen Stammeskultur und politischer Erneuerung.* Hildesheim 1994.
Amnesty International (Hg.): *Folter in der Türkei.* Bonn 1986.
R. Ayres / S. Dôgan u. a.: *Türkei, Staat und Gesellschaft.* Frankfurt 1988.
M. Bozdemir: *Armee und Politik in der Türkei.* Frankfurt 1988.
A. Bozkurt: *Das Kurdenproblem in der Türkei.* Frankfurt 1994.
M. van Bruinessen / J. Blaschke: *Islam und Politik in der Türkei.* Berlin 1989.
M. van Bruinessen: *Agha, Scheich und Staat.* Berlin 1989.
G. Chaliand: *Les Kurds et le Kurdistan.* Paris 1976.
Z. al-Dahoodi: *Die Kurden. Geschichte, Kultur und Überlebenskampf.* Frankfurt 1987.
G. Deschner: *Die Kurden – Das heterogene Volk.* Erlangen 1989.
E. Ghareeb: *The Kurdish Question in Iraq.* Syracuse, N.Y., 1981.
Haus der Kulturen der Welt / Medico International (Hg.): *Kurden im Exil.* Berlin 1993.
L. A. Heinrich: *Die kurdische Nationalbewegung in der Türkei.* Hamburg 1989.
F. Hennerbichler: *Die für die Freiheit sterben. Geschichte des kurdischen Volkes.* Wien 1988.
F. Ibrahim: *Die kurdische Nationalbewegung im Irak.* Berlin 1983.
N. Kesen / M. Sahin u. a.: *Kurdistan zwischen Aufstand und Völkermord.* Köln 1991.
Kurdistan-Komitees in Europa (Hg.): *Türkischer Staatsterror in Kurdistan. Berichte der Menschenrechtsvereine.* Köln 1991.
S. C. Pelletiere: *The Kurds: An Unstable Element in the Gulf.* Boulder 1984.
F. Rasoul: *Kurdistan und die sowjetische Nahostpolitik.* Wien 1988.
H. Schlumberger: *Kurdische Reise.* München 1989.
R. Sim: *Kurdistan: The Search for Recognition.* London 1980.
Statistisches Bundesamt (Hg.): *Länderbericht Türkei.* Wiesbaden 1989.
J. C. Vanly: *Kurdistan und die Kurden.* Göttingen/Wien 1988.

Staatsname: Republik Türkei
Staatsform: Parlamentarische Republik (seit 1982)
Staatsoberhaupt: Süleyman Demirel (DYP; seit 1993)
Regierungschef: Tansu Çiller (DYP; seit 1993)
Regierung: DYP, SHP (seit 1991)
Parlament: Nationalversammlung 450 Sitze (Wahl vom 20.10.1991), DYP (Konservative) 175, ANAP (Rechtskonservative) 95, SHP (Sozialdemokraten) 52, RP (Islamische Fundamentalisten) 38, CHP (Republikaner) 16, Sonstige 74
Mitgliedschaft bei internationalen Organisationen: ECO, Europarat, NATO, OECD, OSZE, UNO
Lage: 26°– 45° östlicher Länge, 36°– 42° nördlicher Breite
Fläche: 779 452 km²
Hauptstadt: Ankara
Bevölkerung: 59,9 Millionen; Türken 85,7 %, Kurden 10,6 %, Araber 1,6 %, Sonstige 2,1 %; Muslime 99,2 %, Christen 0,3 %, Sonstige 0,5 %
Wirtschaft: Dienstleistung 55 %, Industrie 30 %, Landwirtschaft 15 %; Export: Textilien 28,7 %, Agrarprodukte 25 %, Eisen, Stahl 13 %

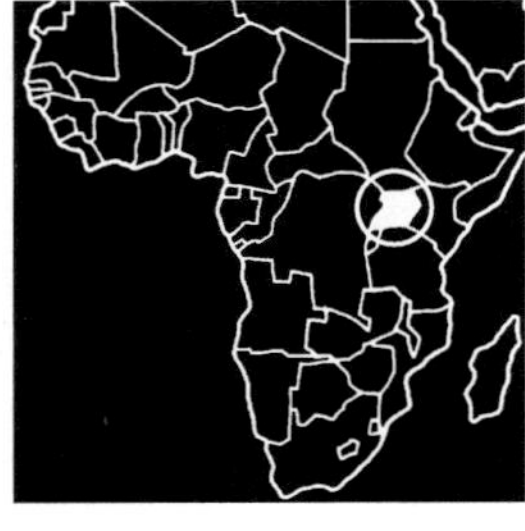

UGANDA

Bürger- und Grenzkrieg mit Tansania 1978/79
Bürgerkrieg 1981 bis 1988

Die Schreckensherrschaft des zum Feldmarschall aufgestiegenen ehemaligen Boxers Idi Amin Dada konnte nur mit Hilfe der tansanischen Armee beendet werden. Doch das Land kam auch unter der neuen diktatorischen Regierung nicht zur Ruhe.

Historischer Hintergrund

Das um 1500 gegründete Bunyoro-Reich der Nyoro, die sich mit den Volksgruppen am östlichen Albertsee vermischt hatten, erlebte Mitte des 19. Jahrhunderts unter seinem König MUTESA I. (1856–1884) einen gewissen Wohlstand. Bevor 1877 christliche Missionare ins Land kamen, hatte der Islam in dieser Region Afrikas großen Einfluß. Seitdem ist die Bevölkerung religiös gespalten, was zu häufigen Unruhen führte. König MANGWA unterzeichnete deshalb einen »Schutzvertrag« mit dem Deutschen CARL PETERS.

Die vielfältige ethnisch-soziale Struktur des Landes erklärt sich aus der komplizierten Geschichte Ugandas vor und nach Erlangung seiner Unabhängigkeit am 9. Oktober 1962. Nach dem Verzicht des Deutschen Reiches auf die Kontrolle des Oberen Nils und auf »Ansprüche« auf Uganda im Helgoland-Sansibar-Vertrag 1890 schloß London 1894 »Schutzverträge« mit Buganda und den benachbarten Königreichen ab. Die vier Hima-Königreiche Buganda, Ankole, Toro und Bunyoro, ganz ähnlich strukturiert wie die ehemaligen Hima-Staaten → Burundi und → Ruanda, wurden Ende des 19. Jahrhunderts administrativ im Protektorat Uganda zusammengefaßt und unter einheimische Verwaltung gestellt (»indirect rule«).

Der Bau der Uganda-Bahn (1895–1901), die das Land mit dem kenianischen Mombasa an der ostafrikanischen Küste verbindet, wurde mit Hilfe indischer Kontraktarbeiter fertiggestellt. Seitdem gibt es eine starke indische Minderheit im Land, die im wesentlichen den modernen Handel aufbaute und kontrollierte.

20. Jahrhundert

Für die Unabhängigkeit Ugandas sah London eine Mischform aus Monarchie und Republik vor und setzte den Ka-

Vor der Willkürherrschaft Idi Amins flüchteten viele Ugander ins benachbarte Tansania. Im Frühjahr 1979 gelang es Exil-Ugandern gemeinsam mit der tansanischen Armee, Ugandas Hauptstadt Kampala zu erobern und den Diktator in die Flucht schlagen.

baka (König) von Buganda, Sir EDWARD FREDERICK MUTESA II. als Staatspräsidenten ein. Kabaka MUTESA II. hatte schon Anfang der fünfziger Jahre die Unabhängigkeit für Buganda und die Sezession von Uganda gefordert: Im Januar 1960 schlug die britische Armee einen Aufstand nieder, und im Dezember erklärte Buganda einseitig die Unabhängigkeit. Der Kabaka rief auch zum Boykott der Wahlen von 1961 auf und stimmte der Unabhängigkeit ganz Ugandas erst zu, als er für Buganda Sonderrechte in der föderativen Verfassung erhalten hatte.

Nachdem MUTESA II. Staatspräsident der »Republik Uganda« (seit 1963) geworden war, kam es zu Spannungen mit den Herrschern der drei anderen Reiche (Toto, Ankole und Bunyoro). Der erste Premierminister Ugandas, APOLLO MILTON OBOTE vom nilotischen Lango-Stamm, vertrat im Gegensatz zum föderalistisch orientierten, konservativen König eine zentralistische und sozialistische Politik. Durch die herausgehobene Stellung des Niloten OBOTE kam es zusätzlich zu Stammeskonflikten mit den Bantu. Verschärft wurden die sozialen Spannungen durch das geschürte Mißtrauen gegenüber den ca. 50 000 Angehörigen der indischen Minderheit.

OBOTE stürzte 1966 König MUTESA II. durch einen blutigen Staatsstreich (über 10 000 Tote), löste das Königreich endgültig auf und verstaatlichte, dem Beispiel → Tansanias folgend, Banken und Wirtschaftsunternehmen. Der neue zentralistische Einheitsstaat wurde in vier Provinzen untergliedert und eine Präsidialverfassung verabschiedet. OBOTES

Apollo Milton Obote (*1925)
Staatspräsident Ugandas von 1966 bis 1971 und von 1980 bis 1985. Der Häuptlingssohn und Angehörige des nilotischen Lango-Stammes war 1957 Mitbegründer des UPC. 1962 bis 1966 Premierminister des unabhängig gewordenen Uganda, wurde er 1966 Staatspräsident. Obote wollte einen starken Zentralstaat schaffen, wobei ihm das in Uganda fortbestehende autonome Königreich Buganda hinderlich war, das er um so vehementer unterdrückte. 1966 jagte er den bugandischen König ins Exil. 1971 wurde Obote von Idi Amin gestürzt und mußte nach Tansania fliehen. Nach dem Ende der Diktatur Amins 1979 wurde Obote im Dezember noch einmal zum Präsidenten Ugandas gewählt, 1985 aber durch einen neuerlichen Militärputsch seines Amtes enthoben.

sozialistische Politik konnte die sozialen und ethnischen Spannungen aber nicht lösen.

Während eines Auslandsaufenthalts wurde OBOTE im Januar 1971 von der Armeeführung für abgesetzt erklärt, und der Oberbefehlshaber der Streitkräfte, Generalmajor IDI AMIN DADA, schwang sich zum neuen Staats- und Regierungschef auf.

Konfliktparteien

Die Partikularinteressen der vier ehemaligen Königreiche und die ethnischen Spannungen verhinderten während der Kolonialzeit eine nationale Unabhängigkeitsbewegung. Erst kurz vor der Selbständigkeit Ugandas (1962) kam es zur Gründung von Parteien. Die wichtigsten waren der *Uganda People's Congress* (UPC) unter der Leitung OBOTES, in dem überwiegend Protestanten der Norddistrikte organisiert sind, und die katholische *Democratic Party* (DP) unter Führung von BENEDICTO KIWANUKA.

Die royalistische Bewegung *Kabaka Yekka* koalierte nach den Wahlen vom Mai 1962 mit dem UPC, und OBOTE wurde erster Premierminister des souveränen Uganda. Nach Attentatsversuchen schaltete OBOTE die Opposition aus und machte den UPC zur Einheitspartei, die alle politischen und ethnischen Gruppierungen vereinigen sollte; doch eine nationale Massenpartei wurde der UPC dadurch nicht.

Nach der Machtübernahme des Diktators AMIN ging OBOTE ins Exil nach → Tansania, von wo aus er gegen das neue Regime kämpfte. Im März 1979 gründete er die *Uganda National Liberation Front* (UNLF), der viele Exil-Ugander angehörten, und noch im selben Jahr konnte mit Hilfe der tansanischen Armee das Terrorregime AMINS gestürzt werden.

OBOTE kehrte zurück und wurde im Dezember 1980 nach einer umstrittenen Wahl erneut Staatspräsident. Im anschließenden Bürgerkrieg von 1981 bis 1988 kämpften gegen die Regierung OBOTE und ihre Armee im Westen und Südwesten vor allem die *National Resistance Army* (NRA) des *National Resistance Movement* (NRM) unter Führung des früheren Verteidigungsministers YOWERI KAGUTA MUSEVENI , im Norden die *Uganda People's Democratic Army* (UPDA) und im Nordosten die *Uganda People's Army* (UPA).

Außerdem machte eine Terrorbande ehemaliger AMIN-Soldaten unter der Führung von General TITUS OKELLO das Land unsicher. Nach dem Sturz OBOTES im Juli 1985 folgten bewaffnete Machtkämpfe zwischen der NRM-Regierung MUSEVENIS, der UPA und der UPDA.

Diktator Idi Amin (Mitte) bei den Feiern zum sechsten Jahrestag der Regierungsübernahme im Februar 1977 in Kampala.

Konfliktverlauf

Bürger- und Grenzkrieg mit Tansania 1978/79

Beim Staatsstreich AMINS im Januar 1971 kam es zu Gefechten zwischen der Sicherheitstruppe OBOTES und der Armee; dabei kamen 250 Menschen ums Leben. AMIN errichtete eine Ein-Mann-Diktatur und eine Willkürherrschaft ohne jegliches Regierungskonzept. Außenpolitische Orientierungslosigkeit und Unbeständigkeit, persönliches Gangstertum und eine chaotische Wirtschaftspolitik – AMIN sprengte die seit 1948 bestehende *Ostafrikanische Wirtschaftsunion* mit → Kenia und → Tansania (1975) – führten Uganda unaufhaltsam in den ökonomischen und politischen Ruin.

AMIN hatte 1972 die Ausweisung der in Uganda lebenden Ausländer angeordnet; davon betroffen waren vor allem die Inder, die seit der Jahrhundertwende Handel, Handwerk und Kleinindustrie beherrschten. Diese Maßnahme führte zu einem akuten Mangel an Fachleuten und war Auftakt einer großen wirtschaftlichen Krise. Die innere Opposition und ethnische Minderheiten verfolgte AMIN mit unbeschreiblicher Grausamkeit. Schätzungen zufolge sollen bei Massakern zwischen 100 000 und 300 000 Menschen ermordet worden sein.

Die geflüchteten Ugander, die sich um OBOTE in Tansania gesammelt hatten, versuchten, durch Guerillaaktionen AMINS Diktatur zu stürzen. Ein erster Invasionsversuch zusammen mit tansanischen Truppeneinheiten scheiterte 1972.

Nach einer angeblichen Grenzverletzung der tansanischen Armee kam es im Herbst 1978 zum Krieg zwischen

Idi Amin Dada (*1928)
Diktator Ugandas von 1971 bis 1979. Der Moslem und Angehörige des Kawa-Stammes besuchte nur vier Schulklassen. Er war zunächst einfacher Soldat in der britischen Kolonialarmee (u. a. in Birma und Kenia) und von 1951 bis 1960 ugandischer Boxmeister im Halbschwergewicht. 1961 wurde Amin als erster Farbiger Ugandas Offizier, 1967 brachte er es zum Oberbefehlshaber und schwang sich 1971 durch einen Staatsstreich zur Macht auf. 1976 rief er sich zum Präsidenten auf Lebenszeit (Feldmarschall) aus. Der völlig unberechenbare Idi Amin, dem auch Kannibalismus nachgesagt wird, war weltweit berüchtigt für seine Brutalität. Seiner Schreckensherrschaft fielen mindestens 200 000 Menschen zum Opfer. Nach seinem Sturz 1979 flüchtete er nach Libyen und ging ins Exil nach Saudi-Arabien.

Im April 1979 eroberten exil-ugandische Einheiten und tansanische Truppen gemeinsam die ugandische Hauptstadt Kampala. Noch kurz vor seinem Abzug hatte Diktator Idi Amin zahlreiche politische Gefangene gnadenlos ermorden lassen. Die Einwohner Kampalas bereiteten ihren Befreiern einen triumphalen Empfang.

Uganda und → Tansania. Am 29. Oktober griff AMINS Luftwaffe an. Am 11. November stießen tansanische Truppen in einer Gegenoffensive auf ugandisches Gebiet vor und gelangten bis zum Februar 1979 an den strategisch wichtigen Verkehrsknotenpunkt Masaka in der Nähe der Hauptstadt Kampala. Der Kagera-Distrikt wurde von den ugandischen Truppen besetzt.

Etwa 4000 tansanische Soldaten und ebensoviele Exil-Ugander standen der 20 000 Mann starken Armee AMINS gegenüber, die aus vielen verschiedenen Stammeskriegern zusammengesetzt war. Die demoralisierte Truppe konnte trotz der Unterstützung durch kleinere libysche Truppeneinheiten den Sieg der Tansanier nicht aufhalten. Am 4. April wurde Kampala nach heftigen Kämpfen erobert. Die Armee Ugandas kapitulierte, und AMIN flüchtete zu seinem Verbündeten MUAMMAR AL-GADDHAFI nach Libyen, der mit der militärischen Unterstützung des ugandischen Diktators versucht hatte, seinen Einfluß über Nordafrika hinaus zu erweitern.

Muammar al-Gaddhafi
→ Tschad

Ergebnis

Das Terrorregime AMINS war damit beendet. Die UNLF bildete eine provisorische Regierung unter YUSSUF LULE, der aber schon am 20. Juli 1979 von GODFREY LUKONGWA BINAISA als Staatspräsident abgelöst wurde. Auch BINAISA wurde nach kaum einem Jahr gestürzt; am 10. Mai 1980 übernahm die Militärkommission der UNLF unter Führung von PAULO MUWANGA die Regierungsgeschäfte und bereitete Wahlen und die Rückkehr OBOTES vor.

Bei den Parlamentswahlen im Dezember errang OBOTE mit seiner UPC die Mehrheit; am 10. Dezember 1980 wurde er wieder Präsident der Republik Uganda, MUWANGA wurde zum Vizepräsidenten und Verteidigungsminister bestellt. OBOTE befürwortete die wirtschaftliche Zusammenarbeit aller ostafrikanischen Staaten, um nach dem ökonomischen Niedergang des Landes unter AMIN den Aufbau Ugandas zu beschleunigen.

Yoweri Kaguta Museveni (*1944)
Staatspräsident Ugandas seit 1986.
Museveni kam wie seine Vorgänger durch einen Militärputsch an die Macht. Ursprünglich Gefolgsmann Milton Obotes war der studierte Politologe und Ökonom nach dem Sturz Idi Amins von 1979 bis 1980 Verteidigungsminister der Übergangsregierung. Nach dem Bruch mit Obote floh er in den Süden Ugandas, von wo aus er mit den Truppen des National Resistance Movement seine Machtübernahme vorbereitete. Nach dem Sturz Obotes war Museveni kurzfristig an der neuen Regierung beteiligt. Im Januar 1986 stürzten Musevenis NRM-Truppen die Militärregierung von Titus Okello.

Bürgerkrieg 1981 bis 1988

Bei den Wahlen hatte es Unregelmäßigkeiten gegeben. OBOTE und seine Gegner mobilisierten alle ethnischen, religiösen und regionalen Kräfte für den Kampf um die Macht. Der Regierung wurden auch massive Menschenrechtsverletzungen vorgeworfen. Vor allem im Luwero-Dreieck nördlich der Hauptstadt Kampala kam es zwischen 1983 und 1985 bei zahlreichen Militäroperationen zu Massakern und Verwüstungen.

Innerhalb der Armee gab es ethnische Spannungen zwischen den Lango, dem Stamm OBOTES, und den Acholi, zu denen u. a. Armeechef BASILIO OKELLO gehörte. Es kam zu brutalen Übergriffen, bei denen zwischen 100 000 und 200 000 Menschen getötet wurden. Anfang Juli 1985 brachen blutige Kämpfe zwischen Acholi- und Lango-Soldaten aus, in deren Verlauf General TITUS OKELLO mit einigen Anhängern nach Norden floh und sich den Acholi-Truppen unter General BASILIO OKELLO (mit dem er nicht verwandt ist) anschloß. Diesen neu formierten Rebellentruppen der Armee gelang es, am 27. Juli 1985 OBOTE zu stürzen, der nach Sambia floh.

Die neuen Machthaber bildeten einen Militärrat unter dem Vorsitz von TITUS OKELLO, setzten die Verfassung außer Kraft und lösten das Parlament auf. Inzwischen hatte die NRA/NRM ihre Position im Südwesten gefestigt und am 4. November 1985 eine selbständige Verwaltung eingesetzt. Im Dezember 1985 verhandelte der Militärrat OKELLOS mit der NRA/NRM; man vereinbarte einen Waffenstillstand und die Aufnahme der NRA in einen erweiterten Militärrat. Doch die Vereinbarungen wurden nicht eingehalten, und die NRA nahm den bewaffneten Kampf nun gegen die neue Regierung auf, die sie am 26. Januar 1986 gewaltsam beseitigte. NRA-Führer MUSEVENI wurde drei Tage später als neuer Präsident vereidigt.

Die OKELLO-Armee flüchtete in den Norden und vereinigte sich mit der UPDA und der UPA. Das neu entstandene militärische Bündnis nahm sofort den Kampf gegen die Regierung MUSEVENI auf.

MUSEVENI mußte sich außerdem 7000 bewaffneter Acholi-Kämpfer der *Heilig-Geist-Sekte* der »Prophetin« ALICE

»In Uganda hat die gegen die Regierung von Präsident Milton Obote kämpfende Nationale Widerstandsarmee (NRA) alle Ausländer aufgefordert, im Interesse ihrer eigenen Sicherheit das Land zu verlassen. Eine entsprechende Erklärung der Guerilla-Organisation richtet sich vor allem an Diplomaten, Mitarbeiter von internationalen Hilfsorganisationen und an die zur Ausbildung der ugandischen Armee ins Land geholten Commonwealth-Offiziere. Wie die vom früheren Verteidigungsminister Yoweri Museveni geführte Widerstandsarmee versichert, plant sie keine Anschläge gegen Ausländer, doch könnten diese bei Angriffen auf Einrichtungen der Regierung zu Schaden kommen, heißt es.«
Süddeutsche Zeitung, 7. März 1983.

LAKWENA erwehren. Im Sommer 1987 konnte die Guerilla LAKWENAS zwar aufgerieben werden, doch ihr Vater setzte den Kampf mit ein paar Getreuen fort.

Da vor allem NRA-Einheiten während des Krieges mehrmals die Grenze → Kenias verletzten, kam es 1987 beinahe zu einem Krieg zwischen beiden Staaten. Auch die Nachbarstaaten → Sudan und → Zaire hatten unter ugandischen Flüchtlingen und Übergriffen zu leiden.

Ergebnis

Als die militärische Lage für alle Konfliktparteien ausweglos geworden war, wurde schließlich am 3. Juni 1988 ein Friedensvertrag unterzeichnet. Die Rebellen wurden amnestiert und 2000 ehemalige Guerilleros nach einer Überprüfung in die reguläre Armee übernommen.

Doch nicht alle Widerständler hatten sich dem Friedensprozeß angeschlossen. Einige marodierende Banden machten weiterhin den Norden und Nordosten unsicher.

Weitere Entwicklung

Im Oktober 1989 wurde die Amtszeit der Regierung MUSEVENI um fünf Jahre verlängert. Ein halbes Jahr später wurde MUSEVENI auch zum OAU-Vorsitzenden gewählt.

Ohne Verfassungsgrundlage akzeptierte die Regierung MUSEVENI die Restauration der 1967 von OBOTE aufgelösten Königreiche Ankole, Buganda, Bunyoro und Toro. Der im Juli 1993 gekrönte RONALD MUWENDA MUTEBI II. VON BUGANDA forderte sofort mehr Macht. Bei der Wahl für die Verfassunggebende Versammlung im März 1994, bei der keine Parteien, sondern nur unabhängige Bewerber zugelassen waren, setzten sich die Kandidaten des NRM von Präsident MUSEVENI mit einer Zweidrittelmehrheit durch.

Die für Anfang 1995 vorgesehenen Parlamentswahlen wurden auf Dezember verschoben. Um die zukünftige Verfassung gibt es nur schwer überbrückbare Differenzen: MUSEVENI lehnt ein Mehrparteiensystem ab, weil dadurch die alten Konflikte neu belebt würden. Die Befürworter eines Mehrparteiensystems haben deshalb den Verfassungsrat im Dezember 1994 aus Protest verlassen. Auch gegenüber der Forderung nach einer stärkeren Beteiligung der Regionen am Entscheidungsprozeß zeigt sich die Regierung bislang wenig aufgeschlossen.

An der Grenze zum → Sudan wurden Anfang 1995 die Truppen verstärkt, um ein Übergreifen des dort wütenden Bürgerkriegs auf Uganda zu verhindern.

Literatur: D. E. Apter: *The Political Kingdom in Uganda*. Princeton 1967.
T. Avirgan / M. Honey: *War in Uganda. The Legacy of Idi Amin*. Westport 1982.
A. J. Halbach: *Die Ausweisung der Asiaten aus Uganda*. München 1973.
J. J. Jorgenson: *Uganda. A Modern History*. New York 1981.
M. Mamdani: *Politics and Class Formation in Uganda*. London 1976.
D. Martin: *General Amin*. London 1974.
J. M. Mittelman: *Ideology and Politics in Uganda From Obote to Amin*. London. 1975.
Statistisches Bundesamt (Hg.): *Länderbericht Uganda*. Wiesbaden 1988.
E. Wiedemann: *Idi Amin, ein Held von Afrika?* Hamburg 1976.

Staatsname: Republik Uganda
Staatsform: Präsidiale Republik (seit 1967)
Staatsoberhaupt: Yoweri Museveni (NRM; seit 1986)
Regierungschef: Kintu Musoke (NRM; seit 18.11.1994)
Regierung: Nationale Widerstandsbewegung (NRM, seit 1986)
Parlament: Verfassunggebende Versammlung 288 Sitze (Wahl vom 28./29.3.1994), Anhänger der Regierung 145, Opposition 143
Mitgliedschaft bei internationalen Organisationen: AKP, Commonwealth, OAU, UNO
Lage: 29°– 35° östlicher Länge, 1°– 4° südlicher Breite
Fläche: 241 040 km²
Hauptstadt: Kampala
Bevölkerung: 17,7 Millionen; Ganda 17,8 %, Teso 8,9 %, Nkole 8,2 %, Soga 8,2 %, Gisu 7,2 %, Sonstige 7,2 %; Christen 78,3 %, Muslime 6,6 %, Sonstige 15,1 %
Wirtschaft: Landwirtschaft 57 %, Dienstleistung 32 %, Industrie 11 %;
Export: Kaffee 79,6 %, Baumwolle 3,3 %, Tee 1,2 %

UNGARN

Aufstand 1956

Ein Volksaufstand gegen den Stalinismus und für mehr Freiheitsrechte wurde von der Roten Armee niedergeschlagen. Moskau konnte Ungarn nur mit Waffengewalt in die sozialistische Staatengemeinschaft des Ostblocks zurückholen.

Historischer Hintergrund

Frühe Geschichte

Im 4. Jahrhundert v. Chr. kamen Kelten in die Region des heutigen Ungarn. Die Römer bildeten im Jahre 10 n. Chr. zwischen den Ostalpen, Save und Donau die Provinz Pannonien, und 400 n. Chr. eroberten die Hunnen und Gepiden das Gebiet. Letztere gründeten östlich der Theiß ein Reich, das 567 von den Langobarden vernichtet wurde. Während der Herrschaft der Awaren (568–791) besiedelten Slawen das Land.

Um 900 wanderten aus dem Ural die Madjaren ein und unterwarfen die einheimischen Stämme. Ab der Jahrtausendwende entwickelte sich das Land zu einem mächtigen Reich, das von Dalmatien über → Kroatien bis nach Galizien reichte.

Neuzeit

1526 kam die Region unter osmanische Herrschaft; der Westen des Landes fiel dagegen an die Habsburger. Erst 1699 wurden die Türken vertrieben, und auch das übrige Land wurde mit Habsburg vereinigt. Nach der Niederlage Österreichs gegen Preußen (1866) wurden den nach Unabhängigkeit strebenden Ungarn weitgehende Zugeständnisse gemacht. Es entstand die österreichisch-ungarische Doppelmonarchie, nach deren Zusammenbruch (1918) sich in Ungarn für kurze Zeit eine Räterepublik mit Béla Khun an der Spitze etablierte, die aber mit Hilfe rumänischer und tschechoslowakischer Truppen zerschlagen und von einer Monarchie ohne Monarchen unter dem Reichsverweser Admiral Nikolaus (Miklós) Horthy von Nagybánya abgelöst wurde.

Das autoritäre Horthy-Regime orientierte sich Anfang der dreißiger Jahre an den faschistischen Staaten Italien und Deutschland, zu denen es enge Verbindungen knüpfte. So beteiligten sich auch ungarische Truppen am deutschen Überfall auf Jugoslawien (1941) und nahmen am Rußland-

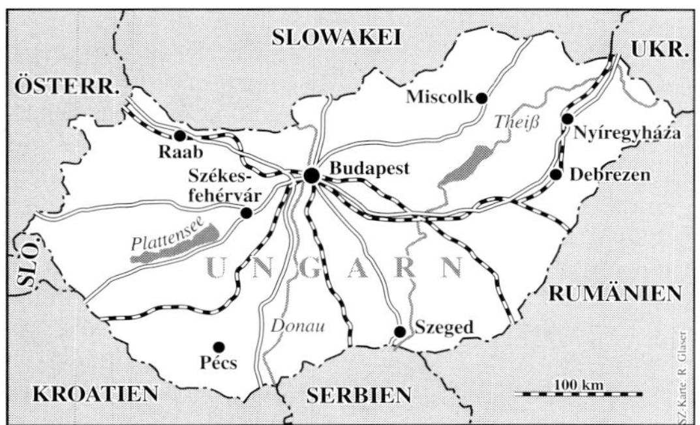

Ungarn mit den neuen Anrainerstaaten nach den Umbrüchen in Osteuropa und dem Zerfall Jugoslawiens.

feldzug (seit Juni 1941) teil. Kurz vor Kriegsende (Oktober 1944) besetzten die deutschen Truppen auch Ungarn, und HORTHY wollte sich aus dem Krieg zurückziehen.

Die innenpolitische Situation in Ungarn verschärfte sich mit dem Herannahen der *Roten Armee* und durch die Aktionen des *Bereifungskomitees des Ungarischen Nationalen Aufstands* im Untergrund. Nach der Verhaftung HORTHYS durch die deutschen Besatzer übernahmen die Faschisten der *Pfeilkreuzerpartei* die Macht, wurden aber bald von den nationalistischen Untergrundkämpfern verdrängt. Anfang 1945 befreiten sowjetische Truppen das Land. Bei den Wahlen im November 1945 konnten sich nur wenige kommunistische Kandidaten durchsetzen.

Am 2. Februar 1946 wurde Ungarn Republik. 1947 war es den Kommunisten gelungen, Schlüsselpositionen in der Regierung einzunehmen, und mit sowjetischer Hilfe übernahmen sie nun die Macht. Viele nichtkommunistische Politiker wurden verhaftet, und es gab eine Reihe von Hinrichtungen. Nach Abschluß des Friedensvertrages, der die Grenzen vom 1. Januar 1938 garantierte, und eines Bündnispakts mit der Sowjetunion (1948), der Budapest in wirtschaftliche, politische, militärische und kulturelle Abhängigkeit brachte, wurde die Republik zur Volksdemokratie erklärt (Verfassung vom 20.8.1949) und seitdem von der *Vereinigten Ungarischen Arbeiterpartei* regiert. Unter Ministerpräsident MÁTYÁS RÁKOSI (1952/53), der eine Reihe von Schauprozessen und »Säuberungen« durchführte, entwickelte sich Ungarn endgültig zu einem stalinistischen Staat.

Mátyás Rákosi (9.3.1892–5.2.1971)
Ungarischer Ministerpräsident 1952/53 und 1955/56. Nach dem Ersten Weltkrieg lernte er in Petrograd Lenin kennen. Als Volkskommissar in der Räteregierung Béla Khuns mußte er nach dessen Sturz nach Moskau fliehen. Nach zeitweiliger Haft in Ungarn ging er 1940 erneut ins Exil nach Moskau. 1944 wurde er Generalsekretär der KP Ungarns und 1945 Minister. Als Ministerpräsident ab 1952 leitete Rákosi die Zwangsfusion mit den Sozialisten ein und gab 1953 sein Amt vorübergehend an Imre Nagy ab. Im Zuge der Entstalinisierung zwang man den orthodoxen Rákosi, Selbstkritik zu üben. Er trat im Juli 1956 zurück.

Konfliktparteien

Unter dem Schutz der sowjetischen Besatzung regenerierte die *Kommunistische Partei* Ungarns ihren Parteiapparat, und nach Abschluß des »Freundschafts- und Bündnispak-

János Kádár (26.5.1912–6.7.1989)
Staats- und Parteichef Ungarns von 1956 bis 1988. Kádár gehörte schon 1931 zur Führungsgruppe des illegalen kommunistischen Jungarbeiterbundes. Seit 1932 KP-Mitglied, wurde er mehrmals verhaftet und saß von 1937 bis 1939 im Gefängnis. 1942 war er Mitglied des ZK und übernahm kurz darauf die Redaktion der Parteizeitung. 1945 wurde er Mitglied im Politbüro, 1946 stellvertretender Generalsekretär der Partei und war ab 1948 Polizeiminister. 1951 wurde Kádár wegen »Titoismus und Spionage« verhaftet, aber 1954 rehabilitiert. Während des ungarischen Aufstandes war er Erster Parteisekretär, bildete im November 1956 in Szolnok eine Gegenregierung und forderte sowjetische Hilfe an. Nach der Niederschlagung des Aufstandes reorganisierte Kádár die Partei. 1961 wurde er Staats- und Parteichef und versuchte in den Folgejahren einen vorsichtigen Reformkurs. Die politische Wende 1988 zwang ihn zum Rücktritt.

Josef Stalin → Rußland

Nikita Chruschtschow → Kuba

tes« mit der UdSSR wurden die Sozialisten und Sozialdemokraten gezwungen, sich mit der KP zu einer Einheitspartei zusammenzuschließen. Die *Vereinigte Ungarische Arbeiterpartei* war in zwei größere Fraktionen gespalten: in die *Moskauer Gruppe*, bestehend aus Stalinisten, die Ende der dreißiger Jahre ins russische Exil gegangen waren, und die *Budapester Gruppe*, aus ehemaligen ungarischen Untergrundkämpfern.

Nach Josef Stalins Tod (1953) kam es zu schweren innerparteilichen Auseinandersetzungen und Flügelkämpfen. Der stalinistische Flügel unter der Führung des Parteisekretärs Rákosi konnte sich bis zum XX. Parteitag der KPdSU (1956) halten, auf dem Nikita Chruschtschow die Entstalinisierung einleitete. Danach verstärkte sich die innerparteiliche Opposition, und Rákosi mußte zurücktreten. Die neue Staats- und Parteiführung kündigte einige Reformen und Liberalisierungen an (u. a. die Revision der stalinistischen Schauprozeß-Urteile).

Konfliktverlauf

Die Ereignisse in Polen im Sommer 1956 waren ein Fanal für die ungarische Opposition: Demonstrationen polnischer Arbeiter hatten sich zu einem Aufstand gegen die kommunistische Regierung ausgeweitet. Trotz der gewaltsamen Intervention des Militärs war es zu einem Wechsel in der Staats- und Parteispitze gekommen. Neuer Generalsekretär der polnischen KP wurde der Anti-Stalinist Wladislaw Gomulka, der u. a. die landwirtschaftlichen Kollektivierungsmaßnahmen rückgängig machte und wegen Maßnahmen wie dieser bald große Sympathie in der polnischen Bevölkerung genoß.

Über 100 000 Menschen demonstrierten am 23. Oktober 1956 auf den Straßen Budapests ihre Solidarität und Verbundenheit mit den polnischen Genossen und protestierten gleichzeitig gegen die sowjetischen Besatzungstruppen und gegen den Stalinismus in Ungarn. Einige der Demonstranten stürzten ein sieben Meter hohes Denkmal Stalins als Symbol der Unfreiheit vom Sockel und schleiften es durch die Hauptstadt. Andere belagerten den Rundfunk und verlangten die Verbreitung ihrer Forderungen: Abzug der *Roten Armee*, Freilassung der politischen Häftlinge, Pressefreiheit, Abschaffung der Zensur und freie Wahlen. Es kam zu Schießereien mit der ungarischen Sicherheitspolizei AVO. Doch einige Armee-Einheiten schlossen sich den zum Teil bewaffneten Aufständischen an, die wichtige Gebäude der Stadt und Kasernen besetzt hielten.

Die in Ungarn stationierten sowjetischen Truppen griffen schließlich mit Panzern ein, wurden aber, als sich die Situation kurze Zeit später zuspitzte, wieder aus Buda-

Symbol des Aufstands wurde die Sprengung des Stalin-Denkmals in Budapest. Demonstranten schleiften den Kopf kilometerweit durch die Stadt.

József Antall (7.4.1932–1993)
Ministerpräsident Ungarns von 1990 bis 1993.
Der Sohn eines Senators und späteren Ministers war von Beruf Lehrer. Während des Volksaufstandes in Ungarn 1956 gründete er die Unabhängige Partei der Kleinlandwirte neu und wurde zum Vorsitzenden des Revolutionsausschusses gewählt. Nach der Niederschlagung des Aufstandes wurde er verhaftet, konnte aber später wieder als Historiker arbeiten und zog sich aus der Politik zunächst zurück. Als 1989 die Bildung politischer Parteien wieder zugelassen war, beteiligte er sich an der Gründung des Ungarischen Demokratischen Forums, das mittlerweile zu den wichtigsten Parteien im Land gehört. Seit Oktober 1989 war er dessen Vorsitzender und amtierte von 1990 bis zu seinem Tode 1993 als Ministerpräsident.

pest abgezogen. Der Botschafter Moskaus, Juri Andropow, bekundete Verhandlungsbereitschaft und führte damit eine Regierungsumbildung herbei. Neuer Parteichef wurde der zur *Budapester Gruppe* zählende János Kádár, ein Anti-Stalinist, der erst 1954 rehabilitiert worden war. Zum Regierungschef wurde der im Jahr zuvor abgesetzte Ministerpräsident Imre Nagy bestellt, der zwar zur *Moskauer Gruppe* gehörte, aber auch abweichende Positionen vertreten hatte und große Sympathien in der Bevölkerung genoß.

Moskau verhielt sich zunächst abwartend, zog aber bereits einige Truppenverbände an der russisch-ungarischen Grenze und im Landesinnern zusammen. Doch die Unruhen im Lande hielten an; es kam zu zahlreichen Schießereien mit den verhaßten AVO-Sicherheitsstreitkräften, und Ende Oktober hatten Aufständische in verschiedenen Städten Ungarns die Macht in den Rathäusern übernommen. Ministerpräsident Nagy stellte sich im Laufe der Unruhen an die Spitze des Volksaufstandes; nachdem die Sowjets ihre Armee-Einheiten in Ungarn verstärkt hatten, erklärte er am 31. Oktober den Austritt aus dem *Warschauer Pakt* und die Neutralität Ungarns. Parteichef Kádár hatte unterdessen mit Nagy gebrochen und mit Moskau Verhandlungen aufgenommen.

Die Massierung von Panzereinheiten diesseits und jenseits der ungarischen Grenzen deutete auf ein militärisches Eingreifen der Sowjets hin. Am 4. November begannen die Panzer, auf Budapest vorzustoßen. Noch während des Angriffs auf die Hauptstadt verkündete Kádár eine neue Re-

Am 16. Juni 1989 fand der 1958 hingerichtete Held des Ungarnaufstands Imre Nagy bei einem Staatsbegräbnis seine letzte Ruhestätte.

Imre Nagy (7.6.1896–16.6.1958)
Ungarischer Ministerpräsident 1953 bis 1955 und 1956. Nach russischer Gefangenschaft wurde Nagy 1916 Mitglied der Bolschewiki. Von 1919 bis 1944 war er Funktionär der ungarischen Räteregierung Béla Khuns, nach dessen Sturz er in die UdSSR floh. Als ZK-Mitglied der ungarischen KP bekleidete er von 1944 bis 1949 verschiedene Ministerämter, denen er nach Differenzen mit dem stalinistischen Parteichef Mátyás Rákosi enthoben wurde. Im Zuge der Entstalinisierung wurde Nagy 1953 Ministerpräsident und leitete einige Liberalisierungen ein, die ihn sehr populär machten. 1955 von orthodoxen Kommunisten verdrängt, stellte sich Nagy 1956 nach längerem Zögern an die Spitze der Aufstandsbewegung und erklärte die Unabhängigkeit Ungarns von der UdSSR. Nach der Niederschlagung des Volksaufstands wurde Nagy von der Roten Armee verschleppt, wegen Hochverrats zum Tode verurteilt und 1958 hingerichtet.

gierung, die sich den sowjetischen Interessen nicht entgegenstellen werde. In vielen Stadtvierteln kam es zu Kämpfen; die Bevölkerung errichtete an allen wichtigen Kreuzungen und in den Hauptstraßen Barrikaden. Als auch Teile der ungarischen Armee Widerstand leisteten, bombardierte die sowjetische Luftwaffe Kasernen. Am 7. November war der Aufstand gewaltsam niedergeschlagen. Die Übermacht der sowjetischen Streitkräfte war zu groß gewesen.

Ergebnis

Der Aufstand kostete etwa 7000 sowjetischen Soldaten und 25 000 Ungarn das Leben. Über 180 000 flüchteten ins Ausland. Viele Aufständische mußten vor ein Kriegsgericht: 2000 Todesurteile wurden gefällt, 20 000 Menschen zu teilweise langjährigen Haftstrafen verurteilt. Die während des Aufstandes gebildeten Arbeiterräte – Initiatoren des Generalstreiks – wurden aufgelöst und durch Betriebsräte ersetzt.

Nach einer längeren Phase der inneren Konsolidierung und bedingungslosen Unterordnung in die sozialistische Staatengemeinschaft unter Moskaus Führung (Truppenabkommen vom Mai 1957, das die Stationierung der russischen Armee auf unbestimmte Zeit vorsah) schlug KÁDÁR Mitte der sechziger Jahre wieder einen selbstbewußteren und eigenständigen sozialistischen Kurs ein. Ab 1964 verbesserte Ungarn seine Beziehungen zu den westlichen Ländern. 1965 trat KÁDÁR als Ministerpräsident zurück, blieb jedoch Erster Sekretär des Zentralkomitees der Partei. Bei den Parlamentswahlen im März 1967 konnten sich die Wähler in einigen Wahlkreisen zwischen verschiedenen Kandidaten der *Vaterländischen Front* (Organisation von Kommunisten und Nicht-Kommunisten) entscheiden. Die Kommunisten regierten seitdem nicht mehr allein; in Parlament und Regierung waren auch Vertreter anderer gesellschaftlicher Gruppen vertreten. Die Ende der sechziger Jahre eingeleiteten Wirtschaftsreformen und die allgemeine Liberalisierung machten Ungarn zum wohlhabendsten und freiheitlichsten Land innerhalb des sozialistischen Ostblocks.

Gyula Horn (5.7.1932)
Ministerpräsident Ungarns seit 1994.
Der Arbeitersohn machte 1954 seinen Abschluß an der Wirtschaftshochschule in Rostow und anschließend eine Lehre. Über seine Arbeit bei der sozialistischen Arbeiterpartei gelangte er 1971 in die außenpolitische Abteilung beim ZK. Aufgrund seiner soliden Ausbildung, die es ihm ermöglichte, mit schwierigen wirtschaftlichen und politischen Problemen fertigzuwerden, übernahm er im März 1985 das Amt eines Staatssekretärs im Außenministerium, dann 1989 dessen Leitung. An der Entscheidung 1989, die Ausreise der DDR-Flüchtlinge in die Bundesrepublik Deutschland zu ermöglichen, war der Reformkommunist maßgeblich beteiligt. Nach dem Wahlsieg seiner Ungarischen Sozialistischen Partei im Mai 1994 wurde er zum neuen Ministerpräsidenten ernannt.

Weitere Entwicklung

Im Sog der Reformpolitik in Moskau nach dem Amtsantritt von MICHAIL GORBATSCHOW 1985 kam nach Jahren der Stagnation auch die ungarische Politik wieder in Bewegung. Ökonomische Schwierigkeiten zwangen Partei und Staat, nach neuen Wegen zu suchen. Auf dem außerordentlichen Parteitag im Mai 1988 mußten der langjährige Parteichef KÁDÁR und das gesamte Politbüro zurücktreten. Neuer Parteichef wurde Ministerpräsident KÁROLY GROSZ, der einige Reformer um sich versammelte. Damit er aber eine unabhängige Stellung gegenüber Staat und Partei einnehmen konnte, trat er im November 1988 als Ministerpräsident zurück. Das Amt übernahm der Wirtschaftsfachmann MIKLÓS NEMETH.

Im Januar 1989 wurden verschiedene Reformgesetze (Legalisierung der Gründung von Parteien und freien Gewerkschaften) verabschiedet, die eine weitere Demokratisierung einleiteten. Zu einer großen Demonstration für Demokratie und Freiheit wurden die Beisetzungsfeierlichkeiten für den 1958 hingerichteten Ministerpräsidenten NAGY, der offiziell rehabilitiert wurde und endgültig eine Grabstätte bekam. Am 19. August 1989 öffnete die ungarische Regierung für DDR-Flüchtlinge, die sich unter den Schutz der Botschaft der Bundesrepublik Deutschland in Budapest gestellt hatten, die Grenzen nach Österreich. Ungarn war nicht bereit, die Flüchtlinge an die DDR auszuliefern.

In der Folgezeit fanden am »Runden Tisch« Gespräche zwischen Opposition und Regierung statt, und im Oktober verabschiedete das Parlament eine Verfassungsänderung, die einen demokratischen Rechtsstaat mit Mehrparteiensystem und ohne Führungsanspruch einer Partei gewährleisten sollte. Die Volksrepublik wurde in »Republik Ungarn« umbenannt. Aus den ersten freien Wahlen im März und April 1990 gingen die demokratischen Parteien als eindeutige Sieger hervor; Kommunisten waren im Parlament nicht mehr vertreten. Der Chef der mit 42,5 Prozent stärk-

Michail Gorbatschow → Rußland

sten Partei *Ungarisches Demokratisches Forum*, József Antall, wurde zum neuen Ministerpräsidenten gewählt, der bereits als Übergangspräsident amtierende Árpád Göncz wurde bei der ersten Direktwahl offizieller Staatspräsident. Im März wurde mit der Sowjetunion ein Truppenabzug bis Mitte 1991 vereinbart.

Der 23. Oktober, der Jahrestag des Volksaufstandes von 1956, wurde zum Nationalfeiertag erklärt und 1990 erstmals begangen. Ein Entschädigungsgesetz regelt seit Mai 1992 die Ansprüche der von 1939 bis 1989 aus politischen, rassischen oder religiösen Gründen Verfolgten.

Trotz rechtsradikaler und antisemitischer Tendenzen in einigen Teilen der Bevölkerung blieb die innenpolitische Situation in den Folgejahren stabil. Die neue ungarische Regierung war die einzige in den Nachfolgestaaten der Ostblockländer, die sich über eine ganze Legislaturperiode im Amt halten konnte. Bei den Parlamentswahlen im Mai 1994 errangen die ehemaligen Reformkommunisten unter Gyula Horn, der von 1989 bis 1990 als Außenminister für die Grenzöffnungen verantwortlich war, im zweiten Wahlgang über 54 Prozent der Stimmen. Seine sozialdemokratisch orientierte *Ungarische Sozialistische Partei* (MSZP) verdankte ihren Erfolg der schlechten Wirtschaftsentwicklung, die durch die Umstellung von der Plan- auf die Marktwirtschaft entstanden war. Doch eine Rückkehr zu den alten Verhältnissen ist durch den Sieg der ehemaligen Kommunisten nicht zu befürchten; die ungarische Gesellschaft hat sich inzwischen ebenso wie das außenpolitische Umfeld Osteuropas grundlegend verändert.

Literatur: s. a. → Rumänien, → Rußland, → Tschechoslowakei
A. Anderson: *Die ungarische Revolution 1956*. Hamburg 1977.
M. Annabring: *Der Freiheitskampf in Ungarn*. Aalen 1957.
G. Brunner: *Die neue Verfassung der Republik Ungarn*. In: *Jahrbuch für Politik* 1 (1991).
P. Gosztony: *Der ungarische Volksaufstand in Augenzeugenberichten*. München 1981.
P. Hanák (Hg.): *Die Geschichte Ungarns von den Anfängen bis zur Gegenwart*. Budapest/Essen 1988.
E. Hantos: *Ungarn 1848 und 1956*. Bern 1969.
J. K. Hoentsch: *Geschichte Ungarns 1867–1983*. Stuttgart 1984.
J. K. Hoentsch: *Ungarn*. In: *Handbuch Geschichte, Politik, Wirtschaft*. Hannover 1991.
B. K. Király u. a. (Hg.): *The First War between Socialist States: The Hungarian Revolution of 1956*. New York 1984.
I. Tollas: *Wir kämpfen für unsere Freiheit. Ein Tatsachenbericht vom ungarischen Freiheitskampf*. Liestal o. J.
E. Vasari: *Die ungarische Revolution*. Stuttgart 1981.

Staatsname: Republik Ungarn
Staatsform: Parlamentarische Republik (seit 1989)
Staatsoberhaupt: Árpád Göncz (SZDSZ; seit 1990)
Regierungschef: Gyula Horn (MSZP; seit 15.7.1994)
Regierung: MSZP, SZDSZ (seit 15.7.1994)
Parlament: Nationalversammlung 386 Sitze (Wahl vom 8./29.5.1994)
MSZP (Sozialisten) 209, SZDSZ (Liberale) 70, MDF (Konservative) 37, FKGP (Partei der Kleinlandwirte) 26, KDNP (Christdemokraten) 22, FIDESZ (Demokraten) 20, Sonstige 2
Mitgliedschaft bei internationalen Organisationen: Europarat, OSZE, UNO
Lage: 16°–23° östlicher Länge, 46°–49° nördlicher Breite
Fläche: 93 033 km²
Hauptstadt: Budapest
Bevölkerung: 10,3 Millionen; Ungarn 97,8 %, Roma 1,4 %, Deutsche 0,3 %, Kroaten 0,1 %, Rumänen 0,1 %, Sonstige 0,3 %; Christen 87,9 %, Juden 0,9 %, Sonstige 11,2 %
Wirtschaft: Dienstleistung 46,8 %, Industrie 31,2 %, Landwirtschaft 10,2 %; Export: Rohstoffe und Halbwaren 37,3 %, Nahrungsmittel 20,6 %, Maschinen 14,5 %

Ussuri-Konflikt → China

Grenzkonflikt zwischen China und der UdSSR 1969

Am Ussuri, einem Nebenfluß des Amur in Ostsibirien, und am Sungatschi verläuft seit dem 19. Jahrhundert die Grenze zwischen Rußland (später UdSSR) und China. Diese Grenzziehung ist Ergebnis des zaristischen Imperialismus und wurde von China nie anerkannt. Ende der sechziger Jahre kam es wegen der umstrittenen Demarkationslinie zu einer bewaffneten Konfrontation, die aber zu keiner Korrektur des Grenzverlaufs führte und eher ein Kräftemessen der um die Vormachtstellung in Ostasien rivalisierenden kommunistischen Großmächte darstellte.

VIETNAM

Unabhängigkeitskrieg 1946 bis 1954
Bürgerkrieg 1964 bis 1975
»Erziehungsfeldzug« Chinas 1979

Der 30jährige Krieg in Indochina endete mit dem Sieg der Kommunisten, den auch die USA nicht verhindern konnten. Es war nicht nur ein Unabhängigkeits- und ein Bürgerkrieg, sondern auch die Auseinandersetzung zwischen Kommunismus und Kapitalismus.

Historischer Hintergrund

Nach dem Zerfall ihres Reiches (333 v. Chr.) in Ost-China gründeten die Yüeh (auch Viêt oder Vietnamesen genannt) in Süd-China und Tongking das Reich Nam Viêt. Die Chinesen nannten das heutige Vietnam »Annam«, eine Bezeichnung, die im 19. Jahrhundert auch für Zentral-Vietnam mit der Hauptstadt Huê verwendet wurde. Nam Viêt war von 111 v. Chr. bis 939 n. Chr. als Provinz kulturell wie politisch von → China abhängig.

Dieser Einfluß blieb auch in den Jahrhunderten nach Erlangung der Selbständigkeit bestehen: Schrift, Sprache und konfuzianische Gesellschaftslehre prägten das Gemeinwesen. Beherrscht von einer Feudalaristokratie konnte sich bis zur französischen Kolonisation (1862) keine Nation entwickeln. Durch Tributverpflichtungen waren die Vietnamesen weiterhin von China abhängig, konnten aber Eroberungsversuche im 13. und 15. Jahrhundert erfolgreich abwehren.

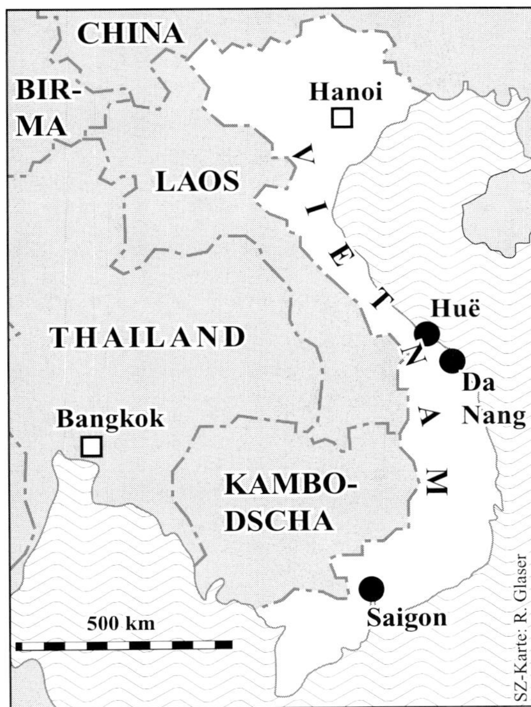

Das ehemalige französische Kolonialgebiet Indochina, die beiden Teilstaaten Nord- und Südvietnam mit der Grenze am 17. Breitengrad und die heutige Volksrepublik mit der Hauptstadt Hanoi.

16. bis 19. Jahrhundert

Durch ein rasches Bevölkerungswachstum und zunehmende Rivalitäten einiger Familienclans kam es seit dem 16. Jahrhundert zur Expansion. Während des großen Marsches nach Süden wurde das Reich der Cham im 17. Jahrhundert zerschlagen und das Reich der Khmer (→ Kambodscha) besiegt. Zwei Fürstenfamilien setzten sich durch: im Norden mit der Hauptstadt Hanoi die TRINH gegen Ende des 16. Jahrhunderts und im Süden mit der Hauptstadt Phu Xuan (heute Huê) die NGUYÊN Mitte des 17. Jahrhunderts.

Beide Familien führten häufig Krieg gegeneinander, Vietnam war dadurch zum ersten Mal faktisch geteilt. Unter NGUYÊN ANH wurde das Land 1802 wiedervereinigt. Als Kaiser GIA LONG begründete er eine Dynastie, die bis 1945 und danach noch einmal von 1949 bis 1955 über Vietnam herrschte.

Kolonialzeit

Das Kolonialreich Französisch-Indochina umfaßte anfangs den Süden Vietnams (Kotschinchina) mit dem Zentrum

Ho Tschi Minh* *(19.5.1890–3.9.1969)
Guerillaführer und Staatspräsident Nordvietnams ab 1954. Der Sohn eines kaiserlich-vietnamesischen Mandarins schloß sich in Paris, wo er als Journalist und Fotograf arbeitete, den französischen Kommunisten an. Nach einem Parteistudium in Moskau und langjähriger Tätigkeit in der Komintern gründete er 1930 die KP Indochinas. Als Führer der Vietminh kämpfte er ab 1941 zuerst gegen die japanischen Besatzer und rief 1945 die »Demokratische Republik Vietnam« aus. Anschließend wandte er sich mit seiner Guerilla gegen die zurückgekehrte französische Kolonialmacht und wurde nach deren Kapitulation (1954) Präsident im Norden des geteilten Vietnam, wo er in den Folgejahren Landreformen und die Planwirtschaft durchsetzte. Ab 1960 unterstützte er den Kampf der Vietcong-Guerilla in Südvietnam. Der strenge Asket Ho Tschi Minh wurde zur Symbolfigur des Widerstands gegen die amerikanischen Machtansprüche in der Dritten Welt.

Saigon, das 1862 erobert worden war; 1884 verleibten sich die Franzosen auch Tongking im Norden und Annam mit dem Zentrum Huê ein, 1863 → Kambodscha und 1893 schließlich auch noch → Laos. Die Reiche waren bereits 1887 zur »Föderation Indochina« zusammengeschlossen worden.

Alle Aufstände gegen die französischen Kolonialherren wurden niedergeschlagen. Die Nationalbewegung, die sich nach dem Ersten Weltkrieg zu formieren begann, konnte sich erst nach dem Zweiten Weltkrieg durchsetzen. Zunächst kämpften *Vietminh* und die Befreiungsarmee von Vo Nguyên Giap an der Seite der Alliierten gegen die japanischen Besatzer, die 1940 die Franzosen vorübergehend vertrieben hatten.

Nach dem Abzug der japanischen Truppen proklamierte der Führer der *Vietminh*, der ehemalige Vorsitzende der *Kommunistischen Partei Indochinas*, Ho Tschi Minh, am 2. September 1945 in Hanoi die unabhängige »Demokratische Republik Vietnam«, die von den inzwischen wieder zurückgekehrten Franzosen zunächst auch als autonomer Staat innerhalb der Union Française anerkannt wurde.

Gleichzeitig betrieb Paris aber die Abspaltung Kotschinchinas, und die Zusagen für eine freie Volksabstimmung über den endgültigen Status der Republik wurden nicht erfüllt. Durch Appelle an die Großmächte USA, Großbritannien, China und UdSSR versuchte Ho Tschi Minh, die Wiederherstellung des Kolonialstatus zu verhindern.

Die Proklamation der »Provisorischen Regierung von Kotschinchina« im Juni 1946 durch die Franzosen, die zwar Vietnamesen in der Administration einsetzten, aber weiterhin selbst die politische Macht ausübten, verhärtete die Fronten. Im September 1946 wurde auf der Konferenz von Fontainebleau die lockere Einbindung Vietnams in die Union Française bekräftigt, und Ho Tschi Minh mußte sich zunächst mit der politischen und militärischen Präsenz Frankreichs abfinden.

Konfliktparteien

Kolonialmacht

Frankreich versuchte nach dem Zweiten Weltkrieg, sein altes Kolonialreich in Südostasien noch einmal zu festigen, und war nicht bereit, den Unabhängigkeitsbestrebungen der Völker nachzugeben. Ähnlich wie in → Algerien glaubte Paris, einen Anspruch auf die Region zu haben, die man als Teil Frankreichs ansah. Sein Versuch, ganz Indochina zu halten, mündete schließlich in einen achtjährigen Krieg.

Nordvietnam

In den drei Teilen Vietnams (Kotschinchina, Annam und Tongking) wurden 1929 kommunistische Parteien gegründet, die sich 1930 unter Ho Tschi Minh zur *Kommunistischen Partei Indochinas* (KPI) zusammenschlossen und auch die Kommunisten von → Laos und → Kambodscha integrierten. Ihre wichtigsten Ziele waren die Beseitigung von Feudalismus und Imperialismus sowie eine umfassende Landreform.

Nach Rückschlägen, die die Kommunisten bei Streiks und Aufständen erlitten hatten, formierte sich die KPI in Kotschinchina neu. 1941 gründete Ho Tschi Minh die *Liga für die Unabhängigkeit Vietnams (Vietminh)*, die unter der Führung von Vo Nguyên Giap ab 1944 eine schlagkräftige Befreiungsarmee aufbaute.

Nach dem ersten Indochinakrieg, der ein Unabhängigkeitskrieg gegen die Kolonialmacht Frankreich war, kam es nach der Genfer Indochinakonferenz 1954 (s. u.) zur provisorischen Teilung Vietnams in Nord und Süd. Während des Bürgerkriegs kämpfte in Südvietnam die 1960 gegründete Befreiungsbewegung *Front de Libération Nationale* (FLN) an der Seite des Nordens um einen wiedervereinigten sozialistischen Staat.

Vo Nguyên Giap (*1.9.1912)
Vietnamesischer Guerillaführer und General.
Vo Nguyên Giap war seit den dreißiger Jahren in der KP Indochinas aktiv. 1941 gehörte er zu den Mitbegründern der Liga für die Unabhängigkeit Vietnams, der späteren Vietminh. Der Weggefährte Ho Tschi Minhs baute eine schlagkräftige Partisanenarmee auf, die unter seinem Befehl 1954 den entscheidenden Sieg gegen die französische Kolonialarmee bei Diên Biên Phu davontrug. Seitdem amtierte er als Verteidigungsminister (bis 1980), war stellvertretender Ministerpräsident Nordvietnams bzw. Vietnams (seit 1976) und leitendes Parteimitglied. Vo Nguyên Giap, der maßgeblich die Strategie des modernen Guerillakrieges entwickelt hat, war im Vietnamkrieg Oberbefehlshaber der Streitkräfte des Nordens.

Südvietnam

Die 1948 auf Drängen der Franzosen in Saigon gegründete nationalvietnamesische Regierung unter dem Kaiser von Annam, Bao Dai, die keinen Rückhalt in der Bevölkerung besaß, wurde nach der französischen Kapitulation und der Teilung des Landes am 17. Breitengrad von einer Zivilregierung unter Ngô Dinh Diêm abgelöst, der 1955 den Kaiser abgesetzt und die »Republik Vietnam« proklamiert hatte. Das Diêm-Regime verhinderte 1956 freie Wahlen, die nach der Genfer Indochinakonferenz die Wiedervereinigung hätten einleiten sollen. Die Regierung in Saigon sah in der Bekämpfung der Kommunisten ihr Hauptkriegsziel.

USA

Saigon erhielt in den folgenden Jahren großzügige Militärhilfe von den USA. 1964 griffen die Amerikaner offen in den Konflikt zwischen Nord- und Südvietnam ein, mit der Begründung, entsprechend der sog. Domino-Theorie von US-Präsident Dwight D. Eisenhower in Vietnam ein »Bollwerk des freien Westens gegen den Kommunismus« verteidigen zu müssen. Zeitweise kämpften mehr als 500 000 amerikanische Soldaten in Vietnam.

Dwight D. Eisenhower → Libanon

China

Die historischen Feindseligkeiten hatten sich bis ins 20. Jahrhundert fortgesetzt; Peking versuchte immer wieder Einfluß zu nehmen.

Juli 1953: Französische Fallschirmjäger unternehmen einen großangelegten Vorstoß auf die Versorgungsbasen der Vietminh in Nordvietnam unweit der chinesischen Grenze. Drei Jahre zuvor hatten sie dieses Gebiet in der Nähe von Langson nach schweren Kämpfen räumen müssen.

Konfliktverlauf

Unabhängigkeitskrieg 1946 bis 1954
Kleinere Zwischenfälle und eine Schießerei zwischen französischen Matrosen und vietnamesischen Zöllnern in der Hafenstadt Haiphong genügten der Kolonialmacht als Vorwand, militärisch gegen die Demokratische Republik Vietnam vorzugehen. Am 22. November 1946 wurde Haiphong von der französischen Luftwaffe bombardiert; 6000 Zivilisten kamen ums Leben.

HO TSCHI MINH rief die Bevölkerung zum bewaffneten Widerstand auf. Es kam zu erbitterten Kämpfen, die sich rasch bis nach Hanoi ausbreiteten. In den nächsten Monaten kontrollierte die *Vietminh*, die sich jetzt als vietnamesische Volksarmee begriff, die ländlichen Gebiete, während die Kolonialmacht die Städte hielt. Gemäß der Guerillatheorie MAO TSE-TUNGS begann die *Vietminh* sofort nach der Eroberung einzelner Regionen mit sozialen Reform- und Bildungsmaßnahmen, um sich die Unterstützung durch die Bevölkerung zu sichern. Nach anfänglich defensiven Partisanenaktionen aus dem Dschungel heraus, in dem die gesamte kommunistische Führungsspitze und die Regierung der Demokratischen Republik untergetaucht waren, ging die Guerilla allmählich in die Offensive.

Friedensangebote Ho Tschi Minhs im März und August 1947 wurden von den Franzosen zurückgewiesen, die mittlerweile über 100 000 Soldaten (reguläre französische Truppen, afrikanische Kolonialeinheiten, Fremdenlegionäre und Vietnamesen in französischen Diensten) in den Kampf geschickt hatten. Im Juni 1948 bildete die Kolonialmacht mit dem zurückgeholten Kaiser von Annam, Bao Dai, eine nationale Regierung, um die Kommunisten vom Volk und von den nationalen Kräften zu trennen. Bao Dai war freilich nur eine Marionette der Franzosen, ohne Rückhalt in der Bevölkerung.

Nachdem Mao Tse-tung im Dezember 1949 die südchinesische Provinz Jünan erobert hatte (→ China), erhielten die Truppen von General Vo Nguyên Giap aus China Militärhilfe: vor allem im Bürgerkrieg erbeutete amerikanische Waffen der *Kuomintang*, später aus dem Korea-Krieg. Als im Januar 1950 die UdSSR und China offiziell diplomatische Beziehungen zur Demokratischen Republik Vietnam aufnahmen, erkannten die USA im Gegenzug die Bao-Dai-Regierung in Saigon an und begannen, die Franzosen militärisch und wirtschaftlich zu unterstützen. Rund 80 Prozent der Kriegskosten in Indochina trugen die USA.

Im Laufe des Jahres 1950 hatte die *Vietminh* im Mekong-Delta ihre Position ausbauen können. Im Süden sorgte sie durch zahlreiche Guerillaaktionen für einen Zustand latenter Unsicherheit, im Norden ging sie offener zum Angriff über. Bald hatte sie wichtige Stützpunkte der Franzosen überrannt: im Oktober 1950 die Grenzfestung Cao Bang, dann Dong Keh; am 20. Oktober mußten die französischen Truppen Lang Son, eine wichtige strategische Festung an der chinesischen Grenze, und einige andere kleinere Stützpunkte räumen. Erst beim Vormarsch auf Hanoi wurde Vo Nguyên Giaps Armee bei Vinh Yen gestoppt. Als die Franzosen u. a. Napalm einsetzten, wurde klar, daß die *Vietminh* in offenen Gefechten den kürzeren ziehen würde; sie entschied sich deshalb wieder für die Guerillataktik.

Nachdem sie Haiphong und nördliche Bergregionen nicht hatte erobern können, machte die *Vietminh* im Gebiet des Roten Flusses zunächst halt. Ihr gut ausgebautes Versorgungsnetz und ihre große Beweglichkeit verhinderten, daß sie aufgerieben wurde.

Zwei *Vietminh*-Divisionen waren 1953 bis nach → Laos vorgestoßen, und um ein weiteres Vordringen zu verhindern, bauten die Franzosen das Dorf Diên Biên Phu zu einer schwer bewaffneten Festung mit eigenem Flugplatz aus. Von dem tiefgelegenen Stützpunkt (auch »Suppenschüssel« genannt) glaubte der französische Oberkommandierende General Henri Navarre, die umliegenden Bergketten kontrollieren und Vo Nguyên Giap zur Entscheidungsschlacht herausfordern zu können. Durch Schaffung eines Artillerieringes um die Festung und eines engmaschigen

»Wir hatten unsere Taktik um 180 Grad geändert. Unsere Generaloffensive richtete sich gegen die mächtige Festung des Expeditionskorps. An dieser Hauptfront hatten unsere regulären Einheiten nun nicht länger die Aufgabe, die Garnison einzukreisen und lahmzulegen. Jetzt hieß die Devise: Zum Sturm wechseln, die Kampfkräfte zur Vernichtung des Feindes massieren. Unterdessen durften die Kämpfe an den Fronten im Zentrum, Süden und Norden nicht nachlassen. Diese mußten vielmehr präzis auf Diên Biên Phu abgestimmt werden. Die Ablenkungsmanöver hatten die Funktion, dem Gegner neue Wunden zu schlagen, ihn zu zwingen, seine Truppen zu zerstreuen, lahmzulegen und seine Verstärkung von der Festung abzuschnüren. An der Front von Diên Biên Phu kämpften unsere Truppen unter beträchtlichen Strapazen, Widerständen und Hindernissen; immer wieder stellten sie sich um und befolgten präzis die Anweisungen, sich mit der Hauptfront in Diên Biên Phu abzustimmen.«
General Vo Nguyên Giap über Diên Biên Phu.

Ngô Dinh Diêm (1901–2.11.1963)
Südvietnamesischer Ministerpräsident 1954 und Staatspräsident ab 1955.
Unter französischer Kolonialherrschaft wurde Ngô Dinh Diêm 1931 Provinzgouverneur und stieg 1933 zum Innenminister auf. Als Gegner der Vietminh lebte er von 1950 bis 1953 in der Emigration. Nach der Kapitulation der Franzosen und der Teilung Vietnams wurde er 1954 Ministerpräsident Südvietnams und nach Absetzung von Kaiser Bao Dai im Oktober 1955 Staatspräsident der Republik. Ngô Dinh Diêm übte in den folgenden Jahren, gestützt auf Katholiken und die USA, eine diktatorische Herrschaft aus. 1963 wurde er bei einem Militärputsch ermordet.

Grabennetzes, das bis an die französischen Stellungen heranreichte, und nicht zuletzt aufgrund der ungenügenden Befestigungsanlagen konnte die *Vietminh* in einer 55 Tage dauernden erbitterten Schlacht (13.3.–7.5.1954) Diên Biên Phu erobern: 17 Eliteeinheiten der Kolonialmacht waren aufgerieben worden; 2748 Tote auf französischer und 7900 auf vietnamesischer Seite hatte die kriegsentscheidende Schlacht gefordert. Am 7. Mai 1954 mußte Frankreich kapitulieren.

Ergebnis Unabhängigkeitskrieg 1946 bis 1954
Einen Tag nach der Schlacht von Diên Biên Phu begann in Genf die Indochinakonferenz mit Abordnungen aus Frankreich, England, den USA, der UdSSR, der Volksrepublik → China, Vietnam, → Laos und → Kambodscha. Die Königreiche Laos und Kambodscha erhielten die Unabhängigkeit, und Vietnam wurde durch Schaffung einer entmilitarisierten Zone am 17. Breitengrad vorübergehend geteilt. Gesamtvietnamesische Wahlen (bis spätestens Juli 1955) sollten die Wiedervereinigung einleiten. Aber dazu kam es nicht: Im nordvietnamesichen Hanoi etablierte sich ein kommunistisches Regime, nachdem es nationalistische Gruppierungen aus der Regierungsverantwortung gedrängt hatte; im südvietnamesichen Saigon setzte sich der antikommunistische Ministerpräsident NGÔ DINH DIÊM gegen BAO DAI durch und verkündete am 26. Oktober die »Republik Vietnam«.

In Südvietnam machten bewaffnete Horden rivalisierender pseudoreligiöser Sekten (*Cao Dai* und *Hoa Hoa*), Gangsterbanden (*Binh Xuyen*) und kommunistische Untergrundkämpfer das Land unsicher. Aufstände und Meutereien in der Armee mußten von der Regierung niedergeschlagen werden; Korruption und Vetternwirtschaft blühten.

Dessen ungeachtet verstärkten die USA ihre Wirtschafts- und Militärhilfe für Saigon. Hanois Ziel war es nämlich, sozialistische Ideen in ganz Indochina zur Geltung zu bringen und seine Machtposition weiter auszubauen.

Die USA – sie hatten die Genfer Waffenstillstandsvereinbarungen nicht unterzeichnet – sahen darin ihre schon 1954 von EISENHOWER vertretene »Domino-Theorie« bestätigt, wonach immer mehr Staaten Südostasiens unter kommunistischen Einfluß gerieten, wenn nur ein Stein aus dem »Bollwerk gegen den Kommunismus« herausgebrochen würde.

Saigon und Washington mußten daher unbedingt freie Wahlen verhindern, die zweifellos eine Mehrheit für die Kommunisten gebracht hätten. Auch befürchteten sie eine Sogwirkung auf die Nachbarstaaten → Laos und → Kambodscha.

Der Wiederaufbau Nordvietnams vollzog sich mit chinesischer Unterstützung. Die rigorose Bodenreform Ho Tschi Minhs trieb über 100 000 Nordvietnamesen (überwiegend Katholiken) in den Süden. Die kommunistische Partei in Hanoi, die sich schon 1951 als *Lao Dong* (Arbeiterpartei) neu organisiert hatte, bereitete nach der Verhinderung der vereinbarten Wahlen den Widerstand im Süden vor. Eine allmähliche Eskalation von Terror- und Sabotageakten leitete 1960 den Bürgerkrieg ein.

Bürgerkrieg 1964 bis 1975

Durch Washingtons aktive Eindämmungspolitik (»Containment«) gegenüber einem befürchteten Anwachsen kommunistischer Einflußsphären wurde es zwangsläufig in den Krieg mit hineingezogen. Den »Zwischenfall im Golf von Tongking« (angeblich hatten nordvietnamesische Patrouillenboote am 2. und 4.8.1964 amerikanische Kriegsschiffe beschossen) nahm US-Präsident Lyndon B. Johnson zum Anlaß, die Bombardierung Nordvietnams zu befehlen. Damit griffen zum ersten Mal amerikanische Streitkräfte offen in den innervietnamesischen Konflikt ein.

Gegen das autoritäre Diêm-Regime hatte sich im Dezember 1960 die nationale Befreiungsfront FLN gebildet, eine

Lyndon Baines Johnson (27.8.1908–23.1.1973)
US-Präsident von 1963 bis 1969. Der ehemalige Senator von Texas (1949–1961) und Fraktionsvorsitzende der Demokraten (ab 1953) übernahm als Vizepräsident nach der Ermordung von John F. Kennedy 1963 die Präsidentschaft. Innenpolitisch versuchte er zunächst, die liberale Sozial- und Bürgerrechtspolitik seines Vorgängers fortzusetzen, sein Reformeifer wurde jedoch durch die innenpolitischen Rückwirkungen des wachsenden Engagements der USA im Vietnamkrieg erstickt (Studentenunruhen, Dollarkrise). Nach dem »Zwischenfall im Golf von Tongking« 1964 befahl Johnson den amerikanischen Truppen, Nordvietnam zu bombardieren. Trotz massiven Truppeneinsatzes konnte er die Kommunisten jedoch nicht in die Knie zwingen. Wegen seiner Vietnampolitik politisch angeschlagen, verzichtete Johnson 1968 auf eine erneute Präsidentschaftskandidatur.

Ein Bild, das 1972 um die Welt ging: Kinder fliehen aus dem Feuersturm nach einem Napalmbombenangriff auf das südvietnamesische Dorf Trang Bang.

Nguyên Van Thiêu (*5.4.1923)
Südvietnamesischer Staatspräsident von 1967 bis 1975. Nguyên Van Thiêu kämpfte bis 1954 auf französischer Seite gegen die Vietminh-Streitkräfte. 1963 war er am Sturz von Staatspräsident Ngô Dinh Diêm beteiligt, wurde 1964 Ministerpräsident und Verteidigungsminister Südvietnams und war bereits 1965 als Präsident des Direktoriums de facto Staatsoberhaupt. Als offizieller Staatspräsident (ab 1967) hintertrieb er bis zu seinem Rücktritt am 21. April 1975 die im Pariser Waffenstillstandsabkommen von 1973 eingeleitete politische Lösung des Vietnamkonflikts. Nguyên Van Thiêu lebt heute in den USA.

Art Volksfront für den kommunistischen Kampf im Süden, die ca. 20 verschiedene Parteien und religiöse Gruppen umfaßte, aber eindeutig von Hanoi gesteuert wurde. Die Guerilla der FLN, auch *Vietcong* genannt (1963 ca. 20 000 Mann), hatte schon seit 1956 über den sog. HO-TSCHI-MINH-Pfad, ein Netz von Dschungelwegen von Nord nach Süd, die teilweise auf laotischem und kambodschanischem Gebiet verliefen, ihren Nachschub sichern können (→ Laos, → Kambodscha). Amerikanische Spezialeinheiten (Ende 1963 waren über 16 000 amerikanische Soldaten in Vietnam stationiert) hatten bereits seit 1962 zusammen mit der südvietnamesischen Armee Guerillaangriffe des - *Vietcong* zurückgeschlagen. Am 1. November 1963 wurde DIÊM, der zunehmend auch die buddhistischen Geistlichen verfolgen ließ, durch einen blutigen Staatsstreich gestürzt. Die Generäle, die die Macht übernahmen, konnten aber die wachsenden Aktivitäten des *Vietcong* ebenfalls nicht eindämmen. Häufig wechselnde Regierungskabinette zeugten vom desolaten Zustand des Landes. General NGUYÊN VAN THIÊU wurde im zweiten Kriegsjahr südvietnamesischer Staatspräsident.

Im Februar 1965 bombardierten die Amerikaner erneut Nordvietnam samt Nachschubbasen und Versorgungswegen des *Vietcong* in Laos und Kambodscha; an die 500 000 US-Soldaten landeten in Vietnam. Im Dezember 1966 gingen erstmals Bomben auf Wohnviertel Hanois nieder. Südvietnamesische und amerikanische Einheiten operierten inzwischen gemeinsam in immer heftigeren Kämpfen gegen den *Vietcong* und nordvietnamesische Truppen, die mit ca. 300 000 chinesischen Soldaten verstärkt worden waren. Die große Tet-Offensive der Kommunisten am 29. Januar 1968 führte zu grausamen Vergeltungsschlägen von seiten südvietnamesischer und amerikanischer Truppen (z. B. das Massaker von My Lai), die weltweite Empörung hervorriefen und Proteste gegen das Engagement der USA in diesem Krieg immer lauter werden ließen.

Ende März kam es zur vorübergehenden Einstellung der amerikanischen Bombenangriffe gegen den Norden und im Mai in Paris zu ersten Gesprächen zwischen Hanoi und Washington, zu denen später auch Vertreter der Regierung in Saigon und der FLN hinzugezogen wurden. Der neue US-Präsident RICHARD NIXON verkündete nicht zuletzt auf Druck der Weltöffentlichkeit und der inneramerikanischen Opposition 1969 im Kongreß den schrittweisen Rückzug aus Vietnam; 250 000 US-Soldaten wurden sofort abgezogen.

Doch die Luftangriffe auf Nordvietnam gingen weiter, und im Mai 1970 marschierten südvietnamesische und amerikanische Truppen in → Kambodscha ein. In den folgenden zwei Jahren hielten die Kämpfe in unverminderter Intensität an. Im März 1972 starteten die *Vietcong*-Truppen eine neue Großoffensive, und die Amerikaner bombardierten wieder uneingeschränkt Nordvietnam, verhängten eine Teilblockade und verminten Häfen sowie große Abschnitte an der Küste und einige Flüsse.

Seit Dezember wurden die Bombardierungen von Hanoi und Haiphong noch einmal verstärkt: Die im Juli 1972 begonnenen Verhandlungen in Paris wurden daraufhin unterbrochen und erst nach Einstellung der Luftangriffe wieder aufgenommen.

Am 27. Januar 1973 wurde das Waffenstillstandsabkommen unterzeichnet, das der amerikanische Außenminister Henry Kissinger zuvor mit dem nordvietnamesischen Sonderbeauftragten Le Duc Tho in Paris ausgehandelt hatte. Doch in Vietnam wurde weitergekämpft, und die Verhandlungen zwischen Süd und Nord wurden erneut abgebrochen.

Ende April zogen die letzten amerikanischen Soldaten aus Südvietnam ab. Die südvietnamesische Armee konnte dem Ansturm der Truppen des Nordens nicht mehr allzuviel entgegensetzen, als im Dezember 1974 aus dem Mekong-Delta heraus die große Offensive des *Vietcong* begann: Im März 1975 fielen die Städte Huê und Danang endgültig in nordvietnamesische Hand; am 30. April marschierten die kommunistischen Truppen in Saigon ein, und die Regierung Südvietnams kapitulierte.

Richard Nixon (9.1.1913–22.4.1994)
US-Präsident von 1969 bis 1974. Der Jurist und ehemalige Korvettenkapitän geriet vor allem durch die Watergate-Affäre, die zu seinem vorzeitigen Rücktritt als US-Präsident führte, in ein negatives Licht. Die außenpolitischen Erfolge Nixons sind jedoch unbestritten. Als erster amerikanischer Präsident besuchte er die Volksrepublik China und die Sowjetunion und leitete damit die Normalisierung der Beziehungen zu den kommunistischen Staaten ein. In enger Abstimmung mit seinem Außenminister Henry Kissinger beendete er 1973 durch ein Waffenstillstandsabkommen den Vietnamkrieg. Nixon bemühte sich im selben Jahr auch um eine Lösung des Nahostkonflikts nach dem Jom-Kippur-Krieg.

Ergebnis Bürgerkrieg 1964 bis 1975

Die Hauptlast des Krieges hatte die Zivilbevölkerung zu tragen: Etwa zwei Millionen Menschen wurden bei den Kämpfen und Luftangriffen getötet und ebensoviele verletzt. Die US-Luftwaffe warf insgesamt sieben Millionen Tonnen Bomben ab, 24 000 Quadratkilometer des Landes wurden durch chemische Kampfstoffe verseucht. Infolge der von den Amerikanern praktizierten großflächigen Dschungelentlaubung in den Kampfgebieten unter Einsatz des Pflanzengiftes Agent Orange aus der Luft kamen nach dem Krieg 50 000 Kinder mit Behinderungen zur Welt. 1,1 Millionen nordvietnamesische Soldaten und *Vietcong* kamen ums Leben, 600 000 wurden verletzt. Von den amerikanischen Soldaten sind in Vietnam 53 000 gefallen, weitere 30 000 wurden verwundet, und über 2000 werden bis heute vermißt. Der Krieg kostete die USA 112 Milliarden Dollar.

Vor allem moralisch war die Großmacht USA für lange Zeit diskreditiert: Das Bild des »häßlichen Amerikaners« und das »Trauma Vietnam« wirken bis heute nach. Der Vietnamkrieg hatte auch gravierende Auswirkung auf die Innen- und Außenpolitik der USA. Der ehemalige US-Verteidigungsminister Robert McNamara (1961–1968), seinerzeit ein Befürworter des militärischen Engagements der USA in Südostasien und einer der Hauptverantwortlichen

Henry Kissinger (*27.5.1923)
US-Außenminister von 1973 bis 1976. Der deutschstämmige Kissinger wanderte 1938 in die USA aus, wo er 1943 eingebürgert wurde. Nach dreijährigem Einsatz in der Armee studierte er in Harvard Geschichte und war dort ab 1962 als Professor tätig. 1969 wurde er Sicherheitsberater unter Präsident Nixon und spielte eine entscheidende Rolle bei den Friedensverhandlungen mit Nordvietnam. Dafür wurde er 1973 (zusammen mit Le Duc Tho) mit dem Friedensnobelpreis ausgezeichnet. Im selben Jahr ernannte man ihn auch formell zum Außenminister. Im Nahostkonflikt legte er mit seiner Reisediplomatie das Fundament für den Friedensschluß zwischen Israel und Ägypten. Mit dem Amtseintritt Carters 1977 schied er aus der Regierung aus.

Bill Clinton → Bosnien und Herzegowina

für die Eskalation des Krieges, gestand erst 1995 ein, sich »schrecklich geirrt« zu haben. Am 11. Juli 1995 kündigte Washington die Aufnahme diplomatischer Beziehungen mit Hanoi an. US-Präsident Bill Clinton wollte nach der Aufhebung des Handelsembargos (1975–1994), die schon Erleichterungen für die amerikanische Wirtschaft bedeutet hatte, nun auch auf politischer Ebene eine Normalisierung einleiten.

Weitere Entwicklung

Vor den Kommunisten flüchteten 130 000 Menschen aus Südvietnam, zum Teil weil sie mit dem alten Regime verbunden waren (Beamte, Kaufleute, Polizisten, Militärs) oder weil sie im Dienst der Amerikaner gestanden hatten. Im Süden übernahmen zunächst die Militärs die Macht, und nach Wahlen zur »Vereinigten Nationalversammlung« im Juli 1976 wurden der Norden und der Süden zur »Sozialistischen Republik Vietnam« zusammengeschlossen.

Im Frühjahr 1976 kam es zu Grenzgefechten mit → Kambodscha, die sich dann im Winter 1978 zur großen Offensive der vietnamesischen Truppen gegen die *Roten Khmer* Pol Pots ausweiteten. Am 7. Januar 1979 eroberten die vietnamesischen Soldaten Pnom Penh.

»Erziehungsfeldzug« Chinas 1979

Im Februar 1979 kam es zur Invasion chinesischer Streitkräfte. Vorausgegangen waren jahrelange Grenzstreitigkeiten, die u. a. auch in der traditionellen Rivalität und in der ideologisch-politischen Auseinandersetzung (Moskau vs. Peking) gründeten. Erste Unstimmigkeiten über den Grenzverlauf zwischen den beiden Ländern gingen auf einen Vertrag über die Abgrenzung der Herrschaftsgebiete zwischen der französischen und der kaiserlich-chinesischen Regierung von 1887 zurück.

Im Januar 1979 sprach das Außenministerium in Hanoi von über 6500 »Grenzprovokationen« der Chinesen seit 1974. Peking bot zwar Verhandlungen an, verstärkte aber gleichzeitig seine Truppen an der Grenze zu Vietnam auf 200 000 Mann und stationierte dort ein Fünftel seiner Luftwaffe. Ein weiterer Grund für die Mobilmachung war das militärische Engagement Hanois in Kambodscha. Peking hatte Vietnam bereits kurz nach der Wiedervereinigung vor einer Hegemonialpolitik gegenüber → Laos und → Kambodscha, wo Peking die *Roten Khmer* unterstützte, gewarnt.

Zur Verschlechterung des Verhältnisses zwischen beiden Staaten trug weiterhin der Abschluß des sowjetisch-vietnamesischen Freundschaftsvertrages bei. Peking wollte diese Allianz stören und Hanoi zwingen, den Kampf gegen die *Roten Khmer* aufzugeben, zumindest aber die vietnamesischen Truppen schwächen. Die militärischen Übergriffe an der Grenze nahmen zu, bis am 17. Februar 1979 die Chinesen an 26 Stellen der etwa 1200 Kilometer langen Grenze angriffen.

Die Vietnamesen konnten zunächst nur zwei Divisionen und 700 Milizsoldaten gegen die Angreifer aufbieten. Da sich die vietnamesischen Soldaten jedoch in einem weitläufigen Tunnel- und Bunkersystem verschanzt hatten, blieb die chinesische Infanterie stecken. Erst durch Panzerangriffe erzielten die Chinesen nach 10 Tagen bis zu 40 Kilometer Geländegewinn.

Am 5. März eroberten sie nach erbittertem Kampf die Stadt Lang Son. Damit hatte Peking sein Ziel im sog. Erziehungsfeldzug erreicht. Inzwischen waren aber auch chinesische Einheiten im Südosten der Provinz von vietnamesischen Truppen zurückgeschlagen worden. Bis zum 27. März standen noch chinesische Soldaten auf vietnamesischem Territorium.

Le Duc Tho (*14.10.1911)
Führender Funktionär der KP Nordvietnams.
Le Duc Tho war 1930 Mitbegründer der Kommunistischen Partei Indochinas und später der Vietminh. Ab 1945 war er ZK-Mitglied und einer der Organisatoren der Guerilla. 1955 stieg er ins Politbüro auf und saß seit 1960 im Sekretariat des ZK. Le Duc Tho wurde von der Regierung Nordvietnams zum Sonderbeauftragten für die Friedenskonferenz in Paris bestellt. Den ihm (zusammen mit Henry Kissinger) 1973 zuerkannten Friedensnobelpreis lehnte er ab.

Ergebnis »Erziehungsfeldzug« Chinas 1979

Die Kämpfe sollen hohe Verluste auf beiden Seiten gefordert haben; genaue Zahlen sind jedoch nicht bekannt. Am 18. April 1979 begannen Verhandlungen in Hanoi. Im folgenden Jahr fanden ebenfalls mehrere Gespräche statt, die aber zu keiner Einigung führten. Der chinesische »Erziehungsfeldzug« hatte u. a. zur Folge, daß sich die Beziehungen zwischen Hanoi und Moskau festigten.

Auch nach 1980 kam es immer wieder zu beiderseitigen Grenzverletzungen. Alle standen im Zusammenhang mit dem Kampf Hanois gegen die von → China unterstützten kambodschanischen *Roten Khmer*. Gewissermaßen als Bestrafung für die jährlichen Offensiven Vietnams in → Kambodscha griffen die Chinesen regelmäßig im April an der gemeinsamen Grenze an. Auch als es keine vietnamesichen Angriffe mehr gab, setzten die Chinesen ihre bewaffneten Aggressionen bis Februar 1986 fort. Zu den schwersten Kämpfen kam es vom 5. bis 7. Januar 1987, als eine chinesische Infanteriedivision in die Provinz Ha Tuyen eindrang. Nach vietnamesischer Version wurden bei der Abwehr des Angriffs fast 1500 chinesische Soldaten getötet. Peking dagegen sprach von einem Gegenangriff nach vietnamesischen Übergriffen und von 500 getöteten Gegnern.

Erst als sich Ende 1986 die Sowjetunion unter MICHAIL GORBATSCHOW um ein besseres Verhältnis zu China bemühte und Hanoi den Rückzug der in Kambodscha stationierten Truppen ankündigte, trat auch im vietnamesisch-chinesischen Grenzgebiet Ruhe ein. Der Truppenabzug aus Kambodscha war im September 1989 vollständig abgeschlossen.

Michail Gorbatschow → Rußland

Die fundamentalen Veränderungen in Osteuropa zu Beginn der neunziger Jahre und das Ausbleiben der Militär-

und Entwicklungshilfen beeinträchtigten Vietnams Wirtschaftsentwicklung und führten auch durch das sich abzeichnende Ende des Kambodschakonfliktes zu einer allmählichen Annäherung an → China. Im November 1991 reiste Parteichef Do Muoi zu Gesprächen nach Peking, am 30. November 1991 kam der chinesische Ministerpräsident Li Peng zum Gegenbesuch nach Hanoi, um die strittigen Grenzfragen zu klären und die Situation in Kambodscha zu besprechen. Es war der erste Besuch eines chinesischen Politikers seit 1971. Unterzeichnet wurden Abkommen über die Zusammenarbeit in Kultur, Wissenschaft, Wirtschaft und Technik; im März 1992 folgte ein Verkehrsabkommen. Mit → Kambodscha wurden ebenfalls Abkommen über die Grenzziehung sowie die kulturelle und wirtschaftliche Zusammenarbeit getroffen. Hanoi löste sich allmählich aus seiner Isolierung. Es wurden vielfältige diplomatische und vor allem wirtschaftliche Beziehungen zu westlichen Staaten geknüpft. Seitdem verzeichnet das Land einen allgemeinen Aufschwung.

Zu einem kurzen Seegefecht zwischen thailändischen und vietnamesischen Marineeinheiten kam es im Sommer 1995 in der fischreichen Region an der Ostküste → Thailands, die auch von Vietnam beansprucht wird.

Im Juli 1995 wurde Vietnam als erstes sozialistisches Land Mitglied im südostasiatischen Staatenbund ASEAN, der ursprünglich 1967 zur Abwehr der kommunistischen Expansion und zur Festigung des Friedens in Südostasien sowie zur wirtschaftlichen, sozialen und kulturellen Zusammenarbeit nichtkommunistischer asiatischer Staaten gegründet worden war.

Literatur: s. a. → China, → Kambodscha, → Laos
J. Areuth: *Johnson, Vietnam und der Westen. Transatlantische Belastungen 1963–1969.* München 1994.
H. W. Berg: *Indochina im Wandel der Machtkonstellationen.* In: W. Benz / H. Graml (Hg.): *Weltprobleme zwischen den Machtblöcken. Das Zwanzigste Jahrhundert.* Frankfurt 1981.
A. Burchett: *Kambodscha und Laos oder Nixons Krieg?* Reinbek 1970.
J. Büttinger: *Rückblick auf Vietnam.* Klagenfurt/Berlin 1976.
W. Draguhn / P. Schier (Hg.): *Indochina. Der permanente Konflikt?* Hamburg 1987.
Ho Tschi Minh: *Revolution und nationaler Befreiungskampf. Ausgewählte Reden und Schriften 1920–1968.* München 1968.
A. Legler / F. Bauer: *Der Krieg in Vietnam.* München 1979.
H. U. Luther: *Der Vietnamkonflikt.* Berlin 1971.
R. McNamara: *In Retrospect: The Tragedy and Lessons of Vietnam.* New York 1995.
C. Ngo-Anh: *Die Vietcong. Anatomie einer Streitmacht im Guerillakrieg.* München 1981.
Pentagon-Papiere: *Die geheime Geschichte des Vietnamkrieges.* München/Zürich 1971.
J. Roy: *Der Fall von Dien Bien Phu.* München 1964.
K. Schellhorn: *Vietnam ohne Amerika.* München 1975.
P. Scholl-Latour: *Der Tod im Reisfeld.* Stuttgart 1980.
W. Shawcross: *Schattenkrieg. Kissinger, Nixon und die Zerstörung Kambodschas.* Berlin 1980.
Viet Tran: *Vietnam heute. Bericht eines Augenzeugen.* Frankfurt 1979.
O. Weggel: *Indochina. Vietnam, Kambodscha, Laos.* München 1987.
G. Will: *Vietnam 1975–1979. Von Krieg zu Krieg.* Hamburg 1987.

Staatsname: Sozialistische Republik Vietnam
Staatsform: Sozialistische Republik (seit 1980)
Staatsoberhaupt: Le Duc Anh (KPV; seit 1992)
Regierungschef: Vo Van Kiet (KPV; seit 1991)
Regierung: Kommunistische Partei Vietnams (KPV seit 1976)
Parlament: Nationalversammlung 395 Sitze KPV (Wahl vom 19.7 1992)
Mitgliedschaft bei internationalen Organisationen: ASEAN, UNO
Lage: 103°–105° östlicher Länge, 8°–23° nördlicher Breite
Fläche: 331 033 km²
Hauptstadt: Hanoi
Bevölkerung: 70,9 Millionen; Vietnamesen 87,1 %, Tho 1,8 %, Chinesen 1,5 %, Thai 1,5 %, Khmer 1,4 %, Sonstige 6,7 %; Buddhisten 55,3 %, Katholiken 7 %, Muslime 1 %, Sonstige 36,7 %
Wirtschaft: Landwirtschaft 51,7 %, Industrie 24,2 %, Dienstleistung 21,1 %,; Export: Erdöl 28,7 %, Fisch 12,3 %, Reis 11,7 %

Westsahara → Marokko

Unabhängigkeitskampf seit 1975

Das ehemalige spanische Kolonialgebiet wurde nicht in die Selbständigkeit entlassen, wie es eine UN-Resolution gefordert hatte, sondern von Mauretanien und Marokko annektiert. Die Unabhängigkeitsbewegung POLISARIO nahm daraufhin den bewaffneten Kampf auf.

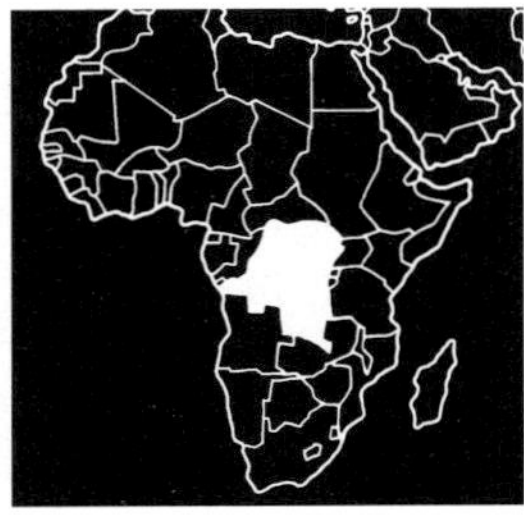

ZAIRE

Bürgerkrieg 1960 bis 1965
Shaba/Katanga-Konflikt 1977 bis 1979
Mweru-Konflikt 1979 bis 1986

Völlig unvorbereitet wurde die ehemalige belgische Kolonie Kongo im Sommer 1960 unabhängig; weder politische noch administrative Einrichtungen hatten die Belgier dem neuen Staat hinterlassen. Politische Wirren und Machtkämpfe, Stammesfehden und Sezessionsbestrebungen führten zu einem fünfjährigen Bürgerkrieg, in den auch die Weltmächte und die UNO eingriffen. Ethnische Konflikte, Unruhen und Grenzstreitigkeiten konnten das spätere autoritäre Mobutu-Regime lange nicht gefährden.

Historischer Hintergrund

15. bis 19. Jahrhundert
Im Jahr 1482 kamen als erste koloniale Eroberer die Portugiesen in das Kongogebiet und machten es zu einem wichtigen Umschlagplatz für ihren Sklavenhandel. Die eigentliche Kolonisierung erfolgte aber erst durch Belgien im späten 19. Jahrhundert. Auf der Berliner Afrika-Konferenz (1884/85) wurde Kongo völkerrechtlich Belgien zuerkannt, mit der Auflage, daß diese Kolonie (ebenso neutral wie Belgien) der wirtschaftlichen Nutzung der übrigen Mächte zur Verfügung stehen sollte. In erster Linie war man an den Bodenschätzen (Kupfer, Kobalt, Manganerze, Zink) interessiert.
Deren Erschließung nahmen Privatgesellschaften vor, an denen der belgische König selbst finanziell beteiligt war. Soziale Einrichtungen im Gesundheitswesen oder das Schulwesen betrieben dagegen christliche Missionsgesell-

Zaire gehört zu den reichsten Ländern in Afrika, hat aber aufgrund sozialer und ethnischer Spannungen mit vielerlei Problemen zu kämpfen, die eine Demokratisierung verhindern. Amnesty International berichtet jedes Jahr von Menschenrechtsverletzungen, die das Mobutu-Regime zu verantworten hat.

schaften. Brutale Maßnahmen zur Zwangsarbeit für die Kautschukausbeute (sog. Strafexpeditionen), bekannt geworden als »Kongo-Greuel«, führten zu erheblichen Protesten der Weltöffentlichkeit.

20. Jahrhundert

1908 übernahm der belgische Staat endgültig die alleinige Verwaltung von Kongo als Kolonie. Im Ersten Weltkrieg versuchte Deutschland, Belgisch-Kongo im Rahmen der Mittelafrika-Politik unter seine Kontrolle zu bringen, was aber mißlang. Nach dem verlorenen Krieg mußte Deutschland die beiden an Kongo grenzenden Königreiche → Ruanda und → Burundi, die zu Deutsch-Ostafrika gehörten, an Belgien abtreten, das 1920 für den ganzen Raum das Treuhandmandat zugesprochen bekam.

In ihrer verfehlten Kolonialpolitik verfolgten die Belgier nur ökonomische Interessen und nicht die Ausbildung und Emanzipation der einheimischen Bevölkerung, die sich bald im afrikanischen Nationalismus ein Ventil für ihre Unzufriedenheit suchte.

Der exzessive Paternalismus der Kolonialherren rief eine Opposition hervor, die sich in kleineren bewaffneten Aufständen in den Plantagen- und Bergbauregionen gegen die koloniale Unterdrückung zur Wehr setzte. Der letzte große Aufstand 1959 ließ die Macht der Belgier in Kongo zerfallen. Übereilt und ohne Vorbereitung wurde die Kolonie in die Unabhängigkeit entlassen.

Der kongolesische Staatspräsident Joseph Kasawubu (Mitte) vor seinem Sturz im November 1965. Links Ministerpräsident Moise Tschombé, rechts der spätere Staatschef Generalleutnant Mobuto.

Joseph Kasawubu (1910–24.3.1969)
Kongolesischer Staatspräsident von 1960 bis 1965.
Der Bakongo Kasawubu kehrte 1940 nach einer Priesterausbildung in seine Heimatprovinz zurück. Er engagierte sich in verschiedenen politischen Organisationen und wurde 1955 zum Vorsitzenden der ABAKO ernannt, in deren Namen er die baldige Unabhängigkeit forderte. Bei den Wahlen 1960 wurde er Staatspräsident. In der Folgezeit wechselte er häufig seine Vertrauten. Am 24. November 1965 wurde er von General Mobutu abgesetzt.

Konfliktparteien

Eine Widerstandsbewegung, die aus Protest gegen die koloniale Ausbeutung und die Bevormundung durch die christliche Mission entstanden war, bildeten Muslime und andere religiöse Gemeinschaften wie die Kimbanguisten und Kitawalas. 1958 wurde sie institutionalisiert und nach der Unabhängigkeit staatlich anerkannt.

Im Kongogebiet leben etwa 70 verschiedene Volksstämme. Die ethnischen Gruppierungen und späteren Parteien – bei der Parlamentswahl 1960 kandidierten über 100 – waren nach Erlangung der Unabhängigkeit die bestimmenden Kräfte im Kampf um die Macht in Kongo.

Afrikanische Parteien

Die *Assoçiation des Bakongo* (ABAKO) des späteren Staatspräsidenten Joseph Kasawubu war eine ethnisch (Mukongo-Volk) und föderalistisch ausgerichtete Gruppierung. Moïse Tschombés *Conféderation des Assoçiations du Katanga* (CONAKAT) unterstützte die wirtschaftlichen Interessen der Europäer an den reichhaltigen Bodenschätzen in der Provinz Katanga und betrieb energisch die Sezession.

Ein ethnisches Gegengewicht zu Tschombés CONAKAT stellte die *Assoçiation des Baluba du Katanga* (BALUBAKAT) dar (Luba-Völker). In der Ostregion Kivu hatte sich 1959 das sozialistische *Centre du Regroupement Africain* (CERA) gebildet. Eine weitere ethnische Gruppierung war die *Parti Solidaire Africain* (PSA) in der Kwilu-Region. Die *Parti National du Progrès* (PNP) faßte 27 regionale Parteien zusammen. Sie wurde von der Kolonialmacht unterstützt, die mit der PNP ein Gegengewicht zur einzigen nationalen Gruppierung, dem *Mouvement National Congolais* (MNC), stärken wollte. Aber auch im MNC kam es zu ethnischen Konflikten; 1956 spaltete sich die Luba-Gruppe aus Kasai ab und bildete unter Führung von Albert Kalondji die MNC-Kalondji.

Das MNC ging unter der Führung PATRICE LUMUMBAS aus den ersten Parlamentswahlen im Mai 1960 als größte Fraktion hervor, konnte aber nicht die Mehrheit erringen und damit die alleinbestimmende Kraft werden. Die ethnischen Gruppierungen im Süden und Westen des Landes vertraten immer mehr ihre partikularen Interessen und verhinderten damit eine Konsolidierung des jungen Staates.

Zentralregierung gegen Separatisten
Schon nach der ersten Regierungsbildung unter LUMUMBA und der Wahl KASAWUBUS zum Staatspräsidenten verschärften sich die Sezessionsbestrebungen von CONAKAT und MNC-KALONDJI.

TSCHOMBÉ wurde unterstützt von den weißen Siedlern und den in Katanga, der reichsten Provinz von Kongo, wichtigsten Industrieunternehmen, der *Union Minière du Haute-Katanga*, der *Compagnie du Katanga* und der *Société Minerale de Belgique*.

Nach der Verhaftung LUMUMBAS im Dezember 1960 und seiner Ermordung im Januar 1961 standen sich drei Parteien im bewaffneten Kampf gegenüber: die Kongo-Armee der Zentralregierung unter MOBUTU SESE-SEKO in den Provinzen Léopoldville, Équateur und Kasai; die separatistischen Truppen TSCHOMBES in Katanga; Truppenteile unter dem linksgerichteten GIZENGA, einem Freund LUMUMBAS, in den Ostprovinzen Orientale, Kivu und Stanleyville.

Patrice Lumumba (2.7.1925–18.1.1961)
Kongolesischer Ministerpräsident 1960. Nach dem Besuch einer Missionsschule durchlief Lumumba eine Ausbildung zum Postbeamten. Wegen einer Unterschlagung wurde er im Jahre 1956 zu einem Jahr Zwangsarbeit verurteilt, drei Jahre später geriet er wegen seiner Beteiligung an den schweren Unruhen erneut in Haft. Schon nach wenigen Wochen entlassen, engagierte er sich wieder politisch. 1960 wurde er zum Regierungschef gewählt, wobei es zu Auseinandersetzungen mit dem Staatspräsidenten Kasawubu kam. Trotz Unterstützung durch UN-Truppen eskalierten diese bis zur Ermordung Lumumbas im Dezember 1960, deren nähere Umstände ungeklärt blieben. Am 30. Juni 1966 wurde Lumumba von Staatschef Mobutu zum Nationalhelden erhoben.

Konfliktverlauf

Bürgerkrieg 1960 bis 1965
Am 11. Juli 1960 hatte TSCHOMBÉ die Unabhängigkeit Katangas verkündet und belgische Truppen um militärischen Schutz gebeten. Am 13. Juli landeten 2000 belgische Fallschirmjäger in Katanga. In Kongo waren noch ca. 10 000 Soldaten stationiert.

Unruhen und eine Meuterei in der *Force Publique*, der belgisch-kongolesischen Ordnungstruppe, waren den Kämpfen vorausgegangen. Gleichzeitig wurde die neue Republik von Stammesfehden erschüttert.

TSCHOMBÉS Separatismus und die allgemeinen Wirren lösten das Eingreifen der Weltmächte und der UNO aus. LUMUMBA hatte die UNO angerufen, die eine Friedenstruppe entsandte, die in die Kämpfe eingriff, sie aber nicht unterbinden konnte. Obwohl am 29. Juli die belgischen Soldaten auf UN-Beschluß abgezogen wurden, verschärfte sich die Lage.

Noch verwickelter wurde die Situation in Kongo durch das Eingreifen der Sowjetunion (Militärberater für die neu entstandene kongolesische Armee) und der USA, die nach

Moïse Tschombé (18.11.1919–29.6.1969)
Kongolesischer Politiker. Der aus wohlhabender Familie stammende Tschombé war ab 1951 Mitglied des Provinzialrates von Katanga und trat 1959 an die Spitze der CONAKAT-Partei. Kurz darauf löste er seine Provinz aus dem Bundesstaat, was jedoch keine internationale Anerkennung fand. Die folgenden Unruhen zu Beginn der sechziger Jahre trieben ihn mehrmals außer Landes. Ihm wurde vorgeworfen, für den Mord an seinem politischen Gegner Lumumba verantwortlich zu sein. 1967 wurde er in Abwesenheit zum Tode verurteilt, von Spanien nach Algerien entführt und inhaftiert.

dem Sturz LUMUMBAS die prowestlich eingestellten Politiker KASAWUBU und MOBUTU unterstützten.

Ohne die wirtschaftlich so bedeutsame Provinz Katanga war ein wie auch immer gestalteter Kongo-Staat (Föderation oder Zentralismus) nicht lebensfähig. Der UN-Schlichtungsausschuß empfahl ein föderatives System, doch der UN-Generalsekretär DAG HAMMARSKJÖLD favorisierte die Einheit von Kongo mit einer Zentralregierung. Die USA mißbilligten das massive Eingreifen der UNO-Truppen gegen den prowestlich und antikommunistisch eingestellten TSCHOMBÉ. Bei dem Versuch, zwischen Elisabethville und Léopoldville zu vermitteln, geriet HAMMARSKJÖLD zunehmend zwischen die Fronten. Als er im September 1961 nach Afrika flog, um direkten Einfluß zu nehmen, stürzte seine Maschine ab.

Im Frühjahr 1963 konnte die Provinz Katanga nach heftigen Kämpfen gezwungen werden, wieder in den Gesamtstaat einzutreten. TSCHOMBÉ, der ins Exil nach Europa gegangen war, wurde im Juli 1964 von Staatspräsident KASAWUBU zum Ministerpräsidenten für den gesamten Kongo berufen, als sich die Schwächen der Zentralregierung, die nicht mehr mit den Aufständen in den verschiedenen Provinzen fertig wurde, immer deutlicher zeigten. Gestärkt durch eine weiße Söldnertruppe, gelang es TSCHOMBÉ, den Wirren ein Ende zu bereiten und die Zentralregierung zu festigen.

Doch er konnte sich nicht an der Macht halten: Den Einsatz von weißen Söldnern machte man ihm, trotz des Erfolges, zum Vorwurf. Im Oktober 1965 wurde er gestürzt und ging ins Exil nach Spanien. Kurze Zeit später riß der Oberbefehlshaber der Streitkräfte, MOBUTU, durch einen Staatsstreich gegen Präsident KASAWUBU die Macht an sich (25.11.1965). MOBUTU schaltete alle politischen Gegner aus, schlug die Söldneraufstände (1967) in der Ost- und Kivu-Provinz nieder und erkämpfte die territoriale Einheit zurück.

Ergebnis

Der Krieg forderte etwa 20 000 Todesopfer. Von den UN-Streitkräften aus 22 Ländern waren 93 000 Soldaten in Kongo eingesetzt; sie hatten 235 Tote zu beklagen. MOBUTU gründete 1967 die Einheitspartei *Mouvement Populaire de la Révolution* (MPR), der jeder Kongolese durch Geburt angehören sollte, löste alle ethnischen und separatistischen Organisationen auf und wandelte den föderativen Staat (mit 21 Provinzparlamenten) in einen Zentralstaat (mit 9 Regionen) um. Am 27. Oktober 1971 wurde die »Demokratische Republik Kongo« in »Republik Zaire« umbenannt — Ausdruck einer allgemeinen Afrikanisierung. Das MOBUTU-Regime unterdrückte jegliche Opposition.

Shaba/Katanga-Konflikt 1977 bis 1979

Im März 1977 kam es in Shaba, der ehemaligen Katanga-Provinz, erneut zu Kämpfen, als ca. 2000 Guerilleros, Angehörige der ehemaligen Katanga-Gendarmerie, die von Kubanern und Sowjets ausgebildet worden waren, von → Angola aus in die Provinz einfielen und MOBUTU zu stürzen versuchten. Der Angriff wurde von der zairischen Armee mit Hilfe von 1500 marokkanischen Soldaten zurückgeschlagen. Im Mai 1978 drangen die Rebellen über die Grenze von Sambia und Angola erneut in Zaire ein und wurden diesmal von belgischen und französischen Fallschirmjägern vertrieben. Einzelne Guerillaüberfälle machten das Grenzgebiet der Shaba/Katanga-Provinz weiterhin unsicher. Ein mit Angola und Sambia geschlossener Nichtangriffspakt (14.10.1979) sollte die Guerillatätigkeit eindämmen.

Mobutu Sese-Seko (*14.10.1930) *Staatspräsident Zaires seit 1965. Der Generalstabschef der belgischen Kolonialarmee Force Publique war im September 1960 am Staatsstreich gegen Präsident Kasawubu beteiligt und regierte bis zu dessen Wiedereinsetzung im Frühjahr 1961. Seit seinem zweiten Putsch 1965 ist Mobutu autokratischer Staatspräsident Zaires. Er schaltete jede innenpolitische Opposition aus und errichtete 1968 eine Einparteiendiktatur, mit Verwandten und Angehörigen seines Stammes an der Spitze. Die Herrschaft von Mobutu Sese-Seko (eigentlich Joseph-Désiré Mobutu) ist gekennzeichnet von Mißwirtschaft, Korruption und Personenkult.*

Mweru-Konflikt 1979 bis 1986

An Zaires südöstlicher Grenze zu Sambia liegt der zwischen beiden Ländern geteilte Mweru-See. Trotz des Nichtangriffspakts von 1979 kam es zu einer militärischen Auseinandersetzung aufgrund zairischer Grenzmarkierungen auf sambischem Territorium. Nach den ersten heftigen Gefechten zwischen beiden Armeen flüchteten Tausende von Sambiern ins Hinterland, und Zaire schloß die Grenze.

Im Juli 1982 kam es wieder zu bewaffneten Zwischenfällen. Zairische Soldaten waren in sambische Dörfer an der Grenze eingedrungen und hatten weitere Grenzmarkierungen angebracht. Sambia verstärkte daraufhin seine Truppen in der Grenzregion. Im Sommer 1984 gab es in beiden Staaten Massenausweisungen von Bürgern des jeweils anderen Landes. Über 2000 Sambier flohen aus der von Unruhen geschüttelten zairischen Shaba/Katanga-Provinz. Erst am 4. Oktober 1986 verständigten sich beide Länder über bessere nachbarschaftliche Beziehungen. Im Juni 1987 wurden schließlich auch die Unklarheiten über den Grenzverlauf ausgeräumt.

Weitere Entwicklung

Das autoritäre MOBUTU-Regime blieb über viele Jahre stabil; Unruhen wurden brutal unterdrückt: 1990 kam es an der Universität von Lumbumbashi zu einem Massaker an demonstrierenden Studenten.

Im selben Jahr endete nach 25 Jahren die Einparteienherrschaft Präsident MOBUTUS; im Juli 1990 wurden per Gesetz auch andere Parteien zugelassen. Streit in der Regierung und zwischen dem Präsidenten MOBUTU und seinem Ministerpräsidenten ÉTIENNE TSCHISEKEDI, den er im Dezember 1992 entließ, der aber nicht aus seinem Amt weichen wollte, hatte wiederholt schwere Unruhen zur Folge.

Die mangelhafte Besoldung der Armee führte zu Plünderungen durch Soldaten, die marodierend durch die Hauptstadt zogen. Bei den Gewalttätigkeiten sollen über 1000 Menschen ums Leben gekommen sein.

Zum Schutz der in Zaire lebenden Ausländer hatten die belgische und französische Regierung bereits im September 1991 Soldaten in das zentralafrikanische Land entsandt, die im Frühjahr 1993 ihre Landsleute evakuierten. Die Aufforderung der USA, Frankreichs und Belgiens an MOBUTU, die Macht mit TSHISEKEDI zu teilen, wurde ignoriert, und MOBUTU bildete eine Gegenregierung mit Ministerpräsident FAUSTIN BINRINDWA an der Spitze. Die ethnischen Konflikte in der Kivu-Region nutzte MOBUTU 1993, um sein Regime zu stabilisieren und eine Demokratisierung zu verhindern. Bei den gewalttätigen Auseinandersetzungen in der Kivu-Region nahe der Grenze zu → Ruanda kamen 6500 Menschen ums Leben, 200 000 waren auf der Flucht. Auch in der Shaba/Katanga-Provinz, die sich im Januar 1994 für autonom erklärte, kam es zu ethnischen Unruhen.

Amnesty International berichtete im September von brutalen Menschenrechtsverletzungen der Regierung MOBUTU. Die Armee und die Polizei sollen Tausende von Zivilisten beraubt, gefoltert und ermordet haben; viele Oppositionelle seien in Lagern eingesperrt. Die beiden Regierungen Zaires schlossen sich auf internationalen Druck im Januar 1994 zusammen und bildeten ein gemeinsames Kabinett. Das neu formierte Parlament, der sog. Hohe Rat, wählte im Juni einen neuen Ministerpräsidenten: KENGO WA DONDO. Einige Parteien wollen aber nach wie vor nur den legal gewählten TSCHISEKEDI als Ministerpräsidenten anerkennen.

Der Massenflucht der Hutu-Bevölkerung aus → Ruanda begegnete die Regierung mehrfach mit Schließung der Grenzen; bis zum Februar 1995 waren über 730 000 Hutus in das Lager von Goma in Ost-Zaire gekommen.

Die innenpolitische Lage Zaires bleibt undurchsichtig, und die Situation ist weiterhin äußerst gespannt.

Literatur: B. Kuhn: *Der Übergang zum Mehrparteiensystem in Zaire.* Münster 1992.
S. Nour: *Zaire.* In: D. Nohlen / F. Nuscheler (Hg.): *Handbuch Dritte Welt.* Bd. 4. Hamburg 1982.
W. Rather: *Die Verfassungsentwicklung und Verfassungswirklichkeit Zaires (1960–1980).* In: *Jahrbuch des öffentlichen Rechts der Gegenwart. (1989).*
J. Riedel: *Zaïre.* In: *Politisches Lexikon Afrika.* München 1987.
Statistisches Bundesamt (Hg.): *Länderbericht Zaire.* Wiesbaden 1990.
B. Wiese: *Du Congo au Zaire. 1960–1980.* Darmstadt 1980.
C. Young: *The rise and decline of the Zairian state.* Madison, Wisc., 1985.

Staatsname: Republik Zaire
Staatsform: Präsidiale Republik (seit 1978)
Staatsoberhaupt: Mobutu Sese-Seko (MPR; seit 1965)
Regierungschef: Kengo Wa Dondo (UDI; seit 14.6.1994)
Regierung: Übergangsregierung (seit 11.7.1994)
Parlament: Übergangsparlament 740 Mitglieder (seit 14.1.1994)
Mitgliedschaft bei internationalen Organisationen: AKP, OAU, UNO
Lage: 12°–31° östlicher Länge, 6°–14° südlicher Breite
Fläche: 2,34 Millionen km²
Hauptstadt: Kinshasa
Bevölkerung: 42,5 Millionen; Bantu-Gruppen 80 %, Sudan-Gruppen 15 %, Sonstige 5 %; Christen 93,7 %, Animisten 3,4 %, Sonstige 2,9 %
Wirtschaft: Landwirtschaft 54,7 %, Dienstleistung 22,3 %, Industrie 10,9 %; Export: Diamanten 27,3 %, Erdöl 11,4 %, Kupfer 11,1 %

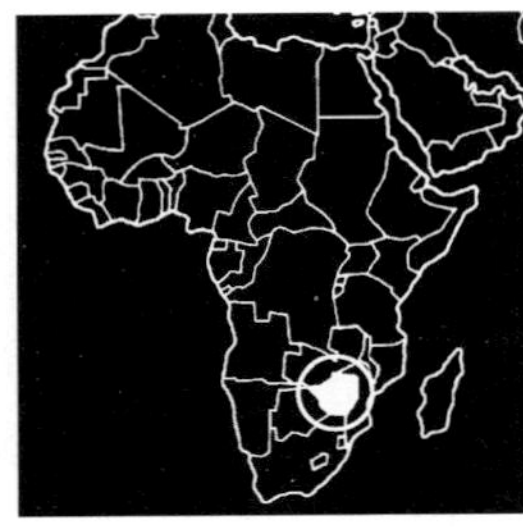

ZIMBABWE

Unabhängigkeitskrieg 1973 bis 1980
Bürgerkrieg 1982 bis 1988

Das koloniale Rhodesien erlebte zwei Phasen der Unabhängigkeit: die Trennung von Großbritannien durch die im Land lebende weiße Minderheit 1965 und die endgültige Unabhängigkeit unter Führung afrikanischer Befreiungsbewegungen, deren Stammesrivalitäten schließlich in einen Bürgerkrieg mündeten.

Historischer Hintergrund

Im Gebiet des heutigen Zimbabwe existierte vor der kolonialen Eroberung durch die Europäer das Reich von Monomotapa, das vom Volk der Barotse im späten 17. Jahrhundert zerstört wurde. Zu Beginn des 19. Jahrhunderts eroberten die Ndebele (Matabele) das heutige Matabeleland im Südwesten.

Kolonialzeit

Schon im 17. Jahrhundert hatten Portugiesen weite Landstriche geplündert. Doch erst durch die Forschungsreisen David Livingstones zwischen 1851 und 1855 und nach Entdeckung reichhaltiger Goldadern im Mashonaland kam es zur Erschließung des Landes durch die Briten. Die von Cecil Rhodes – nach ihm wurde die spätere Kolonie benannt – gegründete *British South African Company* erhielt weitreichende Konzessionen zur Ausbeutung des Landes und bereitete durch die Gründung Salisburys (1890), der heutigen Hauptstadt Harare, die Kolonisation vor. Die Einwanderung weißer Siedler vor allem aus → Südafrika und ihre Inbesitznahme großer Ländereien provozierte erste Aufstände (1893, 1896, 1898), die alle blutig niedergeschlagen wurden. Das ehemalige Matabeleland und das Mashonaland bildeten Süd-Rhodesien (1898), das 1923 endgültig britische Kolonie wurde. Süd- und Nord-Rhodesien (heute Sambia) sowie Njassaland (heute Malawi) schlossen sich 1953 zur Zentralafrikanischen Föderation zusammen. Diese Föderation hielt aber aufgrund des Drucks der afrikanischen Nationalisten nicht sehr lange: Malawi und Sambia wurden 1964 unabhängig.

Auch in Süd-Rhodesien, das eine ähnliche historische Entwicklung wie Südafrika nahm (intensive weiße Besiedlung, Apartheid, Unterdrückung der Afrikaner usw.), wurden 1957 Unabhängigkeitsforderungen laut. Doch nicht

Die Nachbarstaaten Tansania, Mosambik, Sambia und Angola unterstützten die Befreiungsbewegung in Rhodesien, dem heutigen Zimbabwe.

Ian Douglas Smith (*8.4.1919)
Premierminister Rhodesiens von 1964 bis 1979.
Der schottischstämmige Smith studierte in Südafrika Handelswissenschaft, bevor er 1948 erstmals in das rhodesische Parlament gewählt wurde. Als Gründer der »Rhodesischen Front« war er ab 1961 Führer der weißen europäischen Siedler in Süd-Rhodesien, deren Vorrechte er als Premierminister (ab 1964) 15 Jahre lang unnachgiebig verteidigte. 1965 proklamierte er einseitig die Unabhängigkeit der Kolonie von Großbritannien, das vergeblich mit Wirtschaftssanktionen reagierte. Nachdem die Nachbarländer Mosambik und Angola 1975 selbständig geworden waren, bröckelte auch die Herrschaft der weißen Minderheit in Rhodesien. Smith nahm auf Druck der USA 1976 Verhandlungen mit Nkomo auf und mußte 1979 freie Wahlen zulassen.

die afrikanischen Stämme errangen die Selbständigkeit, sondern die Weißen unter Führung von Ian Smith (seit 1964 Premierminister) proklamierten am 11. November 1965 die Unabhängigkeit Rhodesiens. Zahlreiche Verhandlungen, die Salisbury (heute: Harare) wieder an London binden sollten, und der von der UNO verhängte Wirtschaftsboykott, der von westlichen Firmen aber umgangen wurde, blieben ohne Erfolg.

Konfliktparteien

Anfang der siebziger Jahre nahmen verschiedene afrikanische Unabhängigkeitsbewegungen einen Guerillakrieg gegen die weiße Herrschaft auf.

Ihre Uneinigkeit schwächte eine Zeitlang den bewaffneten Kampf; ihre Rivalität führte immer wieder zu Unruhen, die einen weiteren Bürgerkrieg hätten provozieren können. Den Konflikt entschied Robert Gabriel Mugabe, der spätere Regierungschef von Zimbabwe, für sich.

1957 gründete der Gegenspieler Mugabes, der Nationalist Joshua Nkomo, den *African National Congress* (ANC); diese Organisation wurde verboten, ebenso die ihr nachfolgende *National Democratic Party* (NDP), die *Zimbabwe African People's Union* (ZAPU) und der *People's Caretaker Council* (PCC), der eine Zeitlang das offiziell zugelassene politische Aushängeschild der verbotenen ZAPU war.

Robert Gabriel Mugabe (*21.2.1924)
Staatspräsident von Zimbabwe seit 1987.
Mugabe studierte in Südafrika und London Philosophie, Wirtschaft und Jura. Von 1952 bis 1958 arbeitete er als Lehrer, danach wurde er aufgrund seiner politischen Tätigkeit, u. a. bei der National Democratic Party, mehrmals inhaftiert. Im Bürgerkrieg der siebziger Jahre trat er mit Erfolg als Führer einer populären Guerillatruppe auf. Nach den Wahlen 1980 wurde er Premierminister und 1987 Staatspräsident. Seinem Ziel der Einparteienherrschaft nach marxistischem Vorbild näherte er sich 1989, als er die beiden führenden politischen Kräfte zusammenführte. Auf seinen Auslandsreisen erwarb sich Mugabe den Ruf eines intellektuellen Politikers.

Samora Machel → Mosambik

1963 spaltete sich im Exil die *Zimbabwe African National Union* (ZANU) unter Pfarrer NDABANINGI SITHOLE und ROBERT MUGABE von der ZAPU ab. Ihre Guerillaorganisation war die *Zimbabwe People's Army* (ZIPA). MUGABE trat im Gegensatz zu NKOMOS Nationalismus für einen unabhängigen afrikanischen Sozialismus ein. Die versuchte Vereinigung von ZAPU und ZANU in der *Patriotic Front* (PF) Anfang 1977 zerbrach nach dem Krieg wieder und führte für mehrere Jahre zu erheblichen Spannungen.

Von kurzer Dauer war die *Front for the Liberation of Zimbabwe* (FROLIZI) unter JAMES CHIKEREMA, die sich 1971 in Lusaka mit Unterstützung Sambias konstituierte. Ebenfalls 1971 war der *United African National Council* (UANC) als *African National Congress* (ANC) gegründet worden, der von 1974 bis 1976 den Dachverband der Befreiungsgruppen unter Bischof ABEL TENDEKAYI MUZOREWA bildete.

Eine Ausnahme stellte die *Zimbabwe United Peoples Organization* (ZUPO) dar, die 1976 mit Hilfe der weißen Regierung gegründet worden war, um traditionelle tribale Interessen der heterogenen afrikanischen Bevölkerung gegeneinander ausspielen zu können. NKOMOS ZAPU und MUGABES ZANU waren die Hauptträger des Befreiungskampfes gegen die weiße Regierung.

Konfliktverlauf

Unabhängigkeitskrieg 1973 bis 1980

In den sechziger Jahren hatte es nur zwei kleinere Guerillaaktionen gegeben (im April 1966 und August 1967), die aber das SMITH-Regime nicht gefährden konnten. NKOMO glaubte zunächst, die Unabhängigkeit auf dem Verhandlungsweg erreichen zu können. 1963 hatte er eine Exilregierung gebildet, was aber zur Spaltung der ZAPU führte.

Die daraus hervorgegangene ZANU verfolgte eine maoistische Partisanenstrategie, d. h. unter gleichzeitiger Politisierung der Bevölkerung. Nach der Ablösung SITHOLES durch MUGABE (1974) in der ZANU-Führung baute dieser mit Hilfe des Präsidenten von → Mosambik, SAMORA MACHEL seine ZIPA-Guerillaeinheiten weiter aus. NKOMO rüstete währenddessen, unterstützt von der Sowjetunion, in Sambia eine Armee mit konventioneller Bewaffnung aus, die sich für einen Buschkrieg wenig eignete. Seine Truppen griffen auch erst in den Kampf ein, als er schon fast entschieden war. Sambias Präsident KENNETH DAVID KAUNDA favorisierte NKOMO und ließ nach blutigen Auseinandersetzungen zwischen den Befreiungsorganisationen Tausende von ZANU-Kämpfern verhaften.

Dies führte zu einer folgenschweren geographischen Trennung der Guerillatruppen: Die ZANU kämpfte von Mosam-

Unterstütz von der Luftwaffe drangen rhodesische Kommandoeinheiten immer wieder in Sambia ein, um die hinter der Grenze liegenden Lager der Guerilla zu zerstören.

bik aus, die ZAPU von Sambia. Die ZANU rekrutierte ihre Freiheitskämpfer aus dem Volksstamm der Shona im Mashonaland, in der ZAPU kämpften die Ndebele aus dem Matabeleland. Mit Überfällen auf weiße Farmer in den Bezirken Centenary, Mangula und Shamva im Grenzgebiet zu Mosambik eröffnete die ZANU am 21. Dezember 1972 den Befreiungskrieg, den sie, in Erinnerung an den afrikanischen Aufstand von 1896/97, »Chimurenga« nannte.

Die Übergriffe auf die weiße Bevölkerung verfolgten – im Sinne des Volkskrieges einer Guerilla nach dem Vorbild → Vietnams – den Zweck, die Behörden zu massiven Repressalien herauszufordern und so der Befreiungsbewegung Sympathie im Volk zu verschaffen und Freiwillige zu gewinnen. Diese Taktik hatte Erfolg.

1973 ließ die Regierung SMITH die Grenzen nach Sambia schließen, um den Guerilleros das Eindringen in rhodesisches Territorium zu erschweren. Doch die Partisanen kamen nicht nur aus Sambia: Ende 1974 ließ die ZANU verbreiten, sie habe in den zweijährigen Kämpfen über 100 Soldaten getötet, 33 Flugzeuge abgeschossen, 63 Lastkraftwagen zerstört und 18 Stützpunkte der Armee ausgehoben; 20 000 Quadratmeilen seien bereits befreit.

Nach der gescheiterten Rhodesien-Konferenz in Genf im Oktober 1976 kam es 1977 zu größeren Offensiven der Befreiungsarmee, die nun an der nördlichen Front von Sambia und Mosambik, im Osten und Südwesten von Botswana aus operierte. Die entstandene *Patriotic Front* konnte mit der Unterstützung der OAU und der an Rhodesien grenzenden Staaten Sambia, Malawi, → Mosambik, Botswana, → Angola und → Tansania rechnen. Die weiße Minderheitsregierung wurde von südafrikanischen Polizeieinheiten unterstützt.

Durch die massive Gegenoffensive der rhodesischen Armee im Oktober 1978 im Norden und Nordosten konnte

Juni 1979: Der noch amtierende rhodesische Premierminister Ian Smith (links) bei einer Begegnung wenige Tage vor der Amtsübergabe an seinen Nachfolger Bischof Abel Muzorewa (rechts).

Abel Tendekayi Muzorewa (*14.4.1925)
Ministerpräsident Zimbabwes von 1979 bis 1980.
Der Angehörige des Makombe-Stamms wurde 1965 nach einem Studium in den USA Direktor der farbigen christlichen Jugend- und Studentenbewegung, später auch Bischhof der Methodist Church. Als Vertreter einer gewaltfreien Lösung der innenpolitischen Konflikte in seinem Heimatland versuchte er, die rivalisierenden Befreiungsbewegungen zu vereinigen und gründete 1971 den UANC. Dieser setzte sich bei den Wahlen 1979 durch, und Muzorewa wurde erster Premierminister des neuen Staates Zimbabwe. Spannungen während des Bürgerkrieges kosteten ihn ein Jahr später sein Amt. 1983 war er für ein Jahr inhaftiert.

Margaret Thatcher
→ Argentinien

der Widerstand der Guerilla aber nicht gebrochen werden. Komplizierte Verfahren, Waffenstillstandsabkommen, die aber immer wieder gebrochen wurden, Amnestien, Aufhebung des Verbots der Befreiungsbewegungen, Wahlen, gemischtrassige Übergangsregierungen bereiteten die Übergabe der Macht an die Afrikaner vor (»innere Lösung«).

Bischof MUZOREWA wurde am 19. Mai 1979 Premierminister. Weil die Kämpfe nicht aufhörten, verhängte er das Kriegsrecht. Durch den Regierungswechsel in England – MARGARET THATCHER war neue Premierministerin geworden – kam es zu endgültigen Waffenstillstandsvereinbarungen (27.12.1979).

Ergebnis

In den Kämpfen zwischen Dezember 1972 und März 1977 kamen nach Angaben der damaligen rhodesischen Regierung 2579 Guerillakämpfer, 272 Soldaten der regulären Truppen, 1394 afrikanische und 79 weiße Zivilisten ums Leben. Seit dem 18. April 1980 ist Zimbabwe unabhängig, aber innenpolitische Spannungen ließen das Land bisher noch nicht zur Ruhe kommen.

Aus den Wahlen im Februar 1980 war MUZOREWA als großer Verlierer (8,2 %) und MUGABE als Sieger (62,8 %) hervorgegangen. MUGABE bot NKOMO, der nur 24,1 Prozent der Stimmen erhalten hatte, das Amt des Staatspräsidenten an, was dieser aber ablehnte. NKOMO wollte sich nicht nur mit repräsentativen Funktionen zufriedengeben. Daraufhin wurde er Innenminister in der ersten Regierung MUGABE. Die neue Armee bildete man aus den Guerillaeinheiten der ZIPA und ZAPU; als aber auf einer Farm der ZAPU Waffen

Joshua Nkomo (links) und Robert Mugabe während einer Pressekonferenz aus Anlaß der Verfassungsberatungen für die neue Republik Zimbabwe 1979.

gefunden wurden, mußte Nkomo aus der Regierung ausscheiden, und der Konflikt zwischen den beiden großen Stämmen Ndebele (ehemalige ZANU-Kämpfer) und Shona (ZIPA-Guerilleros) verschärfte sich.

Bürgerkrieg 1982 bis 1988

Nkomos ZAPU-Partei und seine Anhänger standen unter dem Verdacht, mit → Südafrika zu kollaborieren, um die Macht an sich zu reißen. Zum Jahreswechsel 1982/83 kam es im Südwesten Zimbabwes, im Matabeleland, zu einer Reihe von Überfällen von ZAPU-Guerilleros. Die »Fünfte Brigade« der Regierungstruppen, eine von nordkoreanischen Beratern ausgebildete und im wesentlichen aus Shona zusammengestellte Spezialeinheit, griff in die Kämpfe ein.

Die Regierungstruppen wurden beschuldigt, Massaker unter dem Ndebele-Volk angerichtet zu haben. Dieser Buschkrieg war auf Matabeleland beschränkt und gefährdete die Regierung Mugabe nicht, zumal Nkomo im März 1983 nach London ins Exil gehen mußte, als man ihm vorwarf, hinter den Aufständischen zu stehen. Im weiteren Verlauf nahmen die Spannungen ab. Nach 10 mühsamen Verhandlungsrunden seit 1985 kam es am 22. Dezember 1987 zur Vereinigung von ZANU und ZAPU in der ZANU-PF (*Patriotic Front*).

Seit dem 21. September 1987 hatten die weißen Siedler keinen verfassungsmäßigen Anspruch mehr auf für sie reservierte Parlamentssitze.

Joshua Nkomo (*19.6.1917)
Vizepräsident von Zimbabwe seit 1989.
1957 wurde der studierte Soziologe Nkomo zum Präsidenten des ANC gewählt und mußte nach dessen Verbot 1959 ins Exil nach London. Nach seiner Rückkehr 1960 wurde er aufgrund seiner politischen Tätigkeiten mehrmals verhaftet und wieder entlassen, bevor er 1976 an Verfassungsgesprächen mit der Regierung teilnahm. Nach den Wahlen 1980 wurde er von Mugabe zum Innenminister ernannt, jedoch 1982 wieder entlassen. Nach der Vereinigung von ZANU und ZAPU wurde Nkomo 1989 zweiter Stellvertreter des Präsidenten Mugabe.

Ergebnis und weitere Entwicklung

Eine Amnestie für die ZAPU-Kämpfer beendete den Krieg. Im Februar 1990 ging die ZANU-PF als deutlicher Sieger aus den Wahlen hervor. Mit dem Zusammenschluß der beiden großen Parteien war auch der Weg zum Einparteienstaat beschritten.

Erst am 25. Juli 1990 wurde der 25jährige Ausnahmezustand aufgehoben, und im August wurde NKOMO Vizepräsident des Landes; auch SITHOLE konnte im Januar 1992 aus dem Exil in seine Heimat zurückkehren. Eine erste Opposition gegen die Regierung MUGABE entstand durch die Gründung eines Forums für demokratische Reformen und einer Menschenrechtsorganisation im Sommer 1992. Nach wie vor spielen vor allem wirtschaftliche Fragen, die Landreform und der Ausgleich zwischen der afrikanischen Bevölkerungsmehrheit und den etwa 150 000 Weißen eine bedeutende innenpolitische Rolle. MUGABES ZANU-PF wurde zwar bereits Anfang der neunziger Jahre durch Flügelkämpfe erschüttert, deren Ursache überwiegend ein Generationenkonflikt war, doch diese Auseinandersetzungen konnten die Mehrheitsfähigkeit der Partei bisher nicht gefährden.

Literatur: s. a. → Angola, → Mosambik, → Südafrika, → Tansania
L. W. Bosman: *Politics in Rhodesia. White Power in an African State.* Cambridge, Mass., 1973.
B. Decke / A. Tüllmann: *Betrifft Rhodesien.* Frankfurt 1974.
W. Kirkman / C. Legum: *Rhodesien 1975/76. Analyse und Dokumentation zum Konflikt um Rhodesien/Simbabwe.* Hamburg 1976.
R. Kreile: *Zimbabwe: Von der Befreiungsbewegung zur Staatsmacht.* Saarbrücken 1990.
R. Niemann: *Von Rhodesien zu Zimbabwe.* Frankfurt 1976.
M. Raeburn / S. Blackfire: *Accounts of the Guerilla War in Rhodesia.* London 1978.
C. Reichert: *Das neue Zimbabwe. Gesellschaft im Umbruch.* Bonn 1984.
P. Ripken (Hg.): *Pamberi ne Zimbabwe. Geschichten vom Befreiungskampf.* Bonn 1983.
B. Schmidt: *Zimbabwe: Die Entstehung einer Nation.* Saarbrücken 1991.

Staatsname: Republik Zimbabwe
Staatsform: Präsidiale Republik (seit 1980)
Staatsoberhaupt: Robert Gabriel Mugabe (ZANU; seit 1987)
Regierungschef: Robert Gabriel Mugabe (ZANU; seit 1987)
Regierung: Zimbabwe African National Union (ZANU; seit 1980)
Parlament: Abgeordnetenhaus 150 Sitze (Wahl vom 9.4.1990), ZANU 117, ZUM 2, ZANU-Ndonga 1, Sonstige 30
Mitgliedschaft bei internationalen Organisationen: AKP, Commonwealth, OAU, SADC, UNO
Lage: 25°– 33° östlicher Länge, 15°– 22° südlicher Breite
Fläche: 390 757 km^2
Hauptstadt: Harare
Bevölkerung: 10,7 Millionen; Afrikaner 97,6 %, Europäer 2 %, Asiaten 0,1 %, Sonstige 0,3 %; Christen 42,8 %, Animisten 40,4 %, Sonstige 16,8 %
Wirtschaft: Dienstleistung 52,6 %, Industrie 29,5 %, Landwirtschaft 16,1 %; Export: Tabak 23,6 %, Gold 15 %, Ferrolegierungen 9,1 %

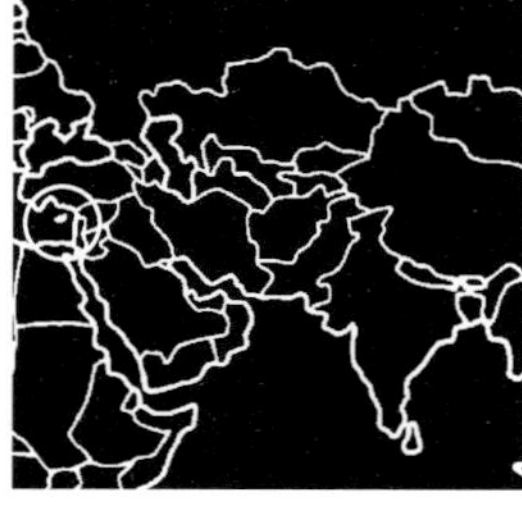

ZYPERN

Unabhängigkeitskampf 1953 bis 1959
Zypern-Konflikt seit 1963
Türkische Invasion 1974

Der gemeinsame Unabhängigkeitskampf gegen die Engländer brachte keine Einigkeit zwischen der griechischen Bevölkerungsmehrheit und der türkischen Minderheit. Der nationale Kampf um die Vormachtstellung auf der geostrategisch wichtigen Insel im östlichen Mittelmeer ließ Griechenland und die Türkei wiederholt in den Konflikt eingreifen. Die Invasion türkischer Truppen 1974 führte zur Teilung der Insel.

Historischer Hintergrund

Aufgrund seiner strategischen Lage war Zypern während seiner gesamten Geschichte Objekt von Großmachtinteressen im Vorderen Orient. Seit der Einwanderung der im Zuge des Seevölkersturms (1200 v. Chr.) vertriebenen Achäer wurde die Insel – trotz der Eroberungen durch Phönikier, Assyrer, Perser usw. – überwiegend griechisch geprägt. Erst durch die osmanische Okkupation 1571 und durch die Ansiedlung von etwa 30 000 Muslimen geriet die Insel unter eine fast 300 Jahre dauernde türkische Herrschaft. Die griechisch-orthodoxe Mehrheit fühlte sich immer den Festlandgriechen verbunden. Dieses Zugehörigkeitsgefühl wurde vor allem durch die griechisch-orthodoxe Kirche aufrechterhalten, deren zypriotischer Erzbischof als Ethnarch (Volksfürst) mit Billigung der Türken die innere Autonomie der Insel verwaltete.

Mit dem Bau des Suezkanals (eröffnet 1869) wurde die Mittelmeerinsel auch für die europäischen Kolonialmächte interessant. Der Beschluß des Berliner Kongresses 1878 berechtigte Großbritannien, Zypern zu annektieren und die türkische Vorherrschaft zu brechen. 1914 verleibte sich London die Insel ein und machte sie 1925 zur Kronkolonie. Die Insel wurde darüber hinaus für die britische Armee im Zweiten Weltkrieg, vor allem nach der Eroberung Kretas durch deutsche Truppen, zu einem wichtigen Teil der Verteidigungsstrategie im südöstlichen Mittelmeer.

Bereits Anfang der dreißiger Jahre war es zu den ersten schweren Unruhen gekommen. Die Unabhängigkeitsbewegung der Inselgriechen, die Vereinigung *Enosis*, sollte nach dem Zweiten Weltkrieg zur Selbständigkeit, aber auch zum Anschluß an das Festland führen.

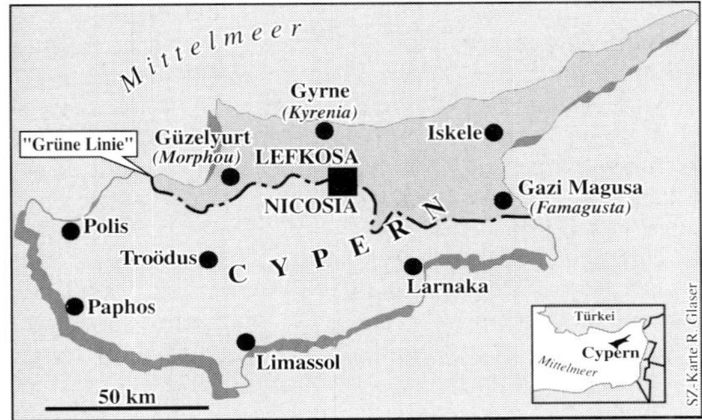

Die durch die »Green Line« geteilte Mittelmeerinsel Zypern: Im Norden ein völkerrechtlich nicht anerkannter Staat der türkischen Minderheit, im Süden die Republik Zypern der griechischen Mehrheit.

Konfliktparteien

Auf Zypern standen sich nicht so sehr politische Parteien gegenüber, sondern die beiden Volksgruppen – die griechische Mehrheit (80 %) und die türkische Minderheit (20 %) –, die bis heute von → Griechenland bzw. der → Türkei in vielfältiger Weise unterstützt werden.

Griechen

Die *Enosis*-Bewegung war nach dem Vorbild der *Enosis* auf Kreta (1908–1913) entstanden und organisierte mit kleinen Kampfeinheiten der *Ethniki Organosis Kyprion Agoniston* (EOKA) unter der militärischen Führung von General Georgios Grivas den Kampf gegen die britischen Kolonialherren und den Anschluß an Athen.

Türken

Die türkische Minderheit stand der EOKA-Bewegung eher feindselig gegenüber und fürchtete eine Vormachtstellung der Griechen. Sie vertraute daher der britischen Großmacht, die ihnen ihre Sicherheit vorgeblich zu garantieren schien.

Georgios Grivas (1898–27.1.1974)
Zypriotischer Partisanenführer. Grivas schlug eine Offizierslaufbahn ein und erhielt 1919 die griechische Staatsbürgerschaft. Er gehörte während des griechischen Bürgerkriegs einer monarchistischen Untergrundorganisation an und gründete 1954 auf Zypern die EOKA. Nach dem Zypern-Abkommen von 1959 stand er in Opposition zu dem um Ausgleich bemühten Makarios III. 1967 übernahm er das Kommando über die zypriotisch-griechischen Streitkräfte. 1971 ging er in den Untergrund und überzog Zypern bis zu seinem Tod mit einer blutigen Terrorwelle.

Konfliktverlauf

Unabhängigkeitskampf 1953 bis 1959

Seit 1953 lehnte sich der zypriotische Kampfbund EOKA in kleineren Gefechten gegen die Kolonialmacht auf. Die Engländer versuchten, die Konfrontation zwischen Inseltürken und -griechen für sich auszunutzen, mußten aber gleichzeitig darauf bedacht sein, daß die beiden NATO-Partner → Türkei und → Griechenland nicht in den Unabhängigkeitskampf eingriffen, was eine erhebliche Schwächung für das westliche Verteidigungsbündnis im gesamten südöstlichen Mittelmeerraum bedeutet hätte. Erzbischof

Makarios III.* *(13.8.1913–3.8.1977)
Staatspräsident Zyperns von 1960 bis 1974. Der Bauernsohn wurde als Michail Christodoulos Mouskos im Süden der Insel geboren. Er absolvierte bis 1943 ein Theologiestudium in Athen, erhielt 1946 seine Priesterweihe und ging zu Studienaufenthalten in die USA. Seit er 1948 zum Bischof von Kition (seit 1950 Erzbischof und Ethnarch von Zypern) ernannt wurde, war er auch politisch aktiv. Er rief die Enosis-Bewegung für die Vereinigung Zyperns mit Griechenland ins Leben und wurde 1960 zum Präsidenten der Republik Zypern gewählt. Nach dem Putsch von Sampson ging er von Juli bis Dezember 1974 ins Exil. Er bemühte sich um einen Ausgleich zwischen den griechischen und türkischen Volksgruppen auf der Insel.

MAKARIOS III. wurde 1959 auf Betreiben der Engländer als Vermittler eingesetzt. Noch 1956 hatten sie ihn aufgrund seiner Verbindung zu den GRIVAS-Rebellen ins Exil geschickt. MAKARIOS' III. Kompromißbereitschaft und sein erklärter Verzicht auf einen Anschluß an Athen ermöglichten die Unabhängigkeit Zyperns am 16. August 1960. Nicht zuletzt unter dem Druck der USA war im Februar 1959 der Londoner Dreimächtevertrag (Großbritannien, Türkei und Griechenland) zustande gekommen, der die zypriotische Verfassung vorbereitete. Diese räumt der türkischen Minderheit ein starkes Vetorecht ein und schreibt ihre Beteiligung an der Regierung fest. Staatspräsident wurde MAKARIOS III. Die drei Garantiemächte behielten sich aber ein Interventionsrecht vor und durften auf der Insel auch Militärstützpunkte errichten.

Zypern-Konflikt seit 1963
In den ersten beiden Jahren nach Erlangung der Unabhängigkeit kam es immer wieder zu Unruhen zwischen den beiden Bevölkerungsgruppen, da die Griechen das verfassungsmäßige Mitspracherecht der Türken in Regierung und Verwaltung einschränkten.

Die weiterhin bestehende EOKA-Kampforganisation unter ihrem radikalen Führer NIKOS SAMPSON ging am 25. Dezember 1963 gegen die türkischen Mitbürger vor. Im Gefolge dieser Ausschreitungen kam es auch zu regelrechten Pogromen gegen die türkische Minderheit und zu bürgerkriegsähnlichen Zuständen; die Front verlief quer durch die Hauptstadt Nikosia.

Zunächst versuchten die britischen Truppen, die Kämpfe zu unterbinden; diese wurden später von einer UN-Friedensstreitmacht (UNIFICP) abgelöst, die die vom UNO-Sicherheitsrat verordnete Waffenruhe zu überwachen hatte, was allerdings nur durch die faktische Teilung der Insel und der Hauptstadt durch die »Green Line« in türkische und griechische Bezirke gelang. Die Bürgerkriegsparteien behielten ihre Waffen, so daß es in den folgenden Jahren immer wieder zu schweren Zwischenfällen kam. MAKARIOS III. versuchte, die Lage durch die Zusammenfassung der Privatarmeen beider Seiten zu einer Nationalgarde (zeitweilig auch unter dem Oberbefehl des zurückgekehrten Generals GRIVAS) zu entschärfen. Doch auch hier wurden die Griechen bevorzugt.

Türkische Invasion 1974
Nach dem Militärputsch in Athen (21.4.1967) kam es bis 1974 zu einer relativen Beruhigung der Lage; Verhandlungen zwischen den beiden Volksgruppen brachten aber keine politischen Erfolge. → Griechenland zog im November 1967 einen großen Teil der regulären Truppen ab; 650 griechische Offiziere befehligten aber weiterhin die National-

Angst und Entsetzen spiegeln sich in den Gesichtern dieser türkischen Frauen, die während der Pogrome im Dezember 1963 ihre Männer verloren haben.

garde. General GRIVAS, der sich seit der Unabhängigkeit mit den Verhältnissen auf der Insel nicht abfinden konnte, wurde nach Griechenland versetzt, kehrte aber bald heimlich zurück und nahm mit seiner neu formierten EOKA-Truppe aus dem Untergrund den Kampf gegen die Regierung MAKARIOS auf. Die Aktivitäten von GRIVAS waren für die → Türkei eine ständige Beunruhigung.

Nachdem im November 1973 die Armeeführung unter General PHAIDON GIZIKIS den griechischen Diktator GEORGIOS PAPADOPOULOS gestürzt hatte, kam es auch zu Spannungen zwischen Athen und Nikosia. In einem von Athen aus geplanten und gesteuerten Putsch versuchten die 650 festlandgriechischen Offiziere der zypriotischen Nationalgarde, MAKARIOS III. zu vertreiben und ihn – nach GRIVAS' Tod – durch den EOKA-Führer SAMPSON zu ersetzen. MAKARIOS III., gelang die Flucht nach London.

Als SAMPSON den Anschluß an → Griechenland ankündigte – die Militärregierung in Athen brauchte einen nationalen Erfolg, um ihr beschädigtes Ansehen im Land wieder aufzupolieren –, landeten am 20. Juli 1974 etwa 6000 türkische Soldaten im Norden des Eilands in der Nähe der Stadt Kyrenia. Es kam zu heftigen Kämpfen, und die türkischen Truppen besetzten einen schmalen Küstenstreifen und wichtige Verkehrsverbindungen. Über feste Brückenköpfe folgten bis Mitte August 40 000 weitere Soldaten. In einer großen zweiten Offensive drangen die Türken weit

Griechischer Soldat an der »Green Line«, der Demarkationslinie zum türkischen Sektor der zypriotischen Hauptstadt Nikosia. Schon vor dem Angriff der türkischen Armee 1974 war die Insel aufgrund der Rivalitäten zwischen den griechischen und türkischen Bevölkerungsteilen zehn Jahre lang faktisch geteilt.

in den Süden vor, eroberten etwa 40 Prozent der Insel und setzten sich dann auf gut einem Drittel fest.

Ergebnis

Die 105 Kilometer lange »Attila-Linie« teilt Zypern seitdem in einen griechischen und einen türkischen Teil. Der Waffenstillstand kam durch amerikanische Vermittlung zustande.

Der Angriff der türkischen Armee trieb über 200 000 griechische Zyprioten zur Flucht in den Süden, was erhebliche Auswirkungen auf die ökonomische Infrastruktur des Nordens hatte. Die türkische Minderheit verkündete 1975 einen »Föderativen Türkisch-Zypriotischen Staat« und beanspruchte damit den größeren Teil der Insel für sich. Auch die Hauptstadt Nikosia wurde geteilt.

Sampsons Putschregime war nur von kurzer Dauer. Makarios kehrte im Dezember 1974 aus dem Exil in sein

Amt zurück, obwohl er von der → Türkei und den Inseltürken nicht mehr als Repräsentant Zyperns anerkannt wurde.

Vor Beginn der akuten Krise war Griechenland aus der NATO ausgeschieden und hatte für NATO-Streitkräfte die militärischen Gebiete gesperrt, ließ aber die Nutzungsrechte der Amerikaner und der ehemaligen englischen Kolonialmacht auf den Stützpunkten unberührt.

Die Athener Militärjunta stürzte über das Zypern-Abenteuer und mußte die Macht an eine Zivilregierung abtreten. Für Zypern ist der Konflikt noch nicht gelöst, aber Griechenland hat er die Demokratie zurückgebracht.

Rauf Rasit Denktasch (*27.1.1924) *Präsident Nordzyperns seit 1975. Der Jurist Denktasch wurde 1948 Mitglied des Verfassungsrats und war später als Staatsanwalt tätig. 1958 bis 1960 übernahm er den Vorsitz türkisch-zypriotischer Organisationen. 1964 wurde er ausgewiesen und konnte erst 1968 nach Zypern zurückkehren. Fortan fungierte er als Wegbereiter eines geschlossenen türkischen Siedlungsgebiets. Im Juni 1976 wurde er vom türkisch-zypriotischen Parlament zum Präsidenten der Teilrepublik gewählt und proklamierte die »Türkische Republik Nordzypern«. Am 23. April 1990 wurde er als Staatspräsident bestätigt.*

Weitere Entwicklung

Im Februar 1983 wurde der seit 1977 amtierende griechisch-zypriotische Staatspräsident Spyros Kyprianou wiedergewählt. Der Präsident des türkisch-zypriotischen Teils Rauf Denktasch proklamierte im November die »Türkische Republik Nordzypern«. Die Unabhängigkeitserklärung wurde vom UN-Sicherheitsrat verurteilt und nur von → Bangladesch und der → Türkei anerkannt.

Von der UNO vermittelte Wiedervereinigungsgespräche scheiterten im Januar 1985. Daraufhin geriet Staatspräsident Kyprianou unter erheblichen innenpolitischen Druck. Auf der türkischen Seite wurde bei einer Volksabstimmung im Mai 1985 eine neue Verfassung gebilligt. Die erste Präsidentenwahl gewann Denktasch mit überwältigender Mehrheit. Ein Besuch des türkischen Ministerpräsidenten Turgut Özal vom 2. bis 4. Juli 1986 in Nordzypern, bei dem er politische und wirtschaftliche Hilfe zusagte, rief das Mißfallen der UNO und heftige Proteste der griechischen Zyprioten hervor. Bei einer gewaltsamen Demonstration wurde versucht, die Demarkationslinie zum türkischen Sektor in Nikosia zu durchbrechen, was aber von Soldaten der UN-Friedenstruppen, die die »Green Line« seit 1964 bewachen, verhindert werden konnte. Daraufhin wurden die Grenzübergänge von türkisch-zypriotischer Seite geschlossen. In Nordzypern kam es über die Frage des Verhältnisses zur Türkei zu einer Regierungskrise, in der sich aber die Befürworter einer engen Kooperation mit Ankara durchsetzen konnten.

Nach den Präsidentenwahlen im Februar 1988 in Südzypern mußte Kyprianou das Amt an den liberalen Georgios Vassiliou übergeben, der seit Sommer 1988 wieder Gespräche mit dem Präsidenten Nordzyperns aufnahm. Denktasch wurde im April 1990 für eine vierte Amtszeit wiedergewählt. Präsident Vassiliou hatte im Februar als erstes Staatsoberhaupt Zyperns vor dem Europaparlament in Straßburg gesprochen: Die Republik Zypern drängt seit 1988 auf eine Aufnahme in die EG bzw. EU.

Glafkos John Klerides (*24.4.1919)
Staatspräsident Zyperns 1974 und seit 1993.
Der Jurist Klerides war Justizminister in der Übergangsregierung bis zur Erlangung der Unabhängigkeit. Als enger Mitarbeiter von Staatspräsident Makarios III. war er dessen Stellvertreter und zugleich Parlamentspräsident.
Nach dem Putsch der in Athen herrschenden Militärjunta 1974 auf Zypern und der militärischen Intervention der Türkei übernahm er die Staatsführung. Nach der Rückkehr von Makarios III. aus dem Exil trat er wieder zurück, blieb aber Vorsitzender der Demokratischen Partei. Wegen Meinungsverschiedenheiten mit Makarios III. trat er als Parlamentspräsident zurück und gründete die konservative Demokratische Sammlungsbewegung (DISY). Die Präsidentenwahl 1983 verlor er gegen Spyros Kyprianou, 1988 unterlag er gegen Giorgios Vassiliou. Am 14. Februar 1993 wurde er mit 50,3 Prozent der Stimmen zum Staatspräsidenten gewählt.

Am 25. November 1992 erklärte der UN-Sicherheitsrat den Status quo auf Zypern für unannehmbar. Nordzypern wurde aufgefordert, für die Reduzierung der türkischen Truppen zu sorgen. Bei den Präsidentschaftswahlen in Südzypern im Februar 1993 siegte der konservative GLAFKOS KLERIDES über den Amtsinhaber VASSILIOU.

Im Juni 1994 wurde die UN-Resolution 939 verabschiedet, die die ungeteilte Souveränität und Staatsangehörigkeit fordert und ein Verbot der Vereinigung eines Inselteils mit einem anderen Staat beinhaltet. Im Juli 1994 untersagte der Europäische Gerichtshof den Staaten der *Europäischen Union* den Handel mit dem Inselnorden. Der griechische Teil hatte gegen Exporte des Nordens nach Großbritannien geklagt.

Bei Gesprächen Ende 1994 zwischen KLERIDES, der einen Bundesstaat anstrebt, und DENKTASCH, der für zwei souveräne Staaten in einem losen Bündnis eintritt, gab es keine Annäherung. Das Parlament des türkischen Teils beschloß, noch enger mit der → Türkei zu kooperieren, u. a. ist eine Zollunion geplant. Die Wirtschaft des Inselnordens leidet unter dem Wirtschafts- und Handelsembargo der EU-Staaten und ist zwangsläufig in eine immer größere Abhängigkeit von der Türkei geraten: Durch die Bindung an die türkische Währung wird zudem die hohe Inflation aus der Türkei importiert. Der griechische Teil verzeichnete dagegen Mitte der neunziger Jahre dank des zunehmenden Tourismus ein stabiles Wirtschaftswachstum.

Die Grenze ist für die Inselbewohner beider Teile undurchlässig; nur Touristen können sie unter bestimmten Voraussetzungen passieren, aber nicht vom Nord- in den Südteil. Da die griechische Seite die türkisch-zypriotische Unabhängigkeit nicht anerkennt, müssen Touristen über die → Türkei ausreisen, um in den griechischen Teil Zyperns zu gelangen.

Südzypern erhebt den völkerrechtlichen Anspruch auf die ganze Insel, so wie es ihm auch von der Staatengemeinschaft zuerkannt wird, und betrachtet die »Türkische Republik Nordzypern« als illegale, vorübergehende Abspaltung. Im Repräsentantenhaus von Nikosia werden daher 24 Mandate und das Amt des Vizepräsidenten für türkische Zyprioten freigehalten.

Literatur: G. Grivas-Dighenis: *Partisanenkrieg heute. Lehren aus dem Freiheitskampf Zyperns*. Frankfurt 1964.
N. Kadritzke / W. Wagner: *Im Fadenkreuz der NATO – Ermittlungen am Beispiel Cypern*. Berlin 1976.
P. M. Kitromolidis: *From Coexistence to Confrontation: The Dynamics of Ethnic Conflicts in Cyprus*. In: *Cyprus Reviewed*. Nicosia 1977.
F. G. Maier: *Cypern. Insel am Kreuzweg der Geschichte*. Stuttgart 1964.
U. Steinbach: *Grundlagen und Ansätze einer Neuorientierung der türkischen Außenpolitik*. Ebenhausen 1973.
J. Wolfe / G. Heinritz u. a.: *Zypern. Macht oder Land teilen?* München 1987.

Staatsname: Republik Zypern
Staatsform: Präsidiale Republik
Staatsoberhaupt: Glafkos Klerides (DISY; seit 1993)
Regierungschef: Glafkos Klerides (DISY; seit 1993)
Regierung: Koalition aus DISY und DIKO (seit 1991)
Parlament: Repräsentantenhaus 80 Sitze (Wahl vom 19.5.1991), DISY (Rechte) 20, AKEL (Kommunisten) 18, DIKO (Zentrum) 11, EDEK (Sozialisten) 7, für türkische Zyprioten freigehalten 24
Mitgliedschaft bei internationalen Organisationen: Commonwealth, Europarat, OSZE, UNO
Lage: 32°–34° östlicher Länge, 34°–36° nördlicher Breite
Fläche: 9251 km²
Hauptstadt: Nikosia
Bevölkerung: 12,5 Millionen; griechische Zyprioten 80 %, türkische Zyprioten 19 %, Sonstige 1 %; orthodoxe Christen 80 %, Muslime 18,6 %, Sonstige 1,4 %
Wirtschaft (Südzypern): Dienstleistung 65,8 %, Industrie 24,2 %, Landwirtschaft 6 %; Export: Reexporte 51 %, Bekleidung 14 %, Kartoffeln 5 %

Anhang

Konfliktchronologie
Konfliktsystematik
Abkürzungsverzeichnis
Auswahlbibliographie
Orts- und Länderregister
Parteien und Organisationen
Personenregister
Sachregister
Abbildungsnachweis

Konfliktchronologie

Bei Abschluß des Bandes, im September 1995, waren 45 Kriege weltweit noch nicht beendet. In dieser Konfliktchronologie werden das Jahr des Konfliktbeginns genannt, das Staatenlemma, in dem der bewaffnete Konflikt behandelt wird, der Konfliktname und das Konfliktende.

1941 Myanmar: Unabhängigkeitskrieg Burmas bis 1948
Südafrika: Apartheidkonflikt bis 1993
Türkei: Kurden-Konflikt seit den zwanziger Jahren bis heute
1942 Philippinen: Huk-Aufstand bis 1954
1945 Albanien: Korfu-Krise bis 1949
Indonesien: Unabhängigkeitskrieg bis 1949
Myanmar: Bürgerkrieg (seitdem)
1946 China: Bürgerkrieg bis 1949
Griechenland: Bürgerkrieg bis 1949
Vietnam: Unabhängigkeitskrieg bis 1954
1947 Indien, Pakistan: Kaschmir-Konflikt bis 1949
Madagaskar: Unabhängigkeitskrieg bis 1948
1948 Ägypten, Israel: 1. Arabisch-israelischer Krieg bis 1949
Kolumbien: Bürgerkrieg bis 1957
Malaysia: Unabhängigkeitskrieg bis 1957
1950 Korea: Bürgerkrieg bis 1953
Tibet: Chinesische Besetzung (seitdem)
1952 Bolivien: Revolution
Kenia: Befreiungskampf bis 1956
1953 Deutsche Demokratische Republik: Aufstand am 17. Juni
Kuba: Revolution bis 1959
Zypern: Unabhängigkeitskampf bis 1959
1954 Algerien: Unabhängigkeitskrieg gegen Frankreich bis 1962
Laos: Bürgerkrieg bis 1975
Marokko: Unabhängigkeitskampf bis 1956
1955 Kamerun: Unabhängigkeitskampf bis 1970
Sudan: Bürgerkrieg bis 1972
Syrien: Spannungen mit der Türkei bis 1957
1956 Ägypten, Israel: 2. Arabisch-israelischer Krieg: Suez-Kirse und Sinai-Feldzug
Ungarn: Aufstand
1958 Libanon, Syrien: Bürgerkrieg
1959 Guinea-Bissau: Unabhängigkeitskrieg bis 1974
Indien: Grenzkonflikt mit China
Ruanda: Stammeskrieg
Tibet: Aufstand
1960 Guatemala: Guerillakrieg (seitdem)
Zaire: Bürgerkrieg bis 1965
1961 Angola: Unabhängigkeitskrieg bis 1974
Deutsche Demokratische Republik: Mauerbau
Kuba: Schweinebucht-Invasion
1962 Eritrea: Unabhängigkeitskrieg von Äthiopien bis 1991
Gabun: »Fußballrevolte« in Kongo-Brazzaville und Gabun
Indien: Grenzkonflikt mit China

Jemen: Nordjemenitischer Bürgerkrieg bis 1970
Kuba: Kuba-Krise
Mali: Tuareg-Rebellion bis 1964
Marokko: Grenzkrieg mit Algerien
1963 Burkina Faso: Grenzkonflikt mit Ghana bis 1966
Indonesien: Krieg mit Malaysia auf Bornea bis 1965
Somalia: Shifta-Krieg bis 1967
Tansania: Bürgerkrieg und Revolution auf Sansibar bis 1964
Zypern: Konflikt (seitdem)
1964 Ghana: Intervention in Niger bis 1965
Mosambik: Unabhängigkeitskrieg bis 1974
Kolumbien: Guerillakrieg (seitdem)
Vietnam: Bürgerkrieg bis 1975
1965 Burundi: Bürger- und Stammeskrieg
Dominikanische Republik: Bürgerkrieg
Ghana: Grenzkonflikte mit Togo bis 1977
Indien, Pakistan: Kaschmir-Konflikt
Indonesien: Sezessionskrieg auf West-Neuguinea (seitdem)
Namibia, Südafrika: Unabhängigkeitskampf bis 1990
Thailand: Kommunistischer Aufstand bis 1980
1966 Bolivien: Guerillakrieg bis 1967
Großbritannien: Nordirland-Konflikt bis 1994
Tschad: Bürgerkrieg bis 1994
1967 Ägypten, Israel: 3. Arabisch-israelischer Krieg: Sechs-Tage-Krieg
Kambodscha: Bürgerkrieg (seitdem)
Nigeria: Bürgerkrieg um die Sezession Biafras bis 1970
1968 Philippinen: Bürgerkrieg bis 1993
Tschechoslowakei: Invasion von Warschauer-Pakt-Truppen
1969 China: Ussuri-Konflikt
El Salvador: »Fußballkrieg« mit Honduras
1970 Bangladesch: Unabhängigkeits- und Bürgerkrieg bis 1971
Malaysia: Guerillakrieg bis 1989
1972 Burundi: Bürger- und Stammeskrieg
Jemen: Grenzkonflikt zwischen Nord- und Südjemen
1973 Ägypten, Israel: 4. Arabisch-israelischer Krieg: Jom Kippur
Chile: Militärputsch
Zimbabwe: Unabhängigkeitskrieg bis 1980
1974 Äthiopien: Bürgerkrieg (Oromo- und Tigray-Konflikt) bis 1991
Burkina Faso, Mali: Grenzkrieg bis 1975
Pakistan: Ahmadiyya-Konflikt (seitdem)
Türkei, Zypern: Türkische Invasion
1975 Angola: Bürgerkrieg (seitdem)
Indonesien: Sezessionskrieg auf Ost-Timor (seitdem)
Laos: Widerstand der Meo bis 1990
Libanon, Syrien: Bürgerkrieg bis 1990
Marokko: Annexion der Westsahara (seitdem)
Mosambik: Bürgerkrieg bis 1992
Thailand: Spannungen mit Kambodscha bis 1988
1977 Äthiopien: Krieg mit Somalia (Ogaden-Konflikt) bis 1978
Nicaragua: Bürgerkrieg (Sandinisten) bis 1979
Zaire: Shaba/Katanga-Konflikt bis 1979

1978 Iran: Revolution bis 1979
Jemen: Grenzkonflikt zwischen Nord- und Südjemen
Uganda: Bürger- und Grenzkrieg mit Tansania bis 1979
1979 Afghanistan: Invasion der UdSSR (bis 1988) und Bürgerkrieg
El Salvador: Bürgerkrieg bis 1992
Iran: Kurden-Konflikt bis 1988
Syrien: Aufstand der Muslimbrüder bis 1982
Vietnam: »Erziehungsfeldzug« Chinas mit gelegentlichen Gefechten bis 1988
Zaire: Mweru-Konflikt bis 1986
1980 Iran, Irak: Grenzkrieg (Golfkrieg I) bis 1988
Peru: Guerillakrieg (seitdem)
1981 Algerien: Bürgerkriegsunruhen und Terror islamischer Extremisten (seitdem)
Uganda: Bürgerkrieg bis 1988
1982 Argentinien: Krieg um die Falkland-Inseln zwischen Großbritannien und Argentinien
Indien: Bürgerkriegsunruhen im Punjab (seitdem)
Nicaragua: Bürgerkrieg (Contras) bis 1990
Zimbabwe: Bürgerkrieg bis 1988
1983 Grenada: Bürgerkriegsunruhen und Invasion der USA
Sri Lanka: Tamilen-Konflikt (seitdem)
Sudan: Bürgerkrieg (seitdem)
1984 Pakistan: Kaschmir-Konflikt und Karakorum-Konflikt (seitdem)
1985 Burkina Faso, Mali: Grenzkrieg bis 1986
Jemen: Südjemenitischer Bürgerkrieg
1986 Haiti: Bürgerkriegsunruhen bis 1994
Irak: Kurden-Konflikt (seitdem)
Pakistan: Unruhen in der Sindh-Provinz (seitdem)
Surinam: Bürgerkrieg bis 1992
Togo: Unruhen (seitdem)
1987 Laos, Thailand: Grenzkonflikt bis 1988
1988 Burundi: Bürger- und Stammeskrieg
Somalia: Bürgerkrieg (seitdem)
1989 Albanien: Unruhen und Regimesturz bis 1992
Liberia: Bürgerkrieg (seitdem)
Panama: US-Intervention
Papua-Neuguinea: Bürgerkrieg auf Bougainville (seitdem)
Rumänien: Bürgerkrieg und Regimesturz
Senegal: Mauretanien-Konflikt bis 1990
Sierra Leone: Bürgerkrieg (seitdem)
Syrien: Spannungen mit der Türkei (seitdem)
Tadschikistan: Nationalitätenkonflikt (seitdem)
1990 Armenien, Aserbaidschan: Nationalitätenkonflikt und Krieg um die armenische Exklave Nagornji Karabach und die aserbaidschanische Exklave Nachitschewan (seitdem)
Kuwait, Irak: Annexion von Kuwait
Indien: Bürgerkriegsunruhen in Kaschmir und Assam (seitdem)
Indonesien: Bürgerkrieg in der Provinz Aceh auf Sumatra (seitdem)
Mali: Tuareg-Rebellion
Moldawien: Dnjestr-Konflikt (seitdem)
Niger: Tuareg-Aufstand
Ruanda: Bürgerkrieg
Senegal: Casamance-Konflikt (seitdem)

1991 Dschibuti: Bürgerkrieg bis 1994
Georgien: Südossetien-Konflikt bis 1992
Kuwait, Irak: Befreiungskrieg der internationalen Anti-Irak-Koalition (Golfkrieg II)
Irak: Schiiten-Konflikt (seitdem)
Kroatien: Bürgerkrieg (seitdem)
Rußland: Tschetschenien- und Iguschen-Konflikt (seitdem)
Slowenien: Unabhängigkeitskampf 1991
1992 Georgien: Bürgerkrieg bis 1992 und Unabhängigkeitskrieg Abchasiens bis 1994
Bosnien und Herzegowina: Bürgerkrieg (seitdem)
1993 Albanien: Grenzkonflikte mit dem Kosovo und Griechenland
Gabun: Unruhen
1994 Burundi: Bürger- und Stammeskrieg
Jemen: Bürgerkrieg im vereinigten Jemen
Mexiko: Chiapas-Konflikt (seitdem)
Pakistan: Unruhen in der North-Western-Frontier-Provinz
Ruanda: Bürgerkrieg
1995 Peru: Grenzkrieg zwischen Peru und Ecuador

Konfliktsystematik

Die vorliegende Darstellung der Krisenherde der Welt orientiert sich in ihrer Konflikttypologie an Bezeichnungen, die ein Konflikt in den Medien erfahren hat. Es wurde der publizistischen Terminologie der Vorzug gegeben, da sie einer interessierten Öffentlichkeit bekannt ist. Bewaffnete Auseinandersetzungen ändern während ihres Verlaufes häufig ihren Charakter; prozeßhafte kriegerische Ereignisse sind nur schwer mit einer ausdifferenzierenden Typologie zu definieren.

Nachstehend findet sich eine Auflistung der in diesem Band benutzten Begriffe mit der jeweiligen Zuordnung der Konfliktstaaten bzw. auch den Verweislemmata.

Aufstände: Deutsche Demokratische Republik, Niger, Philippinen, Syrien, Thailand, Tibet, Ungarn

Befreiungskampf: Kenia

Befreiungskrieg: Kuwait

Besetzung: Tibet

Bürger- und Stammeskriege: Burundi, Ruanda

Bürgerkriege: Äthiopien, Afghanistan, Angola, Bangladesch, Biafra, Bosnien und Herzegowina, Burundi, China, Dominikanische Republik, Dschibuti, El Salvador, Georgien, Griechenland, Indochina, Indonesien, Jemen, Jugoslawien, Kambodscha, Kolumbien, Korea, Kroatien, Laos, Libanon, Liberia, Mosambik, Myanmar, Nicaragua, Nigeria, Papua-Neuguinea, Philippinen, Ruanda, Rumänien, Sierra Leone, Somalia, Südossetien, Sudan, Surinam, Syrien, Tansania, Tigray, Tschad, Uganda, Vietnam, Zaire, Zimbabwe

Bürgerkriegsunruhen: Algerien, Assam, Grenada, Nordirland, Haiti, Indien, Punjab

Ethnischer Konflikt: Zaire

Feldzüge: Ägypten, Vietnam, Israel

Grenzkonflikte: Albanien, Burkina Faso, China, Ghana, Jemen, Kambodscha, Laos, Mali, Marokko, Thailand, Vietnam

Grenzkriege: Burkina Faso, Ecuador, Irak, Iran, Mali, Marokko, Peru, Uganda

Guerillakriege: Bolivien, Guatemala, Kolumbien, Malaysia, Peru

Invasionen: Afghanistan, Ghana, Grenada, Kuba, Kuwait, Marokko (Westsahara), Tschechoslowakei, Vietnam, Zypern

Konflikte: Äthiopien, China, Georgien, Großbritannien, Indien, Irak, Iran, Israel, Jordanien, Kaschmir, Kurden, Mexiko, Moldawien, Pakistan, Senegal, Somalia, Sri-Lanka, Südafrika, Türkei, Ussuri, Zaire, Zypern

Krise: Ägypten, Albanien, Deutsche Demokratische Republik, Israel, Korfu, Kuba, Rußland, Suez

Kriege: Ägypten, Äthiopien, Anden-Krieg, Arabisch-israelische Kriege, Argentinien, Armenien, Aserbaidschan, El Salvador, Falkland, Fußballkrieg, Golfkrieg, Großbritannien, Indonesien, Irak, Iran, Israel, Jom-Kippur, Kaschmir, Kuwait, Nahostkonflikt, Ogaden-Konflikt, Sechs-Tage-Krieg, Shifta-Krieg, Somalia, Suezkrise

Nationalitätenkonflikt: Armenien, Aserbaidschan, Georgien, Kurden, Nachitschewan, Nargornji Karabach, Punjab, Rußland, Südossetien, Tadschikistan, Tschetschenien

Rebellion: Mali, Niger

Revolution: Äthiopien, Bolivien, Iran, Kuba, Tansania

Sezessionskriege: Biafra, Indonesien

Spannungen: Syrien, Thailand

Überfall: Irak, Kuwait

Unabhängigkeitskampf: Kamerun, Kurden, Irak, Iran, Kamerun, Marokko, Namibia, Slowenien, Türkei, Westsahara, Zypern

Unabhängigkeitskriege: Abchasien, Algerien, Angola, Bangladesch, Eritrea, Großbritannien, Guinea-Bissau, Indochina, Indonesien, Kroatien, Madagaskar, Malaysia, Mosambik, Myanmar, Vietnam, Zimbabwe

Unruhen: Albanien, Gabun, Pakistan, Togo

Widerstand: Laos

Abkürzungsverzeichnis

G

H

I

K

L

M

MLN (*Movimiento de Liberación Nacional*) 293
MNA (*Mouvement National Algérien*) 104
MNC (*Mouvement National Congolais*) 822f.
MNLF (*Moro National Liberation Front*) 608–614
MNR (*Movimiento Nacional Revolucionario*) 145ff., 234
MOJA (*Movement of Justice in Africa*) 491
MPA (*Mouvement Populaire de l'Azawad*) 508
MPLA (*Movimento Popular de Libertacao de Angola*) 114–118
MPR (*Mouvement Populaire de la Révolution*) 824
MQM (*Muhajir Quaumi Movement*) 583
MRLA (*Malayan Races Liberation Army*) 501
MRND (*Mouvement Révolutionaire National pour le Développement*) 618f.
MRTA (*Movimiento Revolucionario Tupac Amarú*) 598f., 601f.
MSA (*Mouvement Socialiste Africain*) 564
MSZP (*Ungarische Sozialistische Partei*) 804
MTLD (*Mouvement pour le Triomphe des Libertés Démocratiques*) 104f.

N

NAL (*National Alliance of Liberty*) 264
NATO (*North Atlantic Treaty Organization*) 84, 101, 121, 166–169, 171ff., 279, 300f., 303, 401, 639, 649, 668, 718, 786, 837, 841
NCNC (*National Council of Nigeria and of the Cameroon*) 571
NCSL (*National Council of Sierra Leone*) 661
NDC (*National Democratic Congress*) 272
NDF (*National Democratic Front*) 540, 608, 612
NDP (*National Democratic Party*) 829
NHP (Vishwa Hindu Parishad; Welt-Hindu-Rat) 325
NICA (*Nederlandsch-Indische Civiele Administratie*) 330
NICRA (*Northern Ireland Civil Rights Association*) 284
NIF (*National Islamic Front*) 694
NJM (*New Jewel Movement*) 270f.
NLC (*National Liberation Council*) 264
NLD (*National League for Democracy*) 540, 543
NLF (*National Liberation Front*) 373f.
NLM (*National Liberation Movement*) 261f.
NNP (*New National Party*) 272
NOA (*Nueva Organizacion Anticomunista*) 294f.
NP (*Nacionalista Party*) 608
NP (*National Party*) 272
NPA (*New Peoples Army*) 608f., 611, 613
NPC (*Northern Peoples Congress*) 571
NPF (*Unabhängige Nationale Patriotische Front*) 492
NPFL (*Nationale Patriotische Front Liberias*) 492ff.
NPS (*Nationale Partei Surinams*) 709
NRA (*National Resistance Army*) 792, 795f.
NRC (*National Redemption Council*) 265
NRM (*National Resistance Movement*) 792, 795f.
NUP (*National Union Party*) 692

O

P

R

S

T

U

V

W

Y

Z

Auswahlbibliographie

Die nachfolgenden Literaturangaben sind eine Auswahl der Titel, die im wesentlichen als Quellen für dieses Westermann Lexikon benutzt wurden. Darüber hinaus werden weiterführende Literaturhinweise gegeben. Bei den Konfliktstaatenlemmata finden sich Einzeldarstellungen zum jeweiligen Staat bzw. zu den entsprechenden Krisen und Kriegen. Die Auswahlbibliographie gliedert sich in sieben Bereiche:

1. Aktuelle periodische Quellen
2. Allgemeine Quellenliteratur
3. Überblicksliteratur zu den
3.1. Krisenherden in Afrika
3.2. Krisenherden in Asien
3.3. Krisenherden in Europa
3.4. Krisenherden in islamischen und arabischen Ländern
3.5. Krisenherden in Lateinamerika

1. Aktuelle periodische Quellen

Amnesty International Jahrbuch
Der Spiegel
Die Woche
Die Zeit
Fischer Weltalmanach
Frankfurter Allgemeine Zeitung
Frankfurter Rundschau
Geographische Rundschau
Harenberg Chronik 1990–1994
Harenberg Länderlexikon
Informationen zur politischen Bildung
Meyers Jahresreport
Süddeutsche Zeitung

2. Allgemeine Quellenliteratur

Adomeit, H.: *Die Sowjetmacht in internationalen Krisen und Konflikten. Verhaltensmuster, Handlungsprinzipien, Bestimmungsfaktoren*. Baden-Baden 1983.
Allison, R. / Williams, P.: *Superpower Competition and Crisis Prevention in the Third World*. Cambridge 1990.
Amnesty international: *Menschenrechte vor der Jahrtausendwende*. Frankfurt 1993.
Ansprenger, F.: *Auflösung der Kolonialreiche*. München 1981.
Arbeitskreis für Wehrforschung: *Unruhige Welt. Konfikt- und Kriegsursachen seit 1945*. Koblenz 1989.
Arnett, P.: *Unter Einsatz des Lebens*. München 1994
Ayoob, M.: *Conflict and Intervention in the Third World*. London 1980.
Batzli, S., u. a.: *Menschenbilder, Menschenrechte*. Zürich 1994.
Benz, W., u. a.: *Weltprobleme zwischen den Machtblöcken*. Frankfurt 1981.
Bernhardt, R. / Frowein, J. / Steinberger, H. (Hg.): *Fontes Iuris Gentium. Handbuch der Entscheidungen des Internationalen Gerichtshofs 1959–1975*. Berlin 1978.

Bertovitch J.: *Social Conflicts and Third Parties: Strategies of Conflict Resolution*. Boulder 1984.
Bertovitch, J.: *International Mediation: A Study of the Incidence, Strategies and Conditions of Successful Outcomes*. In: *Cooperation and Conflict*. Bd. XXI (1986).
Bertram, C.: *Dritte-Welt-Konflikte und internationale Sicherheit*. Bonn 1981.
Betts, R. K.: *Soldiers, Statesmen and Cold War Crises*. Cambridge 1977.
Beyer, C. u. Metto, M.: *Krieg und Frieden in deiner Welt*. Berlin 1977.
Billing, P.: *Eskalation und Deeskalation internationaler Konflikte*. Frankfurt 1992.
Blechman, B. M. / Kaplall, S.: *Force Without War: US Armed Forces as a Political Instrument*. Washington 1978.
Bodensieek, H.: *Probleme der Weltpolitik 1945 bis 1962*. Stuttgart 1964.
Boeck, W., *Internationale Beziehungen. Frieden und Konflikte heute*. Würzburg 1975.
Böge, W.: *Ereignisse seit 1945*. Hamburg 1961.
Borch, H. v.: *Friede trotz Krieg. Spannungsfelder der Weltpolitik seit 1950*. München 1966.
Borch, H. von (Hg.): *Die großen Krisen der Nachkriegszeit*. München 1984.
Borchardt, U.: *Die Kriege der Nachkriegszeit*. In: *Vereinte Nationen* 34/2 (1986).
Boulding, E., u. a.: *Bibliography on World Conflict and Peace*. Boulder 1978.
Bracher, K. D.: *Geschichte und Gewalt im 20. Jahrhundert*. Berlin 1981.
Brecher, M. / Wilkenfeld J. / Moser, S.: *Crises in the Twentieth Century*. Bd. 1: *Handbook of Intenational Crises*. Vol. 2: *Handbook of Foreign Policy Crises*. Oxford 1988.
Brogan, P.: *Die Unruhen der Erde*. Wien 1990.
Brown, A. (Hg.): *War in Peace. An Analysis of Warfare since 1945*. London 1981.
Burtot, J. W.: *The Resolution of Conflict*. In: *International Studies Quarterly*. Bd. 16 (1972).
Cartier, R.: *Nach dem Zweiten Weltkrieg*. München 1980.
Chatterjee, M. / Isard, W. (Hg.): *Conflict Management and Peace Science. An International Journal of the Scientific Study of Conflict and Conflict Analysis*. Binghamton 1981ff. (bis 1980 *Journal of Peace Science*).
Clarke, P. B. (Hg.): *Atlas der Weltreligionen*. München 1994.
Collier, B.: *Siege, die keine waren. Von Versailles bis Suez (1918–1956)*. München 1964.
Cook, C. / Stevenson, J.: *The Atlas of Modern Warfare*. London 1978.
Coplin, W. D. / Rochester, J. M.: *The Permanent Court of International Justice, the League of Nations and the United Nations: A Comparative Empirival Survey*. In: *American Political Science Review* 66 (1972).
Crozier, B. (Hg.): *Annual of Power and Conflict. A Survey of Political Violence and Instability*. London 1971ff.
Cukwurah, A.: *The Settlement of Boundary Disputes in International Law*. Manchester 1967.
Czempiel, E.-O.: *Internationale Politik*. Paderborn 1981.
Czempiel, E.-O.: *Die Reform der UNO*. München 1994.
Day, A. J. (Hg.): *Border and Territorial Disputes*. London 1988.
Deitchman, S. L.: *Limited War and American Defense Policy*. Washington 1964.
Dingemann, R.: *Bewaffnete Konflikte seit 1945*. Düsseldorf 1983.
Eden, A.: *Memoiren 1945–1957*. Köln 1960.
Eisenhower, D. D.: *Die Jahre im Weißen Haus 1953–1956*. Düsseldorf 1964.
Enzensberger, H. M.: *Aussichten auf den Bürgerkrieg*. Frankfurt 1994.
Fanon, F.: *Die Verdammten dieser Erde*. Reinbek 1969.
Fleck, D.: *Handbuch des humanitären Völkerrechts in bewaffneten Konflikten*. München 1994.
Ferdowsi, M. A. / Opitz., P. J.: *Macht und Ohnmacht der Vereinten Nationen. Zur Rolle der Weltorganisation in Drittwelt-Konflikten*. München 1987.

Fischer, R.: *International Mediation. International Peace Academy*. New York 1978.
Gabriel, O. W. (Hg.): *Verstehen und Erklären von Konflikten*. München 1993.
Gantzel K. J. / Meyer-Stamer, J. (Hg.): *Die Kriege nach dem Zweiten Weltkrieg bis 1984*. München 1986.
Gantzel, K. J. / Schwinghammer, T. / Siegelberg, J.: *Kriege der Welt. Ein systematisches Register der kriegerischen Konflikte 1985 bis 1992*. Bonn 1992.
Garthoff, R. L.: *The Great Transition. American-Soviet Relations and the End of the Cold War*. Washington 1994.
Geiss, I.: *Geschichte griffbereit*. Bd. 5: *Staaten*. Reinbek 1980.
Geschichte in Quellen. Bd. 7: *Die Welt seit 1945*. München 1980.
Gödeke, P. / Stuckmann, E. / Vogt M.: *Kriege im Frieden*. Braunschweig 1983.
Greiner, B.: *Amerikanische Außenpolitik von Truman bis heute*. Köln 1980.
Grewe, W. G.: *Die Arten der Behandlung internationaler Konflikte*. In: Iklé, F. C.: *Strategie und Taktik des diplomatischen Verhandelns*. Gütersloh 1964.
Grewe, W. G.: *Spiel der Kräfte in der Weltpolitik. Theorie und Praxis der internationalen Beziehungen*. Düsseldorf 1970.
Haas, E. B.: *Collective Security and the Future International System*. Denver 1968.
Haas, E. B. / Buttworth R. L. / Nye, J. S.: *Conflict Management by International Organizations*. Morristown 1972.
Haas, E. B.: *Regime Decay. Conflict Management and International Organizations*. 1945–1981. In: *International Organization* 37/2 (1983).
Haas, E. B.: *Why We Still Need the United Nations. The Collective Management of International Conflicts, 1945–1984*. Berkeley 1986.
Haensch, G.: *Wörterbuch der internationalen Beziehungen und der Politik*. München 1975.
Hahlweg, W.: *Guerilla. Krieg ohne Fronten*. Stuttgart 1968.
Haldeman, H. R.: *The Haldeman Diaries. Inside the Nixon White House*. New York 1994.
Harenberg: *Personenlexikon 20. Jahrhundert*. Dortmund 1994.
Hartwich, H.-H. (Hg.): *Politik im 20. Jahrhundert*. Braunschweig 1987.
Hill, N.: *Claims to Territory in International Law and Relations*. London 1945.
Holsti, K. J.: *International Politics: A Framework for Analysis*. Englewood Cliffs 1983.
Holsti, K. J.: *Resolving International Conflicts: A Taxonomy of Behavior and some Figures on Procedure*. In: *Journal of Conflict Resolution* 10/3 (1966).
Ignatieff: *Reisen in den neuen Nationalismus*. Frankfurt 1994.
Jütte, R. / Grosse-Jütte, A. (Hg.): *The Future of International Organization*. London 1981.
Kaiser, K. / Schwarz, H.-P. (Hg.): *Weltpolitik. Strukturen – Akteure – Perspektiven*. Bonn 1987.
Kaplan, S. S.: *The Diplomacy of Power: Soviet Armed Forces as a Political Instrument*. Washington 1981.
Karvonen, L. (Hg.): *Cooperation and Conflict. Nordic Journal of International Politics*. Oslo 1966ff.
Keegan, J.: *Die Kultur des Krieges*. Berlin 1995.
Kelman, H. C. (Hg.): *International Behavior. A Social-Psychological Analysis*. 1965.
Kende, I.: *Über die Kriege seit 1945*. In: *Friedens- und Konfliktforschung* 16 (1982).
Kissinger, H. A.: *Amerikanische Außenpolitik*. Düsseldorf 1969.
Kissinger, H. A.: *Memoiren 1968–1973*. München 1979.
Kissinger, H. A.: *Die Vernunft der Nationen*. Berlin 1994.
Krause, H. (Hg.): *Die Welt seit 1945*. München 1980.
Leiss, A. C. / Bloomfield, L. P.: *The control of the Local Conflict. A Design on Arms Control and Limited War in the Developing Areas*. 4 Bde. Cambridge 1967.

Levine, E. P.: *Mediation in International Politics*. In: *Peace Research Society Papers*. Bd. 13 (1971).

Levy, J. S.: *Theory of General War*. In: *World Politics*. Bd. 27/3 (1985).

Link, W.: *Der Ost-West-Konflikt. Die Organisation der internationalen Beziehungen im 20. Jahrhundert*. Stuttgart 1980.

Liskia, G.: *Nations in Alliance: The Limits of Interdependence*. Baltimore 1962.

Loth, W.: *Die Teilung der Welt. Geschichte des Kalten Krieges*. München 1980.

Lukacs, J.: *Konflikte der Weltpolitik nach 1945*. Lausanne 1970.

Lutz, E.: *Lexikon der Sicherheitspolitik*. München 1980.

Maoz, Z.: *Paths to Conflict. International Dispute Initiation, 1816–1976*. Boulder 1982.

Marek, K.: *A Digest of the Decisions of the International Court*. 2 Bde. Den Haag 1978.

Marquardt, M.: *Das Streitbeilegungssystem im Rahmen des Tiefseebodenregimes nach der neuen Seerechtskonvention*. Köln 1988.

Matthies, V.: *Kriegsschauplatz Dritte Welt*. München 1988.

Mayall, J. (Hg.): *The end of the post-war era. Documents on great power-relations 1968–1975*. Cambridge 1980.

Menon, P. K.: *Settlement of International Boundary Disputes*. In: *Revue de Droit International* 57 (1979).

Minority Rights Group (Hg.): *World Directory of Minorities*. Harlow 1990.

Murray, S.: *Tagebuch eine Fremdenlegionärs*. Jenbach 1994.

Näth, M.-L.: *Strategie und Taktik der chinesischen Außenpolitik*. Hannover 1978.

Neuholf, H.: *Internationale Konflikte – Verbote und erlaubte Mittel ihrer Austragung*. Wien 1977.

Niess, F.: *Amerikanische Außenpolitik*. Düsseldorf 1977.

Niess, F.: *Eine Welt oder keine. Vom Nationalismus zur globalen Politik*. München 1994.

Nohlen, D. / Nuscheler, F.: *Handbuch der Dritten Welt*. 8 Bde. Bonn 1994.

Northedge, F. S. / Donelan, M. D.: *International Disputes. The Political Aspects*. London 1971.

O'Brien, J. / Palmer, M.: *Weltatlas der Religionen*. Bonn 1993.

Ochi, H.: *Die außenpolitischen Entwicklungsprozesse Japans*. München 1982.

Osanka, F. M. (Hg.): *Der Kampf aus dem Dunkel. 20 Jahre kommunistische Guerillakämpfe in aller Welt*, Köln 1963.

Paczensky, G. v.: *Weiße Herrschaft. Geschichte des Kolonialismus*. Frankfurt 1979.

Passmore, J. R. (Hg.): *Bibliography on World Conflict and Peace Building*. Boulder 1979.

Pfaff, W.: *Die Furien des Nationalismus*. Frankfurt 1994.

Pfetsch, F. R.: *Conditions for Nonviolent Resolution of Conflicts*. In: Czempiel E.-O. u. a.: *Non-violence in International Crises. European Coordination Centre for Research and Documentation in Social Sciences*. Wien 1990.

Pfetsch, F. R. (Hg.): *Konflikte seit 1945*. 5 Bde. Freiburg 1991.

Pfetsch F. R.: *Außenpolitische Doktrinen als Leitlinien des Regierens*. In: Hartwich, H. H. / Wewer, G. (Hg.): *Regieren in der Bundesrepublik 5: Souveranität, Integration, Interdependenz*. Opladen 1993.

Pfetsch, F. R. / Billing, P.: *Datenhandbuch nationaler und internationaler Konflikte*. Baden-Baden 1994.

Pleticha, H.: *Zeitgeschichte aus erster Hand*. Würzburg 1979.

Rajewsky, Ch. (Hg.): Jahrbuch für Friedens- und Konfliktforschung. Frankfurt 1971ff.

Randle, R. F.: *The Origins of Peace*. New York 1973.

Richardson, L. F.: *Statistics of Deadly Quarrels* (1950). Pittsburgh 1960.

Riesenberger, D.: *Krieg und Friedensordnung*. Braunschweig 1980.

Rittberger, V.: *Zur Friedensfähigkeit von Demokratien*. In: *Aus Politik und Zeitgeschichte* 44 (1987).

Rosenne, S.: *The World Court. What it is and how it works*. Leyden 1962.
Ruloff, D.: *Wie Kriege beginnen*. München 1987.
Russett, B. M. (Hg.): *The Journal of Conflict Resolution Research on War and Peace Between and Within Nations*. Beverley Hills 1957ff.
Salisbury, H. E.: *Hinter den feindlichen Linien*. Frankfurt 1967.
Samarasinghe, S. W. de A. / Premdas, R. / Anderson, A. (Hg.): *Secessionist Movements. A Comparative Perspective*. London 1990.
Schlesinger, A.: *Das bittere Erbe*. Berlin 1967.
Schlumberger, H.: *Kreuzweg Mittelamerika. El Salvador, Honduras, Nicaragua und Guatemala*. Königstein 1983.
Schmitt, C.: *Theorie der Partisanen*. Berlin 1963.
Schwarz, U.: *Abkehr von der Gewalt, Konfrontation und Intervention in der modernen Welt*. Düsseldorf 1971.
Seydel, D. (Hg.): *Informationshandbuch Internationale Beziehungen und Länderkunde*. Baden-Baden 1989.
Simkim, W. E.: *Mediation and the Dynamics of Collective Bargaining*. Washington 1971.
Singer, J. D. / Small, M.: *Resort to Arms*. Beverly Hills 1982.
Singer, J. D. / Small, M.: *The Wages of War 1816–1965. A Statistical Handbook*. New York 1972.
Siverson, R. M. / Tennefoss, M. R.: *Interstate Conflicts 1815–1965*. In: *International Interactions* 9, 2 (1982).
Snyder, S. / Glenn, H.: *Crisis Bargaining*. In: Ch. F. Elermann (Hg.): *International Crises*. New York 1972.
Steinweg, R. (Hg.): *Friedensanalysen für Theorie und Praxis 8. Schwerpunkt: Kriege und Bürgerkriege der Gegenwart*. Frankfurt 1978.
Steinweg, R. (Hg.): *Kriegsursachen*. Frankfurt 1987.
Storkebaum, W.: *Die Dritte Welt. Entwicklungsländer in der Krise*. Braunschweig 1992.
Tanham, G. K. (Hg.): *Conflict*. New York 1988ff. (bis 1987: *Conflict: All Warfare Short of War*).
Teng, C. G.: *Synopses of United Nations Cases in the Field of Peace and Security, 1946–1967*. New York 1968.
Toynbee, A.: *Der Gang der Weltgeschichte*. Zürich 1979.
Truman, H. S.: *Memoiren*. Bern 1955, 1956.
U Thant, S.: *View from the UN*. London 1978.
Vanhanen, T.: *The Emergence of Democracy. A Comparative Study of 119 States 1850–1979*. Helsinki 1984.
Wainhouse, D. W. (Hg.): *International Peace Observation*. Baltimore 1966.
Waldmann, P.: *Ethnischer Radikalismus. Ursachen und Folgen gewaltsamer Minderheitenkonflikte*. Opladen 1990.
Wassmund, H.: *Gründzüge der Weltpolitik*. München 1982.
Weizsäcker, C. F.: *Der bedrohte Friede*. München 1994.
Wehr, P.: *Conflict Regulation*. Boulder 1979.
Weisenfeld, E.: *Frankreichs Geschichte seit dem Krieg. 1944–1980*. München 1980.
Weissmann, S.: *Das Trojanische Pferd. Die Auslandshilfe der USA*. Berlin 1975.
Werobel-La Rochelle, J.: *Politisches Lexikon Schwarzafrika*. München 1978.
Wiethoff, B.: *Grundzüge der neuen chinesischen Geschichte*. Darmstadt 1977.
Wood, D.: *Conflict in the Twentieth Century*. London 1968.
Woyke, W. (Hg.): *Handwörterbuch Internationaler Politik*. Opladen 1980.
Wright, Q.: *A Study of War*. 2 Bde. Chicago 1965.
Young, O. R.: *The Intermediaries: Third Parties in International Crises*. New York 1967.
Zahn, P. v.: *Reporter der Windrose*. Stuttgart 1994.

Zacher, M. W.: *International Conflicts and Collective Security, 1946–1977*. New York 1979.

Zartman, I. W.: *Ripe for Resolution. Conflict and Intervention in Africa*. New York 1985.

Zentner, C.: *Die Kriege der Nachkriegszeit*. München 1969.

Zürrer, W.: *Politische, wirtschaftliche, militärische Zusammenschlüsse der Welt*. St. Augustin 1987.

3.1. Überblicksliteratur zu den Krisenherden in Afrika

Nordafrika siehe Überblicksliteratur in der islamischen und arabischen Welt

Albright, D. E. (Hg.): *Africa and International Communism*. London 1980.

Aluko, O. (Hg.): *The Foreign Policies of African States*. Kent 1977.

Ansprenger, F.: *Die Befreiungspolitik der Organisation für Afrikanische Einheit (OAU) 1963 bis 1975*. München 1975.

Ansprenger, F.: *Kolonisierung und Entkolonisierung in Afrika*. Stuttgart 1979.

Ansprenger, F.: *Politik im Schwarzen Afrika. Die modernen politischen Bewegungen im Afrika französischer Prägung*. Köln u. Opladen 1961.

Ansprenger, F.: *Südafrika*. Mannheim 1994.

Arlinghaus, B. E. (Hg.): *African Security Issues: Sovereignty, Stability and Solidarity. Westview Spevial Studies on Africa*. Boulder o.J.

Barber, J. / Barrat, J.: *South Africa's Foreign Policy*. Cambridge 1990.

Baumhögger, G.: *Grundzüge der Geschichte Ostafrikas*. München 1971.

Berg-Schlosser, D.: *Afrika zwischen Despotie und Demokratie. Bedingungen und Leistungsfähigkeit der politischen Systeme der Gegenwart*. In: *Aus Politik und Zeitgeschichte* 14 (1984).

Bertaux, P. (Hg.): *Afrika. Von der Vorgeschichte bis zu den Staaten der Gegenwart*. Frankfurt 1980.

Brockway, F.: *The Colonial Revolution*. London 1973.

Brotz, H.: *The Politics of South Africa. Democracy and Racial Diversity*. New York 1977.

Brownlie, I.: *African Boundaries: A Legal and Diplomatic Encyclopedia*. London 1979.

Chaliand, G.: *Bewaffneter Kampf in Afrika*. München o. J.

Cook, C. / Killingray, D.: *African Political Facts since 1945*. London 1983.

Decalo, S.: *Coups and Army Rule in Africa*. London 1976.

Duic, W. Z.: *Africa Administration: Handbuch des öffentlichen Lebens, der Verwaltung und Justiz der afrikanischen Staaten*. München 1978.

Duve, F. (Hg.): *Kap ohne Hoffnung oder Die Politik der Apartheid*. Reinbek 1978.

El Ayouty, Y./ Zartman, W. (Hg.): *The OAU after Twenty Years. ASAIS (School of Advanced International Studies) Study on Africa*. New York 1984.

Falk, R. / Wahl, P.: *Befreiungsbewegungen in Afrika*. Köln 1980.

Gantzel, K. J. (Hg.): *Afrika zwischen Kolonialismus und Neo-Kolonialismus*. Hamburg 1976.

Gavshon, A.: *Crisis in Africa. Battleground of East and West. Westview Special Studies on Africa*. Boulder o.J.

Gibson, R.: *African Liberation Movements. Contemporary Struggles against White Minority Rule*. Oxford 1972.

Goldberg, W.: *Afrika im Wandel. Zu einigen Problemen des nationalen Befreiungskampfes*. Frankfurt 1979.

Gordon, R.: *Afrika. Im Banne eines Kontinents*. Stuttgart 1988.

Griffiths, I. L.: *An Atlas of African Affairs*. London 1984.

Harding, L. / Traeder, H.: *Krisenherde in Afrika*. München 1972.

Hofmeier, R. / Matthies, V.: *Vergessene Kriege in Afrika*. Göttingen 1992.
Hofmeier, R. / Schönborn, M. (Hg.): *Politisches Lexikon Afrika*. München 1988.
Institut für Afrika-Kunde (Hg.): *Afrika-Jahrbuch 1988 ff. Politik, Wirtschaft und Gesellschaft in Afrika südlich der Sahara*. Opladen 1989 ff.
Kapuschinski, R.: *Wieder ein Tag Leben. Innenansichten eines Bürgerkriegs (Angola)*. Frankfurt 1994.
Ki-Zerbon, J.: *Die Geschichte Schwarz-Afrikas*. Frankfurt 1981.
Konzelmann, G.: *Sie alle wollten Afrika. Die Geschichte der Entdeckung und Eroberung*. Bergisch-Gladbach 1979.
Manshard, W.: *Afrika – südlich der Sahara*. Frankfurt 1988.
McEwen, A.C.: *International Boundaries of East Africa*. Oxford 197[illegible].
Michel, R.: *Formen der Interdependenz und Zusammenarbeit im südlichen Afrika*. München 1988.
Michler, W.: *Weißbuch Afrika*. Berlin u. Bonn 1988.
Moodie, T. D.: *The rise of afrikanerdom. Power, apartheid and the Afrikaner civil religion*. Berkeley 1975.
Morrison, D. G., u. a.: *Black Africa. A Comparative Handbook*. New York 1972.
Moser, B.: *Ethnischer Konflikt und Grenzkriege. Ursachen innen- und außenpolitischer Konflikte in Afrika*. Zürich 1983.
Msabaha, I. / Shaw, T. M.: *Confrontation and Liberation in Southern Africa. Regional Directions after the Nkomati-Accord*. Boulder 1987.
Nohlen, D. / Nuscheler, F.: *Handbuch der Dritten Welt*. Bd. 2.: *Unterentwicklung und Entwicklung in Afrika*. Hamburg 1976.
Nuscheler, F. / Ziemer, K.: *Politische Herrschaft in Schwarzafrika. Geschichte und Gegenwart*. München 1980.
Patman, R.: *The Soviet Union and the Horn of Africa: The Diplomacy of Intervention and Disengagement*. Cambridge 1990.
Potholm, C. P.: *The Theory and Practice in African Politics*. Englewood 1979.
Roberts, A.: *The Colonial Moment in Africa*. Cambridge 1990.
Rode, R. (Hg.): *Der Konflikt im südlichen Afrika*. München 1977.
Rösner, D.: *Das Ringen um Afrika. Geschichte und Zukunft eines ruhelosen Kontinents*, Düsseldorf 1979.
Rotberg, R. J. / Mazrui, A. A.: *Protest and Power in Black Africa*. New York 1970.
Rothchild, D. / Chazou, N. (Hg.): *The Precarious Balance. State and Society in Africa*. Boulder 1988.
Samuelss M. A. (Hg.): *Africa and the West. Westview Special Studies on Africa*. Boulder o. J.
Sesay, A. u. a: *The OAU After Twenty Years. Westview Special Studies on Africa*. Boulder 1984.
SIPRI (Stockholm International Peace Research Institute): *Southern Africa: The Escalation of a Conflict. A Politico-Military Study*. New York u. London 1976.
Stevens, Christopher: *The Soviet Union and Black Africa*. New York 1976.
Traeder, H.: *Panafrikanismus und Staatsnationalismus. Untersuchungen zur Theorie und Praxis afrikanischer Politik bis zur Gründung der Organisation der Afrikanischen Einheit*. Frankfurt 1975.
Wirz, A.: *Krieg in Afrika. Die nachkolonialen Konflikte in Nigeria, Sudan, Tschad und Kongo*. Wiesbaden 1982.
Zartman, W. I.: *International Relations in the New Africa*. Eaglewood Cliffs 1966.

3.2. Überblicksliteratur zu den Krisenherden in Asien

Bator, A.: *USA-Politik gegen Asien. Strategische Grundzüge nach dem Zweiten Weltkrieg.* Berlin (DDR) 1987.

Belden, J.: *China erschüttert die Welt.* Frankfurt 1972.

Berg, H.: *Gesichter Asiens. Dreißig Jahre Augenzeuge der Geschichte.* Hamburg 1983.

Bianeo, L. (Hg.): *Das moderne Asien. Fischer Weltgeschichte.* Bd 33. Frankfurt 1969.

Bradnock, R.: *India's Foreign Policy since 1971.* London 1990.

Bräker, H.: *Kommunismus und Weltreligionen Asiens. Zur Religions- und Asienpolitik der Sowjetunion.* Tübingen 1969ff.

Brötel, D.: *Französischer Imperialismus in Vietnam.* Freiburg 1971.

De Silva, K. M. (Hg.): *Ethnic Conflict in Buddhist Societies. Sri Lanka, Thailand and Burma.* London 1988.

Draguhn, W. (Hg.): *Umstrittene Seegebiete in Ost- und Südostasien. Das internationale Seerecht und seine regionale Bedeutung.* Hamburg 1985.

Draguhn, W. / Hofmeier, R. / Schönborn, M. (Hg.): *Politisches Lexikon Asien, Australien, Pazifik.* München 1989.

Draguhn, W. (Hg.): *Politisches Lexikon. Asien und Südpazifik.* München 1980.

Dürr, H. / Hanisch, R. (Hg.): *Südostasien. Tradition und Gegenwart.* Braunschweig 1986.

Ellinwood, D. (Hg.): *Ethnicity and the Military in Asia.* New Brunswick 1981.

Glaubitz, J. / Heinzig, D. (Hg.): *Die Sowjetunion und Asien in den 80er Jahren. Ziele und Grenzen sowjetischer Politik zwischen Indischem Ozean und Pazifik.* Baden-Baden 1988.

Grinter, L. E. (Hg.): *East Asian Conflict Zones.* London 1987.

Hammer, E. J.: *The struggle for Indochina 1940–1955.* Stanford 1966.

Jeshuran, Ch. (Hg.): *Governments and Rebellions in Southeast Asia.* Singapore 1985.

Joo-Jock, L. (Hg.): *Armed Separatism in Southeast Asia.* Singapore 1984.

Maaß, C. D.: *Indien-Nepal-Sri Lanka: Beziehungen zwischen Symmetrie und Dependenz.* Wiesbaden 1982.

Nishihara, M.: *Die Sicherheit Ostasiens.* Bonn 1986.

Nohlen, D. / Nuscheler, F. (Hg.): *Handbuch der Dritten Welt.* Bd. 7: *Südasien und Südostasien.* Hamburg 1983.

Nohlen, D. / Nuscheler, F. (Hg.): *Handbuch der Dritten Welt.* Bd. 8: *Ostasien und Ozeanien.* Hamburg 1994.

Phadnis, U. (Hg.): *Domestic Conflicts in South Asia.* Neu Delhi 1986.

Pluvier, J.: *South-Eaist Asia from Colonialism to Independence.* Kuala Lumpur 1974.

Puls, W. W. (Hg.): *Fischer Länderkunde: Ostasien, Südasien, Südostasien, Australien-Neuseeland-Südpazifik.* Frankfurt 1983.

Robinson, T. W.: *Chinese Foreign Policy.* Oxford 1994.

Scharlau, W.: *Die vier Drachen am Mekong.* Stuttgart 1989.

Scholl-Latour, P.: *Der Tod im Reisfeld. Dreißig Jahre Krieg in Indochina.* Stuttgart 1979.

Scotts, J. (Hg.): *Everyday Forms of Peasant Resistance in South-East Asia.* London 1986.

Strokebaum, W.: *China – Indien. Großräume in der Entwicklung.* Braunschweig 1989.

Turlach, M. (Hg.): *Gesellschaft und Politik in Süd- und Südostasien.* Bonn / Bad Godesberg 1972.

Villiers, J.: *Südostasien vor der Kolonialzeit. Fischer Weltgeschichte.* Bd. 18. Frankfurt 1965.

Weggel, O.: *Die Asiaten. Gesellschaftsordnungen, Wirtschaftssysteme, Denkformen, Glaubensweisen, Alltagsleben, Verhaltensstile.* München 1989.

3. 3. Überblicksliteratur zu den Krisenherden in Europa

Adam, W.: *Ein Imperium zerbricht.* Frankfurt 1992.

Birke, E. / Neumann, R. (Hg.): *Die Sowjetisierung Ostmitteleuropas Untersuchungen zu ihrem Ablauf in den einzelnen Ländern.* Frankfurt und Berlin 1959.

Bittermann, K. (Hg.): *Serbien muß sterben.* Berlin 1994.

Bomsdorf, F.: *Sicherheit im Norden Europas. Die Sicherheitspolitik der fünf nordischen Staaten und die Nordeuropapolitik der Sowjetunion.* Baden-Baden 1989.

Bracher, K. D.: *Europa in der Krise. Innengeschichte und Weltpolitik seit 1917* Frankfurt 1979.

Brzezinski, Z.: *Der Sowjetblock. Einheit und Konflikt.* Köln 1960.

Dültfer, J. / Mühleisen, H. / Torunsky, V.: *Inseln als Brennpunkte internationaler Politik. Konfliktbewältigung im Wandel des internationalen Systems 1890–1984*: Kreta, Korfu, Zypern. Köln 1985.

Europa im Krieg. *Die Debatte über den Krieg im ehemaligen Jugoslawien.* Frankfurt 1992.

Fejtö, F.: *Die Geschichte der Volksdemokratien.* Graz 1972.

Funak, R. K.: *Politisches Lexikon Europa.* 2 Bde., München 1981.

Glenny, M.: *Jugoslawien. Der Krieg, der nach Europa kam.* München 1994.

Göbel, P. / Storkebaum W.: *Westermann Lexikon Europa.* Braunschweig 1995.

Götz, R.: *Politisches Lexikon Rußland.* München 1994.

Griffiths, W. E. (Hg.): *The Soviet Empire: Expansion and Detente.* Lexington 1976.

Grotzky, J.: *Balkankrieg.* München 1994.

Hacker, J.: *Der Ostblock. Entstehung, Entwicklung und Struktur 1939–1980.* Baden-Baden 1983.

Hillgruber, A.: *Europa in der Weltpolitik der Nachkriegszeit 1945–1963.* München 1979.

Hoensch, J.: *Sowjetische Osteuropa-Politik 1945–1975.* Kronberg 1977.

Jawlinskij, G.: *Reform von unten – Die Zukunft Rußlands.* Gütersloh 1994.

Libal, W.: *Mazedonien zwischen den Fronten.* Wien 1994.

Malcolm, N.: *Bosnia. A short History.* London 1994.

Malia, M.: *Vollstreckter Wahn. Rußland 1917–1991.* Stuttgart 1994.

Schieder, Th. (Hg.): *Handbuch der europäischen Geschichte.* Bd. 7: *Europa im Zeitalter der Weltmächte.* Stuttgart 1979.

Segbers, K. (Hg.): *Rußlands Zukunft.* Baden-Baden 1994.

Tanter, R.: *Modelling and Managing International Conflicts: The Berlin Crises.* Beverly Hills 1974.

Urwin, D. W.: *Western Europe Since 1945. A Short Political History.* London 1981.

Windsor, Ph.: *City on Leave: A History of Berlin, 1945–1962.* New York 1963.

Wolfe, Th. W.: *Soviet Power and Europe, 1945–1970.* Baltimore 1970.

Zieger, G.: *Der Warschauer Pakt.* Hannover 1974.

3.4. Überblicksliteratur zu den Krisenherden in der islamischen und arabischen Welt

Abir, M.: *Oil, Power and Politics.* London 1974.

Adams, M. (Hg.): *The Middle East.* Oxford 1988.

Ajami, F.: *The Arab Predicament. Arab Political Thought and Practice since 1967.* Cambridge 1981.

Algar, H.: *Islam and Revolution. Writing and Sayings of lmam Khomeini.* Berkeley 198I.

Andersen, R. A. / Seibert, R. F. / Wagner, J. G.: *Politics and Change in the Mittdle East.* Hampstead 1990.

Arberry, A. J. (Hg.): *Religion in the Middle East.* Cambridge 1969.

Ayoob, M. (Hg.): *The Politics of Islamic Reassertion.* London 1981.

Barakat, H. (Hg.): *Contemporary North Africa.* London I985.

Bates, D. / Rassam, A.: *Peoples and Cultures of the Middle East*. Englewood Cliffs 1983.

Blake, G. / Dewdneyn, J. / Mitchell, J. (Hg.): *The Cambridge Atlas of the Middle East and North Africa*. Cambridge 1987.

Brönner, W.: *Der Nahost-Konflikt und die Palästina-Frage*. Frankfurt 1979.

Büren, R.: *Befriedung im Nahen Osten: eine »verlorene Kunst«?* In: Senghaas. D. (Hg.): *Regionalkonflikte in der Dritten Welt*. Baden-Baden 1989.

Dokumentationsdienst Moderner Orient. *Ausgewählte neuere Literatur*. Hamburg 1971ff.

Duran, K.: *Islam und politischer Extremismus*. Hamburg 1985.

Ehlers, E. / Falclturi, A. / Hahnt, R., u. a. (Hg.): *Der islamische Orient. Grundlagen zur Länderkunde eines Kulturraumes*. Köln 1989.

Eisenstadt, S. N.: *Die Transformation der israelischen Gesellschaft*. Frankfurt 1994.

Ende, W. / Steinbuch, U. (Hg.): *Der Islam in der Gegenwart*. München 1991.

Göbel, K.-H.: *Moderne schiitische Politik und Staatsidee*. Opladen 1984.

Gromow, B.: *Das begrenzte Kontingent (Afghanistan)*. Moskau 1994.

Gomaa, A. M.: *Foundation of the League of Arab States*. London 1977.

Gowers, A. / Walker, T.: *Arafat. Hinter dem Mythos. Hamburg* 1994.

Grunehaum, G. E. von (Hg.): *Der Islam II. Fischer Weltgeschichte*, Bd 15. Frankfurt 1972.

Haameed, M. A.: *Saudi Arabia, the West and the Security of the Gulf*. London 1984.

Haarmann, U. (Hg.): *Geschichte der Arabischen Welt*. München 1987.

Hacke, Ch.: *Amerikanische Nahostpolitik. Kontinuität und Wandel von Nixon bis Reagan*. München 1985.

Halliday, F.: *Arabia without Sultanis. A Survey of Political Instability in the Arab World*. New York 1974.

Halter, M. / Laurent, E.: *Unterhändler ohne Auftrag. Die geheime Vorgeschichte des Friedensabkommens zwischen Israel und der PLO*. Frankfurt 1994.

Heller, E.: *Die islamische Welt im Aufbruch*. In: Benz, W. / Graml, H. (Hg.): *Weltprobleme zwischen den Machtblöcken. Fischer Weltgeschichte*. Bd. 36. Frankfurt 1981.

Henle, H.: *Der neue Nahe Osten*. Frankfurt 1972.

Herzog, W.: *Der Maghreb: Marokko, Algerien, Tunesien*. München 1990.

Hilgemann, W. / Kettermann, G. / Hergt, M. (Hg.): *dtv-Perthes-Weltatlas. Großräume in Vergangenheit und Gegenwart*. Bd. 1: *Naher Osten*. München 1973.

Honegger, C.: *Die Liga der Arabischen Staaten*. In: *Friedliche Streitbeilegung durch regionale Organisationen. Theorie und Praxis der Friedenssicherungs-Systeme der OAS der Liga der Arabischen Staaten und der OAU im Vergleich. Schweizer Studien zum internationalen Recht.* Bd. 34. Zürich 1983.

Hofmann, T.: *Die Armenier. Schicksal. Kultur, Geschichte*. o. O. 1994.

Hottinger, A.: *7mal Naher Osten*. München 1988.

Hottinger, A.: *Die arabischen Staaten Nordafrikas*. Hannover 1971.

Hubel, H.: *Nordafrika in der internationalen Politik*. München1988.

International Institute for Strategic Studies (Hg.): *The Security of the Persian Gulf*. 4 Bde. Farnborough 1981.

Irabi, A.: *Arabische Soziologie*. Darmstadt 1989.

Katz, M. N.: *Russia and Arabia: Soviet Foreign Policy Towards the Arabian Peninsula*. Baltimore 1986.

Khomeini, R.: *Der islamische Staat*. Berlin o. J.

Konzelmann, G.: *Die islamische Herausforderung*. Hamburg 1980.

Konzelmann, G.: *Der Nil*. Hamburg 1983.

Konzelmann, G.: *Allahs Schwert. Der Aufbruch der Schiiten*. München 1989.

Koszinowski, T. / Mattes, H. (Hg.): *Nahost Jahrbuch Politik, Wirtschaft und Gesellschaft in Nordafrika und dem Nahen Osten*. Hamburg 1987ff.

Krämer, G.: *Macht und Allmacht: Die Konfliktlage im Nahen Osten*. In: Senghaas, D. (Hg.): *Regionalkonflikte in der Dritten Welt*. Baden-Baden 1989.

Kuniholm, B. R.: *The Origins of the Cold War in the Near East. Great Power Conflict in Iran, Turkey and Greece*. Princeton 1980.

Landau, J. M.: *The Politics of Panislam*. Oxford 1990.

Laurics, B. A.: *Palestinians in the Arab World. Institution and Search for State*. New York 1989.

Lewis, B.: *Der Atem Allahs. Entwicklungsgeschichte des Nahen Ostens*. Wien 1994.

Luciani, G. (Hg.): *The Arab State*. London 1990.

Luciani, G. / Salame, G. (Hg.): *The Politics of Arab Integration*. London 1988.

MacDonald, R. W.: *The League of Arab States. A Study in the Dynamics of Regional Organisation*. Princeton 1965.

Mattes, H.: *Die innere und äußere islamische Mission Libyens. Historisch-politischer Kontext, innere Struktur, regionale Ausprägung am Beispiel Afrikas*. München 1986.

Mensching, H. / Wirth, E. (Hg.): *Nordafrika und Vorderasien. Der Orient*. Frankfurt 1989.

Messenger, C.: *Blitzkrieg. Eine Strategie macht Geschichte*. Bergisch-Gladbach 1980.

Nienhaus, V.: *Kooperations- und Integrationspolitik islamischer Länder*. Hamburg 1986.

Peres, S.: *Die Versöhnung. Der neue Nahe Osten*. Berlin 1995.

Pohl, D. F. R.: *Islam und Völkerrechtsordnung*. Wien 1988.

Nohlen, D. / Nuscheler, F. (Hg.): *Nordafrika und Naher Osten. Handbuch Dritte Welt*. Bd. 6. Hamburg 1983.

Quandt, W. B. (Hg.): *The Middle East. Ten Years after Camp David*. Washington D.C. 1988. Robbe, M.: *Dschihad – Heiliger Krieg: Der Islam in Konfliktsituationen der Gegenwart*. Berlin (DDR) 1989.

Reinartz, I.: *Nahost-Konflikt. Dokumente, Materialien und Abkommen zur Entstehung und zum Verlauf*. Opladen 1975.

Rohinson, F.: *Der Islam. Weltatlas der alten Kulturen*. München 1988.

Salem, I. K.: *Islam und Völkerrecht*. Berlin 1984.

Samland, E.-S.: *Die regionale Konfiguration weltgesellschaftlicher Konfliktformationen am Beispiel des arabisch-persischen Golfes*. Frankfurt 1985.

Schmidt, L.: *Wie teuer ist die Freiheit? Reportagen aus der selbstverwalteten kurdischen Region 1991–1993*. Frankfurt 1994.

Scholl-Latour, P.: *Allah ist mit den Standhaften*. Stuttgart: DVA 1989.

Scholz, F. (Hg.): *Die Golfstaaten. Wirtschaftsmacht im Krisenherd*. Braunschweig 1985.

Schulz, R.: *Geschichte der islamischen Welt im 20. Jahrhundert*. München 1994.

Sivers, P. v. (Hg.): *International Journal of Middle East Studies*. Cambridge 1970ff.

Taylor, A. R.: *The Arab Balance of Power*. Syracuse 1982.

Sharabi, H. B.: *Nationalism and revolution in the Arab world*. Princeton 1966.

Stein, G.: *Endkampf um Kurdistan?* o. O. 1994.

Steinbach, U. (Hg.): *Politisches Lexikon Nahost*. München 1981.

Steinbach, U. / Robert, R. (Hg.): *Der Nahe und Mittlere Osten*. Opladen 1988.

Tawfic, F. (Hg.): *Journal of Arab Affairs*. Fresno 1981ff.

Tibi, B.: *Vom Gottesreich zum Nationalstaat. Islam und panarabischer Nationalismus*. Frankfurt 1986.

Wagner, H.: *Der arabisch-israelische Konflikt im Völkerrecht*. Berlin 1971.

Wallach, J. u. J.: *Yassir Arafat. Der lange Weg zur Versöhnung*. München 1994.

Watrin, K. W.: *Machtwechsel im Nahen Osten. Großbritanniens Niedergang und der Aufstieg der Vereinigten Staaten 1941–1947*. Frankfurt 1989.

Weekes, R. V. (Hg.): *Muslim Peoples. A World Ethnographic Survey*. London 1984.
Wohlfahrt, E.: *Arabische Halbinsel. Länder zwischen Rotem Meer und Persischem Golf*. Frankfurt u. Berlin 1980.
Wolffsohn, M.: *Frieden jetzt ? Nahost im Umbruch*. München 1994.
Wehling, H. G.: *Brennpunkt Mittel-Ost*. Stuttgart 1981.
Zahlan, R. S.: *The Making of the Modern Gulf States: Kuwait, Bahrain, Qatare, the United Arab Emirates and Oman*. London 1989.

3.5. Überblicksliteratur zu den Krisenherden in Latein- und Südamerika

Adler, G.: *Revolutionäres Lateinamerika*. Paderborn 1970.
Aguilera, G.: *El Fusil y el Olivio. La Cuestion Militar en Centroamerica*. San Jose 1989.
Alexander, R. J.: *Prophets of the Revolution*. New York 1962.
Arbaiza, N. D.: *Mars Moves South. The Future Wars of South America*. New York 1974.
Arce-Marinez, S.: *Lateinamerika. Hinterhof des US-Imperialismus*. Köln 1969.
Auburn, F. M.: *Antarctic Law and Politics*. London 1982.
Bagley, B. M.: *Contadora and the Diplomacy of Peace in Central America*. Boulder 1987.
Beck, P. J.: *The International Politics of Antarctica*. London 1986.
Benholdt-Thomsen, V., u. a.: *Lateinamerika. Analysen und Berichte*, Berlin 1980.
Blasier, C.: *The Giant's Rival: The USSR and Latin America*. Pittsburgh 1983.
Boris, D. / Rausch, R.: *Zentralamerika. Guatemala, Nicaragua, Honduras, Costa Rica, EI Salvador*. Köln 1983.
Brandt, N.: *Das interamerikanische Friedenssystem. Idee und Wirklichkeit*. Hamburg 1971.
Bundeszentrale für politische Bildung: *Lateinamerika*. Stuttgart 1982.
Bush, W. M.: *Antarctica and International Law. A Collection of Inter-State and National Documents*. 3 Bde. London 1982.
Calvert, P.: *Boundary Disputes in Latin America*. In: *Conflict Studies* 146 (1983).
Calvert, P.: *Latin America: Internal Conflict and International Peace*. New York 1969.
Chomsky, N.: *Vom politischen Gebrauch der Waffen. Zur politischen Kultur der USA und den Perspektiven des Friedens*. Wien 1987.
Connell-Smith, G.: *The Interamerican System*. London/New York 1966.
de Boer, H. A.: *Entscheidung für die Hoffnung*. Wuppertal 1984.
Dietrich, W.: *Die Bemühungen um den Frieden in Zentralamerika 1983*. Frankfurt/M. 1990.
Fenwick, Ch.: *The Organization of American States. The Inter-American Regional System*. Washington 1963.
Gabriel, L.: *Aufstand der Kulturen. Konfliktregion Zentralamerika: Guatemala, El Salvador, Nivaragua*. München 1988.
Ginsburg, T. / Ostheider, M. (Hg.): *Lateinamerika vor der Entscheidung*. Frankfurt 1984.
Goldenberg, B.: *Kommunismus in Lateinamerika*. Stuttgart 1971.
Gorman, S. M.: *Present Threats to Peace in South Ameriva: The Territorial Dimensions of Conflict*. In: *Inter-American Economic Affairs* 33, 1 (1979).
Gott, R.: *Guerilla Movements in Latin America*. New York 1967.
Grabendorff, W.: *Lateinamerika – wohin?* München 1970.
Grabendorff, W.: *Interstate Conflict Behaviour and Regional Potential for Conflict in Latin America*. In: *Journal of Interamerican Studies and World Affairs* 24/3 (1982).
Honegger, C.: *Friedliche Streitbeilegung durch regionale Organisationen. Theorie und Praxis der Friedenssieherungs-Systeme der OAS, der Liga der Arabischen Staaten und der OAU im Vergleich*. In: *Schweizer Studien zum internationalen Recht*. Bd. 34, Zürich 1983.

Jokiseh, R. (Hg.): *El Salvador: Freiheitskämpfe in Mittelamerika*. Hamburg 1982.
Lamberg, R. F.: *Die Guerilla in Lateinamerika*. München 1972.
Lateinamerika-Ploetz. *Geschichte der lateinamerikanischen Staaten zum Nachschlagen*. (Hg.: Günter Kahle) Freiburg/Würzburg 1989.
LeGrande, W. M.: *Rollback or Containment? The United States, Nicaragua and the Search for Peace in Central America*. In: *International Security* 11/2 (1986).
Leiken, R. S.: *Central America. Anatomy of Conflict*. New York 1984.
Little, W.: *International Conflict in Latin America*. In: *International Affairs* 63/4 (1987).
Lloyd Mecham, J.: *The United States and Interamerican Security 1889–1960*.
Meneses, R. V.: *Centroamerica. La Guerra de Baja Intensidad*. San Jose 1989.
Morris, M. / Millan, V.: *Controlling Latin American Conflicts*. Boulder 1983.
Niedergang, M.: *20mal Lateinamerika*. München 1978.
Nohlen, D. / Nuscheler, F. (Hg.): *Handbuch der Dritten Welt*. Bd. 2: *Südamerika*. Bd. 3: *Mittelamerika und Karibik*. Hamburg 1982.
Nuhn, H. (Hg.): *Krisengebiet Mittelamerika. Interne Probleme, weltpolitische Konflikte*. Braunschweig 1985.
Quigg, Ph. W.: *Antarctica. The Continuing Experiment*. In: *Headline Series* 273 (1985).
Rama, A.: *Der lange Kampf Lateinamerikas*. Frankfurt 1982.
Rediske, M.: *Umbruch in Nicaragua*. Berlin: Forschungs- und Dokumentationszentrum Chile, Lateinamerika 8 (o. J.).
Roesch, P.: *Die geostrategische Bedeutung des Südatlantiks und der Antarktis*. In: *Europäische Wehrkunde* 33/3 (1984).
Ruprecht-Karls-Universität (Hg.): *Lateinamerika*. Heidelberg 1987.
Sander, G. (Hg.): *Lateinamerika*. Frankfurt 1981.
Schulz, D. E. / Graham, D. H. (Hg.): *Revolution and Counterrevolution in Central America and the Caribbean*. Boulder 1984.
Slater, J.: *The OAS and the United States Foreign Policy*. Ohio 1967.
Uschers, M.: Lateinamerika. *Schauplatz revolutionärer Kämpfe*. Frankfurt/M. 1975.
Waldmann / Zelinsky (Hg.): *Politisches Lexikon Lateinamerika*. München: Beck 1982.
Wöhlke, M.: *Die Karibik im Konflikt entwicklungspolitischer und hegemonialer Interessen*. Baden-Baden: Nomos 1982.
Wolfrum, R. / Bockslaff, K. (Hg.): *Antarctic Challenge. Conflicting Interests, Cooperation Environment Protection, Economic Development*. Berlin 1984.

Orts- und Länderregister

Halbfette Ziffern verweisen auf die Konfliktstaatenlemmata.

S

Parteien und Organisationen

C

D

E

G

H

I

J

K

L

M

O

P

V

Personenregister

Halbfette Ziffern verweisen auf Biographien.

C

H

I

T

Sachregister

Abbildungsnachweis

Associated Press, Frankfurt: 763, 764

Der Spiegel, Hamburg: 12, 13, 22/23, 103

Deutsche Presse Agentur, München: 191, 199, 205, 206, 222, 231, 251, 263, 281, 322, 330, 332, 340, 362, 367, 421, 422, 465, 487, 503, 531, 533, 541, 549, 551, 582, 589, 666, 741, 769, 791, 800, 839

Die Woche, Hamburg: 40/41

Die Zeit, Hamburg: 24/25, 168

Frankfurter Allgemeine Zeitung: 18/19, 66, 584, 597

Georg Westermann Verlag, Braunschweig: 16/17, 20/21, 26/27, 28/29, 30/31, 32/33, 34/35, 36/37, 38/39, 44/45, 46/47, 48/49, 50, 51, 52, 53, 54/55, 56/57, 58/59

Kartographie Huber, München: 73, 113, 121, 123, 195, 395, 513, 548

Multi-Byte, München: alle Lagevignetten

Dietlof Reiche, Hamburg: 177, 195, 235, 242, 259, 273, 281, 291, 299, 313, 337, 349, 361, 451, 467, 497, 531, 539, 555, 565, 587, 643, 653, 659, 682, 710, 715, 733, 747, 753, 791, 829

Wolfgang Schliephack, Hamburg: 10/11, 14/15

Süddeutsche Zeitung, München: 63, 65, 68, 69, 74, 75, 76, 77, 83, 84, 85, 86, 87, 88, 89, 90, 91, 95 (2), 97, 99, 103, 104, 105, 106 (2), 107, 108, 110, 114, 115, 116, 117 (2), 118, 121, 122, 123 (2), 127 (2), 128, 131, 133, 134, 137, 138, 139, 140, 141 (2), 145, 146, 147, 148, 149, 153, 157, 158, 159, 160, 161, 162, 163, 166, 169, 170, 174, 179, 183, 184, 185, 189, 190, 191, 192, 196, 197, 198, 202, 203, 207, 208, 209, 210, 211, 215, 216, 217, 218, 221, 222, 227, 228, 229, 244, 249, 254, 267, 268, 274, 276, 277, 282, 283, 284, 285, 287, 293, 294, 295 (2), 300, 301, 302, 305, 306, 307, 308, 309, 314, 316, 317, 318, 319, 320, 323, 324, 329, 339, 344, 346, 350, 352, 353, 354, 355, 356, 357, 361, 363, 364, 365, 366, 368 (2), 370, 396, 397, 398, 399, 400, 401, 417, 420, 428, 429, 430, 431, 433, 434, 435, 452, 453, 454, 455, 456, 461, 462, 463, 468, 470, 475, 476, 477, 478, 479, 480, 485, 491, 492, 493, 498, 501, 502, 507, 508, 509, 510, 513 (2), 514, 515, 519, 521, 522, 525, 526, 527, 532, 535, 542, 543, 548, 550, 557, 558, 559, 561, 566, 571, 572, 573, 574, 575, 576, 579, 581, 583, 588, 589, 590, 593, 598, 600, 601, 602, 607, 608, 610, 611, 613, 617, 618, 619, 620, 623, 624, 626, 627, 631, 634, 636, 637, 639, 640, 642, 645 (2), 646, 654, 655, 660, 662, 665, 667, 671, 672, 673, 675, 677, 683, 684, 685, 686, 687, 691, 692, 694, 695 (2), 711, 712, 716, 719, 721, 723, 727, 735, 739, 740, 742, 743, 749, 750, 754 (2), 755, 757, 761, 762, 767, 768, 769, 770, 771, 772, 775, 776, 777, 778, 779, 780, 781, 785, 786, 787, 788, 795, 799 (2), 800, 801, 802 (2), 803, 807, 809, 812, 816, 817, 819, 821, 822, 823, 824, 825, 830, 831, 832, 833, 837, 838, 841, 842

Verlag J. H. W. Dietz, Bonn: 42/43